eurotopia

Verzeichnis von Ökodörfern und Gemeinschaften in Europa

Der Einband ist vorne perforiert. Wenn Sie entlang der Perforation schneiden oder reißen, können Sie das bunte Bild von der Gemeinschaftsparty durch das entstandene Fenster sehen. Das erfolgt aber ausdrücklich auf eigene Gefahr - Sie können das Buch auch einfach aufblättern.

Impressum

Das eurotopia-Verzeichnis 2019 ist die sechste Ausgabe des eurotopia-Gemeinschafts-verzeichnisses. Das eurotopia-Verzeichnis erscheint etwa alle 3-5 Jahre seit 1996.
Es ist - fast inhaltsgleich - auch in englischer Sprache erhältlich (siehe Bibliografie).

eurotopia-Verzeichnis | Poppau | Ökodorf Sieben Linden | D-38489 Beetzendorf

www.eurotopia.de info@eurotopia.de

Gesamtredaktion: Michael Würfel (Herausgeber)

Danke an alle Gemeinschaften, die auf unsere Anfragen geantwortet haben!

IT:	Volker Peters
Datenerhebung/-eingabe und Übersetzungen:	Michael Würfel, Rahel Gaedt, Sigrid Künstner, Martin Mütterlein, Mariam Dadgar, Marsilio Passaglia, Jonas Duhme, Anna Kleinert, Peter Reinhold, Lennart Schütz
Weitere Übersetzungen:	Jenny Lusias, Mathias Lederle, DeepL.com, Google Übersetzer
Layout/Satz:	Michael Würfel
Fotos:	verschiedene Fotograf*innen aus verschiedenen Gemeinschaften bzw. siehe Bildnachweise
Karten:	Die Karten folgender Länder stammen von d-maps.com: Europa-Ost, Italien, Finnland, Polen, Russland, Spanien. Die Übersichtskarte von Russland ist von Uwe Dedering (Wikipedia) Herzlichen Dank für die Nutzungsrechte
Druck:	Zimmermann Druck, Balve gedruckt auf Recyclingpapier

Die Schreibweise mit dem Sternchen („Bewohner*innen") soll alle Geschlechterorientierungen einschließen und wurde von der Redaktion auch dann eingefügt, wenn die Autor*innen diese Schreibweise nicht verwendet haben.

Die Zeichnung auf dem Innentitelbild ist ein Ausschnitt aus dem Buch „Unser Zuhause" von Doro Göbel und Peter Knorr (ISBN 978-3407795984, Beltz-Verlag). Wir empfehlen die Wimmelbücher der beiden für Kinder und ihre Eltern gleichermaßen!

Die Fotos wurden uns von den Gemeinschaften zur Verfügung gestellt. Wir danken allen Fotograf*innen, besonders ausdrücklich denjenigen, die nicht namentlich genannt werden.

eurotopia-Verzeichnis: Gemeinschaften und Ökodörfer in Europa
1. Auflage 2019, Sieben Linden: Blühende Landschaften e.V.

ISBN 978-3-9816860-3-6

Nature Community, Seite 194:
„Ein ehemaliges Feriendorf nahe der tschechischen Grenze inmitten ursprünglicher Natur bietet unseren Ideen Lebensraum: Wir leben vegan, ökologisch und nachhaltig, verbunden mit Mensch und Tier, ehrlich und bewusst."

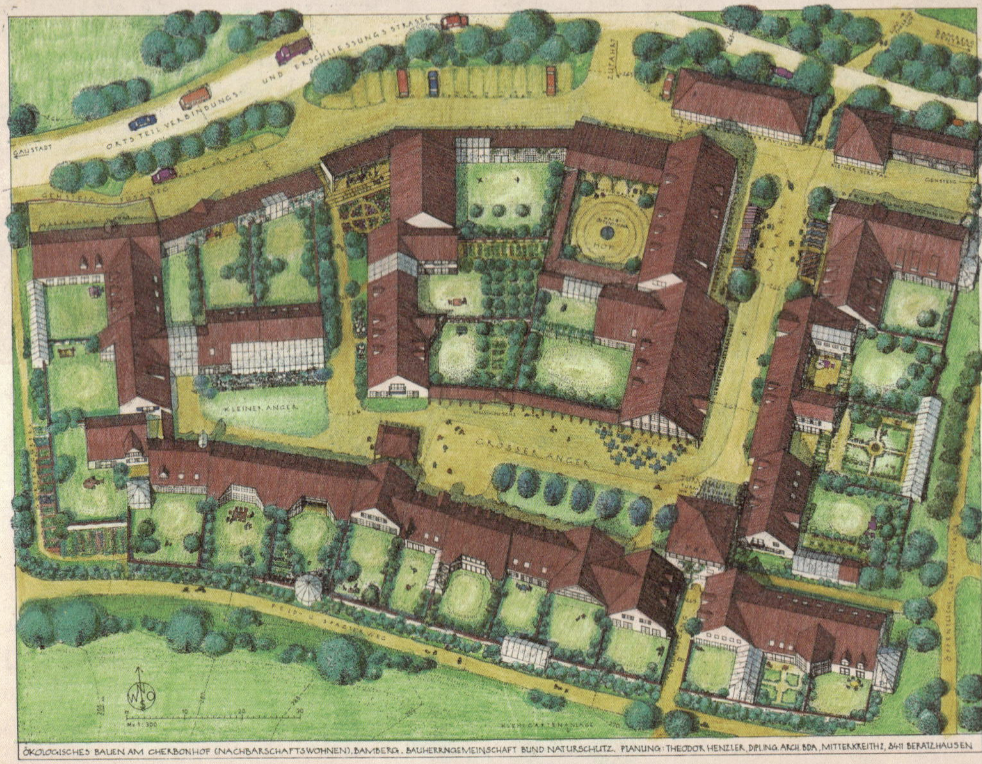

ÖKOLOGISCHES BAUEN AM OHERBONHOF (NACHBARSCHAFTSWOHNEN), BAMBERG. BAUHERRNGEMEINSCHAFT BUND NATURSCHUTZ. PLANUNG: THEODOR HENZLER, DIPL.ING. ARCH. BDA, MITTERKREITH 2, 8411 BERATZHAUSEN

Links oben: Schloss Tempelhof
(aus genau der anderen Richtung aufgenommen wie das bei der Selbstbeschreibung auf Seite 211).

Links unten: Ökosiedlung am Cherbonhof, Seite 193.
„Das Siedlungskonzept zeichnet sich durch eine abwechslungsreiche Folge von Straßen, Gassen und Plätzen aus. Den privaten, möglichst sichtgeschützten Innengärten („Wohnzimmer im Grünen") stehen vielfältig nutzbare Wohnhöfe und Straßenräume gegenüber, die bis an die Gebäude heranreichen."

Rechte Buchseite: La Città della Luce, Seite 325.
„Beziehungen stehen an der Spitze unseres Wertesystems. Wir teilen Zeit, Eigentum, Talente und Emotionen, zusammen mit den gemeinsamen Räumen unseres Hauses."

Oben: Wurzeln & Wirken (bei Berlin), Seite 239
Unten: Tamera, Portugal, Seite 377/378

Oben: Aerium, Frankreich, Seite 246: „Unser Kollektiv bietet viel Freiheit und erfordert daher hohe persönliche Motivation, Eigeninitiative und Verantwortung."

Mitte: Keveral Farm, Großbritannien, Seite 295: „Einige Leute nennen diesen Ort Paradies."

Unten:
Giesserei, Schweiz, Seite 406:
Ca. 310 Bewohner*innen aus
12 Nationen, 156 Wohneinheiten,
14 Gewerbebetriebe.
Foto: Kurt Lampart

Oben: „Udgården ist eine kleine ökologische Gemeinschaft, die aus einem Bauernhof und 16 Apartments in der Nähe eines kleinen Dorfes in Mitteljütland besteht." Dänemark, Seite 88
Unten: „AzGrad soll keine vorgefertigten Bürger*innen für ein System hervorbringen, das für die von ihm geschaffenen Probleme keine Lösungen mehr findet." Russland, Seite 380

Oben: Interneland/Innerland, Seite 426:
„Wir haben internationale Gemeinschaften in Spanien, Brasilien und Argentinien sowie Zentren in 30 Ländern auf der Welt und bieten gleichzeitig virtuelle Gemeinschaften für Onlinetreffen und Meditationen auf unseren Webseiten.“

Unten (keine Computergrafik): Damanhur, Italien, Seite 319/320: „Unser Respekt vor der Umwelt geht über eine ökologische Vision hinaus - er erkennt die Existenz eines bewussten und sensiblen Lebens in der Pflanzen- und Tierwelt an und erforscht den Kontakt zu Intelligenzen, die dieses Universum bewohnen.“

SMALL FOOTPRINT

Links: Small Footprint, Estland, „Eine Zeichnung von unserem Gelände, von Paulinha Soares Junqueira“, Seite 437

Oben: Cambium, Österreich. „Es geht uns um die innere Entwicklung aller, das Zusammenwachsen als Gemeinschaft und die Entfaltung sozialer und emotionaler Kompetenzen.“ Seite 361

Mitte links: Cohousing Pomali, Österreich, Seite 362

Mitte rechts: Lebenshaus im Chiemgau, Seite 181

Rechts: Keuruu Ecovillage, Finnland, Seite 243

Arche im Nauen, Schweiz, Seite 400: „Als Gemeinschaft möchten wir auf der Basis des Evangeliums mit unseren Fähigkeiten und Grenzen miteinander unterwegs sein."

Trelay Cohousing Community, Großbritannien, Seite 312: „Wir arbeiten hart, aber wir haben auch Spaß."

Jugendliche der Gemeinschaft Kirschblüte, Schweiz, Seite 404: „Autorität in jeder Form und Hierarchie, die sich nicht aus den natürlichen Kräfteverhältnissen selbstverständlich ergibt, lehnen wir als gemeinschaftsfeindlich ab."

Oben: Wilde Gärtnerei, bei Berlin, Seite 234: „Wir öffnen unsere Türe für allerlei Gäste, die entweder erste Erfahrungen in der Landwirtschaft suchen oder ihre Grenzen im Leben erweitern wollen“

Mitte: MasCobado, Frankreich, Seite 275: „Wir haben unser Gelände und unsere Wohnungen gemeinsam mit den Architekten entworfen und verwalten unseren Lebensraum nun alle gemeinsam.“

Unten: Krisna Völgy, Ungarn, Seite 456: „Europas größte und am besten organisierte ökologische Gemeinschaft.“

Linke Seite, oben: Lilleoru, Estland, Seite 436/437

Unten: Bijgaardehof (geplant, Belgien) besteht aus drei Co-Housing-Projekten: Wijgaard, De Spore & Biotope. Seite 416

Rechte Seite, oben links: Die Sannerzgemeinschaft ist eine christliche Lebens- und Arbeitsgemeinschaft, die zur Bruderhofbewegung gehört. Seite 209

Oben rechts: Ecovillage „Ecohameau Les Trois sources"/ Interkulturelles Ökodorf „Trois Sources", Frankreich, Seite 254

2. von oben: Sambruket i Sösdalabygden, Schweden, Seite 594: „Sambrukets möchte die Idee eines Ökodorfes an möglichst viele Menschen herantragen, die sich (noch) nicht an etwas konkretem und festgelegtem wie einer intentionalen Gemeinschaft beteiligen können oder wollen."

3. von oben: Individuell wohnen - Gemeinschaftlich leben in Kastellaun (geplant), Seite 473

Unten: Tinkers Bubble, Großbritannien: „Das Leben findet großteils draußen statt. Im Winter ist es kalt, aber wir leben oben auf einem steilen Hügel - da gibt es ganz viele Möglichkeiten, sich wieder aufzuwärmen." Seite 311 (Foto von David Spero)

Inhalt

Cloughjordan Ecovillage, Irland, Seite 313 - Foto von Eoin Campbell

Dieses eurotopia-Verzeichnis...

...ist die sechste Ausgabe seit 1997, kommt weiterhin aus dem Ökodorf Sieben Linden in der norddeutschen Prärie und verfolgt weiterhin die Philosophie, möglichst viele Gemeinschaften in Europa vorzustellen bzw. sich vorstellen zu lassen. Das ist, vor allem anderen, der Sinn dieses Buches. Es soll zeigen, dass Gemeinschaftsleben ein lebendiges, funktionierendes Lebensmodell ist. Das soll eigentlich kein Geheimnis sein, und die meisten Menschen haben auch schon außerhalb von Lebensgemeinschaften, Ökodörfern, Kommunen und Co-Housing-Projekten den Zustand der „Gemeinschaft" erlebt und genossen – und trotzdem wird auch diese Ausgabe des eurotopia-Verzeichnisses wieder ein Geheimtipp bleiben. Ich habe es ja an der letzten Ausgabe gemerkt: Die ist auch schon sehr gut geworden. Sie wurde auch gern gekauft von Menschen, die irgendwie, von irgendwem, davon gehört haben. Und die Gemeinschaften, die darin veröffentlicht wurden, fanden es auch gut, dass wir dieses Verzeichnis herausgeben: das merke ich erstens daran, dass diesmal noch mehr dabei sind als in der letzten Ausgabe, und zweitens an den vielen freundlichen E-Mails von Gemeinschaftsvertreter*innen, die sich ausdrücklich für unsere Arbeit bedankt haben.

Was überhaupt nicht geklappt hat: Mit dem kleinen eurotopia-Verzeichnis irgendeinen Eindruck im Mainstream zu machen. Es gab zwar die eine oder andere Pressemitteilung, z.B. in einem Krankenkassen-Magazin (Securvita) oder einer kleinen anthroposophischen Zeitschrift, aber es ist schon auffallend, dass keine einzige kommerzielle Zeitung oder Zeitschrift auf meine verschickten Rezensionsexemplare reagiert hat. Und ich habe versucht, so ziemlich alle anzuschreiben. Ich dachte, dass das auch für Blätter, die es am Kiosk gibt, Stoff für spannende Artikel sein könnte: dass es in Europa Hunderte real existierende Beispiele gibt von Menschen, die ganz anders miteinander leben, als sich von ökonomischen, sozialen und politischen Zwängen herumtreiben zu lassen.

Geheimtipp Gemeinschaft

Ich denke immer noch, dass sich viele dafür interessieren könnten, die nichts von Lebensgemeinschaften wissen und auch nicht in Gemeinschaft ziehen wollen. Bevor ich in einer Gemeinschaft gelebt habe, hat mir allein das Wissen, dass es so was gibt, immer wieder Vertrauen in die Welt und in meine Zukunft gegeben. Aber nach den vergeblichen Versuchen, das letzte eurotopia-Buch im Mainstream bekannter zu machen, erwarte ich auch für diese Ausgabe nicht, dass wir auf die Spiegel-Bestsellerliste kommen. Das ist den meisten veröffentlichten Gemeinschaften wahrscheinlich ganz Recht. Wir haben uns also mit dem Geheimtipp-Dasein abgefunden und das auch in die Titelgestaltung einfließen lassen: Wie spannend Gemeinschaftsleben ist, ist nicht offensichtlich; den ersten Schritt musst du selber tun (auch wenn es bedeutet, das Cover zu zerreißen – ich würde allerdings empfehlen, es einfach nur aufzublättern).
Dass Gemeinschaftsleben weitgehend unbekannt bleibt, ist allerdings auch eins von vielen kleinen Indizien dafür, dass unsere Gesellschaft zwischen dem Mainstream und allen

anderen Lebensentwürfen nicht so durchlässig ist, wie sie sich gerne präsentiert. Davon handelt mein langer Artikel vom Wasserfall, der, ich gebe es zu, ein bisschen dystopisch geraten ist, obwohl ich ein erklärter Gegner von Verschwörungstheorien bin. Vermutlich ein schlechtes Zeichen, dass sogar ich davon spreche, dass der Mainstream buchstäblich den Bach runtergeht. Aber andererseits gibt es genügend spannende Möglichkeiten, an einer anderen Zukunft mitzuarbeiten. Davon handelt der Artikel „Gemeinschaft werden, sein und bleiben": Besonders davon, dass in schon lange existierenden Gemeinschaften mitunter größere Herausforderung zu finden sind als bei Gemeinschaftsgründungen. Und Herausforderungen sind natürlich etwas Gutes, denn daran wächst man. Man kann auch Abenteuer zu ihnen sagen.

Zwei lange Artikel zu schreiben und das vor die Beschreibungen der Gemeinschaften zu drucken (weil ich der Herausgeber bin und es mir niemand verbietet), ist natürlich etwas dreist. Ich habe es mir nur erlaubt, nachdem ich dazu Kommentare aus den anderen Gemeinschaften eingeladen habe, wie in einem Blog. Ein spannendes redaktionelles Experiment, das den Autoren (mich) in angemessene Schranken weist und ganz andere Sichtweisen von Menschen aus ganz anderen Gemeinschaften ins Boot holt. Wenn das Buch veröffentlicht ist, soll die Diskussion auf der eurotopia-Website fortgeführt werden. Die spannenden Artikel, die in den letzten Ausgaben in diesem Teil vor den Gemeinschaftsbeschreibungen erschienen sind, sind besonders für eurotopia-Neueinsteiger*innen immer noch sehr empfehlenswert und zum größten Teil auf unserer Website lesbar.

Making Of

Es ist schon kurios und vielleicht auch schwer vorstellbar, wie schwierig es ist, mit den uns bekannten Gemeinschaften konstruktiv zu kommunizieren. Die Gemeinschaften, die im Buch veröffentlicht sind, wurden bis zu drei Mal per E-Mail angeschrieben und daran erinnert, einen Beitrag für dieses Buch zu verfassen. Einige wurden noch zusätzlich per Post angeschrieben oder sogar angerufen. Zuletzt gab es noch mal Mails in den jeweiligen Landessprachen, wahrscheinlich ziemlich brachial übersetzt vom großen Bruder Google, der zwar den Wasserfall ordentlich beschleunigt (siehe Artikel), aber für die globale digitale Kommunikation erstaunliche Werkzeuge bereitstellt. Mit dem Rücklauf sind wir sehr zufrieden – in dieser Ausgabe sind sensationelle 590 Gemeinschaften beschrieben (davon 105 Hausprojekte und 60 Siedlungen jeweils mit „ausgeprägtem Gemeinschaftscharakter"); verglichen mit 430 in der letzten Ausgabe. Trotzdem haben wir von etwa 1800 Gemeinschaften (besser gesagt „von 1800 Mailempfänger*innen, von denen wir guten Grund zur Annahme haben, dass sie zu Lebensgemeinschaften in Europa gehören") überhaupt keine Antwort bekommen (obwohl die Mails nicht zurückkamen). Auf jede Gemeinschaft im Buch kommen also wahrscheinlich zwei bis drei, die nicht im Buch stehen. Auch interessant.

Das Buch wurde wieder im Ökodorf Sieben Linden mit zahlreichen freiwilligen Helfer*innen zusammengestellt, die erst nach Gemeinschaften „gefahndet" und deren Antworten dann in unsere Datenbank übertragen haben. Das waren, abgesehen von der geleisteten tollen Arbeit, schöne Zeiten: Mit Rahel, Sigrid, Martin, Mariam, Jonas, Marsilio, Anna, Peter, Lennart... Und dann weiter mit Jonas und nochmal Rahel. Das englische Lektorat hat Eliška gemacht, das deutsche Liza, Katharina, Julie, Matthias, Christina, Barbara, Corinna und vor allem Elisa. Jonas ist gleich in Sieben Linden geblieben und ich bin besonders dankbar, dass er hochqualifiziert über die Anastasia-Bewegung recherchiert und den Artikel auf Seite 55 dazu geschrieben hat. Damit positionieren wir uns ganz klar für eine weltoffene Gesellschaft, ohne die Menschen auszugrenzen, die Familienlandsitze gut finden, aber mit manchen Aussagen aus den Anastasia-Büchern auch nichts anfangen können.

Die meisten der genannten Mitarbeiter*innen haben auf meinen Aufruf im eurotopia-Newsletter geantwortet. Die IT hat wieder der unentbehrliche und geduldige Volker aus der Gemeinschaft Schloss Glarisegg in der Schweiz ausgetüftelt und Wolfgang hat geholfen, einen neuen Shop aufzusetzen. Mögen diese Menschen in allen Gemeinschaften willkommen sein. Danke danke!

Der größte Dank gebührt den Gemeinschaften, die geduldig unsere technischen Probleme und unsere ständige E-Mail-Nerverei erduldet und sich eintragen lassen haben. So haben wir wieder ein Buch zusammenstellen können, das eine einzigartige Zusammenstellung von existierenden und geplanten Gemeinschaften bietet. Es gibt zwar etliche Listen von Gemeinschaften im Internet, aber die sind trotz der Möglichkeiten des Internets meist gar nicht so aktuell und umfassend. Die Nachteile des gedruckten Buches versuchen wir wieder mit unserer Buch-Suche auf www.eurotopia.de/buchsuche zu kompensieren, und außerdem gibt es eine geheime Idee, wie wir vielleicht trotz unserer Vorbehalte auch ein digitales Angebot machen können. Besuchen Sie ab und zu unsere Website oder tragen sich für den Newsletter ein, wenn Sie sich dafür interessieren. Den verschicken wir so selten, dass er Sie sicher nicht stört. Und auch umgekehrter Informationsfluss ist willkommen: sendet uns Feedback! Manchmal reicht ein gutes Argument, um für die nächste Ausgabe wieder was anders zu machen; diesmal zum Beispiel die Markierung von Gemeinschaften, die in der letzten Ausgabe nicht dabei waren. Wer das letzte Buch kennt und wissen will, welche Projekte neu aufgeführt sind, kann sich jetzt über den lachenden Stern freuen – das geht auf die Anregung eines Lesers zurück. Danke auch dafür!

Geplant!

Auf eine recht bedeutende Änderung muss ich noch hinweisen. Und zwar werden die geplanten Gemeinschaften in dieser Ausgabe nicht mehr zwischen den existierenden aufgeführt, sondern in einem eigenen Teil. Das ist für diese Gruppen wahrscheinlich nicht so toll, ermöglicht es den Leser*innen aber, gezielt nach existierenden oder eben nach geplanten Gruppen zu suchen. Leider sind Gemeinschaftsplanungen ja auch viel unkonkreter als existierende Gemeinschaften (siehe Artikel „Gemeinschaft werden, sein und bleiben"), zudem hat sich die Zahl der Gemeinschaftsplanungen seit der letzten Ausgabe beinahe verdreifacht. Da schien dieser Schritt angemessen, und ich bitte um Verständnis insbesondere bei den

geplanten Gruppen, die dadurch etwas nach hinten gerutscht sind.
Was eurotopia angeht: Da ist auch so einiges geplant. Erst mal muss das Verzeichnis fertig und in die Welt gebracht werden - dann werden wir eine Idee verfolgen, um das Verzeichnis vielleicht doch nochmal digital zugänglich zu machen. Warum wir das bisher nicht tun, haben wir in der letzten Ausgabe ausführlich beschrieben und es steht auch in den „FAQ" auf unserer Website. Außerdem braucht es endlich mal wieder einen guten Film über das Gemeinschaftsleben. Und nachdem den einfach niemand anderes liefert, müssen wir das wohl selbst tun. 18 Jahre nach „Leben unter Palmen" (siehe Bibliografie, Seite 604) bin ich ziemlich entschlossen, dieses Pferd mal wieder aufzuzäumen. Wer das unterstützen will, zum Beispiel finanziell, schreibt einfach an eurotopia.

Ich wünsche jetzt eine spannende und inspirierende Zeit in der Welt der Gemeinschaften ab Seite 64. Wenn Sie die folgenden Artikel lesen: Die Kommentare darunter sind wirklich gut und wichtig und rücken alles nochmal in ein anderes Licht!

Mit gemeinschaftlichen Grüßen:

Micha Würfel

Das hätten wir mal öfters machen sollen: Betriebssport bei eurotopia. V.l.n.r.: Rahel, die als erste Freiwillige sechs Wochen lang akribisch neue Gemeinschaften recherchiert hat und später nochmal wieder kam, Jonas, der sich erst Sieben Linden und dann noch ganz viele andere Gemeinschaften anschauen wollte - und schließlich einfach hier geblieben ist, und Micha, der diesen Bilduntertext in seiner 538. Arbeitsstunde für das vorliegende Buch schreibt (geht ja noch)

Gemeinschaft und Mainstream – die Strömung legt zu

von Michael Würfel

Bei aller Freiheit, die wir in Europa genießen, gibt es doch einen kulturellen Mainstream, der unser Leben ganz schön umfassend durchdringt. Wie wir sprechen und worüber, wonach wir im Leben streben, was wir witzig finden oder was wir schlimm finden. Was wir anziehen, wie wir miteinander umgehen, was wir ok finden und was nicht. Sobald viele oder sogar die meisten Menschen etwas gut finden, machen oder kaufen, ist es Mainstream. Smartphones, Coffee to Go, Tattoos, Superheldenfilme, Tagesschau: Mainstream.
Teilweise ist das Mainstream, was sich bewährt hat oder was bequem ist. Teilweise ist das Mainstream, was schon immer so war (Wohnen in Mietwohnungen). Manche argwöhnen, dass der Mainstream politisch gesteuert wird. Ganz sicher besteht Mainstream aus dem, was sich gut verkauft: Mainstream ist Marktwirtschaft. Was viele gut finden, muss und kann angeboten werden – denn da liegt der Profit (und natürlich wird ordentlich nachgeholfen, damit viele was gut finden).

Dass es diesen Mainstream, diesen kulturellen (oder kommerziellen oder sozialen) „Hauptstrom" gibt, ist unvermeidlich. Da müssten wir schon sehr wenig miteinander zu tun haben, um zu vermeiden, so eine gemeinsame Kultur zu entwickeln. Deutsch sprechen in Deutschland oder Chinesisch in China – selbst das ist ja Mainstream.
Trotzdem bilden wir uns viel auf unsere Individualität ein. Wir unternehmen viel, um uns vom Mainstream abzugrenzen. Freche T-Shirts, originelle Frisuren und unsere ganz eigenen Lebensträume sorgen dafür, dass wir ein bisschen anders sind als alle anderen.

„Wir", schreibe ich – und damit höre ich jetzt mal auf. Ich muss diesen Mainstream beschreiben, um ein Bild zu erläutern, dass sich mir eingebrannt hat: Der Mainstream als großer Fluss, der auf einen Wasserfall zufließt. Die Strömung ist die Zeit.
Ich kenne den Mainstream, seit ich lebe. Und schwimme mit. Auch wenn ich mir meist eingebildet habe, nur am Rand dabei zu sein (originelle Frisur!), habe ich mich doch wahrscheinlich meist in derselben Geschwindigkeit bewegt wie alle anderen.
Je mehr ich dachte, von der Welt verstanden zu haben, desto fragwürdiger wurde mir die Richtung dieses großen Flusses. Und seit ich denken kann, habe ich das Gefühl, dass er schneller wird. Ich weiß, dieses Gefühl haben die Menschen seit 100, 200, 300 Jahren („In Zügen fahren! Viel zu schnell, das werden wir niemals überleben..."), und ich könnte es einfach ignorieren. Aber als ich mich einst für einen Beruf entscheiden musste, wählte ich die Zimmermannsausbildung statt des Medienstudiums, weil ich schon meinte, den Wasserfall nahen zu hören, der den großen Fluss (den Mainstream, den Staat, das Geldsystem) verschluckt. Meine Überlegung: Wenn nach dem Wasserfall nichts mehr geht, werden wir doch weiter Häuser brauchen – aber wahrscheinlich bis auf Weiteres keine Fernsehsen-

dungen mehr. Noch nachhaltiger wäre gewesen, Bauer zu werden; Essen brauchen wir ja noch dringender als Häuser – aber auch der Bauer braucht Reparaturen am Haus und dafür kann er mich, den Zimmerer, ja dann in Gemüse bezahlen.

Nach meiner Ausbildung war der Wasserfall immer noch nicht sichtbar, auch wenn die Zahl der schlechten Nachrichten von z.B. Artensterben, Ausbeutung der Armen oder überhaupt von Armut, weltweiter Wasserknappheit und depressiven Jugendlichen die Zahl der guten stets bei Weitem überwog. Nachdem ich nun Häuser bauen konnte (und damit für den Zusammenbruch des Systems sozusagen gewappnet war), gönnte ich mir, so lange das eben noch möglich war, sehr zufrieden die Vorteile davon, im Mainstream zu schwimmen, aber nicht abhängig davon zu sein: angenehmes Studium, bequeme Jobs, billige Wohnung in Ostberlin, grenzenloses Selbstvertrauen. Und alle weiteren Annehmlichkeiten eines Lebens im westlichen Europa: Lebensmittel, Klamotten, Elektronik: Alles für wenig Geld zu haben. Ich war immer irgendwie alternativ unterwegs, aber eigentlich war ich nur deswegen nicht komplett Mainstream, weil ich nie eine normale Arbeitsstelle angetreten habe.

2007 bin ich ins Ökodorf Sieben Linden gekommen, und im Rückblick, jetzt kann ich es ja sagen, habe ich da noch lange nicht aufgehört, Mainstream zu sein. Wenn ich bei dem Bild mit dem Fluss bleibe, dann könnte man schon sagen, dass wir mit unserem Ökodorf zwar viel alternative Ideen haben, aber durch die wirtschaftliche Vernetzung, durch Berufe, Steuern und Krankenversicherung noch ganz ordentlich mitschwimmen in diesem Hauptstrom. Das ist ja auch erstmal ganz ok – unsere Freunde, Verwandten und Leser*innen (hallo, genau, dich meine ich!) schwimmen ja im selben Fluss.

Man könnte aber auch sagen, dass wir den Hauptstrom verlassen haben und einen kleineren, langsameren Flussarm befahren.
Oder, dass der Punkt, an dem der Mainstream und unser kleinerer Flussarm sich trennen, vor uns liegt und bald auftaucht. Das trifft es besser. Um den feinen Unterschied zwischen Mainstream und dem Gewässer, in dem wir als Gemeinschaft schwimmen, um den geht es mir in diesem Text.

Klar: Ob der Wasserfall überhaupt kommt, das weiß ich nicht. Und wie Mainstream ich bin, das dürfen gern andere entscheiden. Unbestreitbar ist aber, dass ich in meiner mit 150 Menschen relativ großen Lebensgemeinschaft ein bisschen abseits stehe von dem, was ich vorhin als Mainstream beschrieben habe.
Die Tore zwischen unserem Leben in Gemeinschaft und der Mainstream-Kultur stehen zwar sperrangelweit offen, sind aber spürbar. Wenn ich mir „Nachrichten" zu Gemüte führe (selten)

oder meine Gemeinschaft verlasse und eine Stadt besuche (selten), habe ich das Gefühl, die Entwicklung des Mainstreams als ein Außenstehender zu beobachten. Und da ist mein Eindruck unverändert, dass der Fortschritt sich überschlägt (=Wasserfall wird lauter).

Habe ich gestern noch über Mobiltelefone gestaunt, wundere ich mich heute schon nicht mehr darüber, dass es Google-Brillen gibt. Waren Leute, zu denen ich vor 30 Jahren aufgeschaut hätte, noch gegen Volkszählung, werde ich heute permanent über Facebook kontaktiert, obwohl alle wissen, dass ihre Daten dort genutzt werden und dass Leute wie Herr Trump dadurch Wahlen gewinnen (dass ich bei Facebook bloß eine Karteileiche bin, wissen offensichtlich nicht alle). Ein nächster großer Trend wird, habe ich gelesen, dann die Selbstoptimierung mittels künstlicher Intelligenz. Computerunterstütztes Denken, Erinnern, Wahrnehmen. Chips, die man sich implantieren kann, gibt es schon („...seien Sie der Evolution einen Schritt voraus.") – In unserem Ökodorf benutzen wir noch nicht mal Handys. Und dort bin ich mittlerweile so verwurzelt, beschäftigt und gefordert, dass ich vergesse, dass es nicht überall so ist: Barfuss mit Klamotten aus der Verschenkeecke noch schnell einen Tee holen und dann zur Besprechung – in der jeder ausreden darf und die mit einer Befindlichkeitsrunde anfängt. Das kann man durchaus eine eigene Kultur nennen.

Wenn ich das mal weiterdenke, dass es woanders üblich (Mainstream) wird, immer weiter mit Technik zusammenzuwachsen und sich elektronisch zu vernetzen, oder auch, seine Kinder mit gentechnischen Methoden schon vor der Geburt zu optimieren, und wir in unserem Ökodorf machen das alle nicht – dann wird schon vorstellbar, dass ein Punkt kommen wird, an dem wir mit den Menschen aus dem Mainstream nicht mehr zusammenkommen. Vielleicht sind wir dann nicht mehr kompatibel.

Früher, als ich von Gentechnik, Google oder Gehirnoptimierung noch gar nichts wusste, habe mir vorgestellt, dass die „Alternativen" mit ihren offenen Sinnen, ihren an der Oberfläche getragenen Gefühlen, ihrer Moral und ihrem Idealismus einfach nicht mehr klarkommen würden in einer Welt, in der man weiß, was man nicht tun sollte – es aber einfach trotzdem tut. Noch ist das nicht so weit. Wir Ökos können auch Autoausstellungen besuchen und VW-Manager können sich auch noch durchs Ökodorf führen lassen, jeweils ohne Panikattacken (mehrere Wochen an der jeweils anderen „Front" zu verbringen könnte schon schwieriger werden). Es gibt immer noch viele Leute, die sich vom Mainstream verabschieden und sich erfolgreich z.B. in eine Gemeinschaft eingliedern, in der ganz andere soziale Vereinbarungen gelten als im Mainstream. Und es gibt viele Leute, die nicht in Gemeinschaft leben und sich trotzdem nicht dem Mainstream ergeben (das sind die spannenden Orte, Vereine, Menschen, die wir im eurotopia-Verzeichnis zum Beispiel unter „nützliche Adressen" veröffentlichen). Es ist auch sicherlich so, dass von Initiativen, Organisationen, Einzelnen und Firmen, und nicht aus Gemeinschaften, die wichtigsten Ideen und Lösungen für ein zukunftsfähiges Leben kommen. Auch mitten aus dem Mainstream – die Solaranlagen im Ökodorf Sieben Linden und ihre Steuerungen haben wir nicht selbst gebastelt. Nur können Sie nirgendwo so konsequent und ganzheitlich umgesetzt werden wie in Gemeinschaften.

Es gibt auch Menschen aus Gemeinschaften, die gut mitmischen im Mainstream. Für mich selbst hat dieser Hauptstrom auch noch nicht seinen Reiz verloren. Ich mag das Filme gucken und das Bücher lesen, ich möchte selbst noch Filme und Bücher machen, die im Mainstream erfolgreich sind, ich mag es, wenn Fernsehsendungen über Gemeinschaften und manchmal sogar über mich berichten und ich wünsche mir ja gerade auch mit diesem eurotopia-Verzeichnis, Menschen aus dem Mainstream erreichen und vielleicht sogar von dort abholen zu können.

Aber: Wenn ich jetzt lese, dass es bald Kontaktlinsen geben wird, in die „ein Display, eine Kamera und eine Funkeinheit für die Datenübertragung" eingebaut sind oder dass es im Tierversuch schon gelungen ist, Mäusen falsche Erinnerungen einzuspielen – dann taucht das Szenario wieder auf, in dem der Großteil der Menschheit sich freiwillig auf den großen Wasserfall zuspülen lässt – da geht es immer schneller, es wird immer lauter, man kommt immer schwerer noch ans Ufer, und irgendwann geht es dann gar nicht mehr, dann ist die Strömung zu stark.
Wenn es aufgrund der Kompatibilitätsprobleme mit den sich ständig optimierenden Mainstream-Cyborgs auch nicht mehr möglich wäre, als altmodischer, rein organischer Mensch im Hauptstrom mitzuschwimmen, dort sein Einkommen zu generieren und die Grundbedürfnisse zu befriedigen, dann wäre man wirklich auf sich gestellt, wenn man nicht mehr mitschwimmen will. Nicht, weil das System einen verfolgen würde (braucht es gar nicht, die Mainstream-Bürger schwimmen ja „freiwillig" mit, wie jetzt auch schon...), sondern, weil man keinen Job und keine Wohnung und keine Liebe mehr bekommen würde. Und da würde sich mehr denn je anbieten, mit einigermaßen Gleichgesinnten zusammen abzubiegen und eine Kultur zu erfinden, die besser zum Menschen passt als das, was im Mainstream als „Fortschritt" verkauft wird (was im Mainstream zweifellos als kurios und absurd gelten würde, wie jetzt auch schon).

Leider ist es auch kein Selbstläufer, in Gemeinschaft zu leben. Es ist ja auch eine Kultur, die aus Absprachen, Vereinbarungen, Kompromissen besteht. Das sage ich gern oft und immer wieder: Es gibt noch nicht das einfache Leben in Gemeinschaft. Wir arbeiten dran. Aber momentan erfordert es noch mehr Zeit, Geduld und Nerven, als selbstbestimmte Gruppe zusammenzuleben, als im Mainstream mitzuschwimmen. In Gemeinschaft kannst du tatsächlich nicht immer machen, was du willst – und das ist verdammt schwer zu schlucken, denn darauf hast du doch dein ganzes Leben lang hingearbeitet. Allerdings wird das Versprechen der grenzenlosen Individualität, das im Mainstream laut und immer präsent möglicherweise einfach das Rauschen des herannahenden Wasserfalls übertönen soll, dort erst recht enttäuscht.

Aus meiner Sicht – ganz klar subjektiv; ich bin ja nicht wirklich ein Außenstehender, sondern auch ordentlich verwickelt – ist das mit der Individualität jedenfalls eine leicht zu durchschauende Lüge. Individualität ist das Gegenteil von Mainstream. Mit einem frechen Spruch auf einem T-Shirt beweist du keine Individualität. Deine Individualität brauchst du auch gar nicht zu beweisen. Deine Individualität entsteht dadurch, dass du dich mit anderen Menschen austauschst, dadurch, dass du dich unter anderen Menschen ganz real positionierst – unabhängig vom dem, was der Mainstream vorgibt. Vielleicht klingt es paradox – aber erst in der Gruppe zeigt sich die Individualität der einzelnen. Und wenn ich mit dir lebe, dann

weiß ich auch, dass du mir nichts vorspielst, und dann verbindet uns auch was Reales, dann ziehen wir am gleichen Strang. Dann kann ich vertrauen fassen und lernen, dich zu verstehen.

Wie gesagt, das ist nicht einfach, und das ist auch das Gemeine. Man könnte ja sagen, ok, alles recht weit hergeholt, aber ich achte jetzt mal ein bisschen mehr darauf, ob das Rauschen lauter wird. Und bevor ich mir einen WLAN-Chip ins Hirn setzen lasse, zieh ich dann doch in Gemeinschaft. Es könnte sein, dass du dann zwischen den Stühlen sitzt, dass du die Abzweigung doch verpasst hast. Es ist jetzt schon zu beobachten, dass alte Menschen angesichts der Aussicht auf ein konventionelles Pflegeheim auf die Idee kommen, eine Alten-WG zu gründen: Da lauern Tücken. Sich mit 80 auf Kompromisse einzulassen zwischen den eigenen Vorstellungen einer gut aufgeräumten Küche oder einem gemütlichen Badezimmer und den Vorstellungen meiner 79-jährigen Mitbewohner*innen: Viel Vergnügen. Da hab ich schon mit 40 dran zu knabbern.

Das macht die Gemeinschaftsbewegung jetzt interessant. Jetzt, wo man noch „draußen" arbeiten kann, wo es Hausbau-Förderkredite und Krankenversicherungen und Internet-Anschlüsse auch für Menschen gibt, die sich abseits vom Mainstream einrichten. Und auch abseits meiner Horrorszenarien liegt in der Idee, sich wieder zusammen zu tun, grundsätzliche Aspekte des Lebens auf eine gemeinsame Basis zu stellen, sich zu wertschätzen und sich nicht von Äußerlichkeiten oder Marktmechanismen trennen zu lassen, eine unschlagbare Konsequenz. Eine reale Umsetzung dessen, was in der Mainstreamkultur lediglich als Köder verwendet wird. Denn dort wird Zusammenhalt und Zugehörigkeit auch als großer Wert verkauft – aber nur im Rahmen sorgfältig gesteckter Grenzen gefördert. Werde ein Teil der Apple-Kultur – aber kauf dir ein i-Dings! Teile dich mit, sammle Freunde, sei dabei – wir wissen ja, dass du dabei auch auf unsere Werbeanzeigen reagierst. In Gemeinschaft hast du ganz real, offline, zum Anfassen selbst in der Hand, wie sehr du Teil von etwas bist, das größer ist als du.

Der Mainstream mit seiner ungesunden Strömungsrichtung ist kein Nährboden für eine nachhaltige Kultur. Dort bleiben gutgemeinte Versuche das zum Scheitern verurteilte „richtige Leben im Falschen". Und wenn du dich aus dem Mainstream entfernst und kein Eremit werden willst, bleiben doch nur Menschen übrig, die kulturelle Alternativen anbieten. Und das sind die Gemeinschaften.

Dieser Text wurde den im Buch vorgestellten Gemeinschaften vorgestellt. Einige sind unserer Bitte nachgekommen, den Text um ihre Sicht zu ergänzen. Und das beschert uns gleich die ganze Vielfalt, die dieses Buch zu bieten hat und die vielleicht das Schönste daran ist:

Daniel, Zonca (Seite 336):

Ich bin sehr glücklich darüber, dass ich eine Gemeinschaft gefunden habe, in der es kein anderes Leitmotiv gibt als die gemeinsame Wertschätzung für unsere natürliche Umwelt und unsere Mitmenschen. Das repräsentiert für mich die größte Reife, die uns als Individuen möglich ist; wenn wir kein spezifisches Dogma mehr brauchen, um unsere Gemeinschaften zusammen zu halten, sondern stattdessen auf unsere Fähigkeit vertrauen, ungewöhnliche Lösungen durch Kommunikation zu erschaffen, auf der Basis von Liebe, Respekt und Verbindung.

Ich bin nicht gegen Technologie, aber ich erkenne, dass Technologie ein Behinderung für das elementare menschliche Bedürfnis sein kann, sich physisch auf die Welt und andere einzulassen, oder eine Ablenkung davon. Dies muss allerdings nicht der Fall sein; der digitale Analphabetismus von vielen in der Ökobewegung stellt auch ein Hindernis da, wenn es darum geht, eine weltweite Verbundenheit herzustellen. Die Ablehnung von Technologie ist aus psychologischer und historischer Perspektive eine Form von Fundamentalismus, der aus einem sehr zweifelhaften Puritanismus erwächst, den wir, so hoffe ich, vermeiden können.

Ökodörfer experimentieren häufig mit Technologien wie Wind- oder Solarkraft. Aber warum sollten wir nur die Technologien akzeptieren, die uns in eine isolierte Insellage versetzen? Meiner Meinung nach müssen wir die Auswirkung der Technologie nach dem beurteilen, was wir uns letztendlich wünschen – Bequemlichkeit gegenüber Verbindung zum Beispiel. Meine Hoffnung ist, dass Ökodörfer darin fortfahren diese Botschaft voranzutreiben, nicht als Dogma, sondern als eine Wahl, dir wir, egal in welcher Lebenslage wir uns befinden, treffen können. Diese Werte werden dann natürlich auch in einigen der Technologien, die wir erschaffen, mit eingebunden.

Raphael, NaWoDo, (Seite 192, Foto daneben):

Wenn der Mainstream wirklich im Wasserfall enden wird, wünsche ich mir, dass wir gemeinsam Alternativen entwickeln können. Es sollte eine Alternative sein, die die meisten Menschen befähigt, aus dem Strom ins Trockene zu paddeln. Haben dann die Ersten Boden unter den Füßen, können sie den Schwimmenden eine offene Hand reichen und ihnen an Land helfen. Deine Beschreibung alternativer Gemeinschaften liest sich für mich sehr exklusiv und abweisend, dem Mainstream gegenüber. Ich wünsche mir Offenheit gegenüber dem Mainstream und ehrliches Interesse an (technologischer) Weiterentwicklung, auch wenn sie am Anfang irritiert. Deine Ablehnung neuen Erfindungen gegenüber kann ich persönlich verstehen, ich befürchte nur, dass sie nicht helfen wird, echte Gefahren daran (z.B. Datenschutzverstöße) abzumildern.
Ich befürchte, dass es nur marginal besser ist, aus einem ruhigen Seitenarm des Flusses auf den Wasserfall zu blicken. Ich befürchte, dass der Anblick, von anderen nahestehenden Menschen im Strudel einen innerlich zerreißt, vor allem im Wissen, dass man die Hand hätte ausstrecken können, wenn man sich nicht von den Menschen des Mainstreams abgewendet hätte.

Ad Vlems, Ecovillage Boekel (Seite 504):

Das Ökodorf Boekel befindet sich mit einem Bein knietief im Mainstream. Wir hören den Wasserfall so laut wie der Autor dieses Artikels. Wir möchten den Mainstream als Ganzes darin inspirieren abzubiegen, bevor der Wasserfall erreicht wird. Wir möchten, dass der Wasserfall austrocknet, weil das Wasser ein neues, zukunftsfähigeres Flussbett gefunden hat. Wir möchten die ersten in diesem Flussbett sein, um den Mainstream als Pilotprojekt und als lebendes Labor für Innovationen mit bewährten Praktiken zu inspirieren. Wir sprechen mit Ministerien und unserer Provinzverwaltung über die Probleme, die vor uns liegen. Einen der Direktoren der Ministerien trafen wir auf dem Stück Land, auf dem wir unsere Häuser bauen werden. Nachdem wir geredet hatten, sagte er: „Falls die Gesetzgebung euch behindert, lasst es mich wissen. Dann setze ich jemanden darauf an, denn dieses Ökodorfprojekt muss erfolgreich sein!" Danach hat er vor allen 80 Amtsleiter*innen eine Präsentation gehalten und zu ihnen gesagt: „Ihr müsst alle diese kleinen lokalen Projekte besuchen, denn dort draußen findet der wahre Wandel statt!"
Das Ökodorf Boekel hatte nie irgendwelche Probleme mit der Gesetzgebung. Nach dem Gesetz hätten wir ans Abwassersystem angeschlossen werden müssen, aber die Gemeinde hat entschieden, dass wir unser eigenes Abwasser filtern und versickern lassen können. Wir finden in einem Gesetz für innovative, nachhaltige Projekte Erwähnung, wodurch wir eine andere Bauweise ausprobieren dürfen. Und wenn unser Projekt gut läuft, verändern sich dadurch die allgemeinen Gesetze. Das ist einmalig in Europa! Lasst den gesamten Fluss den sanften Abhang hinunterfließen, anstatt über den Wasserfall. So viel retten, wie uns möglich ist...

Volker Thielmann, Landhüter Wohnungsgenossenschaft (Seite 172):

Meine Vorstellung ist die: Heute das aufbauen und dort mitarbeiten, wo ich morgen oder auch gleich leben kann. Wo ich die Möglichkeit habe, Zeit in dieser gewählten Familie/Gemeinschaft verbringen zu können. Selbst wenn es am Anfang nur tageweise, an Wochenenden oder in den Ferien ist. So habe ich die Möglichkeit aus dem Mainstream heraus zu treten, bewusst in ein anderes, gemeinschaftliches Umfeld einzutreten und dieses ab sofort mitzugestalten und auf mich einwirken zu lassen. Alleine diese Entscheidung ändert etwas in dir und es werden sich neue Entwicklungen und Erfahrungen ergeben. Dieser erste Schritt, gepaart mit dem Mut sich den Herausforderungen von Gemeinschaften zu stellen, ist der Weg zu einer persönlichen Entwicklung. Diese Entwicklung kann bestenfalls tatsächlich zu diesem Lebensplatz führen, den sich doch einige von uns erträumen. Allerdings ist es Arbeit und Engagement, von selbst passiert nichts. Du selbst bist der Anfang zu diesem Prozess. Du brauchst auch nicht zu warten, du kannst sofort anfangen, deine Situation und deine Möglichkeiten zu nutzen. Du kannst dich sofort auf die Suche begeben. Du musst nicht anders sein, du kannst aus dem Mainstream heraus, aus deinem Alltag heraus, deinen neuen Weg finden. Die bestehenden Gemeinschaften sind eine Möglichkeit dazu. Egal ob du heute, morgen oder erst übermorgen direkt dort wohnst und lebst!

Neus Buira, Q - Center of Experimentation (Seite 517):

Während ich diesen Artikel gelesen habe, war ich mehrmals begeistert, er spiegelt viele Gefühle wider, die wir auch haben – wir, die wir die Entscheidung getroffen haben abseits des Mainstreams zu leben, an der Peripherie, um andere Fließmöglichkeiten für das Wasser des Lebens zu erschaffen.
„Es gibt kein außerhalb", wir befinden uns alle am gleichen Ort, Planet Erde; Isolation macht keinen Sinn, und es macht auch keinen Sinn der Massenträgheit des Materialismus, der heute schon unmenschlich ist, zu folgen. Der Paradigmenwechsel, die soziale, kulturelle und zivilisatorische Transformation ist unvermeidbar. Der Prozess ist langsam, denn er hängt ausschließlich davon ab, dass sich mehr und mehr Menschen weiter entwickeln, ihr Bewusstsein öffnen und dementsprechend handeln.
Es zu wagen, eine andere Welt, ohne Kriege, ohne soziale und ökologische Ungerechtigkeiten und so weiter zu fühlen, zu träumen, sich vorzustellen – das hilft, die kollektive Vorstellung von leuchtenden Ideen zu nähren – und nicht die düsteren, die das kollektive Unbewusstsein heute bestimmen, basierend auf der Abhängigkeit von Geld, Maschinen und Hierarchien.
Erkenne die alte Welt als diese, alt und überholt: und befreie die Vorstellungskraft, wage es frei zu träumen, ohne Angst: Wie würdest du gerne leben? Es ist ein erster Schritt.

Ein weiterer wichtiger Schritt ist, dass du dir der Angst bewusst wirst, die in dir wohnt, und deiner eigenen, familiären, sozialen und kulturellen Konditionierung, die dich regiert.
Die zu sehen, zu akzeptieren, zu verstehen und los zu lassen ist ein weiterer Prozess, der uns zu persönlicher Ermächtigung führt. Die führt uns auf den Weg des Lebens und gibt uns die Kraft, ihn zu gehen.

Da gibt es viele Schritte, die physische, moralische, ethische und seelische Stärke wird ständig auf die Probe gestellt. Aus der Massenträgheit des Mainstreams herauszukommen, ist wie wiedergeboren zu werden! Tausende von kleinen Entscheidungen bestimmen, ob du jeden Tag das Gleiche tust oder ob du allmählich in eine andere Realität übergehst, eine andere Weise, um hier in diesem Leben zu sein. Es ist eine kreative Handlung und hängt nur von dir selbst ab.

„Wir sind alleine, aber nicht isoliert" – mit der Zeit begreifst du, dass es mehr Menschen gibt, die den gleichen Prozess gemacht haben, manche haben es sogar geschafft Inseln und Inselgruppen von alternativem Leben auf diesem Planeten zu erschaffen.

Leben ist Bewegung, Veränderung ist unvermeidlich. Bewusstsein ist das Fahrzeug und jede Einzelne ist die Protagonistin. Heute ist Fortschritt spirituell oder es ist kein Fortschritt, sondern nur Dekadenz und Barbarei einer sehr primitiven Egozentrik, eingetaucht in Angst und existentieller Ignoranz.

Holger, Kommune Karmitz (Seite 156):

Ich find deinen Text etwas zu dick aufgetragen, besonders am Ende, wo du die „Gemeinschaften" quasi als einzige Alternative zum Mainstream (neben dem Eremitentum) darstellst. Für mich sind sie nur eine von vielen Alternativen, die genauso wie andere „kulturelle Besonderheiten" innerhalb der Gesellschaft(en) existieren. Der Mainstream hat für mich keine klaren Grenzen oder „Ufer" die ihn gegen den Rest der Gesamtgesellschaft abgrenzen. Meinen Leuten, meiner „Gang", die teilweise auch Punks waren, ging es früher darum eine möglichst große Distanz zu dieser Zone der größten Angepasstheit – dem Mainstream – zu bekommen. „Outside of Society I wanna Be" sang Patti Smith. Inzwischen bin ich seit langem in der Kommune, in der wir uns übrigens auch teilweise von dem Begriff „Gemeinschaft" distanzieren. Wir haben Verbündete in Einzelexistenzen, Kleinfamilien, auch in „Gemeinschaften", sind Teil von Communities und nennen uns auch manchmal Clan. Aber welche der verschiedenen Zellen, die gesamt die Gesellschaft darstellen, nun für uns die „besseren" sind, zeigt sich im gemeinsamen Handeln und der Kontaktfähigkeit zueinander. Rechtsextreme sind zum Beispiel auch immer danach bestrebt einen größtmöglichen Abstand zum gehassten „Mainstream" anzubieten und ihre eigenen Lebenswelten zu erschaffen. Und für mich gibt es erst einmal keinen Grund, nicht die Individualität der verschiedenen Menschen, die Teil der Gesamtgesellschaft sind, trotz Smartphone Apps, Facebook und Modetrends zu erkennen und zu respektieren. Für viele von ihnen sind es ihre finanziellen, psychischen und sozialen Möglichkeiten, die sie an die jeweilige Stelle in der Gesellschaft gebracht haben, an der sie leben. Die meisten Menschen, die sich in Gemeinschaften, Kommunen und dergleichen befinden sind, soweit es mir bekannt ist, zunächst einmal Kinder der Mittelschicht. Auf der anderen Seite stehen die, die sehr weit aus dem gesellschaftlichen Mittelfeld herausfallen, wie die Obdachlosen, Straßenkinder oder Geflüchtete. Es ist sehr schön, dass die Mittelstandskinder über die Vision der Gemeinschaften versuchen eine positivere Existenzform für ihresgleichen zu erschaffen. Trotzdem stellt sich mir die Frage, ob es nicht genauso wichtig ist, gleichzeitig immer radikaler gegen die Ungleichheit zwischen arm und reich zu kämpfen und ob die Kraft dafür tatsächlich vor allem in den Nischen zu suchen ist, oder nicht doch im Mainstream selbst, also bei denjenigen die ihre „Gemeinschaften" anders gestalten oder gestalten würden als wir. Das soll jetzt aber kein Argument gegen die bestehende „Gemeinschaftskultur" der Ökolinken sein, sondern nur eine Kritik und Ergänzung...

Katja Dern, Hofgemeinschaft Kotthausen (Seite 146):

Nach zwei Jahren in der Hofgemeinschaft Kotthausen und vielen vorhergegangenen Jahren der Gemeinschaftssuche/-gründung bemerke ich bei mir selbst eine zunehmende Entfremdung von dem von Dir skizzierten Mainstream. Bewusst bewege ich mich nur selten von unserer „Insel Kotthausen" fort, da ich schnell überfordert bin von der Dynamik der Stadt, den Menschen, dem Mainstream. Medien konsumiere ich nur sehr dosiert, Ökologie, Konsumreduktion und Minimalisierung sind Themen, die mich umtreiben, und die ich versuche, in die Gemeinschaft zu tragen.
Und doch weiß ich, dass ich Teil des Systems bin, in ihm lebe und agiere, auch von ihm profitiere (durch Krankenversicherung, Eltern-/Kindergeld & Co.).
Unsere Gemeinschaft tut es ebenso. Wir suchen bewusst den offenen Austausch mit der Welt da draußen und auch unser wirtschaftliches Überleben ist an diesen Austausch gekoppelt.

Ich finde es gut und wichtig, den Mainstream zu hinterfragen, sich in Form eines Lebens in Gemeinschaft davon abzugrenzen und doch anzuerkennen, dass wir Teil des Systems sind. Ich denke, dass sowohl die von Dir genannten technischen Innovationen und die damit einhergehende menschliche Entfremdung wie auch das alternative Leben in einer Gemeinschaft Strömungen unserer Zeit sind.
Denn auch wenn die Mehrheitsgesellschaft im „Hauptstrom" schwimmt, so registrieren wir in der Hofgemeinschaft Kotthausen in den letzten Jahren doch ein zunehmendes Interesse an unserer Gemeinschaft. Menschen aus nah und fern besuchen uns, stellen Fragen, wollen selbst ein Projekt starten, sich uns anschließen. Die Masse derer, die den Mainstream in Frage stellen, ihm gar den Rücken zukehren wollen, nimmt zu.
Und neben dem Argwohn, der uns Gemeinschaften manchmal entgegen gebracht wird, wächst in meinen Augen auch an manchen Stellen die Anerkennung für den Mut und die Bereitschaft, soziales Miteinander und Zusammenleben anders und nachhaltiger zu gestalten.

Falk Zinke, ARNIA e.V. (Seite 100):

Und da gibt es ja noch die Möglichkeit, in einem Dorf zu leben, welches sich nach dem Vorbild von Heckenbeck oder Flegessen organisiert - also den ökologischen, enkeltauglichen Rahmen vorgibt, aber der Individualität praktisch keine Grenzen setzt. Der Rahmen ist dabei ebenso wenig starr wie es die Individualität ist, heißt, eine Weiterentwicklung ist auf beiden Seiten möglich, jederzeit und langsam oder schneller... die Kinder, die jetzt weltweit jeden Freitag schulstreiken, die meinen auch uns, nicht nur die Politik!
Wir haben schlichtweg keine Zeit mehr für Mainstream, schon zählen die Tage - die Politik denkt und handelt in Wahlperioden...

Wir brauchen Aktionen, wie sie uns Greta aus Schweden vormacht: intelligent, wirksam, nachhaltig und schnell!

James Dennis, Redakteur, Diggers and Dreamers Gemeinschaftsverzeichnis (Seite 600):

Ich kenne diese Wasserfall-Idee und finde sie sehr mächtig. Sie macht mir Angst.

Vielleicht sieht dieser Haupt-Fluss nur groß aus und ist in Wirklichkeit nur 10 cm tief und ganz warm und wir können dort schön schwimmen gehen?

Vielleicht wird der Mainstream leicht die Ressourcen finden, um das Wasserfall-Problem zu lösen, wenn er sich dessen gewahr wird. Vielleicht ist das genau der Impuls, den wir brauchten, um unsere Kreativität zu entfalten. „Die Notwendigkeit ist die Mutter der Erfindung".

Vielleicht wartet eine fliegende Untertasse knapp unter und außer Sichtweite das Wasserfalls, um mich aufzufangen und auf ein Weltraumabenteuer mitzunehmen?

Heinz Weinhausen, SSM (Seite 218):

Jede*r merkt auch in Gewinnergesellschaften wie der BRD früher oder später, dass Arbeitsplatz, Karriere, Geschäftserfolg als Selbstständiger/Firma, dass der mögliche Konsumismus nicht das ganze Leben ist. Nur bedingt können in diesen Mainstreammustern individueller Sinn, Fürsorge für andere, Neues ausprobieren, Muße, Teilhabe an Gesellschaftsgestaltung usw. gelebt werden. Die Sehnsucht aus dem Hamsterrad auszusteigen, die Sehnsucht nicht mehr umfassend funktionieren zu müssen und die Lebenszeit nicht mehr den Erfordernissen von Marktwirtschaft zu opfern ist weit verbreitet. Wenigstens ein Stück weit wollen viele anders leben und sinnvoll leben.
Der Schritt in eine Gemeinschaft ist ein Quantensprung, der sehr vielen viel zu groß ist. Bei den meisten bleibt es überhaupt beim Träumen. Aber auch ein beträchtlicher Teil probiert dieses Jenseits von Marktwirtschaft ins individuelle Leben zu integrieren, mittels Fürsorge für Kinder als Eltern oder Großeltern, als Helfen im Bekanntenkreis, als ehrenamtliches oder politisches Engagement, als „Hobby". Das etwas gelebte Andere ist mir wie ein Funkenhaufen, der auch vom Glühen zum Brennen übergehen kann. Bei den Gemeinschaften lodert das Feuer schon ständig etwas und leuchtet anderen ein wenig.
Ein anderes Bild ist, dass Risse im Kapitalismus bestehen, die ausgeweitet werden können. Die Lektüre von John Holloway's „Kapitalismus aufbrechen" war mir da sehr, sehr erhellend und befruchtend.
Letztlich findet sich in jeder individuellen Seele Mainstream und ein Jenseits davon, ob in Gemeinschaften lebend oder nicht. Die Schwerpunktsetzung kann sich bei jedem/jeder verschieben. Was bleibt für die/den Einzelne*n ist, für sich authentisch zu leben, den eigenen Weg zu gehen und dabei widerspruchsvoll ein wenig zu leuchten. Zumindest kann die eigene Seele so Ruhe finden, seinen Teil zur Gesellschaftveränderung beigetragen zu haben und beizutragen.
Für die Rettung der Menschheit braucht es allerdings eine Revolution mit dem Motto der 1918er Aufständigen: alles allen. Diese reift zurzeit heran, da hinsichtlich der Klimakata-

strophe der Kapitalismus die Erfordernisse des Nicht-Wachstums nicht erfüllen kann. Je schlimmer die Folgen der Klimaaufheizung zu spüren sein werden, desto mehr gerät die Marktwirtschaft in die Krise. Ob die Revolution reif werden wird, weiß allerdings niemensch zu sagen.

Öff Öff (seit bald 30 Jahren außerhalb des Staats- und Geld-Systems lebend...), Schenker-Bewegung (Seite 568f):

Die (zentrale) Verantwortungs-Steuerung klappt nicht... Und wir lassen alle, auch die Gemeinschaftsbewohner*innen, zuviel Regie in den Händen der Macht- und Geld-Profit-Motivierten... Wie soll es auch was werden, wenn wir (fast alle, z.B. auch Wandel-Strategen wie Harald Welzer) die Menschen als augenblicksmotiviert definieren (und immer mehr dahin dressieren), statt ihnen langfristige Verantwortungs-Fähigkeit zuzutrauen bzw. zu kultivieren – zumindest so gut es geht?
Das kann nur – vor allem, wenn die Dressierer auch nur so augenblicks-motiviert sind – in „Big-Brother-Diktaturen" entgleisen... Was umgekehrt ein anderes, ‚ganzheitlich systemisches' Denken bedeuten kann, dafür ist eine Vorschlags-Skizze hier mit-überlegbar:
https://tinyurl.com/eurotopia-schenkervorschlag

Die Fotos in diesem Kapitel sind von Gemeinschaften, die in diesem Buch vorgestellt werden, die wir aber aus technischen Gründen nicht zuordnen können.

Gemeinschaft werden, sein und bleiben

von Michael Würfel

Ich habe im letzten Kapitel beschrieben, dass das Leben in Gemeinschaft auch nicht unbedingt einfach ist. Vielleicht werden die Menschen, die in Gemeinschaften leben, eines Tages wieder kollektivere Wesen sein als die, die sie jetzt sind – meist noch sozialisiert im Mainstream und oft genug noch umfassend darin verwickelt. Dann wird es ihnen vielleicht leicht fallen, mit Absprachen, Vereinbarungen und Kompromissen zu leben und diese auszuhandeln. Dann werden ihre Herzen noch offener und die immer noch deutlich spürbare Abhängigkeit von Erfolg und Leistung weiter reduziert sein, im Vergleich zu denen, die jetzt „Gemeinschaft versuchen".
Ich lebe jetzt seit 11 Jahren im Ökodorf Sieben Linden, und auch, wenn sich eine Gemeinschaftskultur für mich normal anfühlt, die sich vom Mainstream deutlich unterscheidet – hier freundliche Blicke, Wohlwollen, Berührung; dort parfümierte Hygienemode und Apps, die Aufmerksamkeit absorbieren – so fällt mir doch noch ständig auf, wie ich weiterhin Idealen aus dem Mainstream hinterherhechle. Wie gern wäre ich so attraktiv, dass mich alle gern anfassen würden (bis ich selbst „stopp!" sage) – wenn das keins dieser unwirklichen Mainstream-Versprechen ist! Wie gern würde ich mit einer meiner Ideen den nächsten Trend-Treffer landen – und mir dann nur noch überlegen müssen, ob ich mein Unternehmen für 3 Milliarden Dollar an Google verkaufen soll oder nicht. Kein Wunder, dass ich ob solcher Träume stöhne, wenn ich in meiner Gemeinschaft ehrenamtlich Toiletten putzen soll.

Nun gibt es das Ökodorf schon lange, und ich bin, wie gesagt, auch nicht erst seit gestern dabei. Da hatte ich Zeit zu verstehen, dass meine Träume Träume sind und dass Gemeinschaftsleben zwar manchmal schwer, aber lohnend ist. Das ist ein Privileg, und nicht viele Menschen dürfen diese Erfahrungen machen. Weil ihre Gemeinschaftserfahrung schneller zu Ende ist. Bei manchen klappt es nicht mit der Gemeinschaft, in die sie sich verliebt haben. Viel häufiger ist aber, dass eine Gemeinschaft neu gegründet werden soll und scheitert. Von 27 geplanten deutschsprachigen Gemeinschaften, die in der letzten eurotopia-Ausgabe abgedruckt waren (Stand war 2013), hatten sich bis 2018 zehn Stück aufgelöst und sieben weitere auf meine Anfrage nicht zurückgemeldet. Nur ein Bruchteil der geplanten Gemeinschaften kommt wirklich zum Blühen, bevor den Beteiligten die Puste ausgeht oder sie sich zerstreiten. Trotzdem hat die Vorstellung, selbst eine Gemeinschaft zu gründen, deutlich mehr Sex-Appeal, als in eine bestehende zu ziehen und sich entsprechend anpassen zu müssen. Klar: Eine Gemeinschaft plane ich genau so, wie ich sie haben will. Ein Mensch, der ein halbes Jahr mit mir in Sieben Linden gelebt hat, hat seinen Plan, eine eigene Gemeinschaft zu gründen, so erklärt: „Wichtigstes Kriterium der Gemeinschaft, in der ich leben will, ist, dass ich sie mitgegründet habe." Ja, ok, das kann tatsächlich keine bestehende Gemeinschaft bieten. Entsprechend gibt es immer viele „Gemeinschaften in Planung" im eurotopia-Buch und viele Menschen, die sich Gemeinschaften ansehen, um dann selbst eine zu gründen. Und das ist ja auch ganz toll! Mir tut es nur leid, wenn dabei so viel Kraft verbraucht wird, dass den Leuten die Lust auf Gemeinschaftsleben vergeht. Diese Kraft wird auch in bestehenden Gemeinschaften gebraucht, auch dort gibt es Herausforderungen, allerdings ganz andere: Wie kann Gemeinschaftsleben leichter gehen und damit massentauglich werden? Wie kann es nach vielen Jahren interessant bleiben? Was bewirken wir wirklich in der Welt? Das sind Fragen, die gestellt werden können, wenn es nicht mehr nur um das Allernötigste geht (Dach reparieren, Baukredit zurückzahlen, Zerfall verhindern...).

Sechs von den erwähnten 27 in 2013 noch geplanten Gemeinschaften betrachteten sich in 2018 übrigens weiterhin als „geplante Gemeinschaften" (davon eine sehr konkret mit gekauftem Grundstück) und vier gibt es jetzt wirklich. Es gibt also auch erfolgreiche Gründungen – und das sind dann oft Projekte mit großer Strahlkraft. Wir in Sieben Linden haben ganz schön gestaunt, als sich zum Beispiel 2010 Schloss Tempelhof gegründet hat – mit Riesenzulauf und begeisterten Medienberichten. Erstaunt haben wir uns erzählen lassen, dass dort zu Versammlungen fast alle kommen und es scheinbar kein Problem ist, dass die Mindesteinlage in die dortige Genossenschaft noch viel höher ist als die bei uns, die schon so oft als Hürde für Arme kritisiert wird. Wir wollten keine Spielverderber sein, haben uns aber schon in dem Wissen angeguckt, dass es bei diesem hohen Engagement wohl nicht dauerhaft bleiben wird.

Dass sich Gemeinschaften so verändern und der Pioniergeist von etwas Pragmatischerem abgelöst wird, das sich mitunter langweiliger, reglementierter, kleinkarierter, „normaler" anfühlt, hat halt auch damit zu tun, dass die Menschen in den Gemeinschaften sich – genauso wie die Menschen, die nicht in Gemeinschaften leben, auch – in verschiedenen Lebensphasen befinden. In Sieben Linden waren zu Beginn fast alle jung. Und die, die nicht jung waren, hatten sich sowieso noch nie alt gefühlt und waren somit genau am richtigen Platz: in einer Gruppe von Pionieren. Da gab es eine Begeisterung, die hat funktioniert wie gute Stoßdämpfer. Mit Vollgas über die Buckelpiste; da spürt man die einzelnen Schlaglöcher kaum. Als ich im Jahr 2001 den Film „Leben unter Palmen" über das Ökodorf Sieben Linden gedreht habe, da brauchte ich mein Mikrofon nur anzuschalten, schon gab es selbstbewusste Statements darüber, wie modellhaft die Ökodorf-Idee ist. Das geht heute gar nicht mehr. Wir, die wir schon länger dabei sind, zweifeln, vergleichen, manchmal wird das Ende der Begeisterung bejammert. Und die Neuen sind zurückhaltend, vorsichtig, wissen gar nicht, ob und wo sie sich jetzt mit ihren Träumen vom Ökodorf einbringen dürfen. Dabei sind wir jetzt zeitlich, sage ich, einfach woanders. Und es ist wichtig, unglaublich wichtig, sich darauf zu besinnen und zu gucken, was jetzt, an dieser Stelle dran ist. Gemeinschaft sein und bleiben. Und weiter in dem Bewusstsein leben, dass wir das Richtige tun, und es zu genießen.

Nach 20 Jahren ist die Bewohner*innenschaft von Sieben Linden im Vergleich zu den Anfangsjahren sehr vielfältig geworden. Wir sind nicht mehr fast alle von Anfang an dabei, wir sind keine Gemeinschaft von Pionieren. Wir sind jetzt Generationen, und zwar nicht (nur), was das Alter angeht, sondern vor allem bezüglich unserer Erfahrungen mit Gemeinschaft. Die Bewohner*innenschaft ist zusammengesetzt aus Menschen, die zwischen null und 20 Jahren Gemeinschaftserfahrung haben, und zwischen null und 100 Prozent an Pioniergeist, Idealismus, Risikobereitschaft. Gealterte Gründungsmitglieder leben neben Neuzugängen,

die genauso alt sind, aber gerade eben noch im Mainstream unterwegs waren. Alte und Junge, die noch Pioniere sein wollen und sich fragen, wo man im halbfertigen Dorf noch was gestalten kann (Antwort: Überall, aber ebenso gibt es überall schon Geschichten der vorherigen Gestaltungen – und Menschen, die sich daran erinnern). Es gibt relativ zur Bewohner*innenzahl viel weniger Handwerker*innen und Techniker*innen als zu Beginn. Es gibt Familien oder Elternteile, die einfach einen guten Ort für ihre Kinder suchen. Es gibt smarte Typen, die alles verbessern wollen und eine oft schweigende Mehrheit von Bewohner*innen, die „Verbesserung" erstmal gut finden, ohne sich einarbeiten zu wollen in die Gründe, warum es jetzt so ist, wie es ist. Es gibt die Gefahr, das Kind mit dem Bade auszuschütten. Es gibt Rufe nach „Neu!" und „Besser!" und wahrscheinlich sind nicht alle meiner Meinung, dass wir vor allem noch die Kultur erfinden müssen, in der wir zusammenleben. Und dass wir dafür vor allem an uns selbst arbeiten müssen – wie auch immer.
In Sieben Linden diskutieren wir leidenschaftlich über unsere Entscheidungsstrukturen und es gibt eine gewisse selbstzerstörerische Bereitschaft, sie immer wieder über den Haufen zu werfen und neu zu erfinden. Viel weniger Engagement legen wir an den Tag, wenn es darum geht, sich regelmäßig mit Gefühlen und Ressentiments zu beschäftigen. Es gibt längst keine regelmäßige Forums-Gruppe mehr. Dabei sind wir sofort alle verständnisvoller und netter zueinander, wenn wir nach einer unserer Intensivzeiten mal wieder richtig viel zusammen im Kreis gesessen haben.

Wenn wir im Alltag schaffen würden, ganz konkret anders miteinander umzugehen, mehr zu vertrauen und zu wertschätzen, aber auch besser zu erkennen, wenn wir Egoismen ausleben, anstatt für die Gemeinschaft zu denken, könnten wir uns vielleicht auch den teuren Organisations-Entwicklungsprozess sparen, der jetzt auf der Tagesordnung steht. Ich denke: Hier liegt die Herausforderung am „Gemeinschaft bleiben" oder besser am „als Gemeinschaft interessant bleiben." Ich kann mir da wunderbar an die eigene Nase fassen. Ich habe mittlerweise drei Kinder und etliche Arbeitsprojekte. Abends bin ich bei den Kindern oder müde oder gebe mich meiner Sucht nach Unterhaltung hin (Serien, Filme, Bücher). Ich bin selbst nicht oft bei gemeinschaftlichen Veranstaltungen und tappe so selbst ständig in die Falle der verkopften Diskussion, die an der Notwendigkeit einer gemeinschaftlichen Verbindung vorbeigeht. Mit einem wie mir ist doch „Gemeinschaft" kaum zu machen! Andererseits: genau darum geht es ja. Eine Kultur für „Gemeinschaft" zu erfinden, die die ganze Vielfalt an Menschen, Bedürfnissen, Lebensentwürfen integriert.

Geht der Trend also auch bei uns, wie in den meisten Biografien (alt-68er!), von der Wildheit zum Gemäßigten, vom Abenteuer zum Bequemen, von der Holzbank zum Fernsehsessel? Oder verwechsle ich da mein eigenes Älterwerden mit dem meiner Gemeinschaft?
Immerhin ist unser Ökodorf im sozialen und ökologischen Vergleich mit der Mainstream-Gesellschaft immer noch ein Leuchtturm. Auf einem aktuellen Poster der Heinrich-Böll-Stiftung sind wir als eine der „Perlen der Energiewende" gut sichtbar auf einer Deutschlandkarte abgedruckt. Nach einer neuen Studie ist unser ökologischer Fußabdruck in den letzten 15 Jahren sogar noch kleiner geworden.
Und während ich mich frage, ob Sieben Linden an Biss verloren hat, hat sich der Mainstream

da draußen ja auch verändert – und seine Geschwindigkeit in Richtung Wasserfall (Vorheriger Artikel) hat noch mehr zugenommen als unsere in Richtung Bequemlichkeit. Außerdem: Wir haben uns ja auch verändert, weil wir aus Fehlern gelernt haben. Zwar wird inzwischen kein Haus mehr von Hand gebaut wie 2001 bis 2003, aber dafür haben wir die Arbeit so strukturiert, dass sie ohne totale Überforderung machbar ist. Und wir ziehen nebenbei Kinder groß. Von denen gab es keine in der Nachbarschaft des Club99, die damals in Sieben Linden die Fackel der absoluten Konsequenz hochhielt und ein Wohnhaus komplett ohne Maschinen herstellte.

Ich plädiere also dafür, von dem Ort, an dem wir stehen, weiterzulaufen. Wir haben uns nicht verirrt, wir müssen nicht nochmal den halben Weg zurück, wir müssen auch ganz bestimmt nicht nochmal von vorn anfangen. Mögen wir uns über die Bedeutung einer in vielen Jahren gefestigten Gemeinschaftsstruktur bewusst werden. Mögen wir uns klar machen, dass wir als etablierte Gemeinschaft sogar noch mehr als je zuvor die Gelegenheit haben, Modell zu sein. Wer, wenn nicht wir, könnte denn schaffen, das Gemeinschaftsleben als gut funktionierende Alternative zum Dasein als bloße*r Konsument*in auszubilden? Lassen wir Raum für Innovationen und begrüßen frischen Wind, aber tun wir nicht all die Vereinbarungen, die wir über die Jahre getroffen haben, als verkrustetes Regelwerk ab: Schauen wir sie uns lieber an, reden wir darüber, freuen wir uns, dass wir es schaffen, uns mit „Vereinbarungen" zu organisieren und nicht über „Gesetze".

Das Problem ist, dass uns dabei kaum jemand helfen kann. Da stehen wir jetzt als funktionierendes Ökodorf und keiner weiß wirklich, wie wir jetzt weitermachen sollen. Wir haben in unseren Reihen Leute, die Menschen bei der Gemeinschaftsgründung beraten, aber an wen sollen wir uns wenden, um noch besser zu werden? Hilfreich ist allemal, wenn die Mitglieder der Gemeinschaft für sich klären, was ihre eigenen Bedürfnisse sind und was die Gemeinschaft überhaupt damit zu tun hat. Meine eigene Ahnung geht dahin, dass an dieser Stelle einiges projiziert wird und es Erwartungen an die Gemeinschaft gibt, für deren Erfüllung sie gar nicht zuständig ist. Wenn ich meine eigene Situation analysiere, dann kann ich meine manchmal fehlende Anbindung an die Gemeinschaft zum Beispiel leicht damit erklären, dass ich mich in einer Lebensphase befinde, in der ich mich auch nicht so viel einbringen kann. Aber was es genau braucht, kann ich nicht beantworten.

Gemeinschaft sein und bleiben, jedenfalls:
Wenn das nicht die allergrößte Herausforderung ist.

Auch dieser Text wurde den im Buch vorgestellten Gemeinschaften vorgestellt, mit sehr bereichernder Resonanz:

Eva, Ökodorf Sieben Linden (1997 gegründet), Seite 214:

Du sprichst mir, als Mitbegründerin Sieben Lindens, in vielem aus der Seele, aber etwas möchte ich doch korrigieren. Mein Bild ist nicht, dass wir an so einem Punkt stehen, wo uns keiner mehr weiterhelfen oder beraten kann. Wir haben in unserer Geschichte so viel von so vielen unterschiedlichen Quellen gelernt, und das können wir auch weiterhin tun.
Keine Schule, kein Berater hat ein Patentrezept für uns - aber auch nicht für Gemeinschaften in Gründung. Wir können sehr viel voneinander und von anderen Menschen, die sich für eine Veränderung einsetzen lernen: Was Organisationskultur angeht, können wir von Soziokratie und Frederik Laloux (Reinventing Organisations) lernen. Was Bewusstheit für Gruppenprozesse angeht, vom Forum des ZEGG, von der GFK, von der Deep Democracy der Prozessorientierten Psychologie, und vielen anderen Inspirationsquellen. Was Umgang mit Informationsmanagement angeht, von alternativen Plattformen... Und so gibt es nach wie vor viele Quellen, aus denen wir lernen können.
Und im Endeffekt ist jeder Weg einzigartig, und jede Gemeinschaft muss ihren eigenen Weg finden. Der Gemeinschaftskompass, den wir aus unserer Erfahrung im Ökodorf Sieben Linden entwickelt haben (www.gemeinschaftskompass.de), ist daher auch kein „Schritteplan", sondern er zeigt auf, auf welche Bereiche geachtet werden muss - und das gilt für entstehende Gemeinschaften wie für schon lange bestehende Gemeinschaften wie unsere.

Gerheart von Bültzingsloewen, Nature Community (2014 gegründet), Seite 194:

Leicht und komfortabel erlebe ich das Leben bei uns in der Nature Community in der bayerischen Oberpfalz auch nicht. Aber dafür ungeheuer spannend, vielfältig und herausfordernd – und das Gefühl irgendwie etwas Sinnvolleres zu tun als die 20 Jahre vorher als Projekt-Ingenieur in München, hauptberuflich im Mainstream und nur in der Freizeit „alternativ".
Die ersten drei Jahre in unserer ehemaligen Ferienanlage in Schönsee liegen hinter uns – es fühlt sich immer noch ein Stück wie Pionierphase an, aber gleichzeitig haben wir auch schon eine Menge aus Anfangsfehlern gelernt und ich glaube wir sind „über den Berg", d.h. wir sind in der Lage uns das Projekt 2025 und 2050 vorzustellen – mit sehr positiven Szenarien, die wir überraschend übereinstimmend in unserer letzten Intensivzeit entwickeln konnten.
Ein Anfangsfehler war eine ungefilterte Willkommenskultur in Kombination mit dem Ideal „Jeder bringt ein, was er kann und bekommt, was er braucht". Und dazu noch die Vision eines internen geldfreien System... Das hat Menschen angezogen, bei denen die Balance nicht gepasst hat: Auf der einen Seite „Mama Gemeinschaft bitte versorge mich" und auf der anderen Seite „Überforderung beim Versorgen derjenigen, die es selbst nicht schaffen – finanziell, arbeitsmäßig und emotional". Im Nachhinein sehe ich es sogar positiv, dass wir Mitte 2018 in eine wirtschaftliche Schieflage zu rutschen drohten – das hat uns geholfen durch wichtige Prozesse zu gehen und durch einen finanziellen Mindestbeitrag jedes Bewohners und die Professionalisierung des Eventbetriebs wichtige Weichen in Bezug auf Nachhaltigkeit zu

stellen. Ein wichtiger Schlüssel war auch unsere Bereitschaft die inneren Themen konsequent anzuschauen, besonders die Tabuthemen Sex, Geld und Macht, die letztlich auch alles Energieformen sind. Zugegebenermaßen sind einige gegangen, die sich nicht ausreichend damit auseinandersetzen wollten. Diejenigen, die geblieben sind, sind aber nun stärker und balancierter miteinander verbunden. Ein bunter Haufen aller Alters- und Berufsgruppen sind wir, sehr divers aufgestellt, die sich gemeinsam auf die Forschungsreise begeben haben, wie Vertrauen und Frieden in einer nachhaltigen Umgebung wachsen und gedeihen können.

Volker Thielmann, Landhüter Wohnungsgenossenschaft (2013 gegründet), Seite 172:

Eine Gemeinschaft zu werden ist schon schwerer als sich die meisten vorstellen können. Zu sein und zu bleiben ist der nächste große Schritt! Das sehe ich ebenfalls so.
Gemeinschaft hat nichts mit „wir leben und wohnen mal zusammen" zu tun. Michael Würfel hat das schon ausführlich ausgeführt in „Wer ist Gemeinschaft?" in Eurotopia 2014*. Ich möchte dazu eine äußerst kurze Definition bieten: Eine Gemeinschaft ist idealerweise eine Gruppe, die gemeinsam etwas schafft, das der Einzelne nicht schaffen kann. Dabei ist es wichtig zu wissen, was Dieter Halbach im Eurotopia-Interview 2014 zu „Fehler beim Gemeinschaftsaufbau" gesagt hat. Seine 10 Punkte sind elementar einfach und trotzdem eine enorme Herausforderung für jede Gemeinschaftsbildung. Ich kann das Interview nur empfehlen, wirklich lesenswert!
Ich möchte zuerst den Punkt 2. herausgreifen: Strukturlosigkeit. Halbach bezieht sich darauf, wenn rechtliche und interne verbindliche Entscheidungsstrukturen fehlen. Ich möchte hier ergänzen, wenn sie vorhanden sind, aber als solche keine Berücksichtigung finden. Wenn es am Verständnis für das Vorhandensein von diesen Strukturen fehlt, sie dadurch nicht zum Einsatz kommen oder einfach untergegangen sind. Wenn nur Teile davon umgesetzt werden.
Es ist mir persönlich so ergangen und es war ein unangenehmes Erwachen, das eine Genossenschaftssatzung nicht allgemein verstanden wurde. Oft wurde nicht auf Grundlage der Satzung gehandelt. Es gab sogar Auseinandersetzungen darüber, ob eine Satzung gut ist. Ich bin selbstverständlich davon ausgegangen, dass eine Satzung die Grundlage des gemeinsamen Handels zum Erreichen des gemeinsam definierten Zwecks ist! Selbstverständlich ist nichts, das habe ich gelernt. So gibt es Vorstellungen, Entscheidungswege und Vorgehensweisen, die nicht in der Satzung stehen, keinen Niederschlag in einer Geschäftsordnung fanden, denen kein allgemein definiertes Handlungsmuster zu Grunde liegt und neuen Mitgliedern dadurch gar nicht vermittelt werden können. Vielleicht sind die schon gelegten Grundlagen und Strukturen gar nicht so bewusst vorhanden oder es hat einfach noch nie jemand konkret darüber nachgedacht?
Es fehlt nicht an der Bereitschaft zur Gemeinschaft, doch versteht jeder unter „Gemeinschaft" etwas anderes - oder zumindest ist noch einiges zu klären. Dadurch gewinnt Halbachs Punkt 4 – „Erwartungen", an Fahrt. Wenn keine ideellen und materiellen Ziele definiert sind oder einfacher gesagt, Zielpunkte oder die nächsten Schritte nicht ausformuliert und für jeden verständlich nachvollziehbar sind, dümpelt das Gemeinschaftsschiff herum und wird nicht zielgerichtet zum nächsten Hafen gesteuert. Denn welcher Hafen soll denn angelaufen werden? So bleibt es wieder bei den unterschiedlichsten Vorstellungen im Kopf eines jeden

und wird nicht zur Gemeinschaftserwartung, zum Gemeinschaftsziel. Es kann sogar passieren, dass das Gemeinschaftsschiff während der Fahrt auseinanderfällt und alle ganz erstaunt sind, warum das jetzt passiert ist. Das ist eine Erklärung für das Scheitern von Gemeinschaften. So stellt sich Halbachs Punkt 10 in die Reihe, denn wenn die Gemeinschaft keine gemeinsame VISION, im Sinne einer künftigen Vorstellung hat oder eine Strategie, nicht nur im wirtschaftlichen Sinne, woran soll sich die Gemeinschaft ausrichten und orientieren? Oder wie oben angesprochen, was machen wir, wenn bei uns alles gut läuft?

Damit knüpfe ich an die Definition von Gemeinschaft an auf Seite 47 in Eurotopia 2014, die uns mit kurzen Worten aufzeigt was wir möglicherweise sind und vor allem was nicht oder „noch" nicht sind!

Interviewen wir uns über unsere Anfänge, die durchlaufenen Veränderungen, die Kompromisse oder die Gründe des Ausscheidens. Fragen wir uns in unseren Gemeinschaften, Wohnprojekten, Ökodörfern doch einfach mal gegenseitig, was wir wollen, was wir uns wünschen, wohin wir gelangen wollen! Es wird sicher sehr interessant sein. Alleine durch die Notwendigkeit des klaren und deutlichen Ausdrucks der Wünsche, Ziele, Bilder, selbst wenn es Traumbilder sein sollten, werden wir sehen, was schon an Zukunft in den Köpfen vorhanden ist. Danach können wir gemeinsam streben. Mit Spaß, Freude und hoffentlich mit Liebe und Leichtigkeit!

*Die Artikel aus der eurotopia-Ausgabe von 2014 stehen auf eurotopia.de/artikel2014.html

Martin von Oadien, Jakobgut (1997 gegründet), Seite 150:

„Mir tut es nur leid, wenn dabei so viel Kraft verbraucht wird, dass den Leuten die Lust auf Gemeinschaftsleben vergeht."

Vielleicht geht es vielen dabei um möglichst direkte Selbstverwirklichung? Vielleicht liegt das daran, dass viele Suchende kaum wissen, wer sie eigentlich sind? Und kann man wirklich gemeinsam mit anderen leben, wenn man tief in sich fühlt, das nicht zu wissen? Also erst Suche nach Ideen, deren Verwirklichung. Suche nach Menschen eher nur in diesem Rahmen als Mittel zum Zweck, nicht zuerst nach Gemeinschaft.

Wir versuchen dem so zu begegnen, dass wir zur Mitgestaltung ausdrücklich einladen, wenn denn die elementaren Grundlagen von uns und einem Interessenten möglicherweise zusammenpassen. Aber es wird wohl kaum nach solchen Möglichkeiten gesucht, vielen sind auch kaum Orte bekannt, an denen ihre Gedanken vielleicht umsetzbar wären (von daher wäre ein Online-Kurzverzeichnis für die Sache wohl ziemlich sinnvoll).

„Da gab es eine Begeisterung, die hat funktioniert wie gute Stoßdämpfer."

So wie ich es erlebe, ist es bei uns im „harten Kern" auch nach über 20 Jahren so (ganz vom Anfang ist praktisch keiner mehr dabei). Ich erlebe auch kaum eine Wiederannäherung an „den Mainstream", wie anderswo, was ich als großes Glück betrachte. Eher sind wir noch „verrückter" geworden.

Was ich für mich in mir seit einer Weile als großes Problem erlebe ist die Begegnung mit

Interessenten. Die oft stark begeistert sind und sich intensiv mitteilen möchten, sich erhoffen, ich würde ebenso begeistert davon sein. Die leidenschaftlich Gedanken mitteilen, die ich inzwischen oft schon hunderte Male so ähnlich mitgeteilt bekam.

Schauspieler möchte ich nicht werden, nicht quasikommerzieller Verkäufer, die Menschen die mir begegnen jeweils ernst nehmen, mich zeigen wie es in mir aussieht. Aber viele Interessenten können damit schlecht umgehen, sie wollen Begeisterung leben, ahnen nicht wie oft mir Vergleichbares schon erzählt wurde und dann mehr oder weniger nichts darauf folgte. Zumindest nichts, was ich erfahren hätte.

Solche Leute sind sich oft wohl auch nicht darüber klar, wie viel Aufmerksamkeit ihnen von uns geschenkt wird, was deswegen bei uns alles liegenbleibt. Sehen sie oft vor allem ihre egoistische Bedürfnisbefriedigung? Wie viele von ihnen haben sich schon erkennbar dafür interessiert, wie es mir geht? Was sie für uns tun könnten? Dafür, Menschen (uns) wirklich kennenzulernen (bei uns erst einmal schriftlich)? Sie wahrzunehmen? Und andersherum: Gelingt mir das noch gegenüber „immergleichen" Interessenten, die in meinem Empfinden zunehmend bedrohlich zu einer Masse zu werden drohen, auch wenn ich versuche mich dagegen zu wehren? Die viel zu sehr darauf bedacht sind uns zu gefallen, so sehr, dass das Individuum unkenntlich wird. Wie schade.

„In Sieben Linden diskutieren wir leidenschaftlich über unsere Entscheidungsstrukturen"

Ich traue mich kaum die Buchstaben aufzuschreiben: Bei uns ist es in den letzten Jahren eher so, dass wir uns nahezu gar keine Gedanken mehr darüber machten, wir kommen zur Zeit offenbar ohne aus (muss nicht so bleiben).

P.S.: Wenn auf die von uns gemeldeten Zahlen geschaut wird, könnte man auch denken, wir sind einfach eine recht überschaubare Gruppe. Tatsächlich gab es einiges Auf und Ab, wir waren mehrfach voll und hatten deswegen auch mehr Raum organisiert. Zur Zeit ist unser Schweinezyklus wieder eher unten angekommen.

Katja Dern, Hofgemeinschaft Kotthausen (2001 gegründet), Seite 146:

Auch wenn ich mit meiner 2jährigen Kotthausen-Erfahrung zu den Neuen hier gehöre (20 Jahre Gemeinschaftsgeschichte), so fühle ich mich doch angekommen genug, um mir ein Urteil darüber zu bilden. Bei uns in Kotthausen (26 Erwachsene, 14 Kinder) gab es in den vergangenen vier Jahren sehr viele Bewohner*innen-Wechsel. Nur 7 erwachsene Personen leben länger als vier Jahre an diesem Ort. Allgemein würde ich sagen, dass hier ein großer Pionier- und Innovationsgeist herrscht: viele neue Ideen, mit denen die Neuen teils auch die Alten angesteckt haben. Doch gibt es mittlerweile fast so viele Ideen wie Menschen an diesem Ort (vom Waldkindergarten über die Freien Schule zum Therapiezentrum) und ein entsprechendes Ringen um ein Gesamtkonzept für unser Dorf. Anders als beim Ökodorf Sieben Linden, das von Beginn an eine Vision verfolgte (wie der Name Ökodorf schon sagt), ist diese Vision bei uns nicht festgeschrieben. Wir stehen gerade im Prozess, uns in einer bestehenden Gemeinschaft neu zu finden.

Hierbei geht es nicht nur um das Vorbringen, Anhören, Diskutieren und Aushandeln von Ideen und Entscheidungen sondern besonders um die von Dir gezeichnete Gemeinschaftskultur. Über den Satz „Wenn wir im Alltag schaffen würden, ganz konkret anders miteinander umzugehen, mehr zu vertrauen und zu wertschätzen, aber auch besser zu erkennen, wenn wir Egoismen ausleben, anstatt für die Gemeinschaft zu denken, könnten wir uns vielleicht auch den teuren Organisations-Entwicklungsprozess sparen" musste ich schmunzeln. Ähnliche Herausforderungen sehe ich auch bei uns.

Das „Bullerbü", das viele Außenstehende ausschließlich in unserer Hofgemeinschaft sehen, ist nur eine Seite der Medaille. Ja, Gemeinschaftsleben ist bereichernd, verbindend und sinnstiftend, aber sie bedeutet auch ein hohes Maß an Engagement und Verantwortung für die Mitglieder der Gemeinschaft, den Ort, an dem wir leben, sich selbst und die eigenen Familie. Vielleicht wird es mit den Jahren der Gemeinschaftserfahrung leichter, doch vielleicht auch nicht.
Ich bin gespannt, was aus unseren sechs kleinsten Kindern (zwischen 1 und 2 Jahren) wird, die als Kindergruppe in dieser Hofgemeinschaft aufwachsen, zum Teil vom ersten Lebenstag an in ihr leben und täglich viele Stunden zusammen verbringen. Werden sie das Miteinander, Vertrauen und Wertschätzen verinnerlicht haben?

Martin Klotz-Woock, Basisgemeinde Wulfshagenerhütten (1973 gegründet), Seite 102:

Ich finde in vielem was du ausdrückst mich nach 30 Jahren Gemeinschaftsleben und uns als ganze Gemeinschaft nach 45 Jahren wieder. Bei uns geht es auch gerade darum, wie wir der nächsten Generation den Weg bereiten und offen dafür sind, was sie anders machen wollen. Ein spannender Prozess.

Öff Öff, Haus der Gastfreundschaft (1994 gegründet), Seite 142:

Nach meiner Wahrnehmung nimmt der ‚zersplitternde Individualismus' zu, in der Mainstream-Gesellschaft wie in den ‚alternativen Gemeinschaften', und auch schon bei den Gemeinschafts-Suchenden.
Anfragen nach den Bedingungen fürs Dazukommen in ein Gemeinschafts-Projekt, bei denen gleich dazu gesagt wird (z.B. von akademischen Doppel-Verdienern mit Kindern), dass sie ‚einen Rahmen aus netten Menschen' suchen, aber nur mit ‚Gemeinschaft light', z.B. ohne irgendwelche verbindlichen gemeinsamen Entscheidungs-Strukturen (weil das schon in ihrer Klein-Familie kaum zu schaffen sei) – da hätten wir ‚Kommune-Interessierten' vor 30 Jahren ungläubig die Augen aufgerissen und verdutzt gelacht: „Was haben die denn für ein Gemeinschaftsverständnis? Was kann denn daran als Suche nach ‚Alternativ-Kultur', nach ‚Werte- und System-Wechsel' aufgefasst werden?" Wenn wir es wenigstens schaffen können, dass wir über solche Dinge noch offen reden können, und nach vernünftigen Argumenten gehen können statt nach anderen, nicht-argumentativen Manipulationen, dann bleibt uns in dieser Orientierungs-Wüste vielleicht der grundlegendste Hebel erhalten, vielleicht sogar befreiter von unnötiger Ideologie als in früheren Phasen, und was können wir anderes, besseres, tun, als da weiter anzusetzen?

Noch ein paar Worte zu

Entscheidungen in Gemeinschaften

von Michael Würfel

So lange ich keine konkreten Beispiele im Kopf habe, scheint mir gar nicht schwierig, in Gemeinschaften Entscheidungen zu treffen. Wenn man sich die Beschreibungen der Gemeinschaften in diesem Buch anschaut, sieht man ja ziemlich genau, was die einzelnen Gemeinschaften wollen: zum Beispiel gemeinschaftlich, nachhaltig, gesund leben. Sind sich offensichtlich alle einig. Da ist es dann auch kein Wunder, dass bei Art der Entscheidungsfindung so oft „Konsens" steht.

Als langjähriges Gemeinschaftsmitglied wundert mich das eigentlich. Entscheidungen, die von allen so getragen werden, dass sie sich nichts Besseres vorstellen können, das habe ich fast noch nie erlebt. Konsens bedeutet zwar auch nicht, dass alle dasselbe wollen, aber doch, dass alle eine Entscheidung mittragen. Und das ist in der Praxis weniger einfach, als man meinen könnte. Dazu gleich mal ein paar Beispiele aus Sieben Linden (sozusagen die Referenzgemeinschaft für eurotopia):

- In den ersten Jahren der Gemeinschaft wurde klar, dass Handys in Sieben Linden unerwünscht sind. An das Willkommensschild am Dorfeingang wurde ein Schild mit einem durchgestrichenen Handy genagelt und wir schrieben und erzählten über uns, dass wir ein handyfreies Dorf sind. Eine dokumentierte Entscheidung war das nicht. 2018 wurde klar, dass etliche Menschen schnurlose DECT-Telefone benutzen, die genauso oder mehr strahlen wie Handys, und dass auch WLAN-Netzwerke im Dorf zu finden sind. Für die einen war klar, dass das genauso gebannt sein sollte wie Handys, andere sagten, dass der Beschluss (der ja eben, wie gesagt, noch nicht mal einer war) sich nur auf Handys bezöge. Dazu kam, dass einige ihre Handys trotz „Verbot" ab und zu anschalteten, um SMS zu versenden oder zu empfangen oder um ihre Messenger zu checken. Es wurde Zeit für eine neue Vereinbarung.
- Manche finden, dass ein zentraler Innenhof unseres Dorfes neu gestaltet werden soll. Andere finden das überhaupt nicht. Die einen wollen eine alte Komposttoilette verlegen, die dort einen zentralen Raum einnimmt und nicht mehr viel genutzt wird, die anderen sehen keine Notwendigkeit, finden den alten Kasten schön und schützenswürdig und würden die Zeit und das Geld für die Neugestaltungsaktion lieber ganz woanders investiert sehen.
- Es gibt ein Kaufangebot für Ackerland in der Nähe. Weil wir uns in einem Flurneuordnungsverfahren befinden, könnten wir Land, das wir jetzt kaufen würden, an unser bisheriges Siedlungsgebiet herantauschen – eine historisch einmalige Chance,

landwirtschaftliche Fläche direkt an unserem Dorf dazuzubekommen und einen Puffer zwischen unser Siedlungsgebiet und die konventionell bewirtschafteten Äcker drum herum anzulegen (Spritzmittel!). Das Land ist aber überdurchschnittlich teuer und der Kauf würde möglicherweise andere Investitionen, wie zum Beispiel die dringend gewünschte Vergrößerung unseres Gemeinschaftshauses, verhindern. Kaufen oder nicht?

Über alle diese Dinge muss ein Austausch stattfinden, in dem die verschiedenen Argumente auf den Tisch kommen – aber selbst danach werden sich nicht alle einig sein, weil Menschen die Situationen und Entwicklungen unterschiedlich einschätzen und jeweils andere Prioritäten setzen. Vielleicht sind reine Konsensentscheidungen möglich (also Entscheidungen, die von vielen befürwortet und von den übrigen nicht verhindert werden), aber einfach kommen sie sicher nicht zustande.

Die Vorstellung, nicht das machen zu können, „was ich will", ist für viele Menschen, die nicht in Gemeinschaften leben, ziemlich abschreckend. Immerhin haben diese Menschen erkannt, was für eine zentrale Rolle die Entscheidungsfindung im Gemeinschaftsleben hat – vielleicht haben die sogar schneller das Kernproblem begriffen als so manche*r Gemeinschaftsträumer*in, der/die eine Gemeinschaft erst plant, aber schon mal ganz genau aufschreibt, wie das da dann so laufen soll.

Wir in Sieben Linden haben das Konsensprinzip für uns so abgeleitet, dass wir eine Entscheidung umsetzen, wenn zwei Drittel der Stimmen „Ja" dazu sagen und niemand „Veto" ruft. Enthaltungen und auch Nein-Stimmen der übrigen Stimmberechtigten halten eine solche Entscheidung nicht auf. Ein Veto hat auch nur aufschiebende Wirkung. Das bedeutet, dass die Entscheidung jetzt nicht getroffen wird und nochmal an dem Beschlussvorschlag gearbeitet werden kann. Das fordert dann vollen Einsatz des/der Vetoträgers*in und eine Bereitschaft der restlichen Gruppe, auf den/die Vetoträger*in einzugehen. Gelingt keine Einigung, dann kann mit 2/3¬ Mehrheit entschieden werden.

Konsent ist eine interessante weitere Möglichkeit der Entscheidungsfindung im Rahmen der Soziokratie, die auf maximale Partizipation der Beteiligten setzt und Entscheidungen fördert, die „good enough for now and safe enough to try" sind (gut genug für jetzt, wir können es ja ohne Gefahr mal probieren) – braucht aber sehr viel Zeit und die physische Anwesenheit der ganzen Gruppe.

Systemisches Konsensieren als weiteres Beispiel ist eine Möglichkeit, nicht die Befürwortung für verschiedene Optionen abzufragen, sondern die Widerstände dagegen. Da wird dann umgesetzt, was den Wenigsten wehtut. Auch das führt oft zu interessanten Ergebnissen.

Egal, ob es letztlich ein Konsensprinzip ist oder eine Art der Abstimmung: Damit Entscheidungen gut getroffen werden können, muss die Gemeinschaft gut zusammenarbeiten. Sich dafür zu treffen, ist nur der allererste Schritt (und wahrscheinlich gibt es Entscheidungsmodelle, die auch ohne physisches Treffen auskommen). Wichtig ist auf jeden Fall, dass die sachlichen Argumente zu den jeweiligen Themen gesammelt werden, ohne dass die schon mit den persönlichen Meinungen, Schwerpunktsetzungen und Emotionen vermischt werden. Es ist sicher auch wichtig, dass die verschiedenen Standpunkte (Meinungen) gesammelt werden, aber da wird es auch schon schwierig:

- Menschen können sehr unterschiedlich gut reden. Manche können flammende Plädoyers halten und andere trauen sich kaum, vor anderen überhaupt was zu sagen, mal abgesehen von den unterschiedlichen Sprachkenntnissen oder vom Bildungsstand. Dieses Problem gibt es auch beim schriftlichen Austausch.
- Manchen scheuen sich nicht (und merken es nicht einmal) zu manipulieren, indem sie ihre Meinungen mit Betroffenheit oder Polemik unterfüttern. Mitunter werden Fakten zitiert die keiner Überprüfung standhalten würden, aber eben im Eifer des Gefechts auch nicht überprüft werden.
- Manche nehmen sich mehr Zeit, als ihnen zusteht (eigentlich wäre es jedem/jeder möglich, die zur Verfügung stehende Zeit durch die Anzahl der Beteiligten zu dividieren).
- Eine Gesprächsleitung müsste gleichzeitig rücksichtsvoll, Vertrauen erweckend, knallhart und 100 % präsent sein. Menschen sind so aber nicht.
- Bevor Meinungen ausgetauscht werden, müssten persönliche Störungen beseitigt, sachliche Fragen gestellt und beantwortet werden und bestenfalls Wertschätzungen für die zur Diskussion stehenden Vorschläge ausgesprochen werden. Das kann man strukturiert tun mit dem so genannten Farbkartensystem. Treffen verlieren mitunter etwas von ihrer Dynamik – aber oft ist das ganz gut so. Da melden sich alle, die was sagen wollen, mit farbigen Karten. Die roten heißen „ich habe eine Störung" und dürfen zuerst sprechen. Die orangenen bedeuten „Wertschätzung", die kommen als Nächstes dran. Gelb: „Ich habe eine Frage." Grün: „Ich kann Fragen beantworten." Dann erst blau: „Ich habe eine Meinung" (Mehr Infos über eine Suche im Internet nach „Coloured Cards decisions"). Weil wir faul sind oder naiv oder uns einfach andauernd überschätzen in unserer Gruppenkompetenz, machen wir (Sieben Linden) es dann meistens aber doch ohne Farbkarten.

Ich denke, dass wir „normale" Menschen mit normaler „Schulbildung", die nicht von klein auf in gut funktionierenden Gemeinschaften gelebt haben, eigentlich noch ganz viel lernen müssten, bevor wir versuchen, miteinander Entscheidungen zu treffen. Es gibt eine unüberschaubare Menge an Werkzeugen, die mehr oder weniger dabei helfen könnten, verbindender und verständnisvoller in gemeinsamen Austausch zu treten: emotionale und physische Austauschräume (Forum, Sharing, vielleicht auch spielen, kuscheln, Playfights), Kommunikations-Übungsräume wie Gemeinschaftsbildung nach Scott Peck oder gewaltfreie Kommunikation, und dann ganz viele Skills (Fähigkeiten) oder Kommunikationsziele, die sich Gemeinschaftsmitglieder – bzw. am Besten alle Menschen – selbst aneignen sollten (und die, wenn sie nicht schon in der Schule vermittelt werden, als Weiterbildung zur Verfügung stehen sollten):

- Selbst-Bewusstsein, Selbsterkenntnis: Sich selbst zuhören
- Emotionale Intelligenz: Gefühle erkennen und Bedürfnisse identifizieren
- Ausdruck: Für sich selbst sprechen
- Anderen genau zuhören

- Empathie zulassen (versuchen, Standpunkte/Gefühle der anderen nachzuvollziehen)
- Gerechtigkeit: Bereitschaft, so gut wie möglich die Bedürfnisse der anderen bzw. die Bedürfnisse aller zu befriedigen
- Tatsachen, Beispiele und Wissen recherchieren und vermitteln
- Genaue Beobachtung
- Überprüfung der (eigenen) Annahmen, Argumente und Beweise
- Kreativität zulassen und fördern, um neue Möglichkeiten zu eröffnen
- Ungewissheit und Paradoxie aushalten
- Spüren, was „das Ganze" braucht
- Gemeinsam entscheiden im Einklang mit gemeinsamen Werten und Vereinbarungen
- Offenheit für und Arbeit mit Feedback und Kritik

Nach: Joe Cole, „Skill Building for a Culture of Collaboration", Communities Magazine 181, Winter 2018, S. 44 (siehe Bibliografie)

Es bräuchte einen Raum, in den wir mit der Intention eintreten, für unsere gemeinsame Sache zu entscheiden und dafür das Beste zu geben, was wir geben können. Abgesehen von den Fähigkeiten, die wir dafür brauchen, kostet das Zeit. Ein extrem knappes Gut für die meisten. Wenn wir unsere persönliche Verantwortung für eine gute Entscheidungsfindung aber ernst nehmen (siehe Liste oben) und die Entscheidungssituationen gut gestalten und darüber hinaus Vertrauen zueinander und zu den ggf. vorhandenen Gremien haben, können gemeinschaftliche Entscheidungen und damit Gemeinschaften selbst hoffentlich irgendwann so gut funktionieren, dass die Sorge, sich mühsam zusammenraufen und mit unbefriedigenden Kompromissen leben zu müssen, unbegründet ist.

Foto: „Stamm", eine geplante Gemeinschaft in Eschwege, Seite 482. Das Foto am Anfang dieses Artikels teilt dasselbe Schicksal wie auf Seite 33 beschrieben - wir wissen gerade nicht, wer die netten Leute sind, aber ihre Gemeinschaft steht irgendwo in diesem Buch...

Kommune der Ausgegrenzten

SSM – Wir lernen im Vorwärtsgehen

Von Heinz Weinhausen

In Köln lebt nun schon seit fast 40 Jahren die Mülheimer Selbsthilfe Neues im Alten. Querköpfe - unwillens, bürgerliche Karriere zu machen - haben sich mit Verlierern und Ausgegrenzten der Konkurrenzgesellschaft zusammengeschlossen, ihr gemeinsames Ding zu machen. Gleichheit statt Ausbeutung, Miteinander und Füreinander statt Ellbogenmentalität, Inklusion statt Ausgrenzung, Aufstehen gegen Ungerechtigkeiten statt Ohnmacht, das sind ihre sozialistischen Leitsätze.
Ihr radikales Grundverständnis deutet schon darauf hin: Die SSM, die Sozialistische Selbsthilfe Köln-Mülheim, ist politische Kommune, ist praktische Kritik des kapitalistischen Systems. Nichts weniger als die Veränderung des Bestehenden hat sie sich auf ihre Fahnen geschrieben, nicht morgen, sondern hier und heute und mit den Menschen von hier und heute. Und mag die Veränderung auch nur klitzeklein sein mitten im Meer eines blinden betriebswirtschaftlichen business as usual, so zeigt jedes Fortschreiten den Protagonist*innen einer solidarischen Gesellschaft doch Tag für Tag: Ein andere Welt ist möglich.

Begonnen hat es spartanisch. Als am 3. November 1979 Tom Koch mit seinem Bolzenschneider die Kette am Tor zum Fabrikgelände der Düsseldorfer Straße 74 durchtrennte, konnte sich keine/r der zehn Besetzer*innen vorstellen, dass dieses mehr als tausend Hektar große Gelände mit seinen vier zum Abbruch vorgesehenen Gebäuden tatsächlich ihr neues Zuhause werden könnte. Früher war hier Schnaps gebrannt worden. Nun hatte die Stadt Köln das Grundstück erworben, nur um alles niederzumachen und dort Wohnhäuser in bester Rheinlage zu errichten. Die Verwaltung sollte wenigstens ein Ersatzgelände rausrücken, damit die Gruppe mit ihrem sozial-ökonomischen Projekt starten könnte, so der damalige Plan. Es gelang dann wundersamerweise tatsächlich nach 14 Jahren Besetzung – zeitweise ohne Strom und Wasser - einen langfristigen, günstigen Mietvertrag zu bekommen. Nach und nach besserte sich die Lebenssituation der Gruppe. Heute sind wir um die 25 Mitmachende.

In einigen anderen Stadtteilen gab es damals schon sozialistische Selbsthilfegruppen. Deren Geburtsstunde war dramatisch. Student*innen der 68er Bewegung hatten die Menschenrechte für die damaligen Heimkids gefordert. Diese waren gefängnisähnlich untergebracht und viele Jugendliche wurden Opfer der damaligen schwarzen Pädagogik, die mit drakonischen Strafen, Prügel insbesondere, die Heranwachsenden auf den rechten Weg zu bringen gedachte. Unter der Hand wurden die Heime und Anstalten so zum Tummelfeld für Sadist*innen und Sexualverbrecher*innen. Jugendliche flüchteten, mussten untertauchen und sich irgendwie durchschlagen, um nicht wieder in der Erziehungshölle zu landen. In Köln schauten Student*innen nicht weg und brachten die geflüchteten Heimzöglinge in Wohngemeinschaften unter. Es gelang ihnen, die Sozialverwaltung in Zugzwang zu bringen. Einige Häuser wurden den Aktivist*innen zur Verfügung gestellt. Die Kids mussten nicht mehr zurück und bekamen Sozialhilfegelder. Deren Betreuer*innen bekamen ein Gehalt. Als aber immer mehr nach Köln flüchteten, beendete die Verwaltung die Zusammenarbeit einseitig. Die Lehre: Auf Verwaltung und Politik ist kein Verlass. Ein Kern der Bewegung machte trotzdem weiter, aber ganz anders. Unabhängig von Staatsknete wollten Betreuer*innen und geflohene Jugendliche gemeinsam ihren Lebensunterhalt verdienen und sich weiterhin gegen Missstände wehren. 1974 startete die erste Sozialistische Selbsthilfegruppe Köln mit Null und nichts. Ein Hilfeaufruf brachte erste Erfolge. Ein heruntergekommener kleiner LKW wurde gespendet. Damit machte die Gruppe Wohnungsauflösungen und sammelte Möbelspenden ein. Der Nobelpreisträger Heinrich Böll stiftete ein Haus zum Wohnen und als Verkaufslager. Neues im Alten konnte beginnen.

Ein-Topf-Wirtschaft

Seit eh und je ist bei der SSM alles ganz einfach und durchschaubar. Alles Geld aus Wohungsauflösungen, dem Secondhand-Laden - inzwischen auch aus anderen Bereichen - kommt in den einen Finanztopf der Gruppe. Daraus werden die Haus- und Wohnkosten bezahlt, die LKW's unterhalten, politische Aktionen gestemmt, diverses Werkzeug und Maschinen angeschafft, es wird die Sozialversicherung beglichen, usw. Zum Schluss bleibt dann ein Taschengeld, das an jedes der Mitglieder des Selbsthilfevereins in gleicher Höhe zur persönlichen Verfügung ausgezahlt wird. Jedes Mitglied hat zudem ein Recht auf Wohnraum.

Mit weniger Geld besser leben

Eigenarbeit und Selbstversorgung sind der nachhaltige Clou bei der SSM. Viele gebrauchte Dinge vom Tisch bis zum Buch kommen aus den Wohnungsauflösungen. Wir heizen mit kostenlos besorgtem Holz, das wir zersägen und spalten. Wir wohnen in nach und nach selbst erbauten/renovierten Zimmern und Wohnungen. Das Mittagessen kommt aus den eigenen Töpfen. Das Know-how der Einzelnen steht allen zur Verfügung. Das »rechnet« sich. So braucht es deutlich weniger Erwerbsarbeit, um den Lebensunterhalt zu verdienen. Dies schafft Zeit für Soziales. Menschen mit Beeinträchtigungen haben ebenso ihren Platz in der Gemeinschaft wie die Fitteren. Es muss bei uns nicht wie in der Fabrik immerzu alles hoppladihopp zugehen. Dies ist „Neue Arbeit“ à la SSM. Dies bedeutet auch, sich jede Woche einen ganzen Vormittag für eine Vollversammlung Zeit nehmen zu können. Hier wird die Arbeit für die kommende Woche geplant, und es werden eine Menge Probleme zusammen gewälzt und meist auch gelöst.

Politik ist ebenso Arbeit

Wo Unrecht oder Misstand ist, da wehre dich redlich. So hat die SSM sich stets in das Stadtteilgeschehen eingemischt. Bei der Sanierung in den 80er Jahren rettete sie mit anderen einige Häuser vorm Abriss, die nun in Erbpacht gemeinschaftlich genutzt werden. Ein Bunker aus dem 2. Weltkrieg konnte in einen Kulturbunker umgewandelt werden. Es gab auch verlorene

Kämpfe, gescheiterte Hausbesetzungen, die Erfahrungen blieben. Heute ist ein Schwerpunkt die Mitarbeit in der Initiative »Frische Luft« mit dem Ziel, den motorisierten Durchgangsverkehr aus dem Stadtviertel zu drängen. Montagabends berät die Selbsthilfe mit Unterstützer*innen kostenfrei Hilfesuchende, die Ärger mit Behörden oder Vermieter*innen haben.

Kommune für jedermensch

Wer bei unserer Gemeinschaft mitmachen will, muss kein Abitur haben oder Geld einbringen, er muss nur guten Willens sein, sich ernsthaft einzubringen. Nach einer Woche des Kennenlernens bei der gemeinsamen Arbeit wird meist die vorläufige Mitgliedschaft beschlossen, inklusive Taschengeld und zunächst provisorischer Wohnmöglichkeit. Nicht wenige Menschen stranden beim SSM, weil sie in eine Notlage geraten sind, z.B. obdachlos wurden. Sie müssen dann meist den Gemeinschaftsgeist erst erlernen. Was heißt es beispielsweise, für sich wie für die ganze Gruppe Verantwortung zu übernehmen?

Viele Menschen lernen unsere Ohne-Chef-Selbsthilfe als Kund*in kennen, bei einem Umzug, einer Wohnungsauflösung, im Secondhand-Laden, im Konzert, in einem Seminar oder beim Yoga. Im Stadtteil setzen wir uns mit anderen für bessere Lebensqualität ein. Zu etlichen Initiativen und Parteien halten wir Kontakt. Mit alldem sind wir ein wichtiger Netzwerkknoten geworden.

Viele Menschen von „draußen" fasziniert, dass unsere Selbsthilfe an den Rand gedrängte Menschen vorbehaltlos in ihre Mitte aufnimmt und ihnen die Chance auf ein selbstbestimmtes Leben unabhängig von Sozialstütze gibt. Ein Unterstützer*innenkreis fördert uns gar bei Investitionen. Unser SSM-Geheimnis ist die Mischung: „Neue Arbeit" verbindet die Stärken der Einzelnen und gleicht ihre Schwächen aus. Und: Nicht nur kleine Bretter bohren, gerade auch dicke. Das dickste ist aktuell, den Neubau des Secondhand-Möbellagers samt Wohnraum zu stemmen. Tag für Tag lernen wir alle eine Menge dazu. Das hält uns lebendig und wir wachsen daran.

Siehe auch Seite 218. Fotos von Hubert Perschke, mit freundlicher Genehmigung

Camphill: Gemeinschaften mit besonderen Menschen

von Stefan Siegel-Holz

Menschen mit einer kognitiven Einschränkung galten bis weit in das 20. Jahrhundert hinein allgemein entweder als bildungsunfähig oder aber als lebenslang auf Erziehung angewiesen. Es war der Arzt und Heilpädagoge Dr. Karl König, der ein bahnbrechend neues Konzept in der Behindertenhilfe entwarf, das seitdem in der Öffentlichkeit vielfach Beachtung fand: die „Camphill-Gemeinschaft". Camphill war ein Ort in Schottland. Hier gründete 1940, mitten im Zweiten Weltkrieg, eine Gruppe von jungen jüdischen Geflüchteten um Karl König eine erste Gemeinschaft von Menschen mit und ohne Behinderungen.

Königs Idee war ebenso genial wie einleuchtend: Wenn es gelingen würde, geeignete Rahmenbedingungen zu schaffen, müsste es möglich sein, dass auch Menschen mit besonderen Hilfebedarfen umfassend am Leben eines Gemeinwesens teilnehmen und dieses mitgestalten. Das soziale Umfeld könne auf natürliche Weise therapeutisch wirken, wenn es grundlegenden Bedürfnissen entspricht: nach sozialer Einbindung, nach Wertschätzung, Selbstbestimmung, Herausforderung und Entwicklung. Gerade ein Erwachsener, der auf Hilfe angewiesen ist, braucht nach König Möglichkeiten, sich selbst einzubringen. Er will seinen Beitrag zum gesellschaftlichen Leben leisten, durch seine Arbeit Werte schaffen, die anderen zugute kommen und über die er Anerkennung erfahren kann. Der Erwachsene muss sich als Bürger eines Gemeinwesens mit Stimme und mit allen Rechten und Pflichten erleben. Er braucht freilich auch einen ihm gemäßen Schutzraum, wenn er den Herausforderungen des modernen Kapitalismus und Intellektualismus nicht gewachsen ist.

In drei wesentlichen Bereichen konkretisierte sich für König das gemeinsame Leben vor Ort: in Wohnen, Arbeit und Kultur. Damit war ein Konzept umfassender Inklusion und Normalisierung des Lebens von Menschen mit Behinderungen entworfen und wurde seit den 1950er-Jahren von Karl König und seinen Freunden konsequent umgesetzt. Der Erfolg der ersten ‚Camphill Dorfgemeinschaft' in Botton (England) verblüffte ihn selbst:

„Vom ersten Tag an war deutlich, daß das Dorfleben für die ‚Dörfler*innen' weder ungewöhnlich noch unzureichend war. Es war ihr Leben, und die ersten Dörfler*innen waren entschlossen, dieses Leben zu entwickeln. Überall in den Häusern, dem Stall, im Garten, im Feld und in den Werkstätten, in Kirche und Krankenhaus trugen sie dieses Leben mit wachsendem Verantwortungsgefühl und Bewusstsein. Ihr Pflichtbewusstsein wuchs gegen alle Erwartungen täglich. Am bemerkenswertesten aber war ihr Sinn für soziale Gerechtigkeit und das Verstehen des anderen. Sie halfen selbstverständlich dem schwächeren Bruder und trugen und ertrugen einander in einer moralisch bewundernswerten Weise" (König bei Hans Müller-Wiedemann, Karl König, S. 300). Das klassische Dorf hielt König für die angemessenste Lebensform, ohne sie für die allein mögliche zu halten. Er maß Landwirtschaft und Landschaftspflege eine wichtige Bedeutung bei. Infrastruktur und soziale Beziehungen sind im Dorf überschaubarer und direkter als in der Stadt. Der Bedarf an Hilfe steigt mit zunehmender Komplexität und Anonymität der Lebensstrukturen.

Königs Gedanken waren konsequent: Keine Frage war für ihn das Zusammenleben von Männern und Frauen in einem Haus ebenso wie das Zusammenleben der Generationen. Dorfgemeinschaften dürften auf keinen Fall verkappte Anstalten oder Krankenhäuser sein, in denen die Bewohner als Patienten angesehen würden. Überhaupt betrachtete König Menschen mit Behinderungen nicht als Menschen mit Krankheiten, sondern mit besonderen Schicksalsgegebenheiten.
Ein derartiges Dorf müsste sich so weit wie möglich durch die wirtschaftlichen Erlöse aus der gemeinsamen Arbeit tragen. Die Bewohner*innen des Dorfes, ob mit oder ohne Behinderungen, müssten sich in Prozessen gegenseitigen Gebens und Nehmens ergänzen – ein Leben nicht nur für Menschen mit Behinderungen, sondern mit ihnen; ein Leben, in dem erfahrbar würde, dass alle im Gemeinwesen aufeinander angewiesen sind. Ein solcher sozialer Organismus bräuchte in erster Linie Bauern/Bäuerinnen, Handwerker*innen, Kaufleute und Geistliche, nicht aber Fachpersonal zur Behandlung betreuter Menschen.
König verneinte eine eindeutige Unterscheidung zwischen Menschen mit und ohne Behinderungen, zwischen Helfern und Hilfebedürftigen. Vielmehr eröffnete sich für ihn eine neue Dimension im Ansehen des Menschen, wenn man ihn nicht in der vordergründigen Erscheinung belasse, sondern versuche, den dahinter liegenden Wesenskern zu erfassen. Das Behindertsein relativierte sich für König ohnehin durch den Blick weg von möglichen Defiziten hin zu den Kompetenzen des Betreffenden: Im Zusammenleben und -arbeiten scheinen neben den offensichtlichen Behinderungen eines Menschen ebenso seine Fähigkeiten, Begabungen, Talente auf.
Außerdem haben Menschen mit Behinderungen für Karl König einen besonderen Auftrag für die Menschengemeinschaft. Behinderte Menschen sind das soziale Gewissen einer Gesellschaft. Sie lehren uns die andere Seite des Lebens und den Umgang damit: die Auseinandersetzung mit Leid, Schmerz, Krankheit und Not. Sie lehren uns die Abhängigkeit voneinander und die Erlösung, die im Eintreten des einen für den anderen liegt. Menschen mit Behinderungen „sind nicht nur da, damit wir ihnen helfen, sondern sie sind da, damit uns durch sie geholfen wird. Es ist ein gegenseitiges Geben und Nehmen." (König bei Müller-Wiedemann, S. 478). Damit erleben wir in der Begegnung mit Behinderung eine Korrektur des modernen Menschenbildes, wenn es Jugendlichkeit, Schönheit, Leistung und Materialismus verherrlicht. So sind behinderte Menschen für König auch Vorboten einer neuen, menschlicheren, solidarischen Gesellschaft. Gerade sie hätten die Mission, Menschen zur Besinnung zu bringen.
Von Mitarbeiter*innen in einer solchen Gemeinschaft erwartete König eine grundsätzliche Bereitschaft zur Schicksalsbeziehung mit den Menschen, mit denen er zusammenlebt; eine Bereitschaft zur permanenten Selbstschulung; eine Bereitschaft, sich auf Gemeinschaftsprozesse ohne jegliche Überheblichkeit den Schwächeren gegenüber einzulassen; eine Bereitschaft, dem anderen neben sich Raum zu geben; eine Bereitschaft schließlich, die Kategorien Arbeitszeit, Bezahlung, Freizeit, Privat- bzw. Familienleben und öffentliches Leben grundlegend neu zu überdenken.
Auf diese Weise kann eine Gemeinschaft zwischen Menschen in ihrer ganzen Verschiedenheit entstehen: von Menschen mit diversen Fähigkeiten und Unfähigkeiten, von Männern und Frauen, Familien und Alleinstehenden, Jungen und Alten, von Menschen verschiedener Natio-

nen, Kulturen und Religionen. Camphill war von Beginn an eine internationale Bewegung. Kern der Lebensgemeinschaft war für König die Hausgemeinschaft, das gemeinsame Dach über dem Kopf, die gemeinsame Verrichtung des Alltags mit der Zubereitung von Mahlzeiten, Putzen, Wäsche, Garten, den ganz praktischen alltäglichen Tätigkeiten.
König dachte akzentuiert, seine Arbeit war prägnant. Als er starb, hinterließ er kein ausgewogenes systematisches Werk. Es blieb den Nachfolger*innen überlassen, seine Ansätze weiterzuentwickeln und der jeweiligen Wirklichkeit anzupassen. So wurden im Laufe der Jahre zahlreiche Camphill-Gemeinschaften in Anlehnung an bzw. in Weiterführung von Karl Königs Impuls aufgebaut. Vor allem in der ersten Zeit waren diese Neugründungen gewaltige Leistungen ihrer Pioniere, oft ohne tragfähige wirtschaftliche Grundlage, ohne das Wissen heutiger Sonderpädagogik, mit enormem Idealismus gegen alle Widerstände. Zahlreiche Impulse aus der Anthroposophie wurden im Zusammenleben verwirklicht: in Kunst, Architektur, Medizin und Therapien, im Ansatz der sozialen Dreigliederung und in vielem mehr. Das Leben in den Gemeinschaften entwickelte eine starke Eigendynamik. Es entstand eine Tendenz zur Konzentration der Gemeinschaften auf die eigenen Lebensbezüge und schließlich – gegen Königs Intention – eine Neigung zur Isolation gegenüber gesellschaftlichen Bezügen.
Dieser sozialtherapeutische Impuls entwickelte eine Menge kreativer Ansätze, die Königs Ideen in unterschiedlicher Weise weiterführten. Stadtgemeinschaften, die gegründet wurden, hatten den Vorteil, dass die Teilnahme am allgemeinen gesellschaftlichen Leben unkomplizierter und selbstverständlicher war. Kleine Hofgemeinschaften auf der Grundlage eines landwirtschaftlichen Betriebs ermöglichten ein hohes Maß an Klarheit, Überschaubarkeit und Orientierung im Naturkreislauf. Werkgemeinschaften entstanden mit deutlicher örtlicher Trennung zwischen Lebens- und Arbeitsbereich.
Camphill-Gemeinschaften bemühen sich darum, eine Lebenswelt zu schaffen, die den jeweils eigenen Bedürfnissen, Möglichkeiten, Fähigkeiten und Schwierigkeiten entspricht; einen Raum zwischen Unterforderung (z.B. durch Versorgungsroutinen) und Überforderung (z.B. durch gesellschaftliche Unübersichtlichkeit und Anonymität). Eine Gemeinschaft muss dabei in der Lage sein, Polaritäten in sich zu vereinigen: Sie ist vom Menschen mit Behinderung gefragt als ein Ort, der Inklusion in die Gesellschaft fördert und zugleich als eine Art Schonraum innerhalb der Gesellschaft. Sie wird gebraucht als ein Raum der Selbstbestimmung wie auch des Getragenwerdens, als Ort der Teilhabe wie auch des Rückzugs.
Es braucht eine Gemeinschaft, in der es normal ist, sowohl Hilfe zu bekommen als auch zu helfen. Es braucht die Gemeinschaft als ein verlässliches Umfeld von sozialen Bezügen und Einrichtungen, von Abläufen und Ritualen, die der eigenen Individualität entsprechen, die als wertvoll erfahren werden und dem Leben Halt und Tiefe schenken. Es braucht schließlich eine Gemeinschaft, in der das Leben als verstehbar, handhabbar und als sinnvoll erlebt wird, um, so die Resilienzforschung, die Persönlichkeit zu stärken. Im besten Fall gelingt Begleitung in Gemeinschaft so, dass sie als ein Lebensort irgendwann zu einem Stück Heimat wird.

Adressen und Karte der europäischen Camphill-Gemeinschaften siehe Seite 539

Kein Platz? Von wegen!

von Sonja Beutelmann (Text und Fotos)

Angekommen, abgeparkt, jederzeit abfahrbereit – theoretisch. Doch wer einen Wagenplatz bildet, ist gekommen, um zu bleiben. In Deutschland gibt es über 150 Wagenplätze, manche existieren schon seit Jahrzehnten. Immer wieder sind sie der Stadtpolitik ein Dorn im Auge – denn das Wagenleben befindet sich in einer rechtlichen Grauzone. Oft bedauert die Stadt, es gäbe keine freie Fläche für das gemeinschaftliche Leben in Bauwagen und LKW. Einer Gemeinschaft bleibt oft keine andere Wahl als eine der vielen städtischen Brachflächen zu besetzen. Manchmal lässt sich die Stadt danach auf einen Vertrag ein, selten wird die Kommune einfach geduldet, immer öfter kommt es zur Vertreibung. Warum wird

es Menschen so schwer gemacht, gemeinschaftlich in mobilen Gefährten zu leben?

Wagenplätze sind höchst verschieden. Auf manchen lebt der Punk, auf den wenigsten die Ordnung. Wohl alle haben den sozialen Gedanken des Lebens in einer Gemeinschaft. Manche Gruppen finden ein Privatgelände zur Pacht und bilden einen Wagenplatz fern von der Öffentlichkeit. Doch hinter den meisten Wagenplätzen steht ein politischer Gedanke wie der Protest gegen zu hohe Mieten oder die Legalisierung des Lebens im Wagen als selbstgewählte Wohnform. Besetzungen plädieren auch darauf, als ein auf dieser Welt geborener Mensch irgendwo ein Stück Land für sich beanspruchen zu dürfen. Ist es nicht ein Menschenrecht, irgendwo leben zu dürfen, auch ohne Geld dafür zu zahlen!?

Der Nutzen von Wagenplätzen für die Stadt ist keineswegs kommerziell. Die alternativen Lebenskonzepte sorgen für städtische Vielfalt und bieten mit spenden-basierten kulturellen Veranstaltungen eine Begegnungsstätte für Menschen unterschiedlichster Herkunft und verschiedenster sozialer Schichten. Viele Wagenplätze engagieren sich in anti-sexistischen, anti-kapitalistischen und anti-rassistischen Aktionen. Manche schaffen regelmäßige öffentliche „Küfa“ (Küche für alle), Infoveranstaltungen, Workshops und bieten einen Schlafplatz für Reisende oder Interessierte, die mal „probewohnen“ möchten. Wagenplätze sind beliebt in der Gesellschaft, doch die Politik sieht das anders.

Etablierte Wagenplätze mit öffentlichen Veranstaltungen sind oft mit eigener Webseite im Internet zu finden. Auch das autonome Zentrum der jeweiligen Stadt kann ein guter Ort sein, um von einem lokalen Wagenplatz zu erfahren. Da die rechtliche Lage für Wagenleben schwierig ist und manche Gemeinschaften auch unentdeckt bleiben wollen, gibt es kein vollständiges Verzeichnis.

Die Gründung neuer Gemeinschaften mit Bauwagen und Lastern ist in städtischen Gebieten äußerst kompliziert. Durch die Wohnungsbauoffensive in vielen Städten werden bestehende Wagenplätze verdrängt. Der Gesellschaft drohen damit der Verlust von Freiräumen, Erholungsstätten und alternativen Wohnformen. Die Politik verfolgt ihre kommerziellen Interessen. Doch Wagenplätze leisten Widerstand, denn auch ihre Wohnform hat eine Daseinsberechtigung. Oder wem gehört die Welt?

Die Anastasia-Bewegung von Jonas Duhme

Im Zuge der Arbeit an dieser Ausgabe des eurotopia-Buches sind wir vermehrt auf Siedlungsprojekte und Netzwerke der sogenannten Anastasia-Bewegung gestoßen, die ursprünglich ab Mitte der 1990er in Russland entsprang. Mittlerweile gibt es dort über 400 Landsitzprojekte, viele in der Gründungsphase, einige sind bereits von über hundert Familien besiedelt. Genauere Zahlen sind schwer zu erhalten, da die meisten Siedler*innen sehr stark „unter dem Radar" bleiben, was für Ökosiedlungen und Gemeinschaftsprojekte aber ja nichts Ungewöhnliches darstellt.

In den letzten Jahren ist die Anastasia-Bewegung, ihre zugrundeliegenden Bücher und ihr Konzept der Familienlandsitze auch in den deutschsprachigen Umwelt-, Ökodorf- oder Gemeinschafts-„Szenen" populärer und offensichtlich verbreiteter geworden. Expert*innen wie Betreiber*innen von deutschen Anastasia-Homepages sprechen von bis zu 15 nennenswerten Anastasia-Siedlungen oder ernsthaften Siedlungsinitiativen in Deutschland, darüber hinaus gibt es in fast allen Nachbarländern jeweils einige Familienlandsitze oder Projekte, die sich als inspiriert von Anastasia bezeichnen.

Aufgrund einiger Anastasia-Projekte, die um Aufnahme in dieses Verzeichnis baten, kamen wir also an den Punkt, uns zu fragen: Was ist diese Anastasia-Bewegung denn nun genau und wofür steht sie? Wer sind ihre Akteur*innen, was erklärt diesen Popularitätsanstieg? Und: Sollten wir eine Haltung dazu haben? Wenn ja, welche?

Die Anastasia-Bewegung fußt auf dem zehnbändigen Werk „Die klingenden Zedern Russlands" des russischen Unternehmers und Autors Wladimir Nikolaevich Megre (geb. 1950). In diesem beschreibt der fiktive (aber stark an Megre selbst angelehnte) Erzähler in einem fantastischen Reisebericht vom Zusammentreffen mit der edlen und reinen Sagengestalt Anastasia, die ausschließlich in und von der Natur lebt. Anastasia gewährt ihm spirituelle und vor allem tiefgehende Erkenntnisse in Fragen des Lebens, der Welt und der Spiritualität. Aus diesen und weiteren Erläuterungen diverser Vorfahren Anastasias entwickelt Megre im Verlauf

seiner Bücher eine sehr klare Konzeption und Vorstellung eines Lebensstils, nach dem der von ihm prophezeite anstehende Weltuntergang sowie künftige Kriege verhindert werden können und schlussendlich Frieden im ganzen Universum geschaffen werden würde. Grundlage dieses Lebens stellt das Streben nach Gesundheit und Reinheit dar, die nur durch die komplette Selbstversorgung auf einem Familienlandsitz erreicht werden können. Hierzu müsse pro Familie ein Hektar Land zur jeweiligen Lebensgrundlage umgestaltet und dort möglichst abgeschieden vom Rest der Menschheit gelebt werden, lediglich mit Anastasia-Nachbar*innen, die wiederum die umliegenden Grundstücke besiedeln.
Für Russland scheint überwiegend zu gelten, dass sich viele Menschen zum Anastasia-Mythos hingezogen fühlen, nachdem der raschen Auflösung der Sowjetunion und dem Zusammenbruch des Sozialismus ein hemmungsloser Kapitalismus und einem damit einhergehenden übermächtigen Oligarchie-Prinzip folgte, das viele Menschen „abgehängt" hat. Vereinsamung, Umweltzerstörung, Globalisierungen, fehlendes Vertrauen in die Politik oder Gesellschaft usw. mögen Faktoren sein, die für den Aufschwung der Anastasia-Bewegung (die Bücher erschienen ab 1996) und weiteren, ebenfalls auf einem strengen Ausstieg aus der Gesellschaft basierenden Gruppen eine entscheidende Rolle gespielt haben (wie z.B. den Vissarioniten, vgl. Seite 388). In Gesprächen mit progressiveren Mitgliedern der selbsternannten „Post-Anastasia"-Bewegung zeigte sich, dass es in Teilen der russischen Gesellschaft einen großen Trend hin zu einem radikalen Eskapismus gibt, für den die Anastasia-Bewegung ein starkes Symptom darstellt: Der Traum von einer Abkehr von der „bösen" Gesellschaft und allen mit ihr einhergehenden negativen Folgen, hin zu einem Akt der Selbstermächtigung und dem Erschaffen einer paradiesischen Insel der Glückseligkeit ist uns im Gemeinschaftskontext ja alles andere als unbekannt.

Warum also dieser Infotext? Offensichtlich wird bei der Lektüre von Beiträgen der Kritiker*innen sowie den Büchern selbst, dass Megre absolut präzise Vorstellungen eines guten, richtigen Lebensstils für jeden Menschen vorstellt, der danach strebt, die vollendete Stufe nach Anastasia zu erreichen. Alles andere, jeder andere Weg, jeder andere Lebensstil wird hierbei kategorisch ausgeschlossen und als „krank" oder „unrein" bezeichnet. Das Grundproblem der unreinen Gesellschaft sieht Megre offenbar, wenn man einen Abschnitt aus dem sechsten Anastasia-Band als Quelle nutzt, vor allem in einer angeblichen Steuerung der Welt durch eine geheime Kaste jüdischer Priester (Leviten), die seit Jahrtausenden die Geschicke der Gesellschaften steuerten. Das Volk der Jüd*innen stelle hierbei eine Art verlängerten Arm dar und seine Angehörigen griffen wie „programmierte Roboter" subversiv und konspirativ in Gesellschaften, Völker und Kulturen ein, um diese im Sinne der Leviten zu steuern. In dieser Programmierung sieht Megre den vorherrschenden Grund für die angebliche Geld- und Machtgier von Jüd*innen und konstatiert, dass somit auch eine Teilschuld für Pogrome bei den Jüd*innen selbst zu suchen sei. Auch Adolf Hitler sieht er hierbei lediglich in einer Linie mit vielen Herrschern, die sich zu solchen Taten quasi „gezwungen" sahen[1]. Das ist natürlich ein starkes Stück (rechter) Ideologie, mit dem wir die Anastasia-Gemeinschaften konfrontiert haben, die im Buch erscheinen sollten. Eine davon, aus Deutschland, hat wütend ihre Veröffentlichung zurückgezogen und uns vorgeworfen, Zitate aus den Büchern aus dem Kontext zu reißen und mutwillig zu misinterpretieren. Ein russischer Vertreter hat geschrieben: „Wir haben in Megres Büchern keine konkreten Aussagen zu Antisemitismus oder Rassismus gefunden, vor allem aber habe ich noch nie Menschen getroffen, die mit Anastasia zu tun hatten und so denken." Die anderen haben gar nicht geantwortet. Wir veröffentlichen die Selbstdarstellungen dieser Gemeinschaften jetzt mit einem Verweis auf diesen Artikel. Was uns schon irritiert, ist, dass sich niemand von der irren Aussage oben distanziert.

Zu totalitären Vorstellungen zur Lebensführung, dem intoleranten Gut-Böse-Dualismus gegenüber allem anderen und dem offenen Antisemitismus reihen sich in den Büchern Megres weitere Verschwörungstheorien, umfassender Geschichtsrevisionismus und Diskriminierung, wie beispielsweise Homophobie (in der „guten" Welt sind ausschließlich „natürliche" Kleinfamilien, ergo Vater-Mutter-Kind, vorgesehen) oder Rassismus. Dieser findet sich beispielsweise in einem extremen Ahnenkult wieder, der auf einer Theorie mehrerer Ursprungs-Rassen einzelner „reiner", homogener Völker und ihren seit jeher angestammten Lebensräumen basiert. Ziel der Gesamtbewegung müsse es sein, diese heute wiederzubeleben, beziehungsweise wiederherzustellen. Die Schweizer Fachstelle für Sektenfragen „infoSekta" stufte die Bewegung 2016 entsprechend als sektenhaft und problematisch ein[2].

Es mehren sich Berichte darüber, dass der Anastasia-Kult zumindest im deutschsprachigen Raum zu großem Interesse seitens rechts-esoterischer, antisemitischer oder völkisch-rechtsextremer Kreise sowie beim radikalen Teil der sogenannten Reichsbürgerbewegung führt. Es lässt sich hierbei nicht mehr behaupten, dass dort lediglich in ein paar unglücklichen Einzelfällen Grenzen verwischt würden. Vielmehr wird bei näherer Betrachtung offensichtlich, dass einige zentrale Akteur*innen der deutschsprachigen Anastasia-Bewegung Beziehungen zu den entsprechenden Szenen pflegen, in diesen aktiv sind, diesen oft entstammen oder ihre Gelände für rechtsextreme und verschwörerische Zirkel und Organisationen öffnen - oder gleich selbst für diese Zielgruppen Veranstaltungen, Treffpunkte und Vernetzungsorte anbieten. Themen wie Ökologie, Nachhaltigkeit und Naturschutz sind offensichtlich nicht zwangsläufig unpolitisch oder etwa per se links einzuordnen, wie heute überwiegend angenommen[3].
Nach Diskussionen innerhalb des Teams, einiger Recherchearbeit und unterschiedlichsten Kontakten und Gesprächen haben wir uns dazu entschieden, uns hinsichtlich der Anastasia-Bewegung nicht nur zu äußern, sondern explizit auf diese Problematiken innerhalb der

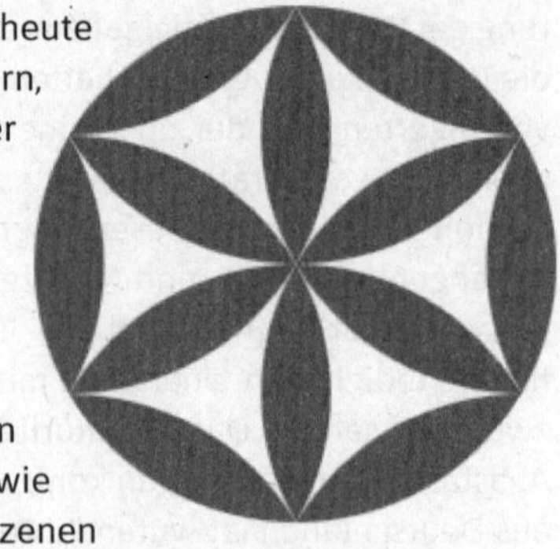

Anastasia-Ideologie sowie der Bewegung, wie sie sich heute überwiegend darstellt, hinzuweisen. Es liegt uns dabei fern, jedem Fan der Bücher oder Mitglied der Bewegung per se angesprochene Einstellungen oder Glaubensmuster zu unterstellen. Doch zum einen möchten wir darauf hinweisen, dass das Gemeinschaftsverständnis der Ideologie sowie die konkrete Lebenswelt von Anastasia-Anhänger*innen sich nur wenig deckt mit unserer Vorstellung von Gemeinschaft. Weitaus problematischer schätzen wir die aufgezeigten ideologischen Grundlagen ein, sowie die konkreten Verflechtungen in rechte und völkische Szenen und Kreise, deren Einstellungen und Weltanschauungen wir entschieden ablehnen. Die Aufforderung zu einem kritischen, unabhängigen Denken und einer alternativen, ökologischen Lebensweise können wir in Teilen nachvollziehen, die dargestellten konkreten Antworten und mitgelieferten Werte jedoch in keinster Weise.

Zur weiteren Lektüre empfehlen wir die erwähnte Überblicksdarstellung der schweizerischen Fachstelle für Sektenfragen (InfoSekta) von 2016, den 2017 in der Zeitschrift Oya erschienen Artikel „Anastasia – Die Macht eines Phantoms", die 2018 veröffentlichte Handreichung „Rechtsextreme Ideologien im Natur- und Umweltschutz" der deutschen Fachstelle für Radikalisierungsprävention und Engagement im Naturschutz (FARN) sowie die Stellungnahme „Anastasia und Familienlandsitzbewegung" des Permakultur Institut e.V. von 2018, jeweils online zu finden unter eurotopia.de/buchlinks → Anastasia-Artikel bzw. direkt (Stand 02/2019)58:

- http://www.infosekta.ch/media/pdf/Anastasia-Bewegung_10112016_.pdf
- https://oya-online.de/article/read/2777.html?highlight=anastasia
- https://www.nf-farn.de/system/files/documents/handreichung1_farn_fuer_web.pdf
- https://permakultur.de/neuigkeit/anastasia-und-familienlandsitzbewegung

Fußnoten:

[1] s. Megre 2011: Anastasia Bd. VI: Das Wissen der Ahnen, Verlag „Die Silberschnur", 5. Auflage 2011, Kapitel 6 (S. 170-174, je nach Auflage).

[2] vgl. InfoSekta 2016: Einordung der Anastasia-Bewegung im rechtsesoterischen Spektrum, S. 19.

[3] vgl. FARN 2018: Rechtsextreme Ideologien im Natur- und Umweltschutz. Eine Handreichung, S. 5.

Bilder: alle von Wikimedia

Foto neben Kapitelüberschrift: von Димон Рышков, CC BY-SA 3.0-Lizenz

Foto erste Kapitelseite unten: Amatciems, eine Anastasia-Siedlung in der Gemeinde Drabeši, Lettland - von Santa Zembaha, CC BY-SA 4.0-Lizenz

Foto Tanz: von Колпаковы, CC BY-SA 3.0-Lizenz

Symbol oben: stellt den Einklang der Verläufe der Sonne, des Tages und des Jahrs dar, von Karl321, CC BY-SA 3.0-Lizenz

Selbstbeschreibungen von Gemeinschaften und Ökodörfern in Europa

Gebrauchshinweise für den Datenteil

Alle in diesem Teil des Buches wiedergegebenen Informationen stammen von den Gemeinschaften selbst und entsprechen deren Selbsteinschätzung. Wenn Daten fehlen, dann haben die Gemeinschaften diese Angaben nicht gemacht.

Die Gemeinschaften **sind nach Ländern und innerhalb der Länder alphabetisch sortiert**. Einige europäische Länder mit nur wenigen Gemeinschaften sind am Ende zusammengefasst, damit wir sie auf einer Karte zusammen darstellen können. Die Karten am Anfang jedes Landes zeigen die ungefähre geographische Lage der dargestellten Gemeinschaften. **Die Nummern auf den Karten sind die Zahlen der Seiten, auf denen die Gemeinschaften beschrieben werden.** Wenn auf Seite 65 z.B. zwei Beschreibungen von Gemeinschaften stehen, dann steht die untere der beiden als Nummer 65B auf der Karte (demonstriert auf Seiten 64 und 65 jeweils rechts in den Titelzeilen der Gemeinschaften). Geplante Gemeinschaften ohne Ort sind nicht auf den Karten. Frankreich, Großbritannien und Deutschland haben so viele Gemeinschaften, dass die Karten durch ein Koordinatenraster ergänzt wurden; bei den Gemeinschaften steht rechts oben dann das Koordinatenfeld, in dem die Gemeinschaft auf der Karte zu finden ist.

Die Symbole in den Gemeinschaftsbeschreibungen werden auf Seiten 63 und 632 erklärt.

Die **Telefonnummern** ☎ sind so angegeben, dass sie aus allen Ländern gleichermaßen genutzt werden können. z.B. **+49-(0)4567-12345**:
+49 Das Plus steht für die Ziffern, die nötig sind, um vom Land, in dem ihr euch befindet, ins Ausland zu wählen (von Deutschland aus z.B. „00"), die Ziffer bis zum Trennstrich für die Vorwahl des Landes, in das ihr telefonieren wollt (49 ist z.B. die Vorwahl für Deutschland).
-(0)4567 Nach dem ersten Trennstrich „-" folgt die regionale Vorwahl. Wenn die Null eingeklammert ist (0), wird sie bei landesinternen Gesprächen vorangestellt, entfällt aber bei Anrufen aus dem Ausland. Wenn sie nicht eingeklammert ist, wird sie auch bei Anrufen aus dem Ausland vorangestellt (z.B. bei Anrufen nach Italien).
-12345 Nach dem zweiten Trennstrich folgt die Nummer des Anschlusses. Wenn mehrere Nummern bis auf die letzten Ziffern gleich lauten, haben wir nur diese hinter einem Trennstrich abgedruckt, die Ziffern davor bleiben gleich.

Ihr sucht eine bestimmte Gemeinschaft? Im **Index** am Ende des Buches findet ihr die Gemeinschaften nicht nur unter ihrem vollständigen Namen, sondern auch unter anderen gebräuchlichen Bezeichnungen - z.B. Kommune Niederkaufungen sowohl unter „Kommune Niederkaufungen" als auch unter „Niederkaufungen". Die **fettgedruckte** Seitenzahl ist die Seite, auf der die Gemeinschaft beschrieben ist.

Ein mächtiges Werkzeug ist die Funktion auf eurotopia.de/buchsuche, mit der alle Gemeinschaften im Buch nach Suchbegriffen durchsucht werden können. Das Buch ist dazu notwendig, denn die Suche gibt als Ergebnis die Seitenzahl der gewünschten Gemeinschaft aus.

In diesem Buch

In der folgenden Tabelle haben wir für einen schnellen Überblick festgehalten, wie viele Gemeinschaftsbeschreibungen/-Adressen wir auf den folgenden Seiten dieses Buches veröffentlichen - insgesamt und bezogen auf die jeweiligen Länder. Die Erläuterungen unten beziehen sich auf die erste Zeile, also die Zahlen insgesamt in diesem Buch:

Wir veröffentlichen 609 Gemeinschaften (plus eine, die wir uns ausgedacht haben). 93 Gemeinschaften sind noch im Planungsstadium (ab Seite 460), 516 gibt es wirklich (im Hauptteil des Buches, nach dieser Einführung). In unserer Datenbank stehen etwa dreimal so viele (siehe Vorwort), die folgende Tabelle ist also keine gültige Quelle zur Zahl von Gemeinschaften in Europa. Von den existierenden Gemeinschaften haben sich 87 als Hausprojekte und 44 als Siedlungsprojekte eingeordnet, jeweils „mit Gemeinschaftscharakter". Allerdings haben sich z.B. in England viele Gemeinschaften nicht als Hausprojekt eingeordnet, obwohl sie schon dem Namen nach ein Co-Housing-Projekt sind.

„Zusätzlich Camphill" sind die 87 Camphill-Gemeinschaften in den jeweiligen Ländern, die zusätzlich zu denen, die ausführlich beschrieben sind, in der Liste ab Seite 539 zu finden sind. „Gesamt Camphill" ist die Zahl der Camphill-Gemeinschaften insgesamt.

Weiterhin führen wir an, wie viele Adressen es noch aus der Ausgabe 2014 gibt (Seite 521) und wie viele „nützliche Adressen" pro Land ab Seite 572 veröffentlicht werden.

Die Zahlen sind fast ganz genau, möglicherweise gibt es kleine Abweichungen. Und über die „Netzwerke von Gemeinschaften" (ab Seite 536) sind weitere Gemeinschaften zu finden...

	gesamt	geplant	existierend	davon Hausprojekte (Selbsteinschätzung)	davon Siedlungen (Selbsteinschätzung)	zusätzlich Camphill	gesamt Camphill	noch aus 2014	Nützliche Adressen
gesamt	609	93	516	87	44	87	92	175	97
Belgien	15	4	11	6	0	0	0	4	2
Bosn.-Herzg.	1	0	1	0	0	0	0	0	0
Bulgarien	2	0	2	0	0	0	0	0	0
Dänemark	30	2	28	7	4	0	0	5	4
Deutschl.	225	33	192	27	11	11	11	34	40
Estland	2	0	2	0	0	1	1	0	0
Finnland	4	0	4	1	0	4	4	1	1
Frankreich	60	6	54	13	4	0	0	6	3
Griechenl.	4	0	4	0	1	0	0	3	1

	gesamt	geplant	existierend	davon Hauspro-jekte (Selbst-einschätzung)	davon Sied-lungen (Selbst-einschätzung)	zusätzlich Camphill	gesamt Camphill	noch aus 2014	Nützliche Adressen
GB	51	6	45	5	0	38	39	23	5
Irland	2	1	1	0	0	17	17	0	0
Island	0	0	0	0	0	0	0	1	0
Israel	3	0	3	0	0	0	0	1	0
Italien	36	9	27	1	5	0	0	6	2
Kroatien	1	1	0	0	0	0	0	1	1
Lettland	0	0	0	0	0	0	0	1	0
Litauen	1	0	1	0	0	1	1	2	0
Luxemburg	1	1	0	0	0	0	0	0	1
Niederl.	37	7	30	8	5	2	2	8	2
Norwegen	5	1	4	0	2	6	8	1	1
Österreich	21	6	15	7	1	1	1	2	3
Polen	2	0	2	0	0	1	1	2	0
Portugal	9	1	8	1	0	0	0	1	3
Rumänien	1	0	1	0	0	0	0	1	0
Russland	13	2	11	0	4	1	2	2	0
Schweden	18	2	16	5	3	3	3	4	3
Schweiz	20	2	18	1	2	0	1	3	5
Serbien	0	0	0	0	0	0	0	0	1
Slowak. Rep.	2	0	2	1	0	0	0	1	0
Slowenien	0	0	0	0	0	0	0	1	0
Spanien	26	5	21	0	5	0	0	6	5
Tschechien	3	1	2	0	1	1	1	0	0
Türkei	4	1	3	0	1	0	0	1	1
Ukraine	2	0	2	0	0	0	0	1	0
Ungarn	4	1	3	0	0	0	0	1	0
Zypern	0	0	0	0	0	0	0	1	0

WICH

Im eurotopia-Verzeichnis stellen sich Lebensgemeinschaften mit einer Beschreibung und ihren Adressen vor. Was für ein Geschenk! Wir von der eurotopia-Redaktion haben sie darum gebeten und tragen damit auch die Verantwortung mit, dass unsere Leser*innen achtsam mit dieser großzügigen Geste umgehen. Es ist nämlich keinesfalls so, dass alle Gemeinschaften in diesem Buch weitere Mitglieder suchen oder besucht werden wollen. Nein! Wir stellen dieses Verzeichnis zusammen, um Einblicke in die Welt der Gemeinschaften zu geben. Natürlich dient das Buch auch zur Kontaktaufnahme mit Gemeinschaften. Wir bitten unsere Leser*innen aber inständig, zu respektieren, wenn eine Gemeinschaft keine Kontakt- oder Besuchsmöglichkeit anbietet oder in der Beschreibung sogar darauf hinweist, dass ihre Kapazitäten ausgeschöpft sind.

Wenn eine Gemeinschaft nicht ausdrücklich dazu einlädt, dann ist es überhaupt nicht cool, ohne vorherige Kontaktaufnahme und Einladung einfach in einer Gemeinschaft aufzuschlagen. Das bringt Gemeinschaftsmitglieder mitunter in richtig blöde Situationen: Ihr könnt nicht aufgenommen werden, aber man möchte euch auch nicht wegschicken. Bitte vermeidet das unbedingt! Wenn ihr dann noch erzählt, ihr hättet die Gemeinschaft im eurotopia-Buch gefunden, dann steht sie in der nächsten Ausgabe wahrscheinlich nicht mehr drin. Selbst, wenn ihr die Gemeinschaft dann sowieso doof findet, weil sie ja so wenig gastfreundlich war: denkt bitte auch an die anderen Menschen, die in genau derselben Gemeinschaft vielleicht ihr Glück finden, und: SEID ACHTSAM.

Die gute Nachricht: Menschen in Gemeinschaften sind oft wunderbar, und werden versuchen, euch nach Absprache Möglichkeiten für Besuche oder Mitarbeit einzuräumen.

Oder sie bieten Seminare an, um ihre Gemeinschaft kennenzulernen.

Es ist nur wichtig zu verstehen, dass auch Menschen in Gemeinschaften Privatsphäre und Rückzugsmöglichkeiten brauchen. DANKE!

TIG

Legende

	Gemeinschaft in Planung
	Dieses Projekt war nicht in der letzten eurotopia-Ausgabe beschrieben
	Co-Housing-Projekt (mit Gemeinschaftscharakter)
	Siedlung (mit Gemeinschaftscharakter)
	Ökodorf (Selbsteinschätzung)
A1	Koordinate auf der jeweiligen Karte (Länder mit vielen Gemeinschaften)
	Telefonnummer, E-Mail-Adresse, Website
	Gründungsjahr
	befindet sich in der Stadt/in einer Kleinstadt oder einem Vorort/auf dem Land (dahinter: Größe des Anwesens)
(...)	jeweils dahinter in Klammern: die nächstgrößere Stadt
♀/♂/	Anzahl der Frauen/Männer/Kinder
	Anzahl aller Mitglieder (Ungereimtheiten zwischen dieser und den drei vorherigen Angaben haben wir einfach übernommen)
	Grad der Selbstversorgung mit Lebensmitteln
	in der Gemeinschaft gesprochene Sprachen (meist zzgl. Landessprache) d=deutsch, e=englisch, f=französisch, i=italienisch, sp=spanisch
	wie viele arbeiten innerhalb der Gemeinschaft (vor Ort, täglich anwesend)?
	wie viele arbeiten in gemeinschaftseigenen Betrieben?
	wer trifft wichtige Entscheidungen (in Klammern: auf welche Weise)?
	Art der Finanzierung
	Eigentümer*in (der Gelände und der Gebäude)
	ideologische/spirituelle Grundsätze
	Haupttätigkeitsbereiche
	Schlagworte
☺	neue Mitglieder sind erwünscht - dahinter: Aufnahmevoraussetzungen
	empfangen mitarbeitende Gäste nach Absprache (freie Kost und Logis)
( )	in Klammern gestellt: nicht ausdrücklich „gegen freie Kost und Logis“
	sind Teil der dahinter aufgeführten Netzwerke

Belgien

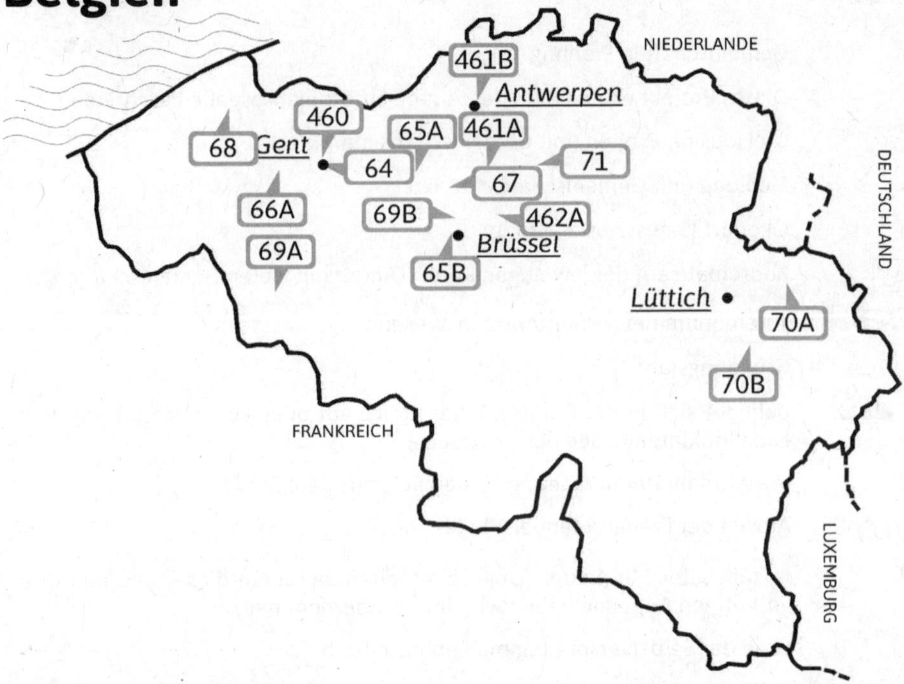

Aus Belgien veröffentlichen wir im Folgenden 11 existierende Gemeinschaften, davon sind 6 Hausprojekte. Weitere 4 geplante Gemeinschaftsprojekte in Belgien sind ab Seite 446 gelistet.

Cohousing De Schilders

64

Schildersstraat 5 | 9040 Sint-Amandsberg ☎+32-(0)48-607 26 06

steven@lowimpactman.be

2016 (bei Gent) ♀9 ♂3 7 19

- niederländisch, e, f
- ganze Gruppe (Konsens)
- individuelle Finanzierung des Baus, beschränkte gemeinschaftliche Finanzierung über Gemeinschaftskasse
- die Meisten sind Eigentümer, eine Wohnung wird gemietet
- ökologisch, sozial, feministisch
- zusammen leben
- ökolog., selbstverw., feminist., gewaltfrei, Bioernährung, Tagungshaus, Umweltschutz, altern. Energie, ökolog. Bauen, Humor, rauchfrei, regelmäßige Kunstveranstaltungen im Hause

Wir sind ein kleines städtisches Co-Housing-Projekt, welches auf ökologischen und sozialen Werten basiert. Wir leben in kleinen privaten Wohneinheiten und teilen uns viel Raum sowie

Autos, Dinge, Zeit, ein großes Klavier, Werkzeuge, Bücher usw. Unser neues Gebäude hat einen kleinen ökologischen Fußabdruck und wird zum größten Teil mit erneuerbarer Energie geheizt. Wir engagieren uns in lokalen Gruppen und Organisationen zu den Themen Car-Sharing, Wohnkooperativen, Feminismus, Kunst, Aktivismus und lokale Nahrungsmittel. Wir arbeiten mit anderen Lokalgruppen zusammen und versuchen, die Menschen für eine soziale und ökologische Lebensweise zu inspirieren.

Samenhuizen, in verschiedenen Lokalgruppen und Kooperativen aktiv

Co-Housing HuisElf Bruno Verschaeve

65A

Kakemanstraat 11 | 9280 Lebbeke ☎+31-(0)49-469 50 15

bewoners@huiself.be HuisElf.be

2006 2000 m² (bei Dendermonde) 5 % ♀3 ♂5 1 9

d, f, e, niederländisch 2

Besitzer*innen (meistens im Konsens) individuelle Finanzierung

einige der Bewohner*innen

ökologisch

ökolog., gewaltfrei, inneres Wachstum, Tagungshaus, Permakultur, biolog. Gartenbau, biolog. Viehwirt., ökolog. Bauen, Permakultur, Food Forest

☺

Bei diesem Co-Housing Projekt geht es in erster Linie ums Zusammenleben mit einigen Treffen, um zu kochen, zu essen, den Garten zu pflegen oder für Unterhaltung, inneres Wachstum...

Wir haben ein großes Gemeinschaftshaus für gemeinsame Aktivitäten und für Workshops aller Art. Das Gemeinschaftshaus ist auch der Ort, an dem die Freiwilligen leben.

→Siehe auch Beschreibung des Netzwerks „**WWOOF**"

WorkAway, voedselteams

Communauté de la Poudrière

65B

60 rue de la Poudrière | 1000 Bruxelles ☎+32-(0)2-512 90 22

contact@lapoudriere.be www.lapoudriere.org

1958 50 % ♀14 ♂38 8 60

f alle

alle (Konsens) gem. Einkommensökonomie

Second Hand, Recycling (Möbel), Landwirtschaft

Entwicklungshilfe, Selbstvers., gemeinsam zu leben lernen, multi-religiös

☺

Die Gemeinschaft „La Poudrière" ist ein Experiment, das seit 50 Jahren währt: Wir wollen zeigen, dass mensch zusammen leben und arbeiten kann, auch wenn wir verschiedene Hintergründe haben (Religion, sozialer Hintergrund, Alter...) und kein Geld vom Staat bekommen. Jede*r ist gefordert, sein/ihr Bestes zu geben. Wir teilen alle unsere Einkünfte und halten unser privates Eigentum auf sehr geringem Niveau. Wir essen dreimal täglich miteinander und treffen uns oft - daher sind französische Sprachkenntnisse sehr wichtig. Unser Hauptarbeitsbereich ist das Reparieren von Möbeln und anderen Gegenständen, aber wir produzieren auch Obst, Gemüse und Fleisch mit unserer Landwirtschaft. Jede*r hat sein/ihr eigenes Zimmer oder eine eigene Wohnung (Familien): Obwohl wir vieles teilen, respektieren wir Privatsphäre.

→Siehe auch Beschreibung des Netzwerks „**Emmaus**"
☺ Grundkenntnisse in Französisch

De Groene Doening

Beentjesstraat 28 | 9850 Poesele ☎+32-(0)486 853 907
ruth@veerenvlam.be veerenvlam.be/DeGroeneDoening/

2017 5250 m² (bei Gent) 30 % ♀7 ♂2 1 10

niederländisch, e, f, sp, g
alle Betroffenen (Konsens) begrenzte gemeinschaftliche Finanzierung
Eigentum von zwei Gemeinschaftsmitgliedern
ökolog., selbstverw., gewaltfrei, Permakultur, biolog. Gartenbau

☺

De Groene Doening ist eine Co-Housing-Gemeinschaft in Poesele, einem kleinen Dorf in der Nähe von Gent.
In unserer Gemeinschaft leben 10 aktive Menschen zwischen 14 und 61 Jahren, die eine lebendige Umgebung schaffen, in der wir uns selbst, die anderen und alles uns Umgebende wahrnehmen und schätzen. Wir sind offen und interessiert an Verbindungen, Nachhaltigkeit, Permakultur, Selbstversorgung, Selbermachen, erneuerbaren Energien, ethischen Banken, lokalen und biologischen Lebensmitteln, Brotbacken, Komposttoiletten... Uns ist es wichtig, in unseren Entscheidungen klar zu sein und sie mit Bewusstsein zu treffen.
Das Grundstück ist 5250 m² groß und besteht aus einem Haupthaus, zwei kleineren Gebäuden, einer Werkstatt, einer Scheune, einem Schafstall, einem Atelier, einem Obstgarten, einem Teich und bietet mehr als genügend Platz für Gärten und die Permakultur-Oase. Unser grünes Paradies beliefert uns reichhaltig und wir verarbeiten alles zu köstlichen Nahrungsmitteln: Kochen, konservieren, Lufttrocknung, fermentieren... wir lieben es, zu experimentieren!
Im Haupthaus leben um die fünf Personen. Sie teilen sich Bad, Küche, Essbereich und Wohnzimmer. Die kleineren Häuser, in denen Platz für ein Paar oder eine kleine Familie ist, verfügen über eigene derartige Einrichtungen. Einige Räume, wie die Werkstatt, werden von allen geteilt.
Einmal im Monat krempeln wir zusammen mit Freiwilligen die Ärmel hoch und organisieren an diesem Arbeitstag auch eine Führung für potenzielle Mitbewohner*innen. Herzlich willkommen!

Samenhuizen
☺ bewusst nachhaltiges Leben

De Okelaar

Oppemstraat 8 bus 13 | 1861 Wolvertem ☎+32-(0)479 297 126
mia_vr@yahoo.com www.okelaar.be

2012 3 Gebäude auf 32 ha (bei Brüssel) ♀18 ♂9 11 38

niederländisch, (f, e) noch niemand
nur ehrenamtliche Arbeit in der Gemeinschaft

Gemeinschaftsgruppe (Konsens)
bio-ökologisches Bauen und Leben, Fokus auf Zusammenleben und Sorge füreinander und für Menschen in Notlagen, spirituell offen für alle möglichen Arten religiöser und nichtreligiöser Visionen
Gemeinschaftszentrum: Zusammen und mit Nachbar*innen essen, Mieträume und Küche, Waschraum für Nachbarn, Café, kleiner Fairtrade- und Bioladen, Gästezimmer, Co-Working-Räume
ökolog., selbstverw., linkes Politikverst., gewaltfrei, spirit., ökumen., inneres Wachstum, Bioernährung, veget., Bildungsarbeit, Tagungshaus, biolog. Gartenbau, altern. Energie, ökolog. Bauen, barrierefrei, gelebte Nachbarschaft

☺

Das Okelaar:

- Zusammenleben für 23 Familien
- mit einem großen Gemeinschaftshaus, offen für die Nachbarschaft, für Vereine und Gruppen aus der Umgebung und von weiter weg
- mit drei Säulen: ökologisch - sozial - spirituell
- sehr altersgemischtes Publikum, mehrere Generationen vertreten
- sozioökonomisch diverse Gruppe
- Gemeinschaftshaus mit: Festsaal, professioneller Küche, Mehrzweckraum, Waschcafé, Bio- und Fair-Trade-Laden, Co-Working-Räumen, 2 Gästezimmern, 4 Jugendräumen
- offen für die Nachbarschaft: Bewohner*innen und Nachbar*innen essen gemeinsam
- ein Mini-Gemeinschaftshaus für drei sehr alte Menschen
- ein Pflegeheim
- Privatwohnungen, Mietwohnungen und Sozialwohnungen
- Alle Arbeit für die Gemeinschaft ist ehrenamtlich
- Rechtsform: CVBA-SO = Genossenschaft mit beschränkter Haftung und sozialem Zweck
- Als Genossenschaft verfolgen wir die 7 ICA-Prinzipien
- Zusammenarbeit mit einer SoLaWi-Selbsterntefarm
- wir teilen uns Autos, Fahrräder, Gemeinschaftsgarten, Waschmaschinen, Arbeitsgeräte, Gartengeräte

SoLaWi
☺ Engagement in unseren drei Grundpfeilern: ökologisch, sozial, spirituell

Eikenberg Cohousing Eikenberg

Zandtiende 33 | 8310 Brügge ☎+32-(0)470 306 786
cohousingeikenberg@gmail.com cohousingeikenberg.weebly.com

2016 4100 m² (bei Antwerp) ♀12 ♂15 9 27

niederländisch, e, f, sp

alle Betroffenen (Konsens) individuelle Finanzierung + Genossenschaft

Besitz aller/gemietet

ökologisch zusammenleben, Inklusion

ökolog., selbstverw., linkes Politikverst., gewaltfrei, inneres Wachstum, veget., körperl. Behinderte, Umweltschutz, Permakultur, biolog. Gartenbau, altern. Energie, neue Technologien, ökolog. Bauen, barrierefrei, Passivhaus, kein Gas, eigene Stromversorgung

☺

Eikenberg ist eine im Entstehen begriffene Gemeinschaft, die auf der Philosophie und den Grundlagen gemeinschaftlichen Zusammenlebens basiert:

- Passivgebäude: 18 Wohneinheiten und ein Gemeinschaftshaus
- energieneutral: keine fossilen Brennstoffe
- Förderung der biologischen Vielfalt: Kompensation von bebautem Land durch Gründächer und Fassadenbegrünung
- sanfte Mobilität: so wenig (Gemeinschafts-)Autos wie möglich
- ökologisches Leben & Teilen: den eigenen ökologischen Fußabdruck verringern und sich gegenseitig dabei unterstützen, ökologisch zu leben
- Inklusion: Cohousing Eikenberg möchte eine sozial einbeziehende Gemeinschaft bilden. Alle sind so weit wie möglich und entsprechend der eigenen Fähigkeiten in gemeinsame Aktivitäten involviert
- Selbstverwaltung: Wir gehen von der Eigenverantwortung der Pflegeempfänger*innen und vom Engagement und der Anteilnahme der Bewohner*innen aus. Wir schaffen eine Umgebung, in der Selbstverwaltung gefördert wird.
- Mitsprache: Um alle in den Prozess einzubinden, wird die Infrastruktur angepasst, Mitspracheverfahren werden festgelegt und es kann ein*e Koordinator*in ernannt werden, die/der die Pflegeempfänger *innen vertritt und ihnen eine Stimme gibt.
- Zusammenleben: Verschiedene Gruppenzusammensetzungen, alle Altersklassen (Familien/Singles mit Kindern, Paare, Einzelpersonen). Die Gemeinschaft ist vernetzt und offen in die Nachbarschaft eingebettet und ist ein aktiver Teil der lokalen und der breiteren Gesellschaft. Privatsphäre ist von grundlegender Bedeutung.

Cohousing Eikenberg wird von Menschen gegründet, bewohnt und verwaltet, die diese Ziele unterstützen und sich für die Umsetzung unserer Vision einsetzen. Die Entscheidungsfindung ist demokratisch und es wird ein Konsens angestrebt.

Carsharing, Wooncoop, Samenhuizen

☺ Anschluss an unsere Vision

Fondation „Mais Oui!"

Place de Velaines | 7760 Velaines ☎+33-(0)646 006 446
celine.courdain@hotmail.fr

2018 | 10 ha (bei Tournai/Lille) | im Moment 25 % | ♀6 ♂8 | 8 | 22

f, e, sp, niederländisch | alles freiwillig
besonderes Komitee (Konsens) | teils individuell, teils gemeinschaftlich

Besitz einer privaten, sozialen und kulturellen Stiftung
keine
Permakultur, Ökologie, Wohlbefinden
ökolog., selbstverw., inneres Wachstum, Meditation, Yoga, Pädagogik, Tagungshaus, Friedensarbeit, Umweltschutz, Selbstvers., Permakultur, Forstwirt., altern. Energie, ökolog. Bauen, Humor, soziale Werkzeuge, Gemeinschaftsbildung, Therapie, Kunst...

☺

Vor ein paar Jahren haben sich neun Familien zusammengeschlossen. Sie haben ein altes Schloss gekauft, welches in ein Kloster umgewandelt wurde, um es neu zu beleben rund um gemeinsame Ziele und Werte. Wir renovieren es und wollen es einerseits zu einem Mehrgenerationen-Cohousing-Projekt entwickeln, andererseits wollen wir verschiedene Projekte entwickeln, welche es allen erlauben sollen, ihre innere Natur mit der Natur um uns herum wieder zu verbinden. Wir haben kürzlich zwei weitere neue Familien aufgenommen und freuen uns, noch ein paar mehr willkommen zu heißen. Wir freuen uns auch über WWOOFer*innen und Couchsurfer*innen.

☺ Fragebogen und Zeit

L'Échappée

Drootbeek 30/05 | 1020 Brussels ☎+32-(0)473 128 810
contact@echappee.collectifs.net www.echappee.collectifs.net

2016 | ♀15 ♂15 | 15 | 45

f, e, sp, i, niederländisch
ökolog., linkes Politikverst., feminist., gewaltfrei, Tagungshaus, Friedensarbeit, altern. Energie, Humor, Migrant*innenhilfe, gemeinsame Ökonomie

Unser Projekt wurde ins Leben gerufen, um ein kleines Paradies im Herzen einer Stadt wie Brüssel zu bauen. Mission abgeschlossen ☺. Wir leben friedlich mit Rücksicht auf die Umwelt und die Menschen. Wir nehmen oft Migrant*innen für längere Zeiträume auf, um ihnen die Reise innerhalb Europas zu erleichtern. Darüber hinaus organisieren wir eine Akademie, um neuen Gruppen zu helfen, Hindernisse und Fallen zu umgehen. Zögert nicht, uns zu kontaktieren!

Foto: Kinderversammlung bei L'Échappée

La Communauté de la Verte Voie

Verte Voie, 13 | 4890 Thimister ☎+32-(0)497 176 990
maisonvertevoie@protonmail.com dbao.be/communautedelave

1973 0,5 ha (bei Verviers, Liège, Aachen) ca. 10

f, e, d

individuelle Finanzierung Eigentum einzelner Gemeinschaftsmitglieder

Bewirtschaften eines Grundstücks, Gemeinschaftsleben, Bildung

ökolog., linkes Politikverst., gewaltfrei, Bioernährung, Bildungsarbeit, Pädagogik, Tagungshaus, Friedensarbeit, Entwicklungshilfe, geistig/psych. Behinderte, körperl. Behinderte, Umweltschutz, biolog. Gartenbau, soziale Arbeit

☺

Die 1973 gegründete Gemeinschaft Verte Voie („grüner Weg") in Thimister ist heute (2019) schon 46 Jahre alt. Von Anfang an war es den Bewohner*innen ein Anliegen, die Idee des Gemeinschaftslebens mit einem Ort soziokultureller Bildung zu verbinden. Heute ist Verte Voie Sitz verschiedener Initiativen und Vereine für lebenslanges Lernen, die in der Region sehr aktiv sind, insbesondere in den Bereichen Ernährung und Recycling, sowie für Menschen mit Behinderungen.
Die Gemeinschaft Verte Voie ist:

- Ein Ort, an dem das gemeinschaftliche Leben echte Einsparungen ermöglicht und damit eine Antwort auf Wirtschafts- und Umweltkrisen bietet
- Ein Haus, das Begegnungen, Austausch, gegenseitige Hilfe und Geselligkeit zwischen den Bewohner*innen fördert und eine Alternative zum umgebenden Individualismus bietet
- Ein Zuhause, das die Möglichkeit bietet, Genoss*in in einem Gemeinschaftsprojekt zu werden
- Ein altes Gebäude mit Charakter, das ein angenehmes Wohnumfeld auf dem Land und eine sehr dynamische soziokulturelle Umgebung bietet.

„De bouche à oreille" (diese sind Teil von „Culture et developpement")

☺ Eigenständigkeit auf emotionaler, materieller und finanzieller Ebene, Interesse für Soziales, Politik und Kultur

☆ L'Arche Communauté d'Aywaille

Rue Mathieu Carpentier, 80 | 4920 Aywaille ☎+32 (0)4384 3143
secretariat.aywaille@larche.be www.larche.be/index.php/aywaille

1975 (bei Liège)

f, e, sp, (d) ca.15

Teil der Gruppe (Konsens wenn möglich, sonst entscheidet Leitung)

individuelle Finanzierung und öffentl. Mittel

Leben und Arbeiten mit (geistig) behinderten Erwachsenen

spirit., christl., Sozialarbeit, Bildungsarbeit, Pädagogik, geistig/psych. Behinderte

L'Arche Aywaille beherbergt und versorgt 40 Erwachsene mit geistiger Behinderung in insgesamt fünf Haushalten. Jeder Haushalt hat einen eigenen pädagogischen Schwerpunkt, der sich nach den Bedürfnissen der jeweiligen Bewohner*innen richtet: Schwere psychische

Behinderungen, Autismus oder Verhaltensstörungen, mittelschwere geistige Behinderungen, Alterspflege und körperlich eingeschränkte Menschen.
Tagsüber besuchen die meisten Bewohner*innen das Tageszentrum, in dem unterschiedlichste Arbeits- und Freizeitaktivitäten angeboten werden. Einige Bewohner*innen arbeiten auch in lokalen Beschäftigungsverhältnissen oder sind in ehrenamtlichen sozialen Projekten aktiv: Gemeindekrippen, Altersheime, Solidaritätsläden usw.

→Siehe auch Beschreibung des Netzwerks „**Arche nach Jean Vanier**"

Plukrijp wzv

Trommelstraat 24 | 2223 Schriek ☎+32-(0)15-233 560, +32-(0)487-107 270
frankruymen@gmail.com plukrijp.be

2007 1,5 ha (bei Antwerpen) 90 % ♀5 ♂5 2 12

e, f ,i, flämisch alle Anwesenden

alle Betroffenen gemeinsam (Konsens)

wir leben von den freiwilligen Spenden, die wir von unserem Netzwerk erhalten, damit zahlen wir die Basiskosten

Eigentum einzelner Gemeinschaftsmitglieder

Gärtnern, Erhalt von Samen, Arbeit mit Holz/Metall/... Essen zubereiten, täglicher Permakulturkurs

ökolog., selbstverw., linkes Politikverst., feminist., gewaltfrei, spirit., taoist., esoter., inneres Wachstum, Meditation, Yoga, Tantra, Bioernährung, veget., Bildungsarbeit, Friedensarbeit, Entwicklungshilfe, körperl. Behinderte, Umweltschutz, Selbstvers., Permakultur, biolog. Gartenbau, altern. Energie, neue Technologien, ökolog. Bauen, Humor, barrierefrei, rauchfrei, soziale Werkzeuge, Gemeinschaftsbildung, Handwerk, Arbeit mit Holz, Therapie, Kunst

☺

Plukrijp ist seit 1982 ein Permakulturhof. Wir empfangen 600 Besucher*innen pro Jahr sowie Kursteilnehmer*innen, Praktikant*innen, Student*innen und Menschen aus allen Lebensbereichen. Wenn du an einem alternativen Lebensstil mit Schwerpunkt Permakultur interessiert bist, kannst du gerne bei uns mitmachen. Im Laufe der Jahre sind wir zu einem international bekannten Ort für junge Menschen geworden, die Permakultur als Lebensstil üben und lernen wollen.

Arbeit = Liebe in Aktion; wir erwarten von allen unseren Freiwilligen, dass sie wertvolle Hilfe leisten, bitte keine mentale oder körperliche Erschlaffung. Jede*r, die/der bereit ist, 5 Stunden/Tag freiwillig zu arbeiten, ist herzlich eingeladen, sich uns anzuschließen.

Die Hilfe besteht aus: Holzbau, Bauwesen, natürlich Gartenarbeit; Kratzen, Säen, Gießen, Jäten, Konfitüren und Curry machen, Reinigen, etc... Eine Vielzahl von Aktivitäten, meist im Freien.

Wir haben das ganze Jahr über einen Theorie- und Praxiskurs für Permakultur. Kommt und schließt euch an, wir arbeiten nach dem Prinzip des Beitrags = ihr gebt, was es euch wert ist.

LETS Begijnendijk, LETS Heist op den Berg

☺ Bereitschaft neues Handwerk zu lernen, wahrhaftiges Interesse an Permakultur, Wunsch durch ehrliches Teilen zu wachsen. Kein Alkohol, kein Cannabis, keine sexuelle Belästigung, nach Möglichkeit keine Süchte (z.B. Nikotin, Kaffee)

Bosnien und Herzegowina, Bulgarien siehe ab Seite 433

Dänemark

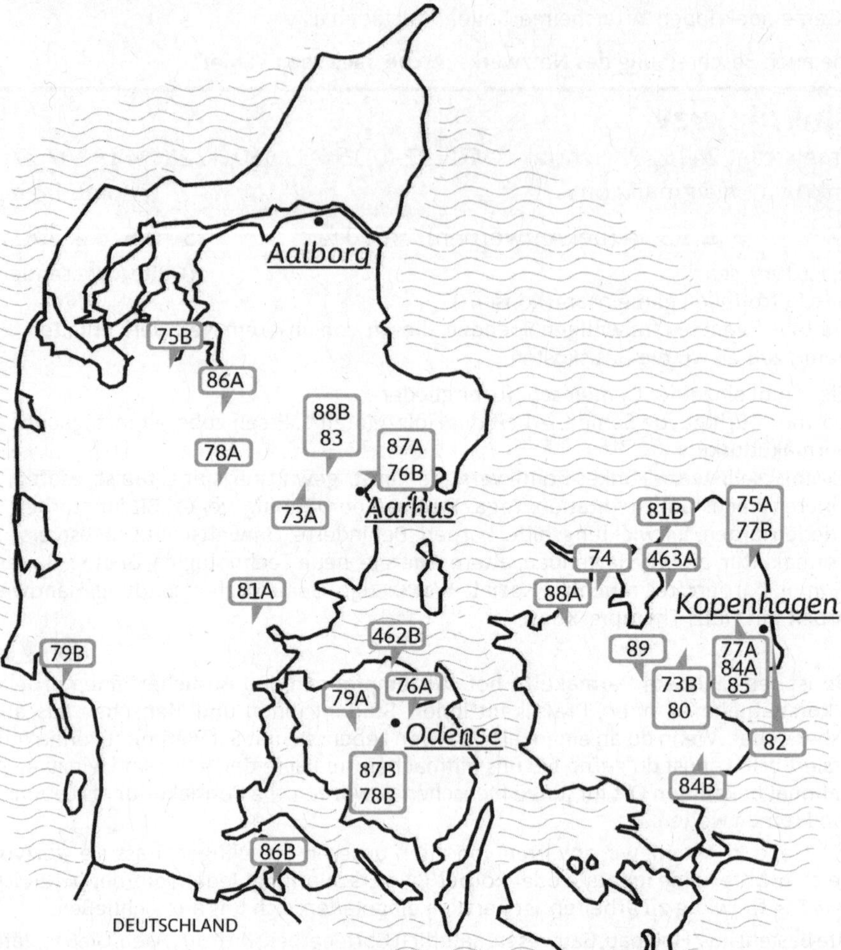

In der letzten eurotopia-Ausgabe hatten wir im Kapitel „Spaß mit Statistik" ausgerechnet, dass Dänemark im Verhältnis zu seiner Einwohnerzahl die größte Gemeinschaftsdichte besitzt. Damals standen insgesamt 17 dänische Gemeinschaften in unserem Buch. Im Folgenden präsentieren wir 28 existierende Gemeinschaften und 2 geplante ab Seite 462 - seine Spitzenreiterrolle hat Dänemark wohl verteidigen können (auch wenn wir uns den Statistikspaß diesmal gespart haben). Fantastisk!
Im Kapitel „Netzwerke von Gemeinschaften" sind zwei dänische Gemeinschaftsnetzwerke zu finden: Foreningen Bofællesskab.dk auf Seite 550 sowie LØS - Landforeningen Økologisk Samfund auf Seite 562. „Bofællesskabet" heißt übrigens „Wohngemeinschaft".

A-70 Toustrup Mark

Lykkegaardsvej 352-400 | 8472 Sporup ☎+45-8696-8361
hej@toustrupmark.dk www.toustrupmark.dk

1971 5 ha (bei Aarhus, Silkeborg) 1 % ♀19 ♂16 28 63

dänisch, e

alle Erwachsenen der Gemeinschaft (wichtige Entscheidungen werden in Gemeinschaftstreffen vorgestellt, diskutiert und beschlossen)

gemeinsame Finanzierung best. Ber. (Nahrung, Heizen, Strom)

gehört allen

ökolog., selbstverw., Bioernährung, altern. Energie, Musik, gute Nachbarschaft, Demokratie

☺

Heutzutage ist Toustrup Mark ein Ökodorf in Ostjütland mit 26 Privathäusern mit Bad und Küche. Soweit wir wissen, waren wir das erste Gemeinschaftsprojekt dieser Art in Dänemark; das Gelände wurde 1971 von einer Gruppe gekauft, nachdem ein Mitglied die Werbeanzeige „Dorf zu verkaufen" in einer Lokalzeitung gesehen hatte. In den ersten Jahren fanden viele Experimente statt (unter anderem gemeinsame Ökonomie oder Kleidertausch). Dies führte zu Konflikten, aber Toustrup Mark überdauerte sie, sodass es heute ein starkes und farbenfrohes Gemeinschaftswohnprojekt ist, in dem Menschen unterschiedlichen Alters zusammen leben: Eine Gemeinschaft mit vielen Gemeinschaftsräumen, die wir als Esszimmer, Küche, Musikzimmer, Waschküche, Billardzimmer, Autowerkstatt und vieles mehr nutzen. Die Gemeinschaft Toustrup Mark ist auf ca. 50.000 m² Land verteilt, auf dem wir Schweine halten und in den letzten Jahren ein Fußballfeld, einen Volleyballplatz, einen kleinen „See" mit Insel, viele Frucht- und Beerenhaine und einen Wald angelegt haben.
Wir alle genießen die gute Nachbarschaft sowie die praktischen, ökonomischen und ökologischen Vorteile eines Lebens in Toustrup Mark.

→Siehe auch Beschreibung des Netzwerks „**LØS**"

Absalons Have

Tønsbergvej 70 | 4000 Roskilde
bestyrelsen@absalonshave.dk www.absalonshave.dk

2005 10.000 m² ♀28 ♂28 35 90

dänisch, e, d

monatliches Gemeinschaftstreffen (Mehrheitsprinzip, wichtige Entscheidungen: 2/3-Mehrheit)

180 € Gemeinschaftsabgabe pro Haushalt, Essen wird separat pro Mahlzeit/Kopf bezahlt

Besitz aller/Bewohner*innen besitzen eigenes Haus

teilen, um das Leben für alle einfacher zu machen

Arbeit außerhalb

selbstverw., Humor, Easy Living, den Alltag einfacher gestalten

Absalons Have („Absalons Garten") ist eine Wohngemeinschaft in Trekroner, etwas außerhalb von Roskilde.

Die Gemeinschaft besteht aus 23 Familien und wurde im Juni 2005 gegründet. Hier wohnen ca. 90 Menschen, Erwachsene und Kinder. Die Gemeinschaftsaktivitäten umfassen: Gemeinschaftsessen (montags bis donnerstags), gemeinsame Verantwortung für Erholungsbereiche, Unterhaltung und soziale Aktivitäten wie Weihnachtstraditionen, Sommerparties, Jazzkonzerte und vieles mehr.

Bei unserem monatlichen Treffen werden Informationen ausgetauscht und wichtige wie geringfügige Entscheidungen durch demokratische Abstimmungen getroffen.

☺ Erwerb eines Hauses der Gemeinschaft

☆ Ananda Gaorii Ashram Farm and Learning Center

Holbaekvej 56 | 4560 Vig ☎+45-718 812 73, +45-315 030 80, +45-264 535 21
✉gaoriiconnections@gmail.com 💻www.anandagaorii.dk

1988 13 ha (1 h von Kopenhagen) 30

wir möchten spirituelles, gemeinschaftliches und nachhaltiges Leben erfahrbar machen

Yoga, Meditation, Biolandwirtschaft, Biobäckerei, Seminarhaus

☺ ()

Ananda Gaorii Ashram ist eine Gemeinschaft von Mönchen und Freiwilligen. Wir leben, arbeiten, essen und meditieren gemeinsam. Unser Tagesablauf umfasst Yoga und Meditation und unsere Aktivitäten bestehen aus dem Anbau unserer eigenen Bio-Lebensmittel, der Herstellung unseres eigenen Bio-Brotes, dem Verkauf unserer Produkte auf lokalen Märkten und in unseren eigenen Geschäften, der Durchführung von Retreats und Workshops sowie aus Gemeinschaftsaktivitäten wie der Sammlung und Verteilung von Lebensmitteln. Außerdem chanten und musizieren wir regelmäßig. Wir haben 1988 angefangen und sind als Bio-Bauernhof, Bio-Bäckerei und Seminarstätte zertifiziert. Unsere dreizehn Hektar Land befinden sich eine Stunde westlich von Kopenhagen in der dänischen Landschaft. Der Hauptzweck unserer Gemeinschaft ist es, jungen Freiwilligen, die 10 Monate oder länger bei uns leben, eine immersive Erfahrung im spirituellen, gemeinschaftlichen und nachhaltigen Leben zu ermöglichen. Für Kurzzeitgäste und Freiwillige bieten wir Retreats und Workshops zu Themen rund um Yoga, Meditation und dem ganzheitlichen Lebensstil an. Drei unserer Mönche leben hier dauerhaft, dazu kommen normalerweise zwanzig bis dreißig Freiwillige und sechs regulär angestellte Mitarbeiter*innen in der Bäckerei.
Es gibt die Möglichkeit zur zehnmonatigen Freiwilligenarbeit durch das Europäische Solidaritätskorps, aber wir stehen auch allen anderen Formen von Langzeit- oder Kurzzeitfreiwilligen (jeden Alters und Nationalität) offen, sofern sie Interesse an Yoga und Meditation haben. Bezahlte Stellen in der Bäckerei werden auch hin und wieder frei!

Andedammen

Andedammen | 3460 Birkerød
www.andedammen.net

1984 ♀16 ♂10 14 40

Andedammen („The Duck Pond") ist eine Lebensgemeinschaft, die 1984 in Birkerød, Dänemark, gegründet wurde und immer noch gut in Form ist. Wir sind als Wohngenossenschaft organisiert, die aus 17 Wohneinheiten mit ca. 40 Einwohner*innen aller Altersgruppen besteht.
Jeder Haushalt verfügt über eine private Wohneinheit, wir teilen jedoch einen bedeutenden Teil unseres täglichen Lebens und verfügen über umfangreiche gemeinsame Einrichtungen, um dies zu unterstützen. Normalerweise essen wir mehrmals in der Woche zusammen und kochen abwechselnd für die größere Gruppe in unserer Gemeinschaftsküche. Alle Aspekte unseres gemeinsamen Lebens sind demokratisch geregelt, allerdings mit einem hohen Grad an Delegation an Untergruppen mit unterschiedlichen Verantwortlichkeiten, wie Instandhaltung, soziale Aktivitäten, Recycling und Gartenarbeit. Ein Verwaltungsrat, dessen Mitgliedschaften periodisch auf alle Einwohner*innen verteilt werden, sorgt für die Koordination und beschäftigt sich mit externen Fragen.

Andelsboligforeningen Asgård

Asgårdvej 19 | 7800 Skive
mariannewarburg@gmail.com www.ab-asgaard.dk

1988 1 ha ♀19 ♂12 13 44

- dänisch, e
- jährliche Vollversammlung (Mehrheitsentscheidung)
- individuelle Finanzierung
- jede*r Hausbesitzer*in verfügt über einen Teil des Wertes der gesamten Gemeinschaft, je nach Größe ihrer/seiner Wohnräume.
- Gemeinschaftsanlagen, Instandhaltung und Reinigung von Gebäuden, Abfallsortierung, Kochen und gemeinsames Essen
- barrierefrei, rauchfrei

☺

Die Gemeinschaft wurde - wie auch viele andere Co-Housing Projekte in Dänemark - in den 80er Jahren gegründet. Der Hauptzweck war, eine Gemeinschaft zu schaffen, in der wir die vielen täglichen Aufgaben der Familien teilten: tägliche Mahlzeiten, die Pflege der Häuser und Gärten, die Betreuung der Kinder usw., sowie diverse Freizeitaktivitäten.

Bjergager Solby

Aasum Bygade 18 | 5240 Odense NØ ☎+45-702 23380
post@bjergager.dk www.bjergager.dk

2005 4 ha ♀2 ♂2 3 7

e, d, f, dänisch 3 3

alle sozial oder finanziell Betroffenen (Konsens, andernfalls per Mehrheitsbeschluss)

Eigentum eines Mitglieds

Spiritualität, politischer und künstlerischer Anspruch

Kunst, Festival, Seminare, Politik, Führung und Medien

ökolog., selbstverw., gewaltfrei, spirit., christl., esoter., anthroposoph., inneres Wachstum, Meditation, Yoga, Sexualität, veget., Bildungsarbeit, Pädagogik, freie Schule, Tagungshaus, Entwicklungshilfe, neue Technologien, rauchfrei, Kunst, Medien, Filmproduktion, TV-Sender, Esoterik, Therapie

☺ ()

Unser wichtigstes Bestreben in Bjergager Solby ist es, Liebe und Macht durch Weisheit zu verbinden und einen Rahmen für innere Entwicklung und Initiation in die esoterischen Geheimnisse zu schaffen.

Bjergager ist die Heimstatt des Excalibur-Projekts (www.ringoflife.org) und des größten Steinkreises, der in den letzten tausend Jahren in Skandinavien gebaut wurde. Bjergarder hat daher eine tiefe esoterische Ader, die sich in den sieben Kraftorten wie dem „Schwert der Wahrheit" und dem „Gralsgarten" zeigt, um nur die beiden wichtigsten zu nennen.

→Siehe auch Beschreibung der Netzwerke „**LØS, GEN Europe**"

esoterische Netzwerke, Transition Towns

Blåhøjen

Skelagervej 415a | 8200 Århus N ☎+45-315 025 77
gunner.byskov@stofanet.dk www.blaahoejen.dk

1983 2500 m² ♀18 ♂19 17 54

e, d, f

Gemeinschaft (bei Gemeinschaftstreffen an jedem ersten Sonntag im Monat)

gem. Ökonomie Gemeinschaftsbesitz

nein

an der Gemeinschaft arbeiten

selbstverw., Humor, barrierefrei, rauchfrei

☺

Die Grundlage der Gemeinschaft Blåhøjen ist es, alles selbst zu verwalten. Der wichtigste Punkt ist, dass wir jeden Tag zusammen essen. Wir entscheiden, wer hier leben wird und wir entscheiden, wie alles gemacht wird. Es funktioniert seit 34 Jahren perfekt und wir gehen davon aus, dass es auch in den nächsten 34 Jahren perfekt funktionieren wird!

☺ Zustimmung zu unseren Werten

Bofællesskabet Æblevangen

Æblevangen 41 | 2765 Smørum
johan.jacobsen@aeblevangen.dk www.aeblevangen.dk

1979 2 ha (bei Måløv, Copenhagen) 0 % ♀37 ♂38 24 99

dänisch, e keine*r keine*r
monatliches Gemeinschaftsplenum
(wir besprechen die Dinge und manchmal stimmen wir ab)
teilweise Gemeinschaftsfinanzierung - jede*r leistet einen bestimmten Betrag
Eigentümer
nein
gemeinsames Leben und Essen

☺ ( )

Das Gelände umfasst 36 Häuser, die Hälfte der Häuser wird von Familien (2-3 Kinder) bewohnt, die andere Hälfte von Erwachsenen, deren Kinder herangewachsen und ausgezogen sind. Ein paar Mitglieder leben außerhalb des Grundstücks, aber in der Nähe (Scheidungen) - außerdem haben wir noch das 600 m² große Gemeinschaftshaus. Einzelne Gruppen essen jeden Abend zusammen, andere zweimal pro Woche, manche mehr, manche weniger - da findet jede*r seinen/ihren eigenen Weg. Wir haben auch besondere Routinen und Traditionen, zum Beispiel Tage, an denen wir auf unserem Gelände oder im Gemeinschaftshaus zusammen arbeiten. Ein paar Mal im Jahr veranstalten wir besondere Feste. Es gibt keine schriftlichen Regeln, aber es gibt natürlich Dinge, die wir auf besondere Weise tun. Z.B. waschen wir in unserer gemeinsamen Waschküche die Wäsche, die als nächstes dran ist, oder wir helfen mit, wenn wir zu einer privaten Party eingeladen werden. Wir haben viele kleine Gruppen, die Yoga und Sport treiben, sowie Gruppen, die sich mit Gemeinschaftsaufgaben beschäftigen, z.B. welche Bäume gepflanzt, welche Bänke gestrichen oder wie gemeinsame Wege renoviert werden sollen.

☺ Kauf eines freien Hauses

Bofællesskabet Bakken The Co-House Community Bakken

Bakken 23 | 3050 Humlebæk +45-267 445 13
info@bf-bakken.dk www.bf-bakken.dk

1980 <0,1 % ♀27 ♂29 14 71

dänisch 0 wenige
Gemeinschaft (Mehrheit) individuelle Finanzierung
Privateigentum
Architekt*innen, Journalist*innen, Lehrer*innen und vieles mehr
selbstverw. ☺

Wir sind eine Gemeinschaft für Familien, die ein verbindliches Zusammenleben bevorzugen. Jede Familie hat ihr eigenes Haus. Wir teilen 5,5 ha Land sowie Nebengebäude um ein altes Bauernhaus, Schafe, Pferde, einen kleinen See und ein wunderbares Gemeinschaftshaus mit einem Musikraum und einem Spielzimmer für Kinder, das auch für andere Aktivitäten genutzt werden kann.

☺ du musst eines der 27 Häuser besitzen

Bofællesskabet Bøllingsø

Peter Svinths Vej 100 | 7442 Engesvang ☎+45-615 086 01
info@boellingsoe.org www.boellingsoe.org

1989 5000 m² 2 % ♀9 ♂6 3 18

e, dänisch
alle bei Gemeinschaftstreffen (Konsens) individuelle Finanzierung
Gemeinschaftseigentum (Wohnbaugenossenschaft)
Bildung, Therapie, Marketing, Kinderbetreuung, in Rente
selbstverw., biolog. Gartenbau, altern. Energie, Humor

Bøllingsø ist ein auf Eigenbesitz und Selbstverwaltung basierendes Gemeinschaftswohnprojekt. Die Häuser werden gemäß der Idee einer freundlichen Nachbarschaft gebaut. Wir haben ein Gemeinschaftshaus mit Platz für ca. 40-50 Personen. Jeden Abend von Montag bis Donnerstag essen wir zusammen.
Unser gemeinsames soziales Leben konzentriert sich auf die vier wöchentlichen Mahlzeiten, die verschiedenen Aufgaben bei der Haltung unser Hühner, der Gartenarbeit und der äußeren Instandhaltung unser Gebäude.
Außerdem haben wir einige Rituale rund um Weihnachten, die Neujahrsfeier, unsere jährliche Wochenendtour und eine einwöchige Busfahrt in ein anderes europäisches Land.

Bofællesskabet Bondebjerget

Sædekildegårdvej Bellinge | 5250 Odense SV ☎+45-289 199 01
rudy@bondebjerget.dk www.bondebjerget.dk

1982 58-112 m² pro Wohneinheit ♀70 ♂70 60 200

d, e
zwei Gesamtversammlungen pro Jahr (Mehrheitsentscheidung)
individuelle Finanzierung gemietet
altern. Energie

☺

Die Gemeinschaft „Bondebjerget" wurde 1982 gegründet, als eine Gruppe von Menschen nach einer alternativen Lebensform suchte.
Bondebjerget besteht aus vier Gruppen mit jeweils 20 Haushalten und einem gemeinsamen Haus. Die Wohnungen sind 58 m² bis 112 m² groß - und einige von ihnen für ältere und behinderte Menschen geeignet. Bondebjerget ist eine gemeinnützige Abteilung des Wohnungsverbandes CIVICA.
Unsere lebendigen Gemeinschaften stellen eine andere Art zu leben dar, in denen man sich besser kennt, als man es vielleicht gewohnt ist. Neben den vielen und großen Vorteilen, die wir durch dieses Leben haben, haben wir natürlich viele praktische Dinge zu tun und wünschen uns von Ihnen, dass Sie als Bewohner*in aktiv daran teilnehmen.
Wenn Sie fest nach Bondebjerget kommen möchten, müssen Sie an einem Informationstreffen teilnehmen, bevor Sie auf die Warteliste gesetzt werden. Darüber hinaus müssen Sie an einem gemeinsamen Abendessen in einer der Gruppen teilnehmen, bei dem sie erleben und erfahren können, wie ein gemeinsamer Tag des Lebens in einer unserer Gruppen funktioniert.

→Siehe auch Beschreibung des Netzwerks **„Foreningen Bofællesskab.dk"**
☺ ja

Bofællesskabet Drejerbanken

Drejerbanken 21 | 5492 Vissenbjerg ☎+45-275 783 96
lvalentiner@hotmail.com www.drejerbanken.dk

1978 1,25 ha (bei Odense) 10 % ♀19 ♂11 17 47

Dänisch, d, e
alle Erwachsenen (Konsens im Gemeinschaftstreffen)
gemeinsame Finanzierung best. Ber. Eigentum aller
Lehrer*in, Psycholog*in, Ingenieur*in, Arzt/Ärztin, Zahnarzt/Zahnärztin, Krankenschwester/-pfleger
ökolog., gewaltfrei, Tierschutz, Umweltschutz, biolog. Gartenbau, altern. Energie, Humor

☺

Unsere Gebäude sind als eine Gemeinschaft aus 20 Häusern und einem großen Gemeinschaftshaus mit gemeinsamer Wäscherei und Werkstatt etc. gebaut. Wir essen fast jeden Tag zusammen. Wir leben in einer wunderschönen Gegend auf dem Land. Wir haben einen großen Gemüsegarten, in dem wir einen Teil des Gemüses (natürlich bio) anbauen, das wir im Gemeinschaftshaus essen. Die Hälfte unserer Häuser sind Mietwohnungen, die andere Hälfte befindet sich in Privatbesitz. Drejerbanken basiert auf:

- stabilen und sozialen Beziehungen zwischen den Bewohner*innen mit gegenseitiger Verantwortung und Gleichberechtigung
- Schaffung sicherer und verbindlicher Bedingungen für die Kinder, die auch Beziehungen zu anderen Erwachsenen als ihren Eltern aufbauen können
- Entwicklung einer gemeinsamen Wohnform, in der sich die Mehrheit der Bevölkerung das Leben leisten kann (Eigentums- und Mietwohnungen).

☺ nur der Wunsch, in Gemeinschaft zu leben

Bofællesskabet Fladengrund

554 | 6710 Esbjerg
bofaellesskabetfladengrund@gmail.com www.fladengrund.dk

1980 ♀12 ♂12 3 27

dänisch, e
monatliche Treffen (Konsens/Mehrheitsabstimmung)
monatlicher Beitrag jedes Hauses zu einem gemeinsamen Budget
Häuser sind indiv. Privatbesitz

Fladengrund ist ein „bofællesskab", ein Co-Housing-Konzept in Esbjerg an der Westküste Jütlands. Es gibt zwölf Häuser, von denen jedes über einen eigenen Garten verfügt. Diese sind um ein Gemeinschaftshaus gruppiert, in dem zusammen gegessen wird, aber es gibt dort auch einen Waschraum, einen Fitnessraum, eine Werkstatt

mit Werkzeugen und vier Gästezimmer. Hinter dem gemeinsamen Haus befindet sich ein Feld mit Bänken und Tischen, Schaukeln und einem Trampolin für die Kinder sowie einigen Obstbäumen.
Wir essen normalerweise zwei Mal pro Woche zusammen, was bedeutet, dass man alle vier Wochen für etwa 20 Personen kocht. Andere Gelegenheiten für gemeinsame Mahlzeiten und Feste werden regelmäßig genutzt, z. B. Weihnachten, Neujahr, Hochsommer und wichtige Geburtstage. Die Teilnahme ist freiwillig. Es gibt auch spontane Aktivitäten - Gartenarbeit, Tagesausflüge, Bierherstellung usw. Gemeinsame Einrichtungen bedeuten, dass Einzelpersonen keine Gegenstände wie Waschmaschinen, Wäschetrockner, Rasenmäher oder große Werkstattgeräte kaufen müssen.
Es ist keine „Kommune" - jedes Haus ist in Privatbesitz und alle haben immer noch ihr eigenes Privatleben hinter der eigenen Haustür. Aber man weiß, dass alle anderen Haustüren offen stehen, wenn man jemanden braucht. Für uns bietet dieses System das richtige Gleichgewicht zwischen individueller Privatsphäre und Geselligkeit mit den Nachbarn.

→Siehe auch Beschreibung des Netzwerks „**Foreningen Bofællesskab.dk**"

Bofællesskabet Ibsgården

Ibsgaarden 62 | 4000 Roskilde ☎+45-294 676 52
ib@ibsgaarden.dk www.ibsgaarden.dk

1983 0,4 ha 2 % ♀18 ♂14 14 46

e, dänisch
keine*r keine*r

Vollversammlungen, ein gewählter Vorstand
(wir streben Konsens an, stimmen aber manchmal ab)

individuelle Finanzierung
Eigentum aller

selbstverw., linkes Politikverst.

☺

Unsere Gemeinschaft hat keine fest definierte ideologische Ausrichtung. Unsere Grundlage ist eher eine Mischung von Erfahrungen aus traditionellem Familienleben und einem mehr oder weniger experimentellen gemeinschaftlichen Lebensstil. Daher besteht die Gemeinschaft aus normalen Haushalten, kombiniert mit einigen Gemeinschaftseinrichtungen. Das bedeutet, dass jede Familie ihr eigenes Privatleben hat, sich aber gleichzeitig Esszimmer, Bücherei, Wäscheraum und Werkstätten wie z.B. auch ein Fotolabor mit den anderen teilt. Der/die Einzelne hat bestimmte Pflichten, wie z.B. die Gemeinschaftsräume zu putzen, dreimal im Monat zu kochen u.a. Aber abgesehen von den wenigen Pflichten genießen wir die angenehmeren Seiten des Lebens: Wir musizieren, spielen Theater mit den Kindern, feiern Neujahr zusammen und kochen haute cuisine – normalerweise – nur für die Erwachsenen.

☺ neue Mitglieder müssen einen Anteil an der Gemeinschaft kaufen

Bofællesskabet Lille Grundet Lille Grundet Cohousing

Grundet Bakke 18 | 7100 Vejle ☎+45-219 797 52
interesse@lille-grundet.dk www.lille-grundet.dk

1988 2 ha 5 % ♀22 ♂16 12 50

dänisch, e, (etwas d, etwas f) 0 1 (+10 Rentner*innen)
alle (Konsens oder Abstimmung)
gemeinsame Finanzierung best. Ber./individuelle Finanzierung
über Anteile finanziert
keine
Co-Housing, (Gemüseanbau, Tierhaltung, Garten)
biolog. Gartenbau, Vielfalt, Geselligkeit

☺

Wir sind ein Co-Housing-Projekt mit gemeinsamen Aktivitäten: Gemeinsame Abendessen, ein biologischer Garten, Kinderaktivitäten, Workshops und soziale Events.
Viele Farben auf unseren bunten Fassaden machen unser Projekt zu einem fröhlichen Ort!

→Siehe auch Beschreibung des Netzwerks „**Foreningen Bofællesskab.dk**"
☺ Fähigkeit, gemeinsam zu leben und einen Anteil zu finanzieren

Dyssekilde Ecovillage

Regnbuen 11, Torup | 3390 Hundested ☎+45-279 393 53
webinfo@dyssekilde.dk, matawanb@gmail.com,
eksternerelationerdyssekilde@gmail.com www.dyssekilde.dk

1989 13 ha (bei Hundested) ♀85 ♂51 60 196

dänisch, e, i, f 20
Versammlung der Gemeinschaft (4 Mal pro Jahr, bei Bedarf öfter) (Mehrheit, nach Diskussion in Gruppen und mit allen Anwesenden)
individuelle Finanzierung
Allmendeflächen gehören der Gemeinschaft, Häuser sind in Privatbesitz
Ökologie und soziales Engagement
lokale Nachhaltigkeit und Teilnahme an Netzwerken von Ökodörfern
ökolog., selbstverw., Umweltschutz, biolog. Gartenbau, altern. Energie, ökolog. Bauen, barrierefrei, Yoga, Musikfestival, Gesundheit, Einschließlichkeit, Toleranz

☺ ( )

Dyssekilde Ecovillage ist eine pulsierende Gemeinschaft, in der wir leben (manche auch arbeiten) und uns auf soziale Interaktion, Toleranz, Respekt, Nachhaltigkeit und Ökologie konzentrieren. Sie besteht aus sieben Wohngruppen, jede davon mit ihrem eigenen Budget, welche für die Bereiche zwischen und um ihre Häuser verantwortlich sind.
Für uns ist Nachhaltigkeit der zentrale Aspekt in praktisch allem, was wir tun. Das zeigt sich auf viele verschiedene Arten und auf ganz unterschiedlichen Ebenen. Es gibt keine direkten Regeln oder Sanktionen, aber es wird erwartet, dass alle nach Möglichkeit ihr Bestes geben.
Zusätzlich zur persönlichen Initiative haben wir ca. 30 Arbeitsgruppen mit Freiwilligen (die sich um die verschiedenen Gemeinschaftsaufgaben kümmern) und eine Vielzahl von Gemein-

schaftsinitiativen, die ein hohes Niveau an Nachhaltigkeit garantieren, wie beispielsweise das Windrad, die Gemeinschaftswäscherei, das gemeinsame geothermische Heizsystem, der Gemeinschaftsgarten, das gemeinsame Abfallmanagement, die Abwasseraufbereitung, das Car-Sharing oder das klimaschonende Gemeinschaftshaus.
Seit Bestehen des Ökodorfes haben sich im konventionellen Dorf, zu dem wir gehören (Torup mit ca. 300 Einwohnern), ein Kindergarten, eine Schule, ein Bioladen, ein Zentrum für Treffen und andere gesellschaftlich wichtige Aktivitäten entwickelt. Wir sind zu einem Beispiel für nachhaltiges Wachstum geworden.

→Siehe auch Beschreibung der Netzwerke „**GEN Europe, LØS**"
☺ finanzielle Zuverlässigkeit, Bereitschaft zu ehrenamtlicher Arbeit, Einstellung zu Ökologie und Gemeinschaft

Freetown Christiania Information office: Nyt Forum

Bådsmandsstræde 43 | 1407 København K ☎+45-329 565 07
✉nytforum@christiania.org 💻www.christiania.org

1971 | 36 ha | 800-900

- dänisch, e, suaheli, Morsesprache
- gemeinsame Treffen und Bereichstreffen (Konsens)
- individuelle und kommunale Finanzierung
- anfangs besetzt, seit 1989 legalisiert und heute im Besitz der Gemeinschaft
- ideologische und ökologische Nachhaltigkeit (anarchistisch)
- ökologische Nachhaltigkeit und Autonomie, Kultur und Kunst
- (Anmerkung der Redaktion: Alle ankreuzbaren Schlagworte wurden angekreuzt...)

☺

Seit ihrer Gründung wurde Christiania vor allem mit der Rebellion gegen das herrschende System in Verbindung gebracht, und genauso lange hat die Freistadt auch mit neuen Formen von Demokratie und neuen Wegen der Selbstverwaltung experimentiert. Auf der Grundlage der Idee „so viel Freiheit und Macht für das Individuum wie möglich" hat sich Christiania in verschiedenen Plena organisiert: Das allgemeine Treffen, das Wirtschaftstreffen, der „Unternehmensrat" („business" council), die Kooperativenversammlung, das Haustreffen - und das alles im guten, alten Nachbarschaftsgeist.
Entscheidungen werden im Konsens getroffen, was bedeutet, dass im Prinzip jede*r allen Entscheidungen zustimmen muss, damit sie beschlossen werden. Sehr selten wird ein unverbindliches Stimmungsbild abgefragt, um eine Vorstellung davon zu bekommen, wie weit die Meinungen auseinandergehen. Jede*r soll/muss mit den Entscheidungen leben, die auf den Treffen beschlossen werden, und alle Christianier*innen haben Zugang zu den Treffen und Mitspracherecht dort. Viele - auch die Tausende von Ex-Christianier*innen in der Welt - haben durch Christiania sehr viel über Selbstverwaltung gelernt. In der Art, wie sich Christiania selbst organisiert, liegt das eigentliche sozio-politische Experiment, ohne das wir nicht leben wollen würden. Menschen können sich in einer Basisdemokratie durch gesunden Menschenverstand besser verwalten als durch Gesetze.
Chrstiania hat zwar keine Gesetze, aber doch mittlerweile eine Reihe von Verboten: Keine harten Drogen, keine Waffen, keine Gewalt und kein Handel mit Gebäuden, Wohnraum oder gar ganzen Wohngebieten. *(Aktualisierter Text von 2013)*

→Siehe auch Beschreibung der Netzwerke „**LØS, GEN Europe**"
☺ Teilnahme

Hertha Levefællesskab

Landsbyvænget 14 A, Herskind | 8464 Galten ☎+45-384 034 01
hertha@hertha.dk www.hertha.dk

1996 20 ha (bei Århus, Herskind) 30 % ♀60 ♂60 32 152

dänisch, e ungefähr 40

Vereinigung der Hausbesitzer*innen, Gemeinschafts-Stiftung und Insitutionen gemeinsam

individuelle Finanzierung Gemeinschafts-Stiftung & Privatbesitz

Zusammenleben mit in der Entwicklung verzögerten Menschen; Akzeptanz von Entscheidungsfindung auf anthroposophischer Basis

Rückintegration junger, entwicklungsmäßig zurückgebliebener Menschen

anthroposoph., Bioernährung, Pädagogik, geistig/psych. Behinderte, biolog. Landwirt., biolog. Gartenbau, biolog. Viehwirt.

☺

Hertha Levefællesskab („Lebensgemeinschaft Hertha“) war eine sozialpolitische Initiative mit dem Ziel, eine Gruppe von Personen mit besonderen Bedürfnissen in eine Gemeinschaft zu integrieren. Unsere Gemeinschaft basiert auf zwei Idealen: Das erste Ideal ist Inklusion zwischen den Gruppen. Das zweite Ideal ist die geistige Inspiration durch die Anthroposophie Rudolf Steiners.
Heute leben 137 Menschen in der Gemeinde, von denen 26 besondere Bedürfnisse haben. Der geschätzte Wert der Gebäude beträgt 13,5 Mio. Euro, rund die Hälfte davon ist Gemeinschaftseigentum bzw. „niemandes Eigentum“, da sie sich im Besitz der Gemeinschaftsstiftung befindet. Die zweite Hälfte sind Privathäuser.
Unsere Überzeugung, dass ein solches gemeinschaftliches Leben Dynamiken und Synergien hervorrufen würde, hat sich als richtig erwiesen. Auch daher hat das Projekt als Ganzes eine große gesellschaftliche Relevanz und einen hohen Wert als:

- einzigartiges Beispiel für die Zusammenarbeit zwischen drei Akteur*innen der Gesellschaft: Den Offiziellen (Gemeinde), der privaten Gemeinschaft (Hertha Levefællesskab & Betriebe, die Gemeinschaftsstiftung und andere Spendenstiftungen/Spender*innen) und der Zivilgesellschaft (die anderen Bewohner*innen von Hertha und Herskind)
- ein Beispiel für eine neue Art von nicht-institutionalisierten Einrichtungen mit häuslichem Charakter und integrierten Werkstätten, die sinnvolle Arbeit zum Wohle der gesamten lokalen Bevölkerung leisten, da das Projekt eine Alternative zum allgemeinen Trend hin zu zentralisierten und großen Einrichtungen darstellt
- ein Projekt, das neues Leben aufs Land holt und bei dem es darum geht, ein sinnvolles Leben für eine marginalisierte Gruppe zu schaffen und zu pflegen
- ein Ort mit einem sozialen und ökologischen Profil, der inspiriert und Neues schafft.

→Siehe auch Beschreibung der Netzwerke **„LØS, GEN Europe“**

☺ keine Aufnahmebedingungen, aber wir haben eine lange Warteliste

Holdepunktet Bent Larsen

Fanevaenget | 3520 Farum
bl@get2net.dk www.holdepunktet.dk

2014 ♀32 ♂26 30 88

dänisch, e
gemeinsames Treffen (Konsens) individuelle Finanzierung
Eigentum
Akademiker
selbstverw., gewaltfrei, altern. Energie, neue Technologien, ökolog. Bauen, Humor, rauchfrei

Gegründet wurden wir von einer Gruppe von Leuten mit Erfahrungen aus einem früheren Co-Housing-Projekt. Die Vision hinter Holdepunktet ist die Schaffung einer generationenübergreifenden Gemeinschaft: Junge Familien mit Kindern und Senioren, halb und halb. Wir wollen in einer Gemeinschaft leben, in der wir einander helfen, unterstützen und inspirieren können. Wir wollen sehen, wie die Kinder aufwachsen, indem die Jungen und Mädchen altersübergreifend zusammen spielen, und erleben, wie sie gute soziale Kompetenzen entwickeln.

→Siehe auch Beschreibung des Netzwerks „**Foreningen Bofællesskab.dk**"

Karise Permatopia

Køgevej 15 | 4653 Karise
info@permatopia.dk www.permatopia.dk

2018 29 ha (bei Kopenhagen) 50 % ♀70 ♂70 60 200

e, dänisch 1
Arbeitsgruppen (Soziokratie)
individuelle Finanzierung, gemeinsame Finanzierung best. Bereiche
Besitz aller, teilweise auch individueller Mitgliedsbesitz
Permakultur; wir versuchen, ein selbstversorgendes System zu schaffen
Landwirtschaft, erneuerbare Energien, Abwasseraufbereitung, Permakultur
ökolog., Umweltschutz, Selbstvers., Permakultur, biolog. Landwirt., biolog. Gartenbau, biolog. Viehwirt., neue Technologien, Humor

Karise Permatopia ist eine neue, moderne ökologische Gemeinschaft unweit von Kopenhagen (65 km). Das schöne, naturnahe Gelände ist 29 Hektar groß und umfasst Wälder, Felder,

Wiesen und kleine Teiche und liegt in Laufweite zum Bahnhof Karise. Karise Permatopia besteht aus 90 ökologischen und nachhaltigen Modulreihenhäusern; 44 sind Mietobjekte nach dem dänischen Sozialwohnungsgesetz; 23 sind Kooperativen und 23 sind Privathäuser. Die ursprünglichen Hofgebäude von Karise Permatopia werden zu weiteren Gemeinschaftsräumen renoviert. Wir wollen eine autarke, sinnvolle und moderne Gemeinschaft aufbauen, die sowohl niedrigere Lebenshaltungskosten als auch ökologische Nachhaltigkeit auf der Grundlage der Prinzipien der Permakultur gewährleistet. Diese ökologische Gemeinschaft wird realisiert durch das fruchtbare Zusammenspiel zwischen Lebensräumen und Landwirtschaft, durch die Einbeziehung aller Bewohner*innen in den Anbau ihrer eigenen Lebensmittel und die Verwaltung des täglichen Lebens der Gemeinschaft, durch die Versorgung mit Wärme, das Recyceln von Abwässern, durch den Einsatz von grüner Energie und durch die Wiederverwertung von Abfallprodukten.
Wir hoffen, dass Karise Permatopia damit einen Rahmen für eine starke und intensive Gemeinschaft schafft, da sie auf einem Fundament gemeinsamer Arbeit und sozialer Interaktion aufbaut. Eine lebendige Gemeinschaft erfordert Austausch unter all ihren Mitgliedern - Kindern und Jugendlichen, jungen Familien, älteren Erwachsenen und alten Menschen.

☺ finanziell; Bereitschaft und Fähigkeit zur Gemeinschaftsarbeit

Mageløse

Tårnet 6 | 3500 Værløse ☎+45-267 822 26
info@magelose.dk magelose.dk

2019 (bei Jonstrup) ♀22 ♂22 24 54

e, dänisch
individuelle Finanzierung

☺

Mageløse ist eine neu gegründete Co-Housing Gemeinschaft, die aus 29 Häusern besteht. Sie befindet sich in einer malerischen Landschaft auf einem ehemaligen Stützpunkt der dänischen Luftwaffe, 20 km außerhalb von Kopenhagen.
Die ersten Bewohner*innen sind im Februar 2019 eingezogen. Die Gemeinschaft hat ein Gemeinschaftshaus, in welchem die Bewoher*innen unter der Woche zu Abend essen. Das Gemeinschaftshaus ist das physische Zentrum und der natürliche Treffpunkt für die Bewohner*innen. Mageløse gehört auch der alte Kontrollturm, den die Gemeinschaft für die Öffentlichkeit zugänglich macht. Es gibt viele Ideen, wie der Kontrollturm im Alltag genutzt werden soll.
Um einen lebenswerten Raum zu schaffen, ist die Gemeinschaft eine autofreie Zone. Rund um die Gebäude gibt es nur Fuß- und Radwege. Die Autos werden am Rande des Wohngebiets geparkt.
Alle Bewohner*innen nehmen an den umfangreichen Arbeiten teil, um die Gemeinschaft aufzubauen, indem sie Teil von unseren zahlreichen Arbeitsgruppen sind und an unseren 14-tägig stattfindenden Gemeinschaftstreffen teilnehmen. Eine Hälfte der Bewohner*innen von Mageløse sind Familien mit Kindern und die andere Hälfte sind Senioren. Eine gemischte Zusammensetzung der Bewohner*innen war von Beginn an ein wichtiges Ziel.
Besucher*innen sind willkommen. Google Maps wird euch zu uns führen, wenn ihr nach Mageløse sucht.

Nonbo Hede Poul Birk

Nonbo Hede 28 | 8800 Hald Ege, Viborg ☎+45-202 810 87
poul@pbirk.dk www.pbirk.dk/Birks_hjemmeside/Nonbo_Hede.html

1976 3 32

e, d

gemeinsame Sitzung (Konsens) Eigentum

☺

Nonbo Hede ist eine Siedlung, die auf der Idee begründet wurde, dass die Siedlungsgestaltung eine soziale Gemeinschaft hervorbringen sollte. Es gab kein Programm, das die Ziele der Gemeinschaft klar festgesetzt hätte, aber Ideen von Gemeinschaftsleben umfassten unter anderem:

- dass Nachbarn zusammen arbeiten, einander helfen und dadurch eine höhere Lebensqualität erreichen
- ein Gemeinschaftszentrum mit wöchentlichen gemeinsamen Mahlzeiten
- Autos außerhalb des Dorfes zu lassen und einen Gemeinschaftsparkplatz beim Gemeinschaftshaus zu haben
- keine Zäune auf dem Gelände zu haben
- ökologische Denk- und Handlungsansätze

Økosamfundet Soleng

Skeldevej 23 | 6310 Broager ☎+45-298 049 19
info@okosamfundet-soleng.dk okosamfundet-soleng.dk

2015 11 ha (bei Sønderborg) 10 % ♀6 ♂7 10 23

d, e, f, sp, dänisch 3 keine

Vorstand (soziokratisch, im Konsens) individuelle Finanzierung

Genossenschaft

unsere Grundlage ist Gemeinschaft und Permakultur

Gartenarbeit, bauen, Cafébetrieb

ökolog., spirit., inneres Wachstum, veget., Umweltschutz, Permakultur, Bau, Soziokratie

☺ ()

Zurzeit sind wir 6 Familien, die auf dem Land und in den Gebäuden von zwei Höfen leben. Wir warten noch auf die Genehmigung, Häuser auf dem Gelände zu bauen. Ziel ist es, in 5 Jahren auf 18 Familien heranzuwachsen. Auf den Höfen leben auch 2 Schweine, 12 Hühner und 7 Katzen. Unsere Absicht ist es, diese Gemeinschaft nach den Prinzipien der Permakultur aufzubauen: Fürsorge für die Natur, Fürsorge für die Menschen und faire Beteiligung. Wir wollen außerdem ein ökologisches Vorbild für die Umgebung sein. Unser Plan ist, umweltfreundliche Häuser zu bauen, indem wir entweder recycelte oder nachhaltige Materialien für die Häuser verwenden. Der Gemeinschaftsgeist sowie die Selbstversorgung mit Gemüse und Eiern sind uns sehr wichtig. Weitere gemeinsame Werte sind Resilienz, Arbeit mit der Natur, Respekt und Integration, Ästhetik und Selbstentfaltung.
Noch haben wir unser Ziel nicht erreicht, aber Schritt für Schritt nähern wir uns an.

→Siehe auch Beschreibung des Netzwerks „**LØS**"

☺ Interesse an Gemeinschaft und Permakultur, Aufgeschlossenheit

☆ Overdrevet

Overdrevet 14 | 8382 Hinnerup
www.overdrev.dk

1980 | 4000 m² (bei Aarhus) | 25 % | ♀30 ♂30 15 75

e, d, f | keine*r keine*r
alle (Besprechungen) | Privatbesitz
nein
wohnen
ökolog., selbstverw., Umweltschutz, biolog. Landwirt., biolog. Gartenbau, biolog. Viehwirt., altern. Energie, rauchfrei

Overdreven ist eine ökologische Gemeinde in Hinnerup, Ostjütland, die 1980 als erste Niedrigenergie-Gemeinde Dänemarks gegründet wurde. Es umfasst 2,5 Hektar mit 25 Häusern, in denen um die 70 Personen wohnen.
Die 25 Privathäuser gliedern sich in zwei Bauernhöfe und eine Straße mit einem Gemeinschaftshaus in der Mitte. Die Wohnanlage gehört ebenfalls zu einem geschlossenen Bauernhof. Ein Teil der Fläche wird für den biologischen Gemüsegarten genutzt, was die Gemeinschaft teilweise autark macht.

☺ Hauskauf

Solens Hjerte („The Heart of the Sun“)

Planteskolevej 51 | 5250 Odense SV | +45-659 634 65
post@solenshjerte.dk | www.solenshjerte.dk

1992 | 6 ha (bei Odense) | ♀22 ♂19 2 43

d, e, f, sp., dän., schwed., i
alle Beteiligten (wir sprechen miteinander und finden die beste Lösung)
individuelle Finanzierung
Fokus auf persönliches Wachstum. Meditation, Freundschaft und Liebe
Kochen, Handwerk, Bauen, Gartenarbeit und alltägl. Aufgaben.
gewaltfrei, spirit., inneres Wachstum, Meditation, veget., Tagungshaus, Friedensarbeit, konvent. Landwirt., biolog. Gartenbau, konvent. Gartenbau, Bau, Humor, Bienenzucht, Therapie, Kreativität, Musik und Gesang

☺ ()

Wir bewohnen vier große Gebäude, umgeben von wunderschönen Parks und Gärten, sowie einem Swimmingpool. Wir besitzen ein 6 ha großes Stück Land, zwei Pferde, einen Bienenhof, einen Musikraum, in dem wir täglich musizieren (trommeln, Chor, singen und spielen, kreative Workshops), einen großen Meditationsraum und Werkstätten.
Unser Platz ist eine Oase des Friedens, der Akzeptanz und voll liebevoller Lebensenergie, in der sich Herzen öffnen können. Jede/r arbeitet an seinem Weg der Klarheit und Verantwortung. Wir stehen mit beiden Füßen auf der Erde, sind mit den Händen im Alltag aktiv und dabei stets verankert in der bedingungslosen Liebe.
Das Zusammenleben und die Arbeit im Team bringen natürlich emotionale Themen mit sich. Diese Prozesse sehen wir als gute Möglichkeiten, bewusster für unsere gängigen Verhaltensmuster zu werden und diese Themen liebevoll aufzulösen, um so ein Leben in Meditation und Freundschaft zu ermöglichen.

Wir verwenden viele verschiedene therapeutische und spirituelle Techniken, die uns helfen, alte Beschränkungen loszulassen, um bewusster und präsenter zu leben.
Wir haben viele Gäste. Manche Menschen kommen nach Solens Hjerte, um innerlich und im Außen für eine begrenzte Zeit hier zu leben und zu arbeiten. Andere kommen, um in dieser wunderschönen Gegend zu entspannen und Urlaub zu machen oder um sich nach Zeiten der Krankheit oder Krise zu regenerieren und zu genesen.

☺ Offenheit und der Wunsch nach innerem Wachstum, sowie das Teilen unserer Vision der Liebe und des Friedens auf der Erde

☆ Tranehøj

Skippingevej 25 | 4460 Snertinge ☎+45-209 300 36 ,+45-212 661 33
beboer@tranehoej.dk www.tranehoej.dk

1984 3,5 ha (bei Kalundborg) 50 % ♀4 ♂3 2 9

- d, e, f, sp
- alle (Konsens)
- Keine gemeinsamen Einnahmen, aber alle Ausgaben werden geteilt.
- Eigentum der Gemeinschaft
- nein
- Jobs außerhalb, Tiere, Gemüsegarten, Obstgarten, kulturelle Aktivitäten außerhalb
- ökolog., selbstverw., linkes Politikverst., feminist., Entwicklungshilfe, Umweltschutz, biolog. Gartenbau, artgerechte Viehwirt., altern. Energie, Humor, rauchfrei

☺

Wir versuchen, unseren Alltag auf die Prinzipien der Nachhaltigkeit, Ökologie und des fairen Handels auszurichten. Wir investieren viel in Gartenarbeit, Tiere, Instandhaltung und Projekte, die unseren Standort nachhaltiger machen (Solarpanele, Windkraftanlagen etc.).
Gleichzeitig sind wir bestrebt, Tranehøj zur Ressourcenbasis für Aktivitäten im Zusammenhang mit unserer Umwelt zu machen - sowohl lokal als auch global. Wir haben eine fruchtbare Beziehung zur lokalen Volkshochschule, und einmal im Jahr organisieren einige von uns kulturelle Besuche junger Künstler*innen aus Ländern Afrikas, Asiens oder Lateinamerikas an Schulen - vor Ort und in anderen Teilen Dänemarks.

→Siehe auch Beschreibung des Netzwerks „**LØS**"

☺ soziale Kompetenzen, praktische Fähigkeiten, politisches und kulturelles Interesse, Begeisterung

☆ Udgården - Lading Andelsboligforening

Udgården 24, Lading | 8471 Sabro ☎+45-869 496 18
alle@udgaarden.net www.udgaarden.net

1992 17 ha (bei Âarhus) Gemüse 25 %, Rindfleisch 100 %
♀16 ♂12 8 38

- dänisch, e, d, f, sp
- alle Betroffenen gemeinsam (Mehrheitsabstimmung/Konsens)
- gemeinsame Kasse und individuelle Finanzierung — Gemeinschaft
- nur ökologisch, weiter nichts

überw. berufliche Tätigkeit, dazu Kühe, Schafe, Hühner, Gemüsegarten
ökolog., selbstverw., gewaltfrei, Bioernährung, Umweltschutz, biolog. Landwirt., biolog. Gartenbau, biolog. Viehwirt., artgerechte Viehwirt., altern. Energie, neue Technologien, ökolog. Bauen

☺

Udgården ist eine kleine ökologische Gemeinschaft, die aus einem Bauernhof und 16 Apartments in der Nähe eines kleinen Dorfes in Mitteljütland besteht. Wir sind ca. 30 Erwachsene und 30 Kinder, 20 Kühe, 10 Schafe, 20 Hühner und einige Hunde. Jede Familie hat eine eigene Wohnung, aber wir essen an Wochentagen abends zusammen. Die Gerichte sind überwiegend ökologisch und bestehen aus Produkten aus unserer eigenen Landwirtschaft (Rindfleisch, Hammelfleisch, Gemüse usw.). Der Hof wird von uns allen gemeinsam betrieben und alle Arbeiten werden freiwillig in unserer Freizeit erledigt. Alle Erwachsenen haben Vollzeitstellen außerhalb von Udgården.
Die Wohnungen sind energiesparend gebaut: Doppelte Isolierung, Niedrig-Energie-Fenster und Fußbodenheizungen. Die Beheizung basiert auf einer Kombination von Sonnenkollektoren und einer Holzpellet-Heizung. Regenwasser wird von allen Dächern gesammelt und in unseren Toiletten und zum Waschen verwendet.
Wir haben keinen gemeinsamen religiösen oder ideologischen Bezug. Was wir allerdings gemeinsam haben, ist der Wunsch, einen umweltschonenden und nachhaltigeren Lebensstil zu führen. *Tolles Foto auf Seite 8*

→Siehe auch Beschreibung des Netzwerks „**LØS**"
☺ finanziell und ideologisch

Valsølillegård

Knud Lavard Vej 94 | 4174 Jystrup/Valsølille ☎+45-617 111 64
✉heiner.gringmuth@gmail.com, dorte@valsoelillegaard.dk

1983 3 ha (bei Ringsted) <40 % ♀9 ♂10 5 24

d, e, f, sp, dänisch, schwedisch, norwegisch 2
alle Anteilseigner*innen (Konsens, im Ausnahmefall die Mehrheit)
individuelle Finanzierung, Baukasse
Besitz auf 15 Anteile aufgeteilt, ein Zweifamilienhaus extern vermietet
selbstverw., linkes Politikverst., gewaltfrei, Bildungsarbeit, Friedensarbeit, Umweltschutz, biolog. Gartenbau, Bau, Handarbeit, internationale Zusammenarbeit, Freiwilligenarbeit, Amateurtheater, Produktentwicklung, Enkelkinder, Reisen durch die ganze Welt

Im Jahr 1983 reisten einige Hippies auf der Suche nach einem billigen alten Haus über das Land, um dort als Gemeinschaft zu leben. Der Traum war, diesen Ort aufzubauen, zusammen zu arbeiten und Kinder groß zu ziehen. Genau das haben wir gemacht. 30 Jahre später blicken mehr als 25 Kinder auf eine wunderbare Kindheit in „Valsølillegård" zurück und tragen den Geist weiter, die Welt zum Besseren zu verändern. 25 Jahre handwerkliche Arbeit haben einen außergewöhnlich schönen und gut entwickelten Ort entstehen lassen. Das durchschnittliche Alter der Bewohner*innen liegt heute bei rund 65 Jahren, aber wir und unsere Träume sind noch nicht tot. Durch sehr viel ehrenamtliche Arbeit und weite Reisen verbreiten wir weiterhin unsere Idee eines engen gemeinsamen und geteilten Lebens. Eine (beschränkte) Möglichkeit des Besuchens ist durch „CouchSurfing", „WarmShower/Dachgeber" oder „Servas" bei Heiner Gringmuth gegeben.

Deutschland

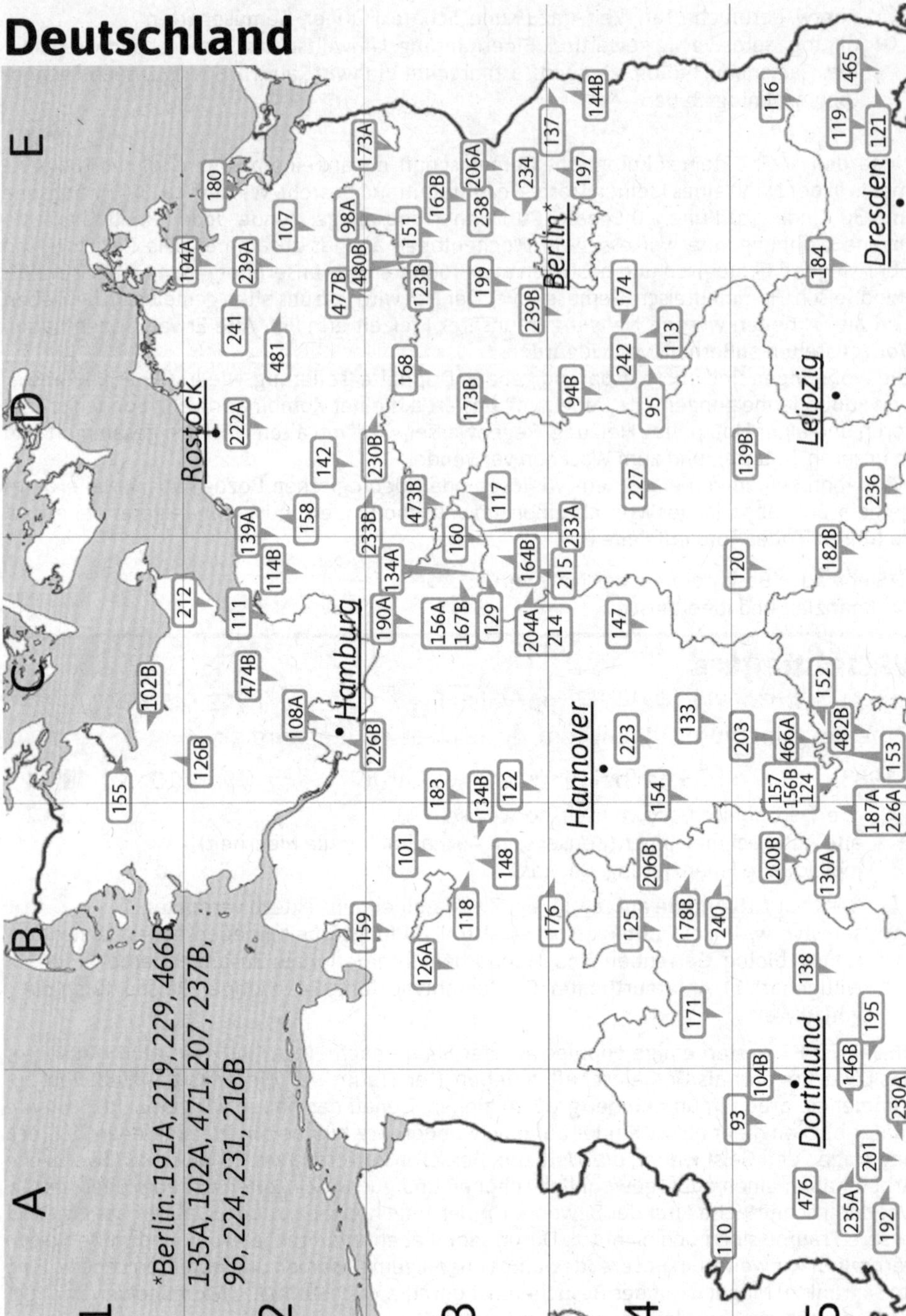

Nirgendwo kennen wir mehr Gemeinschaften als in Deutschland. Das hat bestimmt mit der Bekanntheit des deutschen eurotopia-Buches zu tun, und damit, dass wir uns als Mitglieder einer Gemeinschaft in diesem Land gut in der „Szene" auskennen. Es scheint hier aber auch günstige Bedingungen zu geben: Alternatives Leben ist anerkannt, es gibt kaum politische oder rechtliche Hürden für Gemeinschaften, es ist leicht, passende Rechtsformen für Gemeinschaften zu finden usw. Das heißt zwar noch nicht, dass deutsche Gemeinschaften im Mainstream eine Rolle spielen - aber in diesem Buch tun sie es: 192 existierende Gemeinschaften, 34 geplante ab Seite 463, dazu 11 Camphill-Gemeinschaften (S. 539) und eine selbst ausgedachte: Genau. Eine der Beschreibungen ist reiner Quatsch. Außerdem gibt es die Netzwerke GEN Deutschland (S. 554) und KommuJa (S. 560).

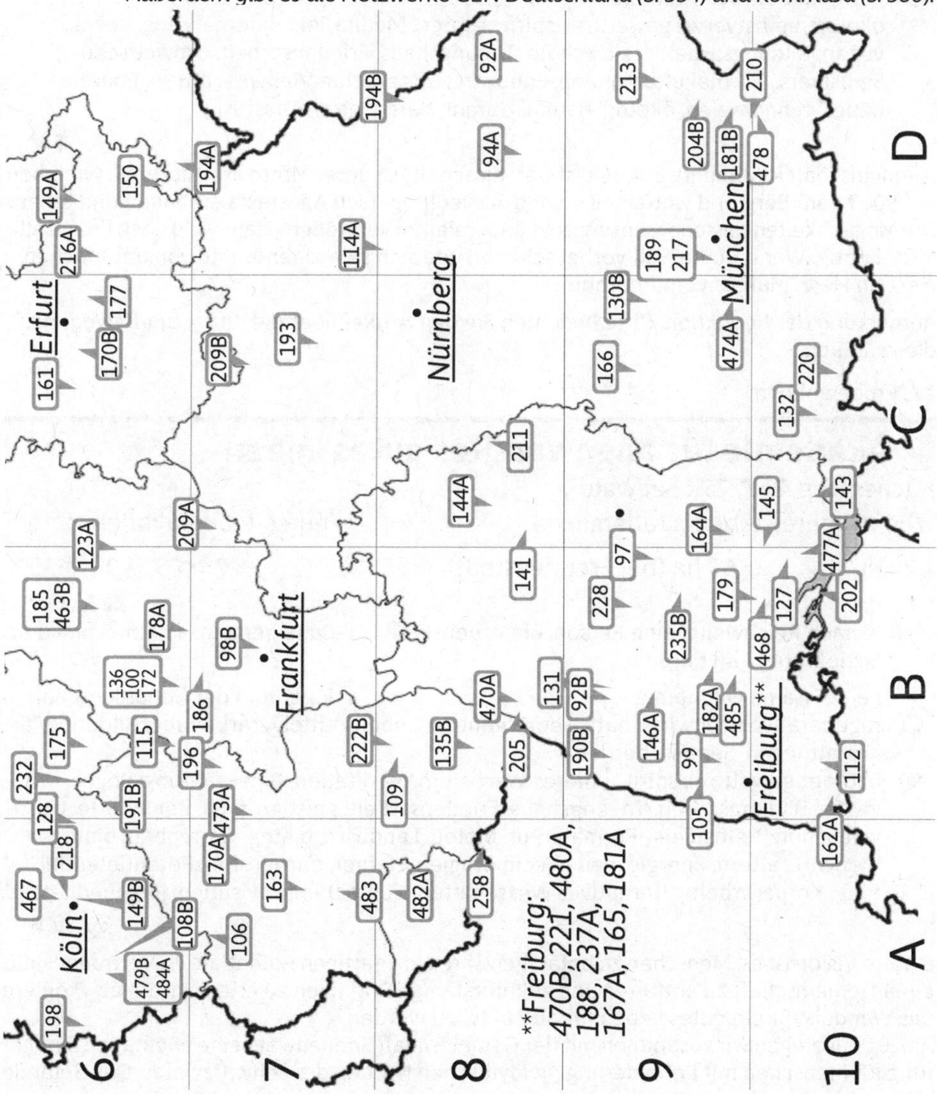

Ahornhof e. V.

D8

Ahornwies 3 | 94379 Sankt Englmar
+49-(0)9965-801 02 14
am-ahornhof@t-online.de
ahornhof.org

2011 5,13 ha (bei Straubing, Regensburg) 25 % ♀3 ♂2 1 6

d, (e) 6 6

Gemeinschaft (Redestab) in unserem Besitz

im Einklang mit der Natur, wir sind alle göttlich

Permakultur, Gastronomie

ökolog., selbstverw., gewaltfrei, spirit., esoter., Meditation, Bioernährung, veget., vegan, Bildungsarbeit, freie Schule, Tagungshaus, Friedensarbeit, Umweltschutz, Selbstvers., Permakultur, biolog. Landwirt., artgerechte Viehwirt., altern. Energie, neue Technologien, ökolog. Bauen, Humor, barrierefrei, Anastasia

☺

„Gemeinschaft ist Zukunft, Zukunft ist Gemeinschaft" ist unser Motto am Ahornhof. Wir leben auf 900 m am Berg und wollen eine Landsitzsiedlung nach Anastasia aufbauen und leben. Die Möglichkeiten bestehen, um unsere Ländereien zu vergrößern, dafür sind noch finanzielle Mittel nötig. Wer möchte, soll vorbei schauen und sich sein eigenes Bild von uns machen. Herz an Herz, Marcus vom Ahornhof!

Anmerkung der Redaktion: Bitte beachten Sie den Artikel über die Anastasia-Bewegung in diesem Buch.

☺ Probewohnen

Akademie für angewandtes gutes Leben

B9

Buchenweg 4 | 72297 Seewald
info@gutes-leben-akademie.de
gutes-leben-akademie.de

2015 65 ha (bei Freudenstadt) 50 % ♀7 ♂8 0 15

d, e 5 7

je nach Reichweite: eine Person, ein Arbeitskreis oder alle gemeinsam (im Sinne der Soziokratie) - im Konsens

gemeinsame Ökonomie Eigentum der Genossenschaft

regenerative Landwirtschaft, Gemüseanbau, Lebensmittelverarbeitung, Bildungsveranstaltungen, Seminarbetrieb

ökolog., gewaltfrei, spirit., inneres Wachstum, Meditation, Bioernährung, veget., vegan, Bildungsarbeit, Tagungshaus, Friedensarbeit, geistig/psych. Behinderte, Umweltschutz, Selbstvers., Permakultur, biolog. Landwirt., biolog. Gartenbau, biolog. Viehwirt., altern. Energie, neue Technologien, Humor, barrierefrei, Potentialentfaltung, Körperarbeit, alternatives Wirtschaften, Contact Improvisation, jung und fetzig!

☺

Unsere Vision ist es, Menschen zu befähigen, ihre einzigartigen Potentiale im Vertrauensfeld einer Gemeinschaft zu entfalten und zukunftsfähige Praktiken zu erlernen, um als Pioniere des Wandels für ein gutes Leben für alle aktiv zu werden.
Ab 2019 beziehen wir zusammen mit der Gemeinschaft Sonnenwald eine ehemalige Einrichtung für Menschen mit Behinderung im idyllischen Norden des Schwarzwalds. Das Gelände

bietet mit Seminarhäusern, Werkstätten, Großküche, Turnhalle, Café-Häuschen, Bauernhof und weiteren Besonderheiten unzählige Möglichkeiten, das gute Leben gemeinsam konkret werden zu lassen. In den Bereichen Mensch, Kultur, Ökologie, Technik und Systeme bauen wir produktive und gemeinwohlorientierte Forschungsbetriebe auf, die nachhaltige Wirtschaftskreisläufe stärken und die Region zukunftsfähiger machen sollen. Wir beginnen mit der Umstrukturierung des bestehenden Hofes zu einem Betrieb der regenerativen Landwirtschaft inklusive biointensivem Gemüsebau.
September 2019 startet das erste Mal die Wandelreise und bietet Orientierung für Menschen jeden Alters. Das Programm bietet Erfahrungsräume und Inspiration rund um den sozialökologischen Wandel mit den Schwerpunkten Persönlichkeitsentwicklung, Gemeinschaftsbildung und der Auseinandersetzung mit den Herausforderungen und Möglichkeiten unserer Zeit. Die Teilnehmenden werden zudem in insgesamt acht von zehn Monaten dabei unterstützt, ihren eigenen Fragen und Zielen auf ihrem selbstgestalteten Lernweg nachzugehen.

→Siehe auch Beschreibung des Netzwerks „**GEN Deutschland**"

🌍 Verband freier Bildungsalternativen, Netzwerk solidarische Landwirtschaft

☺ geteilte Werte; Interesse an Bewusstseinswandel, globalen Herausforderungen und politischem Wirken

☆ Akkoallee 40 ehem. Delta GbR

A5

Akkoallee 40 | 45659 Recklinghausen ☎+49-(0)2361-261 95

1982 (bei Gelsenkirchen, Dortmund)

Das 580 m² große Grundstück in Recklinghausen (ein dreistöckiges Haus mit einem Anbau, vier Stallungen, einem Hof und einem Garten) wurde im Jahr 1982 von uns, dem Ehepaar Preukschat erworben. Wir bezogen im gleichen Jahr das Haus mit sechs minderjährigen Kindern (drei eigenen, drei Pflegekindern). In Verbindung mit dem Kauf des Hauses war es unser Anliegen aus den vorgefundenen Räumen des Gebäudes offene Wohnformen zu schaffen. Zusammen mit dem Verein für gemeinschaftsbildendes Wohnen e.V. Recklinghausen gründeten wir die Gesellschaft Delta GbR. - Im GbR-Vertrag formulierten wir unsere Zielsetzung wie folgt: „Kindern und Erwachsenen, die sozial zu entwurzeln drohen, einen notwendigen Lebensraum zu gewährleisten, ihnen einen Ort der Zugehörigkeit zu geben." In den Jahren 1982 bis 2003 lebten wir mit Menschen zusammen, die zu verschiedenen Zeiten, kurz- oder langfristig Unterstützung brauchten. So wohnten mit uns Pflegekinder, Menschen mit Suchtproblemen, suizidgefährdete Personen, wohnungslose Ausländer*innen sowie Schüler*innen und Student*innen. Im Jahr 2002 veranlassten wir im Einvernehmen mit dem „Verein Wohnwirtschaftsgemeinschaft e.V. Wuppertal", dem wir im Jahr 1990 beigetreten waren, den Akt der Schenkung unseres Grundstücks in die Stiftung TRIAS. Mit dem Vollzug dieser Maßnahmen wollten wir ein Zeichen setzen, den erworbenen Grund und Boden ein für alle Mal aus Spekulationsgeschäften herauszunehmen. Danach stiegen wir aus dem Verein aus. Wir lösten die Gesellschaft Delta GbR auf.
Im Jahr 2008 bauten wir die drei Etagen des Hauses wohngerecht für Familien um. Wir wohnen zurzeit mit zwei anderen Familien im Haus. Das Miteinanderwohnen vollzieht sich auf einer partnerschaftlichen Ebene. Alle Bewohner*innen teilen gemeinschaftlich Kellerräume, Werkschuppen, Hof und Garten. Den zum Haus zugehörigen Anbau haben wir in den letzten Jahren so hergerichtet, dass sich ein bis zwei Personen dort kurzfristig - bis zu drei Monate - aufhalten können.

🌍 Stiftung trias

Allmeind - Alle miteinander Mehrgenerationenwohnen D8

Kirchfeldallee 59 | 93055 Regensburg
+49-(0)941-541 45
utahildt@web.de
www.allmeind.de

2009 | 3000 m² | ♀34 ♂12 13 59

d, polnisch, i, sp, portugiesisch, russisch
Bewohnerversammmlung, Bewohnerrat
(einfache Mehrheit, bei schwierigen Fragen Zweidrittel-Mehrheit)
gemeinsame Finanzierung best. Ber.
Eigentum des Katholischen Wohnungsbau und Siedlungswerks
Gartengruppe, Bibliotheksgruppe, Bewohnerversammlung, aktuelle Aufgaben
altern. Energie, Humor, barrierefrei, Mehrgenerationenwohnen

☺

Die Allmeind ist ein Wohnprojekt mit Mietwohnungen. Die Bewohner*innen schliessen individuelle Mietverträge mit dem Eigentümer ab. Die Bewohner*innen sind Mitglieder im Bewohnerverein Allmeind e.V. und organisieren ihr soziales Zusammenleben (z.B. gegenseitige Unterstützung - Kinder - Krankheit - Fähigkeiten ...). Alle Aktivitäten für Nachbar*innen oder für die Gemeinschaft sind freiwillig. Übergeordnete Anliegen werden in den monatlichen Bewohnerversammmlungen beraten. Gartenarbeit, Treppenhausreinigung, Reinigung des Gemeinschaftsraumes u.a. werden von der Gemeinschaft übernommen, das spart Betriebskosten und trägt zum Gemeinschaftsgefühl bei. Der Bewohnerverein vertritt die Interessen der Bewohner*innen gegenüber dem Hauseigentümer und ist befugt, nachfolgende Mieter*innen zu benennen.

Netzwerk Burgweinting
☺ wenn Wohnungen frei werden, Leitbild muss mitgetragen werden

Aloha am See Zentrum für Lebensfreude D4

Mühlenstraße 1a | 14789 Wusterwitz
info@aloha-am-see.de
www.aloha-am-see.de

2010 | 1,7 ha (bei Brandenburg a.d. Havel) | ♀5 ♂3 1 9

d, e
3 alle
Gründungskreis, die Gemeinschaft (Konsens)
individuelle und gemeinsame Finanzierung
Eigentum einzelner
spirituell, undogmatisch
Küche, Garten, Bau, Handwerk
ökolog., selbstverw., hierarch., Leiter*in/Führer*in/Guru, spirit., inneres Wachstum, Meditation, Yoga, Bioernährung, veget., Bildungsarbeit, Tagungshaus, Umweltschutz, biolog. Gartenbau, Humor, handyfrei, rauchfrei, Seminarzentrum

☺

Die Aloha-Gemeinschaft wurde 2010 in Berlin / Potsdam gegründet. 2016 sind wir an einen idyllischen Ort in der Natur, in der Nähe von Brandenburg an der Havel, gezogen. Dort haben wir die spirituelle Gemeinschaft „Aloha am See - Zentrum für Lebensfreude" und den gemeinnützigen Verein „Aloha Bildungs- und Gesundheitszentrum e.V." aufgebaut.
Als höchstes Ziel möchte die Aloha-Gemeinschaft Frieden und Liebe zwischen allen Wesen vermehren. Wir fördern das Erlernen von Achtsamkeit und Wertschätzung, verbindender

Kommunikation, Selbsterkenntnis und Bewusstseinserweiterung. Vor diesem Hintergrund wollen wir als Gemeinschaft auf eine Art und Weise leben, die durch die eigene Weiterentwicklung zunehmende Heilung und Herzöffnung ermöglicht.
Wesentliche Grundsätze der Aloha-Gemeinschaft sind Bewusstheit und Achtsamkeit im Umgang mit sich selbst und anderen gegenüber. Die Grundlage eines erwachsenen und friedvollen Zusammenlebens ist die Übernahme der Verantwortung für die eigenen Gedanken, Gefühle und Taten und die regelmäßige Reinigung von Negativitäten durch Schattenarbeit und Meditationspraxis. Wir führen jeden Tag mind. 1 Stunde gemeinsame Meditation durch. Wir praktizieren z. B. Osho-Meditationen, Sufi-Meditationen, Vipassana, Chakra-Meditation und Herzmeditation. Die Aloha-Gemeinschaft soll ein Ort der Freude, der Stille, des Singens und des Tanzens sein.
Wir wünschen uns Mitbewohner*innen, die sich persönlich und spirituell weiterentwickeln möchten. Wir setzen ein Interesse an gemeinsamer spiritueller Praxis sowie ein gewisses Maß an Selbsterfahrung voraus. Wir suchen Menschen, die sich mit Liebe und Tatkraft bei dem Aufbau dieses spirituellen Projektes engagieren möchten.

☺ Übereinstimmung mit unserer Vision

☆ Alte Mühle Gömnigk

D4

Dorfstraße 1 | 14822 Brück ☎ +49-(0)33844-149 970
altemuehlegoemnigk@riseup.net alte-muehle.org

2014 18,5 ha (bei Bad Belzig) 10 % ♀6 ♂11 10 27

d, e, f, niederländisch 3 bis 10
alle (Konsens) gemeinsame Finanzierung best. Ber.
Eigentum aller über gemeinsame GmbH (Mietshäuser-Syndikat)
anarchistisch
ökologisches Bauen/Sanieren, Gartenbau, naturgemäße Waldwirtschaft, Permakultur, Sommer-Gruppenunterkunft
ökolog., selbstverw., anarchist., linkes Politikverst., feminist., chaotisch, veget., vegan, Bildungsarbeit, Tagungshaus, Umweltschutz, Selbstvers., Permakultur, biolog. Landwirt., biolog. Gartenbau, Forstwirt., altern. Energie, ökolog. Bauen, Bau

☺

Wir sind etwa 20 große und 10 kleinere Menschen, sowie Hühner, Hunde, Kater, und leben überwiegend jetzt schon hier bzw. werden nach dem Ausbau alle hier leben.
Dabei eint uns unsere Offenheit für Vielfalt: 0 bis 47 Jahre alt, vegan lebend bis alles essend, geboren in Europa, Afrika oder Südamerika, polyamor bis monogam verheiratet, spirituell fokussiert über christlich engagiert bis radikal politisch aktiv – mit einem Ziel: Eine Welt, in der alle Menschen frei nach ihren Bedürfnissen leben können.
Wir möchten auch unkommerzielles Arbeiten und Wirken ermöglichen und entscheiden auf Basis eines respektvollen Umgangs miteinander und des Konsensprinzips. Die Geländegröße (18 Hektar Ackerland, Wald, Waldgarten und Weide) erlaubt, sehr Verschiedenes zusammenzubringen und umzusetzen – auch für anderswo Wohnende.
Für Strom haben wir ein kleines Wasserkraftwerk und eine Solaranlage. Für Gästegruppen eine kleine „Gästevilla" mit Küche, einen Raum mit Bar und Veranstaltungssaal mit Galerie - Nutzung gegen Spende. Es sind zwei Gemüse- und Kräutergärten angelegt worden. Die alte Streuobstwiese wird zu einem Permakultur-Waldgarten gestaltet. Wissen teilen wir möglichst frei statt in super teuren Veranstaltungen oder kostenpflichtigen Büchern. Wir haben einen

Umsonstladen geschaffen, außerdem gibt es eine Holz- und eine Metallwerkstatt. Wohnraum ist immer wieder mehr als knapp, aber manchmal ist auch ein Plätzchen frei.

Mietshäuser Syndikat
☺ freier Wohnraum und Bereitschaft zu Mitarbeit, Konsensfindung, Selbstverwaltung

Alwig - allein wohnen in Gemeinschaft

E4

Falkstraße 25 | 12053 Berlin
+49-(0)30-679 526 14
veronika@masdelchusco.com, risteberg@gmx.net
www.cohousing-berlin.de/de/projekte/allein-wohnen-gemeinschaft-al-wig oder eurotopia.de/buchlinks → Nummer 6028

2008 ♀9 ♂3 12

d
Konsens im Plenum (Diskussion und Abstimmung)
alle sind Rentner*innen
gemietet
ein kleiner Gemeinschaftsgarten
ökolog., selbstverw., linkes Politikverst., feminist., gewaltfrei, christl., ökumen., Meditation, Bioernährung, veget., Bildungsarbeit, Humor, rauchfrei

☺

Wir sind eine Gruppe von Menschen über Siebzig, die in einzelnen Mietwohnungen innerhalb eines großen Wohnblocks in Berlin-Neukölln wohnen. Als Gruppe treffen wir uns wöchentlich zum Plenum und unternehmen 1-2 Mal monatlich etwas gemeinsam. Zudem feiern wir unsere Geburtstage zusammen und verreisen einmal im Jahr. Wenn jemand krank wird, versorgen wir ihn/sie, Langzeitpflege jedoch leisten wir nicht. Wir halten uns als Gruppe für tolerant, politisch eher grün und links, einige von uns sind religiös, andere nicht. Wir alle sind oder waren mehr oder weniger sozial, pädagogisch, politisch engagiert. Unsere Absicht ist, einander ein Gefühl von Geborgenheit und Zugehörigkeit zu geben.

Cohousing Berlin
☺ Alter zwischen 50 und 70

Am Sternberg Mehrgenerationenprojekt und mehr... B9

Stuttgarter Weg 1 | 72532 Gomadingen ☎+49-(0)7385-96900-0
info@amsternberg.de amsternberg.de

2018 7 ha (bei Reutlingen) ♀ca 12 ♂ca. 12 ca. 10 ca. 35

d, e ca.15 Ca.20

alle Betroffenen gemeinsam (Konsens angestrebt, soziokratische Herangehensweise)

individuelle Finanzierung, gemeinsame Finanzierung in bestimmten Bereichen (Haushaltskasse, Bauen und Sanieren, Garten)

Eigentum der Genossenschaft

Achtsamkeit mit Mensch, Tier und Natur

Seminarbetrieb, Gesundheitshaus, Garten und Permakultur, ökol. Planen, Bauen und Sanieren, Bioladen und Café, Imkerei, Ökologische Produkte

ökolog., selbstverw., gewaltfrei, spirit., inneres Wachstum, Meditation, Yoga, Bioernährung, veget., vegan, Bildungsarbeit, Pädagogik, Tagungshaus, Friedensarbeit, Tierschutz, Umweltschutz, Selbstvers., Permakultur, biolog. Gartenbau, altern. Energie, neue Technologien, ökolog. Bauen, Humor, Kreativität, Musik, Singen, Tanzen, Tänze des universellen Friedens, Jahreszeitenfeste, Naturwahrnehmung, Geomantie, Waldbaden, Kräuterwanderungen, Kräuterwissen, Frauenkreis, Männerkreis, Jugendprojekte, Achtsamkeit, Wertschätzung, Auszeitbegleitung, Visionssuche, Integrale Lebenspraxis, Spiral Dynamics, Bewusstseinsentwicklung, Herzöffnung, Gefühlsintegration, Detox auf allen Ebenen, Vitalkost, Rohkost, Fastenbegleitung, Massagen, Körperarbeit, Yoga, natürliches Fitnesstraining, Api-Therapie, 7-Stern-Imkerei, Bienenluftpavillon, naturnahes Bauen, großteils WLAN-freies Gelände, essbares Dorf, Tiny-Häuser, Sauna, Hallenbad, Kanu, Wandern, Wacholderheiden, Wintersport, Höhlen, Großes Lautertal, Luftkurort, Biosphärengebiet, Natur pur

☺ ()

Im 7. Jahr der Geländesuche wurde unsere Gemeinschaftsinitiative aus dem Großraum Stuttgart Anfang 2018 endlich fündig: im ehemaligen Feriendorf am Sternberg in Gomadingen und im Herzen des Biosphärengebiets Schwäbische Alb. Es war Liebe auf den ersten Blick. Leben, arbeiten und sich entfalten an so einem kraftvollen Platz inmitten der Natur und doch in Reichweite größerer Orte wie Reutlingen, Tübingen und Stuttgart.
Es kamen bald weitere Menschen hinzu und im Sommer 2018 haben wir unsere Genossenschaft gegründet, um mit gebündelten Kräften den Kauf, die baubiologische Sanierung und die Neubauplanung des Areals anzugehen.
Unter dem Motto ACHTSAM MIT MENSCH UND NATUR widmen wir uns einerseits der Entfaltung unserer menschlichen Potentiale – individuell und gemeinschaftlich - und gleichzeitig auch dem Aufbau sinnvoller Unternehmen wie Seminar- und Gästebetrieb, Gesundheitshaus, Bauhütte, Biolädle und Kulturcafé. Auch Permakultur und Selbstversorgung haben wir uns auf die Fahnen geschrieben.
Das Thema ganzheitliche Gesundheit ist ein Schwerpunkt unserer Aktivitäten, Forschungen und Angebote. Wir möchten einen gesünderen Umgang mit uns selbst (Selbstfürsorge), miteinander im Projekt (Gemeinschaftsfähigkeit), mit der näheren Umgebung (lokale Vernetzung), mit der Natur und mit der weiteren Umwelt (Friedensarbeit) praktizieren. Wichtig dabei sind uns eine offene und wertschätzende Kommunikation, bewusste Konfliktlösung, gemeinsame Entscheidungsfindung und gegenseitige Unterstützung. Unsere Vision ist es, ein Modell für eine zukunftsfähige Lebensweise zum nachhaltigen Wohle Aller aufzubauen.

Wir freuen uns über weitere aktive und vor allem auch investierende Mitglieder, die an der Entwicklung unseres ganzheitlichen Gemeinschaftsprojektes teilhaben möchten.

Artabana, Tauschring, Solawi
☺ Annäherungsprozess, Einlage in eG, vegetarische/vegane Lebensweise

☆ Amo e.V. Eigensinnige Gemeinschaft in der Uckermark E3

Klaushagen 10 | 17268 Boitzenburger Land
claudeo@web.de   www.amo-klaushagen.de

(bei Templin)   ♀1 ♂1-3 2 ca. 5

d, e, mandinka
alle (Konsens)
individuelle Finanzierung, gemeinsame Haushaltskasse entsteht gerade
Eigentum
Toleranz, Gleichberechtigung, Menschlichkeit, Solidarität
Leben, Garten, bauen
ökolog., selbstverw., linkes Politikverst., feminist., gewaltfrei, inneres Wachstum, Yoga, Bioernährung, veget., vegan, Permakultur, biolog. Gartenbau, ökolog. Bauen, Bau, Humor, Tanz, Musik

☺ ()

Wir waren mal eine große Gemeinschaft, dann eine minikleine, jetzt eine kleine. Wir sind offen zu wachsen mit Menschen mit Herz und Interesse an etwas Gemeinsamen und leben gemeinsam ohne zu verschmelzen, denn wir haben alle auch unser eigenes Leben und doch auch Sinn für die anderen.
Wichtig sind uns Humor, Solidarität, Reflexion von Hierarchien und Privilegien, Lust auf Gemeinschaftsprozesse (z.B. regelmäßige Treffen), Gleichberechtigung aller Geschlechter, nachhaltiger Fokus, Toleranz, Herz, Achtsamkeit, Absprachen usw. Eben alles, um gut miteinander auszukommen und Spaß miteinander zu haben.
Es gibt wenig Wohnraum, aber Potenzial zum Ausbauen. Dafür brauchen wir Geld, das gibt es allerdings gerade nicht. Ein Bauwagen mehr würde noch gehen. WWOOFer sind willkommen (Logis frei, Kost je nach Absprache und Fülle unserer Geldbeutel). Pendeln nach Berlin ist tendenziell möglich (100 km).

→Siehe auch Beschreibung des Netzwerks „**WWOOF**"
☺ Probezeit

☆ antagon Theateraktion Kulturverein protagon e.V. B7

Orber Straße 57 | 60386 Frankfurt/Main
☎+49-(0)69-417 041, -941 477 19   office@protagon.de
www.antagon.de, www.protagon.net, www.sommerwerft.de

1990   ♀10 ♂10 5 25

d, e, portugiesisch
Inhaber (Konsens)   gemietet/gepachtet
Büroarbeit, Kostüme schneiden, Fahrzeugreparatur, Grafiken, Schweißer, Holzarbeit
ökolog., selbstverw., linkes Politikverst., gewaltfrei, Friedensarbeit, altern. Energie, Theater

„antagon theaterAKTion“ ist ein unabhängiges Frankfurter Performance-Theater. Bei uns entsteht die Theaterarbeit in einem Prozess, der unmittelbar in einer Projektgruppe stattfindet. Leben und Arbeiten sind innerhalb der Projekte eng miteinander verbunden. Wir haben wöchentliches Plenum mit Konsensentscheidungen und arbeiten sowohl in den unterschiedlichen Phasen von Produktion, Tour, Festivals (Sommerwerft.de, Internationales Frauen-Theaterfestival IFTF.de und Winterwerft.de), Laboratorien und Workshopperioden usw. gemeinsam, wie auch bei Pflege, Ausbau und Organisation der Lebensräume, Arbeits-, Lager- und Veranstaltungsbereiche.
Das Gelände hat 6000 m² Fläche mit Möglichkeit für Künstler*innenresidenzen für Gruppen bis 12 Personen (mehr auf Anfrage), Außenbereiche mit LKW, Hängern und Wägen zum Wohnen, Garten und Aufführungsflächen, verschiedene Gebäude und relativ viel Grün. Es gibt Wohnbereiche mit gemeinsamen Sozialräumen und einer selbstverwalteten Kantine: Alle kochen im Turnus für alle, gemeinsames Essen täglich.
Kommentar neulich: Hier sieht's ja aus wie früher in Berlin... Wahrlich ein kultureller Freiraum, und das mitten in Frankfurt, der Finanzmetropole.
antagon arbeitet mit Performer*innen aus der ganzen Welt und mit verschiedensten Theaterformen und Methoden.

„Kraft entsteht da, wo Menschen mit ihren Stärken und Schwächen zusammenkommen. Das ist ein lang angelegter Prozess, der sich von der Kurzatmigkeit dieser Welt unterscheidet und nicht mit Geld zu erwerben ist. In der organischen Theaterarbeit muss der Mensch im Mittelpunkt stehen, wenn es um ein ehrliches und direktes Verhältnis zum Leben gehen soll.“

Theaterallianz, Meridians

Vorstellungsgespräch; Interesse, Vollzeit im Theaterensemble mitzuarbeiten; evtl. Teilnahme an Theaterlaboratorium „hambre y vida“

Arche Haus Elztal Arche Haus Elztal e.V.

B9

Merklinstr. 20/Hindenburgstr. 2 | 79183 Waldkirch
+49-(0)7681-473 45 07/-494 73 76
www.diearche-freiburg.de/arche-haus-elztal/

2013 | > 1000 m² (bei Freiburg) | ♀10 ♂4 1 15

d

Gemeinschaft (möglichst im Konsens, sonst Mehrheitsprinzip)

gemeinsame Finanzierung best. Ber. (Hausvereinskonto) | gemietet

Verwaltung, Pflanzen/Garten, Gemeinschaftsraum

ökolog., selbstverw., gewaltfrei, körperl. Behinderte, biolog. Gartenbau, barrierefrei, rauchfrei, ethischer, achtsamer, respektvoller, toleranter, ehrlicher Umgang

Gegenseitige Hilfestellung, vorallem in Notsituationen. Selbstverantwortliches, kreatives, ökologisches Engagement für die Mitbewohner*innen, Haus und Garten.
12 abgeschlossene, eigene Mietwohnungen, zum größten Teil rollstuhlgerecht, 36 m² - 113 m²; eine WG mit Terrasse als Gemeinschaftsraum für Sitzungen, Feste etc. - und für Übernachtungsgäste - wird für Veranstaltungen an Initiativen vermietet (ökonomische Basis) oder kostenlos angeboten für ehrenamtliche Initiativen. Außerdem stehen insgesamt zwei Terrassen, drei kleine Gärten sowie Keller-/Speicherraum zur gemeinsamen Nutzung zur Verfügung (Fahrräder, Waschen, Trocknen).

gewo-netz.de, Wohngemeinschaft-Freiburg

ARNIA e.V.

B6

Weingartenstr. 1 | 35619 Braunfels-Neukirchen
+49-(0)6445-5257
f.zinke@solawi-sonnenhof.de
gemeinschaftneukirchen.wordpress.com/about/

2015 30 ha (bei Wetzlar) 10 % ♀3 ♂6 3 12

d, e 5

alle (im Plenum)

individuelle Finanzierung, Bieterrunden für größere Projekte

noch Privateigentum

nein

Bio-Landwirtschaft, Bio-Gartenbau

ökolog., selbstverw., gewaltfrei, spirit., Bioernährung, veget., vegan, Bildungsarbeit

☺

Wir versuchen, ein Modell zu verwirklichen, das sich an den Vorbildern Heckenbeck, Hirschlanden und Flegessen orientiert, aber auch Einflüsse aus anderen Gemeinschaften wie Tempelhof und Siebenlinden zulässt.
Wir besitzen im alten Ortskern von Neukirchen mittlerweile drei alte Fachwerkhöfe (der Vierte soll gerade gekauft werden). Dreh- und Angelpunkt ist die seit fünf Jahren bestehende SoLaWi, die zurzeit 90 Anteilseigner*innen versorgt. Wir haben das alte Backhaus so ausgestattet, dass wir dort in Zukunft professionell backen können. In der heißen Phase ist der Aufbau eines Bauernhof-/Naturkindergartens, welcher im Sommer 2019 eröffnet werden soll. In Arbeit ist auch die Entwicklung eines Bauplatzes nach Permakulturprinzipien für Tiny-Houses, Bauwagen, Jurten, Tipis ... auf einer ca. drei Hektar großen Eigentumsfläche.
Wenn die 80-jährige Pächterin ihr Geschäft aufgeben wird, werden wir auch die letzte im Betrieb befindliche Gaststätte im Ort kaufen. Zum Verkauf steht momentan das Dorfgemeinschaftshaus. Wir haben jedenfalls viele Ideen, dieses Haus sinnvoll zu nutzen. Einer unserer Höfe soll zu einem Allmende-Hof umgestaltet werden. Dazu entstehen dort gerade drei separate 2-Zimmer-Appartements, eine regionale Einkochküche mit Saftpresse, verschiedene Werkstätten, Hühner und Garten existieren bereits.
Es findet mindestens einmal monatlich ein `Wir-Prozess` nach Scott Peck und ein Plenum statt.

☺ schriftliche Vorstellung, Patenschaft, Annäherung mind. sechs Monate und dreimalige Teilnahme am Plenum bzw. ‚WIR-Prozess', Einstiegsgeld

Bahnhof e.V. Initiative für neues Wohnen

B3

Am Bahnhof 2 | 28870 Ottersberg
briefkasten@bahnhof-ev.org www.bahnhof-ev.org

1990 ca. 1000 m² (bei Bremen) ♀9 ♂8 0 17

- d, e, f, sp
- alle gemeinsam (Konsens)
- gemeinsame Finanzierung best. Ber./individuelle Finanzierung
- freigekauft
- Freikauf von Grund und Boden, geschwisterliches Leben, Förderung von Kunst und Kultur
- Kulturarbeit, Instandhaltung des Hauses
- selbstverw., gewaltfrei, chaotisch, inneres Wachstum, Humor, Freiraum, kreatives Chaos, basisdemokratisch, Feste feiern, Kunst, Theater, Veränderung, wachsen, Zusammenleben erforschen

☺ ()

1990 gründete eine Gruppe von Student*innen der Fachhochschule Ottersberg (Kunsttherapie/Theaterpädagogik) den Bahnhof e.V. - Initiative für Neues Wohnen. Der Verein kaufte den alten Ottersberger Bahnhof, um gemeinnützigen Wohn- und Kulturraum zu schaffen, der von den jeweiligen Bewohner*innen eigenverantwortlich und selbstverwaltet genutzt wird.
In den vier Wohneinheiten des Bahnhofs leben in wechselnder Zusammensetzung rund 20 junge Menschen, die gemeinsam neue Lebens- und Wohnformen erproben.
Unser Wunsch ist es, geschwisterliche Beziehungen aufzubauen, die dem/der Einzelnen ermöglichen, das gemeinschaftliche Leben mit zu gestalten. Gemeinsam tragen wir die Verantwortung für die Instandhaltung des Hauses, die Belange des Vereins und unser Zusammenleben.
Der Bahnhof bietet mit dem Kultursalon und der großen Güterhalle vielseitigen Raum für kulturelle Veranstaltungen wie z.B. Theater, Konzerte, Ausstellungen, Tanzveranstaltungen, Feste & Seminare. Hierbei sind wir Veranstalter*innen und selbst auch Kunstschaffende. Wir laden alle Interessierten herzlich ein, mit uns die Kultur-Freiräume zu nutzen.
Unsere allwöchentlichen Haussitzungen finden jeden Mittwochabend um 19 Uhr statt. Sie geben auch Gästen und ihren Anliegen Raum. Wir möchten alle, die Lust haben den Bahnhof kennenzulernen, ermuntern, einmal vorbeizuschauen.

- Vivenda e.V., SchönWedder
- ☺ Vorstellen in der Haussitzung und Probewohnwoche

Basisgemeinde Prenzlauer Berg

E4

Dunckerstr. 14 | 10437 Berlin ☎+49-(0)30-444 07 00
berlin@basisgemeinde.de www.basisgemeinde.de

1990 ♀6 ♂1 4 11

d, e alle alle
Mitglieder (Konsens) volle Gütergemeinschaft
Mietwohnungen
ökumenisch
Stadtteilarbeit, Kinderladen
ökolog., gewaltfrei, spirit., christl., ökumen., inneres Wachstum, Bioernährung, Pädagogik, Friedensarbeit, Umweltschutz, altern. Energie, ökolog. Bauen, Bau, Humor

☺

Unsere Berufung ist es, Jesus nachzufolgen und lebendige Gemeinde zu sein - als Vorwegnahme von Gottes neuer Lebensordnung, wie sie uns auch in der Bergpredigt Jesu gegeben ist. Dass Christen Gemeinde sind, das ist zugleich ihr politischer Auftrag für die Gesellschaft. Gemeinsam machen wir die Erfahrung, dass das Leben in der Nachfolge Jesu die radikale und revolutionäre Kraft ist, die uns selbst und die Welt verändern kann.

Wir engagieren uns in der vielfältigen Stadtteilarbeit: u.a. im Kiezladen Zusammenhalt e.V., in der Kleiderkammer für Menschen in wirtschaftlicher Not, im Ökumenischen Arbeitskreis mit benachbarten Kirchen. Außerdem betreiben wir einen öffentlichen Kindergarten.

->Siehe auch Beschreibung des Netzwerks „**Church and Peace**“

Diakonisches Werk, Ökumenischer AK
☺ Offenheit für den Weg Gottes

Basisgemeinde Wulfshagenerhütten

C1

Zum Wohld 4 | 24214 Tüttendorf ☎+49-(0)4346-36800-0
info@basisgemeinde.de www.basisgemeinde.de

1973 2,5 ha (bei Kiel) ♀14 ♂18 15 47

d, e, f, sp, russisch alle
alle Mitglieder entscheiden gemeinsam (Konsens) gem. Ökonomie
Eigentum aller
wir sind Christinnen und Christen
Holzwerkstatt (in der wir Spiel- und Bewegungsmaterialien für Kindergärten und Therapie herstellen), Verkauf, Haushalt, gemeinsame Erziehung, Hausmeisterei, Bau
ökolog., selbstverw., linkes Politikverst., gewaltfrei, christl., ökumen., Bildungsarbeit, Friedensarbeit, geistig/psych. Behinderte, Umweltschutz, altern. Energie, Bau, Humor, Gütergemeinschaft, Bewegungspädagogik nach Emmi Pikler und Elfriede Hengstenberg, Handwerk, Tanz, politisches Engagement

☺

Die Basisgemeinde Wulfshagenerhütten ist eine christliche Lebensgemeinschaft im Norden Deutschlands. Erwachsene und Kinder, Familien und Alleinstehende leben zusammen und versuchen, nach dem Vorbild der ersten Christen alle Lebensbereiche und allen Besitz miteinander zu teilen.
Die Mitglieder und Gäste der Basisgemeinde arbeiten alle innerhalb der Gemeinschaft: In der Holzwerkstatt (hier werden Spiel- und Bewegungsgeräte für Kindergärten und therapeutische Einrichtungen hergestellt), im Verkauf, in der gemeinsam geführten Hauswirtschaft, in eigener Kinderbetreuung, im Hausmeisterbereich und am Bau.
Die Basisgemeinde ist offen für suchende Menschen und bezieht sie in ihren ganzen Tages-ablauf mit ein. Alle Besucher*innen nehmen an der gemeinsamen Arbeit und an den Mahlzeiten verbindlich teil, zu den Gebeten sind sie eingeladen.
Die Basisgemeinde ist eingebunden in ein wachsendes Netz von christlichen Gemeinschaften. Das miteinander Teilen von Freud und Leid, Arbeit und Fest und das aufeinander Hören erleben die Menschen in der Gemeinde als Basis von Frieden und Gerechtigkeit. Statt ein Programm anzubieten, lädt die Basisgemeinde die Besucher*innen dazu ein, den Weg mitzugehen und ihr Leben zu teilen. 1990 ist in Berlin eine Zweiggemeinde entstanden (Basisgemeinde Prenzlauer Berg). Zwischen 1996 und 2010 gab es in der Ukraine eine weitere Zweiggemeinde.

→Siehe auch Beschreibung des Netzwerks „**Church & Peace**“

Anti-AKW-Bewegung, El-Salvador-Partnerschaftsnetzwerk, Treffen geistlicher Gemeinschaften, Basisgemeindeforum, Communio-Netzwerk

☺ Bereitschaft, sich auf das gemeinsame Leben und Arbeiten einzulassen. Sonst keine Voraussetzungen.

Bau- und Wohngenossenschaft Spreefeld Berlin e.G.

Wilhelmine-Gemberg-Weg 10, 12, 14 | 10179 Berlin

buero@spreefeldgenossenschaft.de spreefeld-berlin.de

2014 4500 m² 0 % 150

d, e 0

alle Genoss*innen bzw. Vorstand und Aufsichtsrat (Abstimmung)

individuelle Finanzierung Genossenschaft

keine ideologischen Grundsätze

Bau, barrierefrei, Genossenschaft

Das Spreefeld ist ein Projekt für gemeinschaftliches Wohnen und Arbeiten in der Berliner Innenstadt, am Spreeufer gelegen zwischen Mitte und Kreuzberg. Die Spreefeld Berlin e.G. besteht aus drei Gebäuden mit insgesamt ca. 6000 bis 8000 m² Wohn- und Nutzfläche, überwiegend für Wohnnutzung der Mitglieder, ergänzt um Räume für gewerbliche, öffentliche und unterschiedliche interne Nutzungen. Darüber hinaus gilt es, das Potential des Ortes im Zuge der gesamten innerstädtischen Spreeuferentwicklung zu erhalten (verzahnte Nutzungen, öffentlicher Zugang zum Ufer).
Die Genoss*innen wohnen seit 2014 in drei Gebäuden des Spreefelds. Diese haben Passivhaus-Standard und werden durch ein Heizhaus mit Blockheizkraftwerk und Wärmepumpe sowie PV-Anlagen auf allen drei Dächern mit Wärme und zum Teil auch mit Strom versorgt. Die Genoss*innen treffen sich monatlich, um gemeinschaftlich Entscheidungen zu treffen, wo dies nötig/möglich ist.
Die Genossenschaft nimmt keine neuen Mitglieder auf, weitere Bauten sind nicht geplant.

Bauwagengemeinschaft Alt Ungnade - FreirAUm e.V.

E2

Kurze Straße 4+9 | 17498 Levenhagen
Freiraum_Kennenlernen@freudenkinder.de
www.honigholz.de/allerlei/wagenleben

2000 | 4 ha (bei Greifswald) | ♀9 ♂9 3 21

d, e, f (+ wechselnde Sprachen) | 10

alle Bewohner*innen gemeinsam (durch Konsens/Mehrheitsabstimmungen im Plenum)

Gemeinschaftskasse für best. Ber. | gepachtet

Wagenbau, Gartenbau nach Permakultur, artger. Tierhaltung, Stärkung des ländlichen Raums u.a durch kulturelle Veranstaltungen, Kulturscheune, Lehmofen für Brot und Pizza zum Mitmachen, Träumen u. Ausprobieren

ökolog., selbstverw., linkes Politikverst., chaotisch, inneres Wachstum, Bioernährung, Umweltschutz, biolog. Gartenbau, Humor, kulturelle Veranstaltungen: Partys, Konzerte, Ausstellungen

Das Leben auf dem Bauwagenplatz in Alt Ungnade kann spannend, aufregend, anstrengend, bereichernd und vieles mehr sein. Jedem und jeder wird hier der Raum gegeben, nach eigenen Vorstellungen naturnah zu leben.
Hauptsächlich in eigenen Bauwagen, teils in gemieteten, bewohnen ca. 20 Menschen die zwei links und rechts von der Straße gelegenen Grundstücke. Zwischen wilden Wiesen mit Obstbäumen, Hecken, Kräutern und Blumen entstehen individuelle Paradiese. Hier leben Studierende, Selbstständige und Angestellte gemeinsam mit Schafen, Gänsen, Hühnern und Enten. Alle bringen sich in die Pflege und Unterhaltung des Grundstücks und der Tiere im Rahmen ihrer Möglichkeiten ein. Um sich persönlich auszutoben gibt es eine Scheune zum Bauen, einen Lehmofen zum Pizza und Brot backen, Platz zum Gärtnern und vieles Weitere.
Um auch längerfristig hier leben zu können, arbeiten wir kontinuierlich daran, das Grundstück für das Leben im Bauwagen zu legalisieren. Dazu gehört, dass die Wagen über Strom-, Internet- und Wasseranschluss verfügen. Mit Schilfkläranlage und Komposttoilette streben wir nach ökologischer Lebensweise. Wir sind außerdem ein gemeinnütziger Verein mit mehreren Bildungs- und Kulturveranstaltungen im Jahr.

regionales Netzwerk ökologischer Initiativen im Entstehen

☺ eigener Bauwagen (teilweise Miete möglich), Zustimmung aller Bewohner*innen, Beteiligung an der Umsetzung unseres Entwicklungskonzeptes

Beginenhof Dortmund Verein Beginen Dortmund e.V.

A5

Gut-Heilstraße 18 | 44145 Dortmund
+49-(0)231-395 42 74
info@beginenhof-dortmund.de
beginenhof-dortmund.de

2006 | ca. 2700 m² | 2 % | ♀31 ♂1 2 34

d, e, f, sp, türkisch, griechisch

etwa 15, einige arbeiten zu Hause, manche sind in Rente

Vollversammlung der Bewohnerinnen (z. T. im Konsens, z. T. als Mehrheitsentscheidungen)
individuelle Finanzierung
privat gemietet von Investor*innen/Vermieter*innen
feministisch
Gartenarbeit
ökolog., selbstverw., linkes Politikverst., feminist., spirit., buddhist., chaotisch, inneres Wachstum, Meditation, Yoga, Bioernährung, veget., körperl. Behinderte, Tierschutz, biolog. Gartenbau, altern. Energie, rauchfrei, lesbisch, frauenorientiert - trifft wie alle Schlagworte jeweils nur auf einen Teil der Bewohnerinnen/einige zu

Wir sind ein gemeinschaftliches Frauenwohnprojekt (wenigstens bemühen wir uns darum), Teil der „Neuzeitlichen Beginenbewegung" (www.dachverband-der-beginen.de) mitten in der Ruhrgebiets-Großstadt Dortmund mit sehr vielfältiger Bewohner*innenschaft, eine ganze Reihe Lesben, einige Frauen mit Migrationshinter- oder Vordergrund, unterschiedlichster Bildung, Ausbildung, Lebensgeschichte, Erfahrungen von sozialem und politischem Aktivismus und Anspruch, Bereitschaft und Vermögen, sich aktiv in die Gemeinschaft einzubringen und sie weiterzuentwickeln. Alles in allem ein „soziales Experiment", in und an dem wir auch immer wieder scheitern und dennoch erstaunlich viel zustande bringen. Und unser Garten ist wunderschön.

→Siehe auch Beschreibung des Netzwerks „**Beginen**"

Bergfritzenhof Freiamt

B9

79348 Freiamt
info@fritzinnen.de www.fritzinnen.de/

5 ha (bei Freiburg im Breisgau) <10 % 14 34

d, e, sp ca. die Hälfte (10 Erw.)
Plenum (derzeit Konsent)
individuell mit starkem Solidarprinzip (Mieten nach Bietverfahren)
Eigentum aller (Mietshaussyndikat)
Betrieb unseres Seminarraums (Waldraum e.V.). Hof, Haus und Garten.
ökolog., selbstverw., gewaltfrei, Tagungshaus, Tierschutz, Umweltschutz, biolog. Gartenbau, altern. Energie

☺ ()

Wir sind eine Gruppe aus großen und kleinen Menschen, die ihren starken Wunsch nach selbstverwaltetem Lebens- und Arbeitsraum nun seit 2017 verwirklichen kann. Wir leben ein konstruktives, offenes und freundschaftliches Miteinander, welches in einer ökologisch sinnvollen, nachhaltigen und sozialen Gemeinschaft organisiert wird. Wir möchten der Landflucht entgegenwirken,

indem wir das Leben auf dem Land realisierbar und attraktiver machen. Nachhaltiger Umgang mit der Natur und ihren Ressourcen ist in unserem alltäglichen Leben und Wirtschaften fest verankert. Wir möchten einen Ort schaffen, der für uns und unsere Kinder kreativen Raum für Entfaltung und Engagement bietet, der Potential zur beruflichen Weiterentwicklung hat – einen Ort, den wir gemeinsam beleben.
Im Außenbereich des Bergfritzenhofs wird ein Garten gemeinsam bewirtschaftet werden, der noch wachsen soll, um die Bewohner*innen noch mehr mit frischen Nahrungsmitteln zu versorgen. Langfristig streben wir die Entwicklung eines ganzheitlichen Bewirtschaftungs- und Nutzungskonzepts für Teile der Außenfläche an. Unsere beruflichen Hintergründe aus den verschiedenen Bereichen wie Umwelt, Tourismus, Bildung und Coaching sollen hier einfließen.
Unser 60-m²-Multifunktionsraum „Waldraum" mit Außenbereich mitten im Grünen gibt viele Möglichkeiten zur Nutzung durch Seminare und kann auch sehr gerne für Visionswochenenden u.ä. gebucht werden :-) - Siehe www.waldraum-freiamt.de.
Das Hausprojekt wird nach dem Modell des Mietshäuser-Syndikats verwirklicht und ist Teil desselben. Wir teilen die Ziele des Mietshäusersyndikats, Immobilien dem spekulativen Markt zu entziehen, um langfristig bezahlbaren und selbstverwalteten Wohnraum zu sichern.

🌍 Mietshäuser Syndikat
☺ Aufnahme derzeit begrenzt wegen Platz... Ansonsten einfach Kennenlernen (3-4 Wochen)

Beuerhof Kommunikationszentrum Beuerhof GmbH (A7)

Beuerhof 1 | 54579 Üxheim ☎ +49-(0)2696-283
info@beuerhof.de www.beuerhof.de

1990 | 12 ha (bei Daun/Eifel) | 30 % | ♀3 ♂3 | 6

d, e | alle 6
gesamtes Team (Mehrheitsprinzip) | Gehälter und Gemeinschaftskasse
privat mit Tendenz zu einer Stiftung
wir folgen der Schöpfung und den universellen Gegebenheiten
Gartenarbeiten, Gästebetreuung, handwerkliche Aufgaben
ökolog., selbstverw., gewaltfrei, spirit., inneres Wachstum, Meditation, Yoga, Bioernährung, veget., vegan, Bildungsarbeit, Pädagogik, Lebenslernort

☺

Der Beuerhof ist ein geschichtsträchtiger Ort in der Vulkaneifel in freier Lage inmitten von Wald und Wiesen, ohne Nachbar*innen, auf einer Fläche von 12 Hektar. Früher war es eine keltische Kultstätte, dann waren die Römer hier und danach war es ein Wechselspiel verschiedener Völker. Seit über 20 Jahren ist es eine Begegnungsstätte für Menschen, die Natur erfahren und Kontakt aufnehmen wollen mit Mutter Erde und den Spirits. Wir sind keine Lebens- oder Wohngemeinschaft, aber eine Betreiber*innengemeinschaft, die diesen Platz weiter in die Zukunft führen will. Daraus entsteht auch das Zusammenleben. Zu uns kommen Menschen aller Glaubensrichtungen, und seitdem wir auch das Teambuilding für Unternehmen zum Gegenstand unserer Arbeit gemacht haben, kommen auch Firmen wie die Telekom, Lufthansa, Yellostrom, Thyssen Krupp, DM-Drogeriemärkte und viele andere. Das fordert das Team und macht den Alltag zum Abenteuer.
Da der bisherige Inhaber in die Jahre gekommen ist, wird das Projekt in absehbarer Zeit eine neue Führung, evtl. auch neue Betreiber*innen bekommen. Alles ist möglich, nichts muss.

🌍 Ökoinstitut Karl Heinz Meyer
☺ ganz da sein

BlackSwan Schwarzer Schwan

E2

L273 | 17098 Friedland
alternativleben@riseup.net

2016 | 1,5 ha (bei Neubrandenburg) | 40 % | ♀3 ♂2 0 | 5

d, e, f, sp, portugiesisch | 4 | momentan alle
Plenum (Konsens) | gem. Ökonomie

im Begriff, Eigentum des Hausvereins zu werden
anarchistisch, feministisch
Werkstätten - u.a. Holz, Metall, Siebdruck, Haus, Garten (Tätigkeiten variieren je nach Bedarf; alle entscheiden nach ihren individuellen Bedürfnissen)
ökolog., anarchist., linkes Politikverst., feminist., gewaltfrei, veget., vegan, Tierschutz, Umweltschutz, Selbstvers., biolog. Gartenbau, ökolog. Bauen, Humor

☺

Wir sind fünf Menschen mit teilweise langjähriger Projekterfahrung und wohnen auf einem alten Bauernhof in der Mecklenburgischen Seenplatte zwischen Neubrandenburg und Anklam.
Uns ist es wichtig, eine Basis für ein solidarisches Miteinander auf Augenhöhe zu kreieren. Unser Grundsatzpapier schreibt die Grundsätze für unser solidarisches Miteinander fest. Einer davon ist das Teilen unserer Einkommen und unserer Schulden.
Wir wollen in einer gefestigten Gruppe leben, in der jede*r auf alle anderen achtet; wir wollen „gesund" wachsen und maximal eine Gruppe von 15 Menschen werden.
Der Bauwagen-Platz bietet Raum für weitere 4 -5 Bauwägen und die Wohnräume im Haus möchten wir gern zusammen mit den künftigen Bewohner*innen ausbauen, dazu werden noch weitere Seminar-, Veranstaltungs-, Gemeinschafts- und Schutzräume entstehen.
In den Schuppen auf dem Hof ist genug Platz für unsere Werkstätten. Vorhandenes Wissen wird, möglichst hierarchiefrei, an alle Mitbewohner*innen weitergegeben, um neue Arbeitsprojekte gemeinsam gestalten und realisieren zu können.
Unsere Siebdruckwerkstatt „widerdruck" ist bereits seit ca. 1,5 Jahren etabliert, nun wollen wir eine die Tofurei und einen Bauwagen-Bau realisieren.
Neben dem Aufbau von Kollektivbetrieben wollen wir uns durch eigenen Anbau von Gemüse und Obst im Sinne der Permakultur versorgen, um uns langfristig immer unabhängiger vom kapitalistischen System zu machen.
Wir sind oft mit unserer Groß-Küfa unterwegs, um auf politischen Aktionen zu kochen.
Der linkspolitische Aktionismus hat bei uns einen hohen Stellenwert und ist Teil unseres Projektes – emanzipatorisch, antisexistisch, hierarchiefrei, antirassistisch, tierfreundlich.
Wir sehen die Vernetzung politischer Kommunen als wichtigen Schritt gegen die Vereinzelung.
Gern geben wir einen Einblick in unsere Utopie auch für Gäste, Reisende, Interessierte oder Mithelfende – da wir alle in unseren täglichen Projekten verwickelt sind, wäre es wünschenswert, Anfragen von selbstständigen Menschen zu erhalten.
Wenn ihr uns besuchen möchtet, schreibt uns einfach per Mail an.

→Siehe auch Beschreibung des Netzwerks „**KommuJa**"

☺ Akzeptanz und Beachtung unseres Grundsatzpapiers

Brot & Rosen - Diakonische Basisgemeinschaft C2

„Haus der Gastfreundschaft"
Fabriciusstr. 56 | 22177 Hamburg ☎+49-(0)40-697 020-85
basisgemeinschaft@brot-und-rosen.de www.brot-und-rosen.de

1994 450 m² ♀4 ♂1 3 20

d, e, f, sp
alle, Teilzeitarbeit außerhalb
alle Betroffenen gemeinsam (Konsens)
Einkommensgemeinschaft
gemietet
christlich-ökumenisch
Solidarität mit obdachlosen Geflüchteten, einfach leben, Solidaritäts- und Anti-Atom-Arbeit
anarchist., linkes Politikverst., feminist., gewaltfrei, christl., ökumen., Friedensarbeit, Solidaritätsarbeit: Unterstützung (illegalisierter) politischer Geflüchteter, diakonische Arbeit

☺

Die Diakonische Basisgemeinschaft Brot & Rosen in Hamburg ist eine kleine, ökumenisch-christliche Lebensgemeinschaft. Wir leben seit 1996 in einem angemieteten ehemaligen Gemeindehaus und weiteren Wohnungen. Das gemeinsame Leben ist geprägt von verbindlichem Engagement für Gerechtigkeit, Frieden und Ökologie, gemeinsamen Mahlzeiten und Andachten. Wir wollen mit Menschen leben und arbeiten, die von der Gesellschaft ausgegrenzt werden und denen die Grundrechte vorenthalten bleiben. Bis zu acht obdachlose Geflüchtete können unabhängig von ihrem juristischen Status als Gäste aufgenommen werden. Dabei finanzieren die Gemeinschaftsmitglieder als Einkommensgemeinschaft ihren Lebensunterhalt u.a. durch Teilzeiterwerbsarbeit. Der Lebensunterhalt und die Miete unserer „Gäste" werden durch Spenden unseres Freund*innen- und Unterstützer*innenkreises getragen. Wir wollen einfach leben, damit andere einfach überleben können. Durch unsere Bewusstseinsarbeit, beispielsweise bei von uns veranstalteten offenen Abenden, wollen wir Sprachrohr unserer „Gäste" werden und uns für Solidarität, Gewaltfreiheit und Gerechtigkeit einsetzen. Dabei versuchen wir, gemeinsam mit verschiedenen Initiativen in das Gemeinwesen und die christlichen Gemeinden am Ort hineinzuwirken.

→Siehe auch Beschreibung der Netzwerke „**Church & Peace, European Catholic Worker**"
Catholic Worker - Christian Anarchist Community Movement
☺ vorheriges Kennenlernen durch eine Freiwilligenzeit bei uns im Haus

Burg Disternich A6

Burgstraße 1 | 52391 Vettweiß ☎+49-(0)2252 830 91 03, +49-(0)2252 838 7142
kontakt@burg-disternich.de www.burg-disternich.de

2018 9 ha (bei Zülpich) 10 % ♀9 ♂3 4 16

d, e
6
alle (soziokratisch)
gemeinsame Finanzierung, Haushaltkasse
Genossenschaft
ökolog., spirit., inneres Wachstum, Meditation, Yoga, Bioernährung, biolog. Gartenbau, ökolog. Bauen, Humor

☺ (✋✋)

Die Burg Disternich eG ist ein Zusammenschluss von Menschen, die das Modell eines alternativen Zusammenlebens in Freiheit und Verantwortung für sich und füreinander wagen. Wir sind überzeugt davon, dass Wirtschaftskrisen, Globalisierung, Überalterung der Gesellschaft, verantwortungsloser Verbrauch der natürlichen Ressourcen, Vereinsamung in der Gesellschaft, Unverständnis zwischen den Generationen und vieles mehr neue Ideen und Perspektiven braucht und zukunftsweisende, mutig gelebte Experimente in praktischer Umsetzung.
Die Burg Disternich eG bietet und fördert ein Leben in einer gesunden Umwelt und in einem gesunden Umfeld. Dazu werden nach Möglichkeit Lebensmittel biologisch angebaut, Energie umweltfreundlich erzeugt und ökologische Materialien verwendet. Es wird eine größtmögliche Selbstständigkeit der Versorgung der Grundbedürfnisse angestrebt. Die lange Historie (16. Jahrhundert, Hallenburg) ist Teil der Burg Disternich. Sie wird geachtet und Geschichte und Gebäude sollen auch der Öffentlichkeit zugänglich gemacht werden. Wir kooperieren eng mit dem Denkmalschutz, um Umbauten und Renovierungen so originalgetreu wie möglich und baubiologisch sinnvoll zu gestalten.
Die Burg Disternich eG ist weltoffen. Wir möchten frei von Dogmen und fest in unsere Umgebung eingebunden sein. Unsere Vision ist ein gewaltfreies Miteinander und den eigenen Potentialen gemäß gelebte Vielfalt. Jedes Mitglied steht gleichzeitig in der Verantwortung für die gesamte Gemeinschaft. Geplante Projekte sind z. B. ein Nähatelier für Meditationsbedarf, ein „Tante-Emma-Laden" für die Bewohner*innen der Umgebung, eine „Wilde Weide" und Naturerlebnisse für Kinder und Neugierige. Tagesbetreuung für Kleinkinder, Zen-Seminare für Gäste, ein Architekturbüro mit ökologischer und nachhaltiger Ausrichtung sowie ein großer Gemüsegarten wurden bereits umgesetzt. Kulturelle und soziale Projekte sollen die Verbindung nach außen schaffen, um die Menschen der Umgebung sowie Besucher*innen zu inspirieren.

☺ Kennenlern-Wochenende, auf Zeit mit uns wohnen, ein Jahr Probezeit

☆ **Burghof Stauf** Gemeinschaftliches Leben eG

B8

Burgweg 1 | 67304 Eisenberg-Stauf
✉info@gemeinschaft-burghofstauf.de 💻www.gemeinschaft-burghofstauf.de

2015 | 1,8 ha (bei Eisenberg (Pfalz)) | ♀11 ♂8 10 29

- d, e, f,sp, türkisch, tschechisch, kroatisch
- alle Betroffenen gemeinsam (Konsens)
- gemeinsame Finanzierung bestimmter Bereiche
- Eigentum aller (Genossenschaft)
- ökolog., selbstverw., gewaltfrei, spirit., Meditation, Yoga, Bioernährung, veget., vegan, Umweltschutz, Permakultur, barrierefrei, rauchfrei, Musik, Zapchen, undogmatisch

(✋✋)

Das Besondere an unserer Gemeinschaft ist die vielseitige Mischung. Menschen aus allen Generationen mit verschiedenen Berufen, Persönlichkeiten und Weltanschauungen kommen an diesem kraftvollen historischen Ort zusammen. Direkt am Fuße der Burgruine Stauf befindet sich unsere Wohngemeinschaft mit einem wunderschönen Ausblick über den Pfälzer Wald. Gegründet im Jahr 2015, bestreiten wir seit 2017 unseren Alltag gemeinsam. Wir befinden uns demnach noch im Aufbau und es gibt viel Gestaltungspotential und Möglichkeiten, individuelle Träume zu verwirklichen. Wir haben keine spezielle Vision, sondern wollen nur in gegenseitiger Achtung und Herzlichkeit zusammen leben, frei von Konventionen, und die Kraft der Gemeinschaft nutzen um einen wundervollen Ort zu schaffen. Akzeptanz und Toleranz ist uns sehr wichtig. Obwohl jede*r eine eigene autonome Wohnung hat, lieben wir es gemeinsam zu kochen, zu musizieren, am Lagerfeuer zu sitzen und bei spontanen Begegnungen neue Ideen zu spinnen. Wir unterstützen uns in allen alltäglichen Dingen, die Kinder wachsen hier auf wie Geschwister, man kauft füreinander ein, alle packen selbstverständlich mit an. Wir können uns aufeinander verlassen, wie unter guten Freund*innen. Weiterhin experimentieren wir mit Möglichkeiten, uns auf einer non-verbalen, meditativen Ebene zu begegnen. In Zukunft wünschen wir uns mehr Gemeingut zu teilen, Arbeitsmöglichkeiten vor Ort zu schaffen und unseren Gartenanbau bevorzugt in Richtung Permakultur auszuweiten.

LAG Gemeinschaftliches Wohnen e.V.

De Vlierhof

A4

Kleverstraße 115 | 47533 Kleve-Keeken
+49-(0)2821-970 242, +31-(0)6588-5077
info@vlierhof.org
www.vlierhof.org

2002 | 3 ha (bei Kleve) | 30 % | ♀6 ♂8 2 16

e, d, niederländisch | alle
Gründer*innen (Konsens) | gemeinsame Finanzierung best. Ber.
eine Stiftung
öffnen, um an spirituellem Wachstum und Bewusstsein zu arbeiten
Hosting Seminarhaus, das Land bearbeiten, Workshops, Wartung der Gebäude
ökolog., selbstverw., gewaltfrei, spirit., inneres Wachstum, Meditation, Bioernährung, veget., vegan, Bildungsarbeit, Selbstvers., biolog. Landwirt., biolog. Gartenbau, altern. Energie, ökolog. Bauen, Humor, Handwerk: Strohballenbau, Erdbauten, Zimmermannsarbeiten, Kunst: Druck, Kommunikationstechniken: Redestabrunden

☺

Der Vlierhof ist eine internationale Gemeinschaft, in der wir versuchen, auf eine liebevollere Welt hinzuarbeiten. Auf dem Vlierhof gehen wir miteinander und mit der Natur auf eine ehrliche und gute Art und Weise um. Wir konzentrieren uns auf die folgenden Werte: Integrität, Transparenz und Offenheit, Interesse und Sorge füreinander und für die Umwelt.
Der Vlierhof befindet sich an der Grenze zwischen Deutschland und den Niederlanden in der Nähe der Städte Kleve und Nijmegen. In Harmonie mit der Natur bauen wir einen Teil unserer eigenen Nahrung in unserem biologischen Garten an. Viele der Wände am Vlierhof sind mit Lehm aus dem eigenen Land verputzt. An der Stelle, wo der Lehm aus dem Boden genommen wurde, ist der Schwimmteich für die Sauna geschaffen worden. Vieles wird für Recycling und Upcycling verwendet. Die Küchenabfälle gehen zum Beispiel zu den Hühnern, die uns im Gegenzug Eier dafür geben.
Der Stolz des Vlierhofs ist das Seminarhaus. Ehemals eine alte Scheune, ist diese vollständig mit natürlichen Materialien renoviert worden, um nun Gruppen beherbergen zu können. Die Wände des Gebäudes sind weitgehend aus Lehm gefertigt. Diese geben eine gemütliche Wärme und Energie in die Räume. Das Seminarhaus ist ein ruhiger und stilvoller Ort für Workshops, Seminare oder Gruppenaufenthalte. Es gibt einen Meditations- und Yogaraum, einen schönen Speisesaal bzw. Lounge und natürlich gibt es auch viel Grün und Natur (in der Umgebung). Für alle Arten der Mitarbeit (Bau- und Gartenarbeiten, Reinigung, Kochen, etc.) sind Freiwillige willkommen.

→Siehe auch Beschreibung des Netzwerks „**GEN Nederland**"

☺ Wir wollen mit Respekt, mit Liebe und außerdem bewusst zusammen leben, indem alle jeden Tag ihre Verantwortung übernehmen.

Deel 28 Mehrgenerationen Wohnprojekt Palingen GbR (C2)

Hauptstraße 28 | 23923 Palingen
www.deel28.de

2003 | 1,5 ha (bei Lübeck, Wismar) | 1 % | ♀9 ♂7 | 14 | 30

- d, e, f, türkisch
- wechselnd, mindestens aber drei Personen
- alle Bewohner*innen oder alle Eigentümer*innen, je nach finanzieller Konsequenz für die jeweils Betroffenen (Konsens, im Konfliktfall auch Zweidrittelmehrheiten möglich)
- gemeinsame Finanzierung der Gemeinschaftsteile (Café, Garten, Diele, Werkstatt), individuelle Finanzierung des Wohnraums
- GbR/privat
- nein
- ökolog., selbstverw., gewaltfrei, ökolog. Bauen, regionale Nahversorgung, Café, Kulturveranstaltungen

Wir sind vermutlich auf der Grenze zwischen Wohnprojekt und Gemeinschaft. Da uns keine spirituelle und weltanschauliche Basis eint, beziehen wir Gemeinsamkeit aus der gemeinsamen Arbeit am Haus, im Hofcafé und im Garten. Bezahlte Arbeit wirft das Projekt kaum ab, aber es gibt verschiedene Kooperationen zwischen einzelnen Bewohner*innen, die auch die ökonomische Basis verbessern. Der Wohnraum wird gänzlich individuell verantwortet.

Region Aktiv Lübecker Bucht

Delfin-Gemeinschaft - Wege zu Gott

B10

ÖKODORF-Institut für Wohnprojekte
Alpenblickstraße 12 | 79737 Herrischried-Niedergebisbach
+49-(0)7764-933 999
oekodorf@gemeinschaften.de www.gemeinschaften.de

1995 1100 m² (bei Schopfheim) 10 % ♀3 ♂2 0 5

- d, e, f, alemannisch 2 3
- alle Betroffenen gemeinsam (Konsens, innere Stimme, höheres Selbst)
- indiv. Ökonomie (gemeinsame geplant)
- Eigentum einzelner Gemeinschaftsmitglieder
- alle Religionen sind gleichwertig
- Gesundheit & Heilung u.a. bei Funksensibilität & BurnOut, Garten/Permakultur, Küche, Beratung f. Gemeinschaftssuche/-gründung (siehe „nützliche Adressen: ÖKO-DORF-Institut"), Pranawandern (www.pranawandern.de)
- ökolog., selbstverw., gewaltfrei, spirit., christl., ökumen., buddhist., inneres Wachstum, Meditation, Yoga, Tantra, Sexualität, Bioernährung, veget., Bildungsarbeit, Tagungshaus, Tierschutz, Umweltschutz, Selbstvers., Permakultur, biolog. Gartenbau, altern. Energie, ökolog. Bauen, handyfrei, rauchfrei, Singen, Forschung zur Gemeinschaftsentwicklung, Heilung, funkfrei, Schneeschuhwandern, Ski-Langlauf, E-Mail-Newsletter „Gemeinschaften aktuell"

☺ ()

Wir leben im 870 m hohem Luftkurort mit toleranter, ökologisch & spirituell aufgeschlossener Bevölkerung, bestem Trinkwasser & fast immer sonnig über dem Talnebel. Seit 2004 besitzen wir im Hotzenwald ein Projektzentrum in schöner Landschaft ohne Handymast, aber guter Busverbindung. In 2019 bauen wir das Haus aus als Ruhe-Oase ohne WLAN/Schnurlostelefon, aber mit schnellem Internet-Kabel. Einfach-Leben im Haus & Dorf: Seminar-/Meditationsraum, Bio-/Buchladen, Holz-/Solarwärme, Solarkocher, Kompostklo, Gemüsegarten. Von hier aus initiierten wir ein Dorfnetz in ca. 4 km Umkreis: Tauschkreis, Artabana statt Krankenkasse, Freie Schule, Solidarischer Landbau, Kochclub, Übungsgruppe gewaltfreie Kommunikation, Solidarfonds statt Bankschulden. Geplant: Interspirit. Ökodorf Alt & Jung, SolarCarsharing, spirituelle Sterbebegleitung in Gemeinschaft. Kernziel: Wir helfen uns und anderen, die dies wünschen, gegenseitig auf dem Weg zu GOTT. Ein Beitrag dazu ist die Schaffung einer größeren interspirituellen Gemeinschaft, bestehend aus kleinen Gemeinschaften verschiedener spiritueller Richtungen und verschiedener Lebensformen von Ehe bis freilassende Liebe. Lernen aus der Geschichte: Die Gesellschaft kann sich nur weiterentwickeln, wenn das Rad nicht ständig neu erfunden wird. Deshalb lernen wir von anderen Gemeinschaften und geben dies durch Seminare und Beratungen für Gemeinschaftssuchende/-gründer*innen weiter.

- Regionetz Hotzenwald, informelles Netzwerk interspirituelle Ökodorf-Festivals, Artabana
- ☺ spirit. Offenheit und Toleranz, Interesse an einfachem Leben, Bearbeiten von Alltagssüchten, Offenheit f. gegenseitige Hilfe bis hin zu gemeinsamer Krankenpflege/spirit. Sterbebegleitung

die Frieda Gemeinschafts- und Projekthaus

D4

Straße des Friedens | 14822 Brück ☎+49-(0)3384-477 48 83
friedahaus@riseup.net die-frieda.org

2014 600 m² Häuser, 0,9 ha Waldgarten (bei Berlin) 5 % ♀3 ♂3 1
7

d, e, sp, f alle (verschieden anteilig) in Arbeitskreisen 4

alle Projektmitglieder (durch Gespräche/ Arbeitskreise/Plenum, sonst Systemisches Konsensieren)

gemeinsame Finanzierung der Infrastruktur, gemeinsame Essenskasse; Geld verdienen wird mehr und mehr gemeinsam organisiert

Vereinseigentum

Hausausbau, Renovierung, Waldgarten, Verwaltung, Fundraising, Seminarbetrieb und Projekte, Netzwerken

ökolog., selbstverw., gewaltfrei, inneres Wachstum, Bioernährung, veget., Bildungsarbeit, Tagungshaus, Friedensarbeit, Selbstvers., Permakultur, biolog. Gartenbau, Forstwirt., ökolog. Bauen, Humor, Regionale Vernetzung, nachhaltiger Aufbau von Lebens- und Arbeitsalternativen

☺

Wir sind die Gemeinschaft Frieda! Wir sind derzeit sechs Erwachsene und ein Kind, aber drauf und dran mehr zu werden. Der „Alte Konsum" in Brück wurde 2014 gekauft und als Projekthaus gegründet. Ab Ende 2016 begann sich hier eine Gemeinschaft zu formieren. Seitdem arbeiten wir emsig daran, unserer Vision näher zu kommen. Und zwar der von resilienten Regionen, die subsidiär vernetzt sind und kulturell, sozial und organisatorisch fähig, Stoffkreisläufe zu schließen und ein nachhaltig gutes Leben für alle zu ermöglichen. In den vergangenen zwei Jahren waren wir viel damit beschäftigt, unkommerzielle Bildung zu alternativen Lebensweisen zu initiieren (www.bildungs-bande.de), den Wohnbereich unseres ersten Hauses auszubauen und unsere Infrastruktur zu erweitern.
2018 konnten wir in der Straße ein weiteres Wohnhaus sowie ca. 0,9 Hektar Gartenland hinzukaufen, auf dem wir nun dabei sind, einen Waldgarten zu etablieren, der uns in Zukunft mit lokalen Nahrungsmitteln und Nutzholz versorgen wird. Unser Ziel in den nächsten Jahren ist es, ein zusammenhängendes Gemeinschaftsmodell aufzubauen, was aus gut funktionierenden Bezugsgruppen besteht, deren Mitglieder sich wiederum in Arbeitskreisen und Betrieben organisieren. Und gleichzeitig im Fläming die Zusammenarbeit mit Gemeinden, der Nachbarschaft und anderen Fläminger Gemeinschaften auszubauen und so aktiv eine Region zu gestalten, die dem Leben würdig ist.
Wenn Du uns besuchen und mitarbeiten willst oder an einer unserer Veranstaltungen teilnehmen möchtest, sei ganz herzlich willkommen. Wir sind sehr offen für Arbeitsgäste (bitte meldet euch vorher telefonisch oder per Mail).

bildungs-bande.de

☺ Langsames Heranwachsen an Gruppe und Projekt. Symphatie - Resonanz - Gemeinsame Vision - Gute Zusammenarbeit.

Dorf - Gemeinschaft - Münzinghof

D8

Münzinghof 9 | 91235 Velden
+49-(0)9152-9297-0
verwaltung@muenzinghof.de
www.muenzinghof.de

1979 140 ha (bei Velden) 30 % ♀70 ♂70 15 155

d

Vereinseigentum

Anthroposophie

soziale Arbeit, verschiedene Handwerke

ökolog., selbstverw., gewaltfrei, spirit., christl., anthroposoph., Bioernährung, Bildungsarbeit, geistig/psych. Behinderte, Umweltschutz, biolog. Landwirt., biolog. Gartenbau, biolog. Viehwirt., artgerechte Viehwirt., Forstwirt., altern. Energie, Humor

Die Dorfgemeinschaft Münzinghof ist eine Gemeinschaft mit kommunalem Charakter und bietet Menschen mit Hilfebedarf Zugehörigkeit in einem familiären Zusammenhang und bei Bedarf Heimat bis zum Lebensende. Für alle Bewohner*innen bietet sie Wohnraum, Arbeitsplätze in einer dazu gehörigen WfbM (Werkstatt für behinderte Menschen) und kulturelles Leben.

Die Arbeitsplätze in den Werkstätten orientieren sich an den individuellen Bedürfnissen und Fähigkeiten der Menschen. Werkstätten sind: Hauswirtschaft, Gärtnerei, Landwirtschaft, Käserei, Bäckerei, Hausmeisterei, Metall- und Holzwerkstatt sowie die Kerzenzieherei und die kommunale Gruppe. Die Arbeitsinhalte und -abläufe sind sinnstiftend, die Arbeitsergebnisse der Hauswirtschaft, Bäckerei und Gärtnerei kommen auch der Gemeinschaft, der Familie, den anderen zugute.

Das Zusammenleben in den Familien und in der ganzen Gemeinschaft und der Umgang miteinander orientiert sich an den Werten des Christentums und der Anthroposophie. Hierbei wird großer Wert gelegt auf einen rhythmischen Tages-, Wochen- und Jahresablauf. Außerdem gibt es bestimmte Rituale zur Orientierung im Tages-, Wochen-, Monats- und Jahreslauf, die von allen Mitgliedern der Gemeinschaft diskutiert, verändert und lebendig gehalten werden (z.B. der samstägliche Evangelienabend, die sonntägliche Morgenfeier und die Gestaltung aller christlichen Jahresfeste).

Dorfgemeinschaft Klein Hundorf

C2

Klein Hundorf 6 | 19205 Gadebusch
moin@klein-hundorf.de
www.klein-hundorf.de

1989 15 ha (bei Gadebusch) 20 % ♀9 ♂9 7 25

d, e, f, schwedisch, lettisch 5-6

alle Betroffenen gemeinsam (Konsens, notfalls Mehrheitsentscheidung)

gemeinsame Finanzierung bestimmter Bereiche und individuell

gemeinsames Eigentum (Genossenschaft)

Garten, Acker, Landschaftspflege, Brennholz machen, Bauen, Renovieren, Küche, Haushalt, Kinderbetreuung

ökolog., selbstverw., chaotisch, Bioernährung, Pädagogik, Umweltschutz, Selbstvers., biolog. Landwirt., biolog. Gartenbau, altern. Energie, ökolog. Bauen, Humor, Tischlerei, Schmiede, Musik, Pferdearbeit, Schafe, Bienen, Hühner, Waldkindergarten, Heilpraktiker, Seminare, Schneiderei, Küche, FÖJ

☺ (✋✋)

Wir sind eine Genossenschaft, besitzen ein Gutshaus und das Land, sowie einige Gebäude zusammen. Das Gutshaus ist unser Zentrum. Hier befinden sich unsere Gemeinschaftsräume und hier treffen wir uns jeden Mittwoch zum gemeinschaftlichen Arbeiten und zum „Spruch" (Plenum). Im Obergeschoss sind WG-Zimmer, auf dem Gelände verteilt befinden sich weitere Behausungen vom Bauwagen bis zum Strohballenhaus. Wir leben einfach, mit Kompostklos, Ofenheizung, Solardusche und eigener Pflanzenkläranlage. Es gibt eine Schmiede, einen Tischlereischuppen und ein Kulturhaus als Treffpunkt für Kino, Tanz und Feiern. Mit unserer Saftstraße pressen wir leckeren Saft aus unseren über 100 Obstbäumen. Eine große Draußenwanne und der Saunabauwagen laden zum Chillen ein. Die Arbeitspferde helfen beim Bestellen der Gärten oder beim Heumachen. Es gibt eine Solidarische Landwirtschaft, einen Waldkindergarten und eine Gastro-Küche, mit der wir den Kindergarten und Seminare bekochen.
Unser Bebauungsplan (‚Sonstiges Sondergebiet „Dorfgemeinschaft Klein Hundorf – Wohnen, Handwerk, Landwirtschaft, Kultur und Bildung im naturnahen Raum"') bildet die Grundlage für die Umsetzung weiterer Pläne.
Besucher*innen sind nach vorheriger Anmeldung willkommen, können die Gemeinschaftsräume gegen geringes Entgelt oder Mitarbeit nutzen und sich dort selbst verpflegen. Im Winter ist es manchmal einsam hier, im Sommer ist viel los. Zum Kennenlernen kommt doch möglichst zu unseren Bauwochen oder Gemeinschaftstagen.

→Siehe auch Beschreibung des Netzwerks „**WWOOF**"

☺ 1 Jahr Probezeit, Eintrittsgeld (1500 €), danach Genossenschaftsbeitritt. Nach der Zuzugsanfrage müssen alle mit dem Zuzug einverstanden sein.

Ein Neues Wir Initiative für mehr Miteinander

B6

Wiesenstraße 37-39 | 65627 Elbtal-Hangenmeilingen ☎ +49-(0)6436-949 43 76
✉ leben@ein-neues-wir.de 💻 www.ein-neues-wir.de

2011 | 1,3 ha (bei Limburg an der Lahn) | ca. 10 % | ♀9 ♂8 | 12 | 29

d (e, sp, f, russisch) | ca. 5-7

dynamisches All-Leader-Prinzip, Konsens (im Kreis (Plenum) bzw. in Arbeitsgruppen)

Haushaltskasse, sonst individuell | Genossenschaftseigentum

Küche, Garten, Instandsetzung

ökolog., selbstverw., gewaltfrei, spirit., inneres Wachstum, Bioernährung, veget., Pädagogik, Friedensarbeit, Umweltschutz, Selbstvers., Permakultur, artgerechte Viehwirt., ökolog. Bauen, Bau, Humor, weltoffen und lebensfroh, achtsame Kommunikation, respektvolles Miteinander mit Kindern, kreativ und innovativ, offenes Herz, Mehrgenerationenprojekt, Eigenverantwortung, Sport, Kulturarbeit

☺

Wir orientieren uns an folgendem Leitbild:

- Wir üben uns im achtsamen und verantwortungsvollen Umgang miteinander und mit unserer Mitwelt.
- Wir vernetzen uns und wirken bewusst am sozialen und ökologischen Wandel mit.
- Wir entwickeln ein zukunftsfähiges Modell des ganzheitlichen Zusammenlebens und Zusammenwirkens. Wir sind dabei offen für Menschen aller Generationen und Kulturen, insbesondere achten wir die persönliche Auffassung von Spiritualität.
- Wir schaffen einen Ort, an dem Menschen ihre Potentiale entfalten können. Besonders wichtig ist uns die gesunde und individuelle Entfaltung von Kindern.

Erste Gemeinschaftsbildungs-Treffen seit 2007, gemeinschaftliches Zusammenleben seit Anfang 2011, Projektzentrum seit Januar 2013: 3 Gebäude auf naturnahem Gelände (12.800 m²), Platz für ca. 40–50 Personen.
Soziale Werkzeuge: Supervision, achtsame authentische Kommunikation im Alltag (GFK), Familienaufstellung, Redestabkreise, Council usw. Miete pro Erwachsenem, Kinder wohnen mietfrei. Unsere Kinder gehen in die freie Montessorischule Westerburg.
Wir freuen uns über neue Interessent*innen, Mitwirkende, Freund*innen...

teilw. Artabana
☺ 6-12 Monate Annäherungszeit, Genossenschaftsanteile, eigener Lebensunterhalt

Eine Spinnerei

E5

Spreewitzer Straße 5 | 02979 Neustadt/Spree ☎ +49-(0)35727-579 341
fred@eine-spinnerei.de www.eine-spinnerei.de

2011 3000 m² (bei Cottbus, Hoyerswerda, Spremberg, Weißwasser) 20 %
♀2 ♂1 2 5

d, e alle Erwachsenen
Entscheidungshoheit nach Aufgabenbereichen (basisdemokratisch und Konsent)
Mischung aus individueller Finanzierung (eigenes Einkommen und indiv. Ausgaben) und gemeinschaftliche Finanzierung (Haushaltskasse und Immobilie)
Eigentum der Gründungsmitglieder
Garten, Handwerk und Bauen, Selbstversorgung, bürgerschaftliches/umweltpolitisches Engagement vor Ort (Tagebauwiderstand), Gründung einer Freien Alternativschule, Naturbildungs- und Kulturangebote
ökolog., selbstverw., Bioernährung, Bildungsarbeit, Pädagogik, freie Schule, Tierschutz, Umweltschutz, Selbstvers., biolog. Gartenbau, neue Technologien, ökolog. Bauen, Humor, rauchfrei, Recycling, nachhaltiges Leben

Seit 2011 leben wir (eine kleine Gemeinschaft von 3 Erwachsenen und 2 Kindern) unsere Auffassung eines so konsequent wie möglich nachhaltigen Lebens: Wir versuchen uns so weit wie möglich selbst zu versorgen mit dem Gemüse aus unserem Garten, kochen ein, wecken ein, trocknen. Wir haben einen Kühlkeller/Erdkeller gebaut, der den Kühlschrank ersetzt. Wir versuchen, alles was wir brauchen zu ertauschen, gebraucht zu bekommen; auch Baumaterialien wiederzuverwenden. Wir nehmen das, was da ist und probieren. Dabei lassen wir uns von altem Handwerk inspirieren und finden ungewöhnliche Lösungen, so dämmen wir beispielsweise mit Weinflaschen oder machen unsere Teelichter selbst aus Wachs- und Talgresten.

Wir wollen unsere Vision teilen und Menschen die Möglichkeit bieten, in der Spinnerei mit ihrem Lebensstil zu experimentieren. Jährlich veranstalten wir auch eine kleine Anzahl an Workshops, z.B. mit Wildkräutern kochen. Ökologisch und sozial verantwortungsvolles Handeln endet nicht an der Grundstücksgrenze: Deswegen besteht ein guter Teil unseres Alltags auch aus politischer Arbeit. Wir engagieren uns beispielsweise vor Ort gegen geplanten Braunkohletagebau und geben hierfür eine eigene Zeitung heraus. Derzeit gründen wir außerdem eine Freie Alternativschule (Grundschule) in der Region.

→Siehe auch Beschreibung des Netzwerks „**WWOOF**"

workaway, Aktionsbündnis „Strukturwandel jetzt - Kein Nochten II"

Elbehof und VITOS e.V.

D3

Am Elbdeich 68 | 39615 Wahrenberg

+49-(0)39397-4155-2

vitos@elbehof.de

www.elbehof.de

1996 — 3,5 ha (bei Wittenberge) — ca. 20 % — ♀2 ♂1 0 3

- d, e, f — 2
- GbR und Bewohner*innen (Gesprächsrunden mit schriftlichen Protokoll für verbindliche Entscheidungen und Verantwortlichkeiten)
- individuelle Finanzierung
- Eigentum der GbR, einzelne Bewohner*innen mieten/pachten
- eine friedliebende, kooperative und nachhaltige Lebensweise ist die Basis
- Natur-und Umweltbildung, ganzjährig geöffnetes vegetarisches Bio-Café, ökologisches Gärtnern, Seminarhaus
- ökolog., Meditation, Yoga, Bildungsarbeit, Pädagogik, Tagungshaus, Tierschutz, Umweltschutz, Permakultur, biolog. Gartenbau, artgerechte Viehwirt., altern. Energie, ökolog. Bauen, Humor, rauchfrei, Natur-und Umweltbildung

Der ehemalige Fährgasthof im Dreiländereck Niedersachsen, Sachsen-Anhalt und Brandenburg wurde 1996 als ökologisches Gemeinschaftsprojekt gegründet und durch seine Lage am Fluss Elbehof genannt. Eine Seminarscheune, drei Gästezimmer, ein Flusscafé sind entstanden. Der Saal wurde hergerichtet, Solar-Outdoor-Duschen und Komposttoiletten sowie eine

Campküche wurden eingerichtet, um Flusscamps und Feste aller Art auf der Elbwiese zu veranstalten. Der hofansässige Kultur- und Umweltbildungsverein VITOS e.V. gestaltet mit verschiedenen Partner*innen und Mitgliedern nachhaltige und kulturelle Bildungsveranstaltungen.
Der Hof besitzt zwei separate Wohnungen, die derzeit von 2 Bewohner*innen bewohnt werden. Die Kinder sind aus dem Haus. Zudem gibt es eine Gemeinschaftswohnung mit drei Zimmern für Neubewohner*innen, die eine neue Projekt-WG gründen können. Diese werden am Gemeinschaftsgarten mit Hühnerhaltung beteiligt sowie am ganzen Hofgeschehen, und können ihren Platz finden. Leute mit neuen zukunftsfähigen Ideen für Hof und Region sind erwünscht. Ausbaumöglichkeiten auf dem Dreiseitenhof sind noch vorhanden.

🌍 VITOS e.V.
☺ Probezeit. Offenheit für gemeinschaftsbildende Prozesse und Beteiligung mit Fähigkeiten/Wissen/Finanzen an der Weiterentwicklung des Hofes

Finkenburg

B3

Eißeler Finkenburg 1 | 27321 Thedinghausen-Eißel ☎+49-(0)4204-1497
kontakt@finkenburg.info www.finkenburg.info

1989 1 ha (bei Bremen) ♀3 ♂5 1 9

d, e, plattdeutsch 3
alle Betroffenen gemeinsam (Konsens) gemeinsame Finanzierung best. Ber.
Eigentum aller
ökolog., selbstverw., anarchist., linkes Politikverst., feminist., gewaltfrei, Bioernährung, Umweltschutz, biolog. Gartenbau, altern. Energie, ökolog. Bauen, Kulturarbeit, Spielen

☺

Die Finkenburg ist ein alter alleinstehender Resthof in der Wesermarsch südöstlich von Bremen und besteht als Gemeinschaftsprojekt seit 1989. Dauerhaft leben hier derzeit 9 Menschen. Wir verstehen uns als Teil der politischen Kommunebewegung und sehen unsere Form des Zusammenlebens als einen Alternativentwurf hin zu einer sozialeren, ökologischeren und solidarischen Gesellschaft. Selbstbestimmung und Freiraum für die Einzelnen sowie das Akzeptieren unterschiedlicher Bedürfnisse sind für uns Voraussetzungen für dieses Ziel. Unsere Entscheidungen werden gleichberechtigt im Konsens getroffen. Haus und Grundstück befinden sich in unserem gemeinsamen Besitz und werden von uns selbst verwaltet. Einige Bewohner*innen arbeiten in selbstorganisierten Arbeitsbereichen auf dem Hof, andere arbeiten

angestellt oder selbstständig an anderen Orten in der Umgebung. Direkt hier bei uns gibt es eine Mosterei (siehe www.mosterei-finkenburg.de), eine Töpferei (http://keramikwerkstatt.blogspot.de) und das Redaktionsbüro des Regionalmagazins „Överblick" (siehe www.oeverblick.de), das von einem Bewohner mitgegründet wurde. Der „Överblick" ist auch Einsatzstelle für das Freiwillige Ökologische Jahr (FÖJ) und bietet dadurch Menschen bis 27 J. die Möglichkeit, für ein Jahr bei uns zu leben und unser Projekt kennen zu lernen. Auf unserem Gelände bauen wir Obst, Gemüse und Kräuter für den eigenen Verbrauch an und es leben auch einige Kleintiere wie Schafe, Katzen und Bienen bei uns.

→Siehe auch Beschreibung des Netzwerks „**KommuJa**"
☺ Kennenlernbesuch, Probewoche, Probezeit (1/2 Jahr)

Franziskusgemeinschaft e.V.

E5

Leutwitz Nr.1 | 02633 Göda OT Leutwitz ☎+49-(0)35953-8431
Franziskusgemeinschaft@web.de
www.franziskusgemeinschaft-leutwitz.de

1988 — 20 ha (bei Bautzen, Dresden) — ♀1 ♂2 0 3

d, e — alle

alle Betroffenen gemeinsam (weniger wichtige Themen durch Mehrheitsabstimmung, zentrale im Konsens)

gem. Ökonomie — teils gemietet/gepachtet, teils Eigentum aller

ökumenisch im weitesten Sinn

Landwirtschaft, landwirtsch. Verarbeitung und Vermarktung

ökolog., gewaltfrei, christl., ökumen., Bioernährung, Friedensarbeit, Umweltschutz, Selbstvers., biolog. Landwirt., biolog. Gartenbau, biolog. Viehwirt., altern. Energie, ökolog. Bauen

☺

Unsere Gemeinschaft ist 1988 aus der Suche nach Gott als Mitte des Lebens entstanden. Weil wir für Gottes Schöpfung, unsere Welt, Verantwortung tragen, soll unser Leben eine positive Alternative zu Ungerechtigkeit, Angst, Unfrieden, Hass und Zerstörung der Mitwelt sein.
GÜTERGEMEINSCHAFT: Wir wollen nicht nur unseren materiellen Besitz miteinander teilen, sondern unser Leben mit allem, was uns als Menschen ausmacht: unsere Freude und Sorge, unsere Hoffnung und Zweifel, unsere Stärken und unsere Schwächen...
ARBEITSGEMEINSCHAFT: Wir sind bestrebt, im Einklang mit der Schöpfung zu leben und so versuchen wir mit unserer kleinen ökologischen Landwirtschaft die wichtigsten Nahrungsmittel selbst herzustellen. Die Überschüsse werden ab Hof verkauft.
GEBETSGEMEINSCHAFT: Das arbeitsreiche Leben am Hof fordert einen guten Ausgleich von Aktion und Kontemplation. Zweimal täglich, morgens und am Abend, trifft sich die Gemeinschaft in der Hauskapelle zum Gebet.
GASTFREUNDSCHAFT: Wir freuen uns über Menschen, die für eine Zeit das Leben mit uns teilen möchten. Wer interessiert ist unsere Gemeinschaft kennenzulernen, den/die bitten wir sich anzumelden! Wir möchten ein offenes Haus sein und so verstehen wir unsere ökumenische Ausrichtung im weitesten Sinne, d. h. Ökumene nicht nur zwischen den Kirchen und Religionen, sondern auch zu Menschen, die keiner Kirche angehören.

☺ lebensbejahende christlich-ökumenische Grundhaltung

Freie Feldlage - Gemeinschaft in der Heilstätte Harzgerode

C5

Freie Feldlage 9 | 06493 Harzgerode
+49-(0)39484-743 333
info@freiefeldlage.de
www.freiefeldlage.de

2018 21 ha (bei Göttingen, Magdeburg, Leipzig) 5 % 10

d, e 8

alle Betroffenen gemeinsam (Konsens, systemisches Konsensieren)

individuell, solidarische Lösungen, gemeinsame Essenskasse, Einkommensgemeinschaft denkbar, Gemeinsame Ökonomie je nach WG

Eigentum einzelner (übergangsweise), Genossenschaft in Gründung

Projektentwicklung, Gemeinschaftsbildung, Renovierung/Instandhaltung, Gemüsegarten und Außenflächen, Gästebetrieb, Aufbau von Arbeitsbereichen und Lernort

ökolog., selbstverw., gewaltfrei, inneres Wachstum, Bioernährung, veget., Bildungsarbeit, Tagungshaus, Selbstvers., Permakultur, biolog. Gartenbau, Forstwirt., altern. Energie, neue Technologien, ökolog. Bauen, Humor, rauchfrei, Teilkultur, solidarische Ökonomie, tauschlogikfrei(er), Lebensmittel retten

Seit Mai 2018 kristallisiert sich eine Gruppe von entschlossenen, tatkräftigen Menschen auf dem Gelände der ehemaligen Kinder-Lungenheilstätte heraus, die das Projekt in seinem ersten Jahr mit Riesenschritten vorangebracht haben. Unser Ziel ist der Aufbau einer Lebensgemeinschaft auf genossenschaftlicher Basis. Ungefähr 50-80 Menschen unterschiedlichen Alters leben, lernen, arbeiten und wohnen in WGs und dennoch in einer großen Gemeinschaft zusammen. Wir befinden uns jetzt ganz klar in der Pionierphase. Das bringt Unwägbarkeiten, aber auch viel freien Gestaltungsraum.
Das Gelände umfasst 21 ha Land mit verschiedenen Gebäuden (das Hauptgebäude sowie diverse Wohn- und Nebengebäude), Wiese, Gärten und Wald. Hier kann eine Vielzahl von Initiativen und Projekten entstehen, die der Entwicklung des Einzelnen und der Gemeinschaft dienen. Ein Ziel dieser Initiativen soll immer auch ihre Ausstrahlung in die Region und darüber hinaus sein, um diese zu bereichern, sowie die Wirkung als Modell für nachhaltiges, zukunftsfähiges Leben.
Mögliche Vorhaben: Leben, Mehrgenerationenwohnen, Arbeiten/Wirken an einem Ort in gemeinschaftlichen Betrieben, Ort für freies, selbstbestimmtes Lernen in und an der Natur (Wildniswissen, Freie Schule, Waldkindergarten und außerhalb dieser Kategorien, Lernort, Freiraum), offene Werkstätten, ökologischer Gartenbau und Waldwirtschaft, Permakultur, Energieversorgung, Gemeinschaftsküche, Veranstaltungort für Kunst, Kultur und Camps auf dem Freigelände und im Saal, Denkmalschutz (Bauhaus), Reparieren statt Wegwerfen, und vieles mehr.

→Siehe auch Beschreibung des Netzwerks „**GEN Europe**"

☺ Pioniergeist, Bereitschaft zu persönlichem Wachstum, bewusster Umgang mit Ressourcen

Friedensgarten

E5

Haus Nr. 5 C | 02627 Pommritz ☎+49-(0)35939-806 02

uwewhaspel@yahoo.de, schenker_oeff@yahoo.de

www.global-love.eu, www.dieschenker.wordpress.com

1998 1500 m² (bei Bautzen, Dresden) 60 % ♀1 ♂2 0 3

d, e, it, rumänisch 3

Ziel: Alle Betroffenen gemeinsam (Ziel: „Fundierter" Konsens (Gewichtung der Stimmen nach Verantwortungs-Reife))

Ökonomie des Schenkens, Teilen nach Bedürfnissen

Besitz im Sinne moralischer Nutzungsrechte

Schenker*innen-Bewegung; offen für Menschen unabhängig von Ideologie, Spiritualität oder Religion

Öffentlichkeitsarbeit zur Förderung globalen Verantwortungsbewusstseins; spirit. Arbeit; Selbstversorgung

ökolog., selbstverw., gewaltfrei, spirit., inneres Wachstum, Meditation, Yoga, Bioernährung, veget., vegan, Bildungsarbeit, Friedensarbeit, Tierschutz, Umweltschutz, Selbstvers., Permakultur, biolog. Landwirt., biolog. Gartenbau, ökolog. Bauen, Humor, einfache Handwerkstechniken, Ernährung aus der (Wild-)Natur, Kooperation mit der Natur, Konfliktbearbeitung, gewaltfreie Kommunikation, Vernetzungsarbeit, Gesundheitsarbeit

☺

Wir üben, nach unseren Kerngrundsätzen der Mitmenschlichkeit zu leben - „Geben und Nehmen in Liebe und Gerechtigkeit, nach Bedürfnissen, statt mit Ausbeutung und Unterdrückung - Zusammenleben, Kommunikation und Auseinandersetzung in Liebe und Gütekraft, statt Gewalt". Dabei stellen wir uns gezielt der Öffentlichkeit. Wichtige Arbeiten unseres Alltags: Friedensarbeit (Mediation, Kurse in gewaltfreier Kommunikation und in verANTWORTlichem Leben), Gesundheitsarbeit (Vorträge, Kurse, Wildpflanzenführungen, geschenkte Behandlungen, Arbeit an einem tragfähigen naturgemäßen Gesundheitssystem), Büroarbeit, spirituelle Arbeit (Gebet, Yoga, Meditation, Rituale, Singen und Musizieren) als „spirituelles Zentrum für Einkehr, Begegnung und Veranstaltungen"... Gäste-Aufenthalt - nach Absprache - möglich von April bis Oktober, selbständige Mitarbeit erforderlich.

- Wir greifen aus Achtung vor der Schöpfung so wenig wie möglich in die natürlichen Lebenskreisläufe ein.
- Wir ernähren uns zum großen Teil aus dem Garten und der Umgebung, in Permakultur in Kooperation mit der Natur angebaut.
- Viele Dinge für den Lebensbedarf erarbeiten wir mit eigenen Händen.
- Die Befriedigung unserer Bedürfnisse (Nahrung, Gesundheit, Kleidung usw.) soll kein Unrecht nötig haben, weder direkt noch indirekt.
- Die sozialen Umstände anderer Menschen und die Naturkreisläufe sollen intakt bleiben, bzw. sogar durch unser Wirken unterstützt werden.
- Es gibt bei uns keinen Stromanschluss, sondern Kerzenlicht.
- Wir benutzen Brauchwasser aus einem Brunnen.
- Wir heizen mit Holz aus Garten oder dem Wald nahebei.
- Wir integrieren moderne Technik für Kontakt- und Öffentlichkeitsarbeit.

→Siehe auch Beschreibung des Netzwerks „**Schenker-Bewegung**"

Holon

☺ Mittragen der Schenkerideale und Projektkonzeption

Friedenshof-Kommunität

C3

Hammerstein Str. 3 | 31535 Neustadt-Niederstöcken ☎+49-(0)5073-7022
info@friedenshof.org www.friedenshof.org

1991 | 3 ha (bei Hannover) | 25 % | ♀3 ♂4 0 | 7

d, e, f, niederländisch — 5
alle Betroffenen gemeinsam (Konsens) — Einkommensgemeinschaft
GbR (Gesellschaft bürgerlichen Rechts)
interreligiös, spirituell, gewaltfrei
Hauswirtschaft, ökolog. Gartenbau, Versorgung der Tiere, Holz- und Lehmbauarbeiten, Bildungsarbeit, Gäste
ökolog., selbstverw., gewaltfrei, spirit., inneres Wachstum, Meditation, Yoga, Bioernährung, veget., Bildungsarbeit, Friedensarbeit, Umweltschutz, Selbstvers., biolog. Landwirt., biolog. Gartenbau, biolog. Viehwirt., altern. Energie, neue Technologien, ökolog. Bauen, Milchschafhaltung, Bienen, Hühner

☺ ( )

Wir leben auf einem 280 Jahre alten niedersächsischen Hof mit Reetdach auf 5000 m² mit Garten, Weide, Gewächshaus und Werkstatt mitten in einem kleinen Dorf, 35 km nördlich von Hannover.
Unser Tagesrhythmus ergibt sich aus Meditation und Ritualen, Arbeit und Mahlzeiten. Die Arbeit wird teilweise auf dem Hof, teilweise außerhalb verrichtet: Mithilfe beim Vertrieb von Bio-Gemüse, biologischer Garten- und Obstbau, Milchschaf- und Hühnerhaltung, Bienen, Ausbau und Erhaltung der Gebäude, Kunsttherapie, Yoga, entwicklungspolitische Bildung, pädagogische Arbeit. Unsere Kommunität findet ihre Mitte und Kraftquelle in der spirituellen Erfahrung. Dabei gehen wir unterschiedliche religiöse und spirituelle Wege, bei denen uns der gemeinsame Grund wichtig ist.
In unserem Leben haben Gelderwerb und Konsum an Bedeutung verloren gegenüber der Erfüllung durch spirituelle Ausrichtung, durch das Gemeinschaftsleben und durch sinnvolle Beschäftigung.
Wir sind verbunden mit den französischen Arche-Gemeinschaften, die auf Lanza del Vasto zurückgehen, und deren ethische Grundlage die Gewaltfreiheit ist.
Bei uns kann man an verschiedenen Veranstaltungen teilnehmen (Meditationsabende, Tage der Achtsamkeit, Tänze des universellen Friedens, Malen, Yoga) oder als Gast das gemeinschaftliche Leben für eine gewisse Zeit mit uns teilen. Menschen, die sich langfristig für das Gemeinschaftsleben interessieren, können nach einer Kennenlernphase in eine Probezeit aufgenommen werden mit der Perspektive, in die Kerngemeinschaft hineinzuwachsen.

→Siehe auch Beschreibung der Netzwerke
„L'Arche de Lanza del Vasto, GEN Europe"

☺ Probezeit, Wunsch nach persönlichem und spirituellem Wachstum

Gemeinschaft der Arche
GEWALTFREIHEIT UND SPIRITUALITÄT

Galions e.V. Hofgemeinschaft Galions

B6

Brunnenstr. 3 | 36323 Grebenau-Bieben ☎+49-(0)6646-919 02-5
galions@web.de

1988 1,5 ha (bei Bad Hersfeld, Fulda, Magdeburg) ♀3 ♂3 6

d, e, f, sp 4

alle Betroffenen gemeinsam (Mehrheitsabstimmung, im Einzelfall im Konsens)

gemeinsame Finanzierung best. Bereiche Verein

wir sind bunt gemischt und schätzen genau dies

Pflege von Haus, Hof, Tieren und Garten; Holz machen; Ingenieurbüro für Haustechnik; Werkstatt für Holzgestaltung; Meditation & Körperarbeit (Rebalancing und TRE)

ökolog., selbstverw., linkes Politikverst., spirit., christl., buddhist., inneres Wachstum, Meditation, Bioernährung, Pädagogik, Umweltschutz, Selbstvers., biolog. Gartenbau, altern. Energie, ökolog. Bauen, Humor, individuelle Ernnährung, vegan/vegetarisch immer möglich

☺

Wir, die Hausgemeinschaft „Galions e. V.", leben in einem kleinen Dorf im Vogelsberg bei Alsfeld umgeben von Wiesen und Wäldern am Fuße der Burg Herzberg. Wir sind bunt gemischt und schätzen genau dies. Hier leben zurzeit sechs Menschen: drei Frauen und drei Männer (nur ein Paar). Mit uns leben zwei Katzen, ein Hund, drei Ziegen und drei Pferde.
Wir bewirtschaften einen Gemüsegarten. Unser Verein engagiert sich für Umwelt und Naturschutz (Gewässerökologie, Anpflanzung von Lebendbauten und Hecken, regenerative Energien) und für die Verbesserung der körperlichen und seelischen Verfassung des Einzelnen durch Gesundheits- und Bewusstseinsbildung durch Meditationen und Kurse. Außerdem machen wir Öffentlichkeitsarbeit für friedliche und gesellschaftliche Veränderungen.

→Siehe auch Beschreibung des Netzwerks „**KommuJa**"

☺ ökologische Gesinnung; Interesse an Naturkost; Pflege von Pflanzen und Tieren; spirituelle Offenheit

Ganesha-Hof Linde

D3

Begegnungsstätte und tantrische Gemeinschaft für Ältere

Linde-Dorfstraße 40 | 16775 Löwenberger Land ☎+49-(0)171-837 22 41
justus@tantra-wg.de tantra-agil.de

2008 7500 m² (bei Oranienburg, Berlin) < 50 % ♀1 ♂1 0 3

d, e 2 2

alle Betroffenen gemeinsam (möglichst im Konsens)

individuelle Finanzierung

Eigentum einzelner; Übereignung an Stiftung geplant

Tantra, links-alternativ

Muße, Garten, Ausbau, Qigong, Massagen. Wir sind kein Wirtschaftsbetrieb.

ökolog., selbstverw., linkes Politikverst., esoter., chaotisch, Meditation, Tantra, Sexualität, freie Liebe, Bioernährung, Umweltschutz, Selbstvers., biolog. Gartenbau, altern. Energie, Bau, Humor, rauchfrei, Terra Preta, Qigong, Musik, bildende Kunst, Sein, Begleitung bis zum Tod

☺ (…)

…of Linde im Löwenberger Land (25 km nördlich von Berlin) ist ein tantrisches Ge…iekt für Ältere. Respekt, Selbstachtung, Gelassenheit, Aufrichtigkeit, Solidarität, …eit, Toleranz und Integrität verbinden die hier lebenden Menschen und ihre Gäste. Wir betrachten Nähe und Berührung auch im Alter als Grundbedürfnisse menschlichen Seins. Eine tantrische Lebensweise in Achtsamkeit und Zugewandtheit ist nach unserer Erfahrung dafür besonders geeignet.

Auf einem 7.500 m² großen Grundstück am Rande eines großen Waldgebietes sind ein großes Wohnhaus und die ehemalige Scheune bereits seit ein paar Jahren ausgebaut. Dort gibt es Räume für die Gemeinschaft und für Seminare bis ca. 15 Personen: Gruppenraum, Küche, Gemeinschaftsraum mit Holzofen, Sauna, Schlafräume.

Das zweite Haus wurde nun erneuert und für den Ausbau mit mehreren Wohnungen vorbereitet: Ab Mitte 2019 werden Wohnungen für 5 Personen bezugsfertig.

Auf dem Grundstück ist bei Bedarf die Errichtung von zwei weiteren Gebäuden zulässig.

Bitte keine unangemeldeten Besuche!

☺ Mindestalter 45 J.; Die Interessent*innen sollten ihre seelischen Baustellen weitestgehend bearbeitet haben und körperlich halbwegs fit sein. Ökologische Lebensweise mit Trockentoiletten ist verbindlich.

gASTWERKe e.V.

C5

Forstamtstr. 6 | 34355 Staufenberg/Escherode — +49-(0)5543-302 44 10

kontakt@gastwerke.de — www.gastwerke.de

2007 — 10 ha (bei Kassel) — 25 % — ♀10 ♂12 — 13 — 35

d, e, f — ungefähr zwei Drittel

alle gemeinsam (Konsens) — gemeinsame Ökonomie

Eigentum unseres gemeinnützigen Vereins

undogmatisch öko-links, wir sind offen für Diversität

Bioland-Gärtnerei mit Hofladen, gASTWERKe Akademie

ökolog., selbstverw., linkes Politikverst., gewaltfrei, spirit., inneres Wachstum, Meditation, Yoga, Bioernährung, veget., vegan, Bildungsarbeit, Pädagogik, Tagungshaus, Umweltschutz, Selbstvers., Permakultur, biolog. Landwirt., biolog. Gartenbau, altern. Energie, neue Technologien, ökolog. Bauen, Humor, Kultur

☺

Wir sind eine bunt gemischte Gemeinschaft, Hand- und Kopfarbeiter, stille und laute, ganz jung, ziemlich alt. Das macht unser Leben frisch und lebendig, wuselig und kontrovers.

Wir schätzen eine undogmatische und authentische Kommunikation und üben sie mit Hilfe verschiedener Gruppenmethoden und externer Unterstützung, vor allem in unseren monatlichen Sozialplena und Gruppenwochenenden. Täglicher Treff ist das gemeinsame Essen am Abend. Wir wollen, dass jede*r gehört und empathisch wahrgenommen wird, gerade weil uns der gemeinsame Alltag das lehrt.

Die Pionierphase lassen wir gerade hinter uns; es kommt Bewegung in unsere Gruppe. Jetzt wird die ursprüngliche Frage wieder neu gestellt: Warum leben wir hier? Wofür engagieren wir uns? Sind wir ein alternatives konsumkritisches Wohnprojekt – oder: was ist das Gemeinschaftliche neben individuellen Befindlichkeiten?

Wir freuen uns über Impulse von außen. Neugierige, wache Menschen, die uns kennenlernen und/oder hier leben wollen, sind eingeladen, sich über unser Info-Cafe oder bei den Mit-

machwochen ein Bild zu machen von unserer „Praxis": Wie wir in der Gruppe nachhaltig und solidarisch leben, wirtschaften und Zukunftsfähigkeit erproben. Es gibt hier noch viel Platz für handwerklich-technische, künstlerische Gewerke und für kreative Bildungsarbeit.
Im Laufe der Jahre sind unterschiedliche Arbeitsbereiche entstanden und groß geworden: Bioland-Gärtnerei, Garten- und Landschaftsbau, Kinderbetreuung und freiberufliches Arbeiten (IT, Bildung/Soziales)... Darüber hinaus entsteht gerade für unsere neu gegründete gASTWERKe-Akademie ein Outdoor-Lebensraum direkt am Waldrand für Seminare, Auszeiten und kulturelle Angebote.

→Siehe auch Beschreibung der Netzwerke „**KommuJa, GEN Deutschland**"
☺ Sympathie, intensive mehrstufige Einstiegsphase

Gemeinschaft am Lambach

B4

Am Lambach 14 | 32051 Herford-Eickum ☎+49-(0)5221-334 38
verein.am.lambach@posteo.de www.lambachgemeinschaft.de

1995 | 0,66 ha (bei Bielefeld) | 15 % | ♀3 ♂4 | 5-9

d, e, f
alle Betroffenen gemeinsam (Konsens) | Einkommensgemeinschaft
Eigentum des Vereins am Lambach
basisdemokratisch, an Gewaltfreiheit orientiert
Garten, Haus, Kinder, eigener Beruf
ökolog., selbstverw., linkes Politikverst., gewaltfrei, Bioernährung, Friedensarbeit, Umweltschutz, biolog. Gartenbau, altern. Energie, ökolog. Bauen, Unterstützung von Geflüchteten, Musik, gewaltfreie Aktionen, Gruppe „Lebenslaute"

☺

Wir wollen unsere Utopien einer gewaltfreien Gesellschaft nicht nur durch politisches Engagement, sondern auch im Alltag verwirklichen. Das heißt für uns z.B., dass wir unser Einkommen teilen, um die unterschiedliche Bezahlung von Arbeit in den verschieden Sparten auszugleichen und Einzelnen eine Auszeit ermöglichen zu können (z.B. zur Kindererziehung), oder dass wir eine Lockerung kleinfamiliärer Strukturen anstreben. Es heißt für uns auch, wenig Ressourcen zu verbrauchen, z.B. indem wir Wohnraum teilen, relativ wenig konsumieren, ökologische Baumaterialien verwenden und so viel wie möglich mit dem Fahrrad oder Zug fahren.
Beim Zusammenwohnen ist es uns wichtig, die Bedürfnisse der einzelnen Menschen zu achten – im Rahmen unseres Grundverständnisses von rücksichtsvollem Umgang miteinander und mit der Natur. Abends essen wir gemeinsam, wir treffen uns nach Bedarf, um Entscheidungen zu treffen und einander Wichtiges mitzuteilen.
1995 kauften wir ein kleines ehemaliges landwirtschaftliches Anwesen am Rande der Stadt Herford, von Äckern umgeben, 15 Fahrradminuten bis zum Bahnhof. Unsere Berufe liegen im sozialen und handwerklichen Bereich, Kindergarten und Schule. Den großen Garten versorgen wir gemeinsam. Gemeinsame Aktivitäten sind gewaltfreie Aktionen der Gruppe „Lebenslaute" (politische Aktionen mit vorwiegend klassischer Musik), Castor-Blockaden, Lokalpolitisches (Energiegenossenschaft, gegen öffentliche Gelöbnisse der Bundeswehr, Unterstützung von Geflüchteten u.a.). Sozial Benachteiligte und Gemeinschafts-Interessierte können bei uns zeitlich begrenzt mitwohnen.

Friedensgruppe, Flüchtlingsbegleitgruppe, Lebenslaute, Bürgerenergiegenossenschaft
☺ sich selbst versorgen können. Mittragen des gesellschaftlichen Engagements, des möglichst ökologischen Lebensstils und des Mitwohnens von Gästen

Gemeinschaft Clan B

B3

Wöschenweg 28 | 26209 Hatten ☎+49-(0)4482-2566-001
gemeinschaft@clan-b.eu clan-b.eu

2013 7,5 ha (bei Oldenburg (Oldb)) < 5 % ♀9 ♂10 11 30
10

- d, e, niederländisch
- Plenum der Bewohner*innen(Konsens)
- gemeinsame Finanzierung bestimmter Bereiche (Haushaltkasse, Gemeinschaftsausstattungen)
- Gemeinschaftseigentum
- nein (undogmatisch spirituell)
- Kinder, Garten, Küche, Büro, Gäste
- ökolog., selbstverw., gewaltfrei, inneres Wachstum, veget., rauchfrei, bodenständig, Nachbarschaftstreff, Gesundheitszentrum

☺ ()

Wir haben genossenschaftlich eine ehemalige Jugendherberge gekauft und umgebaut. Dort leben und arbeiten wir in den entstandenen Wohnungen, Praxen und Büros. Darüber hinaus versuchen wir über die Organisation unseres - auch gemeinschaftlichen - Alltags hinaus, den Umgang miteinander und die Beziehungen untereinander so zu gestalten, dass Raum für neue Ideen und Impulse entsteht und wir so Wege finden, eine wirklich zeitgemäße Lebensgemeinschaft zu bilden. Für deren Gestaltung suchen wir tastend und erkundend im gemeinsamen Gespräch nach vielversprechenden Wegen. Stolpersteine und Rückschläge sind beim Laufenlernen nicht ausgeschlossen...

→Siehe auch Beschreibung des Netzwerks „**GEN Deutschland**"

- Netzwerk-Wohnprojekte
- ☺ Wunsch nach gemeinschaftlichem Leben, Bereitschaft, sich an der finanziellen Verantwortung zu beteiligen und Mitarbeit an Gemeinschaftsaufgaben.

Gemeinschaft Feuer & Flamme

C1

Hauptstraße 34 | 24790 Haßmoor ☎+49-(0)4331-770 794
tonio58@gmx.de

1998 2000 m² (bei Kiel (25 km), Rendsburg (15 km)) ♀3 ♂3 6

- d, i, e, niederländisch

hauseigentumsrelevante Sachen die Eigentümer, alles andere gemeinsam (Konsens)
individuelle Finanzierung — Eigentum einzelner Gemeinschaftsmitglieder
Ausbau von Wohnungen, Garten
ökolog., selbstverw., linkes Politikverst., gewaltfrei, inneres Wachstum, Yoga, biolog. Gartenbau, rauchfrei, fernsehfrei, Humor, Impro-Theater

☺

Unsere Gemeinschaft lebt in der Mitte von Schleswig-Holstein im Naturpark Westensee. Sie bietet sich besonders für Menschen an, die Sehnsucht nach den natürlichen und einfachen Dingen des Lebens haben: Wandern, Radfahren, im Garten arbeiten, die Stille des Waldes genießen, Pilze sammeln... Unsere Projektidee ist schwerpunktmäßig nachbarschaftliches Wohnen für Jung und Alt und nach Möglichkeit ökologisches Bauen und Leben. Es stehen einfach eingerichtete, aber großzügige Gemeinschaftsräume inklusive einer Küche jederzeit zur Verfügung.
Unsere Möglichkeiten innerhalb des Projektes sind vielfältig. Geistige und kreative Aktivitäten werden bei uns gepflegt und können neu eingebracht werden. Etwa einmal im Monat treffen wir uns, um miteinander Fragen des Hauses und persönliche Dinge zu besprechen. Wir haben gute Erfahrungen mit Supervision gemacht. Innerhalb des Freundeskreises und mit Menschen, die der Gemeinschaftsidee aufgeschlossen sind, veranstalten wir drei Mal im Jahr Seminare zu Themen der Gemeinschaft. Wir sind offen für Möglichkeiten neuer Kommunikationsformen wie z. B. Forumsarbeit. Gelegentlich gibt es bei uns auch Chor, Tanz und regelmäßig Improvisationstheater und Yoga (1 x wöchentlich).

Ökodorf-Institut
☺ handwerkliche und tatkräftige Leute, verantwortungsbewusst u.a.

☆ Gemeinschaft Haslachhof e.V.

B10

Haslachhof 1 | 88693 Deggenhausertal — ☎ +49-(0)179-737 50 67
poesieexpress@gmx.de — gemeinschaft-haslachhof.de

2015 — 5 ha (bei Ravensburg) — 5-10 % — ♀6 ♂5 6 17

d, e — 1-2
wir entscheiden im Kreis alle gemeinsam (nach dem Konsent-Modell)
gemeinsame Finanzierung best. Ber.
Eigentum unseres gemeinnützigen Vereins
wir sind vielfältig, lieben alle das einfache und naturverbundene Leben
Arbeiten mit dem Land, Bauvorbereitungen, Organisieren von Veranstaltungen, innere Arbeit
ökolog., selbstverw., gewaltfrei, inneres Wachstum, Bioernährung, Bildungsarbeit, Umweltschutz, Permakultur, biolog. Gartenbau, biolog. Viehwirt., Forstwirt., ökolog. Bauen, Humor, demnächst wird der bauliche Bereich im Fokus stehen.

☺

Unsere Vision ist es, unsere Liebe zur Erde und zu allen ihren Geschöpfen zu entwickeln und in der Welt zum Ausdruck zu bringen. Wir schaffen eine Kultur der Achtsamkeit und des aufrichtigen und vertrauensvollen Miteinanders. Wir würzen unseren Alltag mit Humor, leben naturverbunden und unterstützen uns beim freien Entfalten unserer Potentiale. Wir hegen und pflegen Räume der Stille, der Lebendigkeit und der Bewusstseinsbildung. Wir sind Teil des globalen Gemeinschaftsnetzwerkes und tragen durch unser forschendes, liebevolles

…und unser einfaches Sein zu einer lebenswerten, friedlichen und zukunftsfähigen …. Dabei hilft uns das Wissen um die Kreisläufe des Lebens.
…twickeln den Haslachhof zu einem inspirierenden Lebensraum – ökologisch und ge…schaftlich. Wir schaffen einen Ort des Lebens und Lernens, der einlädt zum Musizieren und Tanzen, Lachen und Weinen, Träumen und Tun. Wir arbeiten nachhaltig mit dem Land, das uns nährt. Verantwortlich widmen wir uns dem Gestalten sozialer Räume und dem feierlichen Begehen von Lebensübergängen. Es liegt uns am Herzen, einen guten Nährboden zu schaffen, auf dem Menschen aller Generationen jetzt und in Zukunft sein können: in Freiheit, Würde und Geborgenheit.
Damit sind wir unterwegs, sammeln Erfahrungen, ringen um neue Möglichkeiten, begegnen unseren Prägungen und Mustern, üben uns in liebevoller Annahme, stehen im Feuer unserer Konflikte und erleben zunehmend mehr Vertrauen und Verbundenheit. Es ist oft anstrengend und manchmal sehr, wirklich sehr schön. Eine neue Spur ist die Liebe, der wir schnuppernd und tastend folgen.

→Siehe auch Beschreibung des Netzwerks „**GEN Deutschland**"
wirundjetzt e.V. ~ Nachhaltigkeitsnetzwerk in der Region Bodensee
☺ wir können wachsen, wenn wir unsere Scheune ausgebaut haben, bereichert um Menschen, die zu uns passen...

☆ Gemeinschaft Haus Bierenbach

A6

Gemeinsam wohnen, lernen, arbeiten, wachsen
Freibadstraße 1 | 51588 Nümbrecht
info@gemeinschaft-bierenbachtal.de
www.gemeinschaft-haus-bierenbach.de

2018 3 ha Land, 3000 m² Wohn-/Nutzfläche (bei Köln, Bonn) 35-50

d, e, f, sp, russisch
Genoss*innen und Mitglieder (Konsens) — individuelle Finanzierung
Genossenschaft
nein
Garten, Küche, Umbau, Ausbau
ökolog., gewaltfrei, inneres Wachstum, Bildungsarbeit, Pädagogik, Umweltschutz, biolog. Gartenbau, nachhaltige und bewusste Lebensweise

☺ (…)

Im Haus Bierenbach in der Gemeinde Nümbrecht, ca. 50 km östlich von Köln, wird eine Gemeinschaft von Menschen aus verschiedenen Generationen gegründet. Die gewählte Großfamilie erhöht die Lebensqualität für alle, integriert sich in das umliegende Dorf und strahlt positiv in die Region aus. Etwa 50-60 Menschen, Kinder, Singles, Paare und Familien finden im ehemaligen Freizeit- und Seminarhaus ihren Platz zum Leben in auf das Wohl aller ausgerichteten Gemeinschaftsräumen kombiniert mit individuellen Wohnungen. Teil der Gemeinschaft wird ein Bildungszentrum sein mit Angeboten rund um Themen wie Familie, bewusst nachhaltiges Leben, Bewegung und Kultur, um Menschen von der frühen Kindheit bis ins Alter zu begleiten. Die Angebote werden nachhaltiges Lernen ermöglichen, soziale Fähigkeiten stärken, sowie Umweltbewusstsein und Kreativität fördern. Ein besonderer Schwerpunkt dieser Gemeinschaft ist unseren Kindern und Jugendlichen gewidmet. Für sie schaffen wir geeignete innere und äußere Entwicklungsräume zur selbstbestimmten Entfaltung ihrer Persönlichkeit und der Entwicklung ihres eigenen Lebensstils. Die Kinder wählen ihre Bildungsaktivitäten und -orte selbst unter Berücksichtigung ihres eigenen Rhythmus. Das Außengelände wird ein gestalteter Garten mit Sitzplätzen, offenen Bereichen und viel Raum zum Spielen und Gärtnern. Auch ein Café, ein Hofladen und Kulturangebote sind geplant. So entsteht eine kleine Siedlung integriert in das Dorf Bierenbachtal mit Freude an gelebter Nachbarschaft.

🌍 geplant: Grundstiftung Schloss Tempelhof & SoLaWi
☺ Mitgliedschaft in Annäherung, Genossenschaftsanteile

Gemeinschaft in Güstritz (Wendland)

C3

Landstraße 6 | 29462 Güstritz ☎+49-(0)5843-1574/-8868
uwedonarski@gmx.de

1993 7200 m² (bei Salzwedel, Uelzen) 20 % ♀4 ♂4 5 13

d, e, f 6

alle Betroffenen gemeinsam (Konsens) gemeinsame Finanzierung best. Ber.

Vereinseigentum

authentisches, achtsames Miteinander

Garten, Haus, Holz, Instandhaltung, Imkerei

ökolog., selbstverw., anarchist., spirit., chaotisch, inneres Wachstum, Meditation, Yoga, Bioernährung, veget., vegan, Umweltschutz, biolog. Gartenbau, altern. Energie, ökolog. Bauen, Humor, rauchfrei, Malerei, Musik, Shiatsu, Shintai

☺ ()

Die Gemeinschaft (im Verein „Förderkreis Ökumenische Aktions- und Lebensgemeinschaften") hat 1993 in Güstritz bei Wustrow einen Resthof mit Nebengebäuden auf einem großen Grundstück erworben. Wohnen ist in mehreren voneinander getrennten und verschieden großen Einheiten möglich. Auf dem Haupthaus befindet sich eine Warmwasser-Solaranlage (Wärmetauscher), die – kombiniert mit einem Holzvergaserkessel – zur Warmwassererzeugung und zum Heizen betrieben wird. Die vorhandene Scheune ist mit einem Solardach (Photovoltaik) ausgestattet. Außerdem gibt es eine Pflanzenkläranlage (Schilfbeet) für insgesamt vier Grundstücke und Beteiligungen an Windanlagen in der Nähe. Die Gemeinschaft mit Menschen im Alter von – zurzeit – fünf bis 85 Jahren steht mit benachbarten Gemeinschaften, Kommunen und interessierten Leuten im Austausch und Kontakt.
Spirituelle und religiöse Vielfalt in ihrer konkreten Ausprägung sowie freien und kreativen Austausch darüber wollen wir liebevoll miteinander teilen.

☺ Probezeit

Gemeinschaft Lebensbogen

B5

Auf dem Dörnberg 13 | 34289 Zierenberg ☎+49-(0)5606-563 90 73
kontakt@gemeinschaft-lebensbogen.de gemeinschaft-lebensbogen.de

2015 4 ha (bei Kassel) ♀12 ♂10 1 23

16 16

unterschiedlich (Konsens) gem. Ökonomie

Eigentum

Tagungshaus, Café - Restaurant, Verwaltung, Gebäudemanagement

Bitte auf Webseite nachschauen

☺ ()

Wir haben uns auf gemeinsame Werte geeinigt, bemühen uns um einen nachhaltigen Lebensstil und um ein wertschätzendes und authentisches Miteinander. Wir entscheiden im Konsens und leben gemeinsame Ökonomie, d.h. alle Einnahmen und Gehälter gehen in eine Kasse, aus der dann alles bezahlt wird.

Ziel des Projektes ist der Aufbau, die Gestaltung und Pflege eines lebendigen Begegnungsraums, in dem Gemeinschaft und Gäste an individuellen und gesellschaftsrelevanten Themen forschen, sich austauschen, Synergien bilden und zukunftsfähige, nachhaltige Initiativen und Aktivitäten entstehen lassen. Dafür betreiben wir auf der Grundlage unserer Werte und Haltungen ein Tagungshaus und ein Café im Kollektiv und organisieren ein vielseitiges Veranstaltungsangebot.

Mit unserem Projekt möchten wir einladen zu Teilhabe, Inspiration, Freude, Erforschung und Austausch von Erfahrungen. Durch gemeinsam gestaltete Zukunftsvisionen und gebündelte Kraft können wir aktiv in Gesellschaft und Welt wirken.

→Siehe auch Beschreibung der Netzwerke „**GEN Europe, KommuJa, GEN Deutschland**"

☺ siehe Website

Gemeinschaft Schloss Blumenthal

C9

Blumenthal 1 | 86551 Aichach-Klingen ☎+49-(0)8251-890 43 00
gemeinschaft@schloss-blumenthal.de www.schloss-blumenthal.de

2006 33 ha (bei Aichach, Augsburg, München) 25 % ♀23 ♂19 18
60

d, e wenige Vollzeit, viele Teilzeit unterschiedlich

alle Betroffenen gemeinsam (nach Möglichkeit im Konsens)

individuelle Finanzierung Eigentum aller Bewohner

Gasthaus, Hotel, Seminarorganisation, ökologische Landwirtschaft, Kunst & Kultur, Betriebe selbständiger Mitglieder

ökolog., selbstverw., gewaltfrei, spirit., inneres Wachstum, Meditation, Yoga, Tagungshaus, biolog. Gartenbau, ökolog. Bauen, Humor, undogmatisch

☺ (✋✋)

Seit 2007 bewohnen wir das Schlossgelände und sind noch ständig mit weiterem Ausbau beschäftigt. Wir führen ein Bio-Gasthaus mit großem Biergarten, richten Feiern und Hochzeiten aus und veranstalten regelmäßig Konzerte und Festivals. Wir führen ein 80-Betten-Hotel mit Seminarbetrieb, Firmenveranstaltungen und Kongressen im Sinne der Gemeinwohlökonomie. Darüber hinaus haben wir eine solidarische Landwirtschaft, einen Gemüsegarten, ein paar Tiere, eine Streuobstwiese, insgesamt 27 ha Acker, Wald und Wiesen für den Aufbau einer eigenen Landwirtschaft. Unsere Gemeinschaft ist lebendig – ohne Dogmatismus und mit Raum für Unterschiedlichkeit und Vielfalt. Wir sind ökologisch ausgerichtet im Sinne größtmöglicher Nachhaltigkeit, sozial im Sinne von Verantwortung füreinander und gemeinsamem Wachstum, Kunst und Kultur fördernd im Sinne von Kreativ-Angeboten und einem regen Kulturleben, ökonomisch im Sinne eigener Verdienstmöglichkeiten am Platz. Wir gestalten diesen Ort so, dass wir möglichst gesund und bewusst leben, arbeiten und nach außen wirken können. Blumenthal ist ein Platz der Begegnung ganz unterschiedlicher Menschen, Interessen, Kulturen, Altersgruppen und Nationalitäten. Für die Entwicklung unserer Projekte und Betriebe treffen wir uns regelmäßig zu sogenannten Intensivtagen. Die Gemeinschaftsmitglieder verdienen ihren Lebensunterhalt sowohl innerhalb als auch außerhalb des Projekts und leben in eigenen Wohnungen, so dass Rückzugsmöglichkeit gegeben ist.
Wir wünschen uns weiterhin Menschen mit starkem Interesse an gemeinschaftlicher Entwicklung, gewaltfreier Kommunikation, Dialog, Konsensbildung, Offenheit, Toleranz und am WIR-Prozess. Alle 2 Monate finden Infotage für Interessierte statt.

→Siehe auch Beschreibung des Netzwerks „**GEN Deutschland**"

☺ Aufnahmeprozess über ca. ½ Jahr mit anschließender halbjähriger Probezeit. Vision. Kapital für persönlichen Wohnraum

☆ Gemeinschaft Sonnenwald Schernbach

B9

Haldenweg 17 | 72297 Seewald-Schernbach ☎+49-(0)151-212 143 71
✉info@gemeinschaft-sonnenwald.de 💻www.gemeinschaft-sonnenwald.de

2019 8000 m² Wohn- und Nutzfläche; knapp 60 ha landw. Fläche (bei Freudenstadt, Straßburg, Stuttgart) ♀22 ♂14 1 37

- d, e, f, sp, i, russisch, tschechisch, bosnisch ♻4 ca. 7
- Plenum (alle im Projekt Wohnenden) (6-stufiger Konsens/soziokratisch)
- gemeinsame Finanzierung bestimmter Bereiche und solidarische Landwirtschaft
- Eigentum der Genossenschaft; nur ca. 20 ha landwirtschaftliche Fläche gepachtet
- nein
- regenerative biologische Landwirtschaft und Seminarbetrieb
- ökolog., selbstverw., gewaltfrei, spirit., chaotisch, inneres Wachstum, Meditation, Bioernährung, Bildungsarbeit, Tagungshaus, Friedensarbeit, geistig/psych. Behinderte, körperl. Behinderte, Umweltschutz, Selbstvers., Permakultur, biolog. Landwirt., biolog. Gartenbau, biolog. Viehwirt., artgerechte Viehwirt., Forstwirt., altern. Energie, neue Technologien, ökolog. Bauen, Humor, barrierefrei, Integration ins bestehende Dorf, Kunst, Gesundheitsvorsorge, Treffpunkt Café/Hofladen

☺ (✋✋)

Im Nordschwarzwald, auf einer sonnigen Hochebene, liegt das Dorf Schernbach mit seinen knapp 50 Einwohner*innen, darunter vier Kinder. Das fünfte kommt im Frühjahr dazu – und

bald hoffentlich noch mehr –, wenn die Gemeinschaft Sonnenwald Schernbach ihr neues Ökodorf bezieht. Wir sind inzwischen 24 Genoss*innen und haben Gebäude und Landwirtschaft einer ehemaligen Behinderteneinrichtung erworben. Zusammen mit 12 jungen Mitgliedern der „Akademie für angewandtes gutes Leben" gründen wir hier unsere Lebens- und Arbeitsgemeinschaft. Es entstehen ein Seminar- und Gästehaus, Orte der Ruhe, Gesundheitspraxen, Werkstätten u.v.m. - und vor allem eine solidarische Landwirtschaft für unsere (Selbst-)Versorgung und die der Region mit biologisch angebautem Obst und Gemüse.
Insgesamt stehen uns und allen, die noch dazukommen werden, 8000 m² Wohn- und Nutzfläche zur Verfügung: das sind v.a. vier größere Wohngebäude um eine 300-jährige Dorflinde und das lichtdurchflutete „Zentrum", eine Holzkonstruktion mit großen Glasfronten (inkl. Großküche, Treffpunkt und Cafeteria-Bereich sowie schöner Turnhalle). Dieser mächtig wirkende Komplex liegt im so genannten Oberdorf. Unterhalb der Landstraße geht es ins Unterdorf mit Haus Sonnenwald, unser behindertengerechtes, familienfreundliches Ferienhaus (zu buchen unter www.gruppenhaus.de) und unserem Hof, der mehrere Wirtschafts- und ein Wohngebäude sowie knapp 60 ha Acker- und Grünland sowie etwas Wald umfasst. Bald werden wir hier auch Gäste aus aller Welt, z.B. junge Menschen auf (Durch-)Reise oder auch ältere für eine Auszeit aufnehmen können.

→Siehe auch Beschreibung des Netzwerks „**GEN Europe**"
☺ jede*r muss hinter der jeweils aktuellen Konzeption stehen (siehe Website)

Gemeinschaft Sulzbrunn

C10

Sulzbrunn 1-8 | 87477 Sulzberg ☎+49-(0)8376 - 929 49 49
✉kontakt@gemeinschaft-sulzbrunn.de 💻www.gemeinschaft-sulzbrunn.de

2015 | 15 ha (bei Kempten) | 50 % (Gemüse) | ♀23 | ♂19 | 10 | 52

d, e — 7 15
Plenum (Konsent oder Konsens) — individuelle Finanzierung
Eigentum unserer Stiftung
nein
Gärtnerei, Seminarhaus
ökolog., selbstverw., spirit., inneres Wachstum, Bioernährung, veget., Tagungshaus, Friedensarbeit, Selbstvers., Permakultur, biolog. Landwirt., biolog. Gartenbau, altern. Energie, neue Technologien, ökolog. Bauen

☺ ()

Wir sind eine bunte Mischung von Menschen zwischen 0 und 79 Jahren, die sich aufgemacht haben, im Allgäu eine Lebensgemeinschaft aufzubauen.
Wir wollen zukunftsfähige Lebensmodelle erproben, in denen Menschen ihre Potentiale entdecken und entfalten können. Lebensmodelle, in denen wir achtsam miteinander und mit unserer Umwelt umgehen. Wir haben kein geistiges, politisches Dogma oder Glaubensvorgaben irgendwelcher Art. Aber jeder von uns hat auf seine Weise erkannt, dass alles miteinander verbunden ist und es eine geistige Wirklichkeit gibt, die größer ist als unsere persönliche.

→Siehe auch Beschreibung der Netzwerke „**GEN Europe, WWOOF, GEN Deutschland**"
☺ ein halbes Jahr Annäherungsprozess, momentan nur unter 45 Jahren, dann ein Probejahr, 30.000 Euro als Einlage in die Genossenschaft

Gemeinschaft/Netzwerk in Heckenbeck

C4

lockere, teilw. total offene geschlossene Gesellschaft

Schulstr. 5 | 37581 Bad Gandersheim ☎+49-(0)5563-999 18 90/-999 492
netzwerk-heckenbeck@gmx.de netzwerk-heckenbeck.gmxhome.de

1984 (bei Göttingen) 10 % ♀90 ♂65 120 275

d (e, sp) ca. 40

jeweils die Betroffenen für sich bzw. ihre Projekte - die Netzwerk-Gemeinschaft hat keine formale Struktur

individuelle bzw. projektbezogene Finanzierung

Familienhäuser, Mietwohnungen und Wohnprojekte

alles ist möglich

ökolog., selbstverw., gewaltfrei, spirit., inneres Wachstum, Meditation, Bioernährung, Bildungsarbeit, Pädagogik, freie Schule, Tagungshaus, biolog. Gartenbau, ökolog. Bauen, Humor, Therapie: verschiedene Körper- u. Psychotherapiemethoden, Hebammen, Arztpraxis, Salutogenese, Handwerk: Tischlerei, Zimmerei, Lehm- und Strohballenbau, Filzen, Kunst: Bildhauern, Malen, weitere: zahlreiche Kommunikationsgruppen

☺ ()

In dem kleinen Dorf Heckenbeck (500 Einwohner*innen) und seiner Umgebung sind seit 1984 durch Zugezogene zahlreiche alternative Gruppen, Initiativen und kreative Projekte entstanden. Neben den traditionellen Strukturen des Dorfes sind derzeit folgende Initiativen zu finden: Freie Schule (bis zur 10. Klasse), Kindergarten, Krabbelgruppe, Verein „Klang der Stille" mit Meditationshaus, Kulturzentrum „Weltbühne", Verein „Heckenrose" (ökologische Projekte), Verein „Action for Happiness Deutschland", Mitglieder-Bioladen, ein ökologisch bewirtschafteter Gemüsebaubetrieb als „Solidarische Landwirtschaft" (SoLaWi), ökologische Schaf- und Ziegenhaltung, Obstbau- und Baumpflegebetriebe, Bioimkereien, ärztliche Gemeinschaftspraxis, Hebammenpraxis, Bau- und Handwerksfirmen, Kunst-Atelier, Frauen- und Männergruppen, Meditatives Tanzen, diverse Meditationsangebote, Plenum usw. Immer mal wieder gibt es gemeinsames Singen im Meditationshaus, Forum, Impro-Theater, viele Tanzpartys, Contact Improvisation, Tango, Qigong, Taiji...
In Beziehung mit dem Netzwerk stehen das „Zentrum für Salutogenese" und die Seminarhäuser „Alte Mühle" und „Einbecker Sonnenberg".
Die Initiativen und Projekte sind eigenständig, einige sind offen für neue Menschen, andere nicht. Sie organisieren sich selbst und fühlen sich in unterschiedlichem Maße mit dem Netzwerk verbunden. Das Leben in Heckenbeck ist für viele von uns ein beständiges Suchen nach neuen gemeinschaftlichen, ökologischen und spirituellen Wegen.

Einzelne Projekte (z.B. Schule) gehören weiteren Netzwerken an bzw. sind Zentrale von einem Netzwerk (Zentrum für Salutogenese)

☺ es besteht der Wunsch, dass sich „Neue" mit dem „Alten" und „Neuen" im Dorf Gewachsenen respektvoll auseinandersetzen

Gemeinschaftliches Leben e.V. Blütlingen

C3

Dorfstr. 30 | 29462 Wustrow ☎+49-(0)5843-7780
dorofrank@web.de

1995 | 0,8 ha (bei Lüchow) | ♀4 ♂3 8 15

d, e, sp, f, russisch
alle Betroffenen gemeinsam (Konsens)
gemeinsame Finanzierung bestimmter Bereiche | Verein
allgemeine Hauswirtschaft
ökolog., selbstverw., linkes Politikverst., gewaltfrei, Bioernährung, Umweltschutz, biolog. Gartenbau, altern. Energie, ökolog. Bauen

Unsere Gemeinschaft verbindet das Zusammenleben von Klein und Groß (zurzeit vier Familien) auf einem alten Hof im Wendland, den wir nach ökologischen Gesichtspunkten aus- und umgebaut haben. Wir sind um einen ökologischen Haushalt bemüht und gestalten und pflegen das zum Haus gehörende Gelände mit verschiedenen Gärten und einigen Kleintieren. Wir haben den Wunsch nach gerechten Lebensverhältnissen und bemühen uns um einen ressourcen- und umweltschonenden Lebensstil, ohne dabei die Bedürfnisse des Einzelnen zu unterdrücken.

☺ Sympathie, sind aber z. Zt. voll

Gemeinschaftssiedlung Neumühlen

B3

Am Oxer 1a | 27283 Verden ☎+49-(0)4231-937 960, -667 724
info@ulrichsteinmeyer.de, anke_wortmann@web.de neumuehlen.org

2004 | 6000 m² (bei Bremen) | ♀10 ♂7 8 17

d, e, f, sp | keine(r)
alle gemeinsam (angestrebt ist Konsens)
individuelle Finanzierung für privaten Wohnbereich, gemeinsame Finanzierung für Gemeinschaftsbereich und Energieversorgung
Genossenschaftliches Eigentum in Erbpacht
ökolog., selbstverw., altern. Energie, ökolog. Bauen, indiv. Finanz. für priv. Wohnbereich

☺ ()

Wir sind eine ökologische Gemeinschaftssiedlung am Stadtrand von Verden. Die ersten Häuser wurden Anfang 2004 bezogen. Die Siedlung ist eine Kombination aus privatem (Häuser/Wohnungen und Gärten) und gemeinschaftlichem Eigentum. Einige Wohnungen sind auch vermietet. Gelegentlich gibt es mal ein freies WG-Zimmer oder eine freie Wohnung.
Der gemeinschaftliche Bereich besteht aus Gemeinschaftshaus mit großem Raum für Feiern, Tanzen und Toben, Yoga usw., Mehrzweckraum mit Küche, Gästezimmer, Sauna und einem Grundstück mit Fußballwiese, Spielplatz, Terrasse mit Feuer- und Grillstelle sowie dem Technikbereich mit Pflanzenöl-Blockheizkraftwerk und Grauwasserklärung.
Der Verein aller Bewohner*innen verwaltet die Siedlung. Außer der finanziellen Beteiligung und minimalem Arbeitseinsatz für den Gemeinschaftsbereich gibt es keine Verpflichtungen. Unsere sozialen Aktivitäten beruhen auf Freiwilligkeit. (Fast) Nichts muss, aber alles darf!
(Beschreibung von 2013)

Verbunt, Aller Wohnen e.G.
☺ Eigenkapital für privates (ökologisches) Bauen und Gemeinschaftseinlagen

Gemeinschaftswohnen im Wedding 4. OG West E4

Lynarstraße 38 | 13353 Berlin
lynar@posteo.de

2014 342 m² ♀2 ♂5 7

- d, e, f, sp
- Bewohner*innen gemeinsam mit Verein, nach Konsensprinzip, sonst qualifizierte Mehrheit (75 %)
- individuelle Finanzierung
- Genossenschaftseigentum, Dauernutzungsverträge
- Weltethos, weltanschaulich neutral; gegenseitige Rücksichtnahme
- externe Tätigkeitsbereiche, Arbeitsplätze außerhalb der Gemeinschaft
- ökolog., gewaltfrei, Bildungsarbeit, Pädagogik, Friedensarbeit, Entwicklungshilfe, geistig/psych. Behinderte, körperl. Behinderte, ökolog. Bauen, rauchfrei, generationsübergreifend

☺ ()

Das gemeinschaftliche Wohnen in diesem speziellen Wohnungsbau zeichnet sich dadurch aus, dass wir Bewohner*innen zentrale Bereiche wie Wohnküchen und Wohnflure gemeinsam nutzen. Am ehesten entspricht dies dem Modell einer klassischen, aber generationsübergreifenden Wohngemeinschaft. Eine Aufnahme in unserer Hausprojekt ist nur möglich, wenn sich die Menschen, die dort einziehen, als Gruppe vorher gefunden haben und ein Stück weit gemeinsam leben wollen.

☺ längere Kennenlernphase, Genossenschaftsbeitritt, Anerkennung der Hausordnung

Generationenhof Landau B8

ein gemeinschaftliches Wohnprojekt der LAWOGE eG
Haardtstraße 7A | 76829 Landau ☎+49-(0)6341-54962-50
info@gehola.de www.gehola.de

2010 3000 m² (bei Karlsruhe) ♀36 ♂17 10 58

- d, e, f 15
- alle gemeinsam (unterschiedlich) individuelle Finanzierung
- Genossenschaftseigentum
- Gebäude und Außenanlagen pflegen, Hausverwaltung, Genossenschaftsorgane
- selbstverw., barrierefrei, generationenübergreifend

☺

„Nachbarschaft leben ist mehr als wohnen"
Unter diesem Motto hat die LAWOGE eG. als Bau- bzw. Wohnungsgenossenschaft mit ihrem Wohnprojekt GEHOLA (Generationenhof Landau) ein eigenständiges Modell verwirklicht. Es wurden Strukturen, Instrumente und Modelle geschaffen, um den Gemeinschaftsaspekt des Wohnens gezielt zu fördern und zu entwickeln. Dies spiegelt sich in vielen Details wider:

- in der Architektur und Ausstattung ihrer Wohngebäude, die Begegnung, Kommunikation und Offenheit fördern sollen
- in den inneren Strukturen, die demokratisch, selbstverwaltet und transparent sind
- in den rechtlichen und wirtschaftlichen Konstruktionen, die nicht auf kurzfristige

Effekte oder persönlichen Gewinn abzielen, sondern langfristig gesellschaftlichen, sozialen und menschlichen Nutzen bringen sollen
- in verschiedenen konzeptionellen Ansätzen, die modellhaft für Wohn- und Lebensformen der Zukunft stehen sollen (bspw. generationenübergreifende Bewohner*innen-Mischung, aktive Nachbarschaft, barrierearme und autofreie Wohnanlage, energiesparende und klimaneutrale Haustechnik, integrierte Pflege-Wohngemeinschaft)

Das Projekt hat sich die Rechtsform einer eingetragenen Genossenschaft gegeben, um eine demokratische Basis für die Ausgestaltung des Projektes zu schaffen. Die Genossenschaft ist Eigentümerin der Gebäude und Wohnungen. Die Bewohner*innen des Generationenhofes sind durch Erwerb von Genossenschaftsanteilen sowohl Eigentümer*innen als auch Nutzer *innen der vorhandenen Gebäude, Wohnungen und Gemeinschaftsräume.
Die Wohnanlage umfasst zwei Gebäude, Tiefgarage, Aufzüge, Werkraum, Gemeinschaftsraum, Kinderraum und Gästeappartment sowie ca. 40 Wohneinheiten mit ca. 3000 m² Wohnfläche.

FGW e.V.
materieller und sozialer Art

Gruppe Laufdorf des Laurentiuskonvents

B6

Ringstr. 21 | 35641 Schöffengrund
+49-(0)6445-5560
laufdorf@laurentiuskonvent.de www.laurentiuskonvent.de --> Laufdorf

1976 | 1000 m² (bei Wetzlar) | 20 % | ♀5 ♂5 1 11

f, e, d, i, sp
3 Renter*innen + 2 Berufstätige
alle Betroffenen gemeinsam (Konsens)
gemeinsame Finanzierung bestimmter Bereiche
Eigentum des Laurentiuskonvents
ökumenisch, gewaltfrei
Friedensarbeit, Integrationsarbeit, Nachhilfe, Mediation
selbstverw., gewaltfrei, christl., ökumen., Bioernährung, Friedensarbeit, biolog. Gartenbau, rauchfrei, Begegnungsstätte, Mediation, Flüchtlingsarbeit, Integrationsarbeit

Wir leben in verbindlicher Nachbarschaftsgemeinschaft. Das Leben in einzelnen Häusern ermöglicht uns ein wachsames Abwägen zwischen Nähe und Distanz, zwischen Privatsphäre und Gruppenleben. Wir kommen aus verschiedenen Gegenden Deutschlands und Europas. Wir sind unterschiedlich religiös sozialisiert. Dennoch erleben wir immer wieder, dank unserer gemeinsamen Praxis und Reflexion, wie unsere Geschichten und Prägungen, unsere Gaben und Träume zu einem neuen Ganzen werden.
Wir pflegen vielfältige Kontakte und Beziehungen im Dorf, in der Region und in ökumenischen und anderen Netzwerken. Wir engagieren uns in unseren jeweiligen Kirchen und Gemeinden. Wir verantworten Häuser und Gärten gemeinsam. Wir ernähren uns aus unseren Gärten und kaufen möglichst fair gehandelte, regional und biologisch erzeugte Produkte ein.
Mehrmals wöchentlich essen wir zusammen. Am Wochenende haben wir nach dem Abendessen Zeit zum Spielen, Singen, Musizieren, Tanzen, Fotos und Filme anschauen.
Wir treffen uns
- zu Gebetszeiten mit Bibellesung, Gesang und Stille
- zu Impulsen mit Bildern, Musik, Texten aus unterschiedlichen Quellen, teilen Stillezeiten oder suchen den Austausch

- zum Feiern mit Spiel, Tanz, Musik, bei Essen und Trinken
- zum Bibellesen und lassen Glaubensaussagen aus fernen Zeiten zu uns sprechen.
- zur Mahlgemeinschaft.

Unser Gruppenalltag braucht Absprachen und Transparenz. Entscheidungen für unser gemeinsames Leben treffen wir im Konsens.

→Siehe auch Beschreibung des Netzwerks „**Church & Peace**"

Laurentiuskonvent

☺ Christ*in sein, gesicherter Lebensunterhalt

Gut Gorgast

E4

Amthof 4 | 15328 Gorgast ☎+49-(0)152-014 395 95, +49-(0)173-230 31 72

kontakt@gut-gorgast.de gut-gorgast.de

2015 ca. 6000 m² bei Frankfurt (Oder), Berlin 0 ♀6 ♂5 3 14

d, e 2

Gemeinschaft (Soziokratisch nach dem Konsent-Prinzip in Gemeinschaftsrunden oder elektronisch)

Genossenschaftliches Gemeinschaftseigentum

nein

gemeinsames ökologisches Bauen und Gestalten, Workshops zum Thema gesundes Zusammenleben und -arbeiten, z.B. Yoga, alternative leadership, ökologischer Gartenbau, Persönlichkeitsentwicklung und generationsübergreifende Gemeinschaft leben

ökolog., selbstverw., inneres Wachstum, ökolog. Bauen

☺

Wir sind eine Mehrgenerationengemeinschaft, nicht ausdrücklich auf gemeinsames Wohnen ausgerichtet. Im Mittelpunkt stehen gemeinschaftliches Handeln mit gegenseitiger und einer alle Lebensbereiche umfassenden Fürsorge. Die Rechtsform „Genossenschaft" regelt im Wesentlichen nur die wirtschaftlichen- und Besitzverhältnisse nach außen. Das Leben und die anstehenden Entscheidungen der Gemeinschaft, zu der nicht nur Genoss*innen gehören, werden soziokratisch organisiert. Als organisatorische und gemeinnützige Ergänzung gibt es noch einen Verein i.G. mit ähnlicher Ausrichtung, insbesondere zur Förderung von sozial-ökologischen Lebens- und Wohnprojekten als individuelle, alternative Angebote in Gemeinschaftsform.
Unser gemeinsames Haus, ein ehemaliges Herrenhaus von 1840 am Flusslauf der Alten Oder, am Rande einer großen Parkanlage, befindet sich in der schrittweisen Rekonstruktion bzw. im Umbau unter baubiologischen bzw. ökologischen Gesichtspunkten. Zu den 1500 m² für Wohn-, Gemeinschafts- und Funktionsräume kommen noch eine Turnhalle als Multifunktionsgebäude, u.a. für größere Veranstaltungen, und ein ausbaufähiges ehemaliges Heizhaus. Wir sehen unseren jetzigen Standort perspektivisch eher als geistigen und organisatorischen Mittelpunkt für unsere wachsende Gemeinschaft mit Wohnsitzen in und um Gorgast oder auch in Berlin; auch offen als Treffpunkt, Veranstaltungs- und Vernetzungsort für andere Gemeinschaften und Interessierte. Unsere Ausrichtung ist mit ihren konkreten Inhalten entwicklungsoffen, orientiert an sozial-ökologischen Grundsätzen und wird, wie schon jetzt, in ihrer Vielfalt mit neu hinzukommenden Teilgeber*innen wachsen.

☺ keine festen Regeln, sondern über individuelle gegenseitige Kennenlernprozesse

Gut Möglich

B5

Arnold-Flues-Straße 2 | 59872 Meschede
+49-(0)2919-936 97 36
info@gut-moeglich-meschede.de
www.gut-moeglich-meschede.de

2017 1,2 ha (bei Dortmund) 10 % ♀4 ♂9 0 13

3 5

alle Betroffenen gemeinsam (Konsens)

gemeinsame Ökonomie angestrebt, z. Zt. in einigen Bereichen (Haushaltskasse, Fuhrpark, Immobilie)

z. Zt. GbR/privat

pragmatische Idealist*innen, bunt gemischt

Kunsthandwerk, Garten, Imkerei, Kunst und Kultur, Ausbau, Instandhaltung

ökolog., selbstverw., linkes Politikverst., gewaltfrei, Bioernährung, körperl. Behinderte, Permakultur, biolog. Landwirt., biolog. Gartenbau, ökolog. Bauen, Humor, Bioernährung, Tischlerei, Bienenhaltung, Car-Sharing, weltoffen, teilen, respektvolles Miteinander, Solidarität, Kunst, Kunsthandwerk, Tiny Houses, Bauwagenausbau

☺

Wir leben auf einem alten Gutshof im Sauerland. In ca. 3 km Entfernung befindet sich der Hennesee. Auf ca. 1200 m² Wohn- und Gemeinschaftsfläche gibt es die Möglichkeit, in einzelnen Wohnungen als Pärchen, Familie oder WGs zu leben.
Ca. 2500 m² können in Form von Ställen und Scheunen direkt genutzt oder anderweitig ausgebaut werden. Durch unser Grundstück fließt ein kleiner Bach.
Eine gemeinsame Einkommensökonomie ist Basis eines solidarischen Miteinanders. Hierzu experimentieren wir noch an einem für alle befriedigenden Modell. Die Gründung eines Vereins und/oder einer Genossenschaft ist geplant.
Das eigene Umfeld bewusst zu gestalten ist eine unserer Kernideen. Von Imkerei über den Gemüseanbau bis zu Aus- und Umbauten setzen wir unsere Ideen mit eigener Tatkraft und nach individuellen Fähig- und Fertigkeiten um. Eine komplette Abgrenzung zur Gesellschaft ist nicht in unserem Sinne. Vielmehr möchten wir uns daran beteiligen, sie zum Besseren zu verändern. Gemeinsam können wir uns ergänzen und voneinander lernen.
Privatsphäre und Gemeinschaftsleben halten sich bei uns in etwa die Waage.
Bei uns soll sich jeder und jede willkommen fühlen, Alter und Herkunft spielen dabei keine Rolle. Eine ausgewogene Gruppe benötigt die Erfahrung älterer Menschen, die Neugier der Kinder sowie die Kraft junger Erwachsener.

☺ Kennenlernen, Probewohnen, Gemeinschaft, Mitarbeit

Gut Saunstorf - Ort der Stille Das moderne Kloster

D2

Gutshaus | 23996 Saunstorf

hausleitung@gut-saunstorf.de www.kloster-saunstorf.de

2010 (bei Hamburg, Lübeck) 50

d, e 33

Advaita, spirituelle Weisheitslehre

selbstverw., hierarch., Leiter*in/Führer*in/Guru, spirit., inneres Wachstum, Meditation, Yoga, Bioernährung, veget., biolog. Gartenbau, altern. Energie, Selbsterfahrung, Selbsterforschung, Enneagramm

Willkommen im modernen Kloster. „Gut Saunstorf - Ort der Stille" ist ein modernes Kloster, ein Ort des Rückzugs und der Einkehr. Hier lebt eine Klostergemeinschaft und lehrt der Weisheitslehrer OM C. Parkin. An diesem Ort werden die Weisheitslehre und ihr stiller Kern bewahrt und für die Menschen praktisch erfahrbar gemacht.

Gut Saunstorf ist auch ein materieller Ort, der Hege und Pflege braucht, um als ein Ort der Stille den Rahmen für Menschen zu bieten, die an ihrem Innersten interessiert sind. Hieran arbeiten Menschen aus der Klostergemeinschaft gemeinsam mit Menschen, die diesen Ort für eine Zeit unterstützen.

Unterstützung (ganzjährig oder saisonal) wird gesucht bei: Gemüse- und Obstgarten, Park mit Außenanlagen pflegen, handwerkliche Arbeiten in Haus und Garten, einfache Mitarbeit in Küche und Hauswirtschaft, Recherchen, technische Unterstützung bei Veranstaltungen u.v.m.

Für die Gruppe der Karma Yogis - durchschnittlich leben hier vier bis sechs - gibt es wöchentlich ein angeleitetes Treffen, das bei der Erforschung von auftauchenden Themen unterstützt. Wenn tieferes Interesse besteht, mehr über sich selbst zu erfahren, kannst du an der Sangha, einem regelmäßigen Treffen der Gemeinschaft, teilnehmen. Wir wünschen uns motivierte und selbstverantwortliche Menschen mit praktischer und flexibler Einstellung, die uns sechs Stunden am Tag unterstützen.

GutAlaune

D5

Alaune 9 | 06193 Petersberg

gutalaune@riseup.net www.gutalaune.de

2016 1 ha (bei Halle (Saale)) 10 % ♀5 ♂6 5 16

e, d, türkisch, polnisch 5-8

ganze Gruppe (Konsens) gemeinsame Essens-, Auto- und Haushaltskasse

Vereinseigentum

ökologische/r Bau & Renovierung, kulturelle Events, Werkstätten, Garten, Kinder

ökolog., selbstverw., gewaltfrei, inneres Wachstum, Bioernährung, Bildungsarbeit, Umweltschutz, Permakultur, biolog. Gartenbau, neue Technologien, ökolog. Bauen, Humor, traditionelles Handwerk, Kunst und Ästhetik, offene Werkstätten, Kunst und Kultur

Wir sind ein bunter Haufen Menschen, die nördlich von Halle in Gemeinschaft leben, arbeiten und Projekte realisieren. Die meisten von uns beschäftigen sich im künstlerischen, musikalischen, pädagogischen und handwerklichen Bereich.

Wir schaffen einen beispielhaften Lebensort, wo respektvoll mit Mensch und Mutter Erde umgegangen wird und Raum für Austausch und sozial-ökologische Projekte möglich ist. Wir sind viel mit der Schaffung von ausreichend Wohn- und Arbeitsraum beschäftigt. Es gibt eine Reihe kleiner Schuppen, die darauf warten zu offenen Werkstätten und Projekträumen ausgebaut zu werden, und unser Haupthaus, das einen zweiten Stock bekommen soll. Wir sind ständig am Bauen und freuen uns immer über helfende Hände - sagt uns vorher Bescheid ;-).

Verbund offener Werkstätten

Gutshaus Hermannshagen Verein zur Sanierung und Revitalisierung als Ort von Begegnung und Bildung

Untere Dorfstraße 1 | 18246 Bernitt
info@hermannshagen.de www.hermannshagen.de

1998 6200 m² + 2231 m² (bei Bützow)

d, e saisonal: 3-4 an der Apfelpresse

Vereinsversammlung, Vereinsvorstand, Teilversammlung der Mitgliederschaft (basisdemokratisch, teilw. konsensbasiert)

gemeinsame Finanzierung bestimmter Bereiche (z.B. Haushaltskasse)

Vereinsbesitz (Gutshaus Hermannshagen e.V.) + Pachtland

keine ideologischen Grundsätze

Gartenarbeit, Flächenpflege, Obstbaumpflege, Arbeit an der Saftpresse, Instandhaltungsarbeiten an Haus und Hof

Der Verein Gutshaus Hermannshagen e.V. wurde 1998 von einer Gruppe von Personen gegründet, um das alte Gutshaus zu sanieren und den Ort und die Region zu beleben.
Geprägt wurde der Ort durch zahlreiche Mitmachbaustellen, wobei historische und ökologische Bautechniken genutzt wurden. Im Umfeld des Gutshauses entstand ein Gemüsegarten, die alte Streuobstwiese wird gepflegt und bewirtschaftet, neue Bäume wurden gepflanzt, der historische Gutshausvorplatz gepflastert und eine Pflanzenkläranlage gebaut. Im Rahmen der Projekte wirkten Menschen aus ganz Deutschland und Europa mit. Der Verein betreibt eine mobile Apfelsaftpresse, um den Menschen aus der Umgebung die Verarbeitung ihrer eigenen Äpfel zu ermöglichen.
In den letzten Jahren bündelten Erhalt und Pflege des Geländes die vorhandenen Kapazitäten. Aktuell gibt es ein paar neue Köpfe im Verein, mit vielen Ideen und Visionen zum Gutshaus. Im Zentrum steht dabei die Fertigstellung des Hauses, um gemeinschaftliches, solidarisches Wohnen und ökologisch nachhaltiges Wirtschaften zu ermöglichen. Ziel ist es einen Ort für kulturelles, politisches Leben und Kinder- und Jugendprojekte im ländlichen Raum zu schaffen. Es werden auch weiterhin kleinere Mitmachbaustellen stattfinden, bei denen Gäste herz-

lich willkommen sind (Veranstaltungshinweise findet ihr auf unserer Homepage). Wir sind Einsatzstelle des Bundesfreiwilligendienstes, des Freiwilligen ökologischen Jahrs und des Freiwilligen Jahrs in der Denkmalpflege. Solltet ihr Lust bekommen haben an der Gestaltung und Wiederbelebung des Ortes mitzuwirken, meldet euch gerne per Mail bei uns!

Arbeitsgemeinschaft Natur- und Umweltbildung Bundesverband e.V./ANU MV e.V. www.umweltbildung.de/, www.anu-mv.de

Hasenhof

C8

Hasenhof 8 | 71540 Murrhardt ☎ +49-(0)7192-8176, +49-(0)162-239 74 59

sempervivum@posteo.de

1998 0,3 ha (bei Stuttgart) 5-15 % ♀2 ♂3 5

d, e, schwäbisch

alle, das Haus betreffend auch mal die Eigentümerin (im Tamtam, gemeinsam im Konsens)

gemeinsame Kasse für best. Bereiche

Eigentum einer Einzelnen

multispirituell, agnostisch

jeder arbeitet in seinem Beruf. Darüber hinaus: Arbeiten in Haushalt, im Garten und Handwerkliches am Haus.

ökolog., feminist., gewaltfrei, inneres Wachstum, Yoga, Bioernährung, veget., Selbstvers., biolog. Gartenbau, altern. Energie, Humor, undogmatisch, freundlich, gemeinschaftlich, liebevoll

☺

Wir sind eine kleine feine (Haus-)Gemeinschaft am Rande einer Kleinstadt im schwäbisch-fränkischen Wald am Waldrand mit öffentlicher Verkehrsanbindung (10 Minuten zum Bus, 30 Minuten zum Zug), 50 Kilometer östlich von Stuttgart. Wir bewohnen, putzen, pflegen und versorgen ein kleineres Haus auf zwei Stockwerken und versuchen im Gemüsegarten unsere Nahrung selbst anzubauen. Bei uns finden gemeinsame Veranstaltungen statt und wir gehen gemeinsam zu diversen anderen Veranstaltungen (Konzerte, Lesungen, Kino...). Wir versuchen uns im Lernfeld Alltag weiterzuentwickeln und freuen und streiten uns im Miteinander. Und wir versuchen jeden Tag ein bisschen mehr, aus der Liebe heraus zu leben und zu handeln. Wir haben ein Katzentier, Hühner, Nachbar*innen und WLAN.

☺ undogmatisch, potentiell entwicklungsbereit, fleißig

Haus der Gastfreundschaft (HdG)

D2

Alte Dorfstraße 6(-13) | 19370 Dargelütz bei Parchim
☎ +49-(0)38720 88558, +49-(0)157-850 656 76
schenker_oeff@yahoo.de www.global-love.eu, vfs-dargeluetz.npage.de

1994 | 1 ha (bei Parchim) | ♀2 ♂6 8

d, e, f | 5-6

individuell und Konsens (mit unterschiedlichem Gewicht von Stimmen)

teils individ. Finanzierung, bei anderen familiäres Teilen

HdG als Kern: Freies Land im Sinne „moralischer Nutzungsrechte", wie organische Zellen im Organismus der Welt

Schenker-Bewegung

Aufbau von liebevollem Gemeinschafts-Leben, Pflege des Ortes (Selbstversorgung, Bauarbeiten), Containern

ökolog., selbstverw., anarchist., linkes Politikverst., feminist., gewaltfrei, spirit., christl., ökumen., buddhist., taoist., anthroposoph., inneres Wachstum, Meditation, Yoga, freie Liebe, Bildungsarbeit, Friedensarbeit, Tierschutz, Umweltschutz, Selbstvers., Permakultur, biolog. Gartenbau, biolog. Viehwirt., ökolog. Bauen, Humor, geschenkte alternative Sozial-Arbeit im Sinne menschheits-familiärer Nächstenliebe

☺

Das „Haus der Gastfreundschaft" ist 1994 als erstes sesshaftes Projekt der Schenker-Bewegung (siehe Beschreibung der Schenker-Ideale im Kapitel „Netzwerke von Gemeinschaften") in Mecklenburg-Vorpommern entstanden. Anfangs stand uns nur ein Haus mit Stall und Garten zur Verfügung, ohne Strom, nur mit Regenwasser; später konnten unsere „Schenker-Verbündeten" mehrere Nachbargebäude und -Grundstücke dazu erwerben.
Wir versuchen, auf möglichst bedingungslose Weise geschenkte „Nächstenliebe-Sozialarbeit" durchzuführen: „Jeden Menschen als Menschheits-Familie annehmen." Gemäß dem Grundideal der Schenker-Bewegung ist solche Sozial-Arbeit als zweiter Schwerpunkt sinnvoll, neben Bewusstseinsarbeit: „Zu lernen, als ‚globale Konsens-Geschwister' zu planen, was nötig ist – in freier Argumente-Kultur..."
Der Ort hat wilde Zeiten durchlebt, am Anfang manchmal mit nur einer „Schenkerin" als Verantwortlicher und bis zu 10 „gestrandeten", teilweise sehr schwierigen und gefährlichen „Gästen". Wie überall war es sehr schwierig, eine Atmosphäre offener Kommunikation und freier Argumente-Kultur zu schaffen, aber mittlerweile sind einige Menschen, die als Gäste kamen, mit ein paar von unseren „Schenker-Verbündeten" zu einer faszinierenden Experimentalgruppe zusammengewachsen, und durch die entstandenen Verbündeten-Projekte ist alles deutlich einfacher geworden.

Heutzutage können Menschen im „Verbündeten-Teil" fast „bürgerlich" leben, es gibt Internet etc., zudem eine „schlachtungsfreie, vegane Zone", Möglichkeiten für Selbstversorgung und für Mitmachen bei der Sozial-Arbeit. Von normaler Wohnung bis Erdloch findet man viel Auswahl. Das Projekt ist drogenfreie Zone.

→Siehe auch Beschreibung der Netzwerke „**Schenker-Bewegung, European Catholic Worker, Emmaus, L'Arche de Lanza del Vasto**"

LICHT-LIEBES-Arbeit, internat. Schenk-Ökonomie (moneyless.info), Gandhi-Bewegung, Terrania, Freiwind

☺ sich einfügen ins (ganzheitliche) Lebens-Konzept

Haus Mercurial - Mehrgenerationenprojekt C10

Pilotprojekt in der Interessengemeinschaft für Lebensgestaltung e.V.
Schwarzwaldweg 20 | 88239 Wangen/Allgäu
+49-(0)7522-912 310/-914 791
info@ig-lebensgestaltung.de, ingrid_feustel@web.de
www.ig-lebensgestaltung.de

2000 | 700 m² (bei Ulm, Stuttgart) | ♀3 ♂1 2 6

d, niederländisch | 6

alle zusammen (Konsens) | individuelle Finanzierung

Stiftung Edith Maryon für soziale Wohn- und Arbeitsstätten

ökolog., selbstverw., christl., ökumen., anthroposoph., Bildungsarbeit, freie Schule, Friedensarbeit, Umweltschutz, altern. Energie, rauchfrei, Redaktion „Die Welle" (Informationsblatt rund um den Bodensee), Kontaktstelle Bürgerschaftliches Engagement

Die Arbeitsgemeinschaft Integriertes Wohnen hat sich im Jahr 2005 gegründet und wurde aus der „Interessengemeinschaft für Lebensgestaltung e.V." entwickelt.
Integriertes Wohnen bedeutet, in kleinen Häusern zusammenzuleben, die untereinander in Beziehung stehen. Unser Motto lautet: „Jung und Alt unter einem Dach mit mehreren Generationen!" Als solches bietet es eine Alternative zu den bestehenden großen Wohnanlagen mit betreutem Wohnen oder bei Pflegebedürftigkeit in Pflegeheimen. Bei anfallender Pflege und hauswirtschaftlicher Versorgung werden die bestehenden ambulanten Pflegedienste und die organisierte Nachbarschaftshilfe der Tauschringe in Anspruch genommen. Das „Haus Mercurial" besteht seit 2000 und hat sich fortlaufend entwickelt.
Kriterien des Zusammenlebens sind:

- zu Hause wohnen und selbstbestimmt alt werden
- jung und alt bzw. Mehrgenerationenwohnen, eigene Haushalte, individuelle Lebenssituation, Hausgemeinschaft, Wahlverwandtschaften, gegenseitige Hilfeleistung
- neue Rechtsverträge und alternative Finanzierungswege sowie neuer Umgang mit Grund und Boden, um diese aus der Spekulation herauszuziehen
- Erfahrungen anderer Menschen bei Bedarf weitergeben und beraten

Interessengemeinschaft für Lebensgestaltung e.V.,
Tauschring Lindau/Wangen, Gentechnikfreie Bodenseeregion

Heller Wohnen Mehrgenerationenhaus

C8

Auf dem Katzenkopf 15 | 74523 Schwäbisch Hall +49-(0)7919-782 17 85
heidrun.schaumann@t-online.de www.heller-wohnen.de

2011 2.500 m² ♀19 ♂14 5 38

d Teams erledigen anfallende Arbeiten

Plenum der Hausgemeinschaft (Mehrheits- oder Konsensprinzip)

Hausgemeinschaftskasse Eigentum und Miete

nein

soziale/kulturelle Aktivitäten in Haus, Nachbarschaft und Stadtteil

ökolog., selbstverw., gewaltfrei, Pädagogik, Friedensarbeit, altern. Energie, Humor, barrierefrei, soziales Engagement, Unterstützung von Migrant*innen

☺

Persönlicher Bericht einer Bewohnerin:
„Seit sieben Jahren lebe ich in unserem generationenübergreifenden Wohnprojekt HELLER WOHNEN, in dem ich – auf einen Rollstuhl angewiesen – wunderbar in Haus und Garten zurechtkomme. Inzwischen bin ich 76 Jahre und das Altwerden bringt so manche Unbill. So steht plötzlich ein Krankenhausaufenthalt an. Ich berichte davon in der Befindlichkeitsrunde der Hausgemeinschaftssitzung, die alle 14 Tage stattfindet. Sofort ist jemand bereit, mir beim Packen zu helfen; ein anderer begleitet mich ins Krankenhaus. Dort erhalte ich täglich Anrufe und Besuche von Bewohner*innen unseres Hauses; überraschenderweise auch von Menschen, mit denen ich sonst weniger zu tun habe, weil sie selber in ihrem Alltag stark beansprucht sind. So besucht mich M., eine junge alleinerziehende Jordanierin, mit ihrer 5-jährigen Tochter. Wir unterhalten uns zum ersten Mal über unsere kulturell bedingten Unterschiedlichkeiten. Auch bei meiner Entlassung sind Menschen da, die mir helfen und mich nach Hause bringen. Vor meiner Wohnungstür erwartet mich ein Topf mit frischer Suppe. Ich bin wieder daheim, fühle mich wohl, sicher und gut aufgehoben in unserer großen, bunten Hausgemeinschaft.
Bei aller Vielfalt eint uns der Wunsch nach solidarischem und selbstbestimmten Leben in Verantwortung füreinander."

Pro... Gemeinsam Bauen und Leben Wohngenossenschaft e.G.

☺ unsere Konzeption mittragen

Hof Hackenow

E4

Hackenower Weg 6 | 15328 Alt Tucheband +49-(0)157-735 181 82
hof@hackenow.de hackenow.de

2016 2 ha (bei Frankfurt/Oder, Berlin) 10-15 % ♀1 ♂4 1 6

d, e, f 1-2

alle Betroffenen gemeinsam (Plenum/Konsens)

gemeinsame Finanzierung bestimmter Bereiche Eigentum aller

Pragmatismus, Anarchismus

Gartenarbeit, Bautätigkeit, Tiere versorgen

ökolog., selbstverw., anarchist., linkes Politikverst., feminist., gewaltfrei, chaotisch, veget., Pädagogik, Tierschutz, Permakultur, biolog. Gartenbau, altern. Energie, Bau

☺

Wir sind ein Haus- und Hofprojekt im südlichen Oderbruch. Derzeit leben sechs Personen dort, es sollen - sobald mehr Wohnraum geschaffen ist - um die zehn Personen auf zwei Hektar Land zusammenleben und zum Teil auch arbeiten. Die Häuser sind stark renovierungsbedürftig. Wir versuchen, unseren Garten nach Prinzipien der Permakultur anzulegen, haben zwei Kompostklos, stellen eigene Pflanzenkohle her. Der Obstbestand sorgt im Sommer für viel Frische. Wir sind undogmatisch und punkig. Wir erhalten hin und wieder mithelfenden Besuch, veranstalten Bauwochen und mehrmals im Jahr Kultur- oder Musikveranstaltungen.
Es ist uns ein Anliegen, den Anteil an Selbstversorgung mit Nahrung und Energie wachsen zu lassen. Ebenso wollen wir uns in ökologische Netzwerke vor Ort und translokal einbringen. 2019 bauen wir eine Pflanzenkläranlage und eine Jurte. Außer uns Menschen leben noch Katzen, Hühner und Enten (sowie viele wilde Tiere) mit auf dem Hof. In der Zukunft können noch mehr Tiere mit uns zusammenleben.

☺ es muss zunächst weiterer Wohnraum vorhanden sein oder geschaffen werden

☆ Hofgemeinschaft Guggenhausen e.V. C10

Hauptstr. 15 | 88379 Guggenhausen ☎ +49-(0)7503-916 877
hofgemeinschaft-guggenhausen@web.de

1993 | 4 ha (bei Ravensburg) | ♀8 ♂5 3 16 | 2

d, e, f, sp, ch
alle Betroffenen gemeinsam (Konsens)
gemeinsame Finanzierung bestimmter Bereiche
Eigentum Einzelner/gemeinsam/Pacht
christlich-ökumenisch
jeweilige Berufe, Garten, Küche, Obstwiesen, Wald
ökolog., selbstverw., linkes Politikverst., gewaltfrei, christl., ökumen., Bioernährung, Bildungsarbeit, Entwicklungshilfe, Umweltschutz, biolog. Landwirt., biolog. Gartenbau, Forstwirt., altern. Energie, Humor

Seit dem Sommer 1993 leben wir als christliche Lebensgemeinschaft in drei sanierten Bauernhäusern: Wir sind derzeit 13 Erwachsene und drei Kinder - einige von uns als Kern der Partnerschaft, einige von uns lockerer verbunden. Wir verdienen unseren Lebensunterhalt in verschiedenen Beratungs- und Sozialbereichen. Unser gemeinsames Leben besteht aus regelmäßigen gemeinsamen Mahlzeiten und täglichen Gebetszeiten, wöchentlichen Organisationstreffen und dem Betrieb unseres kleinen Hofes als Bioland-Betrieb. Unsere beiden Gästezimmer bieten Interessierten am Gemeinschaftsleben und auch Menschen in Lebenskrisen die Möglichkeit, eine Zeit lang bei uns zu wohnen. Als Einzelpersonen engagieren wir uns in einer Vielzahl von sozialen, ökologischen, entwicklungs- und ökumenischen Initiativen.

→Siehe auch Beschreibung des Netzwerks „**Church & Peace**"
AK Oberschwäbischer Gemeinschaften

Hofgemeinschaft HOFbauernHOF

B9

Reinerzauer Str. 13 | 72290 Loßburg
+49-(0)7446-916 047
info@hof-bauern-hof.de
hof-bauern-hof.de

2005 30 ha (bei Freudenstadt) 5 % ♀5 ♂3 9 17

d, e, f, sp 5 5

5 (Konsens) Einkommensgemeinschaft

gepachtet

Landwirtschaft, Gemüsebau, Bäckerei, Erlebnispädagogik, Bau

ökolog., selbstverw., gewaltfrei, anthroposoph., Bioernährung

Über (oder unter?) allem steht unser Wunsch und unser Wille als hier wirkende Menschengemeinschaft IMPULSE zu geben/in die Welt zu stellen - auf den unterschiedlichsten Feldern, eingebettet in unsere Visionen von selbstbestimmtem Leben und Arbeiten. Daraus entsteht die für uns entscheidende, außerhalb des Materiellen angesiedelte MOTIVATION in der ökologischen Landwirtschaft und deren Umfeld tätig zu sein.
Ziele:

- ökologischer Lebensstil, einfaches Leben
- „andere“ Kommunikation/Gemeinschaftssinn
- Anregung eines Natur-Bewusstseins/einer ganzheitlichen Sichtweise
- Belebung des Hofbauernhofs und seiner Umgebung („Strahlkraft“, „Aura des Hofes“)
- biologisch-dynamische Landwirtschaft
- Kulturimpulse auf dem Land

demeter, Ökokiste

Hofgemeinschaft Kotthausen

A5

Kotthausen 1-5 | 42399 Wuppertal
+49-(0)202-250 43 50
info@hof-kotthausen.de
www.hof-kotthausen.de

2001 ca. 30 ha (bei Remscheid, Wuppertal) 10 % ♀15 ♂13 12 40

d, e

alle Betroffenen gemeinsam (Konsens) individuelle Finanzierung

Eigentum aller (Verein)

ökologische Landwirtschaft (Bioland), betreutes Wohnen, Lieferdienst Biokiste

ökolog., selbstverw., gewaltfrei, Bioernährung, Pädagogik, Tagungshaus, geistig/psych. Behinderte, Umweltschutz, Selbstvers., biolog. Landwirt., biolog. Gartenbau, biolog. Viehwirt., artgerechte Viehwirt., Forstwirt., altern. Energie, Humor

Wir sind eine Hofgemeinschaft im Bergischen Land bei Wuppertal.
Unser gemeinnütziger Verein trägt den Biohof. Somit wird unser Hof weitestgehend gemeinschaftlich und ehrenamtlich von den auf dem Hof lebenden Menschen betrieben.
Neben Wohngebäuden, Scheunen und Stallungen gehören rund 30 Hektar Land (Acker, Grünland und Wald) und zahlreiche Schafe, eine Ziege, Pferde, Hühner, Hunde und Katzen zum Hof.

Inklusion wird auf Hof Kotthausen seit vielen Jahren im Bereich der „Biokiste“ und des betreuten Wohnens („beWo“) gelebt. Sowohl auf dem Hof selbst als auch in eigenen Wohnungen außerhalb werden Menschen mit Behinderung/psychischer Erkrankung vom „beWo“ betreut und ins Hofgeschehen integriert.
Es ist uns wichtig, einen intensiven Kontakt zu Menschen außerhalb des Hofes zu pflegen und diese am Hofgeschehen teilhaben zu lassen. So gibt es das Angebot der Hippotherapie, Lernort Bauernhof, ein jährliches internationales Workcamp, WWOOF-Aufenthalte, Mitmach-Aktionstage sowie zahlreiche Feste im Jahreskreislauf wie unser Osterfeuer, Hoffest oder unseren Flohmarkt.

→Siehe auch Beschreibung des Netzwerks „**WWOOF**“

Hofgemeinschaft Lindenhof Allmende e.V. C4

Presseweg 6 | 38170 Eilum ☎+49-(0)5332-3547
lindenhof@eilum.de www.lindenhof-eilum.de

1979 100 ha (bei Braunschweig) 50 % ♀5 ♂5 3 13
e, f, d, sp 10 10
alle Betroffenen gemeinsam (Konsens)
gemeinsame Finanzierung bestimmter Bereiche gemietet/gepachtet
BIOLAND-Landwirtschaft und -Gemüsebau, Backstube, Direktvermarktung (Wochen-/Sondermärkte, Hofladen)
ökolog., selbstverw., linkes Politikverst., Bioernährung, Umweltschutz, biolog. Landwirt., biolog. Gartenbau, biolog. Viehwirt., altern. Energie, ökolog. Bauen, musikalisch
☺

Wir betreiben gemeinsam einen großen Bioland-Betrieb (100 ha) mit Ackerbau, Tierhaltung, Gärtnerei, Backstube und Direktvermarktung. In unseren zwei Wohnhäusern lebt eine Familie mit eigenem Haushalt und die anderen als Wohngemeinschaft. Wichtige Entscheidungen werden in unseren wöchentlichen Plena von der ganzen Gruppe im Konsens getroffen. Unser Leben ist davon geprägt, mit unserem eigenen Betrieb alles Notwendige zu erwirtschaften, deshalb bleibt - je nach Arbeitsfeld - oft wenig Zeit für Freizeit. Trotzdem gelingt es uns aber immer wieder, zusammen mit dem gemeinnützigen Verein Allmende, der Eigentümer der Hofstelle ist, ein vielfältiges kulturelles und politisches Programm auf die Beine zu stellen, das über den Alltag hinaus in unserer Region Akzente setzt.
Wer das Leben mit uns mit einem Praktikum oder einer Ausbildung verbinden möchte oder über Ausbildung/Berufserfahrung/sonstige Kompetenzen verfügt, um einen unserer Arbeitsbereiche und unser Gemeinschaftsleben mit zu gestalten, sollte gerne nachfragen, ob gerade eine Möglichkeit zur Teilhabe besteht.

aufpAssen e.V., Gentechnikfreie Region Braunschweiger Land
☺ freie Zimmer unsererseits; eurerseits die Bereitschaft mit uns zu leben und zu arbeiten

Holunderhof e.V.

B3

Holunderstr. 8 | 27321 Morsum
info@holunderhof-ev.de www.holunderhof-ev.de

1992 3,5 ha (bei Bremen) 10 % ♀5 ♂5 2 12

d, e, türkisch 3

Plenum (Konsens, demokratisch) individuelle Finanzierung

gemeinnütziger Verein

Nachhaltigkeit

Erhalt/Bewirtschaftung von Haus und Hof, Vereinstätigkeit, Garten/Selbstversorgung, spirituelle Arbeit, Gruppenarbeit

ökolog., selbstverw., gewaltfrei, spirit., esoter., inneres Wachstum, Meditation, Yoga, Bioernährung, Tagungshaus, Tierschutz, Umweltschutz, Permakultur, biolog. Landwirt., biolog. Gartenbau, artgerechte Viehwirt., ökolog. Bauen

Ziel und Zweck des Vereins ist es, einen Beitrag zu leisten für die Schaffung einer selbstbestimmten, herrschaftsfreien und ökologisch verantwortlichen Gesellschaft, gegen die Ausbeutung von Mensch, Tier und Natur; mit der Ausrichtung kulturelle, künstlerische, politische und soziale Aktivitäten hervorzubringen.
In den letzten zwei Jahren hat sich die Belegschaft des Holunderhofes durch viele Neuankömmlinge und Bewohner*innenwechsel grundlegend verändert. Aktuell sind wir eine junge Gruppe von zwölf Leuten, im Alter von zwei bis Anfang 50 Jahren.
Der Hof bietet viele Möglichkeiten und Platz sich künstlerisch, handwerklich oder bei der Gartenarbeit auszuleben. Es entstehen Atelierräume und Gemeinschaftsgärten und Arbeiten zur Erhaltung und Pflege der bereits vorhandenen Gebäude werden erledigt.
Im Rahmen unserer Tätigkeit als gemeinnütziger Verein und um die in unserer Vereinssatzung festgehaltenen Ziele zum Aufbau alternativer Lebens- und Wohnräume im Einklang mit der Natur umzusetzen, veranstalten wir über das Jahr verteilt öffentliche und private Aktionen, Feste und Begegnungsmöglichkeiten.
Der Holunderhof existiert seit 1992. Im Laufe dieser Zeit etablierten die ehemaligen Bewohner*innen einen Hofladen, Garten- und Ackerwirtschaft, Imkerei, Waldpflanzung und vieles mehr. Als neue Gruppe sind wir bemüht, diese Traditionen zu erhalten und weiterzuentwickeln. Für 2019 ist die Fertigstellung unseres Stroh-Lehmbaus geplant, welcher als Seminarhaus genutzt werden wird.

→Siehe auch Beschreibung des Netzwerks „**KommuJa**“

☺ Probewoche/-zeit

Foto: Holzlandgemeinschaft (nächste Seite)

Holzlandgemeinschaft

D6

Talweg 18 | 07639 Bad Klosterlausnitz ☎+49-(0)36601-922 988
holzland@bruderhof.com www.bruderhof.de

2004 1,5 ha (bei Jena, Leipzig) ♀7 ♂8 2 17

e, d 8
alle Mitglieder (einstimmig) Einkommensgemeinschaft, gemeinsame Kasse
gemeinsames Eigentum
gewaltfreie Jesusnachfolge
Garten, Holzhof, Werkstatt, Haus
gewaltfrei, christl., Humor

Wir sind eine christliche Lebens- und Arbeitsgemeinschaft, die zur Bruderhofbewegung gehört. Diese Bewegung besteht aus mehr als 2700 Menschen, die in über zwanzig Siedlungen auf vier Kontinenten leben. Wir sind ein Bund von Familien und Singles, die im Geiste der ersten Gemeinde in Jerusalem Jesus ohne Kompromisse nachfolgen wollen. Dabei verzichten wir gerne auf Privatbesitz und teilen alles miteinander.
Wir in Holzland arbeiten oft als Auszubildende in nahe gelegenen Betrieben oder studieren an einer der Universitäten der Umgebung. Andere arbeiten in der Werkstatt, in Büros oder im Garten.
Unabhängig davon, was wir gerade konkret machen, wollen wir Jesus mit ganzem Herzen und mit allem, was wir tun, nachfolgen.

→Siehe auch Beschreibung des Netzwerks „**Bruderhof-Gemeinschaften**"
☺ mitleben

ISKCON Köln e.V.

A6

Taunusstr. 40 | 51105 Köln ☎+49-(0)221-830 37 78
kontakt@gauradesh.com www.gauradesh.com

1969 ♀2 ♂7 9

d, e, russisch, hindi
Shop, Förderkreis, Beiträge, Spenden, Bücher- und Süßigkeitenverkauf
ja
ökolog., selbstverw., gewaltfrei, hierarch., Leiter*in/Führer*in/Guru, spirit., inneres Wachstum, Meditation, Yoga, veget., Humor, rauchfrei, Krischna-Tempel, Krischna-Bewusstsein, Vaishnavas, Bhagavad-gita

Gauradesh ist ein spirituelles Zentrum, welches zum Ziel hat, die Menschen an ihre spirituelle Identität als Seele und an ihre ewigliche Beziehung zu Gott zu erinnern und zu fördern. Dazu bieten wir die jahrtausendealte Praxis des Bhakti-Yoga auf der Basis der Bhagavad Gita, wie sie ist, an.

→Siehe auch Beschreibung des Netzwerks „**ISKCON**"
ISKCON Deutschland e.V.
☺ Einhaltung der vier regulierenden Prinzipien, 16 Runden auf der Japamala täglich, Teilnahme an den morgendlichen Programmen, Gemeinschaftsfähigkeit, tägliche Dienste

Jakobgut

D6

Jakobgut | 07952 Ranspach
kontakt@jakobgut.de jakobgut.de, oadien.de

1997 8 ha (bei Plauen) ♀2 ♂1 3

d, e 3

alle Betroffenen gemeinsam oder die Person, die ein Thema einbringt (Konsens)

Beitrag zu gemeinsamen Wirtschaftsbereichen durch Tun oder Tauschmittel

Eigentum einzelner Gemeinschaftsmitglieder

christlich-undogmatisch; offen für Nichtchrist*innen, die Christ*innen menschlich tolerieren

individuell motivierte Projekte, Textkunst, (Haus-)Instandhaltung, Muße, Möglichkeit zur Selbstversorgung

ökolog., selbstverw., linkes Politikverst., gewaltfrei, spirit., christl., ökumen., buddhist., inneres Wachstum, Selbstvers., Permakultur, biolog. Landwirt., biolog. Gartenbau, Forstwirt., altern. Energie, ökolog. Bauen, Bau, Humor, rauchfrei, pluralistisch, drogenkritisch, zu Askese fähig, innere Ruhe

☺

Wir schaffen Lebensräume für Menschen, die sich danach sehnen, einen großen Teil ihrer Tage für geistige Einkehr, Ruhe, andere eigene Interessen oder Gemeinschaft mit ihren Mitbewohner*innen nutzen zu können, statt als Getriebene der repressiven Konsumsekte dahinzuvegetieren. Wir sind als Gemeinschaft grundsätzlich an einem materiell einfachen Dasein orientiert, da ein solches diese ersehnten Freiräume ermöglicht.
Ein Mittel der Umsetzung ist der Gedanke der Selbstversorgung.
Darüber hinaus ist unsere Ausrichtung hier und da fokussiert, worüber unsere umfangreiche Homepage genauer informiert. Besonders maßgeblich sind unsere Werte, die als persönliche Zielvorstellung geteilt werden sollten, z.B.:
Altruismus, Freude, Frieden, Geduld, innerlich freundliche Einstellung gegenüber anderen, Gütigkeit, Treue, Verlässlichkeit, Sanftmut, Selbstreflektiertheit, Selbststärke gegenüber Weltlichem.
Wir pflegen einen offenherzigen, sachlich direkten Umgang miteinander.
Spezialität: Kommunikation zu Gemeinschaftsthemen findet verpflichtend schriftlich statt. (Mehr siehe www.jakobgut.de/erdnuss.htm)
Es ist bei uns möglich, geldlos zu leben. Seit einer Weile wohnen wir wahlweise auch in Räumen in Plauen.
Wir sind eine christliche Gemeinschaft. Wir achten jedoch weniger auf Lippenbekenntnisse, als auf die innerste ideelle Ausrichtung eines einzelnen Menschen. Seit jeher kann man bei uns auch gut leben, wenn man sagt „Ich bin kein Christ/keine Christin", jedoch die oben genannten Wertvorstellungen teilt.
Siehe auch den Eintrag „Namenloses WG-Haus in Plauen" auf Seite 194

☺ Teilen unserer Werte als Zielvorstellung, schriftliche Kommunikation zu Gemeinschaftsthemen

Karla*hof

E3

Karlshof 1 | 17268 Templin
+49-(0)3987-200 96 50
karlahof@gegenseitig.de
www.karlahof.de

2013 25 ha (bei Templin) 60 % ♀7 ♂4 11

d, e, f, sp ca. 8

alle Betroffenen gemeinsam (Konsens)

gemeinsame Finanzierung bestimmter Bereiche, teils mit Einkommensgemeinschaft

entprivatisiert und im Eigentum einer Stiftung

Ackerbau, Gartenbau, Lebensmittelverarbeitung, Bauhandwerk

ökolog., selbstverw., linkes Politikverst., feminist., gewaltfrei, inneres Wachstum, Bioernährung, veget., Tagungshaus, Umweltschutz, Selbstvers., Permakultur, biolog. Landwirt., biolog. Gartenbau, Forstwirt., ökolog. Bauen, soziale Werkzeuge: wöchentliches „Emoplenum", regelmäßige Supervision und Prozessbegleitung, z.B. bei Konflikten

Der Karla*hof ist ein Gemeinschaftsprojekt in der Uckermark, auf dem mit kollektiver Subsistenz, nicht-kommerzieller Landwirtschaft und Formen eines gewaltarmen sozialen Miteinanders experimentiert wird. Wir leben hier mit zehn Menschen, die ihren Lebensmittelpunkt auf dem Hof haben. Ansonsten gibt es weitere Menschen, die teilweise hier leben und mit uns gemeinsam den Hof gestalten. Rund um unsere Hofstelle gibt es Grün- und Ackerland, auf dem hauptsächlich Getreide und Kartoffeln angebaut werden. Außerdem haben wir einen großen Garten mit Folientunnel, der uns ganzjährig mit Gemüse versorgt, eine Streuobstwiese, viele Beerensträucher und Waldstücke. Wir haben eine Verarbeitungsküche, eine kleine Imkerei und Werkstätten wie Tischlerei und Schlosserei.

Auf ökonomischer Ebene versuchen wir möglichst viele Dinge selbst zu produzieren, um unsere Alltagsbedürfnisse möglichst geldarm zu decken. Darüber hinaus gehen manche Menschen einem regelmäßigen Gelderwerb nach oder jobben bei sich bietenden Gelegenheiten. Perspektivisch wollen wir unsere Finanzierung kollektiver gestalten. Bislang organisieren wir gemeinsame Aktionen wie Pommes- oder Crêpes-Verkauf auf Festivals.
Unser Zusammenleben dient nicht nur der gemeinsamen Organisation des Alltags. Es ist ein bewusster Versuch, die Kultur des sozialen Miteinanders, auch der damit verbundenen Konflikte, mit Mut und Sensibilität weiterzuentwickeln und inneres Wachstum zu ermöglichen. Insgesamt fühlen wir uns der Kultur der Tauschlogikfreiheit und der Commons verbunden.

Projektewerkstatt auf Gegenseitigkeit (PaG)

Kastanienhof Marth Lebens- und Agrarkulturelle Initiative e.V. C5

Am Rusteberg 21 | 37318 Marth ☎+49-(0)36081-600 53
info@kastanienhof-marth.de www.kastanienhof-marth.de

1994 10 ha (bei Göttingen) 50 % ♀0 ♂3 3 6

d, e, f 2

alle Betroffenen gemeinsam (Konsens)

gemeinsame Finanzierung bestimmter Bereiche Verein, z.T. gepachtet

ökologisch, christlich, anthroposophisch

Selbstvers. aus Bioanbau und -viehhaltung, Streuobst und Garten, erneuerbare Energie, biolog. Bauen, Umweltschutz, Holzbeschaffung, pol. Aktivität, Spaß

ökolog., selbstverw., anthroposoph., Bioernährung, Bildungsarbeit, Pädagogik, Umweltschutz, Selbstvers., biolog. Landwirt., biolog. Gartenbau, biolog. Viehwirt., artgerechte Viehwirt., Forstwirt., altern. Energie, neue Technologien, ökolog. Bauen, Humor, Bioeis, ökologisches und historisches Bauen, Erneuerbare Energie

☺ ()

Gemeinsam Zukunft säen. Die Lebens- und Agrarkulturelle Initiative e.V. möchte bewahrende und nachhaltige Lebensformen finden und an ihrer Verwirklichung arbeiten. Wir betreiben eine ökologisch orientierte Land- und Gartenkultur. Im Sinne von Fortschritt mit Rückbesinnung versuchen wir, traditionelles Handwerk und Einfachtechniken mit heutigen ökologischen Erfahrungen zu verbinden. Die 1,5 ha große Wiese hinter dem Hof wird als Weideland für Ziegen und Schweine genutzt. Wir haben einen Gemüse- und Kräutergarten und eine Streuobstwiese angelegt. Ein Anliegen ist uns, die Vielfalt alter Pflanzensorten und bedrohter Nutztierrassen zu erhalten. Wir haben eine Fachwerkbörse (www.fachwerkboerse-eichsfeld.de) eingerichtet, in der gebrauchte Baumaterialien erworben und abgegeben werden und neue biologische Baustoffe verkauft werden (www.lebendbau.de). Darüber hinaus kümmern wir uns um alle Arten erneuerbarer Energie. Dazu haben wir das www.energienetzwerk-eichsfeld.de mit begründet und betreiben die Firma www.fahrenmitpflanzenoel.com. Wir haben begonnen, Bildungsarbeit in Form von Seminaren, Schulklassenbesuchen und Workshops anzubieten. Wir möchten im vernetzenden Austausch mit anderen Lebens- und Betriebsgemeinschaften stehen. Die Hofgemeinschaft bietet einen Rahmen für sozial engagierte und betreuerische Aufgaben. Ein wichtiger Bestandteil unserer Arbeit ist das Werken mit Lehm, Holz und Metall. Auch bei der Hofsanierung werden diese Handwerkstechniken eingesetzt. Der Hof öffnet sein Tor zur Dorfmitte – ein Symbol für unser Anliegen, unser Hofprojekt in das Leben von Marth zu integrieren.

→Siehe auch Beschreibung des Netzwerks „**WWOOF**“

NÖB - Netzwerk Ökolog. Betriebe Eichsfeld, Grüne Liga Thüringen,www.noeb-eic.de

☺ Kennenlernzeit, sofortige Teilnahme an gemeinsamer Kasse, Eigeninitiative z.B. auch zum Aufbau eines Tätigkeitsbereiches

Klangraum Witzenhausen

C5

In der Aue 6 | 37213 Witzenhausen
+49-(0)5542-507 05 22
info@klangraum.online
www.klangraum.online

2007 200 m² bewohnt, 2.600 m² Garten (bei Kassel, Göttingen) 20 %
♀1 ♂4 1 15

d, e 3 5

wie in der Satzung des Vereins geregelt; sehr wichtige Entscheidungen werden mit allen verhandelt (Konsens)(Konsens minus eins)

gemeinsame Finanzierung der Haushaltskasse, individuelle Finanzierung, ggf. Mitgliederbeiträge des Vereins

Miete und Eigentum

spirituell, freiheitlich

Events, Seminare, Klangmassage, Holzwerkstatt (Musikinstrumenten-Bau), Festivals,Vereinsarbeit, Garten

ökolog., selbstverw., gewaltfrei, spirit., esoter., inneres Wachstum, Bildungsarbeit, Friedensarbeit, biolog. Gartenbau, neue Technologien, ökolog. Bauen, Humor, Kunst und Kultur, Klangmassage, Klangforschung, Kreativhandwerk

☺

Wir, das sind die Menschen, die im Klangraum wohnen und all die Geschwister, die unsere Aktionen mittragen. Wir wünschen uns, in einem Kreis von Menschen zu leben und miteinander in der Nächstenliebe zu wachsen.
Es geht uns darum, eine Ebene von Liebe und Verständnis ins Leben zu rufen. Doch was bedeutet Liebe eigentlich? Das Wort Liebe kann man auch mit dem Wort Verbindung/Eins sein übersetzen. Wenn wir jemanden lieben, versuchen wir viel über ihn/sie zu erfahren. So erweitert sich der persönliche Kreis um den Kreis des Geliebten und beide bilden zusammen einen größeren Kreis. Es geschieht also eine Ausdehnung des Selbst, eine Erweiterung, bis wir am Ziel dieser Selbstentwicklung alles lieben.
Die Gemeinschaft bietet uns hier ein optimales Übungsfeld. In diesem Prozess können wir uns im Liebeskreis gegenseitig tragen und unterstützen.
Wir laden dich ein, im Klangraum einen Ort der Heilung zu finden, als Individuum angenommen zu sein, Frieden zu finden und dich in der Liebe zu üben.
Wir wünschen uns, dass du hier voll in deine Kreativität und Lebensfreude findest. Wir wollen dich mit unterstützen, deinen Traum hier zu verwirklichen, und wünschen uns deine Hilfe für Aktionen, die wir bereits betreiben. Besuch uns gerne!

☺ Engagement und Bereitschaft, das Lieben lernen zu wollen

Kommune Buchhagen

C4

Buchhagen Nr.4 | 37619 Bodenwerder ☎+49-(0)5533-1400
buero@kommune-buchhagen.de www.kommune-buchhagen.de

1997 3,5 ha (bei Hameln/Holzminden) 10 % ♀2 ♂4 0 6

d, e, dt. Gebärdensprache 2

alle gemeinsam (Konsens) gem. Ökonomie

Eigentum aller

links humanistisch

Herberge, Kulturarbeit, Cafébetrieb, Handweberei, Gemüseanbau und Permakultur, Bauen am eigenen Haus

ökolog., selbstverw., linkes Politikverst., feminist., gewaltfrei, Bioernährung, Umweltschutz, Permakultur, biolog. Gartenbau, ökolog. Bauen, Humor, Kulturarbeit, homo-, hetero- und bisexuelle Lebensentwürfe

☺ ()

Wir leben seit 1997, landschaftlich schön gelegen, mitten im Weserbergland. Hier bewohnen wir die ehemaligen Arbeiterhäuser eines alten Gutsgeländes. Dazu gehört außerdem eine alte Wassermühle, Scheune und Stallungen, sowie etwa 3 ha Land mit einem großen Gemüsegarten und einem Waldgarten, der nach Permakulturgrundsätzen bewirtschaftet wird.
In Haus und Garten leben auch unsere Tiere: Katzen, Laufenten, Kaninchen, Ziegen und einige Bienenvölker.
Das Mühlengebäude beherbergt ein Kultur- und Veranstaltungszentrum und ein kleines Café. An dem Kulturprojekt sind außer uns Kommunard*innen auch verschiedenste Leute aus der Region beteiligt. In unserer Scheune ist eine Zimmerei/Tischlerei untergebracht, in der wir Nutzungsrechte haben. Außerdem unterhalten wir ein kleines Gästehaus mit 12 Betten, eine Imkerei und eine Handweberei.
Bei uns leben Menschen unterschiedlicher sozialer Herkunft, aus Ost- und Westdeutschland, mit homo-, hetero- oder bisexuellen Lebensentwürfen und mit verschiedensten Tätigkeiten und gesellschaftlichem Engagement beschäftigt.
Was uns eint ist unsere gemeinsame Ökonomie und Verantwortung für unser Zusammenleben, die Bereitschaft sich in und mit der Gruppe auseinanderzusetzen, daran zu wachsen und Entscheidungen im Konsens zu treffen, sowie eine sozial und ökologisch verantwortliche Lebensweise.
Unser Wohngebäude bietet fertig ausgebaut genug Platz für etwa 20 Personen und wir wünschen uns, unser Leben und unser Haus mit mehr Menschen zu teilen. Wenn du uns kennen lernen möchtest, kannst du uns zu einer unserer Aktionswochen besuchen.

→Siehe auch Beschreibung des Netzwerks „**KommuJa**“

☺ gegenseitige Sympathie sowie Interesse an ökologisch und sozial verantwortlicher Lebensweise und gemeinsamer Ökonomie

Kommune Hof Rossee

C1

Rossee 1 | 24360 Barkelsby
☎+49-(0)4351-880 812
kommune@hof-rossee.de
www.hof-rossee.de

2001 | 1,2 ha (bei Eckernförde, Kiel, Flensburg) | ♀3 ♂2 1 | 6

d, e, dänisch, norwegisch, (f) | 1 1

alle Betroffenen gemeinsam (wöchentliches Plenum, Konsens)

solidarische Ökonomie | Eigentum aller

emanzipatorische Bewegungen vor allem: Graswurzelbewegung, queer-feministisches Gedankengut

externe Arbeit (Erwerbsarbeit), ökologische Ferienwohnungen

ökolog., selbstverw., anarchist., linkes Politikverst., feminist., gewaltfrei, Bioernährung, veget., Tagungshaus, Umweltschutz, altern. Energie, ökolog. Bauen, Humor, Heizen mit Holz

☺

Unser Resthof befindet sich am Stadtrand von Eckernförde, 35 km nördlich von Kiel und besteht aus einem Wohnhaus, einem zu ⅔ ausgebauten Kuhstall und einem ehemaligem Stallgebäude sowie einer Halle und 1,2 ha Land.
Seit 2001 in Gemeinschaftsbesitz, leben hier zurzeit fest vier Erwachsene und ein Kind, sowie unterschiedlich viele Mitbewohner*innen/Gäste. Prinzipiell wollen wir mehr werden. Wir suchen Leute, die ein Leben in Gemeinschaft als Möglichkeit begreifen, aneinander zu wachsen und neue Wege zu beschreiten. Wir suchen Menschen, die gerne mit Kindern leben, Atomkraft und Heteronormativität doof finden und sich mit ihren Vorstellungen und Wünschen einbringen wollen. Wir wollen offen für neue Menschen und ihre Ideen sein!
Wichtig ist uns eine Ausgewogenheit zwischen individuellen Bedürfnissen und dem Einsatz für die Gruppe. Außerdem organisieren und gestalten wir unseren Alltag und die Angelegenheiten des Projektes in gemeinsamer Verantwortung. Dafür treffen wir uns verbindlich einmal wöchentlich. Wir wohnen im alten Wohnhaus (7,5 Zimmer) und einer fast fertigen Wohnung im Stallgebäude. Dort haben wir zusätzlich unseren 80 m² großen Gemeinschaftsraum mit Küche. Am anderen Ende des Stallgebäudes betreiben wir zwei ökologische Ferienwohnungen (für max. zwölf Personen). Voll ausgebaut könnten hier etwa 15 Menschen (große & kleine) in ca. drei Wohneinheiten leben.

→Siehe auch Beschreibung des Netzwerks „**KommuJa**"

Mitglied in der SoLaWi Schinkeler Höfe

☺ es muss passen ;-) , solidarische Ökonomie, Kennenlernphase und Probezeit

Kommune Karmitz

C3

Karmitz Nr. 8 | 29482 Küsten ☎+49-(0)5864-288
kommune.karmitz@web.de

1990 4,5 ha (bei Lüchow) 80 % ♀5 ♂7 2-3 14

d, e, sp 9-10

alle Betroffenen gemeinsam (Konsens)

gemeinsame Finanzierung aller Lebensbereiche

teils gemietet/gepachtet, teils Eigentum aller

Selbstversorgung, Gärten, Mosterei, Arbeit um Nahrungsmittel

ökolog., selbstverw., anarchist., linkes Politikverst., feminist., gewaltfrei, Bioernährung, Umweltschutz, Selbstvers., biolog. Landwirt., biolog. Gartenbau, biolog. Viehwirt., artgerechte Viehwirt., altern. Energie, wir mögen keine Schlagworte

☺

Wir sind eine Landkommune und verwenden viel Energie darauf, uns biomäßig selbst zu versorgen. Dies tun wir zeitweise gemeinsam u.a. in unserer Lohnmosterei, beim Holzmachen, der Heuernte, beim Einkochen und anderen Dingen. Teilweise arbeiten wir auch außerhalb des Hofes.

Wir haben hohe politische Ideale: Hierarchielosigkeit, gegenseitige Achtung und Akzeptanz, Konsensprinzip, tatkräftige Gesellschaftskritik und sind gegen alltägliche und strukturelle Gewalt. Wir begreifen uns als Teil der undogmatischen linken Bewegung und finden, dass es ebenso viele Geschlechter wie Menschen gibt.
Manchmal erreichen wir unsere Ideale, meistens laufen sie vor uns her. Wir haben eine Ketchupfraktion, Chipsesser*innen, Raucher*innen, Autofahrer*innen, Fleisch essende Menschen und jeweils Leute, die das gar nicht gut finden. Einige von uns vergraben sich wochenlang auf dem Hof, andere zieht es immer wieder hinaus in die weite Welt.
Da wir kein Inseldasein leben wollen, sind wir regional mit anderen Kommunen, Nachbar*innen und Freund*innen und in einem regionalen freien Tauschnetzwerk vernetzt. Auch überregional stehen wir in Kontakt mit Gleichgesinnten. Auch wenn manchmal alles ziemlich anstrengend ist, sind wir froh, hier einen Teil unserer Utopien leben zu können. Wir wollen dadurch eine Alternative zum Kapitalismus möglich und sichtbar machen und einen Beitrag für eine befreite Gesellschaft leisten.

→Siehe auch Beschreibung des Netzwerks **„KommuJa"**

☺ aktive Teilnahme am gemeinsamen Projekt

Kommune Lossehof

C5

An der Losse 13 | 34260 Oberkaufungen ☎+49-(0)5605-927 17 13
kontakt@lossehof.de www.lossehof.de

2012 1 ha (bei Kassel) 1 % 24

d, e, sp, f 1 6

alle (Konsens) gemeinsame Vermögens- und Alltagsökonomie

Eigentum aller

undogmatisch, anarchistisch, linksradikal, ökologisch, feministisch, antifaschistisch

Bau, Garten, Verwaltung, Mitgliederladen, Außenarbeit

ökolog., selbstverw., anarchist., linkes Politikverst., feminist., gewaltfrei, inneres Wachstum, Bioernährung, veget., vegan, biolog. Gartenbau, altern. Energie, ökolog. Bauen, Humor, mit innerem Wachstum meinen wir persönliche Entwicklung, Soziales Plenum (Methoden aus: Gewaltfreie Kommunikation, Radikale Therapie...), Spiel und Spaß, emanzipatorisch

☺

Verteilt auf zwei nah beieinander liegenden Geländen wohnen wir in Häusern und Wagen. Kommune ist für uns ein emanzipatorisches Projekt, eine Halbinsel, mit der wir uns den unterschiedlichen Formen von Herrschaft in dieser Gesellschaft widersetzen, gemeinsam nach dem guten Leben suchen und von der aus wir solidarisch im Kleinen und im Großen handeln können.
Die Kommune soll ein Raum sein, der jeder/jedem von uns die Möglichkeit gibt, sich frei zu entfalten. Dazu gehört auch, dass wir dominantes Verhalten und Gruppendynamiken reflektieren. Der Hof befindet sich am Ortsrand von Oberkaufungen direkt an der Losse. Mit der Tram erreichen wir die Kasseler Innenstadt innerhalb von 30 Minuten. Gefühlt sind wir weder Stadt- noch Landkommune. In unserer Umgebung befinden sich mehrere Kommunen, mit denen wir sozial, politisch, und ökonomisch vernetzt sind. Wir feiern zusammen, helfen uns gegenseitig, organisieren antirassistische Aktivitäten und sind durch Kollektive oder die Solidarische Landwirtschaft miteinander verbunden.
Perspektivisch möchten wir gemeinsam mit bis zu 40 Menschen auf dem Hof leben. Nach und nach bauen wir eigene Kollektive auf. Für Handwerker*innen oder auch ungelernte Holz- und Lehmbauinteressierte gibt es die Möglichkeit, sich bei der Renovierung des Hofes in unserem Baukollektiv einzubringen. Regelmäßig finden Informationsnachmittage für Interessierte statt. Wandergesell*innen sind jederzeit herzlich willkommen!

→Siehe auch Beschreibung des Netzwerks „**KommuJa**"

☺ zur Zeit: Frauen, Lesben, Trans

Kommune Niederkaufungen

C5

Kirchweg 3 | 34260 Kaufungen ☎+49-(0)5605-8007-0

info@kommune-niederkaufungen.de www.kommune-niederkaufungen.de

1986 8 ha (bei Kassel) 35 % ♀29 ♂27 20 76

d, e 48 48

alle Betroffenen gemeinsam (Konsens) gemeinsame Ökonomie

Gemeinschafts-/Vereinseigentum

ökologisch und sozial nachhaltig, undogmatisch linkspolitisch, emanzipatorisch

Tagungshaus, GfK, Kindertagesstätte, Tagespflege, Küche, Catering, Gemüseanbau, Saatgut, Obstmanufaktur, Hofladen, Vieh und Hofkäserei, Zimmerei, Schreinerei, Schlosserei, Verwaltung

ökolog., selbstverw., linkes Politikverst., gewaltfrei, Bioernährung, Bildungsarbeit, Pädagogik, freie Schule, Tagungshaus, Entwicklungshilfe, Umweltschutz, biolog. Landwirt., biolog. Gartenbau, biolog. Viehwirt., altern. Energie, ökolog. Bauen, emanzipatorisch, Kollektivbetriebe, Saatgut, SoLaWi, Handwerk

☺ (✋✋)

Wir bewohnen einen Gebäudekomplex mit Höfen, Gärten und Fachwerkhäusern im Ortskern von Niederkaufungen bei Kassel. Unsere intentionale, undogmatisch linkspolitische Lebens- und Arbeitsgemeinschaft besteht seit 1986. Die Gründungsgruppe schrieb 1983 ein Grundsatzpapier, das inhaltlich noch heute unsere gemeinsame Basis ist: gemeinsame solidarische Ökonomie, Konsensentscheidungen, Abbau von (geschlechtsspezifischen und anderen) Machtstrukturen und Öffnung kleinfamiliärer Strukturen, Emanzipation, gemeinsame Verantwortung für das Gesamtprojekt, Ökologie, ressourcen- und energiesparende Lebens- und Wirtschaftsweise, globale Gerechtigkeit.
Im Ergänzungspapier „Der Traum ist aus, aber..." beschreiben wir die aktuelle Alltagspraxis unserer Kommune.
Wir wohnen in 15 WGs verschiedener Größe und treffen uns zu den gemeinsamen Mahlzeiten im Gemeinschaftsraum. Es gibt täglich ein veganes Gericht, meistens auch eine vegetarische Variante und manchmal ein Stück von einem unserer Schweine oder Rinder. Einmal pro Woche findet unser Plenum statt und zweimal im Jahr gemeinsame Klausurtage, um anstehende Themen intensiver zu bearbeiten. Konstruktive Konfliktbearbeitung und verschiedene Methoden, uns persönlich und in unseren kooperativen Kommunikationsfähigkeiten weiterzuentwickeln, z.B. durch gewaltfreie Kommunikation nach M. Rosenberg, sind wichtige Elemente unseres Zusammenlebens. Es werden nach Lust und Interesse kulturelle und politische Veranstaltungen organisiert, zu denen wir auch öffentlich einladen. Wir sind durch vielfältige Aktivitäten und Kontakte regional und international vernetzt. Jeden Sommer machen wir ein Hoffest, das offen für alle ist. Für Interessierte bieten wir Infonachmittage, Kommune-Seminare und Kennenlern-Wochen an. Wir hatten die Idee zum ersten Los-Geht's-Gruppengründungstreffen 1999 und beteiligen uns an den Kommune-Infotouren.

→Siehe auch Beschreibung des Netzwerks „**KommuJa**"
☺ Engagement für unsere Grundsätze

☆ Kommune Olgashof

D2

Rabenzweig 1 | 23972 Dorf Mecklenburg OT Olgashof ☎ +49-(0)3841-793 337
✉ info@olgashof.de www.olgashof.de

1997 | 4 ha (bei Wismar) | 5 % | ♀7 ♂7 9 | 23

d, e, sp, bulgarisch, ungarisch — ca. 11
alle Betroffenen gemeinsam (Konsens) — gemeinsame Finanzierung best. Ber.
Eigentum aller
Garten, Tischlerei, Architekturwerkstatt, Renovierungsarbeiten, Holz hacken, Kinderbetreuung
ökolog., selbstverw., anarchist., linkes Politikverst., feminist., gewaltfrei, chaotisch, anthroposoph., inneres Wachstum, Bioernährung, Bildungsarbeit, Tagungshaus, Friedensarbeit, biolog. Gartenbau, ökolog. Bauen, Humor, Handwerk, Mediation, Architektur, Kunst, Musik

✋✋

Der Olgashof ist eine bunte, artenreiche Oase inmitten einer monokulturell bewirtschafteten Agrarwüste. In der Ferne sehen wir die Türme der Hansestadt Wismar und spüren die Ostsee.
Wir leben in einem Gutshaus auf einem weitläufigen, parkähnlich bepflanzten Gelände mit Obstgarten und einem angrenzenden alten LPG-Hallengelände. Wir haben verschiedene

Haustiere (Katzen, ein Hängebauchschwein, Hühner etc. und bewusst keine Hunde).
Wir sind als GbR organisiert, führen eine Lebensmittel- und eine Hauskasse, in die alle Erwachsenen zu gleichen Teilen einzahlen. Einmal in der Woche treffen wir uns zum Plenum, Entscheidungen werden im Konsens oder per Küchentisch-Doodle getroffen. Die gemeinsame Küche bietet Gelegenheit für weitere Gespräche und Begegnungen. Unsere Weltanschauungen sind verschieden (von anarchistisch bis anthroposophisch) und bereichern unser Zusammenleben.
An Arbeitsbereichen gibt es bei uns die Architekturwerkstatt, das Holzkollektiv, das Seminar- bzw. Ferienhaus mit großem Saal und die Garten- und Landschaftspflege.
Seit 1997 leben auf dem Olgashof Menschen zusammen, um herauszufinden, ob ein anderes Leben in dieser Gesellschaft möglich ist und welche Voraussetzungen dafür erforderlich sind. Wir bemühen uns, dass die Synergie-Effekte unseres Zusammenlebens nicht durch Reibungsverluste wieder verloren gehen. Zurzeit liegt unser Fokus auf unserer aktuellen Dachbaustelle. Dort wollen wir dringend benötigten Wohnraum für unsere kleinen und großen Bewohner*innen schaffen. Wir wollen momentan nicht weiter wachsen, aber fleißige Besucher*innen, die sich für Kost und Logis mit einbringen, sind herzlich willkommen. Selbstverständlich können sich Gäste auch im Tagungshaus einbuchen.

→Siehe auch Beschreibung des Netzwerks „**KommuJa**"
SoLaWi, Artabana

Kommune Uthlede

B3

Moorstraße 16 | 27628 Hagen im Bremischen OT Uthlede
+49-(0)4296-748 225
info@kommune-uthlede.org

2002 | 2,4 ha (bei Bremen) | ♀1 ♂2 0 | 3
d, e, f, sp
3 1-3
alle gemeinsam (Konsens)
gemeinsame Ökonomie
Eigentum aller
undogmatisch links/linksradikal
Landwirtschaft, Kollektivwarenhandel, weitere im Aufbau
ökolog., selbstverw., anarchist., linkes Politikverst., feminist., Bioernährung, biolog. Landwirt., biolog. Gartenbau, artgerechte Viehwirt.

☺

Unsere Kommune liegt in Uthlede, einem kleinen Dorf nördlich von Bremen; es handelt sich um einen ehemaligen Landgasthof mit Nebengebäuden und Saal.
Das Projekt ist frei von Hierarchien und basisdemokratisch strukturiert. Über Fragen, die das Projekt als Ganzes betreffen, wird gemeinsam diskutiert und im Konsens aller entschieden. Wir wünschen uns einen solidarischen Umgang miteinander, der allen Raum bietet sich nach ihren*seinen Möglichkeiten und Bedürfnissen einzubringen. Alle sollen gleichermaßen für das Projekt verantwortlich sein. Haus und Land gehören allen gemeinsam, Privateigentum an Produktionsmitteln und Geld lehnen wir ab. Dazu gehört für uns auch eine kollektive Ökonomie: Wir geben alle unsere gesamten Einkünfte in eine gemeinsame Kasse, aus der alle projektbezogenen Ausgaben sowie individuelle (Konsum-)Bedürfnisse getätigt werden. Wir betrachten die verschiedenen Formen von Arbeit – sei es Kindererziehung, Hausarbeit, Projektarbeit, politische Arbeit oder Lohnarbeit – als gleichwertig.
Wir sehen das Projekt als eine Möglichkeit zur emanzipatorischen Veränderung, nicht nur innerhalb des Projektes, sondern auch, um sich gemeinsam mit anderen gegen die herrschende „Ordnung" zu engagieren. Deshalb kämpfen wir auch mit anderen Menschen aus dem linken/linksradikalen Spektrum für politische und gesellschaftliche Veränderungen und wollen das Projekt selbst in diese Auseinandersetzung gegen die herrschenden Verhältnisse mit einbringen.

→Siehe auch Beschreibung des Netzwerks „**KommuJa**"
☺ Übereinstimmung politischer Grundsätze; Probezeit

Kommune Volzendorf - AufBruchLandung (C3)

Volzendorf 13 | 29485 Lemgow ☎+49-(0)5883-989 95 10
✉kv13@systemausfall.org

2011 | 1 ha (bei Salzwedel) | ♀5 ♂2 5 12

d, e, f | 50 %
alle (Konsens) | gemeinsame Ökonomie
Eigentum eines Vereins
Obstbau, Instandhaltung
selbstverw., linkes Politikverst., feminist., gewaltfrei, Bildungsarbeit, Friedensarbeit, Selbstvers., Permakultur, biolog. Gartenbau, Humor, unkonventionell

☺

Wir leben im Wendland in Volzendorf/Lemgow zwischen Salzwedel (Sachsen-Anhalt) und Lüchow (Niedersachsen) am Rand des grünen Bandes.
Wir haben einen wunderschönen Gutshof eines ehemaligen Rübenbauern gekauft. Das Haupthaus haben wir so umgestaltet, dass es 13 Menschen bewohnen können. In dem großen, gut erhaltenen Nebengebäude befindet sich ein 180 m² großer Seminarraum und weitere 600 m² nicht ausgebaute Fläche. Das Gesamtgelände ist ungefähr 1 ha groß, mittlerweile haben wir hier einen großen Garten und einen kleinen Bauwagenplatz angelegt. Auf unserer Weide grasen fünf Hühner. Wir haben noch jede Menge Platz: Ausbau- und Gestaltungsmöglichkeiten von Gelände, Räumen und Gebäuden. Dafür suchen wir noch weitere Kommunard*innen.
Der Versuch, uns eine gemeinsame Überschrift zu geben, ist uns nicht gelungen. Dafür haben wir festgestellt, dass unsere Qualität in der Vielfalt liegt. Wir sind im Dorf gut eingebunden und Teil des Kommunenetzwerkes im Wendland, das den freien Tausch praktiziert.

→Siehe auch Beschreibung der Netzwerke „**KommuJa**"

Kommune Waltershausen KoWa e.V.

C6

August-Bebel-Str. 4 | 99880 Waltershausen ☎+49-(0)3622-200 504
info@kommune-kowa.de www.kommune-kowa.de

2003 1,7 ha (bei Gotha) 20 % ♀8 ♂8 2 18

d, e, f, sp, portugiesisch 6 70 %

alle Betroffenen gemeinsam (Konsens)

gemeinsame Ökonomie (gemeinsame Alltags- und Vermögensökonomie)

Eigentum aller

links, undogmatisch, ökologisch, pazifistisch

Tagungsbetrieb, Gemüsegarten, Jungpflanzenanzucht, Kulturkneipe, politische und soziale Arbeit, Werkstätten - und Baustellen

ökolog., selbstverw., anarchist., linkes Politikverst., feminist., gewaltfrei, inneres Wachstum, Bioernährung, Bildungsarbeit, Tagungshaus, Umweltschutz, Selbstvers., biolog. Gartenbau, altern. Energie, neue Technologien, ökolog. Bauen, Humor, Großveranstaltungen/Camps

☺

Wir bewohnen eine ehemalige Puppenfabrik am Rande des Thüringer Waldes. Inzwischen ist Wohnraum für knapp 30 Menschen entstanden, inklusive Seminarräumen, Gemeinschaftsräumen, Büros und Werkstätten. Ein weiteres Gebäude ist bisher noch nicht ausgebaut, es gibt also noch Luft nach oben.
Die Fläche liegt in einer Kleinstadt, gut angebunden mit öffentlichen Verkehrsmitteln. Wir leben in einer Kommune, weil uns Gemeinschaft und soziales Miteinander wichtig sind, und um politisch und gesellschaftlich nach außen zu wirken. Wir wollen unser Leben aktiv selbst in die Hand nehmen, verantwortungs- und rücksichtsvoll gegenüber Mensch und Natur. Dabei hinterfragen wir unsere Konsumgewohnheiten und schaffen Raum und Zeit für menschliche und soziale Bedürfnisse. Einmal pro Woche findet neben dem Orga-Plenum ein Treffen statt, in dem soziale Belange besprochen werden und das der Mitteilung unserer Befindlichkeiten dient.
Neben der Eigenleistung am Bau haben wir eigene kollektive Arbeitsbereiche aufgebaut (Seminarbetrieb, Jungpflanzenbetrieb, Kulturcafé, Selbstversorgungsgarten). Unsere Grundsätze sind gemeinsame Ökonomie, soziales Miteinander, Hierarchiefreiheit und Entscheiden im Konsens.

→Siehe auch Beschreibung des Netzwerks „**KommuJa**"

☺ akzeptieren unserer Grundsätze und aktive Teilnahme am Geschehen

Kommunität Beuggen

B10

Schloss Beuggen | 79618 Rheinfelden ☎+49-(0)7623-748 746
info@kommunitaet-beuggen.de www.kommunitaet-beuggen.de

2005 ca. 2000 m² (bei Basel, Lörrach) ♀4 ♂4 12 20

d, e, sp unterschiedlich

alle gemeinsam (Konsens)

Haushaltskasse für das Essen, Genossenschaft für den Wohnbereich

Eigentum (Genossenschaft)

christlich, ökumenisch, ökologisch

ökolog., selbstverw., gewaltfrei, christl., ökumen., Bioernährung, veget., Bildungsarbeit, Friedensarbeit, Umweltschutz, rauchfrei, Familien, Tagzeitengebete, gemeinsames Mittagessen

☺ ()

Die Kommunität Beuggen ist eine christliche Lebensgemeinschaft, in der Menschen unterschiedlichen Alters, Familienstandes und verschiedener Konfession verbindlich miteinander leben. Viele von uns waren bzw. sind engagiert in der Friedens-, Umwelt-, Weltladen-Bewegung bzw. in der Arbeit mit geflüchteten Menschen. Zur Kommunität gehören derzeit acht Erwachsene und zehn Kinder im Alter von 5-64 Jahren. Seit unserer Gründung 2005 leben wir in Schloss Beuggen bei Rheinfelden in Südbaden.

☺ klären wir im Gespräch - für das Mitleben auf Zeit ist keine Zugehörigkeit zu einer christlichen Kirche Voraussetzung. Für Anwärter*innen auf Mitgliedschaft hingegen schon.

Kommunität Grimnitz e.V.

E3

Grimnitzer Str. 11 | 16247 Joachimsthal ☎+49-(0)33361-645 133
info@kommunitaet-grimnitz.de www.kommunitaet-grimnitz.de

1997 1,5 ha (bei Eberswalde, Angermünde) 15 % ♀4 ♂3 1 7

d, e, sp 2 3-4

alle Betroffenen gemeinsam (möglichst im Konsens)

gemeinsame Finanzierung bestimmter Bereiche, Feriengäste, Kloster auf Zeit

Vereinseigentum

ökumenisch-christlich

internat. Begegnungen, regionale Gemeinwesen-Ökonomie, Jugend- und Erwachsenenbildung, Arbeit mit und für Geflüchtete, Beherbergung von Kleingruppen und Einzelgästen, biolog. Gartenbau, Klimaengagement, Spiritualität und Kunst

ökolog., selbstverw., linkes Politikverst., gewaltfrei, spirit., christl., ökumen., Meditation, Bioernährung, Bildungsarbeit, Tagungshaus, Friedensarbeit, Entwicklungshilfe, Umweltschutz, Selbstvers., biolog. Gartenbau, altern. Energie, ökolog. Bauen, Kunstausstellungen, offenes Denkmal

☺ ()

Wir leben nahe dem schönen Grimnitzsee in einem Dorfkern am Rande einer brandenburgischen Kleinstadt in der ehem. Oberförsterei der Schorfheide. Unsere Arbeitsschwerpunkte: Wir organisieren internationale Begegnungen auf den Themenfeldern Frieden durch Gerechtigkeit zur Bewahrung der Schöpfung und Menschenrechte (inkl. Projekte in Übersee, beson-

ders in Kolumbien) sowie Meditations- und Kunstseminare. Unsere regionale Bildungsarbeit beschäftigt sich mit theologischer Fort- und Weiterbildung einschl. Klimafragen sowie mit biologischem Gartenbau. Außerdem beherbergen wir Menschen auf der Suche nach Einkehr („Kloster auf Zeit"), die dabei neugierig auf kommunitäres Zusammenleben sind.
Tolerantes Zusammenleben im Geiste Jesu mit entsprechender Spiritualität ist für uns das zentrale Projekt, zur Einübung ins eigene Sinn stiftende und engagierte Christsein wie auch mit kirchen- und gesellschaftsreformerischen Konsequenzen. Dafür suchen wir weitere tragende Mitglieder verschiedener Generationen und Familienstände. In unserer Kleinstadt sind wir als „Kulturfaktor" samt politischer Mitverantwortung akzeptiert.

Ökumenisches Netz in Deutschland

☺ Anerkennung von Satzung und Gemeinschaftsregeln, tätige Mitarbeit

Königsfarm

A7

Königsfarm | 54470 Bernkastel-Kues ☎+49-(0)6531-7757

1991 4 ha (bei Bernkastel-Kues, Trier) 25 % ♀2 ♂3 0 5

d, e 3

alle Betroffenen gemeinsam (Konsens)

Eigentum einzelner Gemeinschaftsmitglieder

Gartenarbeit, Instandsetzungsarbeiten und andere Tätigkeiten des naturverbundenen Lebens

ökolog., gewaltfrei, spirit., inneres Wachstum, Bioernährung, veget., Selbstvers., Permakultur, biolog. Gartenbau, ökolog. Bauen, handyfrei, rauchfrei, Saatgutvermehrung

☺

Die Königsfarm befindet sich im Hunsrück oberhalb der Mosel in Alleinlage im Wald ohne Strom, ohne Wasserleitungsanschluss, erreichbar über einen Schotterweg. Auf dem Anwesen befinden sich zwei selbst gebaute Lehmhäuser, mehrere Bauwagen und ein Kompostklo.
In unseren Gärten gedeihen eine Fülle alter und ungewöhnlichen Kulturpflanzen sowie essbare Wildpflanzen. Diese dienen vor allem der Samengewinnung als unserem wichtigsten Erwerbszweig und dem Erhalt der genetischen Vielfalt. Auch der Bereich Selbstversorgung freut sich auf tatkräftige Hände. Zahlreiche Obstbäume und Beerensträucher sind vorhanden. Drei Hektar Weideland warten auf grasende Mitlebewesen.
Die Abwesenheit von elektrischem Strom führt zu einem natürlichen, entschleunigten Lebensrythmus. Unser Wasser beziehen wir aus einer Quelle, was einen achtsamen Umgang mit den Gaben von Mutter Erde erforderlich macht. Konventionelle Waschmittel, Duschgels, Parfüms usw., welche fast immer Nanopartikel, Mikroplastik und synthetische Duftstoffe enthalten, sind bei uns tabu. Somit können bei uns auch empfindliche Menschen und unsere Pflanzenkläranlage existieren.
Unser Alltag, oft geteilt mit einer bunten Vielfalt unterschiedlichster Gäste, wird geprägt von gegenseitiger Hilfe und liebevollem Verstehen, sowie meist einer gemeinsamen Mahlzeit. Einen wichtigen Platz nimmt bei uns der Kontakt mit unsichtbaren Mitlebewesen ein: Elementarwesen, Feen, Feuerdevas... Hier ist Raum für heilige Gesänge bei der Pflanzenaussaat, schamanische Heilweisen und das Agnihotra-Feuerritual.
Wir freuen uns auf Euch!

Dreschflegel

☺ weites Herz, offener Geist, Freude an innerem Wachstum, verstehendes Mitgefühl, Wille zum liebevollen Miteinander

Kooperative Dürnau

C9

Im Winkel 11 (Post)/Braunenweiler Straße 1 (Besuchsadr.) | 88422 Dürnau
☎+49-(0)7582-9300-93
erstkontakt@kooperative.de
www.kooperative.de
www.ferchervonsteinwand.org, www.dorfuniversitaet.org

1980 (bei Ulm) ♀7 ♂12 4 23

d,e, f, sp, polnisch, dänisch, i, holländisch, russisch — alle — alle

die Betroffenen

Druckerei, Schreinerei, Verlag, Vertrieb, Landwirtschaft, Ladengeschäft, Gärtnerei, Allround-Dienst, internationale Workcamps, freie Jugendhilfe, Dorf-Universität

selbstverw., chaotisch, anthroposoph., Bildungsarbeit, Pädagogik, Umweltschutz, biolog. Landwirt., biolog. Gartenbau, artgerechte Viehwirt., Bau, Humor, Ausbildung, Kurse, Workshops, Sommer-Universität

☺

Die Kooperative Dürnau ist eine Lebens- und Arbeitsgemeinschaft, entstanden aus dem Informationsdienst der Alternativen Kooperation in Wuppertal. Aus den Anfängen in den frühen 70er-Jahren im Umfeld der damals unorganisierten, undogmatischen und an Politik nicht interessierten Alternativbewegung entstand – insbesondere seit dem Umzug nach Dürnau – ein stabiler Lebenszusammenhang von derzeit 23 Menschen, die ihre Ziele in gemeinsamem Vorgehen zu verwirklichen suchen. Eine Anzahl kleiner Betriebe sind Ausdruck dieses Strebens ebenso wie der Fercher von Steinwand e.V. und ein Zweig der anthroposophischen Gesellschaft, die beides Medien für kulturelle und soziale Interessen sind, außerdem die jüngst gegründete Dorfuniversität, die eine Alternative zum herkömmlichen Studium bietet. Die unterschiedlichen Menschen und die daraus entstehenden mannigfaltigen Bestrebungen erfordern ein hohes Maß an sozialer Phantasie und sozialer Technik für ein befriedigendes Zusammenleben.
Die Aufgabenfülle des Alltags verschafft uns nicht allein Abwechslung und Vielfalt, sie bietet auch ständig neue Herausforderungen, denen wir mit unseren Mitteln nicht immer vollständig genügen können. Eine große Zahl von Freund*innen aus den unterschiedlichsten Himmels- und Geistesrichtungen gewährt uns dazu die Unterstützung, die uns immer wieder neu beflügelt und auch das Leben in der Provinz wesentlich aufbessert. Besucher*innen und Interessierte sind bei uns meist willkommen, Überraschungsbesuche lieben wir nicht, da wir nicht immer die nötige Zeit haben, unseren Gästen die gebührliche Aufmerksamkeit zu schenken.

☺ Keine Bedingungen, weitere Details werden gerne im persönlichen Gespräch erörtert.

Kranich e.V.

C3

Pretzierer Str. 25 | 29410 Salzwedel OT Groß Chüden ☎+49-(0)3901-829 49
kranichueden@web.de
www.kranichueden.de

1993 4,5 ha (bei Salzwedel) ♀4 ♂3 5 12

d, e, f, sp — 2

alle Betroffenen gemeinsam (Konsens) — individuelle Finanzierung

Eigentum aller

Seminarhaus, Imkerei, Food-coop, Buchversand, Garten, (therapeutisches) Reiten, Kinder, Umweltbildung, Akrobatik und Kinderzirkus ökolog., selbstverw., linkes Politikverst., inneres Wachstum, Bioernährung, Tagungshaus, Selbstvers., Permakultur, altern. Energie, Seminare, Bücher, Pferde, Bioladen

☺

Unser Zusammenleben basiert auf Sympathie und Individualität, nicht auf festen Leitsätzen. Der Hof hat 450 m² Wohnfläche und Wagenstellplätze. Eigentümer ist der Verein, in dem alle Bewohner*innen Mitglied & Mieter*in sind.
„Wir" betreiben ein Tagungshaus (die bunte vier), einen Buchversand und -laden (Bücherwinkel), eine Imkerei (Schwarmzeit), eine Food-Coop (EVG Immersatt e.V.), bieten auf unserem Hof „Therapeutischen Reitunterricht" an und manche arbeiten auch woanders. Dazu noch die Beschäftigung mit Zirkus, Kindern, Garten, Tieren, Musik, Politik und der Suche nach dem „guten Leben" (manchmal finden wir es sogar). Wohlwissend, dass wir nicht perfekt sind und auch nicht sein wollen und immer bereit zu Kompromissen. Für ein Patchwork der alternativen Vielfalt in und um uns herum.

Vernetzung in der Region, Artabana
☺ Sympathie

Kratzbürste e.V.

B10

Haus für Bildung, Kultur, Handwerk und ökologischen Landbau
Untere Gasse 22 | 79244 Münstertal ☎+49-(0)7636-1614
info@kratzbuerste.de kratzbuerste.de

1980 | 4000 m² (bei Freiburg) | 25 % | ♀7 ♂6 5 18

d, e, sp | 4 10

Hausversammlung (demokratisch)

gemeinsame Finanzierung bestimmter Bereiche | Verein

ökologisch

Seminarhausbetreuung, Garten, Tiere

ökolog., selbstverw., linkes Politikverst., gewaltfrei, Bioernährung, Bildungsarbeit, Tagungshaus, Entwicklungshilfe, Umweltschutz, Selbstvers., biolog. Landwirt., biolog. Gartenbau, biolog. Viehwirt., artgerechte Viehwirt., altern. Energie, ökolog. Bauen, Humor

Kratzbürste e.V., der Verein für Bildung, Kultur, ökologischen Landbau und Handwerk, entstand vor über 30 Jahren aus der Idee heraus, mit mehreren Familien ökologisch ausgerichtet zusammen zu leben und selbstverwaltet zu arbeiten. Heute hat der Verein über 50 Mitglieder, die sich aus Bewohner*innen, Ehemaligen und interessierten Freund*innen zusammensetzen.
In regelmäßigen Hausversammlungen werden anliegende Aufgaben und die Weiterentwicklung der Gemeinschaft besprochen. Jede*r Bewohner*in übernimmt in unserem Projekt entsprechend ihrer Fähigkeiten und seiner ihm zur Verfügung stehenden Zeit einzelne Aufgabenbereiche.
So sind im Laufe aufwändiger Renovierungsarbeiten aus einer ehemaligen Bürstenfabrik neben dem Tagungshaus acht Wohnungen und mehrere Betriebe entstanden. Der komplette Aus- und Umbau wird von baubiologischen Gesichtspunkten geleitet.
Haus und Grund gehören dem Verein. Bestrebt, nicht von Banken abhängig zu sein, finanzieren wir uns nur über Privatdarlehen von Freund*innen und Vereinsmitgliedern.

Alternative Tagungshäuser

☆ **Krautkreise e.V.** KonZentrum für Permakultur & Gemeinschaft C9

Schmiedgasse 6 | 86494 Emersacker ☎+49-(0)162-796 14 18
krautkreise@posteo.de krautkreise.de

2016 4800 m² & 3,6 ha (bei Augsburg) 50 % ♀2 ♂3 0 5

d, e, sp, i mindestens 2, variiert saisonbedingt alle

alle ständigen Bewohner*innen (Konsens)

gemeinsame Finanzierung bestimmter Bereiche, Tauschhandel

gemietet mit Kaufabsicht

permakulturelle Gestaltung, Landwirtschaft, Imkerei, Gestalttherapie, Seminarbetrieb, Café, Lehmbau, Terra Preta

ökolog., selbstverw., gewaltfrei, spirit., inneres Wachstum, Bioernährung, Bildungsarbeit, Pädagogik, Umweltschutz, Selbstvers., Permakultur, biolog. Landwirt., biolog. Gartenbau, ökolog. Bauen, Humor, rauchfrei, Imkerei, Gestalttherapie, Lebensmittel retten

Wir sind ein Projekt, das Permakultur mit dem Leben in einer Gemeinschaft kombiniert. In der Gemeinschaft sind wir fünf Menschen im Alter von 25 bis 62 Jahren. Wir üben uns in Kommunikation und Gruppenprozessen, so dass wir uns der Konflikte und Beziehungen bewusst sind. Wir sind offen für Menschen, die bei uns bleiben und mitarbeiten wollen. Wir haben eine große Permakulturanlage mit Hügel- und Kraterbeeten. Wir pflanzen exotisches und heimisches Gemüse und machen von der Samenvermehrung bis zur Konservierung alles selbst. Wir haben eine große Imkerei und veranstalten Seminare und Kurse über Permakultur, Einmachen und Fermentieren, Persönlichkeits-Entwicklung und Gemeinschaftsbildung. An das Projekt ist außerdem eine Praxis für Gestalttherapie angeschlossen.

Permakultur-Akademie Deutschland, SoLaWi Augsburg, Food Sharing, Slow Food

Krone gGmbH

B10

Hauptstr. 11 | 79295 Sulzburg

krone_sulzburg@yahoo.de www.syndikat.org/de/projekte/krone/

1978 780 m² (bei Freiburg) 10 % ♀5 ♂3 4 13

d 1-2

alle Bewohner*innen und Mieter*innen ab 18 J. (Mehrheits- bzw. Konsensentscheidungen)

gemeinsame Finanzierung bestimmter Bereiche Eigentum aller

Schreinerei, Safterei, Bildhauerei, Marmelade, Sirup, Büro

ökolog., selbstverw., linkes Politikverst., Bioernährung, Umweltschutz, biolog. Landwirt., biolog. Gartenbau, altern. Energie, ökolog. Bauen

1978 ist die Krone in Sulzburg, ein 200 Jahre altes Gasthaus, von unserem Verein gekauft worden. Stand zu Beginn noch das gemeinsame Wirtschaften und Arbeiten im Mittelpunkt, ist es inzwischen zu einem selbstverwalteten Wohnprojekt geworden.
Auf dem Hof, bzw. in den Nebengebäuden der Krone, haben mittlerweile vier Gewerbebetriebe ihren Platz gefunden, eine Schreinerei, eine Safterei, eine Mosterei und ein Biologen-Büro. Zusätzlich gibt es ein Bildhauatelier und im Gewölbekeller steht der Wein aus dem eigenen kleinen Weinberg. Aktuell haben wir die umfassende Sanierung des Daches unseres Haupthauses hinter uns gebracht – lange ins Auge gefasst und nun endlich realisiert, eine große Freude für uns! Die ehemalige Gaststube mit großer Küche und Besucher*innentoiletten sind Gemeinschaftsflächen, die von allen genutzt werden. Diese Räumlichkeiten können gemietet werden und Kulturvereine, Initiativen und Privatpersonen machen davon Gebrauch.
Wir selbst laden dort regelmäßig zu Kinoabenden, Konzerten, Lesungen und sonstigen Veranstaltungen ein. Es ist uns wichtig, das Kulturdenkmal „Gasthaus zur Krone“ als unseren Lebensort weiter zu gestalten und für zukünftige Bewohner*innengenerationen zu erhalten.

Mietshäuser Syndikat

Krumme Eiche e.V.

B6

Krummasel 31 | 29482 Küsten +49-(0)5864-986 795

krumme.eiche@zeromail.org

2006 3,5 ha (bei Uelzen, Lüneburg, Salzwedel) 5 % ♀3-5 ♂3-5 3
9-13

d, e, f, 3 3-10 (täglich wechselnd)

alle Vereinsmitglieder inkl. Probezeitler*innen (Konsens)

Einkommensgemeinschaft Vereinseigentum

manche, aber nicht alle: Graswurzel, anarchistisch, radikal ökologisch, feministisch

Haushalt, Kinderbertreuung, Hof- und Gartenarbeit, Tischlerei, Zimmerei, Töpferei, Mitgliederladen

ökolog., selbstverw., anarchist., linkes Politikverst., feminist., gewaltfrei, chaotisch, Bioernährung, veget., vegan, Umweltschutz, Forstwirt., altern. Energie, ökolog. Bauen, Bau, Humor, einige sind Pädagog*innen, Psychologin, Ingenieur, Lebenskünstler und engagiert in diversen selbstorganisierten Initiativen

Wir wollen:

- die ehemalige Gastwirtschaft (Gebäude von 1911) und ihre Nebengebäude denkmalgerecht baubiologisch erhalten und nötigen Wohnraum schaffen
- das Erlenbruchbiotop, die Feucht- und Streuobstwiesen ökologisch erhalten und pflegen
- unseren ökologischen Fußabdruck verkleinern u. a. durch Tiny Mobiles, naturnahes Wohnen in Bauwagen
- gesellschaftlich & politisch wirksam sein
- erneuerbare Energien vorantreiben, Atomstrom abschalten, Erdgas, Öl und Kohle unten lassen
- kooperativ wirtschaften, entschleunigen und dem Kapitalismus entwachsen
- gesunde Lebensmittel und Saatgut für alle verbreiten: biologisch & gentechnik-frei
- rechtem Populismus entgegenwirken
- regional einkaufen.

Wir jonglieren zwischen Ernten, Kochen, Backen, Feiern, Geldverdienen und Hof- & Familienmanagement. Wir verarbeiten selbstgeworbenes und vom Sturm gefälltes Holz zu Möbeln und Bauholz und beherbergen den Mitglieder-Bioladen „Rabattz". Unsere fachgerechten Baumaßnahmen führen wir größtenteils selbst durch. Wir bemühen uns, Verständnis und Kommunikation im Dorf zu fördern. Den Alten Tanzsaal und die ehemalige Wirtschaft nutzen wir als privaten Veranstaltungsort für Konzerte, Treffen, Feiern und Kultur im Dorf – und als Spiel- und Wohnzimmer.

→Siehe auch Beschreibung des Netzwerks „**KommuJa**"

z.T. Artabana, Tausch- und Schenkbeziehungen/freier Fluß Wendland, Anti-Atom-Widerstand

wir müssen persönlich zueinander passen

Kuckucksmühle

D3

Ausbau 7 | 16909 Heiligengrabe

kuckucksmuehle@ecohackerfarm.org

wiki.ecohackerfarm.org/kuckucksmuehle:start

2016 | 1 ha (bei Wittstock, Berlin) | ♀1 ♂3 0 4

e, d, maltesisch, i | 1 2

dauerhafte Bewohner*innen (100 % Konsens) | gemietet

nicht spirituell, nicht religiös, ökologisch, technisch orientiert

Permakulturelles Leben und Hackerspace, Automatisierung

ökolog., selbstverw., linkes Politikverst., feminist., gewaltfrei, Bildungsarbeit, Umweltschutz, Selbstvers., Permakultur, biolog. Landwirt., biolog. Gartenbau, biolog. Viehwirt., artgerechte Viehwirt., altern. Energie, neue Technologien, ökolog. Bauen, Hackerspace

Die Kuckucksmühle ist eine historische Wassermühle in Nordostdeutschland (Brandenburg). Wir möchten die Mühle und ihre Nebengebäude restaurieren,

eine Hackerspace / Hackbase- und Permakulturfarm einrichten.
Wir suchen nach Menschen, die hier ihr Wissen teilen und sich an Gemeinschaftsprojekten wie der Restaurierung der alten Mühle und ihrer Nebengebäude, der Gartenarbeit, der digitalen und Hardware-Infrastruktur, der Organisation und der Planung der Zukunft beteiligen.
Die Kuckucksmühle ist Teil des Projekts Eco Hacker Farm.

🌍 Eco Hacker Farm (Zentrale)
☺ ideologische und finanzielle Voraussetzungen müssen diskutiert werden

☆ Kulturfabrik Meda

E6

Hainewalderstr. 35 | 02763 Mittelherwigsdorf ☎+49-(0)3583-510 735
✉info@kulturfabrik-meda.de 💻kulturfabrik-meda.de

1997 7500 m² (bei Zittau, Görlitz, Dresden, Praha, Wroclaw) ♀4 ♂4 2
10

- e, d, f, tschechisch, polnisch 1
- alle Betroffenen gemeinsam (Konsens minus eins)
- gemeinsame Finanzierung bestimmter Bereiche und individuell
- Eigentum der Kulturfabrik GbR
- keine
- Musik, Kunst, Kino, Vernetzung (auch P-CZ-D)
- ökolog., selbstverw., gewaltfrei, inneres Wachstum, biolog. Gartenbau, altern. Energie, neue Technologien, ökolog. Bauen, Humor, Kunstaktionen, Kulturveranstaltungen, Kino, Feste, Tanz und Musik, Männer- und Frauengruppen, Forum, Dialog-Prinzip

☺

Was wir in der Kulturfabrik vorhaben:
Wir wollen der wachsenden Vereinzelung (fast die Hälfte aller Haushalte sind Einpersonenhaushalte) entgegenwirken und gemeinschaftliche Wohn- und Lebensformen leben. Wir wollen unsere Abwässer selbst klären, Abfälle minimieren und kompostieren, den eigenen Brunnen nutzen und einen Teil unseres Stroms selbst erzeugen. Wir wollen ökologische recyclingfähige Baumaterialien verwenden. Wir wollen unsere Lebensmittel möglichst aus biologischem Anbau beziehen. Wir verstehen uns als ein Kulturprojekt, das Kino-, Musik- und Kunstveranstaltungen durchführt, aktiv und als Veranstalter.

☺ Neueinsteiger*innen sollten sich Zeit nehmen, uns kennenzulernen, Gästestatus, Probezeit und offene Kommunikation akzeptieren

KulturTransistor e.V.

A7

Unterstraße 16 | 56829 Kail
+49-(0)2672-913 895
kulturtransistor@yahoo.de
www.kulturtransistor.de

2007 | 3700 m² (bei Koblenz, Trier) | ♀2 ♂1 4 7

d, e | 3

Finanzielles die Eigentümer, Organisatorisches alle (unkompliziert: indem wir miteinander reden)

individuelle Finanzierung | Eigentum einzelner

kooperatives Wohnen, Kulturarbeit

ökolog., selbstverw., feminist., gewaltfrei, Bildungsarbeit, Tagungshaus, Friedensarbeit, Umweltschutz, ökolog. Bauen, Humor, Kunst, Literatur und Kultur

☺

Der KulturTransistor ist ein abseitiger Ort, an dem wir unsere eigenen künstlerischen und kreativen Ideen umsetzen. Das beinhaltet die Organisation von Ausstellungen, Seminaren, Kinoabenden... und das Arbeiten an persönlichen Projekten. Weiteres zu uns findet ihr auf unserer Webseite.

☺ Menschen, die sich mit Kunst/Kultur beschäftigen, sind uns willkommen

Kunesto Cobstädt eG

C6

Schulplatz 11 | 99869 Drei Gleichen / OT Cobstädt
+49-(0)36202-787 65/-903 69/-772 82
kunesto.cobstaedt@gmx.de
kunestocobstaedt.jimdo.com

2013 | 2400 m² (bei Erfurt) | 5 % | ♀4 ♂2 6 36

d, sp, e | 3

alle gemeinsam (Konsens minus eins)

individuelle Finanzierung, gemeinsame Finanzierung bestimmter Bereiche

Eigentum aller

Garten, Instandhaltung & Bau, Brennholz, Küche

selbstverw., spirit., inneres Wachstum, Bioernährung, Bildungsarbeit, Pädagogik, Friedensarbeit, körperl. Behinderte, biolog. Gartenbau, altern. Energie, ökolog. Bauen, Bau, Humor, Klangmassage, Hofküche, Handwerk: Holzbearbeitung, Lebenskunst

☺ (✋✋)

Wir sind eine (noch) kleine Gemeinschaft - wir verstehen uns als Wahlfamilie mit allem, was dazugehört: Verantwortung für uns selbst, den Anderen und das große Ganze, einander Halt geben und doch selbst stehen, voneinander lernen... Unser Lebensort ist ein Vierseithof mit über tausendjähriger Geschichte (Klosterschule, Schulzenhof) und altem Garten - ein Ort zum Träumen und Wurzeln schlagen, an dem es nie langweilig wird. Wir sind undogmatisch, aber nicht wahllos.

→Siehe auch Beschreibung des Netzwerks „**GEN Deutschland**"
WohnStrategen e.V. (Weimar)
☺ gutes Miteinander

Laakenhof

B4

Pöling 5 | 59320 Ennigerloh- Enniger
☎+49-(0)2528-405 00 14
laakenhof@arcor.de
laakenhof.de

1995 | 30 ha (bei Münster, Hamm, Bielefeld) | 90 % | ♀4 ♂3 1 8

d, e
alle | alle
alle Betroffenen gemeinsam (Konsens)
gem. Ökonomie
gemietet/gepachtet
politisch links
Gemüseanbau, Milchvieh, Käserei, Hühnerhaltung, Vermarktung
ökolog., selbstverw., linkes Politikverst., feminist., gewaltfrei, Bioernährung, biolog. Landwirt., biolog. Gartenbau, biolog. Viehwirt., artgerechte Viehwirt., ökolog. Bauen

☺ ✋✋

Im Jahre 1995 haben wir den Laakenhof in Neubeckum gepachtet. Von 2017 bis 2020 ziehen wir auf unseren nahegelegenen neuen Hof um.
Unsere Kommune ist eine offene Gruppe von Menschen, die hierarchiefrei und selbstbestimmt leben wollen. Das Konsensprinzip und die gemeinsame Ökonomie sind wichtige Bestandteile unseres Zusammenlebens. Wir versuchen, uns in allen Lebensbereichen konsequent ökologisch und ressourcenschonend zu verhalten (z.B. Biolandbau, Solarenergienutzung, Baubiologie).
Wir engagieren uns für eine gerechte, gewaltfreie Gesellschaft und möchten an der Entwicklung alternativer Ansätze mitarbeiten. Eine Vernetzung mit anderen Gruppen ist uns wichtig. Wir möchten auf Dauer in einer Kommune mit zehn Erwachsenen plus Kindern leben.
Wichtig ist uns die gemeinsame landwirtschaftliche Arbeit. Zurzeit arbeiten alle Personen in der Landwirtschaft, jede/r selbstständig in ihrem/seinem Arbeitsbereich. Wir haben elf Kühe, alle Milch wird in unserer Käserei verarbeitet. Außerdem gibt es Gemüseanbau, und die Direktvermarktung über Abokisten, Hofladen und Marktstände. Wir sind aktuell sieben Erwachsene und ein Kind in der Kommune. Das Leben und die Arbeit auf unserem Hof ergänzen weitere Mitarbeiter*innen, zwei landwirtschaftliche Azubis und immer wieder Praktikant*innen.

→Siehe auch Beschreibung des Netzwerks „**KommuJa**"
☺ Sympathie, Probezeit

Landhüter Wohnungs- und Landbaugenossenschaft eG

B6

Wetzlarer Straße 31 | 35647 Waldsolms - Griedelbach ☎ +49-(0)6085-986 87 73
info@landhueter.org www.landhueter.org

2013 0,5 ha (bei Wetzlar, Frankfurt a.M.) 30-50 % ♀2 ♂5 0 7

d 4

Vorstand, Aufsichtsrat, Generalversammlung, Plenum der Bewohner*innen (Mehrheitsentscheidung nach Satzungsvorgaben und ein Plenum der Bewohner*innen für Hausangelegenheiten vor Ort, in dem wir Konsens anstreben)

Bankfinanzierung und individuelle Finanzierung, gemeinsame Haushaltskasse für einen abgesprochenen Bereich

Eigentum der Genossenschaft

Renovierung und Ausbau des Gehöfts, Holz-, Lehm- und Steinbau, naturnaher biologischer Garten- und Landbau mit Permakulturansatz, Gewächshaus, Planung und Umwandlung des großen Wiesengrundstücks in einen Lebensgarten, Küche und Kochen

ökolog., selbstverw., Bioernährung, Bildungsarbeit, Tagungshaus, Selbstvers., Permakultur, biolog. Gartenbau, altern. Energie, neue Technologien, ökolog. Bauen, Bau, Humor, klassische Homöopathie, Biokybernetik, Rohkost, Primärtherapie, Reiki, Handwerk

☺ ( )

Landhüter bieten und leben Gemeinschaft. Wir organisieren uns, um Ziele zu verwirklichen. Wir bieten Hilfe und Unterstützung. Beim gemeinsamen freiwilligen Essen entwickelt sich oft ein interessantes Gespräch. Das Gefühl von Gemeinschaft wird zusätzlich zum gemeinsamen Wohnen erlebbar. Eine große Ex-Gastroküche dient der Essensvorbereitung für die Gemeinschaft und bei Veranstaltungen. Ein gemeinsamer Gastraum ist Treffpunkt zu verschiedenen Zeiten und dient ebenso dem Essen, dem Spielen und dem Zusammensein. Er wird genauso wie ein weiterer großer Gastraum zu Vorträgen, Veranstaltungen und zum Feiern genutzt. Im Garten gibt es immer was zu tun.
Wir bieten zwei Konzepte: 1) Wohnen in Gemeinschaft in einem Haus, in einzelnen Zimmern mit Gemeinschaftsräumen und 2) Wohnen in einzelnen Appartements mit ca. 40 m² Wohnraum und Nutzung der Gemeinschaftsräume. Dies wird durch den Ausbau ermöglicht.
Wir streben eine gute Mischung von Weib und Mann an, wollen gerne viele Generationen vereinen und miteinander leben.
Lebenslust, Lebensfreude mit Witz und gegenseitigem Respekt wollen gelebt werden. Wir suchen Menschen, die bodenständig sind, ihren inneren Keller aufgeräumt haben und bereit sind zu investieren. Wir wollen nicht nur hier als Gemeinschaft wachsen, sondern bieten Gleichgesinnten, die Gemeinschaft leben wollen, an, unsere Erfahrung und den Rahmen unserer Genossenschaft beim Aufbau ihres eigenen Vorhabens zu nutzen.

Deutsch-Europäischer Genossenschafts- und Prüfungsverband e.V.

☺ Kennenlernen, Mitgliedschaft in unserer Genossenschaft, bei Einzugsabsicht Gespräche mit den Bewohner*innen vor Ort

Landpartie Ziemkendorf

Ziemkendorf 10 | 17291 Randowtal ☎+49-(0)152-556 057 46 E3

2014 1,5 ha (bei Prenzlau, Stettin) ♀4 ♂4 4 12

d , f, e 1-5 Personen

Konsens oder Delegierte (Redekreis, Konsens)

Privathaushalte individuell finanziert, Häuser, Land, Garten gemeinsam finanziert

GmbH: Eigentum aller. Wir sind Mieter*innen und unsere eigene Vermieterin

Mietshäusersyndikat

ökolog., selbstverw., linkes Politikverst., feminist., gewaltfrei, spirit., chaotisch, inneres Wachstum, freie Schule, biolog. Gartenbau, ökolog. Bauen, Humor, rauchfrei, alkoholfrei

Ein winziges, unbeugsames Dorf, nicht weit von Stettin, eine gute Stunde an die Ostsee oder nach Berlin. Projekt des Mietshäusersyndikats (www.syndikat.org/de), links, grün, tolerant, anti-Diskriminierung, anti-Rassismus, anti-alles-was-doof-ist. Wir sind die „Gut-Menschen", wir wollen Nachhaltigkeit, Umweltschutz, eigene Lebensmittel aus dem Garten.
Wir wollen das volle Programm! Wir wollen unsere Gewohnheiten hinterfragen. Alkohol und Zigaretten, Medienjunk usw. möchten wir nicht als „normal" im Alltag leben. Niemand wird missioniert, aber alle um gegenseitige Rücksicht gebeten. Wir wollen Spaß haben!
Uckermark! Weit und wild, Himmel spektakulär schön oder aufregend. Horizont in fast jede Richtung. Die Felder sind sehr groß und in den nächsten richtigen Wald braucht man ein Fahrrad. Im Umkreis einige sehr schöne Badeseen. Mit Windrädern muss man hier leben können. Wenn ich die Schönheit dieser Landschaft beschreiben soll, fällt mir ein: „rau" und „kraftvoll", „weit und klar".
Facebook-Gruppe „Ziemkendorf!" mit dem Ausrufezeichen!

Mietshäuser Syndikat

☺ Führerschein

LandRausch Gesellschaft für gemeinsames Wohnen

Roddahner Dorfstr. 18/20 | 16845 Neustadt, GT Roddahn D3

landrausch@googlemail.com gemeinschaftlandrausch.wordpress.com/

1992 1 ha (bei Rathenow, Neuruppin) < 10 % ♀3 ♂3 2 8

d, e, f, sp 4 5

alle Betroffenen gemeinsam (Konsens) Einkommensgemeinschaft

Eigentum aller

ökologisches Bauen, Lehmbau, ökologische Abwassertechnik, Psychotherapie, soziale Arbeit, Geisteswissenschaften, Hausgarten

ökolog., selbstverw., linkes Politikverst., Bioernährung, Bildungsarbeit, freie Schule, biolog. Gartenbau, altern. Energie, ökolog. Bauen, kulturelles und politisches Engagement

Wir sind eine kleine Gemeinschaft mit einem großen Hof, etwa 100 km nordwestlich von Berlin. Uns verbindet der Wunsch nach einer solidarischen, gemeinschaftlichen und möglichst ökologischen Lebensweise außerhalb der klassischen Kleinfamilie.

Wir bestehen seit 1992 und seit 2017 ist bei uns ein Generationenwechsel im Gang, der mit der Suche nach neuen Leuten verbunden ist. Wir freuen uns über alle Interessierten, die Lust haben, mitzumachen, mitzubauen, mitzuleben!
Momentan besteht unsere Gruppe aus vier „alten" Erwachsenen, zwei „neuen" und zwei Kindern im Kindergartenalter. Platz für neue Leute ist vorhanden oder kann, abhängig von individuellen Bedürfnissen, geschaffen werden.
Es gibt konkrete Ausbaupläne, die ab 2019 umgesetzt werden sollen, um mehr Wohnraum für unsere wachsende Gemeinschaft zu schaffen. In diesem Zusammenhang freuen wir uns in den nächsten Jahren immer auch über Freiwillige, die Lust haben, im Rahmen von Bauwochen oder auch so für eine längere Zeit mitzumachen. Wir bauen mit ökologischen Baustoffen und haben viel Erfahrung im Lehmbau.
Wir haben außerdem einen großen Garten, der sich immer über helfende Hände freut, sechs Hühner, zwei Enten und eine Katze.

☺ Probezeit

☆ Lauter Leben eG

D4

Dorfplatz 10 | 14547 Beelitz OT Kanin ☎+49-(0)151-202 630 73
info@lauter-leben.de www.lauter-leben.de

2009 2500 m² (bei Beelitz, Potsdam, Berlin) 5 % ♀8 ♂7 19 34

d, e, sp, f, polnisch — ungefähr die Hälfte der Erwachsenen
alle gemeinsam (Konsens) — gemeinsame Finanzierung bestimmter Bereiche
eingetragene Genossenschaft
ökolog., selbstverw., linkes Politikverst., feminist., gewaltfrei, Pädagogik, geistig/psych. Behinderte, körperl. Behinderte, Tierschutz, Umweltschutz, biolog. Gartenbau, altern. Energie, ökolog. Bauen, Humor, Musik, Grafik, Illustration, Dokumentarfilm, Puppenspiel, Kunst

Wir sind zurzeit 15 Erwachsene und 19 Kinder im Alter zwischen zehn Monaten und 14 Jahren. Wir bewohnen gemeinsam einen alten Vierseitenhof. Uns allen gemeinsam ist der Wunsch nach Leben in Gemeinschaft und Leben auf dem Land. Wir genießen die vielen Vorteile, die sich uns hier im Alltag bieten:

- sich abends ohne Terminstress und Babysitter mit netten Leuten zu treffen, am Lagerfeuer, beim Hofkino, auf Partys oder Spielabenden...
- dass die Kinder miteinander spielen können und sich Freundschaften entwickeln
- vieles zu teilen (z. B. Autos, Werkzeuge, Spielzeug) und Aufgaben gemeinsam zu bewältigen (z. B. Einkauf über Food-Coop, Instandsetzung der Wohn- und Gemeinschaftsräume) und dadurch Kosten, Ressourcen und Zeit zu sparen.

Wir üben die unterschiedlichsten Berufe aus, haben aber vieles gemeinsam, was sich nicht über die Berufsbezeichnung definieren lässt.
Wofür wir uns beruflich, ehrenamtlich und durch unsere Lebensweise einsetzen und was uns persönlich wichtig ist: Umwelt- und Klimaschutz, erneuerbare Energien, eine inklusive Gesellschaft, gute Musik, verlässliche Fundamente von Bauten, gutes, gesundes Essen und eine ressourcenschonende Landwirtschaft ohne giftige Pestizide, Vereinbarkeit von Beruf und Familie, Geschlechtergerechtigkeit, verantwortungsvolle Erziehung, gute, hausgekochte Marmelade, visuelle Gestaltung und Illustration, Dokumentarfilme, sozialpädagogische Beratung von Jugendlichen, globale Gerechtigkeit, viel Zeit für unsere Kinder, Spaß im Leben und vieles mehr!

Lebendiges Haus

B6

Bau- und Wohngenossenschaft „Lebendiges Wohnen" eG

Melanchthonstr. 61 | 57074 Siegen ☎+49-(0)271-231 66 79
lebendiges-haus@gmx.de lebendiges-haus.de

2003 0,25 ha (bei Gummersbach, Marburg, Köln) ♀16 ♂14 5 35

d, e, chinesisch 1 (Nebenverdienst)

aus dem Verein gebildete Initiativgruppe (Konsens)

gemeinsame Finanzierung best. Ber. Genossenschaft

ca. 2/3 der anthroposophischen und Waldorfanschauung und der Christengemeinschaft, undogmatisch, in neuchristlichem Gemeinschaftsbewusstsein

Basar- und Festgestaltungskreis, Hausmeisterei, Öffentlichkeitsarbeit u. Veranstaltungskreis von Vorträgen, Kursen, künstlerischem und therapeutischem Tun

ökolog., selbstverw., gewaltfrei, christl., ökumen., anthroposoph., inneres Wachstum, Bildungsarbeit, geistig/psych. Behinderte, Umweltschutz, altern. Energie, neue Technologien, ökolog. Bauen, gegenseitige Hilfe, Chirophonetik, Eurythmie, Holzwerken, Wandern, Malen, Musik

Das langgestreckte mehrfarbige „Lebendige Haus" liegt am Hang des Häuslings unmittelbar unterhalb des Waldes, direkt neben der Kirche der Christengemeinschaft. Der Waldorfkindergarten ist unser Nachbar. Die Innenstadt mit den Geschäften, dem Bahnhof usw. erreicht man in 15-20 Minuten zu Fuß. Eine moderne Holzpellet-Heizung versorgt das Haus mit Wärme. Regenwasser wird gesammelt und für Waschmaschinen und Toiletten aufbereitet. In den Hausleitungen fließt Ökostrom.

Das Lebendige Haus ist aus einem Altenheim der Christengemeinschaft entstanden. Das schöne Anwesen mit angenehmer Wohnatmosphäre beherbergt auf vier Etagen 21 Wohneinheiten, zwischen 25 und 145 Quadratmetern. Hier wohnen mehrere Generationen, sodass ein Miteinander von Jung und Alt gefördert wird. Die selbstverwaltete Bau- und Wohngenossenschaft „Lebendiges Wohnen e.G." ist Eigentümerin und Bewirtschafterin des Gebäudes. Daneben gibt es den Verein „Lebendiges Haus e.V.", der es sich zur Aufgabe gemacht hat, das Leben in dem von ihm betreuten Haus kreativ zu gestalten. Das soziale Leben besteht aus alltäglichen Begegnungen, regelmäßigen Bewohner*innentreffen, spontanen Unternehmungen und dem Feiern gemeinsamer Feste im Ablauf der Jahreszeiten. Die Gemeinschaftsräume stehen für künstlerische und kulturelle Aktivitäten der Hausgemeinschaft sowie für die interessierte Nachbarschaft und Öffentlichkeit zur Verfügung. Das gegenseitige bewusste Wahrnehmen ist für die Bewohner*innenschaft fester Bestandteil des gemeinsamen Wohnens und Lebens.

trias

☺ Offenheit bis Interesse für anthroposophische Ideen im sozialen Gemeinschaftsleben, im Künstlerischen und im Christusverständnis (Christengemeinschaft), Warteliste für Bewerber*innen

Lebensgarten Steyerberg

B4

Wir leben soziale, kulturelle und ökologische Visionen

Ginsterweg 3 | 31595 Steyerberg ☎+49-(0)5764-2370
info@lebensgarten.de lebensgarten.de

1985 | 4 ha (bei Nienburg/ Weser) | 20 % | ♀79 | ♂40 | 29 | 148

d,e, sp, f, holländisch, dänisch, schwedisch, gälisch — 30

alle gemeinsam (eingeschränkter Konsens) — individuelle Finanzierung

2/3 gemietet/gepachtet, 1/3 Eigentum einzelner

Seminarbetrieb, Mediation, Gewaltfreie Kommunikation, verschiedene Therapien und Heilweisen, Kunsthandwerk, Permakultur

ökolog., selbstverw., gewaltfrei, spirit., christl., ökumen., buddhist., esoter., chaotisch, inneres Wachstum, Meditation, Yoga, Bioernährung, veget., vegan, Bildungsarbeit, Pädagogik, freie Schule, Tagungshaus, Friedensarbeit, Umweltschutz, Selbstvers., Permakultur, biolog. Landwirt., biolog. Gartenbau, Forstwirt., altern. Energie, neue Technologien, ökolog. Bauen, Humor, Gewaltfreie Kommunikation, Mediation, Coaching, Therapien: Homöopathie, Azidosetherapie n. Collier, Physiotherapie, Eurythmietherapie, Psychotherapie, Ergotherapie, Systemische Aufstellungen, Familienaufstellung, Festhaltetherapie, Logopädie, Yoga, Shiatsu, Shin Tai, Orgodynamik und verschiedene weitere Therapien, Zen

☺

Vor 33 Jahren wurde der gemeinnützige Verein Lebensgarten Steyerberg e.V. gegründet. Unsere Leitideen sind: Toleranz und Achtsamkeit im Umgang mit uns selbst, den Mitmenschen und der Natur, Ökologie im Alltag, gegenseitige Unterstützung, gemeinschaftliche Entscheidungsprozesse.
Täglich können wir gemeinsam unsere Spiritualität leben (Meditation, Singen in der Kapelle, Kreistanz), wir halten nachbarschaftlichen Kontakt und können Alltag, Freizeit und besondere Lebensphasen gemeinsam gestalten. Es gibt viel Gemeinsames und genauso viel Verschiedenes. Gemeinschaftsbezogene oder individuelle Wachstumskrisen bringen uns einander näher und zeigen uns unsere Eigenverantwortlichkeit. Einen Guru gibt es nicht.
Unsere Entscheidungen versuchen wir nach dem Konsensprinzip zu fällen. Jedes Mitglied kann selbst entscheiden, wie es an den Aufgaben und Zielen des Vereins mitarbeitet.
Unser Seminarbetrieb gibt unsere eigenen und die Erfahrungen uns nahestehender Seminarleiter*innen weiter und schafft uns einige Arbeitsplätze. Außerdem gibt es die Schule für Verständigung und Mediation, das Zentrum für Gewaltfreie Kommunikation, Praxen für Naturheilkunde, Ergotherapie, Physiotherapie und Psychotherapie, einen ökologischen Baustoffhandel, ein ökologisches Planungsbüro, den „Permakulturpark am Lebensgarten Steyerberg" (PaLS), CarSharing mit E-Autos, die erste Solartankstelle Niedersachsens, die Existenzen freischaffender Künstler*innen und Musiker*innen u.a.m.
Der Lebensgarten möchte ein Ort sein, der seine Bewohner*innen und Gäste anregt, sich mit sich selbst auseinanderzusetzen und sie inspiriert, sich mit anderen zusammenzuschließen.

→Siehe auch Beschreibung der Netzwerke **„GEN Europe, GEN Deutschland"**

Money Network Alliance (MonNetA), ARTABANA, Klimaschutzagentur Nienburg e.V., Bund Solare Mobilität e.V.

☺ vorher mehrere Male Zeit hier verbringen! Wohnen und Arbeit selbst organisieren (unsere Wohnungen sind größtenteils vermietet)

Lebensgemeinschaft auf Schloss Tonndorf eG

Das Schloss 156 | 99438 Tonndorf ☎ +49-(0)36450-440 54
gaeste@schloss-tonndorf.de www.schloss-tonndorf.de

2005 17,5 ha (bei Weimar, Erfurt) 20 % ♀17 ♂19 28 64
3-4 17

d, e, sp

alle Erwachsenen gemeinsam (Konsens)

gemeinsame Finanzierung verschiedener Bereiche (Bauen, Außengelände, Veranstaltungen etc.) aus den gemeinsamen Mietzahlungen + individuell

Eigentum aller

ökologisch, spirituell, mit verschiedenen individuellen Ausprägungen

Ökolog. Bauen, Gartenbau, Landwirtschaft, Versorgung, Catering, Forstwirtschaft, Imkerei, Waldkindergarten, Verwaltung, Seminare, Gästebeherbergung

ökolog., selbstverw., linkes Politikverst., gewaltfrei, spirit., inneres Wachstum, Meditation, Yoga, freie Liebe, Bioernährung, veget., Bildungsarbeit, Pädagogik, freie Schule, Tagungshaus, Umweltschutz, Selbstvers., Permakultur, biolog. Landwirt., biolog. Gartenbau, biolog. Viehwirt., artgerechte Viehwirt., Forstwirt., altern. Energie, ökolog. Bauen, Humor, Feste und Märkte, Wald-Kindergarten, Freie Schule im Aufbau

☺ ( )

Unsere Gemeinschaft besteht seit 2006. Das Alter der Menschen reicht von 0 bis 60. Uns verbindet der Wunsch, alle Lebensaspekte in einer Weise zu leben, welche für uns stimmig und für unsere Mitwelt und diesen Planeten nachhaltig ist. Dazu gehören etwa Geburt und Aufwachsen der Kinder, ein Lernen in Respekt und Freiheit, der Aufbau familiennaher Arbeitsorte, die Besinnung auf die eigene Berufung und auf einen selbstbestimmten Lebensweg, die Entwicklung eines konstruktiven, wohlwollenden Miteinanders, eine ökologische Lebensweise oder die Einbeziehung und Pflege alter Menschen. Wir lernen allmählich, uns dabei besser zu hören und zu achten. Unsere Entscheidungen treffen wir im Konsens.
Gemeinsam erfüllen wir das denkmalgeschützte Anwesen mit seinen verschiedenen Gebäuden, Feldern, Obstwiesen, Magerrasenflächen und Wäldern mit neuem Leben, bauen Wohnungen und Arbeitsstätten aus (z.B. die Schloss-Imkerei, die Catering-Küche, eine Käserei, Gartenbau, Landwirtschaft, einen Waldkindergarten u.a.), pflanzen und ernten, veranstalten Seminare, Feste und Märkte. Das Schloss und unsere Gemeinschaft sind dabei längst ein Anziehungspunkt für die Menschen der Umgebung geworden, mit denen wir ein gutes Verhältnis pflegen. Wir bemühen uns um eine intelligente Bescheidenheit und um Gastfreundlichkeit. Gern unterstützen wir Menschen, welche in unserer Umgebung weitere Gemeinschaften entwickeln wollen. Erste Beispiele dafür gibt es bereits.

→Siehe auch Beschreibung der Netzwerke **„GEN Europe, GEN Deutschland"**

☺ 12 Monate Probezeit/10.000 € Genossenschafts-Anteil

Lebensgemeinschaft Berstadt

B6

Bismarckstr. 9 | 61200 Berstadt ☎+49-(0)6036-904 023/-983 342
info@pravahi.de www.gemeinschaft-wetterau.de

2005 1500 m² (bei Friedberg, Giessen) ♀4 ♂4 0 8

e, d, f, sp, portugiesisch 5

alle Betroffenen gemeinsam (Konsens; Mehrheitsentscheidung, wenn kein Konsens möglich ist)

gemeinsame Finanzierung best. Ber. (Haushaltskasse)

Eigentum einzelner Gemeinschaftsmitglieder

ökologisch und spirituell

Heilung, Kinder, Liebe, Mann-Frau-Beziehung

ökolog., selbstverw., gewaltfrei, spirit., inneres Wachstum, Meditation, Yoga, Tantra, Sexualität, Bioernährung, veget., Umweltschutz, altern. Energie, ökolog. Bauen, Humor, Massage, Gestalttherapie, Coaching, Bioernährung

☺

Wir sind eine kleine Gemeinschaft in der Wetterau, am Fuße des Vogelsberges. Wir leben eine Balance aus Gemeinschaft und Individualität. Wir sind alle an Selbsterfahrung interessiert, ohne eine gemeinsame spirituelle Ausrichtung zu haben.
Momentan suchen wir weitere Menschen, die ihre Kreativität bei uns einbringen wollen. Seit 2005 ist unser Hof im Besitz der Gemeinschaft und hat in dieser Zeit immer mehr seine Gestalt verändert; kreative ökologische Renovierungen und künstlerische Ausgestaltung der Innenräume, Umbau/Neubau des ehemaligen Hühnerhauses, sonnengelber Anstrich der Fassade, 2012 Dachbodenausbau und ein neues Dach für den Loft – und wir haben immer noch mehr Ideen. Wir verstehen uns als eine zukunftsorientierte Wohn- und Lebensgemeinschaft und regionales Heilungs-Biotop, welches einen Raum für Begegnung, Gemeinschaftsbildung und inneres Wachstum kreiert und feiert. Unsere Haltung ist spirituell, humor- und liebevoll und legt Wert auf Individualität und Gemeinschaft.

→Siehe auch Beschreibung des Netzwerks „**Soshona Freundeskreis**"

verbunden mit ZEGG, Tamera

☺ gerne Familien mit Kindern

Lebensgemeinschaft Dalborn eG

B4

Hauptstr. 28 | 32825 Blomberg-Dalborn ☎+49-(0)5236-382
willkommen@lebensgemeinschaft-dalborn.de
lebensgemeinschaft-dalborn.de

2010 3 ha (bei Detmold, Bielefeld) 35 % ♀5 ♂7 4 16

d, e, niederländisch 4

alle Mitglieder der Genossenschaft (unterschiedlich: 2/3, 3/4, Konsens)

Wohngenossenschaft; gemeinsame Haushaltskasse; Bestimmung der individuellen Mieten nach dem Solidaritätsprinzip

eingetragene Wohngenossenschaft

partei- und religionsfrei; Intention: grundlegender Wandel (Wirtschaft/Lebensstil/Miteinander)

Ausbau Wohnraum, Gartenbau, kulturelles-soziales-politisches Engagement ökolog., selbstverw., linkes Politikverst., gewaltfrei, spirit., buddhist., inneres Wachstum, Meditation, Yoga, Bioernährung, veget., Bildungsarbeit, Umweltschutz, Selbstvers., biolog. Gartenbau, altern. Energie, ökolog. Bauen, global denken - lokal handeln, gerne interkulturell vor Ort, tiefenökologisch

☺ ( )

Wir sind Menschen, die sich entschlossen haben, anders und gemeinschaftlich zu leben: gemeinsam auf zwei benachbarten Höfen, in einem Dorf, in guter Nachbarschaft und verbunden in der Region, mit der Intention, weiter zu wachsen. Wir sind eingebettet in ein Netzwerk, dessen Zentrum (Kulturkneipe) in unmittelbarer Nachbarschaft liegt, siehe www.lebendiges-miteinander.de. Wir wollen ein einfaches Leben führen und viel miteinander teilen, ökologisch wohnen, uns gesund und mit der Zeit immer mehr aus eigenen Gärten ernähren, allerdings nicht autark, sondern regional vernetzt. Wichtig ist uns, in Freundschaft mit der Natur zu leben und die Verbundenheit mit unserem Heimat-Planeten, der Erde, wieder mehr wahrzunehmen. Wir möchten unsere Welt gern etwas freundlicher gestalten, mit mehr Frieden und Gerechtigkeit.
Es gibt ca. zwei Gemeinschaftstreffen im Monat, wobei wir Orga- und Gruppenprozess-Treffen voneinander trennen. Außerdem finden drei Mal im Jahr Intensiv-Wochenenden statt. Unsere Gemeinschaft will weiter wachsen: Hierfür suchen wir Einzelpersonen, Paare, Familien oder auch eine bereits bestehende (Klein-)Gruppe, die sich mit uns zusammentun möchte.

Solidarische Landwirtschaft

☺ lebensperspektivisch, sozial-politisch-ökologisch-spirituell engagiert, finanzielle Beteiligung

Lebensgemeinschaft Freiheithof

B10

Freiheithof | 88605 Sauldorf-Roth ☎+49-(0)321-212 530 13

verein@freiheithof.de www.freiheithof.de

1981 (bei Stockach)

d, e

Anthroposophie

Betreuung

selbstverw., spirit., anthroposoph., Meditation, geistig/psych. Behinderte, biolog. Landwirt.

Der Freiheithof ist ein Ort der Lebensgemeinschaft St. Luc * Freiheithof * Vaudesy. Die Mitglieder der Lebensgemeinschaft wirken an mehreren Orten in Deutschland und der Schweiz. Die Aufgaben und Verantwortungen werden gemeinschaftlich durch ein ortsübergreifendes Kollegium getragen. Die Lebensgemeinschaft wurde aus dem Bedürfnis gegründet, Formen des menschlichen Zusammenlebens und -arbeitens zu entwickeln, deren Antrieb nicht persönliche Gewinnsucht ist. Wo auch Menschen ihren Platz finden, die sonst ausgegrenzt wären. Wo gleichzeitig eine gemeinsame und individuelle Entwicklung möglich ist. Der Freiheithof liegt in der Nähe des Bodensees in Deutschland. Der Name geht zurück auf seinen ältesten Besitzer: Bis 1883 ist der Name Freyheit oder Freiheit nachweislich erhalten. Es gibt folgende Aufgabenbereiche:

- Der Sozialbereich umfasst das Zusammenleben aller Menschen am Freiheithof.

• Die Landwirtschaft wird biologisch-dynamisch geführt und ist an einen Demeter-Landwirt verpachtet.
• Der Wirtschaftsbereich: Wir arbeiten an der Entwicklung einer Firma.

☺ Interesse an Anthroposophie

Lebensgemeinschaft Klein Jasedow

E2

Am See 1 | 17440 Klein Jasedow ☎+49-(0)38374-752 27
cs@eaha.org www.zukunftswerk-kleinjasedow.de

1977 20 ha (bei Anklam, Wolgast, Greifswald) 60 % ♀13 ♂7 8 28

d, e 18 alle
alle Betroffenen gemeinsam (Konsens) gem. Ökonomie

Allmende in Form der Stiftung Zukunftswerk und Besitz des Vereins Europäische Akademie der Heilenden Künste e.V.

nein

Musik, Musikpädagogik, Weiterbildung, freie demokratische Schule, ökologische Landwirtschaft, Internetprojekte, Musikinstrumente-Bau, Gartenbau, Segeln

ökolog., selbstverw., gewaltfrei, inneres Wachstum, Bioernährung, Bildungsarbeit, Pädagogik, freie Schule, Tagungshaus, Friedensarbeit, Umweltschutz, Selbstvers., Permakultur, biolog. Landwirt., biolog. Gartenbau, artgerechte Viehwirt., altern. Energie, neue Technologien, ökolog. Bauen, barrierefrei, Gongbau, Klanghaus, musikalische Prozessbegleitung, freie Schule, ökologische Landwirtschaft, Zeitschrift Oya

( )

Unsere Lebensgemeinschaft entstand Mitte der 70er-Jahre „im Morgenrot der Neuen Sozialen Bewegungen" in Deutschland. Derzeit bilden 28 Menschen den Kern unserer Gemeinschaft. Wir sind Lernende und Lehrende, Musiker*innen, Autor*innen, Unternehmer*innen, Medienspezialist*innen, Handwerker*innen, Therapeut*innen und Praktiker*innen, z.B. im Lehmbau, Gartenbau und der ökologischen Landwirtschaft. Bis 1993 lebten wir im Süden Münchens bei Wolfratshausen und waren dort die Kernzelle einer soziokulturellen Initiative, dem „Temenos Projekt", das in seiner Blütezeit für viele Menschen ein ermutigendes Modell selbstbestimmten Denkens und Handelns war. Seit Sommer 1997 leben wir in Klein Jasedow, Gemeinde Pulow, in der wunderschönen Hügellandschaft vor der Ostseeinsel Usedom. Wir engagieren uns für die „Renaissance der Region": Musik, Soziokultur, Kommunikation, Ökologie und Bildung sind unsere Kernkompetenzen. Im Rahmen der von uns gegründeten „Europäischen Akademie der Heilenden Künste" (www.eaha.org) entstand in Klein Jasedow ein Begegnungs- und Bildungszentrum, das „Klanghaus am See" sowie ein Mehrgenerationenhaus, eine freie Schule und weitere schöne Projekte. In unserer Werkstatt für Instrumentenbau SONA produzieren wir Gongs und Musikinstrumente für die Musiktherapie.
Unser wirtschaftliches Fundament sind mehrere kleine Unternehmen, die Akademie und unsere Stiftung Zukunftswerk. Seit dem Jahr 2010 erscheint unsere Zeitschrift „Oya", für die wir eine Genossenschaft gründeten. Kommunikation und Musik spielen bei uns eine zentrale Rolle und finden im „Klang&Körper-Musikprojekt" Ausdruck.
Für weitere Informationen hilfreiche Webseiten: www.stiftung-zukunftswerk.de, www.eaha.org, www.kleine-dorfschule-lassaner-winkel.de, www.siedler-film.de, www.drachenverlag.de, www.kraeutergarten-pommerland.de.

Netzwerk Kräuter, Kunst und Himmelsaugen, Netzwerk Lassaner Winkel, EUDEC, DPWV

Lebenshaus Heitersheim e.V.

B10

ökomenisch-solidarische Gemeinschaft
Staufener Straße 1a | 79423 Heitersheim ☎ +49-(0)7634-551719
mail@lebenshaus-heitersheim.de www.lebenshaus-heitersheim.de

1997 (bei Freiburg) ♀3 ♂3 7 13

d, i
die Kerngemeinschaft in Verbindung mit dem Verein
gepachtet
selbstverantwortlich Alltag leben und gestalten
ökolog., gewaltfrei, christl., ökumen., Bioernährung, geistig/psych. Behinderte

Das Lebenshaus Heitersheim ist eine kleine Gemeinschaft dreier Familien, mit dem gemeinsamen Gedanken Menschen in schwierigen Lebenssituationen zu unterstützen.
Das Angebot, im Lebenshaus mit zu leben, gibt die notwendige Zuwendung und Sicherheit. Unsere gemeinschaftliche und solidarische Lebensweise ermöglicht es, konkrete Unterstützung und damit neuen Lebensmut zu geben. Auf diese Weise können wir Menschen für einen Zeitraum von bis zu zwei Jahren im Lebenshaus begleiten.
Die Begleitung der Mitbewohner*innen durch die Kerngemeinschaft geschieht ehrenamtlich. Der Verein begleitet das Projekt und stellt den finanziellen und organisatorischen Rahmen sicher.

→Siehe auch Beschreibung des Netzwerks „**Lebenshäuser**"

Lebenshaus im Chiemgau

D9

Ökumenisches Netzwerk für soziale Integration e.V.
Siboling 2 | 83361 Kienberg ☎ +49-(0)8628 - 986 985
mail@lebenshaus-im-chiemgau.de www.lebenshaus-im-chiemgau.de

1999 12 ha (bei Rosenheim, München) 80 % ♀2 ♂7 2 ca. 11

d, e alle
Lebenshof-Team
christlich
Menschen in Krisen, vielfältige Landwirtschaft
ökolog., christl., ökumen., inneres Wachstum, Bioernährung, geistig/psych. Behinderte, Selbstvers., biolog. Landwirt., biolog. Gartenbau, biolog. Viehwirt., artgerechte Viehwirt., altern. Energie, Humor, Kunst

☺

Lebenshaus im Chiemgau e.V. bietet für begrenzte Zeit ein Zuhause bei einer Familie und menschliche Stütze in einer schwierigen Lebenssituation, ist ökumenisch-christlich orientiert und offen für Menschen jeder Nationalität, Religion und sozialen Herkunft. Das Leben im Rhythmus der Natur wirkt gesundend für die Seele. Der große Dreiseithof bietet viele Möglichkeiten, um sich künstlerisch, musikalisch und ökologisch zu entfalten.

→Siehe auch Beschreibung des Netzwerks „**Lebenshäuser**"
☺ Probewoche

Lebenshaus Trossingen

B9

Ökumenische Gemeinschaft für soziale Integration e.V.

Kirchstraße 23 | 78647 Trossingen +49-(0)7425-1446

lebenshaus@t-online.de www.lebenshaus-trossingen.de

1985 (bei Tuttlingen) 12

Vorstand

Spenden und Mieteinnahmen

christliches Weltbild

Freiheit, Geborgenheit

Wir haben uns zur Aufgabe gemacht, Menschen in Krisensituationen die notwendige menschliche Geborgenheit zu geben.

Deswegen wurde der Verein „Lebenshaus – Ökumenische Gemeinschaft für soziale Integration e.V." 1985 in Trossingen, Kreis Tuttlingen, gegründet. Die Gründungsmitglieder waren fast alle in Friedenskreisen und in verschiedenen Kirchen engagiert bzw. Mitglieder des „Internationalen Versöhnungsbundes". Ziel ist es, Menschen, die aus sozialen oder psychischen Gründen eine beschützende Gemeinschaft suchen, einen Rahmen zu bieten. Während des zeitlich begrenzten Aufenthaltes jedes „Gastes" unterstützen wir ihn in seinem Bemühen um eine Bewältigung seiner „Lebenskrise" und suchen mit ihm nach einer weiteren Lebensmöglichkeit.

1987 konnte ein unter Denkmalschutz stehendes Fabrikgebäude aus der Jahrhundertwende in ein Wohnhaus mit besonderem Charme umgebaut werden. Im Durchschnitt ist das Haus von zwei Familien und sechs Gästen unterschiedlichen Alters bewohnt.

Wir leben zusammen unter dem Motto „Freiheit und Geborgenheit", da uns neben der haltgebenden Gemeinschaft die freie Entfaltungsmöglichkeit jedes/jeder Hausbewohner*in sehr am Herzen liegt.

→Siehe auch Beschreibung des Netzwerks „**Lebenshäuser**"

Lebenslernort Am Windberg

C5

Am Windberg 1 | 99625 Beichlingen/Thüringen +49-(0)3635-602 71 07

info@amwindberg.de www.amwindberg.de

2014 10 ha (bei Kölleda) 10 % ♀11 ♂9 9 29

d, e 15 18

Orga-Plenum (Konsens (einstweilig), soziokratische Wahl)

zur Zeit individuelle Finanzierung Eigentum der Windberg-Stiftung

Seminarbetrieb, Schule, Küche, Büro (Geschäftsstelle und Buchhaltung), Kindergarten (geplant)

ökolog., selbstverw., gewaltfrei, spirit., inneres Wachstum, Meditation, Yoga, Bioernährung, veget., Bildungsarbeit, Pädagogik, freie Schule, Tagungshaus, Friedensarbeit, Umweltschutz, Selbstvers., Permakultur, biolog. Landwirt., biolog. Gartenbau, altern. Energie, neue Technologien, ökolog. Bauen, Humor, rauchfrei, Stille, Meditation, Familien-Stellen, Gefühle-Stellen, Gemeinschaftsbildung nach Scott Peck, Transparente Kommunikation, Verfahrenstechnik, Yoga, Wertschätzende Kommunikation, Mediation, Therapie, Paartherapie, Sharing the Presence, Handwerk: Holzarbeit, Journalismus,

Köchin, Kindergärtnerin, Klavierstimmer, Kultur-Management, Lektorat, Schneiderin, Schreibarbeiten, Sozialpädagogik, Technische Zeichnerin, Fotografie

☺ (✋✋)

Kern des Lebenslernorts Am Windberg in Beichlingen/Thüringen ist eine Lebensgemeinschaft von 29 Menschen (Stand: Anfang 2019) im Alter zwischen 2 und 65 Jahren, die sich der individuellen und gemeinsamen Bewusstseinsarbeit verschrieben haben und sich im gegenseitigen spirituellen und emotionalen Wachstum unterstützen.
Nach Gemeinschaftsgründung im Jahr 2014 und Grundstückserwerb sowie begonnenem Seminarbetrieb in 2015 wurde 2018 eine Freie Aktive Schule (Klassenstufe eins bis vier) ins Leben gerufen. Nächste geplante Schritte sind die Gründung eines Kindergartens und einer weiterführenden Schule. Bestandteil der Vision ist die Anbindung an das höhere Selbst und an das höchste kreative, schöpferische Potenzial jedes/r Einzelnen sowie die Verbindung mit der Weisheit der Gruppenseele.

→Siehe auch Beschreibung des Netzwerks **„GEN Deutschland"**
🌍 Paritätischer Wohlfahrtsverband, Bundesverband der Freien Alternativschulen (BFAS), Artabana
☺ Wege in die Gemeinschaft: Annäherung (Konsens erforderlich) mit Kennenlern-Wochenenden, Workcamps, Windberg-Intensivzeiten. Danach einjährige Probezeit (Konsens erforderlich). Aufnahme (Konsens erforderlich)

Lebensräume e.V.

C3

Gemeinschaft erfahren - Gastfreundschaft leben - Engagiert für andere

Lönsstr. 19 | 27374 Visselhövede ☎+49-(0)4262-956 91 60
info@lebensraeume-online.de www.lebensraeume-online.de

2009 (bei Landkreis Rotenburg (Wümme)) 1 % ♀5 ♂1 0 6
d 1 3
Vereinsvorstand (Konsens) individuelle Finanzierung
Vereinseigentum
Deutsche Evangelische Allianz
soziales und missionarisches Engagement vor Ort; Pflege der Häuser und Grundstücke
christl.

☺ (✋✋)

Lebensräume e.V. wurde 2009 eine Stadtvilla in Visselhövede zur Verfügung gestellt. In diesem Haus entstanden vier Wohnungen, zwei Gästezimmer und Gemeinschaftsräume für Menschen, denen Gemeinschaft wichtig ist und die sich darin investieren wollen. 2016 kam ein zweites Haus in unmittelbarer Nachbarschaft hinzu. Hier entstanden vier weitere Wohnungen.
Alle Mitbewohner*innen führen eigenständige Leben und sind für sich verantwortlich, trotzdem ist keine*r alleine unterwegs, sondern wir wollen uns gegenseitig ermutigen und unterstützen nach dem Motto „Was kann jede*r Einzelne dazu beitragen, damit es den anderen gut geht?". Wir möchten unser Leben gemeinsam nach christlichen Prinzipien gestalten. Die „Hausgemeinschaft" bildet die Grundlage für die Arbeit vor Ort.

Unsere Gemeinschaft möchten wir mit anderen teilen. Deshalb sind Gäste willkommen. Sie sollen Gelegenheit bekommen, unsere Gemeinschaft mitzuerleben und aufzutanken. Wir möchten, dass viele erfahren, dass Gemeinschaft einfach gut tut und dass jeder einzelne Mensch wertvoll ist.
Deshalb wurden verschiedene Angebote entwickelt, zu denen jede*r willkommen ist. Für gemeinsame Treffen und Feiern stehen Gemeinschaftsräume (Küche, Wohn- und Esszimmer) zur Verfügung. Außerdem gibt es einen großen Garten. Wichtig ist uns bei allem, dass christliche Gemeinschaft erlebt werden kann. Wir wollen uns dort engagieren, wo Hilfe nötig ist und uns mit unseren Gaben einsetzen.

Solo & Co
☺ gemeinsame christliche Basis, intensives vorheriges Kennenlernen

Lebenstraum Gemeinschaft Jahnishausen

E5

Jahnatalstraße 4a | 01594 Riesa - Jahnishausen ☎+49-(0)3525-517 851
www.ltgj.de

2001 3,5 ha (bei Riesa) 30 % ♀30 ♂13 8 51

d, e, f
alle Gemeinschaftsmitglieder gemeinsam (in konsensitivem Geist)
individuelle Finanzierung, gemeinsame Finanzierung bestimmter Bereiche, Teilgruppe, gemeinsame Ökonomie
Eigentum aller Genossenschaftsmitglieder
Seminarhaus im Aufbau (Kommunikation,Therapie, Gesundheit, Heilung, Kunst), Gästebereich, Gebäudeerhalt und Geländegestaltung, ökol. Garten, verschiedene selbstständige Betriebe,
ökolog., selbstverw., gewaltfrei, spirit., inneres Wachstum, Meditation, Bioernährung, veget., Bildungsarbeit, Tagungshaus, Friedensarbeit, Selbstvers., biolog. Gartenbau, altern. Energie, ökolog. Bauen, Kunstprojekte, Projekt „Abenteuer Alter“, Heilungsraum

☺ ()

In unserem Gemeinschaftsprojekt entwickelt sich ein Lebenstraum, in dem sich die Interessen der Einzelnen und die Bedingungen einer lebendigen, sozialen Gemeinschaft gegenseitig fördern und herausfordern. Wir engagieren uns für neue Formen des Zusammenlebens, des Umgangs mit Natur und Technik und der Gesunderhaltung. Hier können alle Generationen miteinander leben und voneinander lernen, in Achtung vor allem Lebenden und mit Respekt für Vielfältigkeit und Andersartigkeit. Durch kontinuierliche Gemeinschaftsbildungsprozesse entstehen Vertrauensräume, in denen wir uns authentischer begegnen können. Bei Konflikten setzen wir uns bewusst für Klärung und Bereinigung ein. Selbstverantwortung, Wahrhaftigkeit, gegenseitige Unterstützung, Mitgefühl und der Blick für das Wohl der Gemeinschaft sind immer wieder zentrale Aspekte in unserem Alltag.
Engagement für Wandel und Entwicklung in verschiedenen NRO, Vernetzung und Kooperation in der Region und Mitwirkung auf

kommunaler Ebene gehören ebenso zu unserem Gemeinschaftsverständnis. Wir setzen uns ein für: ökologisch vertretbare Technik; biologische Ernährung (0,6 ha Biogarten versorgen uns mit Gemüse und Obst); Heilung und Gesundheit (sowohl von Menschen, als auch von Umwelt und Natur); undogmatische Spiritualität; lust- und phantasievolles Miteinandersein; Kunst, Kultur und Kreativität.
Den Rahmen bildet das Rittergut Jahnishausen mit seinen historischen Gebäuden. Es bietet Platz für ca. 75 Menschen und für Werkstätten, Ateliers, Ausstellungs- und Veranstaltungsräume.

→Siehe auch Beschreibung der Netzwerke „**GEN Europe, GEN Deutschland**"

☺ Annäherungszeit zum gegenseitigen Kennenlernen, Beitritt in die Gut Jahnishausen e.G. (Genossenschaftseinlage), nachhaltige Lebensführung, Teilnahme am Gemeinschaftsprozess, aktive Mitarbeit in verschiedenen Bereichen

Lilitopia Ganzheitliche Bildungs- und Zukunfts-Werkstatt

B6

Eulenweg 16 | 35260 Stadtallendorf

☎+49-(0)6428-441 135, +49-(0)170-435 03 94, +49-(0)157-850 656 76

rochelta@yahoo.de, schenker_oeff@yahoo.de www.lilitopia.de

2010 5000 m² (bei Marburg) 10 % ♀1 ♂2 1 4

d, e, f 2 4

Eigentümer, stufenweise Konsens-Einbezogene (individuell und teilweise Konsens)

teils indiv. Finanzierung, teils familiäres Teilen (Liebes-Kommunismus)

Eigentum einzelner, stufenweise zum Teilen geöffnet

Schenker-Bewegung, LICHT-LIEBES-Arbeit

ganzheitliche Gemeinschaftsarbeit, Bildungsarbeit, natürliches Leben, gewaltfreie Hundeschule für Menschen und Tiere

gewaltfrei, spirit., inneres Wachstum, Bildungsarbeit, Tagungshaus, Friedensarbeit, Tierschutz, rauchfrei, ganzheitliche Nachhaltigkeit

☺

Unsere Kernorientierung ganz kurz: Als globale Konsens-Geschwister möchten wir alles Nötige gemeinsam planen – und das in freier Argumente-Kultur... Alles Weitere möchten wir mit Euch gemeinsam in dieser Argumente-Suche herausfinden. Es gibt bei uns keine Tabuthemen (Staat, Geld, Eigentum, Privatleben, etc.). Mehr dazu auf: www.global-love.eu!
Wir experimentieren mit „ganzheitlicher Bildungsarbeit" in der Werteorientierung: In radikaler Eigenverantwortung bilden wir durch gewaltfreies Teilen bzw. schenkende globale LIEBE (Konsens-Gemeinschaften globalen Teilens) einen Weg zu einer globalen Konsens-Demokratie (besser: Demogratie). Freie Erde für freie teilende Menschen!
Die Kernfamilie (Anke Rochelt, Öff Öff alias Jürgen Wagner und unser Sohn Aljoscha) möchte Keimzelle für die Bildung solcher Konsens-Gemeinschaft(en) sein und bezüglich Innen- und Miteinander-Arbeit durch Vorleben, Seminare und Aktionen für ganzheitliche Heilungsprozesse arbeiten. Näheres auf www.lilitopia.de, u.a. mit kostenlosem Download unseres wissenschaftlichen Fachbuches „Bildung für ganzheitliche Nachhaltigkeit bzw. globale Verantwortung. Globale Identifikation statt Bruchstücksdenken oder -Vergeltung" von Anke Rochelt.
Um die verschiedenen Aspekte unserer Ideale zu erfassen, ist es auch günstig, über andere Projekte der Schenker-Bewegung zu lesen: „Haus der Gastfreundschaft", „Biotopia" oder „Friedensgarten". Unser Engagement reicht bis zum Entwurf eines Alternativ-Systems zum „Staat": Unsere „Terrania" gehört zur „Räte-Republik Friedens-Garten RRFG", wofür wir die „Erd-Charta" als Verfassung wählten.

→Siehe auch Beschreibung der Netzwerke **„Schenker-Bewegung, L'Arche de Lanza del Vasto, European Catholic Worker"**

🌍 Gandhi-Bewegung, LICHT-LIEBES-Arbeit, int. Schenk-Ökonomie (moneyless.info)

☺ zum ganzheitlichen Kultur-Anspruch passen

Maibacher Schweiz Lebensgemeinschaft und Seminarhaus B7

Alt Maibach 12 | 35510 Butzbach OT Maibach ☎+49-(0)6081-443 517

info@maibacher-schweiz.de www.maibacher-schweiz.de

2003 2200 m² (bei Usingen, Butzbach, Bad Nauheim, Frankfurt) ♀7 ♂7

5 19

d, e, f, sp, niederländisch 2 6

alle Betroffenen gemeinsam (Konsens und Kleingruppen)

gemeinsame Finanzierung bestimmter Bereiche

Eigentum einzelner Gemeinschaftsmitglieder (GbR) - Vereinseigentum in Planung

Seminarbetrieb, Betreuung von Jugendlichen, ayurveda-portal.de, Yoga, Outdoor-Trainings, Handwerkliches, Kochen, Putzen, Computerarbeiten

selbstverw., gewaltfrei, spirit., esoter., inneres Wachstum, Meditation, Yoga, Bioernährung, veget., Pädagogik, Tagungshaus, Humor, rauchfrei, Ayurveda, Nichtraucherhaus, Seminarbetrieb, EFT, Hooponopono, BaLaance Board, Kundalini Yoga, Tanz, Theater, Tierarzt, Hatha Yoga, Prana Müsli, Swinging Massage, Schwitzhütte, längste private Seilrutsche

☺

Unser Gemeinschafts- und Seminarhaus, ein ehemaliges Landgasthaus/-hotel, liegt in einem wunderschönen kleinen Dorf umgeben von Wald im Taunus, ca. 45 km nördlich von Frankfurt am Main. Einige Gemeinschaftsmitglieder wohnen im Dorf. 1500 m² Nutzfläche bieten uns viele Entfaltungsmöglichkeiten.
Unser Ziel ist die Förderung der kreativen, spirituellen und geistigen Entfaltung des Menschen. Unsere Gemeinschaft zeichnet sich durch den Freiraum aus, den wir uns gemeinsam, aber auch jedem Einzelnen ermöglichen. Was uns verbindet, ist der Wunsch in einer Gemeinschaft mit spiritueller Ausrichtung zu leben, an den Herausforderungen im Miteinander zu wachsen und uns weiter zu entwickeln. Die gemeinsame Gestaltung des Alltags drückt sich u.a. durch das gemeinsame Mittagessen und die Betreuung der Kinder aus. Es gibt wöchentlich organisatorische Treffen, vierteljährliche Gemeinschaftstage, regelmäßige Filmabende und Singabende. Einige Mitglieder treffen sich zur regelmäßigen Meditation, Yoga oder Tanzsessions. Die Frauen treffen sich an Neumond im Roten Zelt.
Berufliche Projekte der Gemeinschaftsmitglieder umfassen: das ayurveda-portal.de; Theater Herzstück; eine Bierbrauerei; Interplay; Kanu- und Klettertouren; Erlebnispädagogik; Bildende Kunst; Swinging Massage; Betreuung bedürftiger Erwachsener; Kundalini Yogaunterricht; Tanz-Workshops; Dancing For Birth™ Kurse. Weitere Aktivitäten im Haus sind Fremdvermietungen für Seminare, Veranstaltungen, das Gemeinschaftenfestival, Netzwerktreffen verschiedener Art und Feste. Wir wünschen uns weiterhin eine Erweiterung ins Dorf.

→Siehe auch Beschreibung des Netzwerks **„Soshona Freundeskreis"**

🌍 Artabana (einige)

☺ Eigenverantwortung, Gemeinschaftsverantwortung, Kennenlernen, Probewohnen (halbes Jahr), Antrag auf Aufnahme

MartiniQ genossenschaftliches Wohnprojekt eG

B5

Parkstraße 38 | 34119 Kassel ☎+49-(0)561-602 908 90
info@martiniq-kassel.de www.martiniq-kassel.de

2017 | 2200 m² | ♀18 ♂11 4 33

d, e, sp, f, i, Gebärdensprache
Generalversammlung (demokratisch (Mehrheitsprinzip))
individuelle Finanzierung | eigene Genossenschaft
ökolog., selbstverw., Tierschutz, Umweltschutz, altern. Energie, ökolog. Bauen, barrierefrei

☺

Wir sind ein genossenschaftliches Wohnprojekt in der Bauphase, geplanter Einzug ist Sommer/Herbst 2020. Zusammengeführt hat uns der Wunsch nach einer Wohn- und Lebensform, die uns ermöglicht, in einem gemeinschaftsfördernden Wohnquartier unser Zusammenleben kostenbewusst, ökologisch nachhaltig und generationenübergreifend zu gestalten. Wenn alle Wohnungen vergeben sind, werden wir 40-45 Menschen sein.
Unser Haus ist so geplant, dass es möglichst viel Gemeinschafts- und Begegnungsfläche bietet: Wir haben einen Gemeinschaftsraum, eine Gästewohnung, einen Gemeinschaftsgarten, Laubengänge mit Gemeinschaftsbalkonen, einen Innenhof mit Sitzplatz, eine Waschküche. Da wir inmitten eines neu entstehenden Quartiers auf dem Gelände einer abgerissenen Brauerei bauen, erhoffen wir uns auch eine Vernetzung über unser Haus hinaus mit den anderen Bewohner*innen des Quartiers.

☺ gegenseitige Sympathie, Eintritt in die Genossenschaft, Bezug einer Wohnung

Meuchefitzer Gasthof und Werkstätten GmbH

C3

Gasthof und Tagungshaus
Meuchefitz Nr. 19 | 29482 Küsten ☎+49-(0)5841-5977
gasthof@meuchefitz.de www.meuchefitz.de

1980 | 2 ha (bei Lüchow; Salzwedel) | ♀5 ♂5 0 10

d, e, f | 4
alle (Konsens) | verschiedenes
Eigentum aller
anarchistisch
Tagungshaus, Kneipe, Kochen und Verpflegung, Garten und Gelände, Holz, Instandhaltungs- und Sanierungsarbeiten, Hausmeister*innentätigkeiten
ökolog., selbstverw., anarchist., linkes Politikverst., chaotisch, Bioernährung, Tagungshaus, Friedensarbeit, biolog. Gartenbau, ökolog. Bauen, Kneipe, Tagungshaus

☺

Wir sind eine Gruppe von z.Zt. 10 Menschen, deren Zusammensetzung sich ab und zu ändert. Wir betreiben den Meuchefitzer Gasthof – ein Gast- und Tagungshaus im Wendland, oftmals liebevoll genannt: Gasthof des Widerstands. Nicht nur aus der Geschichte des Hauses in der Widerstandskultur gegen das Atomklo Gorleben sehen wir Meuchefitz auch heute noch als einen Ort der Auseinandersetzung: Zum einen in der Auflehnung gegen dieses lebensfeindliche System und zum anderen mit unseren Möglichkeiten selbstbestimmter, menschlicher und kreativer zu leben.

Im Tagungshaus werden wir von einem breiten Spektrum kritischer bis politischer Gruppen angelaufen, sind aber auch Seminar- und Ferienziel für Kinderläden, Uni-Fahrten, Schüler*innen- und FÖJ-Gruppen.
Mit der Donnerstagskneipe ist der Gasthof seit den 80er Jahren wöchentlicher Treffpunkt für Leute aus dem Landkreis und „erlebnisgastronomischer" Kontakt zum „Aussteiger*innenleben".
Außerdem gehört zum Projekt noch die alte Dorfschule gegenüber dem Gasthof. Dort auf dem Gelände wohnen wir als Projektgruppe entweder im Haus oder im Wagen.

Interkomm Region Wendland, Freier-Fluss-Netzwerk Wendland/Altmark
☺ chaosresistent, linksradikal, keinen Abwasch produzieren

Milan-Vaubanaise Miteinander leben - Füreinander sorgen B9

Lise-Meitner-Str. 14 | 79100 Freiburg
☎+49-(0)761-476 8051, +49-(0)761-709 888
wohnen@mitundfuer.de www.mitundfuer.de

2011 ♀11 ♂5 7 23
d 3
alle gemeinsam (möglichst im Konsens) individuelle Finanzierung
Wohngenossenschaft, in der alle Bewohner*innen Mitglieder sind
nein
selbstverw., gewaltfrei, barrierefrei, Inklusion, generationsübergreifend

Seit Juni 2013 leben die Milan-Vaubanaisen in zehn Wohneinheiten (zwischen 45 und 120 m^2) im inklusiven Projekt VAUBANaise im Stadtteil Vauban in Freiburg. Wir sind 16 Erwachsene zwischen 24 und 81 Jahren, sowie sieben Kinder und Jugendliche zwischen drei und 14 Jahren.
Unsere Leitgedanken für das gemeinschaftliche Wohnen sind die Bereitschaft,

- in einer Gemeinschaft zu leben und diese konstruktiv mitzugestalten
- den Anderen in seiner Individualität zu akzeptieren
- zum offenen Dialog und ehrlichen Verhandeln von Anliegen
- sich Konflikten zu stellen und faire Lösungen anzustreben
- neue Erfahrungen als positive persönliche Herausforderung anzunehmen
- zur nachbarschaftlichen Sorge um Mensch und Wohnung - nicht nur im Urlaubs- oder Krankheitsfall.

Es wird selten eine Wohnung frei bei uns. Trotzdem: wenn Sie sich für unser Wohnprojekt interessieren, nehmen Sie Kontakt zu uns auf. Wer weiß...

Netzwerk für gemeinschaftliches Wohnen (Gewo-Netz)

☆ Miravillage-Zentrum D9

Danzigerstr. 1 | 82131 Gauting ☎+49-(0)89-850 87 51
miravillage@mirapuri-enterprises.com www.mirapuri-enterprises.com

1970 1000 m² (bei München) ♀13 ♂11 7 31

d, e, it, f 25

Einkommensgemeinschaft Verein

Freigeist, Verständnis der Welt als Einheit von Spirit und Materie

IT, Digital und Offsetprint, Grafikdesign, Multimedia, Digital Video, Musik

ökolog., selbstverw., anarchist., feminist., gewaltfrei, spirit., chaotisch, inneres Wachstum, Meditation, Yoga, Tantra, Sexualität, freie Liebe, Bioernährung, veget., Bildungsarbeit, Pädagogik, freie Schule, Tagungshaus, Friedensarbeit, Tierschutz, Umweltschutz, Selbstvers., neue Technologien, Humor, Gesundheits- und New-Age-Seminare, versch. Handwerk, Gesundheitstraining, versch. Medien

☺ ()

Mirapuri in Italien sowie sein erster Satellit, Miravillage in Deutschland, wurden für Menschen geschaffen, die Sri Aurobindo und Mira Alfassa schätzen, sowie deren Ideale der menschlichen Einheit und des spirituellen Bewusstseins .
An diesen Orten können Menschen zusammen leben und arbeiten, um diese Ideale zu verwirklichen. Jeder von gutem Willen, der Sri Aurobindo und Mira Alfassa und ihre Ideale mag, kann sich Mirapuri und Miravillage anschließen.
Es bestehen keine finanziellen oder sonstigen wesentlichen Verpflichtungen. Wer in Mirapuri oder Miravillage wohnen möchte, kann dies privat, oder durch Zahlung von Beiträgen tun. Das bedeutet, man kauft ein eigenes Haus oder eine Wohnung, oder man leistet einen finanziellen Beitrag zur Förderung des Eigentums von Mirapuri. In diesem Fall bieten Mirapuri und Miravillage lebenslang Unterkünfte in Mirapuri oder Miravillage an, und der persönliche Besitz geht später an Mirapuri oder Miravillage und deren zukünftige Entwicklung.
Jeder arbeitet und lernt frei und unabhängig. Das Wachstum und der Respekt der Individualität werden als Grundlage und Blüte des echten Gemeinschaftslebens verstanden.
Es gibt keine institutionelle geistige Autorität. Jedes Individuum folgt seiner/ihrer eigenen spirituellen Entwicklung gemäß seinem/ihrem Streben und seiner/ihrer Neigung.
Weitere Infos auf der Webseite der Mirapuri-Friedensstadt in Italien (s.o.)

☺ Kenntnis von Sri Aurobindo und Mira Alfassa und ihrem integralen Yoga, sowie guter Wille und echte Zusammenarbeit

Foto: Milan-Vaubanaise (gegenüberliegende Seite)

Mittendrin leben eG

C3

Im Dorf 2 | 21368 Dahlem-Harmstorf
+49-(0)5851-944 39 62
mittendrin-leben@posteo.de
www.gemeinschaft-mittendrin-leben.de

2016 1,2 ha (bei Lüneburg) ♀9 ♂7 5 21

d 6-8

alle gemeinsam (nachgeordnet in Arbeitsgruppen)(Konsens minus eins)

individuelle Finanzierung

Gebäude: Genossenschaft; Grund und Boden: Stiftung trias

einige von uns gehen einen spirituellen Weg - andere nicht. Ökologisch (was ist das?) sind eigentlich alle. Alle sind auch an intensiven Erfahrungsprozessen interessiert. Wir experimentieren, um neue und offene Wege des Miteinanders zu finden

ökolog., selbstverw., spirit., inneres Wachstum, altern. Energie, ökolog. Bauen, Humor, Forum, regelmäßige Gruppenarbeit

☺

Wir sind experimentell, versuchen unsere inneren Bilder „wie es sein sollte" durch ein „wie es ist" zu relativieren. Allerdings ohne dabei die Vision einer neuen Welt aus den Augen zu verlieren, an deren Entstehung wir aktiv teilnehmen. Wir sind noch am Anfang, arbeiten an unseren Basics - ebenso wie an weiteren Gebäuden. Gärten entstehen, Menschen tauchen auf und gehen wieder, Projekte im Projekt nehmen Gestalt an ... oder rutschen wieder weg. Wir lernen ein neues Wir und nehmen an und begrüßen, was auf dem Weg dahin so alles passiert.

→Siehe auch Beschreibung des Netzwerks „**GEN Deutschland**"

Mehr Leben e.V, SoLaWi

☺ muss halt passen - und: ⅓ der Baukosten müssen als e.G.-Anteile eingebracht werden.

Mühle - Wohn- und Baugenossenschaft e.G.

B9

Weidenstr. 30 | 77871 Renchen
+49-(0)7843-841 46
info@muehle-renchen.de
www.muehle-renchen.de

1985 6000 m² (bei Strasbourg) 5 % ♀3 ♂7 10

d 3

Plenum (Diskussion, Konsens) Genossenschaft

sozialistisch

Druckerei

selbstverw., linkes Politikverst., gewaltfrei, chaotisch, Bildungsarbeit, Friedensarbeit

☺

1985 wurde die Mühle in Renchen von ein paar politisch engagierten Menschen gekauft. Um zu der weit verbreiteten Vereinzelung eine Alternative zu entwickeln, einen Raum zu schaffen, in dem leben und arbeiten, organisieren, widerstehen, lernen, kämpfen möglich sein kann. Dies im Kollektiv umzusetzen beschäftigt uns sehr. Wir begreifen uns nicht als Insel - unser Engagement in den Gewerkschaften, der Vereinigung der Verfolgten des Naziregimes/Bund der Antifaschist*innen und den sozialen Bewegungen gehört zu den Grundlagen unseres Selbstverständnisses. Seit 2000 sind wir als Genossenschaft organisiert. (Beschreibung von 2013)

→Siehe auch Beschreibung des Netzwerks „**KommuJa**"

☺ Zeit zum Kennenlernen/Probezeit

Mühlenhof

E3

Woltersdorfer Str. 26 | 16567 Mühlenbeck ☎+49-(0)151-153 381 87

2019 940 m² + Grundstück 5000 m² (bei Berlin) bald ♀3 ♂3 4
10

e, d, sp 2
alle (Mehrheitsentscheidung)
indiv. Finanzierung mit gemeinsamer Fin. bestimmer Bereiche
Eigentümer- und Mietergemeinschaft
Sanierung und Ausbau von Nebengelassen
ökolog., selbstverw., linkes Politikverst., inneres Wachstum, Permakultur, ökolog. Bauen, Bau, Humor, Werkstatt, Hof mit Feuerstelle

Wir sind eine frisch gegründete Hausgemeinschaft mit Gemeinschaftscharakter am Berliner Stadtrand, die mit der Intention, gemeinschaftliches Leben umzusetzen, im Februar diesen Jahres startet. Wir bewohnen als drei Paare mit Kindern drei Etagen eines liebevoll sanierten Altbaus (Bj: 1908) mit großem Hof und werden zunächst die beiden zugehörigen Nebengelasse ausbauen. Wir planen, verschiedene Ideen umzusetzen: Ein lehmverputzter Therapie-, Meditations- und Gemeinschaftsraum wird entstehen. Eine Sauna ist geplant sowie ein weiterer Raum, nutzbar als Werkstatt und Proberaum. Im Mittelpunkt unseres schönen Hofes steht ein alter Walnussbaum, um den herum zukünftig gemeinschaftliches Leben, Werken und Feiern stattfinden kann.
Auf einem anliegenden Grundstück möchten wir - sofern die Nutzung es zulässt- mit Permakultur starten. Wir beginnen mit dem was da ist, um dann Stück für Stück als Haus- und Lebensgemeinschaft zu wachsen.
Wir sind offen für Mitarbeitende und bieten Kost und Logis ab Sommer 2019.

Mutter Erde Gemeinschaft

B6

Holper Str.1 | 57537 Forst-Seifen ☎+49-(0)2742-8251
info@mutter-erde-gemeinschaft.de mutter-erde-gemeinschaft.de

1983 6 Häuser auf 2 ha (bei Köln) 30 % ♀12 ♂4 3 19

d 9
indiv. in Absprache mit allen (Konsens)
Privateigentum, Mitgliedsbeiträge, Spenden Eigentum einzelner
humanistisch
Seminarbetrieb, Veröffentlichungen, Garten, Gemüseanbau, Imkerei, Backes
ökolog., selbstverw., spirit., inneres Wachstum, Meditation, Yoga, veget., vegan, Bildungsarbeit, Pädagogik, freie Schule, Friedensarbeit, Tierschutz, Umweltschutz, biolog. Gartenbau, Humor, rauchfrei, Wir wollen eine heile Welt!

☺ (✋✋)

Die Mutter-Erde-Gemeinschaft - auch bekannt als „Seifener Modell" - hat ihren Sitz im Oberbergischen Land, ca. 70 Kilometer östlich von Köln. Hier können Menschen in Kontakt kommen mit ihrem Innersten, ihrer Seele, ihrem Licht. Ein Lebensmodell, in dem das Beste, was in uns steckt, wachsen darf und Menschen ihr Potential entfalten können. Wo man lernt, Denkbarrieren zu erkennen, Gefühlsblockaden wahrzunehmen und Vorurteile abzubauen, achtsam mit sich und allem anderen umzugehen. Wir alle sind das Licht der Welt und wollen dieses Bewusstsein auch nach außen tragen.
Wir sind eine Gemeinschaft, in der jede*r eigenverantwortlich ihr/sein Leben lebt, man sich aber hilft, wenn Hilfe gebraucht wird. In der man weiß, dass innere Struktur und Harmonie sich auch nach außen als Ordnung und Sauberkeit zeigen und in der einfaches Leben und hohes Denken geschätzt wird. Wir sind Menschen, die das Gute, Schöne und die Freude am Leben an erste Stelle setzen, die Stille, Reflexion und Meditation schätzen, die tatkräftig anpacken können, sich keiner dogmatischen Glaubensrichtung verpflichtet fühlen, lösungsorientiert denken und geistig wachsen möchten, sich vegetarisch/vegan ernähren und Spaß am Essen haben. Hier ist viel Raum für humanistische, spirituelle, pädagogische und ökologische Projekte. Land für Gartenbau und Platz für junge Familien ist vorhanden. Selbst schnelles Internet haben wir inzwischen.

☺ Achtsamkeit, Lebensfreude, Liebe zur Schöpfung, Power, Pepp und Pioniergeist

Nachbarschaftlich Wohnen in Dormagen eG (A5)

Latoursgarten 1 | 41542 Dormagen ☎ +49-(0)152-387 137 63
mail@nawodo.de www.nawodo.de

2018 | 3200 m² (bei Köln, Düsseldorf) | ♀21 ♂18 13 | 52

d, e, f, niederländisch | 8

Plenum, teils auch Arbeitsgruppen (Konsens) | Eigentum aller

nein

ökolog., selbstverw., gewaltfrei, körperl. Behinderte, biolog. Gartenbau, altern. Energie, neue Technologien, barrierefrei

☺

Unter nachbarschaftlichem, generationenübergreifendem Wohnen verstehen wir mehr als eine bloße Ansammlung von Bewohner*innen unterschiedlichen Alters. Wir fördern das gemeinschaftliche Füreinander, ohne das individuell benötigte Maß an Freiheit und Rückzug zu behindern. Menschen aller Altersgruppen, mit und ohne Handicap, Familien oder Alleinerziehende, Paare und Singles, Schwule und Lesben – unabhängig von Weltanschauung, Nationalität und Religion sind bei uns willkommen.
Wer bei uns wohnen möchten, sollte Menschen mögen, Gemeinschaft mögen, bereit sein, die Entwicklung der Gruppe mitzugestalten und Rücksicht zu nehmen. Das bieten wir: Die Anerkennung der individuellen Persönlichkeit, einen achtsamen Umgang miteinander, Entscheidungen im Konsens, Begegnung auf Augenhöhe unabhängig von Herkunft, Einkommen, Alter. Rückhalt/Schutz durch die Gruppe und ein gefestigtes soziales Umfeld.
Wir haben unsere Wohnungen selbst geplant und verwalten uns selbst. Wir geben unser Wissen und unsere Erfahrungen gerne an andere Gruppen und Menschen weiter, die sich mit ähnlichen Vorhaben beschäftigen. Besucher*innen, ob als Gruppe oder Einzelner, sind jederzeit herzlich willkommen.

Nachbarschaftsnetzwerk

Nachbarschaftliches Wohnen in der Ökosiedlung am Cherbonhof

C7

Tarvisstraße 12 | 96049 Bamberg ☎ +49-(0)951-641 63
g.henzler@web.de oekosoziale-siedlung-bamberg.de

1987 1,4 ha ♀54 ♂37 11 102

d

Verein „nachbarschaftliches Wohnen in der Ökosiedlung am Cherbonhof Bamberg"
indiv. Finanzierung & Gemeinschaftseigentum (Müllgarage, Tischtennishalle, Arkaden) und Mietsachen (Gemeinschaftsraum und Gemeinschaftsgarten)
Einzeleigentum und vermietet (Altenmietwohnungen)
ökolog., selbstverw., ökolog. Bauen, Modell für ökosoziales Wohnen: nachbarschaftlich, umweltbewusst, gut gestaltet

Die Ökosiedlung wurde auf Initiative des BUND e.V. vom Architekten Theodor Henzler als Beispiel einer ganzheitlichen Stadtentwicklung menschen- und umweltgerecht geplant. Das Projekt musste sich in einem mühevollen Planungsprozess von 1981-1985 politisch durchsetzen. Das Siedlungskonzept zeichnet sich durch eine abwechslungsreiche Folge von Straßen, Gassen und Plätzen aus. Den privaten, möglichst sichtgeschützten Innengärten („Wohnzimmer im Grünen") stehen vielfältig nutzbare Wohnhöfe und Straßenräume gegenüber, die bis an die Gebäude heranreichen. Die Plätze werden wie in alten Städten und Dörfern durch Gebäude in geschlossener Bauweise gebildet. Das „Dörfchen" mit 25 Einfamilienhäusern und 21 altengerechten Mietwohnungen wird durch einen Gürtel von Garagen mit darüber gebauten Nebengebäuden und durch gewerbliche Räume nach Norden zur verkehrsreichen Haupterschließungsstraße abgeschirmt. Im Süden schließen sich auf einer städtischen Pachtfläche ein gemeinschaftlicher Obstbaumgürtel und Nutzgarten an. Beide dienen nicht nur der Selbstversorgung, sondern auch einer sinnvollen Freizeitbeschäftigung mit reger Kommunikation. Alle Häuser wurden im Rahmen der Festsetzungen des Bebauungsplanes und der besonderen privaten gestalterischen und nachbarrechtlichen Bedingungen in eigener Verantwortung der Bauherren/-frauen/-familien/-gruppen und ihrer Architekt*innen gestaltet. Bewusst wurde ein Mittelweg zwischen der Monotonie von Bauträgersiedlungen und dem oft gestalterischen Chaos von Baugruppen freistehender Einfamilienhäuser gewählt. Im Bundeswettbewerb „Familienwohnung und Familienheim 1983-84" wurde das Projekt für eine hervorragende Lösung ausgezeichnet. 2017 feierte die Siedlung ihr 30-jähriges Bestehen.

Ein schönes Bild des Entwurfs der Ökosiedlung auf Seite 4

Foto: Nachbarschaftlich Wohnen in Dormagen e.G. (gegenüberliegende Seite)

☆ Namenloses WG-Haus in Plauen

D6

Auf Nachfrage | 0852x Plauen
exit@buerotiger.de

2015 ♀1 ♂1 2

d, e

individuelle Finanzierung — Gemeinschaftseigentum

inneres Wachstum, Selbstvers., Bau, Humor

Spezialität: Kommunikation zu Gemeinschaftsthemen findet verpflichtend schriftlich statt. (mehr siehe z.B. unter www.jakobgut.de/erdnuss.htm). Es ist bei uns langfristig möglich, geldlos und städtisch zu leben. Ein Mittel der Umsetzung ist der Gedanke der Selbstversorgung. Es ist möglich, zeitweise im ca. 15 km entfernten Jakobgut zu wohnen (kein Automatismus!) und sich dort um „eigene" Gartenflächen zu kümmern.

Das „WG-Haus" ist ein eigenständiges Projekt, dessen Räume teilweise auch von Bewohner*innen des Jakobguts genutzt werden (siehe Eintrag auf Seite 150). Die Ausrichtung ähnelt erst einmal der des Jakobguts, das Projekt versteht sich aber nicht ausdrücklich als christlich, teilt jedoch die Werte des Jakobguts. Wir machen uns zurzeit noch Gedanken über die künftige Ausrichtung, woran Interessierte gerne teilhaben können.

Das Gebäude ist ein 150 Jahre altes Mehrfamilienhaus mit weiter Aussicht auf Plauen. Die Innenstadt ist zu Fuß in ca. 15 Min erreichbar, eine Straßenbahnhaltestelle in ca. 5 Min, auch verschiedene parkähnliche Flächen liegen nahe. Zimmer in verschiedenen Größen liegen einzeln an den Fluren. Ein Großteil des Hauses ist zurzeit unrenoviert und leerstehend.

Wir sind als Gemeinschaft grundsätzlich an einem materiell einfachen Dasein orientiert. Wir pflegen einen offenherzigen, sachlich direkten, aufmerksamen, einander zugewandten Umgang miteinander, lassen einander, wenn gefragt, viel Raum.

☆ Nature Community eG

D8

St. Hubertus 1 | 92539 Schönsee — +49-(0)9674-319 09 97, -922 90
info@nature-community.de — www.nature-community.de

2014 4 ha (bei Nabburg (30 km), Regensburg (90 km))

♀14 ♂20 15 49

d, e, sp, i, f, portugiesisch, tschechisch — ca. 30

Dauergäste und Genossenschaftsmitglieder gemeinsam (Konsens)

gemeinsame Ökonomie — Eigentum der Genossenschaft

Gästehausbetrieb, Küche, Seminarbetrieb, Kinderbetreuung, Instandhaltung/Bau, Garten

ökolog., selbstverw., gewaltfrei, spirit., inneres Wachstum, Meditation, Yoga, Tantra, Sexualität, freie Liebe, Bioernährung, vegan, Bildungsarbeit, Pädagogik, freie Schule, Tagungshaus, Friedensarbeit, Tierschutz, Umweltschutz, Selbstvers., Permakultur, biolog. Landwirt., biolog. Gartenbau, altern. Energie, neue Technologien, ökolog. Bauen, Humor, Körpertherapie/Massage, Klangheilung, Musik, Instrumentalunterricht, Coaching, Zimmerei, Fahrradwerkstatt, Fräse, Grafik

☺ ( )

Eine Welt, in der wir alle in Frieden, Freiheit, Vertrauen, Freude und Verbundenheit zusammen leben können... das und nicht weniger ist unsere Vision! Ein ehemaliges Feriendorf nahe der tschechischen Grenze inmitten ursprünglicher Natur bietet unseren Ideen Lebensraum: Wir leben vegan, ökologisch und nachhaltig, verbunden mit Mensch und Tier, ehrlich und bewusst. Wir streben eigene Versorgung durch Permakultur und eigene Energie- und Wasserversorgung an, wir bauen nachhaltig und ökologisch. Freie Bildung für Menschen allen Alters, tiefe, authentische Partnerschaften und Beziehungen, gegenseitige Unterstützung und Solidarität ebenso wie Transparenz und Ehrlichkeit sind uns wichtig – Vertrauen schaffen bedeutet Frieden schaffen.
Eine neue Kultur. Eine Kultur des Vertrauens und der Kooperation. Eine Kultur des Friedens im globalen Sinne, erfahrbar im eigenen Umfeld. Wir in der Nature Community arbeiten an einem konkreten und funktionierenden Ort, an dem diese Kultur lebendig werden kann. Und wir laden ein: Gemeinschaftsinteressierte Menschen, die uns unterstützen wollen und unsere Vision kraftvoll mit uns in die Welt tragen, die sich unserer Gemeinschaft im Aufbau anschließen. Wir suchen Förder*innen, Unterstützer*innen, Investor*innen. Unser wichtigstes aktuelles Projekt ist der Ausbau unseres größten Seminarraums zu einem Begegnungsort dieser neuen Kultur – die Nature Community möchte als Veranstaltungsort für gesellschaftliche Transformation ein rückkoppelndes Umfeld für diesen Wandel sein. *Farbfoto auf Seite 3*

→Siehe auch Beschreibung des Netzwerks „**GEN Deutschland**"
🌍 Artabana
☺ Leben nach unserer Vision (s. Website), Mitwirken beim Aufbau unserer Gemeinschaft entsprechend der Vision, bei Eintritt in die Genossenschaft Eintrittsgeld

Neubeginn e.V. Hilfe in psychischer Krise

B5

Mintenbecker Str. 16 | 58515 Lüdenscheid ☎+49-(0)2351-7005
info@neubeginn-ev.de www.neubeginn-ev.de

1984 | 1 ha (bei Lüdenscheid) | ♀4 ♂5 | 9

d, e | 2

alle Betroffenen gemeinsam (Konsens)
individuelle Finanzierung, gemeinsame Finanzierung best. Ber.
Neubeginn e.V. als Eigentümer
spirituell offen
Beratung/Begleitung von Menschen in psychischen Krisen, kleines Seminarangebot (psychotherapeutische, spirituelle und ökologische Themen)
gewaltfrei, spirit., inneres Wachstum, Meditation, Bildungsarbeit, Tagungshaus, Beratung und Begleitung in psychischen Krisen

Neubeginn e.V. ist ein Verein, der Menschen in einer psychischen Krise Hilfe anbietet, um selbstverantwortlich den weiteren Lebensweg gestalten und die Krise überwinden zu können – also Hilfe zur Selbsthilfe.
Beratung, Selbsthilfegruppe, Seminare werden angeboten, außerdem können Hilfesuchende kurz (wenige Tage) oder länger (maximal ein halbes Jahr) in der Gemeinschaft wohnen und sich mit ihrer Neu-Orientierung, ihrem persönlichen „Neubeginn" befassen. Die Projektmitglieder sind durch ihre eigenen Erfahrungen im Bewältigen von psychischen Krisen interessiert und in der Lage, einen Menschen in Krise zu verstehen und zu begleiten.
Seit 1984 gehört dem Verein ein Wohn- und Seminarhaus im Mintenbecktal bei Lüdenscheid.

Es ist in ruhiger Natur gelegen und hat eine kleine „Kapelle" (religionsübergreifend!) auf eigenem Gelände, die als Raum der Stille für alle Menschen offen steht.
Die Gruppenmitglieder arbeiten tagsüber überwiegend außerhalb des Projektes, einige auch im Projekt. Durch das langjährige Zusammenleben und die Beschäftigung mit psychischer Entwicklung und spirituellem Wachstum ist die Gemeinschaft sehr real und alltagsnah geworden – bei gleichzeitiger Offenheit für die individuellen Wege der einzelnen Neubeginner*innen und ihrer Gäste.

☺ finanzielle Unabhängigkeit, psychische Stabilität, Interesse an der Arbeit mit Menschen in Krisensituationen (ehrenamtlich), ein Probejahr

Neuwagenmühle

B7

Neuwagenmühle | 56370 Kördorf ☎+49-(0)6486-6686
info@neuwagenmuehle.de www.neuwagenmuehle.de

1995 1 ha (bei Katzenelnbogen) ♀2 ♂2 1 5

d, e, sp 2

je nachdem, wen es betrifft, im Konsens

individuell — Eigentum einzelner

Kunst, Garten, gemeinsam Holz machen

ökolog., selbstverw., anarchist., linkes Politikverst., feminist., gewaltfrei, inneres Wachstum, Bildungsarbeit, biolog. Gartenbau, altern. Energie, Humor, handyfrei

☺

Eigentümer*in von Neuwagenmühle ist ein Paar über 60. Es gibt drei Wohnungen, von denen zwei von den Eigentümer*innen vermietet werden. Eine ist wegen ihrer Größe für WGs geeignet, die andere ist mit einem eigenen Garten versehen. Die Wohnungen sind schön und sehr einfach (u.a. Ofenheizung).
Die Neuwagenmühle hat eine Insellage mit eigener Strom-, Wasser- (Quelle) und Abwasserversorgung (Schilfkläranlage). Strom wird über das hauseigene Wasserrad erzeugt. Da kann es auch mal knapp werden mit Strom, je nach Wetterlage. Großtierhaltung wollen wir nicht (Hund ist ok, Katzen sehr grenzwertig). Wir wollen mit Wald, Wasser und seinen tierischen und pflanzlichen Bewohner*innen zusammen leben. Sie sind unsere einzigen unmittelbaren Nachbar*innen. Es gibt genug Fläche, um einen Garten anzulegen. Wir machen jährlich unseren Winterholzbedarf selbst. Medienkonsum: Wir möchten, dass möglichst selten WLAN läuft und dass es nachts immer ausgeschaltet ist.
Außer dem Paar wechseln die Bewohner*innen im Projekt alle paar Jahre. Viele Menschen aus der Umgebung hier haben schon einmal auf der Mühle gelebt. Das gibt einen lockeren großfamiliären Charakter.
Die Mühle heißt Neuwagen-Mühle, das steht für Neues wagen und neue Wege. Hier zu leben ist tatsächlich in gewisser Hinsicht ein Wagnis für viele. Selbstgewählte Einfachheit und ökologisches Bewusstsein sind notwendig dafür. Anders geht es gar nicht, denn hier dominiert die Natur und nicht der Mensch. Mehr Infos unter: www.neuwagenmuehle.de

ÖkoLeA

E4

Hohensteiner Weg 3 | 15377 Oberbarnim, OT Klosterdorf

+49-(0)3341-359 39 30 info@oekolea.de oekolea.de

1990 1 ha (bei Strausberg) 10 % ♀6 ♂5 4 15

d, e, f, sp, persisch 5 7

alle Betroffenen gemeinsam (Konsens)

55% d. pers. Einkommens in die Gemeinschaftskasse Eigentum aller

undogmatisch links

Garten, Seminarhaus, Gästebetrieb, Bäckerei u. Café, Haushalt

ökolog., selbstverw., linkes Politikverst., feminist., gewaltfrei, spirit., Meditation, Yoga, Bioernährung, Bildungsarbeit, Tagungshaus, geistig/psych. Behinderte, Umweltschutz, Permakultur, biolog. Gartenbau, altern. Energie, neue Technologien, ökolog. Bauen

☺ ()

Die Ökologische Lebens- und Arbeitsgemeinschaft (ÖkoLeA) besteht seit Sommer 1990. Östlich von Berlin haben wir ein Projekt aufgebaut, in dem Menschen in ökologischer und sozialer Verantwortung selbstbestimmt leben und arbeiten. 1993 kauften wir den märkischen Bauernhof, den wir seither ökologisch verantwortbar um- und ausbauen. Wohnhaus und Kälberstall beherbergen unsere Zimmer und Gemeinschaftsräume. In dem ehemaligen Kuhstall entstanden ein Seminarzentrum und die „Holzofenbäckerei Drachenbrot". Wir haben einen großen, wilden Garten, den wir auch zu Bildungszwecken nutzen. Gemeinsame Mahlzeiten verbinden uns ebenso wie das wöchentliche Plenum oder das Feiern von Festen. Einmal im Monat treffen wir uns zu einer Runde, bei der es um die zwischenmenschliche Ebene geht.
Was uns sonst ausmacht? Gemeinsamer Besitz, Konsensentscheidung, anteilige gemeinsame Ökonomie und kinderfreundliche Strukturen. Wir sind sehr heterogen, haben sehr verschiedene Berufe und Interessen; einige arbeiten auf dem Hof, andere auswärts. Als Gruppe haben wir keine bestimmte ideologische oder spirituelle Ausrichtung, aber ein großes Spektrum an linkspolitischen Haltungen und alternativen Lebensansätzen sind bei uns zu finden.
Wir befinden uns mitten im Generationswechsel und wünschen uns weitere vier-fünf Gemeinschaftsmitglieder. Gerade haben wir das Nachbargrundstück gekauft, um dort neuen Wohnraum zu schaffen.

→Siehe auch Beschreibung des Netzwerks „**KommuJa**"

ANU, FÖL, VERN u.a. regionale Netzwerke

☺ es gibt eine längere Kennenlern- und Probezeit

Ökologische Gemeinschaftssiedlung Alte Windkunst

A6

Haus-Heyden-Straße 201 | 52134 Herzogenrath
windkunst@gmx.de

1988 | 4000 m² (bei Aachen) | ♀11 ♂7 7 25

d, e | 4

Mehrheitsprinzip (Konsens angestrebt, auf Vollversammlung)

individuelle Finanzierung / gemeinsame Kasse für Gemeinschaftseinrichtungen

Wohneigentum

ökologisch

selbstverw., gewaltfrei, Meditation, Yoga, Bioernährung, Friedensarbeit, Umweltschutz, biolog. Gartenbau, altern. Energie, neue Technologien, ökolog. Bauen, Humor, Gemeinschaftshaus, zentrale gemeinsame Heizungsanlage, gemeinsame Werkstatt, Waschmaschinenraum, Chor, Tanz und Therapie, Kunstkurse, Seminare zur Gemeinschaftsbildung

Gemeinschaftlich, ökologisch, kinderfreundlich und preisgünstig sollte die Alte Windkunst sein. Neun Wohnhäuser und ein Gemeinschaftshaus gruppieren sich um einen Innenhof. Bei der Errichtung der Holzständerbauten wurden möglichst biologische Materialien nach den Standards der Bauzeit verwendet. Um das Projekt für die Gründer*innen - überwiegend junge Familien – finanzierbar zu machen, wurde so geplant, dass vieles in Eigenhilfe realisierbar war.
Das Grundstück, die Außenhülle, die Zentralheizung, das Gemeinschaftshaus und die Solaranlage sind gemeinsames Eigentum. Die Innenräume sind Privatbesitz nach dem deutschen Wohneigentumsgesetz. In einem Zusatzvertrag sichern sich die Bewohner*innen u.a. gegenseitige Mitsprache bei Eigentümer*innenwechseln zu.
In den ersten Jahren waren die Bedürfnisse der Kinder und deren Betreuung prägend für Gestaltung und gemeinsame Aktivitäten. Im Gemeinschaftshaus entstand ein Kinderladen, später ein Schüler*innenladen. An den Nachmittagen wechselten sich die Eltern bei der Betreuung der Kleinkinder ab. Inzwischen haben fast alle Windkunstkinder der ersten Generation die Siedlung verlassen. Nach Eigentümer*innenwechseln setzt sich die Bewohner*innenschaft heute aus drei jungen Familien mit insgesamt sieben Kindern, einem alleinstehenden jungen Erwachsenen sowie zwölf Menschen um die sechzig zusammen. Damit haben sich auch die Bedürfnisse gewandelt. So wurde jüngst ein gemütlicher Platz als Treffpunkt in den Innenhof integriert. Soziale Klammern sind nach wie vor regelmäßige Besprechungstreffen, Werkwochenenden zur Pflege der Außenanlagen und des Gemeinschaftshauses, Feste, gelegentliche Ausflüge mit der ganzen Gruppe sowie nachbarschaftliche Unterstützung im Alltag.

Ökologische Gemeinschaftssiedlung Moldenhauer Hof

D3

Döringsbrücker Weg 2 H | 16766 Kremmen, OT Hohenbruch
+49-(0)33051-262 51/-262 65
dagmar.graef@posteo.de www.moldenhauer-hof.de

1999 57 ha (bei Kremmen, Oranienburg) ♀9 ♂6 0 15
d, e, f 7
alle Betroffenen gemeinsam (möglichst Konsens, sonst Mehrheitsentscheidung)
individuelle Finanzierung Eigentum aller
Pferde, Kaninchen, Schafe, Gärten, Landschaftspflege, hauptberufl. außerhalb
ökolog., selbstverw., linkes Politikverst., Bioernährung, freie Schule, Umweltschutz, Selbstvers., biolog. Landwirt., biolog. Gartenbau, altern. Energie, ökolog. Bauen, Solarstrom-Selbsterzeuger

☺

Wir sind:

- bemüht, eine soziale und ökologisch verträgliche Lebensweise zu erreichen
- der Mittelweg zwischen Stadtrand-Reihenhaussiedlung und Landkommune.

Wir haben:

- den Grundsatz: so viel Gemeinschaft, wie individuell gewünscht
- in Hohenbruch, 12 km nordwestlich Oranienburgs, 57 ha Land gekauft, hiervon sind 56 ha landwirtschaftliche Nutzfläche
- zwei Wohnflügel inmitten unseren Landes mit je vier privat finanzierten Häusern gebaut und leben seit Ende 1999 darin
- einen Gemeinschaftsflügel
- die Häuser nach baubiologischen Gesichtspunkten errichtet
- eine Pflanzenkläranlage, Komposttoiletten, eine gemeinsame Waschküche, gemeinsame Schuppen, Photovoltaik, Holzheizung (Pellets), Lehmöfen, Brunnen, Streuobstwiese, Gärten, Tiere und diverse Sportmöglichkeiten
- noch bis zu vier Baugrundstücke frei und Gemeinschaftsanteile an Acker- und Grünland
- viel Platz für neue Ideen.

Wir suchen bauwillige Menschen:

- denen unser Projekt gefällt: Paare, Singles, Alleinerziehende, Familien, Wohngemeinschaften – Menschen verschiedenen Alters, Herkunft etc.
- die zwischen ca. 40.000 und 47.000 Euro für Land und anteilige Erschließungskosten ausgeben und ihr Haus – über die üblichen Wege – finanzieren können.

Noch sind 4 Bauplätze (die Häuser 9 bis 12) frei!!! Mehr Häuser dürfen wir nicht bauen.

☺ Geld, um Land und eigenes Haus zu finanzieren; Bereitschaft, Konzept mitzutragen

Ökologische Siedlung Braamwisch e.V.

Braamwisch 10 | 22175 Hamburg ☎+49-(0)152 018 251 83
info@ecoact.de www.wohnhof-braamwisch.de

1998 1,3 ha 100-150

d, e
Alle Betroffenen entscheiden gemeinsam (wir sind sehr um Konsens bemüht).
individuelle Finanzierung Privateigentum mit Gemeinschaftsflächen
ökologisch
ökolog., selbstverw., altern. Energie, ökolog. Bauen, appropriate technologies

Wasser und Energie sparen, gesund wohnen und sich gegenseitig nachbarschaftlich unterstützen ist das Motto des Projektes. Neben ökologischen Baumaterialien, Niedrigenergiehaus-Standard und solarer Energiegewinnung sind Komposttoiletten ohne Wasserverbrauch und die eigene Abwasserreinigung in Pflanzenkläranlagen, sowie Regenwassernutzung weitere ökologische Bausteine. Das besondere Element der ökologischen Siedlung Braamwisch ist die Möglichkeit der individuellen Lebensraumerweiterung durch Grünflächen dort, wo in konventionellen Siedlungen Parkplätze gebaut werden müssen. Durch die Zusammenarbeit mit „Greenwheels“ (Car-Sharing) sind auch diejenigen umfassend mobil, die kein eigenes Auto haben. Mit unserem Hamburger Verein ecoact leisten wir Bildungsarbeit im Bereich Ökologie, Umwelt- und Klimaschutz und realisieren Projekte. Unser erstes Projekt war seinerzeit die ökologische Siedlung Braamwisch.
Wir sind Mitglied im Internatioal Network for Sustainable Energy und seit 2008 nehmen wir als NGO Beobachter*innen an den jährlichen UN-Klimakonferenzen teil.

International Network for Sustainable Energy (INFORSE): www.inforse.org

Ökumenische Gemeinschaft/Laurentiuskonvent

B5

Hintere Steinstr. 4 | 34474 Diemelstadt-Wethen ☎+49-(0)1511-866 13 86
gaestegruppe@oeg-wethen.de oeg-wethen.de

1975 (bei Warburg/Kassel/Paderborn) ♀20 ♂17 2 37

d, e, f, portugies. 3 Personen in assoziierten Büros, 4 ehrenamtlich
Plenum, Arbeitsgruppen (Konsens)
1 Einkommensgemeinschaft, 2 Haushaltskassen, individuell
Eigentum des Laurentiuskonvent, Bewohner zahlen Miete
ökumenisch-interreligiös
Beitragen zu Gerechtigkeit, Frieden und Bewahrung der Schöpfung
ökolog., selbstverw., linkes Politikverst., gewaltfrei, spirit., christl., ökumen., inneres Wachstum, Meditation, Bildungsarbeit, Tagungshaus, Friedensarbeit, Umweltschutz, Supervision, Intervision, Integration von Geflüchteten

☺

Die Stichworte „Gerechtigkeit“, „Frieden“ und „Bewahrung der Schöpfung“ beschreiben Ziele und Werte, die wir sowohl innerhalb unserer eigenen Gemeinschaft als auch im Blick auf die eine „Weltfamilie“ anstreben. Wir meinen, dass sich darin unser Christsein realisiert. Vor dem Hintergrund und in Auseinandersetzung mit der christlichen Tradition suchen wir nach einer zeitgemäßen Spiritualität, die das (Über)Leben und die Eine Welt fördert.

Wir sind dabei offen für Menschen anderen Glaubens, auch für solche, die sich als Agnostiker*innen verstehen. In unserer Gemeinschaft möchten wir Wege zu einem friedlichen Miteinander erproben, die nicht dem gesellschaftlichen Trend zur Wettbewerbs- und Wachstumsideologie sowie der Individualisierung folgen. Dabei ist uns der Zusammenhang zwischen dem gemeinschaftlichen Leben und unserer Umgebung – vom Dorf Wethen bis zur weltweiten (ökumenischen) Ebene – sehr wichtig. Wir wollen zur Veränderung von Kirche und Welt beitragen, dies durch Friedensarbeit nach innen und nach außen. Wir setzen auf nachhaltige Nutzung (durch z.B.: Carsharing; Kleider- und Büchertausch) und regionale Einkäufe.
Auf unserem Gelände befinden sich drei bundes- bzw. europaweit tätige Büros für Frieden („Gewaltfrei handeln"; „Church and Peace") und Lebensstilfragen („ÖIEW/Erdcharta"), in denen auch Mitglieder der örtlichen Gemeinde arbeiten. Im Nachbardorf Warburg-Germete betreiben wir ein Tagungshaus, die „Zukunftswerkstatt Ökumene". Unser Altersdurchschnitt ist hoch. Darum freuen wir uns besonders auf jüngere Menschen, die mit uns leben wollen.

🌍 Laurentiuskonventstationen in Laufdorf & Hamburg-Hafencity
☺ siehe unsere Website

Open Sky House Internationale Satsang und Kunstgemeinschaft ‹A5›

Rheinstraße 54 | 51371 Hitdorf am Rhein ☎ +49-(0)2173-409 92 04
✉ office@openskyhouse.international 💻 www.openskyhouse.international

2004 | ca. 2500 m² (bei Köln, Düsseldorf) | ♀11 ♂7 2 18

d, e, f, dänisch, russisch, flämisch, niederländisch — alle Bewohner*innen
alle Bewohner*innen plus freiwillige Helfer*innen
alle Bewohner*innen in gemeinsamen Community-Meetings (ohne Entscheidungsstruktur)
gemeinsame Haushaltskasse, gemeinsame Ökonomie, individuelle Finanzierung
gemietet
Satsang und Kunstgemeinschaft um den spirituellen Lehrer John David (ehemals Premananda) (auf der Grundlage von Advaita)
Kochen, Gästehaus, Garten, Renovierung/Ausbau des Hauses, Seminarbetrieb, Verwaltung
selbstverw., Leiter*in/Führer*in/Guru, spirit., inneres Wachstum, Meditation, Yoga, Tantra, Sexualität, Bioernährung, veget., Tagungshaus, Humor, Satsang, Kreativität (Musik, bildende Kunst, Tanz, Theater, Fotografie, Design), Körperarbeit, Osho Meditationen, Karma Yoga

☺

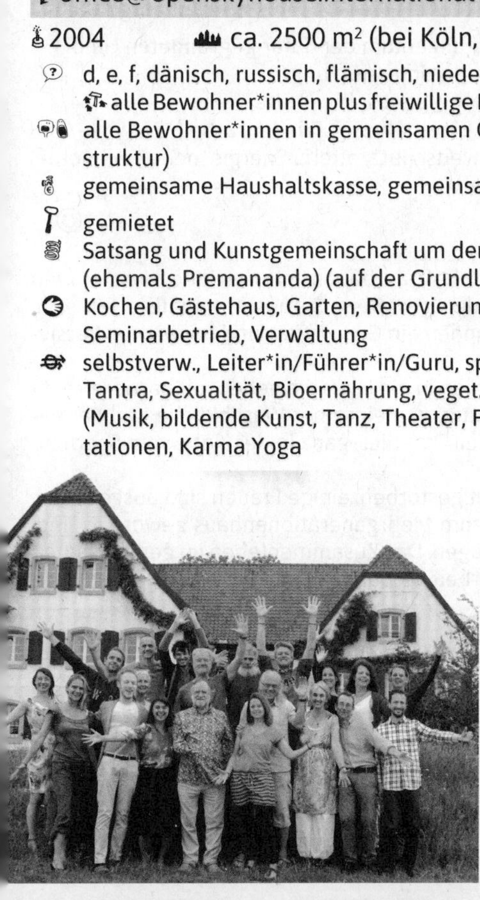

Open Sky House – eine Gemeinschaft für gelebte Bewusstheit.
Sie ist offen für alle, die sich selbst in ihrem tiefsten Inneren kennenlernen möchten. Es geht dabei nicht um unsere Geschichten und Dramen, sondern vielmehr um unsere wahre Natur. Die Frage „Wer bin Ich?" ist der Fokus der Gemeinschaft.
Der Alltag in der Gemeinschaft – Seminarbetrieb, Gästehaus, Verlag, Garten, Kunst, Kreativität, Spiel und Intimität – wird genutzt,

ewohnheitsmäßige Art unseres Handelns zu sehen. Wenn wir frei sind von unseren aften Reaktionen und Mustern, wird der Verstand still. Wenn wir dem Lärm in eigenen Kopf nicht mehr glauben und in der Gegenwart präsent sind, kann sich unser Leben transformieren.
Die Community bietet ein wöchentliches Programm. Freitag- und Montagabend gibt es Satsang mit John David, mittwochs Energie-Darshan mit Mantra-Singen, täglich Yoga und Meditation. Kreativität steigt aus der Stille auf. Die Gemeinschaft unterstützt alle Formen des kreativen Ausdrucks. Die Open Sky Band und andere Musiker*innen spielen zu verschiedenen Anlässen, es gibt Ausstellungen mit Malerei, Skulpturen, Töpferware und Schmuck. Es gibt ein Mal- und ein Videostudio. Das Open Sky Haus heißt alle herzlich willkommen. Komm uns besuchen, werde still, sei wie du bist. Du kannst jederzeit kommen als Gast oder Helfer*in.

☺ Mietkaution, Spende, Bereitschaft, an sich selbst mit Hilfe unseres spirituellen Lehrers zu arbeiten

Paradies Wohn-GmbH Frauenwohnprojekt

B10

Rosenlächerweg 2A | 78462 Konstanz
☎ +49-(0)7531-365 96 83
info@paradieswohn-gmbh.de
paradieswohn-gmbh.de

2010 | 1400 m² | ♀10 | 4 | 14

d, e, sp | 10 unentgeltlich

gesamte Gruppe (Konsens)

Eigentum der dafür gegründeten GmbH

ökologisch, basisdemokratisch, gegenseitige Unterstützung

Selbstverwaltung von Haus und Grundstück, gegenseitige Hilfe

ökolog., selbstverw., feminist., gewaltfrei, Bioernährung, Friedensarbeit, Entwicklungshilfe, geistig/psych. Behinderte, Umweltschutz, altern. Energie, neue Technologien, ökolog. Bauen, barrierefrei, rauchfrei

☺

Passivhaus für aktive Frauen!
Die Gründerinnen wollten eine Hausgemeinschaft aufbauen mit der Idee, dass Frauen in Gemeinschaft selbstbestimmt ihr Älterwerden gestalten. Sie institutionalisierten sich, wurden Mitglied des Mietshäuser Syndikats, fanden ein Grundstück und bauten ein Passivenergiehaus.
2010 konnten 10 Frauen im Alter von 54-70 Jahren in ein Haus einziehen mit barrierefreien Wohnungen, Gemeinschaftsraum, Garten, Aufzug, gemeinsamer Waschküche und Ferienwohnung. Das Haus liegt im Konstanzer Stadtteil Paradies, ganz in der Nähe vom Seerhein und der Schweizer Grenze.
Inzwischen hat sich viel verändert, eine Frau ist gestorben, einige Frauen sind ausgezogen. Das hatte unter anderem zur Folge, dass wir zum Mehrgenerationenhaus geworden sind. Es sind drei jüngere Frauen mit Kindern eingezogen. Das Zusammenleben im gemeinsamen Haus ist bereichernd und natürlich auch mit Arbeit verbunden.

Mietshäuser Syndikat

☺ GmbH-Anteil, Direktkredit (Mindestbetrag), Aufgabenübernahme im Rahmen der Selbstverwaltung

PermakulturHaus Göttingen e.V.

C5

Initiative für Kooperation zwischen Mensch und Natur

Kerllsgasse 4 | 37083 Göttingen ☎ +49-(0)551-797 56 95, +49-(0)174-396 68 63
kaja@erdklang.eu www.permakulturhaus-goettingen.de

2012 450 m² 1 % ♀7 ♂5 12

d, e 3, aber bisher lebt keine*r davon

alle gemeinsam (Konsens) gemeinsame Finanzierung bestimmter Bereiche

Vereinseigentum - soll sich selber gehören (später vielleicht Stiftung)

Transition-Movement

Gemeinschafts-Haus-Sanierung und Gartenarbeit

ökolog., selbstverw., linkes Politikverst., gewaltfrei, spirit., inneres Wachstum, Bioernährung, veget., vegan, Bildungsarbeit, Tagungshaus, körperl. Behinderte, Tierschutz, Umweltschutz, Permakultur, biolog. Gartenbau, altern. Energie, ökolog. Bauen, Kooperation mit der Natur, Nachhaltigkeit, Transition Bewegung

☺

Wir wollen:

- gemeinschaftlich leben in alten Fachwerkhäusern in Göttingen, die „sich selbst" gehören, in Kooperation mit der Natur, die wir bei jeder Entscheidung „mit an den Tisch holen"
- unter Anwendung von Permakultur-Prinzipien und Wiederverwendung von „Abfall" größtmögliche Nachhaltigkeit in unserem Wohnen und Alltag erreichen
- Ausdruck von Verbundenheit und Spiritualität durch unser Leben
- mit der Anwendung von Urban-Gardening-Ideen, in enger städtischer Bebauung, teilweise biologische Selbstversorgung erproben und gleichzeitig Lebensraum für Tiere schaffen, und erforschen, wie all dies umsetzbar ist
- als Modellprojekt Lösungen finden - nachmachbar für jede*n
- die Machbarkeit von Haussanierung als Gemeinschaft, mit Einsatz von Zeittausch statt Geld, mit Materialbörse und Recyclingmaterial erproben
- wieder erlernen, die notwendigen Dinge selber zu machen
- Verbindung von Stadt und Land mit einem Gemeinschaftshaus
- unsere Erfahrungen dabei dokumentieren und weitergeben

Die Gemeinschaft besteht dabei aus den Menschen, die in den Häusern leben, aber auch aus Menschen, die im Umfeld leben, aus Unterstützer*innen, aus den hier lebenden Tieren, Pflanzen, Naturwesen.
In einem Fachwerkhaus leben vier von uns als Hausgemeinschaft. Andere aus der Gruppe wohnen in ihren Mietwohnungen drum herum. Ein zweites gemeinschaftlich gekauftes Haus soll Gemeinschaftshaus werden und wird derzeit dafür saniert und umgebaut. Wir wollen zukünftig als Gemeinschaft den ganzen Stadtteil (Stadtrandlage) bewohnen, in WGs, Hausgemeinschaften, individuellen Wohnungen und als Genossenschaft.
Zum Jahresanfang findet immer wieder ein kleines Dragon Dreaming statt, um neue Menschen in die Gruppe einzubeziehen und zusammenzuwachsen. Wir freuen uns über Menschen, die mit uns gemeinsam dieses Projekt aufbauen wollen.

Transition Town Göttingen, Urban Gardening Netzwerk, Zeittauschbörse, Solidarische Landwirtschaft

☺ Kauf/Ausbau von Wohnraum in Kooperation mit der Natur

Poppau 21

Poppau 21 | 38489 Beetzendorf ☎+49-(0)39000-905 954

1999 1,5 ha (bei Klötze, Salzwedel) 60 % ♀9 ♂7 6 22

d, e

alle Vereinsmitglieder (Konsens minus 1) individuelle Finanzierung

ein Verein

Alltag, mit allem was dabei anfällt, zusammen leben

ökolog., gewaltfrei, Bioernährung, Humor, generationsübergreifend

Wir sind ein generationsübergreifendes Wohnprojekt im alten Ortskern von Poppau; 1 km vom Ökodorf Sieben Linden entfernt (siehe Eintrag auf Seite 214).
Wir leben einen gemeinsamen Alltag mit all unseren Gemeinsamkeiten und Unterschieden. Das ist oft sehr harmonisch, manchmal chaotisch und immer lebendig.

Puls der Erde

D9

Gemeinschaft zur Erforschung & Verbreitung nachhaltiger Lebensweisen

Lenzwald 2 | 84570 Polling ☎+49-(0)8630-986 86 48
willkommen@pulsdererde.org www.pulsdererde.org

2015 1,8 ha (bei Mühldorf am Inn) 90 % (Gemüse)

♀6 ♂3 4 13

d, (e) 3 3-5

Gemeinschaft (Konsenz oder 3/4-Mehrheit)

gemeinsame Haushaltskasse, solidarische Landwirtschaft

Eigentum des Vereins Puls der Erde e.V.

Liebe zur Erde

regenerative Solidarische Landw., Persönlichkeitstrainings, Seminar- & Gästehaus

ökolog., selbstverw., inneres Wachstum, Bioernährung, Bildungsarbeit, Tagungshaus, Tierschutz, Umweltschutz, Selbstvers., Permakultur, biolog. Landwirt., biolog. Gartenbau, ökolog. Bauen, Humor, Humusaufbau im Boden und im Menschen

☺

Wir leben auf einem Planeten, auf dem alle Wesen über ein globales Beziehungsnetz miteinander verbunden sind. Unser Anliegen besteht darin, uns wieder mit der Erde und ihren Lebewesen bewusst zu verbinden und uns von dem durch uns selbst verursachten Zustand der Welt treffen zu lassen, den Schmerz zu fühlen und diesen als Treibstoff zu verwenden, um zu handeln, zu erforschen und zu experimentieren, wie ein nachhaltiges Miteinander unter uns Menschen, aber auch mit der Erde und ihren Lebewesen aussehen und funktionieren kann.

Wir sind es, die die Samen in die Erde legen, damit unsere nächsten Generationen ernten können. Lasst uns unseren Kindern diese Art der Nahrung tagtäglich und völlig selbstverständlich zukommen, so dass sie zu verantwortlichen Erwachsenen heranwachsen, die mithelfen, unsere Erde wieder in eine blühende Oase zu verwandeln.
Wir tun dies, indem wir am Humusaufbau im Boden (regenerative & solidarische Landwirtschaft) und am Humusaufbau im Menschen (Persönlichkeitsentwicklung) arbeiten und uns mit anderen Menschen und Organisationen vernetzen, denen dies ebenfalls am Herzen liegt.
Ein Film über regenerative Landwirtschaft am Lenzwald:
eurotopia.de/buchlinks → Nummer 7586.

→Siehe auch Beschreibung des Netzwerks „**GEN Europe**“
🌍 Solidarische Landwirtschaft, Artabana, SauRiassl Syndikat
☺ selbstverantwortliche Menschen, die sich in unsere Gemeinschaft „hineinlieben“

Quartier Am Albgrün

B8

Auf den Eiswiesen 1 | 76185 Karlsruhe
wohnen@am-albgruen.de am-albgruen.de

2016 (bei Stuttgart)
Hausgemeinschaften, Albgrün-Verwaltung, Albgrün-Verein (Mehrheitsentscheidung)
Eigentum der einzelnen Projektgruppen
Gemeinschaftsräume, Gestaltung, Garten, Gemeinschaftsbildung, Nachbarschaftshilfe, Öffentlichkeitsarbeit, Interne Kommunikation
ökolog., selbstverw., ökolog. Bauen, barrierefrei, Mehrgenerationenwohnen

Das Quartier Am Albgrün ist ein Mehrgenerationenwohnprojekt in Karlsruhe-Grünwinkel. Seit 2016 leben über 150 Menschen in sieben Wohngebäuden und gestalten das Gemeinschaftsleben im Wohnprojekt - gemeinschaftlich, selbstbestimmt und ökologisch. Leben und Wohnen im Mehrgenerationenwohnprojekt heißt, mit Gleichgesinnten etwas Neues anzufangen, nämlich den verloren gegangenen Zusammenhalt von Jung und Alt wiederzufinden.
Unsere Projektstruktur ist vielfältig: Eigentümer*innen in Baugemeinschaften, Genossenschaftliches Wohnen (GeniAl e.G.), und Wohnen zur Miete (in Kooperation mit der stadteigenen Volkswohnung GmbH). Alle Gruppen verbindet aber, dass sie gemeinsam leben und achtsam miteinander umgehen wollen. Wir wollen vom bisherigen Bild der anonymen Wohnblocks abrücken und das Positive der früheren Dorfstrukturen wieder aufleben lassen. Verschiedene Arbeitsgemeinschaften kümmern sich um die Organisation der drei Gemeinschaftsräume, die Gestaltung der Außenflächen, die Pflege der Grünanlagen und des Gemeinschaftsgartens, Themen der Gemeinschaftsbildung, Nachbarschaftshilfe oder Öffentlichkeitsarbeit und die interne Kommunikation. Verwaltungsaspekte regelt die Albgrün-Verwaltung GbR, soziale und kulturelle Aspekte der Albgrün-Verein e.V.
Wir verbinden individuelle Freiheit und lebendige Gemeinschaft. Das Gemeinschaftsleben im Projekt wird vor allem in den gemeinschaftlichen Außen- und Grünflächen und den Gemeinschaftsräumen gestaltet. Jede*r Projektpartner*in (Baugemeinschaften, Genossenschaft, Volkswohnung) steuert einen Gemeinschaftsraum zum Projekt bei. Unser Leitbild regelt als Selbstverpflichtung ein gutes Zusammenleben und eine gute Kommunikation in einem vielfältigen und diversen Wohnprojekt.

☆ **Quecke** linkes Landprojekt mit Schwerpunkt Antidiskriminierung E3

Cöthen 8 | 16259 Falkenberg
info@quecke.net quecke.net

2013 | 2 ha (bei Bad Freienwalde) | 9-10

d, e | 5

Vollversammlung (Konsensverfahren)

gemischte / gestufte solidarische Modelle | entprivatisiert

links, emanzipatorisch, nicht-heteronormativ, patriarchatskritisch

Seminarhausbetrieb, Gebäude- und Geländepflege mit viel Eigenanteil, politische Teilhabe

selbstverw., linkes Politikverst., feminist., Bildungsarbeit, emanzipatorisch, antiklerikal

☺ ( )

Die Quecke wird von einer kollektiven Struktur verwaltet. Nicht alle Mitglieder dieser Struktur wohnen auf dem Projekt. Alle Aktivitäten des Projekts sind in Arbeitsgemeinschaften organisiert. Die Mitarbeit in einigen AGs ist verpflichtend.
Wir leben in zwei Wohngruppen, davon eine in Bauwägen. Der größere Teil der beheizbaren Flächen gehört zum weitgehend in unbezahlter Arbeit betriebenen Seminarhausbetrieb oder wird gemeinschaftlich genutzt, z.B. als Werkstätten. Eine der beiden Wohngruppen definiert sich als LFT*I-Raum (Lesben/Frauen/Trans*/Inter). Das Projekt ist im Aufbau und erfordert einen gewissen Anteil an organisatorischer und praktischer Arbeit.

Aus dem Selbstverständnis:
„Die Quecke wurde aus queeren und feministischen Zusammenhängen als ein halb-offener Ort gegründet (...). Der nicht-heteronormative und patriarchatskritische Charakter des Ortes soll erhalten bleiben und gefördert werden. Es soll weiterhin ein geschlechter-reflektierender Raum erhalten bleiben und gefördert werden. Wir möchten versuchen, unterschiedliche Lebensrealitäten mitzudenken und repressive Strukturen, die wir als feste Bestandteile einer kapitalistischen Gesellschaft erkennen und ablehnen, nicht zu reproduzieren."

☺ Mitarbeit in Arbeitsgemeinschaften und Selbstorganisation,
Mitarbeit beim Projektaufbau

☆ **Rawaule** Anders Leben und Lernen e.V. B4

Rawaule 5 | 32694 Dörentrup ☎ +49-(0)5265-955 8277
kontakt@rawaule.net rawaule.net

2015 | 5000 m² (bei Lemgo/Detmold/Bielefeld) | 20 % | ♀3 ♂5 | 8

d, e | ca. 50 %

alle gemeinsam (Konsens, soziokratische Verfahren)

gemeinsame Finanzierung best. Bereiche; Ziel: gem. Ökonomie

in Freikauf aus privatem Eigentum > Übergabe in eine Stiftung

keine ideologischen/spirituellen Grundsätze

Dorfentwicklung, ökologische Aktivitäten (Bauen, Renovieren, Permakultur...)

ökolog., selbstverw., gewaltfrei, christl., buddhist., anthroposoph., inneres Wachstum, Meditation, Yoga, Bioernährung, veget., Bildungsarbeit, freie Schule, Tagungshaus, Friedensarbeit, Umweltschutz, Selbstvers., Permakultur, biolog. Gartenbau, altern. Energie, neue Technologien, ökolog. Bauen, Bau, Humor, Achtsamkeit, GfK

☺ (✋✋)

Wir sehen die Rawaule als Begegnungsort für Denkfreiheit, Kreativität und Wissenstransfer. Somit sind wir auch Treffpunkt für Menschen, die sich mit Themen der Spiritualität und Philosophie zur Gesundung der gesellschaftlichen Verhältnisse beschäftigen. Dies mündet in praktischen Projekten auf Gebieten wie Transition Town, Permakultur, Bauen für die Sinne, Tanz, Spiel und Kultur.
Perspektivisch möchten wir als Impulsgeber der Transition-Town-Bewegung ins Dorf hineinwirken und mit Tausch- & Schenkraum, einer Food-Kooperative oder dem Wiederaufbau des Backhauses die Nachbarschaft stärken. Die Natur ist unser Lehrmeister. Wir wollen einen ästhetischen Ort erschaffen, in dem die Belange von Mensch, Tier und Pflanze harmonisch aufeinander abgestimmt sind. Das gemeinsame Handeln ist getragen von Humor, Lebensfreude und dem Bestreben nach friedlichem, wertschätzendem Umgang. Dabei helfen uns Werkzeuge der GfK und des Redekreises. Die Wichtigkeit einer inneren Schattenarbeit ist uns bewusst.
Unsere gemeinschaftlichen Projekte wollen wir Schritt für Schritt umsetzen. Dazu bringt sich jede*r eigeninitiativ mit ihren/seinen Fähigkeiten und Gaben ein. Gesunde, faire und ökologische Ernährung aus unserer großen Gemeinschaftsküche sind uns ebenso wichtig wie Naturverbundenheit und Selbstversorgung. Wir lassen uns inspirieren von Gruppen wie der Wilden Karawane und der WanderUni, denen wir gerne Raum geben. Die Vernetzung mit anderen Gemeinschaften und Initiativen gibt uns befruchtende Impulse für ein anderes Leben, Lieben und Lernen.

→Siehe auch Beschreibung des Netzwerks „**GEN Deutschland**"
SoLaWi, Transition-Town-Bewegung
☺ aktives Engagement für Wandel in allen Lebensbereichen

Regenbogenfabrik

E4

Kinder-, Kultur- und Nachbarschafts-Zentrum

Lausitzer Str. 22 | 10999 Berlin-Kreuzberg ☎+49-(0)30-695 795-0
info@regenbogenfabrik.de www.regenbogenfabrik.de

1981 ca. 100
e, f, sp, i, arabisch alle
alle (im Plenum mit Konsens) solidarisch, d.h. gemeinsame Finanzierung
Hostel, Fahrradverleih, Kantine, Selbsthilfe-Werkstätten, Kino, Kita
selbstverw., linkes Politikverst., gewaltfrei, Tagungshaus, Humor, Kollektiv, Hostel

Die Regenbogenfabrik entstand aus der Westberliner Instandbesetzer*innen-Bewegung. Vor mehr als 30 Jahren hatten ca. 50 junge Menschen im Protest gegen Bau-Spekulation und Abriss die damals leerstehende Fabrik besetzt. Die maroden Gebäude wurden und werden liebevoll instandgesetzt; die Höfe begrünt und als Spielgelände für die Kinder zugänglich gemacht. Die Idee, solidarisch zu arbeiten und auf lokaler Ebene mit der Beteiligung der bunten Nachbarschaft soziale Projekte zu entwickeln und auszubauen, hat immer mehr Gestalt angenommen. Die Ansammlung der Remisen der ehemaligen Fabrik umrahmen den Hof der Regenbogenfabrik. Zusammen mit dem alten Ziegel-Schornstein des ehemaligen Dampfsägewerks stehen sie als Gebäude-Ensemble unter Denkmalschutz.
Heute leben in der Gemeinschaft vor Ort 34 Menschen, weitere etwa 60 nehmen in unterschiedlicher Weise an dem Projekt teil und leben außerhalb. Im großen Kinosaal veranstalten wir Feiern, Konzerte und Kulturabende. Feste und Basare gibt es übers Jahr verteilt. Als Handwerksprojekte haben wir eine Selbsthilfe-Tischlerei und eine Selbsthilfe-Fahrradwerkstatt

- auch für Kinder. Wir betreiben auch eine Kantine, eine Kindertagesstätte, ein Café und ein Kino. Wir bieten Musikübungsräume und preiswerte Übernachtungsmöglichkeiten in unserem Hostel, das Platz für 36 Menschen bietet. Alle Projekte sind – wie die ganze Regenbogenfabrik – basisdemokratisch organisiert. Wir freuen uns auf Euren Besuch!

Samana Seminar-Haus & Osho-Platz

E6

Niederpöbel 27 | 01744 Dippoldiswalde/ OTSchmiedeberg

+49-(0)35052-224 56

info@samana-erzgebirge.de www.samana-erzgebirge.de

1999 | 2,5 ha (bei Dresden) | ♀6 ♂3 9

d, e | 4 2

alle Betroffenen (Konsens) | Haushaltskasse

Eigentum

Osho-Bewegung, buddhistische Lehre, Achtsamkeitsbewegung

Instandhaltung des Platzes, Seminarbetreuung (Kochen, Zimmerservice, etc.)

selbstverw., gewaltfrei, spirit., esoter., inneres Wachstum, Meditation, Tagungshaus, Bau, Humor, Seminarhaus, Seminarräume, Gästezimmer, Urlaub, Kreativität, Zusammen leben, Meditation, Natur, Stille, Retreat, Einzelretreat, Kultur in Dresden

☺

Gegründet wurde das Samana im Jahre 2013 auf den Grundsteinen des damaligen Osho Manjusha Meditationszentrums. Der weitläufige Platz mit mehreren Häusern umfasst 25.000 m² mitten im Landschaftsschutzgebiet im Osterzgebirge mit Wäldern, Wiesen und Bächen. Im Samana SeminarHaus bieten wir unsere vielfältig geeigneten Räumlichkeiten und Gästezimmer an. Unser Markenzeichen und besonderer Schatz ist die 200 m² große ovale Meditationshalle, die wir gerne für Seminare vermieten. Zu manchen Veranstaltungen kommen Menschen aus der ganzen Welt hier nach Schmiedeberg. Es sind Veranstaltungen wie Yoga, Tantra, Heilfasten, Buddhismus, Schamanismus, Bodywork, spirituelle Bewusstseinserweiterung und vieles mehr, die wir betreuen. Wer in der Gemeinschaft lebt, ist eingeladen dies (z. B. als Köch*in) zu unterstützen. Auf diese Weise ist die gemeinsame Seminarbetreuung ein verbindendes Projekt, das zur Erhaltung des Platzes beiträgt.
Auch in den ruhigen Zeiten zwischen den Seminaren ist das Gemeinschaftsleben ein Abenteuer mit vielen Möglichkeiten: Meditationen, zusammen leben und feiern... Wer kreative Ideen hat, kann hier vieles umsetzen; ein Fundus an Materialien, Musikinstrumenten und Räumen steht zur Verfügung. Die Individualität und die persönliche Weiterentwicklung, sowie ein erfülltes und bewusstes Leben zu führen, ist uns allen wichtig. Die Wege dorthin scheinen manchmal unterschiedlich zu sein. Doch wenn es um unseren großen, schönen Platz mit seiner stillen, liebevollen und lebendigen Energie geht, sind wir uns einig.

☺ finanzielle Selbstständigkeit, Interesse am Gemeinschaftsleben

Sannerzgemeinschaft

C7

Sannerzhaus - Lindenstraße 13 | 36391 Sinntal-Sannerz ☎ +49-(0)6664-402 498
sannerz@bruderhof.com www.bruderhof.de

1920 3 ha (bei Fulda, Frankfurt a.M.) ♀7 ♂7 3 17

d, e 10

alle Betroffenen gemeinsam (Konsens)

Einkommensgemeinschaft, Gütergemeinschaft gemeinsames Eigentum

gewaltfreie Jesusnachfolge

Wald, Garten, Feld, Haus, Werkstatt

gewaltfrei, christl., Humor

☺

Wir sind eine christliche Lebens- und Arbeitsgemeinschaft, die zur Bruderhofbewegung gehört. Diese Bewegung besteht aus mehr als 2700 Menschen, die in über zwanzig Siedlungen in vier Kontinenten leben. Wir sind ein Bund von Familien und Singles, die im Geiste der ersten Gemeinde in Jerusalem Jesus ohne Kompromisse nachfolgen wollen. Dabei verzichten wir gerne auf Privatbesitz und teilen alles miteinander.
Während die meisten von uns in größeren, meist ländlich gelegenen Gemeinschaften leben, sind wir eine kleine Gemeinschaft direkt in der Ortschaft Sannerz.
In unserem Haus begann im Jahr 1920 die Bruderhofbewegung. Hier fanden die Pfingsttreffen der Jugendbewegung statt, das Ringen um ein friedliches Miteinander und die intensiven Erwartungen und der Enthusiasmus für eine neue Art, den Glauben an Gott praktisch umzusetzen.
Wir leben auf diese Weise, weil die Jesusnachfolge nicht nur einen Teil, sondern unser ganzes Leben umfassen soll. *Foto auf Seite 15*

->Siehe auch Beschreibung des Netzwerks „**Bruderhof-Gemeinschaften**"
☺ einfach mitleben

Saor Thoil Clan Clankolonie Altenstein

C7

Wilhelm-von-Stein-Straße 28 | 96126 Altenstein

2007 2000 m² (bei Coburg) 20 % ♀3 ♂3 0 6+

d, e, f unterschiedlich nach Bedarf

alle, die von einer Sache betroffen sind, letzte Instanz der Thane/in oder Stellvertreter/in (Diskussion)

am ehestem vergleichbar mit einem frühen tribalen Feudalwesen, also individuelle Abmachungen -> Urbar

Allodialbesitz

puh, schwierig

Landwirtschaft, Industrie, Handel, Gastronomie, Nomadentum (jagen, sammeln, abbauen)

ökolog., selbstverw., anarchist., Bioernährung, Tierschutz, Umweltschutz, Selbstvers., Permakultur, biolog. Landwirt., biolog. Gartenbau, altern. Energie, neue Technologien, ökolog. Bauen, Bau, Humor, handyfrei, rauchfrei, akephal, archaisch, souverän

☺

Wir sind die Saor Thoil - wir sind ein Stamm/Clan im (Wieder-)Aufbau. Wir hatten genug von Verinselung und aus Schwäche und Wehrlosigkeit resultierendem Arbeitszwang durch das Sklavensystem. Also organisierten wir uns anfangs als Freundeskreis zu etwas, das im Stande ist, fremde Übergriffigkeit auf unsere Lebenszeit und Lebensführung besser abzuwettern - ganz so wie einst Stämme die Unbilden ihrer Zeit und Umwelt zu meistern versuchten.
Mit der Zeit gelangten wir an Land und sind seither damit befasst, die vormalige Diaspora zu überwinden und eine eigene Kultur zu entwickeln.
Wichtig ist uns dabei vor allem, erst einmal die technischen Zwänge und die Sklavendinge des Systems zu überwinden und einen zu unserer sich entfaltenden Kultur passenden Technologiebaum zu entwickeln, der unsere Abhängigkeiten weiter reduziert - am besten alles aus eigenen Gedanken, eigener Kraft und mit eigenen Mitteln. Es gibt keinen Fortschritt, nur immerwährende Veränderung.
Jetzt hier eine nähere Detailbeschreibung zu versuchen, ist etwas unsinnig, da sich bis zum Erscheinen des Buches wieder viel verändert haben könnte...

☺ logisches Denken, minimalistischer Lebensstil, keine Egowichse/Narzissmus

Schloss Oberbrunn

D9

Lebensgemeinschaft und Zentrum für intensive Gruppenprozesse
Seeoner Straße 4-6 | 83132 Oberbrunn/Pittenhart ☎+49-(0)8624-879 59 62
gemeinschaftsbildung@t-online.de www.schloss-oberbrunn.eu

2011 1,6 ha (bei Obing, Bad Endorf (Bahnhof)) ♀7 ♂3 6 16
d
3 3
alle Beteiligte (Konsens) Haushaltskasse für gemeinsames Essen
GmbH und Co. KG
Interesse an intensiven Gruppenprozessen, verbal, nonverbal; Verbindlichkeit
Seminarbetrieb, Organisation von Seminaren im deutschsprachigen Raum
ökolog., selbstverw., gewaltfrei, inneres Wachstum, veget., Tagungshaus, Umweltschutz, biolog. Gartenbau, altern. Energie, ökolog. Bauen, Humor, rauchfrei

☺

Wirklich tiefe Gemeinschaft hat ihren (zeitlichen) Preis. Wer einmal erlebt hat, wie erfüllend intensive Gemeinschaft sein kann, weiß, wovon wir sprechen. Es braucht dafür ein tragendes Gefäß, so wie bei einem Workshop der verbindliche Rahmen wichtig ist, damit etwas entstehen kann. Dies sind bei uns die gemeinsamen Abende (3-4 Abende, Mo-Do), bei denen wir mittels der Kommunikationsempfehlungen nach Scott Peck und den Pausen zwischen den Beiträgen im Miteinander wachsen. Die Stille zwischen den gesprochenen Beiträgen erleben wir als sehr heilsam, sie lässt Raum um in uns zu horchen, zu fühlen und die negativ besetzten Gefühle anzunehmen. Bei einer gelösten, transformierten Gemeinschaftsenergie lassen sich die materiellen Dinge viel leichter lösen. Die Konflikte können nicht schwelen und werden angeschaut und abgearbeitet. Dabei entsteht inneres Wachstum.
Wir möchten die Balance zwischen Freiheit und Verbindlichkeit, zwischen Individuum und Gruppe, zwischen verbal und nonverbal mit weiteren Methoden erforschen. Wichtig sind für uns dabei die sprachlichen Prozesse, da sie am meisten dazu beitragen eine offene Atmosphäre untereinander beizubehalten, zu üben mit Sprache Nähe zu schaffen, im Kreis zu sitzen als eine „group of all leaders“ - siehe auch Gemeinschaftsbildung nach Scott Peck (www.gemeinschaftsbildung.com) oder Council.

☺ Interesse an Gemeinschaftsbildung nach Scott Peck

Schloss Tempelhof eG

C8

Tempelhof 3 | 74594 Kreßberg ☎+49-(0)7957-9239-030
info@schloss-tempelhof.de www.schloss-tempelhof.de

2010 32 ha (bei Crailsheim, Dinkelsbühl, Würzburg) 70 %
♀55 ♂45 45 145

d, e, sp, polnisch, rumänisch, französisch, russisch, finnisch 50 60

Konsensentscheid im ganzen Dorf, Unternehmer*innenkreis, Kernteams (sechsstufiger Konsens)

vielfältig: Bedarfseinkommen, Einkommensgemeinschaft, Vermögensgemeinschaft, Schenkkreis

Eigentum unserer gemeinnützigen Stiftung

Vielfalt, ehrliche Kommunikation und Begegnung, ökologisch, Alltag als Übung

Landwirtschaft, Gärtnerei, Bäckerei, Imkerei, Kantinenküche, Seminar, Schulerhaus, freie Schule, Waldkindergarten, Jugendarbeit, Schreinerei, Schlosserei, Zirkuswagenbau, Bausanierung

ökolog., selbstverw., gewaltfrei, inneres Wachstum, Meditation, Bioernährung, veget., vegan, Bildungsarbeit, Pädagogik, freie Schule, Tagungshaus, geistig/psych. Behinderte, Selbstvers., Permakultur, biolog. Landwirt., biolog. Gartenbau, altern. Energie, ökolog. Bauen, WIR-Prozess, regelmäßige gemeinschaftsbildende Arbeit, Tempelhof Intensiv-Prozesse

☺ ()

Seit September 2010 wächst und gedeiht im schwäbischen Hohenlohe die „Gemeinschaft und Zukunftswerkstatt Schloss Tempelhof". Das Areal besteht aus 8 Hektar Bauland und 24 Hektar, die nach regenerativen Prinzipien bewirtschaftet werden und in die viel Inspiration aus der Permakultur miteinfließt. Wir betreiben eine freie Schule mit rd. 80 Schülerinnen und Schülern. In einer entspannten vorbereiteten Umgebung begleiten wir die Kinder und Jugendlichen auf ihren selbst gewählten Lernwegen. Außerdem gibt es einen Waldkindergarten, einen Seminarbetrieb mit Gästehaus, eine Gärtnerei und Landwirtschaft als solidarisches Projekt in Zusammenarbeit mit unserer Gemeinschaftsküche, einen Dorfladen, ein Schlosscafé, das erste Earthship in Deutschland, eine Bauwagenmanufaktur, sowie viele private Betriebe und Selbständige.
Die Vision unseres Dorfes ist es, ein übertragbares, nachhaltiges Modell zu sein, um einen Gesellschaftswandel zu unterstützen. Im Mittelpunkt der Gemeinschaft stehen unsere Grundwerte von Solidarität, Vielfalt, All-Leader, Beziehungs- und Kommunikationskultur, Verantwortung für mich und das Ganze – und eine potentialfördernde Ökonomie und Nachhaltigkeit in sozialem, ökologischem und ökonomischem Handeln. Wir leben, arbeiten und feiern gemeinsam – der Alltag wird so auch zur Übung. Alle Entscheidungen beschließen wir im Konsens. Transparenz liegt uns am Herzen, deshalb sind strukturelle Sitzungen für unsere Gäste offen. Wir kommen aus den unterschiedlichsten spirituellen Traditionen und stellen die authentische Begegnung zwischen Menschen in den Mittelpunkt. Unser vorrangiger Gemeinschaftsbildungsprozess ist der Wir-Prozess nach Scott Peck. Wir haben viele Gäste am Platz: Seminargäste, Unterstützer*innen, Gasthelfer*innen. Wir freuen uns, dass auch immer mehr junge Menschen zu uns kommen und in verschiedenen Zusammenhängen (z.B. FÖJ) eine Weile bei uns verbringen.
Mit unserer Grund-Stiftung am Schloss Tempelhof beraten und begleiten wir Initiativen im ganzen deutschsprachigen Raum bei deren Gruppenbildung, strukturellen Fragen und auch konkret beim Ankauf.

Die Gegenwart ruft genau nach dem, was wir tun: Die eigene Sehnsucht als Chance zu begreifen und Herzensmut zu entwickeln - für sich, für ein gelebtes WIR und für unsere Erde.

→Siehe auch Beschreibung des Netzwerks „**GEN Europe**"

🌍 Artabana - solidarisches Gesundheitsnetzwerk, Mehr Demokratie, Transition Town, Solidarische Landwirtschaft

☺ Helfer*innenwochen, 2 Seminare, Einstiegsgeld, 1 Jahr Annäherung

Vorne rechts das neu gebaute Earthship und der Kreis von Bauwagen und Jurten, der es als Gemeinschaftshaus nutzt. Farbfoto auf Seite 4

Schöpferisches Zentrum OASE

C2

Schaarweg 70 | 23730 Neustadt-Rettin ☎+49-(0)4561-52536-10

✉info@schoepferisches-zentrum-oase.de 💻schoepferisches-zentrum-oase.de

1987 | 2900 m² (bei Lübeck) | 5 % | ♀2 ♂3 0 | 5

d, e, f | ♻5

Vorstand und die aktiven Mitglieder der Vereine (im Team)

Eigentum von zwei Vereinen

schöpferische Bewusstseinsarbeit, um im Einklang mit Mensch, Tier und Natur leben zu können

Haus, Küche, Garten, Bauhütte, Öffentlichkeitsarbeit, Gästebetreuung

ökolog., selbstverw., spirit., inneres Wachstum, Meditation, Bioernährung, veget., Bildungsarbeit, Pädagogik, Tagungshaus, biolog. Gartenbau, altern. Energie, ökolog. Bauen, rauchfrei, besondere Architektur, Kunst, Kultur

Wir sind ein Team von Menschen aus unterschiedlichen Berufen. Mit dem Bau des OASE-Heilhauses haben wir einen Traum von einem Ort verwirklicht, an dem ein Leben im Einklang mit der Schöpfung möglich wird und an dem Menschen regenerieren und an ihrer Heilung arbeiten können. Was uns alle verbindet ist unser gemeinsames Anliegen und Bemühen, in Frieden mit uns selbst, mit allen Menschen und mit der Natur zu leben. Jede*r von uns hat

viele Jahre in ihrem/seinem Beruf gearbeitet und ist durch viele Stationen in ihrem/seinem Leben hindurchgegangen, um vor allem eines zu begreifen: Das Wesentliche im Leben ist ganz einfach. Nur der Weg dorthin ist manchmal kompliziert und schwierig, und er erfordert Arbeit an uns selbst.
Aus ganzem Herzen danken wir unserem geistigen Lehrer Johannes Heinz Löffler (1942 - 2004), der uns mit seiner Klarheit, Geduld, Liebe und Lebensfreude viele Jahre begleitet hat. Durch sein unermüdliches Wirken ist dieser Ort 1987 entstanden. Er hat ihn aufgebaut und bis zu seinem Tod geleitet. Seine Liebe zu allem Lebendigen ist hier noch immer spürbar.

→Siehe auch Beschreibung des Netzwerks „**GEN Europe**"
Artabana

Seminarhaus Engl Verein für buddh. Leben und Handeln e.V. D9

Engl 1 | 84339 Unterdietfurt ☎+49-(0)8728-616
info@seminarhaus-engl.de www.seminarhaus-engl.de

1989 1,5 ha (bei Eggenfelden) ♀2 ♂4 0 6

d, e 6
Geschäftsführung (nach Absprache) individuelle Finanzierung
Eigentum einer Person
buddhistisch
Küche, Büro, Gästebetreuung, Handwerkliches, Garten
selbstverw., gewaltfrei, spirit., buddhist., inneres Wachstum, Meditation, Yoga, veget., Tagungshaus

☺

Der Verein „Seminarhaus Engl e.V." wurde 1990 gegründet, um Veranstaltungen verschiedener buddhistischer Traditionen durchzuführen. Engl liegt umgeben von Feldern und Waldflächen in Niederbayern.
Wir verstehen uns als buddhistisches Forum, in dem sich verschiedene Schulen begegnen können und ein offener Raum für Austausch und gegenseitiges Kennenlernen besteht. Das Hausprojekt „Engl" ist aus dem tibetischen Aryatara-Institut in Jägerndorf hervorgegangen. Wir wurden unterstützt und inspiriert von Fred von Allmen und anderen Lehrer*innen der Vipassana-Tradition. Für uns hat sich die Begegnung der verschiedenen Stränge des Buddhismus als sehr interessant und herausfordernd erwiesen.
In unserem Haus werden Veranstaltungen wie Vorträge, Seminare und Meditationskurse mit folgenden Inhalten angeboten:

- verschiedene Meditationsformen, besonders die buddhistische Einsichtsmeditation (Vipassana) und Zen-Sesshins, sowie Belehrungen in der tibetischen Tradition
- Körperarbeit und angrenzende Bereiche (wie z.B. Yoga, Atemtherapie, Hakomi)
- Veranstaltungen aus dem Themenbereich engagierter Buddhismus (z.B. Sterbebegleitung, Umgang mit unheilbaren Krankheiten, Kurse in ganzheitlicher Ökologie)

Die Hauptarbeitsbereiche der Gemeinschaft sind die Küche, das Büro, der Haushalt und die Pflege des Gartens. Wir versuchen Meditation, Einkehr und Besinnung mit einem verantwortungsbewussten Handeln zu verbinden. Unser Wunsch ist es, aktiv an der Verminderung von Leiden und Not mitzuwirken, mit wachem, offenem Geist und dem Bestreben, uns einen Anfängergeist zu erhalten, der die Dinge immer wieder neu sehen kann.

DBU (Deutsche Buddhistische Union)
☺ Interesse am Buddhismus; Bereitschaft alle anstehenden Arbeiten zu übernehmen

Sieben Linden

C3

Poppau, Sieben Linden 1 | 38489 Beetzendorf ☎+49-(0)39000-512 35
info@siebenlinden.org siebenlinden.org

1993 100 ha (bei Salzwedel, Wolfsburg) ♀55 ♂45 40 140

d, e, f, i, sp, portug. 30 75

themenbezogene Räte, Vollversammlung (VV) (Delegation an Räte mit verschiedenen Einspruchsmöglichkeiten oder VV: Konsens minus 1)

gem. Finanzierung bestimmter Bereiche, sonst überwiegend Privatökonomie

Genossenschaft = Eigentum aller

ganzheitlich, sozial-ökologisch

Selbstverwaltung und -versorgung, Gemeinschaftskultur, ökolog. Bauen, Seminare, Gästebetreuung, Öffentlichkeitsarbeit, Beratung (auch viel Büroarbeit)

ökolog., selbstverw., linkes Politikverst., feminist., gewaltfrei, spirit., inneres Wachstum, Meditation, Yoga, sexpositiv (manche/bisschen), Bioernährung, veget., vegan, Bildungsarbeit, freie Schule, Tagungshaus, Tierschutz, Umweltschutz, Selbstvers., Permakultur, biolog. Landwirt., biolog. Gartenbau, Forstwirt., altern. Energie, neue Technologien, ökolog. Bauen, Humor, handyfrei, rauchfrei (Raucherecke), teilw. Rohkost, Wildkräuter, Waldkindergarten, vielfältige Beziehungskultur, Tiefenökologie, Forum, systemische Aufstellungen, Therapien (ShinTai, Craniosacral), Arbeitspferde, Strohballenbau, diverse Handwerke, Musik, Chor, Gemeinschaftsberatung, Kunst&Gemeinschaft, Geigenbau, Medien, und: Für jedes Thema findet sich jemand, den/die es interessiert...

☺ ()

Sieben Linden ist eine Gemeinschaft und ein Dorf. Wir treffen alle Entscheidungen zu unserem Gelände, unserer Versorgung, unseren Strukturen usw. gemeinsam. Dabei erschaffen wir uns eine alternative Mini-Gesellschaft: so wird hier nicht mit Handy telefoniert, nur in der Raucherecke geraucht, das Dorf ist autofrei uvm. Wir üben und leben ein gesundes, nachhaltiges, ökologisches Leben mit ehrlicher, wertschätzender Kommunikation, sind aber weit von der perfekten Umsetzung entfernt. Zum Beispiel haben wir alle oft schrecklich viel zu tun und sind dann unentspannt.

Als Dorf gibt es in Sieben Linden auch Rückzugsräume und Raum für die ganz eigene Lebensgestaltung – jede*r hat einen eigenen Wohnraum (mindestens Bauwagen). Es wird zusammen gegessen oder privat gekocht. 2019 gibt es neben dem Gemeinschaftshaus, der Werkstatt und dem Gästehaus-Neubau schon 10 große Niedrigenergiehäuser, meist aus Holz, Strohballen und Lehm gebaut. Weitere Häuser müssen/sollen/wollen aber noch gebaut werden, deshalb werden momentan noch knapp 50 Bauwagen bewohnt. Wer Sieben Linden besucht, dem erschließt sich angesichts der barfüßigen Atmosphäre vielleicht nicht gleich, dass wir auch ein Neubauprojekt sind und für diese Neubauten erhebliche Mittel akquiriert werden müssen. Ob wir immer noch sehr günstig leben oder Sieben Linden schon viel zu teuer ist, darüber gehen die Meinungen auseinander.

Selbstversorgung ist für uns ein hohes

Ideal, aber wir glauben inzwischen auch, dass wir mehr zum ökologischen Wandel beitragen, indem wir mit modernen Mitteln unsere Veranstaltungen und Ideen bewerben (Internet, Flyer, Büroinfrastruktur) und Gäste beherbergen, als wenn wir nur von früh bis spät auf unseren Feldern und in den Werkstätten arbeiten würden. Obwohl das auch irgendwie toll wäre. Sieben Linden ist Beispiel dafür, dass ein nachhaltiges Leben höchst angenehm gestaltet werden kann (mit Sauna, Disco, Badeteich) und es ist Übungsfeld für eine gemeinschaftliche Kultur, mit riesigem Potenzial für persönliche Entwicklung, Forschung und Erkenntnis. Von Überraschungsbesuchen bitten wir dringend abzusehen – Interessierte informieren sich bitte über Besuchsmöglichkeiten auf der Website oder wenden sich an unser Büro.

→Siehe auch Beschreibung der Netzwerke „**GEN Europe, GEN Deutschland**"

☺ Teilen unserer „Vision eines ganzheitlichen Dorfes", Probezeit, Genossenschaftsaufnahme und finanzielle Beteiligung. Wir suchen inzwischen vermehrt Handwerker*innen, Planer*innen, Techniker*innen. ***Mehr über Sieben Linden: Bibliografie, Seite 604***

☆ SiebenZwerge Landprojekt

C3

Am Waldhain 1 | 09548 Achternberg

kommerzfeind@yahoo.de www.maerchenstern.de/schneew.php5

1816 35 m² (bei Dresden) ♀0 ♂7 0 7

d, e 7

alle Betroffenen gemeinsam (wir haben immer gemacht, was Schneewittchen wollte)

gem. Ökonomie — alle

romantisch, Polyamorie

Bergbau, Edelsteinbearbeitung, Glaserei

selbstverw., feminist., gewaltfrei, Leiter*in/Führer*in/Guru, spirit., inneres Wachstum, Tantra, Sexualität, biolog. Landwirt., Bergbau, Märchen, Singen, Hutmode, Feldenkrais

Das seit 1816 existierende und vielfach beschriebene Projekt hinter den sieben Bergen befindet sich in einer Phase der Neuorientierung. Nachdem bei uns über Jahre hinweg relativ feste gemeinschaftliche Strukturen wachsen konnten, hat uns ein traumatisches Erlebnis sehr viel über unsere verborgenen Emotionen gelehrt: Nachdem ein neues Gemeinschaftsmitglied mit einem Prinzen von außerhalb durchgebrannt ist, haben wir nach einem guten Jahrhundert Trauerarbeit beschlossen, uns in Zukunft wieder öffnen zu wollen. Grundsätzlich gibt es hier also die Position eines Schneewittchens neu zu besetzen. Dabei ist klar, dass eine „Neue" sich ihren ganz eigenen Platz auch selbst schaffen muss. Individualität mit Gemeinsinn zu verbinden ist eins unserer wichtigsten Ziele. Sobald die Frage nach den Tellerchen geklärt ist, so hoffen wir, wird in unserer Gruppe wieder Frieden herrschen.

Eine von uns erschlossene Edelsteinmine hilft, das Leben in finanzieller Selbstversorgung zu genießen. Mit unseren ganz eigenen Traditionen - modisch wie inhaltlich - sehen wir uns als Kristallisationskern für eine Kultur der Tradition mitten im modernen Europa.

🌍 Märchenverbund

☺ weiblich, mit Führungsqualitäten

☆ Sisiphusa e. V. Pfarrkesslar

D6

Am Angerberg 35 | 99444 Drößnitz ☎+49-(0)36422-20935, -20936
Pfarrkesslar@web.de www.pfarrkesslar.wordpress.com

2002 4,5 ha (bei Weimar, Jena) 25-80 % je nach Jahreszeit
♀4 ♂4 6 16

d, e, sp 2
alle, z. T. auch Arbeitsgruppen (möglichst Konsens)

gemeinsame Finanzierung, Haushaltskasse und Haus&Hof in Vereinsbesitz
Baustellen, Tiere, Garten
ökolog., selbstverw., linkes Politikverst., gewaltfrei, Bioernährung, Bildungsarbeit, Umweltschutz, Selbstvers., biolog. Gartenbau, biolog. Viehwirt., ökolog. Bauen, Bau
( )

Pfarrkeßlar ist eine Lebensgemeinschaft von acht Erwachsenen, sechs Kindern, einem FÖJler, zuweilen WWOOFer*innen, einem Esel, acht Milchziegen, einer Katze, 2-12 Gänsen, zwölf Hühnern und einem Hahn, vielen Insekten, Wildbienen, Vögeln und Naturgeistern, benachbarten Mufflons, Orchideen und Glühwürmchen, die seit 2002 dem uralten Siedlungsplatz neues Leben einhaucht. Die strukturschwache Gegend bringt Narrenfreiheit und Schwierigkeiten mit sich, die die Menschen in Verbundenheit mit der Nachbarschaft, näheren und weiteren Netzwerken zu meistern lernen.
Nach langem Leerstand ist ein Großteil des Haupthauses mittlerweile saniert. Der „Ostblock" beherbergt Tischlerei, Seminarhaus und Wohnraum und der Garten ist fruchtbar. Der Wunsch nach möglichst ganzheitlichem Leben inspiriert die Einzelnen und die Gemeinschaft immer neu, Lösungen für alle Lebensbereiche zu suchen und zu finden. Auch mit Veranstaltungen hofft Pfarrkeßlar ab und an Impulse zu setzen, sich in gutem Miteinander einer großen Bandbreite von Lebensthemen aktiv zu widmen.
Um die freundliche undogmatische offene Kultur des Hauses weiterhin zu ermöglichen bitten die Bewohner*innen ausdrücklich, nicht von unangemeldetem Besuch überrascht zu werden.

☆ Sonnenhaus e.V.

E4

Flutstraße 1 | 12439 Berlin - Schöneweide
info@sonnenhaus-berlin.de www.sonnenhaus-berlin.de/

2003 ♀9 ♂10 0 19

d ehrenamtliche Hausverwaltung niemand (mehr)
dreiköpfiger Vorstand (Mehrheits-Abstimmung in der Mitgliederversammlung)
individuelle Finanzierung
Grundstück gepachtet, Haus Eigentum des Vereins
nein
wohnen
selbstverw., linkes Politikverst., barrierefrei, generationsübergreifendes Zusammenleben, Förderung sozialer Träger im Kiez

Der Zweck des Vereins ist gleichberechtigte und solidarische Lebens-, Wohn- und Arbeitsformen zu praktizieren und möglichst am gleichen Ort zu kombinieren. Als wesentlicher Bestandteil wird das generationsübergreifende Zusammenleben von Kindern, Frauen und

Männern in Familien und familienähnlichen Gemeinschaften gesehen. Das Sonnenhaus bietet Raum für soziale und kulturelle Aktivitäten der Bewohner*innen, sozialen Trägern aus dem Kiez (Familiencafé im Erdgeschoss) und der Nachbarschaft. Die Gestaltung des Alltags ist vom sparsamen, bewussten und nachhaltigen Umgang mit Ressourcen geprägt.

🌍 Wohnprojekte Berlin, eXperimentcity und Netzwerkagentur, trias

SÖWP-Allach e.V.

D9

Selbstverwaltetes sozialökologisches Wohnprojekt

Storchenweg 33/35 | 80997 München www.soewp-allach.de

kontakt@soewp-allach.de +49-(0)89-892 249 82, -(0)178-672 00 10

2007 1600 m² 20 % ♀5 ♂5 1 11

d, e, f 1-6

Gemeinschaft (teils mehrheitlich, teils im Konsens)

teilweise Haushaltskassen, teilweise Finanzierung über die Mietzahlungen der Bewohner*innen

Vereinseigentum

linkspolitisch

Renovierungsarbeiten, Gartenarbeiten, Gruppenprozesse

ökolog., selbstverw., linkes Politikverst., feminist., gewaltfrei, Umweltschutz, biolog. Gartenbau, altern. Energie, ökolog. Bauen, Humor

☺

Wir sind eine kleine Gemeinschaft am nordwestlichen Rande von München, bewohnen gemeinsam zwei kleine Häuser und haben einen großen Garten mit Hühnern.
Wir bauen und renovieren unsere Häuser nach baubiologischen Gesichtspunkten und bemühen uns um ein friedliches wertschätzendes Miteinander.
Wir wollen gerade in München anders leben, miteinander statt in Konkurrenz, und alternative Wohn- und Lebensformen schaffen.

☺ Der Wille, ein Projekt mitzugestalten und mitzuarbeiten

Sozialistische Selbsthilfe Mülheim

A6

Düsseldorfer Str. 74 | 51063 Köln
☎+49-(0)221-640 31 52
info@ssm-koeln.org
www.ssm-koeln.org

1979 | 1600 m² | ♀9 ♂16 2 27

d, e | 20

alle Betroffenen gemeinsam (Mehrheitsabstimmung, möglichst Konsens)

solidarische Ökonomie | gemietet

»Neue Arbeit« - gemeinsame Erwerbsarbeit + Eigenarbeit + Politik

Wohnungsauflösungen, Umzüge, Secondhand-Verkauf, Raumvermietung, Bauen, politisches Engagement, Renovierung, Projektentwicklung

selbstverw., linkes Politikverst., gewaltfrei, Tagungshaus, geistig/psych. Behinderte, Umweltschutz, Selbstvers., Bau, „Neue Arbeit", Secondhand, Kommune, CONTRASTE-Redaktion Köln, Solidarische Ökonomie, Konzerte, ganzheitliche Sozialarbeit

☺

Die Systemkrise des Kapitalismus bringt soziale Ausgrenzung und bedrohliche Klimaaufheizung. Da braucht es Alternativen. Bei der „Neuen Arbeit" sind die Menschen nur noch mit einem Teil ihrer Arbeitszeit am Markte tätig. Den anderen Teil ihres Unterhalts erwirtschaften sie zusammen durch gemeinsame Eigenarbeit. Sie bauen sich ihren gemeinsamen Wohnraum, sie nutzen Gebrauchtes, betreiben Gärten und eignen sich vielfaches Wissen an. Die Menschen unterstützen sich gegenseitig und wehren sich mit anderen gegen Missstände. Als Arbeit gelten alle Tätigkeiten, die für die Gemeinschaft wichtig sind: Handwerken, kochen, ein Flugblatt schreiben, Wohnungsauflösungen fahren, Kinder begleiten, Gruppentreffen, usw. Bei der „Sozialistischen Selbsthilfe Mülheim" (SSM) ist das alles Arbeit. Wobei mitten in dieser Vielfalt geistig Behinderte, Arbeitslose und andere Ausgegrenzte ihren Platz haben oder finden können. „Neue Arbeit" lebt Inklusion, sie verbindet die Stärken der Einzelnen miteinander und gleicht ihre Schwächen aus: „Neue Arbeit" à la SSM mag nicht so produktiv sein wie übliche Firmen, im Ganzen gesehen ist sie sehr effektiv, weil sie z. B. Heime und Berufsverkehr, Sozialarbeit und Hartz IV perspektivisch überflüssig werden lässt.

Siehe auch den Artikel über SSM ab Seite 47.

→Siehe auch Beschreibung des Netzwerks „**KommuJa**"

CONTRASTE-Zeitung, siehe Anzeige auf Seite 608

☺ Menschen guten Willens

StadtGut Blankenfelde e.V.

E4

Mehrgenerationen-Wohnprojekt auf dem Stadtgut Blankenfelde

Hauptstraße 24-30 | 13159 Berlin-Pankow ☎+49-(0)30-400 581 82

kontor@stadtgut-blankenfelde.de www.stadtgut-blankenfelde.de

2004 5,2 ha 3 % ♀36 ♂21 36 93

d, e, f, sp, dänisch, hebräisch, polnisch 5 15

Vereinsvorstand, Plenum (bisher Mehrheitsentscheidungen - neue Strukturen sind in Arbeit)

individuelle Finanzierung

Eigentum der Stiftung für Boden, Ökologie und Wohnen „Trias", (Erb)pacht beim Verein bzw. bei der Wohnungsgenossenschaft Selbstbau e.G.

Umweltschutz, Landschaftsschutz, Denkmalschutz, nachhaltiger Lebensstil, Gemeinschaftsbildung, Imkerei, div. Handwerksbetriebe

ökolog., selbstverw., linkes Politikverst., gewaltfrei, Bioernährung, freie Schule, geistig/psych. Behinderte, Umweltschutz, biolog. Landwirt., biolog. Gartenbau, artgerechte Viehwirt., altern. Energie, Bau, Humor, barrierefrei, Naturschutzstation mit Ausstellung und Café, Seminarräume, 2 soziale Träger: Arbeit mit (ehemals) psychisch Kranken, Freie Naturschule Pankow, FoodCoop, Therapieräume/Büro/Praxis, Atelier, Werkstatt für Spielgeräte aus Naturholz, Zimmerei, Imkerei, Wohndesign-Werkstatt

☺ ( )

Den gemeinnützigen Verein StadtGut Blankenfelde e.V. gibt es schon seit 2004, er hat mittlerweile über 100 Mitglieder, von denen nur ein Teil auf dem Gelände wohnt. Hauptidee war immer das gemeinschaftliche Mehrgenerationen-Leben und Arbeiten, Inhalte des Vereins sind Landschaftspflege, Umwelt- und Denkmalschutz. Seither wurde viel Arbeit auf dem Gelände geleistet, abgerissen, gebaut, Altlasten entsorgt, Projekte und Kooperationen an Land gezogen, eine Schule/Kita etablierte sich auf dem Gelände, es wurden Schafe angeschafft...
Im Jahr 2009 konnte endlich die Umsetzung des lange geplanten Wohnprojektes in Angriff genommen werden. Dafür war die Kooperation mit der Wohnungsgenossenschaft Selbstbau e.G. maßgeblich. Erst 2012 wurden die 26 Wohnungen bezogen, im Jahr 2014 wurde noch ein weiteres Gebäude vom Verein saniert, so dass nochmals 6 Wohnungen, Büro- & Praxisräume, Ateliers, FoodCoop und eine Naturschutz- & Tourismusstation mit Ausstellung und einem Café hinzukamen.

trias

☺ nur bei freiwerdenden Wohnungen, dann nach gegenseitigem Gefühl von Passung, Interesse am Verein und bei bestimmten materiellen Voraussetzungen (Eigenanteil 300 €/m², Miete ca. 8,50 €/m² warm)

Stamm der Likatier

C10
Magnusplatz 6 | 87629 Füssen ☎+49-(0)8362-38993
stamm-der-likatier@likatien.com www.likatien.de

1974 65 ha, mehrere Häuser (bei München, Kaufbeuren, Kempten)
♀83 ♂77 131 291

d, e, f, it, sp, portugiesisch — alle ab arbeitsgemäßem Alter
Schwurmenschen-Gemeinschaft (Konsens-Prinzip)
gemeinsame Ökonomie und individuelle Finanzierung
Eigentum aller Schwurmenschen
Neo-Stammesbewegung, Gemeinschaftsbewegung, Bioregionalismus, Tiefenökologie
Gartenarbeit, Büroarbeit, Kinderbetreuung, Bauarbeit, Küchenmithilfe, Computerarbeit, Gaststättentätigkeit, Einzelhandelstätigkeit, Cateringtätigkeiten
ökolog., selbstverw., hierarch., Leiter*in/Führer*in/Guru, spirit., ökumen., esoter., inneres Wachstum, Bioernährung, veget., freie Schule, geistig/psych. Behinderte, körperl. Behinderte, Tierschutz, Umweltschutz, Selbstvers., Permakultur, biolog. Landwirt., biolog. Gartenbau, artgerechte Viehwirt., Forstwirt., altern. Energie, ökolog. Bauen, Humor, Feste feiern, Entwicklung matriarchaler Kultur, Autarkie, Authentizität, ganzheitliche Heilung, diverse Therapiebeschäftigungen, Bewusstseinsforschung

☺ ()

Stämme und Gemeinschaften erscheinen uns als Grundlage von Erkenntnis und wirklicher Lebendigkeit. Eines unserer vorrangigen Ziele ist die Herausbildung einer eigenen Stammeskultur, die auf der Grundlage eines spirituellen Weltbildes und eines numinos-wesenhaften inneren und äußeren Erfassens der Welt die Beziehung zu sich selbst und zur Welt harmonisiert (Heilung), kulturspezifische Kommunikationsmöglichkeiten schafft (z.B. eine eigene Sprache) und adäquate Möglichkeiten lebendiger Entfaltung erkundet und zu leben ermöglicht.
Wir sind weder an eine religiöse noch an eine politische Institution, Ideologie oder Tradition gebunden. Wir streben schrittweise Autarkie in allen Bereichen an. Auf der anderen Seite suchen wir eine intensive Zusammenarbeit und Freundschaft mit anderen Gemeinschaften und Stämmen. Wir betätigen uns in einer Vielzahl unterschiedlichster wirtschaftlicher Bereiche, bei denen wir zum einen darauf achten, dass wir unseren eigenen Bedarf möglichst umfassend decken und zum anderen möglichst krisenunabhängig sind. Die Stammesmitglieder besitzen 47 Häuser und führen etliche Betriebe. Gartenbau, Land- und Forstwirtschaft sind wir gerade am Aufbauen. Wer uns kennenlernen will, ist herzlich willkommen. Wir suchen noch neue Mitglieder.
Die Likatier wollen sich auf das Leben und aufeinander einlassen und ihren Kindern ein Zuhause geben, auf das sie sich verlassen können, und wo sie sich frei entfalten können. Sie wollen ein Lebensumfeld schaffen, wo sich jeder bedingungslos geliebt und angenommen fühlen kann. Sie wollen der Vereinsamung der Menschen durch diese Gesellschaftsform ein Leben in Gemeinschaft entgegensetzen, was die/den Einzelne*n wieder zum wertvollen Teil eines Ganzen macht.

→Siehe auch Beschreibung des Netzwerks „**GEN Europe**"
Neue-Stämme-Bewegung
☺ 3 Monate Schnupperzeit, positive Grundeinstellung dem Stamm gegenüber

SUSI-Projekt

B9

Vaubanallee 2a | 79100 Freiburg ☎ +49-(0)761-457 00 90
post@susi-projekt.de www.susi-projekt.de

1990 1,5 ha ♀ca. 105 ♂ca. 105 ca. 70 ca. 280

d, e ca.15

alle Betroffenen gemeinsam (konsensorientierte, direkte Basisdemokratie)

individuelle Finanzierung, private Förderdarlehen (Direktkredite), öffentliche Mittel, Kredite von der GLS-Bank, gemeinsame Mieteinnahmen (Kostendeckungsprinzip), Einheitslohn für alle Beschäftigten, gem. Finanzierung der gemeinschaftlichen Infrastr.

quasi im Eigentum aller Bewohner*innen

Büro, Verwaltung, Planung, Bau (Holz-, Metall-, Lehm- & Trockenbau, Elektro, Sanitär, Heizung), Hausmeisterei, Außenraum

ökolog., selbstverw., linkes Politikverst., Bildungsarbeit, altern. Energie, ökolog. Bauen, Holz-Werkstatt (schreinern, zimmern, basteln ...), Metallverarbeitung (schweißen, schrauben, recyclen etc.), Wandbau, Fliesen, Sanitär, Töpferei, Kunst: kreuz und quer, kulturelle Veranstaltungen, konsensorientiert, basisdemokratisch, selbstorganisiert

Der Projektname SUSI steht für „Selbstorganisierte Unabhängige Siedlungs-Initiative".
Das SUSI-Projekt im Freiburger Modellstadtteil Vauban hat seine Anfänge im Sommer 1990, also kurz nach dem „Fall der Mauer" in Berlin und dem großen Wandel im Osten. Der damalige Architekturstudent Bobby Glatz hatte die Idee, mit einfachsten Mitteln und viel Selbsthilfe unter dem Motto „Kasernen zu Wohnraum" die im Jahre 1937 von den Nazis erbaute und nach dem 2. Weltkrieg von den französischen Streitkräften übernommene, aber nun absehbar freiwerdende „Vauban-Kaserne" zu einem autonomen und bunten Projekt nach sozial-ökologischen Kriterien umzuwandeln.
Daraus entwickelte sich eine politisch und kulturell engagierte Initiative, der sich schon bald weitere Menschen aus verschiedensten Lebenssituationen anschlossen, um das Konzept gemeinsam zu verwirklichen: Alleinerziehende, Singles & Familien, Studierende, Handwerker*innen, (Lebens-)Künstler*innen, Sinn- & Arbeitssuchende etc. Der weitestgehende gemeinsame Nenner war dabei wohl das Interesse an selbstbestimmten, kollektiven und erschwinglichen Wohnformen sowie der Schaffung von sozialverträglichen Arbeitsplätzen.
In SUSI leben heute rund 280 Menschen in vier Gebäuden bzw. 45 Wohneinheiten (mit insgesamt ca. 7.500 m² Wohnfläche) und ca. 25 Bau- & Circuswägen sowie Wohnmobilen auf dem 1,5 Hektar großen Gelände.
Neben der Vereinsmitgliedschaft und Zahlung der für Freiburg günstigen Mieten bringen sich alle Erwachsenen über eine so genannte „Muskelhypothek" in Form von insgesamt mindestens 105 unentgeltlichen Arbeitsstunden (zu leisten in den ersten 3 Jahren des Wohnens) für gemeinschaftliche Arbeiten und Aufgaben in das Projekt ein.
SUSI verfügt über eine vielfältige sozio-kulturelle und technisch solide Infrastruktur: Bewohner*innen-Treff, verschiedene Werkstätten, Food-Coop, Jugendraum, Töpferei, Büro, Getränkelager, Boulderraum, Bewegungsraum etc.

Mietshäuser Syndikat, Der Paritätische Gesamtverband

☺ allgemeiner Wohnberechtigungsschein (=WBS) oder studentische Immatrikulationsbescheinigung

SZG Sozial Ökologisches Zentrum Goldewin

D2

Goldewin 16 | 18276 Goldewin
szg.info@riseup.net
szg.blogsport.de/

2017 300 m² Wohnfläche, 2000 m² Land (bei Rostock) 60 %
♀1 ♂2 2 5

d, e
die kinderbetreuende Person (wechselt)
alle Vereinsmitglieder (Konsens)
gemeinsame Finanzierung best. Ber.
Eigentum unseres Vereins
sozialökologisch :-)
Hausrenovierung, Kinderbetreuung, ökologische, soziale und politische Arbeit in der Region sowie europaweit
ökolog., selbstverw., linkes Politikverst., Bioernährung, Bildungsarbeit, Tagungshaus, Tierschutz, Umweltschutz, Selbstvers., Permakultur, biolog. Landwirt., biolog. Gartenbau, Bau, barrierefrei, rauchfrei

☺

Das SZG ist ein Projekthaus und für uns als Kleingruppe auch Findungsort, um unsere Gemeinschaft wachsen zu lassen. Wir liegen zwischen Rostock und Güstrow, 30 Minuten vom Hauptbahnhof Rostock entfernt. Wir haben ein 2000 m² großes Grundstück und circa 300 m² Wohnfläche. SZG steht für Sozial-Ökologisches Zentrum. Das heißt vor allem, dass wir uns für den sozial-ökologischen Wandel einsetzen wollen. Wir sind momentan nur drei Erwachsene und zwei Kinder vor Ort. Wir suchen nach Menschen, die Lust auf Gemeinschaft haben - auf ein Leben mit Kindern und gleichzeitig politischer Arbeit - und unser Projekthaus zusammen mit uns gestalten.

Transition Güstrow (Zentrale), örtliche Solidarische Landwirtschaft, Foodcoop Rostock
☺ ähnliche Gesinnung, Probewohnen, Näheres auf unserer Webseite und im persönlichen Kontakt

Technologie und Ökologie Ebertsheim

B8

Eduard-Mann-Str. 1-7 | 67280 Ebertsheim
+49-(0)6359-405 27 23
info@alte-papierfabrik.de
www.alte-papierfabrik.de

1985 5 ha (bei Kaiserslautern, Mannheim, Worms, Ludwigshafen) 50 %
♀23 ♂20 15 58

d, e, f, sp, arabisch
in der Gemeinschaft nur ehrenamtlich
alle Bewohner*innen/Gesellschafter*innen (4/5 Mehrheiten)
individuelle Finanzierung
Gemeinschaftseigentum, d.h. Eigentum der KG; die Projektmitglieder sind die Gesellschafter*innen
viele Einzelunternehmen unter einem Dach: Bildungsinitiative mit Ökostation, Holzmanufaktur, Landschaftsplanungsbüro, Gesangspädagogik, Atelier (Malerei und Skulptur), Ecofonds-Shop, Töpferei, Permakultur, u.a.
ökolog., selbstverw., Bioernährung, Bildungsarbeit, Pädagogik, Umweltschutz, Permakultur, altern. Energie, Ökostation, Kunst, Schreinerei, pluralistisch, Bildungsinitiative, Kultur

☺

Seit 1983 existiert die Alte Papierfabrik als selbstorganisiertes Wohnprojekt. Im Moment leben hier über 40 Erwachsene und 15 Kinder und Jugendliche zusammen.
Die Fabrikhallen wurden und werden nach und nach in Wohnraum, Büroräume und Werkstätten umgebaut. Regelmäßig finden Konzerte und andere kulturelle Veranstaltungen bei uns statt, und unser großes Freigelände wird für verschiedene ökologische und kreative Kurse genutzt.

☺ junge Menschen mit handwerklichem Geschick und ökologischem Denken

Trillke-Gut

C4

Steinbergstraße 42 | 31139 Hildesheim
genoss@trillke.net, verein@trillke.net www.trillke.net

1996 | 1,5 ha | 1 % | ♀26 ♂26 | 17 | 70

d, e, sp, polnisch, arabisch, portugiesisch — Teil der Gruppe

Plenum (Konsens)

versch. Formen von WG-Kassen, gemeinsame Entscheidung über genossenschaftliche Gelder

Eigentum aller (Genossenschaftsanteile) und der Stadt

undogmatisch

Kulturverein, EDV, Garten, Bau, Verwaltung, Energie, Kneipe

selbstverw., linkes Politikverst., gewaltfrei, chaotisch, Bildungsarbeit, biolog. Gartenbau, altern. Energie, Bau, Humor, Kunst, Kultur, Weltmusik, Kampfkunst, EDV, Comic

Das Trillke-Gut ist ein selbstverwaltetes Wohn-, Arbeits- und Kulturprojekt in einer ehemaligen Haus- und Landwirtschaftsschule in Hildesheim, Baujahr 1928/1929. Es besteht aus dem fünfstöckigen Haupthaus, einem Nebengebäude und einem etwa 1,5 ha großen Park- und Gartengelände mit einem kleinen Flusslauf: der Trillke.
Erstbezug des Hauses durch uns war 1996. Seit dem Jahr 2000 ist das Anwesen Gemeinschaftseigentum der Bewohner*innen. 70 Erwachsene und 18 Kinder leben in Wohngemeinschaften, Familien- und Einzelwohnungen zusammen. Zahlreiche Künstler*innen, Musiker*innen, Kulturwissenschaftler*innen und EDV-Fachleute leben hier, viele sind soziokulturell oder politisch engagiert.
Unser Nutzungskonzept sieht drei Säulen im Rahmen einer grundlegenden genossenschaftlichen Selbstverwaltung vor: Wohnen, Kultur und Arbeit (z.B. Musikschule, Kampfkunstschule, Tonstudio, Grafik). In den Veranstaltungsräumen des Hauses finden regelmäßig Kultur- und Informationsveranstaltungen statt, die einen wichtigen Platz im gesellschaftlichen Leben von Hildesheim einnehmen. Besonders stolz sind wir auf unsere phänomenalen Hausbands und auf das Folk-'n'-Fusion-Festival, das in wenigen Jahren zum Geheimtipp der Folk-Szene wurde.
Entscheidungen über gemeinschaftliche Belange werden alle fünfzehn Tage im Plenum nach dem Konsensprinzip getroffen. Anfallende Arbeiten im Haus werden weitgehendst unter uns aufgeteilt. Verwaltungs-AG, Kulturverein und gemeinsame Aktionstage sind essentielle Teile unserer Selbstverwaltung. Dabei ist uns die Balance zwischen Gemeinschaft und Individualismus sowie die Einbindung in den lokalen Kontext Hildesheim wichtig. Jährlicher interner Höhepunkt ist unser Sommerfest, auf dem wir unser Zusammenleben bei Musik und Tanz mit vielen Freund*innen feiern!

☺ Zahlung der Genossenschaftsanteile, Beteiligung in Arbeitsbereichen im Haus

ufaFabrik e.V. Internationales Kultur Centrum

E4

Viktoriastr. 10-18 | 12105 Berlin ☎+49-(0)30-75503-0
info@ufafabrik.de ufafabrik.de

1976 1,9 ha 5 % ♀14 ♂14 3 30

d, e 200 ca. 20

Plenum aller Bewohner*innen (Konsens)

gemeins. Finanzierung der 12 versch. Organisationen unter dem Dach der ufaFabrik

gepachtet

wir gehören zu keiner Religion oder Partei

Kulturbetrieb, Nachbarschaftszentrum, Gästehaus, Workshops, Kurse, Seminare für alle Altersstufen

ökolog., selbstverw., gewaltfrei, inneres Wachstum, Bildungsarbeit, freie Schule, Tagungshaus, Umweltschutz, altern. Energie, neue Technologien, ökolog. Bauen, Kulturveranstaltungen, Musik, Kinderzirkus

☺

Seit 1979 besteht das ganzheitliche Kultur-, Arbeits- und Lebensprojekt auf dem 18.000 m² großen Gelände der ehemaligen UFA-Film Kopierwerke. Der Theaterbetrieb, das „Internationale Kultur Centrum ufaFabrik", betreut ganzjährig zwei Bühnen und eine Open-Air-Sommerbühne. Es gibt regelmäßige Gastspiele und hauseigene Produktionen mit Berliner und internationalen Künstlern.
Außerdem: Gästehaus, NUSZ-Nachbarschaftszentrum mit Workshops für Jung und Alt, Kinderbauernhof, Biobäckerei, Bioladen auf dem Gelände, Café Olé mit Sommergarten, ufaCircus, die Circusschule und Sambaband Terra Brasilis. Umfangreiche ökologische Projekte von der Dachbegrünung bis zur Solaranlage werden seit Beginn umgesetzt und werden in einer Ausstellung und in Seminaren dargestellt.
Herz und treibende Kraft der ufaFabrik und ihrer ca. 200 Mitarbeiter*innen bildet die Kommune mit ca. 30 Menschen, die auf dem Gelände leben und arbeiten. Dadurch sind die verschiedenen Arbeitsbereiche personell verbunden und können zusammenarbeiten. Wichtige Entscheidungen werden im Konsens auf dem Plenum aller Bewohner*innen getroffen.
Die ufaFabrik ist aktives Mitglied in verschiedenen kulturellen, sozialen und ökologischen Netzwerken. International genießt sie Anerkennung als nachhaltiges Beispiel für Lebensqualität und Mitbestimmung im großstädtischen Raum.

Trans Europe Halles, res artis, Verband für sozial-kulturelle Arbeit

☺ langfristiges Kennenlernen, ausschlaggebend ist Freundschaft, Sympathie, gemeinsames Verständnis von Arbeit und Leben

Vereinigte Varben WaWaVox

Kastanienallee 77 | 10435 Berlin ☎+49-(0)30-4494330
ndeah@riseup.net, koch_andreas@gmx.de www.k77.org

1992 0,1 ha ♀9 ♂11 11 30

- d, e, f, i, sp, japanisch, griechisch
- Alle gemeinsam im Konsens (Konsens)
- individuelle Finanzierung, gemeinsame Finanzierung Haus und Ernährung
- gemietet/gepachtet, teilweise Eigtentum aller
- eine existentielle Leidenschaft für Freiheit & Verantwortung, Autonomie & Solidarität
- selbstverw., gewaltfrei, hierarch., Bioernährung

Wir sind eine Wohn- und Lebensgemeinschaft mitten in Berlin im Prenzlauer Berg. Entstanden nach einer künstlerischen Besetzung als soziale Plastik in den frühen 90ern wurde das Haus mit unserer Selbstbeteiligung einerseits denkmalgerecht, andererseits nach unseren Bedürfnissen saniert. Wir haben nur eine Küche und einen Essraum für alle. Die Bewohner*innen haben jeweils ein Zimmer und teilen sich auf den Etagen Gemeinschaftszimmer und kleine Bäder mit Toiletten. Es gibt ein großes Bad für alle, eine Waschküche, eine Bibliothek und viele Terrassen und begehbare Dächer.
Unsere Versorgung wird gemeinschaftlich finanziert und organisiert, täglich wechselnde Kochgruppen bereiten jeweils einmal pro Woche das Abendessen zu. Ansonsten wird der tägliche Bedarf vom nahen Bioladen bzw. über Großbestellungen organisiert. Wichtiges Modul ist die zwei- bis dreijährliche Rotation, das heißt wir tauschen alle die Zimmer. Wöchentlich treffen wir uns auf dem Plenum und besprechen uns. Wir entscheiden im Konsens.
Weitere im Haus angesiedelte Projekte sind die Videoplattform AK Kraak, das Kino Lichtblick, die Tanz und Bewegungsetage K77-Studios, eine Keramikwerkstatt, eine Comiczeichneretage und eine Schreinerei, die aber jeweils jenseits unseres Projektes organisiert sind.

→Siehe auch Beschreibung des Netzwerks „**KommuJa**"
☺ Probezeit 1 Monat

Villa Locomuna Gemeinsam Leben eG

B5

Kölnische Str. 183 | 34119 Kassel
+49-(0)561-879 479-0
info@villa-locomuna.de
www.villa-locomuna.de

2000 3015 m² ♀12 ♂7 4 23

d, e, f, sp 12

alle Betroffenen gemeinsam (Konsens) gemeinsame Ökonomie (großteils)

Eigentum aller

versch. Büroarbeitsplätze, Praxis für manuelle Therapie, Übersetzungsbüro, Architektur, Yoga

ökolog., selbstverw., linkes Politikverst., feminist., gewaltfrei, inneres Wachstum, Yoga, Bioernährung, veget., vegan, Bildungsarbeit, Tagungshaus, altern. Energie

Wir sind eine Stadtkommune in Kassel mit 19 Erwachsenen im Alter zwischen 21 und 66 Jahren, einem Teenager sowie drei Kindern. Im Herbst 2000 haben wir uns um den Schwerpunkt achtsamer Formen zwischenmenschlicher Kommunikation zusammengefunden. In Zeiten brüchiger Biografien und prekärer Lebens- und Gesellschaftsverhältnisse geben wir der sozialen Nachhaltigkeit Gewicht und Raum. Wir unterstützen uns in der persönlichen Entwicklung, aber auch mit konkreter praktischer Hilfe, und versuchen die kritische Auseinandersetzung als Bereicherung anzunehmen. Kinder finden ein Umfeld, in dem sie sich ihren Neigungen und Geschwindigkeiten gemäß entwickeln können. Wir reflektieren traditionelle Geschlechterkonzepte und schaffen Raum für selbstbestimmte Identitäten.
All diese Prozesse erleben wir als wichtig und reizvoll, um das Gemeinschaftserleben zu stärken. Wir treffen uns regelmäßig zum Austausch auf der persönlichen, sozialen Ebene; zum Plenum für sachliche und organisatorische Themen; und der größte Teil der Gruppe trifft sich, um die ökonomischen Belange zu diskutieren (Alltags- und Vermögensökonomie, aber auch zeitliche Ressourcen). Unser gemeinschaftliches Wirtschaften orientiert sich am Bedürfnisprinzip, dem sozialen Ausgleich unterschiedlicher Verdienstmöglichkeiten und einer Wertschätzung der unbezahlten Arbeit.
Im Alltag treffen wir uns fünfmal die Woche zum gemeinsamen Abendessen und begegnen uns im Haus zu spontaner Arbeits- und Freizeitgestaltung. Als Stadtkommune ist eine Selbstversorgung für uns nicht machbar, wir konzentrieren uns daher darauf, Netzwerke aufzubauen und bereits bestehende zu nutzen (z.B. SoLaWi).

→Siehe auch Beschreibung der Netzwerke „**KommuJa, GEN Europe, GEN Deutschland**"

SoLaWi, Essbare Stadt, Transition Town, Interkomm Region Kassel

☺ Teilnahme an Sozialplenum und Plenum, Übernahme von Verantwortung, Teilnahme an gemeinsamer Ökonomie

Villa Magdalena K. e.V.

C2

Queer-feministisches Wohn- & Werkstattprojekt

Bernstorffstr. 160a | 22767 Hamburg
villamagdalenak@gmx.de
www.villamagdalenak.de

1989 370 m² ♀5 ♂0 0

d, e, f, sp

alle Betroffenen gemeinsam (Konsens) gemeinsame Finanzierung best. Ber.
gemietet/gepachtet
queer-feministisch, linkspolitisch, untercutistisch (viral)
Siebdruck, Buchdruck, Foto, Ausstellungen, Veranstaltungen
selbstverw., linkes Politikverst., feminist., veget., Druckwerkstatt, Foto, Siebdruck, Veranstaltungsraum, Ausstellungen, Kunst

Früher war „die Villa“ eine Autowerkstatt und sollte abgerissen werden. Eine Handvoll Frauen* hatte Besseres damit vor und setzte sich schließlich durch: Sie wurde 1989 dem Verein Magdalena K. e.V. zur Nutzung (und Instandsetzung!) überlassen, aus dem Haus wurde die „Villa Magdalena“ mit dem Vereinszweck „künstlerische und handwerkliche Autonomie für Frauen*“. Viele Frauen* sind seitdem hier ein- und ausgegangen. Vieles hat sich verändert, manches nicht; aber eines bleibt: Die Villa Magdalena ist ein Raum, der allen Frauen* offen steht, die damit was anfangen können oder wollen. Die Werkstatt ist mit 107 m² das Herz der Villa, und wir freuen uns immer über neue Frauen*, die noch mehr Leben hineinbringen. Im Rahmen unseres Artist in Residence Programms stellen wir Gast-Künstler*innen auch ein teilmöbliertes Zimmer mit fakultativem WG-Anschluss zur Verfügung, um ihnen ein bis drei Monate lang die Möglichkeit zur Umsetzung eines konkreten Projekts zu geben. Bewerbungen bitte mit kurzem Lebenslauf, Beschreibung des Vorhabens und einigen Arbeitsproben.

☺ künstlerisches Interesse, Interesse an der Werkstattnutzung

Vitopia

D4

Herrenkrug 2 | 39114 Magdeburg ☎+49-(0)391-408 293 29
mail@vitopia.de www.vitopia.de

2012 3000 m² 10 % ♀3 ♂3 4 10
d, e 1 5
alle Betroffenen gemeinsam (Konsens) gemeinsame Ökonomie best. Ber.
Eigentum aller (Genossenschaft)
ressourcenschonend, ökologisch, interkulturell
Café mit Garten, Seminare, Permakultur, ökologisches Bauen
ökolog., selbstverw., gewaltfrei, Bioernährung, veget., Bildungsarbeit, Pädagogik, Tagungshaus, Friedensarbeit, Umweltschutz, Permakultur, ökolog. Bauen, rauchfrei, erneuerbare Energien, basis-demokratisch, Kochkurse, Flohmärkte, Jahreskreisrituale
☺

Vitopia ist eine Lebensgemeinschaft mit 6 Erwachsenen, 4 Kindern und 2 Katzen und eine Genossenschaft mit 90 Mitgliedern. Wir engagieren uns für die Schaffung eines nachhaltigen Lebens- und Projektortes in Mitten des Lebensraumes Mittelelbe. Wir verstehen uns als offene Plattform um gesellschaftlich-nachhaltige Projekte umzusetzen.
In unserem genossenschaftlichen Café Verde backen und kochen wir mit regionalen und biologischen Lebensmitteln. Unser Verein Kultopia - Lebensraum am Fluss e. V. führt unterschiedlichste Bildungs- und Kulturveranstaltungen durch.
Zurzeit bauen wir an unserem neuen Wohnhaus, das 2020 fertig sein soll. Das freut uns, da wir dann mehr Mitbewohner*innen und Gäste beherbergen können!

→Siehe auch Beschreibung des Netzwerks **„KommuJa“**
☺ Probezeit, 1000 € eG-Anteil, Selbstverantwortung, Beteiligung am Gemeinschaftsprozess, ehrenamtliches Mitwirken

Zu den folgenden Beiträgen: Siehe auch Artikel und Fotos zum Wagenleben auf Seite 53

Wagendorf Bambule e. V.

B9

Für die Wagenplätze Bambule e.V. und Kuntabunt e.V.
Eisenhutstr. 66 | 72072 Tübingen
wagenburgtuebingen@posteo.net www.kububabu.eu

1992 0,5 ha ♀15 ♂15 10 40

d, it, e, sp, f, türkisch
alle Betroffenen gemeinsam (Mehrheit oder Konsens oder einfach durch das Tun)
gemeinsame Finanzierung bestimmter Bereiche gemietet
mehr oder weniger oder gar nicht linksorientiert oder öko
ökolog., selbstverw., linkes Politikverst., altern. Energie, ökolog. Bauen, Kulturveranstaltungen

☺ ()

*Liebe Frauke,
toll, dass du mich im vorletzten Eurotopia-Buch auf den Wagenplatz in Tübingen eingeladen hast. Hier ist es wirklich klasse! Ich stehe hier mit meinem Bus am Waldrand, aber wenn jemand ohne eigenes Fahrzeug kommt, gibt es auch einige Gästewagen mit Gaskocher, Solarstrom und so. Gerade gibt es Kaffee mit Milch von den Platzkühen, die das Gras um meinen Bus wegfressen. Hier auf dem Gelände kann man fast vergessen, dass gleich nebenan die Stadt beginnt und man in fünfzehn Minuten im Zentrum ist. Tübingen gefällt mir gut. Hier gibt es eine Menge Wohnprojekte.
Die Platzleute gehen tagsüber ganz normal arbeiten, aber ein paar sind immer da – und gleich neben dran ist ja noch der zweite Wagenplatz, die Kunt@bunt. Die Leute hier kennen einander gut und organisieren einiges gemeinsam. Im Sommer spielt sich das Leben viel im Freien ab, und dann sind da noch die Kulturtage im Juli. Da solltest du mal kommen. Im Winter gibt es dann Schnee, Kaminfeuer und Sauna. Und jeden Dienstag ist sowieso Kneipe mit Essen und Feuertonne und manchmal auch Programm. Hast du schon den fertigen Gemeinschaftsraum aus Strohballen gesehen?
Komm doch mal vorbei und bring noch ein paar Freund*innen mit. Gäste bekommen die hier immer irgendwie unter. Schau doch einfach mal auf der Homepage, da kannst du dich auch anmelden, wenn du für ein paar Tage oder Wochen vorbeikommen willst. Bis bald – ich radele jetzt noch an den Baggersee – dein Adam.*

<u>Warum ich mich im Wagen wohlfühle</u>

Ein Unterschied ist ein Unterschied

Der Unterschied z. B. von kalt oder warm, ist bedeutungsvoll und unüberspürbar. Kalt bedeutet Holz und Gas anschleppen. Warm bedeutet überlegen wie wenig man zu Essen einkauft. Das Gefühl und die Tätigkeiten sind im Sommer und Winter unterschiedlich. Das Leben ist mit Bedeutung versehen und eine große Bereicherung. Alles hat seine Zeit und seine Schönheiten.

Einschränkungen machen Sinn

Mich einzuschränken bedeutet eine Auswahl zu treffen: Was will ich? Was brauche ich? Das ist Abkehr von Beliebigkeit und Konzentration auf das für mich Wesentliche. Es spart Zeit, Energie und vielleicht auch Geld. Und es gibt meinem Leben einen individuellen Sinn.

Das Leben ist nicht geborgt

Das Leben im Wagen fühlt sich durch meine Tätigkeiten real, eigenverantwortlich und beeinflussbar an. Weil ich Wasser geholt habe, kann ich Kaffee kochen. Meine Grenzen werden klar und welche ich ausbauen kann. Die Gegenseitigkeit des sozialen Gebens und Nehmens bereichert.

Ich fühle mich wohl im Wagen, weil der Flow für mich hier erfahrbar ist. (2008)

Wagendorf Karow Pankgräfin e.V. E4

Pankgrafenstr. 12d | 13125 Berlin ☎ +49-(0)177-540 36 16
info@pankgraefin.de www.pankgraefin.de

1993 | 5 ha | 150

e, sp, d, polnisch | 5

alle Betroffenen gemeinsam oder ein Teil der Gruppe (Mehrheitsabstimmung)

individuelle Finanzierung, Mitgliedsbeiträge | gemietet/gepachtet

Aufbau, Umweltbildung im Sommer, Sport, Kunst- und Kulturveranstaltungen, Heilpflanzengarten, Permakultur, Naturkindergarten

ökolog., selbstverw., gewaltfrei, Bildungsarbeit, Pädagogik, Umweltschutz, Permakultur, biolog. Gartenbau, Bibliothek, Internetcafé, Fußball, Volleyball, Bewegungsraum, Bandproberaum, Natur-Kindergarten, Schwitzhütte, Waldgarten, Heilegarten, Fahrradwerkstatt, Holzwerkstatt

☺ ( )

Das Wohnprojekt „Wagendorf Karow" ist ein Zuhause für ca. 150 große und kleine Menschen, die auf knapp fünf Hektar in Wagen und Hütten leben. Ein großer Teil des gepachteten Geländes, welches in unmittelbarer Nähe eines Naturschutzgebietes liegt, dient als Projektfläche der Förderung der Umweltbildung - besonders der von Bewohner*innen eröffnete Naturkindergarten, der Permakultur-Waldgarten, der Heilegarten und die Pflanzenkläranlagen dienen der Umsetzung der Satzung des gemeinnützigen Vereins „Pankgräfin e.V.", der von Bewohner*innen 1995 ins Leben gerufen wurde und seither Pächter des Grundstückes am Rande Berlins ist.
Alternatives Wohnen und Familie stehen bei uns im Vordergrund. Entscheidungen sind Sache aller Mitglieder und werden monatlich im Plenum getroffen, Projekte und Ideen werden meist von kleineren Gruppen oder Einzelnen ins Leben gerufen.
Gemeinschaftlich und von Besucher*innen genutzt werden das Internetcafé, die Bibliothek, der Bandproberaum und die Kleiderkammer; in der großen Partyhalle finden regelmäßig Partys statt und wöchentlich wird kostenlos Yoga angeboten, sowie Fußball und Volleyball gespielt.
Unsere Gästeplatte bietet Platz für Besucher*innen mit und ohne Fahrzeug. Informationen über freie Gästeplätze sowie weitere Infos, Bilder, aktuelle Projekte und Angebote finden sich auf unserer Homepage.

☺ 6 Monate Probezeit, möglichst Menschen, die sich engagieren wollen

Walnusshof Leverkusen

A5

Zentrum für Gelassenheit & Kreativität

Odenthaler Str. 65a | 51375 Leverkusen ☎ +49-(0)214-500 710 00
info@walnusshof.org www.walnusshof.org

2017 1 ha (bei Köln, Wuppertal, Düsseldorf) 10 % ♀4 ♂4 8

d, e, sp 5

alle Betroffenen gemeinsam (Konsens) individuelle Finanzierung

gemietet

Permakultur, Kunsthandwerk, Körperarbeit, Tanz & Bewegung

ökolog., selbstverw., gewaltfrei, spirit., esoter., inneres Wachstum, Meditation, Yoga, veget., vegan, Bildungsarbeit, Pädagogik, Umweltschutz, Selbstvers., Permakultur, biolog. Gartenbau, Humor, rauchfrei, Kunst, Gemeinschaftsbildung nach Scott Peck, Sozialarbeit

Wir sind eine Gruppe friedvoller, naturliebender und kreativer Menschen. Im Moment wohnen wir auf einer Walnuss- und Obstfarm etwas außerhalb von Leverkusen. Neben den mehr als 200 Walnussbäumen gibt es hier auf dem Hof auch eine große Anzahl an Obstbäumen, Kräutern und Gemüse. Wir befinden uns nah an Wald und Fluss, sind aber trotzdem gut mit der Innenstadt und den Hauptverkehrsstraßen verbunden.
Wir wollen mehr als bloß nebeneinander her zu leben. Unser Traum ist es, einen schönen Lebensraum für Menschen zu schaffen, die gemeinsam kreativ sein und ihre vollen Potentiale entfalten möchten. Wenn das interessant für Sie klingt und Sie gerne in verschiedenen Bereichen wie z.B. Musik, Kunst, tanzen, gärtnern, kochen, meditieren, Körperarbeit, Energiebewusstsein aktiv sein und über diese Dinge lernen oder auch lehren wollen, laden wir Sie herzlich ein, mit uns zusammenzuleben. Regelmäßig organisieren wir verschiedene Aktivitäten, wie Mantrasingen, Meditation, Om-Chanten, Yoga, Biodanza, Trommelkreise, Frauen- und Männerkreise, Konzert- und Tanzabende und was sich sonst so ergibt und freuen uns über alles, was Sie aus Ihrem Herzen mit der Gemeinschaft teilen möchten. Wir freuen uns auf aufgeschlossene Menschen, die unser Projekt unterstützen und Teil davon werden wollen.

Wangelin - die Werkstatt des guten Lebens

D3

FAL e.V., Am Bahnhof 2 | 19395 Ganzlin ☎ +49-(0)38737-202 07
info@fal-ev.de fal-ev.de, wangeliner-garten.de, earthbuilding.eu

1990 ca. 3 ha (bei Plau am See) 30 % 15

d, e 10 5

arbeitsgruppen (Mehrheitsentscheidung) individuelle Finanzierung

z.T. Eigentum oder von der Gemeinde gepachtet

Gartenarbeit, Café, Produktverarbeitung, Mosterei, ökologisches Bauen, Lehmbau, Kulturveranstaltungen, Gäste- und Seminarbetrieb

ökolog., selbstverw., gewaltfrei, inneres Wachstum, Bioernährung, Bildungsarbeit, Tagungshaus, Tierschutz, Umweltschutz, Selbstvers., Permakultur, biolog. Landwirt., biolog. Gartenbau, Forstwirt., altern. Energie, neue Technologien, ökolog. Bauen, Lehmbau

☺

In Wangelin, einem kleinen Dorf im Südwesten der Mecklenburgischen Seenplatte, befindet sich unsere weltoffene, kreative Dorfgemeinschaft. In den letzten 30 Jahren hat sie dazu beigetragen, dass hier innovative und zukunftsweisende Projekte wie der Wangeliner Garten, die europäische Bildungsstätte für Lehmbau, das Lehmmuseum, die Wunderfeld Genossenschaft und ein Tausch- und Schenkhaus entstanden sind.
Die Ideen der Menschen in und rund um Wangelin und die gemeinsame Verwirklichung dienen dem Erhalt und dem Ausbau der Lebensfähigkeit unserer kleinen Region. Alle Unternehmungen sind der Nachhaltigkeit verpflichtet und in die Zukunft geplant. So ist Wangelin ein gemeinschaftlicher und generationsübergreifender Lebensort für die hier aktiven Menschen.
Die Wunderfeld Genossenschaft, der Wangeliner Garten und besonders unsere Bewohner*innen (ob Handwerker*innen, Imker*innen, Landwirt*innen oder Künstler*innen) arbeiten auf das Ziel eines regionalen Wirtschaftskreislaufes innerhalb unserer Gemeinschaft hin. Mittlerweile hat sich in unserem Dorf auch ein kleiner Bio- und Regionalladen angesiedelt.
Der langfristige Wohnraum in Wangelin ist im Moment recht knapp, deshalb sind wir aktuell dabei, ein passendes Baugebiet für neue Formen des gemeinsamen Wohnens, Bauens, Arbeitens und Lebens auf dem Land zu entwickeln. Wir wünschen uns Menschen, die auf Gemeinschaft, soziale Aktivitäten, nachbarschaftliches Wohnen und Respekt gegenüber Minderheiten Wert legen. Wir freuen uns über Menschen, die mit uns zusammen hier eine Zukunft erträumen, erleben und gestalten möchten.

🌐 Netzwerk Neulandgewinner
☺ Lust auf aktives Mittun an den Gemeinschaftsprojekten

WEG am Rundling, ehem. Lebens(t)raum Johannisthal c/o Hartmut Glänzel

E4

Am Rundling 5 | 12487 Berlin
☎ +49-(0)30-681 79 85
✉ glaenzel@t-online.de
www.rundlinge.de

2004 | 8000 m² | ♀23 ♂20 | ca. 20 | 63

d, e, f, russisch — 2

alle, 2-mtl. Sitzung entscheidet wesentliche Dinge, beauftragte Untergruppen entscheiden dann selbst
(Mehrheitsentscheidungen mit hohen Mehrheiten, Konsens wird angestrebt)

individuelle Finanzierung + Solidaritätszahlungen bei finanziellen Schwierigkeiten einzelner Mitbewohner*innen

individuelles Eigentum und Anteil an Gemeinschaftseinrichtungen

Interesse am Leben in Gemeinschaft

wir sind ein Wohnprojekt und arbeiten außerhalb. Es gibt aber etwa ½ Stelle für Verwaltung, Technik, und Handwerkstätigkeiten

ökolog., selbstverw., gewaltfrei, altern. Energie, neue Technologien, ökolog. Bauen, autoarm, Carsharing, Food-Coop, Yogagruppe, Tischtennisgruppe, Chor

Der Lebens(t)raum Johannisthal (jetzt „WEG am Rundling") besteht seit 2004. Unter der Idee „Jung und Alt" leben ca. 65 „Rundlinge" im Alter zwischen 8 und 76 Jahren in 20 Häusern unmittelbar am Landschaftspark Berlin-Johannisthal (Bezirk Treptow-Köpenick). Der oft typischen städtischen Vereinsamung wollen wir ein Modell entgegensetzen, das den menschlichen Grundbedürfnissen nach Individualität und Dazugehörigkeit gleichermaßen Rechnung trägt. Jetzt in der Wohnphase sind wir dabei, ein Gemeinschaftsleben zu entwickeln, ohne auf Privatsphäre verzichten zu müssen. Dies heißt auf der einen Seite klar festgelegte individuelle Bereiche (Wohnung/Haus nebst kleinem individuellen Gartenanteil) und andererseits eine größere gemeinsam zu gestaltende und zu belebende Gemeinschaftsfläche (einschließlich eines Gemeinschaftshauses).
Wir wollen ein tolerantes Zusammenleben von Alt und Jung. Unser Zusammenleben soll geprägt sein von der Akzeptanz der unterschiedlichen Bedürfnisse und der Bereitschaft, voneinander zu profitieren. Wir sind ideologisch nicht festgelegt, dennoch gibt es einige Eckpunkte, die sich inzwischen herauskristallisiert haben, z.B. die Autofreiheit des eigentlichen Siedlungsgeländes, die vorrangige Nutzung alternativer Energiequellen, die Bevorzugung ökologischer Materialien und gesunden Essens, solidarische Unterstützung in schwierigen Lebenslagen, die Liebe zum nahen Naturschutzgelände und die Bereitschaft, sich in die kommunalen Vorgänge vor Ort einzumischen. Anderes (wie Food-Coop, Yogagruppe, Carsharing, Chor) bleibt eher der Initiative von Untergruppen überlassen.

☺ in der Regel ist Wohnung/Haus selbst zu finanzieren

☆ Weiler Hundscheidt

B6

Hundscheidt 2 | 51598 Friesenhagen ☎ +49-(0)2294-909 492
✉ weiler-hundscheidt@t-online.de

2008 | 5 ha | 60-80 % | ♀2 ♂3 0 5

d, e

vornehmlich individuelle Finanzierung | Eigentum einzelner

ganzheitliche und nachhaltige Lebensführung, Subsistenz, Ortspolitik

ökolog., inneres Wachstum, Meditation, Bildungsarbeit, Selbstvers., Permakultur, Humor

☺ ( )

Unser Zwei-Häuser-Anwesen in der Stille des waldreichen Wildenburger Landes ist der für uns ideale Ort, „das Gute Leben" im Dienste aller Wesen zu entfalten und zur Blüte zu bringen. Dazu besteht kein Mangel an äußeren Voraussetzungen: die wunderbare stille Mittelgebirgslage, der vom Bach gespeiste große Schwimmteich, das Land mit den Streuobstwiesen, die Gärten mit Ansätzen der Waldgärtnerei, der Brunnen mit bestem Trinkwasser, die große Kultur- und Festscheune und vieles mehr - ein wunderbarer Ort, dessen Möglichkeiten bei weitem nicht ausgeschöpft sind.
Wir sehen zweierlei Aspekte als elementar an: Zum einen die innere Arbeit zur Klärung und Gesundung der eigenen Persönlichkeit und zum zweiten die Bedeutung des Selbstversorgungsgrades. Wir sind der Überzeugung, dass ohne die Heilung der eigenen seelischen Verletzungen die notwendige zivilisatorische Tendenzwende kaum gelingen kann.
Neben der Entfaltung unseres persönlichen Lebens auf dem Hof verstehen wir uns auch als Keimzelle und Impulsgeber für die Umgebung. So haben wir Bürger*inneninitiativen initiiert, kandidieren mit einer eigenen Liste für den Gemeinderat und laden immer wieder zu Veranstaltungen ein. Mit etwas Glück mündet all das – so unser Ziel - in einem vom Aufbruchsgeist infizierten, lebendigen „Netzwerk Neues Dorf".

Wendland-Hof e.G. Lomizil e.V.

D3

Alte Dorfstraße 24 | 29491 Prezelle/Lomitz ☎+49-(0)5848-1288
tagungshaus@lomizil.de www.lomizil.de

1987 3 von 40 Genossenschaftsmitgliedern

- Eigentum aller
- Tagungshaus

Angefangen hat alles damit, dass einige junge Berliner*innen sich im Gorlebener Widerstand gegen die Atomprojekte im Wendland organisierten. Mit 100 Menschen wollten sie eine beständige Struktur schaffen, 30 wurden es schließlich. Im Jahr 1987 gründeten sie eine Genossenschaft und kauften gemeinsam den alten Hof. Das sanierungsbedürftige Anwesen – ein Vierseitenhof mit ehemaliger Gaststätte und Saal - wurde nach und nach renoviert sowie durch einen Neubau samt Ferienwohnung und Sauna erweitert.
Heute zählt die Genossenschaft 40 Mitglieder, von denen z. Zt. nur drei ganzjährig auf dem „Wendland-Hof" leben. Zu Anlässen wie Neujahr, Ostern oder dem Sommerfest kommt ein Großteil der Gruppe mit Familie und Freund*innen zusammen.
Zusätzlich zum Wohnprojekt wurde der Verein „Lomizil" ins Leben gerufen, um sich verschiedenen Aufgaben zu widmen: Insbesondere geht es um die Bereiche Austausch und Begegnung, dabei auch um die Unterstützung benachteiligter Menschen. Um den Erhalt des Lomizils zu finanzieren, werden das Tagungshaus (mit geräumiger Küche, Esszimmer sowie fünf Mehrbettzimmern mit Gemeinschaftsduschen) und der Saal an Gruppen vermietet, darunter Kinder-, Tanz-, Theater-, Sportgruppen und Chöre.

→Siehe auch Beschreibung des Netzwerks **„KommuJa"**

Widugard

D3

Waldweg 1 | 19372 Stolpe OT Granzin ☎+49-(0)174-752 31 87
widugard@googlemail.com

1998 ca 5000 m² (bei Parchim) ♀2 ♂2 0 4

3

- d, e
- alle Betroffenen gemeinsam (Konsens)
- freiwilliger Beitrag für die Gemeinschaft
- noch Eigentum einzelner Gemeinschaftsmitglieder
- gewaltfrei, religiöse Toleranz und Offenheit
- Gartenarbeit, handwerkliche Tätigkeiten am Haus
- ökolog., selbstverw., gewaltfrei, spirit., inneres Wachstum, Meditation, Bioernährung, Tierschutz, Umweltschutz, Selbstvers., Permakultur, biolog. Gartenbau, ökolog. Bauen

☺

Wir sind eine kleine Gemeinschaft von Leuten, die das einfache Leben auf dem Lande lieben und Freude am Handwerk und Gartenbau haben. Unsere weltanschauliche Ausrichtung ist verschieden, was uns eint ist die Liebe zur Natur, den Tieren, den Pflanzen. Wir sehen uns als Bewahrer*innen der Schöpfung, als Gärtner*innen in Gottes wunderbarem Garten. Aus Achtung vor dem Leben essen wir vorzugsweise vegetarisch. Auch Rohkost ist uns täglich wichtig. Um im Einklang mit der Natur zu leben, muss man seinen persönlichen Verbrauch verringern und auf das Wesentliche beschränken. Weniger ist mehr und der Schlüssel zur Heilung der Welt. Unsere Gemeinschaft besteht nun seit 20 Jahren mit wechselnden Mitgliedern, es gab Höhen und Tiefen, aber Widugard ist nicht untergegangen. Wir suchen nach wie vor Menschen, die ein Leben in der Stille der Natur lieben und bereit sind, auf Überflüssiges zu verzichten. Gegen die Vereinzelung der Konsumgesellschaft setzen wir die Gemeinschaft. Wie sagten doch die nordamerikanischen Indianer so treffend im Hinblick auf unsere Zukunft: „Nur Stämme werden überleben". Wir haben keine linke politische Gesinnung! Wer sich angesprochen fühlt, kann mit uns in Kontakt treten und uns besuchen. Für kostenlose Unterkunft und Verpflegung ist gesorgt.

☺ Bereitschaft zum einfachen Leben, praktische Mitarbeit, spirituelles Interesse

Wilde Gärtnerei

E3

Landbau & Selbstversorgung - Lernen & Selbsttransformation

Bernauer Straße 6 | 16321 Rüdnitz ☎+49-(0)176-341 106 28
wildegartnerei@posteo.de wildegartnerei.blogspot.de

2010 10 ha (bei Berlin) 70 % ♀1 ♂2 3 6

d, i, e, finnisch 3 3

alle (Konsens)

individuelle Ökonomie/gemeinsame Finanzierung bestimmter Bereiche

Eigentum einzelner

Selbstversorgung, Gemüsebau, handwerklicher Ausbau, Bildung, Solawi

ökolog., selbstverw., gewaltfrei, spirit., inneres Wachstum, Meditation, Yoga, freie Liebe, Bioernährung, vegan, Bildungsarbeit, Pädagogik, freie Schule, Friedensarbeit, Umweltschutz, Selbstvers., biolog. Landwirt., biolog. Gartenbau, altern. Energie, ökolog. Bauen, Bau, autodidaktisch, alternatives Wohnen, regenerative Landwirtschaft

☺

Wir sind eine kleine, offene Arbeits- und Lebensgemeinschaft, die sich gemeinsam um unseren Gemüsebaubetrieb und Lebenslernort kümmert, Solidarische Landwirtschaft betreibt, sich großenteils selbst versorgt und beim Anbau einen radikal bodenregenerierenden Ansatz betreibt. Kinder gehen bei uns in eine benachbarte freie Naturschule, an deren Entwicklung wir mitarbeiten. Wir öffnen unsere Türe für allerlei Gäste, die entweder erste Erfahrungen in der Landwirtschaft suchen oder ihre Grenzen im Leben erweitern wollen: Die Landwirtschaft, der Gemüsebau oder der Selbstversorgeralltag bietet uns den materiellen Rahmen um uns zu betätigen, herauszufordern und zu wachsen: die eigentliche Ernte ist in der Bewusstseinsentwicklung, die letztendlich bei allem was wir tun im Fokus liegt; wir pflegen sie durch bedachte Kommunikation wie auch durch Praktizieren von Isha Hatha Yoga.
Wir bauen die Hofinfrastruktur auf unserem kleinen Gelände weiter auf und um, und suchen perspektivisch Erweiterungsmöglichkeiten in der nahen Umgebung, um das Hof- und Gemeinschaftskonzept abrunden zu können.

Solidarische Landwirtschaft, Bündnis Junge Landwirtschaft, VERN, Saatgut-Erhalter-Netzwerk-Nord-Ost

☺ bewusste Entscheidung aller Beteiligten

Wir vom Gut e.G., Gut Mydlinghoven

A5

Mehrgenerationenprojekt | Mydlinghoven 4 | 40629 Düsseldorf

info@wirvomgut.de www.wirvomgut.de

2015 7,7 ha 102

d, e

Arbeitskreise, Plenum (systemisches Konsensieren oder Konsens)

Eigentum der Genossenschaftsmitglieder

Co-Housing, Mehrgenerationenprojekt, Umwelt- & Naturschutz

Wir sind ein alternatives Wohnprojekt am Rande von Düsseldorf im Naturschutzgebiet. Auf einer Fläche von 77.000 m² bewohnen wir mit 102 Personen von 0 – 88 Jahren ein ehemaliges denkmalgeschütztes Pferdegestüt, das zu 45 Wohnungen und 1.500 m² Gemeinschaftsfläche umgebaut wurde. Die anfallenden Arbeiten auf dem Gut und im Garten werden gemeinsam geplant und erledigt. Die Pflege von elf Schafen und vier Bienenvölkern gehört dazu. Für Kinder gibt es drinnen und draußen vielseitige Spielmöglichkeiten. Eine U3-Tagespflege ermöglicht Kindern unter drei Jahren eine liebevolle Betreuung im gewohnten Umfeld. Die Gemeinschaftsfläche umfasst Seminarräume – die intern und extern vermietet werden –, eine Gemeinschaftsküche mit Essraum, Medienzimmer, Nähatelier, Werkstatt und Kreativraum, sowie Gästezimmer. Hinzu kommen ein Fitness- und Bewegungsraum, der Raum der Stille und ein Co-Working-Space.

WIR-Projekt

B9

Recksteinstraße 14 | 72393 Gauselfingen +49-(0)7475-951 144

bernd.kappel@gmx.de www.wir-projekt.de

1986 0,5 ha (bei Tübingen) 5 % ♀5 ♂9 2 16

2

alle Betroffenen/Bewohner*innen (Abstimmung im Plenum)

individuelle Finanzierung Verein „Wir-Projekt e.V."

freie Räume, Garten, Proberäume und Tonstudio, Tagungshaus, Schreinerei

ökolog., selbstverw., chaotisch, Bioernährung, Tagungshaus, Umweltschutz, Selbstvers., biolog. Gartenbau, altern. Energie, Bau, Humor, kritikfreudig, Streitkultur im Aufbau, generationsübergreifend, z. T. vegetarisch, ländlich gelegen

Wir sind ein Mehrgenerationenwohnprojekt (3 - 65 Jahre), aufgeteilt in drei Wohngemeinschaften mit viel Platz, eigenem Garten, Proberäumen mit Tonstudio und unserem Tagungshaus (Seminarräume, 35 Schlafplätze und ehemaliges Restaurant mit Küche).
Die Stärken des Wir liegen in seiner Selbstverwaltung und der daraus folgenden Autonomie seiner Entscheidungen (ökonomische Sachzwänge ausgenommen). Das Wir-Projekt ist Teil einer Zukunft, die durch Menschen gestaltet werden kann, die:

- (Eigen-)Verantwortung tragen
- den vorhandenen Freiraum beleben, formen, nutzen
- lernen und Gelerntes weitergeben
- dabei auch scheitern dürfen.

LAKS

Wishmar - Wünschhausen

D5

Würchhausen 21 | 07774 Wichmar
wichmarzwerge@riseup.net, zwerge@wichmar.eu wichmar.eu

2011 (bei Jena, Naumburg, Leipzig) 2 1 12

d, e, f, portugiesisch 1-2

gemeinsam im Plenum (Konsens)

gemeinsame solidarische Finanzierung von Wohnen, Lebensmitteln und Gerätschaften

hauptsächl. gemietet oder Eigentum des Vereins

progressiv, ökologisch

Garten, Musik, Feste

ökolog., linkes Politikverst., feminist., gewaltfrei, spirit., inneres Wachstum, Meditation, Yoga, Bioernährung, veget., vegan, Bildungsarbeit, Pädagogik, Umweltschutz, biolog. Gartenbau, konvent. Gartenbau, artgerechte Viehwirt.

Wir sind eine heterogene Gruppe lebensfroher Menschen zwischen 0 und 55 Jahren. Wir leben über 6 Wohnungen/Hütten/Wägen verteilt, wenige Gehminuten voneinander in einem kleinen Dorf. Dies gibt Raum für Individualität.
Vereinen tut uns unsere Liebe für unser ruhiges Dörfchen, den Fluss und die uns umgebende Natur, wie auch unser Wunsch ein Miteinander in friedlicher Solidarität und Nachhaltigkeit zu leben. Wir beziehen Gemüse von lokalen Bäuer*innen und aus unseren Gärten sowie Obst von Bäumen aus der Umgebung. Andere Lebensmittel werden über einen Großhandel und andere verlässliche Quellen gekauft. Wöchentlich wird Brot gebacken. Regelmäßig treffen wir uns zum Plenum. Außerdem kochen, essen, bauen und musizieren wir gerne zusammen und einige meditieren oder machen Yoga.
Im FRÜHLING laden wir jährlich zu einem spendenbasierten Workshop-Fest ein. Im SOMMER werden wir überdies viel besucht, zum Teil von Radfahrer*innen entlang des „Saaleradwegs". Wir baden zu dieser Jahreszeit gerne im Fluss, veranstalten Picknicks, Lagerfeuer und gärtnern zusammen. Im HERBST feiern wir ein Apfelfest, um gemeinsam gesammelte Äpfel zu Saft zu pressen.
Wichmar ist ein Ort zum Träumen und um Gemeinschaftsleben kennenzulernen, um seine eigenen Grenzen zu explorieren und zu erweitern; und um sich für ökologische, soziale und politische Herausforderungen unserer Gesellschaft zu vernetzen.

☺ 14 Tage Probewohnen

Wohnprojekt Ponyhof

B10

Kontakt bitte über E-Mail | 79189 Bad Krozingen

wgponyhofbk@aol.com www.diearche-freiburg.de/ponyhof

2004 1000 m² (bei Freiburg) ♀6 ♂5 0 11

d alle gemeinsam (Konsensentscheidungen) gepachtet

selbstverw., gewaltfrei, Bioernährung, veget., gegenseitige Hilfe, ökol. Ausrichtung

Wir sind elf Erwachsene in der zweiten Lebenshälfte, wohnen in einem Haus mit Garten und jede*r hat eine abgeschlossene Wohnung. Vieles von unserem Gemeinschaftsleben basiert auf Freiwilligkeit. Regelmäßig treffen wir uns zu einem Filmabend. Ein schöne Bereicherung im Gemeinschaftsleben sind die sich spontan ergebenden Situationen, ein Skatspiel im Garten, jemand liest etwas vor, ein Kinobesuch wird angeregt, ein Gespräch im Flur oder ein spontaner gemeinsamer Spaziergang. Alle drei Wochen treffen wir uns am runden Tisch. Entscheidungen werden im Konsens getroffen.

GeWo-Netz Freiburg

Wönnich 103

E4

Wönnichstraße 103 | 10317 Berlin

kontakt@woennich.de www.woennich.de

2001 1050 m² ♀9 ♂5 4 18

d, e, f, portugiesisch 4

Plenum aller Bewohner*innen (Konsens) gemeinsame Finanzierung best. Ber.

Eigentum eines Vereins der Bewohner*innen

ökolog., selbstverw., gewaltfrei, Bioernährung, veget., vegan, Umweltschutz, biolog. Gartenbau, altern. Energie, ökolog. Bauen

☺

Wir sind eine sozial und ökologisch ausgerichtete Hausgemeinschaft in Berlin-Lichtenberg. Mit unserem Projekt verwirklichen wir mitten in der Stadt eine ressourcenschonende, nachhaltige und gemeinschaftliche Lebensweise. Das Haus ist ein Berliner Altbau mit viel Ökotechnik: Wir reduzieren unseren Ressourcenverbrauch mit Spar-Armaturen, Kompost- und 1-Liter-Toiletten, solarer Strom- und Warmwassererzeugung auf dem Dach sowie einer hauseigenen biologischen Wasseraufbereitungsanlage. In unserem großen Bio-Garten mit Teich wachsen viele Tomaten und Beeren.

Wir sind eine heterogene Gruppe mit unterschiedlichen Lebensentwürfen, die das Streben nach einem Leben in Gemeinschaft nach ökologischen und solidarischen Prinzipien verbindet. Neben unseren Wohnräumen nutzen wir eine große Gemeinschaftsküche, einen Veranstaltungsraum und ein Bibliotheks-Wohnzimmer sowie ein Wintergarten/Gewächshaus. Wöchentlich treffen wir uns zum Plenum. Entscheidungen fällen wir im Konsens. Die anfallenden Arbeiten erledigen wir durch hierarchiefreie Arbeitsteilung. Im Umgang miteinander sind uns Werte wie Achtsamkeit, Toleranz, Solidarität und offene Auseinandersetzung wichtig.

Wir öffnen unser Haus bei Veranstaltungen, Führungen und Festen für die Nachbarschaft und für alle interessierten Menschen und pflegen Kontakt mit Nachbarprojekten und Kiezinitiativen. Monatlich veranstalten wir z.B. Volxküchen mit vegan-vegetarischem Bio-Essen und Kleinkunst- oder Info-Programm.

☺ Grundinteresse an umweltschonender Lebensweise und gemeinschaftlichem Alltag

Wukania Projektehof

E3

Ruhlsdofer Str. 45 | 16359 Biesenthal
info@wukania.net www.wukania.net

2008 3 ha (bei Bernau, Berlin) 2 % ♀15 ♂15 15 45

d, e, f, sp, (schwed., dänisch, somali, arabisch) ein paar 20
alle gemeinsam (Konsens)
gemeinsame Finanzierung best. Ber. (Haushaltskasse, Gelände, Baukosten...)
kollektives Eigentum
Solidarität; Gleichberechtigung für alle; gegen Ausbeutung von Mensch, Tier, Umwelt; Entschärfung von Privateigentum
Werkstätten (Holz, Metall, Fahrrad), Natur-Kita, Bio-Catering, nichtkommerzieller Seminarbereich mit Bibliothek & Verschenkeraum, Gärten, Brennholz, Baustellen, Videoschnittplatz, solidarische, soziale, ökologische Projekte, lokale & überregionale Arbeit
ökolog., selbstverw., anarchist., linkes Politikverst., feminist., Bioernährung, veget., vegan, Bildungsarbeit, Tagungshaus, Umweltschutz, Permakultur, biolog. Gartenbau, altern. Energie, ökolog. Bauen, Bau, vegan/vegetarisches Gemeinschaftsessen, Teile sind barrierefrei, Rauchen nur in der Raucherecke draußen; Spieleabende, Lagerfeuer und Sauna sind beliebt

Im Sommer 2004 fand sich eine Gruppe engagierter Menschen zusammen, um ein Gemeinschaftsprojekt zu starten. Durch andauerndes Engagement in umwelt- und gesellschaftspolitischen bzw. sozialen Bereichen entstand die Idee, das solidarische Miteinander auch auf den Wohnalltag auszuweiten. 35 km nordöstlich von Berlin, in der Kleinstadt Biesenthal, fand sich eine alte Sportschule am See mit einem Gelände von 3 ha und einigen Gebäuden.
In den letzten 10 Jahren ist hier viel gewachsen, bislang haben sich drei Wohngruppen in zwei Häusern etabliert, daneben gibt es u.a. Werkstätten, eine Kita, einen nichtkommerziellen Seminarbereich und eine Biogroßküche, Gärten, Hühner, Schmetterlinge, Kompostklos und Solarduschen. Mehr als 60 Menschen sind hier aktiv, wir werkeln, projekten, arbeiten, wirken, leben, kochen, essen, spielen, plenieren, diskutieren, lachen und streiten zusammen, in Kollektiven, Klein- und Großgruppen oder AGs, nach Vorliebe und Kapazität, im Konsens und undogmatisch.
Wir wollen keine Seifenblase am Stadtrand sein, sondern regional und darüber hinaus kleine Keimzellen für eine solidarische Welt sein und gemeinsam wirken und werkeln, offen zum Mitmachen und für eigene Initiativen. So entstehen und entstanden hier durch die Vielzahl sich aktiv einbringender Menschen verschiedenste Projekte und Veranstaltungen: Kinderzirkus und Verschenkemarkt, Willkommensarbeit und Begegnungscafés, Umwelt-AG und Sommerfest, Filmvorführungen zu Klimawandel und Flucht und vieles mehr.

Projektwerkstatt auf Gegenseitigkeit (PAG), regionale Netzwerke
☺ Kennenlernen, mögen, zuammenpassen, aktiv einbringen, Lust auf unseren Projektehof

Wunder Wald Wietzow

E2

Wietzow 17 | 17129 Wietzow

wunderwaldwietzow@gmx.de wunderwaldwietzow.com

2006 30 ha (bei Greifswald, Neubrandenburg) 60-70 %

♀4 ♂2 2 8

d, e, tschechisch, polnisch 3 4

Teil der Gruppe nach Zuständigkeit (Konsens)

gemeinsame Finanzierung best. Ber. Eigentum einzelner

Landwirtschaft, Bildung, Selbstversorgung, Bauen

ökolog., selbstverw., inneres Wachstum, Yoga, Bioernährung, veget., vegan, Bildungsarbeit, Pädagogik, freie Schule, Selbstvers., Permakultur, biolog. Landwirt., biolog. Gartenbau, ökolog. Bauen, Humor, rauchfrei, Waldgarten, Nachhaltigkeit, Bildung

☺ ()

Wir leben in einer schönen Landschaft am Rande eines außergewöhnlichen Dorfes in Mecklenburg-Vorpommern.
Zu unserem Platz gehören weiträumige Naturflächen, die bis an den Fluss Tollense heranreichen, ein Biolandwirtschaftsbetrieb, ein Bienen- und Umweltbildungsprojekt und ein Waldgarten. Dort kreieren wir Schritt für Schritt ein nachhaltiges Leben. Ein Ort für Menschen, die mit Spaß und Herzenswärme am Entstehen eines wirklich großen Abenteuers mitwirken wollen - ein Paradies.

☺ vegetarisch

☆ Wurzeln & Wirken

D4

Friedrich-Rumpf-Straße 16-18 | 14641 Wustermark

wurzelnundwirken.de

2015 1 ha (bei Berlin) 5 % ♀8 ♂8 8 24

d, e, griechisch, sp, f 4

alle gemeinsam im Plenum (Konsens)

Gemeinschaftsökonomie in manchen Bereichen (Lebensmittel, Miete...)

Gemeinschaftsbesitz

ökolog., selbstverw., linkes Politikverst., gewaltfrei, Bioernährung, veget., vegan, Umweltschutz, biolog. Gartenbau, altern. Energie, ökolog. Bauen, Bau, barrierefrei, rauchfrei

Wir sind Wurzeln & Wirken, ein Wohnprojekt zwischen Stadt und Land. Unser Grundstück mit zwei Häusern, einer großen Scheune und einem riesigen Garten liegt im Dorf Wustermark. Mit einer direkten Bahnanbindung an Berlin, wo die meisten von uns arbeiten, sind wir aber ziemlich nah dran an der Großstadt.

Wir verstehen uns als sozial-ökologisches Wohnprojekt, das Umweltbewusstsein und Leben in Gemeinschaft als Schwerpunkt hat. Unser Neubau ist ein Holzständer-Strohballenhaus, das mit möglichst vielen ökologischen und regionalen Materialien gebaut wurde. Ebenso sind wir dabei, den bereits vorhandenen Altbau ökologisch zu sanieren. Unsere Ernährung ist bio-vegan-vegetarisch, wir unterhalten unsere eigene Food-Coop mit Gemüse einer SoLaWi und kleinen Beiträgen aus unserem Garten und hoffen, sie zukünftig auch für die Nachbarschaft zu öffnen. Vieles finanzieren wir im Rahmen gemeinsamer Kassen (Essen, große Anschaffungen etc.) und berücksichtigen so unterschiedliche Einkommensverhältnisse. Entscheidungen treffen wir gemeinsam im Konsens bei wöchentlichen Plena. Die Kinderbetreuung übernehmen nicht nur die direkten Eltern.
Kurzum, wir versuchen uns an einem gemeinschaftlichen Wohnen, das solidarisch, freundschaftlich und ökologisch ist. Ziel ist außerdem noch stärker nach außen zu wirken, z.B. mit unserem eigenen Veranstaltungsraum und einer offenen Holz- und Metallwerkstatt, sobald wir nicht mehr so sehr mit Bauen und Umbauen beschäftigt sind! *Foto auf Seite 6*

Mietshäuser Syndikat

Yoga Vidya e.V.

B4

Yogaweg 7 | 32805 Bad Meinberg — +49-(0)5234-87-0
info@yoga-vidya.de — www.yoga-vidya.de/gemeinschaft/

1992 (bei Detmold, Paderborn, Bielefeld) ♀68 ♂63 14 145

d — alle

alle Betroffenen gemeinsam (Mehrheitsabstimmung)

gemeinsame Finanzierung best. Ber., Mitarbeit gegen Taschengeld und Sozialleistungen

Eigentum des Vereins

spirituell, ganzheitliches Yoga in der Tradition von Swami Sivananda und Vishnu Devananda

Küche, Haushalt, Kinderbetreuung, Programmierung, Onlinemarketing, Rezeption/Telefonzentrale, Schreinerei, Elektrofachkraft, Seminarplanung, Adressverwaltung, Presse/PR/Öffentlichkeitsarbeit, Instandhaltung/Fahrdienst/Altarpflege

ökolog., selbstverw., gewaltfrei, hierarch., Leiter*in/Führer*in/Guru, spirit., inneres Wachstum, Meditation, Yoga, Bioernährung, veget., vegan, Bildungsarbeit, Tagungshaus, Friedensarbeit, körperl. Behinderte, Permakultur, altern. Energie, rauchfrei, Yoga-Therapie, psychologische Yoga-Therapie, Ayurveda, Satsang

Yoga Vidya ist eine spirituelle Gemeinschaft, die dem Leben und den Lehren des klassischen ganzheitlichen Yoga in der Tradition von Swami Sivananda und Swami Vishnu-Devananda gewidmet ist. Bei der Umsetzung dieser Lehren in der spirituellen Gemeinschaft gelten humanistisch-demokratische Grundsätze. Dabei verfolgt Yoga Vidya 3 Hauptziele:

- Möglichst weite Verbreitung des Yoga in Deutschland und Europa für Gesundheit, Persönlichkeitsentwicklung und spirituelles Wachstum als Dienst für andere Menschen. Die Yoga-Vidya-Häuser und Stadtzentren sollen Orte des Lichtes und der Kraft sein, wo Menschen sich gesundheitlich, energetisch, persönlich und spirituell weiterentwickeln können.
- Schaffung von Gelegenheiten zum schnellen spirituellen Wachstum für ernsthafte

Aspirant*innen durch Leben in spirituellen Gemeinschaften in der Tradition von Swami Sivananda/Swami Vishnu-Devananda. Die Mitarbeiter*innen finden hier optimale Voraussetzungen zur persönlichen und spirituellen Entwicklung auf allen Ebenen.
- Vergrößerung der Kräfte des Friedens und des gegenseitigen Verständnisses auf der Erde durch Aufbau weiterer Lichtpunkte im Lichtnetz der Erde in Verbundenheit mit anderen spirituellen und ökologischen Traditionen.

Yoga-Vidya-Netzwerk mit 4 Seminarhäusern, 6 Stadt-Centern und 50 Kooperations-Centern

☺ freie Stelle; Qualifikation; spirituelles Interesse und Praxis; Bereitschaft, sich an Grundregeln der Yoga-Vidya-Tradition zu halten

Zar Nekla die Zweite Im Grünen einfach leben

D2

Zarnekla 19 | 17121 Loitz
☎ +49-(0)39998-104 87
Zar.Nekla.II@t-online.de
www.coforum.de/?2370

1998 | 17 ha (bei Greifswald) | 28,9 % | ♀2 ♂1 | 3 | 6

halb und halb

d, e

alle Betroffenen gemeinsam (Open Schnick)

gemeinsam und individuell, einiges über Förderungen im Umweltbereich

Eigentum unseres Vereins bzw. einzelner Gemeinschaftsmitglieder

stets in die richtige Richtung gerichtet

Selbstversorgung, Garten, Wald, Renaturierung, Kultur & Kunst, (Lehm-)Bau, Jugger, Jugendcamps, asoziale Vernetzung, Gastgeber, die PARTEI

ökolog., selbstverw., linkes Politikverst., Yoga, Bioernährung, veget., vegan, Bildungsarbeit, Tagungshaus, Umweltschutz, Selbstvers., Permakultur, biolog. Gartenbau, Forstwirt., altern. Energie, ökolog. Bauen, Humor, rauchfrei, Maquis, freie Kooperation, nichtkommerzielle Ökonomie, es leben Myzelien und Rhizome!

☺

Zarnekla - offener, weiter Himmel über unserer blühenden Landschaft: Wald, Wiesen, wilder Park, Moor, Hecken, Gärten, Obstbäume, Brachland, Solarduschen, Bauwägen, Scheune, Hof, Haus. Fast Alleinlage, Kraniche brüten bei uns. Tiefer Boden zum Wurzeln, gut funktionierende Nachbarschaften im Dorf, Kinder willkommen!
Beweglich bleiben: Mit unserem Handeln finden wir gemeinsam mit Freund*innen kreative Antworten auf das System der freien Konkurrenz - für ein naturverträgliches, herrschaftsfreies, gesundes, fröhliches Leben. Wobei wir die einfache Reproduktion und Kunst betonen.
Wir sind ein kooperierender, solidarischer Teil des Maquis in unserer Region (Vorpommern), besonders eng mit dem [LAND]Kombinat in Gatschow verbandelt. Wir geben sehr gern unsere Erfahrungen, unser Wissen weiter, haben eine gute Biblio, sind Betreiber eines kleinen Bioladens.
Gern kann unser Anwesen für Camps, Seminare, Probe-Ausstieg u.ä. genutzt werden. Ebenso sind Urlaubmachen, Selbstfindung, Heilsames möglich.
Wir leben vegetarisch, drogen- und hundefrei, mit Kompostklo, ohne Kühlschrank und Fernseher... Und sind FÖJ-Einsatzstelle.

→Siehe auch Beschreibung des Netzwerks **„WWOOF"**

Sudbury-Ini, regionale Initiativen

☺ ökologisch, vegetarisch, drogenfrei, hundefrei, vernunftbegabt

ZEGG - Zentrum für experimentelle Gesellschaftsgestaltung

D4

Rosa-Luxemburg-Straße 89 | 14806 Belzig
+49-(0)33841-595-100
info@zegg.de
www.zegg.de

1991 16 ha (bei Berlin) <60 % ♀42 ♂38 13 93

d, e, f, sp, griech. 40 40

Plenum im Konsent (Soziokratie)

gemeinsame Finanzierung einzelner Bereiche und individuell

gemeinnützige GmbH

ökologisch, kooperativ

Seminarbetrieb und Gästeversorgung, Geländepflege, Garten

ökolog., selbstverw., linkes Politikverst., gewaltfrei, spirit., inneres Wachstum, Meditation, Tantra, Sexualität, freie Liebe, Bioernährung, veget., Tagungshaus, Umweltschutz, Permakultur, biolog. Gartenbau, Forstwirt., altern. Energie, ökolog. Bauen

( )

Ein Ausbildungsort für zukunftsfähige Lebensweisen:
100 Menschen leben und wirtschaften im ZEGG und gestalten den Lebens- und Lernort. Sie betreiben ein Bildungszentrum und gestalten ihren Lebensraum als ökologisches Modellprojekt. Das ZEGG bietet Festivals, Workshops und Seminare, die einen Geschmack von einer Lebensweise in Kooperation vermitteln. Es gibt Angebote im Bereich Kommunikation, Ökologie, Kunst und Kreativität, persönliches Wachstum sowie Liebe und Sexualität.
Zukunftsfähige Konzepte beginnen in der alltäglichen Praxis. Wir entwickeln eine gelebte Alternative, die vormacht, wie ein reiches Leben voller Qualitäten innerhalb der Grenzen ökologischer Tragbarkeit aussehen kann. Wir entwickeln eine Wirtschaftsweise, die sich an Kreisläufen orientiert und die Natur aufbaut, statt sie zu zerstören.
Dazu gehört auch ein Leben, das zu kreativer Neugestaltung befähigt; eine Gemeinschaft, in der die Fähigkeiten jedes Einzelnen sich frei entfalten können, ebenso wie die kollektive Intelligenz. Und eine Art des Lernens, die Körper, Geist und Seele anspricht. Es geht uns um ein Zusammenleben in Kooperation, das vielfältige und flexible soziale und ökologische Netze schafft.
Alle Gewinne der ZEGG gGmbH fließen in den Erhalt und Ausbau des Geländes und der Gebäude. Wir sind auf Spenden angewiesen und freuen uns über jede Art der Unterstützung.

→Siehe auch Beschreibung der Netzwerke **„GEN Europe, GEN Deutschland"**

ATTAC, ARTABANA

Estland siehe Seite 436

Finnland

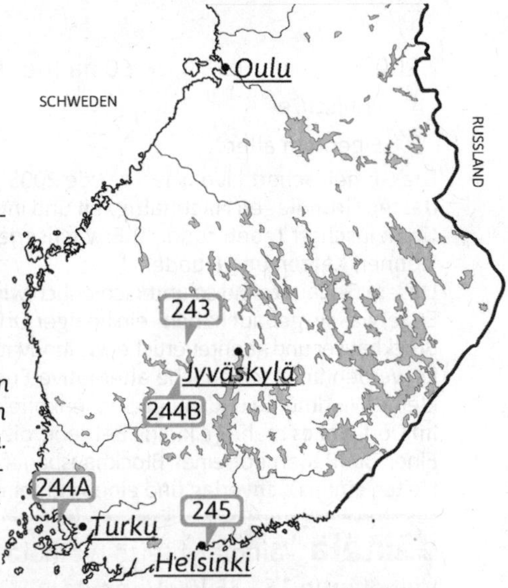

Aus Finnland können wir leider nur vier Gemeinschaften präsentieren. Dazu die Adressen von vier Camphill-Gemeinschaften auf Seite 540. Unsere Datenbank kennt 32 Gemeinschaftsadressen in Finnland, aber mehr als die genannten haben sich eben nicht zurückgemeldet, und auch da mussten wir teilweise nachhaken, bis wir auch Kontaktdaten abdrucken durften. Das Vertrauen einer finnischen Gemeinschaft muss man sich erst mal verdienen. Am besten schon mal in der Sauna üben. Immerhin gibt es das finnische Gemeinschaftsnetzwerk GEN Finnland/Suomen kestävän elämäntavan yhteisötry, siehe Beschreibung auf Seite 558. Onnea (Viel Erfolg).

Keuruun Ekokylä Keuruu Ecovillage

Kivijärventie 300 | 42700 Keuruu

info@keuruunekokyla.fi www.keuruunekokyla.fi

1998 | 50 ha (bei Keuruu) | 60 % | ♀12 ♂13 | 11 | 36

e, schwedisch, finnisch | erwachsene Mitglieder (freiwillige Arbeit)

alle Mitglieder (Konsens und Mehrheitsentscheidung)

individuelle Finanzierung | Verein Keuruu Ecovillage Association

ökologisch, aber wir sind politisch und religiös ungebunden

Arbeit an unserer Selbstversorgung und am Fortbestehen der Gemeinschaft

ökolog., selbstverw., gewaltfrei, inneres Wachstum, veget., Umweltschutz, Selbstvers., Permakultur, biolog. Landwirt., biolog. Gartenbau, artgerechte Viehwirt., altern. Energie, ökolog. Bauen, Kunst und Musik, Land-Art, Soziokratie

☺ ( )

Das Ökodorf „Keuruu Ecovillage" liegt nahe der Kleinstadt Keuruu inmitten der wunderschönen finnischen Landschaft. Das Ziel des Ökodorfs ist es, einen ökologischen und nachhaltigen Lebensstil in allen Bereichen zu fördern. Das Ökodorf erhält sich hauptsächlich durch die ehrenamtliche Arbeit der Bewohner*innen. Falls Du uns besuchen möchtest, schicke uns bitte vorher eine Mail. Es gibt Zeiten, in denen Keuruu Ecovillage für Besucher*innen geschlossen ist.

→Siehe auch Beschreibung der Netzwerke „**GEN Europe, GEN Finnland**"

☺ Interesse an einem ökologischen Lebensstil in einer Gemeinschaft; Bereitschaft, am Alltagsleben der Gemeinschaft teilzunehmen. ***Siehe Foto auf Seite 11***

Livonsaaren yhteisökylä Livonsaari community

PohjanpÄntie 67 | 21180 Livonsaari

www.yhteisokyla.net

2005 | 60 ha (bei Turku) | 15 | 55

finnisch, e

Eigentum aller

Die Gemeinschaft Livonsaari wurde 2005 gegründet. Sie ist zum „Dorf im Dorfe" geworden, dessen Grundlagen Nachhaltigkeit und intentionales Gemeinschaftsleben darstellen. In der Gemeinschaft leben rund 40 Erwachsene und 15 Kinder, sowie einige Tiere: Pferde, Esel, Hühner, Katzen und Hunde.
Unsere Gebäude sind so unterschiedlich wie ihre Bewohner*innen. Für viele war die Sauna das Erste, was sie gebaut haben - ein heiliger Ort für uns Finnen. Es gibt einige traditionelle finnische Blockhäuser und abenteuerliche wie innovative Techniken, die Ton, Stroh und Schilf kombinieren. Es werden unterschiedliche alternative Energielösungen angewandt, wie beispielsweise eine kleine Windmühle und einige Sonnenkollektoren.
Im Dorf gibt es mehrere kleine Betriebe, die das Damals und das Heute miteinander verbinden: Einen Bio-Bauernhof, einen Blockhausbauer, einen Sattelmacher, einen traditionellen finnischen Heiler, einen Buchverlag und einen gemeinschaftlichen Garten, der Bio-Gemüse produziert.

Väinölä Väinölä yhteisö (Väinölä Community)

Väinöläntie 15 | 35700 Vilppula
+358-(0)34-713 390
posti@ihmisyydentunnustajat.fi
www.ihmisyydentunnustajat.fi

1978 | 3 ha (bei Mänttä, Tampere, Jyväskylä) | 25 % | ♀20 | ♂9 | 0 | 29

finnisch, e, f, schwedisch, (d) — 18 — 10

alle Betroffenen (zusammen) — gem. Ökonomie

Eigentum der Stiftung Ihmisyyden tunnustajat

theosophisch

Kunst und Kultur, Garten, bauen, putzen

selbstverw., gewaltfrei, spirit., inneres Wachstum, Friedensarbeit, biolog. Gartenbau, biolog. Viehwirt., Humor, Bildungs- und Kultur-Arbeit, Musik

Wir sind eine unabhängige, nicht offiziell eingetragene Vereinigung. Unsere Gruppe wurde 1978 von Martta Horjander als Teil der finnischen theosophischen Bewegung gegründet. Humane und ethische Werte bilden die Basis unserer Weltanschauung. Ziel unserer Arbeit ist es, die Ideen des finnischen theosophischen Autors Pekka Ervast bekannt zu machen und im eigenen Leben in die Praxis umzusetzen: Frieden, Brüderlichkeit aller Menschen und das Leben ohne Gewalt. Die Theosophie betont die christlichen Werte der Bergpredigt, erkennt aber auch die Wichtigkeit des vorurteilsfreien Studiums aller Religionen an. Unser Leben ist ein Zyklus in der stets vorwärts schreitenden Entwicklung. Die unsterbliche Seele eines jeden Menschen strebt in vielen Inkarnationen nach der menschlichen Vollkommenheit, deren wichtigster Bestandteil die uneigennützige Liebe ist. Karma, das Gesetz von Ursache und Wirkung, garantiert, dass das Streben nach dem Guten immer seine Früchte trägt und niemals vergeblich ist. Wir sind verantwortlich für unsere Taten, mit denen wir auch unsere Zukunft beeinflussen.
Eine Alternativbewegung kann in der Gesellschaft einen positiveren Einfluss ausüben als z.B. der Urnengang oder politische Aktivitäten. Individuelle Entscheidungen auf Basis von

Selbsterziehung können einen wichtigen Ausgleich zu materialistischen und militaristischen Zielen schaffen. Brüderlichkeit, Warmherzigkeit und gegenseitige Fürsorge in den kleinen Dingen des alltäglichen Lebens sind etwas, nach dem es sich zu streben lohnt. Es geht darum, sich zu bemühen und im Leben zu lernen.

→Siehe auch Beschreibung des Netzwerks „**GEN Finnland**"
Ihmisyyden Tunnustajat

Vanhankaupungin kulttuuriekologinen klubi

(Vanhakaupunkis cultural-ecological club)

Viides Linja 7 C 59 | 00560 Helsinki
+358-(0)407 098 597
eero.haapanen@gmail.com
www.kuusiluoto.info

1990 ca. 1,5 ha 50 % ♀39 ♂40 viele 79

- finnisch, schwedisch, e
- jährlich gewählter Verwaltungsrat (4-8 Mitglieder) (Mehrheitswahl, Konsens)
- Mitgliedsbeiträge, Zuschüsse
- von der Stadt Helsinki gemietet
- einen gleichberechtigten, ökologisch nachhaltigen Lebensstil sowie kulturelles Erbe pflegen
- Naturschutz, Fischerei, Gartenarbeit, Schafhaltung
- ökolog., selbstverw., feminist., gewaltfrei, inneres Wachstum, Tagungshaus, Tierschutz, Umweltschutz, Selbstvers., Permakultur, biolog. Landwirt., biolog. Gartenbau, Forstwirt., altern. Energie, neue Technologien, ökolog. Bauen, Bau, Humor, Holzarbeiten, Kunst, Musikfestivals, Mittsommerfest, Saunakultur

☺

Vanhankaupungin kulttuuri-ekologinen klubi (VKEK) wurde 1990 gegründet. Eine Gruppe von Student*innen fand eine alte Holzvilla, die zu zerfallen drohte. Die Gruppe begann, das Haus und das umliegende Grundstück zu reparieren und konnte es später von der Stadt Helsinki mieten. Das Grundstück umfasst die Hälfte der Insel Kuusiluoto („Ficteninsel"), die sich im geografischen Zentrum von Helsinki befindet. Der Club hält frei weidende Schafe, die die Wiesen pflegen und die traditionelle Landschaft und Natur erhalten. Da es eine Verbindung zum Festland gibt, ist Kuusiluoto ein beliebtes Erholungsziel für die Öffentlichkeit. Es befindet sich neben einem prominenten Feuchtgebiet, das unter Naturschutz steht. Der Club ist unpolitisch und nicht religiös. Die Mitglieder bemühen sich, einen gleichberechtigten, ökologisch nachhaltigen Lebensstil zu fördern und das kulturelle Erbe zu erhalten. VKEK hat ungefähr 40 aktive und 40 unterstützende Mitglieder mit einem jährlich gewählten Verwaltungsrat.
Die Mitglieder treffen sich monatlich, um ehrenamtlich in der Unterkunft zu arbeiten. Club-aktivitäten umfassen z. B. Reparatur und Instandhaltung der Villa, Gartenarbeit, Schafhaltung, Herstellung von Nistkästen für Vögel, Naturschutz, Saunakultur, Bootfahren, Angeln im Sommer, Eisfischen und Eisbootsegeln im Winter. Die meisten Aktivitäten werden soweit möglich nach traditionellen Methoden durchgeführt. Es gibt auch viele thematische Veranstaltungen, zum Beispiel das Mittsommerfestival (Juhannus) und Musikfestivals. Die Villa wird überwiegend als Freizeithaus für die Mitglieder genutzt.
Obwohl es sich bei den Mitgliedern des Clubs um Personen unterschiedlichen Alters und unterschiedlicher sozialer Schichten handelt, interessieren sich alle für die Natur und ein reiches kulturelles Umfeld.

☺ Anwärter*innen arbeiten eine Zeitlang unbezahlt mit, Aufnahmekosten

Frankreich

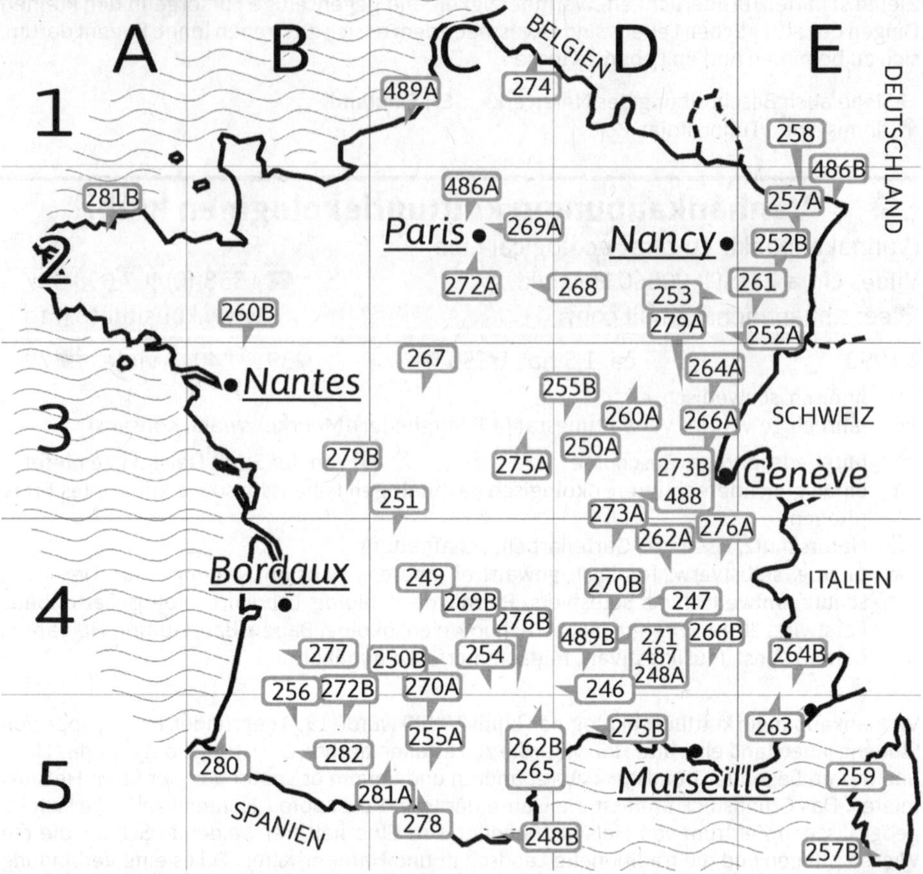

Nachdem wir die französischen Gemeinschaften auch nochmal in ihrer Landessprache angeschrieben haben, bekamen wir reichlich Rückmeldungen: 54 existierende Gemeinschaften und 6 geplante (die geplanten ab Seite 486). Das sind mehr als dreimal so viele französische Gemeinschaften wie in der letzten Ausgabe. Aber: Ohne Französisch geht fast nichts. An dieser Stelle also nochmal einen Dank an die automatischen Übersetzer von DeepL und Google. Bei aller Kritik (siehe Wasserfall-Artikel) haben die uns sehr weitergeholfen.
Es gibt in Frankreich noch zwei Gemeinschaftsnetzwerke: Colibris (vorm. Mouvement des Oasis en Tous Lieux, Seite 548) sowie das wiederauferstandene Réseau Français des Eco-Villages (Seite 567).

☆ Aerium

D4

Route de Peyraube | 30770 Arrigas ☎+33-(0)499 644 791
contact@aerium-centre.org aerium-centre.org

2010 | 4 ha (bei Le Vigan) | 10 % | ♀5 ♂8 10 23

f, (e), (d)

alle Betroffenen (organische Verwaltung, ähnlich wie Konsens)
größtenteils individuelle Finanzierung — Gemeinschaft
Bauen, Gartenarbeit, Gäste, Do-it-yourself
ökolog., selbstverw., inneres Wachstum, Permakultur, biolog. Gartenbau, ökolog. Bauen, Tanz, Baumpflege

Wir befinden uns mitten in der wunderschönen Landschaft am Rande des Nationalparks der Cevennen. Unsere Vision ist es, gemeinsam zu sein, nach unserer tiefen Natur zu leben und zu handeln und unsere Erfahrungen zu teilen. Wir haben ein gemeinsames Vokabular und Werkzeuge für die persönliche Entwicklung und Pflege der Beziehungen. Es gibt kein Gründungsdogma und alle sind eingeladen, ihre Suche nach Tiefe auf ihre eigene Weise zu leben. Wir entwickeln uns hin zu mehr Autonomie und einer Organisationsform namens «Organic Governance» (organische Verwaltung/Führung) und versuchen, nach der Gleichung zu leben: Eine Organisation, die zur Erfüllung ihrer Mitglieder beiträgt und die Verwirklichung ihrer tiefsten Inspirationen unterstützt - und gleichzeitig Mitglieder, die eine effiziente, autonome Organisation unterstützen, in die gegenwärtige Welt integriert. Überzeugt davon, dass Veränderungen aus einer inneren Ökologie stammen, sehen wir uns als soziales Labor. Die wirtschaftlichen Aktivitäten basieren auf unserer Vision: die Früchte unserer Arbeit und Erfahrungen zu entwickeln und zu teilen, und dazu passende Kurse zu veranstalten.
Unser Kollektiv bietet viel Freiheit und erfordert daher hohe persönliche Motivation, Eigeninitiative und Verantwortung. Wir begrüßen Wwoofer für ein paar Wochen und mehr, wenn sie unsere Vision mittragen. Eventuell nehmen wir auch neue Mitglieder auf. Kommt vorbei und lernt uns kennen! *Farbfoto auf Seite 7*

Centre Bouddhiste Zen de la Falaise Verte

D4

Ecole Rinzai
278 chemin de la Riaille | 07800 St Laurent du Pape — +33-(0)475 851 039
falaiseverte@orange.fr — falaiseverte.org

1975 — 20 ha (bei Valence) — ♀1 ♂2 — 3
f, e, japanisch — 3
Taïkan Jyoji (gemeinsam)
Zen-Budhismus, Rinzai
Sutra, Mahlzeiten in Stille, Samu, Zazen
selbstverw., feminist., gewaltfrei, hierarch., buddhist., Meditation, veget.

Das Falaise Verte Zen-Zentrum folgt der Tradition des Rinzai Zen-Buddhismus und ist dem Hauptkloster Myoshin-ji in Kyoto angeschlossen. Es wird von Meister Taïkan Jyoji geleitet, der es nach sieben Jahren klösterlicher Ausbildung in Japan gründete.
Neben Sesshins, täglichen Zazen und Zen-Retreats bietet das Zentrum Kyudo-Praxis (traditionelles japanisches Bogenschießen) in einem Kyudojo, der der französischen Kyudo-Föderation (FKT) angeschlossen ist. In dieser wunderschönen Umgebung finden viele Seminare und wöchentliche Trainingseinheiten statt.
Außerdem führt das Zentrum Zazenkais (Zazen-Sessions) in den wichtigsten französischen Städten durch.

☺ Teilnahme an mindestens einer Session im Zentrum

Collectif Creatif du Castellas

D4

3 impasse du Castellas, Bessege | 30160 Languedoc Roussillon

☎+33-(0)466 603 157

contact@collectifcreatifcastellas.org   collectifcreatifcastellas.org/#/

2012   (bei Alès)   10 %   ♀2 ♂2   4

f, e, d   4

ständige Mitglieder (Konsens)   individuell, Vereinsaktivitäten

Verein

soziale Dreigliederung

ökologische Renovierung, Bio-Gartenbau, Künstler-Domizil, Kooperative-Restaurant, Handwerk

ökolog., selbstverw., gewaltfrei, inneres Wachstum, Bioernährung, veget., Bildungsarbeit, Pädagogik, Tagungshaus, Umweltschutz, Selbstvers., Permakultur, biolog. Landwirt., biolog. Gartenbau, altern. Energie, neue Technologien, ökolog. Bauen, Humor

☺ ()

Das Collectif Créatif du Castellas („Kreatives Kollektiv von Castellas") ist ein Bildungszentrum und ein Ort an dem Aktivitäten und Experimente stattfinden, ein Ort der Erfahrung und des Lebens. Wir glauben an die unleugbaren Vorteile des Gemeinschaftslebens, wenn es entsprechend gelebt wird. Es ist unsere Erfahrung, dass die Umsetzung unserer Ziele von der Klarheit unserer persönlichen und gemeinschaftlichen Vision abhängt. Wir bemühen uns um Ausgewogenheit und Umsetzung in allen Bereichen des Projekts, kulturell, rechtlich und wirtschaftlich. Wir tun dies, indem wir für jedes Gebiet sinnvoll gewählte Werte anwenden: Persönliche Freiheit, rechtliche Gleichheit und materielle Großzügigkeit. Wir teilen unsere kulturellen Aktivitäten und nehmen an wöchentlichen Ratssitzungen teil. Das große Gebäude aus dem 19. Jahrhundert, das der Verein erworben hat, renovieren wir während Bauwochen und anderen Veranstaltungen, um diesen Ansatz zu testen. Die Immobilie ist eigenfinanziert und im Eigentum der Gemeinschaft, wodurch das Nutzungsrecht für die hier wohnhaften Mitglieder gesichert ist. Ziel ist es, Wohnräume, Gemeinschaftseinrichtungen, eine Kantine, ein Theater und Werkstätten zu schaffen. Wir finanzieren das Projekt mit unseren monatlichen Beiträgen, den Einnahmen aus gemeinsamen Aktivitäten, ggf. öffentlichen oder privaten Zuschüssen, Ihren Beiträgen, Geschenken und Spenden. Um unsere Aktionen zu organisieren und zu koordinieren, nutzen wir die Website sowie die zweite Woche eines jeden Monats, in der wir Besucher*innen begrüßen, Auszubildende und Menschen, die am Projekt teilhaben möchten, einen gemeinschaftlichen Lebensstil entdecken, oder sich selbst auf ein Abenteuer einlassen wollen...

☺ Mitglieder geben dem Verein ein Darlehen und bekommen es beim Austritt zurück

Douceur et Harmonie Domaine Maman Terre

C5

Domaine de maman terre | 66230 Serralongue   ☎+33-(0)468 396 256

enthousiasme@wanadoo.fr   www.douceurharmonie.wordpress.com

1964   21 ha (bei Perpignan, Girona)   75 %   ♀3 ♂1   0   4

f, e   3

alle Betroffenen gemeinsam (Konsens) — Einkommensgemeinschaft
Eigentum aller
vegan, sanftmütig („douceur")
Garten, Haushalt, Gästehaus, Buch
ökolog., gewaltfrei, spirit., esoter., inneres Wachstum, Meditation, Yoga, Bioernährung, vegan, Friedensarbeit, Tierschutz, Umweltschutz, Selbstvers., Permakultur, biolog. Landwirt., biolog. Gartenbau, biolog. Viehwirt., altern. Energie, neue Technologien, ökolog. Bauen, handyfrei, rauchfrei, Harmonie, Sanftheit (douceur), Selbstversorgung, Einfachheit

☺

Les Amis de la Douceur - „Freund*innen der Sanftheit", das ist ein großes Programm! Hier wird jede Art von Gewalt und Grausamkeiten ausgeschlossen. Die schönsten Tugenden vereinen sich in der Harmonie, die hier gefördert wird. Wir lassen uns inspirieren von den Gestirnen des Himmels, von der Erde, den Flüssen, den Bäumen, Blumen und Vögeln. Sie lehren uns, einander zu helfen und zu wachsen. Unser Projekt beinhaltet den Anbau vieler biologischer Früchte, von Gemüse und Blumen und die Versorgung unserer Tiere.
Die Domaine de Maman (= „Gut der Mutter Erde") ist ein altes Gehöft, das auf einer Höhe von 850 m in den bewaldeten Bergen des Haut Vallespir in den östlichen Pyrenäen liegt. Es ist einsam und sehr friedlich hier. Wir können unseren vegetarischen/veganen Gästen im Sommer einfache Unterkunft in unserer Hütte anbieten und laden unsere Besucher*innen zur freiwilligen Hilfe bei den täglichen Aufgaben ein. Unsere Ernährung ist ausschließlich vegan und drogenfrei, was auch solch schädliche Produkte wie Alkohol und Tabak einschließt. Wir bitten darum, dass Besucher*innen unserer Gemeinschaft sich vorher telefonisch oder per E-Mail mit uns in Verbindung setzen und uns ein bisschen von sich erzählen.

☺ Harmonie in der Gruppe, Bekenntnis zu einem veganen ökologischen und biologischen Lebensstil

Eco-hameau d'Andral

C4

Mas d'Andral | 46300 Le Vigan
ecohameaudandral@live.fr — andral.org

2008 — 8 ha (bei Gourdon) — 10 % — ♀12 — ♂12 — 7 — 31

f, e
ganze Gruppe (Konsent) — gemeinsame Finanzierung best. Ber.
Gemeinschaftseigentum
keine ideologischen/spirituellen Grundsätze
sich um das Land kümmern: Gartenarbeit, Permakultur, Biodiversität
ökolog., selbstverw., gewaltfrei, Umweltschutz, Permakultur, biolog. Gartenbau, artgerechte Viehwirt., altern. Energie, ökolog. Bauen, geteilte Verwaltung

☺

Co-Housing-Projekt für 25 Häuser, 17 sind in 2019 fertig. Sie müssen auf ökologische Weise gebaut werden: Holzrahmenbau, Erzeugung erneuerbarer Energie, begrenzte Stromnutzung, Toiletten ohne Wasser und ein gemeinsames Abwassersystem durch eine Pflanzenkläranlage. Interessierte müssen einige Zeit im Projekt verbringen, bevor sie sich bewerben und Mitglied werden können. Die Selbstverwaltung erfolgt durch vier Räte und ein monatlich stattfindendes Plenum. Jedes Jahr wird ein gemeinsames Budget für gemeinsame Investitionen und Nebenkosten geplant. Wir engagieren uns viel in lokalen Initiativen, z.B. für lokales Geld oder lokale nachhaltige Landwirtschaft und in kulturellen Vereinen.

→ Siehe auch Beschreibung des Netzwerks **„Colibris"**

AlterHabitat Toulouse, Coordinaction de l'Habitat Participatif

Hinzuwahl

Eco-hameau de La Bénisson-Dieu

D3

5 place des Abbesses | 42720 La Bénisson-Dieu
francois_nolle@hotmail.com

2016 | 5 ha (bei Roanne, Lyon) | 50 % | ♀8 ♂8 22 | 38

d, e, f | 2

alle Beteiligten (Konsens) | gemeinsame Finanzierung best. Ber.

teils Eigentum der Mitglieder, teils gemietet

ökolog., hierarch., christl., Bildungsarbeit, Pädagogik, Tagungshaus, geistig/psych. Behinderte, körperl. Behinderte, Umweltschutz, Permakultur, biolog. Landwirt., biolog. Gartenbau, biolog. Viehwirt., Forstwirt., ökolog. Bauen, Humor

Wir sind ein kleines Öko-Gehöft, bestehend aus mehreren Familien, die eine ganzheitliche Ökologie in die Praxis umsetzen wollen. Wir planen, eine Grund- und Sekundarschule für Kinder, einen pädagogischen Bauernhof und ein Reintegrationsprojekt aufzubauen. Wir freuen uns auch über Pilgernde auf dem Weg nach Santiago de Compostela.

Ecohameau de Verfeil

C4

Lieu-dit Négo Soume | 82330 Verfeil sur Seye
+33-(0)648-017 151
ecohameauverfeil@gmail.com
verfeil-eco.over-blog.org

2013 | 3 ha (bei Montauban, Toulouse) | 25 % | ♀7 ♂6 8 | 21

f, e, sp, flämisch, portugiesisch, d | 5

alle Bewohner*innen (Konsent bei großen Entscheidungen)

Einzelfinanzierung für Häuser, gemeinsame laufende Kosten

Gemeinschaftsflächen gehören allen gemeinsam, Einzelbesitz von Häusern und Baugrundstücken

ökologisch

ökologisches Bauen, Permakultur

Umweltschutz, Permakultur, ökolog. Bauen, Waldgarten, Chor, offene Tage

Wir möchten einen gemeinsamen Ort schaffen, an dem wir unsere Zeit, unser Wissen und unsere Ressourcen gemeinsam nutzen können, um ein Gleichgewicht zwischen Mensch und Natur sowie zwischen individueller und kollektiver Lebensführung zu erreichen.
In unserer Gruppe gibt es eine große Bandbreite an Altersstufen, Hintergründen und Na-

tionalitäten, aber wir haben alle den Wunsch gemeinsam, bescheidener zu leben und unsere Auswirkungen auf die Umwelt zu reduzieren. In diesem Sinne sind unsere Häuser alle nach ökologischen Prinzipien und mit umweltverträglichen Materialien gebaut. Wir haben einen Permakultur-Gemüsegarten und ein Waldgartenprojekt. Wir teilen uns ein Gemeinschaftsgebäude mit Werkstatt und Küche; wir haben eine gemeinsame Pflanzenkläranlage usw.

Unser Gruppenleben bewegt sich im Rhythmus von gemeinsamen Mahlzeiten, Gemeinschaftsaufgaben und -projekten, gemeinsam getroffenen Entscheidungen, von Chorproben und anderen festlichen Veranstaltungen und Feiern. Unser Projekt entwickelt sich ständig weiter, da wir noch Plätze frei haben und neue Mitglieder ihre Ideen und Fähigkeiten in unseren kleinen Schmelztiegel einbringen.

Unsere derzeitigen Besucher*inneneinrichtungen sind wetterabhängig, so dass die Besuchsmöglichkeiten recht begrenzt sind! Wir hoffen jedoch, in Zukunft vor Ort Aktivitäten und Projekte zu entwickeln und Workshops sowie Freiwilligenarbeit anbieten zu können.

→Siehe auch Beschreibung des Netzwerks „**Colibris**"

☺ Durchlaufen unseres Aufnahmeprozesses, Werte teilen, Grundstücks- oder Hauskauf

☆ Eco-hameau du Moulin de Busseix C4

Route de Busseix | 87500 Ladignac-le-Long ☎+33-(0)555 509 39 81

contact@moulindebusseix.org www.moulindebusseix.org

2004 10 ha (bei Limoges) ♀7 ♂7 5 19

f, d, sp, e 1

Bewohner*innentreffen alle zwei Wochen; jährliche Generalversammlung (Konsent: Bei starkem Widerstand einer Minderheit muss die Entscheidung überarbeitet werden)

nein

Gartenarbeit, Bauen, gemeinsames Leben, Tierzucht

ökolog., selbstverw., gewaltfrei, Selbstvers., biolog. Landwirt., altern. Energie

☺

Unsere Prinzipien sind:

- Reduzierung unseres ökologischen Fußabdrucks (durch z.B. Sonnenenergie, solare Warmwasserbereiter und Photovoltaik, Trockentoiletten, Phytoreinigung von Abwässern, Hausisolierung und Kompostierung, etc.).
- Ein kollektives und solidarisches Leben (gemeinschaftliches Essen, gemeinsamer Lebensmitteleinkauf, gemeinsame Wäscherei und Werkstätten, ein Gemeinschafts-Fahrzeug, kollektive Gärten, etc.).
- Öffnung nach außen: Viel Kontakt zu umliegenden Gemeinden pflegen, Empfang vieler Besucher*innen und WWOOFer*innen, Möglichkeiten für Praktika.

Die Gemeinschaft besitzt ein Gemeinschaftshaus, neun Räumlichkeiten für die Unterbringung, mehrere Scheunen, eine Werkstatt und rund 10 Hektar Land.

☺ mehrere Monate mit uns leben, dann wird gemeinsam überlegt

éco-lieu Thélème

D2

Impasse du Brin de paille | 70160 Breurey-lès-Faverney ☎+33-(0)663 669 565
asso.theleme@gmail.com asstheleme.wixsite.com/theleme

2012 6 ha (bei Vesoul) ♀3 ♂3 4 10
f, e, sp 1 2
alle Betroffenen (Konsens) individuelle Finanzierung
Eigentum aller
Medizin, Zimmerei, Gipserei
ökolog., gewaltfrei, Umweltschutz, Selbstvers., Permakultur, biolog. Landwirt., biolog. Gartenbau, biolog. Viehwirt., artgerechte Viehwirt., ökolog. Bauen, Bau

Unsere Gruppe besteht seit Oktober 2012. Der Verein wurde am 10. Dezember 2013 basierend auf folgenden gemeinschaftlichen Werten gegründet:

- Das Zusammenleben ausprobieren und unsere Ressourcen unter der Wahrung von Autonomie zusammenschließen
- Respekt für Mensch und Umwelt
- Verringerung unseres ökologischen Fußabdruckes
- Sein vor Haben.

Unser grundlegender Wunsch ist, die Interessen der Gemeinschaft gegenüber dem Individualismus zu bevorzugen. Durch die Realisierung dieses Projekts haben wir das Bestreben, diese ideale Familie zu leben. Wir hoffen, dass unsere Dynamik allen Bürger*innen unserer Wohngemeinde zu Gute kommt.
Wir haben unsere Gruppe Thélème genannt, nach dem Abt von Rabelais. Sie soll ein Ort von persönlicher und gemeinschaftlicher Erfüllung sein. Wir möchten betonen, dass unser Projekt keinen Bezug zu irgendeiner Religion oder einer politischen Partei hat, nicht einmal zu einer Ideologie.
Thélème zeigt eine Weise auf, die Welt wahrzunehmen, in welcher die Menschen und ihre Umwelt im Zentrum unserer Bemühungen stehen.

☺ Einverständnis mit unseren Grundsätzen sowie mit den verschiedenen „Regeln" des Ortes, finanzielle Beteiligung, seine eigenen Kenntnisse einbringen sowie Kenntnisse für die Weiterentwicklung des Projekts

Ecolline éco-lieu de vie

E2

| Saint-Dié-Des-Vosges ☎+33-(0)329 410 909; +33 (0)768 557 320
palatof@free.fr, flocondesalpes@free.fr www.ecolline.over-blog.com

2008 (bei Strasbourg, Freiburg i.B.) 7 24

Ecolline ist eine seit 2008 bestehende Gemeinschaft in einem schon vorher sehr ökologischen Ort in den Vogesen. Ecolline umfasst zehn selbstgebaute Häuser aus lokalen und biologischen Materialien wie Holz, Stroh und Lehm.
Wir sind 17 Erwachsene und sieben Kinder, die in enger Verbindung mit ihrer Umwelt und insbesondere nah miteinander leben - und dabei daran arbeiten, unsere Unterschiede zu respektieren und zu akzeptieren. Durch unsere gemeinsamen Werte in den Bereichen Um-

welt, Ökologie und Humanismus neigen wir zu Genügsamkeit. Wir sind streng genommen keine Gemeinschaft, sondern ein Kollektiv, das sehr viele Dinge teilt: ein großes Grundstück, die meisten Räumlichkeiten, Ausrüstung, Werkzeuge, Energie, Arbeit...
Jeder Haushalt besteht aus einem Haus, das auf einem kleinen eigenen Grundstück gebaut wurde. Der Rest des Landes (1 ha Wiesen, Gärten, Wege und 1,2 ha Wald) wird gemeinsam von den Mitgliedern bewirtschaftet.
Alle unsere größeren Entscheidungen werden gemeinsam getroffen. Zu diesem Zweck treffen wir uns monatlich im Plenum, um die Vorschläge der Untergruppen zu diskutieren, und führen dann einen soziokratischen Konsensprozess durch.
Wir haben jedes Jahr am letzten Sonntag im Mai (14.00 Uhr) einen offenen Besuchertag und bieten außerdem das ganze Jahr über an, uns bei unserem offenen Mitarbeitstag kennenzulernen (immer am 4. Samstag des Monats). Wir benötigen auch das ganze Jahr über regelmäßige Hilfe bei den Bauarbeiten (gegen Kost und Logis!).
Bitte informiert euch online und kontaktiert uns im Voraus, bevor ihr vorbeikommt!

ECOlonie - Centre Ecologique International

D2

1 Thietry | 88260 Hennezel — +33-(0)329 070 027
info@ecolonie.eu — www.ecolonie.eu

1989 — 40 ha (bei Epinal) — ♀7 ♂7 3 18

f, e, d, holländisch — alle — alle & Freiwillige
Teil der Gruppe (Konsens) — Einkommensgemeinschaft
Eigentum aller
Vision, die ökologische und spirituelle Elemente beinhaltet (nicht dogmatisch)
Gästehaus und Camping, Bibliothek, Laden, Restaurant, Biogarten (Kräuter und Gemüse), Ziegenhof und Käserei, künstlerische Werkstätten, Renovierung und Grundstückserschließung, Bäckerei, kreative Kurse und Yoga
ökolog., spirit., anthroposoph., Yoga, Bioernährung, veget., Bildungsarbeit, Pädagogik, Tagungshaus, Umweltschutz, biolog. Landwirt., biolog. Gartenbau, biolog. Viehwirt., altern. Energie, neue Technologien, ökolog. Bauen, handyfrei, rauchfrei, künstlerische Aktivitäten: Werkstätten

☺ ( )

Ökologie (die Lehre vom ökologischen Denken und Handeln) bedeutet in der ECOlonie mehr als gesund und biologisch zu gärtnern oder zu bauen. Ökologie ist ein Begriff, der alle Aspekte des Lebens (materiell und spirituell) umfasst. Der Begriff „Öko" ist abgeleitet vom griechischen Wort „Oikos", das „zu Hause" bedeutet. Zu Hause sein kann hier übersetzt werden als „sich wohl fühlen, man selbst sein". Diese Interpretation des Wortes Öko haben wir ausgearbeitet in einem Konzept, in dem Nachhaltigkeitsdenken, Natur(erfahrung), Kreativität und Spiritualität einander gegenseitig inspirieren. Den Begriff Spiritualität kann jeder Mensch auf seine eigene Art und Weise

interpretieren. Wir haben uns für eine undogmatische, konkrete und lebensnahe Interpretation entschieden. Wir wollen die Utopie eines nachhaltigen, vielseitigen menschlichen Zusammenlebens in der ECOlonie so weit wie möglich verwirklichen.
Wir schätzen es sehr wenn Menschen in ECOlonie mitarbeiten. ECOlonie existiert unter anderem durch die Hilfe aller Menschen, die freiwillig ihren Beitrag liefern.

→Siehe auch Beschreibung des Netzwerks „**GEN Europe**"
☺ 3 Monate hier arbeiten, währenddessen können die vielen kleinen Voraussetzungen miteinander besprochen werden

Ecovillage „Ecohameau Les Trois sources" C4

Interkulturelles Ökodorf „Trois Sources"

Le Soulayrol | 12550 Plaisance ☎+33-(0)607-252 454
troissources@gmail.com www.ecovillage-3sources.eu

2011 52 ha (bei Albi) 30 % ♀3 ♂4 2 9

d, e, fr, sp, niederländisch 4
alle gemeinsam (Genossenschaft) (regelmäßige Treffen)
Gesellschaft bürgerlichen Rechts offen für Teilhaber*innen, Miete
wir bieten offene Meditationszeiten an, offen für alle Glaubensrichtungen
Seminare, Gästehaus, Therapien, offen für alle Projekte
ökolog., selbstverw., gewaltfrei, ökumen., inneres Wachstum, Meditation, Bioernährung, Pädagogik, freie Schule, Tagungshaus, Friedensarbeit, Umweltschutz, Permakultur, biolog. Landwirt., biolog. Viehwirt., Forstwirt., altern. Energie, neue Technologien, ökolog. Bauen, Humor, barrierefrei. Wir lieben die Unterschiede innerhalb eines verbindenen Rahmens

☺

Wir sind ein interkulturelles und überkonfessionelles Ökodorfprojekt in Südfrankreich. Wir sind keine intentionale Gemeinschaft, sondern eine Wohnungs- und Immobiliengenossenschaft, die auch unseren Garten, die Wäscherei, eine Sauna sowie das Café/Cafeteria/Restaurant betreibt. Du kannst Anteile der Genossenschaft kaufen, einen Wohnplatz mieten oder ein Haus bauen... Wir möchten unsere Gemeinde vergrößern und dabei sowohl Familien mit Kindern als auch Einzelpersonen willkommen heißen. Wir mögen Leute, die ihr eigenes Projekt und frühere Gemeinschaftserfahrung mitbringen. Wir haben einen großen Gemeinschaftsraum, eine Sauna, ein Spa, einen gemeinsamen Therapieraum, Büros, einen Laden, eine Wäscherei, Werkstätten, einen Meditationsraum und viel Platz für deine Aktivitäten und Fähigkeiten.
Es gibt noch viel zu verbessern und zu entwickeln, aber Les Trois Sources ist bereits wunderschön in echter Natur gelegen (sogar etwas wild) und 2 Stunden vom Mittelmeer (Montpellier) und 1,5 h von Toulouse entfernt: Wir haben drei Quellen, Land, Bäume und keine Industrie oder Atomkraftwerke in der Nähe. Ein demokratisches Schulprojekt beginnt im nächsten Jahr. Wir mögen Freiheit und Unterschiede, aber brauchen trotzdem auch einen gewissen Rahmen. Und wir mögen Schönheit, also auch saubere und ordentliche Räumlichkeiten (darin sind wir Franzosen keine Spezialisten, bitte Deutsche, helft uns ;-) !!). Bitte bringt eure eigenen Ideen mit, ihr könnt uns in den Ferien, im Aktivurlaub oder als Arbeitsgast (Séjour Participatif) besuchen. Wir glauben, dass die Zukunft in der Liebe von Unterschieden liegen wird, weil sie uns dabei helfen zu wachsen, mehr als die imposanten Ideen und Visionen.

→Siehe auch Beschreibung des Netzwerks „**Colibris**" ***Siehe Farbfoto auf Seite 15***
☺ du solltest schon an dir gearbeitet haben und ein echtes Projekt mitbringen

Eco-village Sainte Camelle

C5

09 100 St Victor Rouzaud — +33-(0) 688 967 446 (SMS)
www.ecovillagestecamelle.fr

2011 — 25

Das Glück liegt im Tun! Wir haben uns als Gruppe zusammengeschlossen, um ein bewusstes Leben für uns selbst, für andere und für den Planeten zu führen. Die Ökologie in all ihren Formen beeinflusst alle Entscheidungen und Überlegungen in unserem Ökodorf.
Grundlage des gemeinschaftlichen Lebens ist die gemeinsame Vision von einer Art des Zusammenlebens, das auf der Suche ist nach gemeinschaftlichen Interessen, gelebter Liebe, Authentizität, Aufrichtigkeit, Zuversicht, Beziehung, Fröhlichkeit und Einfachheit. Jedes Mitglied bleibt für seine innere Entwicklung voll verantwortlich und ist doch auch ein*e Akteur*in des gemeinschaftlichen Lebens.
Wir betreiben in Sainte Camelle gemeinsam Gemüseanbau, Permakultur, einen Waldgarten, einen Obstgarten, bieten verschiedene Workshops und ein offenes Kennenlern-Café an. Wir arbeiten an unseren Projekten, veranstalten Konzerte, bieten Selbsterfahrungskurse und Räume zur inneren Entwicklung - und vermieten unsere Räumlichkeiten auch für Veranstaltungen und Kurse... So gut wie alle unserer Mitglieder arbeiten dafür die meiste Zeit vor Ort in unserem Projekt.

Eotopia

D3

lieu-dit le Jardin Jolivet | 71140 Cronat — +33-(0)667 023 894
contact@eotopia.org — www.eotopia.org

2016 — 3 ha (bei Bourbon-Lancy, Moulins) — 30 % — ♀4 ♂3 — 1 — 8

- e, f, sp
- alle Betroffenen gemeinsam (Konsent/Konsens)
- gemeinsame Finanzierung best. Ber. — im Besitz der Organisation
- vegan, Schenkökonomie, Unschooling, gewaltfreie Kommunikation
- Permakultur/Gartenarbeit, Lehm- und Strohballenbau, gewaltfreies Leben, vegane Küche, Landschaftskunst, Übersetzungen
- ökolog., selbstverw., linkes Politikverst., feminist., gewaltfrei, inneres Wachstum, Meditation, veget., vegan, freie Schule, Tierschutz, Umweltschutz, Selbstvers., Permakultur, altern. Energie, ökolog. Bauen, Humor, rauchfrei, Soziokratie, alkoholfrei, Handwerk

Eotopia ist ein experimenteller Raum, in dem wir mit allen Wesen nach einem harmonischen Lebensstil suchen. Säulen:

- Schenkökonomie: Jede*r kann frei geben und empfangen. Wir wollen einen Ort schaffen, an dem Vertrauen wichtiger ist als ein Bankkonto. Praktisch bedeutet das zum Beispiel, dass wir Workshops und kostenlose Veranstaltungen organisieren und anbieten, ohne etwas dafür zu verlangen.
- Vegan: Wir möchten keine Produkte konsumieren, die mit Tierausbeutung verbunden sind. Wir wollen, dass jedes fühlende Wesen sein Leben so leben und auch beenden kann, wie es möchte.
- Freie Bildung: Wir sind definitiv egalitär, was bedeutet, dass wir Rassismus, Sexismus, Speziesismus, die Macht des Geldes und Hierarchien ablehnen. Bildung ist die Grundlage unseres Sozialsystems. Wir wollen prüfen, ob es möglich ist, freie Bildung ohne Dog-

men und Grenzen zu etablieren. Dazu möchten wir auch, dass die Bewohner*innen und Besucher*innen des Ökodorfes sowohl Lehrer*innen als auch Schüler*innen sind.

- Gemeinschaft: Wir glauben, dass es für die Menschheit an der Zeit ist, veraltete Systeme in Frage zu stellen und neue Lebensweisen zu hervorzubringen, die die Umwelt und alle Wesen in ihr respektieren. Dazu müssen wir gemeinsam experimentieren. Wir werden versuchen, die Jüngsten selbst lernen zu lassen und ihre Kreativität zu fördern, indem wir ihnen kein vorgefertigtes Wissen in die Hände geben, sondern ihnen Werkzeuge zur Verfügung stellen, die sie brauchen, um selbst zu lernen.
- Permakultur
- Geringer CO_2-Fußabdruck

Wir sind auf dem Weg dahin... Aber auch noch recht weit davon entfernt... Wir gehen langsam und nehmen uns Zeit. Wir sind sehr offen für Besucher*innen, aber nur zu Besuchszeiten!

→Siehe auch Beschreibung des Netzwerks „**GEN Europe**"

Saatgut-Tauschbörsen

☺ ideologisch, finanziell und vor allem sich weise fühlen

Ferme Légère

B5

Chemin de Pilate | 64410 Meracq ☎+33-(0)559 350 047

fermelegere@greli.net fermelegere.greli.net/doku.php

2015 11 ha (bei Arzacq Arraziguet, Pau) 70 % ♀4 ♂5 1 10

e, f, sp ♻2 alle (2 bezahlte Stellen)

alle zusammen. Personen, die Anteile an der Immobilie besitzen, haben bestimmte Befugnisse (Konsens)

gemeinsame Kasse für Essen, alles andere ist individuell. „Mieten" zur Rückzahlung der Investitionen und der Alltagskosten (Telefon, Internet, Steuern,....)

kollektives Eigentum aller

keine ideologischen/spirituellen Grundsätze

Gemüseanbau, Honig, Brotbacken, Bauarbeiten, Renovierung

ökolog., selbstverw., linkes Politikverst., feminist., gewaltfrei, Bioernährung, veget., Tagungshaus, Umweltschutz, Selbstvers., Permakultur, biolog. Gartenbau, altern. Energie, ökolog. Bauen, Bau, Humor, Kollaps-Antizipation

☺

Wir möchten auf der Ferme Légère einen alternativen Lebensstil, eine praktische Ökologie mit möglichst geringen Auswirkungen auf die Umwelt leben. Das Projekt strebt Autonomie in Bezug auf Energie, Nahrung und alle weiteren Lebensbereiche an. Dabei behalten wir uns - aus Notwendigkeit sowie aus Freude - die Offenheit nach außen bei. Seit kurzem versuchen wir auch, einen möglichen globalen Zusammenbruch in unsere Pläne mit einzubeziehen. Entscheidend ist die kollektive und generationenübergreifende Dimension unseres Projekts.

Friends of the Earth international, Amis de la Terre

☺ unsere Degrowth-Werte teilen und eine Zeit lang mit uns leben, bevor eine Entscheidung über die Aufnahme getroffen wird

Fontaine Aux Abeilles

E2

9 rue du Luxembourg | 67700 Saverne

+33-(0)388 899 708

qes.blog4ever.com/photos?page=1

(bei Karlsruhe, Nancy) 20

Fontaine Aux Abeilles ist ein partizipatives Cohousing-Projekt, das auf einer gemeinsamen Idee basiert: In vielen offenen und gemeinsam nutzbaren Räumen ein gutes und gesundes Leben zu teilen, an dessen Entstehung von Anfang an alle beteiligt waren. Zwei Drittel der bebauten Flächen sind die separaten Privatwohnungen von acht Familien mit insgesamt zwanzig Bewohner*innen. Im Erdgeschoss befinden sich drei gemeinsame Eingänge mit behindertengerechtem Zugang, ein großer Besprechungsraum, eine kleine Küche, ein Badezimmer, ein Gästezimmer, gemietete Büros (die zu den Verwaltungskosten des Kollektivs beitragen), eine gemeinsame Werkstatt, ein Fahrradabstellplatz, ein Lagerraum und ein Honigladen. Im Freien sind 2/3 der Flächen sehr grün und für alle offen, mit Gemüsegarten, Obstgarten und Blick auf die schöne Landschaft. Der Rest sind Terrassen mit kleinen privaten Gärten. Wir haben die architektonischen Entscheidungen unter den Aspekten des Bioklimas getroffen, wobei wir die Vorzüge von Sonne, Wind, Regen und Erde integriert haben. Das Gebäude ist „biologisch", mit verschiedenen natürlichen und gesunden Materialien gebaut, wirtschaftlichen und umweltfreundlichen Technologien wie Bioelektrizität, Belüftung durch Erdwärmetauscher, Regenwasserrückgewinnung zur Bewässerung, zum Putzen, für die Toiletten oder die gemeinsame Waschküche etc.

Francischu Freifließende Taubenschlagkommune

E5

Francischu, Route de Bonifacio | 20131 Pianottoli-Caldarello, Corse du sud

+33-(0)647 46 23 99

1993 — 8 ha (bei Bonifacio) — ♀3 ♂2 2 7

d, f, e, i — am besten alle

alle Betroffenen gemeinsam (Konsens)

gemeinsame Finanzierung best. Bereiche und individuelle Finanzierung

gemietet/gepachtet

Glaube an die Liebe (Agape, Philos und Eros)

Selbstversorgung mit allem, was dazugehört

ökolog., selbstverw., anarchist., gewaltfrei, spirit., christl., ökumen., inneres Wachstum, Bioernährung, Umweltschutz, Selbstvers., Permakultur, biolog. Landwirt., biolog. Gartenbau, artgerechte Viehwirt., ökolog. Bauen

☺

Aus der ehemals fast deutschen Enklave Francischu ist eine angesehene und gut anzusehende internationale Gemeinschaft geworden. Wir werden aufmerksamer füreinander, weil wir nicht alle die gleiche Sprache sprechen. Wir begrüßen weiterhin alle Neuankömmlinge als Mitglieder unserer Gemeinschaft. Es gibt Austausch an Erfahrung, Wissen und Können.
Wir sind Gärtner, Bauern, Hirten, Handwerker, Künstler, Musiker; Seefahrer, Abenteurer, Narren und Weise (und das natürlich auch alles als „*innen"). Wir sind offen für neue Ideen und freuen uns über Taten. Wir wollen eine heile Erde für uns und unsere Kinder. Und wir wollen heile Kinder für unsere Erde. Außerhalb der Sommersaison sind unangemeldete Besucher*innen fast immer willkommen, um eine kleine Spende (10 €) wir gebeten.

☺ Arbeit an sich selbst (Bewältigung von Kindheitsproblemen), Offenheit, Lust an Tätigkeit und Bewegung (soweit möglich)

Gemeinschaft Loutzweiler Mühle

E2

Moulin de Loutzviller | 57720 Loutzviller ☎+33-(0)387 967 524

2000 40 ha (bei Saarguemines (F), Zweibrücken (D)) 60 % ♀2 ♂1 1
4

d 2
alle Betroffenen gemeinsam (Konsens) gemeinsame Finanzierung best. Ber.
Eigentum einzelner Gemeinschaftsmitglieder
undogmatisch
Landwirtschaft, Pferdewirtschaft, Renovierungsarbeiten, Hofladen, Haushalt
ökolog., selbstverw., gewaltfrei, spirit., esoter., chaotisch, inneres Wachstum, Bioernährung, veget., Bildungsarbeit, Tierschutz, Umweltschutz, Selbstvers., biolog. Landwirt., biolog. Gartenbau, biolog. Viehwirt., artgerechte Viehwirt., Forstwirt., altern. Energie, Bau, handyfrei

☺

Du da! Ja, du :-)! Möchtest du ein möglichst einfaches und bodenständiges Leben führen mit vielen Tieren, Pflanzen und einigen vertrauten Menschen? Möchtest du deine Lebenszeit in einer Atmosphäre verbringen, die offenherzig und wohlwollend ist, freundschaftlich, familiär und ehrlich? Arbeitest du gerne „Hand in Hand" und hast Freude dabei? Kannst du auch mal alles stehen und liegen lassen, weil die Pferde auf Nachbars Feldern unterwegs sind oder unvorhergesehen Regen droht und die Ernte ins Trockene muss? Kannst du körperliche Anstrengung auch mal als Herausforderung betrachten? Magst du mit anpacken, anstatt zu quatschen? Bringst du es fertig, aus einer Mücke keinen Elefanten zu machen?
Wenn du dich jetzt immer noch angesprochen fühlst, dann freuen wir uns von ganzem Herzen darauf, dich kennenzulernen. *Die Mühlenleute*

☺ Einfühlungsvermögen, Pioniergeist, Fantasie, Tatkraft, viel Liebe für Mensch, Tier und Pflanze, klar im Kopf. Praktikant*innen willkommen.

Gemeinschaft Vitulettu

E5

Lieu dit Vitulettu | 20234 Pietricaggio, Corsica ☎+33-(0)495-359 331
info@vitulettu.org
www.vitulettu.org, www.workaway.info/775729454116-en.html

1997 4,5 ha (bei Cervione, Bastia) >50 % ♀3 ♂1 1 5

d, f, e 2 3

alle Betroffenen gemeinsam (Konsens)

teilweise gemeinsame Finanzierung/Privatbesitz

Eigentum einzelner Gemeinschaftsmitglieder, gemietet/gepachtet

Akzeptanz und Bereitschaft leben

Obst- und Gemüseanbau, Waldarbeit, Imkerei, Seminarbetrieb

ökolog., selbstverw., spirit., inneres Wachstum, Meditation, Bioernährung, veget., vegan, Selbstvers., Permakultur, biolog. Landwirt., biolog. Gartenbau, Forstwirt., altern. Energie, Bau, Humor, Musik, Klavier, liebliche Plätze, inspiriert von Eckhart Tolle, Byron Katie, „Ein Kurs in Wundern“ (Buch), reflektierter Schamanismus

☺

Am Rande der Wildnis, auf 800 m Höhe mit Blick aufs Meer, leben wir in einem ehemals verlassenen korsischen Bergdorf. Vom verfallenen Dorf besitzen wir fünf Häuser/Ruinen, die wir gesichert oder wiederhergestellt haben. Im Gemeinschaftshaus befinden sich die Gärtnerei und verschiedene Keller für eine umfangreiche Selbstversorgung. In den ersten 10 Jahren führten wir einen lebendigen Seminarbetrieb und ein Seminarhaus ist im Rohbau fertig. Ein Gästehaus ist für die zeitweise zahlreichen internationalen Besucher*innen erforderlich geworden und schon z.T. benutzbar. Die Infrastruktur des Dorfes mussten wir weitgehend selbst schaffen: Trink- und Brauchwasserleitungen, eine kleine Insel-Solaranlage, Zäune und Wege, Lebensräume und sogar Gemüsegärten und Obstterrassen - und vieles ist noch in Arbeit.
Das Wesentliche unseres Alltags ist sowohl das vielseitige und abwechslungsreiche Tun und der Luxus, die reiche Natur das ganze Jahr genießen zu können, wie auch unser inneres Wachstum und die gemeinsame Entwicklung. Die Herausforderungen der Gegenwart erinnern uns regelmäßig daran, was uns wichtig ist: Verbindung finden, gegenseitige Unterstützung, zuhören, dazugehören, Gedanken überprüfen, Musik machen und leuchten hören und der Freude folgen.
Der Schulbesuch unserer Kinder, Marktverkauf und die Arbeit in Nachbarsfamilien hat uns viele Kontakte in der Umgebung beschert. Für weitere Mitbewohner*innen ist schon einige Infrastruktur vorhanden, die Imkerei wartet auf eine*n Imker*in, Werkstätten entstehen und es gibt viel Raum für Neues, bisher Unbekanntes.

Workaway

☺ Bereitschaft zur Selbsterfahrung/teilweise Selbstversorgung, Kennenlernzeit, finanzielle Beteiligung

Goshen Ferme de la Chaux

D3

Ferme de la Chaux | 21360 La Bussière-sur-Ouche

soko@jesusfreaks.fr — www.goshen.fr

2009 | 13 ha (bei Dijon) | ♀5 ♂3 | 8 | 16

f | 2

Bewohner*innen (Einstimmigkeit, Konsens, Abstimmung)

gemeinsame Finanzierung best. Ber. | Verein

anti-Globalisierung, Christlich

Bewirtschaftung, Unterbringung, Seminarhaus

ökolog., selbstverw., anarchist., linkes Politikverst., gewaltfrei, spirit., christl., ökumen., Bildungsarbeit, Tagungshaus, Friedensarbeit, Umweltschutz, Humor, gewollte Einfachheit, Freundlichkeit

Angesichts der überbordenden Individualisierung und der Diktatur des Geldes engagieren wir uns zusammen für eine solidarische, faire und ökologische Welt. Dies versuchen wir auf kreative Art und Weise in unserer Öko-Siedlung umzusetzen. Wir sind eine Gruppe von Familien und Freund*innen in bewusst gewählter Einfachheit, in der christliche Werte, Partizipation, gemeinsame Feste, sowie auch Gastfreundschaft, alltäglicher Umweltschutz und eine alternative Wirtschaftsweise wichtige Bestandteile unseres Lebens sind.

→Siehe auch Beschreibung der Netzwerke **„Arche nach Jean Vanier, Colibris"**

Tchaap

Hameau du Ruisseau Eco-centre du pays Nantais

B3

Route de Louisfert | 44520 Moisdon la Rivière (Loire Atlantique)

+33-(0)781 542 455

maison.autonome@orange.fr — www.heol2.org

1984 | 2 | 14

f

Zwischen Nantes und Rennes, Vannes und Angers, 80 km vom Meer entfernt, liegt das Ecohameau im „mittleren Land", dem „Land des Mée".
Gleichgewicht, gesunder Menschenverstand, Realität – damit versucht es zu inspirieren, die eigene persönliche Reise zur Autonomie und dem eigenen Lebensweg zu beginnen.
Nach 30 Jahren des Experimentierens mit einer neuen Lebensweise aus der kleinsten sozialen Einheit, einer Familie, wollten wir das Abenteuer im Dorfmaßstab fortsetzen.
Als Ergebnis unserer Entschlossenheit und unserer klaren und globalen Vision wurde uns der Verkauf von angrenzenden Grundstücken angeboten.
Neben den technischen Errungenschaften unseres Ecohameau experimentieren wir täglich mit der heiklen Herausforderung des „Zusammenlebens", um im Laufe der Zeit einen neuen Lebensstil zu etablieren, der eine neue Wirtschaftskultur inspiriert:

- Selbst produzieren, was in einem bestimmten Gebiet möglich ist.
- Austausch von Waren und Dienstleistungen vor Ort
- Finanzielle Autonomie, die auf den Fähigkeiten jedes Einzelnen basiert, als Ziel
- Praxis der Innenökologie und der bewussten Kommunikation, die fürs Zusammenleben unerlässlich sind.
- Aufklärung, Vermittlung, Gastfreundschaft
- Erfolge ebenso wie die Schwierigkeiten feiern.

Unsere Aktivitäten: Besuche, Aufnahme von Schüler*innen, Auszubildenden, WWOOFer*innen etc. Seminare über Autonomie/Ökologie
Praktika: Arbeit an der Pigott Windturbine, an Stroh/Erdbauweise...

→Siehe auch Beschreibung des Netzwerks **„Colibris"**
☺ wir freuen uns über Besucher*innen, haben aber keinen Platz für neue Mitglieder

☆ Jean le Moine

E2

Jean le Moine 1 | 70310 Amont et Effreney ☎+33-(0)384 944 512
✉steinmann.mathias@orange.fr

1993 | 5 ha (bei Luxeuil les Bains) | ♀2 ♂4 2 8

e, d, f 5

Konsens

Tauschhandel, Unabhängigkeit, Meditation, freie Spiritualität. Freiheit aushalten statt Ausfahrt freihalten!

Betreuung von Menschen mit geistiger Behinderung, Tierhaltung, Käse machen, Brot backen, Renovierung, Gärtnern, Brennholz, Heilerziehungspflege, einen Platz schaffen zur Selbstfindung

Ökologie, Selbstverwirklichung, Spiritualität, inneres Wachstum, Meditation, Tanz, Singen, Pädagogik, Arbeit mit geistig behinderten Menschen, Öffnung für Kunst und Kultur, Körperarbeit und natürliches Heilen

☺

Jean le Moine ist ein 400 Jahre alter Bauernhof in Alleinlage am Westhang der Vogesen, am Rande der „Tausend-Seen-Platte". Der Hof wurde vor 25 Jahren von einer Familie mit vier Kindern erworben und in wechselnder Besetzung von vielen Menschen bewohnt. Seit fast 20 Jahren beleben Freiwillige von WWOOF, Helpx und Workaway den Hof und es werden Ziegen, Schafe, Pferde, Hühner, Enten, Pfauen, Katzen und Hunde versorgt. Gewohnt wird in den Wägen, die wir mitgebracht haben, in einer Hütte, einem Baumhaus, einem renovierten Backhaus und in dem alten Bauernhaus, in dem aktuell noch mehr Wohnraum entsteht.
Seit fünf Jahren wohnt ein junger Mann mit geistiger Behinderung bei uns und derzeit leben fünf Erwachsene und zwei Kinder in Teilzeit bei uns.
Mit dem Respekt vor unseren unterschiedlichen Herkünften und Eigenarten versuchen wir inneres Wachstum und Kreativität zu leben. Dabei helfen uns tägliche, gemeinsame Rituale. Wir freuen uns über neue Menschen verschiedenen Alters und jeglicher Herkunft und es gäbe auch Platz für mehr Tiere, Tipis oder Zirkuswägen etc.!

Workaway, Helpex
☺ neue Mitbewohner*innen sind willkommen ohne Bedingungen oder Voraussetzungen (Familien und alle Generationen und Nationalitäten erwünscht)

L' Arche de Saint Antoine Communauté de l'Arche

D4

Place de l'Abbaye | 38160 Saint-Antoine-L'Abbaye ☎+33-(0)476 364 597
accueil@arche-sta.com
www.arche-de-st-antoine.com/communaute/stagecommunautaire/

1987 (bei St-Antoine-L'Abbaye) ♀18 ♂18 14 37

f, e, sp alle alle
die festen Bewohner*innen (Halokratie/Soziokratie) Einkommensgemeinschaft
Eigentum von allen (durch einen Verein)
gewaltlosigkeit, christlich mit Offenheit für andere spirituelle Wege
Seminarhaus, Ausbildung in und Praktizieren von gewaltlosen Aktionen
ökolog., linkes Politikverst., gewaltfrei, spirit., christl., ökumen., inneres Wachstum, Meditation, Bioernährung, veget., Bildungsarbeit, Tagungshaus, Friedensarbeit, Umweltschutz, biolog. Gartenbau, Humor, barrierefrei, Singen, Tanzen, Arbeit

☺

Die Communauté de l'Arche de Saint-Antoine versammelt Menschen (Familien wie auch Singles) in ihrem Engagement für Gewaltlosigkeit, die als Werkzeug zur persönlichen Umgestaltung und damit zur Umgestaltung der Gesellschaft betrachtet wird.
1987 wurde die Gemeinschaft von Christ*innen ohne kirchliche Zugehörigkeit gegründet. Seitdem begrüßen wir Menschen mit unterschiedlichen Überzeugungen und Respekt vor dem eigenen spirituellen Weg. In unserem Haus wohnen ca. 40 Personen (inkl. Kinder). Wir wählten ein einfaches Leben, das sich auf Teilen und spirituelles Wachstum konzentriert. Einige Menschen sind dauerhafte Einwohner*innen, andere sind für einen kürzeren Zeitraum hier. Unser Leben besteht aus Arbeit sowie dem Bemühen, unsere Bedürfnisse zu minimieren und sich miteinander zu versöhnen, weiter aus Gebeten, Meditation, Chants, Tanzen und Feiern. Wir beteiligen uns auch an gewaltfreien Aktionen.
In einem „Gemeinschaftsaufenthalt" heißen wir Menschen willkommen, die unsere Lebensweise teilen und unsere Prinzipien des „Zusammenlebens" erfahren möchten.
Siehe auch: F.E.V.E. unter „Nützliche Adressen" auf Seite 586

→Siehe auch Beschreibung des Netzwerks „**L'Arche de Lanza del Vasto**"
☺ gegenseitiges Kennenlernen bei einem Praktikum

La Borie Noble Regain Association

C5

La Borie Noble | 34650 Roqueredonde ☎+33-(0)4-674 409 89
laborieregain@gmail.com www.association-regain.com

1962 450 ha (bei Lodève, Montpellier) 75 % ♀4 ♂4 1 9

f, e, sp, portugiesisch alle
alle hier wohnenden Mitglieder (Konsens) gem. Ökonomie der Bewohner*innen
Eigentum von SCI (Société civile immobilère, eine Art GbR) „Paix et travail"
gewaltlose Kommunikation nach Gandhi, handwerkliches Arbeiten
Landwirtschaft, Viehhaltung, Bäckerei, Holzarbeiten
ökolog., gewaltfrei, spirit., ökumen., inneres Wachstum, Meditation, Yoga, veget., Selbstvers., Permakultur, biolog. Landwirt., biolog. Gartenbau, konvent. Viehwirt., altern. Energie, GFK, gewaltfreier Aktivismus, Erasmus+

☺

Wir wohnen recht einfach, in einem abgelegenen Tal hoch in den Hügeln des Languedoc, in Gebäuden, die teilweise noch aus dem Mittelalter stammen. Die einzigartige Lage von La Borie gewährt jeder Person oder Familie die Privatsphäre eines eigenen Wohnsitzes, während sie trotzdem das volle Leben in Gemeinschaft genießen können.
Wir möchten in Harmonie mit anderen, uns selbst und der Natur leben. Zu unserem täglichen Leben gehört es, mit unseren Händen zu arbeiten, zu lernen, wie wir produzieren, was wir verbrauchen, und darüber hinaus ein Umfeld für Kunst und Bewusstsein zu schaffen. Wir teilen uns mindestens einmal am Tag vegetarische Mahlzeiten, und ja, wir haben ein paar tierische Freunde. Wir produzieren seit 50 Jahren Brot (vom Feld bis auf den Tisch), ganz traditionell: mit unseren Händen!
Auf 450 ha umgeben uns Natur, Obstbäume, Flüsse und Seen. Unsere Nachbardörfer gehören zu den schönsten in Südfrankreich und wir grenzen an die traditionelle französische Route des Camino de Compostela an. Wir legen Wert auf künstlerischen Ausdruck und viele unserer Bewohner*innen sind sehr kreativ. Wir genießen es zu Singen, lieben Theater, Musik und Kunsthandwerk. Und jede Woche flippen wir ordentlich aus an unserem Samstagabend voller traditioneller Tänze aus aller Welt.

→Siehe auch Beschreibung der Netzwerke **„L'Arche de Lanza del Vasto, GEN Europe"**

☺ Bereitschaft, Französisch zu lernen/sprechen, einjähriger Aufenthalt, Verpflichtung zum ökologischen und achtsamen Leben

La Collective de Chalvagne

E4

200 route du Col du Buis | 04320 Val de Chalvagne ☎+33-(0)489 779 034
chalvagne@lesgouttesdo.net chalvagne.lesgouttesdo.net

2009 | 10 ha (bei Entrevaux) | 15 % | ♀3 ♂2 | 4 | 9

- f, e
- alle Betroffenen (Einstimmigkeit ohne Entscheidungstreffen)
- Einkommensgemeinschaft — gemietet, geliehen, Besitz der Organisation
- Unterstützung zu Selbstermächtigung/Selbstverantwortung
- Beziehungen, Landwirtschaft, Gäste, Bauen
- ökolog., selbstverw., inneres Wachstum, freie Liebe, Bildungsarbeit, freie Schule, Selbstvers., Permakultur, biolog. Viehwirt.

☺ ( )

In der freien Natur in einem Tal in den südlichen Alpen gelegen, ist das Collective de Chalvagne ein Ort der kollektiven Ressourcen, an dem nützliche Techniken für eine Welt der Unabhängigkeit und Solidarität erforscht und entwickelt werden. Seitdem wir uns damals als Verein organisiert haben, bilden Selbsthilfe und Selbstverantwortung die Grundlage all unserer Aktionen, und dient dazu Bedingungen zu schaffen, unter denen das Gemeinschaftsleben erblühen kann.
Das Collective de Chalvagne ist offen für alle. Es wird von den Personen und Vereinen, aus denen es besteht, ehrenamtlich selbstverwaltet mit dem Ziel, die Mittel für die gemeinsame Produktion zu bündeln, um die Grundbedürfnisse von jeder/jedem Einzelnen zu erfüllen.

☺ sich in die Organisation am Platz einfügen, Integrationsprozess um ständige*r Bewohner*in zu werden

La ferme de Chenèvre

D3

11 chemin de Chenèvre | 39110 La-Chapelle-sur-Furieuse

+33-(0)672 573 406 contact@chenevre.fr

www.colibris-lafabrique.org/les-projets/la-ferme-de-chenevre-graine-de-liens

2017 25 ha (bei Besançon) 20 % ♀5 ♂5 6 16

f, e, i

gemeinsame Finanzierung best. Ber. gemeinsames Eigentum

Ökobau, Bio-Landbau, Keramik, Bäckerei, Ziegen, Kunst, etc.

ökolog., selbstverw., Umweltschutz, biolog. Landwirt., biolog. Gartenbau

La Ferme de Chenèvre ist ein französisches Ökoprojekt im Departement Jura. Offen für Experimente, beinhaltet unser lokal-globales Transition-Projekt gemeinschaftliches Wohnen, Arbeiten, Lernen und auch eine gemeinschaftliche Ökonomie.
Wir haben 2017 ein 10-jähriges Öko-Renovierungsprojekt gestartet, um einen traditionellen Bauernhof aus dem Mittelalter zu neuem Leben zu erwecken. Wir entwickeln vielfältige gemeinsame Aktivitäten, die vom Öko-Bau über biologische Landwirtschaft und Bäckerei, Keramik, Kunst, gewaltfreie Kommunikation und Soziokratie reichen.
Wir streben danach, soziale Bindungen auf einer offenen und bedingungslosen Grundlage zu führen sowie gemeinsam größtmögliche Autonomie zu erreichen und unsere Ideen im Einklang mit der Natur und dem Menschen leben zu können.
Unser Projekt ist Teil des Oasis-Netzwerks (Colibris) und wurde durch ein Darlehen der Genossenschaftsbank La Nef unterstützt.

→Siehe auch Beschreibung der Netzwerke **„Colibris, WWOOF"**

La Ferme du Collet

E4

06260 La Penne +33-(0)49305-8450

arias@no-log.org

2001 (bei Nizza) 6

„La Ferme du Collet" ist eine Gemeinschaft von 6 Personen, darunter 5 Partner*innen (3 Haushalte). Im Moment (2019) können wir keine neuen Mitglieder begrüßen. Jeder Haushalt ist beruflich unabhängig, wir teilen uns die Verwaltung von Land, Wald und anderen Gemeinschafträumen. Seit 2001, dem Jahr der Gründung, experimentieren wir gemeinsam mit Permakultur, Trockentoiletten, Pflanzenkläranlagen, Öko-Bau, Photovoltaik- und Solarthermie, Holzheizung...
Wir haben auch schon Arbeitstiere eingesetzt.
Manchmal können wir Mithelfer*innen und auch WWOOFer*innen aufnehmen.

→Siehe auch Beschreibung des Netzwerks **„WWOOF"**

La Fleyssière Communauté de l'Arche

C5

Lieu dit La Flayssière | 34650 Joncels ☎+33-(0)467 444 090
contact.laflayssiere@yahoo.fr arche-nonviolence.eu/fleyssiere.php

1978 15 ha (bei Montpellier, Béziers) 60 % ♀3 ♂5 1 9

f, d, sp, e alle

alle Betroffenen gemeinsam (Konsens)

gem. Ökonomie (Einkommen und Kapital) Eigentum aller

gewaltfrei, spirituell, offen für den interreligiösen Dialog

Garten, Landwirtschaft (Kühe), Käserei, Töpferei, Seminarbetrieb, Küche

ökolog., selbstverw., gewaltfrei, spirit., ökumen., inneres Wachstum, Meditation, Yoga, Bioernährung, veget., Bildungsarbeit, Friedensarbeit, biolog. Landwirt., biolog. Gartenbau, biolog. Viehwirt., altern. Energie, ökolog. Bauen, Töpferei

☺

Wir sind eine kleine Gemeinschaft in den Bergen Südfrankreichs, nicht weit von Lodève gelegen. Als Antwort auf die Probleme unserer Zeit streben wir ein einfaches Leben an, in dem es Raum für Hand- und Kopfarbeit, inneres Wachstum und gemeinsame Aktivitäten gibt. Die zwischenmenschlichen Beziehungen stehen im Vordergrund unseres Gemeinschaftslebens; wir streben einen achtsamem Umgang miteinander an und achten auf Gruppenprozesse; die Entscheidungen werden nach dem Konsensprinzip getroffen. La Fleyssière hat einen großen Selbstversorgergarten, biologische Landwirtschaft mit Milchkühen und Käserei, eine Töpferei und von Mai bis September auch Seminarbetrieb.
In unserem Tagesablauf gibt es Raum für Stille, Meditation und gemeinsame Rituale, wobei wir auf Offenheit für alle spirituelle Traditionen achten. Nach der morgendlichen Runde zur Tagesorganisation arbeiten wir in den verschiedenen Bereichen und treffen uns dann wieder zum gemeinsamen vegetarischen Mittagessen. Am Nachmittag nehmen wir uns neben der anfallenden Arbeit auch Zeit für verschiedene Besprechungen, Yoga oder Singen; ein- bis zweimal pro Woche wird am Abend getanzt. Die Gestaltung von verschiedenen Festen öffnet Raum für Kreativität, künstlerische Darstellung und Geselligkeit.
Trotz unseres abgelegenen Geländes sind wir dank verschiedener Wochen- und Kunsthandwerkmärkte, Yogakursen und unserem Engagement für Frieden und Gerechtigkeit gut in unser soziales Umfeld integriert. Unsere eigenen Kinder sind inzwischen groß geworden, doch wir nehmen gerne wieder Familien mit Kindern auf.

→Siehe auch Beschreibung des Netzwerks „**L'Arche de Lanza del Vasto**"

Communauté de l'Arche, nonviolence et spiritualité

☺ Übereinstimmung mit den Grundsätzen der Arche

La Lune Nette

D3

Les Lunettes | 39170 St. Lupicin ☎+33-(0)384 421 765
lalunenette@yahoo.fr

1996 2,75 ha (bei St. Claude) 20 % ♀5 ♂6 3 14

d, e, i, f, sp 5 5

alle Betroffenen gemeinsam (Konsens)

gemeinsame Finanzierung bestimmter Bereiche und individuell

Eigentum einzelner

inspiriert durch indianische Lebensweise im Einklang mit der Natur und respektvoll zu den Lebewesen, selbstbestimmtes Lernen, möglichst vegetarisch

Garten, Kräutersammeln und Verarbeitung, Herstellung von Konserven, Feuerholz machen, Renovierung und Konstruktion (Häuser und Tipis), Reinigung und Kochen, Obsternte und Verarbeitung, feiern, saunieren, Natur erleben, Kunsthandwerk, Bienen

ökolog., selbstverw., gewaltfrei, spirit., inneres Wachstum, Meditation, Yoga, Bioernährung, veget., vegan, Tagungshaus, Friedensarbeit, Umweltschutz, Selbstvers., Permakultur, biolog. Landwirt., biolog. Gartenbau, biolog. Viehwirt., Forstwirt., altern. Energie, neue Technologien, ökolog. Bauen, Bau, Humor, Brot backen, Seminare (Wildpflanzen, Ernährung, Kultur), selbstbestimmtes Lernen, Handwerk: indianischer Schmuck, Talking Sticks, Korbflechten, Traumfänger, Filzen, Schreinerei, Sport: Wandern, Baden, Kanu, Canyoning etc., Musik

Wir sind eine kleine Gemeinschaft von mehreren Mieterhaushalten in einer alten wunderschönen Brillenfabrik, die in unberührter Natur im französischen Jura an einer Flussschlucht liegt, mit Wasserfällen und Gumpen, umgeben von Wald und Wiesen. Ein Dorf ist in der Nähe mit allem, was man braucht. Wir hegen und pflegen diesen Ort als Gruppe, besprechen alles in regelmässigen Versammlungen. Wir kümmern uns um das Haus und die Außenbereiche, um ein gutes soziales Miteinander, um die Tiere und Pflanzen. Wir haben großen Respekt vor der Natur und setzen, wenn möglich, umweltfreundliche Techniken ein. Wir experimentieren mit neuen Techniken und Wohnformen (Dom, Jurte). Wir haben einen kulturellen Verein am Platz, der Musik-,Tanz- und andere Kurse organisiert. Wir feiern auch gerne die Jahreszeiten. Wir haben unsere eigene Quelle und eine Turbine zur Stromproduktion.

→Siehe auch Beschreibung der Netzwerke **„GEN Europe, Colibris"**

☺ während der Kennenlernzeit von drei Monaten 15 Euro/Tag und Mithilfe, später Mitgliedschaft im ökolog. Wohnprojekt und Miete eines indiv. Wohnbereiches

La Nef des Fous

D4

Jansiac | 04200 Chateauneuf-Miravail ☎+33-(0)492 620 261
www.jansiac.lautre.net

1971 300 ha (bei Sisteron) 20-80 % 2-10

f, e, d alle

alle Betroffenen gemeinsam (ausdrückliche Einstimmigkeit) gem. Ökonomie

gemeinnütziger Verein

„utopie topique" (örtliche Utopie)

Landwirtschaftliche Selbstversorgung, Handwerk

ökolog., anarchist., Selbstvers.

☺ (✋✋)

Sich als Umweltschützer*in, Anarchist*in oder egalitär zu bezeichnen, reicht nicht aus, um sich zwischen anderen alternativen Menschen zu definieren, da dies nur die Mindestanforderung ist. Sich als utopisch und nicht als militant zu bezeichnen, bedeutet, Fragen statt Antworten zu haben, Zweifel statt Gewissheiten zu teilen und sich die notwendige Zeit zu nehmen, um einander zu verstehen. Sich als „Inselmenschen" statt als „Bewegungsmenschen" zu positionieren, bedeutet, ein Stückchen Erde zu isolieren, um auf dieser Insel eine Nanogesellschaft zu bilden, die mehr oder weniger von der Weltgesellschaft abweicht.
Die Gemeinschaft wurde 1971 gegründet und hat eine Fläche von 300 ha in den Bergen auf 1000 Metern Höhe, um mit einer lokalen Utopie zu experimentieren, einer imaginären Gesellschaft, die sich um den Ort herum organisiert - und nicht um Menschen (was den Menschen unter anderem erlaubt, einander nicht mehr als Eigentümer*in-Mieter*in / Arbeitgeber*in-Arbeitnehmer*in / Erzeuger*in-Verbraucher*in oder Käufer*in-Verkäufer*in wahrzunehmen). Dieser Ort bietet sichere Möglichkeiten für Unterhalt, Kommunikation, Ausdruck und Kultur für Menschen, die nichts besitzen, egal wo sie sich befinden. Kinder und ältere Menschen werden dort betreut, wo sie sind, von denen, die da sind.
Gäste sind herzlich willkommen (bitte kontaktiert uns unbedingt vorher)!

☺ gemeinsame politische Ansichten

☆ La Nouvelle Mayapour

C3

Domaine d'Oublaise | 36360 Lucay le Male

☎+33-(0)667 975 503, +33-(0)254 402 395

new-mayapura@orange.fr newmayapur.com

1975 87 ha (bei Chateauroux) 25 % ♀10 ♂15 25

- d, e, f, i, sp, portugiesisch, littauisch, slovenisch, aqui, hindi, telugu
- Verwaltungsgruppen (Konsens) gemeinsame Ökonomie
- Verein
- ökologisch, Ahimsa, Gaudya Vaisnvismus
- Gartenarbeit, Holzbau, Renovierung, Instandhaltung, Reinigung, Kirtan
- ökolog., gewaltfrei, spirit., inneres Wachstum, Meditation, Yoga, Bioernährung, veget., Bildungsarbeit, Pädagogik, Tagungshaus, Friedensarbeit, Tierschutz, Umweltschutz, Selbstvers., Permakultur, biolog. Landwirt., biolog. Gartenbau, biolog. Viehwirt., artgerechte Viehwirt., Forstwirt., altern. Energie, ökolog. Bauen, Bau, rauchfrei, Holzarbeiten

☺ ✋✋

Wir begrüßen Sie in New Mayapur! Es liegt im Herzen von Frankreich, drei Stunden südlich von Paris, umgeben von einzigartigen, grünen Wäldern. Sie können bei uns ein verschmutzungsfreies, natürliches Leben und einen Ausstieg aus dem Betondschungel erleben.
Das Château Doublaise ist ein historisches Gebäude, das das reiche Erbe Frankreichs widerspiegelt. Jetzt ist es ein Zuhause für spirituell und kulturell Suchende, die eine moralische Ethik als Lebensstil schätzen. Besucher*innen können ihr Prana bei unseren Waldwanderungen aufladen. Wir ermutigen die kulturell Suchenden, zu uns zu kommen und hier ein kulturelles Leben zu erleben, dessen Ursprünge im Osten liegen.
Das Gemeinschaftsleben dreht sich um einfaches Leben und hohes Denken. Ökologische und chemiefreie Landwirtschaft ist die Essenz unserer traditionellen Art, Obst, Gemüse und Blumen für die Gemeinschaft anzubauen. Das meiste Obst und Gemüse wird in unseren Farmen angebaut. Kühe und Haustiere sind ebenfalls Teil unserer Gemeinschaft und

werden wie Familienmitglieder behandelt, da unser Schwerpunkt auf ahimsa (gewaltloser Lebensweise) liegt.
Als internationale Gesellschaft sind wir multikulturell. Dies fügt der Einheit den Duft der Vielfalt hinzu. Von den Bewohner*innen wird erwartet, dass sie im alltäglichen Haushalt helfen, z.B. bei Gartenarbeit, Kochen, Instandhaltung und beim Holzhacken zum Heizen des Schlosses. Im Gegenzug bieten wir ein gesundes 4-Gänge-Frühstück und 6-Gänge-Mittagessen, einfaches Abendessen, Unterkunft in einem Einzel- oder Mehrbettzimmer, WLAN, mögliche Yoga-Kurse, Mantra-Meditationskurse sowie all unsere Liebe und Fürsorge als Teil unserer Familie.

→Siehe auch Beschreibung des Netzwerks „**ISKCON**"
🌐 Workaway
☺ vegetarisch, keine Drogen, Interesse an unserer lokalen kulturellen und spirituellen Praxis

La rêverie du Loupier Die Traumfabrik von „Le Loupier" C2

Hameau du Loupier | 89340 Saint-Agnan ☎+33-(0)953 877 216
www.colibris-lafabrique.org/les-projets/la-reverie-du-loupier

2018 3,3 ha (bei Sens) 5 % ♀2 ♂2 4
f, e, d ♻4 4
alle (Konsens, Soziokratie, Gewaltfreie Kommunikation)
individuelle Finanzierung — einzelnes Mitglied
unsere Ideologie ist es, sich Ideologien zu verweigern, wir sind undogmatisch und ziehen gesunden Menschenverstand und Respekt vor der Natur vor
Ostheopath, Schmied, Physiotherapeut & Psychomotoriker, Kameramann, Science Animator, Druide, Geisterreichsläufer (Geschlechter sind der Redaktion unbekannt)
ökolog., selbstverw., anarchist., feminist., inneres Wachstum, Bioernährung, Pädagogik, Tagungshaus, Umweltschutz, Selbstvers., Permakultur, biolog. Gartenbau, artgerechte Viehwirt., altern. Energie, ökolog. Bauen, Humor, handyfrei, Clown, nicht-dogmatischer Stalinismus, Katzenkult, Brettspiele-Spieler

Wir sind zwei Paare, die sich derzeit einen Ort schaffen, an dem wir in Jurten auf einem Feld um einen alten Bauernhof herum leben werden. Unser Ziel ist es, die soziale und ökologische Verbindung zwischen den Menschen durch verschiedene Maßnahmen zu stärken.
Wir verwenden dabei verschiedene Werkzeuge und Praktiken wie GFK (gewaltfreie Kommunikation), Achtsamkeit oder Psychologie, um mit einfachen Regeln zu funktionieren. Die Idee dahinter ist, dass das gemeinsame Leben ausgeglichen sein wird, wenn jede*r Einzelne für sein/ihr jeweiliges psychisches und physisches Gleichgewicht sorgt. Also nimmt sich jede*r von uns Zeit, um ihren/seinen eigenen Geist zu erforschen, da wir sehen, dass eine tiefe Selbsterkenntnis der Schlüssel zu einem harmonischen Leben ist. Wir wollen, dass dieser Ort offen für die Welt ist, mit Konzerten oder Gesprächsabenden. Wir lieben es zu singen, tanzen, lachen und spielen gerne Karten.
Unser Ziel ist es, einen Ort zu schaffen, an dem wir gerne die Sonne und den Regen spüren, einen Ort, an dem wir uns gegenseitig unterstützen, einen Ort, an dem das innere Wachstum auf natürliche Weise durch unsere Wechselwirkungen gespeist wird, ohne die Notwendigkeit eines ideologischen Systems und ohne Dogmen.

☺ die eigenen Gefühle und Psychologie verstehen und daran arbeiten, ehrlich sein, sich selbst Fragen stellen können, teilen können

L'Arche en l'Île

C2

rue Vandana Shiva | 93450 L'Île-Saint-Denis
tinyurl.com/eurotopia8090

2014 | 1825 m² (bei Paris) | ♀16 ♂15 21 64

f, e
alle Mitglieder, unabhängig ob Besitzer*innen oder Mieter*innen
individuelle Finanzierung der Wohnungen, gemeinsame Finanzierung der gemeinschaftlichen Flächen
rund die Hälfte der Wohnungen im Eigentum der Bewohner*innen bzw. von einem sozialen Besitzer gemietet
Umweltschutz und Solidarität
ökolog., selbstverw., gewaltfrei, Permakultur, ökolog. Bauen, Solidarität, Einschließlichkeit, Diversität, Einbezug, Teilhabe, Ermächtigung, Freundlichkeit, Offenheit

Mit unserem Co-Housing-Projekt bringen wir gemeinsam eine neue Art des Wohnens in die Stadt, welche die Menschen stärker miteinbezieht, freundlicheren Umgang fördert und respektvoller mit der Umwelt umgeht.
Wir wollten unsere Privatsphäre mit qualitätsvollem Bauen wahren, welches an unsere Bedürfnisse und unsere finanziellen Möglichkeiten angepasst ist, aber wir haben beschlossen, viele Gemeinschaftsräume einzubeziehen, mehr als 100 m² im Gebäudeinnern und mehr als 500 m² im Freien, welche uns erlauben auf dem Dach ein Permakulturprojekt zu betreiben, somit lokal zu produzieren und das Bewusstsein zu fördern.
Wir erfinden das Mehrfamilienhaus neu, indem wir uns ein stark einbeziehendes und demokratisches Verwaltungssystem angeeignet haben, in welchem jede*r an den Entscheidungen beteiligt ist, egal ob er/sie Mitbesitzer*in ist oder nicht. Ein Mensch = eine Stimme.

Coordinaction de l'habitat participatif

Le Broglio

C4

Le Bruel | 12700 Tournhac
sci.lebroglio@gmail.com

2012 | 2 ha (bei Villefranche de Rouergues) | 0 % | ♀2 ♂1 3

f, e | 1
alle (kollektive Intelligenz und Konsens)
individuelle und gemeinsame Finanzierung | Besitz aller
keine ideologischen/spirituellen Grundsätze
Permakultur, Öko-Bauweise, gemeinsame Verwaltung
ökolog., selbstverw., gewaltfrei, Meditation, Bioernährung, freie Schule, Permakultur, biolog. Gartenbau, ökolog. Bauen, Bau, Humor, gemeinsame Verwaltung, Stroh- & Lehmbauweise

Wir sind Steinbauer, die in einem von uns umgebauten Gemeinschaftshaus leben. Wir haben 2 ha (2000 m² Permakulturgarten), ein Glashaus, Trockentoilette und ein von uns errichtetes Lehmhaus. Unser Projekt bedeutet, gemeinsam zu leben und Erfahrungen auszutauschen. Bald werden wir weitere Gebäude mit alternativen Methoden bauen, was hier soweit sehr gut funktioniert. Wir verwenden kollektive Intelligenz in unserem täglichen Leben. Wichtig sind uns auch Musik und eine ökologische Lebensweise. Wir sind dynamisch, offen, aufmerksam und treffen uns gerne mit anderen Menschen. Wir suchen nach neuen Menschen, die bereit sind, etwas zu investieren und ähnliche Ziele zu verfolgen.

→Siehe auch Beschreibung des Netzwerks „**Colibris**"
☺ keine Süchte, finanzielle Beteiligung

Le Callisto

C5

1 rue Maurice Genevoix | 31130 Balma
jbe@dragon-creation.com — callisto.link

2015 | 2000 m² (bei Toulouse) | ♀35 ♂25 16 60

f, sp — 5
Mehrheit (Abstimmung) — gem. Ökonomie
Eigentum aller
humanistisch
Zusammenkünfte, Shows, Workshops
ökolog., Umweltschutz, biolog. Gartenbau, altern. Energie, barrierefrei
☺

Das Projekt ist recht offen und unverbindlich und basiert auf ehrenamtlicher Tätigkeit. Wir arbeiten auf die schrittweise Eigentumsübertragung (über 40 Jahre) in Partnerschaft mit einer Sozialwohnungsagentur hin. Dabei wird stark auf soziale Diversität geachtet. „Reiche" Erstkäufer*innen sind ebenfalls dabei.
Wir wollen in guter Beziehung zu unseren Nachbar*innen leben und teilen uns Räume wie einen großen Gemeinschaftsraum (100 m²) und eine Waschküche (10 m²). Ein großer Garten von 1000 m² wird gemeinsam bewirtschaftet. Der Gemeinschaftsraum steht den Bewohner*innen der Nachbarschaft offen, die Mitglieder unseres Bewohnervereins sind.

Le collectif du Moulinage de Chirols

D4

Mairie de Chirols | 07380 Chirols — +33-(0)783 473 497
contact@lemoulinagedechirols.org — lemoulinagedechirols.org

2018 | (bei Aubenas) | ♀6 ♂7 2 15

f, e, sp — 1
Mitglieder der Genossenschaft
(Konsens, bei monatlichen Treffen und jährlicher Hauptversammlung)
gleiche Anteile in der Genossenschaft, keine Spekulation
Gemeinschaft/Genossenschaft
Nachhaltigkeit, Solidarität, Vielfalt und gegenseitiger Respekt
gemeinsames ökologisches Bauen und Renovieren von Werkstätten, Gemeinschaftsbüro, Kleinkunstbühne, Gemeinschaftsküche
ökolog., linkes Politikverst., Pädagogik, biolog. Gartenbau, altern. Energie, ökolog. Bauen, Humor, Auftreten, Theater, Clowns, Musik, Tanz, Zirkus, Wohlergehen
☺

Wir arbeiten daran, die Moulinage - eine alte Mühle, die für das industrielle Erbe der Ardèche-

Region charakteristisch ist - in einen Raum für ökologisches Leben und Handeln zu verwandeln, mit Fokus auf Zusammenarbeit und Solidarität, auch mit den Örtlichkeiten und dem Dorf Chirols. Die Renovierung (ab 2019) wird von den Bewohner*innen und Freiwilligen durchgeführt, mit Unterstützung durch örtliche Fachleute und Handwerker*innen, Spezialist*innen für ökologische und partizipative Architektur. Das kleinere Gebäude (1600 m²) ist für kooperatives Wohnen vorgesehen, wobei einige Gemeinschaftsräume für die gemeinsame Nutzung vorgesehen sind. Das größere Gebäude (2400 m²) am Flussufer wird sozialen und wirtschaftlichen Aktivitäten gewidmet, wobei der Schwerpunkt auf darbietenden Künsten und lokalem Handwerk liegt. Ein Schulungszentrum für ökologische und partizipative Architektur wird während der Renovierungsphase eröffnet und als wichtige Bildungsaktivität weitergeführt.
Wir werden mit neuen Wegen experimentieren, um Lebens- und Arbeitsräume, Fähigkeiten, Materialien, Werkzeuge und Dienstleistungen zwischen den Mitgliedern der Genossenschaft und auch mit der breiten Öffentlichkeit zu teilen. Alle Aktivitäten sind gemeinnützig, und die erzielten Erträge werden wieder in die Genossenschaft und ihre Aktivitäten sowie in die Schaffung lokaler Arbeitsplätze investiert.

→Siehe auch Beschreibung des Netzwerks „**Colibris**"
🌍 Habicoop
☺ finanzielle und/oder zeitliche Investition in die Renovierung und Koordination des Projektes

Le Hameau des Buis Association du Hameau des Buis (D4)

Route de Chaulet | 07230 Lablachère ☎+33-(0)475 893 439
✉chrislhop@yahoo.fr 💻www.hameaudesbuis.com

2011 (bei Joyeuse, Les Vans, Aubenas) 40 % ♀16 ♂11 14 41
f, e 4 5
betroffener Teil der Gruppe (Mehrheitsentscheidungen)
individuelle Finanzierung
Bildung, Garten, Ziegen, Bäckerei
ökolog., selbstverw., gewaltfrei, Pädagogik, freie Schule, Umweltschutz, biolog. Landwirt., ökolog. Bauen, generationsübergreifend

☺ ()

Das Hameau des Buis („Buchsbaumdorf") ist ein Mehrgenerationen-Kollektiv, welches rund um eine alternative Schule gegründet wurde (Montessori, demokratische Schule und Pädagogik des Wohlwollens). Die Schule wird von Kindern im Alter von 3 bis 15 Jahren besucht. Das Dorf besteht aus 20 Wohnbauten im Passivhausstandard, die zu 70 % aus natürlichen Materialien gebaut wurden. In 12 dieser Wohnungen, die 2011 fertiggestellt wurden, wohnen Rentner*innen. Der Rest wird von Famillien bewohnt. Das Kollektiv versucht Solidarität zu leben und Austausch zwischen den Generationen zu entwickeln.

→Siehe auch Beschreibung des Netzwerks „**Colibris**"
☺ ideologisch und finanziell

Le Kolkhoze

C2

10, rue Léonardi | 91160 Saulx les Chartreux ☎+33-(0)637 082 617

1975 (bei Paris) ♀5 ♂5 2 12

Genossenschaftsmitglieder (Konsens)

Familien in Gemeinschaft, gegen die Einsamkeit, Alltagsleben teilen, Solidarität

Unter dem starken Eindruck der Ereignisse des Mai 1968 in Frankreich entstand das Projekt Le Kolkhoze aus dem tiefen Wunsch heraus, Kernfamilien zu öffnen und auszuweiten, um einen wärmeren und unterstützenderen Alltag zu teilen und unseren Kindern die Möglichkeit zu bieten, mit vielen Geschwistern aufzuwachsen. Le Kolkhoze wurde von sechs Familien (12 Erwachsenen und 16 Kindern) ins Leben gerufen und liegt im Herzen einer Gemeinde mit 5.000 Einwohner*innen, 17 km südlich von Paris. Seit den Anfängen vor 40 Jahren haben sich immer wieder neue Familien gegründet und es wurden neue Menschen aufgenommen.

Der Wohnbereich ist ein Co-Housing-Projekt mit mehreren Einheiten und wurde 1978 errichtet, er besteht aus privaten Wohneinheiten von 145 m², etwa 30 % des Wohnraumes sind Gemeinschaftsräume. Die Architektur berücksichtigt gemeinschaftliche Räumlichkeiten, um tägliches Beisammensein und Kommunikation zu fördern: Eine Galerie im Versammlungsraum (80 m²) dient als Korridor zwischen den sechs Wohnungen und wird durch ein gemeinsames Wohnzimmer ergänzt. Andere Bereiche werden ebenfalls geteilt: Eine Selbermach-Werkstatt, Lagerräume (Fahrräder, Kühlschränke), Kellerräume oder ein Fotolabor.

Auf der Gartenseite (600 m²) sind die Terrassen im Obergeschoss miteinander verbunden und haben über gemeinsame Treppen direkten Zugang zum Garten. Im Garten bauen unsere Mitglieder ihr eigenes Obst und Gemüse an oder halten dort Hühner. Wir sind am gesellschaftlichen und lokalen Leben (Stadt) beteiligt und unser Gemeinschaftsraum bietet Platz für verschiedene öffentliche Aktivitäten und Veranstaltungen.

Lebensgemeinschaft Bazian

B5

Bazian | 32230 Louslitges ☎+33-(0)562 645 183, +33-(0)56270-9513

die.gocls@gmx.net www.ecoledepresence.fr

1994 55 ha (bei Auch) ♀2 ♂2 3 7

d, f, e

alle Betroffenen gemeinsam (Konsens)

individuelle und gemeinsame Finanzierung best. Bereiche — Eigentum aller

Kinderbegleitung, Bau, Gelände, Gemüse- u. Obstgarten

ökolog., selbstverw., gewaltfrei, inneres Wachstum, Yoga, Tantra, Bioernährung, Bildungsarbeit, Pädagogik, freie Schule, Tagungshaus, Tierschutz, Umweltschutz, Selbstvers., Permakultur, biolog. Gartenbau, altern. Energie, ökolog. Bauen, rauchfrei, Ausbildung in Montessori-Pädagogik, Emmi Pikler, R. & M. Wild

☺ ()

Bazian ist ein Ort mit 20 Jahren Erfahrung in Kinderbegleitung, ökologischem Bauen, Gruppenprozessen, Konfliktlösung und Permakultur. Die Familien, die bisher als Homeschooler hier zusammen gelebt haben, sind größtenteils fortgezogen, weil die Kinder mittlerweile erwachsen sind und ihre eigenen Wege gehen. Die 2 Familien, die noch auf dem Platz leben, suchen neue Menschen mit Eigenverantwortung und finanziellen Mitteln, um den Platz zu einem Ökodorf mit Ausbildungszentrum für Montessori-Pädagogik umzugestalten.
Das Land hat 55 ha mit eigenen Quellen, Wald, Wiesen, fruchtbarer Erde mit Gemüsegärten und Obstbaumbestand.

☺ Investition in ein neues Projekt, Zustimmung der Bewohner*innen/Mitglieder, finanz. Eigenständigkeit, drogenfrei

Les Castors du Crêt de Roc

D4

Société Civile Coopérative de Construction
31 Impasse Desjoyaux | 42000 Saint-Etienne ☎+33-(0)753 527 589
sccc.castorscretderoc@orange.fr

2015 ♀14 ♂9 9 32

alle (Konsens und/oder Abstimmung)

jede Familie besitzt ihre eigene Wohnung/ihr eigenes Haus

Wir sind ein Co-Housing-Projekt: Dreizehn Familien, die zusammenfanden, um den Neubau von Wohnungen und Häusern auf einem Grundstück in einer benachteiligten Nachbarschaft unserer Stadt Saint-Etienne (in der Nähe von Lyon und Grenoble) umzusetzen. Die ersten Ideen stammen bereits aus dem Jahr 2005 und wir sind Ende 2015 in unsere Wohnungen gezogen. Es handelt sich nun um eine Siedlung von Passivhäusern, die um eine gemeinsame Grünfläche mit einem Gemüsegarten angelegt wurden. Wir besitzen unsere Wohnung/unser Haus und teilen uns einen Gemeinschaftsraum, einen Raum für Gäste mit Bad, eine Gemeinschaftswäscherei und eine kleine Gemeinschaftswerkstatt. Wir unterscheiden uns in Berufen und Alter (zwischen 83 Jahren und 8 Monaten), doch streben bewusst nach Qualitäten wie nahe Nachbarschaft, gegenseitige Unterstützung oder Fürsorge. Wir teilen gute und schlechte Zeiten miteinander: Seit wir hier eingezogen sind, wurden zwei Kinder geboren, doch wir haben auch das älteste Mitglied des Abenteuers nach ein paar schwierigen Monaten für ihn und seine Frau verloren. Jede*r versuchte, ihr so gut es ging zu helfen.
Wir haben kollektive Entscheidungsprozesse (monatliche Meetings) und treffen uns auch mindestens zweimal im Jahr für einen Arbeitstag im Garten und in den Gemeinschaftsräumen.

Les Mûriers

1367 route des Crêtes | 69480 ANSE ☎+33-(0)601 733 706
alisa.lienard@free.fr

1981 6500 m² ♀5 ♂6 1 12

f

alle Erwachsenen (Mehrheitsabstimmung und Konsens für große Investitionen)

gemeinsame Finanzierung best. Ber. (Heizung, Wasser, Gemeinschaftsräume)

Eigentum aller

Jobs außerhalb oder Rente

Am Anfang des Projektes standen fünf Familien, die keine abgeschlossenen Wohneinheiten wollten, die sich Sachen und Leben - gerade auch wegen der Kinder - teilen wollten. Dank der herzlichen Aufnahme der lokalen Bewegung für selbstverwaltete Gruppenwohnungen und der Verfügbarkeit von großen und alten Häusern in der Nähe möglicher Arbeitplätze fiel die Entscheidung schnell auf einen Beaujolais-Bauernhof, der auf seine Sanierung wartete. Wir verteilten die Gemeinschaftsräume (Küche, Kinderspielzimmer, Waschküche mit Trockenraum und 2 Gästezimmer) entsprechend der jeweiligen Wünsche auf 2 Ebenen. Um sich im Inneren zwischen den Wohnungen und den Gemeinschaftsräumen frei zu bewegen, wurde ein langer Korridor gebaut. 1988 wurde beschlossen, eine 6. Familie zu integrieren, da ein Teil des Gebäudes noch unbewohnt und unser Budget gering war. Im nördlichen Innenhof, der durch die Anwesenheit von 13 alten Murierbäumen geschmückt wird, gab es schon viele Partys und nachbarschaftliche Mahlzeiten.

Les Toit Moi Nous Habitat groupé solidaire

C1

9 allée de la Courtoisie | 59650 Villeneuve d'Ascq ☎+33-(0)609 121 116

✉contact@toitmoinous.fr 💻www.toitmoinous.fr

1400 m² (bei Lille) ♀20 ♂10 15 45

- f
- monatliche Mitgliederversammlungen + Verwaltungsräte (Mehrheitsabstimmung, aber Konsens angestrebt)
- individuelle Finanzierung
- ⅓ Miet-(Sozial-)wohnungen, ⅔ Eigentumswohnungen
- keine ideologischen/spirituellen Grundsätze
- Austausch zwischen den Mitbewohner*innen, Solidarität und Zusammenarbeit
- ökolog., selbstverw., Tierschutz, biolog. Gartenbau, Humor, barrierefrei

Wir sind 22 Familien, die in ihren eigenen Wohnungen in einem gemeinsamen Haus wohnen. Wir teilen uns einige Teile des Gebäudes: Einen Raum für Meetings und Versammlungen, ein Apartment z.B. für die Unterbringung von Freund*innen und Familie, einen Waschsalon und eine Werkstatt.

Wir versuchen Austausch herbeizuführen und dann zu unterstützen, sowie generell den sozialen Zusammenhalt zu fördern. Eines unserer Hauptmerkmale ist, dass wir ein bewusstes Mehrgenerationenprojekt sind: 11 der Familien bestehen aus eher älteren Menschen und die 11 anderen sind junge Menschen, oft mit Kindern, was zu einem hilfreichen und lebensverbessernden Austausch beiträgt.

☺ unsere Vereinbarungen akzeptieren

Manoir de la Beaume

C3

Manoir de la Beaume | 03160 Couzon ☎+33-(0)680 881 711
labeaume@wanadoo.fr labeaume.wixsite.com/monsite

2013 35 ha (bei Moulins) 60 % ♀6 ♂1 1 8

f 6

alle zusammen (Konsens) Eigentum eines Mitglieds

ökolog., selbstverw., gewaltfrei, Tierschutz, Umweltschutz, Selbstvers., Permakultur, biolog. Gartenbau, biolog. Viehwirt., artgerechte Viehwirt., altern. Energie, ökolog. Bauen, Humor

La Beaume ist ein Ort, an dem man einfach leben kann, in seinem Handeln einen Sinn findet, das Leben respektiert, nach dem Rhythmus der Jahreszeiten lebt... Das Gefühl, am richtigen Ort zu sein, im Einklang mit der Natur und mit anderen, im Geiste des Teilens und der glücklichen Genügsamkeit. La Beaume ist eine Oase des Lebens, die Autonomie und Resilienz anstrebt. Es ist auch eine Oase der Natur, indem sie die Biodiversität schützt. La Beaume ist auch ein einladender Ort: Ob als Freund*in, Besucher*in, Gastgeber*in, Praktikant*in, WWOOFer*in, neue*r Einwohner*in... Sie sind willkommen!

Unsere Motivation: Diesen herrlichen Ort erhalten, der endlose Möglichkeiten bietet, und einen echten gemeinsamen Lebensraum schaffen, in respektvoller und ökologischer Verbindung mit der Natur, auf der Suche nach Autonomie und Harmonie, einen Ort, der die Privatsphäre und Souveränität seiner Bewohner*innen bewahrt, während er gemeinsam ein anderes Zusammenleben schafft, einen Ort voller Leben, einen Ort der Gastfreundschaft und Offenheit, mit ständigen und vorübergehenden Bewohner*innen.

MasCobado

D5

615 avenue de la réglisse | 34070 Montpellier
contact@mascobado.org mascobado.org

2016 2440 m² ♀19 ♂10 15 44

f

alle Bewohner*innen gemeinsam (Konsens) individuelle Finanzierung

individuelle Miete oder Eigentum

Teilhabe, Sympathie, Mitarbeit, Zusammenleben

sehr unterschiedlich, verschiedene Berufsgruppen

ökolog., selbstverw., gewaltfrei, Umweltschutz, biolog. Gartenbau, ökolog. Bauen

MasCobado ist ein gemeinschaftliches Wohnprojekt in Montpellier (Südfrankreich) mit 23 Wohneinheiten. Wir haben unser Gelände und unsere Wohnungen gemeinsam mit den Architekten entworfen und verwalten unseren Lebensraum nun alle gemeinsam. Die Gebäude wurden so konzipiert, dass sie die geringstmögliche ökologische Belastung, den geringstmöglichen Energieverbrauch und den besten Komfort im Sommer wie im Winter bieten.

In monatlichen Plenarsitzungen treffen wir unsere Entscheidungen gemeinsam. Wir haben Arbeitsgruppen, die sich mit verschiedenen Themen befassen und Beschlüsse für das Plenum ausarbeiten. Wir teilen uns alle Gemeinschaftsräume (Mehrzweckraum, Gästezimmer, Waschküche, DIY-Werkstatt, Garten). *Foto auf Seite 13*

Stadtteilkomitee, lokales/nationales Netzwerk für gemeinschaftliches Wohnen

Oasis de Belledonne

D4

Le Coudray | 38570 Hurtières
+33-(0)664 094 325
oasislecoudray@gmail.com
www.mariedenoix.fr/grainedoasis.html

2016 5000 m² hoffentlich bald 50 % ♀1 ♂2 3

f, e, sp, i 1

Gruppenentscheidungen (Konsens) gemeinsame Finanzierung best. Ber.

Eigentum zweier Bewohner*innen

persönliche Entwicklung

ökolog., selbstverw., feminist., gewaltfrei, Meditation, Yoga, Bioernährung, Tagungshaus, Umweltschutz, Permakultur, biolog. Landwirt., biolog. Gartenbau, ökolog. Bauen, Bau, barrierefrei, Tanz

Die Oasis de Belledonne ist ein Ort des ökologischen, generationenübergreifenden und kollaborativen Lebens, ein Ort des Willkommeseins, der in das lokale Leben integriert ist und die persönliche und kollektive Entwicklung, den künstlerischen Ausdruck, das Experimentieren und die Permakultur fördert.

Le Coudray ist eine Liegenschaft, die aus mehreren Grundstücken mit einer Gesamtfläche von 6000 m² besteht, darunter ein viergeschössiges, 300 m² großes Gebäude aus dem frühen 20. Jahrhundert. Le Coudray befindet sich in Hurtièr auf 850 m Höhe im Belledonne-Massiv, 40 km von der Stadt Grenoble entfernt.

Unser Ziel ist es, in den nächsten zwei oder drei Jahren einen Wohnraum für drei bis sechs Haushalte zu schaffen, dazu einen Gemeinschaftsraum von 100 m² sowie Kapazitäten für 15 Auszubildende, Gemüsegärten, Permakulturplantagen... Es ist geplant, das bestehende Gebäude (Dachgeschoss) einzurichten, zu erweitern (Gewächshäuser...) und weitere Gebäude auf dem 1000 m² großen Grundstück zu errichten.

→Siehe auch Beschreibung des Netzwerks „**Colibris**"

Les Habiles, Twiza

Oasis de Lentiourel

C4

Lentiourel | 12400 Saint-Affrique
+33-(0)565 492 114
lentiourel@orange.fr
lentiourel.com

2011 35 ha (bei Saint-Affrique) 30 % ♀2 ♂2 0 4

f, e, i 2

3 Gruppierungen (Konsens oder systemische Übereinkunft) gem. Ökonomie

offene Spiritualität

Permakultur, neue Architektur, Musik, Meditation

ökolog., selbstverw., gewaltfrei, Meditation, Bioernährung, veget., vegan, Pädagogik, Tagungshaus, Umweltschutz, Permakultur, biolog. Landwirt., biolog. Gartenbau, Forstwirt., ökolog. Bauen, Humor, Prana, Therapie, Zomes

☺

Dieser Lern- und Erlebnisort wurde im Jahr 2011 in Süd-Aveyron auf dem „Rougier-Land" eines Bauernhofs aus dem 11. Jahrhundert gegründet und umfasst 35 ha Land, das dank 5 Quellen und einem Fluss größtenteils kultivierbar ist. Der Hof verfügt über 560 m² an Zimmern und Gemeinschaftsräumen sowie über 1000 m² Nebengebäude. Der Erwerb dieses herrlichen Anwesens wurde durch Solidaritätsdarlehen von Anwohner*innen und Freund*innen der Gruppe ermöglicht. Das Permakultur- und Kunstprojekt „Oase von Lentiourel" besteht im Aufbau eines erfüllenden Beziehungsraums, der die Pflege der Erde, der Welt und von sich selbst beinhaltet:

- Freude am Leben in fröhlicher Nüchternheit und Offenheit, auf der Suche nach kreativer Autonomie und Güterteilung,
- Schaffung eines kollektiven Lebensraums, der den Bedürfnissen aller Rechnung trägt.

Die Gruppe ist derzeit auf wenige Personen reduziert, aber die Kapazitäten von Oasis bieten mittelfristig und in der weiteren Entwicklung Platz für mehrere Dutzend Menschen. Heute setzt die Gemeinschaft der Oase von Lentiourel ihre Aktivitäten fort: Unterkunft, Praktika, Schulungen, Mitmachbaustellen... wir sind auf der Suche nach einer Gruppe, Familien oder Alleinstehenden, die mit uns auf diesem wunderschönen alten großen Bauernhof an diesem außergewöhnlichen Ort leben möchten.

In den Gebäuden ist Platz für 12 Schlafzimmer, 2 Schlafsäle, Gemeinschaftsräume, Brotbackofen, Nebengebäude und Bereiche für helle Lebensräume. Sie werden mit Quellwasser versorgt. Viele Möglichkeiten sind denkbar, um das Projekt wieder zu beleben: Verkauf, Strukturänderung, Unterteilung von Gebäuden in verschiedene Wohnungen... Wir freuen uns über neue Mieter*innen oder Bewohner*innen sowie Reisende.

→Siehe auch Beschreibung des Netzwerks **„Colibris"**

Intonation juste (Musik)
☺ finanzielle Ressourcen

Oasis La Source Argelouse

B4

2838 | 40430 Argelouse

contact@eco-hameau-argelouse | www.eco-hameau-argelouse.org

2015 | 17 ha (bei Bordeaux) | 6

f, e | alle

alle Betroffenen (Konsens) | gem. Ökonomie

Vereinseigentum

Landwirtschaft

ökolog., Umweltschutz, Permakultur, biolog. Landwirt., biolog. Gartenbau, biolog. Viehwirt., Forstwirt., altern. Energie, neue Technologien, ökolog. Bauen, Humor

☺

Das generationenübergreifende Öko-Dörfchen „Oasis La Source Argelouse" vertritt ökologische und menschliche Werte und will ein reproduzierbares gesellschaftliches und wirtschaftliches Modell sein. Aus der Ethik des „Mouvement Colibris" und dem Manifest für

„Oasis en tous Lieux" (Hsg. Pierre Rabhi) heraus versprechen wir uns ein GUTES ZUSAMMENLEBEN in „fröhlicher Nüchternheit" („Sobriété Heureuse" - nach Pierre Rabhi). Derzeit hat das Gelände eine Gesamtfläche von 17 Hektar und umfasst 6500 m² Gewächshäuser, 7 Hektar Ackerland, etwa 9 Hektar Wald, ein Haus von 520 m² und einen Brunnen.
Um das Konzept des Einzelbesitzes zu überwinden, ist der gemeinsame Verein der alleinige Eigentümer des Grundes und der Gebäude, die er wiederum an die Bewohner*innen vermietet. Abgesehen von den Senior*innen und Kindern haben fast alle Bewohner*innen ihren Broterwerb am Ort. Unsere sozialen Beziehungen basieren auf der Aufmerksamkeit für den anderen Menschen, der gegenseitigen Hilfe zwischen den Generationen und stellen den Menschen und die Natur in den Mittelpunkt.

☺ ideologisch und finanziell

Ramounat Peter Theile & Vincent Derenemesnil

C5

Haus Ramounat | 09320 Massat (Arige) ☎+33-(0)688 531 442
✉timputzke@web.de

1982 | 80 ha (bei Saint-Girons) | 95 % | ♀2 ♂5 | 7

f, e, d

ökolog., selbstverw., gewaltfrei, Bioernährung, Selbstvers., biolog. Gartenbau, biolog. Viehwirt., artgerechte Viehwirt., ökolog. Bauen

☺

Das Haus Ramounat in den Pyrenäen wurde vor 37 Jahren von Peter Theile und seiner Familie aus einer Ruine aufgebaut. Mittlerweile gibt es zwei Wohnhäuser, ein großes Gästehaus, eine Werkstatt mit Schmiede und Gerätschaften zur Lederverarbeitung, einen Ziegenstall, und ein großes Tipi. Wir produzieren täglich Käse aus der Milch von 80 Ziegen, die jeden Tag auf 1750 m Höhe gehütet werden und am Abend wieder zurückkommen.
Alle Bau- und landwirtschaftlichen Arbeiten werden ohne Maschinen nur mit der Kraft von Pferden bewältigt. Alle Arbeiten werden gemeinsam erledigt, freiwillige Helfer*innen sind nach Absprache gerne willkommen. Viele finden Ramounat über die Organisation WWOOF. Der Bach, der direkt über das Gelände fließt, liefert Trink- und Brauchwasser. Gekocht wird auf einer offenen Feuerstelle. Ein wichtiger Bestandteil der Gemeinschaftsarbeit ist Sozialarbeit. Straffällig gewordene Jugendliche kommen als Gruppe mit ihren Betreuer*innen nach Ramounat. Auch besteht die Zusammenarbeit mit dem deutschen Jugendamt, so dass Ramounat Jugendlichen in einer schwierigen Lebenslage eine Aufnahmemöglichkeit bieten kann. Ramounat ist nicht barrierefrei, trotzdem sind Menschen mit körperlicher Behinderung, solange sie selbstständig sind, gerne willkommen. Generell ist die Gemeinschaft, welche ein eingetragener Verein ist, an Menschen interessiert, die sich vorstellen können, dauerhaft zu bleiben. Kapazitäten und Möglichkeiten sind vorhanden. Ob der/diejenige in die Gemeinschaft passt, wird individuell entschieden. Ramounat ist zu 95 % autark, schafft vieles aus eigener Hand und wächst ohne Subventionen vom Staat. Zur nächsten befestigten Straße muss ein 20-minütiger Fußweg zurückgelegt werden. Viele Musiker*innen besuchen uns und eine längere Jamsession in den Abendstunden oder zwischendurch ist nicht unüblich.

→Siehe auch Beschreibung des Netzwerks „**WWOOF**"

Solenvie

D3

Solenvie 1, Rue du Prieuré | 39100 Jouhe
www.solenvie-oasis.org

2017 (bei Dijon) 6

f, (e)

eigene Genossenschaft

menschl. und ökol. Werte des Colibris-Netzwerkes, aber keine Verpflichtungen

gemeinsame Mahlzeiten, Bau- und Renovierungsarbeiten, Gartenarbeit, Organisation von Veranstaltungen (zur Begegnung), Workshops und so weiter...

Solenvie ist ein Gemeinschaftsprojekt im Herzen von Jouhe, einem kleinen Dorf im Osten von Frankreich, auf halbem Weg zwischen Besançon und Dijon. In der Nähe befindet sich der Eurovelo (=Fernradweg) Nr. 6, der den Atlantik und das Schwarze Meer verbindet. Jouhe ist von zwei bewaldeten Bergregionen umgeben, dem Mont Roland und La Serre. Durch das kleine Dorf führt auch der Pilgerweg nach Santiago de Compostela.
Das Projekt Solenvie wurde 2017 gestartet und umfasst derzeit 6 Personen, die sich zusammengeschlossen haben, um gemeinsam die Grundwerte des Colibris-Netzwerk des Pierre Rhabi, einem Vater der Agrarökologie in Frankreich zu teilen (www.colibris-lemouvement.org). Bei Solenvie geht es darum, eine neue Art des Gemeinschaftslebens zu schaffen und unsere Inspiration für Themen wie Ökologie, Permakultur, energetische Schlichtheit, Autonomie, Widerstandsfähigkeit, Persönlichkeitsentwicklung, soziale Durchmischung und Laizismus zu erhalten. Wir können und möchten sowohl vorübergehend als auch dauerhaft Personen aufnehmen, vor allem solche, die vielleicht daran interessiert sind, unserer Gemeinschaft beizutreten. Wir bieten gelegentliche Aktivitäten und Workshops (Permakultur, Naturfarbenherstellung, etc.) und unsere Türen sind immer offen, also zögere nicht, uns zu besuchen! Wir haben eine große Auswahl an Werkzeugen zum Kreativsein und Gestalten, aber auch viele Hängematten, Liegestühle und Sessel!

→Siehe auch Beschreibung des Netzwerks „**Colibris**"

☺ Solenvie-Charta (unsere Werte und ethischen Grundsätze) unterschreiben, Genossenschaftsanteile

Sunflower Cohousing SCI du Tournesol

B3

SCI du Tournesol, Lieu-Dit La Loge | 16350 Vieux-Ruffec ☎ +44-(0)7908-782 753
sunflowercohousing@gmail.com sunflowercohousing.org.uk

2013 3,5 ha (bei Confolens) 30-40 % ♀2 ♂2 4

e, f, sp 0 4

alle (Konsens)

gleiche Investition oder gemietet (falls verfügbar) + begrenzte gemeinsame Finanzierung

einzelne Privatwohnungen

keine

neue Unterkunft bauen, Tiere betreuen, Gemüseanbau

ökolog., selbstverw., gewaltfrei, Bioernährung, Umweltschutz, Selbstvers., Permakultur, biolog. Landwirt., biolog. Gartenbau, artgerechte Viehwirt., altern. Energie, neue Technologien, ökolog. Bauen, Bau, Humor

☺ ✋✋

SCI du Tournesol (Sunflower Co-Housing) besteht aus einer Gruppe von bisher vier Gefährt*innen, die in Frankreich in der Nähe von Confolens eine Immobilie (Haus+Scheunen+Land) erworben haben. Wir haben damit begonnen, eine der Scheunen in

zwei Wohneinheiten mit Terrassen umzubauen. Weitere ähnliche Wohnungen für neue Mitglieder sind in Planung. Es ist beabsichtigt, dass neue Mitglieder eine gleichberechtigte Beteiligung mit gleichen Rechten erhalten, die der Investition der Gründungsmitglieder entspricht, wenn sie beitreten. Wir sind offen für alle Nationalitäten.

Durch den Anbau von so viel eigener Nahrung wie möglich und durch Methoden zur Wasser- und Energieeinsparung hoffen wir, das, was die Natur bietet, voll zu nutzen und unsere eigenen Kosten zu senken, ohne die Umwelt zu beeinträchtigen.

Die Lebensbalance, nach der wir suchen, kann nur erreicht werden, wenn die Gemeinschaft ihr eigenes Gleichgewicht zwischen der Privatsphäre von Einzelpersonen und Haushalten einerseits und der Solidarität des Gemeinschaftslebens andererseits findet. Wir versuchen ein Gleichgewicht zwischen harter Arbeit und Spiel zu finden und einen gesunden und sich gegenseitig unterstützenden Lebensstil zu erreichen - wir glauben, dass dies am besten durch eine möglichst vollständige Integration in die französische Gesellschaft und insbesondere in unsere lokale Gemeinschaft erreicht werden kann.

☺ ja - bitte um Kontaktaufnahme für Details

Terra Arte Association Participatif

B5

36 chemin de Loustaounaou | 64100 BAYONNE ☎+33-(0)682 935 961

www.facebook.com/terraarte.seque/

2017 (bei Biarritz, Pamplona)

f, sp, e

alle gemeinsam (Abstimmung) individuelle Finanzierung

ökologisch und teilend leben

ökolog., selbstverw., gewaltfrei, Permakultur, biolog. Gartenbau, altern. Energie, ökolog. Bauen, barrierefrei, rauchfrei, gemeinsamer Garten

☺ (✋✋)

Terra Arte umfasst den Wohnort und die Bewohner*innen der teilnehmenden Wohnungen des Öko-Viertels „Le Séqué“ in Bayonne. Wir haben Gruppensitzungen und einmal im Monat eine tägliche Gruppenarbeit. Außerdem treffen wir uns einmal pro Woche Woche zur Yogastunde, essen oft gemeinsam und organisieren Veranstaltungen für die Kinder.

☺ hier leben

Terra Flor

C5

Passage du Fauga | 31220 Saint-Michel
+33-(0)768 334 261
projet.terraflor@gmail.com
terra-flor.org

2018 (bei Cazeres) ♀2 ♂2 1 5

f, e, sp, Portugiesisch 4

alle Betroffenen (Konsens) gemeinsame Finanzierung best. Ber.

Eigentum aller

ökolog., selbstverw., Permakultur, biolog. Gartenbau, ökolog. Bauen, Bau, handyfrei

Terra Flor ist das Zuhause von zwei Familien, die sich für einen naturfreundlichen und freundlich-natürlichen Lebensstil engagieren. Unsere Häuser bestehen aus natürlichen und wiederverwerteten Materialien mit kleinem ökologischem Fußabdruck. Das langfristige Ziel aller ist eine autarke Versorgung mit Energie, Nahrung und Wasser.
Seit Sommer 2018 haben viele Freiwillige bei verschiedenen Bautätigkeiten mitgeholfen: ein Kerterre-Haus („Hobbithöhlen-Style"), ein Tiny House, ein Passivhaus, ein Permakulturgarten, Wasserwiederverwertungs-Systeme und vieles mehr.
In Anbetracht der gegenwärtigen ökologischen und sozialen Herausforderungen wollen wir unsere Erfahrungen mit Permakultur und ökologischen Bautechniken mit anderen Menschen teilen.

→Siehe auch Beschreibung des Netzwerks „**Colibris**"

Tifolk

A2

03, Croas Ar Coq | 22310 Tremel
+33-(0)611 176 712
contact@tifolk-habitat-groupe.com
www.tifolk-habitat-groupe.com

2015 1 ha (bei Lannion) 60 % ♀2 ♂3 5

f, e (wenig), Esperanto (geplant) 3

ständige Bewohner*innen, bei wöchentlichen Treffen (Mehrheitsentscheidung)

Vermietung von Grundstücken und/oder Wohnungen

Eigentum eines Mitglieds, der Gemeinschaft für 10 Jahre zur Verfügung gestellt.

Tanz und Ökologie

Ökologie

ökolog., selbstverw., gewaltfrei, Bildungsarbeit, Pädagogik, Tierschutz, Umweltschutz, Selbstvers., Permakultur, biolog. Gartenbau, biolog. Viehwirt., artgerechte Viehwirt., altern. Energie, ökolog. Bauen, Humor, Traditionelle Tänze

Wir leben in Trémel Côtes d'Armor mitten im Nirgendwo. Unsere nächsten Nachbarn sind eine Herde Kühe! Aber wir haben viele Besucher, vor allem im Sommer: Freiwillige, Student*innen, Pfadfinder*innen, Freund*innen usw.
Vor fünf Jahren habe ich (Rémi) mich entschieden, gemeinschaftlich so zu leben, wie ich es mir vorstelle, statt immer nur alles zu kritisieren. Also kündigte ich meinen Job und habe den Hof gekauft, auf dem ich nun lebe. Seitdem haben wir viele Projekte realisiert, wie zum Beispiel das Wohnprojekt Tifolk, einen Essensgarten, einen Gemeinschaftsgarten, einen Selbstbedienungsgarten, ein Getränk auf Ingwer-Basis und Bienenhaltung. Ich bin außerdem Lehrer für traditionelle Paartänze: Walzer, Mazurka, Schottisch, Polka. Tanz ist also ein großes

Thema hier. Da ich allerdings seit Jahren der einzige beständige Mitarbeiter der Projekte bin, komme ich für den Moment etwas außer Atem. Idee ist, die Ideen, Projekte und den Raum hier vor Ort mit motivierten Menschen zu teilen... Warum nicht auch mit dir?
Zur täglichen Organisation gehören 3-4 Stunden Gemeinschaftsarbeit: Gartenarbeit, Maurerarbeiten, Tischlern, Renovieren, Küche, Jäten, Einlagern, Abwasch, usw. Wir leben fast am Meer (10 Minuten mit dem Auto) und ich kann euch wilde und einsame Orte in der Umgebung zeigen. Bei Ebbe und gutem Wetter lassen wir oft alles stehen und liegen und sammeln Muscheln am Strand. Wir bieten euch WLAN, zwei Hang-Trommeln, eine Jurte, Lagerfeuer usw.
Vier ausrangierte Caravans warten auf dich und darauf, dass du sie dir nach deinen Vorstellungen umbaust! Ich spreche nur Französisch, was den Austausch etwas einschränkt, aber es wird trotzdem oder grade deswegen sehr viel gelacht!

🌍 Réseau Folk, Troc de plantes
☺ die Lebensregeln des Ortes akzeptieren

Village Emmaüs Lescar-Pau Une alternative B5

Chemin Salié | 64230 Lescar ☎ +33-(0)559 811 782
contact@emmaus-lescar-pau.org www.emmaus-lescar-pau.com

(bei Pau, Lourdes)

Unsere Gemeinschaft ist unpolitisch, säkular und erhält keine direkten oder indirekten Subventionen. Unser Einkommen entstammt allein unserer Arbeit, nämlich der Verwertung, dem Recycling oder dem Entsorgen von Gegenständen, die die Menschen nicht mehr wollen: 250 bis 600 Fahrzeuge kommen pro Tag, um alle möglichen Produkte, Gegenstände, Rohstoffe, Grünabfälle zu entsorgen... Das entspricht zwischen 300 und 400 m^3 täglich entsorgter und aufbereiteter Güter!
Insgesamt leben 110 Gefährt*innen in Einzelwohnungen. Darüber hinaus leben bei uns Dutzende von Freiwilligen, auch über das ganze Jahr hinweg. Village Emmaüs wurde 1982 gegründet und umfasst heute 11 Hektar. Neben der individuellen Unterbringung bieten mehrere Werkstätten, Auktionssäle, Recycling- und Entsorgungseinrichtungen ein breites Spektrum an Gemeinschaftsorten und Aktivitäten.

→Siehe auch Beschreibung des Netzwerks „**Emmaus**"

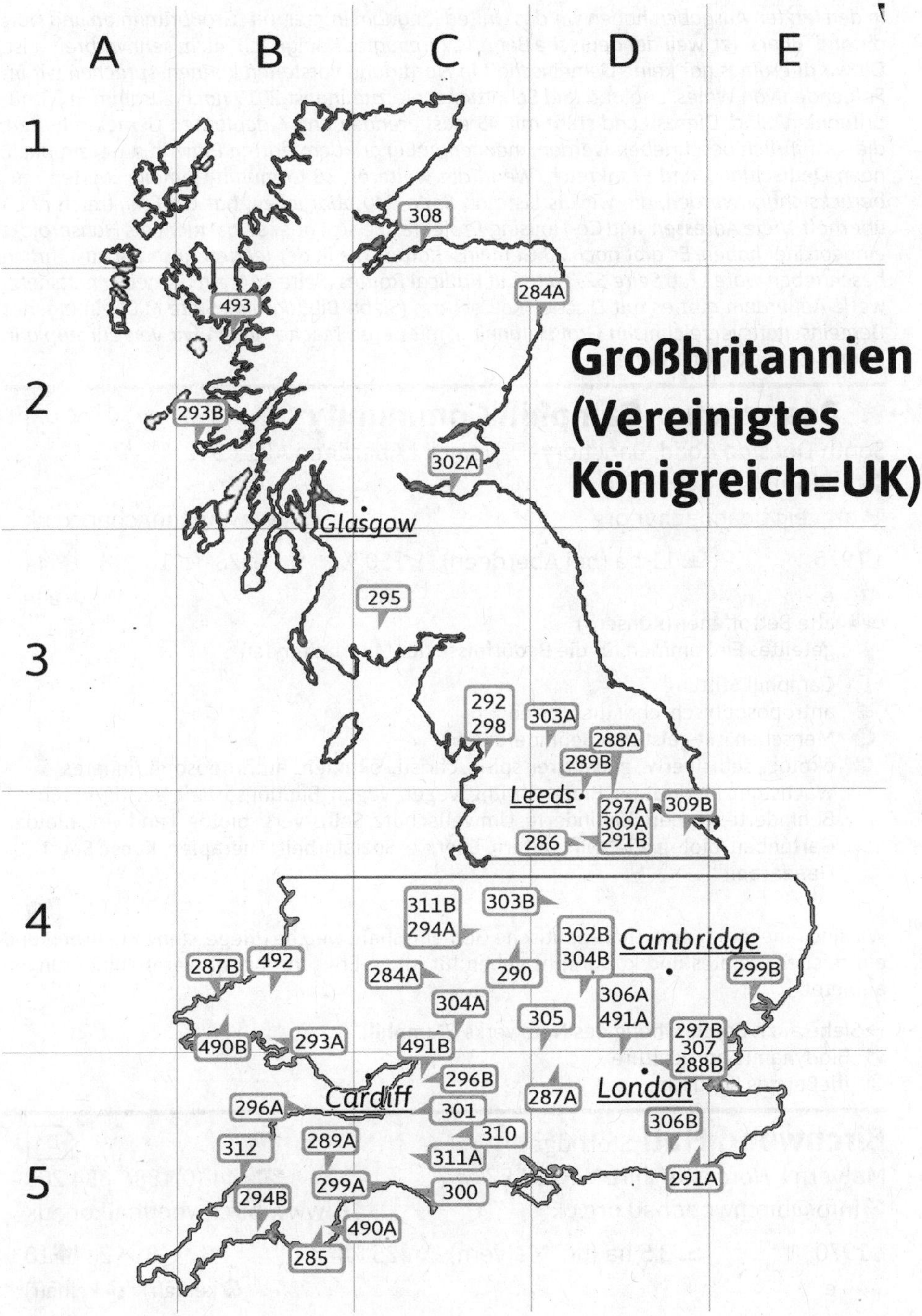

A
B
C
D
E
1
2
3
4
5
Großbritannien (Vereinigtes Königreich=UK)
Glasgow
Leeds
Cambridge
Cardiff
London
308
284A
493
293B
302A
295
292
298
303A
288A
289B
297A
309A
291B
309B
286
311B
294A
303B
302B
304B
287B
492
284A
290
299B
304A
306A
491A
305
490B
293A
491B
297B
307
288B
296B
287A
296A
301
310
306B
312
289A
311A
299A
300
291A
294B
490A
285

In den letzten Ausgaben haben wir das United Kingdom immer mit „Großbritannien und Nordirland" übersetzt, weil der deutsche Begriff „Vereinigtes Königreich" nicht sehr verbreitet ist. Da wir allerdings gar keine Gemeinschaft in Nordirland vorstellen können, sprechen wir im Folgenden von Wales, England und Schottland, die zumindest 2019 noch zusammen „Großbritannien" sind. Dieses Land steht mit 45 existierenden und 6 geplanten Gemeinschaften, die ausführlich beschrieben werden, mengenmäßig auf dem dritten Platz in unserem Buch, nach Deutschland und Frankreich. Wenn die weiteren 38 Camphill-Gemeinschaften mitberücksichtigt werden, die wir als Liste ab Seite 540 abdrucken, hat UK Frankreich noch überholt. Viele Adressen sind Co-Housing-Projekte, die sich aber selbst nicht als Hausprojekt eingeordnet haben. Es gibt noch 23 Gemeinschaften, die in der letzten Ausgabe ausführlich beschrieben waren (ab Seite 527) und mit Radical Routes (Seite 564) ein Gemeinschaftsnetzwerk. Außerdem gibt es mit DIGGERS AND DREAMERS *(Siebe Bibliografie, Seite 600) ein eigenes Gemeinschaftsverzeichnis in Großbritannien, mit deren Macher*innen wir von eurotopia in freundlichem Kontakt stehen.*

Beannachar Camphill Community

D2

South Deeside Road, Banchory–Devenick | Aberdeen AB12 5YL
+44-(0)1224-869 250
office@beannachar.org
www.beannachar.co.uk

1978 | 11 ha (bei Aberdeen) | 50 % | ♀28 ♂16 | 4 | 44

e — alle

alle Betroffenen (Konsens)

geteiltes Einkommen für die Bedürfnisse der Mitarbeitenden

Camphill Stiftung

antroposophisch, christlich, offen

Menschen mit geistigen Behinderungen

ökolog., selbstverw., gewaltfrei, spirit., christl., ökumen., anthroposoph., inneres Wachstum, Meditation, Bioernährung, veget., vegan, Bildungsarbeit, geistig/psych. Behinderte, körperl. Behinderte, Umweltschutz, Selbstvers., biolog. Landwirt., biolog. Gartenbau, biolog. Viehwirt., altern. Energie, Sozialarbeit, Therapien, Kunst, Sport, Handarbeit

Wir sind eine integrierte, therapeutische Gemeinschaft, welche Pflege, sinnvolle Arbeit und ein reiches soziales und kulturelles Leben für junge Erwachsene mit Lernbehinderungen anbietet.

→ Siehe auch Beschreibung des Netzwerks „**Camphill**"

Biodynamic horticulture

☺ fließendes Englisch

Birchwood Hall Storridge

D4

Malvern | Worcestershire WR13 5EZ
+44-(0)1886-884 203
info@birchwoodhall.org.uk
www.birchwoodhall.org.uk

1970 | 3.5 ha (bei Malvern) | 25 % | ♀8 ♂8 | 2 | 18

e — keine(r) — keine(r)

alle Mitglieder (Konsens) | gemeinsame Finanzierung best. Ber.
Eigentum aller
grün, links, feministisch
versch. Berufe außerhalb der Gemeinschaft
ökolog., selbstverw., linkes Politikverst., feminist., gewaltfrei, biolog. Gartenbau, Humor, Volleyball, versch. Medien

Birchwood Hall ist eine Wohngenossenschaft mit 2 Häusern innerhalb von 3,6 ha Garten. Es gibt das große viktorianische Haupthaus mit vielen Zimmern und ein Kutscherhaus, dessen Umbau fast abgeschlossen ist. Wir haben Solarzellen, die einen Teil unseres Strombedarfs decken und bauen einen Teil unserer Nahrung selbst an.
Unsere Kinder gehen auf die hiesigen Schulen. Wir arbeiten in diversen Voll- und Teilzeitbeschäftigungen. Wir leben hier aus ethischen und praktischen Gründen. Wir mögen einander und genießen es, das Haus miteinander zu teilen. Unsere gemeinsamen Politikansichten sind eher links, grün und feministisch, mit genug Varianten für manch lebhafte Diskussion beim Tee. Wir essen abends zusammen, wechseln uns beim Kochen ab und versuchen, Vorlieben und Abneigungen Rechnung zu tragen. Die meisten von uns sind Vegetarier*innen, gelegentlich gibt es Fleischgerichte für die Allesesser*innen. Wir treffen uns wöchentlich - abwechselnd für Organisatorisches und Soziales - und alle 2 Monate gibt es ein Genossenschaftstreffen. Wir haben nicht viele festgelegte Erwartungen aneinander, sondern vertrauen darauf, dass alle zur Gemeinschaft beitragen und irgendwie ihr Bestes geben. Der Garten ist wunderschön und auch bewaldet, aber nicht so einfach instand zu halten! Im Gemüsegarten wächst eine Menge, es reicht aber nicht für Selbstversorgung.
Der Schlüssel zu unserem Erfolg ist Stabilität. Wir suchen nach neuen Mitgliedern und freuen uns, von interessierten Menschen da draußen zu hören.

Diggers and Dreamers
grün, links, feministisch

Bowden House Community Bowden House

B5

Totnes | Devon TQ9 7PW
info@bowdenhouse.co.uk | bowdenhouse.co.uk

2006 | (bei Exeter) | 5 % | ♀16 ♂16 11 43

e, d, sp, f | ein paar
ganze Gemeinschaft (Konsens minus zwei) | individuelle Finanzierung
Privates und geteiltes Eigentum
keine ideologischen/spirituellen Grundsätze
verschieden, hauptsächlich außerhalb
ökolog., selbstverw., linkes Politikverst., feminist., gewaltfrei, buddhist., inneres Wachstum, Meditation, biolog. Gartenbau, altern. Energie, Humor

Wir sind eine Gruppe von Familien und Einzelpersonen, die ein bewusstes, authentisches und umweltverträgliches Leben entwickeln. Wir genießen eine Kultur des Singens, Meditierens, Arbeitens, Gärtnerns, Feierns und gemeinsamen Lernens sowie der Durchführung von Veranstaltungen für die breitere Öffentlichkeit. Einige Dinge, die uns inspirieren:

- Entwicklung unserer Resonanz untereinander und mit unserer Umgebung

- gemeinsam singen
- authentische Kommunikation
- zusammenkommen, um unsere Gefühle und Herausforderungen zu teilen und jeden Konflikt zu lösen
- leben an einem schönen Ort in Verbindung mit dem Geist des Landes
- einen Teil unseres Essens anbauen.
- Entwicklung von Fähigkeiten für ein nachhaltiges Leben
- die Alchemie vom Dinge gemeinsam tun.
- was wir auf unserem gemeinsamen Weg entdecken und wie es uns hilft zu wachsen
- Respekt vor der individuellen Spiritualität und unterschiedlichen Lebensweisen.

☺ finanziell und ideologisch

☆ Brambles Housing Co-op 80-82 Andover Street

Pitsmoor | Sheffield S3 9EH ☎+44-(0)114-2797164

✉brambles@riseup.net

💻diggersanddreamers.org.uk/communities/existing/brambles-housing-co-op

1992 | 700 m²

e, sp, f, i | alle Mitglieder

alle Mitglieder (im Konsens, auf monatlichen Treffen)

Genossenschaftsbesitz

Brambles ist ein Zuhause für eine vielfältige Mischung aus Menschen und urbaner Tierwelt und ein Zwischenstopp für viele andere. Wir entstammen einer Mischung von Geschlechtern und sozialen Hintergründen mit einem breiten Spektrum an Fähigkeiten, um kooperative Lebensweisen zu erforschen und zu fördern.
Die Genossenschaft selbst gibt es seit über 10 Jahren und sie hat in dieser Zeit über 40 Personen aufgenommen, wobei manche Mitglieder einige Monate, andere viele Jahre bleiben. Wir teilen uns zwei benachbarte Häuser, Gemüsefelder, Obstbäume, Wildgärten und Froschteiche in einer lebendigen, multikulturellen, aber wirtschaftlich armen Gegend von Sheffield. Solare Warmwasserbereitung wird installiert, gemeinsame Mahlzeiten finden im Allgemeinen statt und die Recycling- und Kompostsysteme sind ziemlich funky und effizient.
Brambles bietet seinen Mitgliedern eine sichere, unterstützende Umgebung, in der wir sowohl zusammen arbeiten als auch unsere eigenen Dinge tun. Die Genossenschaft fungiert als Anlaufstelle für Ressourcen und Informationen und als freier Treffpunkt für lokale Gruppen. Wir planen, ein Stadtteilzentrum und eine radikale Bibliothek zu eröffnen.
Brambles ist ökologisch und anarchisch im Fokus, ohne Dienstpläne, mit sehr wenigen, aber fairen Grenzen und vielen Lernmöglichkeiten.

→Siehe auch Beschreibung des Netzwerks „**Radical Routes**"

Braziers Park School of Integrative Social Research

D5

Braziers Park, Ipsden | Wallingford OX10 6AN
+44-(0)1491-680 221
admin@braziers.org.uk
www.braziers.org.uk

1950 | 22 ha (bei Oxford/Reading/Wallingford) | ♀8 ♂10 1 19

e, d, f | 12

Komitee der Geschäftsleitung (Konsens) | individuelle Finanzierung

unter treuhänderischer Verwaltung

säkular

Gastfreundschaft, Instandhaltung, Grundstücksarbeiten

ökolog., selbstverw., linkes Politikverst., gewaltfrei, Bildungsarbeit, Permakultur, biolog. Gartenbau, altern. Energie, Bau, Bildung

☺

Braziers Park ist eine Gemeinde, ein Internat und ein architektonischer Schatz, der tief in der Landschaft von South Oxfordshire in einem Schutzgebiet („Gebiet von außerordentlicher natürlicher Schönheit") versteckt ist. Sie wurde 1950 als Bildungsstiftung gegründet und ist ein kontinuierliches Experiment zu den Vorteilen und Problemen des Gruppenlebens. Die Mitglieder der Gemeinschaft sind gemeinsam für den Betrieb des denkmalgeschützten Herrenhauses, 22 Hektar Land, Bio-Garten und Viehzucht, die Durchführung von Kursen und die Organisation von Veranstaltungen verantwortlich und werden von Freiwilligen aus der ganzen Welt unterstützt.

☺ Stellenangebote und Informationen auf der Website

Brithdir Mawr Community

B4

Cilgwyn Road, Newport | Pembrokeshire, Wales SA42 0QJ
+44-(0)1239-820 164
visit@brithdirmawr.co.uk
brithdirmawr.co.uk

1994 | 32 ha | 75 % | ♀4 ♂4 3 11

walisisch, e | fast alle verdienen ihr Geld außerhalb

alle gemeinsam (Konsens) | gemeinsame Finanzierung bestimmter Bereiche

Ökologie, Einfachheit

Gartenarbeit, Niederwaldbewirtschaftung, Nutztiere, alternative Technologie, Konservierung

ökolog., selbstverw., Bioernährung, Bildungsarbeit, Umweltschutz, Selbstvers., Permakultur, biolog. Gartenbau, biolog. Viehwirt., artgerechte Viehwirt., altern. Energie, ökolog. Bauen, Humor, bäuerliches Handwerk, Waldarbeit

☺

Brithdir Mawr ist eine ländliche Gemeinschaft, die sich bemüht, so nachhaltig und einfach wie möglich zu leben. Wir bauen den Großteil unseres Bio-Gemüses selbst an; Hühner und Enten liefern Eier und unsere Ziegen liefern Milch. Unser Energiebedarf wird vollständig durch erneuerbare Ressourcen gedeckt. Wir begrüßen Freiwillige, die unsere Arbeit unterstützen möchten, für jeweils eine Woche. Im Gegenzug erhältst du Essen und Unterkunft. Bitte sende uns eine kurze Mail mit einer Beschreibung deiner Verfügbarkeit und deiner Fähigkeiten.

☺ Interesse an ressourcensparenden Bauweisen, Enthusiasmus und Toleranz

Brotherhood Church

D4

Stapleton | Pontefract WF8 3DF ☎ +44-(0)1977-620 381
enquiries@thebrotherhoodchurch.org www.thebrotherhoodchurch.org

1898 4 ha (bei Leeds, Doncaster) 60 % ♀2 ♂2 4

e
alle Betroffenen (Konsens)
die meisten von uns
gemeinsame Finanzierung best. Ber.
alle
Umweltschutz, pazifistisch, nachhaltig
ökolog., selbstverw., anarchist., linkes Politikverst., feminist., gewaltfrei, Bioernährung, veget., vegan, Friedensarbeit, Tierschutz, Umweltschutz, Selbstvers., Permakultur, biolog. Landwirt., biolog. Gartenbau, biolog. Viehwirt., artgerechte Viehwirt., Forstwirt., altern. Energie, ökolog. Bauen

☺

Konsumdenken und Gier lehnen wir stark ab. Wir sind Pazifist*innen, haben klare Positionen zu Menschen- und Tierrechten und auch anarchistische Tendenzen. Eine Hauptsorge ist derzeit der Klimawandel. Wir pflanzen viele Bäume. Wir nehmen an vielen Aspekten des modernen Lebens nicht teil und lehnen es ab, von den Mainstream-Medien einer Gehirnwäsche unterzogen zu werden. Wir glauben, dass es eine bessere Art zu leben gibt und versuchen, darauf hinzuarbeiten. Wir achten auf einen geringen ökologischen Fußabdruck und berücksichtigen bei allem, was wir tun, unsere Auswirkung auf die Umwelt und die Natur. Dies bedeutet jedoch nicht, dass wir gegen alle modernen Technologien sind. Wir verdienen einen Teil unseres Lebensunterhalts mit Landwirtschaft, aber alle können davon unabhängig ihre eigenen Interessen oder Karrieren verfolgen, ob auf dem Land oder auf andere Weise. Unser Name stammt von den ursprünglichen Siedler*innenn, die mit der Quäker-Bewegung verbunden waren. Obwohl wir mit den Quäkern gemeinsame Sympathien haben, sind wir keine religiöse Gemeinschaft. Wir sind keine Verschwörungstheoretiker*innen. Wir sind keine strengen Veganer*innen, aber die meisten unserer Hauptmahlzeiten sind vegan. Wir haben einige gerettete Hühner, die Eier legen, und wir sind Teil eines Netzwerks, das einheimische Bienen wieder einführen will.

☺ ideologisch

Copper Lane Cohousing

D5

Copper Lane | London N16 9NG
copperlanecohousing@gmail.com copperlanecohousing.wordpress.com

2014 5 % ♀6 ♂4 3 13

e, sp, dänisch
jede*r (Konsens, Mehrheitsbeschluss in letzter Instanz)
individuelle und gemeinsame Finanzierung best. Bereiche
Pachtbesitz, Mitglieder besitzen gemeinsam Eigentum
ökolog., selbstverw., feminist., gewaltfrei, anthroposoph., Pädagogik

Wir sind eine Gruppe von sechs gemischten Haushalten, die in einem kleinen Wohnprojekt in der Copper Lane im Stadtteil Stoke Newington im Norden Londons leben, das 2014 abgeschlossen wurde. Wir haben Gemeinschaftsgärten und einen Saal/Workshop-Raum, den wir anderen lokalen Gemeindegruppen zur Verfügung stellen. Besucher*innen sind herzlich willkommen - kontaktiert uns im Voraus - aber wir haben derzeit keinen Raum zur Unterbringung.

UK Cohousing Network

Corani Housing and Land Co-op Ltd.

B5

1 Taw Vale Terrace Station Road | Crediton, Devon EX17 3BU

info@corani.org, herthat@gmail.com www.corani.org

1978 1 6

- e
- Eigentum aller
- Klettern

Wir sind ein paar Freund*innen, die zusammen in einem großen gregorianischen Haus am Rande einer kleinen Stadt in Devon leben. Der Bahnhof ist in der Nähe, es gibt einen Garten und Felder nebenan.

Wir kochen und essen gern täglich zusammen, manchmal mit Gemüse aus dem Garten, Eiern von unseren Hühnern und eigenem Honig. Manchmal gehen wir gerne an den Meeresklippen bei Devon und anderswo klettern. Wir sind sechs Erwachsene, ein Baby/Kleinkind und ein Hund.

Zum Zeitpunkt dieses Buchdruckes suchen wir keine neuen Mitglieder, aber das kann sich ändern. Besuche sind nach vorheriger Vereinbarung möglich.

Cornerstone Housing Co-op

D4

16 Sholebroke Avenue, Chapeltown | Leeds, West Yorkshire LS7 3HB

+44-(0)113-262 93 65

cornerstone@cornerstonehousing.org.uk www.cornerstonehousing.org.uk

1993 2 x ca. 2000 m² 2 % ♀9 ♂5 1 16

- e, f, walisisch, d, sp
- alle Betroffenen gemeinsam (Konsens) — gemeinsame Finanzierung best. Ber.
- Wohnungsgenossenschaft
- keine ideologischen/spirituellen Grundsätze
- (ökologische und feministische) direkte Aktion, Essensabfälle recyceln, Aktionen gegen soziale Ungerechtigkeit, queerer Film, Permakultur, solidarische Ökonomie
- ökolog., selbstverw., anarchist., feminist., chaotisch, veget., vegan, Tierschutz, Umweltschutz, Permakultur, biolog. Gartenbau, Humor, rauchfrei

☺ ( )

Cornerstone besitzt zwei große, etwas chaotische Häuser im viktorianischen Stil in Chapeltown, einem ziemlich multikulturellen Stadtteil (der allerdings langsam gentrifiziert wird) in der Innenstadt von Leeds, Yorkshire. Beide Häuser benötigen ziemlich viel Renovierungsarbeit, haben aber große Gärten, in denen sich auch ab und zu mal ein Gemeinschaftsmitglied daran versucht, schöne und produktive Landschaften zu erschaffen. Jedes Haus hat Platz

für 8 Mitglieder. Der politische Fokus ändert sich mit den Mitgliedern. Zum Beispiel haben wir uns mit Aspekten von Privilegien, Arbeitsplatzgestaltung, Gemeinschaftsorganisation, ökologischer Bildung und Kreislauf-Projekten beschäftigt.
Ein Haus hat ein behindertengerechtes Badezimmer, jedoch drei Stufen bis ins Haus. Der Keller des einen Hauses beherbergt zudem eine Druckerei (Footprint Worker's Co-op).

→Siehe auch Beschreibung des Netzwerks „**Radical Routes**"
☺ ökologisches Bewusstsein, aktiver Einsatz für den radikalen sozialen Wandel

☆ Coventry Peace House

C4

311 Stoney Stanton Road | Coventry CV6 5DS ☎ +44-(0)2476-664 616
✉ info@covpeacehouse.org.uk 💻 www.covpeacehouse.org.uk

1999 | 320 m² | 1-2 % | 7

- alle gemeinsam (Konsens) — gemeinsame Finanzierung best. Ber.
- Genossenschaft
- Frieden und Umwelt
- Flüchtlingshilfe, Arbeit mit Menschen am Rande der Gesellschaft, Aufbereitung von Fahrrädern
- ökolog., selbstverw., linkes Politikverst., gewaltfrei, veget., Friedensarbeit, Umweltschutz, biolog. Gartenbau, soziale Arbeit: Arbeit mit Menschen am Rande der Gesellschaft, Solidarität mit Geflüchteten

☺

Das Coventry Peace House liegt in der Nähe des Zentrums von Coventry. Es besteht aus sechs Reihenhäusern. Ein Haus wird von Geflüchteten bewohnt und die anderen fünf sind ein gemeinschaftliches Wohnprojekt. Der wichtigste Grundsatz für uns ist ein einfaches ökologisches Leben zu führen und aktiv für den Frieden zu arbeiten. Wir führen im Moment Projekte für Asylsuchende wie auch für junge Arbeitslose in Coventry durch. Bald werden wir eine Fahrradwerkstatt eröffnen, wo Fahrräder repariert oder recycled werden.
Wir sind Mitglied des Netzwerks „Radical Routes". Dies bedeutet konkret, dass wir uns dazu verpflichtet haben, auf einen radikalen sozialen Wandel hinzuarbeiten.
Das Coventry Peace House braucht neue Mitglieder. Wenn du gerne in einer Kooperative leben würdest und zum Frieden beitragen willst, melde dich doch bei uns.

→Siehe auch Beschreibung des Netzwerks „**Radical Routes**"
☺ Teilnahme am Leben der Gemeinschaft, Mitwirkung am sozialen Wandel (z.B. Friedens- oder Umweltthemen)

Darvell Bruderhof

D5

Brightling Road, Robertsbridge | East Sussex TN32 5DR ☎ +44-(0)1580-883 300
darvell@bruderhof.com www.bruderhof.com

1971 | 120 ha (bei Hastings, London) | ♀100 | ♂100 | 100 | 300

d, e, f, sp, koreanisch | 180
alle Mitglieder gemeinsam (Konsens) | gem. Ökonomie
gemeinsames Eigentum
christlich, gewaltfrei
Holzverarbeitung, Küche, Bau
gewaltfrei, christl., Humor

Wir sind eine christliche Lebens- und Arbeitsgemeinschaft, die zur Bruderhofbewegung gehört. Diese Bewegung besteht aus mehr als 2700 Menschen, die in über zwanzig Siedlungen in vier Kontinenten leben. Wir sind ein Bund von Familien und Singles, die im Geiste der ersten Gemeinde in Jerusalem Jesus ohne Kompromisse nachfolgen wollen. Dabei verzichten wir gerne auf Privatbesitz und teilen alles miteinander.
Darvell ist eine der größeren Gemeinschaften der Bruderhofbewegung. Zur Gemeinschaft gehört eine kleine Fabrik, in der wir Möbel herstellen, außerdem eine Schule mit Kindergarten, eine Wäscherei, ein Bautrupp, der die Gebäude instand hält und viele andere Arbeitsbereiche. Keiner von uns macht Karriere und jede Arbeit ist gleich hoch angesehen.
In Gemeinschaft zu leben und zu arbeiten gibt uns die Gelegenheit, Jesus mit unserem ganzen Leben nachzufolgen, einander zu helfen und Hilfe anzunehmen.

→Siehe auch Beschreibung des Netzwerks **„Bruderhof-Gemeinschaften"**
☺ mitleben

Fireside Housing Co-op 55-63 Melrose Road

D4

Sheffield | Sheffield S3 9DN ☎ +44-(0)114-272 59 08
fireside@blueyonder.co.uk
www.diggersanddreamers.org.uk/communities/existing/fireside-housing-co-op

1995 | ♀6 | ♂4 | 10

e
alle gemeinsam (Konsens) | gemeinsame Finanzierung best. Ber.
gemeinsames Eigentum
Lebensunterhalt
ökolog., selbstverw., gewaltfrei, veget., biolog. Gartenbau, altern. Energie, ökolog. Bauen

☺

Fireside besteht aus vier viktorianischen Stadthäusern in Burngreave, Sheffield. Wir haben unsere vier langen und schmalen Gärten zu einer großen Fläche zusammengeschlossen und daher viel Platz für Spiel, Bio-Gemüseanbau, Lagerfeuer und Parties. Die Gärten grenzen an einen viktorianischen Friedhof, daher gibt es trotz der städtischen Lage viele Grünflächen und Natur. Am Ende der Straße ist noch ein Abenteuerspielplatz.
Die hier lebenden 10 Erwachsenen sind zwischen 20 bis über 60 Jahre alt. Meistens leben wir in vier separaten Haushalten, aber wir haben zwischen den Häusern Nr. 55 & 57 Türen eingesetzt. Die Häuser 59 & 61 haben einen Gemeinschafts-Küchenbereich.
Wir essen recht regelmäßig miteinander, insbesondere wenn wir gemeinsame Arbeitstage oder Meetings am Haus oder im Garten haben. Vor wenigen Jahren haben wir die Häuser 55-59 im hinteren Bereich um zwei gut gedämmte Stockwerke erweitert. Seitdem haben wir auch ein zweites solares Thermalsystem, sodass nun alle vier Häuser ihr Warmwasser aus Solarenergie erhalten. Weitere Photovoltaikanlagen befinden sich auf den südlichen Dachflächen.
Burngreave ist ein recht unscheinbarer Innenstadtbereich, aber sehr multikulturell und lebendig. Viele unserer Genossenschaftsmitglieder sind an örtlichen Initiativen beteiligt.

→Siehe auch Beschreibung des Netzwerks „**Radical Routes**"

Forgebank

C3

9 Forgebank Walk, Halton | Lancaster LA2 6FD ☎+44-(0)782 561 0342
info@lancastercohousing.org.uk lancastercohousing.org.uk

2012 2 ha, bei Blackpool (35 km), Preston (40 km) ♀36 ♂20 11 67

e
nur ehrenamtliche Arbeit
alle gemeinsam (Konsens)
Pacht, Eigentum, Miete
ökolog., selbstverw.

☺

Unsere mehrfach preisgekrönte Öko-Cohousing-Gemeinschaft in der Forgebank besteht aus Privathäusern, Gemeinschaftseinrichtungen, Werkstätten/Büros/Ateliers und gemeinsamen Außenbereichen. Wir sind etwa 56 Erwachsene und 11 Kinder. Wir essen zusammen, treffen unsere Entscheidungen im Konsens und treffen unsere Nachbarn in unserer schönen autofreien Straße und unserem Gemeinschaftshaus. Unsere gemütlichen und komfortablen Häuser entsprechen den Standards „Passivhaus" und „Code for Sustainable Home" (Stufe 6), und wir profitieren von erneuerbaren Technologien (Solar, Biomasse und Wasserkraft). Das Leben hier ermöglicht es uns, in vielerlei Hinsicht einen umweltschonenderen Lebensstil zu leben, z.B. durch unsere Reiseplanungs- und Carsharing-Gruppen, die Lebensmittelkooperative, gemeinsames Kochen und Essen und viele weitere gemeinsame Ressourcen.
Der Standort liegt etwas außerhalb von Lancaster am Rande des Dorfes Halton, direkt am Fluss Lune. Es gibt 35 Pacht- und 6 Eigentumswohnungen, Gemeinschaftsgebäude, Halton Mill (ein Arbeits- und Veranstaltungsraum mit geringem CO_2-Ausstoß) und ein großes Waldhabitat entlang des Flusses. Wir wollen ein wegweisendes Beispiel für nachhaltiges Öko-Design sein, sowohl fürs Wohnen als auch fürs Arbeiten – und immer auch mit engen Verbindungen zur lokalen Gemeinde.

☺ freie Wohnung (Miete oder Pacht), Zustimmung zu den Nutzungsbedingungen

Glyn Abbey

B4

Glyn Abbey | Llanelli SA15 5TL
+44-(0)1554-811 234
kinesiologyinwales@yahoo.co.uk

1976 (bei Llanelli) ♀9 ♂11 5 25

e
Stiftung mit Anteilen
nein, vage grün
Verschiedenes

Glyn Abbey wurde 1976 gestartet, seitdem hat sich der Ort organisch weiterentwickelt. Wir scheinen es einfach zu genießen, hier zu leben und haben kein anderes Ethos, als uns um den Ort und uns selbst zu kümmern. Wir veranstalten jedes Jahr am 2. Samstag im Mai ein Mayday-Fest.

keine Aufnahmevoraussetzungen

Isle of Erraid Community Findhorn Foundation

B2

Fionnphort | Isle of Mull, Argyll PA66 6BN
+44-(0)1681-700 384
erraid@live.co.uk
www.erraid.com

1978 256 ha ♀2 ♂3 0 5

e, d, f
alle
ganze Gruppe (Konsens)
Einkommensgemeinschaft
Privatbesitz, mietfrei überlassen gegen Pflege der Häuser und des Landes
nach innen lauschen, Verbindung mit der Natur, Dienst für die Welt
Gartenarbeit, Holz hacken, die Tiere versorgen, kochen, putzen
ökolog., selbstverw., gewaltfrei, spirit., inneres Wachstum, Meditation, Bioernährung, biolog. Gartenbau, biolog. Viehwirt., Humor, Bioanbau, Gemüsegärten, Boote, Kerzenziehen, Gäste, heilige Gesänge, keltische Jahreszeitenfestivals

Erraid ist eine kleine schottische Hebriden-Insel in Sichtweite von Iona. Die Insel ist zweieinhalb Quadratkilometer groß, und unsere Gemeinschaft lebt und arbeitet dort. Wir leben gemeinsam mit unseren Gästen in alten Leuchtturmhäusern. Wir arbeiten in den Gärten, heizen die Häuser und unser Wasser mit Holzöfen, trinken Regenwasser, benutzen Außen-Kompostklos und leben in Verbundenheit mit den Elementen. Unser Alltag wird oft von Meer, Gezeiten, Mond und Wind bestimmt.
Unser Hauptanliegen ist es, Gäste in die uralte Energie der Insel aufzunehmen und ihnen die Möglichkeit zu geben, diese herrliche Landschaft, die Tier- und Pflanzenwelt, unseren besonderen Lebensstil und das Gemeinschaftsleben zu erfahren. Gäste kommen das ganze Jahr über für eine Woche oder auch für mehrere Monate, um mit uns zu leben und mitzumachen beim Kochen, Holz hacken, bei der Gartenarbeit, bei der Arbeit mit den Tieren, beim Kerzenmachen, beim Meditieren und Singen in unserem wunderschönen Meditationsraum und beim Feiern der keltischen Jahreskreisfeste in unseren Celtic Festival-Wochen.

Findhorn Foundation
Aufnahmeverfahren für neue Mitglieder

Jesus Fellowship

C4

The Anchorage | Birmingham B20 2PJ ☎ +44-(0)121-551 18 85
barney.taylor@gmail.com

1983 0 % ♀4 ♂2 2 8

e alle auf freiwilliger Basis

alle (gemeinsame Beratungen und Absprachen)

derzeit überwiegend Einkommensgemeinschaft, aber im Wandel

in Besitz des Jesus Fellowship Community Trust

christlich

nahe des Hauses

☺ ()

Wir sind eine internationale christliche Gemeinschaft, die nach einem Leben sucht, das den Apostelgeschichten 2 und 4 folgt. Unser Ziel ist es, sich gegenseitig Wertschätzung und Liebe teilwerden zu lassen und dies auch in der Liebe zu Jesus mit der Welt zu teilen.

→Siehe auch Beschreibung des Netzwerks „**New Creation Christian Community**"

☺ können variieren, du solltest vor allem offen für das Christentum sein

Keveral Farm

B5

Keveral Farm | Looe, Cornwall PL13 1PA ☎ +44-(0)1503-250 936
keveralfarm@yahoo.co.uk www.keveral.org

1973 12 ha (bei Plymouth) 10 ♀3 ♂4 0 7

e, i, f, portugiesisch 4 7

alle, die bei den Genossenschaftstreffen anwesend sind (wir streben Konsens an, aber wenn das nicht möglich ist, dann Mehrheitsabstimmung)

individuelle Finanzierung Wohngenossenschaft

ökologische Landbewirtschaftung

biologische/r Gartenbau/Obstgarten/Beeren, Campingplatz

ökolog., selbstverw., Permakultur, biolog. Landwirt., biolog. Viehwirt., Forstwirtschaft

☺

Die Keveral Farm ist eine Gemeinschaft, die 1973 gegründet wurde, als eine Gruppe von Menschen aus London hierher zog, um sich selbst zu versorgen und anderen Menschen mit Drogenproblemen zu helfen. Heute befinden sich das Bauernhaus und die landwirtschaftlichen Gebäude im Eigentum unserer Wohnungsgenossenschaft. Unsere Arbeiter*innengenossenschaft betreibt wiederum die biologische Bewirtschaftung des Landes.
Zurzeit leben 7 Erwachsene im Haupthaus, einem Scheunenumbau, einer Holzhütte und 3 feststehenden Wohnwagen. Wir leben ziemlich unabhängig voneinander, arbeiten in unseren verschiedenen Projekten, treffen uns aber im Zentrum der Gemeinde, im Bauernhaus, für zweiwöchentliche Treffen und gelegentliche gemeinsame Mahlzeiten.
Seit 1997 beliefern wir wöchentlich rund 100 Haushalte mit Gemüsekisten. Es gibt auch einen kleinen Campingplatz und eine Besucher*innenscheune, die für Freiwillige, Veranstaltungen und Kurse genutzt wird. In den letzten Jahren veranstalteten wir jedes Jahr einen Tag der offenen Tür für Anwohner*innen und Interessierte! In der Vergangenheit haben wir hier auch eine Reihe von Permakultur-Designkursen abgehalten. Das Land besteht aus

Gemüsegärten, Polytunnel, dem Campingplatz, einem Obstgarten, Beerensträuchern, Wald und Weiden. Gemeindemitglieder können für sich Gemüse anbauen, oder dieses an die Gemüsebox oder an andere verkaufen. Weitere Geschäftsaktivitäten umfassen Baumarbeiten und Brennholz machen, Apfelsaft und Apfelwein herstellen sowie den Anbau von Pilzen auf Baumstämmen. Diejenigen, die außerhalb der Farm arbeiten, arbeiten überwiegend an anderen landgestützten Projekten in der Region.
Wir haben unsere eigene Quelle, ein heruntergekommenes Wasserrad, einen alten Weg durch den Wald zum Meer (15 Minuten zu Fuß) und einen Picknickplatz mit Blick auf das Meer. Einige Leute bezeichnen diesen Ort als Paradies. *Farbfoto auf Seite 7*

→Siehe auch Beschreibung der Netzwerke „**Radical Routes, WWOOF**"
Land Workers Alliance
☺ Teilnahme an der Arbeit und dem Management der Gemeinschaft

Laurieston Hall Housing Co-operative

C3

Laurieston Hall, Scotland | Castle Douglas DG7 2NB ☎+44-(0)1644-450 682
enquirylh@gmail.com
www.diggersanddreamers.org.uk/communities/existing/laurieston-hall

1972 | 56 ha (bei Dumfries) | 85 % | ♀7 ♂7 | 0 | 14

viele | 5 | alle Erwachsenen
alle gemeinsam (Konsens) | gemeinsame Finanzierung bestimmter Bereiche
Eigentum aller
Urlaubszentrum, Landwirtschaft und Waldbewirtschaftung
selbstverw., feminist., gewaltfrei, Selbstvers., konvent. Gartenbau, artgerechte Viehwirt., konvent. Viehwirt., Forstwirt., altern. Energie, ökolog. Bauen, Humor, Sauna, Kartenspiele, Handarbeiten: Filzen, Holzarbeiten, Schmuckherstellung, Fotografie, Volleyball

☺ ( )

Unsere Wohnkooperative lebt in und an einem großen Landhaus: Einzeln, im traditionellen Familienverbund oder in der Wohngruppe – im Haupthaus oder in Hütten. Jede*r Erwachsene zahlt Miete an die Wohnkooperative und ist ökonomisch und mit seinem Haushalt unabhängig. Wir unterstützen einander weitestgehend und arbeiten zusammen. Viel von dem, was wir essen, stellen wir auch selbst her. Wir haben einen Gemüsegarten, Kühe, Kälber, Hühner, Bienen, manchmal Schweine (drei Viertel von uns essen Fleisch), einen Laden und eine Arbeitskooperative, die etwas zum Einkommen beiträgt. Wir heizen mit Holzöfen und haben ein Wasserkraftwerk für Strom und Warmwasser. Ein Teil dessen, was wir „Workshare" (Arbeitsteilung) nennen (2-3 Tage pro Woche) besteht daraus, dass wir in Arbeitsgruppen die Verantwortung teilen. Außerdem wird von Mitgliedern erwartet, regelmäßig das wöchentliche Plenum zu besuchen und an den Holzsammeltagen und den Arbeitswochen teilzunehmen. Gäste sind eingeladen, sich bei allen Arbeiten während der Arbeitswochen einzubringen – das sind die Zeiten, in denen wir eine richtige große Gemeinschaft sind. Zu anderen Zeiten können wir außer persönlichem Besuch von Gemeinschaftsmitgliedern keine Gäste aufnehmen. Wir sind nicht aktiv auf der Suche nach neuen Mitgliedern, also müssen Interessierte selbst die entsprechenden Möglichkeiten bei den genannten Gelegenheiten ausloten. Im Sommer 2019 werden wir eine Gruppe von 7 Erwachsenen (5 Frauen, 2 Männer) und 4 Kindern aufnehmen.

Diggers and Dreamers

Lee Abbey Devon Community

B5

Lynton | North Devon EX35 6JJ
www.leeabbeydevon.org.uk www.leeabbey.org.uk

(bei Barnstaple)

wir möchten Gott preisen in unserer Liebe zu Jesus, für einander und alle, die uns besuchen.

Möchtest du Teil einer Gemeinschaft von Christ*innen aus 20 Nationen auf der ganzen Welt sein, die sich gegenseitig ermutigen, Christus in den Mittelpunkt zu stellen und das Evangelium bodenständig zu leben? Lee Abbey ist die Heimat einer christlichen Gemeinschaft, die auf einem Landgut an der spektakulären Küste von North Devon Exerzitien, Feiertage und Konferenzen veranstaltet. Einzelne, Paare, Familien, kleine Gruppen und ganze Kirchen kommen hierher, um von Gott bewegt und erneuert zu werden. In der Gemeinschaft zu sein bedeutet, eng miteinander zu leben, zu arbeiten, zu dienen und zu verehren, offen zu sein für das, was wir sind. Es ist eine Herausforderung, aber auch ein großer Spaß, und wenn du es zulässt, kann es dein Leben verändern. Wir suchen Menschen mit einem persönlichen Glauben an Christus und dem Wunsch, diesen Glauben zu vertiefen, indem sie ihm mehr von ihrem Leben übergeben. Du musst bereit sein, dich unseren Gästen und anderen Community-Mitgliedern zu öffnen. Fitness, Gesundheit und Energie sind auch ziemlich wichtig!
Lee Abbey ist bestrebt, das Wohlergehen von Kindern und Erwachsenen zu gewährleisten, und erwartet von allen, die der Community beitreten, diese Verpflichtung zu teilen.

Lee Abbey family of communities

Lee Abbey Knowle West

C5

Lee Abbey Small Missional Communities/Household Communities
Filwood Broadway | Bristol BS4 1JN +44-(0)117-239 01 47
KnowleWestSMC@leeabbey.org.uk www.leeabbey.org.uk/SMC

1992 800 m² 2 ♀3 ♂3 2 8

e 3

alle Gemeinschaftsmitglieder mit Unterstützung der Vermögensverwaltung (Konsens)

gemeinsame Finanzierung best. Ber.

im Besitz der registrierten Wohlfahrt

christlich, ökumenisch

Missionierungsgemeinschaft und geistliches Amt, Unterstützung der örtlichen Kirchen, soziales Handeln

Die Lee Abbey Community wurde durch die Initiative der örtlichen Kirchen gegründet, mit denen sie weiterhin eng zusammenarbeitet. Das Gemeindehaus beherbergt eine konfessionsübergreifende, von mehreren Generationen geprägte Christengemeinschaft, die in der Region einzeln und kollektiv tätig ist. Alle leben unter einem Dach und beten und essen gemeinsam in einem vorgegebenen Rhythmus. Sie beten in einer Kirche vor Ort und engagieren sich auf unterschiedlichste Weise für die Missionsgesellschaft und geistliches Amt.

Lee Abbey family of communities, Knowle West Churches Together

christlicher Glaube, Zeit die in den Ort investiert wird

Lifespan Community Collective Townhead Collective D4

1-19 Townhead Nr Dunford Bridge | Sheffield S364TG ☎+44-(0)1226-762 359
lifespancommunitycollective@yahoo.co.uk www.lifespancommunity.co.uk

1975 1.2 ha (bei Holmfirth, Huddersfield) 10 % ♀7 ♂7 3 17

e

Generalversammlung aller Mitglieder (Konsens oder Mehrheitsabstimmung)

im Besitz der Genossenschaft

ökolog., selbstverw., biolog. Gartenbau, altern. Energie

Lifespan Community Collective (auch bekannt als Townhead Collective) besteht aus etwa 15 Erwachsenen und 7 Kindern. Wir haben 19 alte Eisenbahnhütten auf 1,2 ha Land im ländlichen Yorkshire. Lifespan wurde in den frühen siebziger Jahren als ländliche Gemeinschaft gegründet und durchlebte verschiedene Stadien des Gemeinschaftslebens. Gegenwärtig handelt es sich um eine Wohnungsgenossenschaft, deren Hauptziel darin besteht, ihren Mitgliedern Wohnraum zu bieten.
Wir haben alle unseren eigenen persönlichen Bereich sowie Gemeinschaftsräume, bestehend aus Räumen für Besucher*innen, Wohnzimmer, Küche, Bad und Spielzimmer. Wir versuchen, so umweltfreundlich wie möglich zu leben. Wir sind autark, produzieren unseren eigenen Strom aus Sonne und Wind und kompostieren unsere Toilettenabfälle. In den Gärten wird biologisches Obst und Gemüse angebaut und Hilfe wird immer geschätzt.
Wenn ihr euch für einen Besuch interessiert, wendet euch bitte per E-Mail an uns, und wir werden euch über den Termin des nächsten Arbeitswochenendes informieren. Wir haben das ganze Jahr über etwa sechs Arbeitswochenenden und alle Besucher*innen sind herzlich willkommen. Arbeitswochenenden sind eine gute Gelegenheit, Mitglieder zu treffen, gemeinsame Mahlzeiten einzunehmen und zu erfahren, wie der Ort funktioniert. Wir sind offen für neue Mitglieder und haben gelegentlich freie Stellen. Wir leben in einer bodenständigen Atmosphäre und DIY-Kultur. Öffentliche Verkehrsmittel sind erreichbar, fahren allerdings selten.

→Siehe auch Beschreibung des Netzwerks „**Radical Routes**"

London Catholic Worker Guiseppe Conlon House D5

49 Mattison Road | London N4 1BG ☎+44-(0)20-8348-8212
londoncatholicworker@yahoo.co.uk www.londoncatholicworker.org

2010 ♀2 ♂1 3

e alle, inkl. Freiwillige

Gemeinschaft und Freiwillige (Konsens)

Mitglieder haben Kost und Logis frei — mietfreie Überlassung

christlich, ökumenisch, personalistisch anarchistisch, pazifistisch, Intersektionalität

öffenes Haus für mittellose Migrant*innen, Suppenküche, gegen Krieg und Grenzen, kreativer ziviler Ungehorsam

selbstverw., anarchist., linkes Politikverst., feminist., gewaltfrei, christl., ökumen., Friedensarbeit, biolog. Gartenbau

Die Catholic Worker Movement (= CWM, Katholische Arbeiter-Bewegung) wurde 1933 in New York gegründet, zunächst als radikale Zeitung und dann als Häuser der Gastfreundschaft,

die sich den Armen und Ausgegrenzten öffneten. Heute gibt es weltweit über 200 Häuser und Bauernhöfe, die jeweils autonom sind.
Das London Catholic Worker/Giuseppe Conlon House ist eine christliche Gemeinschaft, die mit obdachlosen Asylbewerber*innen und nichtregistrierten Migrant*innen zusammenlebt. Wir wollen einfach leben, in Solidarität mit den schwächsten Mitgliedern der Gesellschaft - und im Widerstand gegen die Gewalt von Kriegen, Kapitalismus, Grenzen und anderen Formen der Unterdrückung. Die Mitglieder der Community arbeiten hauptberuflich für das Haus und unsere Projekte. Unsere Arbeit umfasst Reinigung, Kochen, Wartung, Verwaltung, emotionale Unterstützung, Meetings und Gartenarbeit.
Wir sind derzeit an kreativen gewaltfreien Aktionen gegen die Rüstungsindustrie, Deportationen, Atomwaffen und für Umweltgerechtigkeit beteiligt. Wir beten täglich, veröffentlichen eine kleine Zeitung, veranstalten Events und beteiligen uns an unseren lokalen Kirchen und Gemeindeorganisationen.

Unser christlicher Glaube ist das Herzstück unseres Lebens und Wirkens. Wir begrüßen jedoch Mitglieder und Freiwillige aller Glaubensrichtungen. Unser Ziel ist es, eine integrative und vielfältige Gemeinschaft zu sein, die Menschen aller sexuellen Identitäten und Orientierungen willkommen heißt.

→Siehe auch Beschreibung des Netzwerks **„European Catholic Worker"**

☺ vor allem (offen sein für) christlich-pazifistisch-anarchistische Ansichten

Lunesdale Community

C3

78 Beech Road | Lancaster LA2 6QH
☎ +44-(0)1524 888 588
community@lunesdale.community
lunesdale.community/

2015 — (bei Lancaster) — ♀2 ♂2 2 6

e, finnisch

Kernmitglieder (durch Diskussion und Abstimmung in Meetings)

gem. Ökonomie — Eigenbesitz

ökumenisch, christlich, kontemplativ, Nachhaltigkeit

gemeinsames Leben mit Mahlzeiten und Haushalt, sowie zweimal täglich gemeinsames Gebet und christliches Lernen

ökolog., selbstverw., gewaltfrei, spirit., christl., ökumen., inneres Wachstum, Meditation, veget., Humor

☺

Wir leben zusammen im Gefühl der Berufung zum Leben in der christlichen Gemeinschaft und in der Verpflichtung zu einem andächtigen Leben im regelmäßigen Gebet. Unser Menschsein und unser Wissen von Gott sollen wachsen. Wir streben danach, uns gegenseitig dabei zu unterstützen, indem wir ein gemeinsames Leben führen, uns gegenseitig aber auch Raum und Zeit für uns selbst lassen. Wir leben in einem schönen Dorf etwas außerhalb von Lancaster in einem großen Haus und teilen uns Mahlzeiten und Aufgaben, um uns das gemeinsame Leben zu erleichtern.

☺ Das kontemplative Leben im Gebet der Gemeinschaft teilen.

Monkton Wyld Court

C5

Elsdons Lane, Monkton Wyld, Nr Charmouth | Dorset DT6 6DQ
+44-(0)1297-560 342
info@monktonwyldcourt.org www.monktonwyldcourt.co.uk

1982 4.5 ha (bei Exeter, Bournemouth) 30 % ♀5 ♂7 5 17

e — alle gemeinsam
alle Betroffenen gemeinsam (Konsens) — gem. Ökonomie
Stiftung
Bildung und Nachhaltigkeit
Gartenbau, Landwirtschaft, Catering, Hauswirtschaft
ökolog., selbstverw., gewaltfrei, Bioernährung, veget., vegan, Bildungsarbeit, Tagungshaus, Umweltschutz, Selbstvers., Permakultur, biolog. Landwirt., biolog. Viehwirt., artgerechte Viehwirt., Forstwirt., altern. Energie, ökolog. Bauen, Humor

Monkton Wyld Court ist eine gemeinnützige Bildungseinrichtung, die von einer Bewohner*innen-Gemeinschaft, bestehend aus ca. 12 Erwachsenen plus Kindern und Haustieren betrieben wird. Auf dem 4,5 ha großen Gelände befinden sich ein viktorianisches Pfarrhaus mit 14 Zimmern, ein umgebautes Stallgebäude, andere Nebengebäude, ein großer Gemüsegarten, terrassierte Wiesen, Felder, Wald und ein Bach. Auf der Anlage befinden sich eine Bibliothek, eine Kunst-Hütte, eine Werkstatt sowie ein Klavierzimmer.
In Monkton zu leben bedeutet Vollzeit-Einsatz. Jeden Morgen treffen wir uns zum Reden und zur Tagesplanung. Für Kochen, Saubermachen etc. gibt es einen Rotationsplan. Zusätzlich ist jedes Mitglied zuständig für einen bestimmten Arbeitsbereich: Vom Garten bis zum Büro. Unser Einkommen erwirtschaften wir durch Seminare und andere Angebote. Wir halten ein wöchentliches Geschäftstreffen ab, wo wir im Konsens Entscheidungen treffen.
Wir engagieren uns sowohl für die kontinuierliche Verbesserung unserer ökologischen Nachhaltigkeit als auch für unseren Nutzen für die Gesellschaft in Form von Bildungsangeboten. Freiwillige sind bei uns sehr willkommen. Zunächst für ein, zwei Probewochen, aber oft kehren sie auch für längere Aufenthalte zurück oder bleiben manchmal sogar ganz hier.

Old Hall Community

E4

East Bergholt | Suffolk CO7 6TG +44-(0)1206-298 294
secretary@oldhall.org www.oldhall.org.uk

1974 30 ha (bei Ipswich and Colchester) 80 % ♀25 ♂25 10
55 - 60

e, d, f, sp — alle
alle Mitglieder (Konsens) — gemeinsame Finanzierung best. Ber.
Eigentum der Mitglieder
Verbindlichkeit, Rücksicht, Kommunikation, Kooperation
Selbstversorgerisch biologische Lebensmittel produzieren und konsumieren
ökolog., selbstverw., linkes Politikverst., feminist., gewaltfrei, spirit., christl., buddhist., esoter., chaotisch, inneres Wachstum, Meditation, Yoga, Bioernährung, Friedensarbeit, Umweltschutz, Selbstvers., Permakultur, biolog. Landwirt., biolog. Gartenbau, biolog. Viehwirt., artgerechte Viehwirt., altern. Energie, Humor, barrierefrei, rauchfrei

☺ ✋✋

Wir sind eine Gruppe von Familien und Einzelpersonen, die sich entschieden haben, zusammen in einem großen, alten Gebäude auf dem Land in der Grafschaft Suffolk zu leben. Es leben ungefähr 60 Menschen hier, obwohl sich das von Jahr zu Jahr ändern kann. Einige der Gründungsmitglieder von 1974 wohnen noch immer hier, und obwohl Menschen kommen und gehen, sind wir eine ziemlich beständige Gemeinschaft. Wir sehen uns eher als Teil der Gesellschaft und nicht getrennt von ihr.
Wir besitzen 30 Hektar Land, das wir versuchen ökologisch zu bewirtschaften. Wir haben Gemüse- und Obstgärten, Waldgebiete, Beerenobst und eine große Rasenfläche und Spielwiese, plus Weide- und Ackerland. Wir bauen Weizen für unser eigenes Brot sowie Hafer und andere Feldfrüchte als Tierfutter an. Wir haben eine Herde Lincoln-Langhaarschafe und Redpoll-Milchkühe (rote hornlose Rinder), die von Hand gemolken werden. Wir stellen unsere eigene Butter, eigenen Käse und Joghurt her. Wir versorgen uns weitgehend selbst mit Fleisch und einigen Gemüsesorten, kaufen allerdings Vollwertnahrungsmittel, Fisch und andere Lebensmittel zu. Ein paar von uns sind Vegetarier*innen. Wir haben auch Hühner, Gänse, Bienen, Schweine und Katzen. Welche Arten von Vieh wir gerade halten, hängt immer davon ab, wer bereit ist sich darum zu kümmern. Wir haben eine „Keine-Hunde"-Regelung.

→Siehe auch Beschreibung des Netzwerks „**WWOOF**"

🌍 Wir haben kleine Konferenzen und Meetings von PBI, IVS, Transition Town und WWOOF veranstaltet

☺ egalitäre grüne Ideologie, Kapitaleinlage

☆ Othona Community, West Dorset

C5

The Othona Community, Coast Road | Bridport DT6 4RN
☎+44-(0)130 889 71 30
✉recruitment@othona-bb.org.uk 💻www.othonawestdorset.org.uk

1965 2.5 ha (bei Exeter, Bournemouth) 5 % ♀2-4 ♂3-5 0 7

e, f 7

alle Bewohner*innen leisten ihren Beitrag, Verwaltung und Treuhänder*innen tragen die eigentliche Verantwortung

Eigentum der gemeinnützigen „Othona Community"

offene und integrative Gemeinschaft, wir heißen Menschen aller Glaubensrichtungen und ohne Glauben willkommen, ökumenisch

wir veranstalten Events für Erwachsene und Familien - siehe Website.

ökolog., selbstverw., hierarch., spirit., christl., ökumen., inneres Wachstum, Meditation, Umweltschutz, biolog. Gartenbau, altern. Energie, Humor, barrierefrei, Kunsthandwerk, Musik, Vielfalt, Achtsamkeit, Achtsamkeit

☺ ✋✋

Die Othona Community in West Dorset wird von unserer kleinen Gemeinschaft betrieben, die den Besucher*innen unseres 14-Zimmer-Gemeinschaftshauses einen Einblick ins Gemeinschaftsleben ermöglicht. Sie können dafür das ganze Jahr über an Veranstaltungen teilnehmen und Teil der Gemeinschaft werden.
Wir sehen Othona als einen „Ort des wirklichen Zusammenseins". Während unsere Wurzeln im christlichen Erbe liegen, sind wir offen für alle, die auf gegenseitigen Respekt achten und etwas Sinn für das Heilige in den kleinen Dingen des Lebens mitbringen. In unserer Spiritualität sind wir unbeschwert, bodenständig und haben keine Angst vor Veränderungen. Othona

eignet sich besonders für Menschen, die sich auf ihrer spirituellen Reise oder im christlichen Glauben (wieder)finden oder weiterentwickeln möchten. Einige von uns im Team sehen sich selbst als Christ*innen, andere auch eher nicht und bewegen sich in anderen Glaubenstraditionen. Wir unterstützen die Vielfalt der Menschen in Bezug auf Glauben, Spiritualität, Alter, Fähigkeiten, Ethnie, Hintergrund und sexueller Orientierung.
Othona zeichnet sich dadurch aus, dass die Besucher*innen an unserem ganzen Lebensrhythmus teilnehmen können, von der Gartenarbeit bis zur Durchführung von Gottesdiensten. Singen, Musik, Stille, Kerzenlicht und Achtsamkeit sind Teil unseres Lebens. Die Veranstaltungen während der Schulferien sind in der Regel kinderfreundlich.
Unser Steinhaus liegt auf unseren zweieinhalb Hektar an der Westküste von Dorset und bietet Platz für 30 Besucher*innen. Es liegt oberhalb des Weltnaturerbes Chesil Beach: Dort kann man wunderbar Spaziergänge machen, Vögel beobachten oder nach Muscheln und Treibholz suchen.

Othona
alle Bewohner*innen haben bezahlte Stellen innerhalb - siehe Website

Pendragon House

C5

Butleigh Road | Glastonbury BA6 8AQ
+44-(0)1458 830 135
roger@pendragonhouse.org
pendragonhouse.org

2013
2000 m² 5 %
♀2 ♂2 2 6
e, f
1
alle (Meetings)
Gemeinschaftsfonds
Besitz eines Mitglieds
nachhaltiges Leben
Pflege der Gemeinschaft
ökolog., selbstverw., linkes Politikverst., gewaltfrei, inneres Wachstum, Bioernährung, biolog. Gartenbau, altern. Energie, Humor, rauchfrei, Spaß

Pendragon House liegt nahe am Herzen von Glastonbury. Das Haus verfügt über Zimmer und Suiten für Bewohner*innen und Gäste. Wir leben als Familie zusammen und teilen ein gemeinsames Leben. Natürlich genießen wir bei Bedarf Privatsphäre, aber wir versuchen auch unsere Energie in die Gemeinschaft einzubringen, in der wir leben.
Unsere Gärten umfassen Obstbäume und -sträucher, Gemüsebeete und Rasenflächen. Wir teilen uns alle eine große Küche und normalerweise gibt es mindestens eine gemeinsame Mahlzeit am Tag. Das Wohnzimmer ist groß genug, um auch für andere Dinge genutzt zu werden. Es gibt eine Tischtennisplatte, einen Flügel, einen Filmprojektor und eine Stereoanlage. Alle Zimmer haben nach Süden ausgerichtete Fenster und die Sonne hält das Haus natürlich warm. Wir versuchen ohne fossile Brennstoffe auszukommen. Wir nutzen kein Gas oder Öl, in den Wintermonaten heizt ein 45-kW-Biomassekessel das Haus, dazu kommen einzelne Holzöfen. Wir haben eine große Solaranlage und speisen so viel Strom zurück ins Netz, wie wir verbrauchen. Sunday is Funday all day.

Ploughshare Housing Co-op

C2

Edinburgh

1984 8

e

alle (meist Konsens, manchmal Mehrheitsentscheid)

gemeinsame Finanzierung best. Ber.

ökolog., selbstverw., gewaltfrei, veget., rauchfrei

Wir haben zwar keine gemeinsame Ideologie, vertreten aber in Bezug auf Umwelt, soziale Gerechtigkeit, Politik usw. ähnliche Einstellungen. Die Genossenschaft wurde ursprünglich gegründet, um Menschen mit niedrigem Einkommen in einem traditionell sehr wohlhabenden Gebiet unterzubringen. Ploughshare Housing Co-op hat seinen Sitz in einem viktorianischen Reihenhaus mit kleinen Gärten vor und hinter dem Haus. Wir befinden uns in einer ruhigen Straße im Herzen von Bruntsfield, in der Nähe der Meadows und nur wenige Gehminuten vom Zentrum von Edinburgh entfernt.
Die Mitglieder unserer Genossenschaft, insgesamt acht sowie eine Katze, sind somit sowohl Mieter*innen als auch Geschäftsführer*innen der Gesellschaft, der das Gebäude gehört - wir haben keine*n Vermieter*in. Wir haben auch keinen Anspruch auf den Erlös, wenn die Genossenschaft aufgelöst wird. Wir haben ein Biokisten-System, einen ethisch einwandfreien Milchmann und kaufen größere Gebinde von Green City für gemeinsame vegetarische Abendessen.

Redfield Community

D4

Buckingham Road | Winslow MK183LZ

+44-(0)1296-713 661

info@redfieldcommunity.org.uk

www.redfieldcommunity.org.uk/index.html

1978 7 ha (bei Aylesbury, Milton Keynes) ♀4 ♂7 6 17

e, d, tschechisch, sp

keine(r)

alle entscheiden im Konsens auf Treffen (alle zwei Wochen)

individuelle Finanzierung, gemeinsame Finanzierung best. Ber.

Wohngenossenschaft

Fokus auf Ökologie und Umwelt

Instandhaltung des Geländes, Lebensmittelerzeugung, Zusammenleben

ökolog., selbstverw., gewaltfrei, Umweltschutz, Permakultur, biolog. Gartenbau, artgerechte Viehwirt., altern. Energie, ökolog. Bauen, Humor, Fußball, Volleyball

Wir sind eine Gemeinschaft, die zusammen in einem großen Landhaus in Buckinghamshire lebt. Die Gebäude befinden sich auf einer Fläche von sieben Hektar mit Gärten, Feldern sowie neu gepflanzten und älteren Bäumen. Redfield wurde 1978 gegründet und entwickelte sich schrittweise zu einer engeren Gemeinschaft.

Wir leben zusammen als ein gemeinsamer Haushalt, essen zusammen und teilen die Arbeit. Wir versuchen unabhängig zu sein, indem wir unser eigenes Obst, Gemüse und Fleisch mit biologischen Methoden produzieren. In unseren wöchentlichen Meetings treffen wir Entscheidungen im Konsens. Ein Treffen pro Monat hat keine festgelegte Agenda und bietet die Möglichkeit, verschiedene Aspekte unseres Gemeinschaftslebens zu untersuchen und zu feiern. Es bringt viele private und gemeinsame Herausforderungen mit sich, wenn man so viel Zeit zusammen verbringt. Diese zu bewältigen, kann sich lohnen und inspirieren. Denn wir haben festgestellt, dass die Ergebnisse dieser Lebensweise immer mindestens genauso groß und positiv sind wie die Anstrengungen, die wir in sie investieren.

☆ Scargill Community Scargill House

D3

Skipton House, Kettlewell | Skipton, North Yorkshire BD23 5HU

+44-(0)1756-760 500

admin@scargillmovement.org

www.scargillmovement.org

1958 | 37 ha (bei Skipton) | winzig | ♀19 ♂15 1 35

d, e, f, i, ungarisch, div. afrik. Spr. — 34 34

Führungsteam und Rat,
Mitglieder können sich in den Kapitelversammlungen einbringen

Gemeinschaftsmitglieder erhalten Unterkunft und Verpflegung sowie eine monatliche Vergütung

Eigentum einer gemeinnützigen Einrichtung

christlich

Exerzitien-Zentrum für Gäste

selbstverw., gewaltfrei, christl., ökumen., Umweltschutz, altern. Energie, neue Technologien, Humor

☺ ()

Wir haben eine blühende, multinationale Gemeinschaft aus vielen verschiedenen christlichen Konfessionen, die Wärme, ein herzliches Willkommen und Gastfreundschaft für alle bietet. Gebet, Essen und Lachen sind die wichtigsten Kennzeichen unseres gemeinsamen Lebens, mit Jesus in unserer Mitte. Gemeinsam bieten wir ein umfangreiches Veranstaltungsprogramm, darunter ruhige Exerzitien, ausgelassene Familienferien, Unterricht bei einigen bemerkenswerten Gastredner*innen und unserem eigenen Team, musikalische, kreative und handwerkliche Events, Wanderwochen, Umwelt- und Arbeitsferien, Hauspartys an Ostern und Silvester und vieles, vieles mehr. Zwischen unseren im Programm aufgeführten Veranstaltungen veranstalten wir viele Kirchenwochenenden, Jugendveranstaltungen und große und kleine Versammlungen. Außerdem beherbergen wir gerne Einzelpersonen, die sich für ein paar Tage bei uns wie zu Hause fühlen möchten.

☺ lebendiger christlicher Glaube

☆ Scraptoft Housing Co-op

D4

105 Scraptoft Lane | Leicester LE5 2FE

+44-(0)116-282 79 29

scraptofthcl@gmail.com

2015 | | 10 % | ♀4 ♂1 0 5

e — 1 2

jede*r (Konsens) — individuelle Finanzierung
Wohnungsgenossenschaft
ökologisches Wachstum, kooperatives Leben
selbstverw., linkes Politikverst., Bioernährung, geistig/psych. Behinderte, Umweltschutz, Permakultur, biolog. Gartenbau, altern. Energie, rauchfrei, Asperger

☺

Wir sind immer noch dabei, uns als Gruppe mit zwei Schwerpunkten zu etablieren. Schaffung von sicherem Wohnen für Menschen mit Asperger-Syndrom und ein leichtes Leben mit Interesse an sozialer Gerechtigkeit in verschiedenen Formen. Wir haben Raum für Wachstum, aber wir haben auch gelernt, dass dies langsam gehen muss.

☺ vertraut mit Autismus sein

Springhill Cohousing Community

C4

Springhill | Stroud, Gloucestershire GL5 1TN — +44-(0)453-766 466
info@springhillcohousing.com — www.springhillcohousing.com

2003 — 1 ha — ♀40 ♂40 13 93

alle Freiwilligen
monatliche Treffen und Untergruppen (Konsens mit Farbkarten)
jeder Haushalt trägt entsprechend seiner Größe bei
Langzeitpacht für jedes Haus, durch die Gemeinschaft vergeben
Konsens-Entscheidungen
ökolog., selbstverw., gewaltfrei, Bioernährung, veget., vegan

☺

Co-Housing und Konsensfindung. Ökologisch, viele Veganer*innen.

Co-Housing Network
☺ kaufen oder mieten, Zustimmung zu den Prinzipien von Co-Housing

St. Michael's Priory

D4

Newport Road, Willen | Milton Keynes, Buckinghamshire MK15 9AA
+44-(0)1908-242 190
library@stmichaelspriory.org.uk — www.stmichaelspriory.org.uk

1973 — (bei Luton, Northampton, Oxford) — ♀2 ♂3 5

e — 3
Provinzial, Prior, Verantwortliche (Mehrheitsentscheid)
gemeinsame Finanzierung best. Ber.
der Orden „Society of the Sacred Mission"
christlich-ökumenisch, religionsübergreifend
Retreats, Bewirtung, Bibliothek, Friedensarbeit
ökolog., gewaltfrei, spirit., christl., ökumen., Meditation, Friedensarbeit, biolog. Gartenbau, barrierefrei, rauchfrei, Sozialarbeit: Asylsuchende, Geflüchtete, Obdachlose, Ruhepausen / Rückzug, Kunst: Musik, etwas Theater, Ton- und Kunsthandwerk, außerdem: Workshops zu verschiedenen Themen in Zusammenhang mit unserem spirituellen Programm.

☺ ✋✋

Das Priorat St. Michael ist ein Haus der Society of the Sacred Mission (SSM), einem anglikanischen Orden. Die ersten SSM-Brüder kamen 1973 hierher, und die Frauen und Männer, die die heutige Gemeinschaft bilden, leben weiterhin die Werte des Gründers von SSM, Herbert Kelly.
Das Leben im Priorat dreht sich um den täglichen Rhythmus von Gebet und Arbeit. St. Michael ist ein Ort des Friedens, der Begegnung und der Aufnahme; und unser Gemeinschaftsleben bietet einen Raum, in dem sich alle als Einheit in Christus treffen können. Wir suchen, unser Leben mit allen zu teilen, die hierher kommen, und wir begrüßen alle an unserem gemeinsamen Tisch. Fremde werden bald zu Freund*innen, und diejenigen, die neu in unser Leben kommen, werden Raum zum Beten finden, irgendwo, wo sie die Stille der Gärten oder unser Essen genießen können.
Die Ordensgemeinschaft im Priorat findet Gott in der Einkehr, im Handeln und Gebet, in der Mission und im Dienste. St. Michael ist ein Zeichen des Friedens und der Hoffnung, nicht nur für unsere Stadt und Region, sondern für eine Welt, die gebrochen ist und die Erneuerung und neues Leben sucht.

Christliche Gemeinschaften
☺ finanziell und ideologisch

The Abbey Sutton Courtenay

C4

The Green, Sutton Courtenay | Abingdon OX14 4AF ☎+44-(0)1235-847 401
admin@theabbey.uk.com www.theabbey.uk.com

1980 | 2 ha (bei Oxford) | ♀4 ♂1 0 5 | 4

e, f, i

Mitglieder und Stiftungsrat (Konsens) | gemeinnützige Stiftung

ganzheitliche Spiritualität, universelle christliche Wurzeln, offen für alle Glaubensrichtungen und für diejenigen ohne Glauben

Bildungs- und Retreatzentrum

selbstverw., spirit., christl., ökumen., buddhist., taoist., esoter., chaotisch, inneres Wachstum, Meditation, veget., biolog. Gartenbau

✋✋

„The Abbey" („die Abtei") ist ein wunderschönes historisches Haus aus dem 13. Jahrhundert. Es umrahmt einen friedlichen Innenhof und ist umgeben von Gärten. Es ist ein Ort, der das Wachstum eines ganzheitlichen spirituellen Lebens fördert. Dies erfordert, dass wir unsere Beziehungen mit dem Göttlichen, mit unserem wahren Selbst, mit der Erde und der weltweiten Gemeinschaft nähren.
Unsere eigene Gemeinschaft hat an sich den Anspruch, inklusiv zu sein: Wir heißen alle willkommen, die auf der Suche sind, unabhängig davon, ob sie sich einer bestimmten Glaubensrichtung zuordnen oder nicht. Die Quelle und Inspiration der laufenden Arbeiten hier folgt der ökumenischen christlichen Tradition. Der Schwerpunkt liegt auf dem mystischen Ausdruck dieser Tradition, der uns zu interreligiösen Erkundungen und zu der Verkörperung einer universalen Vision bringt.

☺ spirituelles Interesse, Offenheit und Integrationswille

The Catholic Worker Farm Lynsters Farm

D5

Old Uxbridge Road | Rickmansworth WD3 9XJ
+44-(0)1923-777 201, +44-(0)7983-477 819
thecatholicworkerfarm@yahoo.co.uk www.thecatholicworkerfarm.org

2006 1.4 ha (bei London) 85 % ♀17 ♂3 7 27
e 4 8
8 Kerngemeinschaftsmitglieder (in 99 % der Fälle: Konsens)
gemeinsame Finanzierung best. Ber. gemietet (zwei Standorte)
christlich/katholisch
Wir wohnen in Gemeinschaft mit den Armen. Wir verrichten Werke der Barmherzigkeit, leisten Widerstand gegen Krieg und bauen biologisches Gemüse an.
ökolog., selbstverw., anarchist., linkes Politikverst., gewaltfrei, spirit., christl., inneres Wachstum, veget., Arbeit, Widerstand, Gemeinschaft

☺

Der Hauptgrund, warum es uns gibt, ist um den Armen zu dienen und sie zu lieben und in diesem Prozess auch zu entdecken, dass wir selbst ebenfalls arm sind und geliebt werden. Wir kümmern uns um 18 obdachlose Frauen und Kinder, die ohne Papiere sind. Sie haben viel gelitten.

Wir bieten rechtliche Unterstützung, Psychotherapie, Essen und Unterkunft, Spaß und Liebe an. Die Frauen helfen die Häuser instand zu halten. Wir als Kerngemeinschaft arbeiten fünf Tage die Woche: gärtnern, führen Reparaturen aus, verkaufen Brot und kümmern uns um die Bedürfnisse der Frauen und Kinder.
Mitlebende Freiwillige erhalten Kost, Logis und ein wöchentliches Taschengeld.

→Siehe auch Beschreibung des Netzwerks **„European Catholic Worker"**
☺ der Tradition der Catholic Worker folgen

The Community Project at Laughton Lodge

D5

17 Laughton Lodge, Laughton | East Sussex BN8 6BY +44-(0)1323-815 731
mel@laughtonlodge.org www.laughtonlodge.org

1999 (bei Lewes, East Sussex) 2 % ♀24 ♂22 24 70
e, (f) rund 50 % von zu Hause oder im Gemeinschaftsbüro
alle (Konsens)
individuelle Finanzierung; gemeinsame finanzielle Verantwortung für den Unterhalt von Grundstücken und Gemeinschaftseinrichtungen
Grundstücke sind Eigentum einzelner Mitglieder; gemeinsames Land und Gemeinschaftshaus
selbstverw.

☺

Laughton Lodge ist eine ländliche, generationenübergreifende Wohngemeinschaft. Unser Hauptziel ist es, ein kooperatives Umfeld zu schaffen, das die Isolation überwindet, die viele Familien beim Leben in modernen Städten erleben. Wir haben keine starre Philosophie und die meisten von uns arbeiten außerhalb der Gemeinschaft, aber wir wollen eine Gruppe schaffen, in der das Ganze mehr ist als die Summe seiner Teile - und allen Mitgliedern Möglichkeiten bieten, die sie sonst nicht hätten. Dies reicht von der Freiheit für Kinder, sich auf unserem großen Gelände zu bewegen und „altmodisch" zusammen zu spielen, über die Möglichkeit, Tiere zu halten, die zu viel Platz brauchen oder zu viel Arbeit für eine einzelne Familie bedeuten würden, bis hin zur Möglichkeit, Ressourcen wie Autos, Werkzeuge und Fähigkeiten zu teilen und gemeinsam mit anderen neue Unternehmen zu gründen. Wir profitieren von den vielfältigen Fähigkeiten - zum Beispiel zeigen die Künstler*innen unter uns ihre Arbeit und diejenigen mit Kenntnissen in Gartenbau oder Tierhaltung oder Veranstaltungsorganisation können anderen damit helfen. Und wir sind immer genug Leute für eine gute Party.

🌍 UK Cohousing Network (Zentrale)
☺ normalerweise: ein Haus kaufen können

☆ The Drive Housing Co-op

D5

8 The Drive | London E17 3BW
☎ +44-(0)20852-15433
enquiries@thedrive.coop
www.thedrive.coop

♀5 ♂5 10

- e, f
- alle anwesenden Mitglieder (Konsens)
- gemeinsame Finanzierung best. Ber.
- Genossenschaft
- Nachhaltigkeit
- öffentlicher Sektor, Wohltätigkeitsbereich, Coaching und Nachhilfe, Therapie
- ökolog., selbstverw., anarchist., linkes Politikverst., feminist., Bioernährung, veget., Umweltschutz, Permakultur, biolog. Gartenbau, Humor

☺

Die Kooperative „Drive Housing" ist eine vollständig von Mitgliedern geführte Organisation in Walthamstow, London, mit elf Schlafräumen. Wir wollen eine alternative und bessere Art des Zusammenlebens bieten, als Schutz vor den isolierenden Kräften der modernen kapitalistischen Realität in London. Obwohl wir keine gemeinsame Spiritualität haben, versuchen wir sicherzustellen, dass die Genossenschaft einen diskriminierungsfreien Ort bietet, der als Zuhause dient, und dass sie für die psychosozialen Bedürfnisse ihrer Mitglieder und der gesamten Gemeinschaft ein offenes Ohr hat.

🌍 Londoner Verband der Wohnungsgenossenschaften
☺ engagiert für Gemeinschaftsleben

The Findhorn Foundation

C1

Findhorn Foundation, The Park | Forres IV363TZ ☎+44-(0)1309-690 605
pr@findhorn.org www.findhorn.org

1962 | 10 ha (bei Inverness) | ♀80 ♂60 25 144

e, d, f, i, sp, japanisch | 50 140

alle Betroffenen gemeinsam (Konsens) | individuelle Finanzierung

Findhorn Foundation

spirituell, ökologisch

Bildung, Garten, Küche, Workshops, spirituell, ökologisch

ökolog., selbstverw., gewaltfrei, spirit., inneres Wachstum, Meditation, Bioernährung, veget., Bildungsarbeit, Friedensarbeit, körperl. Behinderte, Selbstvers., Permakultur, biolog. Gartenbau, biolog. Viehwirt., Forstwirt., altern. Energie, neue Technologien, ökolog. Bauen, Humor, barrierefrei, Ökodorf, nicht-traditionelles Heilen, Handwerk, Kunst

☺

Die Findhorn Foundation and Community ist eine spirituelle Gemeinschaft und ein ganzheitliches Lernzentrum - eine erlebnisorientierte Suche nach neuen Lebensweisen. Es ist ein dynamisches Experiment, in dem unser Alltag von der Stimme des Geistes geleitet wird, wir in Verbundenheit mit der Natur arbeiten und versuchen, unsere Vorstellungen einer besseren Welt umzusetzen. Es ist das Herzstück der größten intentionalen Gemeinschaft im Vereinigten Königreich.
Wir teilen unsere Lern- und Lebensweise in experimentellen Workshops, Konferenzen und Veranstaltungen. Diese bieten Erfahrungen und Werkzeuge, mit denen Menschen auf neue Weise miteinander und mit der Welt in Kontakt treten können. Wir erkennen an, dass die eine aussichtsreiche Zukunft der Menschheit und der uns umgebenden Natur von einer Weltanschauung abhängt, die mitfühlend Verbindungen schafft. Die Stiftung empfängt regelmäßig namhafte Moderator*innen wie Eckhart Tolle, Caroline Myss und Robert Holden.
Durch seine Arbeit zur Schaffung eines nachhaltigen Lebensstils hat das Ecovillage Project von Findhorn wesentlich zur wachsenden Ökodorfbewegung weltweit beigetragen. Die Energiebilanz der Gemeinde liegt bei 22 Prozent des britischen Landesdurchschnitts. Die Findhorn Experience Week ist eine praktische Erfahrung, wie man nachhaltige Werte im täglichen Leben anwenden kann. Wir begrüßen Gäste, die an unseren voranschreitenden Entwicklungen teilnehmen möchten.

→Siehe auch Beschreibung des Netzwerks „**GEN Europe**"

UNESCO

☺ Erfahrungswoche, Leben im Gemeinschaftsprogramm, „Living Education Apprentice"-Programm

Foto: Open House Project Sheffield

The Open House Project Sheffield

D4

The Long Barn, Bracken Hill | Sheffield S351RD ☎+44-(0)780 316 81 96
openhouseprojectsheffield@gmail.com openhouseproject.co.uk

2012 5 % ♀5 ♂4 8 17
9

e, f
Mitglieder/Leitung (Konsens/Mehrheitsentscheid) individuelle Finanzierung
Eigentum der Co-Housing Company, Wohnungen sind verpachtet
Umbau von Wirtschaftsgebäuden in Wohnungen; Bewirtschaften der Baustellen, des Feldes, der Gärten und des Obstgartens; informelle kommunale Veranstaltungen
ökolog., selbstverw., biolog. Gartenbau, altern. Energie, neue Technologien, ökolog. Bauen
☺ ( )

Wir sind eine Gruppe von Menschen, die an und in einem historischen Ort arbeiten, um dort individuelle Wohnungen und Gemeinschaftsräume für Menschen zu schaffen, die unseren Idealen der gegenseitigen Unterstützung und des gegenseitigen Respekts entsprechen.
Ziele:

- Errichtung und Renovierung von Häusern, die generationsübergreifend und für Familien wie auch Einzelpersonen geeignet und komfortabel sind
- Bewusstsein für unseren Einfluss auf die Umwelt entwickeln und fördern
- Aufbau und Pflege von Verbindungen zur anderen Gemeinschaften und Organisationen.
- Immobilien zum Kauf oder möglicherweise zur Miete
- Einige behindertengerechte Wohnungen, dazu Zugang für Menschen mit Einschränkungen, wo immer möglich
- sichere Umgebung für Kinder
- regelmäßige Besprechungen zur Diskussion, Entscheidungsfindung und zum Ideenaustausch sowie regelmäßige gemeinsame Mahlzeiten und Teilnahme an Aktivitäten
- Pflege vom öffentlichen, gemeinschaftlichen Raum, Gartenarbeit, Bewirtschaftung von Gemeinschaftsräumen und -einrichtungen
- Wertschätzung der Beiträge eines jedes Einzelnen, von sehr alt bis sehr jung
- Hinarbeiten auf den Status eines anerkannten „Low-Impact Sustainable Settlement" (=Nachhaltige Siedlung mit niedrigen Auswirkungen) in Bereichen wie Energieerzeugung und -nutzung, Abfallentsorgung, Mobilität oder durch Leih-Maschinen

UK Cohousing Network, Sheffield Cohousing Network
☺ finanzielles „buy-in" für vollw. Mitgliedsstatus + Zustimmung der Gruppe

The Well House

D4

10 High Street | Market Rasen LN7 6TX ☎+44-(0)-147 285 19 40
gytribe1@gmail.com

2017 (bei Caistor) ♀2 ♂3 1 6

e, (sp, f)
alle gemeinsam (gemeinsame Treffen) gemeinsame Finanzierung best. Ber.
zwei Mitglieder
keine
ökolog., selbstverw., anarchist., linkes Politikverst., gewaltfrei, inneres Wachstum, Meditation, veget., vegan, Umweltschutz, Selbstvers., Permakultur, biolog. Gartenbau, neue Technologien, Humor

☺ (✋✋)

Ein gemeinsames Wohnumfeld/Haus mit dem Wunsch zu wachsen und die Zahl der Menschen, die in unserer Gemeinschaft leben, zu erweitern. Wir wollen unsere Selbstversorgung erhöhen, arbeiten und bezahlen aber derzeit noch nach der üblichen Lebensweise. Das Haus gehört einem Paar, jedoch nicht wie bei normalen Vermieter*innen. Es wird ein Beitrag zur Reinigung und zum Betrieb des Hauses erwartet. Wir sind daran interessiert Menschen zu finden, die zusammenleben und aktiv beitragen wollen anstatt nur Mieter*in zu sein. Dazu gehören Mitwirkung und Eigeninitiative. Im Idealfall wollen wir, dass die Menschen, die hier leben, die Gemeinschaft lieben und pflegen, als wäre es ihr Zuhause - und Freund*innen fürs Leben finden.

☺ Kooperation, Beitrag leisten

Threshold Centre Cohousing Community

C5

Cole Street Farm, Cole Street Lane | Gillingham, Dorset SP8 5JQ
☎ +44-(0)1747-821 929
info@thresholdcentre.org.uk   www.thresholdcentre.org.uk

2005   8000 m² (bei Bristol)   ♀13 ♂7 0 20

alle tragen bei

alle (Konsens)   selbstverwaltete Gemeinschaftsfinanzen (CIC)

Grundbesitz im Eigentum der Threshold CIC, Pachtverträge der Housing Association und privater Eigentümer

biologischer Gartenbau, Nachhaltigkeit, Spiritualität

ökolog., selbstverw., gewaltfrei, spirit., Meditation, Bioernährung, veget., Permakultur, biolog. Gartenbau, Humor

☺

Das Threshold Centre at Cole Street Farm ist eine einzigartige und innovative Co-Housing-Gemeinschaft und ein Umweltbildungszentrum, das für einen ökologischeren, nachbarschaftlicheren und bezahlbaren Lebensstil arbeitet. Beim Co-Housing werden kleine, unabhängige Wohnstätten mit Gemeinschaftseinrichtungen verbunden - ein elementarer Teil dieses Konzeptes. Unser Zentrum veranstaltet regelmäßig Kurse über Co-Housing und über andere Themen.

Nachdem wir seit 2004 eine Art Sonderstatus hatten, bekamen wir 2008 die Planungsgenehmigung und eine finanzielle Förderung für ein Wohnprojekt auf dem Gelände der Cole Street Farm. Es besteht aus vierzehn Wohneinheiten, von denen sieben mietbegrenzt und zusammen mit einer lokalen Wohnungsgenossenschaft gebaut worden sind - das war neu in der kurzen Geschichte des Co-Housing in diesem Land. Es gibt auch ein Gemeinschaftshaus mit Einrichtungen für Mitglieder und Gäste, ökologische Energiesysteme und einen Gemeinschafts-Marktgarten.

Das Threshold Centre zeigt, wie man in den drei wesentlichen Bereichen privater CO_2-Emmission große Einsparungen erreichen kann: Hausenergie, Nahrung und Mobilität.

Unsere Vision ist es, auf etwas Größeres hinzuarbeiten als unsere eigenen Bedürfnisse und so sanft wie möglich auf der Erde aufzutreten.

UK Cohousing Network

☺ Interesse an lebendiger Nachhaltigkeit auf unserem Planeten

Tinkers Bubble

C5

Little Norton, Norton sub Hamdon | Stoke-sub-Hamdon, Somerset TA14 6TF
tinkersbubble@riseup.net www.tinkersbubble.org

1994 16 ha (bei Yeovil) 75 % ♀3 ♂4 1 8

e, sp 7 7
alle (Konsens) gemeinsame Finanzierung best. Ber.
Eigentum aller
Umweltschutz
Waldarbeit, Gemüse, Apfelsaft
ökolog., selbstverw., gewaltfrei, Bioernährung, Pädagogik, Umweltschutz, Selbstvers., Permakultur, biolog. Landwirt., biolog. Gartenbau, biolog. Viehwirt., artgerechte Viehwirt., Forstwirt., altern. Energie, ökolog. Bauen

☺

Tinker's Bubble ist eine kleine Wald-Gemeinschaft, die ihr Land umweltfreundlich und ohne fossile Treibstoffe bearbeitet.
Wir haben Planungsgenehmigungen für selbstgebaute Häuser, allerdings unter der Voraussetzung, dass wir von dem leben, was das Land uns gibt. Unsere Einkommen generieren wir hauptsächlich durch Waldarbeit, durch den Garten und die Verarbeitung von Äpfeln. Kurz: wir sind geld-arm, aber sonst reich! Wir bewirtschaften ca. 11 ha Douglas-Tannen, Lärchen und Mischwald in Handarbeit - mit Pferden und einem holz- und dampfbetriebenen Sägewerk. Wir pressen Apfelsaft zum Verkauf, bauen größtenteils unser eigenes Gemüse an, halten Kühe, Hühner und Bienen. Wir machen viel ein bzw. veredeln, inkl. Apfelmost und Käse. Wir haben eine Solaranlage, die 12-V-Elektrizität liefert, fließend (Quell-)wasser und wir nutzen Kompost-Toiletten. Wir nehmen Holz fürs Kochen, Heizen und für Warmwasser in unserem Badehaus. Die meisten von uns waschen ihre Wäsche per Hand. Wir essen wenig Fleisch (hauptsächlich Wild) und versuchen, alle Ernährungsweisen zu ermöglichen.
Obwohl sich einige von uns als spirituell bezeichnen würden, haben wir keine gemeinsame Spiritualität. Das Leben findet großteils draußen statt. Im Winter ist es kalt, aber wir leben oben auf einem steilen Hügel - da gibt es ganz viele Möglichkeiten, sich wieder aufzuwärmen.

☺ Leidenschaft für Arbeit mit dem Land und für Nachhaltigkeit *Farbfoto auf Seite 15*

☆ Torch Housing Co-op 10 Richmond Road

C4

Hockley, Birmingham | West Midlands B18 5NH ☎+44-(0)121-554 42 56
jantorch@aol.com www.radicalroutes.org.uk

1993 1 Haus. 2 Gärten ♀2 ♂2 0 4

e, f, d
alle gemeinsam (Konsens, dann Abstimmung) individuelle Finanzierung
Genossenschaft
Glücklichsein
umweltbewusst/grün
ökolog., selbstverw., anarchist., linkes Politikverst., chaotisch, Humor

☺ ()

Torch Housing Co-op befindet sich im Hockley-Bereich der Innenstadt von North-West Birmingham. Wir sind schon lange dabei und haben viele Veränderungen erlebt. Wir glauben an das Glücklichsein und an die Wichtigkeit, gute Freund*innen zu haben, miteinander auszukommen und offen für neue Ideen zu sein, sind aber leider derzeit nicht mehr ganz so leidenschaftlich aktiv. Mitarbeitsgäste sind (nach vorheriger Absprache) willkommen.

☺ mit Menschen klarkommen, Sinn für Humor

Trelay Cohousing Community

B5

St Gennys, Bude, Cornwall | Bude EX23 0NJ

info@trelay.org www.trelay.org

2007 11 ha 10 % ♀12 ♂10 11 33

e sehr unterschiedlich

alle gemeinsam (Konsens)

individuelle Finanzierung, gemeinsames Wohneigentum, geteilte Hypotheken

Arbeiter*innengenossenschaft (gemeinnütziges Unternehmen)

Nachhaltigkeit

lokale Ernährung, lokale Energie

ökolog., selbstverw., gewaltfrei, spirit., christl., buddhist., taoist., esoter., Meditation, Yoga, Bioernährung, Bildungsarbeit, Umweltschutz, Selbstvers., Permakultur, biolog. Landwirt., biolog. Gartenbau, biolog. Viehwirt., artgerechte Viehwirt., Forstwirt., altern. Energie, neue Technologien, ökolog. Bauen, Humor, barrierefrei, gutartiger Kapitalismus, nachhaltige Unternehmen; synergetische Aktivitäten, die den Abfall des einen als Rohstoff für den nächsten verwenden; Vielfalt, Freiheit mit Respekt

☺ ( )

Trelay Cohousing Community ist eine lebendige Gemeinschaft von 22 Erwachsenen und 11 Kindern, die 2007 auf der Trelay Farm gegründet wurde. Die Farm umfasst eine Fläche von 32 ha und liegt in der Nähe von Bude in North Cornwall, Großbritannien, zwei Meilen vom Atlantik entfernt. Trelay ist ein ländliches Cohousingprojekt und eine Bildungseinrichtung, die jährlich Hunderte von Besucher*innen begrüßt. Wir helfen beim Lösen von Problemen wie bezahlbares Wohnen, Einsamkeit und soziale Isolation. Unser Ziel ist es, jedem unserer Mitglieder einen lohnenden und zufriedenstellenden Lebensstil zu bieten. Wir arbeiten hart, aber wir haben auch Spaß. Wir möchten auf eine nachhaltige Weise mit kleinstmöglichem Fußabdruck leben. Unsere Erzeugnisse umfassen Fleisch, Milch, Wolle, Eier und viele Arten von Gemüse, Obst und Nüssen. Wir nutzen erneuerbare Energiesysteme und bauen Gebäude mit Vorbildcharakter. Wir veranstalten Schulungen, Konferenzen und Veranstaltungen, die auf unseren Erfahrungen vom Zusammenleben in einer Cohousing-Gemeinschaft und mit unserem umweltfreundlichen Lebensstil basieren. Urlauber*innen können in unseren nachhaltigen Tourismusunternehmen die Umgebung erkunden.

Wir möchten auf eine Zahl von 30 Erwachsenen heranwachsen, die dann einen großen Teil unserer Lebensmittel und Energie auf unserem eigenen Land produzieren und in ländlichen Unternehmen arbeiten. Wir hoffen, dass wir zu einer leichtfüßigen Inspiration für Menschen werden.

Irland

Außer der folgenden gibt es noch eine geplante Gemeinschaft in Irland auf Seite 494 sowie 17 Camphill-Gemeinschaften in der Liste ab Seite 544.

Cloughjordan Ecovillage Sustainable Projects Ireland

WeCreate, Cloughjordan, County Tipperary | E53 VP86 Cloughjordan
+353-(0)505-428 33
office@thevillage.ie www.thevillage.ie

1999 | 22 ha (bei Limerick) | 35 % | ♀54 ♂46 | 30 | 130

e, irisch | 4 | 20

Mitglieder der Gemeinschaft (Konsens) | individuelle Finanzierung

Privat- und Gemeinschaftsbesitz

Bildung, Ökologie

Bildung, Forschung, Ausbildung, Wiederbelebung ländlicher Gebiete

ökolog., selbstverw., gewaltfrei, ökumen., Bildungsarbeit, Pädagogik, Tagungshaus, Entwicklungshilfe, Tierschutz, Umweltschutz, Permakultur, biolog. Landwirt., biolog. Gartenbau, biolog. Viehwirt., Forstwirt., altern. Energie, neue Technologien, ökolog. Bauen, Humor, barrierefrei, Resilienz als Gemeinschaft, Wiederbelebung ländlichen Raums

☺ ( )

Cloughjordan Ecovillage (CEV) ist ein selbstverwaltetes, vielfältiges, zukunftsgewandtes und wachsendes Neubaugebiet, das ein bestehendes Dorf in den Irish Midlands erweitert.
Die Mitglieder gründeten 1999 den Verein Sustainable Projects Ireland („Nachhaltige Projekte Irland"), um diese nachhaltige Gemeinschaft zu entwickeln, die als gesellschaftliche Bildungs-, Innovations- und Forschungsressource dienen soll. Die Baugenehmigung für zwei Gemeinschaftsgebäude und 130 Wohnungen wurde 2005 erteilt, im Jahr 2009 wurde mit dem Bau begonnen und in den folgenden zehn Jahren entstand bereits Wohnraum für 55 Haushalte. Alle Gebäude werden nach den hohen Standards unserer ökologischen Charta gebaut und mit Wärme aus einem von Mitgliedern betriebenen, holzbefeuerten Fernwärmesystem versorgt. Zu den dynamischsten Unternehmungen in Cloughjordan gehört eine SoLaWi-Gemeinschaftsfarm, die heute 60 Familien mit gesunden, lokalen Bio-Lebensmitteln versorgt. Der Co-Workingspace „WeCreate" für Öko-Unternehmer*innen ermöglicht der Gemeinschaft auch den Zugang zu einer offenen Hightech-Werkstatt („Fab Lab"). Die Bäckerei „Riot Rye" heizt mit lokal angebautem Holz, um preisgekröntes Sauerteigbrot herzustellen, während das Hostel „Django's" das ganze Jahr über Unterkünfte für Besucher*innen bietet.
Das Projekt gewann 2013 den ersten Preis bei den globalen, von den Vereinten Nationen gesponserten Livable Communities Awards und wurde in einer internationalen Forschungsstudie 2016 unter den 23 führenden europäischen Low-Carbon-Projekten aufgeführt. Der ökologische Fußabdruck eines typischen CEV-Bewohners wurde auf weniger als die Hälfte des irischen Durchschnitts von 4,3 globalen Hektar geschätzt: nur 2,0 gha.

→Siehe auch Beschreibung des Netzwerks **„GEN Europe"**

Transition Network, Tipperary Green Business Network, Irish Environmental Network

☺ ein Grundstück finanzieren und sich ein Zuhause bauen können - es gibt kaum Mietwohnungen

Tolles Farbfoto auf Seite 16

Israel siehe ab Seite 441

Italien

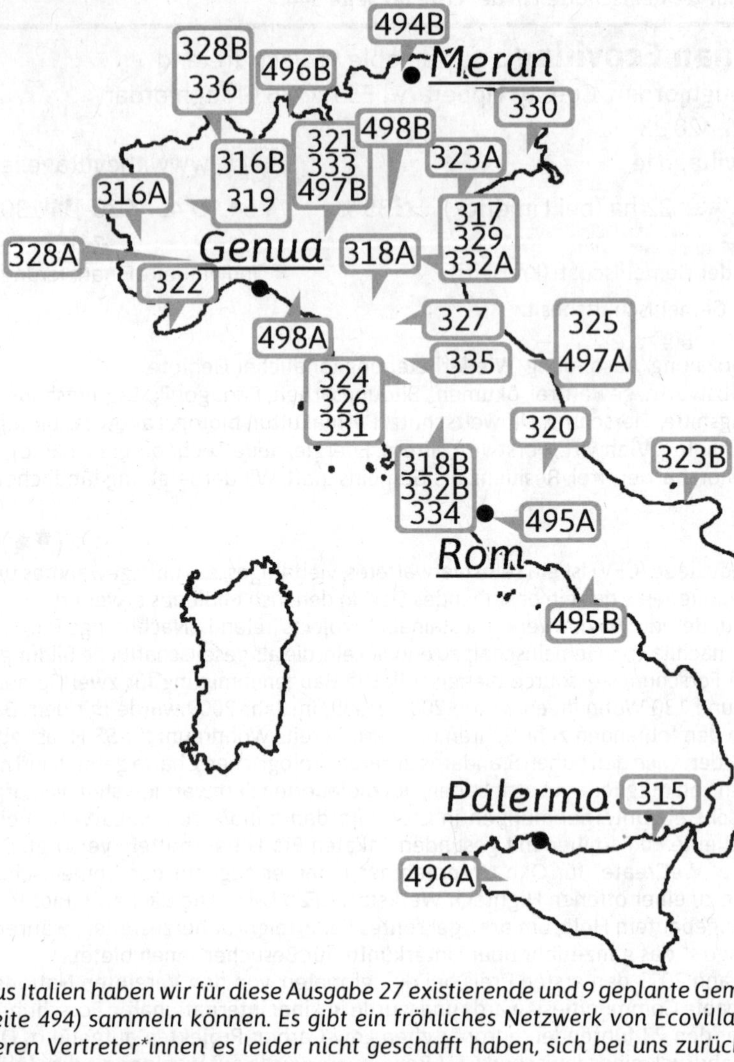

*Aus Italien haben wir für diese Ausgabe 27 existierende und 9 geplante Gemeinschaften (ab Seite 494) sammeln können. Es gibt ein fröhliches Netzwerk von Ecovillagi (Ökodörfern), deren Vertreter*innen es leider nicht geschafft haben, sich bei uns zurückzumelden. Ihre Website lautet ecovillaggi.it*
Nach Angaben einer Vertreterin dieses Netzwerkes sind die im Netzwerk vertretenen „Ökodörfer" fast alles Gemeinschaften, die lediglich ein Haus bewohnen - der Begriff Ökodorf oder Ecovillage wird halt sehr unterschiedlich interpretiert.
Es gibt auch eine Art italienisches Gemeinschaftsverzeichnis, das von Vivere altrimenti herausgegeben wird: Comunità intenzionali, ecovillaggi e cohousing, *siehe Bibliografie, Seite 600.*

☆ Adventure Hill Eco-Adventure.org

Contrada Lupa | 98066 Scala di Patti ☎+39-347-252 47 40
info@eco-adventure.org
www.eco-adventure.org, www.erlebe-abenteuer.de, www.eco-avventura.it

2008 20 ha (bei Patti) 25 % 5-25

d, e, i meist 10-15, manchmal mehr, manchmal weniger

Vorstand und alle zusammen (Mehrheitsentscheidung, Konsens, wie bei Indianer*innen)

individuelle Finanzierung/teils gemeinschaftlich eco-adventure.org

frei wie der Wind

Konstruktion mit Holz(häuser), Permakultur, Tier-Therapie

ökolog., selbstverw., gewaltfrei, inneres Wachstum, Meditation, Yoga, freie Liebe, Bioernährung, Bildungsarbeit, Pädagogik, freie Schule, Friedensarbeit, Entwicklungshilfe, Tierschutz, Umweltschutz, Selbstvers., Permakultur, biolog. Landwirt., biolog. Gartenbau, biolog. Viehwirt., Forstwirt., altern. Energie, ökolog. Bauen, Bau, Humor, Sozialarbeit, Erlebnispädagogik, tiergestützte Therapie, Handwerk, Zimmerei, Öko-Tourismus

☺ ( )

Der „Erlebe Abenteuer e.V." bietet erlebnispädagogische Abenteuerreisen, tiergestützte therapeutische Aktionen, Team- wie Manager*innen-Trainings und eine entstehende Selbstversorgergemeinschaft auf Sizilien. Wer sich in der Selbstversorgergemeinschaft einlebt, kann unbefristet bleiben. Auf unserem Abenteuerberg mit Meerblick zu weiteren sieben Inseln kann man sich auch Baum- und Erdhügelhäuser bauen. Wir freuen uns über dutzende Besucher*innen und Gäste jährlich aus der ganzen Welt, manche bleiben kurz, andere sogar viele Monate. Mit der Zeit entsteht ein Abenteuerspielplatz und wir eröffnen eine freie Schule. Kinder, Jugendliche und Erwachsene sind frei in ihrer Entwicklung. Montessori-Schulen aus Deutschland freuen sich bereits auf Kooperationen. Und wir freuen uns auf DICH! Schau einfach mal vorbei. Pionierarbeit à la Robinson Crusoe, besser, ohne Kannibalen, dafür in bester Gesellschaft :-).

In unserem Abenteuer Basis Lager schlafen wir in Zelten, kochen über dem Lagerfeuer, waschen unsere Wäsche von Hand und uns selbst mit einfachen Thermo-Solar-Duschen, bzw. „frischem" Bad im Wasserspeicher. Unsere Natur-Toilette befindet sich 300 Meter entfernt im „sizilianischen Dschungel". Der Stall ist als erste Unterkunft mit festen vier Wänden von uns saniert und mit einem neuen Dach versehen worden, die Häuser folgen. Zunächst wartet eine Komposttoilette darauf im Sommer von euch eingeweiht zu werden, anschließend folgt der Bau einer Baumhaus-Siedlung und von Hobbithäusern... sowie eine Reise durch Europa mit unserem Großesel Hercules und sizilianischem Karren.

☺ Respekt für die Natur, Tiere & Mitmenschen

Agape Centro Ecumenico

Borgata Agape 1 | 10060 Prali (TO) +39-(0)121-807 514
ufficio@agapecentroecumenico.org, campolavoro@agapecentroecumenico.org, direzione@agapecentroecumenico.org agapecentroecumenico.org

1950 (bei Torino) ♀7 ♂4 11

variiert nach Jahreszeit und Notwendigkeiten
alle Betroffenen, Gremien
Waldenser Kirche
Bildung, Gastfreundschaft
ökolog., selbstverw., feminist., gewaltfrei, spirit., ökumen., Sexualität, Bildungsarbeit, Pädagogik, Tagungshaus, Diskussion, Dialog, Religion, Philosophie

Agape ist ein anspruchsvolles Projekt, das Mitte des letzten Jahrhunderts aus den Ideen des waldensischen Pastors Tullio Vinay entstanden ist. Sein Hauptziel ist es, ein Treffpunkt zu sein. Die Grundwerte von Agape, d.h. Versöhnung und Wiederaufbau, bilden die Grundlage all seiner Aktivitäten. Vom Gemeinschaftsleben über die Freiwilligenarbeit bis hin zum täglichen Leben im Zentrum steht das integrative und nachhaltige Zusammenleben im Vordergrund.
Die Camps in Agape bieten Raum für Diskussionen zu verschiedenen Themen: aktuelle politische und soziale Themen, geschlechtsspezifische, spirituelle und theologische Fragen sowie Aus- und Weiterbildung. Agape gehört zu den Zentren und Organisationen der Waldenserkirche in Italien.

Waldenser Kirche
motiviert sein, in einer Gemeinschaft zu leben und zu arbeiten

Co-housing Numero Zero

Via cottolengo Torino | 10152 Torino
info@cohousingnumerozero.org www.cohousingnumerozero.org/

2013 1000 m² ♀8 ♂5 4 17

i keine(r) keine(r)
alle Mitglieder, wir entscheiden alle gemeinsam (Konsens)
individuelle Finanzierung Besitz aller
keine ideologischen/spirituellen Grundsätze
wir teilen uns Dienstleistungen, Gemeinschaftsräume und Aktivitäten mit der Nachbarschaft
selbstverwaltet

Das Hausprojekt Numero Zero wurde in Zusammenarbeit des Vereins CoAbitare, der Nachbarschaft und der Stadt geboren. Es ermöglicht den Bewohner*innen den sozialen Austausch und die Zusammenarbeit zwischen den Nachbar*innen wieder entdecken zu können.

Cohousing ist eine der Antworten auf die Notwendigkeit, weniger individualistisch und dafür sozialer, weniger konsumorientiert und dafür kreativer, weniger teuer und dafür friedlicher zu leben. Die Ziele des Projekts Numero Zero lassen sich wie folgt zusammenfassen:

- kollektive und private Räume ineinander übergehen und in stetiger Beziehung bleiben lassen, während die jeweiligen Konnotationen klar bleiben
- eine heterogene Gruppe von Menschen zu bilden, die das Wohnen und Aktivitäten gemeinsam planen, sowie auf gegenseitige Hilfe und Solidarität achten
- das Experimentieren mit einem innovativen Wohnmodell des Gemeinschaftswohnens
- mit neuen konstruktiven Lösungen zu experimentieren, die von Konzepten der nachhaltigen Architektur inspiriert sind und Energieeinsparungen durch den Einsatz innovativer Technologien ermöglichen, um Verbrauch und Kosten für den Einzelnen, die Umwelt und die Gesellschaft zu senken.

Das Gebäude besteht aus ca. 750 m² Wohnfläche, aufgeteilt in 8 Wohnungen von 50 bis 130 m², ca. 200 m² Außen- und Innenräume sowie ca. 180 m² Gewerbefläche. Zu den Gemeinschaftsräumen gehören: ein Wohnzimmer mit Küche und Holzofen im Erdgeschoss, eine Werkstatt für Heimwerker*innen, ein Untergeschoss für Mehrzwecknutzung, ein Keller, ein Garten und eine große Terrasse.

CoAbitare

keine Aufnahmevoraussetzungen

Cohousing SanGiorgio Associazione Cohousing Solidaria

via Ravenna 228 | 44124 Ferrara +39-320 862 22 89

www.cohousingsolidaria.org

2009 (bei Ferrara) 10-20

Solidarität

SanGiorgio Cohousing wurde 2009 in Ferrara als Projekt des Vereins Cohousing Solidaria gestartet, der es sich als Aufgabe gemacht hat, die Kultur und Lebensweise von gemeinschaftlichem Zusammenleben zu verbreiten. Wir haben eine Genossenschaft gegründet, als wir Land gekauft haben. Anschließend wurden im Rahmen transparenter und partizipativer Prozesse Ausschreibungen für Architekturentwürfe und Bauunternehmen durchgeführt und diese dann umgesetzt. Unsere Gemeinschaft lebt am Stadtrand der berühmten Stadt Ferrara, direkt am Ufer des Flusses Po (di Primaro). Die Gebäude sind A4-Standard-zertifziert, wurden komplett aus Holz gebaut und 2016 mit dem prestigeträchtigen Preis „Green Buiding Awards" ausgezeichnet. Heute versuchen wir schöne und lebenswerte Projekte für uns wie auch für die Stadt Ferrara zu verwirklichen.

Comunità della Guedrara

Baconi, 1 | 41029 Sestola (MO) ☎+39-0536-610 62
guedrara@interfree.it

1980 14 ha (bei Modena) 20 % ♀3 ♂3 6

i, e, f 3

alle gemeinsam (Konsens) Einkommensgemeinschaft

im Besitz eines Mitgliedes

christlich, ökumenisch, gewaltfrei

Milchkühe, Sozialarbeit

ökolog., linkes Politikverst., gewaltfrei, christl., ökumen., Friedensarbeit, Entwicklungshilfe

☺

Wir sind eine Gemeinschaft von drei Familien mit fünf erwachsenen Kindern, die bei uns wohnen. Wir sind inspiriert von den ersten christlichen Gemeinschaften, die in Armut, Dienst, Gastfreundschaft, Gebet, Arbeit, Gewaltlosigkeit und mit gemeinsamen Gütern lebten. Wir haben einen Bauernhof mit Milchkühen für unseren Reggiano-Parmesan. Wir führen eine Einkommensgemeinschaft und auch die Autos werden gemeinsam genutzt. Wir haben nur eine Küche und essen immer zusammen. Das Haus, das wir selbst komplett gebaut haben, verfügt über Gemeinschaftsbereiche und Räume für Familien. Außerdem führen wir ein kleines Bed and Breakfast. Wir heißen Menschen in Not willkommen und sind darüber hinaus sehr politisch und sozial engagiert.

☺ unser Konzept unterstützen

Comunità di Etica Vivente di Città della Pieve

vocabolo Pian di Mattone, 14 | 06062 Cittá della Pieve ☎+39-328-902 90 06
fiorenza.bortolotti@gmail.com comunitadieticavivente.org

1981 40 ha (bei Città della Pieve, Perugia) 25 % ♀30 ♂15 5 50

i, e, d 10 alle

Vorstand, Bereichsverantwortliche, Generalversammlung (Abstimmung, wenn möglich einstimmig)

gemeinsame Finanzierung best. Ber.

Psychosynthese, kreative Meditation und Agni Yoga (lebendige Ethik)

Erwachsenenbildung in den Hauptthemen der psychospirituellen Lehren des vergangenen und neuen Jahrhunderts

ökolog., hierarch., spirit., esoter., inneres Wachstum, Meditation, Bildungsarbeit, Pädagogik, Tagungshaus, Friedensarbeit, biolog. Landwirt., biolog. Gartenbau, ökolog. Bauen, rauchfrei, Psychosynthese, Kunst und Schönheit, Agni Yoga/Lebendige Ethik, Bildung

☺ ✋✋

Die Comunità di Etica Vivente ist eine nicht-religiöse kulturelle und wissenschaftliche Vereinigung. Studium, Meditation und Dienst sind die drei Wurzeln der Gemeinschaft. Sie wurde 1981 von Sergio Bartoli und einer Gruppe von Mitarbeiter*innen als Zentrum für kreative Meditation gegründet und erstreckt sich auf mehr als 20 km Länge auf den Hügeln zwischen Umbrien und der Toskana. Im Laufe der Jahre hat sie sich durch die kreativen und praktischen Fähigkeiten einer immer größer werdenden Zahl von Mitgliedern und Freund*innen entwickelt und ist gewachsen. Alle Aktivitäten werden durch das Studium und die Anwendung der Prinzipien der Psychosynthese und der lebendigen Ethik (Agni Yoga) belebt. Programme der psycho-spirituellen Bildung haben die Entstehung einer integrierten und harmonischen Gruppe gefördert, die bereit ist, im täglichen Leben mit neuen Modellen zu experimentieren, die durch Meditation und Inspiration intuitiv erfahrbar sind.
Als Ergebnis von über 20 Jahren intensiver und qualifizierter Gruppenarbeit ist die Gemeinschaft nun zu einer Zelle neuen Lebens geworden. Diese Vitalität spiegelt sich in verschiedenen Bereichen wider: Wirtschaft, Bildung, Kultur und Kunst, Heilung, Permakultur, Jugendprogramme. Derzeit lebt ein großer Teil der Mitglieder und Mitarbeiter*innen vor Ort. Andere kommen aus ganz Italien und dem Rest der Welt. Alle nehmen als Teilnehmer*innen an den Schulen und als Mitarbeiter*innen am Gemeinschaftsleben teil.

→Siehe auch Beschreibung der Netzwerke „**GEN Europe, RIVE**“

World Service Intergroup

☺ Bereitschaft für spirituelle Forschung und Offenheit für die Arbeit an der eigenen Persönlichkeit und in der Gruppe

Damanhur

Via Pramarzo 3 | 10080 Baldissero Canavese (TO) ☎+39-0124-512 226
welcome@damanhur.org www.damanhur.org, www.damanhurblog.com

1975 | 520 ha (bei Turin) | 50 % | ♀57 % | ♂43 % | 23 %

600 feste Bewohner*innen

i, e, d, f, sp, japanisch, kroatisch | 20 % | 30 %

wir haben ein komplexes System aus gewählten Gremien/Organismus (innerhalb der Gemeinschaften nennen wir unsere Entscheidungsfindung „mehrheitlich“, aber in der Tat ist sie eher einem Konsens minus einer toleranten Minderheit ähnlich, um schnelle Entscheidungen treffen zu können.)

individ. und gemeins. Finanzierung | gemeinsames Eigentum

Die Philosophie von Damanhur basiert auf positivem Denken und Handeln, Förderung von Vielfalt, innere Verfeinerung und Wandel. Humor und Verspieltheit als Strategie gegen Gewohnheit.

Tempel und Sakralräume bauen, Erfahrungen und Werkzeuge für die neue Allianz zwischen Mensch und Pflanzenwelt schaffen, Werkzeuge und Methoden für Heilung und Wohlbefinden entwickeln, Bildungsarbeit.

ökolog., selbstverw., spirit., inneres Wachstum, Meditation, Bioernährung, Bildungsarbeit, freie Schule, Tagungshaus, Friedensarbeit, Entwicklungshilfe, Umweltschutz, Selbstvers., biolog. Landwirt., biolog. Gartenbau, biolog. Viehwirt., Forstwirt., altern. Energie, neue Technologien, ökolog. Bauen, Humor, barrierefrei, rauchfrei, Tempel, Heilung, Kunst, Bewusstheit

☺ (✋✋)

Damanhur ist ein Zusammenschluss von über 25 spirituellen Gemeinschaften (nuclei/Kerne) im Norden des Piemont, zwischen Turin und Aosta, mit einem Radius von 15 km, in dessen Zentrum Valchiusella liegt, ein Tal, das noch grün und sauber ist. Die 600 Einwohner*innen von Damanhur und etwa 500 nicht ansässige Bürger*innen sind Teil einer mehrsprachigen Gesellschaft, die offen ist für den Austausch mit der Welt und anderen Kulturen und Völkern. Damanhur wurde 1975 inspiriert von Falco Tarassaco, Oberto Airaudi (1950-2013) gegründet. Seine aufgeklärte und pragmatische Vision schuf eine fruchtbare Realität, die auf Solidarität, Teilen, Liebe und Respekt für die Umwelt basiert, die 2005 vom Global Human Settlements Forum der UNO als Modell einer nachhaltigen Gesellschaft anerkannt wurde. Damanhur ist vielleicht am Bekanntesten für sein außergewöhnliches unterirdisches Kunst- und Architekturwerk, eine Kathedrale, die als Tempel der Menschheit bekannt ist, das spirituelle Herz der Gemeinschaft.

Der Respekt vor der Umwelt ist eine der Grundlagen. Damanhurianer*innen betreiben Biolandbau und -Tierhaltung, bauen nach den Prinzipien des Green Building (um), haben Design- und Installationsfirmen im Bereich der erneuerbaren Energien und bevorzugen Naturheilverfahren und eine ganzheitliche Sichtweise der Medizin.

Dieser Respekt geht über eine ökologische Vision hinaus - er erkennt die Existenz eines bewussten und sensiblen Lebens in der Pflanzen- und Tierwelt an und erforscht den Kontakt zu Intelligenzen, die dieses Universum bewohnen.

→Siehe auch Beschreibung der Netzwerke „**GEN Europe, RIVE**"
🌍 Gaia Education, Green Phoenix, Conacreis
☺ auf drei Monate befristeter Bewohnerstatus möglich *Farb(!)foto auf Seite 9*

E.V.A. - Ecovillaggio Autocostruito

Die Strohballenhäuser von Pescomaggiore
Strada della Conserva - Fraz. Pescomaggiore | 67100 L'Aquila
☎+39-328-943 61 36
eva@pescomaggiore.org www.pescomaggiore.org

2009 — bei L'Aquila, Rom (100km) — 2
i, f, sp, e — 1
alle Betroffenen (Konsens wenn möglich, sonst Mehrheitsentscheid)
individuelle Finanzierung
Eigentum des Komitees für die Wiederbelebung von Pescomaggiore
ökologisches Bauen, Wiederbelebung des Bergdorfes, Landschaftsschutz, traditionelle Landwirtschaft, Bürgerbeteiligung
ökolog., selbstverw., Umweltschutz, altern. Energie, ökolog. Bauen
☺ (✋✋)

Das „selbstgebaute Ökodorf" („Ecovillaggio autocostruito", E.V.A.) geht ursprünglich auf die Initiative des Komitees für die Wiederbelebung von Pescomaggiore zurück, das 2007 gegründet wurde, um der Entvölkerung des Bergdorfes entgegenzuwirken. Im Sommer 2009 wurde zügig mit dem Bau begonnen, um den durch das Erdbeben vom 6. April 2009 wohnungslos gewordenen Bürger*innen eine lokale und selbstverwaltete Wohnungsmöglichkeit zu bieten. Bewohner*innen, Aktivist*innen und Freiwillige aus der ganzen Welt versammelten sich in der MISA Association, bauten vier ökologische Holz-, Stahl- und Strohballenhäuser, die durch eine Pflanzenkläranlage ergänzt werden. Dies geschah alles ohne öffentliche Gelder, aber

mit Spenden von Privatpersonen und den Beiträgen der Bewohner*innen.
Nach einer Phase des Gemeinschaftslebens leben heute zwei Menschen dauerhaft hier, andere Mitarbeiter*innen und die Gäste nutzen es zeitweise. Der Verein MISA und das Komitee für die Wiederbelebung von Pescomaggiore setzen sich für die Erhaltung und Verbesserung des historischen Kerns von Pescomaggiore, seiner Umgebung und seines als Gemeingut geltenden Umwelt- und Kulturerbes ein sowie für die Verbreitung einer ökologischen Kultur.

Örtliche kulturelle und Bürgerrechtsinitiativen
ideologisch und finanziell

Ecosol Fidenza

Via Simone de Beauvoir 47 | 43036 Fidenza ☎ +39-349-392 13 88
www.ecosol-fidenza.it

2013 | 1500 m² (bei Parma) | 1 % | ♀13 ♂14 | 9 | 36

i, sp, e, f
alle Betroffenen (Konsens) | individuelle Finanzierung
Gemeinschaftseigentum und individuelles Eigentum
soziale Arbeit, Schule
ökolog., selbstverw., gewaltfrei, Friedensarbeit, geistig/psych. Behinderte, Umweltschutz, altern. Energie, ökolog. Bauen, barrierefrei, rauchfrei, fairer Handel, soziale Freiwilligenarbeit

Das Co-Housing Projekt Ecosol zeichnet sich dadurch aus, dass es die Beziehungen und die Beteiligung in den Vordergrund stellt. Damit sollen das Wohlergehen der Bewohner*innen und der Erde gestärkt werden. Wohlergehen ist, wenn der Ort nachhaltig ist. Die Nachhaltigkeit umfasst ökologische, soziale und ökonomische Aspekte, wie beispielsweise keine CO_2-Emissionen, gegenseitige Hilfe, Teilen von Gemeinschaftsräumen, Infrastrukturen und Ressourcen, Entscheidungsfindung im Konsens, Öffnung nach Außen und Teilnahme an Netzwerken.
Eine Wohneinheit beherbergt Projekte für den sozialen Einbezug. Die Vielfalt der Bewohner*innen ist eine wichtige Ressource für die Nachbarschaftshilfe, während radikale Ideologien und Prinzipienreitertum als mögliche Konfliktpunkte für Beziehungen gesehen werden. Ecosol ermöglicht durch unabhängige Wohneinheiten und das zur Verfügung stellen von Räumen, Aktivitäten und Dienstleistungen allen Bewohner*innen, den gewünschten/möglichen Grad des Teilens selbst anzupassen. Es handelt sich um ein Projekt, welches von unten entstanden ist und keinerlei finanzielle Unterstützung von behördlicher Seite erhält.

Ecovillaggio Torri Superiore

Via Torri Superiore 5 | 18039 Ventimiglia (IM) ☎+39-0184-215 504
info@torri-superiore.org www.torri-superiore.org

1989 2,3 ha (bei Ventimiglia, Imperia) 25 % ♀7 ♂6 5 18

i, e, f, d 5 6

alle Betroffenen gemeinsam
(Konsens für die Bewohner*innen, Mehrheit bei Vereinsabstimmungen)

individuelle Finanzierung sowie gemeinsamer Essensbeitrag

Gemeinschaftseigentum bzw. Individualbesitz

Vision einer umweltfreundlichen und sozial gerechten Lebensweise

Öko-Tourismus, Bildung, Ökodorf-Training, Restauration des mittelalterl. Dorfes, Landwirtschaft

ökolog., selbstverw., Bioernährung, Bildungsarbeit, Tagungshaus, Umweltschutz, Permakultur, biolog. Landwirt., biolog. Viehwirt., ökolog. Bauen, Kreatives: Yoga, Töpferei, natürliche Seifenherstellung, Netzwerkarbeit, Freiwilligenprogramme

☺ ()

Torri Superiore ist ein mittelalterliches Dorf (8. Jh.), das in den letzten 30 Jahren von einer Gemeinschaft von Italiener*innen und Deutschen nach und nach restauriert und wiederbesiedelt wurde. Es besteht aus 160 Räumen, gebaut aus regionalem Stein und Kalk, in denen die traditionellen Bögen und Gewölbe noch deutlich erkennbar sind.
Der Kulturverein, der das Projekt seit 1989 entwickelt, besteht auch aus Nichtbewohner*innen. Ihm gehören 50% des Dorfes, während die anderen 50% im Privatbesitz einzelner Mitglieder sind. Nur Mitglieder des Vereins können Eigentum in Torri Superiore kaufen.
Bei der Restauration der Gebäude wird der originale Charakter des wunderschönen Dörfchens berücksichtigt, indem ökologische Baumaterialien verwendet werden und, so weit es möglich ist, mit entsprechender Technik gearbeitet wird.
Der Verein betreibt ein Zentrum für nachhaltige Bildung, praktische Bauseminare und Ökotourismus. Die Kurse finden hauptsächlich im Sommer statt, die Bandbreite reicht von Permakultur-Design, Konsens-Entscheidungsfindung, Yoga, Ökodorf-Design und Töpfern bis zu kreativem Kochen. In der ökologischen Landwirtschaft produzieren wir hauptsächlich Olivenöl und bauen Gemüse an, um das Gemeinschaftszentrum damit zu versorgen.
Die Nähe zum wunderschönen Fluss und zum Meer, die einfach erreichbaren Spazierwege in die umliegenden Berge und das milde Klima machen Torri Superiore das ganze Jahr über zu einem offenen, attraktiven Ökodorf und Gästehaus für bewusste Menschen, die den ungezwungenen, freundlichen Umgang der Gruppe schätzen. Bitte erkundigt euch nach Möglichkeiten, bei uns zeitweise mitzuarbeiten – Voranmeldung ist auf jeden Fall nötig.

→Siehe auch Beschreibung der Netzwerke „**RIVE, GEN Europe**"

Accademia di Permacultura, Legacooperative

☺ persönlicher Kontakt, 12 Monate Probezeit, selbständige Finanzierung

☆ Fattoria solidale Brugine

Via Arzerini 44 | 35030 Brugine - Padova ☎+39-(0)049 997 609
fattoriasolidale@gmail.com www.facebook.com/fattoriasolidalebrugine/

10.000 m² (bei Padova) ♀7 ♂4 14 25

i, d, e, sp, f 4

alle Betroffenen (Konsens) Einkommensgemeinschaft

Non-Profit-Organisation

keine

Landwirtschaft, Holzprodukte

ökolog., gewaltfrei, ökumen., biolog. Landwirt., altern. Energie, barrierefrei, Familie, Teilen

☺

Das Projekt „Fattoria Solidale" hat zum Ziel, einen verständnisvollen und einladenden Raum zu schaffen, in dem Singles und Familien die Werte des Teilens, der Offenheit und Schlichtheit leben können.

→Siehe auch Beschreibung der Netzwerke **„RIVE, WWOOF"**

MFC, versch. ähnliche Gemeinschaften

Giardino della Gioia

Contrada Torre Mileto Bar Pertosa | 71015 San Nicandro Garganico (FG)
☎+39-329-984 26 08
giardinodellagioia@gmail.com www.giardinodellagioia.wix.com/eden

2011 3 ha (bei San Nicandro Garganico) 40 % ♀4 ♂5 0 9

i, e

Gemeinschaftskreis (Konsens) Schenkungen/Spenden und Kurse

Eigentum von 2 Gründerinnen, geplant ist gemeinschaftliche Eigentumsform

Einklang mit der Natur, körperlich-psychisches und spirituelles Wohlbefinden, Offenheit für Mitgefühl, Toleranz und Wahrheit durch den Circle Way, Konsens

nachhaltige Landwirtschaft Ökobau, Gemeinschaftsgebäude alternative Schulformen, Meditation, Yoga, Bewusstheit, Theater, Kunst, Wissensweitergabe, Wiederbelebung alter Traditionen, neue Technologien, Offenheit für die Einheimischen

ökolog., selbstverw., gewaltfrei, spirit., Meditation, Yoga, Tantra, freie Liebe, Bioernährung, veget., vegan, Pädagogik, freie Schule, Tagungshaus, Friedensarbeit, Entwicklungshilfe, Umweltschutz, Selbstvers., Permakultur, biolog. Landwirt., biolog. Gartenbau, biolog. Viehwirt., Forstwirt., altern. Energie, neue Technologien, ökolog. Bauen, Humor, rauchfrei, Sozialarbeit, Organisation zur Förderung des Gemeinwesens, Therapie, Kunst, Kunsthandwerk

☺

Giardino della Gioia ist ein Ökodorf mit dem Ziel, sich wieder mit der Natur zu verbinden, das Bewusstsein zu wecken und mehr Selbst-Wahrnehmung zu schaffen. Und wir sind ein Ökodorf, das gerne Gemeinschaft werden will! Es gibt bereits genug Platz für zehn Personen: Wir haben drei Jurten, ein Strohhaus, einen Wohnwagen und den Entwurf eines Baumhauses,

dazu Komposttoiletten, eine Küche, ein Zirkuszelt für Meditation und Yoga sowie ein Badehaus mit Duschen und Sauna.
Im Moment (2019) leben nur zwei Menschen hier, aber wir möchten wachsen. Wir haben alles aus natürlichen Materialien und nach den Prinzipien der Permakultur gebaut. Wir leben in einem Olivengarten in einem Nationalpark vor der Adria (800 m Fußweg). Wir betrachten diesen Ort als einen heilenden Ort, der uns einlädt, am Erwachen des Bewusstseins und an uns selbst zu arbeiten. In den letzten sieben Jahren haben uns viele Menschen Zeit, Mühe und Energie gegeben. Gemeinsam haben wir neue Konzepte für Beziehungen gefunden, die auf Vertrauen und Transparenz basieren. Wir leben das Schenk-Prinzip, wann immer es möglich ist und wir glauben an das Konzept des Gemeinschaftskreises, um Emotionen zu teilen und Entscheidungen zu treffen. Wir leben unser Leben mit gesunden Werten, ohne Drogen oder Alkohol (es gibt einen Raucher*innenbereich) und unser Essen ist immer vegetarisch und oft vegan.
Das haben wir bis jetzt erreicht und der Rest wird gemeinsam entwickelt. Das Ökodorf lebt mit dem Bewusstsein, dass bereits alles da ist und auf dich und deine Energie wartet.

→Siehe auch Beschreibung der Netzwerke „**RIVE, GEN Europe**“

🌍 Rainbow Family, GAS, Genuino Clandestino, Decrescita Felice, CIR

☺ Interesse an Ökodorf-Lebensstil, Bereitschaft an Ego und Integration mit der Gruppe sowie an Anhaftungen und Abhängigkeiten zu arbeiten, Bereitschaft keine Drogen zu konsumieren (inklusive Tabak und Alkohol)(es gibt eine Raucherecke)

Istituto Osho Miasto Institute for Meditation & Spiritual Growth

Pod. S. Giorgio, 16 | 53012 Chiusdino (SI) ☎+39-0577-960 124
✉oshomiasto@oshomiasto.it 💻www.oshomiasto.it

1980 | 130 ha (bei Siena) | ♀18 ♂18 0 36

d, e, i | manche

Teil der Gruppe (Konsens) | gemeinsames Eigentum

wir sind Osho-Schüler*innen

Meditation, Therapiegruppen und -trainings, Meditationscamps, alles auf persönliches und spirituelles Wachstum ausgerichtet

ökolog., selbstverw., gewaltfrei, spirit., inneres Wachstum, Meditation, Bioernährung, veget., biolog. Gartenbau, Therapie

Das Istituto Osho Miasto ist eine der wenigen existierenden Osho-Gemeinschaften in Europa. Es ist eine Gemeinschaft für Meditation, persönliches und spirituelles Wachstum. Jedes Jahr organisieren wir hunderte Therapiegruppen, Workshops und Meditations-Seminare.
Darüber hinaus sind wir eine Gemeinschaft von Osho-Schüler*innen, die hier als Experimentierlabor leben. Die Struktur und Form der Gemeinschaft verändern sich ständig. Es werden täglich drei Meditationen abgehalten – die Dynamische und die Kundalini-Meditation von Osho und das Abend-Meditationstreffen. Die Meditationen sind für Mitglieder größtenteils kostenlos. Es wird ein Jahresmitgliedsbeitrag von 18 € erbeten.

🌍 Verbindung zu anderen Osho-Zentren

☺ unabhängige Unterbringung, spirituelle Suche, Interesse an Osho

La Città della Luce

Via Porcozzone, 17 | 60012 Trecastelli, frz. Passo Ripe (AN)
+39-(0)071 795 90 90
info@lacittadellaluce.org www.lacittadellaluce.org

1996 7 ha (bei Ancona, Senigallia) ♀18 ♂7 3 28

e, sp, f, i, portugiesisch etwa die Hälfte

alle, einige öfter auswärts als Reiki-Meister*innen

alle Gemeinschaftsmitglieder zusammen (Konsens) gemeinsame Finanzierung

Gemeinschaftseigentum

unser gemeinsames Feld für die Arbeit an uns selbst ist Reiki; wir sind eine Gemeinschaft von Reiki-Meister*innen

persönliches und spirituelles Wachstum, ganzheitliche Therapien und Erzeugnisse, Umweltschutz

ökolog., selbstverw., gewaltfrei, spirit., inneres Wachstum, Yoga, Bildungsarbeit, Pädagogik, freie Schule, Tagungshaus, Friedensarbeit, Entwicklungshilfe, Tierschutz, Umweltschutz, Permakultur, biolog. Landwirt., biolog. Gartenbau, biolog. Viehwirt., artgerechte Viehwirt., altern. Energie, neue Technologien, Humor, rauchfrei, Reiki, Familien- und Systemaufstellungen, Heldenreisen, Astrologie, Runologie, Ganzheitspsychologie, Enneagramm, Heiliges Weibliches, Heiliges Männliches, Kindererziehung, Heilkunst, Ayurveda, Yoga, Chinesische Medizin, Reflexologie, Permakultur, Keramik, Ethischer Schmuck, Natürliche Kleidung

☺ ( )

Wir sind eine Gruppe von Männern und Frauen, die sich entschieden haben, zusammen zu leben und zu arbeiten, weil wir hier unsere Leidenschaft für das Leben und für unser Projekt teilen können – und dies zusammen mit unseren Kindern und den Lieben, die sich uns angeschlossen haben.
La Città della Luce ist ein permanentes ganzheitliches Labor, ein Ort für Wachstum und Austausch, offen für alle. Unsere Mission ist es, die Praxis und Verbreitung bio-natürlicher Lehren zu fördern. Wir unterstützen jede Person dabei, ihre oder seine persönliche Verbindung zum Göttlichen zu finden, wie auch immer dieses sich zeigen mag. Durch unsere Lehren fördern wir das Wohlbefinden und das Bewusstsein für ein ausgeglichenes Leben, mit uns selbst und dem gesamten Ökosystem, in dem wir leben. Um das Gemeinschaftsleben zu unterstützen, teilen alle Mitglieder ihren Wachstumspfad durch Reiki, die systemische Theorie, das Wissen über Chakren und psychosomatische Theorien, Yoga und die ayurvedische Philosophie sowie bewusste Ernährung.
Beziehungen stehen an der Spitze unseres Wertesystems. Wir teilen Zeit, Eigentum, Talente und Emotionen, zusammen mit den gemeinsamen Räumen unseres Hauses. Wir wachsen Tag für Tag zusammen, indem wir uns um unsere Aufgaben kümmern, die sich zwar alle unterscheiden, aber stets ergänzen. Jede Entscheidung wird durch die Methode des Konsenses getroffen, in Ehrlichkeit und durch den freien Ausdruck unserer innersten Gefühle - mit dem Ziel, jede*n einzelne*n und die Gemeinschaft zu respektieren.

→Siehe auch Beschreibung der Netzwerke „**RIVE, GEN Europe**"

Associazione Conacreis Marche, Siaf

☺ Bereitschaft, unsere Ausrichtung und unseren Lebensstil anzunehmen

Farbfoto auf Seite 5

La Comune di Bagnaia

Via Strada di Bagnaia, 10 | 53018 Ancaiano-Sovicille (SI)
☎+39-(0)577-311 014 lacomune.bagnaia@libero.it

1979 80 ha (bei Siena) 80 % ♀7 ♂8 15

e, f, it, sp, d 6, die anderen arbeiten anderswo oder sind in Rente

alle Erwachsenen gemeinsam (Konsens) gem. Ökonomie

Eigentum aller

sozial-politisches Bewusstsein, Solidarität

Biogartenbau, ökologisches, pazifistisches, politisches und kulturelles Engagement

ökolog., selbstverw., linkes Politikverst., gewaltfrei, Yoga, Bioernährung, Friedensarbeit, Umweltschutz, Selbstvers., biolog. Landwirt., biolog. Gartenbau, biolog. Viehwirt., Forstwirt., altern. Energie, ökolog. Bauen, Gleichberechtigung, Gute Küche, Eigenbau

☺

Die Gemeinschaft Bagnaia wurde 1979 gegründet. Ziel ist es, menschliche und wirtschaftliche Ressourcen zu teilen und ein Gruppenleben zu erfahren, das auf den Prinzipien des gegenseitigen Respekts und Verständnisses, der Zusammenarbeit und der Gleichheit basiert. Alle Immobilien sind in gemeinschaftlichem Besitz. Alle Entscheidungen werden im Konsens getroffen. Derzeit besteht die Gruppe aus ca. 15 Personen. Der Bauernhof und die Wohngebäude befinden sich in der Nähe einer kleinen Hügelstadt ca. 10 km von Siena entfernt. Das Gebäude, das teilweise aus dem 14. Jahrhundert stammt, wurde teilweise für die Nutzung und den Bedarf der Gemeinde renoviert. Weitere Bauwerke sind die Scheune und der Heuboden, der Weinkeller, die Maschinenwerkstatt, die Käse- und Konservierungswerkstatt, die Tischlerei, das Kunststudio, die Mehrzweck-Bibliothek und der Kulturraum. Der landwirtschaftliche Betrieb ist seit 1990 vollständig biologisch. Er besteht aus 50 ha Wald, aus dem wir unser Brennholz beziehen, und 30 ha Anbaufläche, die Weinberge, Olivenhaine, Getreide und Gemüsegarten umfasst. Wir haben Kühe, Schweine, Hühner, Bienen. Die Gemeinschaft fördert und unterstützt politische, soziale und kulturelle Aktivitäten als Einzelpersonen und gemeinsam, entsprechend unseren Idealen, Interessen und Möglichkeiten. Bagnaia ist eine gemeinnützige Organisation.

→Siehe auch Beschreibung der Netzwerke **„RIVE, GEN Europe"**

CONACREIS

☺ Interesse an gem. Leben, gem. Ökonomie und Autonomie, 1 Jahr Probezeit

La torre di mezzo

località Torre di mezzana 1, Cantagallo | 59100 Prato ☎ +39-(0)333 644 42 55
latorredimezzo@gmail.com facebook.com/latorredimezzo/

2013 Haus: 300 m², Land: 8 ha (bei Firenze, Bologna, Prato) 30 %
♀4 ♂2 0 6

i, d, f, sp, e ...in Entwicklung 3

Kerngruppe, für einige spezifische Entscheidungen auch die Probemitglieder (Konsens, soziokratischer Konsens)

individuelle Finanzierung zur Deckung der Ausgaben für Haushalt, Ernährung, Energie und Dienstleistungen/gemeinsame Finanzierung durch Veranstaltungen und Workshops, Brot- und Backwarenprodukte

Miete

ländlicher Lebensstil, Feminismus, Schamanismus, Holismus, lokale Traditionen, etc., nicht radikal, sondern als Samen für unsere menschliche Diversität.

Backwaren, Käse, Kastanienmehl, Gemüsegarten, Herstellung von Kosmetika und Bio-Seifen, Yoga und Behandlungen, Moderation, Laboratorien, Selbstversorgung

ökolog., selbstverw., anarchist., gewaltfrei, inneres Wachstum, Bioernährung, Tagungshaus, Friedensarbeit, Umweltschutz, Selbstvers., biolog. Gartenbau, Humor, Forum (á la ZEGG), Beratung, GFK, Moderation, Soziokratie

☺ ()

La Torre di Mezzo ist ein Verein und eine Gruppe, die sich zum Ziel gesetzt haben, zu einem echten Ökodorf zu wachsen. Wir befinden uns in der Toskana auf 600 m.ü.M., in den wilden Bergen der Apenninen, sind aber gut mit großen Kulturstädten wie Florenz und Bologna verbunden. Die Kerngruppe ist klein, aber umgeben von Freunden und Unterstützern, die während des Jahres mittel- bis langfristig mit uns zusammenleben.
La Torre di Mezzo ist gut in der Region verwurzelt und mit Projekten und Erfahrungen der nationalen und internationalen Gemeinschaftsnetzwerke (RIVE, GEN) und den nationalen Netzwerken ökologischer Aktivisten verbunden. Wir streben nach persönlichem Wachstum, indem wir uns im Kreis austauschen und verschiedene Methoden nutzen. Diese helfen uns, eine authentische Beziehung und klare Kommunikation herzustellen und die Welt, in der wir leben, zu verbessern. Die Gemeinschaft fördert das Wachstum persönlicher Talente und Fähigkeiten und strebt nach Selbstbestimmung und Selbstversorgung, um mit anderen zu teilen und eine Botschaft der vielfältigen Möglichkeiten und des Mutes zur Veränderung zu verbreiten. Wir achten auf die Herkunft der verwendeten Produkte, insbesondere durch eine kurze Produktionskette und einen lokalen Austausch.
La Torre di Mezzo verbreitet die Prinzipien der Ökologie, indem es den direkten Kontakt mit der Natur und einen einfachen Lebensstil fördert. Die Verbesserung unserer gemeinsamen Wirtschaft und die Arbeit mit Synergien sowie die Verringerung unserer Umweltauswirkungen sind für uns sehr wichtig.
Wir heißen Sie spontan und herzlich willkommen. Wir lieben es, am Feuer zusammen Lieder zu singen, während die Berge uns umarmen.

→ Siehe auch Beschreibung des Netzwerks „**RIVE**"

Lokale Tauschbörsen (gruppi di acquisto solidale), lokales Nachbarschaftsnetzwerk

☺ ein kleiner täglicher Beitrag zur Finanzierung gemeinsamer Ausgaben und ehrenamtliche Arbeit je nach Maß der Annäherung. Teilen unserer Vision, Mission, Ziele und Vereinbarungen.

LaCasaRotta

Fraz. San Bartolomeo 94/96 | 12062 Cherasco (CN) +39-(0)339 381 29 50
casa.rotta@yahoo.it www.lacasarotta.com

8 ha (bei Turin) 6 14

nachhaltige Landwirtschaft: Gemüse, alte Weizen/Mais-Sorten, Obstgärten mit Pfirsichen und mehr als 300 neuen Obstbäumen, 4 Hunde, 5 Katzen, 20 Hennen, Brot backen (im Lehmbackofen), Workshops, Seminare, Renovieren, Bauen, Netzwerkarbeit

LaCasaRotta sind Verein und nachhaltiges landwirtschaftliches Projekt in einem: Eine Gruppe junger Menschen hat sie ins Leben gerufen, um ein verlassenes Bauernhaus zu restaurieren und in ein Cohousing-Projekt zu verwandeln. Wir sind nun das erste Ökodorf in den Langhe-Hügeln des Piemont, das für seine hervorragenden Weine und die Gastronomie bekannt ist. LaCasaRotta ist ein Ort, an dem sich Menschen unterschiedlichen Alters und Hintergrundes treffen und austauschen, aber auch lernen, planen und träumen können. Wir wollen neue Wege gehen und die vergessenen zurückverfolgen; neue Begegnungsstätten schaffen; einen echten Austausch zwischen Generationen und Kulturen; Solidarität zur Bekämpfung von Ausgrenzung und die Rückkehr zum einfachen Beisammensein: der Gemeinschaft. Das Bauernhaus ist bereits ein Gemeinschaftsprojekt, in dem Räume und Zeit von verschiedenen Menschen geteilt werden. Nach der anstehenden Sanierung wird das Erdgeschoss Platz für Bistro und Kulturwerkstatt bieten.
LaCasaRotta organisiert kleine Experimentierlabors, die für Menschen jeden Alters und jeder Herkunft offen sind, um das Wissen und die Fertigkeiten von alten, lokalen Traditionen und auch anderen Kulturen zu verbreiten - und die sich durch hochwertige Produkte von kleinen lokalen Produzent*innen auszeichnen oder fair gehandelt sind. In den letzten sechs Jahren haben wir verschiedene Workshops etabliert, z.B. den „Jam Day“, die „Tajarin Night“, den „Agnolotti Day... Plin!“, unseren „Make the Bread, Make the Oven“ oder auch „What Gnocchi“. Wir organisieren auch Workshops für Kinder, um ihnen die Natur, den Respekt vor der Umwelt und handwerkliche Fähigkeiten wieder näher zu bringen.
Findet uns bei Facebook („LaCasaRotta“) oder besucht unsere Homepage!

→Siehe auch Beschreibung des Netzwerks **„WWOOF“**

Workaway, Slow Food

Mirapuri - Friedensstadt in Europa

Stadt des Friedens und des Zukunftsmenschen

c/o Via Monte Falo 8 | 28011 Mirapuri/Coiromonte (Prov. di Nov.)
+39-0322-999 009
david.b@mirapuri-enterprises.com www.mirapuri-enterprises.com

1970 1 ha (bei Stresa) 5 % ♀11-16 ♂12-16 5-9
28-41

d, e, it, f alle 20-30

Arbeitsteams, Gemeinschaftstreffen (Konsens) Einkommensgemeinschaft

Verein

Freigeist, Verständnis der Welt als Einheit von Geist und Materie

Musik, alle Künste, Wellness, Heilung, Meditation, Gastronomie, Landwirtschaft, Gartenbau, Schreinerei, Handwerk, Öko-Hausbau, alternative Energie, alternative Schule...

ökolog., selbstverw., anarchist., feminist., gewaltfrei, spirit., chaotisch, inneres Wachstum, Meditation, Yoga, Tantra, Sexualität, freie Liebe, Bioernährung, veget., vegan, Bildungsarbeit, Pädagogik, freie Schule, Tagungshaus, Friedensarbeit, Tierschutz, Umweltschutz, Selbstvers., Permakultur, biolog. Landwirt., konvent. Landwirt., biolog. Gartenbau, konvent. Gartenbau, Forstwirt., altern. Energie, neue Technologien, ökolog. Bauen, Humor, Wellness, Ayurveda, Hausbau, Öko-Systembau, Schreinerei, Literatur, Poesie, Musik, Film, Malerei, Multimedia, Video, Foto, Ton

☺

Mirapuri, die europäische Stadt des Friedens und des Zukunftsmenschen in Italien ist ebenso wie Miravillage, dem ersten Satelliten von Mirapuri in Süddeutschland für Menschen da, die sich für den integralen Yoga von Sri Aurobindo und seiner Lebensgefährtin Mira Alfassa und deren Ideale des menschlichen Geeintseins und spirituellen Bewusstseinsfortschritts begeistern. Mirapuri und Miravillage sind Orte, an denen man den integralen Yoga praktizieren und dessen Ideale im täglichen Leben verwirklichen kann. Jeder gutwillige Mensch, der sich davon angesprochen fühlt, kann nach Mirapuri und Miravillage kommen. Wer in Mirapuri oder Miravillage leben will, kann sich entweder ein Haus oder Apartment mieten und sich finanziell oder durch Arbeit am weiteren Wachstum von Mirapuri beteiligen. Der Grund- und Hausbesitz von Mirapuri ist Eigentum des Mirapuri Vereins. Die Entfaltung der Individualität und deren Schutz werden als Grundlage für das Wachstum von echtem Gemeinschaftsleben verstanden. Jede*r Einzelne gestaltet ihr/sein spirituelles und materielles Leben nach eigenem Antrieb und auf eigene Weise in Übereinkunft mit der Gemeinschaft.
Interessent*innen, die sich über Mirapuri, die Stadt des Friedens und des Zukunftsmenschen in Italien und Miravillage in Süddeutschland, informieren wollen, finden einen englischsprachigen Dokumentarfilm zu Mirapuri unter eurotopia.de/buchlinks → Nummer 4890.

Nextcultureinfo.org, Mirapuri

☺ Kenntnis von Sri Aurobindo und Mira Alfassa und ihrem integralen Yoga, sowie guter Wille und echte Zusammenarbeit

Porto 15

Via del Porto, 15 | 40122 Bologna

info@porto15.it | porto15.it, Facebook: „Porto15"

2017 | 8 | 37

i, s, arabisch, rumänisch, russisch

alle Betroffenen (Konsens) | gemeinsame Finanzierung best. Ber.

gemietet

selbstverw., Zusammenarbeit

Porto 15 ist eines der ersten Co-Housing-Projekte in Italien, die durch die öffentliche Hand gefördert werden. Das Projekt wurde durch eine Partnerschaft zwischen der Gemeinde und Privatpersonen realisiert, die sich zu einer Interessensgemeinschaft zusammengefunden hatten: Erforschung von innovativen Wohnmodellen, Unterstützung der Autonomie von jungen Menschen, Aufwertung von öffentlichen Immobilien und die Realisierung von Projekten mit sozialem Mehrwert. Das Projekt ermöglichte die Sanierung eines historischen Gebäudes im Herzen von Bologna, das in 18 Wohnungen und mehrere Gemeinschaftsräume unterteilt ist. Ziel ist es, eine neue Form des kollaborativen Wohnens für junge Menschen unter 35 Jahren zu erproben.
Von den passendsten Kandidat*innen wurde ein Lehrgang absolviert und die Gemeinschaft wurde schließlich durch Selbstauswahl festgelegt. Die Einwohner*innengruppe entschied

über die Aufteilung der Wohnungen und die Bestimmung der Gemeinschaftsräume. Es wurde eine gemeinsame „Charta der Werte“ definiert, die die Vision und den Auftrag einer neuen Gemeinschaft beinhaltet. Kernwerte sind die Stärkung der Vielfalt und das Teilen von Lieblingsorten, Ideen, Aktivitäten, Beziehungen, Bedürfnissen, Fähigkeiten und dem gemeinsamen Alltag. Ein Hauptziel der Gemeinschaft ist die „soziale Wertschöpfung“ durch Nähe und Interaktion mit dem Stadtteil.

🌍 Italienisches Co-Housing Netzwerk
☺ neue Mitbewohner*innen sollen zum Zeitpunkt des Eintritts unter 35 Jahre alt sein.

*Foto:
Combo/BoCiack Project*

Progetto Gaia Terra We are planning a sustainable future!

Via Petrarca, 45 | 33061 Rivignano Teor (Udine) ☎+39-(0)392 060 72 90
info@progettogaiaterra.com www.progettogaiaterra.com

2018 | 3 ha (bei Udine) | 5 % | ♀1 ♂4 | 5

e, i | alle

alle (wir praktizieren das soziokratische Modell)

gemeinsame Finanzierung best. Ber. | Eigentum einer Person

nachhaltiges Leben

Bauen mit natürlichen Materialien und Gartenarbeit

ökolog., selbstverw., Bioernährung, vegan, Bildungsarbeit, Tagungshaus, Selbstvers., Permakultur, biolog. Viehwirt., Forstwirt., ökolog. Bauen, barrierefrei, Null Müll

☺

Gaia Terra wurde aus dem Willen einer einzelnen Person geboren, jetzt ist es ein gemeinsamer, wahr gewordener Traum. Wir sind eine heterogene Gruppe von Menschen, die durch Dialog, Konfrontation und die Konsensmethode in einer Gemeinschaft mit einem gemeinsamen Ziel wachsen.
Gaia Terra ist das Dach mehrerer Projekte und ein Ort, an dem experimentiert werden kann und alternative Möglichkeiten geschaffen werden können, um den Planeten auf eine möglichst wenig schädliche Weise zu bewohnen:

- nachhaltige Landwirtschaft betreiben
- mit natürlichen Materialien bauen
- erziehen, um bei den Dingen, die wir kaufen, kritisch zu sein
- in einer Gruppe leben, um sich gegenseitig zu unterstützen
- bewusste Ernährung

- in Verbindung mit der Region sein und die umgebende Umwelt schützen
- Kulturprojekte entwickeln
- Gastfreundschaft und kulturelle Vielfalt üben.

Das Gebäude, in dem wir uns befinden, war bis 2015 ein Industriegebäude. Es ist riesig! Wir restaurieren es mit natürlichem Material, indem wir den Boden unseres Landes, Holz und Stroh verwenden. Wir haben einen Gemüsegarten und einen Food Forest, den wir in Zukunft erweitern möchten. Wir haben einen Campingplatz im Wald und weitere Waldflächen am Fluss Stella, wo wir im Sommer schwimmen können. Wir möchten ein Modell für ein einfaches Leben in Harmonie mit allen anderen Geschöpfen des Universums werden!

→Siehe auch Beschreibung des Netzwerks „**RIVE**"

🌍 Food Coop, sustainable living network

☺ ökonomisch unabhängig, emotional stabil

☆ Reggioli

loc. Reggioli 34 | 53013 Gaiole in Chianti (SI) ☎+39-393-413 15 82

✉info@reggioli.org 💻www.reggioli.org

2012 | 126 ha (bei Gaiole in Chianti) | 25 % | ♀2 | ♂2 | 3 | 7

i, e, f, d, sp

alle Betroffenen (im Kreis mit Konsens) | im Besitz eines Mitglieds

biologische Landwirtschaft, nachhaltiger Agrotourismus, Waldorfpädagogik, Aktion und Redekreise

ökolog., selbstverw., gewaltfrei, inneres Wachstum, Bioernährung, veget., vegan, Bildungsarbeit, Tagungshaus, Umweltschutz, Permakultur, biolog. Landwirt., biolog. Gartenbau, biolog. Viehwirt., Forstwirt., altern. Energie, ökolog. Bauen, Bau, Humor, Seminare, Ökodorf, Gemeinschaftsbildung, ökologische Kommunikation, Kreiskultur, Kunst, Handwerk, Konzerte, Musik, Forum, Freiwillige, Bio-See, Kuppeldom, Schwitzhütte

☺

Das ist ein großartiger Platz für den Austausch von Kulturen, Sprachen, Wissen, Weisheit und Geschichten. Wir heißen Vielfalt nicht nur in unserem Gemüsegarten willkommen und unterstützen persönliche Entwicklung. Darüber hinaus mögen wir die Kreiskultur sehr, wie auch respektvolle Kommunikation, um unsere Gemeinschaft und die hier lebenden Individuen zu stärken. Auf unserem eigenen Landwirtschaftsbetrieb produzieren wir in erster Linie köstliches biologisches und faires Olivenöl. Darüber hinaus führen wir einen Öko-Agrotourismus. Wir möchten bewusste Menschen anziehen, die Teil des ökologischen Wandels sein wollen und bereit sind, zu unserem Traum der Erschaffung eines selbsterhaltenden Ökodorfes beizutragen und Verantwortung dafür zu übernehmen.

→Siehe auch Beschreibung des Netzwerks „**RIVE**"

🌍 WWOOF.it

Roncadella Ökodorf im Aufbau

Via Walter Manzotti 23 | 42122 Reggio Emilia ☎+39-(0)345-466 72 55
sarabigi.via@gmail.com
Facebook: „Roncadella Ecovillaggio in costruzione"

2015 (bei Parma, Bologna) 30 % ♀2 ♂3 1 6

i, e — im Moment 2, wird sich ändern
die Gruppe (Einverständnis) — gem. Ökonomie
Miete
Gemeinschaft, pers. Wachstum, Ökologie, Nachhaltigkeit, regionale Netzwerke
ökolog., selbstverw., gewaltfrei, spirit., Bildungsarbeit, Pädagogik, Friedensarbeit, Entwicklungshilfe, körperl. Behinderte, Permakultur, biolog. Gartenbau, biolog. Viehwirt., altern. Energie, ökolog. Bauen, barrierefrei, Kunsthandwerk, Moderation

☺

Roncadella ist eine intentionale Gemeinschaft, die sich als oberstes Ziel die Selbstverwirklichung des Menschen gewählt hat. Wir haben uns dafür entschieden, ganz hier und jetzt zu leben, während wir auch davon träumen, die Welt zu sehen. Wir leben eine gemeinsame Zugehörigkeit, im Bewusstsein der Mit-Verantwortung, die wir füreinander und gegenüber der Mutter Erde haben, auf der wir leben.
Wir haben beschlossen, uns selbst Zeit zu geben, ihrem Fluss zu folgen, ohne zu versuchen, sie zu besitzen; eine Zeit, an den Bedürfnissen des Anderen und auch an ihren Konflikten und Bemühungen teilzunehmen. Wir wachsen darin, zuzuhören, zu respektieren und uns vor allem um uns selbst, die Gemeinschaft, andere Menschen und Mutter Erde zu kümmern. Wir bewahren uns die Utopie, die Welt durch einen breiteren Horizont zu verändern, ohne uns dabei ermüden zu lassen von den Anstrengungen, die es mit sich bringt, diese Veränderungen täglich zu leben.
Unser Projekt baut auf unterschiedlichen Hauptbereichen auf: Individuum, Gemeinschaft, Ökologie, Ökonomie, Spiritualität und Feier, Soziales und Lebensraum. Aktuell (Stand: Februar 2019) sind wir auf der Suche nach einem neuen Standort in dieser Region Italiens, der ab 2019 bezogen werden soll.

→Siehe auch Beschreibung des Netzwerks **„RIVE"**
☺ Kennenlernprozess

SanMaPa

Podere Pian di Cuccio - Localita Santa Caterina | 58053 Roccalbegna
☎+39-340-357 46 48
post@sanmapa.net www.sanmapa.net

2010 70 ha (bei Grosseto) ♀1 ♂2 1 4

d, e — noch nicht durchgängig bewohnt
Haushaltskasse
noch Eigentum einzelner - soll in Verein / Stiftung verwandelt werden
freigeistig, Klardenker*innen, holistisch
Naturpflege, Permakultur, Gastgruppenbetreuung, Oberton-Instrumentenbau, Erdhausbau

ökolog., selbstverw., gewaltfrei, spirit., inneres Wachstum, Meditation, Yoga, Tantra, veget., vegan, Bildungsarbeit, freie Schule, Tagungshaus, Friedensarbeit, Tierschutz, Permakultur, biolog. Gartenbau, Forstwirt., altern. Energie, neue Technologien, Bau, Humor, rauchfrei, Oberton-Musik, Bodypainting, Schwitzhütte, Visionssuche, Retreat, Tipi, Erdhäuser

☺ ( )

Für uns ist Ökologie nicht das zentrale Thema, denn dies empfinden wir eher als eine Selbstverständlichkeit! Z.B. waren wir noch nie am Stromnetz angeschlossen und heizen alle Häuser ausschließlich mit Holz aus eigenem Wald in sehr effektiven finnischen Specksteinöfen. Das Essentielle, was uns auf SanMaPa verbindet, ist die Interaktion von Mensch zu Mensch – mit anderen Worten: Wie können wir uns gegenseitig unterstützen in Wachstum und Ausschöpfung unseres vollen Bewusstseins-Potentials? Ebenso sind die Themen GESUNDHEIT & ECHTE ZEITLOS MENSCHLICHE LEBENSQUALITÄT ganz groß geschrieben auf SanMaPa - auf der gegebenen Basis unseres wunderbaren, kraftvollen Nat-UR-Landes hier oben in den Bergen der Maremma mit vielen hundert ha wildem Land – eine OASE - eingebettet in Weite und Stille – mit bestem, lebendigen Wasser – würziger, reiner Luft und unbelasteter Erde, sowie teilweiser Mobilfunk-Strahlungs-FREIHEIT, sowie sehr bewusst lebenden Freund*innen und Nachbar*innen. Ein echtes JUWEL im Herzen Europas – welches mit entsprechend passender Nat-UR-Ton-Musik ergänzt wird... Unser Hauptanliegen – als „Dienst für die Mitmenschen auf Mutter Erde" – ist das Angebot von Retreat & Reinigungs-Zeiten durch Fasten – Meditationen – Nat-UR-Ton-Musik, FRohkost, Mitarbeit... insbesondere auch für Mitglieder anderer Gemeinschaftsprojekte gedacht! - im Zeitraum von mindestens einer Woche bis mehrere Monate... Aus diesen Begegnungen heraus wird dann eine feste Kerngruppe entstehen die ganzjährig hier oben lebt & wirkt im Einklang mit den naturgegebenen Rhythmen, in Einfachheit – eben „minimalistisch" - mit viel Zeit zum Staunen und Träumen - über die WUNDER des LEBENS auf MUTTER ERDE - in echt paradiesischer Lebensqualität!

☆ **Tempo di vivere** Ecovillaggio e Associazione

Loc. Piccoli von Calenzano, Bettola | 29021 Piacenza

+39-(0)523-182 00 21, -329-0218941 (mobil)

info@tempodivivere.it www.tempodivivere.it

2011 3000 m² (40 km von Mailand) 10 % ♀4 ♂2 2 8

i, e alle

Bewohner*innengruppe für Entscheidungen, die das Projekt betreffen, in manchen Bereichen soziokratische Kreise (Konsens und Konsent)

gem. Ökonomie Miete

Seminare, Gemüsegarten für interne Nachhaltigkeit

ökolog., selbstverw., gewaltfrei, inneres Wachstum, Bildungsarbeit, freie Schule, Selbstvers., biolog. Landwirt.

☺

Tempo di Vivere ist eine intentionale Gemeinschaft, die 2011 von einer kleinen Gruppe von Menschen gegründet wurde. Sie hatten sich entschieden, ihren Traum zu verwirklichen: Die Geburt einer Gemeinschaft, die auf Beziehungen, persönlichem Wachstum, Zusammenarbeit und dem Teilen unserer eigenen Talente und Eigenschaften, Bildung und Visionen basiert. Unsere Werte sind Nachhaltigkeit, Ökologie, Austausch, Frieden, Harmonie und Respekt vor allen Lebewesen. Wir folgen dem Weg des Kreises - einer inspirierenden Art zu leben und

unsere Gefühle zu teilen. Seit 2015 organisieren wir jeden Sommer das Circle Way Summercamp, eine großartige Gelegenheit für eine neue Art des Hörens und Teilens.
Heute besteht die Gruppe aus 8 Bewohner*innen (6 Erwachsenen und 2 Kindern) und einer kleinen Gruppe von Menschen, die sich der gemeinschaftlichen Lebensweise nähern und diese ausprobieren möchten. Unsere Leidenschaften und Interessen erweitern sich; wir beschäftigen uns mit vielen Aktivitäten: Kurse über persönliches Wachstum, Kommunikation, Soziokratie, Wellness, Selbstbehandlung mit fermentierten Produkten und Hygieneprodukten, Homeschooling, Bewirtschaftung unseres Gemüsegartens. Außerdem legen wir Wert darauf, unsere Lebensweise und unser Projekt bei den Menschen in unserer Region bekannter zu machen.
Seit November 2017 sind wir an einen anregenden Ort in den Bergen von Piacenza gezogen, auf 800 m Höhe, neben den wunderschönen Perino-Wasserfällen und ValTrebbia. Jetzt leben wir inmitten der Natur, nahe am Grünen und fernab von Umweltverschmutzung und Stadtlärm.

→Siehe auch Beschreibung des Netzwerks „**RIVE**"
🌍 Financial Ethic Network
☺ gemeinsame Werte, langer Zeitraum (mindestens zwei Jahre), um das Projekt und die Menschen kennenzulernen

Utopiaggia

Villa Piaggia 21 | 05010 Montegabbione (TR) ☎+39-347-348 78 05
✉info@utopiaggia.eu, beatrix_ebeling@gmx.de 💻www.utopiaggia.eu

1982 | 100 ha (bei Perugia) | 20 % | ♀8 ♂8 2 | 18

d, e, it | 4-5 | 4-5

alle Betroffenen gemeinsam (Konsens) | gemeinsame Finanzierung best. Ber.

gemeinsames Eigentum
intentionale, egalitäre Gemeinschaft
Schafhaltung, Käserei, Töpferei, Färberei, Oliven
ökolog., selbstverw., linkes Politikverst., gewaltfrei, Umweltschutz, Selbstvers., biolog. Landwirt., biolog. Gartenbau, biolog. Viehwirt., artgerechte Viehwirt., Forstwirt., altern. Energie, Kunsthandwerk

☺ ()

Auf einem großen Stück Land, südlich des Trasimenischen Sees in Mittelitalien, halten wir Schafe, betreiben Garten- und Weidewirtschaft und bestellen ca. 300 Olivenbäume. Die Selbstversorgung deckt einen wichtigen Teil unserer Bedürfnisse (Wohnen, Heizung, Essen). Was wir für den täglichen Bedarf kaufen, wird über die Haushaltskassen finanziert. Einige Erwerbsarbeiten finden auf dem Gelände statt (Weidewirtschaft, Schafhaltung, Käserei, Seide färben, Keramik, Gästeempfang). Andere arbeiten außerhalb (Umweltberatung, Ausbau von Häusern, Schule). Die 18 auf dem Gelände lebenden Mitglieder sind zwischen 30 und 80 Jahre alt, wobei das Durchschnittsalter bei 60 liegt. Wir suchen neue Mitglieder, die vorzugsweise jünger sind als die meisten von uns. Besucher*innen und für längere Zeit Mitwohnende sind willkommen, müssen sich aber vorher anmelden. Wichtige Entscheidungen trifft das Plenum im Konsens. Verstärkt beziehen wir uns in unseren Aktivitäten in den letzten Jahren auf die Region: Wir betreiben ein kleines Café für die Umgebung und organisieren periodisch Konferenzen zu neuen Modellen ländlicher Entwicklung.

→Siehe auch Beschreibung des Netzwerks „**RIVE**"
☺ Probejahr, Einstiegsbeitrag

Villa Vrindavana Hare Krishna Temple

Via Scopeti 106/108 | 50026 San Casciano Val di Pesa (FI) ☎+39-230 26 961
info@villavrindavana.org, reception.villa.vrindavana@gmail.com
www.radiokrishna.com

1979 | 100 ha (bei Florenz) | 30

i, e | fast alle

Teil der Gruppe (Mehrheitsabstimmung) | gemeinsame Finanzierung best. Ber.

Eigentum der Gemeinschaft
Hare-Krishna-Gemeinschaft
Gottesdienst, Selbst-Bewusstwerdung durch Bhakti-Yoga
ökolog., selbstverw., gewaltfrei, spirit., Meditation, Yoga, veget., Tierschutz, konvent. Landwirt., konvent. Gartenbau

☺

Die Villa Vrindavana liegt im Herzen der Chianti-Hügel in der Toskana. Es ist ein wunderschönes, 100 Hektar großes Grundstück mit atemberaubender Aussicht und Olivenhainen, einem Bio-Gemüsegarten, einem Obstgarten, mit geschützten Kühen und einem traditionellen toskanischen Garten. Wälder umgeben eine Renaissance-Villa mit einem vegetarischen Zentrum, einer Kunstgalerie und einem Ashram für Gäste, alles zentriert um einen vedischen Tempel.
Villa Vrindavana ist ein Projekt der Internationalen Gesellschaft für Krishna-Bewusstsein (ISKCON), die zur ältesten monotheistischen Veden-Tradition gehört. Ihre philosophischen Lehren basieren auf den großen klassischen Sanskrit-Texten Indiens wie der Bhagavad-Gita und der Bhagavat Purana. Unser Engagement dient dazu, einen Ort für Frieden und Zusammenarbeit zu schaffen, an dem man das uralte Wissen der Wissenschaft der Hingabe und der Liebe zu Gott gemäß den erhabenen Prinzipien des Bhakti-Yoga lernen und kultivieren kann. Es ist eine authentische und dauerhafte Alternative, die uns unserem wahren Selbst näher bringt: Harmonie, Balance, Zufriedenheit und Freude leben und geben - und so zum Frieden in der Welt beitragen.

→Siehe auch Beschreibung des Netzwerks „**ISKCON**"

Zonca Ecovillaggio

Frazione Zonca VB | 28843 Montescheno ☎+49-(0)170-778 53 61
amicidizonca@gmail.com zonca.info

1100 (bei Domodossola) 50 % ♀10 ♂10 6 20

d, e, i keine(r) keine(r)

demokratische Abstimmung (basierend auf dem gemeinsamen Interesse)

Privatbesitz

nein

Gartenarbeit, Ziegen, Hühner, Bauen

ökolog., selbstverw., anarchist., feminist., gewaltfrei, Bioernährung, Umweltschutz, Permakultur, biolog. Landwirt., biolog. Gartenbau, artgerechte Viehwirt., Forstwirt., altern. Energie, ökolog. Bauen, Bau, Humor

☺ ( )

Zonca ist keine Gemeinschaft, sondern ein Alpendorf, das die organische soziale Struktur des Lebens in der Vergangenheit nachbildet. Die Häuser befinden sich in Privatbesitz mit der Absicht, kollektive Räume für Arbeit und Erholung zu schaffen.

→Siehe auch Beschreibung des Netzwerks „**GEN Europe**"

☺ Liebe zur Natur und den Menschen

Luxemburg → eine geplante Gemeinschaft auf Seite 500

Litauen siehe Seite 444

Niederlande

*Aus den Niederlanden sind im Folgenden 30 existierende Gemeinschaften und 7 geplante (ab Seite 500) dabei, dazu kommen zwei Camphill-Gemeinschaften von der Liste auf Seite 546. 8 Gemeinschaften aus der letzten Ausgabe sind noch als Adressen auf Seite 531 zu finden. Mit GEN Niederlande, auch bekannt als Ecodorpen-netwerk, auch bekannt als Vereniging Ecodorp Nederland (Seite 558f) gibt es ein Gemeinschaftsnetzwerk und mit Vereniging Gemeenschappelijk Wonen (Seite 570) ein weiteres, auf dessen Website unter gemeenschappelijkwonen.nl/adressen-woongemeenschappen eine Riesenliste von „Woongemeenschappen" zu finden ist, die wir nicht alle separat angeschrieben haben. Uns ist, ehrlich gesagt, nicht klar geworden, was „C.W." (Centraal Wonen) und „Woongroep" - diese beiden Begriffe machen den größten Teil dieser Liste aus - im Verhältnis zu unseren Gemeinschaftsdefinitionen bedeuten. Da freuen wir uns auch über die Einschätzungen unserer Leser*innen. Gelukkig zoeken in gemeenschappen.*

Amsterdam Catholic Worker Jeannette Noël House

Dantestraat 202 | 1102 ZR Amsterdam ☎+31-(0)20-699 89 96
noelhuis@antenna.nl www.antenna.nl/noelhuis

1988 1 % ♀10 ♂10 5 25

niederländisch, e
alles Freiwillige
Kerngruppe (irgendwie im Konsens)
99 % durch Spenden
gemietet
christianarchistische und pazifistische Ausrichtung
Migrant*innen ohne Papiere Gastfreundschaft bieten, Mahnwachen am Abschiebegefängnis und andere Protestaktionen, gärtnern
ökolog., selbstverw., anarchist., linkes Politikverst., feminist., gewaltfrei, christl., ökumen., veget., Friedensarbeit, Umweltschutz, biolog. Gartenbau, Humor

☺

In Matthäus 25 sagt Jesus: „Was ihr dem Geringsten meiner Brüder und Schwestern tut, das tut ihr mir". Im Moment gehören Menschen, die die Gesellschaft als illegal erklärt, sicherlich zu diesen Geringsten. Deshalb versuchen wir zusammenzuleben und 11-18 Migrant*innen ohne Papiere und ihren Kindern Gastfreundschaft zu gewähren. Wir halten auch regelmäßig Mahnwachen und Proteste für die Rechte von Geflüchteten, gegen (Atom-)Waffen und den Klimawandel ab. Wir haben ein Stück Land, auf dem wir Obstbäume und Beerensträucher anbauen und Lagerfeuer mit den Kindern genießen. Im Gemüsegarten am Haus bauen wir Gemüse an. Kurze Besuchsgäste sind nach vorheriger Absprache willkommen und müssen nicht arbeiten oder bezahlen.

→Siehe auch Beschreibung des Netzwerks „**European Catholic Worker**"
KNR Kleine Gemeenschappen
☺ niederländisch sprechen können und Jesus, Pazifismus und „Christianarchie" mögen/tolerieren

☆ **C.W. Circa**

Schoolstraat 9F | 8911 BH Leeuwarden ☎+31-(0)6-204 144 63
a.arnold@chello.nl

1988 50-80 m² ♀6 ♂2 1 9

niederländisch, e
Mitgliederversammlung (demokratisch)
gemietet
keine
sehr unterschiedlich
selbstverw., Humor

☺

Wir haben sieben gemietete Wohnungen in einem Block. Darin befindet sich auch eine große geteilte Wohnung (80 m²), in welcher gemeinschaftliche Aktivitäten stattfinden und wo die Kinder spielen können. Wir teilen auch den Garten, ein Gästezimmer und die Waschküche. Als Bewohner*innen bilden wir einen Verein, der das Gebäude vom Besitzer mietet. Wir haben Regeln über die Nutzung des gemeinschaftlichen Eigentums. Unsere Philosophie ist sehr praktisch: Jede*r lebt in seiner/ihrer eigenen Wohnung, wir teilen uns einen Teil des Gebäudes und unternehmen einiges zusammen. Zwischen den Menschen können sich

Beziehungen entwickeln, die enger sind als nur zwischen Nachbar*innen, aber das ist keine Bedingung. So ergibt sich eine sehr praktikable Kombination von Gemeinschaftlichem und Individuellem. Die meisten Bewohner*innen sind alleinerziehende Eltern von einem oder mehreren Kindern. Wir feiern Weihnachten, Silvester und andere besondere Tage gemeinsam und laden Freunde von außerhalb ein.
Der Grundriss des Gebäudes ist so ausgelegt, dass die Menschen einander tagsüber auf natürliche Weise begegnen. So treffen wir uns beispielsweise oft an der Waschmaschine oder im Garten. Die Kinder mögen diese Lebensweise sehr. Sie fühlen sich ein wenig wie Geschwister und unternehmen viele Dinge gemeinsam.

→Siehe auch Beschreibung des Netzwerks „**LVCW**"
☺ Es kommt darauf an.

C.W. Lismortel

Tourslaan 22 | 5627 KX Eindhoven
info@cwlismortel.nl www.cwlismortel.nl

1983 | 3 ha | ♀43 ♂32 35 110

niederländisch, e, d | 5 oder 7
alle gemeinsam (Mehrheitsabstimmung/Konsens) | individuelle Finanzierung
gemietet/gepachtet

☺

Wir leben in 60 Häusern, die in 10 „Clustern" zusammengefasst sind (6 Familienhäuser mit Gemeinschaftsraum, Wohnzimmer, Küche, Waschmaschinenraum und einem großen Garten um jeden Cluster herum). Jeder Cluster hat eine gewisse Flexibilität in der Art und Weise, wie er gebaut wurde, sodass Häuser geteilt oder anderweitig umgestaltet werden können: Es gibt gute Möglichkeiten für Alleinstehende, mit oder ohne Kinder. Das Hauptziel von Centraal Wonen ist es, einen guten Kontakt zu den Menschen in der Nachbarschaft zu pflegen und eine gewisse Verantwortung füreinander und für unser Projekt zu übernehmen. Die Wohngruppen (die „Cluster") wählen ihre neuen Mitglieder selbst aus. Unsere Gebäude folgen energiesparenden Prinzipien: Die Häuser sind isolierter als „normal", Erdwärme wird zur Beheizung der Häuser genutzt. 15 Personen teilen sich drei Autos als Carsharing, mehrere andere Autos werden ebenfalls geteilt. Einige der anderen Aktivitäten im Projekt sind: ein Malclub, ein „Walking Club", ein eigenes Computernetzwerk. Das Centraal Wonen Lismortel verfügt über ein Gemeinschaftsgebäude für soziale (wöchentliche Barabende und wöchentliche Kaffeestunden, Partys) und andere Aktivitäten (Mal- und Yogakurse, etc.).
(Beschreibung von 2009, die übrigen Daten wurden für diese Auflage neu eingereicht)

→Siehe auch Beschreibung des Netzwerks
„**GEN Nederland/Ecodorpennetwerk/Vereniging Ecodorp Nederland**"
☺ unsere Form des Zusammenlebens unterstützen

C.W. Romolenpolder

Venkelstraat 25 | 2034 MT Haarlem +31-(0)6 238 466 85
bestuur@cwrom.nl www.cwrom.nl

1992 | ca. 3200 m² | ♀39 ♂16 11 66

niederländisch, e, d

Einwohner*innen-Verein (normalerweise Mehrheitsentscheid)
monatlicher Mitgliedsbeitrag für gemeinschaftliche Ausgaben — Miete
Co-Housing
selbstverw., gewaltfrei, biolog. Gartenbau, Humor, rauchfrei

☺

Wir sind ein Co-Housing-Projekt mit 46 Wohnungen mit je 2 bis 5 Zimmern. Unsere Mitglieder sind Singles, Familien und Paare jeden Alters: Das jüngste Kind ist 1 Jahr und der Älteste ist 88 Jahre alt. Wir teilen uns Gemeinschaftsräume, Waschmaschinen und Fahrradabstellplätze.
Obwohl wir in einer städtischen Umgebung leben, haben wir einen sehr schönen großen Gemeinschaftsgarten. Im Sommer findet das Leben so weit wie möglich im Freien statt. Im Garten wachsen viele Bäume und wir bauen Beeren an und pflanzen Blumen. Unser Garten ist daher insekten- und auch vogelfreundlich, unsere Katzen allerdings nicht immer. Wir haben ein Gästezimmer und freuen uns immer, Gäste aus anderen Projekten zu begrüßen.

→Siehe auch Beschreibung des Netzwerks „**LVCW**"
☺ wir suchen Menschen, die gerne teilen

Centraal Wonen Zevenkamp Rotterdam

August Vermeijlenpad 40 | 3069 WT Rotterdam — ☎+31-(0)6-228 197 16
pr@cw7.nl — www.cw7.nl

1983 — 3000 m² — ♀38 ♂27 15 80

d, e, f, niederländisch — 1
alle Bewohner*innen (mehrheitlich) — Mitgliedsbeiträge der Bewohner*innen
teils gemietet
kulturell kreativ
Wohnen, Nachhaltigkeit, Nachbarschaftshilfe, Lebensqualität
selbstverw., gewaltfrei, Meditation, Yoga, Umweltschutz, Permakultur, altern. Energie, Humor, kreative Aktivitäten, Hausarbeit, zusammen essen, insektenfreundlicher Gemüsegarten, Gartenarbeit

☺

Wohnen in CW7: CW7 ist das schönste Dorf Rotterdams. Wenn du durch die üppigen Gärten läufst, hörst du gackernde Hühner, nachbarschaftlichen Plausch und den Wind in den hohen Bäumen. Menschen helfen sich gegenseitig dabei, Sonnenkollektoren aufzustellen, geben sich Ratschläge zu Wasserverbrauch oder Energie und arbeiten zusammen im insektenfreundlichen Küchengarten. Beim ersten Sonnenstrahl zieht es uns mit Tapas und Grillsachen zum gemeinsamen Picknick nach draußen. So ungefähr 75 Bewohner*innen zwischen 0 und 80 Jahren haben miteinander eine schöne und sichere Umgebung am Stadtrand aufgebaut. Es sind 60 Häuser mit 8 Gemeinschaftsräumen, drei Innengärten, einem Café, Gästezimmern und einem Obstgarten. Hier wohnen Menschen, die ihre Nachbarschaft kennen und sich gegenseitig gerne helfen, wenn es nötig ist. Insbesondere für Kinder ist CW7 ein tolles Zuhause. Wir lieben Natur und Kunst und versuchen, verschiedenen Lebensstilen gerecht zu werden.

LVCW (landelijke vereniging centraal wonen; dt. Cohousing-Landesverband)
☺ kulturell kreativ

CoHousing Group Kwarteel

Anna Blamanweg 22 | 4103 WJ Culemborg ☎+31-(0)345-513 388
j.hanhart@kwarteel.nl www.kwarteel.nl

1998 0,5 ha (bei Utrecht) ♀23 ♂10 0 33

- e, niederländisch
- Treffen der Eigentümer*innen, sowohl im Immobilien- als auch im Sozialbereich (absolute Mehrheit nach vorheriger informeller Diskussion)
- individuelle Finanzierung
- Wohnungseigentümer*innen sind Mitinhaber*innen kollektiver Einrichtungen
- nein
- Co-Housing für Senioren
- ökolog., selbstverw., altern. Energie, Bau, barrierefrei, private Holzwerkstatt

Het Kwarteel ist eine Projektinitiative für Senior*innen. Es basiert auf der Annahme, dass kollektive Angebote wie Gemeinschaftsgarten, Besprechungsraum, Waschsalon, Gästezimmer etc. von älteren Menschen, die für eine gute Nachbarschaft offen sind, bevorzugt werden. Es gibt keine sozialen Verpflichtungen. Die Methode hat in diesem Sinne funktioniert, dass sich die Gemeinschaft bisher selbst finanziert und verwaltet hat. Siehe auch www.kwarteel.nl.

LVGO

Contact & Muziek

Billitonstraat 6 | 3531HJ Utrecht ☎+31-(0)302 942 625
contactmuziek@lombok.nl www.contactmuziek.nl

♀2 ♂1 3

- 3
- zusammen
- teilen
- Eigentum eines Gemeinschaftsmitgliedes
- sozial handeln, gemeinsamen Raum halten für Meditation, Gespräche, ruhiges und meditatives Singen, Kreativität und Spontaneität
- Kommunikation, lernen aus allen Erfahrungen des Lebens, Meditation, weniger essen, singen, Homeschooling, Aufklärung über Impfen, Schulmedizin, Einsamkeit
- ökolog., spirit., inneres Wachstum, Meditation, vegan, freie Schule, Friedensarbeit, rauchfrei

Wir sind die Wohngruppe Contact & Muziek. Wir leben seit zwölf Jahren zusammen und helfen uns gegenseitig bei unseren Bewusstseinsprozessen. Wir haben viele Probleme von uns und unseren Familien hinter uns gelassen, wir reden über alles in unserem Leben, wir arbeiten nicht außerhalb von zu Hause, leben und essen ausschließlich biologische Rohkost. Wir essen nur am Abend und bereiten uns darauf vor, ohne Essen zu leben. Es ist sehr schön zu erleben und Raum zu haben, dies gemeinsam zu tun. Wir meditieren jeden Tag, wir fühlen es als körperliche und geistige Nahrung. Wir singen auch sehr langsam dreistimmig a capella auf meditative Weise.
Wir haben eine schöne Website: www.conatctmuziek.nl. Einige Seiten sind (auf Englisch) übersetzt, auf anderen können Sie Fotos sehen.

De Bongerd

Backermarke 55 | 8016 LJ Zwolle ☎+31-(0)38-465 21 42
mmwzdebongerd@gmail.com mmwzdebongerd.nl

1997 0,7 ha 1 % ♀54 ♂22 15 76

niederl., e, d
Vollversammlung der Mitglieder (d.h. alle Bewohner*innen) (vorzugsweise durch Konsens, wenn nötig durch (qualifizierte) Mehrheit)
individuelle Finanzierung
19 der 38 Wohnstätten sind vermietet, die anderen sind Eigentum der Bewohner*innen
ökologische Lebensweise
biolog. Gartenbau, altern. Energie, ökolog. Bauen, noaberschap (gute Nachbarschaft)

☺

De Bongerd ist ein grünes, attraktives, vielfältiges Projekt, so ökologisch wie möglich gebaut. Ein Viertel, in dem sich die Menschen zu Hause fühlen. Mit Raum für verschiedene Altersgruppen, Familienformen, Ideen und Meinungen. Verschiedene Wohnungen für unterschiedliche Bedürfnisse, mit der Möglichkeit, in der Nachbarschaft zu bleiben, wenn sich die Wohnbedürfnisse ändern. Die Bewohner*innen pflegen die Nachbarschaft vor allem selbst. In De Bongerd zu leben bedeutet nicht, von den Nachbar*innen beobachtet zu werden, sondern Unterstützung von ihnen zu erhalten, wenn man sie braucht. Die Übernahme von Verantwortung für das gemeinsame Grün, die Zusammenarbeit, die Teilnahme an einer der Arbeitsgruppen (neu: Einstieg in den Energiewandel) sind Teil unseres Lebens.

→Siehe auch Beschreibung des Netzwerks **„GEN Nederland"**
Stichting MMWZ
☺ Zustimmung zu den Grundsätzen und Gepflogenheiten

De Groene Gemeenschap

Barkasstraat 7A | 1086VJ Amsterdam
info@degroenegemeenschap.org degroenegemeenschap.org

2011 10 6

d, e, f, sp, niederl.
indiv. Finanzierung & kollektive solidarische Finanzierung von Gemeinschaftsausgaben
gemeinsam gemietet
nicht-spirituell, nicht-religiös
ökolog., selbstverw., anarchist., linkes Politikverst., feminist., gewaltfrei, Bioernährung, veget., vegan, Tagungshaus, Permakultur, biolog. Landwirt., biolog. Gartenbau, biolog. Viehwirt., altern. Energie, rauchfrei

De Groene Gemeenschap (Die Grüne Gemeinschaft) ist ein Projekt auf IJburg, dem neuesten Archipel künstlicher Inseln, die in den letzten zehn Jahren zur Stadt Amsterdam hinzugefügt worden sind. Er ist einer der wenigen Teile der Stadt, die sich über dem (heutigen) Meeresspiegel befinden. Das Gebiet liegt am Stadtrand, also weit genug weg vom berühmten Tourismus und nahe an den offenen Feldern.
Raum für Nachhaltigkeit und Solidarität: Das Projekt besteht aus 6 Einzelwohnungen und Gemeinschaftsräumen für 6 Personen, die eine enge Gemeinschaft bilden. Sie teilen sich ein großes Gemeinschaftswohnzimmer mit den Nachbar*innen, in dem eine Vielzahl von Aktivitäten möglich sind. Durch die Zusammenarbeit zwischen den Bewohner*innen und Nachbar*innen werden soziale Werte und ein praktisches Gemeinschaftsgefühl gefördert. Die Auswirkungen des Projektes auf die unmittelbare Umgebung bestehen in der Organisation und Teilnahme an verschiedenen Nachbarschaftsnetzwerken, wie z.B. einem Gemüsegarten, einer lokalen Food-Coop, einer Bibliothek und einem Musiker*innen-Treffen.
Für die Zukunft hofft die Gruppe, die Wohnungen gemeinsam zu kaufen und weiterhin gemeinsam zu mieten, im Netzwerkmodell „Vrijcoop", das sich am Beispiel des deutschen „Mietshäuser Syndikats" orientiert. Besitzen ist das neue Teilen.

→Siehe auch Beschreibung des Netzwerks **„LVCW"**
Vrijcoop, Mietshäuser Syndikat

De Oude Nieuwelaan

Nieuwelaan 48 | 2611 RS Delft
wonenopdenieuwelaan@gmail.com www.nieuwelaan.nl

1993 ♀16 ♂14 0 30

e, niederländisch
alle (Mehrheitsentscheid) Mitgliedsbeitrag
Gemeinschaftsbesitz ☺
zusammen leben
selbstverwaltet

Wir sind ein Co-Housing-Projekt im Zentrum von Delft. Wir besitzen sechs Reihenhäuser aus dem Jahr 1912, die in vier Gruppen unterteilt sind: die Nerds, der Abschaum, die Alten und die Kenaus. Wir teilen uns einen wunderschönen Garten, in dem wir im Sommer chillen. Im Winter besuchen wir uns gegenseitig in den Küchen. Unser Fokus liegt auf dem Zusammenleben, erschwinglich und mit einer vielfältigen Mischung von Menschen. Wir haben keine gemeinsamen politischen Ideologien, Essgewohnheiten, Praxen oder Religionen. Nieuwelaan ist kein Ort, um eine Familie zu gründen. Daher haben wir die Regel, dass Mitglieder ausziehen müssen, wenn sie dies wünschen.
Jede*r trägt zur Gemeinschaft bei, indem er/sie den Garten oder das Haus pflegt, Konzerte oder unsere jährliche Party organisiert, in einem Ausschuss aktiv ist oder für die Gemeinschaft kocht. Abgesehen von den obligatorischen 4 Stunden Arbeitszeit pro Monat und gelegentlichen Besprechungen steht es jeder/m frei, so viel oder so wenig Zeit wie möglich mit ihren/seinen Hausgenoss*innen zu verbringen.
Die Reihenhäuser wurden 1981 besetzt. Zwölf Jahre später organisierten die Besetzer*innen einen Verein, kauften schließlich die Häuser, in denen sie wohnten, und begannen, sie zu renovieren. Jetzt wohnen wir wunderbar in den selbstrenovierten Häusern, einschließlich Sonnenkollektoren auf dem Dach, für die wir einen monatlichen Beitrag zahlen.

☺ Es muss ein Zimmer frei sein.

Ecowijk Mandora

Robiniahout 15 | 3991 MX Houten ☎+31-(0)6-486 774 16
ecowijkhouten@gmail.com www.ecowijkmandora.nl

2016 1 ha 10 % 30 100

- niederländisch, e
- alle Gemeinschaftsmitglieder (Konsens)
- gemeinsame Finanzierung best. Ber.
- zumeist Eigentum, 2 Häuser gemietet
- Nachhaltigkeit, gute Nachbarschaft
- ökolog., selbstverw., gewaltfrei, biolog. Gartenbau, altern. Energie, neue Technologien, ökolog. Bauen, barrierefrei

Unsere Ambitionen für Nachhaltigkeit: 1. ökologisch (Garten, Materialien für die Häuser), 2. finanziell (Investitionen in Häuser passen sich dem Markt an, relativer Beitrag zu gemeinsamen Kassen), 3. technisch anspruchsvolle Anlagen für Komfort und minimalen Energieverbrauch, Einsatz sauberer Energie und 4. sozial (einander helfen, im Garten zusammenarbeiten, Spaß an sozialen Programmen haben usw.)

Lokale Food-Coop

Emmaus Haarzuilens

Eikstraat 14 | 3455 SJ Haarzuilens ☎+31-(0)30-677 15 40
haarzuilens@emmaus-utrecht.nl www.emmaus-utrecht.nl

1966 1 ha (bei Utrecht) ♀4 ♂10 14

- e, niederl. — alle — alle
- Einkommensgemeinschaft — gemietet
- Gerechtigkeit!
- Recycling, Kreislaufwirtschaft

☺

Emmaus Haarzuilens ist eine Arbeits- und Lebensgemeinschaft, die seit über 50 Jahren Menschen, von Obdachlosen bis hin zu Weltverbesser*innen, Unterkunft bietet. Die Bewohner*innen und Freiwilligen arbeiten in unserem Recyclingunternehmen zusammen. Hier bekommen nicht nur Waren, sondern auch Menschen eine zweite Chance.
Durch den Verkauf von recycelten Gütern sind wir finanziell unabhängig und können kleine Projekte im In- und Ausland unterstützen.

→Siehe auch Beschreibung der Netzwerke
„Emmaus", „GEN Nederland/Ecodorpennetwerk/Vereniging Ecodorp Nederland"

Emmaus in Langeweg and Breda

Kloosterlaan 6 | 4772 RA Langeweg ☎+31-(0)168-324 524
info@emmaus-langeweg.nl www.emmaus-langeweg.nl

1971 (bei Breda, Rotterdam) 3 % ♀4 ♂9 1 14
niederländisch, e, (d, f) 12-13 Mitglieder, 6 Angestellte, 80 Freiwillige
Teil der Gruppe, sog. „Kerngruppe" (teils im Konsens, teils in Gremien)
Einkommensgemeinschaft Stiftung
Humanismus
Second-Hand-Laden und Obdachlosenhilfe

☺

Auf's Neue! Diese Worte stehen symbolisch für die Aktivitäten von Emmaus in Langeweg. Emmaus beherbergt Menschen, die in Schwierigkeiten sind, insbesondere Obdachlose. Emmaus gibt ihnen die Chance, ihr Leben neu anzufangen. Gleichzeitig gibt Emmaus idealistischen Menschen die Möglichkeit, ihre Ideen in die Tat umzusetzen. Und zu guter Letzt kämpft Emmaus gegen eine Wirtschaftsweise des überzogenen Konsums und gibt aussortierten Dingen ihren Wert zurück. Emmaus sammelt weggeworfene Güter und verkauft sie. Dadurch ist Emmaus finanziell unabhängig. Teile des Einkommens werden an Projekte in Entwicklungsländern oder in der Umgebung gespendet.
Die Gemeinschaft in Langeweg beherbergt ungefähr zehn Menschen. Alle Gemeinschaftsmitglieder arbeiten im Second-Hand-Laden, sammeln Gegenstände, sortieren und verkaufen sie. Den Haushalt erledigen sie gemeinsam. Gemeinschaftsmitglieder bekommen Verpflegung und Unterkunft, Versicherung, Taschengeld, Reisekosten und Sachen aus dem Laden. Daneben gibt es über 25 Freiwillige und einige bezahlte Angestellte.
Emmaus Langeweg liegt in einem ehemaligen Kloster in einem kleinen Dorf im Süden der Niederlande. Ein Aufenthalt in der Gemeinschaft gibt dir die Chance, deine Ideale in die Tat umzusetzen und deine Talente zu entdecken. Wir wollen zusammen leben und arbeiten und miteinander teilen. Wir setzen auf Solidarität.

→Siehe auch Beschreibung des Netzwerks „**Emmaus**"
☺ Enthusiasmus für gemeinsames Arbeiten und Leben, Probezeit erforderlich

Erve Veldink

Eibergseweg 42 | 7273 SR Haarlo ☎+31-(0)545-261 448
info@erveveldink.nl erveveldink.nl

1981 0,8 ha (bei Zutphen) 20 % ♀3 ♂2 5
niederländisch, e, d 2 2
alle oder der Eigentümer, hängt vom Thema ab (Konsens)
individuelle Finanzierung Eigentum eines Mitglieds
Fokus auf Bewusstheit und Selbsterfahrung
Gästehaus, Therapie, Retreats, Bewusstsein
ökolog., selbstverw., linkes Politikverst., gewaltfrei, spirit., inneres Wachstum, Meditation, Bioernährung, veget., Tagungshaus, Umweltschutz, biolog. Gartenbau, artgerechte Viehwirt., altern. Energie, Bewusstheit, Cranio-Sacral- und Massage-Therapie, Atmung, Klang, Qigong

☺

Unser Bauernhof wird von einer kleinen Gemeinschaft bewohnt, deren Mitglieder versuchen, bewusst und in gegenseitiger Herzensverbindung zu leben. Aus einem ehemaligen Stall haben wir ein modernes Gruppenhaus gemacht. Wir wollen Gästen und Bewohner*innen einen Ort und eine Unterkunft anbieten und ihnen ermöglichen, in Aufmerksamkeit zu leben, zu entspannen, aufzutanken, zu reflektieren, zu sich selbst und in Verbindung miteinander zu kommen. Damit wollen wir auch etwas von dem weitergeben, was wir so reichlich erhalten. Wir fühlen, dass es im Leben um das Wachstum zum Bewusstsein geht. Die Natur gibt uns Frieden und Heilung. Indem man sich dies aussucht, sich die Zeit nimmt und sich von fixen Mustern entfernt, entsteht Raum für Bewusstsein und Gesundheit, Inspiration und klare Einsichten, und das Leben kann wieder einfach werden. Verschiedene Behandlungen tragen dazu bei. Gruppen und Einzelpersonen sind herzlich willkommen, sowohl als Gäste als auch als Helfer*innen.

☺ siehe Webseite

Evangelical Community Elim

Bergweg 7 | 3941 RA Doorn ☎+31-(0)343-417 064
info@elim.nl www.elim.nl

1975 | 1 ha (bei Utrecht) | ♀6 ♂6 1 | 13

niederländisch, e | 5

alle gemeinsam (Konsens) | gem. Ökonomie (Einkommen und Vermögen)

Stiftung

protestantisch/evangelisch/christlich

Design, Missionsarbeit, Kirche, Gemeindekontakte

selbstverw., gewaltfrei, christl., barrierefrei, rauchfrei

Die Elim-Gemeinschaft bestreitet ihren Lebensunterhalt durch Voll- und Teilzeitarbeit und besteht momentan aus 12 Erwachsenen und einem Kind. Den größten Teil unseres Einkommens erwirtschaften wir mit einem Büro für technische Illustration und Design, mit dem Studienbibel-Projekt und mit Teilzeitjobs außerhalb der Gemeinschaft. Die Gemeinschaftsmitglieder leben mit gemeinsamer Kasse, aus welcher Miete, Autos, Urlaube, Taschengeld u.a. bezahlt werden. Aus dem Freundeskreis der Gemeinschaft entstand 1985 die evangelische Elim-Kirche. Die Kirche hält drei Versammlungen pro Woche ab. Es wird sowohl in der Gemeinschaft als auch in der Kirche versucht, das tägliche Leben mit Gott in die Tat umzusetzen. Zusätzlich gibt es Kontakte zu Christ*innen in sog. Entwicklungsländern – hauptsächlich Indien – sowohl mit den westlichen Missionar*innen als auch mit den lokalen Gläubigen. Elim hat eine Gemeinschaftsbewegung gegründet, die inzwischen aus 35 niederländischen Gemeinschaften besteht. Der Hauptfokus liegt nun auf der interkulturellen Hauskirche, zu der viele Geflüchtete kommen und zu Jesus finden. Mit unserer Lebensweise hoffen wir den Menschen die Möglichkeit zu geben, zu entdecken, dass man in Frieden und Glück leben kann, durch die lebenspendende und transformatorische Kraft von Jesus Christus, unserem Gott und Retter. Komm und besuch uns!

Christian Community Network

Geworteld wonen Warmoestuin

Warmoestuin 24 | 2286XZ Rijswijk +31-(0)644 584 582
https://www.warmoestuin.nl/contact/ www.geworteldwonen.nl

2016 1 ha 20 % (Obst und Gemüse) ♀44 ♂44 38 130
d, e, f, niederländisch 50
jeder Haushalt hat eine Stimme (Mehrheitsentscheid, manchmal 2/3, Konsens wird immer angestrebt)
teilweise gemeinsame Finanzierung Gemeindegelände gehört allen
jede*n in seinem Wert anerkennen, Humanismus
Pflege des Gemeindegeländes mit Gemüse- und Obstgarten
ökolog., linkes Politikverst., gewaltfrei, ökumen., Permakultur, biolog. Landwirt., biolog. Gartenbau, altern. Energie, neue Technologien, ökolog. Bauen, Humor, Naturverbunden, Eigeninitiative, Soziale Aktivitäten, dorfähnliche Nachbarschaft
☺ ( )

Wir sind eine Nachbarschaft in der Stadt Rijswijk. Wir haben einen großen Gemeindegarten, den wir gemeinsam pflegen. Außerdem gibt es einen Gemüsegarten, einen Obstgarten, einen Steg am Wasser, Blumengärten, Sitzmöglichkeiten und Spielplätze für die Kinder. Diesen Sommer werden wir ein Hühnergehege hinzufügen, damit wir auch unsere eigenen Eier haben.
Jede*r hat ihr/sein eigenes Haus (teilweise aus wiederverwendeten Materialien gebaut) und Leben, aber wir feiern auch regelmäßig zusammen oder organisieren soziale Aktivitäten. Weil wir die Gärten gemeinsam pflegen, kennen sich alle und man kümmert sich auch um die/den anderen. Wir sind uns zwar nicht immer einig, aber wir respektieren uns gegenseitig.

☺ Möglichkeit, ein Haus im Projekt zu kaufen (wenn eines zum Verkauf steht)

GWL-terrein koepelvereniging GWL terrein

Waterkersweg 316 | 1051 PK Amsterdam +31-(0)614 155 460
info@gwl-terrein.nl www.gwl-terrein.nl

1996 6 ha 0,01 % 1400
niederländisch, e
Koepelvereniging GWL-terrein (Dachorganisation für Hausbesitzer*innen und Bewohner*innen) (Konsens und/oder Mehrheitsentscheid)
individuelle Finanzierung Eigentums- und Mietwohnungen
ökolog., biolog. Gartenbau, ökolog. Bauen, autofrei

Das GWL-Gelände ist keine Gemeinschaft, sondern ein kleiner Ökobezirk in der Nähe des Amsterdamer Zentrums auf dem ehemaligen Gelände der kommunalen Wasserversorgung und ist seit 1997/1998 bewohnt. Es gibt 600 Häuser, 50 % Mietwohnungen und 50 % Eigenheime. Einige der Gebäude haben ein Gründach, aber unser aktuelles Ziel ist es, alle Dächer zu begrünen und mit Solarkollektoren zu versehen. Der Innenhof ist zu ca. ⅔ unbefestigt, sodass das Regenwasser direkt in den Boden aufgenommen wird. Das Wasser aus den gepflasterten Teilen wird nicht in den Abwasserkanal geleitet, sondern in die Gracht, die einen Überlauf zum Haarlemmer Kanal hat. Es gibt 85 Nutzgärten, die von den Anwohner*innen gepflegt werden. Die Hecken bieten Nistplatz für Vögel und Kleintiere. Es gibt 60 Obstbäume, vor allem Apfel und Birne. Das Gelände ist autofrei, was man auch gut an der Anzahl der auf dem Gelände und auf der Außenseite abgestellten Fahrräder erkennen kann.
GWL-terrein wird geleitet vom Dachverband der Bewohner*innen, der sich zum Ziel gesetzt hat, den grünen Charakter des Geländes zu erhalten. Ein Quartiermanager betreut die öffentlichen Bereiche der Mietwohnungen, steht den Bewohner*innen mit Informationen zur Verfügung und bewahrt den autofreien Charme der Anlage. Zusammen mit den Bewohner*innen pflegt er auch die Grünflächen auf dem Gelände.

→Siehe auch Beschreibung des Netzwerks „**GEN Nederland**"

Iewan

Laauwikstraat 106 | 6663 CM Nijmegen ☎+31-(0)6-425 295 39
info@iewan.nl iewan.nl

2015 | 2220 m² | <1 % | ♀28 | ♂15 | 8 | 51

d, e, holländisch — 4
alle (Konsens)
individuelle Finanzierung mit beschränkter gemeinsamer Finanzierung für die Gemeinschaftsräume und die Selbstverwaltung

gemietet ☺
keine
Bildung
ökolog., selbstverw., Permakultur, altern. Energie, neue Technologien, ökolog. Bauen, barrierefrei, Food-Coop, Veranstaltungsort, Raum für Coworking, fossilfrei

In Iewan werden drei Grundwerte geteilt:
- nachhaltiges und ökologisches Leben
- gemeinschaftliches und soziales Leben
- offenes und bildendes Leben

Iewan ist ein soziales Wohnprojekt, welches von den Bewohner*innen selbst gegründet wurde. Es will Menschen mit einem kleinen Einkommen ein ökologisches Leben ermöglichen. Typisch für Iewan sind die gemeinschaftlichen Bereiche und die geteilte Infrastruktur, da das Teilen von Räumen und Ressourcen eine gute Strategie darstellt, um den individuellen ökologischen Fußabdruck der Bewohner*innen zu verkleinern. Mittels Bildungsaktivitäten und Beratung versucht Iewand, ein lebendiges Beispiel für ein zukunftsfähiges Leben zu sein, welches sowohl sozial als auch ökologisch nachhaltig ist.

- 🌍 Woningbouwvereniging Gelderland, Nachbarschaftskooperative für Selbstverwaltung von öffentlichen Grünflächen
- ☺ max. Jahreseinkommen € 36.798 (pro Haushalt), da soziales Wohnbauprojekt. Erzähle uns, wie Du über das gemeinschaftliche und nachhaltige Leben denkst, so merken wir, ob du unsere Grundwerte teilst.

☆ **Landbouwbelang** Culturele Vrijplaats

Biesenwal 3 | 6211 AD Maastricht ☎+31-(0)628 877 644
✉info@landbouwbelang.org 💻http://www.landbouwbelang.org

Landbouwbelang ist eine Lebens- und Arbeitsgemeinschaft. Sie beherbergt und lockt eine vielfältige Gemeinschaft von Bewohner*innen, Künstler*innen und anderen Nutzer*innen, Freiwilligen und Besucher*innen. Diese Gemeinschaft macht den Landbouwbelang zu einem innovativen, sich stetig verändernden Hotspot im Herzen von Maastricht. Landbouwbelang hat sich mit allen möglichen Organisationen, Künstler*innen, Politiker*innen, Bands, Hausbesetzer*innen, Freizonen, Galerien und anderen zusammengeschlossen, mit ihnen gesprochen und zusammengearbeitet. Das Gebäude ist offiziell im Besitz der Gemeinde Maastricht, wird aber seit 2002 von Künstler*innen, Musiker*innen, Programmierer*innen, Designer*innen und Student*innen genutzt, die es zu ihrem Zuhause gemacht haben. Hinter den großen gelben Türen läuft der kulturelle Freiraum Landbouwbelang dank der Bewohner*innen, engagierter Freiwilliger und Spenden seiner Besucher*innen immer auf Hochtouren. Mit ihren Aktivitäten rebellieren sie gegen die „Wegwerfgesellschaft" und schärfen das Bewusstsein für Essen und Trinken, Konsumverhalten und Freizeitgestaltung. Von Bienenstöcken auf dem Dach bis hin zu einem Umsonstladen im Untergeschoss - jeder Raum des Landbouwbelangs hat eine faszinierende Initiative hervorgebracht. Seit 2002 versorgen wir die Stadt Maastricht mit unzähligen Konzerten, Live-DJ-Sets, Performances, Visuals, biologischen Getränken und mehr. Wir sind einer der größten Ausstellungsräume in Maastricht.

Niederlande

MW2 project De Vuurplaats

Mens- en Milieuvriendelijk Wonen and Werken
Keizerfazant 46 | 1704 WL Heerhugowaard ☎ +31-(0)72-574 46 07
info@de-vuurplaats.nl www.de-vuurplaats.nl

1994 | 3000 m² (bei Alkmaar, Amsterdam) | 10 % | ♀13 | ♂5 | 7 | 25

e, niederländisch — 2
alle Betroffenen gemeinsam (Konsens) — gemeinsame Finanzierung best. Ber.
gemietet
ökologisch
Co-Housing
ökolog., selbstverw., gewaltfrei, spirit., inneres Wachstum, Meditation, Bioernährung, veget., Permakultur, biolog. Landwirt., biolog. Gartenbau, altern. Energie, ökolog. Bauen, barrierefrei, handyfrei, rauchfrei, GPS/UMTS-Abschirmung

☺

MW2 de Vuurplaats wurde 2004 von einer Gruppe von Menschen gegründet, um mehr zu teilen, als wenn man nur gewöhnliche Nachbarschaft lebt. MW2 steht für „Mens- en Milieuvriendelijk Wonen and Werken", was bedeutet, dass wir mit aufmerksamer Fürsorge für- und miteinander und mit der Umwelt leben und arbeiten wollen (es gibt auch einige Arbeitseinrichtungen im Gebäude).
Die Gründungsmitglieder, von denen 4 noch immer Bewohner*innen sind, sorgten dafür, dass der Ort auf möglichst ökologische Weise gebaut wurde. Außerdem haben sie dabei auf eine Architektur wert gelegt, die viele Möglichkeiten bietet, sich zu treffen und gemeinsame Aktivitäten zu organisieren. Neben vielen gemeinschaftlichen Räumlichkeiten (Wohnzimmer/Küche, Multifunktionsraum, Arbeitsraum, Waschküche usw.) gibt es auch einen großen Gemeinschaftsgarten. Da jede*r ihr/sein eigenes Haus hat, gibt es aber auch viel Raum für Privatsphäre. Entscheidungen werden auf der Grundlage soziokratischer Mechanismen getroffen. Wir veranstalten 2-3 Mal im Jahr Einführungsrundgänge (z. B. Januar, Mai, September). Siehe dazu auch unsere Website (auf Niederländisch).

→Siehe auch Beschreibung des Netzwerks „**LVCW**"

Osho Humaniversity School for Masters

Dr. Wiardi Beckmanlaan 4 | 1931 BW Egmond aan Zee ☎ +31-(0)72-506 41 14
info@humaniversity.nl www.humaniversity.com

1978 | ca. 2 ha (bei Alkmaar) | ♀25 | ♂20 | 45

e — alle
Leitungsteam (zusammen mit finaler Entscheidungmacht durch unseren Präsidenten)
Non-Profit-Organisation — Eigentum
mit Menschen arbeiten, um eine bessere Welt zu erschaffen; Osho, Therapie, Suchttherapie, Therapeutenausbildung, Spiritualität, natürliches Heilen, persönliches Wachstum
Zusammenarbeit mit Menschen zur Schaffung einer besseren Welt, Osho, Therapie, Suchttherapie, Therapeutentrainings, Spiritualität, Meditation, Naturheilung, Persönlichkeitsentwicklung und Wachstum
selbstverw., gewaltfrei, hierarch., spirit., inneres Wachstum, Meditation, Yoga, Tantra,

Sexualität, veget., Bildungsarbeit, Pädagogik, freie Schule, Friedensarbeit, körperl. Behinderte, biolog. Gartenbau, Bau, Humaniversity-Therapie, Therapietrainings, Wellness und Naturheilkunde, Kampfsport, Musikstudio

☺ (👐)

Wenn du das „Tourist Program" noch nie gemacht hast, hast du eine große Gelegenheit verpasst, herauszufinden, was dein menschliches Potential ist und wie du dich noch besser entfalten kannst. Das „Tourist Program" ist wahrscheinlich der stärkste und schnellste Prozess zur persönlichen Transformation.

Die Osho Humaniversity ist eine internationale Gemeinschaft, in der persönliches Wachstum, Behandlung von Menschen in Krisen und therapeutische Angebote gleichzeitig stattfinden. Der Stil ist sehr innovativ und die Therapeut*innen sind eher leidenschaftlich als distanziert. Psychologiestudent*innen, spirituell Suchende, Hausfrauen, arbeitslose Arbeiter, Geschäftsleute, Süchtige, Lehrer*innen - sie alle kommen in das gleiche Grundprogramm und lernen, sich anderen gegenüber gesund zu verhalten und sie selbst zu sein. Die Osho Humaniversity ist eine Schule für soziales Bewusstsein, in der man eine emotionale Bildung erhalten kann. Sie sieht die Hauptursachen für menschliches Elend in der Isolation und in der Unterdrückung der eigenen wahren Gefühle. Authentische Liebe und Freundschaft gelten daher als das höchste Ziel, das ein Mensch erreichen kann. Die Technik aller großen psychologischen Schulen und der Zen- und Sufi-Meister wird verwendet, um dies zur aufregendsten Lernerfahrung in deinem Leben zu machen. Du wirst daraus emotional gereinigt, kraftvoll, bewusst und mit einem neuen Sinn im Leben hervorgehen.

Wir bieten auch eine breite Palette von Wochenendworkshops zu vielen verschiedenen Themen zur persönlichen Entwicklung und spirituellem Wachstum an. Du bist herzlich eingeladen, uns zu besuchen.

☺ Teilnahme an unserem grundlegenden Programm, dem „Tourist Program"

Oude RKZ

Emmastraat 15 | 9722 EW Groningen ☎+31-(0)6-239 452 35

✉info@orkz.net 💻orkz.net

1979 ca. 10 250

niederl., e, d, polnisch, f ca.150

verschiedene Gruppen, bei sehr wichtigen Themen treffen wir uns alle in einer Generalversammlung (Mehrheitsbeschluss)

individuelle Finanzierung

Theater, Kino, Bar, Restaurant, Ateliers, Garten und einige weitere Gruppen im Gebäude

ökolog., selbstverw., linkes Politikverst., biolog. Gartenbau, altern. Energie, neue Technologien, Bau, Humor, barrierefrei, Kunst, Musik

☺

Oude Rooms Katholieke Ziekenhuis (ORKZ) war ursprünglich ein Krankenhaus. Als 1979 ein neues Krankenhaus gebaut wurde, sollte das ORKZ abgerissen werden, um Platz für Luxuswohnungen zu machen. Verschiedene Gruppen taten sich zusammen und besetzten das Gebäude. Es war damals die größte niederländische Besetzung, bis sie 1985 legalisiert wurde (und somit nicht mehr von allen als Besetzung angesehen). Wir sind eine bunt gemixte Gemeinschaft von etwa 250 Einwohner*innen. Wie das alte Krankenhaus ist auch unsere Gemeinschaft in Stationen (oder Gänge) organisiert. Jeder Korridor beherbergt eine Subgemeinschaft mit eigener Kultur, Form des Zusammenlebens und Aufgabenteilung. Als Einzelperson zahlt man Miete an die Organisation, zu der man als Mieter*in gehört. Jede*r hat eine Stimme in den Generalversammlungen, um darüber abzustimmen, wohin das Geld fließt. Als Mitglied der Community leistest du zwei Stunden Freiwilligenarbeit pro Woche, diese reicht von Küchenhilfe über die Arbeit in der Instandhaltung bis hin zur Gartenarbeit oder Verwaltungsaufgaben. Wir haben unsere eigenen Traditionen wie den Neujahrscountdown auf dem Dach, das Neujahrsbingo, unser Jubiläum am 3. September mit spielen, essen und feiern und - natürlich - die beste Halloweenparty der Stadt.

☆ **Poortgebouw** Vereniging Poortgebouw

Stieltjesstraat 38 | 3071 JX Rotterdam

office.poortgebouw@gmail.com www.poortgebouw.org

1980 1 28

- e, niederländisch
- ganze Gruppe in Hausversammlungen, die Mitglieder des Vereins für Formales (Konsens oder Abstimmung)
- individuelle Finanzierung — Miete
- kulturelle Plattform, darstellende Künste, Holzwerkstatt, Dunkelkammer
- selbstverw., anarchist., linkes Politikverst., feminist., gewaltfrei, chaotisch, vegan, Selbstvers., Humor, Kunst, Zirkus, international, politisch, Debatte, Veranstaltungsort, Café, Bar, Veranstaltungen, Bands

☺ ()

Im Poortgebouw („Torgebäude") befindet sich eine Gemeinschaft, in der Menschen zusammenleben und zusammenarbeiten. Dies ist ein Schlüsselelement der Gruppe. Diese Gruppe besteht aus Menschen unterschiedlichen Alters, aus verschiedenen Fachgebieten, Studien und Nationalitäten. Was sie verbindet ist der Wille, als Kollektiv in einer Gesellschaft zusammenzuleben, in der der Individualismus alles zu überstrahlen scheint. Das beeindruckende Nationaldenkmal (und nach wie vor aktive Torhaus) auf dem Kop van Zuid bietet Menschen einen Ort und die Freiheit, einen persönlichen Arbeits- und Lebensraum zu haben sowie Gemeinschaftsräume und -güter zu teilen. Seit über 35 Jahren bietet der Verein („Vereniging") Poortgebouw eine Plattform für nicht-kommerzielle Kunst, Musik und Debatten. Darüber hinaus gibt es soziale Aktivitäten wie ein Eetcafé (vegane Mahlzeiten) und einen Give Away Shop. Seit der Besetzung des Gebäudes im Jahr 1980 und der Unterzeichnung des Mietvertrages vier Jahre später konnte der Verein autonom bleiben und seine Wünsche verwirklichen.

☺ aktive Mitglieder in Arbeitsgruppen und Lebensgemeinschaft gewünscht

Sidhadorp Harmonisch Wohnen

Rivierenlaan 230 | 8226 LH Lelystad ☎+31-(0)320-218 077
info@harmonischwonen.nl harmonischwonen.nl, sidhadorp.nl

1985 150 550

- niederländisch, d, e
- transzendentale Meditation in einem Gruppenprogramm
- transzendentale Meditation
- ökolog., spirit., Meditation, veget., Bildungsarbeit, Friedensarbeit, altern. Energie, ökolog. Bauen

☺

1979 rief Maharishi die niederländischen Sidhas auf, ein ideales Dorf zu erschaffen, damit der Effekt der täglichen Gruppenpraxis des TM-Sidhi-Programms in diesem „Land der Ganzheit" demonstriert werden könnte. Dieses Dorf wurde 1985 in einer Gegend ins Leben gerufen, die am meisten Platz und die sauberste Umwelt bietet: Die neue Provinz Flevoland (Neulandgewinnung). Am Rande von Lelystad, einer Stadt mit 60.000 Einwohner*innen, bekamen die niederländischen Sidhas die Genehmigung, ihren eigenen Vorort nach ihren eigenen Prinzipien zu bauen. Das „Ideale Dorf" ist stetig gewachsen und umfasst inzwischen 300 Häuser verschiedener Größe, eine wunderschöne Kuppel, eine Grundschule, ein vegetarisches Restaurant, Geschäfts- und Büroräume, eine Maharishi-Ayurveda-Klinik und vieles mehr. Es leben etwa 400 Erwachsene und 150 Kinder im Dorf. Seit Maharishi dem niederländischen Sidha-Dorf europäischen Status gegeben hat, haben wir einen stetigen Zustrom von Sidha-Einwander*innen.
Das „Ideale Dorf" hat ein eigenes Bauunternehmen und eine eigene Wohnungsvermittlung, welche die verschiedenen Häuser und Geschäftsräume vermietet. Alle Häuser sind mit umweltfreundlichen Baustoffen gebaut und gut isoliert. Es gibt Zweizimmer-Apartments, Häuser mit zwei bis drei Schlafzimmern (alle zur Miete) und auch Häuser in Privatbesitz.

→Siehe auch Beschreibung des Netzwerks „**GEN Nederland**"
☺ Ausüben der Transzendentalen Meditation

Studentenvrijstaat Droevendaal

Droevendaalsesteeg 95 | 6708PS Wageningen
☎+31-(0)317-417 961 droef.barrak95@gmail.com www.droevendaal.nl

(bei Arnheim, Nijmegen) 10 % ♀110 ♂95 200

- Gremien, Gemeinschaft (Beratungen, Konsens, Mehrheitsabstimmungen)
- indiv. Finanzierung mit gem. Finanzierung best. Ber. (z.B. Fahrzeuge oder Nahrung)
- Student*innenwohnheim
- Respekt vor der Natur, veg. Ernährung (nicht immer konsequent), miteinander teilen und Solidarität leben
- Gartenarbeit, kochen, Weihnachts- oder Frühjahrsfeiern, Partys, sich um unsere Hühner, Hunde und Katzen kümmern (und alle, die es sonst noch nötig haben), studieren
- Kunst, Musik, Tanz, Parties, Kochen und Rezepttausch, Lagerfeuer, Protestaktionen, Fahrradfahren

Wir sind eine studentische Wohngemeinschaft, die Wert auf freiheitliches Denken und Kreativität legt. In Droevendaal gibt es dafür keine Regeln. Die Bewohner*innen leben in kleinen

Häusern mit jeweils sechs Zimmern und teilen sich dort eine Wohnküche und ein Badezimmer. Sie kochen und essen gemeinsam, teilen sich verschiedene Aufgaben wie beispielsweise Gartenarbeit, Grünflächenmanagement, Partyplanung oder Diskussionsrunden zu verschiedenen Themen. Themen wie Nachhaltigkeit, Menschenrechte, Aktivismus, grüne Lebensweisen und alternative Ökonomie waren und sind in Dorevendaal immer heiße Themen.
Struktur und Größe (sowie die sich ständig verändernde Mitgliederzahl) machen Droev zu einer wirklich dynamischen Gesellschaft. Unsere Gemeinschaft hat kein bestimmtes Ziel, insgesamt kann man aber sagen, dass wir versuchen, die Grenzen der Anarchie auszuloten. Wir leben in einer Umgebung, die uns Freiheit gibt und in der wir lernen, verantwortungsbewusst damit zu leben. Droev hat das Ziel, seine Mitglieder glücklich und kreativ zu machen, damit sie ihr Leben mit Leidenschaft gestalten können. Die Stadt Wageningen zeichnet sich durch eine multikulturelle Student*innengesellschaft aus, die wir in Drovendaal schätzen und zelebrieren. Es gibt bei uns keine Altersgrenzen, sodass jeder, der an der Universität Wageningen studiert oder arbeitet, in Droevendaal wohnen kann.
Wir sind eine Student*innengemeinschaft: Was wir auch tun, wir machen es selbst. Nur Dienstleistungen wie Wasser-, Strom- und Abfallwirtschaft werden von Idealis (Bewirtschaftungsunternehmen) und örtlichen Behörden erbracht.

☺ Bachelor/Master/PhD-Student*in, wissenschaftl. Mitarbeiter*in oder Angestelle*r an der Universität; Interesse an Umweltthemen, alternativen Lebensmodellen und einem Studium/Leben nah an der Natur

Vereniging Aardehuis Oost Nederland

Earthships und Strohballenhäuser in Olst, den Niederlanden
Rietgors 26 | 8121JZ Olst
email@aardehuis.nl | www.aardehuis.nl

2014 | 1,3 ha (bei Deventer) | 5 % | ♀22 ♂21 28 | 71

e, niederländisch | einige von zu Hause aus

gemeinsam (Gemeinschaftshäuser und Land) und privat (Häuser)
ökologisch
Permakultur, Führungen zu ökologischem Bauen

Es ist unsere Absicht, in unseren Häusern und in unserem Leben im Einklang mit der Natur, in konstruktiven Beziehungen zueinander und als Quelle der Inspiration für die Welt um uns herum zu bauen, zu arbeiten und zu leben. Dieses Ziel soll durch den Bau eines ökologischen Wohnprojektes aus autarken Erdhäusern erreicht werden, bei dem alle Aspekte der Nachhaltigkeit berücksichtigt und in Einklang gebracht werden, wobei jede*r einzelne ein harmonisches Ganzes bildet.

→Siehe auch Beschreibung des Netzwerks
„GEN Nederland/Ecodorpennetwerk/Vereniging Ecodorp Nederland"
ökologisch, selbstverwaltet, gewaltfrei, kein Gas, eigene Wasserversorgung, Photovoltaik, Pflanzenkläranlage, Komposttoiletten

Woongroep De Grote Leeuw

Maerten Trompstraat 2 - H | 2628 RD Delft
stofberg@boomdelft.nl

1981 Haus: 262 m², Garten 135 m² ♀2 ♂3 0 5

- niederländisch
- alle Betroffenen (Mehrheitsentscheid und manchmal Konsens)
- individuelle Finanzierung, teilw. gemeinsame Kasse für Essen
- Gemeinschaftseigentum, wir sind alle Mitglieder
- keine ideologischen/spirituellen Grundsätze
- wir leben und essen miteinander und kümmern uns um Haus und Garten
- selbstverw., altern. Energie, rauchfrei, Medien: Internet, TV

Wir leben mit 5 Erwachsenen (Alter ca. 30 - 65 Jahre) in einem großen neuen Haus nahe dem Zentrum von Delft. Unser Haus verfügt über eine gemeinsame Wohnküche, 2 Dachgärten, ein Badezimmer, ein Besucher*innenzimmer und 5 große Räume, einen für jede*n von uns. Abends essen wir oft zusammen und Freund*innen sind herzlich willkommen. Manchmal machen wir etwas zusammen, zum Beispiel ins Kino gehen. Zurzeit (2019) arbeiten wir in Zusammenhang mit ökologischer Architektur, Vergnügungsparks, Computern, Plastik in den Ozeanen und Grafikdesign. Das Haus verfügt über 10 m² Sonnenkollektoren für Strom, 5 m² Sonnenkollektor für Warmwasser und eine Einheit zur Wärmerückgewinnung aus Abwasser.

Woonvereniging Heemshof

Oosterweg 2 C | 1968 KN Heemskerk
heemshof@gmail.com heemshof.nl

1974 4,5 ha 10 % 3 14

- e, sp, f, niederländisch 14
- alle Betroffenen (gemeinsame Treffen) gemeinsame Finanzierung best. Ber.
- Eigentum
- keine

Der Heemshof ist ein ehemaliger Milchviehbetrieb. In den 1970er Jahren schloss der Bauernhof und das Bauernhaus wurde renoviert, um sechs wohnungsähnliche Häuser und Gemeinschaftseinrichtungen wie eine Gemeinschaftsküche und Nebenräume unterzubringen. Seit 2011 befinden sich die Wiesen im Übergang zu einem Ökoreservat. Hier leben jetzt Alt und Jung zusammen. Die Verantwortung für die Erhaltung des Gebäudes und seiner Umgebung, zu der ein Obstgarten, ein Gemüsegarten und das Naturschutzgebiet gehören, wird geteilt.

→Siehe auch Beschreibung des Netzwerks **„LVCW"**

Woonvereniging S32

Stationsstraat 32 | 5038ED Tilburg +31-(0)651 608 543
info@s32.nl s32.nl

1986 ♀2 ♂2 1 5

d, e, niederländisch

die Gruppe (Konsens) — gemeinsame Finanzierung best. Ber.

Gemeinschaftseigentum

selbstverw., Wohngemeinschaft

Ein großes Haus im Zentrum von Tilburg mit einem schönen Garten, in dem wir mit einer kleinen Anzahl von Menschen (5-6) leben. Das Projekt soll den Mitgliedern Unterkunft bieten und das Gebäude als Wohnhaus für Menschen erhalten, die sich den Haushalt teilen wollen.

Zilt

Sint Hubertuslaan 25 | 4205 ZA Gorinchem +31-(0)183-640 50
info@leefgemeenschapzilt.nl www.leefgemeenschapzilt.nl

1988 ♀14 ♂9 7 23

e, niederländisch — wir arbeiten alle außerhalb

nur freiwillige Arbeit für die Pflege des Anwesens

Kernteam von 8 Erwachsenen (immer einstimmig) — individuelle Finanzierung

Miete

christliche Gemeinschaft

wir bieten Menschen mit psychosozialen Problemen einen Langzeitaufenthalt (bis zu einem Jahr) an

selbstverw., christl.

Zilt ist eine christliche Gemeinschaft. Das Kernteam besteht aus drei Familien und zwei Einzelpersonen. Die Gemeinschaft bietet fünf Gästezimmer zur Miete für Menschen mit kleinen psychosozialen Problemen an. In der Regel bleiben die Gäste einige Monate bis zu einem Jahr für eine Auszeit oder einen Neuanfang.

Norwegen

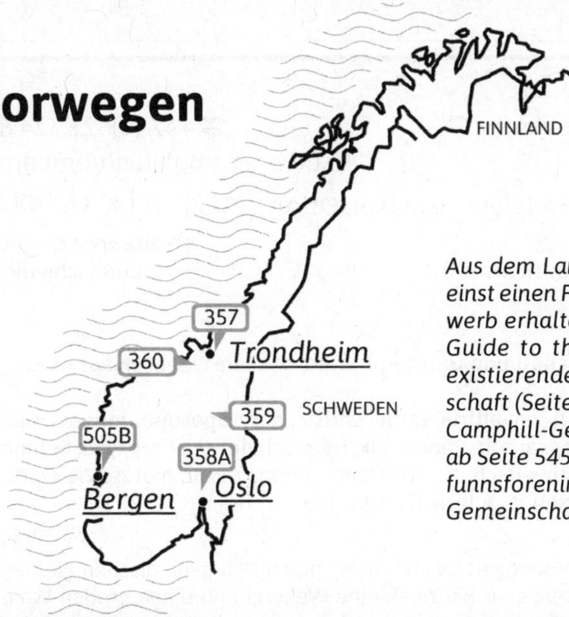

Aus dem Land, das für seine tollen Fjorde einst einen Preis beim Planetenbauwettbewerb erhalten hat (siehe „The Hitchhikers Guide to the Galaxy"), können wir vier existierende und eine geplante Gemeinschaft (Seite 505f) präsentieren. Weitere 6 Camphill-Gemeinschaften sind in der Liste ab Seite 545 zu finden. Mit Norsk Økosamfunnsforening/GEN Norge gibt es auch ein Gemeinschaftsnetzwerk (Seite 564).

Camphill Rotvoll

Rotvoll Allé 1 | 7053 Ranheim ☎+47-73-826 850

velkommen@camphill-rotvoll.no rotvoll.camphill.no/hjem/

1989 (bei Trondheim) 45 % ♀8 ♂7 5 ca. 35

norwegisch, d,e, finnisch, niederländisch, schwedisch, dänisch ca. 35 ca. 35

Ratsgruppe und Leitungsgruppe (Konsens) Einkommensgemeinschaft

z.T. gemietet, z.T. Eigentum der Camphill Stiftung

Anthroposophie

Werkstätten (Safterei, Bäckerei, Webstube, Kantine, Gärtnerei) und Gemeinschaftshäuser (Hauswirtschaft)

ökolog., gewaltfrei, anthroposoph., Bioernährung, geistig/psych. Behinderte, körperl. Behinderte, biolog. Landwirt., biolog. Gartenbau, biolog. Viehwirt., barrierefrei, Sozialtherapie, Kultur

Camphill Rotvoll ist die kleinste und vielleicht „untypischste" Camphill-Gemeinschaft in Nord-/Westeuropa. Wir sind keine Dorfgemeinschaft im traditionellen Sinn, sondern liegen zentral in einer Wohnsiedlung am Stadtrand von Trondheim. Unsere Lebensgemeinschaft und die Landwirtschaft sind verhältnismäßig klein, dafür sind die Werkstätten sehr produktiv, besonders die Safterei, in der verschiedene Säfte, Marmeladen, Trockenfrüchte und Apfelmus hergestellt und an viele Restaurants in der Stadt geliefert werden.

In den 3 Hausgemeinschaften leben die Mitarbeiter*innen in unterschiedlichen Lebensabschnitten allein, zu zweit oder mit ihren Familien, Jahrespraktikant*innen, Menschen mit Betreuungsbedarf und Besucher*innen zusammen, gestalten Alltag und Feste gemeinsam und unterstützen sich gegenseitig, praktisch und menschlich.

→Siehe auch Beschreibung des Netzwerks „**Camphill**"

Camphill Solborg

Solborgveien 21 | 3520 Jevnaker ☎+47-(0)321 324 80
solborg@camphill.no solborg.camphill.no/en/home

1975 75 ha (bei Hønefoss, Jevnaker, Oslo) ♀30 ♂14 6 47

norwegisch, e, d — alle Erwachsenen
Dorfrat und Leitungsgruppe (Konsens) — unterschiedlich
Stiftung
Anthroposophie
biodynamische Landwirtschaft und Gärtnerei, Wald, backen, weben, Hausarbeit, Holzhandwerk
ökolog., linkes Politikverst., gewaltfrei, spirit., christl., anthroposoph., inneres Wachstum, Bioernährung, Bildungsarbeit, Pädagogik, freie Schule, geistig/psych. Behinderte, körperl. Behinderte, Umweltschutz, Selbstvers., Permakultur, biolog. Viehwirt., artgerechte Viehwirt., Forstwirt., altern. Energie, barrierefrei

☺

Das Camphill-Dorf Solborg in Norwegen besitzt einen biologisch-dynamischen Hof, extensiv bewirtschaftete Gemüsegärten, eine Bäckerei, eine Weberei und einen großen Wald zur Bau- und Brennholzgewinnung. Die meisten von uns leben in großen, erweiterten Familien. Mitarbeiter*innen (länger bleibende Leute mit ihren Familien und junge, eine Zeit lang hier lebende Freiwillige) und Dorfbewohner*innen (geistig Behinderte oder auf andere Weise Hilfsbedürftige) teilen ihr Leben, ihre Mahlzeiten, ihre Wohn- und Badezimmer miteinander. Da können schon mal bis zu 15 Leute jeden Tag um einen Esstisch versammelt sein. Jedes Haus hat seine eigene Kasse und wird mehr oder weniger autonom von einigen verantwortlichen Mitarbeiter*innen geführt. Am Vor- und Nachmittag geht jede*r zur Arbeit, an eine Vielzahl von Arbeitsplätzen. Jede Person trägt zum Betrieb des Dorfes bei - je nach ihren Fähigkeiten. Innerhalb dieses abgeschlossenen Bereichs wird kein Geld ausgetauscht und Arbeit wird innerhalb der Gemeinschaft als etwas angesehen, das ohne Gegenleistung gegeben wird.

Solborg liegt in Südnorwegen, eine Stunde von Oslo entfernt, am Rand eines großen Wildnisgebietes. Im Ort gibt es eine Waldorfschule mit über 100 Schüler*innen. Wir sind offen für Freiwillige und für längerfristige Mitarbeiter*innen, die sich dafür interessieren, ihr Leben mit uns zu teilen.

→Siehe auch Beschreibung des Netzwerks **„Camphill"**

☺ Lust auf Arbeit, gesund, fröhlich

Gaia Eco Village Okogrend i Alvdal

Folldalsveien 6010 | 2560 Alvdal ☎+47-919 021 50
post@gaiasenter.no www.gaiasenter.no

2012 (bei Oslo, Trondheim) ♀6 ♂5 1 12

e, sp, norwegisch, schwedisch, isländisch — 15, aber nur 1 (der Koch) ist angestellt
alle Anwohner*innen, unsere Freund*innen und Genossenschaftsmitglieder

- Leitungskreise der einzelnen Unternehmen und die jährliche große Genoss*innenversammlung
- individuelle Finanzierung — wir besitzen das Grundstück zusammen
- grüne und spirituelle Werte; eine neue Zukunft aufbauen
- Gestaltung gesunder Heime und gesunden Lebens, Anbau und Zubereitung gesunder und leckerer Lebensmittel, Gründung lokaler Unternehmen
- ökolog., selbstverw., gewaltfrei, spirit., ökumen., esoter., anthroposoph., inneres Wachstum, Meditation, Yoga, Bildungsarbeit, Pädagogik, Tagungshaus, Friedensarbeit, Entwicklungshilfe, Tierschutz, Umweltschutz, Selbstvers., Permakultur, biolog. Landwirt., biolog. Gartenbau, biolog. Viehwirt., artgerechte Viehwirt., Forstwirt., altern. Energie, neue Technologien, ökolog. Bauen, Bau, Humor, barrierefrei, gesundes Leben, gesundes Wohnen, spirituelles Reisen

☺

Gaiasenter:
Wir sehen unsere Mission darin, ein gutes Leben, glückliche Tage, Zusammenarbeit, Wachstum und die Erzeugung gesunder und leckerer Lebensmittel zu erreichen. Ein Leben zu erschaffen, das wir persönlich wollen, und gleichzeitig Arbeitsplätze und Einkommen für die Gemeinschaft zu schaffen, indem wir die Natur, den Wald, die Berge und den nahe gelegenen Fluss nutzen.

Gaia Homes:
Auch sehen wir unsere Mission darin, gesunde und nachhaltige Häuser zu entwerfen und zu bauen - und in Respekt und Verständnis mit der Natur zusammenzuleben: Gesundheit für die Bewohner*innen und Gesundheit für den Planeten.

Gaia Travel:
Unsere Mission ist es auch, Menschen an die Orte zu bringen, an denen ihre Seele nach ihnen ruft. Wir organisieren spirituelle Reisen zu heiligen Energieplätzen auf der ganzen Welt, um unseren Horizont und unser Verständnis zu erweitern.

→Siehe auch Beschreibung des Netzwerks „**GEN Europe**"

Oekologisk Norway

☺ finanziell, Genossenschaftsmitglied werden

Storbuan Oekosamfunn

Fjeldheimveien 14 | 7332 Løkken Verk ☎+47-(0)911 746 51
oko-by@online.no storbuanokosamfunn.com

2016 20 ha (bei Orkanger (39 km), Trondheim (73 km)) 10 % ♀4 ♂4
2 10

norwegisch, dänisch, e
Plenum (Konsens) individuelle Finanzierung
gemietet
bisher Biolandbau, Permakultur, Nachhaltigkeit
ökologischer Anbau, Unterbringung für Retreats, Gruppen und privaten Tourismus; soziale Arbeit mit Kindern
ökolog., gewaltfrei, spirit., inneres Wachstum, Selbstvers., Permakultur, biolog. Landwirt., biolog. Gartenbau, biolog. Viehwirt., artgerechte Viehwirt., soziale Arbeit, Kunst
☺

Wir leben auf einem alten Hof mit mehreren Häusern/Apartments und einem größeren Gemeinschaftshaus. Wir haben Scheunen und Ställe mit Schafen, Kühen und Hühnern, Grasfelder und einen kleinen Gemüsegarten.
Wir wollen eine Gemeinschaft der Nachhaltigkeit und in ihr eine gemeinsame Vision aufbauen, die auf alternativen Werten zur Konsumgesellschaft basiert und dabei offen für die umgebende Gesellschaft sein, insbesondere für ähnliche Gruppen unserer ökologischen, permakulturellen und spirituellen Prinzipen.
Wir sind dabei, unser kleines Ökodorf in Bezug auf Entscheidungsfindung weiterzuentwickeln und den Bauernhof gemeinschaftlich zu organisieren. Wir streben nach Prozessen als Grundlage für Entscheidungen, die sowohl den Einzelnen als auch die Gemeinschaft mit einschließen.

☺ ökologisches Leben, ökonomische Selbstversorgung, Teilnahme an der Gemeinschaft

Österreich

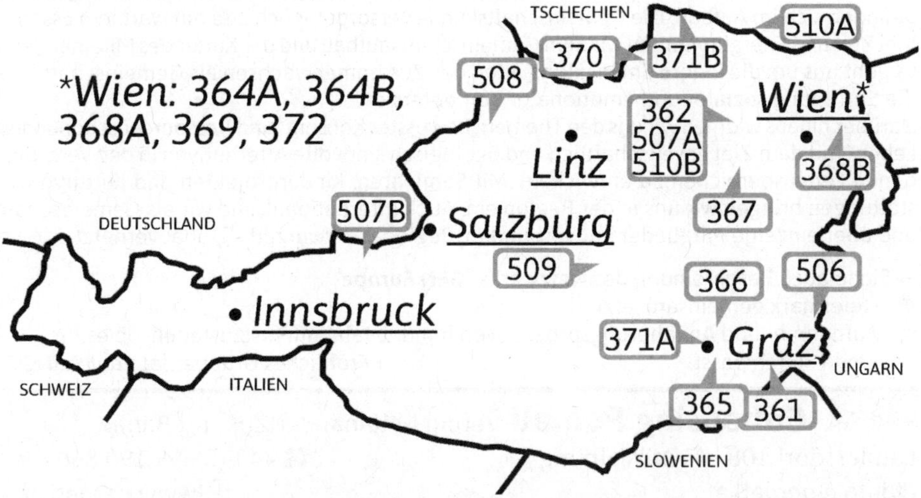

In der letzten Ausgabe haben wir 10 Gemeinschaften aus Österreich veröffentlicht - diesmal sind es 22: 15 existierende und 7 geplante (ab Seite 506). Dazu kommt eine Camphill-Gemeinschaft (auf der Liste Seite 539). Zwei Adressen vom letzten Mal sind in dieser Ausgabe nicht mehr dabei, aber auf Seite 532 zu finden. Mit GEN Austria (Seite 553) gibt es auch ein Gemeinschaftsnetzwerk. Ab in die Berge!

☆ Cambium Leben in Gemeinschaft

Kasernenstraße 2 | 8350 Fehring ☎ +43-(0)3155-285 01
info@cambium.at www.cambium.at

2017 | 16 ha (bei Graz) | 15-20 % | ♀26 ♂24 | 25 | 75

- d, e, i, sp, bosnisch — 6-8 mit Erwerbsarbeit, weitere 10-15 phasenweise
- soziokratische Arbeitskreise in ihren Zuständigkeitsbereichen, Leitungskreis, Plenum (soziokratischer Konsent oder systemisches Konsensieren)
- gemeinsame Finanzierung best. Ber.
- derzeit gepachtet, Kauf 2019 geplant
- wir empfinden uns zu keiner ideologischen, spirituellen oder religiösen Richtung zugehörig
- Gemeinschafts- und Persönlichkeitsentwicklung, Landwirtschaft, Renovierung und Bauen, Haushalt, Kochen, Kinderbetreuung, Öffentlichkeitsarbeit, Netzwerken
- ökolog., selbstverw., gewaltfrei, inneres Wachstum, Bioernährung, Bildungsarbeit, Tagungshaus, Friedensarbeit, Umweltschutz, Permakultur, biolog. Landwirt., biolog. Gartenbau, artgerechte Viehwirt., ökolog. Bauen, Humor, Handwerk, Tischlerei, Lehmbau, Medien, Kultur, Körperarbeit, Musik

☺

Wir transformieren eine ehemalige Kaserne in ein Ökodorf und schaffen Wohn-, Arbeits- und Lebensraum für 100 – 150 Menschen verschiedenen Alters. Die Interessen und Fähigkeiten der Gemeinschaftsmitglieder sind breit gestreut. Unser Seminarzentrum, eine biologische Landwirtschaft, mehrere innovative Kleinbetriebe sowie Holz-, Metall- und Lehmwerkstätten befinden sich im Aufbau. Die Gemeinschaftsküche versorgt täglich alle mit warmem Essen. Viel Zeit und Energie widmen wir dem Gemeinschaftsaufbau und der Kultur des Miteinanders. Es geht uns um die innere Entwicklung aller, das Zusammenwachsen als Gemeinschaft und die Entfaltung sozialer und emotionaler Kompetenzen.
Darüber hinaus widmen wir uns den Themen „bewusster Konsum" und „ressourcenschonendes Leben" mit dem Ziel gesellschaftlich und ökologisch sinnvolle Alternativen in den verschiedenen Lebensbereichen zu entwickeln. Mit Seminaren, Kinderprojekten und Kulturveranstaltungen bringen wir uns in der Region ein. Auch international sind wir als Gemeinschaft und über einzelne Mitglieder gut verbunden. Regional verwurzelt - global vernetzt.

→Siehe auch Beschreibung des Netzwerks „**GEN Europe**"

steiermark.gemeinsam.jetzt

☺ Aufnahme- und Annäherungsprozess von mind. 1 Jahr, um festzustellen, ob es für beide Seiten passt

Fröhliches Gruppenfoto auf Seite 11

Cohousing Pomali Verein Miteinander Zukunft Bauen

Landersdorf 108 | 3124 Wölbling ☎+43-(0)699 190 866 71
info@pomali.at www.pomali.at

2008 1,3 ha (bei St. Pölten, Krems) 10 %
♀ca. 25 ♂ca. 25 ca. 25 ca. 75

d, e, ungarisch, tschechisch, sp, niederländisch

wir teilen uns die anfallenden Arbeiten mit Hilfe

zuständige Arbeitskreise oder Teams, oder der Leitungskreis (je nach festgelegter Zuständigkeit) (Konsent (soziokratisch))

individuelle Finanzierung; Vereinskasse zum Bestreiten der jährlichen Gemeinschaftsausgaben und der Liegenschaftsbetreuung sowie von Anschaffungen und Prozessbegleitungen

gemietet, mit dem Ziel vom Verein übernommen zu werden

Uns ist wichtig, dass verschiedene spirituelle/ideologische/politische Zugänge in unserer Gemeinschaft Platz haben.

Garten und Außenraum, Liegenschaftsbetreuung, Food-Coop, Carsharing, Küche

ökolog., spirit., christl., ökumen., buddhist., taoist., esoter., inneres Wachstum, Meditation, Yoga, Tantra, Bioernährung, veget., vegan, Permakultur, biolog. Gartenbau, Humor, barrierefrei, Kreiskultur, supportive listening, Soziale Werkzeuge, Aufstellungsarbeit, Geburtsarbeit, tlw. ökologisch, generationenübergreifend, verschiedenste Berufsgruppen, soziokratisch organisiert, einige Selbstständige

☺ ()

Seit 2013 leben wir in unserem generationenübergreifenden Cohousingprojekt.
Wir sind seit 2012 soziokratisch organisiert und jede*r von uns arbeitet in mindestens einem Kreis oder Team mit. Dadurch sind alle eingebunden in das laufende Erhalten und das beständige Weiterentwickeln unseres Projektes. Ein Plenum zur Entscheidungsfindung haben wir nicht, die Großgruppe nutzen wir aber als Raum für Verbindung untereinander und um manche Entscheidungen besser vorzubereiten. Durch diese klare Organisationsstruktur

haben wir relativ wenige Konflikte. Wenn es dennoch einmal knirscht, dann können wir auf umfangreiche Expertise zur Konfliktlösung im Projekt zurückgreifen, da mehrere von uns Therapeut*innen, Berater*innen, Prozessbegleiter*innen, Mediator*innen o.ä. sind. Daneben haben wir aber auch Handwerker*innen, Künstler*innen und andere Berufsgruppen.
Das Thema Ökologie beschäftigt viele von uns auf sehr unterschiedliche Weise, wir haben aber keine Richtlinien, an die sich alle halten müssen, allerdings nutzen wir einige Synergieeffekte, die erst durch die Gruppengröße möglich werden (Carsharing, Foodcoop, gemeinsames essen; Kooperation mit Bäuer*innen vor Ort...). Auch was Kindererziehung, politische Einstellung und spirituelle Ausrichtung angeht ist uns wichtiger, dass verschiedene Ansätze nebeneinander Platz haben und sich ergänzen, als gesamtgemeinschaftlich eine gültige Richtlinie zu haben. Besonders gut ist uns die Einbettung in die Nachbarschaft und den Ort gelungen, in dem wir eine hohe Akzeptanz genießen. *Foto auf Seite 11*

→Siehe auch Beschreibung des Netzwerks „**GEN Europe**"
☺ Du bringst dich in die Gemeinschaft ein und hältst dich an unsere Vereinbarungen. Fortbildung zur Soziokratie, finanzielle Eigenständigkeit, Genossenschaftsbeitrag

Der Lebensraum Verein zur Förderung Ökosozialer Wohnkultur

Tannengasse 1 | 2230 Gänserndorf
kommunikation@derlebensraum.com www.derlebensraum.com

2005 | 1,7 ha (bei Wien, Bratislava) | 2 % | ♀27 | ♂25 | 33 | 85

d, e, f, sp, ungarisch
alle Betroffenen gemeinsam (Konsens oder Mehrheitsentscheidungen)
individuelle Finanzierung | Eigentum
Instandhaltung unserer Siedlung, den Alltag miteinander teilen, das Leben feiern
ökolog., spirit., christl., ökumen., esoter., inneres Wachstum, Meditation, Yoga, biolog. Gartenbau, altern. Energie, ökolog. Bauen, barrierefrei, Flexitarier

Als erste Co-Housing-Gemeinschaft der neuen Generation in Österreich leben wir nun seit 13 Jahren zusammen. Bisher haben wir gemietet, was immer wieder einiges an lebendiger Fluktuation verursachte. Nun sind wir dabei, die gesamte Siedlung zu kaufen, was wieder neue Menschen zu uns gebracht hat.
Wir sind eine bunte Gruppe von Menschen aller Altersstufen, mit vielfältigen Interessen. Tauschen und Teilen, Unterstützung im Alltag, gemeinsames Kochen, Essen und Feiern sind Eckpfeiler unserer Gemeinschaft. Wir lieben unser großes Grünland mit Tipi, Feuerstelle, Spielplätzen, Gemüsegärten und Beachvolleyball- und Fußballplatz. Einmal im Monat treffen wir uns im Plenum, um anstehende Themen zu besprechen und Entscheidungen zu treffen.

☆ Frauenwohnprojekt [ro*sa] Donaustadt

Anton-Sattler-Gasse 100 Top 22a | 1220 Wien
kontakt@frauenwohnprojekt.org frauenwohnprojekt.org

2003 4.852 m² 0,04 % ♀21 ♂0 25

d, e, f, i, sp
Vollversammlung (Abstimmung, womöglich konsensuell)
selbstständige Haushalte Genossenschaftswohnhaus
feministisch
ökolog., selbstverw., feminist., gewaltfrei

☺

Das Haus wurde Ende 2009 bezogen. Wenn eine Wohnung frei wird, freuen wir uns über neue Frauen, die mit uns in solidarischer Nachbarschaft wohnen wollen, wo Gemeinschaft möglich ist und jede ihren Rückzugsraum hat. Wenn eine Wohnung frei wird, ist das auf der Homepage ersichtlich. In 2 von 3 Fällen hat der Verein das Vorschlagsrecht.

loser Kontakt mit anderen Wiener Frauenwohnprojekten
☺ Frauen, allein oder mit Partner*innen, mit oder ohne Kinder, Migrationshintergrund, besonderen Bedürfnissen

Gemeinschaft B.R.O.T. Kalksburg

Verein für gemeinschaftliches Wohnen
Promenadeweg 5/1/40 | 1230 Wien
office@brot-kalksburg.at www.brot-kalksburg.at

2009 10 ha ♀ca. 45 ♂ca. 35 ca. 30 ca. 110

d
Vollversammlung (alle gemeinsam), Leitungsteam (Konsens wird angestrebt, sonst Mehrheitsentscheidung mit Vetorecht)
Baurechtsvertrag
spirituell offen
ökolog., selbstverw., spirit., Tagungshaus, barrierefrei, generationenübergreifend, historisches Gelände (ehemalige englische Parkanlage), naturnah, Wald, Schafe, Bienen, Hühner

Seit 2010 bewohnen wir Teile des früheren Jesuitenklosters und neu dazu gebaute Niedrigenergie- und Passivhäuser auf dem Gelände des Kollegium Kalksburg. Wir sind eine große Gemeinschaft, die Menschen aus allen Altersgruppen verbindet. Die Vielfalt der individuellen Lebensentwürfe, Lebensphasen und der persönlichen Spiritualität aller Mitbewohner*innen verstehen wir als Bereicherung für unser gemeinsames Leben. Welche Prinzipien und Werkzeuge uns im alltäglichen Leben als Gemeinschaft helfen, immer wieder zusammenzuwachsen, kann auf un-

serer Website nachgelesen werden: http://brot-kalksburg.at/ueber-uns
B.R.O.T. steht für Beten/Begegnen, Reden, Offen sein, Teilen. Ursprünglich ist unser Projekt aus einem früheren B.R.O.T.-Projekt entstanden, das christliche Wurzeln hat.
Die Mitglieder unserer Gemeinschaft kommen aus unterschiedlichen Kulturen und Religionen. Ein ‚spirituelles Bewusstsein' ist uns wichtig, auch wenn dieses nicht an eine Konfession oder Kirche gebunden ist. Weil wir das ‚Beten' im Namen haben, führt das immer wieder dazu, dass wir erklären müssen, was wir sind und was wir nicht sind... Jedenfalls sind wir eine sehr heterogene Gemeinschaft und sind offen für unterschiedlichste spirituelle Hintergründe, die hier auch individuell und gemeinschaftlich gelebt und praktiziert werden.
Insgesamt gibt es vier B.R.O.T.-Gemeinschaften (Hernals, Kalksburg, Aspern, Pressbaum) in und rund um Wien mit einem gemeinsamen Dachverband (gegr. 2018): brot-verband.at

Verband Gemeinschaft B.R.O.T., Initiative Gemeinsam Bauen und Wohnen

Haus der Stille

Friedensplatz 1 | 8081 Heiligenkreuz am Waasen ☎+43-(0)3135-826-25
info@haus-der-stille.at www.haus-der-stille.at

1979 (bei Graz) 5 % ♀9 ♂6 0 15
d, e, i 10
Leitungsteam (Konsens)
Finanzierung durch Gäste- und Kursbetrieb, Verkauf von Behelfen, Spenden
Verein „Haus der Stille"
franziskanisch, ökumenisch, interreligiös
Gästebetreuung, Bildung, Meditation
ökolog., gewaltfrei, spirit., christl., ökumen., Meditation, Bildungsarbeit, Friedensarbeit, barrierefrei, Friedenszeichen der Religionen, Besinnungs- und Meditationswege, Labyrinth, Garten der Stille

☺

Die ruhige Lage 15 km südöstlich von Graz in der südoststeirischen Hügellandschaft und die Atmosphäre des Hauses laden ein zur Besinnung, zu Stille, Gebet und Meditation – heilsame Stille für Menschen, die Zeiten des inneren und äußeren Zur-Ruhe-Kommens suchen.
Das Haus der Stille wird seit 1979 getragen von einer franziskanisch orientierten Gemeinschaft von Frauen und Männern und bietet Raum für ca. 60 Gäste, die einige Tage Stille und Abstand vom Alltag suchen, die eine längere Auszeit brauchen, um an Leib und Seele aufzutanken, die verschiedene Kursangebote zur Lebens- und Glaubensvertiefung nützen wollen (Schwerpunkte: Meditation, Bibel, Franziskanische Spiritualität, Frieden). Menschen von 18 bis 35 Jahren haben die Möglichkeit, ein Jahr in der Gemeinschaft mitzuleben.
Eckpfeiler im Tagesablauf und Angebote für die Gäste: einfaches Leben, Abstand vom Alltag, Gebets- und Essenszeiten mit der Gemeinschaft, Möglichkeit, sich ganz in die Stille zurückzuziehen (nach Rücksprache auch in eine eigene Poustinia/Einsiedelei), tägliche Stunde der Stille, Bibelgespräch und Haltungsübungen, lange Spaziergänge in der Umgebung.
Die Bereitschaft und Fähigkeit, sich auf längere Zeiten der Stille und des Alleinseins einzulassen, sind wichtige Voraussetzungen dafür, dass diese Zeit bei uns fruchtbar werden kann. Seelsorgliche Begleitung und Sozial- und Lebensberatung können in Anspruch genommen werden.

INFAG Österreich (Interfranziskanische Arbeitsgemeinschaft)
☺ psychische Gesundheit und Belastbarkeit, 2 Wochen schnuppern, um 1 Jahr mitzuleben

KooWo Kooperatives Wohnen Volkersdorf

Rabnitzweg 18 | 8063 Eggersdorf bei Graz
koowo.volkersdorf@gmail.com koowo.at

2015 3,6 ha (bei Graz) 70 % ♀14 ♂14 20 48

d, e, i, sp 0 1,5

Arbeitsgruppen (AGs) und der Leitungskreis (LK) (Konsent)

individuelle Finanzierung der Wohnräume, gemeinschaftliche Finanzierung der Gemeinschaftsflächen, Vereinsbeiträge, Vermögenspool

in genossenschaftlichem Eigentum

Verbundenheit mit der Natur, offen für alle Religionen, Soziokratie

Landwirtschaft, Verwaltung der Wohnanlage, Co-Working

ökolog., selbstverw., gewaltfrei, Bioernährung, Umweltschutz, Selbstvers., Permakultur, biolog. Landwirt., biolog. Gartenbau, biolog. Viehwirt., altern. Energie, neue Technologien, ökolog. Bauen, barrierefrei, Soziokratie

Kooperatives Wohnen (KooWo) ist ein lebendiges und nachhaltiges Miteinanderwohnprojekt. Wir sind ein bunt zusammengewürfelter Haufen von Erwachsenen, Kindern und Tieren mit unterschiedlichen Charakteren, Interessen, Berufen und Altersstufen. So verschieden wir sind, so haben wir doch eines gemeinsam: Wir teilen eine gemeinsame Vision. Wir wollen gemeinsam leben, arbeiten und eine solidarische Landwirtschaft betreiben.
Wir glauben, dass wir voneinander lernen und an der Gemeinschaft wachsen, uns entwickeln und entfalten können. Weil wir Ressourcen teilen wollen, wissen wollen, woher unser Essen kommt, ökologisch und energieeffizient bauen und leben wollen, gemeinsam kreativer und produktiver sind, uns ergänzen, unterstützen und gemeinsam viel mehr Spaß haben!
Wir haben drei Häuser errichtet, in denen 28 Parteien Platz finden. Außerdem gibt's bereits einen alten Dreikanthof und ein altes Wohnhaus, die wir zu gemeinschaftlich genutzten Flächen umbauen werden. Besonders planen wir Co-Working-Büros, Therapiezimmer, Musikraum, Werkstatt, Lager- und Verarbeitungsflächen.
Wir entscheiden nach dem Konsentprinzip und organisieren uns in thematischen Arbeitskreisen, um unsere Häuser, die Landwirtschaft und das gemeinsame Arbeiten in KooWo zu planen. Wir wählen mittels offener Wahl unsere Leitung und Delegationen, die eine doppelte Verknüpfung in den Leitungskreis (unser oberstes Gremium) darstellen.
Unsere Bauträgerin ist Die WoGen, die ausschließlich gemeinschaftliche Wohnprojekte mit und für Menschen verwirklicht.

WoGen Wohnprojekte-Genossenschaft

☺ Um unsere generationenübergreifende Vision zu erfüllen, suchen wir besonders nach Männern, Familien mit älteren Kindern (ab 13) sowie Menschen ab 40 Jahren.

Lebensgut Miteinander

Prünst 12 | 3163 Rohrbach an der Gölsen ☎+43-(0)664-885 439 83
info@lebensgutmiteinander.com www.lebensgutmiteinander.com

2014 16 ha (8 ha Wald, 7 ha Wiese) (bei Wien) 50 % ♀7 ♂7 3 17
11 11

d, e

Entscheidungen im jeweils beauftragten Organisationsgremium (soziokratisches Konsent-Prinzip)

individuelle Finanzierung - mit gemeinsamer Finanzverantwortung für Abzahlung der Liegenschaft und Kosten des Vereins.

Besitz des gemeinnützigen Vereins „LebensGut Miteinander"

wertebasiert (siehe Selbstbeschreibung)

Generationen-Wohnprojekt, Kindertagesbetreuung, Biologischer Gemüse- und Kräuteranbau, Seminar- und Veranstaltungszentrum, therapeutische Gemeinschaftspraxis

ökolog., selbstverw., gewaltfrei, hierarch., Bioernährung, Bildungsarbeit, Pädagogik, Tagungshaus, Umweltschutz, Permakultur, biolog. Landwirt., biolog. Gartenbau, Bau, Humor, barrierefrei, Soziokratie, Tagesbetreuung für ältere Menschen

☺ ( )

Wir organisieren am LebensGut Miteinander ein landwirtschaftliches Gut als Entwicklungs- und Erlebnisraum für erfülltes, generationenübergreifendes Zusammenleben und -arbeiten auf Basis unserer Werte. Wir verbinden Landwirtschaft, die Begleitung von Kindern und älteren Menschen, Bildungs-und Kulturangebote und nachhaltige Gesundheitsversorgung zu einem neuen Miteinander. Das Gut hat 8 ha Wald, 7 ha Grünland und 1 ha Gebäudeflächen. Es liegt im hügeligen östlichen Voralpenland - 20 km südlich von St. Pölten und 50 km südwestlich von Wien (= 1 Autostunde, 1,5 h mit dem Zug) entfernt. Die nächste Bahnstation ist 1,2 km entfernt. Wir haben ein Generationen-Wohnprojekt (Plangröße 25 Erwachsene + viele Kinder), biologischen und solidarischen Gemüse- und Kräuteranbau, Kindertagesbetreuung, ein Seminar- und Veranstaltungszentrum und eine therapeutische Gemeinschaftspraxis. Außerdem leben hier 5 Esel, 3 Katzen, 8 Laufenten und 10 Hühner.
Unsere Wertebasis ist: Ökologie, Gesundheit, Sicherheit, Freude, Verantwortung, liebevolle Haltung. Wir kochen gemeinschaftlich vegetarisch in einem Kochrad v.a. mit unserem herrlichen saisonalen Gemüse vor Ort. Wir nehmen noch Menschen auf, die unsere Vision von nachhaltigem Leben und Zusammenarbeiten der Generationen mit uns gemeinsam umsetzen wollen.

„Es gibt nichts Gutes, außer... man tut es!" (Erich Kästner)

Wir sind in diversen Netzwerken von österr. Ökodörfern, der Gemeinde und in der Region eingebunden.

☺ Es gibt einen umfassenden Aufnahmeprozess. Es gibt finanzielle, zeitliche und inhaltliche Kriterien für die Aufnahme.

Mauerseglerei Wohnen und Leben in Gemeinschaft

Endresstraße 59c | 1230 Wien ☎+43-(0)680-225 76 72
info@mauerseglerei.at mauerseglerei.wixsite.com/gennesaret

2016 3000 m² ♀20 ♂17 32 69

d, e, f, (i)

hauptsächlich Arbeitskreise, Plenum in Grundsatzfragen (Soziokratie)

Vereinseigentum

ökolog., selbstverw., linkes Politikverst., altern. Energie, neue Technologien, ökolog. Bauen, Humor, barrierefrei, rauchfrei, Grundschule, Therapiezentrum

Unser Haus wurde als gemeinschaftliches Wohnprojekt errichtet. Das bedeutet, dass wir als Gemeinschaft die Verantwortung für Entwicklungs-, Planungs- und Bauprozess getragen haben. Die Verwaltung und Instandhaltung unseres Hauses werden ebenfalls gemeinschaftlich organisiert. Wir halten uns an gemeinsame Regeln für unsere Gespräche und den Umgang miteinander, um einander respektvoll, achtsam und wertschätzend begegnen zu können. In unseren Gemeinschaftsräumen ist stets etwas los. Wenn man Gesellschaft sucht oder Unterstützung benötigt, finden sich rasch offene Ohren oder helfende Hände. Wir leben in einer angenehmen Abwechslung aus privatem Rückzug (27 Haushalte) und Eingebundensein in eine Gemeinschaft. Wir achten darauf, dass alle Bewohner*innen sozial und emotional gut eingebunden sind. Wir interessieren uns für unsere Mitbewohner*innen, sind neugierig darauf, andere Lebensmodelle kennenzulernen und erleben unsere Unterschiedlichkeit trotz aller möglichen Konflikte als Bereicherung. Wir lösen Konflikte mit Offenheit, Verständnis und Ehrlichkeit und holen uns bei Bedarf Unterstützung von außen. Bei finanziellen Notlagen unterstützen wir Bewohner*innen aus Mitteln unseres Solidaritätsfonds. Außerdem führen wir eine gemeinsame Food-Coop.

Die vier Säulen unseres Projekts spiegeln wider, dass uns das Teilen (Solidarität), die Achtung von Natur und Leben (Ökologie), gegenseitige Unterstützung und Toleranz im Zusammenleben (Gemeinschaft) und die authentische Begegnung auf einer geistigen Ebene (Spiritualität) wichtig sind und wir das auch umsetzen wollen.

☺ siehe Rubrik „mitmachen" auf unserer Homepage

Ökosiedlung Gärtnerhof

Hochwaldstr. 37/5A | 2230 Gänserndorf ☎+43-(0)2282-702 89-0
www.atelierdeubner.at

1988 2 ha (bei Wien) ♀22 ♂19 15 56

e, schwed. 4

alle Betroffenen gemeinsam (Konsens)

gem. Finanzierung best. Bereiche & individuelle Finanzierung

teilw. Eigentum einzelner Gemeinschaftsmitglieder, teilw. Eigentum aller

keine ideologischen/spirituellen Grundsätze

Architektur, biol. Landwirtschaft, Behinderten-Therapie, Kunsthandwerk
ökolog., selbstverw., gewaltfrei, esoter., chaotisch, inneres Wachstum, Bioernährung, veget., Pädagogik, geistig/psych. Behinderte, körperl. Behinderte, Umweltschutz, Selbstvers., biolog. Gartenbau, biolog. Viehwirt., altern. Energie, neue Technologien, ökolog. Bauen, Behindertenintegration, Tischlerei, Kunst, Medien

Die Siedlung besteht seit 31 Jahren. In der Zwischenzeit haben zum Teil schon die Kinder der ursprünglichen Bewohner*innen die Wohnungen bzw. Häuser übernommen. Es gibt alle 2 Monate Gemeinschaftssitzungen, in denen wichtige Entscheidungen getroffen werden. 4-6 Mal im Jahr gibt es Arbeitstage, an denen die Anlage geputzt und das Grünland gepflegt werden. Sehr viele Punkte der Anlagenpflege, wie Wartung des Badeteiches, der Pflanzenkläranlage, der Hebewerke, der Sauna und der Freiräume, werden in Eigenregie durchgeführt.
Es gibt auch eine Reihe von sozialen Hilfestellungen für hilfebedürftige und ältere Mitbewohner*innen.

Ökotopisches Zentrum c/o Fritz Balatka

Achauerstr. 21 | 2326 Maria Lanzendorf ☎+43-(0)2235-444 26
fritz.balatka@gmx.at

1979 | 4000 m² (bei Wien) | ♀16 ♂15 8 39

d, e, i, f, sp, portugiesisch
alle Vereinsmitglieder gemeinsam in monatlichen Sitzungen (durch Diskussion Mehrheiten und Konsens erreichen)
indiv. Finanzierung & gem. Finanzierung der Erhaltung, Ausbau, laufender Kosten sowie von Projekten
Eigentum aller erwachsenen Bewohner*innen, die Vereinsmitglieder sind
nein, am ehesten ökologisch ausgerichtet
reines Wohnprojekt, den Alltag teilen, fallweise gemeinsame Projekte
ökolog., selbstverw., gewaltfrei, inneres Wachstum, Umweltschutz, altern. Energie, Sozialarbeit, Therapie, Handwerk, Kunst

1979 gegründet, gehört unser Projekt zu den Pioniergemeinschaften in Österreich. Das Ziel war: eine gemeinschaftlich orientierte Alternative zur „individuellen Stadtwohnung“ und „ländlichen Familienidylle“ zu schaffen, im Umland von Wien; individuelles Geldverdienen in der Stadt; gemeinsame Aktivitäten der Mitglieder am Wohnort; Schaffung eines kinderfreundlichen Umfeldes; ökologisch orientiertes und selbstverwaltetes Wohnen – und all das entwickelt in einer Atmosphäre pluralistischer Meinungen und demokratischer Selbstverwaltung.
Unser Verein hat das Gelände und die Gebäude einer ehemaligen Textilfabrik erworben und, entsprechend unseren individuellen Wohnbedürfnissen, mit einigen gemeinschaftlichen Einrichtungen ausgebaut. Da wir keine gemeinsame Ideologie teilen, sind demokratische Werte, Toleranz anderen Meinungen gegenüber und der Wille zu teilen und teilzuhaben an der Gemeinschaft die Kernwerte unseres Vereins. Finanziell wird der Verein von monatlichen festen Beiträgen seiner Mitglieder getragen.

Österreich

PAN Schule für gemeinschaftliches Leben

Harmannstein 2 | 3922 Großschönau ☎+43-(0)2815-6651-0
portal@pan.at www.pan.at

1995 60 ha (bei Gmünd, Niederösterreich) 85 % ♀12 ♂11 3 26

d alle alle

Gemeinschaftsplenum bzw. für Teilbereiche die rechtl. Verantwortlichen (Geschäftsführer*in, Schulleiter*in) (weitgehend einstimmig)

Großfamiliengemeinschaft, alle teilen alles

Eigentum einer gemeinnützigen Privatstiftung

urchristlich

Bildungsarbeit, Landwirtschaft, Küche, Verarbeitung von/zu Lebensmitteln, Werkstätten

ökolog., selbstverw., gewaltfrei, spirit., christl., inneres Wachstum, Bioernährung, Bildungsarbeit, Pädagogik, freie Schule, Friedensarbeit, Entwicklungshilfe, Tierschutz, Umweltschutz, Selbstvers., biolog. Landwirt., biolog. Gartenbau, biolog. Viehwirt., artgerechte Viehwirt., Forstwirt., altern. Energie, neue Technologien, ökolog. Bauen, Humor, barrierefrei, rauchfrei, Werkstätten: Metall, Holz, Textil, Grafik & Medien

☺

„Gesundheit für Boden, Pflanze, Tier und Mensch" ist der PAN-Leitgedanke, auf den wir unser Leben gemeinsam und ganz praktisch ausgerichtet haben.
Seit der Gründung vor fast 25 Jahren bekennen wir uns dazu, Jesus ernst nehmen zu wollen und verstehen uns als geistige Wesen, die menschliche Erfahrungen machen. Diese Bewusstseinshaltung führt uns immer tiefer zu einer Lebensart des Gemeinschaftlichen mit allem, was uns umgibt, und macht unser Dasein zu einem ständigen Lern- und Entwicklungsprozess.
Wir sind heute eine Generationen-Gemeinschaft von rund 30 Menschen mit einer Mehrheit an „jungen Erwachsenen" zwischen 20 und 30 Jahren und wollen miteinander würdig leben und arbeiten.
Deshalb bewirtschaften wir eine biologische, 60 ha umfassende Land- und Forstwirtschaft, halten unsere Tiere artgerecht (Schafe, Freilandschweine, Bienen, Katzen, Hund) und betreuen zusammen unseren rund 1 ha großen Gemüse- und Kräutergarten. Die gewonnenen Rohprodukte veredeln wir in der hofeigenen Küche sowie in unserer Milch- und Fleischverarbeitung. Den Überschuss verkaufen wir im WIR-Selbermacher-Laden und in Selbstversorgerläden der Region.

Zu den Säulen des PAN-Projekts gehören außerdem eine Privatschule für 6- bis 15-Jährige, mehrere Werkstätten (Holz, Metall, Textil) und eine Wirtschaftseinheit mit den Schwerpunkten Entwicklung (Softwarelösungen, regionales Netzwerk), Dienstleistung (Grafikdesign, Buchhaltung, EDV) und Bodengesundheit (regenerative Mikroorganismen).

☺ Entwicklungsbereitschaft

Projekt Kooperatives Wohnen

Am Silberberg 4 | 8074 Raaba ☎+43-(0)316-401 363
gert.civegna@aon.at

1978 1 ha (bei Graz) ♀28 ♂18 6 52

d

Eigentum einzelner, Gemeinschaftseigentum

selbstverw.

Unser Wohnprojekt feiert 2019 im Herbst den 40. Geburtstag. Wir sind im Februar 1979 eingezogen und haben das damals im Zuge der 68er-Bewegung entwickelt und umgesetzt.
Im Gegensatz zu den aktuellen Baugruppen sind wir allerdings eine Wohnungs-Eigentums-Gemeinschaft (WEG), d.h. jede Wohnung (Haus) befindet sich in Privateigentum und kann ohne Mitsprache der Mitbewohner*innen verkauft oder vermietet werden.
Was uns verbindet ist die Vereinsstruktur, die komplette Selbstverwaltung und gegenseitiges soziales Engagement (auch Betreuung von Geflüchteten), allerdings gibt es keine ideologische Ausrichtung. Wie überall gibt es natürlich welche, die sich stark engagieren und andere, die fast nur die geringen Betriebskosten auf Grund der Selbstverwaltung genießen.
Die „Altbewohner*innen" sind inzwischen bei 70+, und die Kinder sind irgendwo verstreut. Zum Glück gibt es ein paar neue Familien mit Kindern, die hoffentlich irgendwann unsere Betreuung übernehmen werden.

Seedcamp Gemeinschaft St. Hildegard Stiftung

Hauptplatz 7 | 3851 Kautzen ☎+43-(0)2864-2573
edu@seedcamp.at www.seedcamp.at

2000 7 ha (bei Waidhofen/Thaya) ♀9 ♂9 19 37

d, e, f, i 7

alle Betroffenen gemeinsam (in Gesprächen) Haushaltskasse

Stiftung von Verein verwaltet

Freigeist

Hausarbeit, Landschaftspflege & Gärten, Projektorganisation, Schule & Kinderbetreuung, Tiere (Pferde)

ökolog., selbstverw., anarchist., linkes Politikverst., gewaltfrei, spirit., christl., ökumen., buddhist., taoist., esoter., chaotisch, anthroposoph., inneres Wachstum, Meditation, Yoga, Tantra, Sexualität, freie Liebe, Bioernährung, veget., vegan, makrobiot., Bildungsarbeit, Pädagogik, freie Schule, Friedensarbeit, Entwicklungshilfe, geistig/psych. Behinderte, körperl. Behinderte, Umweltschutz, Permakultur, biolog. Gartenbau, Forstwirt., altern. Energie, neue Technologien, ökolog. Bauen, Humor, barrierefrei, freies Dasein, Kunst, Natur, Mensch, Landschaft u. Menschenwürde

☺

Wir sehen das „Seedcamp" als Ort der Begegnung und kreativen Bahnhof, angetrieben durch das Abhalten verschiedenster Workshops und Seminare, das Organisieren von interaktiven Events etc. Ziel des schon sehr organisch angelegten Vorhabens ist die natürliche Entwicklung eines regelmäßigen Programmablaufes mit sich periodisch wiederholenden Projekten, um auch ein zeitliches Kontinuum zur Entwicklung nachhaltiger Denkmodelle zu schaffen.
Um diese erweiterte „Permakultur" auf dem Platz der natürlichen Geborgenheit mit nach-

haltigem Leben zu füllen, rufen wir nun alle Interessierten auf, ihren Teil beizutragen, sei es durch das Organisieren und Abhalten von verschiedensten Workshops und Seminaren, um wertvolles Wissen weiterzugeben, oder indem dieser Platz und die wachsende Gemeinschaft mit Rücksicht auf die Freiheit und voller Hingabe belebt wird.
Es gibt eine große, lose Gemeinschaft, die verteilt über Österreich und darüber hinaus existiert und agiert und diesen Platz mitgestaltet, die dann bei den Festen zusammenkommt.
Die tatsächlich angesiedelte Gemeinschaft ist noch im Keimstadium, allerdings ist die Zellinformation eine ganzheitliche.

- Woodcult
- ☺ Der Platz und die Gemeinschaft sollen offen bleiben.

Wohnen im grünen Markt

Maria-Lassnig-Straße 32-34 | 1100 Wien
wohnen@gruenermarkt.at www.wohnen.gruenermarkt.at

2014 | 6000 m² | ♀31 ♂24 24 79
- d, e, farsi, koreanisch — 5
- alle Vereinsmitglieder (Konsens)
- gemeinsame Finanzierung best. Ber. (Gemeinschaftsbereiche)
- Eigentum des Vereins, von den Vereinsmitgliedern gemietet
- keine
- selbstverw., Meditation, Yoga, barrierefrei

☺

2014 haben wir uns zusammengeschlossen, um gemeinsam ein Wohnhaus zu bauen. Seitdem ist viel passiert, und unsere derzeitige Gemeinschaft besteht aus 55 Erwachsenen und 24 Kindern und Jugendlichen. Wir sind zwischen 0 und 62 Jahren alt. Wir nutzen unsere Talente, Berufe, Interessen und Ideen, um uns ein neues Zuhause zu errichten.
Unser Wohnkonzept beruht auf der Idee vom Teilen dieser Räume. Hier unterscheiden wir uns von anderen Wohnhäusern. 380 m² Gemeinschaftsräume und 750 m² Terrassen sind gemeinschaftlich zu nutzen. Unser Haus ist lebendig und fördert unterschiedliche Lebenskonzepte. Die Kommunikation der Bewohner*innen und aller anderen Nutzer*innen ist uns ein besonderes Anliegen. Nachhaltigkeit, Toleranz, Kreativität und Offenheit für Neues sind unsere verbindenden Werte. Die Fertigstellung des Hauses ist für Juni 2019 geplant.

- Initiative Gemeinsam Bauen & Wohnen, Foodcoop
- ☺ Interesse am gemeinschaftlichen Wohnen, Teilen unserer Vision

Polen siehe ab Seite 445

Portugal

Aus Portugal können wir 8 existierende Gemeinschaften veröffentlichen, dazu eine geplante auf Seite 511.

ARTLIFE Algarve Quinta Artlife

Quinta Verde / 489 V | 8700-124 Moncarapacho/Olhao ☎+351-917 248 948
quintaartlife@gmail.com

1996 | 0,5 ha (bei Faro) | 5 % | ♀5 ♂3 1 | 9

d, e, f, portugiesisch | alle

alle (Konsens) | gemeinsame Versorgung, gemeinsame Projekte

gemietet

Haushalt, Garten, Altersbetreuung, Projekte, Computerarbeiten

gewaltfrei, Sexualität, Bildungsarbeit, Pädagogik, Humor, Kunst, Kunsttherapie, soziale Forschung

Wir sind eine Gemeinschaft, die eine lange Geschichte verbindet. Von 1974 bis 1990 lebten wir am Friedrichshof (Österreich) in der Kommune von Otto Muehl und setzten unser Kommuneleben 1996 in Portugal fort. Wir sind jetzt sieben Erwachsene, die über 50 Jahre alt sind, und es leben noch zwei unserer Kinder bei uns (13 und 19 Jahre). Wir organisieren unseren Haushalt gemeinsam (Kochen, Einkaufen, Reisen, Putzen, Gartenarbeit etc...) und essen jeden Abend zusammen.
Wir treffen uns regelmäßig, um Themen und Projekte zu diskutieren und versuchen, Entscheidungen im Konsens zu treffen, dazu streben wir eine offene und humorvolle Kommunikation an. Wir suchen ein Gleichgewicht zwischen individuellen, familiären und sozialen Bedürfnissen, Kunst ist uns ebenfalls sehr wichtig.
Wir betreiben: Malerei, Musik, Fotografie, Filme, Tanz, Literatur, Performances (PantomimiC), dazu kommen noch Themen wie Kommunen-Forschung oder generell Interesse an alternativen Lebensformen.
Wir sind zwar nicht auf der Suche nach neuen Mitgliedern, aber Besucher*innen (Mitarbeitsgäste und/oder finanzieller Beitrag nach Vereinbarung) sind herzlich willkommen!

☺ Ergibt sich aus der Begegnung.

Ecoaldea Vegetariana Espiral

Associaçao Cultural e Ecologista de Portugal
Quinta da Corga, lugar de Vilela de Riodouro | 4960-434 Cabeceiras de Basto
ecoaldeavegetariana@gmail.com www.ecoaldeavegetariana.wordpress.com/

2012 12 ha ♀6 4 12

d, e, f, sp, katalan., portugies. alle

Versammlung von allen, welche definitiv aufgenommen sind (Konsens in der Versammlung)

Individuelle Ökonomie und geteilte Ökonomie. Alle gemeinschaftlichen Kosten werden aus der Gemeinschaftskasse bezahlt, die aus dem gespeist wird, was das Ökodorf erwirtschaftet.

Spiritualität (keine Religion), vegane Ernährungsweise, Gesundheit, Selbstversorgung, Gemeinschaftsleben und soziale Themen, freie Schule, ökologische Lebensweise, kein Alkohol, keine Drogen, elektrische Geräte und Mobiltelefone nur in den Schlafräumen

Garten; Wege, Mauern und Infrastruktur anlegen

ökolog., selbstverw., linkes Politikverst., feminist., gewaltfrei, spirit., inneres Wachstum, Meditation, Yoga, Bioernährung, vegan, Pädagogik, freie Schule, Friedensarbeit, Entwicklungshilfe, Tierschutz, Umweltschutz, Selbstvers., Permakultur, biolog. Landwirt., biolog. Gartenbau, altern. Energie, ökolog. Bauen, Bau, Humor, handyfrei, rauchfrei, vegane Ernährung, kein WLAN

☺ ()

Ökodorf mit kostenloser Bildung für Vegetarier*innen.
Das Land, auf welchem sich der Stamm niedergelassen hat, befindet sich im Norden Portugals. Es gibt 12 ha Land, vier teilweise renovierte Gebäude, eine große Ruine und zwei verfallene Mühlen. Das Land wird von einem schönen kristallklaren Fluß durchflossen. Es gibt viele Bäume, manche sind sehr groß und es gibt magische Plätze für Meditation und Ruhe. Das Land ist in einer hügeligen Gegend mit flachen Terrassen, welche sich für Küchengärten eignen. Es liegt dazu am Fuße von hohen Bergen, welche das Ökodorf vom Nordwind abschirmen. Zum nächsten Dorf sind es 10 min zu Fuß. Bis zum nächsten größeren Ort (Cabeceiras de Basto) sind es 20 min mit dem Auto.
Jede*r lebt in einem privaten Raum, daneben gibt es gemeinschaftliche Räume. Allen Aktivitäten liegen die Prinzipien der Permakultur zu Grunde. Gemeinschaftsgärten wurden angelegt, mit dem Ziel, sich mehr und mehr selbst versorgen zu können.
Die Kinder werden gemeinschaftlich frei erzogen, damit sie im Respekt ihrer individuellen Entwicklung und ihrer wirklichen Bedürfnisse aufwachsen können.
Während des gesamten Aufenthalts oder Besuchs inner- oder außerhalb des Ökodorfs bitten wir: keine Drogen, kein Alkohol, kein Kaffee, kein Mate, kein TV. Mobiltelefone und elektronische Geräte nur in den Schlafräumen, Internet nur außerhalb des Ökodorfes.
Unser Leben passt sich zu einem großen Teil dem an, was die Natur uns gibt. Wir schaffen es mehr und mehr, so wenig wie möglich von Geld abhängig zu sein.

→Siehe auch Beschreibung der Netzwerke „**RIE, GEN Europe**"

☺ Aufenthaltsbeitrag während des Integrationsprozesses oder Besuchen und endgültiger Beitrag für die definitive Aufnahme als vollberechtigtes Mitglied. Vegane Ernährungsweise, Spiritualität und Ökologie.

La Belle Verte

Aguçadeira, Sitio de Palheiros, CCI 13-J | 8550-322 Monchique
+351-282 913 056 twg@aliceadsl.fr www.la-belle-verte.weebly.com

2011 2 ha (bei Monchique) 30-40 % ♀1 2 3

f, d, portugiesisch, e 3 3

alle Betroffenen gemeinsam (Konsens)

individuelle Finanzierung; wahlweise gemeinsame oder getrennte Haushaltskasse

Eigentum aller

Das Projekt ist stark inspiriert durch den gleichnamigen Film von Coline Serreau.

ökologischer Hausbau mit Schwerpunkt Lehmbau (verschiedene Techniken), Landschaftsgestaltung, Obstbäume und Gemüsegarten, Bienenhaltung, Homeschooling der Kinder, Begleitung bei Fasten- und Entgiftungskuren

ökolog., selbstverw., gewaltfrei, inneres Wachstum, Bioernährung, veget., Pädagogik, Umweltschutz, Selbstvers., Permakultur, biolog. Landwirt., biolog. Gartenbau, biolog. Viehwirt., altern. Energie, ökolog. Bauen, handyfrei, rauchfrei, freiwillige Einfachheit, emotionale Authentizität, sensibler Blick auf Suchtstrukturen, konsequente Ökologie, gelebtes Solidarverhalten, nachhaltiger Lebensstil

☺ ()

La Belle Verte ist ein wunderschöner Ort und befindet sich auf 500 m Höhe in der Serra de Monchique im Süden von Portugal, 45 min vom Flughafen Faro in der Algarve.
Unser Land schmiegt sich in ein traumhaft ländliches, abgelegenes Tal. Wir sind eine Familie des Herzens: Bis 2018 waren wir fünf Erwachsene (deutsch und französisch) und fünf Kinder. Seit Beginn 2018 haben sich mehrere Erwachsene und einige Kinder aus wirtschaftlichen Gründen für eine bestimmte Zeit zur Erwerbstätigkeit aus dem Projekt zurückgezogen, unterstützen aber das Projekt wirtschaftlich und sozial weiter.
Durch unser Land fließt ein Fluss aus natürlichem Quellwasser auf seiner meandernden Reise zum Atlantik. Unser Essen bauen wir so viel wie möglich selbst an und haben unsere eigene Sonnenenergieversorgung für Strom und Solarduschen. Wir streben nach einer nachhaltigen Umwelt, die auch gleichgesinnte Menschen jeden Alters und beiderlei Geschlechts anzieht, zu uns zu kommen und sich uns anzuschließen.
Seit 2017 haben wir uns stark in Richtung „Regenerationsplattform“ hin entwickelt. Wir bieten verschiedene Möglichkeiten und Begleitung hierbei an (Fasten, Leberreinigung, Saftkuren, Rohkostwochen, Meditationen, glutenfreie und laktosefreie Ernährung etc.).
Wir bieten euch die Chance, hierher zu kommen und mit uns die Natur und die wirkliche Erde zu spüren. Ihr könnt so lang oder kurz bleiben, solang ihr es mit uns „fühlt“. Wir sind menschlich, einladend und authentisch. Wir haben eine einfache Philosophie hier: Sei wirklich... sei du... und lebe.

→Siehe auch Beschreibung des Netzwerks „**WWOOF**“

Transition Town Movement Monchique

☺ abgestufte Probezeit, keine spezifischen materiellen Zugangsauflagen

☆ Naturalmente – Retreat Center

Alte-Loulé | 8100 Loulé Naturalmente.Retreat.Center@gmail.com
Naturalmente-Retreat-Center.blogspot.com

2012 (bei Alte-Loulé) 15 %

e, portugiesisch

ökolog., selbstverw., gewaltfrei, spirit., anthroposoph., Meditation, Yoga, Tantra, Bioernährung, veget., vegan, freie Schule, Umweltschutz, Selbstvers., Permakultur, biolog. Landwirt., biolog. Gartenbau, Forstwirt., altern. Energie, ökolog. Bauen, handyfrei, rauchfrei

☺ ( )

Naturalmente ist ein ganzheitliches Zentrum, das sich darauf konzentriert, einer natürlichen Lebensweise zu folgen. Wir laden jede*n ein, dem Ruf nach einer tiefen Verbindung mit der Natur und der Evolution, der Erweiterung des Bewusstseins zu folgen, zur Erhöhung unserer Schwingung und Erweckung unseres Wesens und unseres vollen Potentials, Entwicklung und Bewusstwerdung unserer gegenseitigen Verbindung/Vereinigung mit allem, was ist. Entwicklung in Harmonie mit dem ganzen Universum und gewissenhafte Mitgestaltung zu einer Welt der Liebe.
Wir empfangen Gäste und Freiwillige, die sich in Einklang mit unseren 12 Prinzipien befinden:
☺ Bitte auf der Webseite schauen unter „Volunteers and Visitors".

Anm. der Red.: Bitte beachten Sie den Artikel über die Anastasia-Bewegung auf Seite 55

Quinta Alvorada do Ouro Umbria

8800-166 Tavira +32-(0)487-209 304
victoria.ratledge@gmail.com
www.facebook.com/groups/alvoradadoouro/?fref=ts

2009 7500 m² (bei Tavira, Faro) ♀2 ♂2 0 4

e, holländ., f, portug. 4

alle Betroffenen gemeinsam (Mehrheitsabstimmung und/oder Konsens)

individuelle Finanzierung (zu Beginn) 1 Eigentümer

Meditation, bewusstes Leben, Permakultur, nachhaltiges Bauen, Kunst, Musik & Heilung...

ökolog., selbstverw., gewaltfrei, Erwachsenenbildung, Pädagogik, Tagungshaus, Friedensarbeit, Entwicklungshilfe, spirit., buddhist., inneres Wachstum, Meditation, Yoga, Tantra, anthroposoph., Bioernährung, veget., vegane Rohkost, Umweltschutz, Selbstvers., Permakultur, biolog. Gartenbau, altern. Energie, neue Technologien, ökolog. Bauen und jede Menge Liebe und Humor

☺

Quinta Alvorada de Ouro bietet einen Raum in unberührter Natur, wo Stadtmenschen (und andere) sich geistig und körperlich entspannen und entgiften können – wo jede*r ein Reich unterstützender Heilungsschwingung betreten und sich öffnen kann, für das im Moment präsente Bewusstsein hinter unseren schnatternden Gedankenströmen. Ziehe dich zurück in Stille oder beteilige dich an den Gemeinschaftsprojekten. Es gibt viel zu TUN, neben dem SEIN (in Aufmerksamkeit): Permakultur-Gemüsegarten, Solarbauprojekte, kochen und nicht-kochen, Lebensmittel-/Kräuterverarbeitung, Häuserbau. Es gibt Platz für 12 Menschen gleichzeitig, Lang- und Kurzzeitgäste, Brüder und Schwestern, Kinder jung und alt. Es gibt die Möglichkeit, Workshops zu verschiedensten Themen zu präsentieren... Weite, offene Möglichkeiten unsere Herzenswünsche auszudrücken... Musik, Tanz, Kunst – alle Formen des Ausdrucks! Ein Lernfeld für Leben und Atmen in harmonischer Einheit.

- www.gaia.com
- unsere Visionen teilen, kein Tabak-Alkohol-Drogen auf dem Gelände – wir werden high vom einander lieben!

Tamera Heilungsbiotop 1

Monte do Cerro | 7630-392 Reliquias ☎+351-283 635 306
office@tamera.org www.tamera.org

1995 150 ha (bei Portugal, Odemira) 40 % ♀80 ♂60 30 170

- d, e, portugiesisch — alle festen Mitarbeiter*innen — alle
- die verantwortlichen Mitarbeiter*innen (Konsens der Verantwortungsträger*innen)
- gemeinschaftliche Ökonomie
- Besitz eines gemeinschaftseigenen Unternehmens
- ökol. und sozial nachhaltig, Wahrheit in der Liebe, Transparenz in der Gemeinschaft
- Aufbau eines energieautarken Modelldorfes, ökologische Rekultivierung, Liebesschule, Defend the Sacred (politische Netzwerk- und Friedensarbeit), spirituelle Forschung, Kunst, politische Netzwerkarbeit
- ökolog., selbstverw., linkes Politikverst., gewaltfrei, spirit., inneres Wachstum, Sexualität, freie Liebe, Bioernährung, veget., vegan, Bildungsarbeit, Pädagogik, freie Schule, Tagungshaus, Friedensarbeit, Tierschutz, Umweltschutz, Selbstvers., Permakultur, biolog. Gartenbau, Forstwirt., altern. Energie, neue Technologien, ökolog. Bauen, Humor, Unsere Fachkräftegruppe ist offen für: Übersetzer*innen (engl., port.), Computer / IT, Elektriker*innen, Sanitär, Zimmerleute, KFZ-Mechaniker*in

Das „Heilungsbiotop 1 Tamera" im Süden Portugals ist eine Gemeinschaft sowie eine internationale Ausbildungs- und Experimentierstätte für den Aufbau von Friedensforschungsdörfern weltweit. In Tamera leben, arbeiten und studieren derzeit 170 Menschen. Ziel ist der exemplarische Aufbau eines Modelldorfes für ein gewaltfreies Zusammenleben von Menschen und zwischen Mensch und Natur und Mensch und Tier. Die Schwerpunkte der Arbeit liegen in der Ausbildung von jungen Menschen in der Friedensausbildung „Terra Nova", im Aufbau eines exemplarischen energie-, wasser- und lebensmittelautarken Modelldorfes „Solar Village" und in der politischen Netzwerkarbeit mit dem Ziel, einen Globalen Campus für eine weltweit vernetzte Friedensausbildung aufzubauen. Die Ausbildung und die internationalen Friedensaktionen geschehen

im Namen von GRACE und „DEFEND THE SACRED", oder mit anderen Worten: „Sei selbst die Veränderung, die du in der Welt sehen willst."
Gegründet wurde Tamera 1995 von dem Soziologen und Psychoanalytiker Dieter Duhm, der Theologin Sabine Lichtenfels und dem Physiker und Musiker Rainer Ehrenpreis.
Interessent*innen sind zur jährlichen Sommeruniversität sowie zu zahlreichen Seminaren und Kursen willkommen. *Farbfoto auf Seite 6*

→Siehe auch Beschreibung des Netzwerks „**GEN Europe**"
🌐 URI, Global Campus, Schule Terra Nova
☺ Studium und Teilnahme am Basisstudium, Übereinstimmung mit den wesentlichen Zielen der Forschung, Mitarbeit, Mittragen der finanziellen Verantwortung

☆ Valley of Peace

Casa do Pomar Velho 36 A | 8550-286 Monchique ☎+351-2-829 118 10
wolfgang@peacefulvalleys.com peacefulvalleys.com

2007 2,5 ha (bei Lagos, Faro) 70 % ♀2 ♂1 1 4

e, d, portugiesisch 4
alle zusammen (Konsens) Einkommensgemeinschaft
Eigentum einzelner
yoga-spirituell
Gemüseanbau, Ziegenkäse und Brot herstellen, Lehmbau
selbstverw., linkes Politikverst., gewaltfrei, spirit., buddhist., taoist., anthroposoph., inneres Wachstum, Meditation, Yoga, Tantra, veget., Tierschutz, Umweltschutz, Selbstvers., Permakultur, biolog. Landwirt., biolog. Viehwirt., altern. Energie, ökolog. Bauen, Klangschalen

☺

„Lernen bedeutet, herauszufinden, was man bereits weiß. Tun ist der Beweis dafür, dass du es weißt. Unterrichten bedeutet, andere daran zu erinnern, dass sie genauso gut wissen wie du. Wir sind alle Lernende, Macher, Lehrer" - Richard Bach („Illusions")

Peaceful Valley ist ein Ort, an dem sich Einschränkungen von „Ich weiß" und „Ich denke" in eine reine Existenz von „Ich fühle" und „Ich bin" auflösen. Es ist ein Ort, an dem jede Seele mit innerem Licht wachsen kann, indem sie bedingungslos aufdeckt, annimmt und liebt, wer wir wirklich sind. In unserem friedlichen Tal widmen wir uns einem gesunden Leben in Bezug auf die Hauptaspekte unserer Existenz - körperlich, emotional, mental und spirituell. Jeden Tag widmen wir uns dem ökologischen Landbau, lernen und lehren Permakultur, nachhaltiges Leben, Superadobe-(Lehmsack-)Bauen, vegetarische ayurvedische Küche, bewusst leben und das Jetzt genießen. Unsere Mission ist es, in Harmonie mit uns selbst und der Natur zu leben. Im Laufe der Jahre haben wir mit all unserer Liebe und unserem Glauben einen besonderen Ort geschaffen, um denjenigen, die in unser Tal kommen, zu helfen, aufzuwachen, die Reinheit von Körper und Geist wiederherzustellen, sich für ein bewussteres Leben zu öffnen, den Weg zu erleuchten zu den inneren Ressourcen der Liebe zum Leben und zur Verbindung mit dem wahren Selbst und dem Universum.

🌐 Gemeinschaftsgarten
☺ spirituell, Einsteiger*innen müssen ihren Lehmbau selber finanzieren

☆ **Vegan Hills** Vegoa

Sito Vale Marreiros E Castelo | 8650-401 Pedralva
hello@vegoa.org vegoa.org/

2015 103 ha (bei Lagos) 20 % ♀10 ♂10 2 22

- d, e, f, sp, niederländisch
- alle Mitglieder (Konsens oder Mehrheitsentscheid (wenn die Abstimmung beantragt wird))
- individuelle Finanzierung
- Eigentum der Vegoa Association (Eigentum aller Mitglieder)
- vegan leben und auf ökologische Nachhaltigkeit ausgerichtet sein
- Pflege und Verbesserung unseres Landes
- ökolog., selbstverw., linkes Politikverst., gewaltfrei, vegan, Tierschutz, Umweltschutz, Selbstvers., Permakultur, biolog. Landwirt., biolog. Gartenbau, Forstwirt., altern. Energie, neue Technologien, ökolog. Bauen

☺

Vegan Hills ist das erste Projekt von Vegoa, einer gemeinnützigen Organisation, die sich auf die Förderung von Veganismus und Nachhaltigkeit konzentriert.
Wir versuchen, eine vegane Gemeinschaft an der Algarve, Portugal, zu schaffen und stellen uns ein Land voller Nahrung, Blumen und Bäume vor. Ein Ort mit kleinen und unendlichen Wanderwegen und natürlichen Gebäuden. Wir wollen, dass es ein Beispiel für eine gewaltfreie Welt ist, in der sich die Menschen gegenseitig helfen und die Natur respektieren.
Die Mitglieder leben völlig unabhängig in umweltfreundlichen Unterkünften wie Jurten, Wohnmobilen und Holzhäusern, die sich über die 103 Hektar verteilen. Die Wohnstätten sind weit genug entfernt, um Privatsphäre und Unabhängigkeit zu gewährleisten, aber auch nah genug, um Geschichten zu erzählen und zu helfen.
Hier gibt es keine Anführer*innen. Jede Stimme wird in unserer direkten Demokratie so laut wie die andere gehört. Unsere Mitglieder kommen aus den verschiedensten Ländern (Deutschland, Großbritannien, Niederlande, USA, etc.) und Hintergründen, aber alle sind sich darin einig, ein ethisch einwandfreies Umfeld zu schaffen.
Taten sprechen mehr als Worte! Möchtest du dich uns anschließen? :-)

☺ vegan leben und finanziell unabhängig sein

Rumänien siehe Seite 447

Russische Föderation

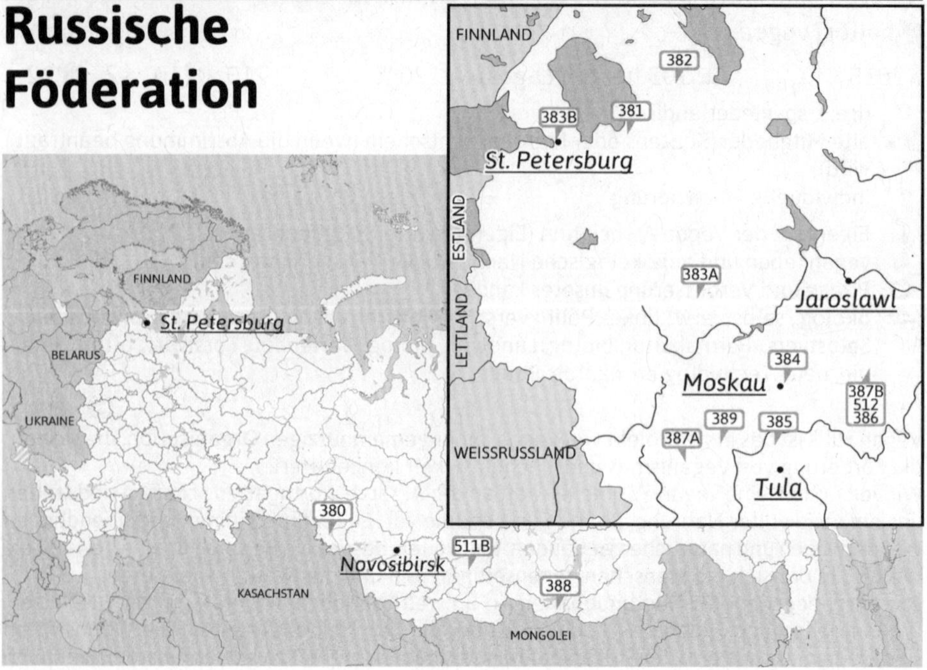

Aus Russland können wir 13 existierende und zwei geplante (Seite 511) Gemeinschaften präsentieren. Teilweise klingen die Beschreibungen außerordentlich abenteuerlich, wenn man sie am eurotopia-Schreibtisch bearbeitet. Da sind unvorstellbar große Landflächen, eine sehr traditionell geprägte Kultur und außerdem sehr kryptische Adressen im Spiel. Und auch inhaltlich sind wir gefordert: Die Anastasia-Idee spielt eine große Rolle (siehe Artikel auf Seite 55 und Anmerkung auf Seite 386) und überhaupt „die Familie".
Zusätzlich zum Svetlana Village (nächste Seite) gibt es auf Seite 546 eine weitere russische Camphill-Gemeinschaft und auf Seite 533 stehen noch zwei Projekte aus der letzten Ausgabe auf der Liste. Mit REEN gibt es ein Gemeinschaftsnetzwerk, das auf Seite 566 beschrieben wird. Danke für den Google-Translator, der auch kyrillische Buchstaben versteht.

AzGrad - New Russian Village Novaja russkaja derevnja

Ul. Pushkina 137 | 644046 Omsk ☎+7-(0)-913-628-23-71
nikitenko@azgrad.ru www.azgrad.ru

2012 (bei Omsk) 80 % ♀6 ♂6 2 14

e, russisch 14 3

eine Gruppe von 12 Leuten (Konsens) individuelle Finanzierung

Besitz der jew. Familie

Landwirtschaft, Tierhaltung, Bienenhaltung, Handwerk, Bildung, Produktion von biologischen Nahrungsmitteln ökolog., selbstverw., Leiter*in/Führer*in/Guru, inneres Wachstum, Bildungsarbeit, Pädagogik, Tagungshaus, Friedensarbeit, Umweltschutz, Selbstvers., Permakultur, biolog. Landwirt., biolog. Gartenbau, biolog. Viehwirt., artgerechte Viehwirt., Forstwirt., altern. Energie, neue Technologien, ökolog. Bauen, Bau, Handwerk: töpfern, Holzarbeiten, Strohproduktion; Bildung: Kindergarten, Schule, Akademie des Wissens, der Fähigkeiten und Fertigkeiten; Gesundheit und Sport: Kräuterheilkunde, Gymkhana

☺ ()

Zu jeder Zeit haben die Menschen die Welt um sie herum mitgestaltet. Eine der Ausformungen dieser gestalteten Welt ist das Dorf. Es lebt nach seinen eigenen Regeln und bietet seinen Bewohner*innen einen Ort für geistige und körperliche Entwicklung. Kein Dorf entsteht durch Zufall: Seine Geburt ist die Frucht von kollektiver Energie. Deshalb bauen wir es auf. Uns vereint der Glaube an uns, die Fähigkeit und der Wille zu erschaffen und die Fähigkeit, neue Technologien und internationale Erfahrungen zu nutzen.
AzGrad soll keine vorgefertigten Bürger*innen für ein System hervorbringen, das für die von ihm geschaffenen Probleme keine Lösungen mehr findet. Es geht darum, Menschen hervorzubringen und zu stärken, die in der Lage sind, sich selbst bewusst und authentisch weiterzuentwickeln - und dabei gleichzeitig eine neue Welt zu schaffen, für die sie sich bewusst mit anderen entschieden haben.
Wir verbinden in unserem Projekt das Beste und vor allem Lebensfähigste der bereits etablierten und funktionierenden Siedlungen, angefangen bei Hüttendörfern und Bauernhöfen bis hin zu Ökosiedlungen und angestammten Landgütern. An dem Projekt arbeiteten Vertreter*innen von Wissenschaft und Kultur, Gesundheit und Bildung, Unternehmer*innen und Landwirt*innen, Menschen unterschiedlichen Alters und Berufes und ihre Kinder. AzGrad entsteht nahe der Stadt Omsk, auch unter der Beteiligung von Spezialisten aus Italien, Österreich und Taiwan. Menschen, die ihren Lebensstil ändern wollen, verbinden sich - und sind bereit, ihre Zukunft und den Lebensraum ihrer Kinder zu gestalten. *Foto Seite 8*

Camphill Village Svetlana Karl-König Trust

Alexina Village, Volchov | 187439 Leningrad County ☎+7-(0)921 9821 335
dsvet1@yandex.ru www.camphillsvetlana.org

1992 57 ha (bei St. Petersburg) 50 % ♀13 ♂12 35

russisch, e, d alle
Teil der Gruppe (Konsens)
gem. Ökonomie (gemeinsames Einkommen und Kapital)
Karl König-Stiftung in St. Petersburg
Anthroposophie, Sozialtherapie nach Karl König
biodynamische Landwirtschaft, Haushalt, Handwerk
ökolog., selbstverw., christl., anthroposoph., Bioernährung, geistig/psych. Behinderte, Selbstvers., biolog. Landwirt., biolog. Gartenbau, biolog. Viehwirt., altern. Energie, neue Technologien, ökolog. Bauen, biol./artgerechte Tierhaltung, Holzarbeit, Puppen, Filzen, Inneres Wachstum

☺

Svetlana Village wurde von einer russischen „Pionier"-Familie gegründet, mit Unterstützung durch eine große Camphill-Gemeinde in Norwegen. Das große Stück fruchtbaren Landes, in einer Biegung des Flusses Syass gelegen, war, abgesehen von einem Stück Weideland, völlig leer - seitdem wurde eine Menge Arbeit hineingesteckt. Vier große Häuser und eine Farm

mit Kühen, Ziegen, Schafen und Hühnern wurden errichtet, ein Brunnen mit jeder Menge frischem Wasser wurde gegraben und ein großer Garten bepflanzt. Der erste „Bewohner" mit besonderen Bedürfnissen kam noch vor dem Brunnen: Er und seine Mutter klopften an der Tür und fragten, ob er hier leben könnte.
Das Dorfleben, das wir führen, ist ganz anders als die gefängnisähnlichen Anstalten, wo den Patient*innen nur Drogen gegeben werden, um sie ruhig zu halten. Viele Menschen kommen für unterschiedlich lange Zeit von überallher zu uns. Besucher*innen finden sich schnell in wichtige Arbeit integriert, helfen in den Familienküchen, in denen wir kochen und käsen, oder arbeiten mit den Tieren auf der Farm, fahren die Traktoren oder widmen sich einer Baustelle. Ein Dorf zu bauen ist sehr aufregend - dieser besondere Ort in Russland gibt dem Ganzen eine weitere einzigartige und erfüllende Dimension. Was einmal ein kleiner Teil eines riesigen sowjetischen Kollektivs war und immer noch die Narben monströser Maschinen trägt, wird wieder von Menschen bearbeitet und gibt einer kleinen menschlichen Gemeinschaft Leben.

→Siehe auch Beschreibung des Netzwerks **„Camphill"**

☺ Lust auf Zusammenarbeit mit Erwachsenen mit besonderen Bedürfnissen

---

Ecovillage Grishino P.O. BOX 32

ul. Rechnaya 12, Grishino, Podporozskii rayon | 187780 Leningradskaya oblast
☎+7-(0)921-340 53 03
vasudeva@bk.ru vk.com/ecovillage_grishino

1993 | 6000 m² (bei Podporozhye) | ♀4 ♂6 4 14

russ., e | alle

betroffener Teil der Gruppe (Konsens)

gemeinsame Finanzierung bestimmter Bereiche

Eigentum einzelner Gemeinschaftsmitglieder

spirituelle Workshops, Garten, Bauarbeit

ökolog., selbstverw., gewaltfrei, spirit., inneres Wachstum, Meditation, Bioernährung, veget., Tagungshaus, Friedensarbeit, Umweltschutz, biolog. Landwirt., biolog. Gartenbau

☺

Im Nordwesten Russlands, im historischen Dorf Grishino (300 km nordöstlich von St. Petersburg), am Zusammenfluss zweier Flüsse, bauen wir seit über 20 Jahren ein ökologisches Dorf auf. Wir kamen aus verschiedenen Städten, um auf dem Land in Harmonie miteinander und mit der Natur zu leben. Wir haben verschiedene Weltbilder, aber wir lernen, uns gegenseitig zu akzeptieren und unsere Gemeinschaft miteinander zu erschaffen.
Vierzehn von uns leben das ganze Jahr über in Grishino. Wir haben mehrere traditionell russische Gemeinschafts- und Privathäuser. Wir bauen das, was wir essen, in unseren Gemüsegärten an und sammeln Kräuter auf einer großen Wildblumenwiese. Unser Ökodorf

ist umgeben von ursprünglichen Wäldern, wo wir Beeren und Pilze sammeln und in denen viele Wildvögel und andere Tiere wie Biber, Elche, Bären, Hasen, Füchse, Wölfe und Wildkatzen leben. Wir führen unser Projekt zur ökologischen Forstwirtschaft fort. Wir streben danach, die kulturellen Traditionen unserer Ahnen fortzuführen, ihre Künste zu erlernen, ihre Lieder und Tänze, Holzschnitzerei, Keramik und Dorfarchitektur. Und wir bemühen uns, eine Familienschule für unsere Kinder aufzubauen. Jeden Sommer halten wir Seminare für Erwachsene und Kinder, wo man am spirituellen und am Arbeitsleben unserer Gemeinschaft teilnehmen und sich mit dem Geist der russischen Wesensart verbinden kann.

→Siehe auch Beschreibung der Netzwerke „**GEN Europe, REEN**"

Bitte beachten Sie den Artikel über die Anastasia-Bewegung auf Seite 55 und die Anmerkung auf Seite 386

Ecovillage Shiram

Ecovillage Shiram, Borovoe village, House 18
172063 Tver Region, Torzhoksky District ☎+79-201 707 981
holos@inbox.ru shiram.daism.ru, da.dzin.org

2009 15 ha (bei Torghok (50 km), Moskau/Moscow (220 km))

russisch, e ☺ ()

Das Ökodorf Shiram wurde 2009 von einer Gruppe von enthusiastischen Menschen gegründet, die einen Ort für spirituelle Praxis und innere Arbeit suchten. Wir haben ein wunderschönes Stück Land in der Nähe eines Flusses und eines urtümlichen Waldes. Heute umfasst Shiram ein Gebiet von etwa 15 Hektar, auf dem drei Wohnhäuser, zwei provisorische Häuser und ein Hühnerstall errichtet wurden. Außerdem gibt es eine kleine Schafherde, Kaninchen und einen Zuchtgarten für seltene Pflanzen. Darüber hinaus wurden geodätische Kuppeln (nach Fuller), ein Waldseilpfad, zwei Labyrinthe und Spiegel nach A. Kozyrev angelegt. Gegenwärtig leben zwei Menschen dauerhaft in unserer ökologischen Siedlung, etwa zehn Personen haben Teile ihres Lebensmittelpunktes hierhin verlegt - und manchmal kommen bis zu fünfzig Personen, die an unseren Kursen und Seminaren teilnehmen. Diese befassen sich beispielsweise mit holotroper Atmung, Transformationsprozessen, spirituellem Wachstum oder Meditation.
Die ursprüngliche Shiram-Gruppe wurde 1990 gegründet und bestand hauptsächlich aus Akademiker*innen, die wissenschaftliche und praktische Forschung im Bereich der Selbst- und Persönlichkeitsentwicklung betrieben (oder immer noch betreiben) und sich heute an wissenschaftlichen Konferenzen auf der ganzen Welt beteiligen. Wir haben viele interessante Projekte, wir freuen uns über alle Freiwilligen und neue Bewohner*innen im Ökodorf Shiram, die wie wir nach Bewusstseins- und Selbstentwicklung streben.

EcoVillage Yasnoe

190000 Leningrad region
eds.bychcow@gmail.com vk.com/ecoyasnoe

2007 (bei St. Petersburg) 20 % ♀8 ♂8 4 20

e, russisch

alle, die dauerhaft hier leben (Konsens)

gemeinsame Finanzierung best. Ber. Eigentum und andere Formen

Ökologie, Ort der Liebe

Permakultur, Milchbauernhof

ökolog., selbstverw., gewaltfrei, Bildungsarbeit, Tagungshaus, Tierschutz, Umweltschutz, Permakultur, biolog. Landwirt., artgerechte Viehwirt., neue Technologien, ökolog. Bauen, Humor, rauchfrei, Kühe, fliegen, Kunst, Musik, Ofen, Wassersystem

☺ ( )

Wir suchen nach praktischen Wegen für ein gemeinsames Gestalten und ein harmonisches Leben auf der Erde. Die Siedlung befindet sich im Verwaltungsbezirk Wyborg der Leningrad Region, 100 km von St. Petersburg. Es gibt eine Milchkuhfarm und ein Bienenhaus. Alle kreativen Gäste sind willkommen! Wir sind offen für neue Nachbar*innen und Familien, die bereit sind, in der Natur zu leben.

→Siehe auch Beschreibung des Netzwerks „**REEN**"

Hospitable House in the Forest Домик на Природе

Bronnickij pereulok, d.2, kv.28. | 109202 Moscow ☎+7-(0)926-863 94 09
houseinthewild@gmail.com hut.shestero.info/en

2008 0,5 ha (bei Gus-Hrustalnyj) 15 % ♂2 2

russisch, e 2

eine Person (nach Rücksprache der ständigen Mitglieder)

Eigentum eines Mitglieds

gesunder Lebensstil, Internationalismus, humanistische Werte

Zusammensein

ökolog., selbstverw., ökumen., veget., Bildungsarbeit, Tagungshaus, Permakultur, biolog. Landwirt., biolog. Gartenbau, Forstwirt., altern. Energie, neue Technologien, ökolog. Bauen, rauchfrei, Natur, Wald, Pilze, Beeren, Kräuter

☺

Das „Gastfreundliche Haus in der Natur" wurde als freier Ort für Langzeitbewohner*innen oder Kurzzeitgäste eingerichtet. Die Hauptidee ist, eine gesunde Gemeinschaft von freundlichen Menschen mit positiven Grundwerten zu entwickeln (ökologischer, gesunder Lebensstil, Offenheit, Selbstentwicklung). Dies ist ein Ort für geistige, psychische und physische Erholung und Entwicklung durch den Kontakt mit der Natur, frische Lebensmittel, ein einfaches Leben und durch eine zeitweilige relative Isolation von der Außenwelt. Außerdem wurde das Haus angedacht als Zufluchtsort, als ein Treffpunkt für verschiedene kleine Schulungen, Programme und Wissensaustausch aller Art. Der Ort ist gut für Sportaktivitäten an der frischen Luft und für das Sammeln der Geschenke der Natur: Pilze, Beeren, Wildkräuter, usw.

Wir sind noch keine Lebensgemeinschaft. Das Haus ist normalerweise zwischen Mai und Oktober offen/bewohnt. Irgendwann werden wir uns in eine kleine, lebendige, ökologische Gemeinschaft verwandeln. Das Haus befindet sich in einer dünn besiedelten Region Zentralrusslands, nur 220 km östlich von Moskau in einem kleinen von Pinienwäldern umgebenen Dorf. Es ist offen und kostenlos für Gäste. Bitte beachtet aber, dass hier eine komplett alkohol- und drogenfreie Nichtraucherzone ist.
Ihr könnt uns gerne kontaktieren und Fragen stellen.

Baltic Ecovillages Network

☺ Nichtraucher*innen, kein Alkohol, keine Drogensucht

Insight

near village Laptevo, Zaoksky distrikt | 301015 Tula region
+7-495-644-62-72 info@mir-insight.ru mir-insight.ru

2015 79 ha (bei Zaokskiy) 40 % ♀6 ♂9 3 18

e, russisch alle 15

alle zusammen (Konsens) gemeinsame Ökonomie

Gruppe von 4 Eigentümer*innen

Gaudiya-Vaishnavismus

Landwirtschaft, ökologische Produkte, Übungsworkshops

ökolog., selbstverw., anarchist., linkes Politikverst., gewaltfrei, spirit., Meditation, Yoga, Bioernährung, veget., Bildungsarbeit, freie Schule, Tagungshaus, Friedensarbeit, Entwicklungshilfe, Tierschutz, Umweltschutz, Selbstvers., Permakultur, biolog. Landwirt., konvent. Landwirt., biolog. Gartenbau, konvent. Gartenbau, biolog. Viehwirt., artgerechte Viehwirt., konvent. Viehwirt., altern. Energie, Bau, Humor, rauchfrei

☺ ()

Die Mitglieder des INSIGHT-Teams verwirklichen eine ländliche Gemeinschaft in Form einer Arbeitsgemeinschaft, einer Lebensgemeinschaft, die auf den INSIGHT-Almanach-Materialien basiert. Unser gemeinschaftliches Organisationsmodell basiert auf universellen spirituellen Werten der Krestovozdvizhenskoe (Heiliges Kreuz)-Lebensgemeinschaft von Nikolai N. Neplyuyev. Anweisungen des Gründers Acharia der Internationalen Gesellschaft für Krishna-Bewusstsein, Om Vishnupad Paramahamsa Parivrajakacharya Ashtottara-shata Shri Srimad Seine göttliche Gnade Srila A. Bhaktivedanta Swami Prabhupada sind die spirituellen Grundlagen der Gemeinschaft.

Das INSIGHT-Team ist die Gemeinschaft der Führung, geeignet vor allem für zielorientierte, starke, psychologisch reife Devotees, die den reinen hingebungsvollen Dienst an Lord Krishna anstreben. Die Gemeinschaftsmitglieder haben die Prioritäten in ihrem Leben gewählt. Sie sind auf ihrem spirituellen Weg stabil. Sie sind bereit für eine aktive, kreative, mutige Ausübung des hingebungsvollen Dienstes unter Gleichgesinnten. Sie übernehmen die Verantwortung für das gesamte Team und betrachten es als ihre ewige spirituelle Familie.

☺ Anerkennen der „Krestovozdvizhenskoe Arbeitsgemeinschaft“ nach N. N. Nepluev

Kind Land (Dobraya Zemlya)

Dobraya Zemlya, near v. Studencovo, Sudogodskiy district, Vl601363
+7-926-323-04-60
dmitry.solovyev@list.ru, dobraya-zemlya@yandex.ru dobrayazemlya.ru/

2010 400 ha (bei Vladimir, Russian Federation) 20 %
♀80 ♂70 30 180

e, f, russisch, japanisch 10

individuelle Finanzierung privater Besitz
vegetarisch
ökolog., selbstverw., spirit., esoter., veget., Tagungshaus, Tierschutz, Umweltschutz, Selbstvers., biolog. Landwirt., biolog. Gartenbau, ökolog. Bauen, rauchfrei, vegetarisch, spirituell, glückliches Landleben, Holzarbeiten

☺ ()

Kind Land ist ein gemeinschaftliches Zentrum, das auch für soziale und geschäftliche Aktivitäten genutzt wird und umgeben ist von Anastasia-Familien und traditionellen Dörfern, in welchen ca. 300 Familien/Mitglieder leben. Ungefähr 80 Familien leben das ganze Jahr über dort. Kind Land ist keine feste Gemeinschaft, die meisten hier sind frei und selbständig.
Durch die Entwicklung unseres sozialen und kulturellen Projektes lernen wir aufs Neue außerhalb von Städten/auf dem Land zu leben. Unser Ziel ist, dass Menschen und Natur in Harmonie nebeneinander existieren. Wir verstehen uns nicht als Stadtflüchtlinge und lehnen auch nicht die größten Errungenschaften des menschlichen Geistes und Verstandes ab. Die Natur verstehen wir als etwas, das durch die menschliche Kultur, Kreativität und Arbeitskraft veredelt werden sollte. Wir sind erst am Anfang unseres Weges und haben keine fertigen Antworten für den Erfolg. Wir sind offen für die Zusammenarbeit und auf der Suche nach Gleichgesinnten.
Unsere Tätigkeiten: Kindercamps, Kindergarten, Hobbygruppen, pädagogische Seminare, Kind Land Eco Fest (jeden Sommer), Forum Nachhaltige Entwicklung ländlicher Gebiete, Feste und Konzerte, Sportfeste.

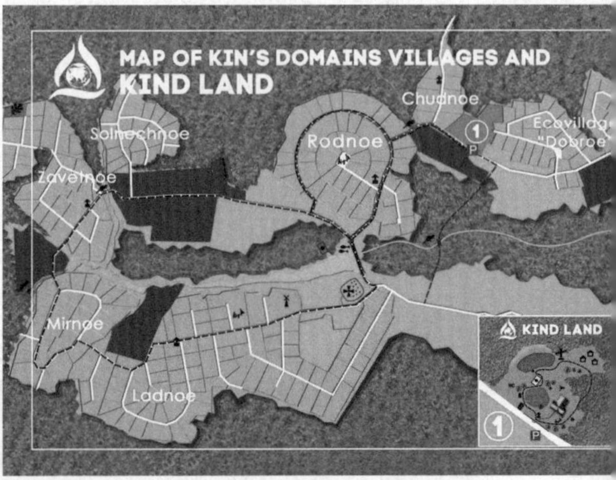

→Siehe auch Beschreibung des Netzwerks „**GEN Europe**"
GEN-Russia
☺ ideologische und finanzielle Voraussetzungen

*Anmerkung der Redaktion: Nach unserem Verständnis ist Kind Land eine Gemeinschaft, die von Familienlandsitzen umgeben ist und mit deren Bewohner*innen in gutem nachbarschaftlichem Verhältnis steht. Unser Artikel über die Anastasia-Bewegung auf Seite 55 bezieht sich weniger auf die Familienlandsitze in Russland, über die wir sehr wenig wissen, als auf die Anastasia-Bewegung, die wir im westlichen Europa und insb. in Deutschland erleben.*

Kitezh Children's Community Orion Children's Community

Kaluzhskaya oblast | 249650 Baryatinsky ☎+7-08454-232 24
info@ecologia.org.uk, info@kitezh.org www.kitezh.org, www.ecologia.org.uk

1992 100 ha (bei Kaluga, Smolensk) ♀13 ♂13 39 65
alle
alle gemeinsam (Konsens)
gem. Ökonomie (Einkommens- und Besitzgemeinschaft) Eigentum aller
Pädagogik, Schule
ökolog., selbstverw., spirit., Pädagogik, Selbstvers., ökolog. Bauen, Waisenkinder
☺ ()

Die Kitezh-Gemeinschaft für Kinder in der Kaluga-Region in Russland ist ein einzigartiges Beispiel für familienbasierte Pflege und Erziehung von Waisen- und obdachlosen Kindern in einer ländlichen Ökodorf-Gemeinschaft. Die Familien adoptieren Kinder, ziehen sie gemeinsam groß und unterrichten sie in der Schule von Kitezh. Therapeutische Erziehung ist der Hauptfokus in Kitezh. Mit der Erfahrung von sicherem Familien- und Gemeinschaftsleben können sich die Kinder von den Traumata früherer Jahre erholen und offene, liebevolle, wertvolle und engagierte Mitglieder der Gesellschaft werden. Trotz schwieriger ökonomischer Bedingungen hat diese aktive Gruppe zwei Pflegefamiliendörfer aufgebaut, Kitezh und Orion, die 25 Erwachsene und 40 Kinder beherbergen. Seit seiner Gründung kam das Leben in Kitezh schon mehr als 100 Kindern zugute.
Selbstversorgung und ein ökologischer Lebensstil entsprechen den traditionellen Werten des ländlichen Russlands. Kitezh und Orion haben ökologische Pflanzenkläranlagen und jedes Dorf hat einen Bauernhof, auf dem Gemüse angebaut und Hühner, Ziegen und Kühe gehalten werden. Freiwillige, Fachleute und Studierende aus der ganzen Welt kommen, um beim Bau, bei der Gartenarbeit, auf dem Hof und mit den Kindern zu helfen.
Ecologia Youth Trust, eine Wohltätigkeitsorganisation, die in der Findhorn-Gemeinschaft in Schottland ihren Sitz hat, unterstützt die Kitezh-Gemeinschaft für Kinder seit den Anfängen, indem sie Berufsausbildungen anbietet, Freiwilligen- und Jugendaustauschprogramme mit anderen Ökodörfern organisiert und Spenden für den Aufbau beider Dörfer einwirbt. Weitere Informationen auf www.ecologia.org.uk (Ecologia Youth Trust).

☺ Interesse an Kinderbetreuung

Lyubodar Kin Domain Anastasia-Siedlung

Nahe des Dorfes Dobryatino, Distrikt Melenkovsky | Region Vladimir
☎+7-903-129-27-83
poselenie@lubodar.ru www.lubodar.ru

Die Siedlung „Lyubodar" wurde 2008 von Leser*innen des Buches „Zvenyashie kedry Rossii" („Die klingenden Zedern Russlands") des Autoren Vladimir Megre gegründet. Die Siedlung liegt in der Region Wladimir, 330 Kilometer von Moskau entfernt. Ihre Größe beträgt 178 Hektar und ist in 75 Familienlandsitze von jeweils 1,4 Hektar unterteilt. Es gibt auch ein gemeinsames Territorium von sechs Hektar, für Versammlungen, Feierlichkeiten oder um Gäste zu empfangen. Bis heute gibt es 18 Familien in der Siedlung. Wir sind vereint durch den Traum der schönen Zukunft der Erde, der von Anastasia, der Heldin von Megres Büchern, beschrieben wird.

Ein Familienlandsitz ist ein Stück Land von nicht weniger als einem Hektar, auf dem eine Familie den Raum der Liebe schafft und daran arbeitet, sich selbst, ihre Umgebung und die Welt zu verbessern. Jede Domäne hat einen Garten, ein Haus, ein Badehaus, einen See, einen Wald und Hecken. Wir versuchen, möglichst bald autark leben zu können. Mehrere Familien haben sich zusammengeschlossen und betreiben biologische Produktion: Öl, vollwertige Süßigkeiten, Schokolade, natürlicher Schmuck, Heilsalben, Kräuter, Weidenröschen usw. Wir pflegen einen gesunden Lebensstil und legen Wert darauf, bewusst mit dem Land, der Welt, unserer Familie und unseren Nachbar*innen zusammenzuleben. Die Familie ist aus unserer Sicht einer der wichtigsten Werte. Wir unterstützen natürliche Erziehung, natürliche Geburt und häusliche Bildung. Hier lebt unsere Sippe, dies ist unser kleines Mutterland, und wir möchten es an unsere Kinder weitergeben!

Bitte beachten Sie den Artikel über die Anastasia-Bewegung auf Seite 55 und die Anmerkung auf Seite 386.

Ökopolis Tiberkul Die Gemeinschaft Vissarions

A6

c/o Förderverein Ökopolis, Hansenstraße 21 | 53859 Niederkassel | Deutschland
+49-(0)228-450 864 info@vissarion.info www.vissarion.info

1995 1000 ha (bei Abakan) 90 % 2500

russisch, (d, e) fast alle

Dorfgemeinschaft (Mehrheitsabstimmung bzw. Konsens je nach Situation)

gemeinsame Finanzierung öffentlicher Belange (z.B. Schule, Kindergarten, Versammlungsgebäude, Werkstätten, Pferde) durch Abgabe von 30 % des Einkommens

Haus und Grundstück sind zumeist Eigentum der jeweiligen Bewohner*innen

Basis ist die Lehre von Vissarion. Menschen aller Glaubensrichtungen sind willkommen.

Landwirtschaft, Schule, Handwerk, Kunst, Pferde, Liturgien

selbstverw., Leiter*in/Führer*in/Guru, spirit., ökumen., inneres Wachstum, veget., freie Schule, Selbstvers., rauchfrei

☺

Inmitten von unberührten Wäldern, Bergen, sauberen Flüssen und Seen leben wir, über 2000 Menschen, verteilt auf verschiedene Dörfer, in der malerischen Landschaft am Fuße des Sajan-Gebirges in der süd-sibirischen Taiga. Während des heißen Sommers bauen wir unsere Nahrung für das ganze Jahr an, und sammeln zusätzlich die Früchte der Taiga. Durch den Aufbau von Werkstätten bereiten wir uns auf eine unabhängige, nicht-industrielle Lebensform vor. Unsere Kinder erziehen wir dazu, alles in der Natur als lebendig anzusehen, und fördern ihre Kreativität und das Vorstellungsvermögen. In eigenen Schulen werden unter anderem unterrichtet: Kunsthandwerk, Tanz und Musik, Geschichte der kulturellen Errungenschaften anstatt Geschichte der Kriege.

Das besondere Merkmal unserer Gemeinschaft ist die spezielle Form der geistigen Entwicklung, die auf dem „Letzten Testament" des Lehrers Vissarion gründet. Die Mitglieder sollen bemüht sein, die Nächstenliebe, wie

schon im Neuen Testament beschrieben, wirklich zu leben, das bedeutet unter anderem, niemals anderen gegenüber negative Gefühle zu haben, sondern ihnen immer und unter allen Umständen Seelenwärme zu schenken.
Wir freuen uns über Kooperation und Austausch mit anderen Gemeinschaften, auch Praktika sind möglich. Jeder ist eingeladen, uns zu besuchen und hier zu siedeln.
Die Kontaktdaten der Gemeinschaft sind (siehe auch Website):
662925, Красноярский край, Курагинский район, д. Петропавловка, ул. Колхозная, д. 9, Информационный центр: тел. (39136) 2-35-94
Fragen auf deutsch oder englisch kann der deutsche Förderverein (mit den oben im Adressfeld angegebenen Daten) aber besser beantworten.

☺ Interesse an unserem Lebensstil

☆ VSCHAST'Ye VSchast'e

Potapovo village, house 1 | 249868 Kaluga region, Dzerzhinsky district
☎ +7-925-355-2502 ✉ ecofet2018@gmail.com
💻 vk.com/vschasty, https://tinyurl.com/eurotopia8751 (suche nach „ВСчастье")

2018

Wir haben uns nach der Veranstaltung „7. Festival of Ecotechnology" im August 2018 gegründet. Nach der Zusammenarbeit beschlossen wir, mehrere Familien, das Gebiet weiterzuentwickeln. Es liegt im Birkenwald der Region Kaluga, angrenzend an die Siedlung Milenki und den Nationalpark „Ugra". Formal ist es Privateigentum, das von einem Projektteam aus drei Familien gemeinsam verwaltet wird.
Wir haben einen großen Sommerschuppen für den allgemeinen Unterricht, drei Zelte, eine Küche, einen überdachten Essraum für 150 Personen, einen Permakulturgarten, zwei beheizte Wohnhäuser, mehrere Komposttoiletten, einen Kuppelschuppen, eine Bühne und zwei Gartenhäuser. Wir organisieren Feste an Feiertagen, Ringtänze und Hochzeiten. Unser Ziel ist es, einen Raum zum Auftanken, Entspannen und Inspirieren zu schaffen. Wir streben danach, in Fülle zu leben, unser Land zu entwickeln und ein Gleichgewicht zwischen dem Spirituellen und dem Materiellen zu schaffen.
Wir führen auch Schulungen durch, schaffen Plattformen für die Kommunikation, laden Expert*innen zum Austausch von praktischen Erfahrungen mit Umwelttechnologien im eigenen Haushalt ein. Nachhaltigkeit liegt darin, dass wir verschiedene Arten von Aktivitäten kombinieren: Tourismus, Permakultur, Aufklärung, ökologisches Bauen und Projekte.
In der Gemeinschaft wenden wir die Prinzipien der Permakultur aktiv an. Wir pflegen verschiedene Formen des Tauschhandels, der Selbstorganisation und beschäftigen uns mit Handwerk und Kreativität. Wir lehren Menschen, wie sie den Rest der Seele, den Frieden des Geistes, ein Gefühl der Harmonie zwischen Raum und sich selbst vollständig erfahren können. Schritt für Schritt entwickeln wir eine lokale Wirtschaft, indem wir die Zusammenarbeit mit unseren Siedlungs-Nachbar*innen verstärken. Wir fördern den Tauschhandel, ohne zu vergessen, die Qualität ihrer Dienstleistungen und Produkte zu verbessern.
Wir freuen uns über tatkräftige Unterstützung. Unser Ort ist geeignet für die Praxis und Forschungsarbeit von Studierenden, Doktorand*innen und Wissenschaftler*innen.

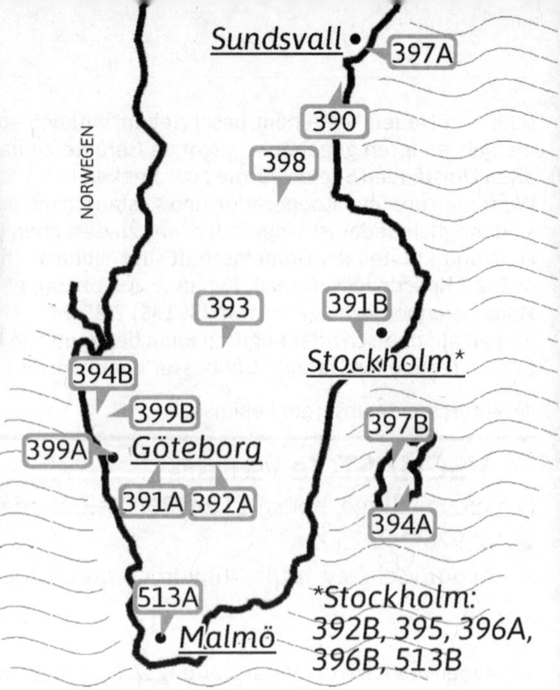

Schweden

Schweden: 18 Gemeinschaften in diesem Buch, davon zwei geplante (Seite 513). Außerdem drei Camphill-Gemeinschaften (Seite 546) sowie vier aus der letzten Ausgabe, die sich für diese nicht zurückgemeldet haben (Seite 533). Es gibt ein Gemeinschaftsnetzwerk namens Kollektivhus NU (Seite 559) und eine schwedische Vertreterorganisation des Global Ecoville Network namens Ekobyarnas Riksorganisation (die hat sich leider nicht auf unsere Anfragen gemeldet, ist aber unter ekobyar.se im Internet zu finden. Tatsächlich ist im folgenden Buchteil auch von Bullerbü die Rede (Ängsviksgården, Seite 396, Foto oben).

Bålarna

Bålarna 238 | 82951 Bergsjö ☎ +46-(0)652-712 69

1991 | 43 ha (bei Sundsvall) | 10 % | ♀4 ♂5 0 | 9

schwedisch | 8

alle Betroffenen gemeinsam (Konsens) | individuelle Finanzierung

Eigentum aller

Forstwirtschaft

ökolog., Permakultur, biolog. Gartenbau, biolog. Viehwirt., Forstwirt., altern. Energie, ökolog. Bauen, barrierefrei

Bereits vor 28 Jahren begannen wir mit unserem Ökodorf in Bergsjö und leben immer noch hier. Alle unserer Kinder sind ausgezogen, jetzt kehren viele mit ihren Partner*innen und Kindern zurück und entwickeln das Dorf weiter. Bereits vor einigen Jahren haben wir in Solarzellen investiert und wir sind nach wie vor sehr zufrieden damit.
Sogar eine neue Bäckerei wurde mit Holz aus unserem eigenen Wald gebaut.

Njord (Ekobyarnas Riksorganisation)

Bogemenskapsföreningen Tunnan

Tunnlandsgatan 9 | 50744 Borås ☎+46-(0)73-443 44 36
ordforande@tunnan.org www.tunnan.org

1987 ♀18 ♂17 10 45

schwedisch, e, finnisch, arabisch, sp, bosnisch, fr, niederländisch, dänisch, russisch, norwegisch, japanisch, thailändisch, kongolesisch

Gemeinschaftsvorstand, beraten von allen Mitgliedern (Konsens)

gemeinsame Finanzierung best. Ber. Miete

gemeinschaftliches Essen, Gartenarbeit, Pflege von Haus und Grundstück

ökolog., selbstverw., Umweltschutz, biolog. Gartenbau, barrierefrei

☺

Wir sind ein Co-Housing-Projekt in Borås, nahe Göteborg. Wir leben in einem sechsgeschossigen Haus mit 27 Wohnungen von 30-120 m². Jede*r Bewohner*in ist Mitglied und wir entscheiden über die Aktivitäten und lösen Probleme gemeinsam in den Gemeinschaftsversammlungen.

Wir streben eine ausgewogene Mischung der Bewohner*innen im Haus an: Alters-, geschlechts- und kulturbedingt und mit einer Mischung von Familientypen. Ziel ist es, eine freundliche Wohnatmosphäre zu schaffen, in der sich alle Bewohner*innen sicher, willkommen und als Teil der Hausgemeinschaft fühlen. Wir haben ein ökologisches Profil und sind bestrebt, bei allen Aktivitäten umweltfreundliche Entscheidungen zu treffen. Das Besondere an Tunnan sind unsere Gemeinschaftsräume mit Esszimmer, großer Küche, Kinderspielzimmern, Sauna, Fitness- und Trainingsbereich, Kneipe, Kunststudio, Musikstudio, Holzwerkstatt, Nähstudio und Gästezimmer sowie ein großer Garten mit Terrasse, Gewächshaus und Gartenbereich. Wir veranstalten gemeinsame Abendessen und 2-3 Mal pro Woche treffen wir uns zum schwedischen „Fika" mit Kaffee und Fikabröd. Wir feiern auch verschiedene Feiertage aus der Vielfalt unserer Nationalitäten und Kulturen gemeinsam.

Wenn Sie in der Nähe sind oder zufällig vorbeikommen, zögern Sie nicht, uns für einen Besuch zu kontaktieren oder ein paar Nächte in unserem Gästezimmer zu verbringen!

Kollektivhus.nu

☺ Bewohner*in von Tunnan werden

Charlottendals gård

153 90 Järna ☎+46-(0)70-173 86 17, -(0)8-551 700 97, -(0)73-954 86 36
peter.hagerrot@telia.com, merle.hagerrot@telia.com charlottendal.se

1995 35 ha (bei Järna, Södertälje) 20 % ♀7 ♂5 5 17

schwedisch, e, d, f, estnisch 4

gemischt: privat und Wohnausschuss (in Richtung Soziokratie) privat

Bauernhof, Kindergarten

ökolog., inneres Wachstum, Yoga, Umweltschutz, biolog. Landwirt., biolog. Gartenbau, Forstwirt., altern. Energie, ökolog. Bauen

☺ (✋✋)

Charlottendal ist eine alte Siedlung in der Nähe der Küste. Das bestehende Wohngebäude - heute ein Frauenkollektiv - wurde um die Jahrhundertwende im Rahmen des „National Movement Against Emigration to America“ errichtet und bot den Menschen Gehöfte, damit sie sich auf einem kleinen Bauernhof versorgen konnten. Heutzutage war der kleine Betrieb nicht groß genug, um Gewinne zu erzielen. 35 Hektar waren jedoch zu viel, um nur als Wohnraum genutzt zu werden. Dies bot die Möglichkeit, das Grundstück auf neue Weise zu nutzen, Lebensmittel anzubauen, zwischen den Nachbar*innen zu kooperieren und die Lebensqualität zu verbessern. Charlottendal befindet sich seit kurzem in einer neuen Entwicklungsphase. Wir haben sechs Holz-Wohnhäuser und einen Waldorfkindergarten mit nachhaltigen Baustoffen und Abfallwirtschaft gebaut. Auch die erste Jurte der Gemeinschaft wurde Ende 2016 gebaut, und es folgten zwei weitere Jurten und einige Bauwagen. Die erste Gruppe von Langzeit-Freiwilligen kam 2018 im Rahmen des Europäischen Freiwilligendienstes nach Charlottendal und lebte in einem neu errichteten Blockhaus. Charlottendal veranstaltet regelmäßig Veranstaltungen, Zeremonien und Kurse, darunter den jährlichen Kurs „One Year in Transition“, der teilweise auf dem Hof stattfindet.

Ekobyarnas Riksorganisation, Transition-Netzwerk

Ecovillage Smeden

Korgebogvägen 67 | 55308 Jönköping ☎+46-(0)70-819 95 87

pia_larsson@swipnet.se www.ekobyn.se

1994 4800 m² (24 x 200 m²) (bei Jönköping) ♀26 ♂27 20 73

größtenteils Besitz eines Mitglieds

traditioneller Gemüsegarten für ein paar Bewohner, Hühner

selbstverw., biolog. Gartenbau, altern. Energie, ökolog. Bauen

☺

Die ursprüngliche Ökodorf-Initiative auf 4 Hektar hat sich inzwischen in private Häuser für 24 Haushalte gewandelt. Gutes und freundliches Wohnen sowohl für die Menschen als auch für die Umwelt.

☺ man muss eine Doppelhaushälfte kaufen, um im Dorf zu wohnen.

Färdknäppen Kollektiv

ein Wohnprojekt für Menschen in der zweiten Lebenshälfte

Fatburgsgatan 29B | 11854 Stockholm ☎+46-(0)8-669 17 89

kerstin@karnekull.se www.fardknappen.se

1993 ♀38 ♂19 0 57

schwedisch, d, e, f, sp, norwegisch, finnisch 5

alle bei Gemeinschaftsversammlungen, 5 x pro Jahr (Mehrheitsentscheidung)

gemeinsame Finanzierung best. Ber. Miete

Wohnprojekt für Leute in der zweiten Lebenshälfte

selbstverw., Bildungsarbeit, Humor, barrierefrei, rauchfrei, zweite Lebenshälfte, selbst-geleitete Gruppen für Kochen und Putzen, Kultur, Gartenarbeit

☺

Färdknäppen ist ein Appartementhaus in öffentlicher Hand an der Södermalm in Stockholm. Wir entwickeln hier eine Gemeinschaft im Alltag, die das Leben leichter und unterhaltsamer macht, wenn das „Zusammensein“ in Familie und Arbeitsleben mit zunehmendem Alter abnimmt.

- Es gibt Kochgruppen, die werktags gemeinsame Mahlzeiten zubereiten.
- Wir kümmern uns selbst um unser Haus und um unseren Garten.
- Wir lernen voneinander, während wir unsere täglichen Aufgaben erledigen.
- Wir können uns gegenseitig helfen, die Stimmung aufrechtzuerhalten, falls - oder wenn - unsere Kräfte nachlassen.

→Siehe auch Beschreibung des Netzwerks **„Kollektivhus NU“**
☺ Interesse an Gemeinschafts-Wohnprojekt

Goda händer ekoby

Råbäck 101 | 693 94 Åtorp ☎+46-(0)586-731 060, -785 078
godahander@gmail.com www.godahander.nu

2011 | 12 ha (bei Laxå) | 10 % | ♀2 ♂2 4 8

schwedisch, e, arabisch, d, f — 1
alle Betroffenen (Konsens) — teilweise gemeinsame Ökonomie
Gemeinschafseigentum
keine ideologischen/spirituellen Grundsätze
ein Ökodorf aufbauen, soziale Aspekte, Ökologie, Ökonomie; praktische Arbeiten sind oft Anbau, Bauarbeiten, Forstarbeiten und Arbeiten mit Gemeinschaftsbesitz oder Wohnraum.
ökolog., selbstverw., Bioernährung, biolog. Gartenbau, Forstwirt., ökolog. Bauen

☺ ()

Goda Händer Ekoby ist ein Ökodorf, das einen nachhaltigen Lebensstil anstrebt, bei dem wir auf die lokalen Ressourcen achten und die Grenzen der Natur respektieren. Wir arbeiten mit und an praktischen Themen wie ökologischem Bauen und dem Anbau unserer Lebensmittel. Es geht auch um Fragen der Lebensführung. Wir wollen eine Gemeinschaft schaffen, die nachhaltige Werte und Lebensqualität fördert und populärer macht. Statt Stress und Materialismus wollen wir mehr Zeit für die Pflege unserer Beziehungen und die Verwirklichung unserer Träume. Wir wollen auch einen lokalen Markt etablieren, an und auf dem wir mit unseren Nachbar*innen zusammenarbeiten und die Kette von Produktion bis Verbraucher*in so kurz wie möglich halten können.
Wir schätzen unsere Gemeinschaft sehr. Wir betrachten Beziehungen und Zusammenarbeit als die wichtigsten Komponenten in unserem Ökodorf. Wir essen zweimal pro Woche zusammen zu Abend. Mehrmals im Monat haben wir Gemeinschaftstreffen, bei denen wir über große und kleine Themen entscheiden. An einem Wochenende im Monat und einer Woche im Sommer haben wir gemeinsame Arbeitstage. Obwohl wir getrennte Haushalte sind, teilen wir viel gemeinschaftliches soziales Leben, beispielsweise laden wir uns gegenseitig zu Geburtstagen ein, gehen gemeinsam am Strand schwimmen oder arbeiten einfach Seite an Seite im Garten.

Ekobyarnas Riksorganisation
☺ Begeisterung für ökologischen, nachhaltigen Lebensstil und Gemeinschaftsaufbau

Gotlands Djurfristad Stiftelsen Väderkvarnen

Garde Smiss 154 | 62363 Ljugarn ☎+46-(0)70-486 05 59
stift.vaderkvarnen@gmail.com gotlandsdjurfristad.se

1980 100 ha (bei Visby) 50 % ♀3 ♂2 0

schwedisch, e 2

alle Betroffenen gemeinsam (Konsens) gemeinsame Finanzierung best. Ber.

Stiftung

vegan, natürliche freie spirituelle Liebe

Bio-Gartenbau, ökologisches Bauen, Gnadenhof

ökolog., selbstverw., anarchist., linkes Politikverst., feminist., gewaltfrei, spirit., buddhist., inneres Wachstum, Meditation, Yoga, Tantra, Sexualität, freie Liebe, Bioernährung, vegan, Pädagogik, Friedensarbeit, Entwicklungshilfe, Tierschutz, Umweltschutz, Selbstvers., Permakultur, biolog. Landwirt., biolog. Viehwirt., artgerechte Viehwirt., Forstwirt., altern. Energie, Humor, rauchfrei

☺

Wir wohnen auf dem Land, 35 km entfernt von Visby auf der Öko-Gemeinschaftsinsel Gotland. Vor sieben Jahren haben wir auf dem Hof einen Gnadenhof für 150 Tiere gegründet. Inzwischen leben hier rund 150 gerettete Tiere: 4 Hunde, 4 Katzen, 4 Pferde, 4 Bergbullen, 6 Schweine, 100 Schafe und 30 Hennen. Wir hoffen, jegliche Tierindustrie so schnell wie möglich abzuschaffen!
Hier leben auch einige wilde Tiere frei und ohne Bejagung. Ein Teil unseres Landes ist ein Naturschutzgebiet mit einigen einzigartigen oder seltenen Tierarten. Gotland ist eine wunderschöne und magische Insel und ein sehr aufregender Ort für Besucher*innen! Liebe an alle!

Kollektivkontakten Schweden

☺ vegan, keine Drogen, friedlich gesinnt, selbtversorgerisch, Liebe lebend

Hästekasen farm

Permakultur, kleine Landwirtschaft und ökologisches Bauen

Hästekasvägen 6 | 45196 Uddevalla ☎+46-(0)72-151 22 44
info@hastekasen.se www.hastekasen.se

2010 11 ha 25 % ♀3 ♂3 6

e, schwedisch 1,5 2-6

wer sich mit Geld, Zeit, Fähigkeiten oder Selbstverpflichtung einbringt (hängt von der Frage ab und davon, ob lang- oder kurzfristige Entscheidung)

teilweise vom Verein gemietet, teilweise Privatbesitz

der Dokumentarfilm „There is no tomorrow“

natürliches Bauen, Permakultur-Gartenbau, Kurse

ökolog., hierarch., Yoga, veget., Pädagogik, Umweltschutz, Selbstvers., Permakultur, biolog. Gartenbau, biolog. Viehwirt., Forstwirt., ökolog. Bauen, handyfrei, rauchfrei, Abenteuer, Geschichten erzählen

☺ ()

Hästekasen Farm ist ein Kollektiv, ein Verein und ein kleiner Permakultur-Landwirtschaftsbetrieb. Je nach Jahreszeit leben eine Menge Menschen hier oder besuchen uns (viele im

Sommer, wenige im Winter). Wir wollen zu einem selbstversorgenden traditionellen Bauernhof werden. Wir hoffen, dass in Zukunft mehr Bewohner*innen dieses kleinen Tals vor Ort arbeiten und ihr Einkommen erwirtschaften können, basierend auf dem Land und seinen Ressourcen. Wir richten uns nach den ökologischen Prinzipien der Permakultur. Das Ziel des Vereins ist es, etwas über die Natur, Ökosysteme, Lebensmittelproduktion in kleinem Maßstab und natürliches Bauen zu lernen und Wissen darüber zu verbreiten. Wir wollen Grundbedürfnisse decken wie Wasser, Essen, Kanalisation, Wiederverwertung, Kompost, Wärme, Dach über dem Kopf etc. Unsere Aktivitäten umfassen auch Gesundheit, persönliche Entwicklung und Abenteuer in der Natur. Wir liegen 1,5 Stunden nördlich von Göteburg, in der Nähe eines Fjordes, der in die Nordsee mündet.

- GEN
- ☺ gleiche Gesinnung in Bezug auf Arbeitsethik, praktische Arbeit, keine Süchte, kein Nikotin, keine Drogen, kein industrielles Fleisch, geringer Internetgebrauch

☆ Kollektivet Världshuset Vita Hästen

Ringarstigen 3 | 16858 Bromma ☎ +46-(0)837 81 17
info@kollektivetvitahasten.com www.kollektivetvitahasten.com

1970 | 200 m² (bei Stockholm) | ♀5 ♂5 | 10

- schwedisch, e, d, sp
- alle Betroffenen gemeinsam (Diskussionen und Konsens)
- gemeinsame Finanzierung best. Ber. — Stiftung
- vegetarisch, Gemeinschaft, Solidarität, Gleichheit
- soziales Leben
- ökolog., selbstverw., linkes Politikverst., feminist., gewaltfrei, inneres Wachstum, Meditation, Yoga, freie Liebe, Bioernährung, veget., vegan, Friedensarbeit, Entwicklungshilfe, Tierschutz, Umweltschutz, Selbstvers., Permakultur, biolog. Landwirt., biolog. Gartenbau, Humor, Kunst, großartige Partys, Musik

☺

Das Kollektivet Världshuset Vita Hästen („Kollektiv Weißes Pferd") ist eine lebendige Gemeinschaft, die sich aus den Wünschen und Bedürfnissen ihrer Mitglieder zusammensetzt.
Wir haben uns alle auf eine Reihe von Prinzipien geeinigt, denen wir folgen:
Respekt vor dem Leben - Respekt füreinander - Respekt vor dem Haus - Nachhaltigkeit.
Wir würdigen unsere Wurzeln als kreative und engagierte Gemeinschaft. Wir fördern sowohl die spirituelle, kreative, körperliche als auch politische Entwicklung der Einzelnen in der Gemeinschaft. Wir wollen Offenheit pflegen und für gender-, ethnische, soziale, artübergreifende und globale Gleichberechtigung eintreten. Indem wir mit gemeinsamen Werten zusammenleben, sind wir eine Alternative zum heutigen Leben der Menschen in den Städten.
Wir wollen einen erschwinglichen Haushalt führen, damit die Menschen mehr Freiheit haben, ihren Leidenschaften zu folgen und sich von den traditionellen finanziellen Einschränkungen entfernen zu können, die sich auf ihre Work-Life-Balance auswirken könnten.
Als Gemeinschaft fördern wir das Bewusstsein und die Teilnahme an unserem politischen, sozialen und kreativen Umfeld für Themen, die im Einklang mit diesem Leitbild stehen.

☺ Veganismus

Kollektivhus Angsviksgarden (Ängsviksgården)

Ängsviksvägen 10b | 13950 Värmdö
info@angsviksgarden.se www.angsviksgarden.se

(bei Stockholm) ♀12 ♂8 12 32

schwedisch, e niemand keine

alle, die betroffen sind (Mehrheitsentscheidung)

individuelle Finanzierung

keine

konvent. Gartenbau, gemeinsame Mahlzeiten, erweiterte Nachbarschaft

☺

Ängsviksgården ist eine Gemeinschaft außerhalb von Stockholm, in der Nähe des Archipels. Wir sind eine Wohngemeinschaft mit gemeinsamen Mahlzeiten in unseren Gemeinschaftsräumen und einem großen Garten, den wir gemeinsam pflegen. Die gemeinsamen Aktivitäten hängen von den hier lebenden Menschen ab. Im Moment genießen wir es, Hühner zu haben und unsere neue schwimmende Sauna am See zu benutzen. Durch die schönen Wälder und die Nähe zum Wasser/Meer in Kombination mit einer ausgezeichneten Kinderbetreuung und Schule in der Nähe fühlen wir uns wie in Bullerbü :-). *Foto Seite 390*

→Siehe auch Beschreibung des Netzwerks „**Kollektivhus NU**"

☺ die Leute müssen eine Wohnung kaufen (bostadsrätt)

Kollektivhuset Södra Station c/o Sofia Rickberg

Magnus Ladulåsgatan 15–21 | 11865 Stockholm +46 (0)739 810 959
sofia.rickberg@gmail.com sodrastation.org

1987 ♀ca. 70 ♂ca. 60 ca. 40 ca. 170

e, d, f, sp einige Mitglieder arbeiten von zu Hause

Vorstand und in Versammlungen (Mehrheitsentscheidung, teilweise mit qualifizierter Mehrheit)

individuell für die Wohnungen, gemeinsame Kasse für das Abendessen

indiv. Besitz

gemeinsames Abendessen (Montag-Donnerstag), Organisation einer Bar mit Musik, Nähen, Tanzen, Yoga

nicht-religiös, unpolitisch

☺

Wir sind eine Co-Housing-Gemeinschaft in ruhiger Lage in der Innenstadt von Stockholm. Wir alle besitzen unsere Wohnungen, teilen uns aber Räume, in denen wir von Montag bis Donnerstag essen, spielen und trainieren, Kneipenabende feiern, Musik und Tischtennis spielen, malen, nähen und tischlern können. Wir begrüßen externe Mitglieder für Abendessen/Kochteams und kochen gemeinsam ca. 80 Portionen Essen. Es gibt jeden Tag vegane/vegetarische Alternativen. Wir begrüßen auch geplante Studienaufenthalte von internationalen Gruppen, aber wir können keine Unterkunft, nur Abendessen zum Selbstkostenpreis anbieten.

→Siehe auch Beschreibung des Netzwerks „**Kollektivhus NU**"

☺ Kauf einer Wohnung in den Gebäuden

Rumpans by

Pråmviken 128 | 86296 Njurunda ☎+46-(0)70-399 88 68
anarkab@telia.com

1968 | 18 ha (bei Sundsvall) | ♀25-40 | ♂25-40 | 40 | 90-120

e, schwedisch | 3

ganzes Dorf (Konsens) | individuelle Finanzierung

29 Parzellen, versch. private Eigentümer

soziale Arbeit, Instandhaltung, neue Projekte

ökolog., selbstverw., biolog. Gartenbau, konvent. Gartenbau, artgerechte Viehwirt., Forstwirt., altern. Energie, ökolog. Bauen

☺

Siedlung auf 18 ha, basierend auf einer sozialen Vision. Einzelne Ferien- und Wohnhäuser gehören den jeweiligen Familien: kleine Kläranlage, eigener Brunnen, eigener Hafen mit Bootshäusern und einer Sauna, umweltfreundliche Infrastruktur, Windmühle, Brennholz aus dem eigenen Wald, lokales Sägewerk, Landwirtschaft, Rinder. Das Projekt wurde 1966 begonnen. Alle Gebäude wurden von den Eigentümer*innen unter Verwendung lokaler Materialien gebaut. Infos zu einem Buch über die Entwicklung des Dorfes über 50 Jahre sowie einen Artikel auf englisch finden Sie unter eurotopia.de/links → Nummer 177

Suderbyn Permaculture Ecovillage

Toftavägen 211, Västerhejde | 62261 Visby, Gotland ☎+46 (0)76 218 73 69
info@suderbyn.se suderbyn.se

2008 | 5 ha, bei Visby (8 km) | 20 % | 1 | 25

e, sp, f, d, schwedisch, russisch, ukrainisch, niederländisch, rumänisch | 3 | 20

die Gemeinschaft zusammen, bei wichtigen Themen: Ausschuss der Kooperative, Rat der NGO (Konsent)

gemeinsame Finanzierung, bezahlte Lebensmittel und Mieten, öffentlich finanzierte NGO-Projekte, Spenden

Eigentum aller Mitglieder der Kooperative

freiwillige Einfachheit, Permakultur, Vielfalt, Gewaltlosigkeit

nicht-formale Bildung, internationale Projekte, DIY erneuerbare Energien, Gartenbau, ökologisches Bauen, Experimente, Gemeinschaftsentwicklung, Öffentlichkeitsarbeit

ökolog., selbstverw., feminist., gewaltfrei, chaotisch, inneres Wachstum, Meditation, Yoga, Sexualität, Bioernährung, vegan, Bildungsarbeit, Pädagogik, Tagungshaus, Friedensarbeit, Umweltschutz, Selbstvers., Permakultur, biolog. Landwirt., biolog. Gartenbau, biolog. Viehwirt., altern. Energie, neue Technologien, ökolog. Bauen, Bau, Humor, Kulturelle Vielfalt, Experiment, Soziallabor

☺ ( )

Suderbyn Ecovillage ist eine intentionale Gemeinschaft von aufgeschlossenen Menschen aus verschiedenen Ländern und Kulturen auf der Insel Gotland inmitten der Ostsee. Wir alle, die wir hier leben, bauen den Ort auf - nicht nur körperlich, sondern auch sozial.
Unser Ziel ist es, auf eine Weise zu leben, die eine blühende Lebensumwelt schafft und gleichzeitig unseren ökologischen Fußabdruck minimiert. Mit der gemeinsamen Gründung von Suderbyn Ecovillage wollen wir naturnah leben und einen nachhaltigeren Lebensstil

erreichen, indem wir die Selbstversorgung mit Lebensmitteln und erneuerbaren Energien anstreben und ökologische und lokale Materialien in den Vordergrund stellen.
Wir hinterfragen Konsummuster, soziale Strukturen und kulturelle Stereotypen. Wir experimentieren in verschiedenen Bereichen mit Innovation und traditionellem Wissen mit dem Versuch, ein Modell einer gesunden und glücklichen Gesellschaft mit der Vielfalt der Menschen zu schaffen. Wir arbeiten mit Bildungsprojekten auf lokaler und internationaler Ebene zusammen. Wir erneuern die Verbindungen zwischen Menschen und zwischen Mensch und Natur.

Ekobyarnas Riksorganisation, ECOLISE, BEN (Baltic Ecovillage Network), SCI-Sweden (Service Civil International), Transition Gotland, Permaculture Sweden
☺ zwei Wochen Probezeit

Tersen

Tegelvägen 18 A | 79135 Falun ☎+46-(0)706 651 002
john.fletcher@tersen.se www.tersen.se

2005 2600 m² Wohnräume plus 400 m² Gemeinschaftsräume
♀37 ♂18 0 55

schwedisch, e, d, f
keine bezahlte Arbeit innerhalb
für alle offene Haustreffen (Mehrheitsentscheidung (falls erforderlich))
teils individuelle Finanzierung, größtenteils Bankkredit
Eigentum aller
keine ideologischen/spirituellen Grundsätze
Gemeinschaftsleben, Verwaltung des Hauses, Garten
selbstverw.

☺

Die Tersen Co-Housing-Gemeinschaft bietet ein Umfeld, welches aktiv Kooperation und Freundschaft zwischen den Bewohner*innen fördert. Wir lernen einander kennen. Wir lernen von und mit unseren Nachbar*innen und entwickeln neue gemeinsame Interessen. Wir schaffen Räume für ein aktives Leben.
Wir besitzen unser Haus und helfen einander beim Betrieb und der Weiterentwicklung von Tersen. Monatliche Haustreffen bieten die Gelegenheit zum Austausch von Ideen und Bedürfnissen im Haus. Wir kochen und essen freitagabends zusammen. Falls du gerne Mitglied einer Gruppe sein möchtest, welche sich beispielsweise um den Garten, unser Haus oder unsere Finanzen kümmert oder falls du gerne ein Mitglied des Vorstandes werden möchtest, wirst du wahrscheinlich Freude an Tersen finden.
Jede*r Bewohner*in hat seine*ihre eigene Wohnung mit einer Tür, welche zur Wahrung der Privatsphäre geschlossen werden kann. Zugleich gewährt Tersen den Zugang zu einer großen Gastroküche, einem Esssaal, einem Fernsehraum, einer Bibliothek, einem Teppich-Atelier, einem Textilraum, einem Fitnessraum und einer Sauna – sowie Gästezimmer für Freund*innen und Familie. Es gibt zahlreiche spontane Aktivitäten.
Unsere Sicherheit beruht auf gegenseitiger Fürsorge. Darüber hinaus stehen auch die sozialen und medizinischen Dienstleistungen der Gemeinde zur Verfügung.
Wir teilen Autos, Fahrräder, Computer, Zeitungen usw.

→Siehe auch Beschreibung des Netzwerks „**Kollektivhus NU**"
☺ älter als 40, keine Kinder

The Fig Tree – A Jona House Resistance and Catholic Worker Community

c/o Per Herngren | Sandeslätt 54 | 424 36 Angered +46-(0)708 877 211
konfliktingripande@gmail.com ickevald.net/catholicworker/english/

1999 (bei Göteborg) 5 % ♀3 ♂3 6

schwedisch, e, arabisch 1 3

Arbeitsgruppen (Konsens und feministische Begegnungsmethoden)

gemietet und Eigentum

Gewaltfreiheit, ziviler Ungehorsam, Queerfeminismus

Ausbildung in Gewaltfreiheit, Unterkunft für Geflüchtete, lokal organisieren

selbstverw., anarchist., linkes Politikverst., feminist., gewaltfrei, christl., ökumen., anthroposoph., Bildungsarbeit, Pädagogik, Friedensarbeit, Entwicklungshilfe, altern. Energie, ökolog. Bauen

☺

Die Fig Tree Community (Feigenbaumgemeinschaft) ist eine ökumenisch-gewaltfreie Widerstandsgemeinschaft mit Sitz in Hammarkullen, Göteborg, Falköping (Schweden) und Kairo (Ägypten). Hammarkullen ist eines der ethnisch vielfältigsten Viertel Schwedens mit Menschen aus 130 Nationen und 70 Sprachen. Die Gemeinschaft ist Teil eines Netzwerks von Gemeinschaften in Hammarkullen. Verschiedene Gemeinschaften organisieren Widerstand, Suppenküchen, Reflexionen, Partys. Anstatt die Fig Tree Community als Ganzes zu betrachten, funktioniert sie wie ein Rhizom und ein Molekül: Werden, Verbinden, Verlassen, Bewegen, Ruhen.

→Siehe auch Beschreibung des Netzwerks „**European Catholic Worker**"

☺ Arbeit mit Gewaltfreiheit, zivilem Ungehorsam oder der lokalen Gemeinschaft

Utsikten ekoby Lilla Krossekärr

Krossekärr 705 | 473 94 Henån
+46-(0)705-479 945 (Rickard), +46-(0)708-7905 (Marie)
marie@fotoochform.se www.utsikten-ekoby.se

2001 (bei Uddevalla) 10 % ♀15 ♂10 11 36

schwedisch, e, d, f

individuelle Finanzierung

die Häuser sind Privateigentum

wir wollen inspirieren

ökolog.

Das Leben im Ökodorf in Lilla Krossekärr zeichnet sich durch eine Mischung aus Privatem und Gemeinschaft aus.
Die Aktivitäten des Dorfes werden von einem Vorstand und von Arbeitsgruppen organisiert. Die Gruppen erledigen einen Großteil der laufenden Arbeiten wie Waldbewirtschaftung, Landmanagement und Renovierung. Ein konkretes Ergebnis ist die gemeinsame landwirtschaftliche Fläche, die in kleine Parzellen unterteilt ist. Die Scheune, das Recyclinghaus, der Geräteschuppen und die Bienenhäuser sind andere Gemeinschaftsräume. Wir sind jetzt auch Teil eines Forstgartenprojekts.

Schweiz

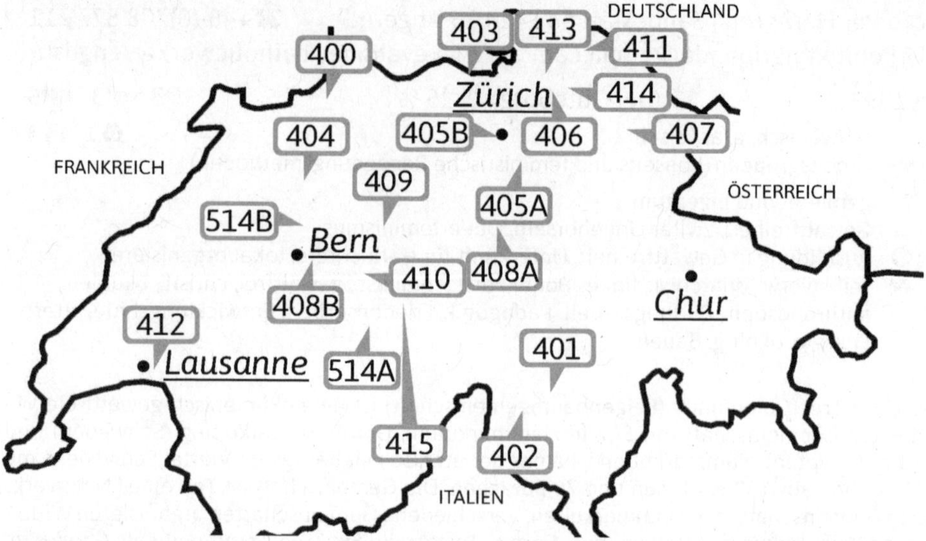

In der letzten eurotopia-Ausgabe haben wir 8 Gemeinschaften aus der Schweiz veröffentlicht - diesmal sind es 20. Davon sind 15 neu im Verzeichnis und zwei sind noch in Planung (ab Seite 514). Es gibt in der Schweiz das Common Life Network (Seite 548) sowie GEN Suisse unter gen-suisse.ch (Obacht: gensuisse.ch dagegen ist eine Website der Gentechnik-Lobby)

Arche im Nauen

Unterdorfstr. 18 | 4143 Dornach ☎+41-(0)61-599 70 20
arche@imnauen.ch www.imnauen.ch

1985 (bei Basel) ♀12 ♂12 24
d 90 %
alle Betroffenen gemeinsam, bestimmte Entscheidungen trifft der Vereinsvorstand (Mehrheitsabstimmung)
individuelle Finanzierung u. staatl. Förderung Eigentum des Vereins
christlich, ökumenisch offen
Mitleben/Mitarbeiten in Hausgemeinschaft (inkl. Begleitung der kognitiv beeinträchtigten Bewohner*innen)
spirit., christl., ökumen., inneres Wachstum, Pädagogik, geistig/psych. Behinderte
☺

Die Arche-Gemeinschaft Im Nauen öffnete im November 1985 das erste Haus in Hochwald (SO) in der Nähe von Basel. Im September 1991 folgte der Einzug ins zweite Haus in Dornach. Seit 2014 sind alle Wohngemeinschaften und das Atelier in Dornach. Tagsüber werden in unserem Atelier verschiedene Handarbeiten angefertigt.
Als Gemeinschaft möchten wir auf der Basis des Evangeliums mit unseren Fähigkeiten und Grenzen miteinander unterwegs sein. Wir empfangen und suchen immer wieder Menschen,

die in unserer Gemeinschaft mitleben und mitarbeiten möchten; es besteht die Möglichkeit, ein fachbezogenes Praktikum zu absolvieren oder einen zivilen Ersatzdienst zu leisten. Hauptarbeitsbereiche sind die Lebensgestaltung mit kognitiv beeinträchtigten Menschen in Wohngemeinschaften, pflegerische Begleitung, Haushalt und Atelier. *Foto Seite 12*

→Siehe auch Beschreibung des Netzwerks „**Arche nach Jean Vanier**"
☺ vorab Besuch zum Kennenlernen, dort weitere Absprachen

Ces - Fondazione per la rinascita di Chiesso

Monte di Cés (Chiesso)
Ces, c.p. 15 | 6747 Chironico (Ticino) ☎ +41-(0)91-865 14 14
info@cesnet.ch www.cesnet.ch

1972 10 ha (bei Bellinzona) <10 % ♀2 ♂2 0 4
d, i, e, f 4 4 (von Mai bis Oktober)
alle Betroffenen gemeinsam (Konsens)
gemeinsame Finanzierung bestimmter Bereiche Stiftungsbesitz
Gästebetreuung, Gartenbau, Bauarbeiten, Landschaftspflege, Landwirtschaft
ökolog., selbstverw., linkes Politikverst., gewaltfrei, Bioernährung, Bildungsarbeit, Tagungshaus, Umweltschutz, Selbstvers., biolog. Landwirt., biolog. Gartenbau, biolog. Viehwirt., artgerechte Viehwirt., Forstwirt., altern. Energie, ökolog. Bauen, Gruppenarbeit
☺

Ces ist ein ehemals verlassenes Bergdorf auf einer Hochebene im Nordtessin (1450 m). Es liegt weitab vom Verkehrschaos und ist nur zu Fuß, zwei Stunden bergauf, erreichbar. Bereits beim Aufstieg erlebt man eine abwechslungsreiche Landschaft. In Ces selbst fällt die natürlich bewirtschaftete Hochebene mit Wasserfall, Moorgebieten, seltenen Blumen und verschiedenen Wildtieren auf.
Ces besteht aus rund 25 Häusern und Ställen und einer Kapelle. Ein Drittel der Häuser gehört uns, der selbstverwalteten „Stiftung zum Wiederaufbau von Ces". Seit 1972 engagieren wir uns als Kollektiv dafür, dass das Dorf und seine Umgebung in der traditionellen Charakteristik erhalten bleibt und dass Ces für alternative, gemeinschaftliche Lebens- und Arbeitsformen offen steht. Im Winter ist Ces ruhig. Im Sommer bebauen wir unsere biologischen Gärten, betreuen die Tiere und die Gäste unserer Gästehäuser, machen Heu, fällen Bäume und plaudern; es wird renoviert, gespielt und diskutiert.
Wir leben bewusst einfach und arbeiten viel von Hand. Da wir möglichst unabhängig leben wollen, produzieren wir unseren eigenen Strom (Klein-Wasserkraftwerk und Solaranlage) und ernähren uns – wenn möglich – von eigenen Produkten aus unseren Biogärten.
Ces ist abgelegen, aber nicht isoliert: es will nach außen wirken und Alternativen aufzeigen. Ein großer Kreis von Freund*innen, Gästen und Gästegruppen aus vielen Ländern besucht uns jedes Jahr. Wer uns besuchen oder bei uns mitarbeiten möchte, sollte unbedingt vorher telefonisch Kontakt aufnehmen.

→Siehe auch Beschreibung des Netzwerks „**GEN Europe**"
La Ragnatela
☺ ökologisches Bewusstsein, Sozialkompetenz,
Einverständnis mit den Zielen der Gemeinschaft

Cooperativa Pianta Monda Menzonio

Pianted | CH-6692 Menzonio ☎+41-(0)91-754 18 53, -(0)794 176 721
www.piantamonda.ch

1993 | 3 ha, bei Locarno (35 km) | ♀1-2 ♂3-4 0 | 4-6

- d, e, it, f — alle, auch Externe
- alle Betroffenen gemeinsam (⅔-Mehrheit)
- gemeinsame Finanzierung best. Ber. & Teil-Tausch-Schenk-Ökonomie
- Genossenschaftsbesitz & Pachtland
- gemeinschaftliches Leben/Lernen zur Schaffung einer neuen ganzheitlichen Kultur; Wiederbesiedelung/-belebung eines sich entvölkernden wunderschönen Bergtals
- Zusammenleben, Gärtnern, Bauen, Holzen, Roden, Hausarbeit, Heuen, Gäste betreuen, Wegebau, Landschaftspflege
- ökolog., selbstverw., gewaltfrei, inneres Wachstum, Bioernährung, Friedensarbeit, Entwicklungshilfe, Umweltschutz, Selbstvers., Permakultur, biolog. Landwirt., biolog. Gartenbau, biolog. Viehwirt., altern. Energie, ökolog. Bauen, Humor, handyfrei, rauchfrei, Sozialarbeit: Camps mit Jugendlichen, Handwerk, Medien: Eigene Dorfzeitung

☺

Langsam und beharrlich ist die Gemeinschaft Pianta Monda dabei, den Weiler Pianted mit seinen 30 Terrassen und 10 Gebäuden zu restaurieren, um ein kleines Ökodorf zu schaffen, gut 15 Minuten oberhalb des Dorfes Menzonio auf 850 m im oberen Maggiatal. Neben der praktischen Arbeit am Berg ist das Zusammenleben-Lernen und das Einüben des Unabhängig-Seins von zentraler Bedeutung. Unser Team besteht aus 2-5 längerfristigen Mitgliedern und wird unterstützt von kurzzeitig Helfenden, den externen Genossenschaftsmitgliedern, einem großen Freundeskreis und von Work-Camps aus aller Welt.
Auf den ehemaligen Ackerterrassen werden Gemüse, Kräuter, Beeren und Obst zur möglichst großen Selbstversorgung biologisch angebaut. Die Rustici (=tradit. Granit-Gebäude) werden ökologisch ausgebaut für die Bewohner*innen, Gruppen, Schulklassen und unseren Agriturismo-Gästebetrieb, welcher zusammen mit den Gärten unsere Grundbedürfnisse abdeckt. Daneben widmen wir uns der Pflege und Erhaltung des uns anvertrauten sonnigen Geländes, der Wegpflege, Saatgutvermehrung, Bodenverbesserung und Artenvielfalt.
Autarkie ist uns wichtig; Wir kombinieren alte Traditionen mit modernen Technologien: Komposttoiletten mit Urintrennung, Sonnenkollektoren, Panels für 12-V-Strom, Parabolkocher usw. Wir sind eine der raren Offline-Zonen, gemeinnützig, steuerbefreit und hypothekenfrei.
Wir arbeiten hart und leben einfach und ursprünglich, freiwillig, suchtarm und lohnlos, kochen und heizen mit Holz und Sonnenkraft und benutzen fast keine Maschinen. Unser Ökodörfchen steht allen Interessierten für einen Besuch offen und bietet Arbeitsgästen (die länger als sieben Tage bleiben!) freie Kost und Logis.

- Bergheimat
- ☺ mehrwöchige Probezeit (Voranmeldung!), Motivation, Idealismus, Teamfähigkeit, Lebensfreude

☆ Familiengemeinschaft Inanna So, wie das Leben gemeint ist.

Propsteiweg 24/25 | 5463 Wislikofen ☎+41-(0)565 253 093
✉inanna-family@posteo.ch

2018 bei Zürich (25 km) ♀6 ♂5 5 16

d, e, f, sp, portugiesisch
alle Mitglieder gemeinsam (Konsensentscheid) gemeinsame Ökonomie
gemietet
ökolog., gewaltfrei, spirit., inneres Wachstum, Meditation, Yoga, Bioernährung, veget., vegan, Pädagogik, Friedensarbeit, biolog. Gartenbau, altern. Energie, neue Technologien, ökolog. Bauen, Humor

Nach mehrjähriger Gemeinschaftsbildung leben wir seit Herbst 2018 als Familiengemeinschaft zusammen. Wir beleben ein altes Gehöft, bestehend aus drei Wohnhäusern, welche baubiologisch saniert wurden (Lehm- & Strohdämmung, Regenwassernutzung, Solaranlage, etc.). Die Vermieter-Familie wohnt in einem der Häuser. Sie sind nicht Teil der aktiven Gemeinschaft. Allerdings bestellen wir zusammen das Umland und teilen nebst der Werkstatt und der Hühnerhaltung auch ökologische und soziale Wertvorstellungen.
Die aktive Gemeinschaft wagt eine gänzlich geteilte Ökonomie, d.h., dass wir unseren ganzen finanziellen und materiellen Besitz sowie alle Räumlichkeiten gemeinsam nutzen. Wir wollen, dass das Geld lebendige und lebensfördernde Prozesse anregt und nicht weiter Bewertungssysteme oder zwischenmenschliche Grenzen stärkt. Wir laden uns gegenseitig ein, unser Potential auch beruflich zu entfalten. Wir suchen zukunftsweisende Wege zu nachhaltigen Formen der Fülle.
Wir treten authentisch, achtsam, bewusst und wohlwollend in Beziehung zueinander, um so ineinander die innere Basis von Selbstakzeptanz, Anteilnahme, Vertrauen und Geborgenheit zu nähren. Wir wertschätzen die Unterschiedlichkeit der/des Einzelnen und ermutigen uns gegenseitig zur Selbstverantwortung und persönlicher Entfaltung. Unseren Kindern schaffen wir eine kindgerechte Umgebung mit Naturspielplätzen und eigenen Räumen, in denen wir sie liebevoll in ihrem Erwachsen und Lernen begleiten.
Wir haben kein geistiges, politisches oder religiöses Dogma. Wir erkennen, jede*r auf seine Weise, eine geistige Wirklichkeit an, die größer ist als unsere ganz persönliche. Gemeinsam entdecken, erforschen, erfinden und zelebrieren wir alte und neue Rituale. Wir feiern gerne und genießen die Fülle des Lebens.

Bio für Alle, GEN-Suisse

Schweiz

Gemeinschaft Kirschblüte

4574 Lüsslingen-Nennigkofen ☎+41-(0)76 510 02 71, +41-(0)76 568 24 25
juhit@gmx.ch, joshuan@live.de, kirschbluete@gmx.ch
www.kirschbaumbluete.ch, www.samuel-widmer.ch

1995 (bei Solothurn) 70 % ♀72 ♂46 77 195

d, e, f, sp, i variiert alle, nicht täglich, sondern festgelegte Zeiten

alle Betroffene gemeinsam (Konsensfindung im gemeinsamen Gespräch)

in der Regel individuelle Finanzierung. Gemeinsame Finanzierung innerhalb der Landwirtschaftlichen Genossenschaft und des Gemeinschaftshofes Rössli

individuell, gemeinschaftlich oder teilweise gemeinschaftlich

im eigenen Betrieb oder in der Umgebung angestellt tätig

ökolog., selbstverw., linkes Politikverst., spirit., inneres Wachstum, Meditation, Tantra, Sexualität, freie Liebe, Bioernährung, veget., vegan, Bildungsarbeit, Pädagogik, Tagungshaus, Friedensarbeit, Entwicklungshilfe, geistig/psych. Behinderte, Umweltschutz, Selbstvers., biolog. Landwirt., biolog. Gartenbau, Forstwirt., altern. Energie, Humor, Liebe, Selbsterkenntnis, Psychotherapie, Psycholyse, kinderliebend, neue Geschichte

☺

Durch die therapeutische Arbeit und Seminartätigkeit von Samuel Widmer Nicolet und Danièle Nicolet Widmer ist unsere Gemeinschaft eingebettet in einem großen und weit gestreuten, gemeinschaftsbildenden Feld, von hunderten, wenn nicht tausenden von Menschen, in dem sie gleichzeitig das Zentrum bildet.
Uns alle bewegen die großen Lebensfragen um Liebe, Nähe, Beziehung, Unverbrüchlichkeit, befreite Sexualität, Erziehung, Glücksfähigkeit und Erleuchtung... Was heißt Mensch-Sein wirklich? Wie lässt es sich würdevoll in einem gemeinschaftlichen Feld leben, in dem Liebe und Mitgefühl nicht an den Grenzen der Paarbeziehung aufhören, sondern sich darüber hinaus weiterentfalten dürfen? Darf die Liebe auch körperlich völlig frei sein? Welche Konditionierungen, die wir durch Erziehung, Gesellschaft und die bisherige Geschichte der Menschwerdung übernommen haben, gilt es zu transzendieren?
Ein Feld miteinander zu schaffen, in dem nicht die Angst vor Verlust und die Gier nach Besitz, sondern die Liebe ihre Kraft ungehindert entfalten darf, ist unsere Leidenschaft. Darin experimentieren wir und das ist unser Glück.
Im Unterschied zu anderen Gemeinschaften verstehen wir uns als sehr luftige Gemeinschaft, als Kirschbaumblütenblätter im Wind, die sich wenig Strukturen und keiner Ideologie verpflichten wollen. Autorität in jeder Form und Hierarchie, die sich nicht aus den natürlichen Kräfteverhältnissen selbstverständlich ergibt, lehnen wir als gemeinschaftsfeindlich ab. Herkommend von Psychotherapie und Selbsterkenntnis geben wir uns einer tiefen Spiritualität hin, die ohne speziell politisch ausgerichtet zu sein trotzdem in der Welt wirkt. *Foto auf Seite 12*

WorldWide Magic Movement

☺ Neue „Mitglieder“ kommen i.d.R. über bestehende Freundschaften. Du solltest mit uns leben wollen und in der Lage sein, für dich und deine Familie zu sorgen. Finanzielles und tatkräftiges Engagement in unseren mittlerweile vielfältigen Projekten.

*Anmerkung der Redaktion: Die Kirschblütengemeinschaft und ihr Gründer wurden in den vergangenen Jahren kontrovers diskutiert. Wir empfehlen interessierten Leser*innen, selbst zu recherchieren und dann ggf. - wie bei anderen Gemeinschaften auch - in eigener Verantwortung weitere Schritte zur Kontaktaufnahme oder Annäherung zu treffen.*

Gemeinschaft Unter Ort

Alte Landstrasse 133 | 8804 Au ZH ☎+41-(0)79-735 08 28
claudiokol@yahoo.de

2016 200 m², bei Wädenswil (4 km), Zürich (20 km)
2 % ♀4 ♂6 2 12

d 1
alle (Konsens) selber entwickeltes „Spiel" für gemeinsames Wirtschaften
gemietet
undogmatisch
Gemeinschaftsbildungsprozesse, Garten
ökolog., selbstverw., Bioernährung, Umweltschutz, Permakultur

Wir leben zusammen in einem großen alten Bauernhaus in der Agglomeration von Zürich. Der Weg von einer Student*innen-WG hin zu einer Gemeinschaft wurde 2016 eingeschlagen. Besiegelt wurde der Entschluss mit einem Beitritt bei GEN und einer Ausrichtung nach deren vier Säulen (Ökologie, Ökonomie, Soziales und Weltanschauung).
Gleichzeitig begannen wir an einer innovativen Lösung für das gemeinsame Haushalten zu forschen. Wir hatten genug von Putzplänen und Diskussionen, wer wann kocht, und wünschten uns ein System, bei dem jede*r das machen kann was ihm*ihr am besten liegt oder am wichtigsten ist. Die individuellen Einsätze (Zeit und/oder Geld) werden dann über eine interne Währung gegeneinander abgeglichen.
Mit der Geburt des ersten Kindes 2017 wurde die Familien-Thematik aktuell... und der Umgang mit den Gemeinschaftsräumen wurde zu einer neuen Herausforderung. Die zweite frischgebackene Kleinfamilie verschaffte sich 2018 mit einem nahe gelegenen, energie-autarken Tiny House zusätzlichen Raum. Die Gemeinschaft lebt... und wenn sie nicht gestorben ist, dann erforschen wir noch heute das Zusammenleben.

GEN Suisse

Genossenschaft Kalkbreite

Kalkbreitestrasse 2 | 8003 Zürich ☎+41-(0)43 317 17 22
mail@kalkbreite.net kalkbreite.net

2014 6350 m² ♀145 ♂115 69 260

d 3 10
Gemeinschaftsrat (Konsens) Solidaritätsfond
Baurecht
2000-Watt-Gesellschaft
freiwillige, unentgeltliche Arbeitsgruppen
ökolog., selbstverw., linkes Politikverst., gewaltfrei, Umweltschutz, altern. Energie, neue Technologien, ökolog. Bauen, Bau, partizipativ

☺

2006 entwarf eine Handvoll Quartierbewohner*innen und Fachleute die Vision einer nachhaltigen und innovativen Bebauung des Kalkbreite-Areals. Ein Jahr später ist aus der Gruppe die breit abgestützte und gut vernetzte Genossenschaft Kalkbreite geworden, die das 6350 m² große Areal von der Stadt Zürich im Baurecht zugesprochen bekam.

Schweiz

Die Vision wurde in vielen partizipativen Prozessen zu einem Projekt verdichtet, das die komplexen örtlichen Rahmenbedingungen meisterte und zugleich die Vorgabe eines sozial und ökologisch pionierhaften urbanen Lebensraums in zeitgemäße Architektur umsetzte. Die Siedlung wurde 2014 eröffnet.
Dank ihrer Lage, den Gewerbebetrieben und den Gastronomielokalen, den innovativen Nutzungen sowie der hervorragenden Erschließung mit dem öffentlichen Verkehr hat sich die Kalkbreite rasch zu einem lebendigen Zentrum im Quartier entwickelt.

Cooperative Suisse, Verein Neugass, KOVI, Verband wbg-zh
Genossenschaftsmitgliedschaft

Giesserei

Ein Projekt der Gesewo (Genossenschaft für selbstverwaltetes Wohnen)

Ida-Sträuli-Strasse 79 | 8404 Winterthur ☎+41-(0)52 511 83 00
info@giesserei-gesewo.ch giesserei-gesewo.ch

2013 1,1 ha 1 % ♀ca. 120 ♂ca. 120 ca. 70 ca. 310

d, (e, f, i) — einige

Mitgliederversammlung des Hausvereins (Mehrheitsentscheid)

individuelle Finanzierung, Pflichtdarlehen der Mieter*innen: 10% des Anlagewerts der eigenen Wohnung

Besitzerin ist eine Genossenschaft (Gesewo), die Wohnungen/Gewerberäume werden nur an Genossenschaftler*innen vermietet.

keine ideologischen/spirituellen Grundsätze

selbstverwaltetes, ökologisches Wohnprojekt mit Gewerbe

ökolog., selbstverw., Eigenleistungen obligatorisch für Unterhalt, Administration, kulturelle & soziale Aktivitäten

Das Mehrgenerationenhaus Giesserei ist eine Siedlung mit 156 Wohneinheiten und 14 Gewerbebetrieben, darunter ein Restaurant, eine Filiale der Stadtbibliothek Winterthur, Kunstgalerien und ein Musikzentrum. Zu den Gemeinschaftsräumen gehören ein großer Saal für interne und öffentliche Veranstaltungen, Werkstätten und Gästezimmer. Die Altersstruktur der Bewohner*innen entspricht ziemlich genau derjenigen der Schweizer Bevölkerung. Wir haben Mitglieder aus 12 Nationen mit 12 verschiedenen Muttersprachen.
Zur Selbstverwaltung gehört die Pflicht, Eigenleistungen im Umfang von 30 Stunden pro Jahr zu erbringen. Praktische Arbeiten für Gebäudeunterhalt und Reinigung, Gartenpflege und für kulturelle und soziale Anlässe und Administration geben allen die Möglichkeit, sich aktiv am Gemeinschaftsleben zu beteiligen. Die Gebäude erfüllen den Minergie-P-Eco-Standard und wir sind eine so genannte autofreie

Siedlung mit 30 unterirdischen Bewohner*innenparkplätzen, Besucher*innenparkplätzen und 600 Fahrradständern.
Das Foto ist von Kurt Lampart, auf Seite 7 gibt es noch eins in Farbe.

🌍 Wohnen Schweiz, Verband der schweizerischen Baugenossenschaften
☺ nur in frei werdenden Wohnungen (Zuzügler*innen)

Herzfeld Sennrüti

Sennrütistrasse 23 | 9113 Degersheim ☎+41-(0)71-511 25 68
✉networking@oekodorf.ch 💻www.sennrueti.ch

2006 1,2 ha (bei St. Gallen) 10 % ♀32 ♂13 25-29 ca. 72

schweizerdeutsch, d, e, f, niederländisch, sp, i ca. 4 ca. 20
alle Betroffenen gemeinsam (Einstimmung) individuell, zum Teil gemeinsam
Eigentum aller (Genossenschaft)
Garten, Seminar- und Gästebetrieb, baubiologischer Umbau, Begegnungsort
ökolog., selbstverw., gewaltfrei, spirit., inneres Wachstum, Meditation, Yoga, Bioernährung, veget., vegan, Bildungsarbeit, Pädagogik, freie Schule, Friedensarbeit, Umweltschutz, Selbstvers., Permakultur, biolog. Landwirt., biolog. Gartenbau, altern. Energie, ökolog. Bauen, Humor, rauchfrei, „ein neues WIR"-Kultur, Bewusstseinsentwicklung, Therapie, Singen, Tanz, Musik, Kunst und Kultur, Gastbetrieb, Time-out-Betreuung
☺

Wir schätzen die Vielfalt von jeder Person und fördern die persönliche Entwicklung und das innere Wachstum. Wir möchten, dass alle ihr volles Potential entfalten können.
Um gesunde und bewusste Beziehungen aufzubauen und zu pflegen, treffen wir uns regelmäßig. Wir verwenden Sharing-Kreise, Schattenarbeit in Triaden, das Spiel der Wandlung, Forum, Ho'oponopono und mehr.
Die Integration unserer Kinder und Jugendlichen ist ein wichtiger, fortlaufender Prozess. Durch das gemeinsame Aufwachsen entsteht ein geteiltes elterliches Gefühl, das zur kollektiven Betreuung der jüngeren Generation führt. Kinder können leicht mit anderen Erwachsenen in der Gemeinschaft in Kontakt treten, und einige wählen ihre „eigenen Großeltern" aus. Wir veranstalten Integrationstage mit viel Spaß und Spielen.
Wir haben thermische und photovoltaische Kollektoren installiert, sodass wir mehr als genug haben, um das gesamte Gebäude mit Solarenergie zu versorgen. Außerdem wird Regenwasser von den Dächern aufgefangen und gespeichert für das Spülen von Toiletten, für Waschmaschinen und für den Garten. Organische Abfälle werden gesammelt und kompostiert oder zur Herstellung von Holzkohle für den Permakulturgarten verwendet. Wir bauen Obst und Gemüse an und haben das Glück, in der Nähe Biobetriebe zu haben, die das ganze Jahr über unsere zusätzlichen Bedürfnisse erfüllen können.
Wir versuchen, alle praktischen Arbeiten mit Sorgfalt und Liebe zu erledigen. Wir feiern oft das Leben, alle guten Dinge und uns selbst.

→Siehe auch Beschreibung des Netzwerks „**GEN Europe**"
🌍 GEN Suisse, World Peace Prayer Society, einige Personen: Talent, ARTABANA, Holon
☺ Wertschätzung des Bestehenden und JA zu den Grundwerten (common grounds), Bereitschaft zur persönlichen Entwicklung, aktive Teilnahme und Mitarbeit in der Gemeinschaft, Mitgliedschaft in der Genossenschaft

☆ Hofgemeinschaft Gruebisbalm

Grubisbalm 1 | 6354 Vitznau ☎+41-(0)41-397 20 98
www.biohof-grubisbalm.ch

1994 20 ha (bei Luzern) 70 % ♀3 ♂4 3 10-12

schweizerdeutsch, d, f, e 6-10

für alle täglichen Belange (Arbeiten und Befindlichkeit): gemeinsam (Konsens für tägliche Belange, wöchentlich große Sitzung und Befindlichkeitsrunde)

Einkommensgemeinschaft gemietet/gepachtet

ökologisch

Biolandwirtschaft, Kuhstall, Garten, Holz, Haushalt, Sozialarbeit

ökolog., gewaltfrei, spirit., christl., buddhist., taoist., Meditation, Yoga, Bioernährung, Tierschutz, Umweltschutz, Selbstvers., biolog. Landwirt., biolog. Gartenbau, biolog. Viehwirt., artgerechte Viehwirt., Forstwirt., altern. Energie, Humor, ökologisch, selbstverwaltet, gewaltfrei, spirituell, Meditation, Ernährung aus Bioanbau, geistig/psych. Behinderte: 3 Plätze für Menschen mit psychischen Problemen, Umweltschutz, Gartenbau biologisch, Viehwirtschaft biologisch, alternative Energie, Handwerk: Spinnen, Sticken, Filzen (ab und zu), Kunst: Malen, Sonstiges: Trommeln

☺

Grubisbalm liegt oberhalb von Vitznau auf der Südseite der Rigi auf 850 m über dem Meer und bietet eine wunderbare Aussicht auf den Vierwaldstättersee, den Bürgenstock und in die herrliche innerschweizer Bergwelt. Der Ort ist abgelegen, also auch ruhig, und nur mit der Bahn oder zu Fuß erreichbar. In der autofreien Umgebung laden erholsame Wanderwege ein, die Rigi zu entdecken. Am Rande eines Bauernhofes strömt ein Wasserfall. Wald, Wiese, Höhlen und Wasserfall eignen sich für Arbeiten im Freien.
Auf dem Bauernhof „Grubisbalm" leben und arbeiten Menschen in einer politisch und religiös unabhängigen Gemeinschaft. Uns ist wichtig, dass auf Grubisbalm Raum für kulturellen Austausch besteht. Wir engagieren uns auch sozial für Jugendliche und Erwachsene. Solidarität, Offenheit und Verbindlichkeit ermöglichen die individuelle Entfaltung des Einzelnen. Die Gemeinschaft versteht sich nicht als Insel, sondern als Teil der Öffentlichkeit. Auf dem biologisch geführten Hofe werden Landesprodukte für Kursküche und Direktverkauf angeboten.

☺ Interesse an Bio-Landwirtschaft, Betreuung, Zusammenleben und -arbeiten

☆ Humanushaus Beitenwil Camphill Humanus-Haus

Postfach 55 | 3113 Rubigen ☎+41-(0)31-838 11 11
info@humanus-haus.ch www.humanus-haus.ch

1973 5 ha (bei Bern) 60 % ♀70 ♂60 3 150

d, e, f 60

je nach Reglement (von Fall zu Fall unterschiedlich. Ziel: einmütig)

Leistungsvertrag mit öffentlicher Hand Stiftung

Anthroposophie

Betreuung von Menschen mit einer geistigen Behinderung

ökolog., selbstverw., hierarch., spirit., anthroposoph., inneres Wachstum, Bioernährung, Bildungsarbeit, Pädagogik, geistig/psych. Behinderte, körperl. Behinderte, Umweltschutz, Selbstvers., biolog. Landwirt., biolog. Gartenbau, biolog. Viehwirt., artgerechte Viehwirt., Forstwirt., altern. Energie, ökolog. Bauen, Humor, Therapie: Malen, Plastizieren, Musik, Sprache, Eurythmie, Massage, Handwerk: Holz, Weben, Kerzenziehen, Instrumentenbau, Kräuterwerkstatt

In idyllischer Lage im Grünen, eingebettet in hügeliger Landschaft und umgeben von Wald, steht zwischen Rubigen und Worb das Humanus-Haus, eine Camphill-Dorfgemeinschaft. Als größter Arbeitgeber in der Gemeinde Rubigen bietet das Humanus-Haus 90 Wohn- und Arbeitsplätze für jugendliche und erwachsene Menschen mit einer Behinderung (auch interne Anlehre in verschiedenen Bereichen) und darüber hinaus 18 externe Beschäftigungsplätze für Menschen aus der Umgebung. Einige der Betreuer*innen wohnen mit ihren Familien auf dem Gelände. Die Siedlung umfasst neben dem Hauptgebäude (Paracelsus-Haus) – einem 300 Jahre alten, denkmalgeschützten Landgut – mehrere Wohnhäuser, Weberei, Schwimmbad, Laden und Café (in welchem u.a. die Erzeugnisse des Humanus-Haus verkauft werden), Schreinerei, Bäckerei, Leierwerkstatt. Gemeinschaftsinterne Arbeitsbereiche sind Küche, Hauswirtschaft, Wäscherei und Bau und Unterhalt. Das Humanus-Haus bietet vielfältige therapeutische Maßnahmen an. Im Jahre 1973 wurde die Stiftung Humanus-Haus von Hans und Johanna Spalinger gegründet, welche die Gemeinschaft bis 1989 leiteten. Inzwischen gibt es zwei „Außenstationen": einen biologisch-dynamisch bewirtschafteten Bauernhof mit 18 ha Land und 4 ha Wald und eine Musikinstrumentenbau-Werkstatt. Für die Zukunft wird an einer konzeptionellen Erweiterung gearbeitet, die die Vorteile der gewachsenen Dorf-Infrastruktur mit den zunehmenden Bedürfnissen nach Selbständigkeit und Autonomie vereint.

Im Saal des Humanus-Hauses finden regelmäßig öffentliche Vorträge, Konzerte und Theateraufführungen statt. Interessierte sind herzlich eingeladen!

→Siehe auch Beschreibung des Netzwerks „**Camphill**"

vahs, INSOS, SOCIALBERN

Ausbildung im sozialen Bereich

Jurtendorf

Unter Niespel | 6156 Luthern Bad ☎+41-(0)41 978 01 93, +41-(0)79 307 53 28
info@jurtendorf.ch jurtendorf.ch

2003 | 5 ha (bei Luzern) | 20-30 % | ♀4 ♂3 3 10

d, f, e, (sp, i) | 4 | 3-7

nach gemeinsamen Diskussionen sind die Eigentümer*innen die Entscheidungsträger*innen (Gespräch)

Seminarbetrieb, Gästebetrieb, Eigenanbau von Gemüse | Eigentum einzelner

offene Spiritualität

Landschaftspflege, Gästebetreuung, Kochen, Garten, Aufrechterhalung der Infrastruktur

ökolog., selbstverw., linkes Politikverst., gewaltfrei, hierarch., Leiter*in/Führer*in/Guru, spirit., inneres Wachstum, biolog. Gartenbau, Bau, Humor, möglichst undogmatisch

Wir leben abgeschieden in einem kleinen Tal am Fuße des Napfs. Unsere privaten Wohnräume sind größtenteils in Jurten, im Haus haben wir eine Gemeinschaftswohnung, die alle festen Bewohner*innen nutzen können. Wir haben Komposttoiletten und eine Pflanzenkläranlage. Vom Frühling bis Herbst versuchen wir den größten Teil unseres Gemüses für uns und unsere Gäste selber anzubauen. Nebst unseren eigenen Jurten stehen da noch viele für Besucher*innen, wir haben einen regen Seminarbetrieb und auch wird z.T. das ganze Dorf gemietet für Feiern. Wir unterscheiden zwischen einer Sommer- und Wintersaison. Während der Winterzeit ist ein Teil des Dorfes abgebaut und dies ist auch unsere Bauzeit, wo wir Jurten herstellen zum Verkaufen. Aus diesen zwei Zweigen erwirtschaften wir unser Einkommen zum Leben und Reinvestieren ins Jurtendorf. In der Sommersaison spielt sich das Leben vor allem draußen ab, auch gekocht wird für alle in einer Draußenküche.
Für uns ist ein liebevoller Umgang untereinander und mit dem Platz und den Wesen, die hier schon lange vor uns waren, sehr wichtig. Wir haben keine gemeinsame religiöse oder spirituelle Ausrichtung, die wir gemeinsam regelmäßig pflegen... Oder vielleicht doch? Die Liebe?

Pro Luthertal, Willisau Tourismus, GEN Suisse

☆ Lebensgemeinschaft MonteBasso

Niederberg 78 | 3537 Eggiwil ☎ +41-(0)76 244 94 99
zuGast@MonteBasso.ch MonteBasso.ch

2010 | 2300 m² (bei Langnau im Emmental) | ♀3 ♂1 2 6

- d, e — wir arbeiten alle vorrangig außerhalb der Gemeinschaft
- alle Betroffenen gemeinsam (keine Regeln definiert)
- gemeinsame Finanzierung der Haushaltkasse, teilw. gemeinsame Ökonomie
- Gebäude und Boden im Eigentum einzelner, Garten angemietet
- keine Dogmen
- Lebensunterhalt: Unternehmensberatung, Coaching, Theater, Projektarbeiten
- anarchist., gewaltfrei, spirit., inneres Wachstum, Meditation, Sexualität, freie Liebe, Tagungshaus, Friedensarbeit, Workshops für Selbstorganisation, Polyamorie, Magie

☺

Auszug aus der Website:
MonteBasso ist ein freigeistig-humanistisch-spirituelles Gemeinschaftsprojekt, das sich keiner konkreten weltanschaulichen Tradition verpflichtet sieht. Es ist ein Biotop für bewusste, lebensbejahende und bestmögliche Persönlichkeitsentfaltung und grenzt sich gegenüber überholungsbedürftigen gesellschaftlichen Verhältnissen ab: „verbinde und transformiere!" anstelle „teile und herrsche!".
Wir sehen unsere Gemeinschaft als eine Art selbständiges Lebewesen an, das – wie jede andere Lebensform – als ein selbstorganisierendes System ohne Hierarchien, Gurus oder Programme funktioniert. Das Lebensprinzip der Selbstorganisation suchen wir zu verstehen und zu verinnerlichen. Gemeinschaft bedeutet auch die Gruppendynamik und den prozessorientierten Charakter im ‚System Gemeinschaft' anzunehmen und zu unterstützen.

Versuch und Irrtum werden begrüßt. Da alle Gemeinschaftsmitglieder unabhängig irgendwo sozialisiert wurden, ist es eine besondere Aufgabe die gemeinschaftliche Entwicklung als verbindenden Prozess zu sehen und zu fördern. Alle Aktivitäten, die die Bindungen der Mitglieder untereinander verstärken, sind willkommen. Offene Veranstaltungen und Festivitäten sind gemeinschaftliche Höhepunkte.
Spiritualität ist für uns eine Geisteshaltung, die nach Bewusstheit strebt, Erfahrungen reflektiert, Resonanz und Sinn in allen Begegnungen und Begebenheiten sucht, Herzensanliegen verfolgt, Freude teilt und Träume träumt. MonteBasso versteht sich als neotribalistische Lebensgemeinschaft, in die sich die Mitglieder dauerhaft verwurzeln können und die ihren Kindern ein reiches Erfahrungsfeld bereitstellt. MonteBasso strebt die größtmögliche wirtschaftliche Autonomie an und verschreibt sich ausdrücklich der Philosophie der Permakultur.

☺ keine definierten Regeln

Schloss Glarisegg

Schloss Glarisegg | 8266 Steckborn
welcome@schloss-glarisegg.ch gemeinschaft.schloss-glarisegg.ch

2003 5 ha (bei Konstanz) 5 % ♀18 ♂16 22 56

d, e, f 5 11

alle Gemeinschaftsmitglieder (Konsens minus 10 %)

indiv. Finanzierung; gem. Finanzierung von Gemeinschaftsräumen

Eigentum der Aktiengesellschaft Schloss Glarisegg

Gemeinschaftsbildung nach Scott Peck, Soziales Forum, Transparente Kommunikation, im Alltag gelebte Spiritualität

Gäste und Seminarbetrieb, Garten, Baustellen, Therapeutikum, Kreativ-Werkstatt, Instrumentenbau

ökolog., selbstverw., linkes Politikverst., gewaltfrei, spirit., inneres Wachstum, Meditation, Yoga, Bioernährung, Bildungsarbeit, Tagungshaus, Friedensarbeit, Selbstvers., Permakultur, biolog. Gartenbau, altern. Energie, neue Technologien, ökolog. Bauen, Humor, versch. Therapieformen, Instrumentenbau, Handwerk, Musik, Kunst

☺

Schloss Glarisegg - „Ort für Begegnung und Bewusst-Sein" - liegt zwischen Wald, Wildbach, Wiesen und Bodensee. Die Gemeinschaft lebt auf einem wunderschönen Areal mit großen Naturflächen und eigenem Strand.
Uns verbindet das Interesse, sich der eigenen Verantwortung und den Fragen der Zeit zu stellen und an einem Umfeld mitzuwirken, in dem neue Lebensformen erforscht werden. Wichtig ist uns eine Synergie zwischen persönlichen Bedürfnissen und dem Einsatz für eine gemeinsame Vision. So stellen wir uns täglich der Herausforderung, in Balance sowohl das Gemeinschaftsprojekt zu organisieren und zu gestalten als auch Leben miteinander zu feiern: durch gemeinsames Singen und Musizieren, regelmäßige Treffen in verbindlichen Gruppen und mehrtägige Intensivzeiten. Unsere Werkzeuge sind u.a. Scott Peck, Forum, transparente Kommunikation und Possibility Management.

2010 haben wir neue Menschen und besonders Familien in die „Annäherung“ (Probezeit) eingeladen, so dass wir uns in einer „zweiten Gründungsphase“ befinden und auch für Neueinsteiger*innen noch große gestalterische Möglichkeiten bestehen. Seit 2012 ist in Glarisegg ein Permakultur-Projekt mit einem Gemüsegarten als Mittelpunkt entstanden. Für jüngere Kinder gibt es einen Waldkindergarten. 2016 hat die Läbesschuel ihre Pforten geöffnet und bietet mittlerweile 35 Kindern einen möglichst freien, naturnahen Platz zum Lernen. Zum Gemeinschaftsprojekt gehört der Seminarbetrieb, ein kleiner Laden, die Kreativ- und eine Instrumentenbauwerkstatt.
Wir sind offen für Menschen, die ein Leben in Gemeinschaft als Möglichkeit begreifen, miteinander zu wachsen und eine neue Kultur in die Welt zu bringen.

→Siehe auch Beschreibung des Netzwerks „**GEN Europe**“

GEN Suisse, Gemeinwohlökonomie

ein Jahr Probezeit, Kauf einer Aktie zu 5450 CHF, Selbstverantwortung, Lust am Gestalten einer neuen Kultur

Smala Ecovillages

La Smala tribe & institute for ecovillage living & social entrepreneurship

Rue de la Gare 17 | 1091 Grandvaux (Bourg-en-Lavaux) +41-(0)21-311 30 47

info@lasmala.org www.lasmala.org

1993 (bei Lausanne) 50 % ♀20 ♂20 11 51

f, e, sp, i, portugiesisch, 50% 50%

alle Mitglieder mit mehr als 3-5 Jahren Erfahrung in unserer Gemeinschaft (meritokratisch und wiki-ähnlich: digital gesteuerte organische Multi-Methodik mit permanenten Updates und vollständiger Rückverfolgbarkeit. Manchmal lachen wir auch, lassen die Dinge fließen und das ist es dann.)

genossenschaftliche Finanzierung

Genossenschaftseigentum, gemeinnützige Immobilien

kreative Seelen

soziales Unternehmertum, Gründung von Ökodörfern

ökolog., selbstverw., linkes Politikverst., gewaltfrei, taoist., anthroposoph., inneres Wachstum, Yoga, Bioernährung, Bildungsarbeit, Pädagogik, Selbstvers., Permakultur, biolog. Gartenbau, altern. Energie, ökolog. Bauen, Humor, barrierefrei

☺ ( )

Seit 1993 stellt sich das Smala-Team der Herausforderung, 40 kurz- und mittelfristige kreative Öko-Häuser, sowie Öko-Lebens- und Lernzentren mit 12 bis 30 Bewohner*innen und Mitarbeiter*innen pro Standort in der Region Lausanne zu gründen. Diese temporären Behausungen hatten eine Dauer von 1 bis 10 Jahren und wurden zusammen mit lokalen und föderalen Verwaltungen zum Wohnen, für soziale Dienste, Kultur, akademische Forschung, Erwachsenenbildung, NGOs und soziokulturelle Zentren entwickelt und/oder unterstützt. Seit 2013 haben wir Land gekauft und bebaut. Jetzt haben wir verschiedene kleine langfristige Ökodorf-ähnliche intentionale Gemeinschaften, in denen wir leben und arbeiten. Wir helfen auch bei der Organisation von TEDxGeneva und bieten Trainingsprogramme zum Leben im Ökodorf an (genannt Smala CoCo), als Portal für Neueinsteiger*innen. Diese Aktivitäten haben das La Smala Institute und seine Gemeinschaften resilient gegen gesellschaftliche Veränderungen gemacht und seine Fähigkeit bewiesen, komplexe politische Situationen zu bewältigen.

→Siehe auch Beschreibung des Netzwerks „**GEN Europe**“

Smala Ecovillages, ENOLL (European Network of Living Lab), Chamber of social economy, Alternatiba und: Netzwerk der Begünstigten des 10-%-Rabatts des nationalen Öko-Supermarktes (yeah!)

☺ Probezeit, je nach Fall

Smala
Tout un art de vivre

Verein Holzlabor

Thurtalstrasse 30 | 8478 Thalheim an der Thur

labor@xylem.ch | www.xylem.ch

2007 | 2,4 ha (bei Winterthur) | 20 % | ♀5 ♂5 | 4 | 21

d, e, f, (sp) | 3 | 7

Verein und Vorstand (Konsens) | Haushaltskasse, Vereinskasse

Vereinseigentum, Pacht

Vereinsarbeit, Obstbau, Garten-Landschaftsbau, Hausarbeit, Kleintierhaltung, Schreinern, Anlässe, Organisation

ökolog., selbstverw., anarchist., linkes Politikverst., gewaltfrei, chaotisch, inneres Wachstum, Bioernährung, veget., vegan, Umweltschutz, biolog. Landwirt., biolog. Gartenbau, ökolog. Bauen, Humor, kreativ, Nachhaltigkeit, kollektive Verantwortung, Lokalität, Kompostklo, Handwerk, Schreinerei + Wagenbau, Landschaftsgartenbau, Bierbrauerei, Musik, 4 Generationen, 2 Häuser, Wagenwohnplätze, Anlässe (Kultur, Feste, Infoveranstaltung), Hochstammobstgarten, Mittagstisch, alternative Medizin, Hofladen

☺ ( )

Wir sind eine kunterbunte Wohn- und Arbeitsgemeinschaft. Gemeinsam nutzen, hegen und gestalten wir diesen ländlichen Lebensraum in den alten Gebäuden und der Umgebung, mit Pflanzflächen, Baumwiesen, Tiergehegen und Hecken.
Der Ort bietet Wohn-, Werk- und Spielraum für Jung und Alt, für Menschen mit unterschiedlichen Berufen, Interessen, Projekten. Gestaltet und gepflegt werden die Wohn- und Arbeitsräume sowie die Umgebung von allen, die hier leben und arbeiten, mit ihren Ressourcen (Mitarbeit und Mitfinanzierung). In steter Veränderung erarbeiten wir gemeinsam unsere Werte, nehmen aber auch Rücksicht auf individuelle Bedürfnisse und Interessen. Wir sind ein Ort der Inspiration und Lebensfreude.

☺ tatkräftig, mit Herzbildung, entsprechend den Statuten

Yamagishi Verein

Schneitbergstrasse 12 | 8523 Hagenbuch ☎+41-(0)52-364 15 28
info@yamagishi.ch www.yamagishi.ch, www.tokkoh.ch, www.tokkoh.nz

1983 40 ha (bei Winterthur) ♀5 ♂6 2 13

d, e, japanisch alle

alle Betroffenen gemeinsam (durch Kensan) Einkommensgemeinschaft

Eigentum aller

Landwirtschaft, Herstellung von Lebensmitteln, Selbstvermarktung

selbstverw., inneres Wachstum, Tagungshaus, Friedensarbeit, Umweltschutz, artgerechte Viehwirt., altern. Energie, Humor, Menschlichkeit, natürliche Nächstenliebe, Kensan = Kommunikationsmethode; die Liebe erkennen, die in allem ist, Einkörperleben

☺ ()

Miozo Yamagishi, Bauer aus Japan, gest. 1961, untersuchte die (menschliche) Natur sehr gründlich. Das Ziel: „Eine stabile Weltgemeinschaft auf der Basis von Menschlichkeit, die allen Menschen, besonders auch unseren Kindern, das Glücklichsein ermöglicht." Wir meinen, dass das Glück aller Menschen im Alltag jedes Einzelnen beginnt. In den weltweit über 80 Yamagishi-Dörfern wird dies seit über 50 Jahren mit Kensan praktiziert: Kensan ist eine „wissenschaftliche" Untersuchungsmethode, um die menschliche Intelligenz von ihren eigenen Täuschungen zu befreien und vor allem eine Entscheidungs- und Kommunikationsmethode und führt stets zu Einstimmigkeit, Freundschaft und Stabilität. Es gibt weder Chef*innen noch Gurus, weder Rechte noch Pflichten, stattdessen tut jede*r das, was sie/er kann, dann, wann er will. Alles ist gratis, so wie in der Natur.
Um diese Gesellschaft Wirklichkeit werden zu lassen, hat Herr Yamagishi einen besonderen Kurs ausgearbeitet (TOKKOH). In diesem Kurs ohne Lehrer*in kann ich mein wahres menschliches Selbst kennenlernen und mich von meinen Selbsttäuschungen, (Ärger, Wut u.ä.) befreien. Wir laden alle Menschen ein, daran teilzunehmen (Termine siehe www.tokkoh.ch, www.tokkoh.nz).
Ein Mensch ohne Selbstanhaftung ist fähig, sein wahres Lebensziel zu erkennen und danach zu leben. Er ist fähig, sein Leben nicht nur für sich selbst und für seine Umgebung, sondern für alle Menschen zu leben und lässt sich nicht durch kurzfristige Resultate beirren.

→Siehe auch Beschreibung des Netzwerks „**GEN Europe**"

Yamagishi

☺ Interesse am Aufbau einer glücklichen Gesellschaft für alle Menschen und Teilnahme am Tokkoh, dem besonderen Kurs in Yamagishismus, Kensantreffen

Zentrum der Einheit Schweibenalp

Schweibenalp | 3855 Brienz ☎+41-(0)33-952 20 00
info@schweibenalp.ch
www.schweibenalp.ch, www.alpine-permakultur.ch

1982 20 ha (bei Interlaken, Bern, Luzern) 20 % ♀14 ♂13 27

d, e, f, i 27 27

bezüglich Gemeinschaft, Seminarbetrieb, Permakultur-Projekt: die betreffenden Teams, Kerngruppe (Konsens der anwesenden Personen)

einheitlicher Grundlohn bei Mitarbeiter*innen, Kost & Logis bei Volontär*innen, Spenden, langfristige Darlehen, Fundraising

Eigentum der Stiftung Schweibenalp

im Alltag gelebte Spiritualität, offen für alle spirituelle Richtungen

Küche, Hauswirtschaft, Außenbereich, Permakultur, Bau, Verwaltung, Rezeption, Seminarorganisation

ökolog., selbstverw., gewaltfrei, spirit., inneres Wachstum, Meditation, Bioernährung, veget., vegan, Bildungsarbeit, Tagungshaus, Friedensarbeit, Umweltschutz, Selbstvers., Permakultur, altern. Energie, neue Technologien, ökolog. Bauen, Bau, Biodiversität, Ökonomie, Volontariat, inneres Wachstum, Selbsterfahrung

Die ersten 25 Jahre diente unsere Gemeinschaft als Ashram und als Seminarzentrum für alternative Disziplinen, für interreligiöse und interkulturelle Friedensarbeit. Seit 2008 erweitern und richten wir unser Bewusstsein auf eine ausgeglichene Entwicklung der vier Pfeiler: nachhaltige Ökologie, gerechte Ökonomie, authentische und transparente zwischenmenschliche Beziehungen und universelle Spiritualität. Wir sind Mitglied bei GEN und freuen uns, alljährlich Gastgeber der Plattform Green Phoenix zu sein.
Als GEMEINSCHAFT gestalten und beleben wir den Seminarbetrieb, die nach permakulturellen Gesichtspunkten betriebenen Gärten, den Tempel, kurz das Zentrum der Einheit. In unserer Zusammenarbeit üben wir uns in flachen Hierarchien. Wir beherbergen und begleiten Volontär*innen. Wir bieten Möglichkeiten von einem Monat bis zum Langzeitvolontariat.
Die von uns gegründete Plattform GREEN PHOENIX hat sich inzwischen zum „Think-, Feel- und Bewusstseinstank“ der «Gemeinschaft der Gemeinschaften» gewandelt. Jede Europäische Gemeinschaft ist herzlich eingeladen teilzunehmen.
Unser ALPINES PERMAKULTURPROJEKT auf 1100 m Höhe ist inzwischen das größte seiner Art in der Schweiz und zieht viele Interessierte an zu Seminaren, Führungen und offenen Tagen. Ebenso freuen wir uns, dass die Schweibenalp als Seminarort immer bekannter wird und wir als Seminarbetrieb wachsen können. Unser UNIVERSELLER TEMPEL ist immer für alle Menschen offen, zum Meditieren, um Kraft zu schöpfen, um zu Sein.
HERZLICH WILLKOMMEN!

→Siehe auch Beschreibung des Netzwerks **„GEN Europe“**

GEN Suisse, Global Campus, Green Phoenix, Babaji Network

Slowakische Republik, Slowenien siehe ab Seite 448

Spanien

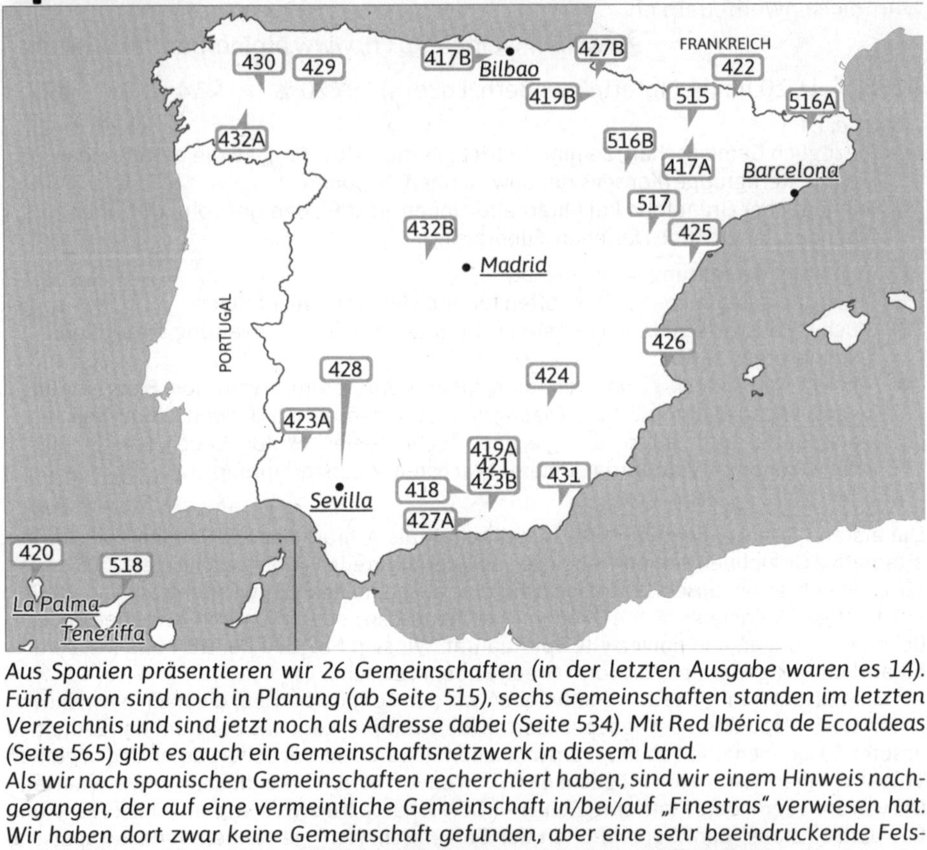

Aus Spanien präsentieren wir 26 Gemeinschaften (in der letzten Ausgabe waren es 14). Fünf davon sind noch in Planung (ab Seite 515), sechs Gemeinschaften standen im letzten Verzeichnis und sind jetzt noch als Adresse dabei (Seite 534). Mit Red Ibérica de Ecoaldeas (Seite 565) gibt es auch ein Gemeinschaftsnetzwerk in diesem Land.
*Als wir nach spanischen Gemeinschaften recherchiert haben, sind wir einem Hinweis nachgegangen, der auf eine vermeintliche Gemeinschaft in/bei/auf „Finestras" verwiesen hat. Wir haben dort zwar keine Gemeinschaft gefunden, aber eine sehr beeindruckende Felsformation, die allen eurotopia-Mitarbeiter*innen gefallen hat (rechts). War also trotzdem ein schöner Ausflug.*

Nein. Natürlich nicht. Die eurotopia-Redaktion fährt nirgendwohin. Wer bei/in/auf Finestras also doch noch eine Gemeinschaft findet: Bitte Bescheid sagen!

Aguinaliu Asociación de Desarrollo Sostenible

C. /Única, 80 | 22588 Aguinaliu - GRAUS-HUESCA, ARAGON
+34-(9)625 780 714 info@aguinaliu.es www.aguinaliu.es

2002 (bei Lleida, Saragossa, Barcelona) 12

Seit gut acht Jahren retten und sanieren wir das Dorf Agiunaliu. Unsere Organisation arbeitet mit einem Kulturverein und einem Arbeitskollektiv zusammen. Im konkreten Umgang miteinander verstehen wir uns vor allem als eine Gruppe, die sich durch direkte gegenseitige Hilfe und Tausch unterstützt. Die Genossenschaft (5 Häuser) besteht aus Mitgliedern, die ihre Häuser teilen und das Umland bewirtschaften - oder dort ein Anstellungsverhältnis haben. Rund die Hälfte der Dorfgemeinschaft arbeitet einen Großteil des Jahres lang in der Stadt, um nach und nach in den Wiederaufbau zu investieren.
Der Verein integriert in Zukunft die neuen Nachbar*innen (in weiteren 6 Häusern) im oberen Teil des Dorfes und kümmert sich um Freund*innen, Besucher*innen und weitere Nutzer*innen der Angebote des Vereins. Im Sommer kommen oft Freiwillige (maximal 2 zur gleichen Zeit), wenn es Geld für Baumaßnahmen und für ihre Unterkunft und Verpflegung gibt.
Ziele der Gemeinschaft sind Bildung, Therapie und die Alternative des ländlichen Lebens zu lernen und zu lehren. Dazu gehören alle Aktivitäten von vor der Geburt bis nach dem Tod... Gesundheit, soziale Beziehungen, Berufe und Arbeit. All dies verbinden wir in Agiunaliu mit Kriterien des Umweltschutzes.

Amalurra Artzentales

amalurra@amalurra.com | 48879 Artzentales, Bizkaia +34-946 109 540
amalurracomunidad@gmail.com www.amalurra.org

1993 10 ha (bei Bilbao) 20 % ♀15 ♂10 5 30

- sp, f, e, baskisch
- alle gemeinsam im Kreis (soziokratischer Konsent)
- indiv. Finanzierung; Abgaben an gemeinschaftl. Kooperative
- Eigentum aller
- spiritueller, nicht-religiöser Ansatz zur persönlichen Transformation: Wir konzentrieren uns auf das Heilige in jeder Facette des Lebens
- innere Arbeit (Schattenarbeit), äußere Arbeit (im Garten, Land-Hostel/Hotel, Restaurant)

Amalurra („Mutter Erde“ auf Baskisch) wurde in den 90er Jahren im Baskenland geboren. Ihre Gründerin Irene Goikolea sah Amalurra als Ort für intergenerationale Heilung, Bewusstseinstransformation und die Pflege von Mensch und Natur. Ein Raum für das Zusammenleben, in dem individuelle Facetten eine soziale Projektion erleben können und Heilungsprozesse auf verschiedenen Ebenen - körperlich, emotional, mental und spirituell - durchgeführt werden können. Diese Prozesse können zur Heilung ungelöster transgenerationaler Probleme beitragen, die wir sonst auf andere Menschen projizieren. Die Säulen unserer Vision sind: das Wiedererlangen unserer uralten Verbindungen mit Mutter Erde, Schattenarbeit, das Erwachen unserer tiefen Weiblichkeit und das Erwachen der Weisheit unserer Ahnen, zu denen unsere Gemeinschaft gehört.
Das Leben in Gemeinschaft war ursprünglich eine familiäre Initiative, zusammen mit Einzelpersonen, die mit dem Projekt in Verbindung standen. Unser Bestreben bestand darin, neue

Wege zu erkunden, um unser höchstes Potenzial zur Schaffung eines kollektiven Raumes und neue, inspirierende Einflüsse zu entfalten.
Amalurra entstand nach einem Prozess innerer Arbeit, der auf die Förderung eines nachhaltigen Zusammenlebens auf allen Ebenen (ökologisch, ökonomisch, sozial und kulturell) abzielte, indem er den heiligen oder essentiellen Aspekt des Lebens weckte: Die Qualität, die jede Antwort einschließt, um aktuellen Herausforderungen innovativ zu begegnen und so zu einer Kultur beizutragen, die sich für das kollektive Wohlergehen einsetzt.

→Siehe auch Beschreibung der Netzwerke „**GEN Europe, RIE**"
🌐 Es gibt 3 Amalurra-Gemeinschaften. Weitere Netzwerke: Amma, Kolore guztietako basoak
☺ Zeit als Freiwillige*r bei uns verbringen; sich auf einen möglichen Prozess der Entwicklung einlassen; sich mit den Werten der Gemeinschaft identifizieren können

Amalurra Granada

Calle Calzada (Caparacena) | 18290 Granada ☎+34-9-625 136 348
amparifs@gmail.com amalurra.eus

1996 4000 m² 5-30 % ♀11 ♂8 9 28
sp ♻2 4
alle Gemeinschaftsmitglieder (Konsens) gemeinsame Finanzierung best. Ber.
gemeinsamer Besitz
keine ideologischen/spirituellen Grundsätze
Bewusstheitsarbeit, Prozessarbeit, Selbsterkenntnis
ökolog., selbstverw., linkes Politikverst., feminist., spirit., inneres Wachstum, Bildungsarbeit, Friedensarbeit, Permakultur, biolog. Gartenbau, Integration unserer traumatischen kollektiven Erinnerungen

Die Gemeinschaft Amalurra Granada entstand nach sieben Jahren innerer Arbeit und Zusammenwachsens, unterstützt und inspiriert von Irene Goikolea Uriarte, der Gründerin der Amalurra-Gemeinschaft im Baskenland. Die andalusische Gruppe, aus der sich die heutige Gemeinschaft zusammensetzt, entschied sich für den gleichen Namen (Mutter Erde), weil wir die gleiche Energie und grundlegende Informationen wie die baskische Gemeinschaft teilen. Das sind unsere wesentlichen Ziele:

- Die Gemeinschaft und ihre verschiedenen Szenarien als Chance zu betrachten, das Unbewusste bewusst zu machen. Dies liegt daran, dass wir verstehen, dass der Besitz sowohl dieses großen Teils des persönlichen und kollektiven Unterbewusstseins als auch der Gefühle und Emotionen, die darin gefangen sind, eine wahre Energierevolution und ein Transformationswerkzeug ist, das denen, die es bei jeder Handlung, die sie zugunsten des Lebens unternehmen, Verantwortung und Hingabe bringt.
- Als Teilnehmer*innen des Gemeinschaftsprojekts wollen wir vereint werden und einander beim Aufbau der inneren Gemeinschaft in jedem von uns unterstützen, indem wir aus der Reflexion lernen, die wir von der äußeren Gemeinschaft erhalten.

Kurz gesagt, wir möchten, dass unsere Gemeinschaft sich bemüht, zu einem fürsorglicheren, freieren und verantwortungsbewussteren sozialen Paradigma beizutragen, und dass unser Weg für zukünftige Generationen nützlich und hilfreich ist.

→Siehe auch Beschreibung des Netzwerks „**RIE**"
🌐 Es gibt 3 Amalurra-Gemeinschaften. Weitere Netzwerke: ESPIRAL, Red Iberica de Luz

Amoraleza

Apdo 3 | 18420 Lanjaron ☎+34-6-440 375 11 (mobil)
amoraleza.net@gmail.com www.amoraleza.net

2013 4 ha (bei Granada) 10 % ♀3 ♂3 4 10

e, f, sp, portugiesisch 4 6

Kernmitglieder (Konsens)

begrenzte gemeinsame Finanzierung, teilweise gemeinsames Einkommen

Eigentum zweier Mitglieder

schamanisch

Zeremonien für heilige Pflanzen, Yoga, Permakultur

ökolog., selbstverw., spirit., Yoga, Bioernährung, veget., Permakultur, rauchfrei, heilige Pflanzen: Ernährung

☺ ( )

Amoraleza ist ein heiliger Raum, in dem jede*r eine Erweiterung des Herzens und des Bewusstseins erleben kann, innerhalb einer Gemeinschaft, deren Ziel es ist, in Symbiose mit der Natur zu leben. Unser Ziel ist es, ein funktionierendes Modell für einen alternativen Lebensstil zu schaffen, das unseren grundlegenden Bedürfnissen entspricht, während wir gleichzeitig unseren Träumen folgen und authentisch bleiben. Wir hoffen, dass dieses Modell andere inspirieren und ihnen helfen kann, aus dem „System" auszusteigen, mehr im Einklang mit der Natur zu leben und dem zu folgen, was ihr Herz wirklich begehrt. Wir wollen einen Raum schaffen zum Geben und Empfangen von allem, was gut, freudig und blühend ist: ein Zuhause, ein Ort für kreativen Ausdruck, Informations- und Kompetenzaustausch und eine echte Verbindung zu anderen. Unsere Hauptaufgabe ist unsere Arbeit mit heiligen Pflanzen und bewusster Ernährung, und unsere Erkenntnisse daraus zu teilen.

☺ ideologisch, finanziell

Arterra Bizimodu

Calle Abajo 1 | 31480 Artieda (Navarra)
arterrabizimodu@gmail.com arterrabizimodu.org

2014 8000 m² (bei Pamplona) 9 34

sp, baskisch, e 10

soziokratischer Leitungskreis und Koordinierungskreise (Soziokratie)

individuelle Finanzierung gemietet

Moderation, Agrarökologie, Transformation

ökolog., selbstverw., feminist., Bioernährung, veget., Umweltschutz, biolog. Landwirt., biolog. Gartenbau

☺ ( )

Was 2013 als eine kleine Gruppe von Menschen begann, die entschlossen waren, eine bessere Lebens- und Erziehungsweise für ihre Kinder zu finden, hat sich zu Navarras erster Co-Housing-Gemeinschaft entwickelt. Eine Mischung aus rund 40-50 Bewohner*innen, Freiwilligen und Besucher*innen bildet unser tägliches Mosaik. Wir erkennen und feiern die Unterschiede in unseren Gemeinschaftsmitgliedern, jede*r von uns lebt in ihrer/seiner eigenen Wohnung, teilt die Gemeinschaftsräume und genießt das tägliche gemeinsame Mittagessen in unserer Gemeinschaftsküche und arbeitet bei Aufgaben und in der Verwaltung mit. Einmal im Monat kommen wir zusammen, um uns einander als ganze Gemeinschaft mitzuteilen und „auzolan“ (Gemeinschaftsarbeit) zu leisten.
In unserem „Centro de Encuentros“ führen wir Kurse durch, die Menschen in verschiedenen Bereichen ausbilden, die auf den Übergang zu einer besseren Welt ausgerichtet sind. Die Reihe anderer Projekte in Arterra repräsentiert die Vielfalt der Leidenschaften und Fähigkeiten der Gemeinschaft - unternehmerische Initiativen wie unsere Bäckerei, eine SoLaWi, eine Brauerei, ein Tonstudio und eine Zeitschrift. Noch mehr Menschen arbeiten außerhalb der Gemeinschaft und tragen durch Reinigung, Kochen, Abfallwirtschaft, Pflege und Erziehung, Buchhaltung, Kommunikation, Instandhaltung usw. bei.

→Siehe auch Beschreibung des Netzwerks „**GEN Europe**“

🌍 Iberian Ecovillage Network, REAS Navarra (solidarwirtschaftliches Netzwerk)

☺ Durchlaufen einer Besuchs- und Integrationsphase zur gegenseitigen Abstimmung und ein kleiner finanzieller Beitrag.

AUTarcaMatricultura
Autonome Akademie für Permakultur

Camino La Ermita 26 | 38780 Tijarafe ☎+34-92249-0215

✉autarca@matricultura.org 💻www.matricultura.org

2007 3,5 ha (bei Los LLanos de Aridane/La Palma) 90 %

♀2 ♂2 2 6

d, e, f, sp, schweizerdeutsch 4 4

alle Betroffenen gemeinsam: inklusive Erde, Feuer, Wasser, Luft und Lebensenergie und allen, die lebendig sind (Konsens)

gemeinsame Ökonomie: „nicht wachsen und nicht weichen“, matriarchale Subsistenzwirtschaft, Wirtschaft des Schenkens

Eigentum einzelner

matriarchal, öko-feministisch, erd-demokratisch

Wiederaufforstung mit Waldgärten, Wiederherstellung von natürlichen Wasser-und Mineralstoffkreisläufen, Herstellung von Humus und Terra Preta, achtsame Wieder-Integration von Menschen in lebendige Natur, Bildungsarbeit: Permakulturkurse, Tagesseminare

ökolog., selbstverw., feminist., gewaltfrei, spirit., inneres Wachstum, Tantra, Bioernährung, veget., vegan, Bildungsarbeit, Tierschutz, Selbstvers., Permakultur, biolog. Landwirt., altern. Energie, ökolog. Bauen, Humor, handyfrei, rauchfrei, solidarische Permakultur, Baumpatenschaften, Lehrgang zur Heilpraktiker*in für Mutter Erde, integrale Landschaftsheilung: Retentionsteiche, biol. dynamische und ganzheitlich energetische Methoden, Waldgartensysteme, alternative Bienenhaltung, Erd-Spiritualität: Tiefenökologie, matriarchale Grundwerte

Zukünftige Kulturen werden wieder Waldkulturen sein und sich durch ihre Empathie für die Erde mit all ihren Geschöpfen auszeichnen! In der Zwischenzeit, also nach 10 Jahren, ist AutarcaMatricultura vollkommen saatgut- und energieautark. Auch die Nährstoffkreisläufe sind geschlossen. Die Wasserkreisläufe sind soweit geschlossen, dass wieder Quellen entstehen können, und das Projekt deckt alle Kosten aus eigener Kraft.
Wir sind also auch finanziell unabhängig. Dazu kommt, dass unsere bereits üppige und variantenreiche Vegetation deutlich mehr Sauerstoff produziert, als wir verbrauchen, und fähig ist, große Mengen an Feuchtigkeit und Kohlenstoff im Boden zu speichern. Alle unsere Pflanzen und Tiere sind fähig, in Freiheit und Selbstorganisation gesund zu bleiben und sich zu vermehren. Das dynamische Gleichgewicht ist also bereits wiederhergestellt.
Mit der Hilfe unserer Familie in der Schweiz konnten wir weitere 2,5 Hektar Land befreien, um es wieder aufzuforsten. AutarcaMatricultura hat große Ausstrahlungskraft: über 800 Besucher*innen pro Jahr interessieren sich für unsere Lebens-, Arbeits- und Forschungsweise und lassen sich inspirieren. Das entspricht ebenfalls der Permakultur-Vision: Es braucht viele, die in derselben Region Sorge tragen für die Erde.
Siehe auch den Eintrag von „AUTarcaMatricultura“ unter „Nützliche Adressen (Spanien)“

La Palma Transition Initiative, lockerer Verbund der alternativen Projekte auf La Palma
☺ das Leben ins Zentrum und sein eigenes Leben in den Dienst von Mutter Erde stellen

Badulina Community

Tienda Ecológica, Mercado Municipal, Puesto 13, c/correo | 18400 Orgiva
+34-633 630 472 info@badulina.org www.badulina.org

2017 9 ha (bei Orgiva) 30 % ♀4 ♂3 3 12

e, d, sp, niederländisch, polnisch — noch nicht — alle

Mitglieder der Gemeinschaft (Mehrheitsentscheid)

Darlehen für begrenzte gemeinsame Finanzierung, mit gemeinsamer Kasse für Lebensmittel

Vereinsbesitz

Landwirtschaft, Infrastruktur aufbauen, Nachhaltigkeit, Kinder aufziehen

ökolog., selbstverw., gewaltfrei, inneres Wachstum, Selbstvers., Permakultur, biolog. Landwirt., biolog. Gartenbau, biolog. Viehwirt., altern. Energie, neue Technologien, ökolog. Bauen, Bau, gesunder Lebensstil

☺

Wir sind Badulina, eine junge, bewusst lebende Gemeinschaft in Südspanien in der Aufbauphase. Wir leben gerne mit Herz, Verstand und Händen zusammen. Wir sind aus allen Altersgruppen und bewirtschaften dieses Land für unsere Kinder und deren Kinder, um in Fülle und Harmonie aufzuwachsen. Wir sind gerne gesund und aufgeschlossen, streben nach Selbständigkeit und genießen gleichzeitig die Vorteile moderner Technologien. Wir sind wie Siedler*innen auf einem neuen Land, und arbeiten an unserer Infrastruktur, unserer Organisationsstruktur und unseren Kommunikationsfähigkeiten. Wir haben die ersten Familien angesiedelt und entwickeln nun, wie wir weiter wachsen können. Wir sind auf der Suche nach Familien und Einzelpersonen, die sich niederlassen und ihr eigenes Haus auf dem Land bauen wollen. Wir brauchen Zimmerleute, Bauherren/-frauen/-gruppen und natürlich Menschen, die kochen und gute Energie und Freude tragen können. Die beitretenden Mitglieder müssen sich finanziell beteiligen, um Miteigentümer*innen des Projekts zu werden. Der Ort ist etwa 9 Hektar groß, ein ganzer Hügel mit zwei Flussbetten als natürliche Barriere. Auf dem Land gibt es derzeit ein schönes Haus in gutem Zustand mit Strom, Wasser, Internet, Solarheizung und anderem grundlegenden Luxus. Wir nutzen eine 6-m-Jurte als Gemeinschaftsraum und haben einige schöne private Jurten und Kuppeln, die sich um uns herum verteilen.

EcoAlpujarra

☺ Familien oder Einzelpersonen mit der finanziellen Möglichkeit, sich am Projekt zu beteiligen

☆ Comunidad de San Feliu · the slow village ·

c/Unic s/n | 25514 Senterada ☎ +34-632 483 870
info@reguard.online www.reguard.online

2014 (bei Pobla de Segur) 10 % ♀0 ♂5 0 5

d, e, f, sp, 3

Dorfrat (Konsens) individuelle Finanzierung

Eigentum Einzelner

Wiederbelebung des Dorfes

ökolog., selbstverw., gewaltfrei, spirit., inneres Wachstum, Meditation, Bioernährung, Friedensarbeit, Selbstvers., Permakultur, biolog. Gartenbau, biolog. Viehwirt., altern. Energie, neue Technologien, Bau, Humor, monatliche Schwitzhüttenzeremonie, meditatives Bogenschießen, Tiny Houses, Jurten, alt und neu, individuelle Spiritualität, Künstlerresidenzen, spirituelle Rückzüge, autofreies Dorf, Bushcraft, glutenfreie Enklave

☺

Ein neuer Anfang: Die Natur hat die tausendjährige Terrassenkulturlandschaft, in der sich unser wiederzubelebendes Dorf befindet, fast vollkommen zurückerobert. Ein kontrastreicher Platz: einerseits beschauliche Bergwildnis, andererseits den Preis der modernen Zivilisation immer im Blick - Hochspannungsleitungen, vielbefahrene Touristenstraße im Tal, industrielle Farmen, auch sie gibt es hier. Wir versuchen einen sanften Neubeginn und freuen uns über Kontakte zu Menschen, die ihr Wissen und ihre Talente einbringen möchten. Die Prioritäten sind derzeit die Schaffung von Lebensräumen (Jurten, Tiny Houses, Baumhaus u.ä.) für Künstlerresidenzen und spirituelle Rückzüge, sowie die Wiederbelebung der Terrassengärten. Monatlich, um den Vollmond herum, findet eine Schwitzhüttenzeremonie mit einer mexikanischen Schamanin statt.

☺ wir möchten Menschen, die sich hier ansiedeln wollen, vorher gut kennenlernen

El Calabacino

21340 Alájar (Huelva)
elcalabacino@gmail.com aldeaelcalabacino.org

♀44 ♂40 30 114

sp, e, f, d, niederl. 35
individuelle Finanzierung Den meisten gehört ihr Stück Land.
ökolog., selbstverw., anarchist., linkes Politikverst., feminist., gewaltfrei, spirit., esoter., chaotisch, inneres Wachstum, Meditation, Yoga, altern. Energie, ökolog. Bauen, Bau, Humor, Resilienz, Respekt, Nachbarschaftshilfe, Lebensfreude, Wahlfamilie, Esel

Wir sind keine ausgesprochen intentionale Gemeinschaft. El Calabacino ist ein altes verlassenes Dorf, und in den frühen 80er Jahren gründeten sich die ersten Familien hier in den Bergen, um ihre Kinder großzuziehen. Im Laufe der Jahre ließen sich immer mehr Menschen nieder, die nach einem natürlicheren Leben suchten.
Das ganze Dorf wird mit Solarenergie betrieben. Es kommt fast kein Auto zu uns hoch und wir arbeiten mit Eseln, um schwerere Dinge zu bewegen. Wir haben einige Möglichkeiten, Gemeinschaftsgeld zu verdienen, das wir in die Instandhaltung von Wegen und dem Gemeinschaftshaus investieren. Aber viele hier wollen auch einfach leben, ohne sich mit jemandem zu organisieren. Für Besucher*innen gibt es keine Unterkunft, da es kaum Gemeinschaftsräume gibt. Und auch für neue Menschen gibt es keinen Platz, denn fast alle Grundstücke und Häuser sind besetzt. Es ist nicht möglich, einfach vorbeizukommen. Einige Leute sind jedoch bei Workaway oder WWOOF angemeldet, auf diese Weise kann man dann mitarbeiten. Wenn jemand vorbeikommen möchte, ist es unbedingt notwendig, dass er uns vorher an unsere E-Mail-Adresse schreibt.
Die Menschen, die hier leben, machen Musik, Theater, Garten, Bio-Bau, Bildung, Landwirtschaft, Naturheilverfahren, Handwerk, Bauen, Arbeiten auf dem Campingplatz und vieles mehr. Die gesprochene Sprache ist Spanisch, es gibt einige Leute, die Englisch, Französisch, Deutsch und Niederländisch sprechen. Wir kommen gerne zusammen und machen Musik und lachen und helfen uns gegenseitig, wenn nötig.

→Siehe auch Beschreibung der Netzwerke „**RIE, GEN Europe**"

El Morreon

Buzón Benizalte 6 | 18400 Órgiva
solarmichel@hotmail.com, tomtomjana@web.de

1990 60 % 20 50 (Sommer) - 150 (Winter)

d, e, sp ändert sich
Gott (Versammlungen streng verboten) großartig! Wir sind alle arm.
Eigentum, gemietete und besetzte Orte
multikulti
Überleben, Zirkus, Theater, Musik, Heilen, alternative Technologien
ökolog., selbstverw., anarchist., linkes Politikverst., feminist., gewaltfrei, spirit., christl., buddhist., taoist., esoter., chaotisch, anthroposoph., inneres Wachstum, Meditation, Yoga, Tantra, Sexualität, freie Liebe, Bioernährung, veget., vegan, makrobiot., Bildungsarbeit, Pädagogik, freie Schule, Friedensarbeit, geistig/psych. Behinderte, Tierschutz, Umweltschutz, Selbstvers., Permakultur, biolog. Landwirt., konvent. Landwirt., biolog.

Gartenbau, konvent. Gartenbau, biolog. Viehwirt., konvent. Viehwirt., altern. Energie, neue Technologien, ökolog. Bauen, Humor, Zirkus, Musik, Handwerk, Therapie, Jurten- und Kuppel-Bauer, Solar-Energie und -mobilität, und andere... Leute

☺

Wir leben in einem Tal, 3 km von Órgiva entfernt, einem schon lang bekannten Hippie-Dorf. Die Leute leben hier in unterschiedlichen Formen und Projekten zusammen. Es gibt keine starre Struktur und keine zentrale Organisation. Einige von uns haben eine Wasserleitung aus der Stadt, es gibt Solarstrom und Generatoren. Es gibt zwei Flüsse, einer trocknet im Sommer aus. Nur wenig Land kann bewässert werden.

☺ Du solltest in der Lage sein, dich um dich selbst zu kümmern.

El Pardal Vida Holística

El Pardal, carril Peña Corva 1 | 23300 Villacarrillo-Jaén ☎+34-646 484 131
ecopardal@yahoo.es pardal36-es1.webnode.es, tinyurl.com/eurotopia2750

1981 27 ha (bei Villacarrillo, Ubeda, Granada) 30-50 %
♀0-2 ♂3 0-3 3-12

d, e, sp, f alle Anwesenden, meist 7 bis 12

alle Betroffenen gemeinsam (Konsens)

gemeinsame Finanzierung bestimmter Bereiche

Eigentum einzelner Gemeinschaftsmitglieder

Alle Menschen sind Geschwister im Geist und sollten zusammenarbeiten und sich gegenseitig helfen lernen.

5 Pferde, 19 Ziegen, Käse, Obst, Gemüsegarten, Aufforstung, Verbesserung und Verschönerung des Platzes

ökolog., selbstverw., linkes Politikverst., gewaltfrei, spirit., christl., ökumen., inneres Wachstum, Meditation, Yoga, Bioernährung, veget., Bildungsarbeit, Pädagogik, Umweltschutz, Selbstvers., Permakultur, biolog. Gartenbau, biolog. Viehwirt., artgerechte Viehwirt., altern. Energie, neue Technologien, ökolog. Bauen, Humor, Sozialarbeit: Arbeit mit Heimkindern, Tiefenmassage, spirituelles Focussing, Naturheilkunde, Handwerk: Arbeit am Haus mit Natursteinen und Holz, Möbel usw., Kunst: mehrere Instrumente verfügbar

☺

Die über 100 Jahre alte Ruine (Natursteinmauern) haben wir auf- und umgebaut und mit einem Grasdach versehen. Das Haus befindet sich auf 1500 Höhenmetern, umgeben von der wunderschönen Natur in West-Europas größtem Naturpark.
Wir versuchen uns so gut es geht selbst zu versorgen; mit vier Quellen, zwei Gärten und was uns Ziegen, Hühner und Bienen so bieten können (Milchprodukte machen wir selber).
Auch nutzen wir Sonnen- und Windenergie, vier eigene Quellen sowie Methoden der Naturheilkunde. Wir wollen dazu beitragen, dass diese Welt ein besserer Ort für alle seine Lebewesen wird, den Menschen helfen ihr Leben zu verbessern, und auch ihre Gesundheit zu fördern. Ich (Wolfgang) wollte lernen den Menschen in ihren verschiedenen Lebensphasen zu helfen und lernte viel über innere Arbeit (Techniken der humanistischen Psychologie), Naturheilkunde, Akkupressur, Meditation, Yoga, Shiatsu u.a.m.
Wir recyceln, was wir können, und nutzen die Prinzipien der Permakultur. Wir haben zwei Gemüsegärten, pflanzen viele Bäume und überlassen einen Teil der 27 ha der Natur, um uns

daran zu freuen was dort geschieht, zwei Drittel sind Weide für unsere 5 Pferde und ca. 12 Ziegen, sowie ca 12 Hühner. Zu uns gelangt man mit dem Auto in 2-3 Stunden vom nächstgelegendem Ort oder zu Fuß in 2-4 Stunden. Der nächste Nachbar ist eine Stunde entfernt, sowohl zu Fuß als auch mit Motor.

→Siehe auch Beschreibung des Netzwerks „**WWOOF**“

Workaway, HelpX, Helpstay, Sierrabewohner*innen/ „Nachbar*innen“

☺ guter Wille, gegenseitiges Verstehen

☆ Familia Feliz

Calle Las Parras, 19 | 12570 Cervera del Maestre ☎+49-(0)175-24 68 955
welcome@familiafeliz.eu www.familiafeliz.eu

2013 (bei Vinaros) 25 % ♀2 ♂1 0 3

d, e, f, sp, katalanisch — 1 Vollzeit, 2 Teilzeit

alle Betroffenen (Konsens) — gemeinsame Ökonomie auf freiwilliger Basis

verschiedene Gemeinschaftsmitglieder

Kunst, Kultur, Ökologie, Nachhaltigkeit

ökolog., selbstverw., gewaltfrei, inneres Wachstum, freie Schule, Tagungshaus, Umweltschutz, biolog. Landwirt., biolog. Gartenbau, artgerechte Viehwirt., Humor; Kunst: Malerei, Bildhauerei, Installationen, soziale Skulptur, Künstlerresidenzen; Garten: Farbengarten, Geflügelhaltung; Lebensfreude

☺

Familia Feliz ist eine dezentrale Lebensgemeinschaft mit gemeinsamer Ökonomie. Wir sind Europäer*innen, sprechen verschiedene Sprachen, haben abhängig von unserer jeweiligen Sozialisation verschiedene Fähigkeiten und Hintergründe. Wir halten es für zeitgemäß, verschiedene Wohnorte in Europa zu Heimatstätten zu entwickeln. Momentan sind wir in Deutschland und Spanien zu Hause. Vom einen Ort zum nächsten zu ziehen und multinational zu sein ermöglicht uns, die Vorteile der europäischen Idee und Kultur maximal auszunutzen.
Unser Gemeinschaftsleben basiert auf einer gemeinsamen Ökonomie, auf Konsensentscheidungen, auf Vetomöglichkeiten für und Solidarität mit jedem Mitglied. Wir respektieren und entwickeln Privateigentum und konzentrieren uns auf ein Leben in Frieden und Freiheit. Die starke Verbindung zwischen Kunst, Kultur und Natur ist zentral für die Familia Feliz.
Die Gemeinschaft unterscheidet klar zwischen Eigentum und Besitz. Sämtlicher Nießnutz fließt in die Gemeinschaft, das Eigentum bleibt beim Einzelnen. Wenn ein Mitglied die Gemeinschaft aus freien Stücken oder wegen Ausschluss verlässt, geht alles Eigentum mit sämtlichen Rechten und Pflichten zurück zu diesem Mitglied. Das fördert autonome Individuen, deren Entscheidung für ein aktives Engagement in der Gemeinschaft freiwillig bleibt und die keine Nachteile fürchten müssen, wenn sie die Gemeinschaft wieder verlassen möchten. Neben dem spanischen Lebensort gibt es eine weitere „Niederlassung“ in Windeck bei Köln/Bonn.

Spanien

☆ **Interneland/Innerland** Harmonysession

Appartado de Correos 141, San Rafael | 07816 Islas Baleares
☎ +34-671 946 512 (mobil)
anetanet2@yahoo.com www.harmonysession.com

1970 (bei Barcelona) 50 % ♀800 ♂600 0 1400

d, e, f, i, sp, polnisch, griechisch, portugiesisch, hebräisch, japanisch und mehr

einige zur materiellen Arbeit einige, zur spirituellen Arbeit alle

die jeweils zugehörigen Räte, jede*r gehört zu einem Rat der Wahl (Gespräche und Abstimmungen)

individuelle Finanzierung privat

religiös nein, spirituell/kosmisch ja

Unser gemeinsames Dasein dient dem spirituellen, kosmischen Erwachen der Menschheit durch einen Kontakt mit höheren Bewusstseinsebenen und in Form von Meditationen, Übungen und gemeinsamer Energiearbeit.

ökolog., gewaltfrei, Leiter*in/Führer*in/Guru, spirit., inneres Wachstum, Meditation, Yoga, Bioernährung, veget., vegan, Friedensarbeit, biolog. Landwirt., biolog. Gartenbau, neue Technologien, Humor, rauchfrei, kosmischer Kontakt, göttliche Verbundenheit

☺

Wir sind eine Gemeinschaft von Freund*innen, die ein Leben in Respekt und Verbundenheit mit höheren energetischen, kosmischen, spirituellen Bewusstseinsebenen lebt. Wir haben internationale Gemeinschaften in Spanien, Brasilien und Argentinien sowie Zentren in 30 Ländern auf der Welt und bieten gleichzeitig virtuelle Gemeinschaften für Onlinetreffen und Meditationen auf unseren Webseiten. Wir engagieren uns für inneres Wachstum, was uns erlaubt, unsere Energien zu kontrollieren und Grenzen im Leben zu ziehen. Wir bereiten uns mit Meditationen, Seminaren und Energiearbeit auf unser kosmisches, ursprüngliches Dasein und eine Wiedervereinigung mit den Kreisen von universellen Aussendungen der vereinten Planeten vor. Seit über 50 Jahren bemühen wir uns, dank eines immerwährenden Kontakts mit höheren Bewusstseinsebenen, eine geschwisterliche und interdimensionale Energie zu halten. Dank dieser Verbindung haben wir ein glücklicheres, harmonisches und erfülltes Leben erlangt und es geschafft, uns größtenteils aus materiellen Versklavungen und der weltweiten Unruhe der Makrogesellschaft zu befreien.
Wir möchten gerne andere Menschen treffen, die solch eine innere Suche nach Wahrheit, Güte und Schönheit in sich spüren, die durch ein inneres Verständnis, respektvoll und mit reinem Herzen einen Schritt in ein Leben im Einklang mit harmonischer, universeller Verbundenheit gehen möchten. Diese einweihende Bewegung wurde in den 70er Jahren gegründet. Wir haben seither Teilnehmer*innen auf der ganzen Welt und bieten Menschen die Möglichkeit, sich in eine Gemeinschaft zu integrieren, selbst eine kleine Gemeinschaft zu gründen oder mit uns an Internettreffen teilzunehmen.
Wir sind sozusagen eine energetische Familie, die in Verbindung mit einer spirituellen Familie steht. Diese hat sich schon vielmals durch sehr wichtige und präzise Botschaften im Himmel manifestiert und führt uns den Weg zur Wiederkehr in unser unsterbliches Dasein.
Die Bilder auf Seite 9 dieses Buches sind von unserer virtuellen Gemeinschaft, die man mit einem Avatar von zu Hause aus besuchen kann und in der wir uns wöchentlich mit anderen aus der Welt übers Internet treffen.

☺ Respektvolles und harmonisches Miteinander/Suche nach Wahrheit/Vegetarier sein. Keine Drogen, kein Alkohol und Tabak.

☆ La Bolina

Calle Escuela 6 | Saleres El Valle de Lecrín, Granada
info@labolina.org www.labolina.org

(bei Málaga)

La Bolina ist ein Zusammenschluss von Menschen aus Europa, Westafrika, Südamerika und dem Nahen Osten, die im ländlichen Dorf Saleres in der Region Granada leben und arbeiten. Wir haben unterschiedliche Identitäten, Aufenthaltsstatus und Berufe. Was uns zusammenbringt, ist eine gemeinsame Vision von Integration, Nachhaltigkeit und Regeneration. Unser Ziel ist es, Geflüchtete und Migrant*innen in unser ländliches Gebiet zu integrieren, indem wir nachhaltige Lebensgrundlagen schaffen, die auf Agrarökologie, Permakultur und nachhaltigem Handel basieren. Wir bieten Schulungen an, entwickeln Mikro-Unternehmen und nachhaltige Lebensgrundlagen, gründen Wohnungsgenossenschaften und koordinieren die interkulturelle Integration, um komplexe Herausforderungen in echte Chancen zu verwandeln.

Unsere Werte sind:
KOMPLEXITÄT LEBEN: ein ganzheitlicher Ansatz – Betrachten und Antworten finden auf die Komplexität lebendiger Systeme.
TÄTIG WERDEN: eine Verpflichtung zu mutigem, verantwortungsvollem und positivem Handeln.
KREATIVITÄT: flexibel denken und handeln.
RESPEKT: allen Menschen auch als Menschen begegnen und dabei die Werte Gleichheit, Liebe und Respekt verkörpern.
REGENERATION: die ökologische Regeneration als Grundlage für unser Handeln annehmen und die grenzenlose Verbundenheit zwischen uns und der Natur anerkennen.

☆ Lakabe

Valle de Arce | 31438 Nafarroa - Euskadi ☎+34-948-392 002
lakabe.org/

1980 550 ha (bei Pamplona (Navarra)) ♀11 ♂9 7 20

baskisch (Euskara), katalanisch, sp, f alle
Wöchentliche Meetings, Arbeitskreise, Vollversammlungen (Konsens)
gem. Ökonomie Besetzung
gewaltfreie Aktion, politische Aktivität in der Region
Landwirtschaft, Biobäckerei, Öko-Tierhaltung, Dorf-Wiederaufbau, Selbstversorgung, „amorro energético“
ökolog., selbstverw., anarchist., linkes Politikverst., feminist., gewaltfrei, Umweltschutz, Selbstvers., Permakultur, biolog. Landwirt., biolog. Viehwirt., Forstwirt., altern. Energie, ökolog. Bauen, Bau, handyfrei, ganzheitliches Management von Land und Wasser
☺

Lakabe ist ein Dorf, das 1980 besetzt wurde. Es entwickelte sich aus der antimilitaristischen Bewegung. Ihr Ziel ist es, die philosophischen Prinzipien der aktiven Gewaltlosigkeit in die Praxis umzusetzen. Wir sehen die Entwicklung einer kleinen Gesellschaft vor, die auf verschiedenen sozialen Parametern wie Gleichheit, Gerechtigkeit, Anti-Patriarchat, Feminismus usw. basiert.

So erlebte Lakabe vom ersten Moment an die Entwicklung einer Gemeinschaft. Entscheidungen werden bei der Versammlung getroffen, die Erde und das Vieh werden ökologisch behandelt, der Wald und die Umgebung werden gepflegt. Wir führen Experimente mit alternativen Energieformen durch. Im Moment sind wir autark und nutzen Sonnenlicht sowie Wasser- und Windkraft (zusammen mit einem Generator für Notfälle). Wir backen ökologisches Vollkornbrot für unsere eigenen Bedürfnisse und um Geld für unser Dorf zu verdienen. Wir haben zehn Häuser und die Kirche aus Stein und Holz nach organischen Grundsätzen und im traditionellen Stil der Region umgebaut. Wir wirtschaften gemeinsam, alle Ressourcen gehören allen. Es gibt kein privates Land. Wir bleiben ein besetztes Dorf, aber die Regierung von Navarra hat kein besonderes Interesse an der Lösung dieses Problems. Wir konzentrieren uns jetzt viel auf die ganzheitliche Bewirtschaftung des Landes.
Bitte kommen Sie nicht zu uns, ohne uns vorher zu kontaktieren. Wir beherbergen keine spontanen Besucher*innen.

Red Ibérica de Ecoaldeas, IFFACE, Red de Pueblos Okupados, CEPAIN, Local Cooperatives

☺ komm zuerst zu einem Tag der offenen Türen, folge dann dem 2-jährigen Integrationsprozess; Konsensprinzip; Leben in einer ländlichen Kommune

☆ Los Portales

Finca Los Portales | 41230 Castilblanco de los Arroyos ☎ +34-690 845 928
info@losportales.net www.losportales.net

1984 200 ha (bei Sevilla) 75 %

sp, f, e 8 35

verschiedene Kreise in einer soziokratischen Struktur (die Entscheidungen werden für jeden Bereich im jeweiligen Kreis getroffen, manchmalf werden sie im Plenumskreis bestätigt)

das Land gehört einer GmbH im Besitz der Mitglieder der Gemeinschaft

Psychologie nach C. G. Jung

biologische Landwirtschaft und Gartenbau, Bäckerei, Herstellung von Ziegenkäse und von Olivenöl, Gastgeber für Kurse und Workshops, Gästebetrieb, Entwicklung und Unterhalt von Systemen mit erneuerbarer Energie inkl. selbstgebauter Windturbinen

ökolog., selbstverw., gewaltfrei, spirit., inneres Wachstum, Meditation, Yoga, Bioernährung, veget., Bildungsarbeit, Pädagogik, Tagungshaus, Friedensarbeit, Umweltschutz, Selbstvers., Permakultur, biolog. Landwirt., biolog. Gartenbau, biolog. Viehwirt., artgerechte Viehwirt., Forstwirt., altern. Energie, neue Technologien, ökolog. Bauen, Humor, barrierefrei, Traum- und Prozessarbeit, Familie und systemische Aufstellungen Gemeinschaftsbildung, Forum nach ZEGG, Jungsche Therapie, ESC (European Solidarity Corps), tiefe Demokratie, menschliche Permakultur, Musik, Tanzen, Singen, Soziokratie, natürliche Heilmittel und Kosmetika

☺

Ein Raum zum Lernen, zum Wachsen und ein Raum der einlädt, für den menschlichen Geist und den Planeten zu sorgen. Los Portales ist eine intentionale Gemeinschaft, die innovative Lebensweisen in unterschiedlichen Bereichen umsetzt, darunter ökologischer Landbau, ganzheitliche Bildung, Tiefenpsychologie, Empowerment und Power-Sharing-Systeme, Selbstverwaltung, Konfliktlösung, natürliche Medizin, Kunst, saubere Energien, eine auf Teilen basierende Ökonomie - und vor allem die Stärkung eines jeden Einzelnen, der/die kontinuierlich zu mehr Nachhaltigkeit und Selbständigkeit voranschreitet.

1984 in Andalusien gegründet (obwohl bereits 1978 in Brüssel geboren), lag die Inspiration der Gründer*innen vor allem bei der Jungschen Psychologie und der Traumarbeit, die unsere Ängste und Schmerzen erkennbar macht, in Kraft umwandelt und uns so hilft, unsere verborgenen Talente zu erschließen. Wir fühlen uns der persönlichen und globalen Entwicklung und der Harmonie verpflichtet, indem wir uns selbst, einander und unsere Umwelt respektieren. Wir verstehen die Gemeinschaft nicht als Selbstzweck, sondern als Mittel der Schöpfung und als Weg der Transformation. Unsere Tätigkeitsfelder entwickeln sich beständig weiter, um auf das globale Bedürfnis nach Veränderung in dieser außergewöhnlichen Zeit in der Geschichte der Menschheit einzugehen. Nach 34 Jahren ist Los Portales ein etabliertes, stabiles und umfassendes Projekt, das sich in viele Richtungen entwickelt und die wichtigsten Dimensionen der Nachhaltigkeit integriert hat.

→Siehe auch Beschreibung der Netzwerke **„RIE, GEN Europe, WWOOF"**

Fellowship of Intentional Communities, Red Andaluza de Semillas, lokale Netzwerke

☺ finanzieller Beitrag von 200 € pro Monat, Verpflichtung zu innerer Arbeit mit den Werkzeugen, die wir in der Gemeinschaft benutzen, Teilnahme an einer Erfahrungswoche, zwei Retreats pro Jahr, Teilnahme an den anfallenden Arbeiten in der Gemeinschaft

Matavenero y Poibueno Pueblo Ecológico Europeo

Lista de correos | 24300 Bembibre, Leon ☎+34-987-190 652
joernickes@hotmail.de, contacto@matavenero.org www.matavenero.org

1989 3000 ha (bei Bembibre/Astorga/Ponferrada/Leon)

♀20 ♂30 18 68

d, sp, e 8

alle Betroffenen gemeinsam (Konsens oder 3/4-Mehrheit)

gemeinsame Finanzierung bestimmter Bereiche und individuell

instandgesetzt und als offizielle Gemeinde verwaltet

keine ideologischen/spirituellen Grundsätze

Garten, Holzsammeln, Weiterentwicklung der Kommunalstruktur, Pädagogik

ökolog., selbstverw., anarchist., spirit., esoter., chaotisch, inneres Wachstum, Meditation, Yoga, Sexualität, Bioernährung, veget., Bildungsarbeit, Pädagogik, freie Schule, Umweltschutz, Selbstvers., Permakultur, biolog. Landwirt., biolog. Gartenbau, biolog. Viehwirt., altern. Energie, ökolog. Bauen, Humor, Musik, Trommeln, Schmuck, Holz, Esskastanien, Nähen, Sport: Schubkarren bergauf schieben, Hippie-Fußball, Malen, Tanz, Fiestas, Jonglieren, Filme schauen, Gesellschaftsspiele; Dorf-Klatsch; international, Schwitzhütte, Solarstrom

☺ ()

Matavenero und Poibueno sind zwei Geschwisterdörfer auf ca. 1000 m Höhe in den Bergen Nordwest-Spaniens, unweit des Camino de Santiago/Jakobsweg. Vor der Ankunft unserer ersten „Pioniere" 1989 waren sie verlassen. Nach einem Großbrand zerstört, blieben damals vier Gebäude erhalten, die wir für die kommunale Infrastruktur reparierten (Schule, Bäckerei, Laden, alkoholfreie Bar, kommunale Werkstatt, Versammlungsfestsaal, Gästeraum). Die Besiedlung begann in Tipis und Zelten, dann bauten wir Hütten und Holzhäuser. Die Bewohner*innenzahl wuchs bis etwa 100 Menschen aus ca. 10 Ländern, ging dann stark zurück und wächst nun wieder. Die Basisidee, teilweise beeinflusst durch die Rainbow-Bewegung, ist ökologisches, naturnahes und -freundliches Wohnen in Nachbarschaft und Kooperation mit ähnlich Gesinnten. Seit 1993 sind wir als Dorf mit eigenem Gemeinderat anerkannt.

Die kommunale Infrastruktur wie Wasser- und Wegesystem, Solarstrom für kommunale Häuser usw. organisieren wir selbst und wird aus der Kommunalkasse finanziert. Es gibt eine eigene freie Schule mit meist span. Lehrer*innen, immer wieder eine Bäckerei und Coop-Läden, prof. Musiker*innen u.v.m. Großtierhaltung ist nur nach Absprache möglich. Hunde und Katzen gibts schon mehr als genug. Das Geldverdienen ist schwierig, dafür sind die allg. Lebenshaltungskosten sehr gering. Wir betreiben viel Recycling und Tauschhandel ist beliebt. Das Projekt ist keine homogene Gemeinschaft, sondern eine Dorf-Gemeinschaft. Teilweise leben wir „Neo-Hippie-Stammeskultur". Und die Menschen sind auch nur Menschen. Der Parkplatz ist ca. 1,5 km bzw. 4 km entfernt. Wir produzieren auch privat Strom mit Solarmodulen und versorgen uns teilweise selbst mit Bio-Obst und Gemüse. Es wurden hier weit entfernt vom nächsten Hospital etwa 50 Kinder geboren. Wir praktizieren möglichst alternative Medizin. Von Oktober bis April ist mit winterlicher Witterung zu rechnen. Die Uhren ticken hier langsamer. Spanisch-Kenntnisse sind erwünscht, Langzeitgäste willkommen und finanzielle Unabhängigkeit ist notwendig. PIONIERGEIST BLEIBT WICHTIG!
Infos auch über Youtube und Suchmaschine.

→Siehe auch Beschreibung des Netzwerks „**RIE**"

☺ etwa ein Jahr Aufenthalt (Ausnahmen möglich) + Kooperation + Akzeptanz durch das Council

☆ Proyecto O Couso

LUGAR O COUSO, S/N | 27620 SAMOS ☎+34-982 157 684
info@dharana.org http://proyectocouso.org/

2014 | 4 ha (bei Samos) | 20 % | ♀3 ♂7 10

e, sp, katalanisch, galizisch — 10 10

Mitglieder der Stiftung (Konsens) — gemeinsame Finanzierung best. Ber.

Stiftung

keine ideologischen Grundsätze

Bildung, Landwirtschaft

ökolog., selbstverw., gewaltfrei, spirit., esoter., inneres Wachstum, Meditation, veget., vegan, Pädagogik, freie Schule, Friedensarbeit, Entwicklungshilfe, Tierschutz, Umweltschutz, Selbstvers., Permakultur, biolog. Landwirt., biolog. Gartenbau, biolog. Viehwirt., altern. Energie, neue Technologien, ökolog. Bauen, Humor, rauchfrei

☺

Wir schaffen eine integrale und offene Gemeinschaft, in der die Werte der Neuen Ethischen Kultur gelebt werden. Wir arbeiten seit einiger Zeit an der gegenseitigen Unterstützung und Zusammenarbeit und insbesondere an den universellen Werten, die zur Verbesserung unserer Welt beitragen. All dies unter unserem Hauptmotto: „Verlasse, was du kannst, nimm, was du brauchst".

☺ keine Aufnahmebedingungen

Sunseed Desert Technology

Los Molinos de Río Aguas, buzón 2 | 04270 Sorbas, Almería ☎ +34-950-525 770
sunseed@sunseed.org.uk www.sunseed.org.uk

1986 32 ha (bei Almería) ♀9 ♂9 18

e, sp 15-35

Gemeinschaft, Mitarbeiter*innen, Stifter*innen (Gemeinschaftstreffen; Mitarbeiter*innen-Treffen, Stiftungsräte)

individuelle Finanzierung The Sunseed Trust (GB)

Low-Tech-Lösungen für den Klimawandel

Bildung und Ausbildung für junge Leute zum Thema Nachhaltigkeit

ökolog., selbstverw., Bioernährung, veget., vegan, Umweltschutz, Selbstvers., Permakultur, biolog. Landwirt., biolog. Gartenbau, biolog. Viehwirt., altern. Energie, ökolog. Bauen, geringe Umweltbelastung (Nachhaltigkeit), Netzunabhängigkeit, angepasste Technologien und Methoden

☺ (✋✋)

Sunseed Desert Technology ist das spanische Projekt von The Sunseed Trust (Großbritannien). Wir leben als Gemeinschaft von bis zu 35 Personen, 12 Vollzeitmitarbeiter*innen sowie Kurz- und Langzeitfreiwilligen, die zwischen 2 Wochen und einem Jahr bleiben und 90-120 Euro pro Woche bezahlen, um für ihre Unterkunft und Verpflegung aufzukommen (die Höhe des Betrages hängt von der Dauer des Aufenthaltes ab). Sunseed Desert Technology versucht, preiswerte und einfache Lösungsansätze zum Klimawandel zu entwickeln, vorzuführen und weiterzugeben. Deshalb leben wir auf möglichst nachhaltige Weise als autarke Gemeinschaft, bauen unsere Lebensmittel selbst an, kompostieren und recyceln unseren Abfall und machen uns Solarenergie und andere zukunftsorientierte Technologien zu Nutze.
Freiwillige sind das ganze Jahr über willkommen und arbeiten in all unseren Abteilungen: moderne Technologien, biologischer Gartenbau, Trockenlandbewirtschaftung, nachhaltiges Leben, ökologisches Bauen, Kommunikation, Bildung. Alle Mitglieder der Gemeinschaft teilen sich die Koch- und Putzpflichten. Für weitere Informationen besucht bitte unsere Website oder kontaktiert uns direkt.

→Siehe auch Beschreibung der Netzwerke „**GEN Europe, RIE**"

REPESEI

☺ wöchentliche Spende für Unterkunft und Verpflegung

Tanquián Finca Ecológica Tanquián

Tanquián s/n | 27437 Deade, Pantón, Lugo, Galicia ☎+34-672 650 728
emmytanquian@gmail.com tanquian.es

1993 5,5 ha (bei Santiago de Compostela) 60 % ♀1 1
d, e, sp 1-10
alle Betroffenen (zusammen)
individuelle Finanzierung, später gem. Ökonomie Privatbesitz
nichts, außer dem starken Wunsch damit aufzuhören, dem Planeten zu schaden
Selbstversorgung, Produktion von Gemüse, Marmelade und Saft für den Verkauf, Workshops und Retreats
ökolog., selbstverw., linkes Politikverst., gewaltfrei, Yoga, Bioernährung, veget., Tagungshaus, Selbstvers., Permakultur, biolog. Landwirt., artgerechte Viehwirt., Forstwirt., ökolog. Bauen, Humor, Permakultur, Yoga, Selbstversorgung, Ökotourismus
☺

Das Projekt Tanquián begann 1993 mit Paul Baker und Emmely Föhring. Die Ursprungsidee war, die drei Kinder in Kontakt mit der Natur zu bringen, sich selbst zu versorgen und in Gemeinschaft zu leben.
Das Land hat 5,5 Hektar mit einer Mischung aus Wald und Wiesen. Hauptkulturen sind Obstbäume und -sträucher und der große Hausgarten. Früher hatten wir alle möglichen Tiere, im Moment sind es aber nur ein Pferd und ein Esel. Seit 2008 betreiben wir eine Konserven-Küche, wo wir Marmelade und Saft aus eigener Ernte herstellen.
Im Laufe der Jahre haben viele Familien und Freiwillige mit uns gelebt. Zurzeit suchen wir qualifizierte Mitglieder, besonders Heim-/Handwerker*innen und Gärtner*innen. Unser Angebot sind Essen, Unterkunft und ein Anteil am Gewinn.

→Siehe auch Beschreibung des Netzwerks „**WWOOF**"
Workaway
☺ nur ausgebildete Handwerker*innen, oder erfahrene Gärtner*innen (gerne Frauen)

☆ Valle Despierta

El Hoyo de Pinares (Tierra de Pinares) | Ávila
monicabioconstruccion@gmail.com

2003 15

Wir leben mit verschiedenen Familien in einer kleinen Gemeinschaft auf dem Land: in Tierra de Pinares, umgeben von Weinbergen und Bergen mit Pinien, Eichen und Wacholder.
Wir arbeiten in traditionellen Berufen wie Schreinerei, Imkerei, natürlicher Weinbau, Biobau, erneuerbarer Energie, Musik, Gartenarbeit, Wiederkultivierung verlassener Weinberge... Wir sammeln Regenwasser, nutzen Trockentoiletten und Solarenergie für die Elektrizität.
Wir feiern Tage der offenen Tür bei Sonnenwende und Tagundnachtgleiche. Wir organisieren auch Kurse und Workshops zum Thema Biobau, Freiwilligenarbeit und Lerntage zu Imkerei, Weinherstellung, Yoga, Retreats und Gemeinschaftstage.
Uns eint die Liebe zur Natur, und wir haben ein „Prinzip", das für das reibungslose Funktionieren des Zusammenlebens unerlässlich ist: gegenseitige Achtung.

Tschechien, Türkei, Ukraine und Ungarn im folgenden Kapitel

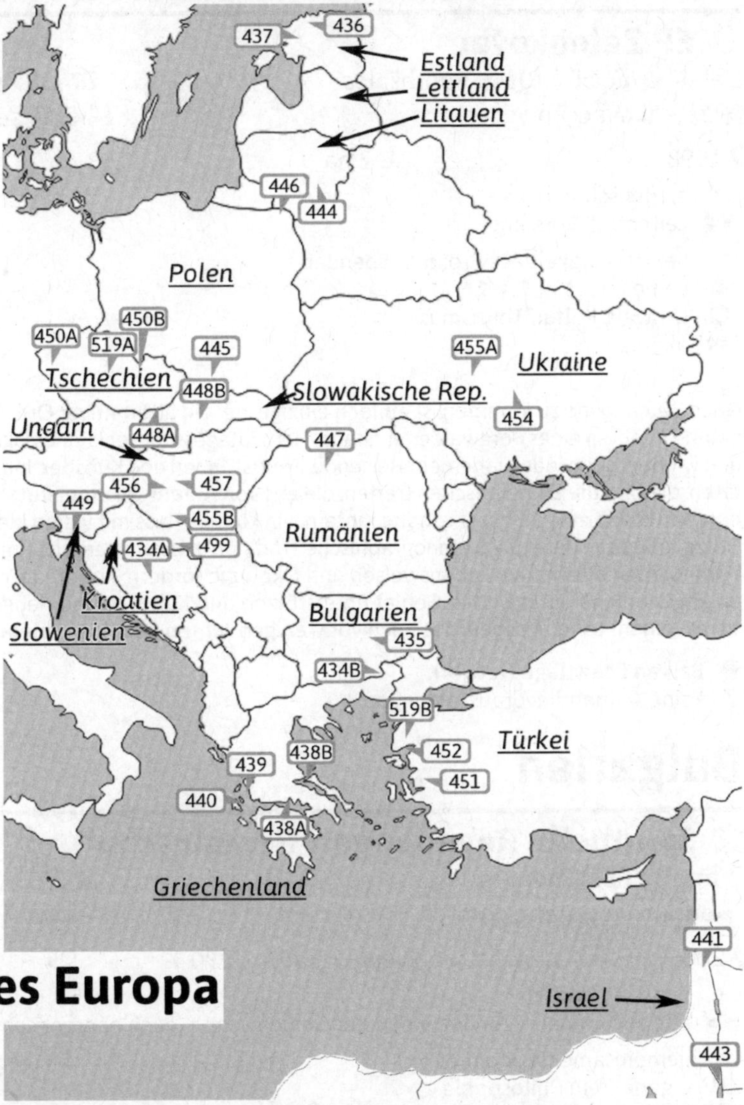

Östliches Europa

Warum drucken wir Baltikum, Balkan, Griechenland, Israel und weitere Länder scheinbar wild durcheinander hinter Spanien? Na, wegen der Karte! Aus jedem Land können wir höchstens vier Gemeinschaften präsentieren, nicht mal in Israel sind es mehr, obwohl aus der Tradition der Kibbutzim durchaus auch Gemeinschaften hervorgegangen sind. Da platzsparen wir uns die Länderkarten. Für detaillierte Zahlen verweisen wir auf die Tabelle auf Seiten 60/61; das wichtigste Gemeinschaftsnetzwerk ist GEN Europe (siehe ab Seite 555) - aus den einzelnen Ländern in diesem Kapitel kennen wir keine weiteren aktiven nationalen Netzwerke.

Bosnien-Herzegowina

EP Zelenkovac

Zelenkovac bb | 70266 Podrašnica ☎+387-(0)50-278 649
zelenkovac@blic.net www.zelenkovac.org

1998 2 ha ♀203 ♂282 58 485

e, russisch 5 10

Leiter und Vorstand

Selbständigkeit des Projekts, Spenden Verein

keine

Umwelt, Kultur, Tourismus

ökolog.

☺ ( )

Nach Zelenkovac zu kommen ist einfach einzigartig: ein alternativer Ort, der 1985 als Kunstgalerie inmitten eines Bergwaldes entstand. Heutzutage ist unser kleines Öko-Dorf gewachsen und wir begrüßen jedes Jahr mehr Reisende, Tourist*innen und Künstler*innen aller Nationalitäten, die hier die Einheimischen treffen, die uns von Anfang an unterstützten. Unsere Umgebung wirkt wie eine Filmszene: hohe Kiefern, ein kleiner Fluss mit vielen kleinen Brücken und Holzgebäude, in denen sich ethnographische Tradition und künstlerische Kreativität verbinden. Wir möchten alternative Lebensweisen und Ökologie fördern, kulturelle Veranstaltungen in einem ländlichen und wilden Gebiet unterstützen und Kulturen und Religionen fördern, die sich in einem Land mischen, das noch vor wenigen Jahren den Krieg erlebt hat.

Balkan Ecovillage Network

☺ keine Aufnahmevoraussetzungen

Bulgarien

Spirituelle Regenbogen-Gemeinschaft

Wtora 1 | 6584 Odrintsi ☎+359-(0)361-617 91
odrintsi@spirebo.com www.spirebo.com

2006 80 ha (bei Ivaylovgrad) 90 % ♀9 ♂10 6 25

d, e, f, bulgarisch alle alle

alle zusammen/Gründer*innen der Gemeinschaft (nach energetischen Kriterien)

gemeinsame Ökonomie Eigentum und Pacht

eigene freie Philosophie

alles was zu einem Selbstversorgerleben saisonbedingt dazugehört

ökolog., selbstverw., Leiter*in/Führer*in/Guru, inneres Wachstum, Meditation, Bioernährung, Umweltschutz, Selbstvers., Permakultur, biolog. Landwirt., biolog. Gartenbau, biolog. Viehwirt., artgerechte Viehwirt., ökolog. Bauen, rauchfrei, Hütebetrieb für Ziegen/Schafe/Rinder und Wasserbüffel, eigene Pferdeherde, Imkerei, Selbstreflexion, spiritueller Lehrer/Ratgeber, Wollverarbeitung, Weberei, Textiles Handwerk, Holzhandwerk, Kräutermedizin, Metallbearbeitung, Lehmbau

☺ (✋✋)

„Was ihr euch da aufgebaut habt, ist wie eine andere Welt, ein echtes Paradies, einfach unglaublich!". Das ist eine Rückmeldung, die wir immer wieder von Besucher*innen bekommen. Unser Tag beginnt früh mit einer gemeinsamen Morgenmeditation, um uns auf das Wesentliche, das Geistige einzustimmen. Wir versuchen, die Gefühle aus der Meditation im Alltag zu bewahren und die Energien in allen natürlichen Dingen wahrzunehmen. So natürlich wie möglich zu leben, ist uns wichtig, weil wir überzeugt davon sind, dass die Ablenkungen der Zivilisation uns in früheren Jahren betrogen haben, so dass wir nicht mehr wussten, wer wir eigentlich sind.

Wir streben eine absolute Selbstversorgung für unsere Gemeinschaft an, nicht nur im Bereich Ernährung. Bereits verwirklicht haben wir: eine Käserei, Bäckerei, Getreidemühle, Ölpresse, Kelterei und Brauerei. Darüber hinaus betreiben wir eine Schreinerei, Schmiede, Schlosserei, Textilmanufaktur, Schneiderei, Lederwerkstatt sowie eine Kräuterapotheke.

Wir haben einige Lehmhäuser renoviert, so dass wir uns darin wohlfühlen. In unseren Wohnhäusern gibt es keinen Strom, wir kochen und heizen mit Holz. Den Großteil des Tages verbringen wir draußen - in einer wundervollen Naturlandschaft mit Blick auf die Rhodopenausläufer: beim Hüten unserer Tiere, der Pflege unserer Gärten und Felder und beim Sammeln von Geschenken der Natur.

In 2019 wurde ein Dokumentarfilm über unser Leben in Odrintsi veröffentlicht (Originalton Deutsch mit bulgarischen Untertiteln): www.spirebo.com/clips.htm, Clip „Läuterung" - und unter https://amzn.to/2C0SA9N gibt es ein Buch von uns über das Aussteigen (nur für das Amazon-Kindle-Lesegerät).

☺ individuell

☆ Xperiment Let's reinvent our lives together

7 Juriy Venelin str. | 6000 Stara Zagora ☎+359 (0)878 539 752
✉thexperiment2019@gmail.com 💻thexperiment.info

2018 | 3000 m² (bei Gurkovo) | ♀1 ♂3 4

- e, bulgarisch, russisch
- Vollmitglieder (Mehrheitsentscheidungen)
- derzeit durch die Mitglieder finanziert, soll sich in Zukunft selbst tragen
- ein Mitglied, soll aber 2019 eine Nichtregierungs-Organisation (NGO) werden
- „keine Spaltung jeglicher Art"
- Kulturelles und soziales Zentrum, kombiniert mit nachhaltigem Leben
- ökolog., selbstverw., gewaltfrei, Meditation, Yoga, Tagungshaus, Tierschutz, Umweltschutz, Selbstvers., Permakultur, biolog. Landwirt., konvent. Landwirt., biolog. Gartenbau, konvent. Gartenbau, biolog. Viehwirt., konvent. Viehwirt., altern. Energie, neue Technologien, Humor, sozial, Kunst-Zentrum

☺ ✋✋

Dieses Projekt zielt darauf ab, ein neues nachhaltiges Leben als menschliche Gesellschaft in all ihren Facetten zu erreichen. Im Kern ist es eine offene Plattform für alle, die ihre Denkmuster ganz praktisch ändern wollen.
Die spezifischen Ziele des Xperiment richten sich auf alle Lebensbereiche, darunter:

- Schaffung eines gemeinsamen Raumes für ein nachhaltiges Leben, außerhalb städtischer Gebiete und in Harmonie mit der Natur und uns selbst für Menschen jeden Alters, Hintergrundes oder Familienstandes.
- Schaffung einer stabilen Mikrogesellschaft, die darauf abzielt, möglichst viele Energiekreisläufe (d.h. Lebensmittel, Wasser, Strom, Wärme usw.) zu schließen, indem traditionelles Wissen mit allen heute verfügbaren Technologien kombiniert wird.
- Schaffung eines dynamischen sozialen Raums, frei von Vorurteilen und Spaltungen, der von seinen Mitgliedern in Bezug auf Werte, Prinzipien und Struktur ständig weiterentwickelt wird.
- Schaffung eines offenen kulturellen Raums, der darauf abzielt, den freien Fluss und den Austausch von Inspiration zwischen Menschen aller Kulturen und künstlerischen Hintergründe zu fördern.
- Schaffung einer lokalen Gesellschaft, die auf die gemeinsame Entwicklung und Umsetzung von sozialen und spirituellen Bräuchen abzielt.
- Die Kombination aller oben genannten Dinge in einem einzigen lebenden System, das eine völlig neue Lebensumgebung schafft.

Im Sommer 2018 arbeiteten etwa 200-220 Freiwillige mit uns.

☺ Teilen unserer Ansichten; weitere Details dazu auf der Website

Estland

Lilleoru Lilleoru training center and conscious community

Taevasmaa tee 2, Aruvalla, Rae vald | 75320 Harjumaa ☎+372-5649-9199
ave.oit@lilleoru.ee www.lilleoru.ee

1993 20 ha (bei Tallinn) 15-40 % ♀30 ♂16 14 50

e, d, f, estnisch, finnisch, russisch 6 7

unterschiedlich: Kleingruppen, Mitgliederversammlung (in der Vollversammlung meistens Mehrheitsabstimmung; Konsens)

gemeinsame Finanzierung best. Ber., gemeinschaftseigene Betriebe

Eigentum aller

Holistisches Menschenbild und Übungen zur Beherrschung der eigenen Innenwelt

Erwachsenenbildung, Schule

ökolog., selbstverw., gewaltfrei, Leiter*in/Führer*in/Guru, spirit., inneres Wachstum, Meditation, freie Schule, Yoga, Bioernährung, veget., Bildungsarbeit, Tagungshaus, Permakultur, biolog. Gartenbau, Forstwirt., ökolog. Bauen, Kriya-Yoga

☺

Lilleoru ist ein Trainingszentrum und eine Gemeinschaft in Estland,die vor 25 Jahren gegründet wurde. Im Mittelpunkt unserer Aktivitäten steht die Unterstützung des Bewusstseinswandels und der Bewusstseinsentwicklung der Menschen durch die Einführung von Methoden zur Beherrschung der eigenen Innenwelt, zur schnellen Orientierung in wechselnden Situationen, zur Kreativität und Innovation. Die zentrale Methode ist die Kunst der bewussten Verände-

rung, die auch von allen Mitgliedern der Gemeinschaft praktiziert wird. Seit mehr als einem Jahrzehnt engagiert sich Lilleoru auch für eine ökologisch nachhaltige Lebensweise durch die Zusammenarbeit mit Partner*innen in Estland und im Ausland. Der Permakulturgarten Lilleoru gilt als der größte in Estland. Sowohl der Gemüse- als auch der Kräutergarten werden kontrolliert biologisch, der Wald von Lilleoru wird nachhaltig bewirtschaftet.
Das neue Hauptgebäude des Lilleoru-Zentrums ist die School of Practical Awareness - gebaut hauptsächlich mit Hilfe von Freiwilligen. Es ist das größte Strohballenhaus in Europa und das erste öffentliche Gebäude seiner Art der Welt. Die Eröffnung des Hauses erfolgte im Herbst 2018 und auch die Lilleoru-Grundschule hat da ihre Tore geöffnet. Lilleoru ist auch ein Ashram, nach Babajis Kriya Yoga und Haidakhan Babajis spirituellen Wegen.
Das Projekt wurde von einer Lerngruppe zum inneren Wachsum aus ca. 20 Personen gestartet. Es waren Menschen, die sich um den bekannten estnischen spirituellen Lehrer Ingvar Villido versammelt hatten. Zur Zeit leben 60 Personen auf dem Gemeinschaftsgelände und im SkyEarth Village. Lilleoru wird verwaltet und ist im Besitz von Lilleoru NGO, die fast 150 aktive Mitglieder hat. Viele Mitglieder haben regelmäßige freiwillige Aufgaben, ein Großteil der Projektentwicklung basiert darauf. Einige Mitarbeiter*innen sind bei unserer Firma beschäftigt.
Wir haben 20 Hektar Land mit einem einzigartigen Flower-of-Life-Park und wir haben eine Zukunftsvision für unser Gelände. *Farbfoto auf Seite 14 oben*

→Siehe auch Beschreibung des Netzwerks „**GEN Europe**"
GEN-Estonia, Estonian Coalition for Sustainable Development

Small Footprint

Ökokeskuse | 78237 Mõisamaa
info@vaikejalajalg.ee vaikejalajalg.ee

2014 33 ha (bei Märjamaa, Tallinn (75 km)) 5 % ♀7 ♂3 9 19

estnisch, e 1 2
Großer Kreis (alle erwachsenen Mitglieder) (Soziokratie)
gemeinsame Haushaltskasse für Nahrung und Haushalt — Gemeinschaftsbesitz
Gaia-Erziehungsprinzipien
Seminare, Garten, Ackerbau, Bienenhaltung, Diverses
ökolog., selbstverw., gewaltfrei, spirit., chaotisch, inneres Wachstum, veget., Tagungshaus, Umweltschutz, Permakultur, biolog. Landwirt., biolog. Gartenbau, biolog. Viehwirt., verschiedene Ernährungsweisen, vegetarisch in Gemeinschaftsbereichen

☺ (…)

Small Footprint Community ist eine Öko-Gemeinschaft, die Ende 2012 gegründet wurde und seit 2014 in Mõisamaa, Estland, ansässig ist. Small Footprint ist Mitglied des Netzwerks estnischer Öko-Gemeinschaften. Die Gründungsmitglieder der Gemeinschaft wurden durch die Sommerversammlungen des Netzwerks estnischer Öko-Gemeinschaften, den Ecovillage-Design-Education-Kurs (Gaia Education) im Jahr 2010 in Lilleoru und das Community-Building-Training „Rising Together" im Jahr 2014 in Esna zusammengebracht.
Wir von Small Footprint glauben, dass die Schaffung eines neuen und nachhaltigen Lebens durch praktische Alltagserfahrung, durch Leben und Arbeiten in einer intentionalen Gemeinschaft möglich wird. Die Mitglieder von Small Footprint sind durch ein gemeinsames Verständnis des nachhaltigen Lebens und Wirkens in der Gemeinschaft durch vier Aspekte verbunden - ökonomisch, ökologisch, sozial und ideologisch.

GEN Estland *Farbzeichnung auf Seite 10*

Griechenland

Estia Agios Nikolaos Life-sharing community

Keramou | 33052 Galaxidi ☎+30-(0)22650-420 62
evs.estia@gmail.com www.estia-agios-nikolaos.eu

1993 11,3 ha (bei Amfissa) 10 % ♀15 ♂18 1 34

griechisch, e, sp, f alle plus fünf Mitarbeiter*innen von außerhalb
die jeweils Verantwortlichen in der Gemeinschaft, in der Verwaltung und im Aufsichtsrat (Konsens)
Gemeinschaftsbesitz
Respekt für Menschen und Umwelt
Schmuckwerkstatt, Töpferei, Garten
ökolog., gewaltfrei, geistig/psych. Behinderte, Umweltschutz, biolog. Landwirt., biolog. Gartenbau, artgerechte Viehwirt., barrierefrei, Töpferei, Menschen mit Behinderung

☺

Estia Agios Nikolaos ist eine Gemeinschaft von Menschen mit und ohne Entwicklungsstörungen, in der alle Mitglieder in kleinen Familienstrukturen leben, arbeiten und ihre Freizeit gemeinsam verbringen. Momentan sind es drei Häuser, die eine „Familie" beherbergen. Auf unseren 11 Hektar gibt es außerdem zwei Werkstätten, einen Gemeinschaftssaal sowie ein kleines Café. Jedes Haus beherbergt sechs bis acht Mitarbeiter*innen (Menschen mit Entwicklungsstörungen), die mit ihren „Hauseltern" (Angestellte) und den Freiwilligen zusammenleben. Es gibt auch Mitarbeiter*innen aus der örtlichen Gemeinde, die bei der Hausarbeit helfen und Kunsttherapie, Physiotherapie, Sport und Musik anbieten.
Morgens sind alle Bewohner*innen mit Arbeit in der Gemeinschaft beschäftigt, mit Töpferei, Schmuckherstellung, Stickereien, Landwirtschaft und Haushalt. Die Nachmittage dienen der Musik, der Bewegung, dem Üben von Musikinstrumenten, Spaziergängen und im Sommer dem Schwimmen. Die Wochenenden sind künstlerischen und spirituellen Aktivitäten gewidmet, wie kleinen Ausflügen, Musikveranstaltungen, Theater und Teilnahme an örtlichen Festivitäten.
Estia Agios Nikolaos liegt in Galaxidi, am Meer und nicht weit vom Berg Parnassos. Es gibt regelmäßige Busverbindungen zu den Städten Itea und Amfissa (der Provinzhauptstadt). Athen ist 200 km entfernt.

☺ Bereitschaft, in Gemeinschaft zu leben

☆ Free and Real The Telaithrion Project

Aghios | 34300 Edipsou ☎+30-(0)222 603 16 96
info@freeandreal.org freeandreal.org

2010 15 ha (bei Istiaias Edipsou) 50-60 % ♀6 ♂5 0 11

f, e, griechisch 11
Website: https://en.freeandreal.org/research/
gem. Ökonomie Eigentum des Projekts
Website: https://en.freeandreal.org/thevision/
Ökobau, Permakultur, DIY, Technologie

ökolog., selbstverw., gewaltfrei, vegan, Bildungsarbeit, Tagungshaus, Entwicklungshilfe, Umweltschutz, Selbstvers., Permakultur, biolog. Landwirt., biolog. Gartenbau, biolog. Viehwirt., Forstwirt., altern. Energie, neue Technologien, ökolog. Bauen, Bau

☺ (✋✋)

Wir haben es zu unserem Lebensziel gemacht, in einer prototypischen, nachhaltigen Öko-Gemeinschaft auf der Insel Kreta eine effiziente Sozialstruktur zu erforschen, zu schaffen und umzusetzen, die wiederum in jedem Teil Griechenlands (und warum nicht auch in der ganzen Welt?) nachgeahmt und angewendet werden kann, um als Beispielgeber und Inspiration für Selbstversorgung und Nachhaltigkeit zu funktionieren.
Diese Sozialstruktur wird auf unveräußerlichen Menschenrechten und einer Wirtschaft beruhen, die durch auf dem strategischen Einsatz von Technologie, verfügbaren Ressourcen, praktischem Wissen und auf harten Fakten beruht. Selbstloser Einsatz (ohne Tauschlogik) und Entwicklungseifer, sowie neue nachhaltige Lösungen werden die treibende Kraft unseres Projekts sein. Gleichzeitig ermutigen und unterstützen wir gleichgesinnte Menschen und Gruppen aktiv in ihrem Bemühen, ihre eigenen produktiven und nachhaltigen Ideen, Strukturen und Gemeinschaften zu erforschen und/oder zu realisieren. Auf diese Weise wird unsere Gemeinschaft zu einer Schule für alle, die etwas über Selbstversorgung und Nachhaltigkeit lernen möchten.

(Fotomontage)

☺ ideologisch

Griechenland

☆ Kalamos Island Eco-community

Kalamos Lefkados | 31081 Kalamos ☎ +30-(0)697 344 21 92
contact@terrasylvestris.org www.terrasylvestris.org

2015 30 % ♀2 ♂1 3

griechisch, e, sp, portugiesisch, f 3

als Nichtregierungsorganisation haben wir einen Vorstand (mal Mehrheit, mal Konsens)

gemeinsame Finanzierung best. Ber., Spenden, Einkommen durch Angebote (z.B. Seminare)

Wir glauben an Umweltschutz.

Einkommenswege abseits von destruktiven Praktiken entwickeln, generell einen nachhaltigeren Lebensweg einschlagen

ökolog., selbstverw., gewaltfrei, spirit., inneres Wachstum, Meditation, Bioernährung, Bildungsarbeit, Tagungshaus, Tierschutz, Umweltschutz, Selbstvers., Permakultur, biolog. Landwirt., biolog. Gartenbau, biolog. Viehwirt., artgerechte Viehwirt., ökolog. Bauen, Bau, barrierefrei, aktivistisch, wissenschaftlich

☺ (✋✋)

Wir haben dieses Projekt als Teil des Nachhaltigkeitsprojekts für Kalamos und Kastos unserer nichtstaatlichen Non-Profit-Organisation gestartet. Unser Ziel ist es, einen Teil der Hauptinsel Kalamos in produktive Permakulturgebiete zu verwandeln, sie mit ökologisch bewussten Menschen zu bevölkern, ihnen Einkommen zu ermöglichen und Alternativen zu den derzeit umweltschädlichen Praktiken an Land und auf See zu schaffen. Der Boden, mit dem wir arbeiten (oder arbeiten werden) ist Land, das in der Vergangenheit zwar aufgegeben wurde, uns aber von Einheimischen in schriftlichen, formellen Vereinbarungen übertragen wurde und nun von uns verwaltet wird.
Unter den bisherigen Bedingungen sind dies verlorene Ländereien, die - derartig aufgegeben und leblos - nicht zum Naturschutz beitragen: Gebiete voller Trödel und Müll mitten im Hauptdorf, von der intensiven Bewirtschaftung ausgezehrte Landwirtschaftsflächen oder ganze verlassene Grundstücke mit verfallenden Häusern, großen Vorgärten und hohen Zäunen.
Menschen aus der ganzen Welt kommen nach Kalamos, um uns zu helfen, von und mit uns zu lernen - und einige werden hoffentlich auch länger bleiben.

→Siehe auch Beschreibung des Netzwerks „**GEN Europe**“
🌍 Transition Network
☺ freiwillige Helfer, mit der Zeit Aufnahme in der Gemeinschaft; Mitgliedschaft bei richtiger innerer Haltung und Persönlichkeit

Sarakiniko alternatives Leben GmbH

P.O. Box 12 | 28300 Vathy/Ithaki ☎+30-(0)697 863 72 77
✉villawunderbar@gmx.de

1979 | 50 ha (bei Vathy) | 5 % | ♀30 ♂30 | 60

d, e | 20

eine Gruppe entscheidet durch Abstimmung (Mehrheitsentscheidung)
gemeinsame Finanzierung der Grundstücksteuer, Verwaltung etc.
Eigentum der Gemeinschaft
Pflege der uns umgebenden Natur, Instandhaltung der wenigen Infrastruktur
selbstverw., gewaltfrei, Tierschutz, Umweltschutz, altern. Energie, Humor, Urlaubsdomizil, Kunst: Malerei, Musik etc.

☺

Unser Grundstück befindet sich im Südosten der Insel Ithaki im Ionischen Meer Griechenlands. Von uns bis zur Insel-Hauptstadt Vathy, einem bezaubernden Hafenstädtchen, sind es 3,5 Kilometer. Wir zählen momentan ca. 60 Gesellschafter*innen, von denen nur wenige ganzjährig auf dem Gelände leben.
An unserer Küste liegen fünf Strände, von denen vier nur über unser Gelände zu Fuß oder mit dem Boot zu erreichen sind. Auf unser Gelände führt eine Privatstraße, die auf einem Parkplatz endet. Von hier aus gehen wir zu Fuß. Im Dunkeln mit Taschenlampe. Unsere Einkäufe werden getragen oder mit der Schubkarre gefahren.
Nach 40 Jahren sind die gemeinschaftlichen Lebensweisen individuellen Freiräumen gewichen. Singles und Pärchen bewohnen in lockerem nachbarschaftlichem Kontakt das kleine Paradies. In mühevoller Kleinarbeit haben sie ihre Lebensräume über Jahre hinweg gestaltet. Jeder für sich. Es gibt keine gemeinschaftlichen Projekte mehr.
Eine verwilderte Ziegenherde ist zur Plage geworden und bewegt immer mehr Gesellschafter*innen dazu, ihre Lebensräume einzuzäunen.

Doch dank der fortgeschrittenen Technik kann man auf Sarakiniko heutzutage ein relativ modernes, alternatives Leben führen. Elektrizität erzeugt jede*r für sich selbst mithilfe von Solar- und Windenergie. Der winterliche Regen dient der Wasserversorgung. Wir fangen das Wasser mit unseren Hausdächern auf und speichern es in Zisternen oder großen Tanks. Mobilfunkgeräte und mobiles Internet verbinden uns mit dem Rest der Welt.

Seit einigen Jahren lässt die jüngere Generation sich wieder auf Sarakiniko nieder. Im durchschnittlichen Alter von 35 Jahren, versuchen sie Möglichkeiten zu finden, ihren Lebensunterhalt auf der Insel zu erwirtschaften, um hier dauerhaft leben zu können. Besucher*innen sind – möglichst nach Absprache – willkommen. Sie sollten gut zu Fuß sein. Bei längerem Aufenthalt auf unserem Gelände verlangt die GmbH ein Besuchergeld. Ein Neueinstieg in die Gesellschaft ist ebenfalls möglich. Über die Bedingungen informiert die Geschäftsführung.

☺ finanz. Einlage, Kennenlernzeit

Israel

Kibbutz Mishol

Carmel 25 | 17661 Nazareth Illit
anton@communa.org.il

♀38 ♂37 75 150

e, hebräisch — 98 %
gemeinsame Ökonomie — gemietet
Bildung
ökolog., selbstverw., anarchist., linkes Politikverst., feminist., gewaltfrei, Bildungsarbeit, Pädagogik, Tagungshaus, Friedensarbeit, Permakultur, biolog. Gartenbau

Kibbutz Mishol ist der größte städtische Kibbuz in Israel. Der Kibbuz wurde vor 18 Jahren gegründet und liegt in Nazareth Illit im Norden Israels. Die 75 erwachsenen Mitglieder der Gemeinschaft arbeiten im Bildungssektor und leben mit 75 Kindern zusammen in einem achtstöckigen Gebäude in einem sozial benachteiligten Viertel am Rande der Stadt. Sie praktizieren gemeinsame Ökonomie.

Die Gemeinschaft genießt ein vielfältiges kulturelles Leben und begeht wöchentliche und jährliche Feierlichkeiten sowie

persönliche Feste gemeinsam. Ebenfalls Bestandteil des Gemeinschaftslebens sind Entscheidungen per Konsens, gemeinsames Studieren, verschiedene Kleingruppen zu allen Aspekten des Lebens sowie ein gemeinsamer Fuhrpark.
Das Besondere an dieser Gemeinschaft sind aber sicherlich die sozialen Initiativen der Mitglieder. Die Kibbuz-Angehörigen verbringen ihren Alltag in Bildungsprojekten, die unser Verein angestoßen hat.

Kibbutz Neot Semadar

88860 Eilot ☎+972-(0)8 635 81 11
Volunteers@neot-semadar.com www.neot-semadar.com

1989 4000 m² (bei Eilat) 50 % ♀52 ♂34 47 86

e, hebräisch — die meisten von uns

alle Mitglieder in der Generalversammlung (Konsens in wichtigen Fragen, die Mehrheit entscheidet bei alltäglichen kleineren Problemen)

gem. Ökonomie

Wir konzentrieren uns darauf, selbständig zu lernen und uns in einer Beziehung selbst zu beobachten. Wir leben, arbeiten und lernen zusammen.

Landwirtschaft, Bioanbau, unseren Laden betreiben, Bauarbeiten

ökolog., selbstverw., gewaltfrei, inneres Wachstum, Meditation, veget., freie Schule, Tagungshaus, Friedensarbeit, Umweltschutz, Selbstvers., Permakultur, biolog. Landwirt., biolog. Gartenbau, biolog. Viehwirt., artgerechte Viehwirt., altern. Energie, ökolog. Bauen

☺

Der Kibbuz Neot Semadar liegt in der südlichen Negev-Wüste von Israel, etwa 60 km nördlich von Eilat. Der Kibbuz wurde 1989 von einer Gruppe von Freund*innen gegründet, die daran interessiert waren, eine Lerngemeinschaft zu schaffen, die sich auf Zusammenarbeit und Kreativität im täglichen Leben konzentriert. Als Individuen in einer dynamischen Gemeinschaft erkunden wir, was es bedeutet, als Mitlerner*innen zusammenzuleben, und uns selbst in alltäglichen Aktivitäten und Beziehungen zu beobachten. Unser Interesse an Beziehungen wird ergänzt durch ökologischen Landbau, Wüstenarchitektur, Wasserrecycling, das Haus der Künste, ein Bio-Weingut und mehr. Heute gibt es 90 erwachsene Mitglieder (Familien und Singles), 70 Kinder unterschiedlichen Alters und etwa 50 Freiwillige jeden Alters. Diese freiwilligen Helfer*innen aus Israel und aus dem Ausland kommen nach Neot Semadar, um eine frische und unabhängige Sicht auf das Leben zu finden.

☺ Minimum sind zwei Jahre Anwesenheit und Teilnahme am Projekt

Foto: Kibbuz Lotan

Kibbuz Lotan

Kibbutz Lotan | 88855 D.N. Chevel Eilot ☎+972-(0)54-979 9 030
alex@kibbutzlotan.com, mmlivni@gmail.com, info@kibbutzlotan.com
www.kibbutzlotan.com

1983 72 ha (bei Eilat) 10 % ♀30 ♂30 50 160

e, hebräisch, sp, d, f, niederländisch 30 30

alle Betroffenen gemeinsam (Mehrheitsabstimmung)

individuelles Einkommen, hohe Gemeinschaftsabgaben, Investitionen in die kommunale Infrastruktur durch genossenschaftlich organisierte Unternehmen, Sicherheitsnetz für spezielle Bedürfnisse

Eigentum aller

reform-jüdisch

Milchwirtschaft, Tourismus, Ökologie, Dattel-Plantagen

ökolog., selbstverw., linkes Politikverst., gewaltfrei, hierarch., Tagungshaus, Umweltschutz, Permakultur, biolog. Landwirt., konvent. Landwirt., biolog. Gartenbau, biolog. Viehwirt., altern. Energie, neue Technologien, ökolog. Bauen, barrierefrei, Erwachsenenbildung, praktische Ausbildung, Wüstenschutz

☺ ()

Der Kibbutz Lotan liegt in der südlichen Arava-Wüste, 55 km nördlich der Stadt Eilat. Die Anzahl der Bewohner*innen liegt um die 160 Personen. Die Ökonomie Lotans basiert auf Milchvieh (275 Stück), Dattelzucht (3000 Bäume), Gästeunterkünften, der Kooperation mit anderen Kibbutzim bei Ackerbau und maritimer Landwirtschaft, sowie mit dem Center for Creative Ecology (CfCE), das Forschung und Bildungsarbeit im Bereich der Permakultur leistet. Ein Drittel unserer Mitglieder arbeitet außerhalb des Kibbutz in der Umgebung. Jedes Mitglied ist für ein eigenes Einkommen verantwortlich und jede*r zahlt einen Beitrag für gemeinschaftliche Leistungen wie kulturelle Veranstaltungen, Jugendbildung und den gemeinsamen Speisesaal. Der Gemeindehaushalt besteht aus Mitteln der Mitglieder und Bewohner*innen sowie einem Teil der Gewinne aus den Unternehmen, die sich in gemeinschaftlichem Besitz befinden.

Kibbutz Lotan gehört der reformatorischen israelischen Bewegung für ein fortschrittliches Judentum an. Unser Verständnis von Judentum ist liberal, kreativ, egalitär und ohne Zwang. Wir bemühen uns, das empfindliche Wüsten-Ökosystem ins tägliche Leben und in die Entwicklungspläne einzubeziehen. In Israel sind wir Vorreiter bei der Verwendung von Recyclingmaterialien beim alternativen Hausbau und biologischer Landwirtschaft in der Wüste. Das CfCE ist eine Fortbildungsstätte für Gruppen aus Südamerika, Asien und Afrika. Außerdem bieten wir dort Friedens-Workshops für israelische, palästinensische und europäische Teilnehmer*innen.

Für mehr Informationen empfehlen wir, uns auf unserer Homepage einen virtuellen Besuch abzustatten oder per E-Mail nach der Möglichkeit für einen Besuch anzufragen.

→Siehe auch Beschreibung des Netzwerks „**GEN Europe**"

GEN Israel, Kibbuz-Bewegung

☺ 25-40 Jahre alt

Ropëja Community

Ropëjos st. | 56438 Paparèiai ☎+370-695 58 91, +370-601 419 86
✉audrone.neniskiene@gmail.com
💻facebook.com/pages/Ropeja/157544001100318

2000 | 30 ha (bei Kaunas) | 30 % | ♀7 ♂3 | 4 | 10

e, f, russisch, norwegisch | 6 | 3

alle Betroffenen gemeinsam (Konsens) | gemeinsame Finanzierung best. Ber.

Eigentum aller

christlich

Tierhaltung, traditionelles Handwerk, Bienenhaltung, Lehmbau

ökolog., selbstverw., gewaltfrei, christl., Bildungsarbeit, Umweltschutz, Selbstvers., Permakultur, biolog. Landwirt., biolog. Gartenbau, biolog. Viehwirt., artgerechte Viehwirt., ökolog. Bauen, Humor, Wollfilzen, Lehmbau, Tischlerei, Kunst

Unsere Gemeinschaft liegt zwischen zwei Naturschutzgebieten in einem historisch-archäologischen Park. Weil ihre Mitglieder getrennt voneinander „gereift" sind, gibt es weniger „Kommunismus" und mehr „Individualismus". Was uns jedoch vereint, sind unser Verständnis und unsere Philosophie in Bezug auf Natur, Ökologie, Autarkie, Kunst und Traditionen. Und weil unsere Grundstücke aneinandergrenzen, bilden wir natürlicherweise eine kleine Öko-Insel in dem Meer der konventionellen Landwirtschaft.
Zurzeit halten wir Bienen und züchten Schafe, aus deren Wolle wir Filzschuhe machen. Außerdem sammeln wir Heilpflanzen und halten Reitpferde. Lehmbau und Holzarbeiten gehören auch zu den Handwerken, die in unserer Gemeinschaft ausgeübt werden, denn die meisten unserer männlichen Bewohner haben damit Erfahrung. Der Lehmbau ist insofern beachtenswert, da wir die Gebäude in unserer Gemeinschaft hauptsächlich selbst und mit sehr begrenzten Mitteln errichten müssen. Bis vor kurzem lag unser Hauptfokus auf Selbstversorgung, aber da sich unsere Situation verbessert, werden wir bald in der Lage sein, unsere Produkte einem größeren Markt zugänglich zu machen und weitere traditionelle Handwerkskünste wie das Schmiede- und Töpferhandwerk zu unseren Tätigkeiten hinzuzufügen.

☺ arbeitsam, intelligent, visionär

Polen

Bhrugu Aranya Ecovillage Fundacja Terapia Homa

Wysoka 151 | 34-240 Jordanow, Malopolska ☎+48-(0)502-347-898
info@homatherapypoland.org www.homatherapypoland.org

1995 5 ha (bei Krakow) 50-75 % ♀6 ♂6 4 14

- e, polnisch, sp, d, f alle Erwachsenen mit unterschiedlicher Leistung die meisten
- alle Betroffenen (allgemeine Zustimmung)
- individuelle Familienfinanzierung, Gemeinschaftsbetriebe
- Häuser individuell, Land gemeinsam
- Wir praktizieren die Wissenschaft der Homa-Therapie zum Heilen, Nähren und zur Energetisierung der Atmosphäre und dadurch auch der Umwelt. Wir sind eine universelle spirituelle Gemeinschaft.
- Die Stiftung versucht, Agnihotra und Homa-Therapie international bekanntzumachen. Gärtnern, Microgreen Production, Bienenhaltung, Obstgarten, Landwirtschaft, Kühe, Heimarbeit.
- ökolog., selbstverw., gewaltfrei, spirit., inneres Wachstum, Meditation, Yoga, Bioernährung, veget., vegan, Tagungshaus, Umweltschutz, Selbstvers., Permakultur, biolog. Landwirt., biolog. Gartenbau, biolog. Viehwirt., artgerechte Viehwirt., altern. Energie, neue Technologien, ökolog. Bauen, Humor, rauchfrei, Agnihotra, Homa Therapie, spirituelle Ökologie, Heilung, Kräuter, ökologisch, pädagogisch, Vedische Landwirtschaft, Kunsthandwerk, kreative Künste, Klangtherapie, Musik, Heilkräuter, Mandala-Kunsttherapie, Ayurveda

☺

Bhrugu Aranya ist ein blühendes internationales Ökodorf. Die Bewohner*innen sind zwischen 5 und 65 Jahre alt und eine vielseitige Gruppe bestehend aus Künstler*innen, Heiler*innen, Schriftsteller*innen, Filmemacher*innen, Musiker*innen, Therapeut*innen, Gärtner*innen, Lehrer*innen und Kräuterkundigen. Wir bieten Kurse an zu Homa-Bio-Landbau, Heilkräutern, Mandala-Kunsttherapie, Klangtherapie, kreativem Ausdruck und anderem.
Unsere gemeinnützige, ökologische Homa-Therapie-Bildungsstiftung befindet sich in Bhrugu Aranya in der Bergregion Beskida mit Blick auf das majestische Tatra-Gebirge. Die Atmosphäre auf unserem Hof ist erfüllt von den hohen Schwingungen der täglich stattfindenden ayurvedischen Heilungsfeuer. Deren Energie strahlt aus, um die Erde zu heilen. Wir laden dich ein, zu uns zu kommen und Transformation zu erfahren in einer hoch aufgeladenen, kreativen und heilenden Umgebung.
Im Jahr 2010 entstand in unserer Gemeinschaft ein Projekt, um das „Lichtzentrum" zu erbauen, das ein Ort des Rückzugs und des Trostes sein soll, für jene, die Heilung und Verjüngung in einer gereinigten und harmonischen Atmosphäre finden wollen. Das Lichtzentrum, eine einzigartige, doppelt achteckige Struktur, wird aus ökologischen Materialien erbaut. Es soll ein Sammelpunkt werden für Visionär*innen und Heiler*innen aus aller Welt, die dort ihr Wissen mit Gleichgesinnten teilen können.

- Homa Community Network, FIC
- ☺ Interesse für Agnihotra and Homa-Therapie. Alle Mitglieder sind Vegetarier*innen. Alkohol und Drogen sind nicht erlaubt.

Realearth Thomas & Claudia Notter

Bachanowo 21 | 16-404 Jeleniewo ☎+48-(0)87-568 35 35
realearth@interia.pl www.realearth.pl

1993 19 ha (bei Suwalki) > 50 % ♀2 ♂3 1 6

d, polnisch, e 2 oder mehr

alle Betroffenen gemeinsam (Konsens, Wahl der besten Lösung für alle)

gem. Ökonomie gemeinsames Eigentum

reine lichtvolle Spiritualität mit kraftvoller Erdung, jenseits aller Religionen

Selbstversorgung (Garten, Landwirtschaft, Tiere, Käseproduktion)

ökolog., selbstverw., spirit., inneres Wachstum, Bioernährung, Umweltschutz, Selbstvers., Permakultur, biolog. Landwirt., biolog. Gartenbau, biolog. Viehwirt., altern. Energie, neue Technologien, ökolog. Bauen, Humor, rauchfrei, flexible Sozialstruktur, Maß und Gleichgewicht, Lebensfreude, sinnlich, Lebensschule, Käseproduktion

☺

Seit 1993 leben wir in Nordostpolen, in ziemlich harmonischer Gemeinschaft mit einer großen Vielfalt von Kultur- und Wildpflanzen, Nutz-, Haus- und Wildtieren im Suwalki Landschaftspark. Auf unserem 19 ha Biohof mit Käseproduktion und Direktverkauf ist es uns gelungen, ein gutes Lebensfundament für unsere wachsende Familie zu schaffen. Der geplante und erhoffte Anschluss langfristiger Mitbewohner*innen von außerhalb konnte aber nicht verwirklicht werden. Entgegen unseren anfänglichen Erwartungen bestand in Polen ein geringes Interesse an (landwirtschaftlichen) Gemeinschaftsprojekten. Erst nach Jahren wurde uns bewusst, dass der Hauptgrund dafür Polens Sozialversicherungssystem ist: Nur Familienmitglieder von Bäuer*innen und Student*innen bezahlen keine zusätzlichen Beiträge. Schließt sich eine andere Person an, wird's teuer. An unserem Ort, hier im Nordosten des Landes hat außerdem das harte Klima abschreckende Wirkung, deshalb sind wir hauptsächlich eine Saison-Gemeinschaft geblieben. Ein Ort, wo besonders während der Sommermonate Leute vorbeikamen, um Selbstversorgungs- und Gemeinschaftserfahrungen zu sammeln.
Jetzt stehen wir vor einer neuen Herausforderung: Unsere Kinder sind groß geworden und die Mehrheit ist weggezogen. Es gibt Platz und neue Möglichkeiten für andere Menschen, sich hier anzuschließen. Zurzeit sind wir sehr intensiv damit beschäftigt, herauszufinden, wie wir genau weitermachen wollen - jedenfalls sind wir ganz offen für neue Hinweise, Begegnungen und Ideen. Und ganz dringend sollten wir unsere Website aktualisieren, welche leider schon seit dem Jahr 2008 nicht mehr betreut wurde.

Pólnocno-Wschodnia Ofensywa Spoleczna

☺ Wir lieben Überraschungen: Wenn's stimmt, dann stimmt's.

Ermitaj Malin

Malin (comuna Nuseni), nr 199 | 427 200 Malin ☎ +40-(0)769 380 968
contact@ermitajmalin.com ermitajmalin.com

2010 | 8 ha (bei Beclean) | 25 % | ♀1 ♂3 0 4

f, e, rumänisch — alle — alle

alle Betroffenen (Konsens)

individuelle Finanzierung und gemeinsame Finanzierung bestimmter Bereiche

Gemeinschaftseigentum

Permakultur

Gartenarbeit, Landwirtschaft, ökologisches Bauen, Gemeinschaftspflege

ökolog., selbstverw., gewaltfrei, Bildungsarbeit, Pädagogik, Tagungshaus, Umweltschutz, Selbstvers., Permakultur, biolog. Gartenbau, biolog. Viehwirt., artgerechte Viehwirt., altern. Energie, ökolog. Bauen, Therapie und Wandern mit Eseln, Experimentieren mit Gemeinschaftslebensstil, Off-Grid

☺

Ermitaj Malin ist ein 8 Hektar großer Öko-Off-Grid-Ort in einem Tal Siebenbürgens, umgeben von Bächen, Wäldern und Weiden. Wir wollen, dass es ein Ort des Lebens und des Willkommens ist, auf der Suche nach Wohlbefinden, Autonomie und Resilienz. Das Projekt und das Team sind noch nicht vollständig stabil, da es sich um einen Ort des Experimentierens handelt; wir sind in ständiger Veränderung und Anpassung!
Eines unserer Ziele ist es, den Austausch und das Experimentieren rund um Permakultur, Agrarökologie und Ökobau zu fördern, insbesondere durch die Aufnahme von Freiwilligen und die Organisation von Praktika, partizipativen Workshops und Veranstaltungen. Wir wollen ein internationaler Treffpunkt und ein Ort der Solidarität sein, für Menschen, die sich entspannen wollen, und für diejenigen, die unseren Alltag kennenlernen und erleben wollen. Wir möchten eine optimale Nahrungsmittel- und Energieautarkie erreichen, den lokalen Austausch fördern und mehr über die Fähigkeiten der Bauern erfahren. Wir haben starke Verbindungen zum rumänischen Verband der Permakultur und auch einige belgische Wurzeln. Wir suchen nach einer Möglichkeit, unsere Aktivitäten so zu organisieren, dass wir ein finanzielles Gleichgewicht finden, unser Leben finanzieren und dieses Projekt nachhaltig gestalten können.

☺ ja

Slowakische Republik

Ecovillage and Live Ecomuseum Moravia

Petr Skorepa | Vrbovce 844 | 90606 Vrbovce ☎+421-(0)944 293 223
ekovesnice@gmail.com
ekovesnice.cz/, ekovesnice.cz/229-projekt-eko-osada-bile-karpaty.html

2012 (bei Myjava, Bratislava) ♀5 ♂8 9 23

e

ökolog., selbstverw., taoist., Bioernährung, Tagungshaus, Umweltschutz, Selbstvers., Permakultur, biolog. Gartenbau, biolog. Viehwirt., altern. Energie, neue Technologien, ökolog. Bauen, rauchfrei, Handwerk, Werkstatt, Dunkeltherapie, 3D, Bogenschießen, Sport, Recycling, Kunst, Museum

☺ ()

Wir sind ein lebendiges Ökodorf in der Slovakei an der Grenze zu Mähren. Wir haben ein Live-Ökomuseum mit Handwerk, Selbstversorgung und Recycling aufgebaut. Darüber hinaus betreiben wir eine Schule für natürliches Bauen. Wir haben naturnahe und natürliche Unterkünfte und einen Raum für Dunkeltherapie.

Zaježka

Zaježová 132 | 96263 Pliesovce ☎+421 (0) 915 271 700
sekier@zajezka.sk www.zajezka.sk

1994 77 ha (bei Zvolen) ♀50 ♂50 50 150

slovakisch, e, d, f, sp 20 - alle in Teilzeit (1-3 Tage/Woche)

alle Betroffenen und Interessierten (Konsens der Betroffenen)

teils alle, teils gemietet, teils privat

keine ideologischen/spirituellen Grundsätze

Workshops, Jugend(erlebnis)bildung, natürliches Bauen, Abfallentsorgung, Öko-Landwirtschaft

ökolog., selbstverw., Bildungsarbeit, Tagungshaus, Umweltschutz, Selbstvers., Permakultur, artgerechte Viehwirt., Handwerk, Jugendarbeit, Abfallentsorgung, ländliche Entwicklung, Gemeinschaftsschule und -kindergarten, Permakultur, alternatives Bauen

☺

Zaježka ist unser Spitzname für eine Landschaft mit alten, einsamen Bauernhöfen in den Bergen, dessen Zentrum das Dorf Zaježová ist. Viele der Häuser wurden in der Vergangenheit verlassen, das Gebiet wurde jedoch ab 1990 von Liebhaber*innen der traditionellen Kulturen „entdeckt", und die begannen damals, hier Wochenend- und Handwerkskurse zu organisieren. Dann beschlossen wir, ein lokales Bauernhaus (namens Sekier) in Zaježová zu kaufen, wo die Leute übernachten, einen einfachen Lebensstil ausprobieren und bei uns mithelfen können - in der Regel leben 3 bis 8 junge Menschen aus mehreren Ländern für einige Monate auf Sekier. Später zogen immer mehr Menschen hierher und es wurden neue Häuser gebaut und gekauft. Mittlerweile leben hier rund 150 Gemeinschafts-Mitglieder dauerhaft. Viele Kinder wurden hier im letzten Jahrzehnt geboren und die Gemeinschaft wächst immer noch stetig. Die Gemeinschaft lebt noch lange nicht autark, aber es ist ein sehr guter Ort, um etwas über einen einfachen Lebensstil, Austausch und Solidarität mit allen zu lernen. Wir treffen uns häufig und aus vielfältigen Gründen. Entweder sind das Gemeinschaftsprojekte wie die Arbeit in unserem Gemeindezentrum, das gemeinsame Einkaufen in unserer Nahrungskooperative oder offizielle Treffen in der örtlichen Schule und im Waldkindergarten. Dazu kommen noch viele informelle Treffen zum Beisammensein, Singen, Tanzen, Diskutieren, Essen, Feiern, Meditieren, Yoga, Klettern, Volleyball, Fußball und andere sportliche Aktivitäten.

In unserem Tal sind auch mehrere NGOs tätig. Wir beherbergen und engagieren Freiwillige vom ESC (=europäisches Solidaritätskorps), organisieren regelmäßig einen Jugendaustausch und bieten jedes Jahr viele Wochenend-Workshops und Sommercamps für die Öffentlichkeit an.

→Siehe auch Beschreibung des Netzwerks „**GEN Europe**"

☺ für gemietete Häuser: ein Monat Probezeit

Slowenien

Sunny Hill

Topolovec 29 | 6272 Gracišce ☎+386-(0)402 996 67

manja.vrenko@gmail.com sunnyhills-istria.eu/

2014 1 ha (bei Koper) 50 % des Gemüses/of vegetables ♀7 ♂5 2

14

- e, i, d, slovenisch, kroatisch 2 5
- alle Beteiligten (Mehrheitsentscheidung, bevorzugt Konsens)
- gemeinsame Finanzierung best. Ber. (Nahrung, Heizung, Strom, Internet)
- Eigentum der Genossenschaft
- keine ideologischen/spirituellen Grundsätze
- Workshops, Jugendarbeit, Freiwillige, Selbstversorgung, ländliche Entwicklung
- selbstverw., Tagungshaus, Permakultur, biolog. Landwirt., neue Technologien, ökolog. Bauen, Humor, Dragon Dreaming

☺

Sunny Hill ist ein Ort der Zusammenarbeit und der Innovation. Wir bieten ein unterstützendes Umfeld für Forschung, Bildung und aktive Praxis zum Thema nachhaltiges Leben. Wir organisieren Veranstaltungen, Workshops und Versammlungen. Wir bieten auch Mentoring und Beratung für neue nachhaltige Initiativen an.

Sunny Hill ist Teil des „Community Learning Incubator Programme for Sustainability" (CLIPS), das durch Erasmus+ finanziert wird. Wir arbeiten mit kompetenten Einzelpersonen und Organisationen zusammen und sind Mitglied von GEN (Global Ecovillage Network) und ECOLISE (European network for community-led initiatives on climate change and sustainability).

ECOLISE

→Siehe auch Beschreibung des Netzwerks „**GEN Europe**"

Slowak. Rep./Slowenien

Tschechische Republik (Tschechien)

Osho Shangri La Osho Meditation Center

Lažany 49 | 36452 Žlutice — +420-(0)353-395 310
shangrilaomc@gmail.com — www.shangrila.cz

1995 — 6 ha (bei Karlsbad) — 20 % — ♀6 ♂7 — 4 — 17

tschechisch, e, d — 6
Teil der Gruppe (Konsens)
individuelle Finanzierung und gemeinsame Finanzierung bestimmter Bereiche
Eigentum einzelner Gemeinschaftsmitglieder
Osho
Garten, Küche
ökolog., selbstverw., spirit., Meditation, Bioernährung, veget., Pädagogik, Tagungshaus, Umweltschutz, Permakultur, biolog. Landwirt., biolog. Gartenbau, altern. Energie, neue Technologien, ökolog. Bauen, Therapie

Das Osho-Shangri-La-Meditationszentrum ist ein Platz des lebendigen Miteinanders für Menschen, die Stille und unberührte Natur lieben. Das Zentrum liegt in einer hügeligen, naturbelassenen Landschaft, 50 km von der deutschen Grenze entfernt, bei Karlsbad. Es gibt tägliche Meditationen und ein umfangreiches Gruppenangebot für Meditation und Therapie. Unser spiritueller Meister ist Osho. Die Mitglieder der Gemeinschaft leben in acht Häusern zusammen (Stand Mai 2018). Ein weiteres Haus beherbergt den Meditations-, Seminar- und Essraum sowie die Großküche und die Gästezimmer. Alle Gebäude befinden sich in weitläufigen Gärten mit alten Baumbeständen, Teichen und Anbauflächen.

Osho
☺ Meditationserfahrung bzw. Interesse an Meditation/Osho

PadmaFarma Jakub Green

Belá u Jevícka 125 | 569 43 Belá u Jevícka — +420-(0)737 550 156
eko.renata@seznam.cz — www.padmafarma.cz

1999 — (bei Jevícko) — ♀2 ♂1 — 3 — 6

e
keine ideologischen/spirituellen Grundsätze
ökolog., selbstverw., gewaltfrei, spirit., christl., ökumen., buddhist., taoist., esoter., Meditation, Yoga, Tantra, Bioernährung, veget., vegan, makrobiot., Bildungsarbeit, Pädagogik

☺

Die PadmaFarm in Belá u Jevícka ist ein besonderer Ort, an dem Menschen nach Alternativen zu dem modernen, auf Konsum beruhenden Lebensstil suchen, der sich unserer Meinung nach etwas zu schnell entwickelt.
Wir haben (seit 1999) die alte Ruine eines Bauernhofes in ein Zentrum umgebaut, das der Ökologie, Kunst und Meditation gewidmet ist und für Sie alle da ist:

- Menschen, die sich für Ökologie interessieren und sich für unsere Welt einsetzen
- Familien, die wissen, dass wir für das verantwortlich sind, was wir unseren Kindern hinterlassen
- Alle, die nicht nur über gute Dinge reden, sondern sie auch tun
- Alle, die bereit sind, ihr egozentrisches Denken aufzugeben, sich zu öffnen und mit anderen zusammenzuarbeiten
- Menschen, die ihren eigenen Weg suchen und für die eine spirituelle Entwicklung zu einem natürlichen Bestandteil ihres Lebens geworden ist.

PadmaFarm besteht aus Menschen, Tieren, Gebäuden, Wiesen, Feldern, Garten, Teich und Wald. Der Wald, insgesamt fünf Hektar, wird nicht kommerziell genutzt, weil die Bäume zu jung sind. Der ältere Wald (ein Hektar) hat Holz für ein Blockchalet und landwirtschaftliche Gebäude geliefert. Fünf Hektar Wiesen füttern unsere Kühe, Schafe und Ziegen. Wenn alle Arbeiten abgeschlossen sind, werden auf der PadmaFarm siebzig Personen wohnen können; momentan gibt es Platz für fünfzig.

☺ keine Drogen

Türkei

İmece Evi The Farm Natural Life and Ecological Solutions

Turgutlar Köyü, Menemen | 35660 Izmir ☎+90-(0)543-677 58 09

ismailyenigun@gmail.com www.imeceevi.org

2007 | 2 ha (bei Menemen) | 30-40 % | ♀3 ♂2 2 7

e | alle Erwachsenen

alle (Konsens) | Verkauf eigener Produkte und Teilen

im Besitz eines Mitglieds

antikapitalistisch, antimilitärisch

Landwirtschaft, Herstellung von Reinigungsmitteln, Olivenöl, Essig

ökolog., selbstverw., gewaltfrei, Bioernährung, Umweltschutz, Selbstvers., biolog. Landwirt., biolog. Gartenbau, biolog. Viehwirt., Forstwirt., ökolog. Bauen, rauchfrei, Solidarität

☺

İmece Evi befindet sich in Dumanlidag, einem wilden und abgelegenen Ort in der Nähe von Izmir. Das Leben fernab der Zivilisation und der Hochtechnologie macht es uns einfach, in Einklang mit dem Rhythmus von Mutter Erde zu leben. Wir haben bereits alternative Wohnmethoden kennengelernt und sind überzeugt, dass eine andere Lebensweise möglich ist. Um in Imece zu leben, muss man in der Lage sein, mit der Natur zurechtzukommen und nicht von den Vorteilen moderner Städte

abhängig zu sein. Als zivile Initiative und ökologisches Dorfprojekt möchte İmece Evi einen in sich geschlossenen, nachhaltigen, nicht-hierarchischen und kooperativen Komplex entwickeln. Wir bevorzugen es, keine Industrieprodukte zu verwenden, sondern natürliche Produkte, die ohne Verwendung von chemischen Düngemitteln oder Pestiziden hergestellt werden. In unseren Gärten haben wir genügend Obst und Gemüse und wir können unsere Reiningungsmittel, Olivenöl, Essig usw. herstellen.
„İmece“ kann als „kollektiv arbeiten“ übersetzt werden. Nun, Solidarität und Austausch sind unsere obersten Prioritäten, und unsere ethischen Überzeugungen helfen uns, den anderen so gut wie möglich zu helfen und sogar unseren eigenen Komfort zu opfern.
Wir empfangen jedes Jahr Hunderte von Besucher*innen und Freiwilligen aus der ganzen Welt. Wir erwarten, dass unsere Freiwilligen mindestens zwei Wochen bleiben und ihr Wissen und Können mit uns teilen.

→Siehe auch Beschreibung der Netzwerke „**WWOOF, GEN Europe**“
Workaway, Nükleer Karsiti Platform, Ege Çevre Platformu
fähig sein, mit möglichst wenig Technologie und Zivilisation zu leben

Kaz Dagi Bugdaygilleri

Kucukkuyu | 17980 Canakkale
+90-(0)533-4766461
gunesin@bugday.org

2015 (bei Çanakkale) 10 %

e, türkisch 10 10
alle Betroffenen (Konsens) individuelle Finanzierung
Eigentum
ökologisch leben
ökolog., selbstverw., gewaltfrei, inneres Wachstum, Bioernährung, veget., Tagungshaus, Umweltschutz, biolog. Gartenbau, altern. Energie, ökolog. Bauen, Humor

Wir haben nicht nur eine Siedlung. Die Menschen leben an verschiedenen Orten, Dörfern und in der nächstgelegenen Stadt. Jeder arbeitet in seinem eigenen Unternehmen oder Job. Hier treffen sich viele verschiedene kleine soziale Gruppen für unterschiedliche Ziele in verschiedenen Kreisen. Wie zum Beispiel:

- Menschen mit Kindern kommen wegen einer Schule.
- Einige Menschen haben intensivere Beziehungen und kommen zu sozialen Aktivitäten zusammen.
- Andere Beziehungen sind lockerer, da finden Menschen bei informellen Gelegenheiten wie Olivenernte, besonderen Feiertagen, Gemeinschaftsessen usw. zusammen.

Dies ist ein Durchgangsort für viele Menschen, und die Menschen, die hier leben, haben viele Verbindungen zu anderen Gemeinschaften und Einzelpersonen; daher ist dies hier ein Treffpunkt für ökologisch denkende Menschen in der Türkei.

Anmerkung der Redaktion: Unsere Post an die angegebene Adresse kam als unzustellbar zurück - bitte per Mail kontaktieren.

→Siehe auch Beschreibung des Netzwerks „**GEN Europe**“
lokale Tausch-Systeme, bugday.org, Mt. Kaz Protection Association

Refikler

+90-(0)554-896 01 78
refiklerciftligi@gmail.com

5 ha

e, türkisch
alle Betroffenen gemeinsam (Konsens) gem. Ökonomie
Eigentum aller
Landwirtschaft
ökolog., Sozialökologie

Refikler ist eine Gemeinschaft, die an zwei Orten der Türkei ansässig und tätig ist. Das gemeinsame Leben dient dazu, gemeinschaftliche Lebenspraktiken um die Vision einer Welt ohne Hierarchie und Herrschaft zu ergänzen und diese zu verbreiten.
In Bayramiç, Çanakkale („Zeytinli Ecological Community for Communal Living") und Fethiye, Mugla („Refikler Farm") bauen wir auf einer Fläche von über fünf Hektar Heilkräuter, Obst und Gemüse an, sammeln Wildkräuter und produzieren in geringem Umfang landwirtschaftliche Produkte. Obwohl wir der Erhaltung und Pflege der Natur größte Aufmerksamkeit schenken, folgen wir eindeutig nicht einer verklärten Idee eines naturnahen Asketismus oder einem völligen „Zurück zur Wildnis". In diesem Sinne arbeiten wir auch viel mit der lokalen Bevölkerung zusammen. Die Arbeitsintensität und der Umfang sind oft recht ungleich verteilt. Wir planen unsere Zeit und Arbeit flexibel, aber verantwortungsbewusst. Wir schätzen das Lesen, Diskussionen und im Allgemeinen die Zeiten, die wir gemeinsam verbringen. Mit unserer Gemeinschaftsökonomie distanzieren wir uns von entfremdeten, spekulativen Finanzen und einem Reichtumsstreben, das wir nicht kollektivieren können. Statt Spezialisierung und Arbeitsteilung setzen wir darauf, dass jede*r von uns vielfältige Fähigkeiten erwirbt und für jeden Arbeitsaspekt mitverantwortlich ist. Wir erwarten von allen Besucher*innen, dass sie nach ihren Möglichkeiten mitarbeiten und Zeit mit uns verbringen. Wir legen Wert darauf, gemeinsam zu essen, wenngleich die Küche immer offen ist. Die Toiletten, Duschen und Ruhe-/Schlafunterkünfte sind ebenfalls Gemeinschaftsräume.

Ukraine

Community of family estates Chmyrivka v.Chmyrivka
Novoselyttsya area, Chyhyryn district, Cherkassy region | P.o. 20934
Roman +38-066 4315145, Sergiy +38-095 0949470

2010 (bei Chirgirin (25 km), Cherkasy (50 km)) 18 44

ukrainisch, f, d, e

Erstellung von Kuppelöfen, Brot backen zu Hause, Imkerei, Gartenbau und Gärtnerei, Milch und Käse, viszerale Chiropraktik, IT, Tischtennis und Volleyball spielen, Handarbeit

☺ ( )

Wir wollen in Einheit mit der Natur leben, den spirituellen Weg suchen, unseren eigenen Öko-Raum schaffen und eine neue Sicht auf die Beziehung zwischen den Menschen entwickeln. Die Siedlung liegt in einer malerischen Gegend mit schönen Hügeln und Schluchten, die von Wäldern umrahmt sind und entlang des kleinen alten Flusses mit mehreren Seen liegen. Dies ist ein historisches Gebiet - Holodnyy Yar (Kalte Schlucht), das mit der Bildung des Staates der Ukraine verbunden ist. Im Jahr 2019 leben 11 unserer 13 Familien länger als 2 Jahre hier. In Chmyrovka wurden 6 Kinder geboren. Es gibt Erfahrung mit Hausgeburten. Einige Familien kommen in der warmen Jahreszeit und am Wochenende gibt es mehrere Einheimische, die aktiv am öffentlichen Leben teilnehmen. Die meisten Mitglieder sind Vegetarier. Wir haben vor, ein neues großes Gemeinschaftshaus zu errichten, in dem wir Schulunterricht für Erwachsene und Kinder organisieren, Gäste aufnehmen, gemeinsame Veranstaltungen und Sportwettbewerbe durchführen wollen. Wir möchten auch umweltfreundlichen Tourismus etablieren. Das Ökodorf ist nur für geplante Veranstaltungen und Besuche nach vorheriger Vereinbarung geöffnet. Bei uns gibt es keinen Alkohol. Tabak und Fleisch werden so wenig wie möglich konsumiert. Die Gemeinschaft ist offen für neue Familien, vor allem mit Kindern.

☺ Von neuen Nachbarn erwarten wir harte Arbeit, Zielstrebigkeit, aktive Teilnahme am Siedlungsleben und kreative Ansätze zur Entwicklung neuer, benachbarter Gebiete.

Ecovillage and permaculture center Zeleni Kruchi

Lisova str. 82 | 09750 Dmytrenky, Kyiv Region ☎ +38-(067) 967 87 93
zelenikruchi@gmail.com zelenikruchi.in.ua

2012 10 ha (bei Boghuslav, Kiyv region) 50 % ♀9 ♂5 9 23

e, f, ukrainisch, russisch 2-3
Versammlungen (70%-ige Mehrheit)
indiv. Finanzierung, dazu monatliche Abgaben für gem. Haushalt
gem. und indiv. Eigentum
biologischer Gartenbau, Permakultur, ökologischer Landbau, Naturbau, IT
ökolog., esoter., inneres Wachstum, Meditation, Yoga, Bioernährung, veget., vegan, Bildungsarbeit, Tagungshaus, Tierschutz, Umweltschutz, Permakultur, biolog. Landwirt., biolog. Gartenbau, biolog. Viehwirt., artgerechte Viehwirt., Forstwirt., ökolog. Bauen, Humor, rauchfrei, Holzarbeiten, handgefertigt

Wir sind eine Gemeinschaft von Gleichgesinnten, die sich entschieden haben, nicht mehr in der Stadt zu leben, sondern auf das Land zu ziehen und hier eine nachhaltige Lebensweise zu führen. Unsere Häuser bestehen aus natürlichen Baustoffen, wir bauen eigene Lebensmittel an, pflegen einen gesunden Lebensstil und verbringen unsere Freizeit miteinander. Darüber hinaus legen wir Wert darauf, dass unsere Mitglieder sich beständig weiterentwickeln, dazu betreiben wir verschiedene Forschungsbereiche und bauen unser Permakulturzentrum weiter auf. Unsere Ziele:

- Anbau biologischer Lebensmittel für unsere eigenen Bedürfnisse und für den Verkauf
- Veranstaltung ökologischer Feste und Seminare
- Entwicklung von grünem Tourismus und Camps für Kinder
- Schutz der Umwelt, um die Biodiversität zu erhöhen
- Verbreitung der Ideen der Permakultur und von nachhaltiger Entwicklung.

Ukrainian Permaculture Centers
☺ ökologischer Lebensstil

Ungarn

Gyürüfü Ecovillage (Gyurufu)

Gyurufu 13 | 7683 Dinnyeberki ☎ +36-(0)620-665 59 51
kili@gyurufu.hu www.gyurufu.hu

1991 300 ha (bei Pécs) 50 % ♀8 ♂9 5 22

e, d 10
Teil der Gruppe, der dazu gewählt wurde (Mehrheitsabstimmung)
individuelle Finanzierung Stiftung/Eigentum der Stadt
Ökologie
Landwirtschaft, Ökotourismus, Informatik
ökolog., selbstverw., Umweltschutz, Selbstvers., Permakultur, biolog. Landwirt., biolog. Gartenbau, artgerechte Viehwirt., Forstwirt., altern. Energie, ökolog. Bauen, Bau

Ungarn/Ukraine

☺ ✋✋

Anfang der 90er Jahre wurde das verlassene und zerstörte Dorf Gyurufu durch Jugendliche der grünen Bewegung wiederentdeckt und mittels einer Stiftung 1992 mit einer Grundfläche von 174 ha erworben. Ebenfalls 1992 wurde mit dem Bau eines Gemeinschaftshauses begonnen. 1996 gab es dann einen Bebauungsplan für das neue Dorf und es wurden weitere Häuser gebaut. Die Entwicklung und Besiedlung ist jedoch noch nicht abgeschlossen, abgestrebt wird eine Einwohnerzahl zwischen 200-300 Menschen.
Gyurufu soll ein Modell sein. Wir informieren gerne Gäste und Besucher*innen über die hier angewandten Öko-Technologien und führen auch Schulungen und Tagungen durch. In Gyurufu ist nur Öko-Landwirtschaft erlaubt und wir sind sehr an der Erhaltung der Wasserqualität interessiert. Der Lebensmittelbedarf in Gyurufu wird weitgehend vor Ort gedeckt. Die Häuser in Gyurufu sind in einer besonderen Art der Lehmtechnik erbaut, die hierfür verwendete Erde stammt aus den Fundamenten oder Kellern. Beton, Kunststoff oder Metalle werden nur in seltenen Fällen verarbeitet und möglichst vermieden. Lokale Energiequellen decken mindestens 2/3 des gesamten Energiebedarfs. Die Häuser in Gyurufu sind durch ihre Bauweise hervorragend wärmedämmend und verfügen über einen ausgezeichneten passiven Nutzungsgrad von Sonnenenergie. Im Sommer wird das Warmwasser durch verschiedene Sonnenkollektoren erhitzt, im Winter wird mit Holz geheizt.
(Beschreibung von 2013, übrige Daten sind aktuell)

→Siehe auch Beschreibung des Netzwerks „**GEN Europe**"

🌍 Hungarian Network of Living Villages (MÉH)

☺ eigenes Haus bauen, sich selbstständig versorgen

☆ Krisna Völgy

Gauranga tér 1 | 8699 Somogyvámos ☎+36-(0)30-377 1530
✉info@okovolgy.hu 💻www.krisnavolgy.hu

1992 | 200 ha (bei Kaposvar) | 20 % | ♀70 ♂90 | 28 | 188

ungarisch, d, e | 95 %

Verwaltungsrat (Mehrheitsabstimmung)

gemeinsame Finanzierung bestimmter Bereiche | Eigentum aller

Hare Krishna

Bildung, Vedische Kultur, ökologische Landwirtschaft

ökolog., selbstverw., gewaltfrei, hierarch., Leiter*in/Führer*in/Guru, spirit., inneres Wachstum, Meditation, Yoga, Bioernährung, veget., Bildungsarbeit, Tagungshaus, Friedensarbeit, Tierschutz, Umweltschutz, Selbstvers., biolog. Landwirt., biolog. Gartenbau, biolog. Viehwirt., artgerechte Viehwirt., Forstwirt., altern. Energie, ökolog. Bauen, rauchfrei, Sozialarbeit (Verteilung von Lebensmitteln), Bäckerei, Töpferei, Kerzenwerkstatt, Kunst, Tanz, Malen, indische Musik, Gewaltfreiheit, Medien: Magazin, Therapien (entwickeln sich gerade), Krishna- Bewusstsein, Schutz von Kühen

☺ ✋✋

Krisna Völgy („Krishna-Tal"), gegründet 1992, ist eine religiöse gemeinnützige Organisation in Ungarn. Sie ist Europas größte und am besten organisierte ökologische Gemeinschaft*. Unser Bauernhof ist ein spirituelles Zentrum, das jährlich viele Pilger*innen anzieht, sowie eine ökologische Bauerngemeinschaft, die sich auf Selbstversorgung und umweltfreundliche Landwirtschaft und Lebensweise konzentriert. Unser Tempel ist Teil von ISKCON, seine Einzigartigkeit und Schönheit machen ihn zu einer nationalen Attraktion. Wir bieten Retreats

und Kurse für lokale und internationale Praktizierende in der Wissenschaft des Bhakti-Yoga und der vedischen Kultur an. Auf unseren landwirtschaftlichen Flächen versuchen wir alle Bedürfnisse der Gemeinschaft zu erfüllen. Unser Kuhschutzprojekt beherbergt mehr als 50 Tiere, die eigentlich zum Schlachten vorgesehen waren. Die Ochsen helfen uns, unser Land zu bewirtschaften. So können wir umweltfreundlich sein und so wenig Maschinen wie möglich benutzen. Da für uns Autarkie bedeutet, unabhängig vom nationalen Versorgungsnetz zu sein, wird der benötigte Strom durch Solarmodule erzeugt, das Wasser in Brunnen gewonnen und die Abwasseraufbereitung erfolgt durch ein Schilfrohrsystem ohne Chemie und Strom.
Alles in allem ist uns Selbstversorgung nicht nur wichtig, um unserer degenerierenden Umwelt zu helfen, sondern auch, um uns in unserer eigenen spirituellen Praxis zu unterstützen. Wir glauben, dass das Leben in einer friedlichen, auf Gott ausgerichteten Umgebung, in der kein Lebewesen um uns herum geschädigt wird, für jede spirituelle Praxis entscheidend ist. Wir sind bestrebt, dieses Wissen durch unser Beispiel sowie unsere verschiedenen Workshops, Kurse und Programme mit anderen zu teilen. *Foto Seite 13*

→Siehe auch Beschreibung der Netzwerke „**ISKCON, GEN**“
🌍 Ungarisches Ökodorf-Netzwerk
☺ religiös, kein Fleisch, keine Drogen, kein „illegaler“ Sex, kein Faulenzen

**Anmerkung der Redaktion: Wir sind froh, dass dieses Prädikat von einer Gemeinschaft selbst vergeben wurde und keine andere darauf Anspruch erhebt - hätte sonst schwierig werden können...*

Nyim Eco-Community

Rákóczi utca 4. | 8612 Nyim
info@felkelonap.hu www.felkelonap.hu

2010 | 26 ha (bei Siófok) | 20 % | ♀6 ♂6 5 12
3 8

d, e, ungarisch
gesamte Gruppe (Konsens)
indiv. Finanzierung und Genossenschaft (gemeinsames Einkommen und Kapital)
Privatbesitz der Mitglieder
ökologische Werte, humanistische Psychologie
Gemeinschaftsunternehmen, Gemeinschaftsentwicklung, Permakultur
ökolog., selbstverw., gewaltfrei, inneres Wachstum, Meditation, veget., Bildungsarbeit, Pädagogik, Permakultur, biolog. Gartenbau, biolog. Viehwirt., ökolog. Bauen, Humor

☺ ()

Unsere Gemeinschaft lebt in einem kleinen Dorf namens Nyim, in der Nähe des Balaton-Sees. Wir haben einen Gemeinschaftsgarten, Obstgarten, Imkerei und eine gemeinschaftliche Buchdruckerei. Wir arbeiten auch mit anderen lokalen NGOs und ethischen Unternehmen zusammen, organisieren Wochenendseminare und Workshops (Ökologie, Selbstfürsorge, Kommunikation). Wir besitzen darüber hinaus 26 Hektar Land mit Hunderten von Bäumen, die wir vor sechs Jahren gepflanzt haben. Das langfristige Ziel der Gemeinschaft ist es, auf diesem Land ein Ökodorf zu schaffen.

🌍 Permakultur-Netzwerk, TransitionTown-Bewegung, GEN Hungary
☺ Bereitschaft zur Mitarbeit, Kommunikationskultur, Selbstverantwortung

Hinter Europa

*Hier kommen noch zwei Gemeinschaften, die europäische Wurzeln haben und deren Vertreter*innen uns davon überzeugen konnten, sie mit in dieses Verzeichnis aufzunehmen. Nicht logisch, aber wir sind halt Menschen. Und wer weiß, wofür das gut ist...*

Bolivien

Terra Universalis

Samaipata ☎+591-(0)736 468 56

info@terra-universalis.org www.terra-universalis.org

sp, d, e

ökolog., selbstverw., gewaltfrei, spirit., inneres Wachstum, Meditation, Yoga, Tantra, Sexualität, freie Liebe, Bioernährung, veget., vegan, Bildungsarbeit, Pädagogik, freie Schule, Tagungshaus, Friedensarbeit, Entwicklungshilfe, Tierschutz, Umweltschutz, Permakultur, biolog. Landwirt., biolog. Gartenbau, altern. Energie, neue Technologien, ökolog. Bauen, Bau, Humor, Selbsterkenntnis, inneres Wachstum und Dekonditionierung, Sakrale Baukunst und heilige Geometrie, Adobebau, Energiearbeit und Heilarbeit, Kunst & Kulturlabor, Handwerk, Kleingewerbe, Transition Town Bewegung in Samaipata, Globale Vernetzung, neue Wingmakersphilosophie und neuer Krieger*innengeist, Arbeit an/mit extraterrestrischen Intelligenzen, Zeitreisen, Remote Viewing, Transhumanismus, Emergenz eines neuen evolutionärbedingten Bewusstseins, Ausrichtung auf ein emergentes Verhalten aller Gruppenmitglieder, Kooperation mit Indigenen - Munay-Ki, Stille-Retreats und Meditation, Synergie zwischen individueller und gem. Ökonomie, Medizinarbeit mit San Pedro, Ayahuasca

Die einzelnen Mitglieder der noch jungen Gemeinschaft Terra-Universalis leben frei in versch. angemieteten oder auch in einzelnen, sowie gemeinsam erworbenen und auf heiliger Geometrie beruhenden sakralgebauten Adobehäusern in idyllischer Dorfrandlage von Samaipata auf 1650 m Höhe in den bolivianischen Anden. Das Klima gilt als eines der besten weltweit und es gedeihen dort praktisch alle Obst- und Gemüsesorten aus allen Kontinenten der Erde.
Wir verstehen uns als eine freie Wingmakersgemeinschaft (in Bezug auf die letztliche Entfaltung des Energiekörpers) das heißt u.a., dass wir hauptsächlich die Entwicklung unseres inneren Energiewesens und des Energiekörpers, also das Herausschälen der innersten Essenz beabsichtigen. Wir arbeiten vorwiegend in achtsamer Selbsterkenntnis mit einer tiefgründigen Dekonditionierungsarbeit, verbunden mit Meditation und zuweilen auch mit Medizinarbeit, um in der Gemeinschaft gemeinsam ein Gefäß für den neuen bewussten (Krieger*innen)Geist zu bilden. Das Zusammenwirken in der Gemeinschaft wird dabei nicht durch ein hierarchisches System organisiert, sondern entsteht organisch und verantwortlich aus dem bewussten Zustand eines Alleinseins, (ohne die alten Egostrukturen) aller Individuen und entwickelt sich daher aus den gemeinschaftlichen Gegebenheiten eines natürlichen spirituellen Energie- und Bewusstseinsprozesses heraus.
Volontär*innen und Gasthelfer*innen sind willkommen. Außerdem interessierte Gäste, Familien und oder Menschen, die den Ort und die Gemeinschaft kennenlernen wollen.

Neuseeland

Global-Native @ Spirit of Nature Ursus Schwarz

1891 Takaka-Colingwood Highway | 7182 TAKATA, Golden Bay province, Nelson
☎+64-(0)27 352 09 52
uur@gmx.ch www.nuovo-walser.org, www.global-native.org

2002 7 ha 4-10

d, e, (f, i)

Stiftung

Geist der Mutter Erde

Versuch, in Kontakt mit unserem höheren Selbst zu kommen, Permakulturversuche, Ökobau/Renovierung mit Recyclingmaterial, Wald-, Gemüse- und Kräutergarten...

☺ ( )

Wir sind „GLOBAL-NATIVE.ORG", eine Öko-Bildungs-/Bewusstseinsgruppe und Graswurzelakt ivist*innen; wir begrüßen Menschen, die lernen wollen, sich mit ihrem höheren Selbst und mit Mutter Erde zu verbinden. Um unser breites Themenspektrum kennenzulernen und zu erleben, bitten wir dich, mindestens 1 Monat zu bleiben (idealerweise 6 bis 12 Monate, zum Pflanzen, Pflegen, Ernten usw.). Wenn du so lange nicht bleiben kannst, gib uns bitte Bescheid, damit wir andere Vereinbarungen treffen können. Wir begrüßen auch Leute mit Holzbaukenntnis oder künstlerischen Fähigkeiten, um unsere Wohn- und Lebensbereiche auszubauen.
Wir wohnen an einem malerischen Hang mit Blick auf die wunderschöne Landschaft der Golden Bay, nur 10 Gehminuten vom Strand entfernt, 5 km nach Collingwood und 22 km nach Takaka, leicht erreichbar durch Trampen. Das Leben beinhaltet einen täglichen natürlichen Rhythmus, mit dem Austausch von Erfahrungen, dem gemeinsamen Singen und Musizieren und einem Gesprächskreis. Wir bitten Freiwillige, sich an den Lebensmittelkosten zu beteiligen (ohne Zwang, Spenden zu geben). Für erfahrene und geeignete Langzeitfreiwillige können wir alternative Regelungen anbieten. Unsere täglichen Mahlzeiten werden wie in einer Familie eingenommen, sodass wir uns kennenlernen, den Tag besprechen, ein oder zwei Lieder singen und unsere Erfahrungen teilen. Wir sind drogen-, alkohol- und rauchfrei.

ook challenges capitalist mindset

Swiss mountain-
sus Schwartz, aka
, hopes his newly
book will change
and help save the

*How to Survive
? With the Global
ision*, it is the
n of 15 years of
ht by the author.
who lives at
of Nature near
explains that the
e vision concept,
hors his thesis,
among the native
Hopi tribe. "Ten
years ago they
n that people are
lanet."
until the 1960s
reat was taken
western culture
it was, Ursus
involved. "I was

Paperback writer: Author Ursus Schwarz is launching his new book *How to Survive Capitalism? With the Global Native Vision* at events in Takaka and Collingwood. Photo: Jo Richards.

capitalism. "It works by making profit the most important thing. We need to change

lost the connection to the superconscious.

☺ Menschen, die die Global Native Vision lieben und leben wollen

Geplante Gemeinschaften in Europa

In dieser Ausgabe werden die geplanten Gemeinschaften zum ersten Mal separat aufgeführt - siehe die Erklärung dazu im Vorwort. Die Entscheidung wurde getroffen, bevor wir wussten, dass sich die Zahl der geplanten Gemeinschaften ungefähr verdreifacht hat - jetzt scheint es um so sinnvoller, ein eigenes Kapitel draus zu machen. Es erleichtert uns auch die Abwägung, ob wir ein Projekt, aus dem nach Jahren der Planung immer noch keine gemeinsam lebende Gruppe geworden ist, ins Buch aufnehmen oder nicht - in diesem Kapitel findet es einen Platz.

Für einige könnte dieses Kapitel sogar das Spannendste sein. Denn erstens suchen die meisten geplanten Gemeinschaften Mitstreiter*innen, und zweitens finden sich hier womöglich Träume, die bisher noch nie in die Tat umgesetzt werden konnten. Das mag dran liegen, dass sie unrealisierbar sind, vielleicht aber auch daran, dass **du** noch nicht beteiligt warst ☺.

Wenn die geplante Gemeinschaft schon einen Standort hat, ist sie in den Karten vor den jeweiligen Länderkapiteln im vorderen Buchteil verzeichnet (siehe Erläuterung auf S. 59). Ein X im Koordinatenpfeil bedeutet, dass die Gemeinschaft nicht auf der Karte verzeichnet ist (gilt nur für Deutschland, Großbritannien und Frankreich).

Belgien

Bijgaardehof: Wijgaard, De Spore & Biotope

9000 Gent

info@cohousingprojects.be — bijgaardehof.be

2019 — 100-200

e, belgisch

alle gemeinsam (Konsens) — Hauseigentümergemeinschaft

Humor, Work-life balance

☺

Bijgaardehof besteht aus drei Co-Housing-Projekten und einem öffentlichen Gesundheitszentrum.

Farbgrafik auf Seite 14

Wijgaard: Wir sind eine Gruppe von Menschen in den Zwanzigern bis in die Fünfziger, dazu einige Kinder. Unsere Stärken liegen in Bereichen wie Businessmanagement, die Welt neu denken oder auch Menschen oder Fahrräder reparieren. Wir lieben es, vor Klassen oder Gruppen zu stehen oder auch hinter der Kamera, manche von uns auch ganz hinter dem Vorhang. Wir haben 23 Appartements mit gemeinsamen Bereichen gebaut. Wijgaard soll eine perfekte Life-Work-Balance bieten: neben unserer gemeinsamen Küche, einer offenen Bücherei, einer Dachterasse und dem gemeinsamen Lebensraum investieren wir auch in einen Co-Working-Bereich: einen Ort, der behaglich aber auch weiträumig ist. In dem wir ruhig arbeiten können oder uns gegenseitig inspirieren.

Wir leben nahe der Innenstadt und am Nahverkehr. Wir haben einen grünen, gemeinsamen Raum, unsere eigenen privaten Appartements und wundervolle Nachbar*innen. Wir schätzen uns glücklich.

De Spore: Wir sind eine Gruppe von fünfzehn Familien. Wir leben in einem Hausprojekt, weil wir gerne miteinander plaudern, unsere Kinder zusammen spielen sehen, uns gegenseitig

beim Einkaufen oder Babysitten helfen können. Wir gehen davon aus, dass dies eine der nachhaltigsten Arten ist, in einer Stadt zu leben, mit einem gesunden Gleichgewicht zwischen Privatsphäre und Gemeinschaft. Wir teilen uns eine gemeinsame Küche, ein Spielzimmer, ein Wohnzimmer und eine Dachterrasse.
Biotope: 19 Haushalte, denen Nachhaltigkeit besonders wichtig ist.

Cohousing Gummarushof

Kerkhoflei 49 | 2800 Mechelen
sawomech@gmail.com samenwonenmechelen.wordpress.com

2017 39

niederländisch, e, f, d, sp
alle Betroffenen (Konsens) individuelle Finanzierung
individuelles und Gemeinschaftseigentum
Zusammenleben, Nachbarschaftsaktivitäten
ökolog., selbstverw., gewaltfrei, Permakultur, biolog. Gartenbau, ökolog. Bauen, rauchfrei, gemeinsam wirtschaften

Der „Gummarushof" ist ein ehemaliger Schulkomplex mit einer Art-Deco-Kirche und einem ehemaligen Pfarrhaus, das an einen Gemeinschaftsgarten grenzt. Die Bewohner*innen sind sowohl in der Alters- als auch in der Familienstruktur unterschiedlich. Als solche wollen wir uns gegenseitig unterstützen und schätzen und offen sein gegenüber Nachbar*innen und Nachbarschaftsorganisationen. Darüber hinaus sind wir bestrebt, so nachhaltig wie möglich zu renovieren, kompakte Wohneinheiten zu bauen und durch eine große Gemeinschaftsküche, einen Gemeinschaftsraum, eine Wäscherei, ein Kinderzimmer, Gästezimmer, eine Bibliothek, eine Werkstatt, ein Gemeinschaftsbüro etc. zu ergänzen. Unser Ziel ist es auch, Werkzeuge, Materialien und Fahrzeuge sowie unser individuelles Know-how und unsere Fähigkeiten zu teilen. Die „Kirche" kann mit der Zeit für Kurse, Ausstellungen, (kleine) Feste oder Konzerte vermietet werden.

Samenhuizen vzw (Flämisches/Brüsseler Netzwerk)

Cohousing InDruk

Prins Leopoldstraat 60 | 2140 Borgerhout +32-(0)278 08 43
info@cohousingprojects.be www.cohousingprojects.be/indruk

2020 (bei Antwerp) 30-50

e, f, niederländisch
ganze Gruppe (Konsens) individuelle Finanzierung
alle
ökolog., selbstverw., altern. Energie, neue Technologien, ökolog. Bauen

Cohousing Indruk befindet sich in Borgerhout, nahe dem Herzen von Antwerpen. Es umfasst 18 Wohnungen mit eigener Küche, Wohnräumen, Bad und Terrasse. Die Bewohner*innen teilen sich einen großen Stadtgarten und ein gemeinsames Haus mit professioneller Küche, Atelier, Gästezimmer, Co-Working-Space und Waschraum. Die Eigentümergruppe besteht aus verschiedenen Generationen, Berufen und Lebensstilen. Sie bauen nun (2019) das Gebäude, Anfang 2020 sollen die Bauarbeiten abgeschlossen sein und die Gruppe in ihrem Hausprojekt leben können.

Cohousing Negenhoek Kortenberg

Engelenstraat | 3070 Kortenberg ☎+32-(0)927 808 43
info@cohousingprojects.be www.cohousingprojects.be/negenhoek

2021 30-50

e, f, niederländisch
ganze Gruppe (Konsens) individuelle Finanzierung
Eigentum
ökolog., selbstverw., altern. Energie, Humor

☺

Cohousing Negenhoek liegt im Herzen von Kortenberg, in der Nähe eines Bahnhofs, der dich in wenigen Minuten nach Leuven und Brüssel bringt. Auf dem ehemaligen Zichorienbetrieb entsteht ein neues Wohnprojekt mit 26 Haushalten und Gemeinschaftsräumen wie Küche, Atelier, Co-Working-Space, Waschraum, Gästezimmer... Ein Ort, an dem Menschen bei Bedarf ihre Privatsphäre und die Gesellschaft anderer genießen können. Wohnen in einer Nachbarschaft, in der du deine Nachbar*innen kennst, einen großen Garten und gemeinsamen Raum für spontane Kontakte genießen kannst.

☺ eigenes Haus kaufen/bauen

Dänemark

Bofællesskab Kirkebakken Frit Bo

Thygesensvej 15, Krogsbølle | 5450 Otterup ☎+45-214 552 60
kjeldkramsbjerg@gmail.com http://www.krogsboellesognslokalraad.dk/

2018 4 ha (bei Otterup)

d, e, dänisch 2 8
alle zusammen (Konsens) individuelle Finanzierung
Eigentum aller
nein

☺ ()

Bofællesskab Kirkebakken „Frit Bo" („Freies Leben") ist noch im Entstehen, daher sind viele Details noch nicht festgelegt. Potentielle Gemeinschaftsmitglieder können dabei helfen, Grundsätze für die Gemeinschaft festzulegen.
Der Ort eignet sich besonders gut für eine Gemeinschaft - unter anderem ist es möglich, eine angrenzende Fläche von etwa 5 ha für den Anbau von Gemüse und dergleichen zu nutzen.

Gaias Have

3630 Jægerspris
info@gaias-have.dk gaias-have.dk

2018 (bei Nykøbing Sjælland)

- e, dänisch
- Martinus-Kosmologie
- ökolog., selbstverw., gewaltfrei, spirit., veget., vegan, Tagungshaus, Entwicklungshilfe, biolog. Landwirt., biolog. Gartenbau, altern. Energie, Humor

In Gaias Have gründen wir auf einem Hochplateau in der Nähe der Stadt Nykøbing Sjælland eine Gemeinschaft von 40 Häusern mit einem Gemeinschaftshaus. Unsere Gemeinschaft basiert spirituell auf der undogmatischen Martinus-Kosmologie, um eine friedliche und freundliche Nachbarschaft zu fördern.
Wir stehen nun kurz vor den abschließenden Verhandlungen mit den Partner*innen, sodass wir hoffentlich noch Ende 2019 mit dem Bau beginnen können. Alle Gebäude werden die gleiche Architektur haben, um ein ästhetisches Erscheinungsbild zu gewährleisten, das wiederum mit parkähnlichen Anlagen und „wilder" Natur kombiniert wird.
Unsere Ziele sind Nachhaltigkeit, biologische und vegetarische Lebensmittel, Sicherheit, Freundlichkeit, Privatsphäre, Gemeinschaft sowie die Umsetzung der 17 UN-Ziele für nachhaltige Entwicklung.

Deutschland

Andreas Paradies

B6

Projekt des „Fördervereins der Schenkerbewegung FdSB e.V."
Andreas Paradies c/o Öff Öff, Eulenweg 16 | 35260 Stadtallendorf
+49-(0)6428-605 87 73, +49-(0)35939-806 02
schenker.oeff@holistic-love.net www.global-love.eu

2006 1 ha (bei Plau am See) ♀1 ♂1 2

- d, e, f
- Eigentum des Vereins FdSB
- ökolog., selbstverw., gewaltfrei, spirit., ökumen., inneres Wachstum, Meditation, Bildungsarbeit, Friedensarbeit, geistig/psych. Behinderte, körperl. Behinderte, Umweltschutz, Selbstvers., biolog. Landwirt., biolog. Gartenbau, biolog. Viehwirt., ökolog. Bauen, Humor, Streben nach ganzheitlicher Nachhaltigkeit statt zersplitterte Einzel-Aspekte

☺ ()

„Andreas Paradies": Ein Gemeinschafts-Projekt der Schenker-Bewegung, welches auf einem reparaturbedürftigen Bauernhof (Strom- & Wasser-Anschluss etc. vorhanden) mit Garten und Feld weitestgehende Selbstversorgung anstrebt. Von 2006 bis 2014 lebten dort als Projektverantwortliche ein Mann und eine Frau, beide mit Schwerbehindertenausweis. Sie bewiesen: Wer sein Leben entschieden in die Hand nimmt, kann oft auch mit Behinderungen Beachtliches leisten. Mehr dazukommende Menschen, mit Behinderung oder nicht, können's immer leichter machen... Herzliche Einladung!
2014 starb der Mann, die Frau hält den Standort notdürftig aufrecht. Sie hat umfassende

Selbstversorgungs-Fähigkeiten und ist gelernte Krankenschwester. Eine Immobilie und gute Kompetenzbasis sind also gegeben... Seien wir realistisch: Es ist trotzdem schwierig, hinzukommende Leute zu finden. Bei uns heißt es: „Das Nötige ist da, es werden nur kleinstmögliche Bedingungen gestellt, es gibt keine Ideologie außer „global denken, lokal handeln". Ihr könnt mit ans große Steuerruder. Echt global Verantwortungs-Bestrebte sind entscheidend... Aus Gründen der Privatsphäre bitte nur Kontakt über Öff Öff!

→Siehe auch Beschreibung des Netzwerks **„Schenker-Bewegung"**
Internationale Schenk-Ökonomie (moneyless.info)
☺ sich einfügen in unser (ganzheitliches) Lebens-Konzept

back2connect [up the top & in the river]

Unterlauchringen | 79787 Lauchringen ☎+49-(0)176-404 992 80
i-think-so@t-online.de

2006 · 1 ha (bei Zürich (CH), Freiburg (D)) · 30 % · ♀3 ♂3 · 3 · 9
d, e, f, i, nl, schweizerdeutsch · 5 · 5
je nach Relevanz (so, dass alle damit leben können)
gemeinsam und individuell · 1 Person
Konstruktivismus, Konkordanz, Weltoffenheit
Projekte in PR-Coaching, Team-/Führungskräfte-Training sowie Öko-Architektur/Kultur
ökolog., gewaltfrei, ökumen., inneres Wachstum, Meditation, Tantra, Bioernährung, Bildungsarbeit, Tagungshaus, Friedensarbeit, Entwicklungshilfe, Permakultur, altern. Energie, ökolog. Bauen, Humor, Liberalismus, Outdoor-Sport (Canyoning und Trekking) und Improvisationstheater

☺

Unsere Gemeinschaft fungiert als Netzwerk. Unsere Mitglieder sind aktuell über große Teile Europas verteilt, sodass wir uns in Bezug auf eine Örtlichkeit noch im Aufbau eines Wohnplatzes oder Lebensraumes befinden. Langfristig streben wir ein eigenes Hüttendorf an.
Im Bereich unternehmerischer Projektbauten agieren wir vor allem im Bereich Architektur und Landschaftsplanung. Wir sind betriebsökonomische sowie handwerkliche Einzelpersonen und fungieren infolgedessen als Team im Rahmen einer Stiftung. Ebenso engagieren wir uns in der Unternehmensberatung von kleinen und mittelgroßen Unternehmen in den Sparten Handwerk, Sport und Gastronomie. Wir sind keinerlei politischen oder sonstwie fundamentalistischen Ideen unterworfen. Unser fortlaufendes Ziel ist es, durch unternehmerische Projekte eine ausgewogene wie selbstaktive Natur herbeizuführen sowie die Menschen mental fit für den realen Alltag zu machen. Zugleich wollen wir bescheiden und freigläubig bleiben können. Wir sind grundsätzlich immer wieder an neuen Initiativen interessiert, wobei wir jedoch die Nachhaltigkeit und die Risikobereitschaft im Einklang haben wollen. Man kann erst wirklich etwas bewegen, wenn man sich der gegenwärtigen Ökonomie bedient und all die guten Ideen passend inszeniert und verknüpft, ohne untreu werden zu müssen.
Als Gruppe treffen wir uns regelmäßig und verfügen aktuell auch über ein freistehendes Wohnhaus, das zwar auch über einen Gemüse- und Kräutergarten verfügt und wo wir auch Gäste empfangen können, das jedoch nicht das Zielobjekt dargibt. Gemeinschafts-Interessierte mögen sich bitte aussagekräftig via Mail melden. Cha Dieu ans allegra - Möge das Leben uns erfreuen.

TFG - Time for Good
☺ 1-Minuten-Video à la Elevator-Statement

Biotopia c/o Öff Öff bei Gasthof Gemauerte Mühle E5
Alte Lausitzer Str. 2 | 02708 Löbau OT Kittlitz
+49-(0)157-850 656 76, -(0)176-271 102 48
schenker_oeff@yahoo.de www.global-love.eu

2006 (bei Löbau, Dresden) <100 % ♀1 ♂2 0 3
2

d, e, f

individuell und Konsens (mit unterschiedlichem Gewicht von Stimmen) (fundierter Konsens)

Ökonomie des Schenkens, familiäres Teilen nach Bedürfnissen, organische Ökonomie im Welt-Biotop

Besitz im Sinne moralischer Nutzungsrechte

Schenker-Bewegung, Licht-Liebes-Arbeit

Versuch eines Lebens als Schenker-Waldmenschen in Wildnatur

ökolog., selbstverw., anarchist., feminist., gewaltfrei, spirit., christl., ökumen., buddhist., taoist., anthroposoph., inneres Wachstum, Meditation, Yoga, Tantra, freie Liebe, Bioernährung, veget., vegan, Bildungsarbeit, Friedensarbeit, Tierschutz, Umweltschutz, Selbstvers., Permakultur, biolog. Landwirt., biolog. Gartenbau, ökolog. Bauen, Humor, Leben ohne Luxus, Staat und Geld, (existentielles) Survival

☺

Das Projekt „Biotopia" (geplant als „Biotop für Pflanzen, Tiere und Menschen") ist ein radikales Selbstversorgungs-Experiment der „Schenker-Bewegung" (neben „geschenkter Sozialarbeit" im "Haus der Gastfreundschaft" und „normalerer Selbstversorgung" im „Friedensgarten" und anderen Projekten): Biotopia ist der Versuch, nach dem Austritt aus dem Staats- und Geldsystem auch den Ausstieg in die Wildnatur-Selbstversorgung zu proben, auf besetztem Land in einem Naturschutzgebiet... Im Sinne eines Lebens als „Natur- oder Waldmensch in Wildnatur": „Wenn wir einfach auf die Wiese grasen gehen können, brauchen wir uns nicht beherrschen oder ausbeuten lassen und können fast überall überleben, und so, wie wir es eigentlich richtig finden..."
Biotopia wurde 2006 vom „System-Aussteiger" Öff Öff begonnen - jetzt lebt er vor allem in den Projekten „Lilitopia" und „real-utopia.de". Das Ganze, auch die Verknüpfung der Projekte, stellt weiterhin den Versuch einer „ganzheitlichen (R)Evolution" dar, „persönlich, politisch und überhaupt"...: „Möglichst ideologiefrei müssen wir ein System der Vernunft und Liebe erschaffen!"
Öff Öff pendelt also mittlerweile zwischen den verschiedenen Projekten der Schenker-Bewegung. „Biotopia" ist sehr wechselhaft besetzt, daher bei Interesse immer erst anrufen...

→Siehe auch Beschreibung der Netzwerke **„Schenker-Bewegung, European Catholic Worker, L'Arche de Lanza del Vasto"**

Gandhi-Bewegung, LICHT-LIEBES-Arbeit, internat. Schenk-Ökonomie (moneyless.info)

☺ Mittragen der Schenkerideale und Projektkonzeption

Bunte Lebenswelten

C5

Ludolfshausen 6 | 37133 Friedland
+49-(0)5504-7553
mail@bunte-lebenswelten.de
bunte-lebenswelten.de

2013 (bei Göttingen, Witzenhausen, Kassel) 3

d, e 1-6

Vereinsmitglieder (konsentorientiert) individuelle Finanzierung

interreligiös, auch für offene Atheisten

Kreativität - gern mit Humor und/oder Clownerie, Permakultur und aktiver Klimaschutz

ökolog., selbstverw., gewaltfrei, spirit., inneres Wachstum, Bildungsarbeit, Friedensarbeit, Umweltschutz, Permakultur, biolog. Landwirt., biolog. Gartenbau, altern. Energie, Humor, rauchfrei

☺ ( )

„Der Mensch, dem das innere Auge aufging, lebt wieder sein gewöhnliches Leben in Raum und Zeit, aber in Raum und Zeit ist das Überraumzeitliche drin." (K. Graf Dürckheim)

Wir gründeten den Bunte Lebenswelten e. V. mit dem Ziel, ein gemeinschaftliches Wohnen und Wirken - auch mit Kindern - zu ermöglichen. Wohnen und Leben in aktiver Nachbarschaft ist zurzeit in Friedland-Ludolfshausen möglich. Je nach Entwicklung der dörflichen Gemeinschaft kann später auch vernetztes städtisches Wohnen zur Option werden. Wir mögen Gäste und arbeiten mit oft jungen Menschen aus aller Welt zusammen.
Gemeinschaftliches Wohnen und Wirken verstehen wir als unseren Beitrag zu einem engagierten Klima- und Umweltschutz durch einen verbesserten ökologischen Fußabdruck. Zurzeit (Anfang 2019) sind wir klein und befinden uns in einer Phase intensivierter dörflicher Integration. Es gibt eine WG auf Zeit. Wir wollen behutsam mit dem nachbarschaftlichen Wohnprojekt (Familie, Partnerschaft, WG) beginnen.
Unsere Bildungsarbeit richten wir in kleinen personellen Zusammensetzungen aus. Als Einsatzstelle für ein freiwilliges ökologisches Jahr (FöJ) sind wir anerkannt. Angestrebt für die Gemeinschaft ist die Ausweitung des beruflichen Engagements in Kooperation mit Bunte Lebenswelten e. V.

Transition Town, Paritätischer Wohlfahrtsverband, Neues Wohnen (in einem regionalen Verein)

☺ tätiges Engagement in Verein und Dorf

Commonie33 Mehrgenerationen-Lebensgemeinschaft

E4

Gorgasring 21 | 13599 Berlin
+49-(0)30-788 940 25
projekt-wir@battes.de
projektwir.jimdo.com

Laut der Zeitschrift Oya ist eine „Commonie" eine „Gesellschaftsform des Gemeinsamen, des Füreinanders, der Achtung und des Respekts vor allem, was da ist."
„Commonie33" ist ein Projekt mit dem Ziel, eine Lebensgemeinschaft im grünen Umland Berlins zu gründen. Es haben sich schon einige Menschen gefunden, die die Sehnsucht nach einem naturnahen Leben und Wohnen, einem achtsamen Miteinander mit allen Generationen, Tieren und Pflanzen, nach einem selbstverwalteten Betriebs- und Hofprojekt haben. Wir sind dabei, einen Verein zu gründen und haben mit der konkreten Planung begonnen.

Der Dritte Ort eine Handlungsgesellschaft

A6

51061 Köln
wir-dich-auch@der-dritte-ort.org
der-dritte-ort.org

2005 | 1600 m² | ♀4 ♂6 10

d, e, f, | 2

Kerngruppe (qualifizierter Konsens) | Eigentum

wir denken selbst

Tagungen, Workshops, Treffen, Aktionen, Kunst, Performance, Literatur, Sozialtheorie

ökolog., selbstverw., Bildungsarbeit, barrierefrei, Götter- & Geisterasyl, sexpositiv, geheimnispositiv, genusspositiv, neoaristotelisch, eindringend

☺

Der Dritte Ort ist ein dunkler Punkt. Im Zentrum einer Landschaft, die sich selbst entfaltet. Inspirationskern ist eine Gruppe von Handelnden, deren Absicht es ist, Diagonalen in das gesellschaftliche Gewebe zu flechten. Für ein Leben in Freiheit, Freundschaft und Schönheit. Unsere Gruppe versteht sich als ein Knotenpunkt in einem Netzwerk von Menschen mit verwandten Interessen und ähnlichem Lebensstil: eine eigene Kultur, die sich nicht in Schlagwörtern definieren, sondern nur verflochten beschreiben und erfahren lässt. Kultur in Gründung. Seit einigen Jahren betreibt dieses Aktionskollektiv ein Handlungs- und Wahrnehmungszentrum: die „Werkstatt Dritter Ort". Dort werden durch Erfahrungsräume und Performances, durch Vorträge, Workshops, Tagungen, Feste, Treffen und Gesprächsrunden u. a. neue soziale Formen, Sex, Kunst, (Lebensstil-)politik, Ethos, nicht-alltägliche Weltwahrnehmung, Commons-Kultur, enkeltauglicher Umgang mit der Natur thematisiert. Im Bereich des Wohnens ertasten wir uns und unserem Umfeld ein ortsübergreifendes „Zusammenlebmodell", in dem Zuwendung und Verantwortung füreinander weder so nah und intensiv sind wie in intentionalen Gemeinschaften, noch so kärglich und vereinsamend wie im herkömmlichen Wohnblockalltag. Das Kernteam besteht aus 10 Menschen, das engere Umfeld aus 20, der Sympathisant*innenkreis aus 150 Menschen.
Civility, Sinnlichkeit, Spielfreude, Perspektivenwechsel und Auseinandersetzung mit aktuellen Entwicklungen in Kunst, Geistesleben, Politik und Wirtschaft sind uns wichtig. Wir pflegen Rituale und glauben dennoch, dass die geistige Seichtheit der esoterisch-spirituellen Szene hässlich macht. Wir schätzen Selbstreflexion und betrachten dennoch die Nabelschau der Selbsterfahrungsjunkies und die Durchpsychologisierung des Lebens als Weg zur Verblödung. Wir können nichts anfangen mit demokratiefeindlichem Verschwörungsgewäsch, nichts mit Öko-Kitsch, mit linksalternativen Polit-Klischees, mit Technikfeindlichkeit (und Technikgläubigkeit), mit neoliberalen Marktfetischismus oder rechtspopulistischen Reinheitsfantasien.

☺ Wir sind ein Freundeskreis und nehmen das Wort sehr ernst. Freundschaften entstehen, man/frau/mensch kann ihnen nicht beitreten.

Anmerkung der Redaktion: „Der Dritte Ort" ist eigentlich weder geplant noch Gemeinschaft im engeren Sinn - aber vielleicht so was Ähnliches.

EOS/Schloss Hohenfels Erlebenspädagogik-Institut

B10

Wildbachweg 11 | 79117 Freiburg
+49-(0)761-600 800
info@schloss-hohenfels.de
www.schloss-hohenfels.de

2019 | 5 ha (bei Überlingen) | 30 % | ♀4 ♂6 0 | 10

d, e | 7 | 3

alle in ihren Bereichen, zentrale Verantwortung liegt beim Vorstand (Konsensverfahren, Holokratie, Heterarchie)

individuelle Finanzierung, Haushaltskasse, assoziative Wirtschaft, Brüderlichkeitsgedanke, dreigliedriger Lohn

Eigentum unseres gemeinnützigen Vereins

Anthroposophie, undogmatisch

Tagungszentrum, Gastronomie, Garten, Aufbau Teampark, Kultur

ökolog., selbstverw., gewaltfrei, spirit., ökumen., anthroposoph., inneres Wachstum, Meditation, Bioernährung, veget., vegan, Bildungsarbeit, Pädagogik, Tagungshaus, Friedensarbeit, Umweltschutz, Selbstvers., biolog. Gartenbau, altern. Energie, neue Technologien, ökolog. Bauen, Bau, barrierefrei, handyfrei, rauchfrei, Team-Tagungszentrum, soziale Dreigliederung, Holokratie, Erlebnispädagogik, Jugend, Festivals

EOS-Erlebnispädagogik will die Möglichkeit bieten, aus Schloss Hohenfels ein modernes, aber gleichzeitig auch die geschichtlichen und spirituellen Traditionen wahrendes, innovatives Tagungszentrum zu erschaffen. Hier kann ein Ort der Begegnung entstehen, an dem der Spirit der Gemeinschaft, der Nachhaltigkeit und des Friedens aufleben kann.
Wir legen beim Aufbau dieses Team-Tagungszentrums Wert darauf, dass möglichst viele Mitarbeiter*innen auf dem Gelände arbeiten und gleichzeitig auch wohnen und leben. Der Aufbau einer Lebensgemeinschaft ist von vornherein ein wesentliches Ziel. Insofern werden wir von Anfang an eine Kultur des Miteinanders pflegen, werden die gemeinsame Visionsarbeit weiter pflegen, werden an vielen Wochenenden Zukunftskonferenzen, Wisdom Councils, Open-Space-Konferenzen etc. durchführen, um den Spirit der Gemeinschaft zur Entfaltung zu bringen.
Unsere eigentliche Vision ist es, die traditionellen dreifachen Tugenden der Mitglieder der verschiedenen Orden (Armut, Gehorsam, Keuschheit) in die Gegenwart zu transformieren (Freiheit, Gleichheit, Brüderlichkeit).

Weitere EOS-Standorte

☺ ökologische, spirituelle Ausrichtung

FLOW | Frei leben - organisch wachsen

Drahthammerstr. 24 | 92224 Amberg ☎+49-(0)170-411 96 29
info@frei-leben-organisch-wachsen.de
www.frei-leben-organisch-wachsen.de

2016 ♀3 ♂4 1 8

- d, e
- alle Mitglieder
- indiv. Finanzierung mit gemeinsamer Finanz. best. Ber.
- geplant als Eigentum einer Gesellschaftsform mit Wohnrecht für alle
- undogmatisch
- geplant sind z. B. Seminare, psychotherapeutische Arbeit, Gemüseanbau, Hofladen, Tierhaltung
- ökolog., selbstverw., linkes Politikverst., gewaltfrei, inneres Wachstum, Meditation, Bioernährung, Umweltschutz, Selbstvers., Permakultur, biolog. Gartenbau, altern. Energie, ökolog. Bauen, Humor, Gemeinschaftsbildungsworkshops, Seminare, soziale Projekte, gemeinsame Werkstatt, Hofladen

Im August 2016 fand unser erstes Gemeinschaftstreffen statt, mit dem Traum einen Ort des gemeinsamen Lebens und Arbeitens zu schaffen. Aktuell sind wir sieben Erwachsene und ein Kind sowie viele Interessierte in der Annäherung. Sobald wir fünfzehn Leute sind, werden wir loslegen und einen Platz für uns suchen.
Wir wollen ein naturnahes Objekt für 20-40 Erwachsene plus Kinder im süddeutschen Raum mit ausreichend Fläche für Landwirtschaft (Acker, Wald, Fluss, See) und bestehenden Gebäuden gemeinsam erwerben. Individuelle Wohnformen werden möglich sein, benötigte Renovierungen und Neubauten sollen ökologischen Prinzipien und Techniken entsprechen.
FLOW möchte einen Ort zum Altwerden und Jungsein schaffen, einen Ort für ein gemeinsames Lebenskonzept, das im Einklang mit Natur und Umwelt den sozialen Bedürfnissen der einzelnen Bewohner*innen gerecht wird. Selbstversorgung durch Permakultur, Altersvorsorge und gemeinsame Kinderbetreuung sind einige der Ideen, die wir umsetzen werden.
Wir wollen friedliebend, gewaltfrei und ohne Dogmen miteinander leben und einen offenen, respektvollen Umgang pflegen. Die Gemeinschaftsbildung sowie die persönliche Weiterentwicklung spielen bei FLOW eine tragende Rolle, alle haben die gleichen Rechte und Pflichten, Entscheidungen sollen möglichst von allen getragen werden. So entsteht ein Raum, in dem Nähe erlebt, Konflikte ausgesprochen und authentische Gemeinschaft kultiviert wird.
All das versuchen wir mit einer guten Dosis Humor und der Liebe zum Leben zu verwirklichen - komm vorbei und mach mit!

☺ Kennenlernen, Treffen besuchen & Konsens aller Mitglieder, finanzielle Einlage

Gemeinschaft Rosenkohl

B8

Karlsruhe

lesmana@gmx.de — gemeinschaft-rosenkohl.de/

2018 — ♀1 ♂1 0 2

d

alle, die betroffen sind (Konsens) — gem. Ökonomie

Wir sind eine kleine Gemeinschaft in Karlsruhe, momentan bestehend aus zwei Erwachsenen. Wir suchen weitere Menschen zum zusammen Leben, zusammen Arbeiten, und zusammen Liebhaben. Wir wollen Alltag teilen, gemeinsam frühstücken, gemeinsam aufräumen, gemeinsam spielen, gemeinsam faulenzen. Wir wollen echt sein, Gefühle aussprechen, Wünsche aussprechen, ja sagen wenn es ein Ja ist, nein sagen wenn es ein Nein ist. Wir wollen Liebevollheit, Zärtlichkeit, geistig wie körperlich, in die Augen schauen, in den Arm nehmen, zuhören, anerkennen. Wir wollen uns unterstützen beim Wünsche Erfüllen, beim im Kontakt Bleiben, beim Spiegeln, beim Wachsen. Wir wollen verbunden sein, füreinander da sein bei Not, gemeinsam Vorteile genießen bei Erfolg. Wir wollen frei sein, nur das tun was wir für gut und richtig halten. Wir wollen gemeinsam alt werden. Wir wollen jetzt gleich damit anfangen.

☺ einverstanden sein mit unserem Weltbild

Gemeinschaftliches Wohnen im Hexental

B9

Freiburg — +49-(0)7633-808 828

andreabachstein@wohex.de, info@wohex.de — www.wohex.de

2300 m² (bei Freiburg i. Br.) 1 % 3 12

d

alle gemeinsam (Konsens) — individuelle Finanzierung

Genossenschaftseigentum

ökolog., inneres Wachstum, Meditation, Yoga, Bioernährung, Bildungsarbeit, altern. Energie, ökolog. Bauen, befristet Wohnraum für Menschen in Krisen

Wir sind eine Gruppe von derzeit 10 Erwachsenen und 3 Kindern. Unsere Wunschgröße sind 15 Erwachsene, gerne noch Familien mit Kindern. Wir planen gemeinschaftliches, Generationen verbindendes Wohnen bei Freiburg (Schwarzwald) auf der Basis von Beziehungs- und Konfliktfähigkeit und mit dem Interesse, im Miteinander zu wachsen. Das Herzstück unseres Zusammenlebens ist der Gemeinschaftsbildungsprozess. Über das reine Miteinanderwohnen hinaus bieten wir an, interessierte Gruppen in die Gemeinschaftsbildung einzuführen. Zudem ist angedacht, eine sog. „Freiraumwohnung" für die zeitlich begrenzte Aufnahme von Menschen in Krisen vorzusehen. Als Rechtsform haben wir die Genossenschaft gewählt und wir werden höchstwahrscheinlich neu bauen. Interessierte Menschen mit Kindern - gern auch Alleinerziehende - können bei uns anfragen.

Mietshäuser Syndikat, Netzwerk gemeinschaftliches Wohnen Freiburg

☺ Menschen mit Kindern, gerne Alleinerziehende

Gemeinschaftserfahrung

E4

Müggelseedamm | 10000 Berlin
gemeinschaftserfahrung@t-online.de gemeinschaftserfahrung.de

2010 150 m² 2 % ♀1 ♂1 0 2

- d
- gemeinsam (Konsens) — gemeinsame Finanzierung best. Ber.
- gemietet
- vernunftsorientiert - humanistisch - atheistisch
- aktive Beteiligung am Gemeinschaftsbildungsprozess, Selbsterkenntnis, Selbsterforschung, Leben in Verantwortlichkeit, Verbindlichkeit, Liebesforschung
- ökolog., gewaltfrei, spirit., inneres Wachstum, Meditation, Sexualität, freie Liebe, Bioernährung, Friedensarbeit, Humor, handyfrei, rauchfrei, Forschungsgemeinschaft, Bewusstsein/-werdung

☺ ( )

Am Rand von Berlin versuchen wir, unser Leben einfach zu halten und mit der Natur und unserer Erde genauso rücksichtsvoll umzugehen wie mit uns selbst. Uns interessiert offene, wahrhaftige Begegnung und Beziehung. Freiheit bedeutet für uns nicht Beliebigkeit, sich gehen lassen oder so etwas wie Selbstverwirklichung, sondern in Verbindlichkeit und Zugewandtheit „Ja" zu sich und dem eigenem Weg zu sagen und die Konsequenzen, die dieser Weg mit sich bringt, bedingungslos anzunehmen.
Zeit füreinander haben, einander zuhören, sich lassen können, gegenseitig unterstützen und herausfordern, sich begleiten und beschenken und einfach sein, in tiefer Zuneigung und Zugehörigkeit - das ist, was unser Zusammensein ausmacht.
Alle, die jetzt beginnen wollen an den oben angeklungenen Themen zu forschen, mit uns zu teilen und die in ihrer Absicht entschieden sind, dabei leer genug, damit etwas Neues bei ihnen einziehen kann, sind eingeladen. Wir streben nicht nach einem heilen Traumort im Anderswo, sondern beginnen hier, wo wir jetzt sind, Gemeinschaft zu bauen. Dabei bietet der vorhandene Wohnraum nur eingeschränkte Möglichkeiten für Wachstum. Denkbar wäre, im näheren Umfeld zusammenzuleben, den gemeinschaftsbildenden Prozess aber zusammen zu gestalten.
Wie und wohin sich ein solcher Prozess entwickelt, ist völlig offen und hängt von der Energie ab, die zwischen und in den Beteiligten wächst.

- Liebeskunstnetzwerk Berlin
- ☺ eigene Finanzierung, Beteiligung an gemeinsamen Kosten. Du bist bereit, kontinuierlich und dauerhaft Zeit und Energie für den gemeinschaftsbildenden Prozess bereitzustellen.

Gemeinschaftspfad Apfelblüte

Jena ☎+49-(0)151-591 524 25
pjschleicher@gmx

2016 ♀3 ♂2 7 12

d, e, f
Vollmitglieder (Konsens)
Reichtum finden wir in Vielfalt
Freiheit, Nachhaltigkeit, selbstverwaltet, inneres Wachstum, gewaltfrei, Humor, gemeinsam leben, bewusst leben

☺

Wir kultivieren unser gemeinsames und individuelles Verständnis von Gemeinschaft und schaffen für unsere Gruppe einen Raum zum Leben und zur persönlichen Entfaltung. Dazu versammeln wir uns regelmäßig zu inhaltlichen Treffen und genießen die Zeit bei Spaziergängen, Mahlzeiten, Arbeitseinsätzen, Spielen und Kurzurlauben. Zu unseren sommerlichen Picknicks feiern wir den Kontakt zu ehemaligen Mitgliedern, Interessent*innen und unserem Unterstützer*innenkreis. Nach der gegenwärtigen Findungs-, Konzept- und Wachstumsphase wollen wir eine Immobilie im Raum Jena-Weimar-Erfurt finden, gestalten und dort zusammen unsere Vision von Gemeinschaft leben. Wir freuen uns über Interesse, neue Mitglieder und Mitgestaltung.

health - eco village Projekt Ökosiedlungen

Postfach 110826 | 60043 Frankfurt ☎+49-(0)69-739 25 28
an-stiftung@t-online.de

2001 20 ha 20 % ♀4 ♂6 7 17

d, e 2 7
einer (zur Zeit) (Konsens) Form noch offen
Eigentum einzelner/aller
UNO-Ziele für umweltgerechte Entwicklung etc.
Fundraising, ökologische Architekturkonzepte, Vernetzung national und international
ökolog., selbstverw., gewaltfrei, inneres Wachstum, Meditation, Yoga, freie Liebe, Bioernährung, veget., vegan, makrobiot., Bildungsarbeit, Friedensarbeit, Permakultur, biolog. Landwirt., biolog. Gartenbau, biolog. Viehwirt., altern. Energie, neue Technologien, ökolog. Bauen, Humor, rauchfrei, Politkunst, links und frei, Tiefenökologie, direkte Demokratie, Organic Security, Kreativkunst, Bildungskunst, Gesundheit

☺

Das Projekt befindet sich in einer fortgeschrittenen Planungsphase. Entstehen soll eine gestalterische, technische und sozialinnovative „Modellstadt" für ein ökologisch orientiertes Leben in einem Ballungsraum und/oder ländlichen Bereich. Dazu gehört die Integration von Wohnen, Arbeiten, Freizeit und Verkehr. Beteiligt sind wissenschaftliche Institutionen, Unternehmen, Architekturbüros etc. Die zu gewinnenden Erfahrungen sollen wissenschaftlich ausgewertet und auch an interessierte Stellen weitergegeben werden.
Vorgesehene Schwerpunkte: Politkunst-Gesundheit (auch betriebliche).
Anregungen von anderen Projekten werden gern aufgenommen.
Derzeitige Planung: 50-300 Bewohner*innen/Nutzer*innen

☺ Kompetenz und Kreativität bei Siedlungsrealisierung, Investmentbereitschaft, Humor

InGe Wohnprojekt

B7

Individuell wohnen - Gemeinschaftlich leben in Kastellaun

Hauptstr. 18 | 56281 Dörth ☎+49-(0)6747-948 750

inge-wohnprojekt@gmx.de inge-wohnprojekt.jimdo.com

2018 3800 m² (bei Kastellaun) ca. 25

d, (e) 2

alle gemeinsam (Konsens) individuelle Finanzierung

unser Eigentum ☺

nein

ökolog., gewaltfrei

Wir sind ein gemeinschaftliches Wohnprojekt, das mehr als gute Nachbarschaft realisieren möchte. Näheres kann unserer Webseite www.inge-wohnprojekt.de entnommen werden.

Landesarbeitsgemeinschaft Gemeinschaftlich Wohnen Rheinland Pfalz

☺ gegenseitige Sympathie, finanzielle Beteiligung

Zeichnung auf Seite 15

Jagelhof Gemeinschaftsprojekt Prignitz

D3

Jagel, Dorfstr. 8 | 19309 Lanz ☎+49-(0)38780-12 99 93

mail@jagelhof.de jagelhof.de

2018 13 ha (bei Wittenberge an der Elbe, Stendal) 6

d, e

Privatbesitz

keine ideologischen/spirituellen Grundsätze

Vorbereitung der Gebäude zur Sanierung

☺

Der JAGELHOF befindet sich im Landschaftsschutzgebiet Elbtalaue zwischen den Ballungsräumen Hamburg und Berlin. Im Gemeinschaftsprojekt JAGELHOF hat sich eine Gruppe von Menschen zusammengefunden, um das Leben und Überleben in einer der dünn besiedelsten, gleichermaßen aber auch landschaftlich reizvollsten Regionen Deutschlands zu gestalten. Dabei geht es darum, die Herausforderungen im Alltag gemeinsam zu meistern und auch ganz praktisch und möglichst naturverbunden Veränderungen auf den Weg zu bringen sowie Impulse zu geben, die es in einer bewegten und schnelllebigen Zeit braucht.

Im Kern aller Überlegungen steht der Gemeinschaftsgedanke und die Frage: Wie kann das gute Leben auf dem JAGELHOF gelingen? Wie können wir sozial verantwortlich füreinander da sein, unser Potential zur Entfaltung und in Einklang mit unseren Werten bringen?

Eine ökologisch nachhaltige Landwirtschaft und der ressourcenschonende Umgang mit der Natur sind uns dabei genauso ein Anliegen wie Kunst und Kultur.

Dabei sucht ein reizvolles Gelände mit ambitionierter Konzeption auch weiter Menschen, die hier zur Tat schreiten wollen, Mut haben und Unternehmer*innengeist und Experimentierfreudigkeit mitbringen. Das heißt, gemeinsam arbeiten und wohnen, bauen und sich selbst verwalten wollen.

Wenn Dich dies anspricht, melde Dich, komm her und mach mit.

☺ Prüfung im Einzelfall

Lebensgemeinschaft Ammersee

C9

Dammweg 4 | 82229 Seefeld-Hechendorf ☎+49-(0)1577-735 89 43
info@FamilienKunstschule.de
www.lebensgemeinschaft-ammersee.de, www.FamilienKunstschule.de

2017 200 m² + Garten (bei München) 5 % ♀2 ♂2 4

d, e 1

alle zusammen (Besprechung, Abstimmung, Vetorecht)

individuelle Finanzierung gemietet

offen

Website, Renovierung, Garten, Reinigung, Musik, Kultur schaffen

ökolog., selbstverw., gewaltfrei, spirit., inneres Wachstum, Meditation, Yoga, Bioernährung, veget., Bildungsarbeit, Pädagogik, Mehrgenerationen, Kultur, Heilung, Musik, Kunst, Literatur, Tanz

☺

Wir sind eine kleine, offene, leichte, humorvolle Lebensgemeinschaft mit Interesse an Gemeinwohlökonomie und positiven, erhaltenden, fairen Projekten in der Welt.
Wir helfen uns gegenseitig, uns weiterzuentwickeln. Einmal pro Woche treffen wir uns entweder für organisatorische oder persönliche Besprechungen im bewusst begrenzten Zeitrahmen, um danach zu singen, tanzen oder einen ermutigenden, anregenden Film über Menschen und Projekte anzusehen, die etwas bewegen: zum Beispiel über Christian Felbers Gemeinwohlökonomie, Jane Goodall, Utopien ...

☺ ökologisches, kulturelles Interesse

Lebensraum Gut Altfresenburg

C2

Altfresenburg 11 | 23843 Bad Oldesloe OT Altfresenburg
lebensraum@gutaltfresenburg.de www.gutaltfresenburg.de

2017 6 ha (bei Bad Oldesloe) ♀7 ♂8 7 22

d, e ca. 50 geplant

einzelne Gruppen, teilweise die ganze Gemeinschaft, mit systemischem Konsens (kann sich ändern)

gemeinsame Finanzierung für Teilbereiche, teilweise Einkommensgemeinschaft in unternehmerischen Bereichen

Eigentum einzelner und Eigentum einer Gruppe

spirituell offen

Seminarbetrieb, Büros, Praxen, Garten, Gastronomie, Hotellerie, erneuerbare Energien

ökolog., selbstverw., gewaltfrei, spirit., christl., ökumen., buddhist., esoter., anthroposoph., inneres Wachstum, Meditation, Yoga, Bioernährung, veget., vegan, Bildungsarbeit, Pädagogik, Tagungshaus, Tierschutz, Umweltschutz, Selbstvers., Permakultur, biolog. Gartenbau, altern. Energie, neue Technologien, ökolog. Bauen, Bau, Humor, barrierefrei, Gesundheitszentrum, Heilung, Veranstaltungen, Gäste, Schwerpunkt alternative Energien, Kunst, Kultur, gerne Kindergarten oder kl. freie Schule, Achtung vor Mensch, Tier und Pflanze, Geschichte, Zukunft, Gegenwart

☺ (✋✋)

Historischer Gutshof in Schleswig-Holstein aus sechs Gebäuden und 6 ha Fläche inkl. zweier über 1 ha großer Teiche und eines klassizistischen Herrenhauses. Einzigartige Lage inmitten der Natur, aber nur ca. 2 km vom Bad Oldesloer Stadtzentrum und 30-40 Min. von der Hamburger Innenstadt entfernt. Lübeck 20-30 Min. Teiche und Trave laden zu Entspannung am und im Wasser ein. Spazierwege und einzigartiges Naturschutzgebiet grenzen an das Gut an. Eigentumseinheiten in den neu umgebauten Wirtschaftsgebäuden. Neubauten in Hülle der historischen Substanz. Diese entstehen ab 2020 in Bauherr*innengemeinschaften. Mietwohnungen gibt es voraussichtlich ab 2025 nur begrenzt, diese sind für Menschen vorgesehen, die auf dem Gut arbeiten möchten. Seminar- und Geschäftszentrum (Büros, Seminarräume & Praxen) im repräsentativen Herrenhaus. Gästeapartments für u.a. Seminarteilnehmer*innen, Kund*innen und private Gäste.
Inhaltlicher Fokus auf nachhaltige Gesundheits-, Energie- und Umweltlösungen. Gemeinschaftliche Bewirtschaftung der Außenfläche, gemeinschaftliche Aktivitäten und gemeinschaftlicher Fokus diesen Ort zu einem nachhaltigen, möglichst autarken und ganzheitlichen Ort werden zu lassen. Kunst, Kultur, Gesundheit, Energie, Gastfreundlichkeit. Alle zusammen und jede*r für sich. Leben. Wirken. Wohnen. Sein. Ohne Dogmen, aber mit offenem Herz und in Eigenverantwortung.

☺ eigene Baufinanzierung sollte gegeben sein, gerne zusätzliche Beteiligung am Gemeinschaftsunternehmen, Nachhaltigkeit als festes Gedankengut, gerne spirituell ausgerichtet, ökologisch motiviert, mit ehrlichem Wesen

✎ Nahe-Miteinander

Am Bettenheimer Hof 75 | 55576 Sprendlingen ☎+49-(0)6701-204 77 23
✉pfeufer-michael@t-online.de 💻www.nahe-miteinander.de

2017 (bei Bad Kreuznach, Mainz) ♀8 ♂8 4 20

d

alle gemeinsam (derzeit Mehrheitsentscheidungen)

ökolog., gewaltfrei, spirit., ökumen., Meditation, Yoga, Umweltschutz, biolog. Gartenbau, ökolog. Bauen, Humor, barrierefrei

☺

Unser Ziel ist eine ökologische, ganzheitliche, an gesunder Lebensweise und spirituell orientierte, aber nicht dogmatische Gemeinschaft, in der alle an einem Strang ziehen. Begriffe wie Achtsamkeit oder alternative Heilmethoden sollten bekannt und akzeptiert sein und es sollte an dem einen oder anderen Interesse bestehen (auch Menschen die noch am Anfang stehen, sind herzlich willkommen). Durch eigene interne Gruppenarbeit, Seminare, Workshops nach innen wie nach außen wollen wir einen gemeinsamen Wachstumsprozess in Gang setzen. Gegenseitige Hilfe, Unterstützung, Anerkennung, achtsamer Umgang mit sich und anderen sollten nicht nur Schlagwörter sein, sondern auch gelebt werden.

Wir möchten mit Menschen unterschiedlichen Alters und mit unterschiedlichen Lebens- und Arbeitsformen so zusammenleben, dass jede und

jeder für sich bestimmen kann, wie viel Kontakt miteinander stattfindet. Wir wollen dabei keine Menschen mit aggressiven und radikalen Tendenzen egal welcher Art. Wir akzeptieren andere Menschen so wie sie sind und respektieren diese, egal welcher Religion, Hautfarbe, Herkunft oder auch einfach nur der Essgewohnheiten. Eine Säule unserer Gemeinschaft ist die Spiritualität. Wir akzeptieren diese in fast all ihren vielfältigen Varianten und lehnen auch hier lediglich extreme Richtungen ab.
Jede*r kann so sein und leben wie er/sie will. Wir akzeptieren dies und erwarten von allen, dass Andersdenkende und –lebende respektiert werden.

☺ keine, es muss beidseitig passen

Niepkuhler Krähennest e.G.

A5

Lüschdonk 20 | 47809 Krefeld ☎+49-(0)2151-54 66 71
vorstand@n-kn.de www.niepkuhler-kraehennest.de

2014 (bei Krefeld) ♀6 ♂4 4 14

d, e

alle gemeinsam (Konsensfindung) Besitz der Genossenschaft / gepachtet

nein

ökolog., selbstverw., spirit., inneres Wachstum, Meditation, Yoga, geistig/psych. Behinderte, körperl. Behinderte, Umweltschutz, Permakultur, biolog. Gartenbau, altern. Energie, ökolog. Bauen, Humor

☺

Uns eint der Wunsch, im grünen, naturnahen Vorstadtbereich Krefelds eine zukunftsfähige Form des Miteinanderwohnens zu verwirklichen. Wir wollen noch weitere Menschen aller Altersstufen, Geschlechter, Nationalitäten und Ausrichtungen in unsere Gruppe aufnehmen. Insbesondere Familien mit Kindern (auch alleinerziehend!) sind angesprochen, unsere Gemeinschaft zu bereichern. Dadurch soll die Genossenschaft auf mindestens die doppelte als die derzeitige Mitgliederzahl anwachsen. Wir beabsichtigen, Menschen mit Behinderungen als gleichberechtigte, vollwertige Mitglieder in unser Projekt aufzunehmen. Für das nachbarschaftliche Umfeld möchten wir eine Begegnungsstätte werden. Besonders wichtig ist uns neben der sozialen Gemeinschaft die ökologische Grundausrichtung. Neben einer Ressourcen sparenden Bauweise, einem nach KfW-Kriterien geförderten Energiestandard und weiteren umweltschonenden Einzelmaßnahmen streben wir an, Garten- und Wiesenflächen in der Nachbarschaft zu erwerben, die wir selbst oder mit professionellen Verbündeten zusammen (z.B. NABU) bewirtschaften, um somit einen Beitrag zu einer Ökologisierung der nahen Umgebung zu leisten. Diese Flächen werden gleichzeitig auch als erweiterte Spielfläche, für Gemüseanbau und zur kreativen Gestaltungsmöglichkeit der Bewohner*innen genutzt werden können.
Wir sind noch offen für alle Kommunikationsformen und probieren uns dabei aus. Da ist der Weg oft schon das Ziel. Wir lernen uns dabei kennen, denn wir wollen echte, nach innen verbundene und dadurch aufrichtige Begegnung lernen. Unser Ziel ist es, ein gemeinsames Zuhause zu schaffen, in dem jede*r auf die/den Anderen achtet, sodass sich alle immer angenommen fühlen können. Damit möchten wir uns einsetzen für ein gelingendes Zusammenleben von Jung und Alt.
Zur Zeit des Drucks dieses Buches haben wir eine Option auf unser Wunschgrundstück und gehen von einer baldigen Zusage aus. Wir rechnen mit einem Einzug circa 2021.

☺ mit unseren Grundsätzen einverstanden sein

Öko.See.Dorf Genossenschaftliches Wohnprojekt Friedrichshafen (B10)

Ulrichstraße 7 | 88677 Markdorf ☎+49-(0)176-228 434 94
mail@oekoseedorf.net www.oekoseedorf.net/

2018 1 ha (bei Friedrichshafen) Geplant: 80-150

- d, e
- Kerngruppe inkl. der Delegierten aus den Arbeitskreisen (Soziokratisch im Konsent)
- gemeinsame Finanzierung der Genossenschaft — geplant: Eigentum aller
- keine ideologischen/spirituellen Grundsätze
- Design-Architektur-Technik, Verwaltung-Finanzen-Recht, Gemeinschaft-Kommunikation, Öffentlichkeit-Bildung
- ökolog., selbstverw., gewaltfrei, Bildungsarbeit, Umweltschutz, Permakultur, biolog. Landwirt., biolog. Gartenbau, altern. Energie, neue Technologien, ökolog. Bauen, Humor, ökologisch und regenerativ, soziokratisch und gewaltfrei, angemessen und fair

☺

Das Öko.See.Dorf ist ein Wohnprojekt, das seinen Mitgliedern spekulationsfreien, bezahlbaren Wohnraum für ein soziales, generationenübergreifendes und nachbarschaftliches Miteinander zur Verfügung stellen möchte. Der gemeinschaftliche Zusammenschluss der Mitglieder soll durch die Gründung einer Genossenschaft erfolgen. Dazu wurde vorab der Förderverein Öko.See.Dorf Friedrichshafen e.V. gegründet.
Wir sind aktive Bürgerinnen und Bürger, die es als Chance sehen, Verantwortung für die Schaffung einer wertschöpfenden gesellschaftlichen und ökologischen Lebenskultur zu übernehmen, die jetzt beginnt und für nachfolgendende Generationen weiterwirkt.
Wir wollen nicht nur bauen und wohnen, wir wollen Lebendigkeit fördern, nachhaltig wirksam sein und bewusst unsere Gesellschaft mitgestalten und mitverantworten. Das Öko.See.Dorf möchte Lebensort für Menschen unterschiedlicher Alters- und Lebensphasen zur Verfügung stellen, die miteinander in selbstbestimmter, sozial verantwortlicher und verbindlicher Nachbarschaft wohnen und leben wollen. Die vertretenen Werte sind insbesondere: ökologisch und regenerativ, soziokratisch und gewaltfrei, sowie angemessen und fair zu sein.
Wir verfolgen auf der Basis unserer Visionen und Ziele die Förderung der Freiheit, des Engagements und der Kreativität der Einzelnen, sowie die Bereitschaft, sich bewusst für das Gemeinwohl zu engagieren.

Foto: Vereinsgründung

☺ Bewerbungsverfahren, Mitwirken beim Aufbau unserer Gemeinschaft

Ökodorf Blankensee - Dorfgemeinschaft Lehmhausen (E3)

Herzershof 10 | 15328 Küstriner Vorland ☎+49-(0)1575-662 77 35
info@lehmhausen.de www.lehmhausen.de

2015 3,5 ha, bei Frankfurt (Oder), Gorzów Wielkopolski
100 % Obst und Gemüse ♀40 ♂40 80 160

d, e, i
noch offen, angestrebt eine Einkommensgemeinschaft
noch offen, angestrebt Genossenschaftseigentum
aktuell Vorplanung, Crowdfunding
ökolog., selbstverw., christl., ökumen., Bioernährung, veget., vegan, makrobiot., Bildungsarbeit, Pädagogik, freie Schule, Tagungshaus, Friedensarbeit, Entwicklungshilfe, geistig/psych. Behinderte, körperl. Behinderte, Tierschutz, Umweltschutz, Selbstvers., Permakultur, biolog. Landwirt., biolog. Gartenbau, artgerechte Viehwirt., altern. Energie, neue Technologien, ökolog. Bauen, Bau, Humor, barrierefrei, handyfrei, rauchfrei, Handwerk, Zimmerei, Strohbau, Lehmbau, Theater, Musik, Kinder

„Es braucht ein ganzes Dorf, um ein Kind zu erziehen"

Der Kern des Projektes ist die Gemeinschaft und die in ihr wirkenden Menschen. Wir streben eine interkulturelle und solidarische Allgenerationen-Siedlungsgemeinschaft an, in der sich die Bewohner*innen gegenseitig unterstützen und ergänzen. Inklusiv sprechen wir mit unserem Projekt Menschen jeden Alters, aller Religionen und Kulturen an.
Die Siedler*innen bringen ihre persönlichen Kompetenzen, sowie ihre materiellen Ressourcen in dem Maß in die Gemeinschaft ein, welches ihnen und der Gemeinschaft gut tut. Jede*r in der Gemeinschaft kann ihre/seine Ideen in sozialen, musikalischen, kulturellen und künstlerischen Projekten oder anderen Kompetenzbereichen verwirklichen.
Dies bedeutet für uns die Verbindung von Familie und Beruf und die Beteiligung von Jung bis Alt am gemeinschaftlichen Leben. Gemeinsam wollen wir Kindern einen geschützten Rahmen geben. Im Gegensatz zum modernen, kapitalistisch orientierten Zeitgeist sieht sich Lehmhausen durch seine reiferen Mitsiedler*innen überaus bereichert und betrachtet ältere Menschen als elementaren Bestandteil der angestrebten Gemeinschaftsstruktur.

Think Camp
Interessierte müssen zur Gruppe passen und unsere Ziele/Ideale teilen

Ökodorf Gutleben - einfach gemeinsam leben -

D10

Haushoferstr. 40 | 83358 Seebruck
+49-(0)157-875 566 65
info@oekodorf-gutleben.de
www.oekodorf-gutleben.de

2018

d, e, sp
keine ideologischen/spirituellen Grundsätze
Gemeinschaftskultur, Selbstversorgung, ökologisches Bauen, Direktdemokratie
ökolog., selbstverw., gewaltfrei, inneres Wachstum, Bioernährung, Bildungsarbeit, Pädagogik, Tagungshaus, Umweltschutz, Selbstvers., Permakultur, biolog. Gartenbau, altern. Energie, neue Technologien, ökolog. Bauen, Humor

Wir sind eine Gruppe aus 25 aktiven Menschen, die sich in der Findungsphase befinden. Wir beschäftigen uns mit Gemeinschaftsbildung, arbeiten an der Standortfindung in der Region Chiemgau und beabsichtigen in Kürze mit einem Projekt- und Wohnzentrum zu starten. Das Kernteam der Gruppe trifft sich wöchentlich. Außerdem arbeiten einige Kreativgruppen regelmäßig an Themenschwerpunkten, z.B. Recht und Finanzen.

Pilotprojekt Mehrgenerationensiedlung

X

Freiburger Straße 75 | 77749 Hohberg-Hofweier ☎+49-(0)7808-913 29 34
info@mehrgenerationensiedlung.org www.mehrgenerationensiedlung.org

2007 ca. 600-700 ha

d, e, f, it, sp, polnisch, russisch

alle Projektmitglieder gemeinsam (Konsens, Mehrheitsentscheidung)

individuelle Finanzierung, gemeinsame Finanzierung bestimmter Bereiche

ökolog., selbstverw., Bioernährung, Bildungsarbeit, Pädagogik, freie Schule, Tagungshaus, Entwicklungshilfe, Selbstvers., Permakultur, biolog. Landwirt., biolog. Gartenbau, biolog. Viehwirt., artgerechte Viehwirt., Forstwirt., altern. Energie, neue Technologien, ökolog. Bauen, Humor, handyfrei, sozial, nachhaltig, alte Handwerke, Kunst, Kreativität

☺

Unsere Vision: 200 Familien (Kinder, Eltern, Großeltern) leben je auf 1 ha Land. Diese „Gärtner*innenhöfe" mit Selbstversorgungscharakter bilden die Grundlage der Siedlung. Siedlungszentrum, Gewerbegebiet „Öko-Valley" und Infrastruktur für das Straßen- und Wegenetz fügen sich schonend in die Landschaft ein. Zurzeit werden an drei strukturstarken Standorten südlich der Mainlinie Landverhandlungen geführt (Hohberg ist NICHT Standort der Siedlung. Dieser liegt noch nicht fest.).
Durch ein intelligentes Energiemanagement und die Nutzung aller vorhandenen regenerativen Techniken ist die Siedlung CO_2-neutral. Eine ständige technische Weiterentwicklung garantiert die Nachhaltigkeit des Projektes. Eigene Quellen oder Brunnen sowie Regenwassernutzung gewährleisten die nachhaltige Versorgung. Das durch Pflanzenkläranlagen gereinigte Wasser wird in den siedlungseigenen See und anschließend kontrolliert in den nächsten Bach oder Fluss geleitet. Ökologie, Artenvielfalt und heimische (Nutz-)Pflanzen fördern das natürliche Gleichgewicht. Bodenrenaturierung, Mischkulturen und artgerechte Tierhaltung nach den Richtlinien des ökologischen Landbaus (Bioland oder Demeter) sind wesentliche Bestandteile der Siedlung.
Eine staatlich anerkannte Ersatzschule fördert durch den Einsatz der besten reformpädagogischen Konzepte die kindliche Lernfreude und Neugierde – ein von den „Bildungsweisen" vorgeschlagener und von der OECD bestätigter Ansatz.

☺ Besuch eines Infotags, Beitritt zum Projekt

PrymPark Düren Cohousing- und Klimaschutzsiedlung

A6

Philippstr. 4 | 52349 Düren ☎+49-(0)2421-698 33 42
info@prympark.de www.prympark.de

2006 3 ha

d, (e)

Gebäude sind Gemeinschaftseigentum der Bewohner*innen, das Grundstück wird gepachtet von der Evangelischen Gemeinde zu Düren

keine ideologischen/spirituellen Grundsätze

ökolog., selbstverw., gewaltfrei, Umweltschutz, altern. Energie, ökolog. Bauen, barrierefrei, autofrei im Zentrum der Siedlung, altersgemischt, Coworking-Bereiche

☺

Die Siedlung wird seit 2006 mit Bürger*innenbeteiligung geplant. Die Grundstücke werden bevorzugt an Baugruppen aus Privatpersonen verpachtet. In 2019 sind zwei Baugruppen (seit einigen Jahren bereits) aktiv, die eine hat 2018 mit dem Bauen begonnen, die zweite wird den Bauantrag einreichen, sobald ihre letzte noch freie Wohnung vergeben ist. Weitere Grundstücke sind noch frei - siehe auch Eintrag für „Wir Mittendrin!" auf Seite 484.
Es soll eine lebendige Nachbarschaft entstehen, indem privater Wohnraum oder Arbeitsräume mit attraktiven Gemeinschaftsräumen, mit Gärten und einem Waldstück kombiniert werden. Die Kosten für die Gemeinschaftsbereiche werden auf die Gemeinschaft umgelegt, und auch die Pflege der Räume wird auf mehrere Schultern verteilt. Welche Gemeinschaftsräume entstehen und wie sie genutzt werden, entscheiden alle Bewohner*innen mit.
Gemäß der Lokalen Agenda 21 werden in der Mehrgenerationensiedlung PrymPark Soziales, Ökologie und Wirtschaftlichkeit großgeschrieben. Der PrymPark ist eine von 100 Klimaschutzsiedlungen in NRW. Düren, eine mittelgroße Stadt, bietet alles, was man fürs tägliche Leben braucht: von guten Einkaufsmöglichkeiten über vielseitige Kulturangebote bis zu guter Gesundheitsversorgung und vielseitigen Bildungsangeboten: fünf Gymnasien, zwei Realschulen, zwei Gesamtschulen und eine Hauptschule, eine Volkshochschule, eine breit gefächerte Musikschule und weitere Bildungsangebote bei verschiedenen freien Trägern.
Unser kurzer PrymPark-Film (11 Minuten) gibt einen lebendigen Überblick - sowohl über Düren als auch über die Ideen, die den PrymPark tragen: eurotopia.de/buchlinks → Nummer 7631

☺ die Bereitschaft, in einer solidarischen Nachbarschaft zu geben und zu nehmen, Beteiligung am Bau und Pflege der Gemeinschaftsbereiche

✎ **Roman Maertins** ILIA B9

Prägenhofstr. | 79256 Buchenbach
✉ ro.maert@posteo.de

ökologisch, selbstverwaltet, anthroposophisch

Die Initiative zur Lebensgestaltung im Alter e.V. entstand Ende der 90er-Jahre aus dem Bedürfnis zahlreicher älterer Menschen im Raum Freiburg nach Einrichtungen, die auf der Grundlage der anthroposophischen Menschenkunde wirken. Sie entwickelte ein umfassendes Konzept vernetzter Angebote für ältere Menschen - Wohngruppen, Pflegedienste, Kultur- und Begegnungsstätten, Wohnheime und Beratungsdienste.
Die Gründung eines anthroposophischen Pflegedienstes, des Vereins Lukaspflege e.V., im Dezember 2004 war ein erster Schritt zur Verwirklichung der Ziele der Initiative. Ein weiterer Schritt wird die Realisierung eines Wohnprojektes für altersgerechtes und selbstbestimmtes Wohnen sein.

✎ **Selbsthilfeprojekt Freundeskreis Lychen** c/o Roy Rempt E3

Fürstenberger Str. 3 | 17279 Lychen ☎ +49-(0)39888-3076
✉ roy.ly@web.de 💻 transition-initiativen.de/standorte/transition-town-lychen

1999 1,1 ha (bei Templin, Fürstenberg) ♀12 ♂12 9 33

d

alle Betroffenen gemeinsam, sonst jede*r für sich (unterschiedlich, so wie es auf die Situation und Betroffenen passt, möglichst oft im Konsens)

gemeinsame Finanzierung best. Ber. Eigentum in Aussicht

- globalfreundlich, mit starkem Bestreben, immer mehr zu handeln und in dieselbe Richtung innerlich zu handeln
- Werbung für die Gemeinschaftsidee, Werbung passender Menschen/Partner*innen... Dann Gemeinschaftsbildung mit Hilfe des Problem-Lösungs-Workshops „Zukunftswerkstatt" und mit „Radikaler Therapie"
- ökolog., selbstverw., linkes Politikverst., feminist., gewaltfrei, spirit., christl., ökumen., buddhist., chaotisch, inneres Wachstum, Meditation, Yoga, Tantra, Sexualität, freie Liebe, Bioernährung, veget., vegan, makrobiot., Bildungsarbeit, Pädagogik, freie Schule, Tagungshaus, Friedensarbeit, Entwicklungshilfe, geistig/psych. Behinderte, körperl. Behinderte, Umweltschutz, Selbstvers., Permakultur, biolog. Landwirt., biolog. Gartenbau, Forstwirt., altern. Energie, neue Technologien, ökolog. Bauen, Humor, freundlich, kooperativ, koedukativ, mediativ, selbstbestimmt, einfach, natürlich, authentisch, individuell, wild leben, politisch konsequent, gemeinwohlorientiert, schenken, teilen, helfen, heilen, Entschleunigung, Gelassenheit, Selbstversorgung, Selbstverwaltung, Kunst, Sozialarbeit, Zukunftswerkstatt, Tagungshaus, Ferienwohnungen, Camping, Medien, Mediation, Supervision, Heilkräuter, Pilze, Radikal-Therapie - RT, Gewaltfreie Kommunikation, Training zur Förderung von Authentizität, Akzeptanz & Respekt - KAART, Fuß-Reflexzonenmassage, Malerei, Basteln, Töpfern, Keramik, Filzen, Teezeremonie, Quellwasser, Erholung, hohe Luftqualität, Wald, Seen, Kurort, Baden, Sport, Hydrobike, Mondscheinfeste

☺

Es gibt eine SOLIDAGO-Bund-Gemeinschaft, mit besonderem Fokus auf Gesundheit, Divestment, Fonds-Bildung und Schenken. Hier wird gelebt, soweit jede*r entwickelt ist, aber mit unterschiedlichem Anspruch daran, an sich und der Realisierung der Idee zu arbeiten.

☺ Liebe, Freundlichkeit, Engagementbereitschaft, Wohlwollen, Kreativität

Sieben Eichen – Mehrgenerationenprojekt

D2

basisdemokratisches & soziales Wohnprojekt in M.V. | 17111 Borrentin

☎ +49-(0)39952 236 67 siebeneichen@t-online.de www.sieben-eichen.com

(bei Rostock, Stettin) ☺

Basisdemokratisches, flächendeckendes und soziales Wohnprojekt in Mecklenburg-Vorpommern mit Häusern verschiedenster Größe, Art und Lage zwischen Müritz, Mecklenburger Seenplatte und Peene bis in den Bereich der Küste: Wohnen & Arbeiten für Singles, Paare, Familien, ältere Personen und WGs.

Wir möchten als gemeinnütziger Verein und durch den Aufbau eines Netzwerkes von Mehrgenerationen-Wohnprojekten, Bildungsangeboten und neuen Kulturorten das regionale Lebens-, Wohn- und Arbeitsumfeld verbessern und den Zuzug in ländliche Räume attraktiver gestalten.

Unsere „Starter-Häuser" ab 2018 für je 10, 20 bzw. 30 Personen sind:

- ‚FAMILIEN'-Haus in großer Gutsanlage mit Park
- ‚GÄSTE'-Haus mit 16 Ferienwohnungen + Restaurant, direkt an der Müritz
- ‚Alte GÄRTNEREI' mit 4,5 Hektar Naturgrundstück (3 Häuser + 1 Neubaufläche) mit Wasserwanderrastplatz an der Peene
- ‚Großer BAHNHOF für Kultur' – Haus mit gemischter & urbaner Nutzung zwischen Malchiner und Kummerower See
- Weitere Häuser (Gutshaus/Wohnscheune & Gutshofanlage)

llungsgenossenschaft proWAL eG i.G.

A8

r Förderung künstlerischer und nachhaltiger Lebensführung

gert 3 | 66625 Nohfelden ☎+49-(0)6852-809 461

info@prowal.org prowal.org

2015 (bei St. Wendel, Birkenfeld) ♀18 ♂8 4 30

d, e, f, i

ökolog., selbstverw., linkes Politikverst., gewaltfrei, spirit., christl., anthroposoph., inneres Wachstum, Meditation, Bioernährung, Bildungsarbeit, Friedensarbeit, geistig/psych. Behinderte, körperl. Behinderte, Tierschutz, Umweltschutz, Selbstvers., biolog. Landwirt., biolog. Gartenbau, biolog. Viehwirt., artgerechte Viehwirt., altern. Energie, neue Technologien, ökolog. Bauen, Humor, barrierefrei

☺

Vor 25 Jahren wurde im nördlichen Saarland der Keim gelegt, eine Waldorfschule zu gründen und eine Lebensgemeinschaft mit Therapeutikum aufzubauen. Im Sommer 2015 hat eine Gruppe von Menschen den Impuls, in Walhausen eine Wohn-, Arbeits- und Lebensgemeinschaft zu gründen, wieder aufgegriffen. Es soll ein Begegnungsort entstehen, an dem die Menschen in gegenseitiger Achtsamkeit und Würde leben, arbeiten und alt werden können. Inzwischen sind wir 30 Menschen und sind dabei, genossenschaftlich eine Fläche von knapp 3 ha in unmittelbarer Nähe zur Waldorfschule und dem Schulbauernhof zu kaufen und dort als erstes unser Begegnungshaus zu bauen mit einer großen Küche, Café und kleinem Ladenbereich, Therapeutikum, Gästezimmern und Büroräumen.
Mit unserem Projekt wollen wir den dörflichen Charakter stärken: Handwerk (Frisörladen, Fahrradwerkstatt, Backstube, Schreinerei) sowie ein Dorfladen-Café sollen wieder ins Dorfleben integriert werden. Wir wollen Dienstleistungen und Kulturangebote für Kinder, Jugendliche, Familien und alte Menschen anbieten. Behindertengerechte Mehrgenerationenhäuser und Wohnbereiche für alte Menschen sollen nach ökologischen und nachhaltigen Gesichtspunkten gebaut werden. Wir wollen Menschen mit Einschränkungen, Krankheiten oder Behinderungen Möglichkeiten bieten, in unserer Gemeinschaft einer sinnvollen Tätigkeit nachzugehen und von der Gemeinschaft mitgetragen zu werden. Es soll ein biologischer Gärtner*innenhof entstehen mit Gemüse, Heilpflanzen und Kräuteranbau, sowie Kleintierhaltung (Ziegen, Schafe, Hühner...).
Es soll ein Ort entstehen, der heilsam in die Umgebung ausstrahlt, indem die Kunst und Schönheit in allen Bereichen lebendig wird. Wir freuen uns über Menschen, die unser Projekt besonders jetzt in der Aufbauphase mitgestalten wollen.

Stamm

C5

Im Oberland 22 | 37269 Eschwege/Eltmannshausen ☎+49-(0)5651-220 814

info@helgebartels.de, kontakt@freie-schule-eschwege.de helgebartels.de

1995 (bei Kassel) 10 % ♀5 ♂5 8 18

d, e, f, sp

alle (Council)

individuelle Finanzierung

Eigentum einzelner, gemietet, usw

keine ideologischen/spirituellen Grundsätze

Garten, Gründung der freien Schule, Bauarbeiten, Organisation und Durchführung von Projekten ökolog., selbstverw., gewaltfrei, inneres Wachstum, Bioernährung, Bildungsarbeit, Pädagogik, freie Schule, Tagungshaus, biolog. Gartenbau, ökolog. Bauen, Humor, Liebe, Spaß, Kunst, Party, Tanz, Kinder

☺

Wir begreifen uns als Stamm, eine ursprüngliche Form von Gemeinschaft in moderner Form. Wir leben in einer Zeit, in der es selbstverständlich geworden ist, Heimatort und Familie zu verlassen und sich ein „eigenes Leben" aufzubauen. Trotzdem sehnen sich viele von uns nach Gemeinschaft, nach Gleichgesinnten - spätestens dann, wenn man selbst Kinder hat und merkt, dass Alltag und Leben leichter und schöner werden, wenn man Aufgaben, Sorgen und auch Freude mit anderen Menschen teilen kann.
Unsere Vorstellung von einem zeitgemäßen Stamm bezieht sich nicht auf einen räumlich eingeschränkten Platz. Verbunden werden Menschen und Orte durch ein Netzwerk, zu dem wir euch einladen möchten. Hier leben einige Stadtflüchter, angelockt von Fülle und Platz dieser Gegend. Raum in Form von Immobilien und Grundstücken gibt es in Hülle und Fülle.
Vieles entsteht hier in der wilden Mitte Deutschlands, aber Verbindungen müssen weiter geknüpft werden. Wir suchen nach motivierten jungen und nicht mehr jungen Menschen, Familien, Kinder, Träumern und Träumerinnen, Machern und Macherinnen, die an eine bessere Welt durch Gemeinschaft glauben, in der auch noch Platz für die eigenen Wünsche und Visionen ist.
Wir leben hier in herrlichster Natur. Dazu gibt es in der Region noch genug Möglichkeiten, den Traum vom eigenen Zuhause zu verwirklichen, um so eine Balance zwischen Individualität und Gemeinschaft verwirklichen zu können.
Der Verein Zukunftsschmiede e.V. gründet eine Freie Schule und einen Naturkindergarten. In Eschwege gibt es ein Künstler*innenprojekt, das Seelenhaus, das ebenfalls im Wachstum ist. Alles zarte Pflänzchen die mit Liebe und Aufmerksamkeit gepflegt werden wollen.

☺ Sympathie

Foto auf Seite 46

Strohplatz

A7

Bitte per E-Mail erfragen | 54411 Rorodt

strohplatz@strohplatz.com

www.strohplatz.com

2012 | 3500 m² (bei Thalfang) | 5 % | ♀1 ♂1 0 | 2

e, niederländisch | 2

eine Person (Konsens)

begrenzte gemeinsame Finanzierung

gemeinsam

Kurse in Selbstversorgung, gewaltfreier Kommunikation und Achtsamkeit

ökolog., gewaltfrei, inneres Wachstum, veget., Bildungsarbeit, Umweltschutz, Selbstvers., Permakultur, altern. Energie, ökolog. Bauen, gewaltfreie Kommunikation, Achtsamkeit

Wir sind eine kleine Siedlung, die sich noch in der Bauphase befindet. Zurzeit geben wir Kurse in Selbstversorgung, gewaltfreier Kommunikation, Permakultur und Achtsamkeit in Deutschland und den Niederlanden. Der gesamte Ort Strohplatz wird so autark wie möglich als Demonstrationsort gebaut. Das Haus hat derzeit 20 Betten als Unterkunft, und der große Schuppen wird als Lehr- und Aufenthaltsbereich genutzt.
Was den Wohnungsbau betrifft, sind wir uns nicht sicher, wo dieses Abenteuer endet. Wir könnten tatsächlich als eine kleine Gemeinschaft mit einigen Familien oder Ähnlichem enden. Im Sommer besuchen viele Menschen den Strohplatz für kurze und längere Zeit.

Wir mittendrin! im PrymPark

A6

Philippstraße 4 | 52749 Düren ☎+49-(0)170-445 22 66
wir-mittendrin@prympark.de wir-mittendrin.prympark.de

2007

- d
- alle (wir sind in soziokratischer Struktur organisiert)
- individuelle Finanzierung — Eigentum aller (GmbH & Co KG)
- keine ideologischen/spirituellen Grundsätze
- selbstverw., Umweltschutz, Mehrgenerationenhaus, Cohousing

Wir mittendrin! Ist eine von sieben Baugruppen der Mehrgenerationensiedlung PrymPark (siehe Eintrag auf Seite 479f) - einer Klimaschutzsiedlung auf einem 30.000 m² großen naturnahen Gelände mit mehreren Gemeinschaftsprojekten – einmalig in Deutschland.
Unser Haus hat 40 Wohnungen für Familien, Paare, Singles und eine WG. Jede*r hat ihre/seine Privatsphäre in der eigenen Wohnung und dazu die Möglichkeit, am Gemeinschaftsleben teilzunehmen. Für mehr Lebensqualität durch gegenseitige Unterstützung im Alltag gibt es großzügige Gemeinschaftsflächen wie einen Gemeinschafts-Speiseraum mit Küche, Werkstatt, Wasch-Café und draußen einen Garten mit Sitzplätzen und Schwimmteich.
Kinder haben viel Platz auf dem autofreien Gelände mit einem Wäldchen und Spielplätzen und drinnen gibt es einen Spiel- und Toberaum. Wir suchen aktuell junge Familien mit Kindern. Fertigstellung: Sommer 2020. Weitere Website: facebook.com/WirMittendrin

☺ Unterstützung des Co-Housing-Gedankens, Einhalten des Altersmixes in der Mehrgenerationengemeinschaft.

WIRklicht

x

64678 Lindenfels/Odw.
leben@wirklicht.de, wirklicht.de/kontakt wirklicht.de

- solidarisch
- Spiritualität, Natur, Gewaltfreiheit, Tiefenökologie, Nachhaltigkeit, Resilienz

WIRklicht will eine „Emanzipatorische Gemeinschaft“ werden, deren Ziele die Überwindung individueller und gesellschaftlicher Entfremdung, Frieden nach innen und außen, Beheimatung und Glück sowie eine nachhaltig intakte Umwelt sind. Wir wollen Teil einer neuen globalen Kultur sein, die das Überleben aller Wesen dauerhaft ermöglichen soll.
Um dies zu erreichen, wollen wir ...
... uns zu einer Gemeinschaft entwickeln, in der wir einander respektvoll begegnen und eine undogmatische, nicht ausgrenzende Spiritualität leben wollen, die unsere Verbundenheit mit allem, was ist, erfahrbar macht,
... selbst ein Leben führen, das von Wertschätzung für den Planeten und alles Leben auf ihm geprägt ist und das den uns nachfolgenden Generationen die Chance auf ein würdevolles Leben einräumt. Durch das Bemühen um eine bescheidene Lebensweise wollen wir den Konsum überflüssiger Güter eindämmen und uns mehr Zeit für tiefe und freudvolle Begegnungen mit uns selbst, mit anderen und der Natur verschaffen,

... widerstandsfähiger (resilient) gegen ein System werden, das auf der Illusion baut, grenzenloses Wachstum sei möglich; das Macht und Reichtum in den Händen Weniger konzentriert; unsere Natur, unsere Rohstoffe und die globalen Menschenrechte plündert und den uns nachfolgenden Generationen und aller Natur die Lebensgrundlagen entzieht. Deshalb ist uns Entwicklung von Autarkie und Vernetzung mit anderen Gemeinschaften wichtig.

✎ Wohngenossenschaft im Schwarzwald

B9

Hegestraße 16/1 | 78609 Tuningen ☎ +49-(0)7464-981 77 25
info@schwarzwald-genossenschaft.de www.schwarzwald-genossenschaft.de

2018 (bei Freiburg) 45 % ♀3 ♂4 7

- d, e
- Mitglieder der Wohngemeinschaft / Genossenschaftsmitglieder (es muss für alle passen, Konsens)
- Eigentum aller/Genossenschaft
- biologisch, naturnah, etwas anarchistisch, lustig und lebensfroh, technikarm
- Betreuung von Senior*innen, biologischer Gemüseanbau, Hühnerhaltung
- selbstverw., anarchist., gewaltfrei, spirit., esoter., anthroposoph., inneres Wachstum, Meditation, Bioernährung, Bildungsarbeit, Tagungshaus, körperl. Behinderte, Tierschutz, Umweltschutz, Selbstvers., Permakultur, biolog. Gartenbau, biolog. Viehwirt., artgerechte Viehwirt., altern. Energie, ökolog. Bauen, Humor, barrierefrei, handyfrei, rauchfrei

☺

Wir sind in der Gründungsphase zur Schwarzwald-Genossenschaft. Ziel ist es, viele lebensfrohe Menschen, die biologisch denken und auch leben wollen, zu vereinen. Nachhaltig leben und die Umwelt schonen, z.B. Kompost-WC, Solarstrom... Tiny-House-Stellplätze wird es geben. Die Häuser sollten autark sein.
Weiter wie bisher ist keine Option. Jede*r tue was sie/er kann, um den Ort an dem sie/er ist und war besser zu machen. WLAN- und handyfrei ist Voraussetzung für den Einzug. Wir wollen betreutes Wohnen für Senior*innen integrieren, ein würdevolles Leben zelebrieren und bieten. Ebenso ist eine Kinderbetreuung angedacht.
Tierhaltung, Hühner und Enten. Biologisch erzeugtes Gemüse und Obst aus dem eigenen Garten. Selbstgemachtes ist ein großes Thema. Wir kaufen so wenig wie möglich zu. Seminare in Bezug auf Politik, Gesundheit, Biologie im Garten, Handwerken usw. Mehr Informationen gibt es immer aktuell auf unserer Internetseite.

☺ Eintritt in die Genossenschaft, biologische Lebensweise, handyfrei

Frankreich

Coogite

C2

32 ter rue de St. Germain | 78260 Acheres ☎+33-(0)663 240 680

coogiteurs@framalistes.org www.coogite.org

2019 ♀4 ♂5 1 10

f, e 1 1

alle betroffenen Bewohner*innen (Konsens) alle

ökologisches Haus

ökolog., Umweltschutz, ökolog. Bauen, partizipatives Wohnen

☺ ( )

COOGITE ist eine Initiative, die auf die Förderung der Energiewende und ihrer sozialen Dimension abzielt, um unseren Kindern in einer dauerhaften umweltfreundlichen Umgebung eine bessere Zukunft zu sichern.

Die COOGITE-Initiative zielt darauf ab, Familien mit niedrigem bis mittlerem Einkommen den Zugang zu positiver Energie und klimaschonenden Gebäuden zu ermöglichen und gleichzeitig ein warmes, freundliches Wohnumfeld in ökologischen Gebäuden zu schaffen.

→Siehe auch Beschreibung des Netzwerks „**Colibris**"

Collectif d'Animation pour l'Habitat Participatif, Coordinaction de l'Habitat Participatif

☺ finanzielle Beteiligung

Ecolieu Langenberg

E2

Chateau Langenberg | 67160 Wissembourg-Weiler ☎+33-(0)388 073 519

contact@ecolieu-langenberg.eu ecolieu-langenberg.eu

2014 20 ha (bei Wissembourg, Hagenau, Karlsruhe)

f, d, e

Generalversammlung der SCIC (franz. Genossenschaft) (Systemisches Konsensieren)

individuelle Finanzierung

Eigentum aller

keine ideologischen/spirituellen Grundsätze

Bau- und Renovierungsarbeiten, Gemüseanbau, Pferdepflege

ökolog., selbstverw., gewaltfrei, Bioernährung, Bildungsarbeit, freie Schule, Tagungshaus, Friedensarbeit, Tierschutz, Umweltschutz, Selbstvers., Permakultur, biolog. Landwirt., biolog. Gartenbau, altern. Energie, neue Technologien, ökolog. Bauen, barrierefrei

☺

Unser „Ecolieu Langenberg" ist ein Wohn- und Lebensprojekt, das Mitmenschlichkeit und öko-

logische Werte an erste Stelle setzt.
Das Landgut „Chateau Langenberg" mit seinen ca. 20 ha Land ist ein wunderbarer Ort, um unser französisch-deutsches Projekt zu verwirklichen. Es liegt verträumt und ruhig und doch nicht sehr weit entfernt von der kleinen französischen Stadt Wissembourg, direkt an der Grenze zu Deutschland. Es ist für Menschen, die Lust haben auf gemeinsames Wohnen und/oder gemeinsame Aktivitäten, solidarisches Miteinander, Vielfalt und kulturübergreifenden Dialog, das Zusammenleben mit Tieren, in engem Kontakt mit der Natur, ein nachhaltiges, nach den Prinzipien der Permakultur gestaltetes Leben.
Ostern 2019 wurde das Landgut gekauft. Danach begann der ökologische Ausbau der vorhandenen Bausubstanz im Schloss mit Gemeinschaftsräumen und ersten Wohnungen. Östlich des Schlosses werden zwölf barrierefreie Niedrigenergiehäuser (Strohballen-Lehmbau) entstehen. Es soll Wohnraum für die unterschiedlichen Wohnbedürfnisse und finanziellen Möglichkeiten geschaffen werden: Häuser und kleine Appartements, aber auch große Wohnungen für Wohngemeinschaften und Einzelzimmer...
Des Weiteren planen wir: Eine Permakultur-Landwirtschaft (2 ha) mit Gewächshaus, einen öffentlich zugänglichen Permakulturpark, eine Pflanzenkläranlage, Unterkünfte im Rahmen eines Öko-Campingplatzes und die Weiterführung der Pferdepension.

☺ ja, Angaben auf persönliche Anfrage

L'Espace des Possibles

D4

Le Riousset | 07150 Vagnas — ☎ +33-(0)650 709 837

info@lespacedespossibles.com — lespacedespossibles.com

2018 — 10 ha (bei Aubenas) — 20-30

- e, f, i, sp
- Nachbarschaften weitestgehend für sich. Bei Fragen der Allgemeinheit: Gemeinschaftliche Entscheidungen. (Konsent in kleinen Gruppen (< 10-15 Personen))
- gemeinsame Finanzierung der geteilten Infrastruktur (Land, Gemeinschaftsgebäude), individuelle Finanzierung der einzelnen Häuser
- die Häuser gehören den Einzelnen, das Land gehört allen
- ebenfalls je nach Nachbarschaft unterschiedlich.
- noch zu beschließen (wahrscheinlich Erzeugung von Nahrungsmitteln, Kunst etc.)
- ökolog., selbstverw., anarchist., linkes Politikverst., feminist., gewaltfrei, biolog. Landwirt., biolog. Viehwirt., Forstwirt., altern. Energie, neue Technologien, ökolog. Bauen, Humor, tiny house, Neo-Nomadismus

☺

L'Espace des Possibles (Der Raum der Möglichkeiten) ist ein kollektiver, selbstverwalteter und ökologischer Raum mit individuellen mobilen Bauten (oder Bauten, welche ohne Aufwand verschoben werden können). Es handelt sich um einen Zusammenschluss von weitgehend unabhängigen Nachbarschaften, mit einer begrenzten Anzahl von Menschen, welche den Alltag zusammen verbringen und Zeit, Ressourcen und Infrastrukturen miteinander teilen möchten. Die gemeinschaftlichen Regeln, welche für alle Mitglieder von L'Espace des Possibles verbindlich sind, dienen dazu, den Raum zu beschützen und sicherzustellen, dass alle friedlich miteinander leben können. L'Espace des Possibles will auch Unternehmen und Non-Profit-Organisationen willkommen heißen, um ein Netzwerk zu bilden für das lokale Ökosystem und um mit der Stadtverwaltung zusammenzuarbeiten und so die Infrastruktur allen zugänglich zu machen.

Es handelt sich um ein inklusives Projekt, welches auch für kleine Budgets offen ist (Monatsbeitrag 250 EUR für die gemeinschaftlich genutzten Räume). Wir sind auch offen für Menschen, die kein Französisch sprechen und heißen Freiwillige willkommen.

- lokale Netzwerke, Partnerschaft mit der Stadt
- ☺ Bedingungen sind von Nachbarschaft zu Nachbarschaft unterschiedlich.

MagnyÉthique

D3

Château de Magny | 69550 Cublize

contact@magnyethique.org www.magnyethique.org

2017 8 ha (bei Amplepuis, Roanne, Lyon) ♀4 ♂3 6 13+

- f, d, e, sp, i
- die Gruppe, Teilentscheidungen in Kommissionen, Plenum (Zustimmung)
- Eigentum der Gesellschaft
- Renovierung, Garten, Tierhaltung, Empfang, Café/Reparatur-Café, Organisation von Events
- ökolog., selbstverw., gewaltfrei, Bioernährung, Umweltschutz, Selbstvers., Permakultur, biolog. Landwirt., biolog. Gartenbau, artgerechte Viehwirt., altern. Energie, ökolog. Bauen, Humor, Coworking, Zimmerei, Bäckerei, fahrradfreundlich, interkulturell, intergenerationell

☺

Wir von MagnyÉthique sind eine kleine Gruppe von Leuten, die sich 2017/18 zusammengefunden haben und die nun Ende 2018 im Begriff sind, einen wunderbaren Ort in der Region Beaujolais Vert zu kaufen. Dort wollen wir bei respektvollem Zusammenleben einen Teil der 8 ha Land mit Permakultur nutzen, einige Tiere halten, ein Café betreiben, Gäste und unterstützende Menschen empfangen, Aus- und Fortbildungen sowie Events organisieren und unseren Projekten und Träumen nachkommen. Dazu gibt es drei Bereiche: einen privaten Wohnbereich, einen geteilten Bereich der Bewohner*innen (Besprechungs-, Werkraum, Musik-, Spiel-, Ruhezimmer...) und einen öffentlichen Bereich (Co-Working, Seminarraum, Stellplatz, Gästezimmer...).
Zum aktuellen Zeitpunkt (Ende 2018) sind wir vier feste Haushalte, zwei weitere sind in der Integrationsphase. Wir planen insgesamt etwa zehn Haushalte. Zudem sollen Stellplätze, Gästeräume u. ä. als vorübergehende Unterbringung entstehen.
Die ersten Monate werden sehr von den Renovierungs-, Aufbau- und Gartenarbeiten geprägt sein. Dazu, wie auch zu allen anderen übrigen täglichen Arbeiten, empfangen wir gerne Unterstützung.
Wir bieten in unregelmäßigen Abständen Tage der offenen Tür an, um uns vorzustellen. Wir sind offen für internationale Partnerschaften, um Erfahrungen auszutauschen, sich gegenseitig zu unterstützen und auszubilden, und um die Öffnung nach außen zu vervollständigen.

- Fabrique des Colibris
- ☺ Akzeptieren der Verhaltens-Charta sowie Teilen unserer Ideen; Grundkapital von Vorteil

Quartier&Co

C1

14 Rue Notre Dame | 76200 Dieppe ☎+33-(0)235 045 998

bocquetmouquet@gmail.com, charlionet.roland@gmail.com

quartierandcodieppe.com

2009 3,5 ha

f, e, sp, d

Unser Verein Quartier&Co arbeitet daran, die Industriebrache „Lebon" in ein aktives Öko-Quartier innerhalb der Stadt Dieppe zu verwandeln. Ökologie, soziale Ökonomie und sozialer Zusammenhalt sind die Werte dieser Öko-Nachbarschaft. Sie will die verschiedenen Bereiche, Dienstleistungen und Infrastrukturen vergesellschaften und die Vorzüge des städtischen und ländlichen Lebens aufzeigen. Die Gruppe von Bürger*innen, welche den Verein Quartier&Co 2009 gegründet haben, beabsichtigt den Unterhalt und den Betrieb des Quartiers nach dessen Fertigstellung weiterzuführen. Die Einzigartigkeit des Projekts hat Quartier&Co dazu befähigt, als Partner der lokalen und regionalen Behörden anerkannt zu werden, wie auch der ADEME (Agentur für nachhaltige Entwicklung und Kontrolle der Energie) und des Ministeriums für nachhaltige Entwicklung.

Die Machbarkeitsstudie wurde gemeinsam mit einer Gruppe von Expert*innen erarbeitet und von lokalen Partner*innen wie auch über ein Crowdfunding finanziert. Sie sieht folgende Projekte für eine erste Realisierungsphase vor: Co-Housing (100 Wohnungen), eine internationale Jugendherberge (Kapazität für 150 Menschen - ein spezialisiertes Sprachzentrum mit biologischem Restaurant), ein palliativ-medizinisches Zentrum für 16 Menschen mit chronisch fortschreitenden Krankheiten sowie ihre Pfleger*innen, einen Bioladen, Gemeinschaftsgärten, eine Einrichtung für den Betrieb und die Koordination der gemeinschaftlich genutzten Einrichtungen sowie die Dienstleistungen zu Hause.

UTOPIA

D4

Eglise vieille, Rue de la mouthe | 30460 Lasalle ☎+33-(0)674 645 934

kaitomarcos@gmail.com

2015 (bei Montpellier) ♀5 ♂6 3 11

f, sp

keine ideologischen/spirituellen Grundsätze

Bildungsarbeit, biolog. Landwirt., ökolog. Bauen, Humor

Gemeinschaftswohnen mit 4 Familien und Kulturraum: Theater, Zirkus, Musik, Kantine, Brico-Café, Konferenzen... In Verbindung mit dem Dorf.

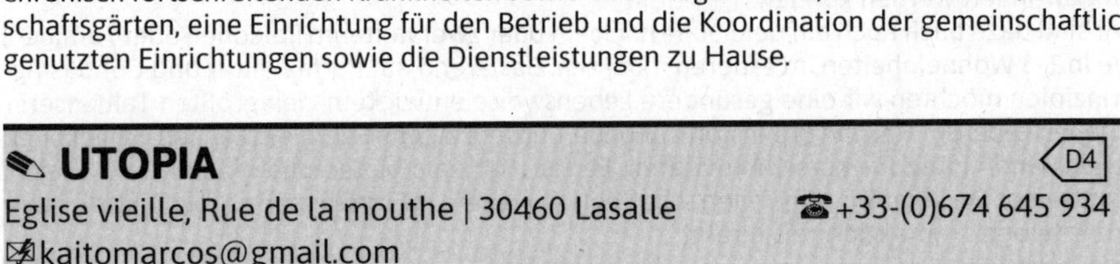

Großbritannien

Coastal Community

B5

Portsmouth, Hampshire UK | Hampshire
+44-(0)778 711 95 66
info@coastalcommunity.org.uk
www.coastalcommunity.org.uk

2016 (bei Exeter, Plymouth)

e
Kollektiv (Konsens) — individuelle Finanzierung
Plan: gemeinsames Eigentum
vegan, ökologisch, biologisch
nachhaltiges Leben, Lebensmittelanbau, Bildungszentrum
ökolog., selbstverw., gewaltfrei, inneres Wachstum, Meditation, Yoga, Bioernährung, vegan, Bildungsarbeit, Friedensarbeit, Entwicklungshilfe, Tierschutz, Umweltschutz, Selbstvers., Permakultur, biolog. Landwirt., biolog. Gartenbau, biolog. Viehwirt., Forstwirt., altern. Energie, neue Technologien, ökolog. Bauen, gesundes Leben

☺

Wir sind eine kleine Gruppe von Veganer*innen, die eine gemeinsame Öko-Gemeinschaft in Süd-Devon, England gründen wollen. Derzeit unterhalten wir uns viel über Möglichkeiten, dabei haben wir stets ein Auge auf den Immobilienmarkt. Idealerweise sind wir auf der Suche nach einem kleinen Bauernhof mit Nebengebäuden, die in separate Wohneinheiten umgewandelt werden können.
Wir sind dazu auch noch auf der Suche nach ein oder zwei weiteren Personen oder Familien, die in 1-3 Wohneinheiten investieren möchten. Basierend auf Permakultur und Cohousing-Prinzipien möchten wir eine gesündere Lebensweise entwickeln: den größten Teil unserer eigenen Lebensmittel und Brennstoffe anbauen, unsere eigene Energie erzeugen, Fähigkeiten teilen, einen Platz für Kurse, Aktivitäten, Ferien, Retreats bieten und einen reichhaltigen, biodiversen Waldgarten zum Teilen schaffen. Für weitere Informationen besucht bitte unsere Website oder kontaktiert uns direkt!

Cohousing Hafan Las

B4

Pant y Maen, Llangolman, Clunderwen | Pembrokeshire SA66 7Xj
+44-(0)1437-532 575
info@cohousinghafanlas.org.uk
www.cohousinghafanlas.org.uk

e, walisisch
Mitglieder (Konsens) — individuelle Finanzierung
keine ideologischen/spirituellen Grundsätze
ökolog., selbstverw., linkes Politikverst., feminist., gewaltfrei, veget., Permakultur, biolog. Gartenbau, barrierefrei, gewaltfreie Kommunikation

☺

Wir möchten eine Öko-Cohousing-Gemeinschaft in West Wales entwickeln, die zum einen aus schadstoffarmen, erschwinglichen Häusern und zum anderem aus einem guten Mix von Menschen in verschiedenen Lebensphasen besteht - und dabei auf eine aktive Beteiligung aller Altersgruppen an Gründung und Verwaltung der Gemeinschaft Wert legt. Mindestens

⅓ der Menschen sollen über 50 Jahre alt sein und wir wollen älteren Menschen helfen, bis ins hohe Alter aktiv zu leben. Wir wollen eine Kultur schaffen, in der dem emotionalen, physischen, psychischen und spirituellen Wohlbefinden der Menschen sowie der Pflege unserer Erde Aufmerksamkeit geschenkt wird. Wir werden ein offenes und transparentes Kommunikationssystem implementieren, das das Modell der gewaltfreien Kommunikation (gfK) und Methoden der Konsensbildung verwendet. Alle Mitglieder können an Schulungen in den beiden Bereichen teilnehmen. Wir wollen einen nachhaltigen Lebensstil führen, d.h. Ressourcen recyclen und teilen, und darüber hinaus positive Wege für den Umgang mit menschlichen und gewerblichen Abfällen finden, sowie eine Rechtsform, die jeder/jedem den Kauf oder die Miete von Wohnungen ermöglicht.
Es wird 20 oder mehr individuelle Haushaltseinheiten sowie ein großes, gemeinsam genutztes Gemeinschaftshaus geben. Jede Person oder Familie wird einen einfachen, privaten Wohnraum mit ein bis drei Schlafzimmern haben und sich mit anderen Familien ein großes Gemeinschaftshaus teilen. Die Mitglieder werden in die Planung und den Bau miteinbezogen, mit dem Ziel, umweltfreundliche Gebäude zu schaffen, die die angestrebte ökologische Nachhaltigkeit in allen Bereichen des täglichen Lebens ermöglichen.

UK Cohousing Network, Permaculture Wales

☺ mit unserer Vision, Mission und Zielen übereinstimmen. Finanzielle, rechtliche und gruppenbezogene Bestimmungen

Cohousing Harrow

D5

26 Dukes Avenue | Harrow HA1 1XW ☎+44-(0)790 613 73 03

cew.acc.ukcn@woodbridge.f9.co.uk

e, f, (sp) (bei London)

alle (Konsens) beschränkte gemeinsame Finanzierung

ökolog., selbstverw., nachhaltig, generationsübergreifend, inklusiv

☺

Cohousing Harrow befindet sich noch im Stadium der Bildung einer ausreichend großen Gruppe von Menschen aus der Gegend, die dann aktiv an der Entwicklung von Wohnprojekten in der Region Harrow arbeiten werden. Wir veranstalten derzeit Informationsveranstaltungen und nach und nach finden sich interessierte Personen. Wir beabsichtigen, zwischen 20 und 30 Wohnungen zu bauen, die erschwinglich sind und bleiben sollen. Unsere wichtigsten Werte sind Gemeinschaft, Nachhaltigkeit und Inklusivität. Wir sind Teil von Cohousing London, einer Gruppe in London, die die Entstehung von Wohnprojekten in ganz London koordiniert.

Cohousing London, UK Cohousing Network

Hope House Ko-Thriving

C5

Kompany of Intentional Lifestyle Designers | Bristol

asha100hope@gmail.com https://autopia.co/a/hopehouse/apply

https://www.facebook.com/groups/hopehousekothriving

2019

Freude an der körperlichen, geistigen, emotionalen, spirituellen, sozialen und finanziellen Gesundheit und Vitalität, Bereitschaft, unsere persönliche Mission und unseren persönlichen Ehrgeiz zu finden, erweitern und/oder zu erfüllen inneres Wachstum, Meditation, Bioernährung, neue Technologien, Ernährung, ketogene Ernährung, Fitness, Selbstentwicklung, Gesundheit, Automatisierung, generationsübergreifend, Hacking, Veränderung, Neugestaltung des Lebensstils

☺ (✋✋)

Als „Hope House Ko-Thriving" leben wir zusammen, um uns gegenseitig zu inspirieren und zu unterstützen, indem wir gemeinsam einen bewussten Lebensstil gestalten und praktizieren, der durch ein innovatives Verständnis unseres HOS* geprägt ist. Wir tun dies insbesondere, um an uns selbst und füreinander zu arbeiten und Folgendes zu erreichen:
(a) die Freude an der körperlichen, geistigen, emotionalen, spirituellen, sozialen und finanziellen Gesundheit und Vitalität zu kultivieren und
(b) das Abenteuer zu beginnen und/oder voranzutreiben, das zu verwirklichen, was unsere persönliche, tiefste oder wildeste Mission und Ambition ausmacht.
Komm zu uns, wenn du:

- deine persönlichen Gesundheits-, Missions- und Ambitionsziele definiert hast und bereit bist, einen Lebensstil zu entwerfen, der es dir ermöglicht, sie zu erreichen
- mit inspirierenden, motivierten Menschen zusammenleben möchtest und andere wiederum inspirieren willst
- wertschätzen und dazu beitragen willst, in einer Gruppe zusammenzuleben und ihre Vorteile zu genießen: finanziell, persönlich & sozial
- positiv mit den Herausforderungen des Zusammenlebens umgehen und dies als Gelegenheit zum Lernen betrachten willst
- deinen Einfluss einbringen willst, um unsere co-kreative Reise zu gestalten
- du mit Organisation, Strukturen, Verfahren und Werten vertraut bist, die von unschätzbarem Wert sind, um einen dauerhaften Wandel in unserem Lebensstil zu schaffen und ein funktionierendes gemeinsames Gedeihen zu schaffen
- digitale Kommunikations- und Automatisierungstechnologien nutzen willst, die speziell entwickelt wurden, um Lebensstiländerungen zu ermöglichen und ein funktionierendes gemeinsames Gedeihen zu ermöglichen.

*Human Operating System: der Begriff, den wir für eine analytische Konzeptualisierung der Funktionsweise unseres Körpers und unseres Geistes erfunden haben, die wir messbar machen und dadurch hacken können (d.h. beeinflussen, verändern, für unsere Zwecke anpassen).

☺ Bewerbungsprozess

KindaVillage

B4

Glanrhyd y Pysgod | Pencader SA399LX ☎ +44-(0)1559-395 253
admin@kindavillage.org kindavillage.org

2017 32 ha (bei Carmarthen, Swansea) 3

e 6

gemeinsame Finanzierung best. Ber.

Gesellschaft mit beschränkter Haftung

Freundlichkeit

soziale Arbeit, ökologischer Gartenbau, Retreats und Wohlbefinden

selbstverw., gewaltfrei, inneres Wachstum, veget., vegan, Friedensarbeit, Tierschutz, biolog. Landwirt., biolog. Gartenbau, biolog. Viehwirt., altern. Energie, ökolog. Bauen, Bau, Humor, rauchfrei, soziale Arbeit, Handwerk, Therapie, Kunst, Medien

☺

KindaVillage ist ein visionäres Projekt nach den Werten der Wohltätigkeitsorganisation „The Missing Kind“ (tMK), einer Entwicklung unserer ersten nachhaltigen „Kindness Community“. Mit Wohlbefinden und Genügsamkeit im Herzen ist KindaVillage ein innovatives Zentrum für sozialen und ökologischen Wandel, das die lokale Gemeinschaft unterstützt, nationale Initiativen entwickelt und den globalen Wandel inspiriert.
Für die Umsetzung suchen wir fokussierte, tatkräftige, leidenschaftliche und engagierte Pionier*innen, Freiwillige und kooperierende Sozialunternehmer*innen, die auf der Suche nach einer freundlicheren und ausgewogeneren Lebenswelt sind. Wir suchen auch Sponsor*innen und Unterstützer*innen mit Herz und Verstand, die uns helfen, unsere Vision zu verwirklichen. Unser Aufruf richtet sich an diejenigen, die ein soziales oder ökologisches Projekt, eine Leidenschaft und ein Engagement für Freundlichkeit haben, diejenigen, die Ressourcen und Gemeinschaft benötigen, um die Realisierung ihres Projekts zu unterstützen, und diejenigen, die ein Projekt unterstützen möchten, das ein positiveres und nachhaltigeres Lebens- und Arbeitsmodell für uns alle schafft.

The Missing Kind
☺ Freiwilligentätigkeit vorab

Rubha Phoil

Armadale Pier Road | Isle of Skye, IV45 8RS ☎+44-(0)7393-830 403
info@earth-ways.co.uk www.earth-ways.co.uk

2016 8

Permakultur auf natürlicher Grundlage

☺

Nach vielen Jahren der Suche nach einem geeigneten Ort für eine kleine Permakulturgemeinschaft können wir endlich die Geburt einer neuen Gemeinschaft in einem Paradies auf der Insel Skye bekannt zu geben: Rubha Phoil. Rubha Phoil hat das volle Potential, eine wunderschöne, reichhaltige, naturnahe Permakultur-Gemeinschaft zu werden. Es gibt viele Entwicklungen; schaut regelmäßig auf unsere Website: earth-ways.co.uk/rubha/

☺ erfolgreicher Aufnahmeprozess

Irland

Enriched Earth Ecovillage

Glenballythomas | F45 WK18 Tulsk
EnrichedEarth@gmail.com www.EnrichedEarth.org

(bei Boyle)

e, irisch
ökolog., inneres Wachstum, Bildungsarbeit, Pädagogik, Friedensarbeit, Entwicklungshilfe, Umweltschutz, Selbstvers., Permakultur, biolog. Landwirt., biolog. Gartenbau, altern. Energie, neue Technologien, ökolog. Bauen, Humor, barrierefrei, keltische Kultur

ENRICHED EARTH

☺

Wir arbeiten daran, ein Bildungs- und Ökodorf in North Roscommon aufzubauen und darüber hinaus träumen wir davon, eine Reihe von Ökodörfern in ganz Irland zu begründen. Wir versuchen derzeit auch einen Bündelungsansatz, im Zuge dessen wir (in Partnerschaft mit GEN) als Dachverband für bestehende Öko-Projekte, Unternehmen und kleine Initiativen und Interessierte fungieren werden.
Unser Logo stammt aus dem alten druidischen Baum-Alphabet.

Italien

Bad Oberhaus

Vertigen 29 | 39020 Partschins ☎+39-339 831 31 89
ewald.thaler@gmail.com

2013 22 ha 20+ % ♀1 ♂1 0 2

d, i, e 1 1
Eigentümer*innen bzw. finanziell Beteiligte (in Absprache)
müssen wir gemeinsam finden Eigentum einer Person
keine Dogmen. Ziel: in natürlicher Harmonie eigenständiger zu leben
Verbesserung der Selbstversorgung und Unabhängigkeit; Holz; Steinmauern sanieren; Garten
linkes Politikverst., gewaltfrei, inneres Wachstum, Bioernährung, Pädagogik, Selbstvers., Permakultur, biolog. Gartenbau, artgerechte Viehwirt., Forstwirt., ökolog. Bauen, Humor, Betrieb von Brettersäge, Transportseilbahnen, Kultplatz

☺

Das abgelegene Oberhaus befindet sich in den Bergen Südtirols, auf 1200 Meter Höhe, im Wald. Wir haben 20 Hektar Land, ein großes Wohnhaus und einen Stall (im Bau). Ziel ist, so autonom wie möglich zu funktionieren, unabhängig von Geld und Gesellschaft. Das gelingt teilweise durch privaten Garten, eigene Schafe, Holzverarbeitung, mitarbeitende Gäste und Tourismus. Teilweise arbeiten wir im Tal oder Stadt. Wir versuchen mit 5-6 Personen oder 3 Familien zusammen zu leben. Es gab und gibt seit 2010 zudem verschiedene temporäre

Gemeinschaften von Helfer*innen (Workaway, Helpx). Wir haben vor eine Gemeinschaft zu sein, in der wir in Zusammenarbeit den Bauernhof führen und unterstützen wollen. Jede*r bringt seine/ihre eigene Expertise und Verantwortlichkeit ein. Was wir teilen ist die Freude an der Natur und der Wunsch, ein Leben in gegenseitiger Harmonie und Freiheit zu führen.
Es handelt sich um einen Ort mit vielen Möglichkeiten, von Wald umgeben, ohne Zufahrt, eine fruchtbaren Oase inmitten bester Trinkwasserquellen (ca. 20 l/s).
Der Ort ist abgelegen. Man muss ca. 20 Min zu Fuß laufen.

☺ realistisch (nicht esoterisch), naturverbunden, motiviert zur Eigenständigkeit, gesellschaftsfähig

✎ Casa del Sole

☎+39-388 063 87 50
✉casa.del.sole.ne@gmail.com 💻casa-del-sole.wix.com/casadelsole

2002 | 2 ha (bei Genua) | ♀1 ♂1 1 3

☺

Das Casa del Sole wurde 2002 gegründet, mit dem Plan, einen Ashram oder ein Yoga-Zentrum mit dazugehöriger landwirtschaftlicher Produktion zu schaffen. Später suchten wir nach Mitgliedern, um eine kleine Gemeinschaftsfarm zu gründen. Im Sommer leben und arbeiten derzeit drei Menschen in der Sonne (2019 sind wir 2 Erwachsene und ein 10-jähriges Mädchen), aber der Ort bietet so viel mehr: Es hat in der Vergangenheit viele Leute gegeben, die mit uns in Casa del Sole gelebt und gewirkt haben, auch für längere Zeiträume. Wir möchten eine kleine, aber entschlossene Gemeinschaft oder Gruppe von Menschen werden, die ganz oder zumindest regelmäßig im Casa del Sole leben, hier zusammen arbeiten und ihr Leben teilen.
Casa del Sole ist umgeben von der atemberaubenden Natur des ligurischen Hinterlandes, nur 13 km vom Meer entfernt. Es gibt bei uns einen Olivenhain (6.000 m^2), einen Kastanienwald (2.500 m^2) und einen Gemüsegarten (3.000 m^2), sowie normalen Wald und Obsthaine. Wir leben einen halben Hügel oberhalb eines Tals namens Vall Garibaldo, das Wetter ist immer mild, niemals zu heiß oder kalt, der Boden ist terrassenförmig angelegt und liegt gen Süden, dem Grund entspringen zwei Quellen mit frischem Wasser und wir pflegen eine gute Nachbarschaft.
Wir sind Veganer*innen/Vegetarier*innen, Nichtraucher*innen und praktizieren Yoga und Meditation bei Sonnenaufgang und Sonnenuntergang. Wir suchen nach bewusst lebenden Menschen, die sich gemeinsam organisieren wollen und möglicherweise Teile unserer Einstellungen teilen.

✎ Cohousing Sosozono

Via Ponte Pellegrino, 39/B | 81040 Pontelatone
💻www.sosozono.com

Das Hauptziel des Projekts ist es, die Umweltzerstörung zu stoppen und rückgängig zu machen und somit zu einer Zukunft beizutragen, in der die Gemeinschaft im Einklang mit der Natur leben kann. In unserem Cohousing-Projekt kann eine Gemeinschaft von Menschen leben, um Lebens-, Arbeits- und Sozialerfahrungen auszutauschen und auch die Jugend der zukünftigen Bewohner*innen-Generation hervorzubringen.
Unser Cohousing-Projekt umfasst 3-6 Familien, die als ökologisch nachhaltige Gemeinschaft zusammenleben und einige Räume gemeinsam nutzen und bewirtschaften - und so wirtschaftliche Einsparungen und ökologische und soziale Vorteile erzielen, wobei sie dabei nur die Ressourcen des Ortes nutzen und Impulse für ein globales Umweltbewusstsein geben.
Cohousing entwickelt sich zu einer ernsthaften Nachhaltigkeitsstrategie: Auf der einen

Seite fördert die gemeinschaftliche Planung und Nutzung von Räumen, Ausstattung und Ressourcen das soziale Zusammenleben und die Wahrnehmung zwischen den Individuen, auf der anderen Seite fördert diese Praxis zusammen mit anderen Ansätzen (wie gemeinsamen Einkaufsgruppen, Carsharing oder gemeinsam genutzten Dienstleistungen) Energieeinsparungen und reduziert die allgemeine Umweltbelastung der Gemeinschaft.

✎ Community Sicily

Via dei Platani, 12 | 91022 Castelvetrano-Selinunte ☎+39-388 446 24 92
✉infoegeria@virgilio.it

Unsere Gemeinschaft ist momentan (2019) eher eine Gruppe spiritueller Forscher*innen. Wir sind aber dabei, an einem Ort bei Seliunte ein Co-Housing-Projekt auf den Weg zu bringen, in dem wir unsere Ziele bezüglich der Umwelt, der Natur und der Erde gemeinsam verwirklichen können.

✎ Dangri

Dangri | 22010 Peglio ☎+39-0344-898 17
✉paulus.joerg@gmx.de

1979 1 ha (bei Lugano, Como) 55 % ♀1 1

d, i, e, (f)

teils gekauft, teils gepachtet

offen spirituell

Garten, Holz machen, Feriengäste, Gelände pflegen

ökolog., gewaltfrei, spirit., inneres Wachstum, Meditation, Bioernährung, veget., Selbstvers., altern. Energie

☺

Dangri ist ein kleiner, abgelegener Platz in den norditalienischen Bergen, oberhalb des Comersees auf 650 m, weitgehend frei von Elektrosmog. Zwischen großen, alten Esskastanienbäumen liegen verstreut mehrere Natursteinhäuschen. 6 davon sind ausgebaut zum Wohnen. 100 m unterhalb fließt ein klarer Bergfluss, in dem man im Sommer baden kann.
Ich (Lisa) lebe seit 1979 hier. Anfangs waren wir eine Gruppe von 4 Erwachsenen und 2 Kindern und gingen im Sommer mit Ziegen auf die Alm. Die Schwerpunkte heute sind einfaches Leben, Selbstversorgung (ohne Nutztiere), Feriengäste und spirituelle Ausrichtung. Es gibt 2 Quellen mit frischem Wasser, 12-Volt-Strom von 2 Solarzellen und kleiner Wasserturbine und biologisch bewirtschaftete Obst- und Gemüsegärten. Im Dorf vermiete ich 2 helle Ferienwohnungen. Im Sommer kommen Menschen zum Mithelfen gegen Kost und Logis und Feriengäste, die eins der Natursteinhäuschen mieten oder mit Blick auf den Fluss zelten. Wir machen gerne Lagerfeuer mit plaudern, singen und Musik machen.

Ich wünsche mir tatkräftige, offene Menschen mit Interesse an Selbstversorgung und innerem Wachstum, die sich hier ein Natursteinhäuschen mieten/kaufen und sich eine Lebensgrundlage aufbauen möchten.
Ich stelle mir eine Mischung aus Nachbar-

schaft und Gemeinschaft vor, gegenseitige Unterstützung und Bereicherung, Teilen von freudvollen Dingen wie Musik machen, singen, Ausflüge, Meditationen... Ich freue mich auf Dich/Euch - Lisa (bitte nur telefonisch melden, E-Mails werden nur selten angeschaut!)

☺ tatkräftig, Interesse an teilweiser Selbstversorgung

Il Cerchio Sacro

Via Roma 3 | 60048 Serra San Quirico (AN) ☎+39-334-798 6 566
schiastam@gmail.com www.ilcerchiosacro.it

2006 6,5 ha (bei Ancona) ♀1 1

i
Eigentum einer Person
Gartenbau, bauen
ökolog., spirit., inneres Wachstum, Bioernährung, veget., Selbstvers., ökolog. Bauen

Der „cerchio sacro“ („Heiliger Kreis“) ist zuallererst ein Ort, an dem man zur Wildnis zurückfinden und sich auf den Wandel vorbereiten kann und wo Respekt vermittelt sowie Tiefenökologie gelebt wird, mit dem Ziel, sich wieder mit Mutter Erde zu verbinden. Darüber hinaus ist der „cerchio sacro“ ein spirituelles Ökodorf.
Es ist ein magischer Ort, wo jede*r in Liebe sein Leben ändern kann. Der Ort ist ein mystisches Portal und dient seit Jahren als Zentrum für Retreats und spirituelle Heilung, als Beispiel für nachhaltiges Leben, als Naturschule, Zentrum des Ökotourismus und von Umweltbildung. An diesem Ort soll ein locker gestreutes spirituelles Ökodorf entstehen, welches mit Menschen zusammen aufgebaut werden soll, welche dieses Gedankengut vollumfänglich teilen. Es soll aber auch ein Ort werden für Menschen, die experimentieren wollen und sich auf einen neuen Lebensstil vorbereiten: alternativ, nachhaltig, selbstversorgend und viel mehr...

☺ Bereitschaft zu Mitarbeit

Lo spazio delle impronte

Via Sopramuro n.66 | 29121 Piacenza ☎+39-348-035 37 84
cohousingtuttipiuuno@libero.it, cohousingimpronte@libero.it
www.terranuova.it/MappaEcovillaggi/PROGETTI-COHOUSING/Lo-spazio-delle-impronte

ökolog., feminist., gewaltfrei, Tiere

Der „Raum der Fußspuren“ ist ein Cohousing-Projekt, das die Vorteile von Zusammenwohnen und Zusammenarbeit mit einer eventuellen Hilfe bei der Pflege der Tiere zu verbinden versucht. Die Initiative ist noch in Planung und kann noch nicht besucht werden. Das Projekt beinhaltet den Bau von Wohneinheiten mit jeweils einem geschützten Garten, der von Ihrem Haustier frei und sicher genutzt werden kann, sowie einem Gemeinschaftsraum und Gemeinschaftsdiensten. Eine Struktur, die die Individualität Ihres Hauses und Ihrer Lebensweise bewahrt und Sie gleichzeitig sozial eingebunden sein lässt. Die Initiative steht als alternatives Wohnmodell allen offen, auch denen, die nicht mit Tieren leben. Sie soll zu einer vielfältigen und generationenübergreifenden Gemeinschaft führen.

Pian del Rosso

località pian del rosso 52 | 19028 Varese Ligure ☎+39-333 913 02 28
piandelrosso@gmail.com https://piandelrosso.wordpress.com

2015 13 ha (bei La Spezia) >30 % ♀1 ♂1 1 3

e, i, sp 1 2

alle Betroffenen (in Zukunft im Konsens) individuelle Finanzierung

Das Land soll von einer Landwirtschaftsgesellschaft verwaltet werden.

keine Dogmen

Permakultur, Kleinproduktion, Kunst und (Kunst-)Handwerk, Kultur

ökolog., selbstverw., spirit., inneres Wachstum, Meditation, Yoga, veget., vegan, Bildungsarbeit, Tierschutz, Umweltschutz, Permakultur, biolog. Landwirt., biolog. Gartenbau, biolog. Viehwirt., Forstwirt., altern. Energie, neue Technologien, ökolog. Bauen, Humor, barrierefrei, lernen, Kunst, Medien, inneres Wachstum, Schönheit

☺

Wir planen ein Hausprojekt, das auf einer gemeinsamen Vision von mehr Nachhaltigkeit, gemeinsamen Ressourcen und ökologischer Lebensmittelproduktion ohne Mitarbeitszwang basiert. Wichtige Themen sind Kultur, Kunst, Handwerk, persönliche Freiheit durch Kostensenkung. Mehr Infos auf unserer Website.

☺ Menschen, die Nachhaltigkeit und Ökologie suchen und bereit sind, in den Ort zu investieren

Urbeto

Via Savonarola 39 | 46034 Borgovirgilio ☎+39-328-584 45 59
perchiara@alice.it www.urbeto.it

e, i (bei Mantova)

ökolog., gewaltfrei, spirit., inneres Wachstum, Pädagogik, Tagungshaus, Friedensarbeit, Entwicklungshilfe, Tierschutz, Umweltschutz, biolog. Landwirt., biolog. Gartenbau, altern. Energie, neue Technologien, ökolog. Bauen, Humor, barrierefrei, Bahá'í-inspiriert

Urbeto ist noch ein geplantes Projekt. Wir möchten einen Ort schaffen, an dem wir Schwierigkeiten durch Beratung und Respekt vor unseren Unterschieden überwinden können. Dafür sind wir von den Lehren und Prinzipien der Bahá'í inspiriert.
Für die Privathäuser möchten wir eine neue Art von Architektur mit einem 3D-Drucker verwenden und andere ökologische Strategien für die Gemeinschaftsgebäude - auch wegen der geringeren Kosten. Wir hoffen, dass wir viele junge Paare mit Kindern mit guter Energie und auch ältere Menschen mit Erfahrung und Weisheit haben werden. Wir beabsichtigen, uns um all diese Menschen in spiritueller und, wenn möglich, auch in materieller Hinsicht

zu kümmern. Wir beabsichtigen, Co-Working-Möglichkeiten für junge Menschen und einen sicheren Ort für alte Menschen zu schaffen. Wir planen Bildungsprojekte für Kinder und auch für Jugendliche und Erwachsene. Wir möchten organisch Gemüse und Obstbäume, Pflanzen und Blumen anbauen. Tiere sind für uns wichtig.

Kroatien

Eko Centar Latinovac

Latinovac 11 | 34350 Latinovac-Caglin ☎+385-(0)958 525 498
ekocentarlatinovac@gmail.com www.ekocentarlatinovac.hr

1995 5 ha (bei Pozega, Dakovo) 10 % ♀2 ♂2 1 5

e, d,kroatisch 3

die Gruppe (Mehrheitsentscheidung) individuelle Finanzierung

Miete, Eigentum einiger Mitglieder

Permakultur, Bildungsarbeit, Soziale Engagement

ökolog., gewaltfrei, veget., Tagungshaus, Umweltschutz, Selbstvers., Permakultur, biolog. Landwirt., biolog. Gartenbau, ökolog. Bauen, Humor

☺

Unsere Gemeinschaft heißt Eko Centar Latinovac. Sie wurde 1995 in Latinovac, Kroatien, gegründet und ist seit 1998 offiziell eingetragene NGO. Seit seiner Gründung hatte das Eko Centar Latinovac viele Ziele, von Friedensarbeit über persönliches Wachstum bis hin zu Umweltaktivismus oder Bewusstseinsbildung. In den letzten fünf Jahren basierten unsere Aktivitäten hauptsächlich auf Permakultur, Entwicklung der lokalen Gemeinschaft, Arbeit mit Jugendlichen und Freiwilligenarbeit.
Über das gesamte Jahr hinweg beherbergen und beschäftigen wir mehrere internationale Freiwilligengruppen. Alle Aktivitäten basieren, ganz im Sinne des Konzeptes des lebenslangen Lernens, auf einem Praxis- sowie einem Bildungsanteil. Unsere aktuellen Handlungsschwerpunkte sind derzeit: Zur Gemeinschaftsentwicklung beitragen, sich mit der lokalen Bevölkerung vernetzen, Möglichkeiten für ein besseres Leben und eine bessere Zukunft schaffen und allen Generationen eine höhere Lebensqualität ermöglichen.

☺ ideologisch

Luxemburg

Adhoc Adhoc habitat participatif s.c.

6 Rue Vauban | 2663 Luxembourg ☎+352-691 664 823
mail@ad-hoc.lu ad-hoc.lu

2014 3700 m² 5 % 60-70

d, e, f, luxemburgisch, polnisch keine(r) keine(r)
alle Betroffenen gemeinsam ((systemischer) Konsens)
Eigentum aller via Genossenschaft
keine
die Haupttätigkeit der Genossenschaft ist es, ihren Mitgliedern bezahlbaren Wohnraum zur Verfügung zu stellen - andere Tätigkeitsbereiche in Bezug auf die Gewerbegebiete sind zu definieren.
ökolog., selbstverw., gewaltfrei, anthroposoph., Tagungshaus, Umweltschutz, biolog. Gartenbau, altern. Energie, ökolog. Bauen, Bau, Humor, barrierefrei

☺

Bei Adhoc geht es darum, eine Alternative zu den bestehenden Wohnmodellen in Luxemburg zu schaffen. Der Schwerpunkt liegt auf dem gemeinsamen Leben/Co-Wohnen. Die zukünftigen Bewohner*innen werden sich an der Mitgestaltung der Gemeinschaftsräume und der privaten Lebensräume beteiligen. Sie teilen auch Werkzeuge und können sich an (nachbarschaftlichen) Gemeinschaftsaktivitäten beteiligen.
Das Projekt unterstützt die Schaffung sozialer Bindungen sowie die Förderung von Austausch und Solidarität zwischen den Bewohner*innen und innerhalb der Gemeinschaft. Ein weiteres Ziel des Projekts ist die Schaffung von bezahlbarem Wohnen durch eine optimale Nutzung der verfügbaren Wohnfläche, alternative Finanzierungsmodelle und Selbstmanagement. In diesem Sinne wird das Projekt als gemeinnützige Organisation geführt. Darüber hinaus bietet es soziale, aber auch wirtschaftliche, praktische und ökologische Vorteile.
Die Rechtsform des Projekts ist eine (Wohn-)Genossenschaft. In einer Genossenschaft sind alle Mitglieder in Bezug auf das Stimmrecht und die Teilnahme am Entscheidungsprozess gleichberechtigt. In Bezug auf das Eigentum sind die Bewohner*innen gleichzeitig Miteigentümer*innen des von ihnen bewohnten Wohngebäudes und Mieter*innen ihres Privatraums. Das Kollektiv arbeitet derzeit an der Umsetzung seines ersten Wohnprojekts auf dem Kirchberg (Luxemburg-Stadt).

☺ sowohl finanziell als auch ideologisch, wobei der ideologische Teil wichtiger ist

Niederlande

Allemansland

Berkenstraat 55 | 5753 GJ Deurne ☎+31-(0)6-228 858 88
welkom@allemans.land allemans.land

2 ha ♀15-20 ♂10-15 20-25 45-60

holländisch, e

alle Menschen, die in Allemansland leben (Soziokratie (Konsens-Methode))
individuelle Finanzierung
jede*r kauft ein eigenes Haus, es gibt ein geteiltes Gemeinschaftshaus
keine ideologischen/spirituellen Grundsätze
noch nicht bekannt
ökolog., selbstverw., Selbstvers., Permakultur, biolog. Landwirt., biolog. Gartenbau, artgerechte Viehwirt., neue Technologien, Soziokratie, intrinsische Motivation

☺

Weniger Häuser, mehr Leben. Im Einklang mit der Natur leben. Ein Platz, um sich am Leben zu erfreuen. Dein eigenes idyllisches schwedisches Holzhaus, gleichzeitig auch mit anderen zusammen sein. Aufräumen. Entscheidungen gemeinsam treffen. Ein Küchengarten, ein Kräutergarten, ein Streichelzoo, ein natürlicher Kinderspielplatz, Menschen unterschiedlichen Alters.
Allemansland ist eine soziokratische, ökologische Gemeinschaft im Südosten der Niederlande. Rund 20 idyllische schwedische Holzhäuser, vervollständigt durch ein Gemeinschaftshaus. Allemansland will andere Menschen inspirieren und organisiert Veranstaltungen aller Art. Es unterstützt auch den Austausch mit anderen Projekten und bietet die Gelegenheit, das Leben in Allemansland vorübergehend zu erfahren.

☺ Übereinstimmung mit unserer Vision und Bereitschaft, diese umzusetzen

Anastasiadorp

Geraniumstraat 34 | 9581 BP Musselkanaal
☎ +31-(0)15-257 69 97, +31-(0)6-832 832 78 (mobile)
anastasiadorp@gmail.com anastasiadorp.nu

2006 (bei Emmen) 120 %

d, e, niederländisch
alle Betroffenen (Abstimmung) gemeinsame Ökonomie
die Dorfbewohner*innen besitzen das Dorf.
einen Raum der Liebe schaffen, wie Anastasia uns lehrt
Familienlandsitze aufbauen
ökolog., selbstverw., gewaltfrei, inneres Wachstum, veget., freie Schule, Entwicklungshilfe, Tierschutz, Umweltschutz, Selbstvers., Permakultur, biolog. Landwirt., biolog. Gartenbau, Forstwirt., altern. Energie, ökolog. Bauen, Humor, rauchfrei, Lebendiger Zaun, Waldgarten, Wassermanagement, Raum der Liebe, Anastasia

☺

Anno 2004 erscheint die niederländische Übersetzung des Anastasia-Buches von Vladimir Megré. Der Inhalt inspiriert viele Leser*innen dazu, diese Vision zu verwirklichen und sich im wirklichen Leben zu treffen, unter anderem zur Verwirklichung der in den Büchern genannten Familienlandsitze. In den folgenden Jahren wurde diese Idee, die von einer Gruppe junger und älterer Menschen unterstützt wurde, von den örtlichen Behörden im Nordosten der Niederlande aufgegriffen. Die Gemeinde Borger Odoorn unterstützt seit 2011 die Errichtung eines neuen Dorfes nach der Anastasia-Idee.
Einige der Initiatoren siedeln sich jetzt im Norden an, um alle notwendigen Vorbereitungen für die Gründung eines Anastasia-Dorfes zu treffen. Zehn Kilometer von der möglichen Region entfernt, in der das Dorf entstehen wird, trifft sich die Kerngruppe in Musselkanaal. Die Ideologie von Anastasia wird hier in Theorie und Praxis mit der lokalen Bevölkerung

und den angehenden Bewohner*innen der Familien-Landsitze des Dorfes geteilt. „Unsere Nachbar*innen renovieren ihr Wohngebiet, und wir als Kerngruppe sind eingeladen und daran beteiligt, öffentliche Räume auf natürliche Weise neu zu interpretieren."

- The Ringing Cedars International Network
- ☺ Wir erwarten von Interessierten, dass sie die Buchreihe lesen und selbst erspüren, ob sie davon inspiriert werden.

Bitte beachten Sie den Artikel über die Anastasia-Bewegung auf Seite 55.

Coöperatieve Vereniging Ecodorpen Gelderland

info@cveg.nl www.cveg.nl

2015 (bei geplant: Nijmegen) ♀30 ♂20 10 60

- niederländisch, e
- Gemeinschaft (durch Konsent nach den Prinzipien Soziokratie)
- gemeinsame Finanzierung best. Ber. — gemietet
- keine ideologischen/spirituellen Grundsätze
- zwei oder mehr Ökodörfer entwickeln
- ökolog., gewaltfrei, ökumen., veget., Bildungsarbeit, Pädagogik, positive Gesundheit, gemeinschaftliche Pflege

☺

Der Verein Ecodorpen Gelderland plant den Bau von zwei bis drei Dörfern mit je etwa 50 Wohneinheiten. Der Verein steht auf drei Säulen: Pflege, Ökologie und Gemeinschaft, mit Bewusstsein in und für alle vier Standarddimensionen der europäischen Ökodörfer. Wir werden in enger Beziehung zu den Menschen in unserem Ökodorf stehen und teilen, was wir an Raum, Möglichkeiten und Visionen haben. Das Dorf wird offen sein für Nachbar*innen jeden Alters und Gesundheitszustandes.
Unsere Säulen sind:
PFLEGE: Wir haben einen besonderen Fokus auf Nachbar*innen, die zusätzliche Pflege benötigen. Wir pflegen eine positive Perspektive auf die Gesundheit: Was können Sie tun? Statt: Wie krank sind Sie?
ÖKOLOGIE: In unseren Gebäuden und der Umwelt konzentrieren wir uns darauf, Materialkreisläufe zu schließen, Permakulturprinzipien bei der Gestaltung unserer Umwelt anzuwenden und die ökologischen Prinzipien mit Bauherr*innen und Finanzierer*innen zu teilen.
GEMEINSCHAFT: Wir wollen zusammen an einem blühenden Gemeinschaftsgeist mit vielen gemeinsamen Aktivitäten und Mahlzeiten, gemeinsamem Eigentum bzw. Ausrüstung und Konzentration auf die Bedürfnisse der Nachbar*innen arbeiten. Die Vision des Ökodorfes wird auch mit den Menschen in der Umgebung und in der Gemeinde geteilt. Wir werden unsere gemeinsamen Räume für sie öffnen und so unsere Werte vertreten.

→Siehe auch Beschreibung des Netzwerks **„GEN Nederland"**

☺ mit der Vision und den drei Säulen übereinstimmen

Ecodorp Bergen

Groeneweg 14 | 1862 XL Bergen (NH) ☎ +31-(0)654 763 157
info@ecodorpbergen.nl www.ecodorpbergen.nl

2013 15 ha 5 % ♀4 ♂5 2 11

niederländisch, d, e 4
die Gruppe (Soziokratie) gemischt
Eigentum
ideologisch, ökologisch
ökologische Sanierung, Organisation
ökolog., selbstverw., gewaltfrei, anthroposoph., inneres Wachstum, Meditation, Tantra, Bioernährung, Bildungsarbeit, freie Schule, Umweltschutz, Selbstvers., Permakultur, biolog. Landwirt., biolog. Gartenbau, biolog. Viehwirt., altern. Energie, neue Technologien, ökolog. Bauen, Humor, Handwerk, verseuchten Boden heilen, Festivals

☺ ()

Unsere Gruppe hat 2010 begonnen und im Mai 2013 haben wir dann ein wunderbares Grundstück gekauft. Wir haben eine starke soziokratische Organisation und eine klare Vision. In 2019 soll zusammen mit dem Stadtrat unser endgültiger Grundriss und Bodenplan entworfen werden. Das Projekt nähert sich mehr und mehr der Praxis und wir arbeiten mit der Unterstützung unserer Freund*innen. Da das bestehende Gebäude entfernt werden muss und der Boden versschmutzt ist, entwickeln wir neue Arten der Sanierung. Wir entwickeln auch neue Wege der Finanzierung. Da wir die ersten sind, wollen wir ein beispielhaftes Ökodorf in den Niederlanden sein.

→Siehe auch Beschreibung des Netzwerks „**GEN Nederland**"
Ecodorp Steunstichting
☺ Zustimmung zu unserer Vision, finanziell

Ecodorp Noordeland

Oosterduinen D68 | 9331 WE Norg ☎ +34-614 915 254
noordeland@gmail.com ecodorpnoordeland.nl

9,5 ha (bei Emmen) ♀6 ♂3 0

niederländisch, e, d 8
alle Mitglieder (9) (Soziokratisch) individuelle Finanzierung
Besitz aller
spirituell
putzen und bauen
ökolog., selbstverw., spirit., inneres Wachstum, Meditation, Bioernährung, veget., Selbstvers., Permakultur, biolog. Landwirt., biolog. Gartenbau, altern. Energie, neue Technologien, Humor, rauchfrei, Permakultur, Waldgarten, Handwerk, Sozialwerkstatt, Kreativität

☺ ()

Unsere Vision:
Wir träumen von einer Gemeinschaft, in der wir in Harmonie miteinander und mit der Erde leben. Eine Gemeinschaft, die sich selbst trägt und nach einem gesunden, natürlichen, um-

weltfreundlichen und nachhaltigen Lebensstil strebt. Eine Gemeinschaft, die dem Wachstum von Bewusstsein und persönlicher Entwicklung, Heilung und Transformation Raum gibt. Eine Gemeinschaft, die sich des größeren Ganzen bewusst ist, in dem alles untrennbar miteinander verbunden ist. Ein Ort, an dem wir die Qualitäten des Anderen in liebevoller Verbindung genießen.

- ökologisch nachhaltig
- sozial nachhaltig
- wirtschaftlich nachhaltig
- spirituell nachhaltig

☺ ideologisch und finanziell

Ecovillage Boekel

Klein Rondeel 103 | 5427 GB Boekel
info@ecodorpboekel.nl www.ecovillageboekel.nl

2016 50 % ♀9 ♂8 9 26

niederländisch, e 4
alle (Konsent) gem. Ökonomie

Genossenschaft besitzt Häuser und vermietet sie
Ausbildung, Real-Labor für zirkuläre Wirtschaftsinnovationen, nachhaltiges Bauen
ökolog., selbstverw., inneres Wachstum, Bildungsarbeit, Umweltschutz, Selbstvers., Permakultur, biolog. Landwirt., biolog. Gartenbau, biolog. Viehwirt., artgerechte Viehwirt., altern. Energie, neue Technologien, ökolog. Bauen, Humor, inspirierend

☺

Ecovillage Boekel ist ein inspirierendes Beispiel für nachhaltiges Leben. In Ecovillage Boekel werden wir unsere Bedürfnisse sehr nachhaltig abdecken. Auf diese Weise werden wir in enger Zusammenarbeit mit unserer Umwelt zu Lösungen für den Klimawandel, die Umweltverschmutzung, den Verlust der biologischen Vielfalt und den Abbau der natürlichen Ressourcen beitragen. Unser Ziel ist ein sich (weitgehend) selbst tragendes Dorf, was die Bereiche Energie, Wasser und einen großen Teil unserer Lebensmittel angeht. Es wird von den von uns geplanten nachhaltigen Unternehmen finanziell unterstützt. Alles wird im Einklang mit unserer ehrgeizigen Vision und Mission geschehen und völlig fossilfrei sein.
Ecovillage Boekel wird als Living Lab fungieren, eine reale Test- und Experimentierumgebung für eine nachhaltige Zukunft. Ökodörfer werden Nutzer*innern und Produzent*innen sein und Innovationen mitgestalten und nutzer*innenorientierte offene Innovationen fördern.

GEN NL, VrijCoop
☺ unterstützung unserer Vision und unserer kulturellen Prinzipien (siehe Website)

Ons Groene Huis Woongemeenschap in Haarlem i.o.

Heussensstraat 108 | 2023 JT Haarlem — +31-(0)235 402 019
info@onsgroenehuis.net — onsgroenehuis.net

2010 — ♀10 ♂8 2 18

- niederländisch, d, e, f
- alle, durch unterstützte Entscheidungsfindung ('gedragen besluitvorming')
- individuelle Finanzierung — Gemeinschaftsbesitz
- Nachhaltigkeit
- ökolog., selbstverw., gewaltfrei, inneres Wachstum, Umweltschutz, biolog. Gartenbau, altern. Energie, neue Technologien, ökolog. Bauen, handyfrei, rauchfrei

Ons Groene Huis („Unser Grünes Haus") möchte ein nachhaltig gebautes oder renoviertes Wohnprojekt in Haarlem oder in dessen direkter Umgebung realisieren. Die zukünftigen Bewohner*innen entscheiden sich bewusst für Nachhaltigkeit sowie das Engagement füreinander und in der Nachbarschaft. Das Projekt basiert auf drei Hauptwerten: Nachhaltigkeit, Engagement und Selbstverwaltung.

Norwegen

Bergen Ecovillage

Pinnelien 9 | 5053 Bergen — +47-555 908 10
info@bergenokologiskelandsby.no — bergenokologiskelandsby.no

2014 — 3,9 ha (bei Bergen) — 10 % — ♀4 ♂2 0 6

- e, d, norwegisch, dänisch, niederländisch, isländisch — 0
- Vorstand und eine Projektgruppe (Konsens) — individuelle Finanzierung
- Permakultur - und bis 2020 eine Landwirtschafts-Kooperative
- Permakultur, Landwirtschaft, Grünanlagen - und in Zukunft: kulturelle Aktivitäten, Yoga und Meditation
- ökolog., selbstverw., gewaltfrei, inneres Wachstum, Meditation, Yoga, Bioernährung, Bildungsarbeit, Pädagogik, Umweltschutz, Selbstvers., Permakultur, biolog. Landwirt., biolog. Gartenbau, biolog. Viehwirt., altern. Energie, ökolog. Bauen, barrierefrei, Selbstversorgung, Fermentierung, Bokashi

☺ (✋✋)

Bergen Ecovillage baut ein Ökodorf bei Bruvik auf Osterøy in Westnorwegen, nahe Bergen. Unser Ziel ist es, 39 Häuser und ein Gemeinschaftshaus mit Gemeinschaftseinrichtungen zu bauen. Die Häuser sind in kleinen Gruppen gebaut, und es wird verschiedene kleine Familienhäuser, Reihenhäuser und Wohnungen geben. Einige könnten

Foto (Montage) von OPAFORM

auch Tiny Houses sein. Unsere landwirtschaftliche und ideologische Grundlage ist die Permakultur. Unser Ziel ist es, durch die Anpflanzung und den Anbau einer großen Anzahl von mehrjährigen Pflanzen eine teilweise Selbstversorgung mit Lebensmitteln zu erreichen. Wir wollen lokale Arbeitsplätze und eine landwirtschaftliche Zusammenarbeit aufbauen. Weitere Informationen auf Nachfrage. Hier findest du Fotos und Informationen:
www.instagram.com/bergenokologiskelandsby/
www.opaform.no/bergen-okologiske-landsby/

→Siehe auch Beschreibung des Netzwerks „**Norsk Økosamfunnsforening/GEN Norge**"

☺ Mitgliedschaft, finanzielle Verpflichtungen und gemeinsames ideologisches Fundament - wie in Vision, Zielen und Satzung festgelegt.

Österreich

Divine Foundation Divine Village für Körper, Geist & Seele

Dorfstraße 17 | 7474 Eisenberg an der Pinka ☎+43-(0)699-177 897 89
welcome@divine-foundation.org divine-foundation.org

2011

d, e

Bauen, wohnen & leben, Recycling - Naturkreisläufe, Arbeit mit Menschen und Tieren, Schulungszentrum, Lernwerk- & Ausbildungsstätten, Schaffung einer „Lebensschule"

ökolog., selbstverw., gewaltfrei, spirit., buddhist., taoist., anthroposoph., inneres Wachstum, Meditation, Yoga, Bioernährung, veget., Bildungsarbeit, Tagungshaus, Selbstvers., Permakultur, biolog. Landwirt., biolog. Gartenbau, altern. Energie, neue Technologien, ökolog. Bauen, Humor, freie Energie, Seminare, Coaching, Mediation, Forschung, Wohnen & Leben, Transformation & Heilung, gesund, einfach glücklich leben

Wir sind eine Gruppe von Menschen, die einen einzigartigen Ort, „Divine Village", aufbauen, der für Nachhaltigkeit, Selbstentwicklung und zukunftsweisendes Leben steht.
„Divine Village" ist ein Ort des Miteinanders, der Kommunikation, des spirituellen Reifens, des Heilens & Wachsens, des Lehrens & des Lernens, der Stille & inneren Begegnung, der Auszeit, der Freude & des Humors, für Spiel & Spaß, des Genießens & des Lebens. Eine offene Begegnungsoase in friedvoller, harmonischer Atmosphäre, zwischen Jung und Alt, von Herz zu Herz, ein Miteinander für ein gemeinsames Wirken, ein Freilegen der Fähigkeiten und Talente einer/eines jeden Einzelnen, vom Ich zum Du - vom Du zum Wir - vom Wir zur All-Einheit.
Wir wollen Menschen dieser Erde für ein ökologisches und gemeinschaftliches Miteinander verbinden, einen möglichst kleinen ökologischen Fußabdruck hinterlassen, Menschen in ihrem wahren Sein berühren und begleiten, die Natur schützen und ein Leben im Einklang mit ihr führen, naturnahes Bauen, Wohnen und Leben umsetzen, Forschungsarbeiten im Hinblick auf naturnahes Bauen, Wohnen und Leben bündeln und neue Ansätze verbinden, eine Anlaufstelle für innovative Projekte sein und Vernetzung mit Gemeinschaften & Ökodörfern auf dieser Welt sein.
Wichtig! 2019: Vorbereitungsphase, Schaffung einer Infrastruktur, Öffentlichkeitsarbeit, Aufbau eines Netzwerkes... Adresse = nicht Projektstandort. Aktuelles auf unserer Homepage.

☺ liebevolle, handwerkliche, tatkräftige, kreative und verantwortungsbewusste Menschen, die die Projektentwicklung in welcher Form auch immer unterstützen wollen. Bitte nach Rücksprache per Telefon oder E-Mail!

Garten der Generationen Solidarisch gut leben!

Herrengasse 5 | 3130 Herzogenburg
info@gartendergenerationen.net www.gartendergenerationen.net

2007 3 ha (bei St. Pölten)
d, e
Leitungskreis (Soziokratischer Konsens)
Vermögenspool für Grundstück und Bauwerke Eigentum des Vereines
keine ideologischen/spirituellen Grundsätze
Gartenarbeit, Bauen, Administration, Kinder begleiten
ökolog., selbstverw., gewaltfrei, inneres Wachstum, Bioernährung, Bildungsarbeit, Pädagogik, freie Schule, Selbstvers., Permakultur, biolog. Gartenbau, altern. Energie, ökolog. Bauen, Soziokratie, Zusammenleben und -arbeiten aller Generationen, moderne Subsistenzwirtschaft

☺ ( )

Derzeit gibt es ein ca. 3 ha großes Grundstück am Ortsrand von Herzogenburg, das dem Verein „Garten der Generationen" gehört. Das Grundstück ist teils als Bauland gewidmet, teils als landwirtschaftliches Gebiet.
Unser Gemeinschaftshaus ist fertiggestellt und die Planung des nächsten Bauabschnittes ist abgeschlossen. Mit dessen Fertigstellung rechnen wir im Sommer 2020. Mittelfristig werden hier bis zu 100 Menschen wohnen und/oder arbeiten.
Wir freuen uns über Interessierte, die sich aktiv und tatkräftig an der Realisierung einer ökologisch-nachhaltigen, lebensfreundlich und gemeinschaftlich orientierten Lebensweise beteiligen wollen!

→Siehe auch Beschreibung des Netzwerks „**GEN Europe**"
☺ Probezeit, Besuch von Veranstaltungen, Einverständnis mit unserem Handbuch

ISSGRAS Oase des Lebens

Oberhofenweg 28 | 6380 St. Johann in Tirol ☎+43-(0)664-730 225 34
info@issgras.at www.issgras.at

2014 2 ha ♀1 ♂1 3
d,e,f 2-4
alle Betroffenen gemeinsam, die länger anwesend sind (Konsens)
Naturreligion, kein Problem mit irgendeiner Religion
Gartenarbeit, Holzkonstruktionen, Jurten, künstlerische Platzgestaltung, Bodenverbesserung, zwischenmenschliche Themen anschauen
ökolog., selbstverw., gewaltfrei, inneres Wachstum, Bioernährung, vegan, freie Schule, Umweltschutz, Selbstvers., Permakultur, altern. Energie, ökolog. Bauen, rauchfrei, Zimmerei, alle Handwerke, Musik, Lagerfeuer, Kinder, Freilernen

☺

Wir gestalten uns mit Hilfe von WWOOFern seit 2014 einen Familienlandsitz. Dafür haben wir jahrelang Tausende von Pflanzen gepflanzt, um eine enorme Artenvielfalt zu schaffen. Unser Traum ist es, dass verschiedene Familien zusammenleben, die Land, Vorräte, Informationen und Fähigkeiten teilen, um sich gegenseitig zu stärken. Um weitere Informationen zu erhalten oder einen Besuch in unserem Wohnraum zu vereinbaren, informieren Sie sich auf dieser Homepage nach den Möglichkeiten und nehmen Sie dann bitte Kontakt mit uns auf! Wir bewohnen 2 Jurten ums ganze Jahr seit 2014. Auf unseren 2 ha ist noch Platz für 2-4 Erwachsene und ca. 5 Kinder. Es gibt angrenzend noch viel Fläche, für die man mit den Bäuer*innen einen Preis aushandeln müsste. Unsere 3 Kinder sind bei uns Zuhause. Sie freuen sich, wenn wir mehr werden und den Alltag gemeinsam meistern. Wir arbeiten halbtags am PC für Einkommen und verbringen die restliche Zeit im Freien. Wir haben 2018 den Verein Oasen des Lebens gegründet, mit welchem wir mehr Landflächen kaufen wollen, um mehr Oasen auf der Welt zu fördern. Wir können uns vorstellen, ein Heilbiotop zu werden und geben Heilkräuter- und Ernährungswissen in Zukunft noch mehr weiter! Es sind schon 3 Bücher, 5 E-Books und 1 Online-Kurs über Ernährung erschienen.

☺ Mitgliedschaft bei www.OasendesLebens.com, siehe Seite 599

Bitte beachten Sie den Artikel über die Anastasia-Bewegung in diesem Buch.

midanond

Tiefenbach 12 | 4753 Taiskirchen ☎+43-(0)650-960 01 07

2018

d, e

Folgende Werte, Bestrebungen und Überzeugungen sind Teil unserer gemeinsamen Vision, welche unser zukünftiges Leben in der Gemeinschaft bestimmen soll:

- persönliche Entwicklung
- Lebendigkeit und Kreativität
- geteilte Alltagsaktivitäten
- (politische) Beziehungen der Gemeinschaft
- ideell-spirituelle Grundlagen.

Persönliche Entwicklung als Wert beinhaltet das gegenseitige Bemühen um Wertschätzung der Person wie sie ist, in seinem/ihrem ‚authentischen Sein'; dazu gehört angstbesetzte Themen systematisch zu bearbeiten und auch dadurch Geborgenheit in einer Gruppe von Gleichgesinnten zu erfahren.
Lebendigkeit und Kreativität werden durch verschiedene Medien wie z.B. durch gemeinsames Feiern, Tanzen, Singen, Spielen zelebriert und ausgebaut.
Geteilte Alltagsaktivitäten sichern zum einen das Funktionieren der Gemeinschaft, fördern

aber auch das Gemeinschaftsgefühl (z.B. durch gemeinsames Kochen, Essen, Garten betreuen oder wirtschaftliche Aktivitäten....).
Unsere Vision beinhaltet die Förderung guter Beziehungen der Gemeinschaft zur unmittelbaren Nachbarschaft und anderen Projekten, mit dem Ziel der Förderung eines friedlichen, ökologischen und nachhaltigen Lebens.
Im Bereich ideell-spiritueller Grundlage ist das Bemühen angesprochen, eine spirituelle Grundlage unserer Gemeinschaft aufzubauen, die u. a. beinhalten soll:

- jeder individuelle Beitrag ist besser als keiner
- das Streben nach einer Balance von Vertrauen und Kontrolle
- die Suche einer spirituellen Grundhaltung des Lebens, der Liebe und des Wachstums, als Basis unseren Denkens und Handelns in der Gemeinschaft.

Diese Wertebereiche (und ihre Umsetzungsstrategien) sind nicht in Stein gemeißelt, sie werden sich mit den Bedürfnissen der Gruppenmitglieder lebendig entwickeln. Wenn Du dich von unserer Vision angesprochen fühlst, sei willkommen und bring Dich ein!

✎ Naturnah - Miteinander - Einfach - Leben

☎ +49-(0)7071-709 94 40, +43-(0)6503-885 858
✉ karuna_mueller@yahoo.de (wird nur ca. 1 Mal monatlich abgerufen)

2018 (vorauss. bei Villach) ♀1 ♂1 0 2

gleichberechtigtes Mitspracherecht im Laufe der Probezeit entwickeln; private Entscheidungen, wo es andere nicht beeinträchtigt (Konsens)
Selbstversorgung gemeinsam
naturbezogen & Soziales, Besinnung auf Wesentliches,
Teil-/Selbstversorgung mit eigenem Garten & Winterlagerhaltung, Wildkräuter, Sozialleben, Haushalt, Renovierungsarbeiten, Holz

☺

Wir - Torsten & Karuna (55 & 54 J.) - leben seit neun Jahren zusammen. Für die Region Kärnten sind wir auf der Findung nach Menschen, die wie wir naturnah leben möchten. Wir ernähren uns überwiegend von Gemüse, Wildkräutern, Sprossen, Pilzen, Obst (95 % vegan). Mit dem Notwendigsten wollen wir uns selber versorgen. Einen „Draußenlebegarten" wünschen wir uns als Mittelpunkt für unser Leben. Als Gruppe würden wir gerne 8 Menschen werden. Wir suchen Alleinstehende oder Paare zw. 40 - 60 Jahre - ohne, oder mit nicht mehr zu Hause lebenden Kindern. Gemeinsam möchten wir gerne einen Raum gestalten, in dem lebenserfahrene Erdenkinder einen wohltuenden Umgang miteinander leben.
Auch die Art des Umgangs mit den Naturlebewesen in Garten, Wiese, Wald bedeutet uns viel. Ein Stück langsamer im Tun und in der Begegnung mit allem bedeutet für uns höchste Lebensqualität. Gesundheit & unsere Kraftgrenzen achten ist uns kostbar! Dich möchten wir fragen: Wie lebst Du mit Dir selbst? Gibst Du Dir Zeit für Selbstreflexion und Rückbesinnung auf Gewesenes?
Einen wöchentlichen Abend für Austausch zu Befindlichkeit, und separat Organisatorisches benötigen wir. In unserer kleinen Gruppe möchten wir keine Alkoholiker*innen oder Menschen mit Drogenproblemen mittragen. Die Grundbedürfnisse müssen übereinstimmen. Wer wünscht Genanntes mit uns aufzubauen und zu leben?

☺ 2 J. Probezeit, Zustimmung zu unseren Gemeinschaftsinhalten

✎ Rainbow shelter place Nomadic base starting 2020

Pleissing (Neustift) | 2083 Pleissing ☎+43-(0)316-340 019 04
living.communal@gmail.com www.flickr.com/photos/benjaminsmit/

2011 600 m² (bei Retz) 5 % ♂2
e, d 1
zusammen
gem. Ökonomie
ein Mitglied, kann aber später mit anderen geteilt werden.
Fähigkeiten teilen
ökolog., anarchist., gewaltfrei, inneres Wachstum, freie Liebe, Friedensarbeit, Selbstvers., Permakultur, biolog. Gartenbau, biolog. Viehwirt., altern. Energie, handyfrei, rauchfrei

☺ ( )

Dieser Ort hatte am Anfang im Jahr 2011 doch so einige Probleme: Ich habe das Haus gekauft, ohne etwas über Gemeinschaft (oder Gemeinschaftswohnen) zu wissen! Aber das ändert sich ab 2020, oder auch früher, wenn du willst! Derzeit lebt dort ein Freund, der sich bis 2020 um das Gelände kümmert und er würde sich über Mitstreiter*innen freuen (keine Freiwilligen, sondern Teilnehmer*innen, die die gleichen Rechte haben, um den Ort zu nutzen, wie sie es wollen). Im Winter gibt es Platz für 2-4 Nomad*inneen und 2-4 weitere Sommerfreund*innen, die von Mai bis September dort bleiben können.
Menschen werden diese Gemeinschaft formen, Nomad*innen, die kein eigenes Haus haben, können hier ein Zimmer und/oder ihre Fähigkeiten teilen. Wir möchten mehr von diesen Orten schaffen, und deshalb habe ich eine Karte erstellt mit allen anderen ähnlichen Projekten und mehr (mit bereits über 1000 Orten). Schreib uns oder schicke uns eine Nachricht über Whatsappp: +31634001904. Bitte like uns @ https://www.facebook.com/ParticipateLOOSE/ Namaste!

☺ mind. 2-4 Monate im Jahr hier leben

✎ Wohnprojekt Hasendorf gemeinsam einfach hase

Hasendorf 88 | 3454 Hasendorf wohnprojekt-hasendorf.at

2015 (bei Tulln an der Donau, Krems an der Donau, St. Pölten) 50 %
♀14 ♂10 12 24
d, e, sp, i, kroatisch
Arbeitskreise, ggf. Leitungskreis und/oder Plenum (Konsent)
Vereinseigentum
die jeweils eigenen Berufe und Leben, das gemeinsame Haus mit Garten, die solidarische Landwirtschaft „Ackerschön"
ökolog., selbstverw., gewaltfrei, Bioernährung, Umweltschutz, Selbstvers., Permakultur, biolog. Landwirt., biolog. Gartenbau, altern. Energie, neue Technologien, ökolog. Bauen

Das Wohnprojekt Hasendorf ist ein ideeller Verein, der in Hasendorf ein Gemeinschaftswohnhaus plant, in welchem so gelebt werden soll, wie wir im Jahr 2050 alle leben könnten: freudvoll, bewusst, reduziert.

→Siehe auch Beschreibung des Netzwerks „**GEN Austria**"
WoGen Wohnprojekte Genossenschaft, Initiative Gemeinsam Bauen Wohnen

Portugal

Dragon's Place Quinta do Tapado

Fiais da Beira, Ervedal - Oliveira do Hospital | 3405-077 Fiais da Beira
+351-966-728 293
scorpio.irondragon@gmail.com dragonsplace.webs.com

2003 (bei Viseu, Coimbra) 60 % 2

niederländisch, e, (portugiesisch) alle
abhängig von der Verantwortung (natürliche Hierarchie und Verantwortung)
gem. Ökonomie Eigentum (10 ha) von Dirk und Christine
keltisch
Landwirtschaft, Technik, nachhaltige Energie
ökolog., selbstverw., anarchist., hierarch., spirit., Tantra, Sexualität, Umweltschutz, Selbstvers., Permakultur, biolog. Landwirt., biolog. Gartenbau, biolog. Viehwirt., Forstwirt., altern. Energie, neue Technologien, ökolog. Bauen, Humor, rauchfrei, Musik

Unsere Quinta ist ein wunderschöner alter keltischer Platz in Mittelportugal mit großen Waldflächen und einem terrassierten Weinberg. Hier sind alle willkommen, vor allem jene, die etwas über die neue keltische Lebensweise erfahren möchten und die harmonische Integration von Landschaft und Mensch in die Praxis umsetzen wollen.
Um voneinander zu lernen, bauen wir zusammen mit Bäuer*innen vor Ort, die traditionell oder biologisch wirtschaften, auf unserer Quinta unser Essen selbst an. Es gibt hier Obstbäume, einen terrassierten Weinberg für unseren eigenen Wein und Ziegen, die die großen Waldflächen sauber halten. Als wir im Jahr 2003 ankamen, war hier noch Wildnis, ein Dschungel. Mehr als 30 Jahre war hier nichts getan worden. Es gibt mehrere Quellen, und ein ausgeklügeltes Verteiler-Netzwerk bringt das Wasser dahin, wo es gebraucht wird. Auf einigen Terrassen bauen wir Gemüse an und demonstrieren dort besonders sparsame Bewässerungssysteme. Von den 3 Steingebäuden restaurieren wir eines nach dem anderen. Bei einer Feuersturmkatastrophe im Oktober 2017 haben wir allerdings einen großen Teil unseres Vorrats an gebrauchten Materialien verloren, die wir für den Bau verwenden. Ich bin Dirk, Technik-Freak, aber auch ein spiritueller (keltischer) Meister (Mentor). Christine ist ehemalige Krankenschwester, die alternative Methoden für das Gesundheitswesen praktizierte und studierte. Sie arbeitet außerdem in der Landwirtschaft und kultiviert Kräuter. Wir wünschen uns, eine Gemeinschaft mit drei oder vier Freiwilligen und vielen externen Helfer*innen aufzubauen.

☺ 60 % kompatibel

Russische Föderation

Gemeinschaft in Kinseluk

Lesnaya 7 | 662923 Imisskoye
boris.prem@gmx.de wwoofindependents.org/user/500285

2010 4 ha (bei Kuragino) 50 % ♀2 ♂1 4 7

d, e, russisch alle alle

alle Betroffenen (Konsens) gem. Ökonomie
informell von uns genutzt
systemkritisch, resilient
ökolog., selbstverw., gewaltfrei, Bioernährung, Selbstvers., biolog. Gartenbau, biolog. Viehwirt., artgerechte Viehwirt., altern. Energie, Bau

☺

Fünf lange Monate liegt die Erde begraben unter einer dicken Schneedecke. Erst im April beginnt das Leben sich wieder zu regen. Birken, Tannen, Zirben schütteln ihr weißes Kleid ab. Die erstarrten Flüsse setzen sich, mächtige Eisschollen an die Ufer werfend, wieder in Bewegung, millionenfacher Schlaf erwacht zu flirrendem Leben.
Wir haben uns eine bescheidene Existenz aufgebaut - hier im sibirischen Sajangebirge, mitten in der Taiga. Wir, das bin ich, Boris, meine Frau Christine und unsere sechs Kinder, die zwischen sieben und 20 Jahre alt sind.
Die Hütte, die wir bewohnen, haben wir aus mit Lehm verfugten Holzklötzen gebaut. Frühjahr um Frühjahr graben wir unseren Gemüsegarten mit dem Spaten um, die humusreiche Erde beschert uns Kartoffeln, Karotten, Kohl, Erdbeeren. Das Heu für die Kühe mähen wir mit einem Trimmer. Im Winter muss einer von uns zum Geldverdienen nach Deutschland fahren.
Wir haben den Rückzug gewählt, nicht weil wir menschenscheu sind: Wir suchen Menschen. Menschen mit dem Drang nach authentischem Leben. Nach Leben, das Tag für Tag neu erobert sein will in harter gemeinsamer Arbeit, im Kampf mit rauen Naturgewalten.
Unser Leben hat aber auch eine besinnliche Seite. Uns leiten lassend von vedischen Schriften (wir arbeiten an einem Lehrbuch der vedischen Sprache) besinnen wir uns auf unsere ureigenste Bestimmung als Menschen. Die erblicken wir darin, als Dichter*innen, Sänger*innen, Tänzer*innen der ewigen Welt den ihr zustehenden Tribut zu entrichten: Wir haben damit begonnen, Morgen für Morgen einen Sonnenerweckungsreigen aus dem Rg-Veda zu singen (Opfer der Lippen) und zu tanzen (Opfer der Arme und Beine). Als äußerer Ausdruck innigster Freundschaft wird unsere Opfergabe gewiss köstliche Speise sein im Mund der Götter.
Wir wünschen, unser ganzes Leben - ob Arbeit, ob Spiel - möge sich wandeln in Gottesdienst. Aber das schaffen wir nicht allein. Wir brauchen Verstärkung, um den nächsten Schritt zu tun.

☺ keine Aufnahmebedingungen

Staroe Kubaevo

Village Staroe Kubaevo, Sudogda district | Vladimir region
☎ +7-(0)917-541-6888
maharishi542@gmail.com vk.com/staroe_kubaevo

bei Wladimir (40 km), Moskau (300 km)

russisch, (e) ☺

Staroe Kubaevo („Altes Kubaevo“) ist ein Siedlungsprojekt in einem alten, verlassenen Dorf im Wald der Taiga. Einzig ein ursprünglicher Bewohner ist dort geblieben, doch der einsame Ort wird aktuell durch einen Siedler und zwei kleine Siedler*innenfamilien neu belebt und neue Häuser werden gebaut.
Hierbei wird auf alte, natürliche Bauweisen mit Lehm, Holz, Steinen, Leim, Reisig oder Stroh gesetzt. Die Wirtschaft innerhalb der Siedlung wird dabei aktuell ergänzt durch Permakultur-Anbau und Bienenstöcke. Derzeit entscheiden alle Menschen vor Ort über die jeweils nächsten Schritte zur Weiterentwicklung des Dorfes. Im und um den Ort herum gibt es noch viel verfügbares Land für neue Siedler*innen.

Schweden

Vedapark A Scandinavian Ayurveda Village

Korsorvagen 23 B | 21747 Malmö ☎+45-(0)212 305 83
trigunnar@gmail.com www.vedapark.com

2018 40 ha (bei Lund) 75 %

e, skandinavische Sprachen 0 2 + temporäre Freiwillige
alle, die von der zur Diskussion stehenden Frage betroffen sind (Konsens)
individuelle Finanzierung und gemeinsame Finanzierung best. Bereiche
Individual- oder Gemeinschaftsbesitz
die Veden - betrachtet als eine Wissenschaft des Bewusstseins
ökolog., gewaltfrei, spirit., inneres Wachstum, Meditation, Yoga, Bioernährung, veget., Bildungsarbeit, Pädagogik, Tagungshaus, Friedensarbeit, Tierschutz, Umweltschutz, Selbstvers., Permakultur, biolog. Landwirt., biolog. Gartenbau, artgerechte Viehwirt., Forstwirt., altern. Energie, neue Technologien, ökolog. Bauen, Humor, rauchfrei, Veden, vedische Wissenschaft, Vastu-Häuser, Ayurveda, Retreatmöglichkeiten

☺

Vedapark wird ein ganzheitliches Dorf mit Schwerpunkt auf Ayurveda und Vastu Architektur. Dort hoffen wir auf ein internationales soziales Umfeld.
Es wird ein Ort für unvoreingenommene Menschen, inklusive Künstler*innen, Intellektuelle und Rentner*innen, Kinder und Student*innen sowie für Gewerbe – für alle friedensliebenden Individuen, die ein ausgewogenes Leben in nährendem Kontakt mit sich selbst und der Natur finden wollen. Ein Schlüsselfaktor für das Projekt ist es, gesunde Häuser zu bauen, die unser Leben, unser Wohlergehen und unseren äußeren Erfolg verbessern werden.
→Siehe auch Beschreibung des Netzwerks „**GEN Europe**"

Villa Billebro

Höglidsv. 28A | 13550 Tyresö ☎+46-(0)8-7127850
kent@billebro.se www.billebro.se

1995 1,5 ha (bei Ljusdal) ♀2 ♂3 1 6

e, schwedisch 1-2
unterschiedlich (Mehrheitsabstimmung) individuelle Finanzierung
ein Mitglied
Liebe, Freude, Spiritualität, Transformation, Meditation, Tanz, Spaß und Spiel
Kunst, Tanz, Meditation
ökolog., selbstverw., gewaltfrei, spirit., buddhist., taoist., anthroposoph., inneres Wachstum, Meditation, Yoga, Tantra, Sexualität, freie Liebe, Bioernährung, veget., makrobiot., Tagungshaus, Permakultur, Forstwirt., altern. Energie, neue Technologien, ökolog. Bauen, Humor, barrierefrei, rauchfrei, Stimmdialog, Sport, Kunst

☺

Sehr viel ändert sich jetzt. Große Betonung auf der Gesundheit der Körperseele, Heilung, Erweiterung, Zugang zum Bewusstsein, Liebe, Freude, der eigenen inneren Größe und Se-

xualität, orgasmisches Leben und Lieben, viel auch in der physischen Welt und auch Geld. Wir haben jetzt mehrere Immobilien an vier Orten in Schweden und viele Maschinen, Autos, Fahrzeuge, Fahrräder und Boote.
Kent Billebro, Gründer und Inhaber, hat auch ein Unternehmen, das Ton- und Lichtequipment verkauft und vermietet, und arbeitet als Discjockey. Kent tanzt gerne und manchmal veranstalten wir therapeutische Tanzpartys in unserem Haus.

Schweiz

Lebensraum Belmont

Oberdorfweg 4 | 3812 Wilderswil ☎+41-(0)796 549 170
b.stoffel@bluewin.ch www.lebensraumbelmont.ch

2013 4000 m² (bei Interlaken, Thun, Bern)
d
Eigentum der Genossenschaft
☺

Die Genossenschaft LEBENSRAUM Belmont hat im Jahr 2013 drei Landparzellen mit einem Hotel gekauft, in der Absicht, an diesem wunderschönen Platz mit der imposanten Bergkulisse von Jungfrau, Mönch und Eiger vor Augen, dereinst in einem natürlichen Miteinander von Klein und Groß zu wohnen. Die Genossenschaft ist seither im Aufbau begriffen.
Es gibt noch keine Gemeinschaftsprojekte - die meisten Genossenschafter*innen wohnen (noch) nicht vor Ort. 2019 verbinden uns nicht bestimmte spirituelle oder ökologische Leitlinien, sondern die Neugier, was entstehen wird, wenn jede*r sich in ihrer/seiner Einzigartigkeit in größtmöglicher Freiheit entfaltet und sich gleichzeitig einem Miteinander und einem größeren Ganzen verbunden fühlt.
2019 wohnen im neu erbauten 5-Familienhaus zwei Familien mit einem Kleinkind und in den anderen drei Wohnungen je zwei Genossenschaftsmitglieder. Ein großer Permakulturgarten ist am Wachsen. Für 2019-2020 ist der Umbau des ehem. Hotels Belmont in Wohneinheiten geplant. Im Endausbau werden im Lebensraum Belmont 30-40 Menschen leben. Wir sind Anfang 2019 14 erwachsene Genossenschafter*Innen und zwei Kleinkinder; noch 2019 werden 6-8 neue Genossenschafter*Innen dazustoßen.

SoWo - Wohnbaugenossenschaft Solidarisch Wohnen

Unterdorfstr. 2 | 3322 Urtenen-Schönbühl
info@so-wo.ch unserhausprojekt.ch, so-wo.ch

2018 4000 m² (bei Bern) 10 % ♀8 ♂7 4 19
d, f, e, sp, i, ungarisch
alle Bewohnenden (Konsens) teilweise in gemeinsamer Ökonomie
Genossenschaftseigentum
keine ideologischen/spirituellen Grundsätze
Bauen, Garten bewirtschaften, Kinderbetreuung etc.
ökolog., selbstverw., anarchist., linkes Politikverst., feminist., gewaltfrei, Bioernährung, veget., vegan, Bildungsarbeit, Pädagogik, Umweltschutz, Permakultur, biolog.

Landwirt., biolog. Gartenbau, altern. Energie, neue Technologien, ökolog. Bauen, Bau, Humor, Mehrgenerationen-Projekt

☺

Wir sind eine undogmatische Gruppe aus Menschen, die sich seit Längerem mit dem Thema „gemeinschaftliches Wohnen/Leben" auseinandersetzen und nun ab Frühling 2019 ihr Traumhaus umbauen, welches sie letztes Jahr gekauft haben.
Noch sind wir nicht komplett. Wir werden Platz für rund 23 Erwachsene und 10 Kinder bieten. Der individuelle Wohnraum wird relativ klein sein, um mehr Gemeinschaftsfläche zu teilen. Es soll 3 mittelgroße WGs, 2 Kleinfamilien-Wohneinheiten, 2 Senior*innen-Wohneinheiten und 2 Studios geben. Daneben ein gemeinsamer Esssaal, ein großes Wohnzimmer mit einer weiteren Gemeinschaftsküche, ein Allzweckraum, ein Gemeinschaftsbüro, eine Sauna, eine große Werkstatt, ein hauseigener Bioladen, ein großer wilder, essbarer Garten mit einem Bach an der Grundstücksgrenze und vieles vieles mehr... Wir freuen uns sehr über Unterstützung beim Umbau, der einige Zeit in Anspruch nehmen wird!
Wie wir uns die Gemeinschaft in etwa vorstellen, haben wir in einem Visions-Papier versucht darzustellen. Ihr findet dieses und andere Informationen auf unserer Projekt-Webseite.

Spanien

Cultivemonos Cultivando

C/u 14 | 22438 Panillo (Huesca) ☎+34-690 738 921 / +44-(0)772 967 18 21
fabioalonsoortiz@gmail.com www.cultivemonos-cultivando.org.uk

2008 (bei Barbastro) ♂1

e, sp

ökolog., selbstverw., gewaltfrei, inneres Wachstum, Permakultur, biolog. Gartenbau, artgerechte Viehwirt., ökolog. Bauen, Humor

☺ ()

Der Projektname bedeutet in etwa: „Wir wollen unser Wesen kultivieren, indem wir das Land kultivieren!" Wir handeln im Bewusstsein, auf diese Art und Weise noblere Einstellungen und Eigenschaften zu entwickeln. Die stetige Verbesserung des eigenen Charakters, darin liegt unsere primäre Motivation zur gemeinsamen Gartenarbeit. Wir beabsichtigen die Gründung einer Stiftung, damit unser Land nicht länger Privatbesitz ist, und suchen Menschen mit den nötigen Ressourcen, um ihr eigenes Heim (aus Stein oder Holz) bauen zu können. Es gibt hinreichend Platz für den Häuserbau in ca. 750 m Höhe, südlich der Pyrenäen von Huesca. Auf unserer Homepage findet ihr Genaueres in englischer Sprache sowie viele Bilder.

Anmerkung der Redaktion: Im März 2019 waren auf der Website weder das eine noch das andere zu finden.

Ecovila Amat

Sant Privat den Bas | 17178 Catalunya ☎+34-9-691 136 169
ecovilamat@riseup.net ecovilamat.org

2015 70 ha (bei Olot) ♂1 1

e, f, sp, portugiesisch, katalanisch 1

aktuell einer (Mitgliederversammlung)

individuelle Finanzierung zu Beginn, bald mehr gem. Finanzierung und gem. Arbeit

Eigentum einer Einzelperson, Bereitschaft, es mit künftigen Partner*innen der Gemeinschaft zu teilen

Öko-Liberalismus, Freiheit für kleine Nationen ohne Staat

Forstarbeit, Gästebeherbergung, Seminare

ökolog., selbstverw., anarchist., linkes Politikverst., feminist., gewaltfrei, ökumen., veget., Bildungsarbeit, Pädagogik, Tagungshaus, Friedensarbeit, Tierschutz, Umweltschutz, Selbstvers., Permakultur, biolog. Landwirt., biolog. Gartenbau, biolog. Viehwirt., Forstwirt., altern. Energie, neue Technologien, ökolog. Bauen, Humor, Holzarbeit, Abenteuersport

☺ ( )

Das Projekt beginnt gerade erst. Es ist aktuell noch Privateigentum eines Aktivisten, der 25 Jahre Gemeinschaften und libertäre, sozialwirtschaftliche Netzwerke besucht und immer wieder mitbegründet hat. Es wird eine Gemeinschaft werden, wenn vier weitere Familien Partner*innen der Wohnungsgenossenschaft werden, was bedeutet, dass dann die Kosten für das Land und den Wiederaufbau der drei bestehenden Gebäude geteilt werden.

Fair Coop, Catalan Integral Cooperative, Bank of the Commons

☺ ideologisch, finanziell, gute Einstellung

La Rosina

C/ Camino Arroyos 3 | 10500 Valencia de Alcantara ☎+34-640 805 065
larosinadelashuertas@gmail.com www.larosina.jimdo.com

2002 (bei Portalegre) 50 % ♀1 ♂1 2 4

portugiesisch, sp, e, f, i 2 2

alle Betroffenen (Konsens-Prozess)

gemeinsame Finanzierung best. Ber., gemeinsame Ökonomie

gemietet, in Besitz von allen

ökumenisch und matriarchal

Kunst

ökolog., selbstverw., anarchist., feminist., gewaltfrei, spirit., ökumen., anthroposoph., inneres Wachstum, Meditation, Yoga, Tantra, Bioernährung, veget., makrobiot., Bildungsarbeit, Pädagogik, Tagungshaus, Umweltschutz, Selbstvers., Permakultur, biolog. Landwirt., biolog. Gartenbau, neue Technologien, ökolog. Bauen, Bau, Humor, barrierefrei, rauchfrei

☺

Rosina wurde nach Grossmutter Rosa benannt, der Mutter von José. Sie kam auf dem Hof zur Welt, wuchs dort auf und wurde dort auch zum Symbol weiblicher Widerstandskraft. Unsere Familie ist zurzeit ein Co-Housing-Projekt in der Entstehung. Wir veranstalten hier Intensivkurse zu Permakultur, Kunst, persönlicher Entwicklung und ökologischem Hausbau. Unser Hof befindet sich in der Nähe der Sierra de S. Pedro und S. Mamede zwischen Extremadura und Alentejo. Hier gibt es viele Zeichen einer vergessenen und ignorierten Kultur, die die Heiligkeit des Weiblichen verehrt. Es ist eine ideale Umgebung, um sich auszuruhen, sich zu erholen und zu lernen, gut mit sich und seiner Umgebung umzugehen.
Kunst, ganzheitliches Heilen, Essen, Gartenarbeit, Kommunikation mit der Natur, Gebäude mit geringem ökologischen Fußabdruck. Mit einem Wort: Permakultur als Erlebnis.

☺ ideologischer Art

Q Center of Experimentation

Plaça Mayor, 1 | 44556 Molinos ☎+34-634 320 010
info@qcentro.org www.qcentro.org/eng/index.html

2011 8 ha (bei Alcañiz) 10 % 2

sp, f, d, e, katalanisch, Sanskrit
gem. Ökonomie, individuelle Möglichkeiten werden berücksichtigt
Eigentum der zwei Gründungsmitglieder
nicht duale spirituelle Traditionen, ökologische und Degrowth-Kultur
Garten, Brennholz, Instandhaltung, Büro, Organisation von spirituellen Retreats und Seminaren
ökolog., selbstverw., gewaltfrei, spirit., ökumen., inneres Wachstum, Meditation, Yoga, Tantra, Bioernährung, veget., Tagungshaus, Friedensarbeit, Umweltschutz, Selbstvers., Permakultur, biolog. Landwirt., biolog. Gartenbau, altern. Energie, rauchfrei, Degrowth-Kultur, asketisches Leben

☺

Q ist ein Ort des Rückzugs inmitten der Natur, an dem wir die Möglichkeit anbieten, ein nüchternes, einfaches und bewusstes Leben zu erfahren, in Harmonie mit der Natur. Unser Modus Vivendi integriert die ökologische und die „Degrowth-"Kultur und die asketische Kultur und ist ein Beispiel für deren Symbiose.

Q basiert auf 3 wesentlichen täglichen praktischen Prinzipien:
1) Achtung und bewusste Nutzung der natürlichen und industriellen Ressourcen.
2) Achtung des Raums. Sei verantwortlich für deine Handlungen: saubermachen, was du schmutzig machst, aufräumen, was du verstreut hast.
3) Achtung der Sonnenzeit. Das tägliche Leben wird durch die Zyklen von Sonnenlicht und Temperatur bestimmt.

Q möchte gerne zu einer kleinen Gemeinschaft von 6 Gleichgesinnten werden, die in der Lage sind, eine agile und effektive Organisation ohne Leitung zu entwickeln. Dies erfordert in jedem Menschen die volle Fähigkeit zur Selbstbestimmung, Initiative und Leistung; viel Bewusstsein, Verantwortung und Transparenz. Deshalb suchen wir Menschen zwischen 42 und 63 Jahren, mit einer klaren und festen Entscheidung, sich in die Natur zurückzuzie-

hen; mit Erfahrung in innerer Arbeit, mit vollem Bewusstsein des Egos; die Nüchternheit und Askese genießen; mit breit gefächerten Einsatzmöglichkeiten in den verschiedenen Bereichen des Hofes, mit einem Gemeinschaftsgeist und gleichzeitiger Anerkennung der Bedeutung von Individualität. Und mit wirtschaftlicher Unabhängigkeit oder einem Minimum an Ersparnissen.
Die Zeit wird zeigen, ob die richtigen Leute kommen, um Q in all seiner Pracht zu entwickeln!

→Siehe auch Beschreibung des Netzwerks „**GEN Europe**"
☺ ideologisch und finanziell

Serene Light Gardens

Carretera General de Bajamar 100A | 38250 Bajamar ☎+34-654 579 155
escualconcienciacreativa@gmail.com www.serenelightgardens.org

2016 | 1 ha | 20 %, aber zunehmend | ♀1 ♂1 0 | 2

e, f, sp, d, portugiesisch | 10

alle bei wöchentlichen Treffen (Konsens)

gemeinsame Finanzierung best. Ber. | alle

Yoga, Meditation, hingebungsvolles Singen

Landwirtschaft, ökologisches Bauen, Freiwillige und Gäste empfangen

ökolog., selbstverw., gewaltfrei, spirit., Meditation, Yoga, Tantra, Bioernährung, veget., vegan, Tierschutz, Umweltschutz, Selbstvers., Permakultur, biolog. Landwirt., biolog. Gartenbau, biolog. Viehwirt., Forstwirt., altern. Energie, neue Technologien, ökolog. Bauen, Bau, Humor, rauchfrei

☺ ()

Wir sind ein kleiner, nicht kommerzieller Verein, der sich „La Escuela de la Conciencia Creativa" („Schule des kreativen Bewusstseins") nennt. Wir haben unsere Leben in den letzten 10 Jahren unermüdlich dem Entstehen eines Ökodorfs gewidmet. Nach vielen Lernprozessen und einem Experiment in einem gemieteten Bauernhof haben wir im Frühjahr 2016 endlich ein Stück Land auf Teneriffa gefunden, welches perfekt passt für ein therapeutisches und Bildungs-Ökozentrum, welches als Modell und lebendes Beispiel für eine einbeziehende und symbiotische Lebensweise mit unserer natürlichen Umwelt dient, wie auch als Forschungsraum, in welchem wir alles über eine nachhaltige Lebensweise lehren, lernen und miteinander austauschen können.
Auch wenn das Landstück recht klein ist für ein richtiges Ökodorf, wollen wir von hier aus sowohl zur Entstehung neuer Ökodörfer und verschiedener Umweltprojekte inspirieren als auch zum Wandel der Gesellschaft als Ganzes in Richtung einer harmonischeren, bewussten und verantwortlichen Lebensweise.

☺ vegetarisch, drogen- und rauchfrei, finanzkräftig

Tschechische Republik

Spolek Zemesouznení

+42-(0)732 426 226
info@zemesouzneni.cz http://zemesouzneni.cz

2017 20

Soziokratie
Genossenschaft, Vereine
wir wollen zu bewusstem Leben im Einklang mit der Natur inspirieren
Permakultur, natürliche Gebäude, alternative Energien, traditionelles Handwerk, alternative Währung, Hausunterricht, Kurse in persönlicher Entwicklung und Spiritualität, kooperatives Unternehmer*innentum, Solidarwirtschaft, geschlossener regionaler Produktions- und Verbrauchskreis bei Grundnahrungsmitteln, Wasser, Energie, Gebäuden

☺

Wir planen den Bau des ersten richtigen Ökodorfes in Tschechien mit integrierten sozial, ökologisch und ökonomisch nachhaltigen Gesamtlösungen. Unser Ziel ist es, in den nächsten 5 Jahren auf bis zu 100-150 Stammesmitglieder heranzuwachsen. Wir haben noch kein Land. Wir suchen mindestens 24 ha, im Idealfall in der Region Mittelböhmen etwa 1 Stunde von Prag, mit Wasser und Baugenehmigung. Unsere Vision: „Wir entwickeln eine regenerative Kultur in Tschechien, sind bewusste Teilnehmer*innen der ökologischen Transformation des Planeten Erde und arbeiten zusammen, um in Harmonie mit der Natur und kreativer Energie zu leben."
Unsere Ziele:

- Zemesouzneni Gemeinschaft: Eine wachsende Zahl von Menschen in Tschechien entdeckt, lernt und schafft Wege für ein nachhaltiges, regeneratives und ganzheitliches Leben, inspiriert von realen Ökodorfprojekten und Unternehmen.
- Ökodorf Zemesouzneni: 150 Menschen bilden eine Stammesgemeinschaft und haben einen Ort, an dem sie nachhaltig leben und arbeiten und einen ganzheitlichen Lebensstil verfolgen können.
  Ganzheitliches Unternehmen: Integrierte Produktions- und Verbrauchssysteme für Bioprodukte und Dienstleistungen mit alternativer lokaler Währung in der Region.

☺ ganzheitliches Weltbild, gemeinsame Visionen und Werte, Engagement je nach Kapazität und Möglichkeiten, Zustimmung zu Verhaltenskodex und Big-Circle-Regeln, grundlegende mitfühlende Kommunikationsfähigkeiten

Türkei

Bayramiç Yeniköy Yeniköy Çiftligi

Yenimahalle/Muratlar Köyü | 17720 Çanakkale/Bayramiç
+90-(0)555 898 05 23
mustafaalperulgen@hotmail.com www.bayramicyenikoy.com

2009 40 ha (bei Çanakkale) 60 % ♀2 ♂2 4

e 4 4

alle Betroffenen (Konsens) individuelle Finanzierung

Gemeinschaftseigentum

ökologischer Anbau von Dinkel

ökolog., linkes Politikverst., gewaltfrei, Bioernährung, Tagungshaus, Friedensarbeit, Selbstvers., biolog. Landwirt., biolog. Gartenbau, biolog. Viehwirt., artgerechte Viehwirt., ökolog. Bauen

☺

Die Gruppe Bayramiçyeniköy versucht, ein autarkes Dorf zu errichten, indem sie die Philosophie der Permakultur anwendet, heimisches Saatgut verwendet, natürliche landwirtschaftliche Praktiken anwendet und das, was sie gelernt und produziert hat, weitergibt.

mit anderen Lebensmittel-Gemeinschaften

Ungarn

Biofalu Máriahalom

Pataksor 12 | 2527 Máriahalom +36-(0)630-942-8670

geza@biofalu.hu www.biofalu.hu

50 ha (bei Piliscsaba) ♀1 ♂2 3

ungarisch, e 1 2

Der Gründer

gehört einem Mitglied

Retreat-Zentrum, Experimente mit natürlichem Bauen

ökolog., spirit., inneres Wachstum, Bildungsarbeit, Tagungshaus, Umweltschutz, Permakultur, altern. Energie, Bau, kleine, einfache, natürliche Häuser aus wiederverwertetem Material, Ofen-Experimente

☺ ()

Ich (Géza) habe das Projekt mit der Absicht begonnen, eine neue Art von Gemeinschaft mit einem einfachem Leben in der Nähe von Budapest aufzubauen und auszuprobieren. Ich bin immer noch auf diesem Weg, aber bis jetzt begleiten mich andere Menschen nur vorübergehend (für Tage oder Wochen) als Freiwillige...
Wir haben ein vegetarisches Retreat-Center mit 70 Betten und vier Gemeinschaftsräumen, welches von Freiwilligen betrieben wird. Wir unterstützen Menschen darin, erste Erfahrungen mit einer einfachen und bewussten Lebensweise zu sammeln. Unsere Grundwerte sind Freiheit, Heilung, Selbstbewusstsein und Kreativität. Wir besitzen 50 Hektar Land, auf welchem bis zu 70 Häuser gebaut werden dürfen, aber ich möchte damit erst beginnen, wenn mindestens fünf Familien mit ähnlichen Absichten hierher kommen: Familien, welche Nachbar*innen sein und gemeinsam kleine Schritte machen möchten, um etwas Neues zu erschaffen. Unterdessen wachsen die Bäume auf dem Land (40.000).
Wir heißen Freiwillige im Retreat-Center sowie zu kleinen Bauprojekten willkommen. Wir sind auf Facebook (auf Ungarisch): Biofalu Máriahalom - mit Bildern!

→Siehe auch Beschreibung der Netzwerke „**GEN Europe**"

GEN Hungary

Adressen aus Ausgabe 2014...

...von Gemeinschaften, die in der aktuellen Ausgabe nicht mehr mit ausführlicher Selbstbeschreibung abgedruckt werden. Die Angaben in dieser Liste sind sicher eine wertvolle Ergänzung zu den aktuellen Beschreibungen auf den Seiten davor. Wir bitten aber aus folgenden Gründen, die Angaben mit Vorsicht zu genießen:

- Manche Gemeinschaften in dieser Liste haben sich bewusst nicht auf unsere Bitte zur Veröffentlichung zurückgemeldet. Es kann sein, dass sie keinen Besuch oder keine weiteren Anfragen wünschen.
- Manche Adressen in dieser Liste haben wir möglicherweise auch selbst nicht mehr angeschrieben und um eine Veröffentlichung gebeten, weil wir der Meinung sind, dass sie keine Gemeinschaften sind.
- ZAP:
  Wir versuchen, uns vom Scheitern mancher Gemeinschaften nicht entmutigen zu lassen und verwenden dieses eher luftige Symbol für Gemeinschaften, die sich aufgelöst haben. Manche Träume platzen halt. Allerdings: Manche Adressen, die in dieser Liste als „aufgelöst" stehen, gibt es vielleicht doch noch oder wieder – Fehler können immer vorkommen. Besonders, wenn Datenbanken mit Menschen zusammenarbeiten müssen.

Belgien

Clos Convivial Geder

Francis Busigny | Place Madelin 3a | 5020 Temploux
☎+32-(0)496-586755

Cohousing Vinderhoute

Federico Bisschop | Bergstraat 14 | 9921 Vinderhoute
☎+32-(0)9-3359199 ✉info@cohousingvinderhoute.be
💻www.cohousingvinderhoute.be

De Regenboog

Norbert Gillelaan 20 | 1070 Bruxelles
☎+32-(0)2-5206586 ✉marc.vantente@skynet.be

Kasteel Nieuwenhoven

Sint-Truiden
✉info@kasteelnieuwenhoven.be

Dänemark

Den Selvforsynende Landsby

Højgårdsvej 27 | 5762 Vester Skerninge
☎+45-62243232 ✉kontakt@selvforsyning.dk 💻www.selvforsyning.dk

Enggården
Tåningvej 44 | 8660 Skanderborg
☎+45-61473016 om@omri.dk www.facebook.com/enggaarden

Fri & Fro
Under Himlen 8 | 4500 Nykøbing Sjælland
☎+45-22929877 www.friogfro.dk

Rumlepotten
Pottemagertoften 184 | 8270 Højbjerg
☎+45-86298126 rumling@gmail.com www.rumlepotnet.dk

Svanholm
Svanholm Allé 2 | 4050 Skibby
-607 eberhard@svanholm.dk, kirstenh@svanholm.dk www.svanholm.dk

Deutschland

Allmende Wulfsdorf
Bornkampsweg 36 | 22926 Ahrensburg
☎+49-(0)4102-458230 -229 info@allmende-wulfsdorf.de
www.allmende-wulfsdorf.de

Am Lappach Wohnen

Beginengemeinschaft Malgarten
Kloster Malgarten 2b | 49565 Bramsche
www.beginen-in-malgarten.de/

Beginenhof Bielefeld
Bielefelder Beginenhöfe e.V. | Karl-Oldewurtel-Str. 31 | 33659 Bielefeld
www.bielefelderbeginenhoefe.de

Beginenhof Bochum
Beginen Heute e.V. Essen | Kornharpener Str. 176 | 44791 Bochum-Kornharpen

Beginenhof Essen
Beginenhof Essen e.V. | Goethestraße 63 - 65 | 45130 Essen
-714512 www.beginenhof-essen.de

Beginenhof Gelsenkirchen

Beginenhof Köln
Beginenhof Köln eG | Unter Linden 119 | 50859 Köln-Widdersdorf
leben@beginenhof-koeln.de www.beginenhof-koeln.de

Beginenhof Unna
Förderverein Beginenkultur Unna e.V. | Märkische Str. 4 | 59423 Unna
beginenhof.unna@gmx.de

Beginenhöfe Schwerte

Förderverein Schwerter Beginenhöfe e.V. | Kiebitzweg 2 | 58239 Schwerte
✉beginenhoefe-schwerte@gmx.de
💻www.schwerte.de/schwerte-fuer-schwerter/frauen/beginenhoefe/

Beginenhöfe Tübingen

Torbogenweg 6 | 72070 Tübingen-Hagelloch
💻www.beginenstiftung.de

Begineninitiative an Ems und Wieken (geplant)

Bewegung und Wandel in Pankow-Rosenthal

Brückendorf

Christliche Gemeinde in See e.V.

See | 91230 Happurg
☎+49-(0)9157-9292600 🖷-21 ✉kontakt@cg-see.de
💻www.cg-see.de

Emmaus Gemeinschaft in Köln

Geestemünder Straße 42 | 50735 Köln
☎+49-(0)221-9711731 🖷-9711733 ✉info@emmaus-koeln.de
💻www.emmaus-koeln.de

Emmaus Sonsbeck

Alpener Str. 40 | 47665 Sonsbeck
☎+49-(0)2838-96446 🖷-96478 ✉info@emmaus-sonsbeck.de
💻www.emmaus-sonsbeck.de

Forum Kreuzberg

Förderverein e.V. | Eisenbahnstr. 21 | 10997 Berlin
☎+49-(0)30-6127275 🖷-6126898 ✉foerder@forumkreuzberg.de
💻www.forumkreuzberg.de

Gemeinschaft am Gieberg

Am Gieberg 6 | 29490 Glienitz/Neu Darchau
☎+49-(0)5858-971767 🖷-971679 ✉giebergwerk@gmx.de

Gemeinschaft Grützdorf

Gemeinschaft in Fresdorf

Gemeinschaft MutterLand

z.Zt. vertreten durch RaKuna | Ottermühle 1 | 07368 Remptendorf/Liebschütz
☎+49-(0)36640-139944 ✉info@kraft-der-kreise.de 💻www.kraft-der-kreise.de
buendnis-fuer-das-leben.de, frauen-kreise-weltweit.be2web.de

Gemeinschaftskeimling Leipzig

Grundstein Neukirchen e.V.

Hammer Kommune

Haus LichtlanD Oberbrunn

Haus 'Weg der Genesung und der Gesundheit'
Fam. Westphal-Born | Kahlweg 2 | 78355 Hohenfels
☎+49-(0)7557-9285894 📠-933675 ✉info@licht-born.de 💻www.licht-born.de

Haus Yoga Vidya Westerwald
Gut Hoffnungstal 1 | 57641 Oberlahr
☎+49-(0)2685-8002-0 📠-20 ✉westerwald@yoga-vidya.de
💻www.westerwald.yoga-vidya.de

Heiloase-Südtürkei

Hofgemeinschaft Lübnitz
Dorfstr. 5 | 14806 Lübnitz
☎+49-(0)33841-34270 📠-388182 ✉An-Yue@web.de
💻www.hofgemeinschaft.net

Hofgemeinschaft Uranushof
Arbacher Str. 3 | 56769 Retterath
☎+49-(0)2657-633 📠-941341 ✉uranushof@web.de

Johannishöhe - Umweltbildungshaus
Natürlich leben und lernen e.V. | Dresdner Str.13a | 01737 Tharandt
☎+49-(0)35203-37181 📠-37936 ✉info@johannishoehe.de
💻www.johannishoehe.de

Kaiserbacher Mühle
Kaiserbacher Mühle | 76889 Klingenmünster
☎+49-(0)6349-928414 ✉info@stadt-und-natur.de, info@kaiserbacher-muehle.de
💻www.kaiserbacher-muehle.de

KlosterGut Schlehdorf
Kirchstraße 15 | 82444 Schlehdorf
☎+49-(0)8851-9291980 ✉kontakt@klostergut-schlehdorf.de

Kombinat Gatschow

Kommune im KuBiZ

Land.Leben.Kunst.Werk.e.V.
Geschwister-Scholl-Str. 25 | 06780 Quetzdölsdorf
☎+49-(0)34604-92069 📠-92073 ✉info@landlebenkunstwerk.de
💻www.landlebenkunstwerk.de

Lebensgemeinschaft "anders leben"

Lebensgemeinschaft am Höllbachhof

Lebensgemeinschaft Happurg

Lebensgut Pommritz
Pommritz Nr. 1 | 02627 Hochkirch
☎+49-(0)35939-81385, -81884 📠-83085 ✉lebensgut.pommritz@yahoo.de
💻www.lebensgut.de

Lebenswiese

Ökodorf Erlenweide

Projekt Gaia

Projekt Lebensdorf

ProWoKultA

Projekte für Wohnen, Kultur und Aktion e.V. | Am Ulmenrück 7-11 | 60433 Frankfurt
+49-(0)69-13304721402 vorstand@prowokulta.de www.prowokulta.de

Raum für Gewahrsein und Entwicklung e.V.

Regenbogenstamm

Rathausstr. 8 | 56357 Reitzenhain
+49-(0)179-3158466 regenbogenstamm@yahoo.de
www.regenbogenstamm.de

Rhöner Gemeinschafts-Projekte e. V.

Spielgasse 14 | 97654 Bastheim
+49-(0)179-72487922

Sandburg

Sonnental

Anke Schubert | Hennersbach 9 | 01825 Bad Gottleuba
+49-(0)35025-57598 anke_bluemli@gmx.de zweisonnen.de

Tenne-Steinfurth

Steinfurther Hauptstr. 18-20 | 61231 Bad Nauheim
+49-(0)6032-868719 www.gemeinschaft-tenne-steinfurth.weebly.com

Tollense Lebenspark

(lesenswert:)
web.archive.org/web/20170407134400/https://tollense-lebenspark.info/aktuelles/

Torhaus Trebitz

Hauptstraße 15 | 14822 Brück im Hohen Fläming
+49-(0)33844-51034 torhaus@riseup.net www.torhaus.blogsport.de

Waldhaus

Dorfstraße 35 | 17391 Krusenfelde
+49-(0)39723-27912, +49-(0)178 9202176 info@allmende-ev.de
allmende-ev.de

Wohnprojekt Layenhof e.V.

Am Finther Wald 42 | 55126 Mainz
+49-(0)6131-6226723 vorstand@wohnprojekt-layenhof.de
www.wohnprojekt-layenhof.de

Wohnprojekt Schellingstraße
Schellingstr. 6 | 72072 Tübingen
☎+49-(0)7071-792136, +49-(0)7071-792136
info@schellingstrasse.de www.schellingstrasse.de

Zwölf Stämme Gemeinschaft in Klosterzimmern

Zwölf Stämme Gemeinschaft in Wörnitz

Finnland

Metsäkylä

Organic Village Gaija
Kaijantie 283 | 63700 Ähtäri
☎+358-(0)45-1139787 www.gaija.fi

Frankreich

Communauté du Pain de Vie
c/o Bauchet Bruno | 16, Avenue E, Martelange | 84000 Avignon
☎+33-(0)490866799 -822422 smaf64@laposte.net

Hameau de la Brousse
Michel Gayout et LN Le Chevillier | La Brousse | 16410 Sers
☎+33-(0)545249572 michelgayout@orange.fr
www.hameaudelabrousse.com

La Goutte d'Eau

Le Camp du Geai

Le Pré Aux Yourtes
Ecoasis de la Pinsole | 07690 Vanosc
☎+33-(0)678346652 www.yourtes.supersite.fr

Les Amarantes

Les Jardins d'Espaladous
Le Crouzet | 43260 Saint Pierre Eynac
contact@espaladous.com www.espaladous.com

Oasis Pen Ann Hoat
Penthoatvian | 22110 Kergrist-Moëlou
☎+33-(0)625556695 oasispenanhoat@yahoo.fr
www.agroecologie-bretagne.com

Plum Village
Village des Pruniers | Le Pey | 24240 Thénac
☎+33-(0)553584858 www.plumvillage.org, www.villagedespruniers.net

Griechenland

Kalikalos
Xenonas Martiou | Kissos (Tsagarada) | 37012 Magnesia
☎+30-(0)24260-32039 info@kalikalos.com www.kalikalos.com

Meltemi
Rafina, Nh@power.ece.ntua.gr

Pelion Holistic Education Centre
Spiti ton Kentavron | Spiti ton Kentavron | 37001 Anilio
☎+30-(0)24260-32176 swhic@hotmail.com

Großbritannien/Nordirland

Argyle Street Housing Co-op
3 Fletchers Terrace | CB1 3LU Cambridge
☎+44-(0)1223-411615 -411615 office@ash.coop www.ash.coop

Beech Grove Community
Forest Drive, Nonington | Kent CT15 4FB
☎+44-(0)1304-842980 -841923 beechgrove@bruderhof.com
www.bruderhof.com/

Beech Hill Community
Beech Hill, Morchard Bishop, Devon | EX17 6RF Exeter
☎+44-(0)1363-877228 -877587 beechhill@gmail.com

Bhaktivedanta Manor
International Society for Krishna Consciousness (ISKCON)
Aldenham, Near Watford | WD25 8EZ Herts
☎+44-(0)1923-851000 -851006 info@krishnatemple.com
www.krishnatemple.com

Braziers Park
Braziers Park School of Integrative Social Research | Ipsden, Wallingford
OX10 6AN Oxfordshire
-680221 admin@braziers.org.uk www.braziers.org.uk

Camphill School Aberdeen
Central Office, Murtle House | Bieldside | AB15 9EP Aberdeen
☎+44-(0)1224-867935 -868420 b.porter@crss.org.uk
www.camphillschools.org.uk

Culdees

Boreland Farm | Fearnan by Aberfeldy | PH15 2PG Perthshire
☎ +44-(0)1887-830519 / -(0)7904-954116 (mobile)
✉ contact@culdees-ecovillage.co.uk, contact@culdeesbunkhouse.co.uk
www.culdees-ecovillage.co.uk

Earthworm Housing Co-op

Leintwardine, nr. Craven Arms | SY7 0LH Shrops
☎ +44-(0)1547-540461 ✉ earthwormcooperative@yahoo.co.uk
www.earthwormhousingcooperative.org.uk

Ecoforest

Faslane Peace Camp

A814, Shandon | Nr Helensburgh | G84 8NT Dumbartonshire
☎ +44-(0)1436-820901, +44-(0)7511793227 ✉ faslane30@gmail.com
www.faslanepeacecamp.wordpress.com

Heartwood Housing Co-operative

Blaen y Wern, Llangyndeyern | SA17 5ES Carmarthenshire
☎ +44-(0)1267 275960
https://tinyurl.com/eurotopia4191

Hoathly Hill Community

26 Hoathly Hill | RH19 4SJ East Grinstead
☎ +44-(0)1342-810744 ✉ chloe.anthony@gmail.com

Hockerton Housing Project

The Watershed, Gables Drive | NG25 0QU Southwell
☎ +44-(0)1636-816902 ✉ contact@hockertonhousingproject.org.uk
www.hockertonhousingproject.org.uk

Holy Isle Project

Centre for World Peace and Health | Lamlash Bay | KA27 8GB Isle of Arran, Scotland
☎ +44-(0)1770-601100 Fax -73223 ✉ reception@holyisle.org www.holyisle.org

Islington Park Street Community

38-44 Islington Park Street | N1 1PX Islington, London
✉ 44@ips.eclipse.co.uk, 44figtree@gmail.com islingtonparkstreet.org/

L'Arche Bognor Regis

Bradbury House | 51 Aldwick Road | PO21 2NJ Bognor Regis
☎ +44-(0)1243-863426 Fax -40383 ✉ enquiries@larchebognor.org.uk
www.larchebognor.org.uk

Lighthouse

214 Allerton Road | Mossley Hill | L18 6JN Liverpool
☎ +44-(0)151-7241376 ✉ liverpool@jesus.org.uk

Ned
73 Beech Avenue | Forest fields | NG7 7LR Nottingham
☎+44-(0)845-4589595 ✉nedshousingcoop@riseup.net

Oakleigh
☎+44-(0)114-2420344 ✉susannah.diamond@gmail.com

Old Chapel Farm
Tylwych | Llanidloes, PowysSY18 6JR
☎+44-(0)1686-412744 ✉franblockley@yahoo.co.uk 💻www.oldchapelfarm.org

Postlip Hall
Winchcombe | GL54 5AQ Cheltenham
✉PHA.cohousing@gmail.com 💻postliphall.org.uk

Saint Fransis House
227 Crowley Road | Oxford OXU 1XG
☎+44-(0)1865-248288 ✉susanclarkson@hotmail.com
💻www.eurocatholicworker.org/index.php?id=10&L=2

Springfield House
2 Springfield Road | Stoneygate | LE2 3BA Leicester
☎+44-(0)116-2705425 ✉leicester@jesus.org.uk

Tipi Village
Tipi Valley | Wernlas Cwmdu, Talley, Llandeilo | SA19 7EE Carmarthenshire, Wales
☎+44-(0)1558-685186 ✉revrmayes@hotmail.co.uk
💻www.diggersanddreamers.org.uk

Woodgate

Irland

Tigroney House/Ballyman House
Cherrymount | Co. Avoca / Wicklow

Island

Sólheimar vistvænt byggðarhverfi - Sólheimar Eco village
Selfoss | ✉-4427 ✉gap@solheimar.is

Israel

Kibbutz Tamuz
46 Hanasi St. | 99037 Beit Shemesh
✉info@tamuz.org.il 💻www.tamuz.org.il

Italien

Bordo

Karma Dechen Yangtse | Fraz. Bordo | 28841 Viganella (VB)
☎+39-0323-681041 📠-56139 ✉bordo@bordo.org 💻www.bordo.org

Comunita Mariana "Oasi della Pace"

Casa Generalizia | Strada Grotte di torrj, 54 | 02032 Passo Corese
☎+39-0765-488993 ✉oasispacis_pc@yahoo.it

Consolida

Le Mogli Farm

Italy Ecovillage | Via Mogli 8, Abruzzi National Park | 03030 Pescosolido
☎+39-340-2517941 ✉italyecovillage@gmail.com 💻www.italyecovillage.com

Nomadelfia

C.P.103 | 58100 Grosseto (GR)
☎+39-0564-338243 📠-338233 ✉info@nomadelfia.it 💻www.nomadelfia.it

Panta Rei

CEA Panta Rei | Località le pierle | 06065 Passignano sul trasimeno (PG)
☎+39-075-8296164 ✉segreteriapantarei@gmail.com 💻www.pantarei-cea.it

Rainbow Eco Peace Village

Villaggio Upacchi

Località Upacchi | 52031 Anghiari (AR)
☎+39-0575-749323 ✉evalotz@yahoo.it 💻www.eccoupacchi.eu

Kroatien

Recycled Estate

Reciklirano imanje | Vukomeric 23/4 | 10418 Dubranec
☎+385-(0)1-6267-223, +385-(0)95-843-3493 ✉volontiraj@zmag.hr
💻www.zmag.hr

Lettland

Kristian David School

Barkavas pag. Madonas nov. LV 48344834
☎+371-(0)64828320, -(0)22059737 ✉k.davida.skola@tl.lv
💻www.kdskola.lv/Grostona/Sveicinati.html

Litauen

IzReaL.eu - It's Really you
Nosenai g. 9 | 33292 Nosenai kaimas
info@izreal.eu www.izreal.eu

Melkys ecovillage
+370-616-13553 zina.gineitiene@gmail.com

Niederlande

Academie Tokudu Ecodorp Bergen
Jaap Weijandweg 20 | 1862XL Bergen
mailfredjan@gmail.com www.ecodorpbergen.nl

Casa De Pauw
Oude Velperweg 36 - 38 | 6824 HE Arnhem
info@casadepauw.nl www.casadepauw.nl

De Bondgenoot
De Bondgenoot 22 | 3772 BX Barneveld
+31-(0)342-492090 +31-(0)342-420537 info@bondgenoot.nl
www.bondgenoot.nl

De Hobbitstee
Van Zijlweg 3 | 8351 H.W. Wapserveen/Drente
+31-(0)521-321324 -321089 www.dehobbitstee.org

De Wonne
Noorderhagen 25 | 7511 EK Enschede
+31-(0)53-4318787 enschede@wonne.nl www.wonne.nl

Ecodorp Gaasterland

Ecodorp Groenlingen

Emmaus Feniks
Ulingsheide 3 | 5932 NA Tegelen
+31-(0)77-3747500 www.emmaus-feniks.nl

Franciscaans Milieuproject

Katholieke Werker

Nikola-Kommuniteit
Maliesingel 63 | 3581 BS Utrecht
+31-(0)30-2314184 nikkom@online.nl www.nikola-kommuniteit.nl

Vereniging Aardehuis
Rietgors 2a | 8121 JZ Olst
+31-(0)6-20415480 email@aardehuis.nl www.aardehuis.nl

Norwegen

Hurdal Ecovillage

Hurdalsjøen Økologiske Landsby SA | Landsbyvegen 3 | 2090 Hurdal
☎+47-(0) 400 877 85 tonekarif@hotmail.com www.hurdalecovillage.no

Österreich

Arts & Living

Friedrichshof Wohnungsgenossenschaft

(inzwischen Wohnprojekt ohne Gemeinschaftsanspruch)

Lebens- und Innovationsraum Schönwasser

Liv - Leben individuell, verbunden

Naturhof Pramtal - Nahopra

Nachhaltig leben lernen in Gemeinschaft | Reischenbach 8 | 4755 Zell an der Pram
☎+43-(0)680-2377949 www.nahopra.at

Wohnprojekt Wien

Verein für nachhaltiges Leben | Krakauer Straße 19 | 1020 Wien
presse@wp-wien.at, office@wp-wien.at www.wohnprojekt-wien.at

Polen

Bardo-Siedlung

Bushcraft Berlin & Biber Camp Bronków

L.A.S. - Local Alternative Society

Pryszczowa Góra 44 | 21-025 Niemce | ☎+48-(0)692325054
auramm@wp.pl www.permakultura.com.pl, www.dlaziemi.org

Przysiólek Macze

Macze 2 | 19-300 Elk
☎+48-(0)602-713114 sameisky@elk.com.pl

Portugal

Terramada

Tanoeiro Cx P 506 M | 8950-277 Tanoeiro, Castro Marim
☎+351-964-525536 terramada@gmail.com

Rumänien

Copii Soarelui
Casuta postala nr. 3 | 335200 Brad, jud. Hunedoara
contact@meditatie.ro www.meditatie.ro

Stanciova Village

Russische Föderation

Bolshoj Kamen (Big Stone)
"Net" Ecovillage | 13, 36 Furshtadskaya | 199000 St.Petersburg
+7-(0)8122732844 masha-kulyasova@yandex.ru, laysanm@yandex.ru

Edinstvo Ecovillage
c/o Alexander Roumega | PO Box 5132 | 344015 Rostov-on-Don
+7-90-34-34-37-84

Medvinka

Schweden

Ängsbacka
+46-(0)553-10035 booking@angsbacka.se

Brf Ekobyn Mjölnartorpet
Skaldens gata 65 | 656 38 Karlstad
brfekobyn@gmail.com www.mjolnartorpet.se

Kampetorp ekoby
Ällelien Kampetorp | 45750 Bullaren
+46-(0)525-53006 Kampetorp@kampetorp.se www.kampetorp.se

Kursgarden Lindsberg
Lindsberg 10, (Pl. 4795) | 79191 Falun
+46-(0)23-43030 Lindsberg10@gmail.com lindsberg.org

Tullstugan Collective housing unit
Dorjgrand 4 | 11668 Stockholm
+46-(0)703503994 flink.ola@gmail.com tullstugan.weebly.com

Schweiz

Association Epidaure
https://ecovillage.org/project/association-epidaure/

Clos du Doubs
Ecovillage Clos du Doubs | 2887 Soubey
☎+41-(0)32-9551704 ✉ffjaco@yahoo.fr

Hof allne Wind
Bemerberg | 8903 Birmensdorf
☎+41-(0)44-7371547 🖷-1771 ✉info@hofallnewind.ch 💻www.hofallnewind.ch

Slowakische Republik

Alter Nativa o.z.
Brdárka 11 | 04934 Brdárka
☎+421-(0)910-170790 🖷-(0)58-7931056 ✉alternativa@alter-nativa.sk
💻www.alter-nativa.sk

Slowenien

Skupnost Barka
Arche Slovenia | Zbilje 66 | 1215 Medvode
☎+386-(0)1361-6459 🖷-3617 ✉barka.skup@guest.arnes.si

Spanien

8th Life
EcoVillage Project |
☎+34-697590185, +34-636498904, +34-922-400133 ✉8thlife@8thlife.org
💻www.8thLife.net

Aldea de Pano
Kurt Fridez | única sin número | 22438 Pano (Huesca)
☎+34-(0)974-347000 ✉panofridez@yahoo.es

Argayall
Place of Light | Valle Gran Rey | 38870 La Gomera/Canary Islands
☎+34-922-697008 🖷-697008/-805704 ✉info@argayall.com 💻www.argayall.com

BIO-SOL
c/ El cerro Nr. 7, Lújar | 18614 Granada (Andalucia)
☎+34-(0)670658027/-617726951 after 21 h 🖷-(0)670658027/-617726951
✉iluminati16@hotmail.com

Cal Cases
Masia Cal Cases | 08273 Santa Maria d'Oló
☎+34-938384027 ✉calcases@calcases.info 💻www.calcases.info

Els Isards

Saleta del Mas | 17403 St. Hilary Sacalm, Girona, Catalonia
☎+34-660065957

Kanawen Ecovillage

La Base

Türkei

Marmariç Permakültür

Marmariç, Dernekli Köyü, Bayindir | 35840 Izmir
info@marmaric.com marmaric.org

Ukraine

Baranivka

House in Baranivka | 20-a Vul. Tsentralna, Baranivka village, Shyshaky district
38021 Baranivka | ☎+380-(0)95-547-4866 info@baranivka.org

Ungarn

Galgafarm - Ecovillage Initiative

Gaia Foundation | Fő 337, út 83 | 2193 Galgahévíz -(0)28-591-611
gaia@zpok.hu, gaboreszter@gaiaalapitvany.hu www.gaiaalapitvany.hu

Zypern

Buyukkonuk Eco-Village, North Cyprus

71 Ataturk Blv., Buyukkonuk, Iskele Kibris | 99870 MERSIN-10, Turkey
delcraft2000@hotmail.com www.ecotourismcyprus.com

Netzwerke von Gemeinschaften & Ökodörfern

Hier veröffentlichen wir die Adressen und Beschreibungen der Gemeinschaftsnetzwerke, die wir kennen, angeschrieben haben und die sich zurückgemeldet haben. Von Netzwerken, die nicht geantwortet haben, veröffentlichen wir nur die Web-Adresse, die ja frei zugänglich auch selbst zu finden wären, nachdem die Gemeinschaften ihre Zugehörigkeit zu diesen Netzwerken in ihren Beschreibungen angegeben haben. Die Beschreibungen der Netzwerke wurden von ebendiesen selbst verfasst.

Die Listen unter den Beschreibungen sind eine weitere wertvolle Ressource dieses Buches. Manche Netzwerke konnten uns erlauben, alle Adressen ihrer Mitglieder zu veröffentlichen, auch wenn die einzelnen Gemeinschaften selbst nicht auf unser Anschreiben reagiert haben. Bei den Camphill-Gemeinschaften ist es sogar so, dass wir mit der Netzwerkzentrale überein gekommen sind, *nur* eine ausführliche Beschreibung abzudrucken (Seite 50), und die Gemeinschaften gar nicht erst alle anzuschreiben. Es sind einfach zu viele, und die Beschreibungen wären sich sehr ähnlich. Einige Camphill-Gemeinschaften sind zwar im Hauptteil ausführlich beschrieben, aber wir haben nicht versucht, alle zu erreichen.

Ein Pfeil vor dem Namen eines Projektes bedeutet, dass diese Gemeinschaft oder diese Organisation mit einer detaillierten Beschreibung vorne oder bei den nützlichen Adressen zu finden ist (auch über den Index auffindbar). Fett gedruckte Adressen sind offizielle Kontaktadressen eines Netzwerks. Das sind manchmal gleichzeitig selbst Gemeinschaften, manchmal aber auch nur ein Büro. Hinter den Namen der Gemeinschaften stehen Länderkürzel, die auf der vorletzten Buchseite erklärt werden.

Arche nach Jean Vanier/Federation Internationale des Communautes de L'Arche

Die erste L'Arche Gemeinschaft wurde von Jean Vanier in Frankreich 1964 in der romanisch-katholischen Tradition gegründet. Seine Grundüberzeugung war, dass allen Menschen, unabhängig von ihren Fähigkeiten oder persönlichen Grenzen, eine gemeinsame menschliche Natur eigen ist. In den L'Arche-Gemeinschaften leben Menschen mit Lernschwierigkeiten zusammen mit nicht behinderten „Assistent*innen". Die Gemeinschaften möchten es ihren Mitgliedern ermöglichen, einen Nutzen aus geeigneten Bildungs-, Arbeits- und therapeutischen Aktivitäten zu ziehen. Aktivitäten, die ihren Sinn von Würde, ihr Wachstum und ihre Entwicklung unterstützen und die sie gleichzeitig in ihren Bemühungen um größere Unabhängigkeit stärken. Im Rahmen der Arbeitshilfe-Zentren, Berufswerkstätten oder Gärten findet jedes Mitglied mit Handicap eine Betätigung, die seinen oder ihren Bedürfnissen entspricht und die die Entwicklung neuer Fähigkeiten und des Selbstvertrauens fördert. L'Arche hofft dadurch die besonderen Gaben von Menschen mit geistigen Behinderungen sichtbar zu machen. Das Gemeinschaftsleben findet in Gruppen von 6-8 Frauen oder Männern mit Lernschwierigkeiten und 4-6 Assistent*innen statt. Diese Haushalte sind in Städten oder Dörfern integriert und jedes Mitglied hat ihren oder seinen eigenen Raum. Kochen, Essen, Hausarbeiten, Geburtstagsfeiern etc. finden gemeinschaftlich statt. L'Arche bietet Menschen

aus allen Ländern die Möglichkeit, als Assistent*innen in den Gemeinschaften teilzuhaben. Voraussetzungen sind: Mindestalter 18 Jahre, Verpflichtung für ein Jahr, eine schriftliche Bewerbung an die jeweilige Gemeinschaft, Probezeit sowie die Fähigkeit, die jeweilige Landessprache zu sprechen oder aber erlernen zu wollen. Assistent*innen erhalten Unterkunft und Verpflegung, soziale Vergünstigungen und ein Taschengeld. Sie arbeiten in den Haushalten, Werkstätten und Arbeitszentren, beteiligen sich an pädagogischen Projekten für die behinderten Menschen und nehmen sowohl am Gruppenleben teil, als auch in der Finanzverwaltung. Die Helfer*innen lernen auch, wie man eine Beziehung zu den Menschen mit Behinderung aufbaut, sei es durch Freundschaft oder einfach durch die Hilfe im Alltag. Es gibt mehr als 130 Arche Gemeinschaften nach Jean Vanier weltweit. Die Kontaktinformationen der einzelnen Gemeinschaften befinden sich auf unserer Website.
(Beschreibung von 2013)

Federation Internationale des Communautes de L'Arche

F L'Arche Internationale | 25, rue Rosenwald | 75015 Paris
☎+33-(0)1 53 68 08 00 -142500716 international@larche.org
www.larche.org

→L'Arche Communauté d'Aywaille (B)
→Arche im Nauen (CH)
→Goshen (F)

Arche nach Lanza del Vasto

Die Arche-Gemeinschaft hat Mitglieder in Frankreich, Deutschland, Italien, Schweiz, Belgien, Spanien, Brasilien, Argentinien, Mexiko und Ecuador. Sie geht zurück auf eine Inspiration, die der Schriftsteller, Künstler und Philosoph Lanza del Vasto 1937 bei einer Begegnung mit Gandhi in Indien empfing.
Die Arche wird gebildet von Einzelpersonen und Gruppen, die an ihrem jeweiligen Lebensort den Geist und die Mittel der Gewaltfreiheit einbringen, um so einen Beitrag zur Lösung der Probleme unserer Zeit zu leisten. An vier Orten leben Arche-Mitglieder in verbindlichen Gemeinschaften zusammen: In La Fleyssiere und St. Antoine (F), in Chambrelien (CH) und auf dem Friedenshof (D).
Dank ihrer Verwurzelung in der Gewaltfreiheit und der intuitiven Vorausschau der Gründungsgruppe um Lanza del Vasto war die Arche seit ihrem Beginn im Jahr 1948 Wegbereiter der Themen, die sich heute als (über)lebenswichtig für unsere Gesellschaft erweisen:

- Beziehungen im Geiste der Gewaltfreiheit, in denen Menschen im Anderen die Schwester/den Bruder erkennen, mit der oder dem sie gemeinsam etwas erschaffen können.
- Suche nach Stimmigkeit zwischen unseren Gedanken und unserem Handeln.
- Respekt vor der Andersartigkeit des Gegenübers, insbesondere im Bereich der Spiritualität und der Religion.
- Kultur der Gemeinschaftlichkeit, um einen Ausweg aus den destruktiven Formen des Individualismus zu finden.
- Vereinfachung des Lebens, als Zeichen unserer Verantwortlichkeit in einer Wirtschaft und Gesellschaft, die auf zerstörerischem Konsum beruhen.
- Einsatz für Gerechtigkeit und Frieden, in der Gewissheit, dass gesellschaftliche Veränderung bei der persönlichen Wandlung beginnt und in aktiver Teilnahme an politischen Aktionen konkret wird.

- Gedanken- und Meinungsfreiheit, die durch die Praxis der Konsensentscheidung gewahrt wird; der Konsens stärkt die persönliche Verantwortung und schützt vor Unterordnung.

Die Mitglieder der Arche streben danach, ihr Leben mehr und mehr in Übereinstimmung mit den tiefsten menschlichen Sehnsüchten zu bringen. Sie wissen, dass es dazu einer lebendigen Wechselbeziehung zwischen spirituellem Leben, persönlicher ethischer Ausrichtung und gesellschaftlichem Engagement bedarf.

L'Arche de Lanza del Vasto

WWW **✉info@archegemeinschaft.de 💻www.archecom.org**

→Biotopia (D)
→Friedenshof-Kommunität (D)
→Haus der Gastfreundschaft (HdG) (D)
→Lilitopia (D)
→L' Arche de Saint Antoine (F)
→La Borie Noble (F)
→La Fleyssière (F)

Bruderhof-Gemeinschaften

Wir sind eine christliche Lebens- und Arbeitsgemeinschaft, in der mehr als 2700 Menschen in über zwanzig Siedlungen in vier Kontinenten leben. Wir sind ein Bund von Familien und Singles, die im Geiste der ersten Gemeinde in Jerusalem Jesus ohne Kompromisse nachfolgen wollen. Dabei verzichten wir gerne auf Privatbesitz und teilen stattdessen alles miteinander. Wir versuchen, das Gebot Jesu, Gott und den Nächsten zu lieben, im Alltag zu verwirklichen. Als Inspiration und Vorbild dient uns hier die Urgemeinde in Jerusalem, wie sie im Neuen Testament beschrieben ist. Wir erkennen die Autorität der Bibel für alle Bereiche des Lebens an und bekennen uns zu der Glaubensregel, die im Apostolischen Glaubensbekenntnis ausgedrückt ist. Geschichtlich gesehen stammen wir aus der Tradition der Täuferbewegung der Reformationszeit, fühlen uns aber allen verbunden, die sich der Nachfolge Jesu verpflichtet wissen.
Wir glauben, dass Jesu Kraft in allen Menschen zu wirken vermag, ungeachtet ihres Glaubens und ihrer Lebensumstände.

Bruderhofgemeinschaft

D **Talweg 18 | 07639 Bad Klosterlausnitz**
☎+49-(0)36601-922988 ✉holzland@bruderhof.com 💻www.bruderhof.com

→Holzlandgemeinschaft (D)
→Sannerzgemeinschaft (D)
→Darvell Bruderhof (UK)

Camphill

Siehe Artikel auf Seite 50 und unsere Karte auf eurotopia.de/blog/camphill/

Camphill - Mitteleuropäische Region

D Dorfgemeinschaft Hermannsberg | 88693 Heiligenberg
Ch.Heemann@hermannsberg.de

Camphill Liebenfels

A Marienhöhe, Lebmach 15 | 9556 Liebenfels-Kärnten
+43-(0)4215-2355 wertsch@camphill.at www.camphill.at

→ Humanushaus Beitenwil (CH)

Camphill na soutoku, z.s.

CZ Camphill Ceské Kopisty | Ceské Kopisty 6 | 41201 Terezín
camphill@camphill.cz www.camphill.cz

Camphill Alt-Schönow

D Alt-Schönow 5 | 14165 Berlin (Zehlendorf)
+49-(0)30-845 71890 info@camphill-alt-schoenow.de
www.camphill-alt-schoenow.de

Camphill Dorfgemeinschaft Hausenhof

D Hausenhof 7 | 91463 Dietersheim
+49-(0)9164-9984-0 info@Hausenhof.de www.Hausenhof.de

Camphill Dorfgemeinschaft Hermannsberg

D 88633 Heiligenberg-Hattenweiler
+49-(0)7552-260 10 K.Kwiek@hermannsberg.de, ch.mueller@hermannsberg.de, Lichthof@hermannsberg.de www.hermannsberg.de

Camphill Dorfgemeinschaft Sellen e.V.

D Sellen 101 / 98 | 48565 Steinfurt-Burgsteinfurt
+49-(0)2551-936 60 info@camphill-steinfurt.de
www.camphill-steinfurt.de

Camphill Lebensgemeinschaft Königsmühle

D Schöntalstr. 11 | 67434 Neustadt a.d. Weinstraße
+49-(0)6321-7289 koenigsmuehle@t-online.de
www.camphill-rheinland-pfalz.de

Camphill Schulgemeinschaft Bruckfelden

D Adalbert Stifter Weg 3 | 88699 Frickingen-Bruckfelden
+49-(0)7554-982 511 info@camphill-schulgemeinschaften.de

Camphill Schulgemeinschaft Föhrenbühl

D Föhrenbühlweg 5 | 88633 Heiligenberg-Steigen
foehrenbuehl@camphill-schulgemeinschaften.de
camphill-schulgemeinschaften.de/foehrenbuehl/

Camphill Schulgemeinschaft und Hof Brachenreuthe

D 88662 Überlingen
☎+49-(0)7551-800 70 info@brachenreuthe.de www.brachenreuthe.de

Markus Gemeinschaft e.V.

D Camphill-Initiative für Mensch und Umwelt | Hauptstraße 1 | 06577 Hauteroda
☎+49-(0)34673-736 923 info@markus-gemeinschaft.de
www.markus-gemeinschaft.de

SKID gGmbH

D SozialKulturelle IntegrationsDienste | Kronengasse 1 | 88662 Überlingen
info@skid-ggmbh.de skid-ggmbh.de

Thomas-Haus Berlin

D für Heilpädagogik und Sprachtherapie | Peter-Lenné-Straße 42
14195 Berlin (Dahlem)
thomas-haus@gmx.de www.thomas-haus-berlin.de

Pahkla Camphilli Küla

EE Kohila vald, Rapla Maakond | 79702 Eesti
☎+372-48-98300/-97535 pahklack@hot.ee www.pahklack.org

Kaupunkikylä

SF yksilöllistä elämää yhteisössä | Kyläkatu 140 | 15700 Lahti
www.kaupunkikyla.fi

Myllylähde-yhteisö

SF Aimo Kuusisto | Aholantie 133, Palomaa | 16800 Koski HL
☎+358-(0)3-764 19 44

Sylvia-Koti

SF Kyläkatu 140 | 15700 Lahti
☎+358-(0)3-883 130 info@sylvia-koti.fi www.sylvia-koti.fi

Tapolan Kyläyhteisö

SF Raikkolantie 40 | 16350 Niinikosi
☎+358-(0)18-882 450 www.tapola-camphill.fi

→ Beannachar Camphill Community (UK)

Botton Village Community

UK Danby, Whitby | YO21 2NJ North Yorkshire
☎+44-(0)1287-660 871 www.cvt.org.uk/communities/botton-village

Camphill Blair Drummond

UK Blair Drummond House | Cuthil Brae | By Stirling, Perthshire FK9 4UT
☎+44-(0)1786-841 573 office@camphillblairdrummond.org.uk
camphillblairdrummond.org.uk

Camphill Coleg Elidyr (incl. Victoria House)

UK Rhandirmwyn, Llandovery | Carmarthenshire SA20 0NL
☎+44-(0)1550-760 40 01 admin@colegelidyr.com colegelidyr.com/

Camphill Communities East Anglia
UK Thornage Hall | Thornage, Holt | Norfolk, Scotland NR25 7QH
ccea@btconnect.com www.camphill.org.uk

Camphill Community Clanabogan
UK 15 Drudgeon Road | Clanabogan | BT781TJ Omagh
+44-(0)662-256111, -256100 info@camphillclanabogan.com
en-gb.facebook.com/camphillclanabogan, www.camphillclanabogan.com

Camphill Community Glencraig
UK Craigavad | BT18 0DB Holywood, Co. Down
+44-(0)1232-423396 office@glencraig.org.uk, reception@glencraig.org.uk www.glencraig.org.uk

Camphill Community Holywood
UK 8 Shore Road | Holywood, BT18 9HX
info@camphillholywood.co.uk www.camphillholywood.co.uk

Camphill Community Mourne Grange
UK 169 Newry Road, Kilkeel | BT34 4EX Co. Down, Northern Ireland
+44-(0)28-41760128
info@mournegrange.org www.mournegrange.org

Camphill Devon Community
UK Hapstead Village, Buckfastleigh | Devon TQ11 0JN
+44-(0)1364-642631
admin@camphilldevon.org.uk www.camphilldevon.org.uk

Camphill Milton Keynes Community
UK Japonica Lane, Willen Park South | MK15 9JY Milton Keynes
+44-(0)908-235000
office@camphill-miltonkeynes.co.uk www.camphillmk.co.uk

Camphill St. Albans
UK 50 Carlisle Avenue, St Albans | Herts AL3 5LX
+44-(0)1727-811228
www.camphillvillagetrust.org.uk/locations/st-albans/

Camphill: Sturts Farm
UK Three Cross Road | West Moors | Ferndown, Dorset BH22 0NF
+44-(0)20-2870572 office@sturtsfarm.com www.sturtsfarm.com

Camphill: The Hatch
UK St. John's House | Kington Lane, Thornbury | Bristol, Avon BS12 1NA
+44-(0)1454-413010
admin@hatchcommunity.org.uk hatchcommunity.org.uk

Cherry Orchards Camphill Community
UK Canford Lane, Westbury-on-Trym | BS9 3PE Bristol
+44-(0)117-9503183
cherryorchards@camphill.org.uk www.cherryorchards.co.uk

Clanabogan Camphill Community ❄
UK 15 Drudgeon Rd, Clanabogan | BT78 1TJ Omagh, County Tyrone
☎+44-(0)28-822 561 11
✉info@camphillclanabogan.com 💻www.camphillclanabogan.com

Corbenic Camphill Community
UK Trochry, Near Dunkeld | PH8 0DY Perthshire
☎+44-(0)1350-723 206
✉betty@corbeniccamphill.co.uk 💻www.corbeniccamphill.co.uk

Delrow Camphill Community
UK Hilfield Lane, Aldenham | WD2 8DJ Watford, Herts
☎+44-(0)1923-856 006 ✉delrowhouse@hotmail.co.uk
💻www.camphill.org.uk, tinyurl.com/eurotopia3642

Esk Valley Camphill Community
UK Stormy Hall | YO21 2NN Danby Head
✉info@eskvalleycamphill.org 💻www.eskvalleycamphill.org

Gannicox Camphill Community
UK 57 Cainscross Road | GL5 4EX Stroud, Gloucestershire
✉gannicox@camphill.org.uk 💻www.camphill.org.uk/~gannicox

Glasallt Fawr Camphill Centre
UK Llangadog | Carmarthenshire SA19 9AS
✉info@glasallt-fawr.com 💻www.glasallt-fawr.com

Grange Camphill Village
UK Littledean Road | GL14 1HJ Newnham
☎+44-(0)1594-516 246
✉grange@cvt.org.uk 💻www.cvt.org.uk/communities/grange-village

Larchfield Camphill Community
UK Stokesley Road, Hemlington | Middlesbrough, Cleveland TS8 9DY
☎+44-(0)642-593 688 ✉larchfield.enquiries@cvt.org.uk
💻www.cvt.org.uk/communities/larchfield-community

Loch Arthur Camphill Community
UK Loch End Farm | Beeswing | Dumfries DG2 8JQ
☎+44-(0)1387-760 687 ✉admin@locharthur.org.uk 💻locharthur.org.uk

Milltown Camphill Community
UK Arbuthnott, Laurencekirk | AB30 1PB Kincardineshire
☎+44-(0)561-361 349 ✉milltownoffice@btconnect.com,
milltownworkshop@yahoo.co.uk 💻www.milltowncommunity.org.uk

Newton Dee Village Community
UK Camphill Community | Bieldside | AB15 9DX Aberdeen
☎+44-(0)1224-868 701 ✉info@newtondee.org.uk 💻www.newtondee.co.uk

Oaklands Park
UK Newnham | GL14 1EF Gloucestershire
☎+44-(0)1594-516 551
✉oaklands@cvt.org.uk 💻www.cvt.org.uk/communities/oaklands-park

Ochil Tower Camphill School
UK 140 High Street | PH3 1AD Auchterarder
☎+44-(0)1764-62416 📠-662416
✉office@ochiltowerschool.org 💻www.ochiltowerschool.org.uk

Orchard Leigh Farm Community
UK Bath House, Eastington, Stonehouse | GL10 3AY Gloucestersire GL10 3AY
☎+44-(0)1453-823 811
✉orchard.leigh@virgin.net 💻www.camphill.org.uk/~orchardleigh

Pennine Camphill Community
UK Wood Lane, Chapelthorpe, Wakefield | WF4 3JL West Yorkshire
☎+44-(0)1924-255 281
✉office@pennine.ac.uk, volunteering@pennine.ac.uk 💻pennine.ac.uk

Ringwood Camphill Communities
UK The Sheiling School | Horton Road, Ashley | nr. Ringwood, Hampshire, BH24 2EB
☎+44-(0)1425-477 488
✉enquiries@thesheilingringwood.co.uk 💻www.sheilingschool.co.uk

Simeon Care for the Elderly
UK Cairnlee Road, Bieldside | Aberdeen AB15 9BN
☎+44-(0)224-862 415 ✉info@simeoncare.org.uk 💻www.simeoncare.org.uk

The Croft Community
UK Highfield Road, Old Malton | YO17 7DB North Yorkshire
☎+44-(0)1653-694 391 💻croftcommunity.com

The Lantern Camphill Community
UK Folly Farm Lane | BH24 2NN Ringwood, Hampshire
✉info@lanterncommunity.org.uk 💻www.lanterncommunity.org.uk

The Mount Camphill Community
UK Faircrouch Lane, Wadhurst | East Sussex TN5 6PT
☎+44-(0)892-782 025
✉office@mountcamphill.org 💻www.mountcamphill.org

Thornbury Camphill Community
UK Thornbury Park | Park Road | Bristol BS35 1HP
☎+44-(0)1454-412 194
✉mail@sheilingschool.org.uk 💻www.sheilingschool.org.uk

Tigh A' Chomainn Camphill
UK 4 Craigton Crescent, Peterculter | Aberdeenshire AB14 0SB
☎+44-(0)1224-732 656 💻camphilltac.org.uk

Tiphereth Camphill Edinburgh
UK Torphin Holding, Torphin Road 55 | Colinton, Edinburgh EH13 0PQ
☎+44-(0)131-441 20 55
✉Sandy.Walton@tiphereth.org.uk 💻www.tiphereth.org.uk

William Morris Camphill Community
UK William Morris House | Eastington, Stonehouse | Gloucestershire GL10 3SH
☎+44-(0)453-824 025
✉info@wmcc.ac.uk 💻www.learning-disability.org.uk

Ballymoney Community
IRL Sea Road | Gorey, Co. Wexford
✉info@camphillballymoney.ie 💻www.camphill.ie/ballymoney/index

Callan Community
IRL The Granary | Bridge St | Callan, County Kilkenny
✉callan@camphill.ie

Camphill Ballytobin Community
IRL Callan | Co. Kilkenny
☎+353-(0)56-251 14 ✉ballytobin@camphill.ie 💻www.camphill.ie

Camphill Community Ballybay
IRL Corraskea | Robb Farm | Ballybay, Co. Monaghan
☎+44-(0)42-974 19 39 ✉ballybay@camphill.ie 💻www.camphill.ie

Camphill Community Dingle
IRL Doonsheane | Dingle Co. Kerry
☎+353-(0)45-481 143 ✉dingle@camphill.ie 💻www.camphill.ie/Dingle

Camphill Community Dunshane
IRL Dunshane House | Brannockstown, Near Naas | Co. Kildare
☎+353-(0)45-483 628 ✉dunshane@camphill.ie 💻www.camphill.ie

Camphill Community Greenacres
IRL 1a Farmhill Park | Goatstown | 14 Dublin
☎+353-(0)1-298 76 18 ✉greenacres@camphill.ie 💻www.camphill.ie

Camphill Community Kyle
IRL Coolagh, Callan | Co. Kilkenny
☎+353-(0)56-25737 ✉kyle@camphill.ie 💻www.camphill.ie

Camphill Community Mountshannon
IRL Clai House | Millpool Road | Mountshannon, Co. Clare
✉camphillmountshannon@gmail.com
💻www.camphill.ie/mountshannon/index

Camphill Community Thomastown
IRL The Watergarden | Ladywell Street | Thomastown, Co. Kilkenny
☎+353-(0)56-248 44, -541 32 ✉jerpoint@camphill.ie 💻www.camphill.ie

Camphill Village Community Duffcarrig
IRL Duffcarig, Gorey | Co. Wexford
☎+353-(0)55-25911 ✉duffcarrig@camphill.ie 💻www.camphill.ie

Carrick-on-Suir Camphill Community
IRL Castle Street | Carrick-on-Suir, Co. Tipperary
☎+353-(0)51-645080 ✉carrick@camphill.ie 💻www.camphill.ie

Grangebeg Camphill Community
IRL Dunlavin | Co. Kildare
✉grangebeg@camphill.ie 💻www.camphill.ie/grangebeg/index

Grangemockler Camphill Community
IRL Templemichael | Carrick-on-Suir, Co. Tipperary
☎+353-(0)51-647202
✉grangemockler@camphill.ie 💻www.camphill.ie/grangemockler

Jerpoint Camphill Community
IRL Thomastown | Co. Kilkenny
✉jerpoint@camphill.ie 💻www.camphill.ie/jerpoint/index

KCAT Camphill Community
IRL Mill Lane | Callan, Co. Kilkenny
✉info@kcat.ie 💻www.camphill.ie/kcat/index

The Bridge Camphill Community
IRL Main Street | Kilcullen, Co. Kildare
☎+353-(0)45-481597 ✉thebridge@camphill.ie 💻www.camphill.ie

Camphill Village Rozkalni
LV Rencenu pagasts | 4232 Burtnieku novads
✉camphillrozkalni@gmail.com 💻camphillrozkalni.lv

Camphill Community Rotvoll
N Hans Collins vei 5 | 7053 Ranheim
☎+47-(0)73-826850 ✉applications@camphill-rotvoll.no 💻rotvoll.camphill.no/hjem/

Camphill landsbystiftelse i Norge
N Camphill Villages in Norway | Reidar Jenssensgate 10 | 7550 Hommelvik
☎+47-73-978460 ✉sekretariat@camphill.no 💻www.camphill.no

→Camphill Rotvoll (N)

→Camphill Solborg (N)

Hogganvik Landsby
N Hogganvik | 5583 Vikedal | ☎+47-(0)5276-0111
✉hogganvik@camphill.no 💻www.camphill.no/Hogganvik/

Jøssåsen Landsby
N Jøssåsen Landsby | 7550 Hommelvik
☎+47-(0)73979-180,-950 ✉application@jossasen.no

Vallersund Gård

N Camphill Landsbystiftelse i Norge | Vallersund Gård | 7167 Valsøyveien, Vallersund

+47-(0)7252-7080 vallersund.camphill.no

Vidaraasen Village (Camphill)

N Vidaråsen Landsby | Landsbyveien 34 | 3158 Andebu

+47-3344-4100

office@vidaraasen.no vidarasen.camphill.no, www.vidaraasen.no

Camphill Gemeenschap Christophorus

NL Duinweg 35 | 3735 LC Bosch en Duin

www.amerpoort.nl/locaties/wonen/christophorus.html

Camphillgemeenschap Maartenhuis

NL Ruyslaan 81 | 1796 AZ De Koog (Texel)

+31-(0)22-231 76 82

secretariaat@maartenhuis.nl www.maartenhuis.nl

Stowarzyszenie 'Wspólnota' w Wójtówce

PL Camphill Community

https://tinyurl.com/eurotopia8884

→ Camphill Village Svetlana (RUS)

Tourmaline

RUS offiz. Camphill-Partner | Borisa Galushkina st. 26 | 129626 Moskau

turmaline.nko@gmail.com turmaline.ru, eng.turmaline.ru

Camphill Häggatorp

S Häggatorp 1 | 53461 Vedum

camphillhaggatorp@telia.com www.camphillhaggatorp.se

Foreningen Staffansgården

S Camphill | Furugatan 1 | 82060 Delsbo

+46-(0)653-168 50 info@staffansgarden.com www.staffansgarden.com

Mickelsgården

S Camphill | Lund 2905 | 82060 Delsbo

+46-(0)653-169 82/-109 17 info@staffansgarden.com, matti@staffansgarden.com, jens@staffansgarden.com www.staffansgarden.com

---

 church and peace

Church and Peace

Church and Peace ist das europäische ökumenische Netzwerk von mehr als 100 christlichen Kommunitäten, Gemeinschaften, Gemeinden, Friedensorganisationen, -diensten, Kirchen und Einzelpersonen aus 14 europäischen Ländern mit einer breiten Vielfalt christlicher Traditionen. Die Mitglieder sind der Überzeugung, dass die im Evangelium bezeugte Gewaltfreiheit zu den Wesensmerkmalen der Gemeinde Jesu Christi gehört und zum Dienst des gewaltfreien Friedensstiftens führt. Ihr vielfältiges Engagement, gerade auch in vom Krieg geprägten Ländern, wurzelt in der Verknüpfung von Friedenstheologie, Spiritualität und Praxis der Gewaltfreiheit. Das bedeutet: Ringen um Versöhnung, Friedenserziehung, gewaltfreie Konfliktbearbeitung, Einsatz für Gerechtigkeit bei der Verteilung der Ressourcen dieser Welt, Eintreten für die Bewahrung der Schöpfung.
Entstanden ist Church and Peace aus den ökumenischen Diskursen, die ab 1949 von den Historischen Friedenskirchen (Quäker, Mennoniten und Church of the Brethren) und dem Internationalen Versöhnungsbund mit den Kirchen des Ökumenischen Rates der Kirchen um die Relevanz der Gewaltfreiheit in der Nachfolge Jesu geführt wurden.
Church and Peace lädt die Kirchen ein auf den gemeinsamen Weg, Friedenskirche zu werden und bietet den Raum, sich miteinander zu verbinden und zu stärken.
Auf internationalen und regionalen Konferenzen kommen jährlich bis zu 250 Teilnehmende aus über 15 Ländern zusammen, um ihre Erfahrungen zu teilen und sich gegenseitig zu ermutigen. Menschen im Netz von Church and Peace engagieren sich in konkreten Projekten in der ökumenischen und interreligiösen Zusammenarbeit vor Ort oder auf internationaler Ebene, in gemeinsamen Aktivitäten mit anderen zivilgesellschaftlichen Gruppen und in der Konferenz Europäischer Kirchen (KEK), zu deren Partnerorganisationen Church and Peace gehört. Der ökumenische Dialog, insbesondere die Entwicklung einer gemeinsamen Friedensethik betreffend, ist von großer Priorität für Church and Peace.
Church and Peace ist auch Mitglied regionaler Dachverbände wie dem Netzwerk Christlicher Friedensorganisationen (Großbritannien und Irland; NCPO) und der Aktionsgemeinschaft Dienst für den Frieden (Deutschland).
Church and Peace-Mitgliedsgruppen: https://www.church-and-peace.org/netzwerk-deu/mitglieder-deu/

Church & Peace e.V.

D **Internationale Geschäftsstelle | Mittelstraße 4 | 34474 Diemelstadt-Wethen**
☎+49-(0)5694-990 55 06 🖷-5070 🖂intloffice@church-and-peace.org
💻www.church-and-peace.org

→Basisgemeinde Wulfshagenerhütten (D)
→Brot & Rosen - Diakonische Basisgemeinschaft (D)
→Hofgemeinschaft Guggenhausen e.V. (D)

Colibris

Colibris hat sich auf unsere Kontaktversuche nicht gemeldet, aber einige französische Gemeinschaften geben an, Teil dieses Netzwerkes zu sein. Wir vermuten auch, dass das im letzten Buch abgedruckte Netzwerk „Mouvement des Oasis en Tous Lieux" in Colibris aufgegangen ist.

Colibris

F **www.colibris-lemouvement.org**

→Coogite (F)
→Eco-hameau d'Andral (F)
→Ecohameau de Verfeil (F)
→Ecovillage "Ecohameau Les Trois sources" (F)
→Goshen (F)
→Hameau du Ruisseau (F)
→La ferme de Chenèvre (F)
→La Lune Nette (F)
→Le Broglio (F)
→Le collectif du Moulinage de Chirols (F)
→Le Hameau des Buis (F)
→Oasis de Belledonne (F)
→Oasis de Lentiourel (F)
→Solenvie (F)
→Terra Flor (F)

Common Life Network

Das Common Life Network ist ein Netzwerk zur Gründung und Ermutigung von christlichen Lebensgemeinschaften in der Schweiz. Wir betreiben eine Webseite mit einer WG-Vermittlung, Hinweisen auf Ressourcen, einer Liste von Gemeinschaften etc.

Common Life Network

CH **Hutti 1 | 3250 Lyss**

info@we-share-it.ch **www.we-share-it.ch/commonlife**

Dachverband der Beginen e.V.

Wir Heutigen nennen uns Beginen nach dem Vorbild tausender Frauen, die seit dem frühen 13. Jahrhundert unabhängig, selbständig und karitativ lebten und wirkten. Damals machten sie sich frei vom Einfluss der Kirche, der Stände, der patriarchalen Diktate. Sie gründeten große und kleine Gemeinschaften, verdienten eigenes Geld u.a. mit Handwerk, Krankenpflege

und Sterbebegleitung. Sie waren Lehrerinnen, Verwalterinnen, Beraterinnen. „Gute Leute", „Feldnonnen", „Waldschwestern", „Schwestern des freien Geistes" wurden sie auch genannt. Seit den 1990er Jahren füllen Frauen diesen Geist wieder mit Leben: Ob christlich-kirchentreu, ökumenisch-weltoffen, feministisch-spirituell, oder politisch-sozial - wir fühlen uns der Tradition des Beginengedankens verbunden: Gemeinsam bewegen Frauen viel. Frauenkraft ist eine besondere. Frauen bewirken Gutes in der Gesellschaft.
Inzwischen gibt es in Deutschland 16 Beginenhöfe, in denen mehr als 200 Frauen leben und wirken. Weitere ca. 300 Beginen leben als Einzelbeginen im Sinne unserer Tradition.
Seit 2004 haben wir uns unter dem Dachverband der Beginen zusammengeschlossen. Wir veranstalten regelmäßig Reisen zu den alten und modernen Orten der Frauenkultur. Jährlich am letzten Augustwochenende veranstalten wir ein bundesweites Beginentreffen mit Vortrag, Infos, Gesang, Spiel und Tanz. Und viel Spaß!
Detaillierte Informationen über alle unsere Beginenhöfe, die Treffen und Reisen sind auf unserer Webseite zu finden.

Dachverband der Beginen e.V.

D **Geschäftsstelle Essen Beginenhof | Goethestraße 63-65 | 45130 Essen**
☎+49-(0)201-316 69 23 ✉kontakt@dachverband-der-beginen.de
💻www.dachverband-der-beginen.de

→Beginenhof Dortmund (D)

Emmaus

Das Emmaus-Netzwerk hat unsere Anfrage leider nicht beantwortet.

Secretariat General d'Emmaus International

F **💻www.emmaus-international.org**

→Communauté de la Poudrière (B)
→Haus der Gastfreundschaft (HdG) (D)
→Village Emmaüs Lescar-Pau (F)
→Emmaus Haarzuilens (NL)
→Emmaus in Langeweg and Breda (NL)

European Catholic Worker

Catholic Worker ist eine Bewegung radikaler Christ*innen mit pazifistischer und anarchistischer Orientierung. Unser Ziel ist das Evangelium mit politischer Aktion und praktischer Hilfe für die Ärmsten zu verbinden. Auf diese Weise möchten wir auf der Erde ein Zeichen für das göttliche Königreich setzen.
Die Catholic-Worker-Bewegung wurde in den 1930er-Jahren von Dorothy Day und Peter Maurin während der Großen Depression gegründet. Heute sind 200 Catholic-Worker-Gemeinschaften der Gewaltfreiheit, freiwilliger Armut, dem Gebet und der Gastfreundschaft gegenüber den Obdachlosen, Heimatvertriebenen, Hungernden und Aufgegebenen verpflichtet. Catholic Workers protestieren gegen Ungerechtigkeit, Krieg, Rassismus und Gewalt in aller Form.

Inspiriert von den Ideen und der Kraft der Catholic Workers brachten wir die Bewegung nach Europa und gründeten Häuser und Gemeinschaften in den Niederlanden, in Großbritannien, Belgien, Deutschland und in Schweden.

The European Catholic Worker
NL **info@eurocatholicworker.org** **www.eurocatholicworker.org**

→ Biotopia (D)
→ Brot & Rosen - Diakonische Basisgemeinschaft (D)
→ Haus der Gastfreundschaft (HdG) (D)
→ Kana (D)
→ Lilitopia (D)
→ London Catholic Worker (UK)
→ The Catholic Worker Farm (UK)
→ Amsterdam Catholic Worker (NL)
→ The Fig Tree – A Jona House Resistance and Catholic Worker Community (S)

Foreningen Bofællesskab.dk

Bofællesskab.dk ist eine digitale Plattform und Treffpunkt für alle Lebensgemeinschaften in Dänemark. Das bedeutet, dass die Website der Ort im Internet ist, an dem jede*r, der /die entweder in einer Gemeinschaft lebt, in Gemeinschaft leben möchte oder einfach nur ein Interesse daran hat, sich trifft und vernetzt, gute Ideen teilt, Häuser in Gemeinschaften verkauft und vieles mehr.
Im Januar 2018 wurde Bofællesskab.dk zu einem Verein, der nicht nur den Rahmen für den Betrieb der Website bildet, sondern auch das organisatorische Bindeglied für viele verschiedene Aktivitäten ist. Der Verein wird von einem fünfköpfigen Vorstand geleitet, der in der Szene der Wohnprojekte in Dänemark verwurzelt ist. Die Website wird von einem Administrator betrieben, der zusammen mit einer Arbeitsgruppe und dem Vorstand dafür sorgt, dass das Portal auf dem neuesten Stand gehalten und weiterentwickelt wird, so dass es immer eine Quelle der Inspiration für alle Mitglieder und Nutzer*innen ist.
Die Entwicklung des Verbandes ist ein laufender Prozess. Es werden Ad-hoc-Arbeitsgruppen gebildet, die jeweils mit Projekten und Veranstaltungen unter der Schirmherrschaft des Vereins und als Beitrag zu der umfangreichen Bewegung arbeiten, die sowohl in Dänemark als auch in der übrigen Welt stattfindet.
Der Verein bemüht sich aktiv um die Teilnahme und Organisation von Veranstaltungen und die Vorbereitung von Materialien zur Verbreitung von Wissen über den sozialen Wohnungsbau und andere Formen des Zusammenlebens. Bofællesskab.dk wird auch neue Initiativen bei der Schaffung von Wohnanlagen unterstützen. Deshalb werden wir in Kürze ein Startpaket vorbereiten, das die Schaffung einer gemeinsamen Wohnsiedlung zugänglicher und leichter machen soll.

Foreningen Bofællesskab.dk
DK **Sædekildegårdvej 1 | 5250 Odense SV**
info@bofaellesskab.dk **bofaellesskab.dk**

→Bofællesskabet Bondebjerget
→Bofællesskabet Fladengrund
→Bofællesskabet Lille Grundet
→Holdepunktet (alle in DK)

Gemeinschaften der Zwölf Stämme

Unser Leben in den Gemeinschaften der Zwölf Stämme kann mit einem Bienenschwarm verglichen werden: Bienen haben keine selbstbezogenen Interessen, sondern eine gemeinsame Identität. Für sie zählt einzig und allein der Schwarm. Die Arbeiterbienen sind dafür verantwortlich, Nektar zu sammeln und den Schwarm zu beschützen. Die Jungbienen halten den Bienenstock sauber, füttern die Larven und widmen sich noch anderen Haushaltsaufgaben. Es gibt im Leben einer kleinen Honigbiene keine Langeweile.
Dies ist unserem Leben in Gemeinschaft sehr ähnlich. Wir lieben es, alles zusammen zu tun. Täglich versammeln wir uns, um Gott zu danken und um voneinander zu hören, was Er uns zu sagen hat. Unsere Versammlungen erhalten unsere aufrichtige Liebe und Fürsorge füreinander am Leben. Bei unserer täglichen Arbeit achten wir darauf, dass Selbstsucht und Stolz uns nicht auseinandertreiben und uns unsere Liebe füreinander rauben. Unsere Kinder sind ein unersetzbarer Teil unseres Lebens. Wir unterrichten sie nicht nur selber, sondern erledigen auch mit ihnen gemeinsam die vielen kleinen Aufgaben, die unser Familien- und Gemeinschaftsleben ermöglichen. Unser Leben ist keine stumpfe Routine, sondern voller Wärme, die von Menschen kommt, die ihr Herz einander öffnen. Wir feiern den wöchentlichen Schabbat sowie Hochzeiten und Festtage gemeinsam. Wir laden jeden ein, dieses Leben einmal mitzuerleben. Bitte komm und siehe selbst, wie es ist, zu einem Bienenstock von Menschen zu gehören, die die Wärme und Liebe ihres Schöpfers ausstrahlen.

Redaktioneller Hinweis: Wir veröffentlichen hier die Beschreibung des Zwölf-Stämme-Gemeinschaften-Netzwerks und die Adressen der dazugehörigen Gemeinschaften – allerdings mit dem ausdrücklichen Hinweis, dass wir die Zwölf-Stämme-Gemeinschaften nicht in den Hauptteil mit den Selbstbeschreibungen der Gemeinschaften eingeladen haben. Zu unterschiedlich sind die Weltanschauungen der eurotopia-Redaktion und der Zwölf-Stämme-Gemeinschaften in Bezug auf den Umgang mit ihren Kindern. Dort gehört physische Züchtigung zur Erziehung, und weil das in Deutschland verboten ist, sind die zwei Zwölf-Stämme-Gemeinschaften aus Bayern, die es zur Zeit der letzten eurotopia-Ausgabe noch gab, auch in die Tschechische Republik umgezogen. Wir haben damals ausführlicher darüber geschrieben (der Artikel ist auch online auf der eurotopia-Website zu finden: eurotopia.de/artikel2014.html → „Wer ist Gemeinschaft").
*In vielerlei Hinsicht sind die Zwölf Stämme aber auch eine inspirierte Gemeinschaftsbewegung. Wir danken sowohl unseren Leser*innen als auch den Mitgliedern der Zwölf-Stämme-Gemeinschaften für Verständnis für den Kompromiss, die Zwölf Stämme (nur) hier als Netzwerk vorzustellen.*

Gemeinschaften der Zwölf Stämme

CZ Preserved Seed Farm | Msecke Zehrovice 150 | 27064 Msecke Zehrovice
☎+42-(0)721-305 558 📠-272848 ✉kontakt@zwoelf-staemme.de
💻www.zwoelf-staemme.de

Komunita ve Skalné

CZ Ceská 481 | 351 34 Skalná
☎+420-910 117 288
kontakt@zwoelf-staemme.de
www.zwoelf-staemme.de

The Preserved Seed Farm

CZ Farma Uchované Semínko z.s.
Mšecké Žehrovice c. 150
27064 Mšecké Žehrovice
☎+420-721 305 558
kontakt@zwoelf-staemme.de
www.zwoelf-staemme.de

Communidad de Irún

E Caserio Barracas 88 | 20305 Irún, Guipuzcoa
☎+34-943 632 316 barracas@docetribus.com www.docetribus.org

Comunidad en Corella

E Avenida de Navarra 20 | 31591 Corella Navarra
☎+34-948-78-26-92 contacto@docetribus.com www.docetribus.org/

Comunidad en San Sebastian

E Paseo Ulía 375 | 20013 San Sebastian, Guipúzcoa
☎+34-943-327 983 www.docetribus.com

Communauté des douze tribus de Sus

F ☎+33-(0)559 661 428 -2034 contact@douzetribus.fr
www.douzetribus.fr

The Community at Stentwood Farm

UK c/o Shebet (Philip Parish) | Dunkeswell, Honiton | Devon, EX14 4RW
☎+44-(0)1823-681 155 -681269 thecommunity@stentwoodfarm.co.uk www.stentwoodfarm.co.uk

GEN - Global Ecovillage Network

Das Global Ecovillage Network (GEN) ist ein weltweites Netzwerk von tausenden Gemeinschaften und widmet sich der Entwicklung und Darstellung der vier Dimensionen der ökologischen, sozialen, kulturellen und wirtschaftlichen Nachhaltigkeit in Projekten weltweit. GEN-Ecovillages sind sowohl Gemeinschaften als auch traditionelle Ökodörfer in ländlichen, städtischen und nomadischen Umgebungen.
GEN ist in 5 regionalen Netzwerken organisiert: **CASA Latina** in Lateinamerika, die **GENNA Alliance** in Nordamerika, **GEN Europe** in Europa, **GEN Africa** auf dem afrikanischen Kontinent und **GENUA** in Ozeanien und Asien (siehe http://ecovillage.org/regions).
Seit 1995 fördert GEN den Austausch und bietet Informationen, Werkzeuge und Beispiele, um zu nachhaltigem Denken, Leben und Handeln zu inspirieren.
Zusätzlich zu dem Angebot von Bildung und Beratung zur Entwicklung von Ökodörfern hat GEN seit dem Jahr 2000 einen beratenden Status bei der Kommission des Wirtschafts- und

Sozialrats der Vereinten Nationen (ECOSOC) und ist in regelmäßigen Briefing-Sitzungen im Hauptquartier der Vereinten Nationen vertreten.
GENs Mission ist es, „in globaler Partnerschaft mit Ökodörfern und all denen, die sich für den Übergang zu einer regenerativen Welt einsetzen, für Innovation zu sorgen, zu katalysieren, zu bilden und zu fördern."

GENs Ziele sind:

- Förderung der Bildung von Menschen aus allen Lebensbereichen durch den Austausch von Erfahrungen und bewährten Praktiken (best practices) aus den Netzwerken von Ökodörfern und nachhaltigen Gemeinschaften weltweit.
- Förderung von Menschenrechten, Konfliktlösung und Versöhnung durch die Befähigung der lokalen Gemeinschaften zur globalen Interaktion, während gleichzeitig eine Kultur der gegenseitigen Akzeptanz und des gegenseitigen Respekts, eine effektive Kommunikation und eine interkulturelle Öffentlichkeitsarbeit gefördert werden.
- Förderung des weltweiten Umweltschutzes, indem wir als Think Tank, Inkubator, internationale Partnerorganisation und Katalysator für Projekte fungieren, die den Übergang zu einem nachhaltigen und resilienten Lebensstil beschleunigen.
- Förderung der Beteiligung von Bürger*innen und Gemeinden an lokalen Entscheidungsprozessen, Beeinflussung der politischen Entscheidungsträger*innen und Aufklärung der Öffentlichkeit, um den Übergang zu einem nachhaltigen Leben zu beschleunigen.

Global Ecovillage Network

UK The Park, Findhorn | IV36 3TZ Forres, Scotland
☎+44-(0)1309-692194 📠-(0)45566030 ✉welcome@ecovillage.org
💻www.ecovillage.org

Global Ecovillage Network of Europe

E Calle Abajo 1 | 31489 Artieda
✉secretariat@gen-europe.org
💻www.gen-europe.org

GLOBAL ECOVILLAGE NETWORK

GEN Austria

Unsere Vision ist es, Menschen zu inspirieren und zu ermutigen, ihre Form des Zusammenlebens zu finden und zu bilden. Wir ermöglichen Austausch zwischen Gemeinschaftsprojekten, Weitergabe von Wissen und Erfahrungen und wirken als Vorbild für gelebte biosphärenfreundliche und gemeinschaftliche Kultur.
Konkret organisieren wir z.B. Exkursionen zu bestehenden Gemeinschaftsprojekten oder laden zu Vorträgen ein. Regelmäßig nehmen wir an Netzwerkveranstaltungen in Österreich und Europa teil, bei denen die Themen Gemeinschaft, nachhaltiger Lebensstil und regionale Kooperation im Fokus stehen.
Wir freuen uns über Leute, die aktiv mitarbeiten wollen!

GEN Austria

A Die österreichische Netzwerkgruppe für gemeinschaftliches Leben
Bandgasse 27 | 1070 Wien
☎+43-(0)664 862 43 94 ✉mail@gen-austria.at 💻gen-austria.at

→Wohnprojekt Hasendorf (A)

GEN Deutschland

Der Verein GEN Deutschland wurde 2015 gegründet. Was die Menschen in diesem Netzwerk verbindet, ist der Wunsch „Neues" auszuprobieren und Wege zu finden, um ein gutes und nachhaltiges Leben zu führen – ökologisch, wirtschaftlich und sozial. Die gesellschaftlichen Fragen, vor die wir uns gestellt sehen, kann niemand allein beantworten. Ökodörfer stellen dafür Forschungsräume für experimentelles Wohnen in Frieden und Verbundenheit mit der Natur.

Gleichzeitig fördert GEN Deutschland die Bildung von Gemeinschaften und Solidarität als Kernelemente einer widerstandsfähigeren Gesellschaft. Teil der Vision ist die Entstehung eines vielfältigen und gemeinsamen Pools an Wissen für einen nachhaltigen Lebensstil.

GEN Deutschland ist als soziokratische Organisation aufgestellt. Formal besteht diese aus dem erweiterten Vorstand, den Arbeitskreisen zu den Dimensionen der Nachhaltigkeit (Ökonomie, Ökologie, Soziales und Kultur) und den Mitgliedern.

Viele Gemeinschaften des Vereins GEN Deutschland wirken nach außen in die Gesellschaft. Durch Öffentlichkeitsarbeit, Kooperationen mit Gemeinden, Universitäten und der Zivilgesellschaft möchten wir einen experimentellen, ideellen und praktischen Beitrag leisten, der größeren Öffentlichkeit zu zeigen, dass es eine enkeltaugliche Zukunft gibt.

Bei GEN Deutschland gibt es folgende Möglichkeiten der Mitgliedschaft:

1. Vollmitgliedschaft für Gemeinschaften, die sich aktiv als Mitglied in das Gemeinschaftsnetzwerk einbringen möchten.
2. Fördermitgliedschaft für Gemeinschaften, Institutionen und Einzelpersonen, die die Arbeit unseres Netzwerks unterstützen möchten.

Haben wir Euer Interesse geweckt? Besucht gerne unsere Website oder schreibt uns:

GEN Deutschland

D Sieben Linden 1 | 38489 Beetzendorf

🖂info@gen-deutschland.de 💻gen-deutschland.de

→Akademie für angewandtes gutes Leben (D) ❄

→gASTWERKe e.V. (D)

→Gemeinschaft Clan B (D)

→Gemeinschaft Haslachhof e.V. (D)

→Gemeinschaft Lebensbogen (D)

→Gemeinschaft Schloss Blumenthal (D)

→Gemeinschaft Sulzbrunn (D) ❄

→Kunesto Cobstädt eG (D)

→Lebensgarten Steyerberg (D) ❄

→Lebensgemeinschaft auf Schloss Tonndorf eG (D) ❄

→Lebenslernort Am Windberg (D)

→Lebenstraum Gemeinschaft Jahnishausen (D) ❄

→Mittendrin leben eG (D)

→Nature Community eG (D)

→Rawaule (D)
→Sieben Linden (D) ✻
→Villa Locomuna (D)
→ZEGG - Zentrum für experimentelle Gesellschaftsgestaltung (D) ✻

GEN Europe

GEN Europe ist das Netzwerk für Ökodörfer und nachhaltige Gemeinschaften in Europa. Es ist der europäische Zweig des Global Ecovillage Networks und verbindet über 100 Mitglieds-Ökodörfer und über 20 nationale Ökodorf-Netzwerke in Europa.
Unser Netzwerk verbindet Gemeinschaften, um Fortbildung und Wissensaustausch zu fördern, baut Kapazitäten für die Schaffung neuer Ökodörfer auf und fördert den Lebensstil von Ökodörfern für den Übergang zu einer resilienten Gesellschaft.
Wir laden alle Neugierigen herzlich zur europäischen Ökodorfkonferenz ein, unserem jährlichen Treffen, das jedes Jahr in einem anderen europäischen Ökodorf stattfindet.

Global Ecovillage Network of Europe

E Calle Abajo 1 | 31489 Artieda

secretariat@gen-europe.org www.gen-europe.org

→Cambium (A) ✻
→Cohousing Pomali (A)
→Garten der Generationen (A)
→GEN Austria (A)
→Ces - Fondazione per la rinascita di Chiesso (CH) ✻
→Herzfeld Sennrüti (CH)
→Schloss Glarisegg (CH)
→Smala Ecovillages (CH) ✻
→Yamagishi Verein (CH)
→Zentrum der Einheit Schweibenalp (CH)
→Freie Feldlage - Gemeinschaft in der Heilstätte Harzgerode (D) ✻
→Friedenshof-Kommunität (D)
→Gemeinschaft Lebensbogen (D)
→Gemeinschaft Sonnenwald Schernbach (D) ✻
→Gemeinschaft Sulzbrunn (D) ✻
→Lebensgarten Steyerberg (D) ✻
→Lebensgemeinschaft auf Schloss Tonndorf eG (D) ✻
→Lebenstraum Gemeinschaft Jahnishausen (D) ✻
→Puls der Erde (D)
→Schloss Tempelhof eG (D) ✻

→Schöpferisches Zentrum OASE (D)
→Sieben Linden (D) ❊
→Stamm der Likatier (D)
→Villa Locomuna (D)
→ZEGG - Zentrum für experimentelle Gesellschaftsgestaltung (D) ❊
→Bjergager Solby (DK) ❊
→Dyssekilde Ecovillage (DK) ❊
→Freetown Christiania (DK)
→Gaia Trust (DK)
→Hertha Levefællesskab (DK) ❊

LØS (Landsforeningen for Økosamfund)

DK The Danish Association of Sustainable Communities |
☎+45-229 522 92 ✉info@okosamfund.dk 💻www.okosamfund.dk

→Amalurra Artzentales (E)
→Arterra Bizimodu (E) ❊
→El Calabacino (E)
→Los Portales (E)
→Possibilica (E)
→Q (E)

Red Ibérica de Ecoaldeas (RIE)

E Calle Abajo 1 | 31480 Artieda (Navarra)
☎+34-(9)645 541 333 ✉info@ecohabitar.org 💻rie.ecovillage.org

→Sunseed Desert Technology (E)
→Lilleoru (EE) ❊
→ECOlonie - Centre Ecologique International (F)
→Eotopia (F)
→La Borie Noble (F)
→La Lune Nette (F) ❊

GEN Finland

SF Suomen Kestävän Elämäntavan Yhteisöt ry | c/o Kallio, Postintie 3
09770 Valittula
☎+358-(0)407 773 869 ✉skey.pj@gmail.com 💻www.skey.fi

→Keuruun Ekokylä (SF) ❊
→The Findhorn Foundation (UK) ❊
→Kalamos Island Eco-community (GR) ❊
→Biofalu Máriahalom (H) ❊

→Gyürüfü Ecovillage (Gyurufu) (H) ❊
→Comunità di Etica Vivente (I) ❊
→Damanhur (I) ❊
→Ecovillaggio Torri Superiore (I) ❊
→Giardino della Gioia (I) ❊
→La Città della Luce (I) ❊
→La Comune di Bagnaia (I) ❊

Rete Italiana dei Villagi Ecologici - RIVE

I Strada Bagnaia 37 | 53018 Sovicille (SI)
🖷-29 ✉segreteria@ecovillaggi.it 💻www.ecovillaggi.it

→Zonca (I) ❊
→Cloughjordan Ecovillage (IRL) ❊
→Kibbuz Lotan (IL) ❊
→Gaia Eco Village (N) ❊

Norsk Økosamfunnsforening/GEN Norge

N Norwegian Ecovillage Association (NEA)
✉leder@okosamfunn.no 💻www.okosamfunn.no

Vallersund Gård ❊

N Camphill Landsbystiftelse i Norge | Vallersund Gård
7167 Valsøyveien, Vallersund
☎+47-(0)7252-7080 🖷-7895 💻vallersund.camphill.no

GEN Nederland

NL Ecodorpen Netwerk Nederland | p/a Waalbandijk 8 | 4064 CB Varik
✉info@ecodorpennetwerk.nl 💻ecodorpennetwerk.nl

→Ecoaldea Vegetariana Espiral (P) ❊
→Global Campus Palestine (P) ❊
→Tamera (P) ❊
→Ecovillage Grishino (RUS) ❊

GEN Russia (REEN)

RUS Russian Ecovillage and Ecoinitiatives Network | ul. Zhygulyovskaya, 18-3 | 109117 Moscow | ☎+7-909-156-03-36, -926-323-04-60
✉irina.sardarova@gmail.com; dmitry.solovyev@list.ru; genrussia@gmail.com
💻www.gen-russia.ru, Mitglieder auf tinyurl.com/eurotopia8751

→Kind Land (Dobraya Zemlya) (RUS)
→Suderbyn Permaculture Ecovillage (S) ❊
→Vedapark (S) ❊
→Sunny Hill (SLO)

→Zaježka (SK)

→Imece Evi (TR)

Knidia Eco Farm

TR Ali Somer | Yazi koy degirmen buku Datça | 48900 Mugla
☎+90-(0)532-211 38 58 ✉ali@datca.com 💻www.knidia.com

GEN Finnland/Suomen kestävän elämäntavan yhteisöt ry

GEN Finnland ist ein nationales Netzwerk von Ökodörfern und Einzelpersonen, die an gemeinschaftlichem und nachhaltigem Leben interessiert sind, und wurde 2003 gegründet. 2019 haben wir 12 Mitglieder (zu finden auf http://genfinland.weebly.com/yhteisoumlt.html). Die Ziele von GEN-Finnland sind:

- Eine nachhaltige Lebensweise und Gemeinschaftlichkeit zu fördern und zu entwickeln
- Die Entwicklung neuer Ökodörfer zu unterstützen und die Zusammenarbeit bereits bestehender auszubauen
- Die allgemeine Bedeutung von Ökodörfern in der Gesellschaft zu verstärken

Unsere Hauptaktivitäten für 2019:

- Seminare und Workshops zu nachhaltigem Leben und Zusammenkünfte aller Altersgruppen
- Diverse Erasmus-Partnerschaftsworkshops in Europa
- Webseite, Facebook, E-Mail-Verteiler, Infoveranstaltungen
- Internationale Verbindungen als Mitglied des Global Ecovillage Network (GEN) Europa und des Baltic Ecovillage Network

GEN Finland

**SF Suomen Kestävän Elämäntavan Yhteisöt ry | c/o Kallio, Postintie 3
09770 Valittula ☎+358-(0)407 773 869 ✉skey.pj@gmail.com
💻www.skey.fi**

→Keuruun Ekokylä (SF)

→Väinölä (SF)

GEN Niederlande/ Ecodorpennetwerk/Vereniging Ecodorp Nederland

Das niederländische Ökodorf-Netzwerk hat es sich zum Ziel gemacht, das gemeinsame Wissen und die Erfahrungen aus verschiedenen Projekten und Initiativen in den Niederlanden auszutauschen und sich für gemeinsame Interessen von Ökodörfern zu engagieren. Sie können sich auch an das Netzwerk wenden, wenn Sie mehr über die verschiedenen Ökodörfer in den Niederlanden erfahren möchten.

Bleiben Sie auf dem Laufenden, indem Sie den kostenlosen Newsletter abonnieren, der mindestens zweimal im Jahr erscheint, oder indem Sie das jährliche Festival oder eines der Netzwerkwochenenden besuchen.

GEN Nederland

NL Ecodorpen Netwerk Nederland | p/a Waalbandijk 8 | 4064 CB Varik
info@ecodorpennetwerk.nl ecodorpennetwerk.nl

→De Vlierhof (D)
→C.W. Lismortel (NL)
→Coöperatieve Vereniging Ecodorpen Gelderland (NL)
→De Bongerd (NL)
→Ecodorp Bergen (NL)
→Emmaus Haarzuilens (NL)
→GWL-terrein (NL)
→Sidhadorp (NL)

ISKCON

Wir haben keine aktuelle Beschreibung der Internationalen Gesellschaft für Krishna-Bewusstsein (International Society for Krishna Consciousness) erhalten.

ISKCON Deutschland-Österreich e.V.

D Hauptsitz | Aarstraße 8 | 65329 Burg Hohenstein
+49-(0)6120-90 41 07 -5957 info@iskcon.de www.iskcon.de

→ISKCON Köln e.V. (D)
→La Nouvelle Mayapour (F)
→Krisna Völgy (H)
→Villa Vrindavana (I)

Kollektivhus NU

Der Verband Kollektivhus NU engagiert sich in Schweden für gemeinschaftliches Wohnen und andere alternative Lebensformen. In unserem Netzwerk sind etwa 45 Hausprojekte aus ganz Schweden vertreten, sie können auf unserer Website unter „Hus" gefunden werden.

Kollektivhus NU

S +46-(0)8-6408428 info@kollektivhus.se www.kollektivhus.se

BoAktiv Landgången

S Sadelmakarebyn 6C | 21849 Bunkeflostrand
boaktiv@gmail.com www.boaktiv.se

→Bogemenskapsföreningen Tunnan (S)

Dunderbacken

S Hägerstensvägen 237 C | 129 35 Hägersten
info@dunderbacken.net dunderbacken.se

→ Färdknäppen Kollektiv (S)
→ Kollektivhus Angsviksgarden (Ängsviksgården) (S)
→ Kollektivhuset Södra Station (S)
→ Tersen (S)

KommuJa!

Mit dem Leben in der Kommune versuchen wir, uns unseren (politischen) Utopien zu nähern, sehen Gemeinschaft an sich jedoch nicht als Selbstzweck. Die Gruppen sind von libertären, emanzipatorischen, solidarischen und ökologischen Ideen und Gedanken inspiriert. Folgende Grundgedanken teilen die Kommunen des Netzwerkes:

- Wir wollen ein gleichberechtigtes Miteinander, Machtstrukturen lehnen wir ab. Deshalb besteht in unseren Kommunen strukturelle Gleichberechtigung, diskriminierende Strukturen sollen aufgedeckt und verändert werden. Wir bemühen uns um Überschaubarkeit, Transparenz und Nachvollziehbarkeit aller gemeinschaftlichen Vorgänge. Wir entscheiden im Konsensprinzip, um Lösungen zu finden, die von allen getragen werden können. Wichtig ist uns, dass sich die Menschen in der Kommune weiterentwickeln können und eine grundsätzliche Bereitschaft zur Auseinandersetzung, zur Mitteilung und Teilnahme am Gruppengeschehen haben. Die Grundidee unseres Zusammenlebens beinhaltet die direkte Kommunikation, wir wollen Konflikte und Differenzen nicht über Strukturen lösen und wollen achtsam miteinander umgehen. Wir versuchen Kindern einen Raum zu öffnen, in dem sie sich entsprechend ihren Neigungen und Geschwindigkeiten entwickeln und entfalten, und sich eigenständig weitere Bezugspersonen wählen können.
In den Kommunen leben Menschen verschiedener sexueller Orientierung in unterschiedlichsten Beziehungsformen und stellen sich den gesellschaftlichen Normierungen zu Kleinfamilien, Singlehaushalten und heterosexuellen Zweierbeziehungen entgegen.

- Wir wollen uns vom herrschenden Verrechnungs- und Besitzstandsdenken lösen. Deshalb wirtschaften wir solidarisch, z.B. indem wir eine gemeinsame Kasse für alle haben, aus der wir nach persönlichen Bedürfnissen entnehmen. Dabei hinterfragen wir unsere Konsumgewohnheiten und schaffen Zeit und Raum für menschliche Begegnung.
Da Privateigentum von Kapital, Immobilien und Produktionsmitteln zu Machtgefälle und Abhängigkeiten führt, beruhen unsere Kommunen auf Gemeineigentum. Wir wollen Menschen nicht nur über Leistung definieren. Deshalb versuchen wir uns von fremdbestimmter Arbeit zu lösen. In vielen Kommunen wird kollektiv und selbstbestimmt gearbeitet. Die Kommunen des Netzwerks unterstützen sich gegenseitig über persönlichen Austausch von Wissen, Waren und Arbeit.

- Die politischen Kommunen wollen die gesellschaftlichen Verhältnisse ändern. Dazu tragen wir bereits in gewissem Maße durch unsere alternative Lebensweise bei. Fernziel sind egalitäre (freiheitliche und gleichberechtigte) Strukturen, die ein emanzipatorisches, solidarisches und ökologisches Leben möglich machen. Wir setzen damit ein Zeichen gegen eine zunehmende Vereinzelung in einer stark auf Konsum, Kauf und Naturausbeutung ausgerichteten Gesellschaft und für ein menschliches Miteinander und Teilen. Die einzelnen

Menschen in den Kommunen betätigen sich auch in unterschiedlichen politischen Feldern, wie z.B. antifaschistische Arbeit, Anti-Atompolitik, BUKO, freie Medienarbeit, internationale Solidaritätsarbeit, Engagement für die Erhaltung der Kulturpflanzenvielfalt und gegen Gentechnik...
Weitere Informationen und aktuelles auf unserer Webseite (eine Liste der assoziierten Projekte gibt es dort unter der Rubrik/dem Suchbegriff „Kommunen").

KommuJa!

D Netzwerk politischer Kommunen 💻www.kommuja.de

→BlackSwan (D)
→Finkenburg (D)
→Galions e.V. (D)
→gASTWERKe e.V. (D)
→Gemeinschaft Lebensbogen (D)
→Holunderhof e.V. (D)
→Kommune Buchhagen (D)
→Kommune Hof Rossee (D)
→Kommune Karmitz (D)
→Kommune Lossehof (D)
→Kommune Niederkaufungen (D)
→Kommune Olgashof (D)
→Kommune Uthlede (D)
→Kommune Volzendorf - AufBruchLandung (D)
→Kommune Waltershausen (D)
→Krumme Eiche e.V. (D)
→Laakenhof (D)
→Mühle - Wohn- und Baugenossenschaft e.G. (D)
→ÖkoLeA (D)
→SSM - Sozialistische Selbsthilfe Köln-Mülheim (D)
→Vereinigte Varben WaWaVox (D)
→Villa Locomuna (D)
→Vitopia (D)
→Wendland-Hof e.G. (D)

Lebenshäuser

Unser Sozialsystem ist zunehmend überfordert, Menschen in Krisensituationen die notwendige menschliche Geborgenheit zu geben. Deswegen wurde der Verein „Lebenshaus - ökumenische Gemeinschaft für soziale Integration e.V." 1985 in Trossingen gegründet. Die Gründungsmitglieder waren fast alle in Friedenskreisen und in verschiedenen Kirchen engagiert bzw. Mitglieder des „Internationalen Versöhnungsbundes". Ziel ist es, Menschen einen Rahmen zu bieten, die aus sozialen oder psychischen Gründen eine beschützende Gemeinschaft suchen. Während des zeitlich begrenzten Aufenthaltes jedes „Gastes" unterstützen wir sie/ihn in ihrem/seinem Bemühen um eine Bewältigung ihrer/seiner „Lebenskrise" und suchen mit ihr/ihm nach einer weiteren Lebensmöglichkeit. 1987 konnte ein inzwischen umgebautes und unter Denkmalschutz stehendes ehemaliges Fabrikgebäude in Trossingen bezogen werden. Inzwischen sind in Süddeutschland weitere Lebenshäuser entstanden, die im Wesentlichen die gleichen Ziele verfolgen wie das Lebenshaus in Trossingen und miteinander vernetzt sind, aber nicht einem gemeinsamen „Verband" angehören. Wir treffen uns einmal im Jahr zum Erfahrungsaustausch.

Lebenshäuser

D **Kirchstr. 23 | 78647 Trossingen**
☎+49-(0)7425-1446 🖷-325257 ✉lebenshaus@t-online.de
💻www.lebenshaus-trossingen.de

→Lebenshaus Heitersheim e.V. (D)
→Lebenshaus im Chiemgau (D)
→Lebenshaus Trossingen (D)

Longo Mai

Über das Longo-Mai-Netzwerk veröffentlichen wir auf Wunsch der Beteiligten keine Beschreibung oder Gemeinschaftsadressen, lediglich die auf der Website veröffentlichten Informationen.

Pro Longo Mai

CH **St. Johanns-Vorstadt 13, Postfach 1848 | 4001 Basel**
☎+41-(0)61 262 01 11 ✉info@prolongomai.ch 💻www.prolongomai.ch

LØS - Landforeningen Økologisk Samfund/The Danish Association of Sustainable Communities

Ein Vorbereitungstreffen von sozial, ökologisch und spirituell orientierten Gemeinschaften auf der Fjordvang Farm in Thy (Dänemark) im Januar 1993 führte zur Gründung eines Netzwerkes für nachhaltige Gemeinschaften. Das Ziel ist die Förderung und Weiterentwicklung einer Lebensweise, die ganzheitliche Kreisläufe zwischen Mensch und Natur in einem liebevollen und respektvollen Umgang mit allen fühlenden Wesen und unseren natürlichen Ressourcen ermöglicht. LØS hat es sich zur Aufgabe gemacht, ein ökologisch und sozial nachhaltiges Lebensumfeld sowohl in ländlichen als auch in städtischen Gebieten zu schaffen.

Unsere Visionen:
- Zusammenarbeit basierend auf ökologischer, sozialer und spiritueller Achtsamkeit
- ethischer und ökologischer Umgang mit mineralischen, biologischen, menschlichen und kulturellen Energieressourcen
- Autonomie, Nähe und Verantwortung in Verwaltung und Bewirtschaftung
- Offenheit und Toleranz gegenüber den unterschiedlichsten Lebensansichten und Lebensweisen
- an der Schaffung eines globalen Bewusstseins der Verbundenheit mitwirken
- Zusammenarbeit zwischen Gemeinschaften mit sozialem, spirituellem und ökologischem Hintergrund
- stetige Entwicklung und Verbreitung unserer Vision durch Seminare, Austausch, Weiterentwicklung und Arbeitsforen

Eine Liste der Mitglieder findet sich auf der Website (www.okosamfund.dk/medlemmer).

LØS (Landsforeningen for Økosamfund)

DK The Danish Association of Sustainable Communities

☎+45-229 522 92 ✉info@okosamfund.dk 💻www.okosamfund.dk

→A-70 Toustrup Mark (DK) ❄
→Bjergager Solby (DK) ❄
→Dyssekilde Ecovillage (DK) ❄
→Freetown Christiania (DK)
→Hertha Levefællesskab (DK) ❄
→Kilian Water Ltd. (DK)
→Nordic Folkecenter for Renewable Energies (DK)
→Økosamfundet Soleng (DK) ❄
→Tranehøj (DK)
→Udgården - Lading Andelsboligforening (DK) ❄

New Creation Christian Community

Die New Creation Christian Community ist Teil der Jesus Fellowship Church. Die Gemeinschaft ist eine evangelische christliche Gemeinde mit charismatischem Schwerpunkt. Die Gemeinschaft besteht aus rund 350 Einwohner*innen in über 30 Häusern im gesamten Vereinigten Königreich. In jedem Gemeinschaftshaus leben zwischen sechs und sechzig Menschen als große „Familie". Jedes Haus hat eine „gemeinsame Kasse", bei der die Mitglieder ihr Einkommen zusammenlegen, um alle persönlichen und haushaltsüblichen Ausgaben zu decken. Alle Mitglieder sind gleichberechtigt, ohne Privilegien oder zusätzliche finanzielle Anreize, auch nicht für die Führungskräfte. Die New Creation Christian Community nimmt eine Vorreiterrolle bei kooperativen christlichen Unternehmen ein, die vielen, die zuvor arbeitslos waren, bezahlte Arbeitsplätze bieten. Wir empfangen Besucher*innen auf temporärer Basis für bis zu zwölf Monate. Wenn Ihr Aufenthalt länger als eine Woche dauert, zahlen Sie eine Verpflegungs- und Unterkunftsgebühr, aber der Rest Ihres Einkommens steht Ihnen vollständig zur Verfügung.

New Creation Christian Community

UK Nether Heyford | NN7 3LB Northampton
☎+44-(0)1327-344500 🖷-344521 ✉info@jesus.org.uk
💻christiancommunity.org.uk

→Jesus Fellowship (UK)

Norsk Økosamfunnsforening/GEN Norge

Der Zweck des Vereins ist die Entwicklung und Förderung einer nachhaltigen Entwicklung durch die Unterstützung der Einrichtung von Ökodörfern, Ökoclustern und Ökotouren oder anderer Maßnahmen, die einen ökologischeren oder ganzheitlicheren Lebensstil und Werte fördern können oder mit einem solchen Ziel übereinstimmen. NEA/GEN Norwegen unterstützt auch Arbeiten, die Wissen über Ökologie, nachhaltige Entwicklung und eine ganzheitlichere Lebensphilosophie in der Gesellschaft vermitteln, um zu einer positiven Entwicklung für die ganze Welt beizutragen. NEA/GEN Norwegen hat über 390 Mitglieder auf seiner Mailingliste und 1095 Mitglieder in der Facebook-Gruppe. Wir versenden jedes Jahr zwischen 4 und 6 Newsletter und haben jedes Jahr im Frühjahr und Herbst eine Reihe von offenen Meetings in Oslo. Es gibt oft einen guten Mix aus Menschen, und es werden viele verschiedene Projekte aus dem In- und Ausland vorgestellt. Wir organisieren auch Seminare, Studienkreise und Kurse. Darüber hinaus haben wir einige Aktivitäten auf Facebook, wo wir nützliche Informationen über Reisen, Projekte, Kurse und andere Aktivitäten, die relevant sein könnten, verbreiten. Wir erlauben es den Mitgliedern auch, Artikel zu posten. Die Treffen finden in Oslo statt und weitere Informationen finden Sie unter Facebook und auf unserer Website. Jedes Jahr veröffentlichen wir ein aktualisiertes „Jahrbuch“, das etablierte Projekte, geplante Projekte und Partnerverbände auflistet. Anfang 2018 hatten wir 11 gegründete Ökodörfer, 21 geplante Projekte und 8 Partnerverbände. Es gibt sicher mehr als das, aber nicht alle Projekte sind uns bekannt, und andere beantworten unsere E-Mails oder Telefonate nicht. Wir stehen auch in Kontakt mit einer Reihe von Projekten auf der ganzen Welt, im Nahen Osten und in Afrika, die aktive Mitglieder oder Unterstützer mit Wohnsitz in Norwegen haben. Unsere aktueller Ansprechpartnerin für die Auslandsbeziehungen ist Ingunn Grande (integralion@hotmail.com).

→Bergen Ecovillage (N)

Radical Routes

Radical Routes ist ein Netzwerk von radikalen Genossenschaften, deren Mitglieder sich für einen positiven sozialen Wandel einsetzen. Das Netzwerk besteht hauptsächlich aus Wohnungsgenossenschaften unterschiedlicher Größe (keine mit mehr als 17 Mitgliedern), einigen Arbeitskollektiven und einigen Sozialzentren.

Radical Routes (General Enquiries)

UK 16 Sholebroke Avenue, Leeds, | Leeds, West Yorkshire, LS7 3HB
☎+44-(0)845 330 4510, -(0)1422 842 327 💻www.radicalroutes.org.uk/

→Brambles Housing Co-op (UK)

→Cornerstone Housing Co-op (UK)

→ Coventry Peace House (UK)
→ Fireside Housing Co-op (UK)
→ Keveral Farm (UK)
→ Lifespan Community Collective (UK)

Red Ibérica de Ecoaldeas

Das Iberische Ökodorfnetzwerk (RIE) verbindet und fördert:

- die unterschiedlichen Ökodörfer in Spanien und Portugal
- die verschiedenen Projekte, die Ökodörfer realisieren möchten
- einige Vereine mit ähnlichen Vorstellungen und Zielen
- Menschen, die authentisch leben, sich suchen, finden und ausdrücken und nach vollkommener Präsenz in dieser Welt streben; in Respekt vor unserem Planeten, in respektvollem Umgang miteinander.

Im November 2001 wurde in Madrid die Gründungstagung des Iberischen Ökodorfnetzwerks abgehalten. Seither sind unsere Hauptziele:

- Informationen und Ressourcen mit den Netzwerk-Mitgliedern, anderen Einzelinteressent*innen oder Gruppen zu teilen
- die Verbreitung des Ökodorf-Konzepts und nachhaltiger Besiedlung
- die Annäherung für Menschen aus Gemeinden und Städten erleichtern, die Interesse an dieser Lebensform haben.

Red Ibérica de Ecoaldeas (RIE)
E Calle Abajo 1 | 31480 Artieda (Navarra)
☎ +34-(9)645 541 333 ✉ info@ecohabitar.org 💻 rie.ecovillage.org

→ Amalurra Artzentales (E)
→ Amalurra Granada (E)
→ El Calabacino (E)
→ Lakabe (E)
→ Los Portales (E)
→ Matavenero y Poibueno (E)
→ Sunseed Desert Technology (E)
→ Ecoaldea Vegetariana Espiral (P)

RIE
RED IBERICA DE ECOALDEAS

REEN (Russian Ecovillage and Ecoinitiative Network)

Das russische Ecovillage- und Ecoinitiative-Netzwerk (GEN Russia) existiert seit 2005 informell und wurde 2011 offiziell gegründet. Es vereint diejenigen Öko-Dörfer und Öko-Initiativen (in Gemeinschaften lebend oder auch nicht), die ihre Ideen von nachhaltigem Leben in der Bevölkerung verbreiten und eine größere und festere Gemeinschaft der Ökodörfer und intentionalen Gemeinschaften aufbauen wollen. Im Jahr 2019 hat GEN-Russia 15 Vollmitglieder und mehrere assoziierte Mitglieder. Zu den Vollmitgliedern gehören Ökodörfer und Öko-Initiativen aus der ersten „Welle" (entstanden in den 90er Jahren) und aus der zweiten „Welle" neuer Dörfer, die aus der auch in Europa immer populärer werdenden Idee von 1-Hektar-Familienlandsitzen (auch: Anastasia-Dörfer) hervorgegangen sind, und die dritte „Welle" (Post-Anastasia-Dörfer und Projekte mit neuer Ausrichtung).

Teilnehmer*innen des Netzwerkes glauben, unabhängig von ihrer Religionszugehörigkeit, dass nachhaltiges Leben auf unserem Planeten folgendes erfordert:

- Umweltschutz, Erhalt und Wiederherstellung der natürlichen Biodiversität als absolute Priorität allen menschlichen Tuns auf der Erde
- das Prinzip des bewussten Minimalismus, um die Philosophie eines unbegrenzten, stetig wachsenden Konsumdenkens abzulösen
- Bemühen um Persönlichkeitsentwicklung und spirituelles Wachstum statt Streben nach Anhäufung von Gütern und Macht
- Frieden als universelles Prinzip, das alle Aspekte der täglichen Aktivität und Interaktion in der Gesellschaft betrifft.

REEN hat verschiedene fortlaufende Projekte:
1. Es führt Veranstaltungen durch, um die Ökodorfbewegung mit alten, traditionellen Dörfern zu verbinden, damit Erfahrungen ausgetauscht und die Dörfer gestärkt werden können.
2. Seit 2012 organisiert es das viertägige Festival der Öko-Technologien mit 40 Meisterklassen und 300 Gästen.
3. Es führt Veranstaltungen für Schüler*innen und die allgemeine Bevölkerung durch, um die Ideen der Ökodörfer zu verbreiten.
4. Es entwickelt neue Ansätze für die Bildung in ländlichen Gebieten.

GEN Russia (REEN)

RUS **Russian Ecovillage and Ecoinitiatives Network**
ul. Zhygulyovskaya, 18-3 | 109117 Moscow
+7-909-156-03-36, -926-323-04-60
irina.sardarova@gmail.com, dmitry.solovyev@list.ru, genrussia@gmail.com
www.gen-russia.ru, Mitgliederliste auf tinyurl.com/eurotopia8751

→ Ecovillage Grishino (RUS)
→ EcoVillage Yasnoe (RUS)
→ Kind Land (Dobraya Zemlya) (RUS)

С · О · Ю · З
ЭКО ПОСЕЛЕНИЙ ИНИЦИАТИВ

Réseau Français des Eco-Villages (RFEV)

Wir arbeiten an einem Label „French Ecovillage Network", das allen ökologischen Projekten offen steht, die unsere Werte teilen:

- Respekt vor dem Menschen,
- Respekt vor dem Tier,
- Respekt vor der Natur,
- Respekt vor allem, was lebt.

Außerdem Respekt vor der Soziokratie und der horizontalen Entscheidungsfindung. Wir bieten Schulungen, Workshops und Unterstützung für Projektleiter*innen und Ökodorf-Kandidaten an. Wir haben in Frankreich viel zu tun und versuchen, mit den örtlichen Behörden zu kooperieren und hoffen, dass sich die Gesetze ändern werden, um den Anbau echter Ökodörfer zu erleichtern.

Réseau Français des Eco-Villages (RFEV)

F 💻**ecovillagesfrance.wordpress.com/, facebook.com/EcovillagesFrance/**

RIVE - Rete Italiana dei Villaggi Ecologici

Rete Italiana Villaggi ecologici - RIVE (Italienisches Ökodorf-Netzwerk), gegründet 1996, ist die Dachorganisation für Ökodörfer, intentionale Gemeinschaften und mehrere italienische Transition-Projekte und -Vereinigungen. Seit seiner Gründung hat RIVE die Zusammenarbeit zwischen seinen Mitgliedern gefördert und entwickelt und erfolgreiche Transition-Projekte gefördert und unterstützt. Die Mitglieder von RIVE sind in ganz Italien verteilt und unterscheiden sich in Bezug auf ihre Organisationsstrukturen, wirtschaftliche Nachhaltigkeit und ökologischen Standards.

Die Mitglieder von RIVE sind aktive Bürger*innen, die im Bildungsbereich tätig sind und Seminare und Workshops zur Identifizierung und Verbreitung von „Best Practices" der Nachhaltigkeit durch einen verantwortungsbewussten Umgang mit dem Land, seinen Ressourcen und all seinen Bewohner*innen fördern.

RIVE hält die Bildung, Einbeziehung und Förderung der aktiven Beteiligung junger Menschen durch Jugendaustauschprojekte, die Ausbildung von Jugendleiter*innen, die Bereitstellung von Bildung und internationalem Austausch für möglichst viele ihrer Mitglieder für wichtig, um die Beteiligung junger Menschen beim globalen Übergang zu einem nachhaltigeren Lebensstil zu unterstützen. Formelle und informelle Schulungen für Jugendleiter*innen und Jugendliche werden von den meisten RIVE-Mitgliedern auf nationaler und internationaler Ebene durchgeführt, um den Frust der Jugendlichen über ihre Zukunft in die Befähigung zu verwandeln, an konstruktiven Veränderungen mitzuwirken, was Voraussetzung ist für eine aktive Beteiligung junger Menschen an der Entwicklung einer „neuen Gesellschaft".

Eines der Hauptziele von RIVE ist es, innovative Techniken und Ideen in den Bereichen Soziales, Ökologie, Technologie, Wirtschaft und Weltsicht zur Förderung einer nachhaltigen Entwicklung zu finden und umzusetzen. RIVE ist Partner mehrerer internationaler Organisationen wie ECOLISE und Global Ecovillage Network (GEN); zusammen mit seinen Partner*innen bildet RIVE Gruppen für die direkte Interaktion mit externen Akteur*innen (institutionelle und private Ebene) zur Verbreitung von Best Practices in den Bereichen Nachhaltigkeit und Sozialökologie. Dank ihres Wissens über nachhaltige und ökologische Praktiken sind Ökodörfer und intentionale Gemeinschaften oft in der Lage, eine neue Wirtschaft aufzubauen, die der Umwelt, der lokalen Kultur sowie zukünftigen Generationen gerecht wird. Mit der Zeit erwiesen sie sich auch als sehr effektiv beim Wiederaufbau sozialer Netzwerke im ländlichen Raum, und sie werden dank ihres starken transnationalen Netzwerks oft zu bioregionalen Zentren und Brücken zur internationalen Szene.

Rete Italiana dei Villagi Ecologici - RIVE

I Strada Bagnaia 37 | 53018 Sovicille (SI)
-29 segreteria@ecovillaggi.it www.ecovillaggi.it

→Comunità di Etica Vivente (I) ✻
→Damanhur (I) ✻
→Ecovillaggio Torri Superiore (I) ✻
→Fattoria solidale Brugine (I)
→Giardino della Gioia (I) ✻
→La Città della Luce (I) ✻
→La Comune di Bagnaia (I) ✻
→La torre di mezzo (I) ✻
→Progetto Gaia Terra (I) ✻
→Reggioli (I)
→Roncadella (I)
→Tempo di vivere (I) ✻
→Utopiaggia (I)

Schenker-Bewegung

„SCHENKER-(oder SCHENK-)BEWEGUNG" ist die „Bewegung der Menschen, die mit anderen nur noch in (globaler) Liebe Geschenke austauschen möchten", d.h.: gewaltfreies Teilen, um insgesamt verantwortlich zu leben. Wir glauben, dass man nur in Befolgung des Gewissens durch ein ganzheitlich verantwortliches Leben wirkliches Glück („Herzens-Freude", „Seelen-Erfüllung") finden kann (wie eine „gesunde Zelle im Organismus der Welt"), und dass unter Menschen in ausreichendem Maße eine „Argumente-statt-‚Fäuste'-Kultur" nötig ist. Wir bieten dies als MÖGLICHST "UNIDEOLOGISCHEN" BZW. „KONSENS-OFFENEN" „(AUSGANGS-) EINIGUNGS-NENNER FÜR GLOBALE VERANTWORTUNG" an: „ALS ‚GLOBALE KONSENS-GESCHWISTER' DAS NÖTIGE GEMEINSAM PLANEN – IN FREIER ARGUMENTE-KULTUR..." oder: „FREIE ERDE FÜR FREIE TEILENDE MENSCHEN!" Denn wenn die Einzelnen sich nicht am Wohl des Ganzen orientieren und entsprechende Verantwortungs-Gemeinschafts-Formen bilden wollen (am besten wohl „Menschheits-Familie in Lebens-Familie", vgl. „Erd-Charta"), kann es wohl eindeutig keine fürs Ganze verantwortlichen Entscheidungen geben; wenn sie jedoch dazu bereit sind und innerlich auf „Global denken, lokal handeln!" schalten, sollte man ihnen nicht vermeidbar andere („ideologische") Inhalte „vor-geben", sondern die weitere Antwort-Suche ihrer Konsens-Findung anvertrauen. Wir möchten auf diese Weise „Konsens-Gemeinschaften globalen Teilens" bilden, als Weg zu „globaler Konsens-Demokratie (besser: Demogratie)".
Wir arbeiten z.B. in folgenden Formen von „Lebens-Kultur":

- „(Wahrheits-)Pilger", ohne Geld und Staats-Ausweise mit Plakaten auf der Straße, als „Sammler*innen für die Zukunfts-Gemeinschaften" (heute z.T. kombiniert mit Internet-Arbeit in Kommunen).
- „Häuser der Gastfreundschaft" bzw. „Armen-Familien" für möglichst bedingungsloses Teilen mit Bedürftigen (unsere Kern-Gruppe, die „Schenker", „besitzen" Häuser oder Land nur gemäß „moralischen Nutzungsrechten", d.h. durch „organische Einfügung" in den Lebenszusammenhang, ohne Kauf, einklagbare Verträge etc. Sie leben ohne eigenen kommerziellen Strom, Wasseranschluss usw. nur von Resten, Geschenken, Selbstversorgung).
- Selbstversorgende „Dorffamilien" als ein „Überlebensmodell" für die Menschheit, z.B. als Keimling unser „Friedensgarten".

Unsere Bewegung ist – im Sinne der Suche nach einem „kleinsten nötigen Einigungsnenner für globale Verantwortung" - offen für Menschen verschiedenster religiöser oder weltanschaulicher Hintergründe und hat „spirituell gewaltfreie" Bezüge zu Mahavira, Buddha, Lao-Tse, Diogenes, Jesus, Tolstoi, Gandhi, Maurin, Gräser, Abbe Pierre, „Peace Pilgrim", Gröning usw.
Als „Schenker-Verbündete" bezeichnen wir Menschen, die nur unser GRUND-IDEAL theoretisch für richtig erklären, in freier Eigen-Dosierung praktischer Konsequenzen. Von kleinsten Schritten (Mitmachen bei Gedanken-Austausch[!!!] oder in gemeinnützigen Vereinen usw.) bis zu radikalen Schritten ist alles möglich, sodass niemand überfordert sein kann.

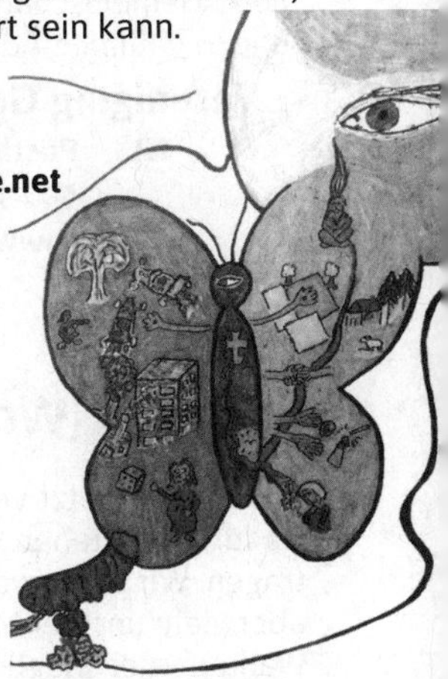

Schenker-(oder Schenk-)Bewegung

D **Lilitopia-Projekt, Eulenweg 16 | 35260 Stadtallendorf**
☎+49-(0)157 850 656 76 ✉schenker.oeff@holistic-love.net
www.global-love.eu, www.holistic-love.net

→Andreas Paradies (D)
→Biotopia (D)
→Friedensgarten (D)
→Haus der Gastfreundschaft (HdG) (D)
→Lilitopia (D)

Soshona Freundeskreis

Wir, Soshona, sind ein offener Freundeskreis von derzeit ca. 100 Menschen aus dem Großraum Rhein-Main. Unser Anliegen ist es, einen vertrauensvollen Rahmen für Austausch und Erfahrungen u.a. zu folgenden Themen zu bieten: Liebe, Freundschaft, Gemeinschaft, Spiritualität, Heilung, Kinder und persönliche Entwicklung. Zu unseren Gruppentreffen, die seit 1997 regelmäßig stattfinden, kommen ca. 20-25 Menschen. Ein kleines wechselndes Team bereitet den Rahmen unserer 4-6 wöchigen Treffen vor. Neben den Gruppentreffen finden sich Arbeitskreise regelmäßig zu eigenen Treffen zusammen, beispielsweise Frauen- und Männergruppen.
Aus unserer Mitte sind derzeitig zwei existente Gemeinschaften entstanden (siehe unten). Im Sommer gestalten wir ein eigenes Sommercamp und zu Silvester eine Gemeinschaftszeit mit Freund*innen aus dem Netzwerk in der Region. An zwei weiteren verlängerten Wochenenden im Jahr treffen wir uns zu Gemeinschaftszeiten. Die Jahreskreisfeste feiern wir mit Lagerfeuer und Ritualen.

Es lohnt sich bei uns zu sein! Interessierte herzlich willkommen!

Soshona

D **Schlegelstr. 12 | 63128 Dietzenbach**
☎+49-(0)6074-4811218 ✉soshonien@yahoo.de 💻www.soshona.de

→ Lebensgemeinschaft Berstadt (D)
→ Maibacher Schweiz (D)
→ Projektzentrum Maibacher Schweiz (D)
→ Regenbogengemeinschaft Wetterau (D)

Vereniging Gemeenschappelijk Wonen/ Landelijke Vereniging Centraal Wonen (LVCW)

Vereniging Gemeenschappelijk Wonen (bisher bekannt als LVCW) ist ein niederländischer Verband von intentionalen Gemeinschaften und Co-Housing-Projekten und wurde 1977 gegründet.
Die 71 Gemeinschaften umfassen heute bereits ca. 1700 Haushalte, bzw. 3000-4000 Erwachsene und Kinder. Adressen auf gemeenschappelijkwonen.nl/adressen-lidprojecten

Vereniging Gemeenschappelijk Wonen

NL **Postbus 19163 | 3501 DD Utrecht**
☎+31-(0)6-13015869 ✉info@gemeenschappelijkwonen.nl
💻www.gemeenschappelijkwonen.nl

WWOOF (World Wide Opportunities on Organic Farms)

WWOOF vernetzt weltweit freiwillige Mitarbeiter*innen mit Biohöfen. Es fließt kein Geld. Dadurch entstehen Kultur- und Bildungserfahrungen, die zu einer nachhaltigeren Welt beitragen. Wir sind zwar vor allem ein Netzwerk von Bauern/Bäuerinnen und Gärtner*innen, aber viele unserer Mitgliedshöfe werden von Gemeinschaften betrieben.
Wann immer möglich, wird WWOOF landesweise organisiert, um die Mitglieder optimal unterstützen zu können. Bitte wende dich direkt an die WWOOF-Gruppe des Landes, in dem du mitarbeiten willst, sie hilft dir dann gerne.
Auf folgender Website findest du die komplette Liste der offiziellen Websites und Kontaktadressen: wwoof.net/#destination

WWOOF

UK **World Wide Opportunities on Organic Farms**
Green Fish Resource Centre, 46-50 Oldham Street | M4 1LE Manchester
✉contact@wwoof.net 💻www.wwoof.net

→ Co-Housing HuisElf (B)
→ Dorfgemeinschaft Klein Hundorf (D)
→ Eine Spinnerei (D)

→ Gemeinschaft Sulzbrunn (D) ❦
→ Hofgemeinschaft Kotthausen (D)
→ Kastanienhof Marth (D)
→ WWOOF Deutschland (D)
→ Zar Nekla die Zweite (D)
→ El Pardal (E)
→ Los Portales (E)
→ Tanquián (E)
→ La ferme de Chenèvre (F)
→ La Ferme du Collet (F) ❦
→ Ramounat (F)
→ Keveral Farm (UK)
→ Old Hall Community (UK)
→ WWOOF United Kingdom (UK)
→ WWOOF Greece (GR)
→ Fattoria solidale Brugine (I)
→ LaCasaRotta (I)

WWOOF Italia

I Via Casavecchia 109 | 57022
Castagneto Carducci LI
☎ +39-0565-765 001
✉ info@wwoof.it 💻 wwoof.it

WWOOF Moldova

MOL WWOOF Moldova
Moscova 21 of. 405
2068 Chisinau
☎ +373-787 052 22 ✉ info@wwoof.org.md 💻 www.wwoof.org.md

→ Atlantis Exchange (N)

WWOOF Netherlands

NL Lizzy Ansinghstraat 65 | 1072 RE Amsterdam
☎ +31-(0)6-421 541 77 ✉ info@wwoofnetherlands.org
💻 wwoofnetherlands.org

→ La Belle Verte (P)

WWOOF Portugal

P ✉ info@wwoof.pt 💻 www.wwoof.pt

→ WWOOF Serbia (SRB)
→ Imece Evi (TR) ❦

Nützliche Adressen

Eurotopia ist ein Verzeichnis von Gemeinschaften. Trotzdem gibt es neben den Netzwerken von Gemeinschaften noch viele weitere Organisationen, die ein gemeinschaftlicheres Leben fördern. Außerdem ist ein wichtiger Grund für ein Leben in Gemeinschaft ja der Versuch, nachhaltig zu leben - nicht mehr zu nehmen, als wieder gegeben wird, in globalem Maßstab. Gerne veröffentlichen wir in diesem Kapitel also Organisationen, Initiativen und Einzelpersonen, die diese Ziele auf verschiedene Weisen unterstützen. Da wir die Adressen in diesem Kapitel nicht aktiv recherchieren, ist die Auswahl beschränkt und nicht einmal ansatzweise vollständig. Sie ergänzt aber wesentlich die Auswahl der Gemeinschaften im Hauptteil und ermöglicht uns, tolle Projekte zu veröffentlichen, die nun mal keine Gemeinschaften im Sinne unserer Definitionen sind.

Die Projekte sind nach Ländern sortiert.
Reine Internetressourcen stehen am Ende des Kapitels.

Foto: Fejø Permakultur og Omstillingsinitiativ, Dänemark

Belgien

ECOLISE

European Network for Community-Led Initiatives on Climate Change & Sustainability | Rue d'Edimbourg 26 | 1050 Brüssel
✉info@ecolise.eu 💻www.ecolise.eu/

ECOLISE, das europäische Netzwerk für gemeinschaftsgeführte Initiativen zu Klimawandel und Nachhaltigkeit, ist ein Zusammenschluss nationaler und internationaler Netzwerke gemeinschaftlicher Initiativen zu Nachhaltigkeit und Klimawandel sowie von Organisationen, die eine gemeinschaftsgeführte Entwicklung hin zu einem stabilen, krisenfähigen Europa unterstützen.

ECOLISE möchte die positiven Auswirkungen gemeinschaftlicher Maßnahmen auf Nachhaltigkeit und Klimawandel fördern, feiern und verstärken durch:

- Bekanntmachung und Hervorhebung des Potentials dessen, was bereits in Europa und darüber hinaus geschieht,
- Weitergabe und Mitgestaltung von Wissen und Förderung einer wirksamen Zusammenarbeit zwischen den Mitgliedernetzwerken und anderen Interessengruppen,
- Beeinflussung der europäischen und nationalen politischen Entwicklung und Umsetzung, um die Vorteile gemeinschaftsgeführter Maßnahmen zu stärken, zu ermöglichen und auszubauen.

Zu den Mitgliedern von ECOLISE gehören internationale Netzwerke von gemeinschaftsbasierten Initiativen wie das Transition Network (das über 1200 Transition-Initiativen repräsentiert), das Global Ecovillage Network (15.000 Ökodörfer), die Permakultur-Bewegung (3 Millionen Anwender*innen weltweit) und ICLEI, der Kommunalverband von Städten, Gemeinden und Kommunen für Nachhaltigkeit. Außerdem nationale und regionale Netzwerke und andere spezialisierte Gremien, die Forschung, Schulung und Kommunikation auf europäischer Ebene betreiben, um gemeinschaftsgeführte Maßnahmen zu Klimawandel und Nachhaltigkeit zu unterstützen.

Durch die Zusammenführung dieser Organisationen möchte ECOLISE eine gemeinsame, europaweite Agenda ermöglichen und eine Plattform für kollektive Maßnahmen anbieten.

JNM vzw

Jeugbond voor Natuurstudie en Milieubescherming
Kortrijksepoortstraat 192 | 9000 Gent
☎+32-(0)496-902069 ✉info@jnm.be 💻www.jnm.be

JNM vzw ist eine Jugendbewegung in Flandern und Brüssel für alle, die sich für die Natur interessieren und sich für die Umwelt einsetzen.

JE BEESTIGSTE JEUGDBEWEGING

Samenhuizen

Vooruitgangstraat 323 / 11 | 1030 Schaarbeek
☎+32-(0)48-9926464 ✉info@samenhuizen.be 💻www.samenhuizen.be

Samenhuizen ist eine flämische Non-Profit-Organisation, die alle Arten von gemeinschaftlichem/bewusstem Wohnen fördert und unterstützt.

Dänemark

Fejø Permakultur og Omstillingsinitiativ

Stormosevej 36 | 4944 Fejø
☎+45-23904800 ✉trickynicy@gmx.de 💻fejoepermakultur.wordpress.com

Fejø Permakultur und Transition Initiative ist eine Vereinigung auf der Insel Fejø. Wir sind eine Gruppe von Menschen, die in verschiedenen Konstellationen leben, aber bei vielen Aktivitäten zusammen arbeiten. Unser Ziel ist, zum Übergang unserer Insel zu einer resilienten und erneuerbaren Gemeinschaft beizutragen.

Fornyet Energi/Renewable Energy

Øbrovej 9 | 4295 Stenlille
✉fornyetenergi@fornyetenergi.dk 💻www.fornyetenergi.dk

Fornyet Energi (deutsch: Erneuerbare Energie) ist ein Architektur- und Baubüro. Wir helfen bei der Planung, Beratung, beim praktischen Bauen und geben Workshops. Wir arbeiten mit Lehmbau, Solarpassivtechnik, Masse- und Raketenöfen, Licht, Raumspartechnik und „Smart Sanitation". Wir bauen mit Achtsamkeit und Bewusstheit – für Menschen und die Umwelt.

Gaia Trust

Stavnsholt Gydevej 52 | 3460 Birkerod
☎+45-(0)40587501 ✉rossjackson@gaia.org 💻www.gaia.org

Gaia Trust, Dänemark, ist eine gemeinnützige Einrichtung, die seit 1987 Nachhaltigkeitsprojekte auf der ganzen Welt unterstützt. Insbesondere zwei NGOs werden seit vielen Jahren und auch weiterhin unterstützt, nämlich (1) Global Ecovillage Network und (2) Gaia Education. Viele andere kleinere Projekte erhalten von Zeit zu Zeit Fördermittel.

Kilian Water Ltd.

Natural wastewatertreatment, reuse of water and vitalizing drinkingwater
Torupvej 4, Vrads | 8654 Bryrup
☎+45-757 579 01 ✉info@kilianwater.com 💻www.kilianwater.com

Wir sind ein Unternehmen, das natürliche Systeme zur Wasseraufbereitung, Wiederverwendung und zur Vitalisierung von Wasser speziell für Ökodörfer liefert. Wir haben Systeme für folgende Ökodörfer in Dänemark entwickelt:

Himmerlandsbyen (2006), Friland Fase 2 (2007/2008), Friland Fase 3 (2010/2011), Den Selvforsynende Landsby (2016), Økosamfund Dyssekilde (2018). Wir haben auch Kontakt zu Ökodörfern, die sich neu gründen wollen.

Nordic Folkecenter for Renewable Energies

Kammersgårdsvej 16, Sdr. Ydby | 7760 Hurup Thy
☎+45-979 566 00 ✉info@folkecenter.dk 💻www.folkecenter.eu

Das Nordic Folkecenter ist eine regierungsunabhängige Organisation im Norden von Dänemark. Hauptaufgaben und Ziele der Institution sind Entwicklung, Test und Vorführung von Energieversorgung aus erneuerbaren Quellen. Die vier Tätigkeitsbereiche des NFC sind:

1. Zusammenarbeit mit kleinen und mittelständischen Unternehmen, die 2-20 Angestellte haben: Das NFC hilft den Unternehmen dabei Finanzierung zu finden, einen Prototyp zu bauen und diesen zu testen.
2. Das Testen von kleinen Windrädern mit einer Leistung von bis zu 25 kW.
3. Bildung:
   - Besucher*innen können geführte Touren über zwei bis zu sechs Stunden buchen
   - Schulen, Universitäten und interessierte Privatpersonen können an speziell zugeschnittenen Schulungen teilnehmen (wie zum Beispiel bereits Personen aus der Türkei und Norwegen).
   - Ingenieur*innen, Architekt*innen, Physiker*innen und Student*innen aus den vorherig genannten Bereichen oder andere Interessierte können am Ausbildungsprogramm teilnehmen. Die Dauer beträgt ein bis zwölf Monate.
4. Arbeit in Entwicklungsländern: Bereits zwei Folkecenter wurden in Afrika gebaut (Mali und Uganda) und ein weiteres ist in Chile geplant.

Deutschland

AGBeratung (AGB)

Projekte beraten Projekte | Richardstr. 99 | 12043 Berlin
✉agb@agberatung-berlin.org 💻www.agberatung-berlin.org

Kollektiv organisierte Projekte stehen vor vielfältigen Aufgaben: den eigenen Ansprüchen an Gleichberechtigung und Selbstorganisation gerecht zu werden und dabei noch den formalen Ansprüchen einer kapitalistisch organisierten Gesellschaft zu genügen. Das ist ein Weg der wenig eingefahren ist und auf dem es viele Stolperfallen gibt, z.B. bei der Entwicklung einer konstruktiven Konfliktkultur, passender Entscheidungsstrukturen oder der gemeinsamen Zielfindung. Da kann der hinterfragende Blick von außen, Beratung zur Überwindung von Hindernissen oder streckenweise Wegbegleitung hilfreich sein, sowie der Überblick über bereits vorhandene Trampelpfade.

Immer stehen im Mittelpunkt die eigenen Anliegen der Gruppe. Diese ernst zu nehmen und in der Umsetzung zu unterstützen, im Sinne einer Hilfe zur Selbsthilfe und den Widrigkeiten einer kollektivfeindlichen Rechtsgesellschaft zum Trotz, sieht die AGBeratung als ihre Aufgabe an.

Akademie für Suffizienz

Groß Pankower Weg 7 | 16928 Reckenthin
☎+49-(0)176 2036 2434 ✉corinna.vosse@posteo.de
💻www.akademie-suffizienz.de

Die Akademie für Suffizienz bietet Gelegenheiten, einen Reichtum zu entdecken, der aus dem gemeinsamen Handeln erwächst und aus dem Umgang mit dem, was die Region anbietet.

In dieser Erfahrung sehen wir eine Kraft für Transformation, für den Wunsch nach und die Bereitschaft für einen anderen Alltag. Die Akademie stellt den Zugang zu Produktionsmitteln, praktischen Fertigkeiten und Wissen für gemeinschaftliche Versorgung bereit. Es gibt Übernachtungsmöglichkeiten, Gruppenräume, eine Selbstversorgerküche, verschiedene Werkstätten, landwirtschaftliche Versuchsfelder, Gemüse-, Obst- und Beerengarten, eine Küche für Lebensmittelverarbeitung und -konservierung. Die Nutzung dieser Möglichkeiten steht allen Interessierten offen und erfolgt auf Basis selbstgewählter (monetärer oder anderer) Beiträge.

Allmende e.V. - Waldhaus

Verein für Zusammenkunft und Gemeinschaft | Dorfstraße 35 | 17391 Krusenfelde
☎+49-(0)39723 279 12 ✉info@allmende-ev.de 💻www.allmende-ev.de

Der Verein unterstützt Gemeinschaften in ihrer Gründung, indem er ihnen u.a. Land zur Verfügung stellt, das er freigekauft hat. Die Vereinsmitglieder entrichten einen monatlichen Beitrag von 5 bis ca. 15 EUR, die nach Meinung der Allmende-Leute jede*r übrig hat, um die Welt zu verbessern. Davon und von Einzelspenden wird der Landfreikauf finanziert. Weiter engagiert sich der Verein auf dem Gebiet der Permakultur.

AllmendeLand-Projekt

Kölnische Str. 183 | 34119 Kassel
✉info@allmendeland.de 💻www.allmendeland.de

Das AllmendeLand-Projekt ist keine Gemeinschaft, jedoch im Umfeld der Gemeinschaftsbewegung entstanden. Es ist eher der Gemeingüterbewegung zuzurechnen. Land soll aus dem Marktgeschehen herausgekauft und langfristig für ökologischen Anbau gesichert werden. Weitere Informationen siehe Website.

Auroville International (AVI) Deutschland e.V.

Solmsstraße 6 | 10961 Berlin
☎+49-(0)30-428 031 50 ✉info@auroville.de 💻www.auroville.de

AVI-Deutschland ist innerhalb eines weltweiten Netzwerks Kontakt- und Ansprechpartner für das spirituell orientierte Stadtprojekt Auroville in Südindien. Der Verein informiert über Auroville und seine Ideale, berichtet über seine Entwicklung und versucht Menschen miteinander zu vernetzen, die an Auroville interessiert sind.

Bildungs-und Begegnungsstätte für gewaltfreie Aktion e.V.

KURVE Wustrow | Kirchstr. 14 | 29462 Wustrow

☎+49-(0)5843-98710 info@kurvewustrow.org www.kurvewustrow.org

Die KURVE Wustrow – Bildungs- und Begegnungsstätte für gewaltfreie Aktion e.V. wurde 1980 gegründet. Wir wollen dazu beitragen, dass Betroffenheit über gewalttätige und kriegerische Auseinandersetzungen, ökologische Zerstörung und soziale Ungerechtigkeit in überlegtes gewaltfreies Handeln umgesetzt werden kann.

Wir führen Seminare zu ziviler, gewaltfreier Konfliktbearbeitung im In- und Ausland durch. Wir arbeiten zusammen mit Partnerorganisationen in Konfliktgebieten, entsenden Friedensfachkräfte im Rahmen des Zivilen Friedensdienstes (ZFD) und bieten internationale Freiwilligendienste im Rahmen des weltwärts-Programms in Deutschland und im Ausland an.

Mit unserer Bildungsarbeit in Deutschland stärken wir vornehmlich Aktivist*innen in sozialen Bewegungen und engagieren uns zusammen mit anderen gegen Atomkraft, Rassismus und Rechtsextremismus.

Bundesverband der Regionalbewegung e.V.

Hindenburgstraße 11 | 91555 Feuchtwangen

☎+49-(0)9852-1381 info@regionalbewegung.de www.regionalbewegung.de

Im Bundesverband der Regionalbewegung e.V. werden vielfältige Aktivitäten einer regionalen nachhaltigen Entwicklung gebündelt und vorhandene Ansätze durch weitere Impulse unterstützt und vernetzt. Der Bundesverband sieht in einer auf regionalen Wirtschaftskreisläufen basierenden Wirtschaftspolitik einen wichtigen Beitrag zur Sicherung und Schaffung von Arbeitsplätzen, zur Wahrung der regionalen Identität und zur Verbesserung der Lebensqualität.

Deutsche Arbeitsgemeinschaft Soziale Landwirtschaft

Hofsuche-Datenbank

Thomas.vanElsen@petrarca.info www.soziale-landwirtschaft.de

Ziel der DASoL ist ein Austauschforum für die Vielfalt Sozialer Landwirtschaft und deren weitere Entwicklung.

Auf unserer Website gibt es eine Datenbank von Höfen, deren Aktivitäten von der Integration von Menschen mit körperlichen, geistigen oder seelischen Beeinträchtigungen über die Einbeziehung sozial schwacher Menschen, straffälliger oder lernschwacher Jugendlicher, Drogenkranker, Langzeitarbeitsloser und aktiver Senioren bis hin zu pädagogischen Initiativen wie Schul- und Kindergartenbauernhöfe reichen.

Dorfschmiede Deckenbach

Bau- und Energiegenossenschaft Deckenbach | Lindengasse 2 | 35315 Homberg (Ohm)

☎+49-(0)6633-6437533

post@bauenergie-deckenbach.de www.bauenergie-deckenbach.de

Die Bau- und Energiegenossenschaft Deckenbach eG realisiert mit ihren Mitgliedern Projekte durch Erwerb, Entwicklung sowie der Nutzung von Grundstücken und Gebäuden im Dorf Deckenbach, mit dem Anspruch ganzheitlicher Nachhaltigkeit. Mit der Dorfschmiede Deckenbach entsteht ein Treffpunkt für die Bewohner*innen aus dem Dorf und naher Umgebung.

Service-Büro Doris De Cruz

Aufbruch-Bremen-Gruppe | Wilseder-Berg-Str. | 28329 Bremen

☎+49-(0)4219-440 20 97 ✉decruzdoris@gmail.com 💻www.aufbruch-bremen.de

Eine Initiative für Menschen,

- die ihren normalen Alltag anders gestalten wollen,
- die ganzheitlicher und gemeinschaftlicher leben wollen,
- die persönliche Verantwortung für den Traum von einer anderen besseren Welt übernehmen wollen.

Ecobasa.org

The sustainable gift-economy network | Sonnenallee 28 | 12047 Berlin

☎+49-(0)163-631 06 22 ✉info@ecobasa.org 💻ecobasa.org

Ecobasa ist ein Verzeichnis nachhaltiger Gemeinschaften, Ökodörfer und Einzelpersonen, die nach alternativen Lebensweisen suchen.

Die Online-Plattform erleichtert die Kommunikation für den Austausch von Erfahrungen, Wissen, Dienstleistungen, Produkten und anderen Ressourcen. Reisende und Gemeinschaften können sich gegenseitig finden: für eine freiwillige Mitarbeit, um einer Gemeinschaft beizutreten, eine neue zu gründen oder gemeinsam auf Community-Tour zu gehen. Wenn Menschen eine Gemeinschaft besuchen wollen, können sie, wenn die Gemeinschaften das wollen, gegen Kost und Logis Hilfe anbieten.

Die Ressourcen werden in Community-Touren auf der Plattform lokalisiert und koordiniert und die Reisenden bilden natürlich ein logistisches Netzwerk. Alle Mitglieder bieten ihre Geschenke ohne Erwartung an, dass sie direkt mit einer Gegenleistung kompensiert werden. Sie können das, was sie sich wünschen, von jemand anderem erhalten. Positive Referenzen schaffen Vertrauen in das Netzwerk und seine Teilnehmer*innen. Es entstehen verantwortungsvolle Beziehungen, in denen Menschen ihre Bedürfnisse und Qualitäten kennenlernen.

Wir wollen nicht eine weitere Plattform schaffen, sondern eine Open-Source-Technologie, die andere Netzwerke in ihren eigenen Systemen nutzen können.

Wir brauchen dich dafür, dass es funktioniert, also tritt dem Netzwerk bei!

Ecotopia Biketour

✉info@ecotopiabiketour.net 💻www.ecotopiabiketour.net/

Die Ecotopia Biketour ist eine selbstorganisierte, internationale Fahrradtour, die seit 1990 jeden Sommer in unterschiedlichen Ländern Europas stattfindet. Auf dem Weg besuchen wir soziale und ökologische Projekte und probieren verschiedene Formen von Aktivismus und nachhaltigem Zusammenleben aus. Wir kochen gemeinsam vegan, treffen Entscheidungen per Konsens und teilen unser Wissen durch Workshops. Ein wichtiges Ziel für uns ist, möglichst diskriminierungsfrei zusammen zu leben. Die Ecotopia Biketour ist für alle, die Lust auf Fahrradreisen, gemeinschaftliches Leben, DIY, einen nachhaltigen Lebensstil und Lernen durch Erfahrung haben.

Fachstelle Radikalisierungsprävention und Engagement im Naturschutz

c/o NaturFreunde Deutschlands | Warschauer Str. 58a/59a | 10243 Berlin
☎+49-(0)30-297732-60 ✉info@nf-farn.de 💻www.nf-farn.de

Die „Fachstelle Radikalisierungsprävention und Engagement im Naturschutz" (FARN) wurde im Oktober 2017 von den NaturFreunden Deutschlands und der Naturfreundejugend Deutschlands gegründet. FARN...

- untersucht die historischen und aktuellen Verknüpfungen des Natur- und Umweltschutzes mit extrem rechten und völkischen Strömungen
- macht biologistische und rassistische Kontinuitäten im Natur- und Umweltschutz sichtbar
- identifiziert rechtsextreme und menschenverachtende Ideologien und Denkmuster im Natur- und Umweltschutz und erarbeitet menschenbejahende und demokratiefördernde Naturschutzentwürfe
- bietet Information, Beratung und Qualifikation für Akteur*innen des Natur- und Umweltschutzes, der Kinder- und Jugendhilfe sowie für Jugendliche und junge Erwachsene.

FARN wird gefördert vom Bundesministerium für Familie, Senioren, Frauen und Jugend im Rahmen des Bundesprogramms „Demokratie leben!".

Forum Gemeinschaftliches Wohnen e.V.

Bundesvereinigung (FGW) | Hildesheimer Str. 15 | 30169 Hannover
☎+49-(0)511-165910-0 ✉info@fgw-ev.de 💻fgw-ev.de

Das FORUM ist ein bundesweiter Zusammenschluss von Interessierten, Fachleuten, Haus- und Siedlungsgemeinschaften, Wohnungsunternehmen und Kommunen zur Förderung neuer Wohn- und Wohn-Pflegeformen sowie verbindlicher Nachbarschaften für ältere Menschen.

Das FORUM berät, informiert und vernetzt Interessierte und sonstige Akteure und Multiplikator*innen, die neue Wohn-, neue Wohn-Pflege-Formen sowie verbindliche Nachbarschaftsstrukturen mit dem Fokus auf ältere Menschen fördern wollen.

Gemeinschaftsbildung nach Scott Peck

Götz Brase & Team | Schloss Oberbrunn, Seeonerstr 4 | 83132 Oberbrunn/Pittenhart
☎+49-(0)8624-8795962, +49-(0)40-22691720
✉gemeinschaftsbildung@t-online.de 💻www.gemeinschaftsbildung.com

Die Gemeinschaftsbildung nach Scott Peck hat sich in den letzten Jahren im deutschsprachigen Raum sehr verbreitet. Es geht nicht nur um das Üben und Erlernen von persönlicher Abrüstung/gewaltfreier Kommunikation, sondern auch darum wie eine Gruppe sich selber leiten („group of all leaders"), wie jede*r Einzelne den Weg der Gruppe ins gemeinsame Herz unterstützen kann.

Jedes Individuum wie auch die Gruppe geht bei diesem Prozess seinen eigenen Weg zum authentischen Selbstausdruck. Es durchläuft verschiedene Stadien bis zum eigentlichen Ziel, der tiefen Offenheit. Hier wird ein Übungsfeld angeboten wo Zeit und Raum ist um sich zu begegnen, ganz bei sich zu sein oder bei den Anderen, wo Gefühle transformiert werden können und wo schlicht geübt wird, durch Worte Nähe entstehen zu lassen.

Paradoxerweise begegnet man in Gemeinschaft erst einmal sich selbst und auf dem Weg zum Anderen, zur Gruppe, warten viele Selbsterkenntnisse und neue Sichtweisen für die es sich lohnt den steinigen Weg der verbalen Auseinandersetzung auf sich zu nehmen. Denn in Gemeinschaft zu leben bedeutet eine Vielzahl an sozialen Interaktionen wodurch der Mensch genährt aber auch gefordert wird, besonders wird er aufgefordert in seiner Persönlichkeit zu wachsen.

Wir bieten Kurz- und Wochenendworkshops und beschäftigen uns mit der Erforschung von intensiver Gemeinschaft.

Grundlage der Workshops ist Pecks Buch „Gemeinschaftsbildung", siehe Bibliografie.

Gemeinschaftskompass

c/o Ökodorf Sieben Linden | 38489 Beetzendorf
☎+49-(0)39000-512 37 (Eva)
eva.stuetzel@gemeinschaftskompass.de
www.gemeinschaftskompass.de

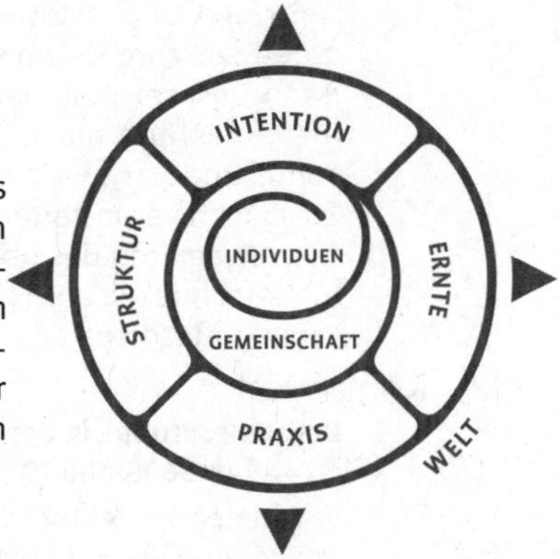

Der Gemeinschaftskompass ist die Essenz aus der Erfahrung des Aufbaus des Ökodorfs Sieben Linden. Er liefert eine eingängige, leicht anwendbare Übersicht dessen, was notwendig ist, um gemeinschaftliche Projekte erfolgreich aufzubauen. Eva Stützel bietet Prozessbegleitung für Gemeinschaftsinitiativen sowie Seminare zum Gemeinschaftskompass an.

Helga Mestemacher Immobilien GmbH

Eibengrund 1 | 49152 Bad Essen ☎+49-(0)5472-3535

Vermittlung von Immobilien für Wohngruppen und Lebensgemeinschaften

ijgd - Internationale Jugendgemeinschaftsdienste e. V. -

Bundesverein | Kasernenstraße 48 | 53111 Bonn
☎+49-(0)228-228 00 14 workcamp.leader@ijgd.de www.ijgd.de

Wir organisieren internationale ca. 3-wöchige Workcamps in Deutschland für Jugendliche und vermitteln in Workcamps unserer Partnerorganisationen im Ausland. Die Workcamps bestehen aus 15 Freiwilligen (16-26 Jahre), und haben das Ziel der Völkerverständigung durch Begegnung in Arbeits- und Alltagssituationen im Rahmen von gemeinnützigen Projekten.

Das Workcamp wird von zwei Teamer*innen betreut, die in unseren Ausbildungsseminaren ausgebildet werden. Die Tätigkeit als Teamer*in in einem Workcamp wird häufig als pädagogisches Praktikum anerkannt.

ISKCON Heidelberg Rhein Neckar Odenwald e.V.

Bhakti-Yoga Zentrum Nava Navadvip | Zuzenhäuser Straße 14 | 74909 Meckesheim
☎+49-(0)6226-953 07 41 info@iskcon-heidelberg.de iskcon-heidelberg.de

Wir folgen der Mission Srila Prabhupadas und seiner ISKCON Bewegung. Zurzeit ist unser Zentrum nur Sonntags geöffnet.

Kana

Dortmunder Suppenküche e.V. | Mallinckrodtstraße 114 | 44145 Dortmund
+49-(0)231-839853 info@kana-suppenkueche.de kana-suppenkueche.de

Eine christliche Basisgemeinschaft - Mitglieder leben in eigenen Bezügen, arbeiten aber im gemeinsamen Projekt Suppenküche.

Zusammen mit vielen anderen Ehrenamtlichen kochen wir fünfmal wöchentlich für Arme und Obdachlose ein Mittagessen und laden sie zum Essen ein. Jeder und jede ist in unseren Räumen herzlich willkommen, niemand muss sich ausweisen oder seine Bedürftigkeit erkennbar machen. Zusätzlich veranstalten wir Diskussionstreffen, engagieren uns öffentlich und politisch für Gerechtigkeit und Frieden, halten gemeinsame Gottesdienste.

Komm-Rat

Beratungsgruppe in der Kommune Niederkaufungen | Kirchweg 1 | 34260 Kaufungen
+49-(0)5605-80070 info@kommune-niederkaufungen.de

Wir bieten Projektberatung für startende oder bereits bestehende Gruppen. Dabei können wir auf langjährige eigene Gemeinschaftserfahrungen zurückgreifen. Die Schwerpunkte unserer Beratung sind: Rechtsformen, Finanzen, Bauen, Arbeit, Alltagsorganisation, Altersvorsorge, konstruktiver Umgang in Konfliktsituationen, gewaltfreie Kommunikation. Wir arbeiten je nach Bedarf und Thema u.a. mit Supervision, Moderation und Zukunftswerkstätten.

Kontakt per E-Mail bitte mit „Komm-Rat" als Betreffzeile.

Lebensform Gemeinschaft

Marita Bergmann | Pappelweg 3 | 19217 Carlow
+49-(0)38873-20969 marita@bergmann-seminare.de
www.marita-bergmann.de, www.pappelweg-drei.de

Bieten Findung, Beratung, Begleitung und Training für Gemeinschaftssuchende, Gruppen in Gründung und bestehende Gemeinschaften in Form von Seminaren und Supervision.

Liebeskunst-Netzwerk Berlin

Leben und Lieben in Gemeinschaft - Dein Kontakt zu Gleichgesinnten | Berlin
+49-(0)30-39037000 news@berlin007.de www.liebeskunst-netzwerk.de

Das "Liebeskunst-Netzwerk Berlin" bringt Menschen in Kontakt, die sich für "Leben und Lieben in Gemeinschaft" interessieren. Unser Ursprung liegt in der ZEGG-Gemeinschaft.

Wir wenden uns an Menschen, die sich für Persönlichkeitsentwicklung im Bereich Liebe, Lust und Gemeinschaft interessieren, zum Beispiel auch für Polyamorie und Tantra. Der "Liebeskunst-Netzwerk-Newsletter" enthält viele Veranstaltungshinweise sowie Neuigkeiten aus der Szene. Wir haben außerdem verschiedene Facebookgruppen, in denen man sich verabreden kann.

Abonnieren kann man den Newsletter hier: news@berlin007.de

Netzkraftbewegung

Marsstr. 70 | 46509 Xanten

☎+49-(0)281-3106 ✉info@netzkraftbewegung.de 💻www.netzkraft.net

Internationales Netzwerk von Organisationen und Gruppen, die sich für eine bessere Welt einsetzen. Gegenseitige Unterstützung durch die Bereitschaft, andere Netzteilnehmer zu treffen und wenn möglich zu unterstützen.

Gemeinsame Ziele:

- internationale Instanz für Frieden, Menschenrechte und Umwelt innerhalb der Vereinten Nationen
- nachhaltige öko-soziale Wirtschaftsentwicklung
- Dezentralisierung der politischen Macht.

Netzwerk Frankfurt für gemeinschaftliches Wohnen e.V.

Adickesallee 67/69 | 60322 Frankfurt am Main

✉info@gemeinschaftliches-wohnen.de 💻www.gemeinschaftliches-wohnen.de

Das Netzwerk ist ein gemeinnütziger Verein, der seit 2009 eine professionelle Koordinations- und Beratungsstelle hat. Das Netzwerk versteht sich als Forum für rund 70 Frankfurter Wohninitiativen und berät bzw. unterstützt sie bei der Umsetzung ihrer Wohnvorstellungen. Zudem ist es Anlaufstelle für Neuinteressierte und arbeitet für bessere Rahmenbedingungen für gemeinschaftliches Wohnen in der Stadt.

Netzwerk Selbsthilfe Berlin - der politische Förderfonds

im MehringHof | Gneisenaustraße 2a | 10961 Berlin ☎+49-(0)30-691 30 72

✉mail@netzwerk-selbsthilfe.de 💻netzwerk-selbsthilfe.de

Netzwerk Selbsthilfe Berlin ist der Begründer eines unabhängigen solidarischen Förderfonds, der durch seine Mitglieder getragen wird. Die Idee von Netzwerk wird auf drei Wegen umgesetzt: Fördern - Vernetzen - Unterstützen. Neben der direkten finanziellen Förderung werden Projekte aus Berlin & Brandenburg auch persönlich zu allen Fragen der Selbstorganisation beraten. Als Arbeitshilfe für Projekte bringt das Netzwerk regelmäßig die Broschüre „Fördertöpfe für Vereine, selbstorganisierte Projekte und politische Initiativen" und die Broschüre zu Förderpreisen „Schwein gehabt" heraus.

oekojobs.de - Ökojobs in Europa

✉info@oekojobs.de 💻www.oekojobs.de, www.eco-jobs.info

Mit oekojobs.de kann mensch sich für eine bessere Welt engagieren. Hier finden sich Möglichkeiten für Freiwilligendienste, Praktika, Jobs, Workcamps und ehrenamtlich Aktive im Umwelt- und Naturschutz europaweit.

Anbieter*innen aus Organisationen oder ökologischen Betrieben oder soziale Unternehmer*innen können ihre Angebote online in die Jobdatenbank eintragen und verwalten.

Das Projekt ist offen für neue Ideen und freut sich über Mithilfe jeder Art!

ÖKODORF-Institut für Wohnprojekte

Beratung bei Gemeinschaftssuche/-gründung | Alpenblickstr.12 | 79737 Herrischried
☎+49-(0)7764-933 999
✉oekodorf@gemeinschaften.de 💻www.gemeinschaften.de

Seit 1980 Unterstützung bei Gemeinschaftssuche/-gründung weltweit: Adressvermittlung (über 30.000 Kontakte), überregionale Gemeinschaften-Festivals jährlich über Pfingsten und Silvester (überregionale Begegnungen von Gemeinschaften, Gründungsinitiativen & Interessierten), E-Mail-Rundbrief an über 6000 Gemeinschaften & Interessierte, Medienversand (Bücher, Filme, Musik, Spiele...), Immobilien-Vermittlung. Seminare & Beratung in unserer Gemeinschaft bei Freiburg, auch möglich beim Pranawandern.

Permakultur Institut e.V.

Im Garten 11 | 51503 Hoffnungsthal
☎+49-(0)2205-919 83 83 ✉info@permakultur.de 💻www.permakultur.de

Das Permakultur Institut e.V. (PKI) ist ein gemeinnütziger Verein, der permakulturelle Gestaltungsansätze und Praxiserfahrungen durch Öffentlichkeitsarbeit, Bildung und Vernetzung verbreitet. Wir unterstützen Projekte, Initiativen und Menschen, die sich der Ethik der Permakultur verbunden fühlen.

Wir entwickeln Permakultur weiter als eine Gestaltungspraxis, die durch ganzheitliches Beobachten, vernetztes Denken, kreatives Gestalten und verantwortliches Handeln zukunftsfähige Lösungen in die Welt bringt. Wir betreiben den Verein basierend auf soziokratischen Elementen, sind dezentral über ganz Deutschland und darüber hinaus verstreut und engagieren uns in Teams für unsere Ziele.

pro... gemeinsam bauen und leben

Wohngenossenschaft eG | Hornbergstr. 82 | 70188 Stuttgart
☎+49-(0)711-234 81 62
✉info@pro-wohngenossenschaft.de 💻www.pro-wohngenossenschaft.de

Die Genossenschaft pro... gemeinsam bauen und leben eG wurde 1999 gegründet, um Gruppen, die ein gemeinschaftliches, generationenübergreifendes Wohnprojekt realisieren wollen, zu unterstützen - durch Beratung und Konzeptentwicklung, bei der Grundstückssuche und Abstimmung mit Gemeinden, beim Bau des Wohnprojekts in enger Zusammenarbeit mit der Projektgruppe.

Projektwerkstatt Saasen

Villa Kunterbunt des kreativen Widerstands | Ludwigstr. 11 | 35447 Reiskirchen
☎+49-(0)6401-903 283
✉saasen@projektwerkstatt.de 💻www.projektwerkstatt.de/saasen

Die Projektwerkstatt ist vor allem ein politisches Zentrum mit allem Drum und Dran: Bibliotheken, Archive, Gruppenräume, sogar ein Tagungshaus, zudem technische Ausstattungen von Computern über Layoutarchive bis zu Fax, Kopierer & Co., Sabotage- und Theaterwerkstätten und vieles mehr. Wer hier widerständig aktiv werden will, findet auch Platz zum Leben, aber keine Privaträume. Knapp 40 Betten, Küchen usw. schaffen eine Atmosphäre, auch über längere Zeit an politischen Widerstandsprojekten zu werkeln. Genau dafür ist das Haus da!

Vereinfachte Welterklärer*innen, Menschen auf der Suche nach einem Ersatz für Mami/Sozialamt/u.ä., Esos, Parteisoldat*innen/Vereinsmeier usw. müssen beim Aufenthalt in dieser offenen Aktionsplattform damit rechnen, zu Selbstorganisierung und Selberdenken aufgefordert zu werden. Wer in ein bequemes Nest fallen will, sollte woanders suchen. Das gilt auch für alle, die den vorgestanzten Kanälen des Lebens (z.B. Lohnarbeit) folgen oder auf dem Weg dorthin bleiben wollen (Ausbildung, Studium)!

Veranstaltungen: www.projektwerkstatt.de/termine

Materialien: www.aktionsversand.tk

Trainings- und Workshopangebote: www.vortragsangebote.tk

SCI (Service Civil International)

Deutscher Zweig e.V. | Blücherstr. 14 | 53115 Bonn

☎+49-(0)228-212086 ✉info@sci-d.de 💻www.sci-d.de

Der Service Civil International (SCI) ist eine gemeinnützige, internationale Organisation, die sich durch Freiwilligenarbeit für Frieden, gewaltfreie Konfliktlösung, soziale Gerechtigkeit, nachhaltige Entwicklung und interkulturellen Austausch einsetzt. Manche Workcamps finden auch in Gemeinschaften statt.

Stadtleben mit Landliebe trifft Landleben mit Stadtliebe

Lindengasse 2 | 35315 Homberg (Ohm) ☎+49-(0)6633-6437533

✉post@stadtleben-marburg.de 💻www.stadtleben-marburg.de/

Wir entscheiden im Jetzt, wer in Zukunft unsere Wirtschaft lenken wird. In drei Schritten wollen wir selbst wieder teilhaben an der Produktion unserer Lebensmittel und ebenso am lokalen Tauschhandel mit diesen fair hergestellten Produkten. Im Zuge dessen gilt es, Marburg mit neuem lokal-wirtschaftlichen Leben zu erfüllen und dies durch verstärkten Anbau und Produktion von Obst, Gemüse und anderen Lebensmitteln in unserer Region zu unterstützen.

Die Stadtleben Marburg eG wurde 2015 ins Leben gerufen. Die Genossenschaft versteht sich als Dachorganisation für Wohn- und Lebensgemeinschaften in Marburg an der Lahn und dessen Umland. Wir unterstützen das Organisieren von Menschen und Initiativen, die an der Entwicklung und Einrichtung von alternativen Lebens- und Arbeitsgemeinschaften in Marburg interessiert sind.

Stiftung FreiRäume

c/o Projektwerkstatt in Saasen | Ludwigstraße 11 | 34447 Reiskirchen

☎+49-(0)6401-903283

✉kontakt@stiftung-freiraeume.de 💻www.stiftung-freiraeume.de

Die Stiftung FreiRäume will offene Räume sichern oder selbst aufbauen bzw. entwickeln. Sie sollen immer - zumindest teilweise - Plattform sein, um offensiv in die Gesellschaft zu wirken zwecks Abbau von Herrschaftsverhältnissen, Ausbeutung, Umweltzerstörung usw.

Ziel ist dabei, (formal)hierarchische Strukturen zu verdrängen und ein horizontales, gleichberechtigtes Agieren und Kooperieren von Menschen zu fördern. Die Stiftung will das durch Gebäude, Flächen, Räume, Wägen und andere Einrichtungen erreichen, die sie unter den Bedingungen von Offenheit und Horizontalität Nutzer*innengruppen zur Verfügung stellt und mit diesen Kooperationsverträge aushandelt, in denen solche Ziele festgeschrieben werden, die Stiftung aber auf weitergehende Einflussnahme verzichtet.

Stiftung trias

Gemeinnützige Stiftung für Boden, Ökologie und Wohnen
Martin-Luther-Str. 1 | 45525 Hattingen ☎+49-(0)2324-902 22 13
✉info@stiftung-trias.de 💻www.stiftung-trias.de

Die Gründung unserer Stiftung im Jahr 2002 verfolgte das Ziel, in der praktischen Umsetzung über die eigene Vermögensanlage, Grund und Boden der Spekulation zu entziehen und gemeinschaftlichen Wohnprojekten bei der Gründung behilflich zu sein. Die Stiftung wendet sich gegen die weitere Versiegelung bislang landwirtschaftlich genutzter Flächen. Gefördert werden eher die generellen Strukturen für Wohnprojekte, weniger die Einzelprojekte.

Tiefenökologie Netzwerk

Ökodorf Sieben Linden | 38489 Beetzendorf
☎+49-(0)39000-908 62 ✉info@tiefenoekologie.de 💻www.tiefenoekologie.de

Tiefenökologie steht für die Erkenntnis, dass die Erde ein lebendes System ist, im dem alles miteinander verbunden und voneinander abhängig ist. Sie öffnet sich der Dynamik der Selbstorganisation lebender, sich entwickelnder Systeme und sieht uns Menschen als einen Faden im Netz des Lebens, eingewoben in die miteinander vernetzten Kreisläufe der Natur, aus denen wir hervorgehen. Sie verbindet kognitive, emotionale, spirituelle Elemente und Ebenen des konkreten gesellschaftlich-politischen Handelns. Angeboten werden Vorträge, Seminare und Jahrestrainings.

UnaVision Initiative

Herzershof 10 | 15328 Kuestriner Vorland
☎+49-(0)172-862 89 47 ✉info@unavision.eu 💻www.unavision.eu

Unser erster Standort ist im Oderbruch, 90 km östlich von Berlin.

Unser Netzwerk setzt sich aus allen aktiven Akteur*innen von UnaVision, UnaVersity und den UnaVillage Regionen zusammen, die an der Umsetzung der Vision, der UnaVersity Idee und den Prototypen der UnaVillages (Lernorte für Transformatives Lernen) arbeiten oder diese Arbeit mit ihren Ressourcen (Finanzen, Wissen, Zeit, Netzwerk) unterstützen. Die UnaVersity koordiniert die Forschungsaktivitäten und das Transformative Lernen für das UnaVision Netzwerk und die UnaVillage Regionen.

Die UnaVillage Region ist keine „Gemeinschaft" im Sinne von Ökodörfer-Gemeinschaften oder anderen spirituellen, politischen oder sozialen Gruppen, sondern eine Lern- und Arbeitsgemeinschaft für das Erreichen der UnaVision-Vision und den Aufbau von Prototypen von UnaVillages.

Werkstatt für Gewaltfreie Aktion, Baden

Vaubanallee 20 | 79100 Freiburg
☎+49-(0)761-432 84 ✉buero.freiburg@wfga.de 💻www.wfga.de

Die Werkstatt für Gewaltfreie Aktion, Baden wurde 1984 als unabhängige Bildungs- und Trainingseinrichtung gegründet. Wir unterstützen Gruppen und Einzelpersonen, gegen Gewalt aktiv zu werden, gewaltfreien Widerstand zu leisten, Konflikte konstruktiv auszutragen und gewaltfreie Alternativen zu verwirklichen. Dazu bieten wir ein umfangreiches Trainings- und Fortbildungsangebot in den Bereichen Alternativen zu Militär und Krieg, Gewaltfreie Aktion, Kampagnenarbeit, Zivilcourage, Mediation, Konsens-Entscheidungsfindung, gewaltfreie Kommunikation und Konfliktbearbeitung an.

WohnBund-Beratung NRW GmbH

Humboldtstraße 42 | 44787 Bochum

☎+49-(0)234-90440-0 kontakt@wbb-nrw.de www.wbb-nrw.de

Wir unterstützen selbst-initiierte und träger-initiierte Wohnprojekte durch offene Treffen, Seminare, Moderation und Beratung im Entwicklungs- und Bauprozess: Zu Gruppensuche und -bildung, Kooperation zwischen Gruppen und Wohnungsunternehmen, Wohn- und Gemeinschaftskonzeption, Finanzierung und Rechtsform, Grundstückssuche und Baubegleitung.

Wohnprojekte-Portal

c/o Stiftung trias | Martin-Luther-Str. 1 | 45525 Hattingen ☎+49-(0)2324-902 22 13

portal@stiftung-trias.de www.wohnprojekte-portal.de

Das www.wohnprojekte-portal.de ist ein "Nachschlagewerk" für gemeinschaftlich organisierte Wohnprojekte. Von suchenden Personen, Gruppen, Projekten in Gründung bis zu umgesetzten Projekten. Zusätzlich sind Adressen, Downloads, Bücher und viele sonstige Informationen zu finden.

WohnStrategen e.V.

Gemeinsam Planen & Bauen in Thüringen | Jakobstraße 10 | 99423 Weimar

☎+49-(0)3643-773 6496 info@wohnstrategen.de www.wohnstrategen.de

Mit unserer ehrenamtlichen Arbeit konzentrieren wir uns seit 2005 auf die Information und Aufklärung zum gemeinschaftlichen Wohnen als eine mögliche zukunftsfähige Lebensform in Thüringen, auf die Vernetzung von Projekten sowie auf die Erstberatung von Projektgruppen oder Projektsuchenden.

WWOOF Deutschland

Hauptstr. 30 | 99752 Bleicherode

☎+49-(0)36338-589 375 kontakt@wwoof.de www.wwoof.de

WWOOF ist ein weltweites Netzwerk aus freiwilligen Helfer*innen (WWOOFer*innen) und ökologisch bewirtschafteten Höfen. WWOOFer*innen werden in den Lebensalltag auf den Höfen eingebunden, helfen freiwillig mit und können so Wissen über ökologische Landwirtschaft, Gartenbau und Selbstversorgung auf dem Land aus erster Hand erhalten und eigene Erfahrungen sammeln.

WWOOF-Deutschland gibt eine Liste der beteiligten Höfe in Deutschland heraus (online und gedruckt), die von WWOOFer*innen genutzt wird, um selbständig Aufenthalte auf Höfen zu vereinbaren.

Es gibt unter den Höfen Familienbetriebe, Hofgemeinschaften, Einzelpersonen und immer gewinnt dabei die Qualität eines WWOOF-Aufenthaltes mit der Qualität der Beziehung der beteiligten Menschen, die wesentlich mit der Art der Kommunikation untereinander zusammenhängt. WWOOF ist dadurch ein spannendes Lernfeld in Bezug auf die Mitteilung eigener Bedürfnisse und Grenzen, der gegenseitigen Wertschätzung und gemeinsamen Konfliktbewältigung.

WWOOF-Deutschland ist aufgrund der Förderung von Umweltschutz und Landschaftspflege als gemeinnützig anerkannt. Es hat sich gezeigt, dass der Verein dieses Ziel besonders durch die Bewusstseinsbildung unter den Teilnehmer*innen erreicht: Menschen lernen, wie gesunde Lebensmittel hergestellt werden, indem sie es selbst tun und indem sie unterschiedliche naturnahe/alternative/nachhaltige Lebenskonzepte kennenlernen.

Finnland

Vegan Society of Finland

Suvilahdenkatu 4 | 00500 Helsinki
info@vegaaniliitto.fi www.vegaaniliitto.fi

Wir sind der finnische Veganer*innenverband und fördern und unterstützen vegane Lebensführung. Wir besuchen Messen, Ausstellungen und Festivals und halten als Teil unserer Öffentlichkeitsarbeit Vorträge für alle möglichen Organisationen. Unser Ziel ist, das vegane Leben als leicht nachvollziehbaren und weithin anerkannten Ansatz bekannt zu machen und durch friedlichen und sachlichen Dialog mit Einzelnen und Organisationen Tier- und Menschenleid sowie Umweltschäden zu verringern.

Frankreich

Eco-Quartier Strasbourg

1 a place des Orphelins | 67000 Strasbourg +33-(0)776 693 978
association@ecoquartier-strasbourg.fr www.ecoquartier-strasbourg.fr

Wir sind eine Nichtregierungsorganisation (NGO) und haben ursprünglich das erste Co-Housing-Projekt in Straßburg durchgeführt. Anschliessend haben wir die Führung des Co-Housing-Projekte-Netzwerks in Straßburg übernommen. Heute haben sich mehr als 20 Co-Housings zusammengeschlossen mit mehr als 160 Einwohner*innen. Wir wollen nun preisgünstige Co-Housing-Projekte entwickeln. Wir sind Teil des nationalen französischen Netzwerks „Coordinaction de l'habitat participatif".

F.E.V.E.

Formation et Expérimentation au Vivre Ensemble | L'Arche, 34 la basse cour 38160 Saint Antoine l'Abbaye
+33-(0)476 364 825 feve@feve-nv.com www.feve-nv.com

Seit 2010 führt die Gemeinschaft l'Arche de Saint Antoine (siehe Seite 262) jedes Jahr eine Ausbildung mit dem Namen F.E.V.E. durch („Lernen und Experimentieren: Zusammen leben"). Die Schulung umfasst das Teilen des täglichen Lebens innerhalb des 30-jährigen Gemeinschaftshauses (mindestens 3 Monate) sowie Workshops zu Gruppendynamik, gewaltfreier Kommunikation, Konfliktmanagement, Soziokratie und anderem.

Es ist auch möglich, an einzelnen Workshops teilzunehmen (ein Jahr umfasst 7 Workshops von jeweils 2 bis 7 Tagen). Die Gemeinschaft begrüßt auch viele Menschen aus dem Ausland, allerdings sind die Workshops auf Französisch.

Les jardins de Nipponia

La Scierie | Chemin de Craste Neuve | 33680 Le Porge +33-(0)652 148 741
julesmoya@hotmail.com www.facebook.com/lesjardinsdenipponia/

Wir entwickeln ein Netzwerk von autarken Orten (Nahrung und Energie) auf der ganzen Welt. Jeder Ort ist offen und respektiert Mensch und Natur und versammelt Menschen mit ähnlichen Leidenschaften (Kunst, Handwerk, Wissenschaften). Es gibt „Tore" in der Region mit Informationen über das Netzwerk, um Menschen von der Mainstream-Gesellschaft zu dieser alternativen Gesellschaft zu führen.

Griechenland

WWOOF Greece

Linking volunteers with organic growers and sustainability projects
Paralia Markopoulou Oropou Avenue | 19015 Nea Palatia Oropou
✉info@wwoof.gr 💻www.wwoof.gr

Wir unterstützen jede intentionale Gemeinschaft in Griechenland, die ihr Land organisch bewirtschaftet oder Nachhaltigkeit fördert. Jede dieser Gemeinschaften ist herzlich eingeladen, der WWOOF-Familie beizutreten und Zugang zu einem weltweiten Netzwerk von Freiwilligen und Inspirationssuchenden zu erhalten.

Großbritannien

Active Distribution

72-73 Old Market | BS2 0EJ Bristol
✉info@activedistribution.org 💻www.activedistribution.org

„Active Distribution" ist ein nicht-gewinnorientierter Do-it-yourself-Vertrieb für "alles anarchistische" und noch ein paar weitere radikale Dinge. Wir sind Versandhandel, Großhandel, verkaufen auf Veranstaltungen und bringen Bücher, Flugblätter und CDs heraus, machen Anstecker, Aufkleber und anderes.

WWW.ACTIVEDISTRIBUTION.ORG

Local Futures

The Economics of Happiness | PO Box 239 | TQ9 9DP Totnes
☎+44-(0)1392-581175 ✉info@localfutures.org
💻www.localfutures.org

Als Pionier der New-Economy-Bewegung sensibilisiert Local Futures seit vier Jahrzehnten für die Notwendigkeit einer Richtungsänderung - weg von der Abhängigkeit von globalen Monopolen hin zu dezentralem regionalen Wirtschaften. Wir produzieren Bücher, Filme und andere „education for action"-Tools und organisieren weltweit Konferenzen und Workshops für Aktivist*innen.

LOCAL FUTURES
ECONOMICS OF HAPPINESS
www.localfutures.org

Permaculture Association

BCM Permaculture Association | WC1N 3XX London
☎+44-(0)113-2307461, +44-(0)845-4581805
✉office@permaculture.org.uk 💻www.permaculture.org.uk

Die Permaculture Association arbeitet daran, die Lebensweisen in Großbritannien radikal und positiv zu verändern und unterstützt dabei aktiv eine weltweite Bewegung. Hilfe bei der Aufklärung, Vernetzung, Unterstützung und Neugestaltung aller Aspekte unseres täglichen Lebens, um uns selbst, unsere Gemeinschaften und unsere Landschaften gemäß der Kernethik von einer Achtsamkeit für Planet und Mensch und einer gerechten Verteilung zu transformieren.

Permaculture Magazine & Permanent Publications

The Sustainability Centre | East Meon | GU32 1HR Hampshire
☎+44-(0)1730-823 311 ✉enquiries@permaculture.co.uk, maddy@permaculture.co.uk 💻permaculture.co.uk

Seit 1992 veröffentlichen wir das Permaculture Magazine International in gedruckter und digitaler Form. Jede*r Abonnent*in kann unser Heftarchiv kostenlos lesen. Wir haben auch über 80 praktische und visionäre Bücher über Permanent Publications veröffentlicht, um Menschen zu ermutigen, gesünder, selbstbestimmter, gemeinschaftlicher und ökologischer zu leben, siehe permanentpublications.co.uk. Wir loben jährlich den mit 25.000 £ dotieren Preis des Permaculture Magazine aus. Wir haben eine lebendige Website mit vielen Informationen unter www.permaculture.co.uk und einen beliebten YouTube-Kanal https://www.youtube.com/PermacultureMedia. Twitter@PermacultureMag, Instagram@permaculturemagazine, Facebook@PermacultureMag

Totnes Eco Education Community (TEECom) Cooperative

Totnes Devon | TQ9 5RL Totnes Devon
☎+44-(0)7842-573 922 ✉sustainable.ecoplanning@yahoo.com 💻teecom.org

Wir sind eine kleine Gruppe von Menschen, die meisten aus Totnes, die sich mit der Permakulturplanung und -gestaltung von ökologisch und sozial nachhaltigem Wohnen sowie mit ökologischem Bauen und ökologischem Gärtnern beschäftigen. Unser Ziel ist es, unsere kollektiven Fähigkeiten in sehr praktischen Learning-by-Doing-Sitzungen und Workshops mit anderen zu teilen. Wir planen den Bau einer Permakulturgemeinschaft aus vier Häusern.

WWOOF United Kingdom

PO Box 2207 | MK18 9BW Buckingham ✉info@wwoof.org.uk 💻www.wwoof.org.uk

Sammle praktische Erfahrungen mit WWOOF UK auf Biohöfen, in Gärten und Kleinbetrieben - alle bieten Essen, Unterkunft und Lernen im Austausch für praktische Hilfe auf dem Land. Unsere Liste umfasst Gemeinschaften - aber auch Einzelpersonen, die bereit sind, ihre Türen für dich zu öffnen und eine andere Lebensweise zu teilen.

Israel

International Communes Desk

Kibbutz Volunteers Program Center (KPC) | 1 Yasmin Street, Seminar Efal
52960 Ramat Efal ☎+972-(0)525 348 550
anton@communa.org.il www.communa.org.il

Das Intentional Communities Desk, das 2015 in International Communes Desk umbenannt wurde, ist eine Kontaktstelle zwischen den Kommunen der Welt - wobei der Begriff „Kommune" das breite Spektrum von Gemeinschaften, Kibbuzim und anderen Arten des gemeinschaftlichen Lebens abdeckt.

Der Desk wurde 1976 auf Initiative des verstorbenen Mordechai Bentov, einem Kibbuz-Mitglied und Kabinettsminister, gegründet. Unser bescheidener Hauptsitz befindet sich im Yad Tabenkin Institute, auf dem Campus des Seminars Efal, am Rande von Tel Aviv, Israel. Unsere wichtigste regelmäßige Aktivität war die zweimal jährlich erscheinende Publikation in englischer Sprache, C.A.L.L. (Communities At Large Letter), die zur Förderung der Ziele des Desk veröffentlicht wurde.

Wir veröffentlichen jetzt auch zweimal jährlich ‚Kol', unsere hebräische Version von C.A.L.L.

Die meisten Mitglieder des Desk - unser Komitee - sind Kibbuzmitglieder, von allen Arten von Kibbuzim. Fast unsere gesamte Arbeit ist ehrenamtlich und die wenigen, die bezahlt werden, erhalten sehr wenig für ihre Arbeit. Unser sehr bescheidener Haushalt wird von den Kibbuz-Bewegungen bereitgestellt, eine großzügigen Geste der Unterstützung angesichts ihrer finanziellen Probleme. Das ICD initiiert gelegentlich Treffen mit Mitgliedern von Kommunen und anderen alternativen Gemeinschaften aus Israel und dem Ausland.

Das ICD hat Zugang zur Bibliothek von Yad Tabenkin mit einer umfangreichen Sammlung von Publikationen und Büchern über Kommunen und andere alternative Gemeinschaften. Dieses Material steht Wissenschaftler*innen, Student*innen und allen Interessierten zur Verfügung.

Wir sind eine registrierte NGO, so dass wir gesetzlich berechtigt sind, steuerfreie Spenden zu erhalten (selbst eine bescheidene Summe ist sehr willkommen!).

Nehmen Sie gerne Kontakt mit uns auf!

Italien

Cohousing.it
Building collaborative life

Cohousing.it

Viale Toscana 13/B | 20136 Milano
info@cohousing.it www.cohousing.it

Wir sind eine riesige Gemeinschaft von Menschen, die in Gemeinschaften leben wollen (Co-Housing), verwalten Co-Housing-Projekte und helfen Menschen, die Interesse am Gemeinschaftsleben haben (vom Beginn des Projekts bis zum realen Leben im Inneren): Wir kümmern uns um alle Aspekte (Architektur, Bauwesen, Beteiligungsprozess, Beginn der Gemeinschaft...).

Fiera delle Utopie Concrete

Via Marconi 8 | 06012 Città di Castello ☎+39-075-855 43 21
✉coordinatore@utopieconcrete.it 💻www.utopieconcrete.it

Seit 1988 findet jährlich die Fiera delle Utopie Concrete („Messe für angewandte Utopie") als öko-kulturelles Ereignis in Città di Castello in Umbrien statt. Präsentiert werden Erfahrungen und Lösungen für einen ökologischen Wandel von Wirtschaft und Gesellschaft in Seminaren, Konferenzen und Performances und Ausstellungen. Mit ihrem pragmatischen Bottom-up-Ansatz, Menschen mit gutem ökologischem Willen zusammenzubringen, steht die Initiative der Bewegung von intentionalen Gemeinschaften nahe.

Kroatien

Gea Viva

Prodolina 864 | 21405 Milna
☎+385-(0)997 493 711 ✉info@geaviva.net 💻www.geaviva.net

Gea Viva ist eine Gemeinschaft auf der kroatischen Insel Brac, ein Öko-Retreat-Camp, das dazu einlädt, die Verbindung zur Natur wiederherzustellen, sich Zeit zu nehmen, sich als Teil allen Lebens um sich herum zu fühlen, zu erwachen und zu wandeln. Unsere 1,35 Hektar große Permakultur-Anlage ist autark und wir bieten Kurse, Veranstaltungen, Yoga und Meditation an.

Luxemburg

LIFE

ecoCreActiv Plattform | 22, rue Baltzing | 3413 Dudelange
☎+352-518 168 ✉life@lifeproject.lu 💻www.lifeproject.lu

Wir sind ein unabhängiges und selbstorganisiertes Jugendforum. Wir möchten der Jugend anbieten und aufzeigen, wie und wo sie am Leben, der Politik und der Gesellschaft teilhaben und selbst aktiv werden können. Die Themen drehen sich hierbei um Nachhaltigkeit, Freundschaft und Kreativität.

Niederlande

Omslag

Werkplaats voor
Duurzame Ontwikkeling
Hoogstraat 301a, Postbus 81
5600 AB Eindhoven
☎+31-(0)40-291 02 95
✉omslag@omslag.nl
💻www.omslag.nl/wonen

2005 gründete Omslag den niederländischen Informationsdienst über

verschiedene Arten des Wohnens und Lebens. Unser Service besteht aus einer erweiterten Website und einer Bibliothek mit Büchern, Zeitschriften und DVDs. Neben einem zweimonatigen Printmagazin (ZOZ) veröffentlichen wir monatlich einen kostenlosen elektronischen Newsletter (auf Niederländisch) und organisieren Meetings zu bestimmten verwandten Themen.
Unsere Bibliothek ist jeden Freitag von 14.00 bis 17.00 Uhr für die Öffentlichkeit zugänglich.

Purusha

Station 24 | 6063 NP Vlodrop
☎+31-(0)475-539 531 ✉info@purusha.de, info@purusha.eu
💻www.purusha.eu, www.purusha.de, www.purusha.org (USA)

Unser Anliegen: Das Bewusstsein (Intelligenz, Gesundheit, Kreativität usw.) eines jeden Mitglieds unserer Purusha-Gemeinschaft erhöhen und somit auch die Kohärenz innerhalb der Gesellschaft zu steigern. Wissenschaftliche Forschung bestätigt den Nutzen und die positiven Ergebnisse auf beiden Ebenen - individuell: bessere Gesundheit, mehr Kreativität, mehr Selbstvertrauen usw. und soziologisch: weniger Gewalt, weniger Unfälle, weniger Krankheitsfälle, wirtschaftliche Verbesserungen und mehr.
Dies wird durch das Praktizieren des TM- und TM-Sidhi-Programms in der Gruppe als Teil der Vedischen Wissenschaft nach Maharishi erreicht - gemäß den Lehren und Anweisungen von Seiner Heiligkeit Maharishi Mahesh Yogi.

Bei Interesse an der Transzendentalen Meditation, informieren Sie sich doch nach einem Ausbildungsort unter: www.meditation.de (oder www.tm.org).

Norwegen

Atlantis Exchange

Atlantis Utveksling | Skippergata 9 | 0152 Oslo
☎+47-(0)22 47 71 70 ✉atlantis@atlantis.no 💻www.atlantis.no

Atlantis Utveksling (Atlantis Exchange auf Englisch) organisiert Kulturaustauschprogramme in Norwegen für junge Ausländer, die als Arbeitsgäste in der Landwirtschaft oder im Tourismus arbeiten möchten, für Praktikant*innen in der Landwirtschaft und Au Pairs. Atlantis Exchange ist eine Stiftung, die 1987 vom Norwegischen Jugendrat gegründet wurde. Unser Ziel ist es, durch den Jugendaustausch den Respekt und das Verständnis zwischen den Kulturen zu fördern. Wir haben uns auf Praktika für Menschen zwischen 18 und 30 Jahren spezialisiert.
Alle Programme basieren auf der Idee, für kostenlose Unterkunft, Verpflegung und Taschengeld zu arbeiten. Der/die Teilnehmer*in lebt bei einer norwegischen Gastfamilie, manchmal zusammen mit anderen Teilnehmer*innen.

Österreich

Für die Erde, für das Leben/Arbeitskreis Hopi Österreich

Obersdorf 35 | 8983 Bad Mitterndorf

☎ +43-(0)3623-2677 ✉ office@impuls-aussee.at 💻 www.impuls-aussee.at

Nach der Auflösung vom „Arbeitskreis Hopi Österreich“ und des Vereins „Für die Erde, für das Leben“ (1994) halten Alexander Buschenreiter und seine Familie mit einem kleinen Freundes- und Interessentenkreis den Austausch untereinander und mit traditionellen Hopi sowie anderen US-Indianer*innen auf persönliche Weise als Initiative weiterhin aufrecht. In diesem Sinn werden auch Spenden weitergeleitet, Informationen weitergereicht und teils gemeinschaftliche Ziele weiterverfolgt.

2018 erschien das erste Buch von Alexander Buschenreiter, „Unser Ende ist euer Untergang. Die Botschaft der Hopi an die Welt“ aktualisert und erweitert als Neuausgabe im Authal Verlag. In ihm kommen neben den Hopi und anderen US-Indianer*innen auch der AK Hopi Österreich ausführlich zu Wort.

Permakultur Austria

Akademie | Schiffmühlenstr. 53/15 | 1220 Wien

☎ +43-(0)664-862 43 94 ✉ mail@permakultur-austria-akademie.at
💻 www.permakultur-austria-akademie.at

Vernetzung - wir sind der älteste Permakultur-Verein in Österreich und immer bemüht unterschiedliche Intitiativen aus dem Nachhaltigkeitsbereich zu verbinden. Im Laufe der Jahre hatten wir viele unterschiedliche Kooperationen (z.B. SOL, VISIpedia).

Gemeinschaften sehen wir als wichtige Labore für gelebte regenerative Strategien für Soziales, Wasser, Energie etc.

In unseren Zertifikatskursen besuchen wir regelmäßig Gemeinschaften oder laden Bewohner*innen zu uns ein.

projektentfaltung

... für erfolgreiche Projekte!

☎ +43-(0)720-978 837 ✉ r.wytek@projektentfaltung.at
💻 www.projektentfaltung.at

Wir leben in einer aufregenden Zeit voller Veränderungen. Und wir haben das Glück, an diesen Veränderungen verantwortungs- und freudvoll mitgestalten zu können. Dabei unterstützt projektentfaltung.

projektentfaltung bietet Gründer*innen und bestehenden Gemeinschaften Workshops und Beratung für die erfolgreiche Projekt-, Organisations- und Gemeinschaftsentwicklung.

Eine Schwerpunkt unserer Arbeit ist die Finanzierung von Gemeinschafts- und Wohnprojekten.

Hier gibt es kostenlose Webinare zum Thema „Werkzeuge für erfolgreiche Projekte“: http://p.entf.at/WerFür (Groß- und Kleinschreibung beachten).

Hier findest du einen dreiteiligen Artikel zum Thema „Wie Gemeinschaft gelingen kann“: https://p.entf.at/WieGem (Groß- und Kleinschreibung beachten).

Palästina

Global Campus Palestine

Farkha Ecovillage c/o Tamera | Monte Cerro | 7630 Colos
☎+351-(2)-960 305 607 aida.shibli@gmail.com
www.globalcampuspalestine.weebly.com

Der Global Campus Palestine (GCP) bietet Palästinenser*innen die Möglichkeit, regenerative und ökologische Praktiken zu erlernen. Diese können als erste Schritte hin zu dezentralen und autonomen Modellen dienen, die den Menschen dabei helfen, nachhaltig und regenerativ zu leben.

GCP ist heute vor allem im Dorf Farka angesiedelt, einem kleinen Dorf mit 1500 Einwohner*innen, das über eine große Anzahl von Projekten und Gruppen verfügt, die gemeinsam den Übergang von einem traditionellen palästinensischen Dorf hin zum ersten Ökodorf in Palästina vollziehen wollen.

Das Dorf hat den Begriff und das Konzept „voluntary work" (=Freiwilligenarbeit) in Palästina maßgeblich geprägt: Jedes Jahr veranstalten wir ein internationales Freiwilligenfestival, das 200 junge Menschen aus der ganzen Welt zusammenbringt, um bei uns zehn Tage zu verbringen und das gemeinsame Leben in den Mittelpunkt der aktivistischen oder politischen Arbeit zu stellen.

Die Adresse und die Telefonnummern oben sind in/aus Tamera/Portugal.

Portugal

Haliotis

Ort für Ökologie, Permakultur und Gesundheit | Hindenburgstraße 12
76470 Ötigheim ☎+49-(0)1590 840 8445 bghaliotis@gmail.com
www.haliotisport.wordpress.com, www.youtube.com/berndgerken

Haliotis bei Sao Bartholomeu de Messines, Ourique ist kein Ökodorf oder eine „Öko-Stadt", sondern ein mit-erlebbarer Beitrag zur Wiederbelebung der Landfluchtregion durch Familien- und Freundesgruppen (1-25 Mitmenschen aller Altersstufen) durch Streusiedlung. Wir ermutigen Interessierte, diese Landschaft aufzusuchen und dort eine Selbstversorgung aufzubauen! Dazu laden viele verlassene Orte mit gutem Land drumherum ein.

Institute for Global Peace Work (IGP) Tamera

Institut für globale Friedensarbeit (IGF) Tamera
Monte do Cerro | 7630-392 Reliquias
☎+351-283 635 484 igf@tamera.org www.tamera.org

Das IGF knüpft ein internationales Netzwerk für den Aufbau einer globalen Friedenskraft. Das wichtigste Ziel ist der Aufbau einer globalen Zusammenarbeit für die Errichtung von weltweit entstehenden Friedensforschungsdörfern, die Alternativen zum globalen System der Gewalt erarbeiten.

Schweden

Alternativ.nu

☎+46-(0)73-032 71 28 ✉petter@alternativ.nu 💻www.alternativ.nu

Schwedische Webseite über Selbstversorgung und Landleben. Forum, Wiki und Zeitschrift über kleinmaßstäbliche Landwirtschaft sowie ökologische Bau- und Lebensweise. Mehr als 300.000 Besucher*innen pro Monat.

Ecotopia På Österlen

Bondrum 1334 | 27395 Skåne Tranås

☎+46-(703)330 814 ✉info@ecotopia.se 💻www.ecotopia.se

Holistisch ausgerichtete Bildungsstätte auf einem Ökohof in Südschweden. Ausbildung in ökologischem Bauen, ökologischem Anbau/Permakultur, Alternativmedizin, Kreislaufwirtschaft, veganer bzw. Wildpflanzenküche sowie Initiativen zur Mitgestaltung einer nachhaltigen Zukunft. Als private Nonprofit-Organisation orientieren wir uns am ethischen Wirtschaftsmodell der GWÖ (Gemeinwohl-Ökonomie) mit dem Wohl von Mensch und Umwelt als oberstem Ziel des Wirtschaftens.

Sambruket i Sösdalabygden

Svensköpsvägen 8 | 298 94 Linderöd

☎+46-(0)706 525 677 ✉info@sambruket.se 💻www.sambruket.se

Sambrukets möchte die Idee eines Ökodorfes an möglichst viele Menschen herantragen, die sich (noch) nicht an etwas Konkretem und Festgelegtem wie einer intentionalen Gemeinschaft beteiligen können oder wollen.

Es ist vielmehr ein Netzwerk, in dem die Mitglieder nach Belieben ihr eigenes Leben und ihre eigene Familie gestalten, aber gemeinsam an einem gemeinsamen Projekt für die Zukunft arbeiten. In unserem Fall versuchen wir in einer Art Lebensentwurfs-Beispiel, eine nachhaltige Lebensweise durch kleinteilige Landwirtschaft, Bildung, Diskussionen, Gebäudesanierung, Prozess- und Ausrüstungsinnovation usw. zu organisieren.

Sambruket ist in dieser Hinsicht ziemlich außergewöhnlich, aber es besteht ein großer Bedarf an Anleitung, Einführung, Trainings und Ausbildung, bevor man vielleicht in die Vollzeit-Gemeinschafts-Erfahrung eintaucht.

Schweiz

CoHabitat

Sentier des Saules 3 | 1205 Genève

☎+41-(0)22-320 86 06 ✉contact@co-habitat.net 💻co-habitat.net

CoHabitat ist eine weltweite geographische Datenbank von gemeinschaftlichen Wohnprojekten. Sie bietet Informationen auf mehreren Sprachen und ist genauso wie ihre gemeinschaftlichen Wohnprojekte offen und kollaborativ. Sie bietet bestehenden Projekten die Möglichkeit, direkte Verbindungen zu befreundeten Projekten zu knüpfen. Projekte in Gründung können wertvolle Informationen erhalten, um ihre Reise zu beginnen.

COMMENDE - Kommunitäres Geld

c/o Alfred von Euw | Oberfeldstrasse 16 | 9437 Marbach

☎ +41-(0)718 880 344 ✉ insula@bluewin.ch

Wir verstanden uns zunächst als freie, "anarchistische" Studien- und Arbeitsgruppe mit den Zielen, ein wesensgemäßes Geldverständnis zu erarbeiten und ideelle, wirtschaftliche und soziale Voraussetzungen für dauerhafte Gemeinschaftsbildungen sowie den Stellenwert der Arbeit in der Biographie des Menschen zu erforschen.

Heute steht ,Commende' für die Idee eines neuen Geldverständnisses. Die Bezeichnung ,Commende' charakterisiert mittlerweile Gemeinschaften, die ihre Tätigkeit – soweit diese wirtschaftlich-finanzielle Aspekte betrifft - auf das grundlegend neue Geldverständnis gründen, das sich mit dem Begriff ,Commende' verbunden hat (,Commende' von ,commandare = anvertrauen').

HOLON

Netzwerk für integrale Entwicklung | 3003 Bern

☎ +41-(0)81-413 73 09 ✉ info@holon-net.net

🖥 www.holon-net.net, www.integrale-politik.org

HOLON verbindet Menschen und Gruppen, die eine menschliche, solidarische und ökologisch nachhaltige Gesellschaft anstreben, den Materialismus und das Wachstumsdenken hinterfragen und damit zu einer nachhaltigen Gesellschaftsform beitragen wollen. HOLON geht von einem ganzheitlichen Menschenbild aus.

Konkrete Angebote sind unsere Sommertagung sowie der Kongress für integrale Politik, wo gesellschaftspolitische Fragen thematisiert werden. Eine Plattform zur Verbindung von Menschen bietet die jährliche Vernetzungswanderung, die jedes Mal von einer andern Gruppierung gestaltet wird.

Stiftung Edith Maryon

zur Förderung sozialer Wohn- und Arbeitsstätten | Gerbergasse 30 | 4001 Basel

☎ +41-(0)61-337 78 78 🖥 maryon.ch

Mit Hilfe von Schenkungen, Spenden und Vermächtnissen übernimmt und erwirbt die Stiftung Edith Maryon Land und Immobilien aller Art, entzieht sie jeglicher Spekulation und erhält und ermöglicht auf diese Weise sozial innovative Wohnprojekte, Orte der Kultur, Bildung und Erziehung, biologisch-dynamisch bewirtschaftete Bauernhöfe und andere Arbeitsstätten. In vielen Fällen beschränkt sich die Stiftung dabei auf die Rolle der Landeigentümerin und überlässt das Land den Bewohner*innen und Nutzer*innen im Erbbaurecht.

urbaMonde

sustainable cities by and for the inhabitants | Sentier des Saules 3 | 1205 Genève

☎ +41-(0)22-320 86 06 ✉ contact@urbamonde.org 🖥 urbamonde.org

UrbaMondes' Mission ist es, Einwohner*innen zu unterstützen, die sich in der nachhaltigen und inklusiven Transformation ihrer Städte engagieren.

Unsere NGO, verteten in der Schweiz und in Frankreich, besteht aus einem Team von Enthusiast*innen mit ganz unterschiedlichen Hintergründen, die aber das gemeinsame Bild einer nachhaltigen Stadt „von und für Einwohner*innen" teilen.

urbaMonde
des villes durables par et pour les habitants

Serbien

WWOOF Serbia

Visocka Rzana bb | 18306 Pirot
info@wwoofserbia.org
www.wwoofserbia.org

WorldWide Opportunities on Organic Farms, Serbia (WWOOF Serbien) ist Teil einer weltweiten Bewegung, die Gäste mit Biobäuer*innen und Landwirt*innen verbindet, um kulturelle und pädagogische Erfahrungen auf der Grundlage von Vertrauen und nicht-monetärem Austausch zu fördern und so zum Aufbau einer nachhaltigen globalen Gemeinschaft beizutragen. Viele unserer Gastgeber*innen sind Gemeinschaften, daher glauben wir, dass WWOOF Serbien und seine WWOOFer*innen die Entwicklung von Gemeinschaften in Serbien aktiv unterstützen. Deshalb lautet unser Slogan "...leben, lernen und teilen von biodynamischen Lebensstilen".

Spanien

AUTarcaMatricultura - Autonome Akademie für Permakultur

Ein Modell für die Gegenwart | Camino La Ermita 26 | 38780 Tijarafe
☎+34-922 490 215 autarca@matricultura.org www.matricultura.org

AUTarcaMatricultura berät beim Bau von Lebensbiotopen: Die patriarchalischen Wirtschafts-, Finanz- und Gesellschaftssysteme können weder reformiert noch kontrolliert werden. Deshalb sollte jeder dringend mit dem Bau der lebendigsten und eigenverantwortlichsten Lebens-Biotope beginnen. Der Bau eines Lebensbiotops kann an den unterschiedlichsten Orten und unter den unterschiedlichsten Umständen begonnen werden. Z.B. in einer Ein-Zimmer-Stadtwohnung, in einem Mehrfamilienhaus, in einer Gemeinschaft, auf einem Hof, in einer Schule, in einem Dorf, einer Stadt, auf einem Marktplatz...

Cambium Permacultura en Formación

c/Niça 13-15, 3° 2 | 08024 Barcelona
☎+34-666 794 796 info@permacultura-es.org www.permacultura-es.org

Cambium ist ein online-Portal sowie eine NGO, die sich für die Verbreitung der Permakultur, insbesondere in der spanischsprachigen Gemeinschaft weltweit, engagiert. Wir bieten Einführungen in die Permakultur und PDC-Kurse sowie öffentliche Vorträge an, ebenso wie Beratungs- und Planungsleistungen.

Ecohabitar Visiones Sostenibles

Abajo 1 | 31480 Artieda (Navarra)
☎+34-948 577 384 info@eohabitar.org www.ecohabitar.org/

Herausgeber der vierteljährlichen Zeitschrift EcoHabitar sowie von Büchern über Bio-Bau, erneuerbare Energien, Permakultur und Ökodörfer. Der Hauptsitz befindet sich in der Gemeinde Arterra Bizimodu (Navarra, Spanien).

In der Zeitschrift EcoHabitar wird neben den oben genannten Themen eine Seite mit den neuesten Nachrichten aus GEN Europe veröffentlicht.

Permacultura Montsant

Lista de Correos | 43360 Cornudella, Tarragona
☎+34-71821197, +34 977 262 017 ✉info@permacultura@montsant.org
💻www.permacultura-montsant.org
Wir sind ein Permakultur-Institut und bieten langfristige Ausbildungsprogramme an.

Possibilica

...a nomadic archearchal nanonation delivering healing and transformational initiations | Paseo Illetas 31, Apt 3b | 07181 Illetas-Calvia
☎+49-(0)162-910 82 08 ✉clinton@nextculture.org 💻www.possibilica.org

Seit 2008 unterstützt Possibilica das Erwachsensein/-werden und archetypische Heilungs- und Initiationsprozesse in den Spielwelten von GEN Ecovillages. Wir sind darauf spezialisiert, den Kontext und das Denkvermögen von Gemeinschaften zu vertiefen und zu entfalten.

Wir haben bereits u.a. mit ZEGG, Schloss Glarissegg, Niederkaufungen, Findhorn, Neue Kultur, Tempelhof, Tamera, Lebensbogen, Boom Festival, Sieben Linden etc. zusammengearbeitet.

Türkei

Bugday Association for Supporting Ecological Living

WWOOF Turkey & Camtepe Ecological Living Center | Osmanaga Mh, Yogurtçu Sükrü Sk, A.H. Uzunal Is Merkezi, 48/6 | 34714 Istanbul
☎+90-216-349 99 33 ✉info@bugday.org
💻www.bugday.org/english, www.tatuta.org, www.wwoofturkey.org
Die ökologische Bewegung Bugday hat unermüdlich daran gearbeitet, faire und nachhaltige Produktions- und Verbrauchsmuster in der Türkei und darüber hinaus zu unterstützen, zu schaffen und zu fördern.

Die Hauptarbeitsbereiche von Bugday können zusammengefasst werden als ökologischer Landbau, Bauernmärkte, Saatgut ursprünglicher Sorten, Urban Gardening, gemeinschaftsgestützte Landwirtschaft, partizipative Garantiesysteme und Koordination von WWOOF Türkei.

ASSOCIATION FOR SUPPORTING ECOLOGICAL LIVING
bugday

Vereinigte Staaten

Gaia University International

P.O. Box 24 | 95679 Rumsey, California
☎+1-805-610 08 99, +1-805-400 44 09
✉liora@gaiauniversity.org 💻gaiauniversity.org
Die Gaia University ist eine internationale Lerngemeinschaft, die sich für die ökosoziale Regeneration einsetzt. Die Gaia University bietet einen einzigartigen Ansatz für das Hochschulstudium, indem sie den Studierenden (den sogenannten Associates) den Zugang zu Zertifikaten, Diplomen, Bachelor- und Masterstudiengängen ermög-

licht, während sie sich aktiv an der eigenen Weiterentwicklung und der des Planeten beteiligen. Als ganzheitliches Bildungsteam beschäftigen wir uns mit drei Aspekten des Selbstlernens: Herz (emotional), Hände (praktisch) sowie dem Kopf (Geist). Unsere Action-Learning-Methodik ermöglicht den Studierenden, vor Ort, bei der Arbeit oder in einem Projekt in ihrer Muttersprache zu lernen, unterstützt durch das weltweite Netzwerk der Gaia University aus Lernanbietern, Expertenberater*innen, Tutor*innen und Mentor*innen. Wir verfügen auch über ein robustes Alumni-Netzwerk und bieten unseren Mitarbeitern und der Öffentlichkeit kostenlose Webinare von Absolventen und Ältesten aus den Bereichen Permakultur und Regeneration an.

Internet

Ecovillage Research Guide (by GEN)

research-wg@ecovillage.org **ecovillage.org/en/page/research-ecovillages**

Ziel und Leistungen der Forschungsgruppe sind

- die bestehende Forschung zu Ökodörfern für angehende Forscher*innen, Wissenschaftler*innen, Ökodörfer und die Gesellschaft besser sichtbar zu machen (mit Datenbank und Bibliografiesammlung auf der Website)
- die einzelnen Forschungsprojekte besser miteinander zu verbinden

Mission für zukünftige Forschungsprojekte:

- Kontrolle der wissenschaftlichen Qualität der Forschung in, für und von Ökodörfern
- Informierung und Vernetzung von Forschungsinitiativen, einschließlich der Suche nach Finanzmitteln

Ethische Vision:

- Hervorhebung der Bedeutung von Ökodörfern als ganzheitliche und transdisziplinäre Experimente und innovative Modelle
- Visualisierung der Bedeutung von Ökodörfern für die Außenwelt und Forscher*innen, z.B. durch die Verknüpfung der Ergebnisse und Erkenntnisse aus diesen Forschungsprojekten.

Warum? Ökodörfer werden zunehmend von Student*innen und anderen Forscher*innen angesprochen, die ihren Wert als ganzheitliche „Labore" der Zukunft in fast allen Lebensbereichen entdecken. Mitglieder in Ökodörfern investieren oft ihre Zeit in Forschungsprojekte. Darüber hinaus haben sie ihre eigenen Forschungsfragen, denen sie folgen möchten, und es könnte helfen, Ressourcen zu vernetzen, um Projekte zu starten.

Für wen? Diese Forschungsgruppe ist hilfreich

- für Student*innen, Forscher*innen, Akademiker*innen, die Ökodörfer untersuchen wollen
- für GEN als weitere Brücke zu Wissenschaft, Medien, Gesellschaft

Für Mitglieder von Ökodörfern, die

- Forschungsanfragen von

Student*innen, Universitäten etc. erhalten.
- in ihrem Leben forschen oder ihre Lebensweise besser verstehen wollen.

Mondamo-Links

verzeichnis@mondamo.de www.mondamo.de/linklist

Alternative Linksammlung, Linkdatenbank, Webverzeichnis, Webkatalog oder Linkarchiv - Hier werden ebenso alternative Lebensgemeinschaften gelistet.

NuMundo

numundo.org ☎+1-510-541-1107 contact@numundo.org numundo.org

NuMundo verbindet "Öko-Nomaden" auf der ganzen Welt. Wir sind eine Datenbank und eine Gemeinschaft von ökologischen Zentren und nachhaltigen Reiseerfahrungen, die die persönliche Wandlung erleichtern und die Entwicklung regenerativer und ökologischer Wohnzentren anstoßen oder beschleunigen. Unsere Online-Plattform ist ein Netzwerk von mehr als 700 Standorten für intentionale Gemeinschaft, regeneratives Leben und die Verbindung zur Natur und erfüllt dabei die wachsende Nachfrage nach körperlicher und geistiger Teilhabe an neuen Lebensformen. Über das NuMundo-Netzwerk verbinden sich immer mehr Menschen zu diesem Zweck und werden Teil einer globalen Revolution für einen neuen, regenerativen Lebensstil.

Oasen des Lebens

info@oasendeslebens.com www.oasendeslebens.com

Trete unserem Verein bei! Jedes Vereinsmitglied kann unsere gekauften Flächen nutzen, dort Urlaub verbringen und aktiv dort etwas anbauen

Open Hearts Hiking

info@openheartshiking.de openheartshiking.de

Wandern trifft Gemeinschaft. Wer auch beim Wandern gern spannende Begegnungen mag, wandert da, wo die Open Hearts unterwegs sind. Zu verschiedenen Zeiten findet das Open Hearts Hiking auf verschiedenen Fernwanderwegen statt. Dort hast du dann vielleicht das Vergnügen, andere Open Hearts Hiker zu treffen. Es bleibt Glückssache, aber du weißt, dass du nicht allein auf dem Trail bist...

wagendorf.de

www.wagendorf.de

www.oeko.siedlungen.eu

Das Internetportal für nachhaltige Siedlungen

wolpensinger@oekosiedlungen.de www.oekosiedlungen.de

Das Portal dokumentiert 250 Nachhaltige Siedlungen und Stadtquartiere mit rund 60.000 Wohnungen, die seit 1980 in Deutschland realisiert wurden. In den meisten Ökosiedlungen spielen soziale Aspekte eine wichtige Rolle, wobei der Grad an Gemeinschaftlichkeit stark variiert.

Bibliografie

Diese Bibliographie enthält Bücher (und einige Filme), die unseres Erachtens mit dem Thema „Leben in Gemeinschaft" direkt zusammenhängen, für das Leben in Gemeinschaft und den Gemeinschaftsaufbau hilfreich sind und zum Teil auch von Menschen verfasst sind, die selbst in Gemeinschaft leben. Sie ist lediglich ein Baustein in der umfassenden Bibliothek der Gemeinschaftsliteratur, deren Grenzen zu Disziplinen wie Soziologie, Psychologie, utopischer Litaratur usw. fließend sind. Die Liste baut auf der Liste der letzten Ausgaben auf und wurde ergänzt von Andreas Schaaf (Bücherwinkel Buchversand, s.u.) und einigen Bewohner*innen des Ökodorf Sieben Linden. Wir haben auch alle uns bekannten Gemeinschaften um Hinweise gebeten und diese dann ggf. mit in unsere Aufstellung aufgenommen.

Einige dieser Bücher sind nicht mehr im Buchhandel, sondern nur noch gebraucht erhältlich. Einen guten Überblick der meisten noch lieferbaren deutschsprachigen Bücher und Schriften zum Gemeinschaftsthema gibt der mit eurotopia befreundete www.buecherwinkel.de (s.o.).

VERZEICHNISSE VON GEMEINSCHAFTEN & ÖKODÖRFERN

- **eurotopia Directory: Communities and Ecovillages in Europe** (fast inhaltgleich mit dem vorliegenden Buch, aber in englischer Sprache) ISBN 978-3-9816860-5-0, erhältlich auf www.eurotopia.de
- **Diggers & Dreamers, 2015 edition** (vor allem Gemeinschaften in Großbritannien/ Nordirland) ISBN 978-0954575755, erhältlich bei www.edgeoftime.co.uk
- **Communities Directory** (enthält vor allem Gemeinschaften in den USA und einige im Rest der Welt, nicht so viele in Europa) ISBN 978-0-9718264-9-6, erhältlich bei www.ic.org → Bookstore
- **Comuni, Comunità, Ecovillaggi** Italienisches Gemeinschaftsverzeichnis. ISBN 978-0-9565620-0-5
- Guidotti, Francesca: **Ecovillaggi e cohousing** Italienisches Gemeinschaftsverzeichnis von 2013. ISBN 88-66810-09-4
- **Anglican Religious Life 2018-19** A yearbook of religious orders and communities in the Anglican Communion and tertiaries, oblates, associates and companions. ISBN 9781848259621, available at Church House Bookshop: www.chbookshop.co.uk

GEMEINSCHAFTEN & ÖKODÖRFER GESTERN UND HEUTE

- Akemeier u.a.: **Utopie in der Hängematte**. Erfahrungen der amerikanischen Kommunen Land Oaks & East Win und deren mögl. Bedeutung für Deutschland. Korntal 1981
- Andreas, Marcus: **Vom neuen guten Leben**. Ethnografie eines Ökodorfes. ISBN 978-3-8376282-8-9, 2015
- Gruppe ALIEN (Hrsg.): **Vivir la Utopia - eine Reise zu politischen Gemeinschaftsprojekten und Ökodörfern**. Basiert auf Besuchen bei Kommunen und Ökodörfern und richtet sich an Menschen, die selbst in Gemeinschaft leben wollen, 2013. Erhältlich über betti@wukania.net
- Bang, Jan Martin: **Ecovillages**. A Practical Guide to Sustainable Communities, ISBN: 978-0865715387
- Besemer, Chr.: **Zurück zur Zukunft?** Utopische Kommunen: Anspruch und Wirklichkeit, 1981

- Besser, Julia: **Zusammen ist man nicht allein** Alternative Wohnprojekte für jung und alt, 2010, ISBN 978-3-491-40157-0
- Bildungswerk Berlin der Heinrich-Böll-Stiftung und Mathias Heyden, Berlin: **Wohnen in eigener Regie! Gemeinschaftsorientierte Strategien für die Mieterstadt**, Berlin 2007, als Download auf www.bildungswerk-boell.de
- Burke, Mathias u.a.: **Ländliche Verheissung**. Arbeits- und Lebensprojekte rund um Berlin. ISBN 978-3-9440742-7-6, 2019
- Cecosesola: **Auf dem Weg. Gelebte Utopie einer Kooperative in Venezuela**. 168 S., ISBN 978-3-00-037134-9, 2012, die Buchmacherei, Berlin
- Christian, Diana Leafe: **Finding Community: How to Join an Ecovillage or Intentional Community**. ISBN 978-0865715783
- Christian, Diana Leafe und Adams, Patch: **Creating a Life Together: Practical Tools to Grow Ecovillages and Intentional Communities**. ISBN 978-0865714717 *Eine deutsche Ausgabe ist geplant und wird bei www.eurotopia.de erhältlich sein*
- Coates, Chris: **Communes Britannica**, A History of Communal Living in Britain, ISBN 9780951494592, erhältlich bei www.edgeoftime.co.uk
- **Cohousing in Britain**, ISBN 978-0954575731, erhältlich bei www.edgeoftime.co.uk
- Demele: **Leben und Lernen in Landkommunen**. Vergleich von Gruppen der 20er, der 68er Bewegung und der 70er Jahre. Schwerpunkt: alternative Erziehungsmodelle & Zukunftsperspektiven. Herford 1979
- Fellowship for Intentional Communities: **Communities Magazine**. Erscheint viermal im Jahr auf englisch, ist als gedrucktes Magazin weltweit im Abo erhältlich und auf Spendenbasis als pdf-Download. Absolut empfehlenswert für Gemeinschaftsinteressierte, die Englisch lesen können. Aktuelle Artikel zu ganz gemeinschaftsspezifischen Themen, eine echte Bereicherung (findet die eurotopia-Redaktion).
- Fleiss, Irene: **Als alle Menschen Schwestern waren**. Umfassende Darstellung matriarchaler Gesellschaften gestern & heute. Bd.1, 2006; Bd.2, 2007, Christel Göttert Verlag
- Fremeaux/Jordan: **Pfade durch Utopia**. Reisebericht auf DVD (109 min.) und Buch zu diversen Gemeinschaften u.a. in Europa. Nautilus, 2012
- Gängeviertel e.V. (Hrsg.): **Mehr als ein Viertel**. Ansichten und Absichten aus dem Hamburger Gängeviertel, 2012. ISBN 978-3-86241-418-5
- Glenk u.a.: **Das Kommunefrauenbuch**. Alltag zwischen Patriarchat und Utopie, 2010
- Grober, Ullrich: **Ausstieg in die Zukunft**. Eine Reise durch die Landschaft der ökologischen, sozialen & ökonomischen Gegenkultur. Niederkaufungen, Finkhof, Eden, Wulkow, usw. Berlin, 1998
- Heineke, Gustav: **Frühe Kommunen in Deutschland 1919-24**. Beschreibung der Jugendbewegung im Allgemeinen und Vergleich einiger Kommunen (Barkenhoff, Blankenburg, Lindenhof usw.), 1979
- ID22: **CoHousing Inclusive: Selbstorganisiertes, gemeinschaftliches Wohnen für alle**, ISBN 978-3-8685946-2-1, 2017
- Joubert, Kosha und Leila Dregger: **Ökodörfer weltweit.** Lokale Lösungen für globale Probleme. ISBN 978-3-8906066-4-4, 2015

- Keinert, S./Büsching, A.: **Handbuch Baugemeinschaften. Der Wegweiser in das Zuhause der Zukunft**, 2012. ISBN 978-3-89367-130-4
- Klötzner, Heinz und Wichmann, Gerhild: **Die 3. Wohnlösung. Wohnen ohne Mieterhöhung, ohne Kredite, ohne Schulden**, 2010. ISBN 978-3-9811118-6-6
- Kolling, Heide: **Honig aus dem zweiten Stock.** Berliner Hausprojekte erzählen, 2008. ISBN 978-3-935936-77-4
- kommuja - netzwerk der politischen kommunen (Hrsg.): **Kommunebuch**, 2014, ISBN 978-3-86241-431-4
- Lappe, A. & F.: **Hoffnungsträger**. Eine Reise zu sozialökologischen Projekten in vier Kontinenten, 2001
- Litfin, Karen T., **Ecovillages. Lessons for Sustainable Community**. ISBN 978-0745679501
- Looss, Annekatrin: **Zusammen: Warum es sich lohnt in Gemeinschaft zu leben**. ISBN 978-3-3510506-4-1, 2019
- McCamant, Kathryn and Durerett, Charles: **Creating Cohousing. Building Sustainable Communities**, 2011. ISBN 978-0-86571-672-8
- Meßner, Sarkowicz u.a.: **Alternative Lebensentwürfe**. Gelebte Utopien vom Mittelalter bis zur Neuzeit in aller Welt. 19 Aufsätze u.a. über die Amish-People, den Monte Verita, Kibbuzz-Bewegung, Auroville, Christiania, AAO usw., 2001
- Metcalf, Bill: **From Utopian Dreaming to communal Reality**: Cooperative Lifestyles in Australia. University of new South Wales Press, Sydney 1995
- Metcalf, Bill: **Shared Visions, Shared Lives**: Communal Living around the Globe 16 Stories by elders from communities around the globe, having lived at an average of 30 years in communities. Bill Metcalf is an Australian historian and sociologist, 1996. ISBN 1-899171-01-0
- Metcalf, Bill: **The Findhorn Book of Community Living**. Both an introduction to the different types of intentional community and a guided tour of communities around the globe. Findhorn Press, ISBN 1-844090529
- Mietshäuser Syndikat: **Das Mietshäuser Syndikat und die Hausprojekte: Die Häuser denen, die drin wohnen.** Selbstorganisiert wohnen – solidarisch wirtschaften. 2017, Kostenloses download unter https://www.syndikat.org/de/publikationen/ oder dort als Broschüre
- Morris: **Utopische Kommunen in den USA**. Beschreibung diverser Kommunen im 19. Jhd. aus dem Jahr 1907. Packpapier Verlag 1976, ohne ISBN
- Otterpohl, Ralf: **Das neue Dorf**. Vielfalt leben, lokal produzieren, mit Natur und Nachbarn kooperieren ISBN 978-3-9600601-3-0, 2017
- Pepper, David: **Communes and the Green Vision**. Counterculture, Lifestyle and the New Age. Umfassende Beschreibung von 12 Kommunen in Großbritannien, 1991. ISBN 978-1854250513
- Schader-Stiftung/Generali Zukunftsfonds (Hrsg.): **Heimrecht und gemeinschaftliche Wohn-Pflegeformen**, 2012. ISBN 978-3-932736-39-1
- Schader Stiftung und Stiftung trias (Hrsg.): **Raus aus der Nische – rein in den Markt!** Ein Plädoyer für das Produkt „gemeinschaftliches Wohnen“, 2008. ISBN 978-3-932736-23-0

- Scherf, Henning: **Grau ist bunt. Was im Alter möglich ist**. ISBN 978-3-451-05976-6
- Schmidt, Georg: **Sehnsucht nach Spiritualität**. Eine kritische Reise zu den neuen religiösen Zentren der Gegenwart. u.a. Plumvillage, Auroville, Taize u.a., 2000, 240 S.
- Seyer, Holger und Keller, Tonio: **Gemeinschaft - ein Traum auf dem Prüfstand: Erfahrungssammlung, Auswertung und Entwurf**. ISBN 978-3833420214
- Sichtermann, Barbara & Kai: **Das ist unser Haus: Eine Geschichte der Hausbesetzung**. ISBN 978-3-3510366-0-7, 2017
- Vestbro, Dick Urban (editor): **Living together – Cohousing Ideas and Realities Around the World**. Proceedings from the international collaborative housing conference in Stockholm 5-9 May 2010, 2010, ISBN 978-91-7415-738-3
- Wain, David (Regie): **Wanderlust**, DVD. Eine Hollywood-Filmkomödie über ein Paar, das in einer durchgeknallten Gemeinschaft landet. Wirklich lustig: So übertrieben die Gemeinchaft gezeichnet ist - die Mainstream-Welt ist noch viel verrückter. USA 2012, erhältlich bei www.eurotopia.de
- Wojak: **Dat wi överleben**. Amerikanische Community-Bewegung. Berlin 1980
- Wolf, Stefan: **Ein neues Wir**, DVD, erhältlich bei www.eurotopia.de

GEMEINSCHAFTEN KONKRET

- Auroville: Herbert Eisenschenk **Experiment Auroville: Leben auf eigene Gefahr**, ISBN 978-3-9421942-1-1, 2016
- Auroville: David Klammer, **Good Morning Auroville: Die utopische Stadt der Morgendämmerung**. ISBN 9783946328384, 2018
- Bruderhof: zahlreiche kostenlose E-Books sowie einige davon gedruckt erhältlich auf www.plough.com, z.B. Arnold, Emmy: **Gegen den Strom. Das Werden der Bruderhöfe** (ISBN der Ausgabe von 1983: 978-3870672065)
- Findhorn: **The Findhorn Garden: Pioneering a New Vision of Humanity and Nature in Co-operation**, Findhorn Press Ltd (2003), ISBN: 978-1844090181
- Findhorn: Caddy, Eileen: **Flight Into Freedom and Beyond**, Deep Books (2002), ISBN: 978-1899171644 (in deutsch: **Flug in die innere Freiheit**, Greuthof Verlag (2002), ISBN: 978-3923662241)
- Findhorn: Caddy, Eileen: **Opening Doors Within**, Findhorn Press (2007), ISBN: 978-1844091089 (in deutsch: **Herzenstüren öffnen**, Greuthof Verlag (2011), ISBN: 978-3923662159)
- Findhorn: Caddy, Peter: **In Perfect Timing**, Findhorn Pubn, ISBN: 978-1899171262 (deutsch: **Liebe und Vertrauen. Wege zu einem neuen Bewusstsein**, Aquamarin, 1997, ISBN: 978-3894270971)
- Findhorn: Dorothy MacLean, **Memoirs of an Ordinary Mystic**, Lorian Press (2010), ISBN 978-0936878317
- Findhorn: Dorothy MacLean, **To Hear the Angels Sing**, Lorian Press (2008), ISBN 978-0936878010
- Findhorn: Meltzer, Graham, **Findhorn Reflections: A very personal take on life inside the famous spiritual community and ecovillage**. 2015, ISBN 978-1512006513
- Haliotis: **Momente wahren Lebens**, 2008, ISBN 978-383-701-9506

- Kommune Niederkaufungen: **20 Jahre Kommune – Momentaufnahmen aus Niederkaufungen**. Erhältlich auf www.kommune-niederkaufungen.de
- Longo Mai: Schwab, Andreas: **Landkooperativen Longo Mai. Pioniere einer gelebten Utopie**. 260 S. Rotpunkt Verlag, 2013
- Ökodorf Sieben Linden: **20 Jahre Ökodorf Sieben Linden**. 136 Seiten, A4, ISBN 978-3-9816860-6-7, erhältlich bei eurotopia.de
- Ökodorf Sieben Linden: Würfel, Michael: **Öko Dorf Welt**. Eine Reise ins Ökodorf Sieben Linden (vorm. „Dorf ohne Kirche"). ISBN 978-3-9816860-4-3, erhältlich bei www.eurotopia.de
- Ökodorf Sieben Linden: Würfel, Michael: **Leben unter Palmen**, DVD, 59 min, erhältlich bei www.eurotopia.de
- Open Sky House: Premananda: **Das grosse Missverständnis**, DVD, 80 min, ISBN 978-3-943544-16-9, erhältlich bei www.openskypress.com
- INA e.V. Köln: **20 Jahre SSM - 20 Jahre gelebte Utopie**, DIN A4, 56 S., 1999, 4 €, ISBN 3-932248-09-0
- INA e.V. Köln: **30 Jahre SSM** - DIN A4, 72 S., 2009, 5 €, ISBN 978-3-932248-12-2
- Gothe/Kippe: **Aufbruch - 5 Jahre Kampf des SSK**, Kiepenheuer & Witsch, Tb., 164 S., 1974
- Tamera: Dregger, Leila: **Tamera - Ein Modell für die Zukunft**, 136 S., Verlag Meiga, 2010

NACHHALTIGKEIT & ÖKOLOGIE

- **Anders besser leben – aber wie?** Ein Reiseführer in eine zukunftsfähige Lebensweise mit Projektbeispielen, Berichten aus den Aufbruch-Gruppen, Grundlagentexten und vielen praktischen Tipps und Kontakten. Weitgehend vergriffen, teilweise als pdf auf www.aufbruch-bremen.de → Projekte → Reiseführer eBook
- Buchwald, Anand: **ÖKO-HABITATE** Eine Zukunft für die Zukunft, ISBN 978-3867100557, erhältlich bei www.mirapuri-verlag.de
- Dawson, Jonathan: **Ecovillages**. New frontiers for sustainability. Chelsea Green Publishing, 2006
- Europäische Kooperative Longo maï: **Saatgut ist Gemeingut - Lehrfilme für Samengärtnerei**, erhältlich über www.seedfilmd.org
- Geden, Oliver: **Rechte Ökologie. Umweltschutz zwischen Emanzipation und Faschismus** (1996). ISBN 978-3885205760
- The Grace Foundation: **Defend the Sacred**. Hier kommen Frauen und Männer aus aller Welt zu Wort, die wissen: Nur mit vereinter Kraft können sie die Herausforderungen der Zeit meistern. Nur gemeinsam wird es gelingen, das Lebendige – das Heilige – weltweit zu verteidigen. Im Inneren, wie im Äußeren. 2019, ISBN 978-3-927266-65-0
- Holloway, John: **Kapitalismus aufbrechen**. 2010, ISBN 978-0-7453300-8-2
- Holmgren, David: **Permakultur - Gestaltungsprinzipen für zukünftige Lebensweisen**. ISBN 978-3-9273697-6-4
- Hopkins, Rob: **Energiewende – Anleitung für zukunftsfähige Lebensweisen**. Ein praktischer Leitfaden für eine aktive Umgestaltung unserer Dörfer, Städte und

Kommunen durch die eigenen Bewohner*innen. Die Relokalisierung von Energieversorgung, Wirtschaft und Nahrungsmittelproduktion, 2008

- Kat, Wam: **24 Rezepte zur kulinarischen Weltverbesserung**. Der Friedensaktivist und Initiator des fahrbaren Großküche, des Kollektivs Rampenplan, hat ein politisches Kochbuch geschrieben, 2014, ISBN 978-3936086362
- Kennedy and Kennedy: **Designing Ecological Settlements**. Ecological Planning and Building: Experiences in new housing and in the renewal of existing housing quarters in European countries. ISBN 3-496-02630-8
- Korten, David: **The Post-Corporate World**. ISBN 978-1887208031
- Langford, Andrew: **EcoSocial Design**. An exciting exploration of the tools and philosophies needed to redesign our human cultures as regenerative systems for the Earth, Ecosocial Design is also the basis of the first certificate at Gaia U. (Seite 597). Erhältlich bei leanpub.com/ESD
- Linse, Ulrich: **Ökopax und Anarchie. Eine Geschichte der ökologischen Bewegungen in Deutschland**. 1986, ISBN: 3-423-10550-X
- M., P.: **Kartoffeln und Computer. Märkte durch Gemeinschaften ersetzen**. 2012, ISBN 978-3894017675
- Mayur & Hernandez: **Learning for the New Millennium**: Challenges of education for the 21st century. Provides new approaches to learning. Essays by a.o. Bertrand Russell, Paolo Freire, E.F. Schumacher, Ivan Illich, Theodore Roszak. International Institute for Sustainable Future and Bgaratiya Vidya Bhavan, Mumbai, India 1997
- McLaughlin and Davidson: **Builders of the Dawn**: Community Lifestyles in a Changing World. Presents an overview of community lifestyles based on interviews with many community founders. It offers workable guidelines for those interested in building communities. 1990, ISBN 0-913990-68-X
- Mollison, Bill: **Handbuch der Permakultur-Gestaltung**. ISBN 978-3-2000125-8-5, 2012
- Norberg-Hodge, Helena: **Ancient Futures**: Learning from Ladakh. This book raises important questions about the whole notion of progress and explores the root causes of the malaise of industrial society. At the same time, the story of Ladakh serves as a source of inspiration for our own future, 1991. ISBN 0-87156-559-5
- Norberg-Hodge: **Faszination Ladakh**. Schilderung einer ökologischen und sozial funktionierenden Gemeinschaftskultur auf der Grundlage des tibetanischen Buddhismus, 2004
- Pedagogy of the Earth: **Education for a sustainable future**. Ideas and information by some of the finest ecologists, developmentalists, thinkers, scientists, poets and even philosophers from around the world, 1999. ISBN 81-87404-00-01
- P.M.: **Subcoma**. Nachhaltig vorsorgen für das Leben nach der Wirtschaft. ISBN 978-3-9075221-9-6, 2000
- Rochelt, Anke: **Bildung für eine ganzheitliche Nachhaltigkeit**, 2013. ISBN 978-3-944456-00-3. Kostenloser Download auf www.lilitopia.de
- Whitefield, Patrick: **Was wir für die Erde tun können: Unsere Lebensräume zukunftsfähig gestalten und nutzen**. ISBN 978-3-2000389-7-4, 2014

ALTERNATIVE & GEMEINSCHAFTLICHE LEBENSFORMEN ALLGEMEIN

- Andreae, Steffen: **„Wie viel Gemeinschaft braucht der Mensch?"** 2500 km zu Fuß von Kassel nach Tarragona. Fünf Länder – Vierzehn Gemeinschaften. 2007, ISBN 978-3833491009
- Andreae, Steffen und Grundmann, Matthias: **Gemeinsam! Eine reale Utopie. Wenningen 2025**. Erhältlich auf www.reale-utopie.de
- Adams, Patch/Mylander: **Gesundheit! Eine Gemeinschaft baut ein alternatives „Krankenhaus"**. 1999, ISBN 978-3930657407
- **Alternativbewegung im Allgäu.** TIU Verlag, 2008, ISBN 978-3928780674
- Baltosée, Alexander: **Jamilanda - die öko-ligente Lebensart**, 2011. ISBN 978-3941474024
- Bischoff & G.Knoll: **Tanz aus der Wohnhaft**. Leben in Bauwägen. 1996, ISBN 978-3931504175
- Callenbach, Ernest: **Ecotopia: The Notebooks and Reports of William Weston**, 1975, empfehlenswerte Ausgabe: ISBN 978-3150090305
- Cropp, Hermann: **Das Projekt Grüne Haare**. Die Bewegung tanzt. Eine Textsammlung über die vielfältige Jugendbewegung der 90er, 1997
- Field, Martin: **Thinking About CoHousing**. This book explores the whys and wherefores of the UK CoHousing scene. It seeks both to contribute ideas to that task and tools which will be of assistance to groups trying to develop CoHousing Schemes. ISBN: 0951494570.
- Fuchs, D. / Orth, J.: **Umzug in ein neues Leben**. Alternative Wohnkonzepte für die zweite Lebenshälfte, 2003
- Gaia Education (Hrsg.): **The Four Keys**, four comprehensive books compiled by Gaia Education associates, offering an overview of cutting-edge thinking on design for sustainability at local, regional and global scales. Available for free download at www.gaiaeducation.org or as individual books:
  - Kosha Anja Joubert (ed.), Robin Alfred (ed.): **Beyond you and me - Inspirations and Wisdom for Building Community**. ISBN 9781856230384
  - E. Christopher Mare & Max O. Lindegger: **Designing Ecological Habitats - Creating a Sense of Place**, 9781856230612
  - Jonathan Dawson (ed.), Ross Jackson (ed.) and Helena Norberg-Hodge (ed.): **Gaian Economics – Living Well Within Planetary Limits**, ISBN 9781856230568
  - Maddy Harland & William Keepin: **The Song of the Earth – A Synthesis of the Scientific & Spiritual Worldviews**, ISBN 9781856230957
- Grundmann, G., Thomas Dierschke, Stephan Drucks, Iris Kunze (Hrsg.): **Soziale Gemeinschaft - Experimentierfelder für kollektive Lebensformen**. Beiträge aus der sozialwissenschaftlichen Gemeinschaftsforschung an der Uni Münster, 2006
- Hüther, Gerald: **Kommunale Intelligenz. Potentialentfaltung in Städten und Gemeinden**. Liest sich spannend und trifft auch voll auf Gemeinschaften zu. ISBN 978-3-89684-098-1
- Krebs/Reulecke u.a.: **Handbuch der deutschen Reformbewegungen 1880-1933**. Sehr umfangreiches & aufwendiges Werk. 1998
- Kühn, Kai: **Die graue Kommune**. Eine Alternative zum Leben im Altenheim. Verlag Becker, 2005.

- Landua, Gregory and Ethan Roland: **Regenerative Enterprise: Optimizing for Multi-Capital Abundance**. This publication explores the 8 Forms of Capital framework which was developed by Gregory and Ethan in their time as Gaia U associates and provides the evidence for an evolution in business methodology that works in harmony with ecological and social systems, rather than destroying them. ISBN 978-1-3290652-2-2, 2015
- Mallet: **Die Leute von der Hafenstraße**. 15 Jahre anders leben, 2000.
- McCamant & Durett: **Cohousing, A Contemporary Approach to Housing Ourselves**. (Die „Bibel" der Cohousing Bewegung in Dänemark, USA und weltweit), 1994. ISBN: 978-0898155396
- Mecklenburg, Petra: **Coming Together - Ein neues Wir und Gemeinschaftsbildung nach den Kommunikationsempfehlungen von Scott Peck**, 2009
- Neustart Schweiz: **Nach Hause kommen – Nachbarschaften als Commons**. 2016, ISBN 978-3-03881-000-1. Auch als kostenloser Download auf neustartschweiz.ch/publikationen/ - dort werden noch weitere interessante Werke vorgestellt.
- Osterland: **Nicht allein und nicht ins Heim**. Alternative Alten-WG´s in Deutschland, 2000.
- Peck, M. Scott: **Gemeinschaftsbildung**. Der Prozess des Community-Building vorgestellt und reflektiert von seinem Begründer, Blühende Landschaften Verlag 2014, ISBN 978-3-9816860-2-9, erhältlich bei www.eurotopia.de
- Schweidlenka/Gugenberger: **Bioregionalismus**. Die neue Umweltbewegung in den USA, 1995
- Spendel, Aurelie: **Gemeinschaft - Weisheit aus dem Kloster**. 2008, ISBN 978-3451060410
- Stiftung Trias, www.stiftung-trias.de (Hrsg):
  - **Die GbR als Rechtsform für Wohnprojekte**, 6 Euro,
  - **Die Genossenschaft als Rechtsform für Wohnprojekte**, 6 Euro
  - **Der Verein als Rechtsform für Wohnprojekte**, Stiftung Trias, 6 Euro
- Thich Nhat Hanh, Karin Weingart: **Friedlich miteinander leben**. Handbuch für harmonische Gemeinschaft, 2007

WERKZEUGE FÜR GEMEINSCHAFTLICHES LEBEN

- Jackson, Hildur: Creating Harmony: **Conflict Resolution in Communities**. An anthology with 25 interesting case studies from ecovillages and GEN members around the world, from a number of leading people on this subject, 1999. ISBN 1-85623-014-7
- Joubert, Kosha: **Die Kraft der kollektiven Weisheit**, 2010, ISBN 978-3-89901-354-2
- Laloux, Frederic: **Reinventing Organisations**. Beschreibt spannende Organisationsformen anhand von Firmen/Organisationen, von denen auch Gemeinschaften viel lernen können. ISBN 978-3-8006-4913-6. Das entsprechende illustrierte Taschenbuch ist auch prima, kostet halb so viel, Inhalt ist aber gekürzt.
- Richter, Matthias: **Gewaltfreie Kommunikation GFK**, strukturiert und durch Beispiele leicht verständlich, 144 S., 9€ bei Werkstatt für Gewaltfreie Aktion, Baden, siehe Seite 584

- Sahler, Bernd; Besemer, Christoph u.a.: **Konsens - Handbuch zur gewaltfreien Entscheidungsfindung**, 2004, ISBN 3-930010070, als pdf-Datei erhältlich bei Werkstatt für Gewaltfreie Aktion, Baden, siehe Seite 584
- Somè, Sobonfu: **Die Gabe des Glücks**. Rituale für ein anderes Miteinander, Auflage 2007, ISBN 978-3936937527
- Starhawk: **The Empowerment Manual: A Guide for Collaborative Groups** (englisch). 2011, ISBN 978-0865716971, erhältlich bei www.eurotopia.de

Index

Hier findet Ihr die Namen und Seitenzahlen aller Gemeinschaften und Organisationen aus dem Buch,

- die im Selbstdarstellungsteil beschrieben sind (**fett gedruckte Seitenzahlen**),
- die im Kapitel „Adressen aus Ausgabe 2014" erscheinen,
- die im Kapitel „Netzwerke von Gemeinschaften und Ökodörfern" oder
- die im Kapitel „nützliche Adressen" aufgeführt sind.

Wenn Gemeinschaften Namen haben, die sich **alphabetisch unterschiedlich einordnen** lassen, findet Ihr sie mehrmals, jeweils mit den verschiedenen Namen. Außerdem kennzeichnen Länderkürzel (in Klammern) die Zuordnung zu den Ländern, siehe Buchende. „ " bedeutet, dass eine Gemeinschaft, die in der letzten Ausgabe dabei war, sich aufgelöst hat.

Ä

B

C

I

Ø

P

Abkürzungen (Auswahl):

GA	General Assembly, dt. Vollversammlung
GfK	Gewaltfreie Kommunikation
MV	Mitgliederversammlung
NGO	Non Governmental Organisation, dt. Nichtregierungsorganisation
VV	Vollversammlung

Länderkürzel (als Adresszusätze oder im Index):

A	Österreich
B	Belgien
BH	Bosnien-Herzegowina
BOL	Bolivien
CH	Schweiz
CZ	Tschechische Republik
D	Deutschland
DK	Dänemark
E	Spanien
EE	Estland
F	Frankreich
GR	Griechenland
H	Ungarn
HR	Kroatien
I	Italien
IL	Israel
IRL	Irland
IS	Island
LT	Litauen
LV	Lettland
N	Norwegen
NL	Niederlande
NZ	Neuseeland
P	Portugal
PL	Polen
RO	Rumänien
RUS	Russische Föderation
S	Schweden
SEN	Senegal
SF	Finnland
SK	Slowakische Republik
SLO	Slovenien
TR	Türkei
UE	Ukraine
UK	Großbritannien/Nordirland
USA	USA
ZP	Zypern
WWW	*Internet*

:

Ist eurotopia eine anerkannt gemeinnützige Organisation? Nein. Wenn alle Kosten für Recherche, Herstellung, Druck, Werbung, Verwaltung und Vertrieb dieses Verzeichnisses beglichen sind, hoffen wir auf einen Gewinn aus dieser Unternehmung. Dieser Gewinn verbleibt beim Verein „Blühende Landschaften e.V.“, der das Buch herausgibt. Der Verein besteht aus vier Erwachsenen mit gemeinsamer Ökonomie, die als Co-Elternschaft im Ökodorf Sieben Linden gemeinsam drei Kinder großziehen (im Sommer 2019 sind die Kinder 3, 3 und 6 Jahre alt). Die Gruppe hat außerdem ein experimentelles Strohballengebäude („Villa Strohbunt“) von einer Gruppe übernommen, die sich aufgelöst hat (und bis 2009 Herausgeberin dieses Verzeichnisses war) und ein neues Strohballenhaus gebaut (Einhorn), beides mit (Bank-)Darlehen. Wenn aus der Herausgabe des eurotopia-Verzeichnisses ein Gewinn bleibt, werden damit also Schulden für ökologische Häuser in Sieben Linden abbezahlt. Der Blühende Landschaften e.V. plant auch die Produktion eines Films zum Gemeinschaftsleben und außerdem die Erweiterung des eurotopia-Verzeichnisses in digitale und noch internationalere Sphären.

Entscheidungen zur Veröffentlichung dieses Verzeichnisses werden vor allem von Michael Würfel getroffen, wobei die anderen über größere Entscheidungen informiert werden und ihn ggf. aufhalten können.

Legende

	Gemeinschaft in Planung
	Dieses Projekt war nicht in der letzten eurotopia-Ausgabe beschrieben
	Co-Housing-Projekt (mit Gemeinschaftscharakter)
	Siedlung (mit Gemeinschaftscharakter)
	Ökodorf (Selbsteinschätzung)
A1	Koordinate auf der jeweiligen Karte (Länder mit vielen Gemeinschaften)
	Telefonnummer, E-Mail-Adresse, Website
	Gründungsjahr
	befindet sich in der Stadt/in einer Kleinstadt oder einem Vorort/auf dem Land (dahinter: Größe des Anwesens)
(...)	jeweils dahinter in Klammern: die nächstgrößere Stadt
♀/♂/	Anzahl der Frauen/Männer/Kinder
	Anzahl aller Mitglieder (Ungereimtheiten zwischen dieser und den drei vorherigen Angaben haben wir einfach übernommen)
	Grad der Selbstversorgung mit Lebensmitteln
	in der Gemeinschaft gesprochene Sprachen (meist zzgl. Landessprache) d=deutsch, e=englisch, f=französisch, i=italienisch, sp=spanisch
	wie viele arbeiten innerhalb der Gemeinschaft (vor Ort, täglich anwesend)?
	wie viele arbeiten in gemeinschaftseigenen Betrieben?
	wer trifft wichtige Entscheidungen (in Klammern: auf welche Weise)?
	Art der Finanzierung
	Eigentümer*in (der Gelände und der Gebäude)
	ideologische/spirituelle Grundsätze
	Haupttätigkeitsbereiche
	Schlagworte
	neue Mitglieder sind erwünscht - dahinter: Aufnahmevoraussetzungen
	empfangen mitarbeitende Gäste nach Absprache (freie Kost und Logis)
( )	in Klammern gestellt: nicht ausdrücklich „gegen freie Kost und Logis"
	sind Teil der dahinter aufgeführten Netzwerke